“十三五”国家重点出版物出版规划项目

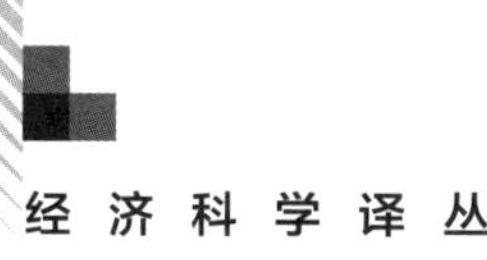

经济科学译丛

产业组织理论

The Theory of Industrial Organization

Jean Tirole
让·梯若尔／著

张维迎／总译校

中国人民大学出版社
·北京·

总　　序

自新中国成立尤其是改革开放40多年来，中国经济的发展创造了人类经济史上不曾有过的奇迹。中国由传统落后的农业国变成世界第一大工业国、第二大经济体，中华民族伟大复兴目标的实现将是人类文明史上由盛而衰再由衰而盛的旷世奇迹之一。新的理论来自新的社会经济现象，显然，中国的发展奇迹已经不能用现有理论很好地加以解释，这为创新中国经济学理论、构建具有中国特色的经济学创造了一次难得的机遇，为当代学人带来了从事哲学社会科学研究的丰沃土壤与最佳原料，为我们提供了观察和分析这一伟大"试验田"的难得机会，更为进一步繁荣我国哲学社会科学创造了绝佳的历史机遇，从而必将有助于我们建构中国特色哲学社会科学自主知识体系，彰显中国之路、中国之治、中国之理。

中国经济学理论的创新需要坚持兼容并蓄、开放包容、相互借鉴的原则。纵观人类历史的漫长进程，各民族创造了具有自身特点和标识的文明，这些文明共同构成了人类文明绚丽多彩的百花园。各种文明是各民族历史探索和开拓的丰厚积累，深入了解和把握各种文明的悠久历史和丰富内容，让一切文明的精华造福当今、造福人类，也是今天各民族生存和发展的深层指引。

"经济科学译丛"于1995年春由中国人民大学出版社发起筹备，其入选书目是国内较早引进的国外经济类教材。本套丛书一经推出就立即受到了国内经济学界和读者们的一致好评和普遍欢迎，并持续畅销多年。许多著名经济学家都对本套丛书给予了很高的评价，认为"经济科学译丛"的出版为国内关于经济理论和经济政策的讨论打下了共同研究的基础。近三十年来，"经济科学译丛"共出版了百余种全球范围内经典的经济学图书，为我国经济学教育事业的发展和学术研究的繁荣做出了积极的贡献。近年来，随着我国经济学教育事业的快速发展，国内经济学类引进版图书的品种越来越多，出版和更新的周期也在明显加快。为此，本套丛书也适时更新版本，增加新的内容，以顺应经济学教育发展的大趋势。

"经济科学译丛"的入选书目都是世界知名出版机构畅销全球的权威经济学教材，被世界各国和地区的著名大学普遍选用，很多都一版再版，盛行不衰，是紧扣时代脉搏、论述精辟、视野开阔、资料丰富的经典之作。本套丛书的作者皆为经济学界享有盛誉的著名教授，他们对于西方经济学的前沿课题都有透彻的把握和理解，在各自的研究领域都做出了突出的贡献。本套丛书的译者大多是国内著名经济学者和优秀中青年学术骨干，他们不仅在长期的教学研究和社会实践中积累了丰富的经验，而且具有较高的翻译水平。

本套丛书从筹备至今，已经过去近三十年，在此，对曾经对本套丛书做出贡献的单位和个人表示衷心感谢：中国留美经济学会的许多学者参与了原著的推荐工作；北京大学、中国人民大学、复旦大学以及中国社会科学院的许多专家教授参与了翻译工作；前任策划编辑梁晶女士为本套丛书的出版做出了重要贡献。

愿本套丛书为中国经济学教育事业的发展继续做出应有的贡献。

中国人民大学出版社

导　读

本书的作者，法国著名经济学家让·梯若尔，在2014年独享诺贝尔经济学奖。让·梯若尔1953年生于法国特鲁瓦，1978年在巴黎第九大学获得应用数学博士学位，1981年在麻省理工学院获得经济学博士学位。他曾在麻省理工学院任教，之后回到法国图卢兹，参与图卢兹学派让·雅克·拉丰教授主导的法国经济学复兴和创建图卢兹经济学院。梯若尔是一个瘦高个、永远带着微笑的法国绅士，被称为21世纪第一个经济学理论通才。梯若尔特别勤奋，在经济学界以高产著称，除了发表大量论文以外，还撰写了大量教材和学术著作，包括《博弈论》《公司金融理论》《金融危机、流动性与国际货币体制》《政府采购与规制中的激励理论》《产业组织理论》等，其撰写的每一本教材和著作，都是经典之作。

本书在产业经济学中具有奠基性和开创性，是第一本系统地以博弈论为工具改写整个产业组织理论的教材。在20世纪70年代，非合作博弈论快速发展，经济学家迅速发现博弈论是研究产业组织理论最为合适的工具。产业组织理论主要关注市场上厂商之间如何竞争，它们的竞争行为如何影响消费者福利和社会总福利。因此，策略互动是产业组织理论的核心，而最合适的研究策略互动的工具莫过于博弈论。在梯若尔的教材之前，有不少使用博弈论研究产业组织问题的论文，它们散落在各个学术期刊上。梯若尔发挥他超强的归纳总结能力，使用一个系统性的框架，把这些零散的模型串联起来。本书总结的模型和框架，是产业组织理论中最为基础的模型、最为通用的框架。

本书的绪论重点讨论企业理论。企业是本书研究的基本对象，也是产业组织理论分析的起点。作为现代企业理论的简要概述，该章主要回答什么是企业以及企业如何运作这两个核心问题。第一，该章整理了四种类型的企业定义，这些定义汇总了已知的不同观点，从不同角度解释了什么决定了企业的行为和规模。第二，该章讨论了经济学中经典的利润最大化假设，并给出了支持与反对该假设的不同学术观点。作为补充，该章还构建了委托-代理理论的基本框架，并给出了道德风险问题简洁而准确的理论基础。

本书的其他章节分为两个部分，全面、深刻地介绍了产业组织理论几乎所有的重要理论与研究应用。具体而言，第一篇（第1～4章）重点考察了与策略性行为无关的垄断企业市场行为。其中，第1章介绍了垄断力量带来的最经典的市场扭曲。在各种不同的产品结构下，垄断企业倾向于采取较高定价策略，由此产生社会福利损失。理论与实践还表明，垄断力量影响供给而产生的成本扭曲与因维持垄断而产生的寻租行为也是垄断企业产生无谓损失的重要原因。作为补充，该章引入科斯问题，该理论表明耐用品可能会限制垄断力量的产生。

第2章放松了垄断者所生产的产品集外生给定的假设，并讨论垄断企业的产品选择问题。该章介绍了刻画产品间差异性的几种常用方法，并推导了企业的最优产品选择问题，表明垄断力量导致了企业生产在产品质量与产品多样性上与社会最优选择的偏离。更进一步地，该章还讨论了消费者信息不完全时与经验品相关的道德风险与逆向选择问题，并分析了企业进行广告宣传的经济意义。由于对于经验品而言，确保质量的主要激励来自消费者再次购买的可能性，因此该章还在重复购买问题中探讨与企业品牌及声誉有关的主要思想。

第3章拓展了垄断企业实施定价策略的策略空间，允许企业不再以统一的价格销售产品，从而引入价格歧视。受Pigou（1920）的影响，价格歧视通常被分为三类。如果企业能够知道每个消费者的保留价格并完全阻止消费者之间的套利行为，就可以实施完全价格歧视并掠夺所有的消费者剩余。但在现实中，更常见的是不完全价格歧视，包括三级（多市场）价格歧视与二级价格歧视（存在个人套利时的消费者甄别及非线性定价模型）。该章重点介绍了这两种不完全价格歧视，推导了企业的价格策略与社会福利变化，并讨论了相关的具体应用场景。

第1～3章涵盖了垄断企业面对最终消费者时在不同的市场结构假设下的最优化决策行为，并将分析的重点集中于垄断定价与产品选择两个主要方向。这些基本概念以及基本模型的构建思路与推导方法对于刚接触产业组织理论的读者而言至关重要，能帮助读者熟悉产业组织理论的一些关键主题与研究范式，需要深刻领会。

第4章研究了生产中间产品的垄断“上游企业”（如制造商）与产品使用者“下游企业”（如零售商）之间的关系。由于制造商不再直接向消费者供货，并且零售商可能面对品牌内或品牌间的竞争，因此研究企业间的这种纵向关系会比之前更加复杂。零售商依据自身利润最大化进行决策，这一决策对制造商的收益产生了外部性，因此制造商希望通过设置某种纵向契约来约束零售商的策略选择。在垄断性零售商与竞争性零售商两种不同市场结构下，该章分别对多种纵向契约下的纵向一体利润最大化问题进行了探讨，并表明在一些环境下垄断性制造商可以通过恰当的契约安排实现完全的纵向控制。

尽管本书的前4章都建立在垄断企业的框架下，但其主要结论与理论方法大多可以拓展到寡头市场当中。在第二篇（第 5～11 章），本书重点探讨了寡头垄断的市场结构。此时，企业不再是面对被动的市场环境，而是与其他企业进行策略互动。为了在模型中讨论这种策略互动，本书需要广泛使用非合作博弈的理论方法。本书的第 11 章介绍了非合作博弈的理论框架和基本结果。这一章的内容不能替代专业的博弈论教材，仅用于帮助读者熟悉相关的概念和用法，对博弈论不太熟悉的读者可以在完成第 11 章的学习后再阅读本书第二篇的其他内容。

第二篇一开始的引言简单介绍了寡头企业不同的竞争方式以及产业组织理论中寡头企业间策略性行为的主要特征。在短期，寡头企业主要以价格为工具进行竞争；而在中长期，寡头企业则可以在产量、产品选择、广告、投资、技术创新等方面作出更大程度的调整，因此竞争的形式更加丰富。第二篇作为本书的核心内容，对不同经济假设下的企业策略竞争给出了丰富的结果。

第 5 章从求解伯特兰德悖论出发，讨论寡头企业间的短期价格竞争与产量竞争。引入生产能力约束、规模报酬递减或产品差异化等因素可以有效地解决伯特兰德悖论。该章也详尽地讨论了古诺模型这一传统的产量竞争分析方法，并指出了其与伯特兰德模型的联系。另外，该章还讨论了集中度指数与产业盈利能力，这些容易计算和解释的经济指标可以用于评估成本、需求或政策变化。

第 6 章不再认为企业间的价格竞争是一次性的，在重复博弈的框架下，反复的策略互动可以推翻伯特兰德悖论的结果。由于价格战在长期会导致亏损，因此企业可能形成“默契合谋”，共同制定较高的价格。重复博弈可以解释市场集中度、信息滞后、需求波动、成本不对称、多市场接触等因素与合谋的关系。在重复博弈的框架下，该章进一步讨论了价格刚性、友好行为的声誉等问题。

第 7 章讨论了企业如何通过产品差异化来进行价格竞争和非价格竞争。该章主要介绍了一些经典的空间竞争模型与垄断竞争模型，这些模型都较好地刻画了产品差异化企业间的策略互动。霍特林模型表明了寡头企业生产的差异化原则，即企业一般不会选择生产相同的产品，为企业间产品差异化提供了分析框架与理论基础；而自由进入市场的垄断竞争模型可能导致从社会福利角度来看过多或过少的企业数量，因此对福利的影响方式有不确定性。

第 8 章考察了在位企业与想进入市场的企业之间的博弈问题。此时，在位企业可以选择的商业策略是多样的，可以妨碍进入、诱导退出并形成进入壁垒，也可以容纳对手并与之进行市场竞争。这种策略视角意味着，即使市场上仅有一个垄断企业，出于潜在企业的进入威胁，也可以产生竞争性的结果，这有利于规制在位企业的行为。在模型构建上，该章需要处理企业间非对称的动态博弈问题，因此需要在动态环境中分别考察不同企业的各种策略间的相互作用。

第 9 章讨论了不完全信息下的企业竞争行为。在静态博弈中，由于现实的行动信息没有被利用，企业可能短视地仅根据自身私人信息形成对对手行动的估计进而最大化利润。而在动态博弈中，行动可以传递私人信息来影响对手的认识，这影响了先行动企业的策略选择。该章还讨论了如何通过选择适当的行动树立对自身有利的声誉（如好斗的形象）。

第 10 章讨论了研发和新技术对产业分析的影响。该章通过经典模型证明了市场结构与研发之间存在联系。为了鼓励企业实施研发创新，需要向创新的企业提供暂时的垄断，即专利制度，但这种行为也同时阻碍了创新的扩散，导致了非竞争性的环境。该章还介绍了鼓励研发的其他可供选择的方案，如奖励制度与合约机制。

第 5～10 章介绍了产业组织理论的许多经典研究框架，将该领域内的大量本质规律与重要结果通过简洁的数学语言与模型表达出来，并整理为多个系统性的专题。通过学习这一核心部分，读者可以熟悉新式产业组织经济学的分析范式与经济思想，并切实领会博弈论等理论方法对传统产业组织理论的革命性影响。

综上所述，本书由浅入深，不仅具备严格的理论基础，而且具有极高的实践价值。梯若尔教授详细介绍了各种主流的产业组织理论思想与模型，尤其是对于企业间策略博弈进行模型分析的重要方法。此外，本书介绍了在解决产业组织中的经济现实问题时，如何构建与拓展传统的经典理论，并提供了许多具体市场结构上的应用范例。本书可以为微观经济理论方向的研究工作者提供有益的方法论指导，可以很好地帮助读者特别是初学者掌握产业组织理论的基本内容、方法与工具。

在阅读本书时，除了接受课本的知识以外，读者还需要注意到本书的局限性。

首先，和其他西方学者撰写的教材一样，本书是以西方的市场经济体系为参照系撰写的，因此中国读者在借鉴其理论来理解和解释中国现实时切忌简单套用。比如，本书侧重讨论产业组织理论，关注厂商的行为，在政策方面的应用更多的是反垄断与竞争政策。而在中国产业发展的历史进程中，产业政策是绝对不能忽视的重要政策。中国的产业发展更注重有效市场和有为政府的有机结合，因此，研究中国产业经济学，必须回答产业政策与竞争政策的关系这一根本性问题。另外，本书的企业类型基本都是民营企业，目标函数就是利润最大化函数，而国有企业在中国经济发展中扮演着重要角色，其目标函数绝不是简单的利润最大化函数。

其次，本书成文于 20 世纪 80 年代，因此本书未能涵盖产业组织理论的研究前沿，尤其是数字经济时代的产业组织理论研究前沿。当下正风起云涌的数字革命发生在工业革命基础上，数字技术以新理念、新业态、新模式全面渗透和融入人类经济、政治、文化、社会、生态文明建设各领域和全过程。生产要素、企业组织形态与竞争方式也发生了颠覆性的变化。数据要素作为一种新型生产要素，平台作为一种新型组织方式，大数据、人工智能与区块链作为新型生产技术，在带来了效率提升的同时，也带来了平台垄断、消费者个人信息泄露、算法歧视和算法合谋等一系列新的问题，这些都是产业组织理论必须重视并着重研究的新议题。与前几次工业革命不同，在以数字科技为主要驱动力的第四轮工业革命中，中国数字经济发展走在全球前列，在代表未来经济形态的数字经济的很多领域引领世界潮流，而这必将给中国学者在理论创造上提供强大动力和广阔空间。

因此，希望读者在阅读本书时，除了学习经典模型的分析框架和分析技巧以外，更要结合中国产业发展的实际背景、数字经济的时代背景，带着建设性的思维方式，突破已有理论的局限性，构建更能够符合中国国情、符合数字经济时代特征的模型和分析框架，在产业经济学这一领域贡献中国理论、中国智慧、中国思想。

李三希

中国人民大学经济学院教授

前 言

自20世纪70年代早期以来，理论产业组织学取得了重要进展，业已成为微观经济学文化的核心部分。本书试图对这些最新发展给出直观描述，并将其与传统的分析融为一体。

本书在写作过程中收到不少同行的建议、鼓励和批评。对此，我要特别感谢 Philippe Aghion，Roland Bénabou，Patrick Bolton，Bernard Caillaud，Franklin Fisher，Paul Joskow，Bruno Jullien，Eric Maskin，Patrick Rey，Garth Saloner，Richard Schmalensee，Michael Whinston，Dilip Abreu，Kyle Bagwell，John Bonin，Joel Demski，Peter Diamond，Drew Fudenberg，Robert Gertner，Robert Gibbons，Roger Guesnerie，Oliver Hart，Bengt Holmström，Jean-Jacques Laffont，Ariel Rubinstein，Stephen Salant，Steve Salop，Carl Shapiro，Andrea Shepard，Marius Schwatz，Oliver Williamson 等，他们对本书的一些章节给出了非常有价值的意见。

我受 Paul Joskow 和 Richard Schmalensee 的恩惠要追溯到我在麻省理工学院(MIT) 上学时，是他们两位鼓励我努力从事这方面的研究，而且他们阅读了全部手稿，还逐页写出评论。他们仍在教授我产业组织学。MIT 以前的学生将会看出产业组织课程对本书在论题选择和组织上的影响，这门课程是由 Paul 和 Richard 开设的。我对 Drew Fudenberg 和 Eric Maskin 的感激也要追溯到我的学生时期。尽管这种感激远远超出产业组织学的领域，但我必须特别声明的是，我从博弈论的角度看待产业组织的观点是由我们正在进行的合作研究形成的。Eric 教给了我博弈论，并告诉我，博弈论的工具如何能够被很有成效地应用于各种经济问题。Drew 对本书的投入如此明显，几乎无须说明。本书第二篇大量借用了我们两人的合作研究和文献综述。David Kreps，Paul Milgrom，John Roberts 和 Robert Wilson 也在很大程度上影响了我有关市场中策略性行为的观点。我受许多优秀研究人员的思想的影响，是他们建立了产业组织的现代理论，我在本书里广泛地引用了他们的研究成果。

本书的材料曾以不同形式在法国国立统计与经济管理学院和洛桑大学向大学生教授，在 MIT 和法国社会科学高等研究院作为产业组织学研究生基础课程系列的一部分，以及在 MIT 作为高级专题教授。这些学校的学生们提供了非常有用的评论和建议。

我由衷地感谢 Benjamin Hermalin 出色的研究助理工作。他不仅阅读了全部手稿和检查了所有习题，而且提供了许多很有洞察力的建议。无论就其勤奋而言还是就其才能而言，能找到这样一位研究助理实在是我的大幸。我也非常感谢 Bernice Soltysik 准备了本书（英文原著）的索引，Bruno Jullien 阅读了证明。

我在法国国立路桥学校时开始写作本书。1983 年我在法国国立统计与经济管理学院的有关产业组织的讲稿变成《不完全竞争》一书，由 Editions Economica 出版社于 1985 年出版。John 和 Hélène Bonin 欣然将其出色地译成英文，使我能够很快就在法文版的基础上开始《产业组织理论》一书的写作。

尽管本书在很大程度上是团队工作的结果，但其他人不应该对任何错误和疏漏负责。我忽略了改进本书的许多有价值的建议，我对提出这些建议的同行深表歉意。我唯一的借口是，如果采纳这些好建议，本书的篇幅将会增加一倍。

非常幸运的是 Paul Bethge 作为本书的编辑，以极高的智慧、经验和幽默处理了手稿。我也非常感激 MIT 出版社高质量编辑队伍中的其他人，特别感谢经济学编辑 Terry Vaughn 的帮助与鼓励，以及设计师 Rebecca Daw 对一些很有难度之处的出色处理。

我还要感谢 Emily Gallagher，她掌握多种语言并且技能娴熟，很辛苦地打印了许多书稿，包括英文的和法文的。她以极高的兴致花费了无数个夜晚和周末，来使得本书的材料能供我的学生使用并出版。她的工作非常出色。本书法文版的第一稿是由 Patricia Maillebouis 和 Pierrette Vayssade 打印的。

我非常感激来自国家科学基金会（NSF）、斯隆基金会、MIT 能源政策研究中心、MIT 艺术-人文-社会科学基金和法国计划总署等的慷慨资助。

让·梯若尔

剑桥，马萨诸塞州

目 录

导 言

为什么要关心产业组织

这个问题听起来近乎天真。研究产业组织就是研究市场运行，这是微观经济学的一个中心概念。然而，经过了很长时间以及两次高潮，产业组织才成为经济学的主要领域之一。[1]

第一次高潮具有经验主义性质，它与 Joe Bain、Edward Mason 的名字相联系，有时被称为“哈佛传统”。它形成了著名的“结构-行为-绩效”范式。按照这个范式，市场结构（市场上卖者的数量、产品差异程度、成本结构以及供给者纵向一体化的程度等）决定行为（包括价格、研发、投资、广告等），行为产生市场绩效（效率、价格与边际成本的比率、产品多样性、创新率、利润和分配）。虽然这一范式合理，但常常依据松散的理论，并且它强调经验性的产业研究。例如，一般来说，以某种方式度量的行为和绩效同市场结构有很强的联系——典型的回归形式是 $\Pi_i=f(\mathrm{CR}_i, \mathrm{BE}_i, \cdots)$，式中，$i$ 代表产业，Π_i 代表厂商或产业的可盈利程度，CR_i 是集中度（它概括了该产业非竞争性的程度），BE_i（表示进入壁垒）涉及衡量进入该产业的困难性的各个变量（主要包括最小有效进入规模、广告与销量的比率等）。其他变量也可以被引入这一回归模型。该回归模型采用各产业的大样本跨部门资料进行运算。[2]

如果不考虑与计量方法有关的许多问题，那么这种回归是对典型事实进行有用的排列。但是，变量间的联系（或不存在联系）只能被解释为相关性或“描述性统计”，而不是因果关系。在以上例子中，产业盈利、集中度以及广告与销量的比率是联合内生的。它们由市场的“基本条件”（外生变量）和厂商的行为同时决定。

缺乏因果解释困扰着分析者。从一种显示一个产业的收益率随该产业的集中而增长的回归[3]能得出什么结论呢？它也许暗示：在相当集中的产业中存在市场势力(market power)，这种产业的绩效可能不是最优的。但是，它很少说明集中或市场势力的原因，也不能告诉我们的分析者政府干预是否能够以及以何种方式改善市场绩效。

经验主义传统的确试图计量更基本的（外生）因素：技术（规模报酬、进入成本、资本沉没比例、学习曲线的状况、耐用和非耐用品，等等）、偏好和消费者行为（关于产品质量的信息结构、对声誉和品牌的忠实，等等）、“外生”技术变化，等等。[4]在这方面虽然取得了进展，但是常常难以收集到基本因素的精确计量和产业间可比较的资料。

以上评论确实是对经验主义传统的过于严厉的批评，经验主义传统毕竟把产业组织的研究提上了议事日程。我还没有提到以下事实，即围绕回归方法还有许多非正式的事例。（实际上，在回归方法的高潮之前，已有了产业案例研究，而反托拉斯案例又使产业案例研究成为可能。）这些事例连同反托拉斯分析和案例研究，支持了后来的理论高潮。说更加正式的理论被完全撇在一旁，那是不公平的。特别是，从 Aaron Director 和 George Stigler 开始，“芝加哥传统”强调需要严格的理论分析和对竞争中的各种理论的经验证明。芝加哥传统对这一领域的发展有过重要的方法论上的影响；它对市场行为持自由放任主义观点，例如关于纵向限制和掠夺性定价（按此观点，合谋是很大的罪过）的观点，与哈佛传统相比，它比较不相信政府干预，芝加哥传统在这些方面是很著名的。直到 20 世纪 70 年代初，人们仍然认为，在许多情况下，理论更是一种解释统计结果或支持特定的理性判断的方法，而不是严格系统的调研。例如，Paul Joskow 认为：

> 从某种意义上说，各种模型的有用性的最终验证是，它们能否向分析现实市场或各类市场问题的人证明其有用。在我看来，它们不仅没有特别的用处，而且实际上没有被应用……人们有一种明显的感觉：非正式的理论、事例和行为观察包含着重要的信息，而正式的模型被事后炫耀，声称某种正式的工具能够解释或体现那些实际上正在被观察的东西。

第二次高潮始于 20 世纪 70 年代，它主要是理论性的。这可以归因于三个因素。我已经提到，在“需求方面”，对跨部门经验分析的局限性的不满日益增长，这种跨部门经验分析已经主宰了产业组织领域。以上述引文为例，人们普遍觉得，经验主义工作并不要求有特定寡头市场的正式模型。在供给方面，可以看到两个因素。第一，20 世纪 70 年代以前，经济理论家（除少数例外）很不重视产业组织，产业组织学也没有像竞争性一般均衡理论所作的那种精致的和一般的分析方法。自 20 世纪 70 年代以来，许多一流的理论家开始对产业组织感兴趣。[5]第二，对本书第二篇所讨论的主题极为重要的是，非合作博弈论参与进来（并非没有不同意见），成为分析策略冲突的标准工具，给这一领域带来了一种统一的方法论。而且，它在两个极为重要的领域——动态学和不对称信息中取得了很大进展。人们对散见的许多非正式事例作出了重新评价。

本书主要涉及第二次高潮的实现，但是，我力图不遗忘为这一理论工作奠定基础的早期贡献。我认为，现在对产业组织理论研究所运用的方法论已经有了充分一致的共识，这使我们有可能写出这样一本教科书。

我提到了历史进展而并未明确产业组织学的定义和强调其重要性。实际上，我想避免给这一学科下一个精确的定义，因为它的边界并不明确。产业组织学的确始于厂商结构和行为（经营策略和内部组织）的研究。这一点可以解释为什么这一领域的一些杰出学者在工商学院任职。但是，产业组织学的内容比经营策略更丰富。这枚硬币的另一面是局外人（经济学家、政府公务员、反托拉斯人员）对市场效率的评价。不完全竞争市场（即大多数现实市场）不会使社会福利最大化。但这并不意味着，在既定信息结构下，政府（社会计划者）一定能够改善这种私人行为的后果，也不能表明政府应该在何时以及如何进行干预。它告诉我们的是，从实证的和规范的观点看，基于完全竞争模型所作的分析可能是很不令人满意的。

政府干预的范围本身也没有正确的界定。概而言之，通过反托拉斯行动以及一定的“市场规制”[6]形式（税收和补贴、最低限度质量标准等）来促进竞争将在本书有所涉及。而其他手段，例如厂商水平上的价格和进入或经济管制（包括垄断特许、政府采购和国有化）则不在本书讨论之列。这种划分有某些不合适之处。特别是，在我的模型中，我没有考虑到进行干预的所有方法。唯一的理由（我还会将其用作其他目的）是这本书的篇幅已经非常长了。若讨论选择性规制，则本书的篇幅可能还要增加一倍。

理论和证据

近年来，产业组织学已成为一门相当理论化的学科。乍看起来，在一门理论模型缺乏一般性而实际意义非常重要的学科中，理论对证据的比率如此之高，甚至连理论家也会感到遗憾。我虽然感觉到这里存在着不平衡，但我仍认为这种理论进展一直是很健康的。

我相信，这门源于对行为事件以及典型事实[7]的古老的口述传统的“新理论产业组织学”能够帮助人们分析现实市场。它不仅使一些古老的非正式事例形式化，而且撇开了其他因素。我不想过分强调这一理论的实际贡献，因为这可能太强调实证（解释性）分析，而不利于规范（福利）分析，无助于实践者分辨各种对立的理论。但是，它的确有实际内容。

而且，这种理论贡献很快会反馈于经验分析。[8]它们指明找寻什么证据、如何区分内生和外生变量，以及如何验证假说。

计量经济分析当然不是产业组织学经验研究的唯一方法。由于缺乏满意的数据，许多应用研究人员更为关注通过对厂商和产业的详细的案例研究（对此，人们还可以加上为反托拉斯而积累的证据）而展现有关厂商和产业的行为和绩效的证据。虽然这些研究有其自身的缺陷，但是它们提出了许多令人感兴趣的见地。的确，产业组织学的理论家通常更乐于案例研究，而不是统计分析——也许是因为与产生于各个不同产业的很大样本中关于利润、集中、广告等的选择性统计相比，丰富的案例研究可能更容易再现产业的因素和行为。

得益于理论发展的另一搜集证据的方法是，在实验室中进行受控制的实验。[9]

新的理论发展有望增强经验研究的这三种方法。本书未列出每一种方法的经验意义，也未解释如何区分各种不同的模型。但是，我希望这些模型的介绍足以直观地表明它们的可验证性。

本书的范围

本书不讨论本学科的经验方面（包括反托拉斯经验），也不涉及某些广泛的理论问题，例如经济规制、国际产业组织[10]、一般均衡中的不完全竞争[11]以及产业组织学与宏观经济学的联系。[12]

我对方法论也作狭义界定。第一篇假定为最优化行为，第二篇运用了多人决策最优化之通论：非合作博弈论。本书很少涉及其他可选择的方法，例如“满意理论”（有限理性）。简化的好处是可以有一个统一的处理方法。

简而言之，我将厂商视为利润最大化的单一决策者。本书的大部分内容撇开了股东、银行或资本市场的管理控制问题，也不考虑厂商内部的代理和控制。最前面的关于企业理论的一章讨论了这些假定。第 4 章和第 9 章间接提到了代理问题。由于详细讨论代理理论本身就需要写一本书，因此我自己满足于只是提及这些问题。这些论题迫切需要进一步发展。而且，我确信，组织理论与产业组织学的交叉是未来若干年理论研究最令人感兴趣的领域之一。

我必须明确地选择所要强调的那些主题——尽管这样做有时会有麻烦。我的选择虽然反映了我自己的偏好，但是这绝不应该导致错误的价值判断。第一，所选择的主题取决于我目前的知识状况和见解。对于那些我未能强调其贡献，或者由于不了解、记忆不全或未能充分洞察而被忽略了的作者，我深表歉意。第二，进行这样的选择有时是基于叙述方面的考虑。有些需要较长篇幅或技术上难以叙述的令人感兴趣的文献放在了注释、评论或习题中。

如何使用本书

总体结构

第一篇（第 1 章至第 4 章）考察与策略性行为无关（但并非与之相矛盾）的市场行为的那些特征。这涉及垄断者对价格和质量、产品系列、广告以及分销结构的选择。所获得的大多数结论可以扩展到寡头市场行为。第二篇分析寡头市场条件下，对价格、生产能力、产品定位、研发以及其他策略变量的选择。它大量运用了博弈论的一些基本概念。

我发现分为两篇有利于教学。在几周时间中不涉及策略，避免同时引入博弈论而使学生陷入困惑，可使学生熟悉产业组织学的一些关键主题。这也有助于更清楚地区分只涉及策略性行为的那些方面。我编入了一个关于非合作博弈论的用户手册（第 11 章），以帮助读者进行阅读第二篇的准备。这当然不能代替一门更正式的博弈论课程。它只是指出了有关的概念，使读者熟悉它们的用途。单独的博弈论课程是有益的，但它并不是阅读第二篇前的必修课。我建议不熟悉博弈论的读者在学过本书第一篇后，读一读用户手册的 11.4 节；在学习第 9 章之前，先读 11.4 节和 11.5 节。

如前所述，在第一篇之前，本书讨论了企业理论。企业是本书的基本研究对象，因此，我们应该搞清楚它的性质和目标。企业研究是市场分析的开端。我担心（同时也希望）读者将发现这样的讨论并不完全令人满意。照此处理，我作了关于内部组织和市场结构之间关系的说明，似乎就可以聊以慰藉了。（“我们已经讨论过企业，现在可以不管它，将其视为利润最大化的黑箱好了。”）实际上，我作这样的讨论并不是因为要通过它与随后各章的相互补充而使本书增色，而是因为我相信，企业理论是经济学的一个极为重要的主题，也是产业组织学的一个必不可少的组成部分。

各章关系

本书各章相对自成一体，但也有一些联系。例如，第 5 章、第 6 章将第 1 章的一些内容扩展到策略性行为，第 7 章也如此拓展了第 2 章的内容。第 1 章提到的租金耗散假设在第二篇作了详细的研究。第 2 章中介绍的厂商对消费者剩余的可占用性，在第 7 章、第 10 章再次谈到。适当时将进行类推。

各章内部结构

每章都分为正文和一个补充节。建议本科生、一年级研究生和不熟悉产业组织学的学者读正文。其他研究生和熟悉产业组织学的学者将在补充节中读到一些更为高级的材料。

习题

各章内包含一些习题，帮助读者熟悉概念和拓宽知识。另外，本书的最后还提供了复习题。解不了书中习题的读者不应该感到气馁，一些习题是有难度的。这些读者会发现，复习题较容易。我给各习题标上了星号以反映它们的难度：

*	书中所出现的概念的简单运用；
**	较难，需要更多思考；
***	高级，最具挑战性。

先修课

经济学 具有中级微观经济学基础就可以满足要求。此外，本书是相当自成一体的。我已力图在需要时引入模型。不过，熟悉典型事实会使读者更透彻地理解这些模型。预先或同时阅读经典教科书 Scherer（1980）是有价值的。在这方面，关于企业策略［例如，Porter（1980）］和反托拉斯政策［例如，Areeda（1974）；Areeda and Turner（1976）；Blair and Kaserman（1985）；Posner and Easterbrook（1981）］的著作也会是有益的。

数学 我力图用“读者友好”的形式来表达理论。我通常选用特殊函数形式（例如线性需求）来涵盖一般函数形式，用两期模型涵盖一般动态模型，用双寡头市场涵盖一般寡头市场。我希望，所研究的现象背后具有很强的直观性，足以使读者相信这些结果具有某种一般性。

本书只要求读者有很少的数学知识。对本书的大部分内容，掌握微积分的基本概念（例如，无约束最优化）就够了。读者应该知道如何对一阶和二阶条件求导，这与最大化问题有关；应该懂得包络定理（envelope theorem）[13]和微分的链式法则，以及一些关于凹性[14]的概念。在一些特殊的和孤立的场合将用到某些更深的概念（分部积分、贝叶斯法则、动态规划）。在 Dixit 和 Norman（1980）的数学附录中或者 Varian（1978）中[15]，一般都能找到所需要的概念，其形式也不复杂。

市场定义、局部均衡和福利准则

竞争范式

在经济学领域中，得到了最好发展和最具审美合意性的模型是 Arrow 和 Debreu 的竞争-均衡范式。[16]简而言之，这个模型按以下方式运行：该模型从对可供选用的物品的非常精确的定义开始。经济物品的特性包括它的物理性质、适用期和自然状态以及它的位置，等等。消费者完全了解物品的所有性质，对各种物品组合有一个偏好序。生产者（厂商）归消费者所有，有生产可能性集合。另外，还要考虑市场组织范式。所有行为人都是价格接受者。消费者在支出不超过其收入（这源于他们的禀赋和对厂商的所有权）的条件下，使福利达到最大。这就产生了需求函数（如存在多种福利最大的组合，产生“对应”关系）。生产者在技术可行的范围内使利润达到最大，这就产生了供给函数（或对应）。竞争均衡是一组价格，伴之需求和供给，使所有市场（每一种商品的市场）都出清（即总需求不超过总供给）。

关于偏好和技术可行性的弱假设产生了竞争均衡的一般结果。其中最著名的可能就是福利理论的两个基本定理。概略地说，第一个定理说的是，竞争均衡一定是帕累托（Pareto）最优的（即尽善和信息充分的社会计划者不可能用另一种可行的配置来代替商品的竞争配置而增加所有消费者的福利)；第二个定理指出，在凸性假定下（这排除了规模报酬递增)，任何帕累托最优配置都能通过选择正确的价格和在消费者之间进行适当的收入再分配而由市场实现。

竞争均衡的一个重要性质是，每一商品都按其边际成本来销售。如果价格超过边际成本，生产者就会扩大商品生产而增加利润。反之，如果生产这种商品，当边际成本超过价格时，生产者就会缩减生产。这种简单的结果具有重要的含义。消费者在决定是否多消费一个单位商品时，面对着社会意义上的“正确的价格”，这一价格使多生产一单位商品的成本内部化了。这是竞争均衡的帕累托最优的应有之义。

福利理论的第一基本定理大大限定了产业组织学的范围。在这种世界中，产业组织必然是有效率的。政策上唯一要考虑的可能只是消费者之间的收入分配，而社会计划者可能并不能判断何为最优的收入分配。[17]

竞争-均衡范式对偏好和生产可能性作了相对弱的假设，但这只限于给定的市场类别。所要求的条件有：不存在经济行为人之间的外部性[18]、产品的私人性[19]以及消费者拥有对产品的完全信息。虽然在传统上对外部性和公共产品的研究属于公共财政的领域，但我们也将研究涉及外部性（例如，广播电视网的外部性）和公共产品（例如，提供关于新技术的信息）的一些情况。当研究消费者对产品的不完全信息时（如在涉及产品质量的场合)，我们也将放松第三个条件。

在所有条件中最引人注目的也许是价格接受行为。虽然这易于展现那些看来能用这一假定合理描述的市场（例如，一些农产品市场)，但是大多数市场却是由少数拥有不可忽视的市场势力的厂商运作的。[20]本书在相当大的程度上考虑的是市场势力的原因和后果。

局部均衡、向下倾斜的需求曲线和消费者剩余

一旦放松了竞争-均衡分析的某些假定，如果不作更特殊的假定，对经济配置就没有什么可说了，就像“次优理论”所教导我们的那样。转向产业组织的更现实的模型的代价之一是采用局部均衡的分析结构。局部均衡分析挑选出一种产品（或相关的一组产品)，而不考虑其与经济社会其他方面的相互作用。

我们将很快回过头来讨论市场的概念。现在，我们来考虑全书所贯穿的两个假定的有效性，即对产品的需求随其价格上升而减少；消费者福利的变化可以用所谓的消费者剩余来衡量。

首先是消费者剩余的概念。考虑单一产品的市场。假定该产品的需求随其价格上升而减少并独立于其他产品的价格以及消费者的收入。更为准确地，考虑“拟线性”效用函数，即

$$U(q_0, q_1, \cdots, q_m) = q_0 + \sum_{h=1}^{m} V_h(q_h)$$

式中，产品 0 是标准产品，函数 V_h 是递增和凹的。

使 U 最大化的预算约束为

$$q_0+\sum_{h=1}^{m}p_h q_h\leqslant I$$

式中，I 是消费者的收入。

最优化的条件是，对所有 h，$V_h'(q_h)=p_h$。这样，每一个消费者对产品 h 的需求函数，并且因而总消费函数，满足上述条件。[对于更一般的拟线性偏好 $U(q_0, q_1, \cdots, q_m)=q_0+W(q_1, \cdots, q_m)$，需求函数有交叉价格效应，而没有收入效应。]

考虑一个同质产品。Dupuit（1844）引入了第一种福利度量。[Dupuit 的消费者剩余有时也被称为马歇尔消费者剩余，见 Marshall（1920，p. 811），以下我们将简称之为消费者剩余。[21]] 在图 1 中，消费者剩余定义为需求曲线与过价格 p^0 的水平线之间的区域。Dupuit 认为：这一区域衡量了消费者愿意支付的超过为获得消费 q^0 单位该产品的权利而已经花费的部分（p^0q^0）的剩余部分。当需求曲线是由大量的“单位需求”所组成的时，这一点很容易理解。“单位需求”指的是，有许多消费者，每个消费者购买 0 或 1 单位产品。[换句话说，对于以上所讨论的拟线性函数，$V_h(\cdot)$ 是每一个消费者的阶梯函数，当所消费的产品 h 少于 1 时，它等于 0，而当所消费的产品 h 等于或大于 1 时，它等于消费者的支付意愿。] 不失一般性，我们按估价递减的顺序对这些消费者进行排列：$v_1\geqslant v_2\geqslant\cdots$。当且仅当 $v_i\geqslant p^0$ 时，估价为 v_i 的消费者才购买该产品。第一个消费者实现了 v_1-p^0 的剩余，因为他愿意支付 v_1。第二个消费者实现了 v_2-p^0 的剩余，依此类推，直到最后一个消费者（称为 n），他几乎没有得到剩余。全部的消费者剩余则为

$$(v_1-p^0)+(v_2-p^0)+\cdots+(v_{n-1}-p^0)$$

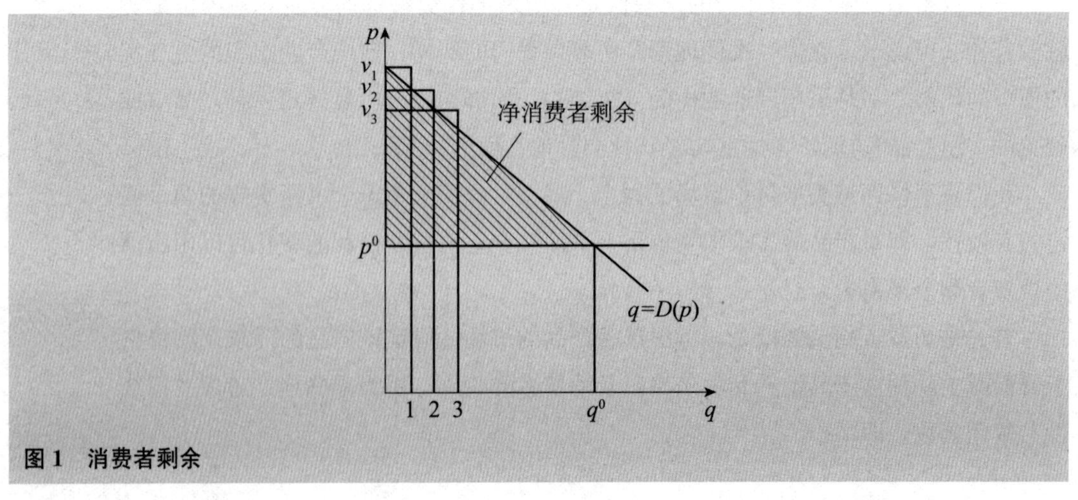

图 1 消费者剩余

当 n 很大时，这一梯级的需求函数可以近似于连续的总需求函数 $q=D(p)$，消费者剩余取如下形式：

$$S^{n}=\int_{p^{0}}^{\bar{p}}D(p)dp \tag{1}$$

S^{n} 是净消费者剩余。总消费者剩余 S^{g} 等于净消费者剩余加消费者支付的费用 $p^{0}D(p^{0})$。$\bar{p}$ 表示阻断价格（choke-off price，不再有需求的最低价格）。在离散化的表达式中，它等于 v_1，但是它也可以取无穷大值而公式并没有任何变化。

我们来考虑单个消费者，他对商品有向下倾斜的需求 $D(\cdot)$。Dupuit 的推论是，这个消费者可以被认为就像是由具有单位需求的多个消费者所组成的一样。也就是说，他愿意为购买第一个单位的商品支付 v_1，为第二个单位的商品支付 v_2，等等。总之，他在价格为 p^{0} 时从消费 q^{0} 单位的商品所得到的净剩余由方程（1）给出。从现在起，我们将考虑单个消费者。以后我们再回过头来讨论多个消费者。

当消费者价格从 p^{0} 移向 p^{1} 时，净消费者剩余和总消费者剩余的变化由以下公式定义：

$$\begin{aligned}\Delta S^{n}&=-\int_{p^{0}}^{p^{1}}D(p)dp\\ \Delta S^{g}&=-\int_{p^{0}}^{p^{1}}D(p)dp+[p^{1}D(p^{1})-p^{0}D(p^{0})]\end{aligned} \tag{2}$$

生产者剩余定义为该产业的厂商利润。图 2 给出了边际成本曲线（在完全竞争条件下，它与供给曲线相同）。利润等于销售收入 $[p^{0}D(p^{0})]$ 减去成本。成本是边际成本的积分。[22]这样，产业利润等于边际成本曲线和过价格 p^{0} 的水平线之间的区域（图 2 中的垂直阴影线部分）。

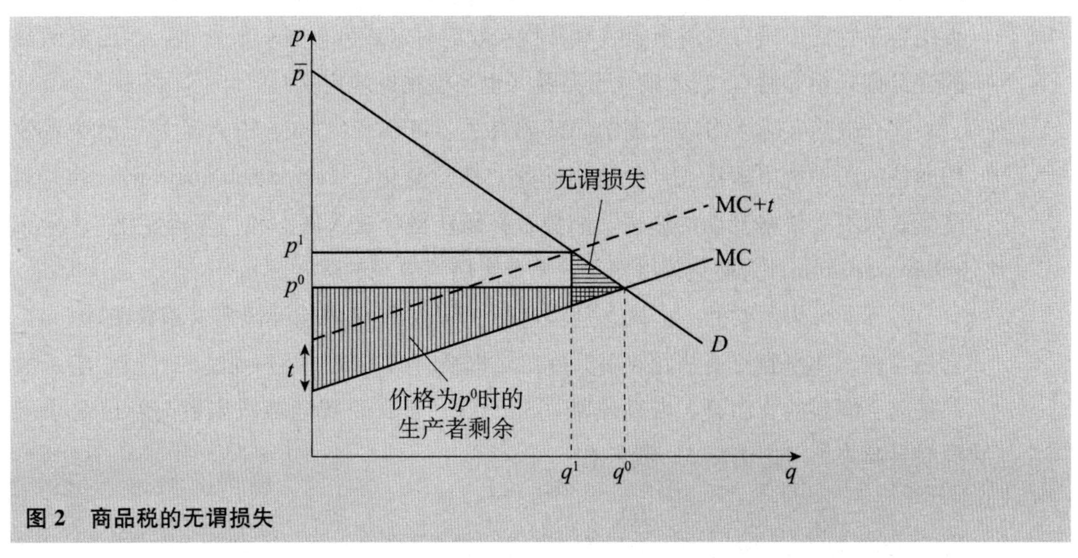

图 2　商品税的无谓损失

产业的总福利或总剩余等于消费者剩余加上生产者剩余。当消费者价格等于边际成本时（图 2 中的 p^0），总剩余达到最大。

这一理论的著名应用是导出与商品税相联系的福利损失（“无谓损失”）的货币衡量法。假设该产业是竞争性的，因而初始价格是最优的（p^0）。如果对所销售的每一单位商品课征一个单位税 t，新的均衡价格为 p^1，消费量为 q^1。福利损失等于这两种情况下的总剩余之间的差，可以用图 2 中画水平阴影线的三角形区域来衡量。（总剩余还涉及政府的税金收入。计算总剩余的最简单的方法是从总消费剩余中扣除总成本。消费者、生产者和政府之间的货币转移与总剩余的计算无关。）如 Dupuit 所提出的，如果税额很小且边际成本不变[23]，无谓损失可以近似地计算为

$$\frac{1}{2}t \mid q^1 - q^0 \mid = \frac{1}{2}t^2 \ |D'(p^1)|$$

本节的剩余部分比导论的大部分内容更具技术性，初学时可以略过。我们首先讨论消费者剩余在多种商品情况下的扩展，然后，找出使每一商品的需求向下倾斜以及使消费者剩余为福利的良好近似值的条件。

关于消费者剩余，有两个明显的问题：它是否能推广到一个以上的商品？它是否能用经典需求理论的术语来表达？为了回答这些问题，我们来考虑一般需求函数 $q_h = D_h(\mathbf{p}, I)$，式中，对商品 h 的需求依赖于价格向量 $\mathbf{p}$ 和消费者的收入 I。

推广到若干种商品的场合似乎是直截了当的。我们可以简单地将各种商品的消费者剩余相加。当价格向量 $\mathbf{p}^0$ 变为 $\mathbf{p}^1$ 时，净消费者剩余的变化为

$$\Delta S^n = \sum_h \Delta S_h = -\int_{p^0}^{p^1} \sum_h q_h d p_h \tag{3}$$

关于多种商品的这种消费者剩余的一个遗憾的特征是，式（3）定义的 ΔS^n 并不总是唯一的。积分值一般依赖于从初始价格 $\mathbf{p}^0$ 到最终价格 $\mathbf{p}^1$ 的积分路径，这一点很容易验证。只有当需求函数不具收入效应时（或者，更一般地说，当需求函数的交叉偏导相等时），它才独立于路径（也才能很好地定义）。[24]

这一缺陷实际上与需求理论的基础有关。Hicks（1946）引入了关于消费者效用变化的两种货币衡量法：价格变动的“补偿变化”（compensating variation，为使其效用不受价格变动的影响，消费者必须获得的收入额）和“等价变化”（equivalent variation，为避免价格变动，消费者愿意放弃的收入额）。[25]

对下面极为重要的一个概念是希克斯（Hicks）函数或补偿需求函数 $\mathbf{D}^c(\mathbf{p}, u)$。它是当收入调整到使消费者效用保持在 u 水平时的需求。每一商品的补偿需求函数都是向下倾斜的。而且，斯勒茨基（Slutsky）等式将普通需求函数与补偿需求函数联系起来。考虑商品 h，我们有

$$\frac{\partial D_h}{\partial p_h} = \frac{\partial D_h^c}{\partial p_h} - D_h \frac{\partial D_h}{\partial I}$$

也就是说，由自身价格的单位变化而引起的商品需求变化是两项之和。第一项是补

偿需求对于价格的导数，如我们所指出的，它是负的，被称为替代效应。第二项被称为收入效应，对常规商品，它是负的，而对劣等商品，它是正的（在拟线性效用函数的情况下，它等于 0）。这源于以下事实：p_h 提高一个单位，花费消费者 D_h 单位的收入，而单位收入对商品 h 的需求的影响为$\partial D_h/\partial I$。

考虑（例如商品 h 的）单个价格变动。

容易看到，从价格 $\mathbf{p}^0$ 到价格 $\mathbf{p}^1$，等价变化（或补偿变化）等于在效用水平 u^1（或 u^0）上，补偿需求曲线以下的区域。[26] 用 $\mathbf{D}(\mathbf{p}^0, I)\equiv\mathbf{D}^c(\mathbf{p}^0, u^0)$ 和 $\mathbf{D}(\mathbf{p}^1, I)\equiv\mathbf{D}^c(\mathbf{p}^1, u^1)$ 的事实，我们可以在图 3（它描述了常规商品的情形）中表示出消费者剩余、等价变化和补偿变化。消费者剩余的变化等于面积 $A+B$，等价变化等于面积 A，补偿变化等于面积 $A+B+C$。[27]

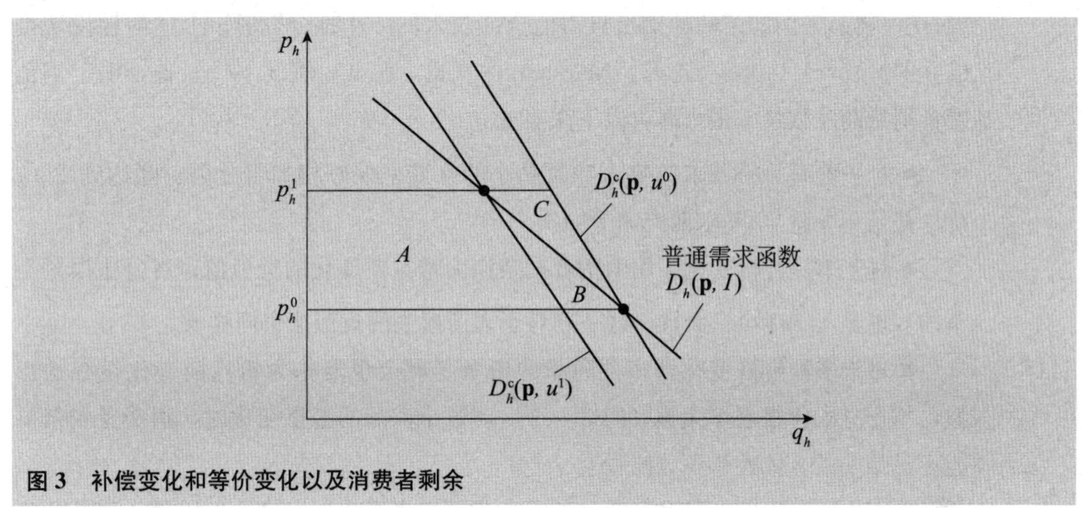

图 3 补偿变化和等价变化以及消费者剩余

消费者剩余在多大程度上近似于希克斯（等价或补偿）变化？因为这些概念对价格的导数分别是普通需求函数和补偿需求函数，斯勒茨基等式表明，当收入效应很小时，消费者剩余与希克斯变化之间的差异也很小。Willig（1976）提出了用消费者剩余作为希克斯变化的近似值所产生的百分比误差界限，它依赖于需求的收入弹性以及（或者）该商品在消费中的比例。[28]

一般而言，如果所考虑的商品仅占支出的一小部分，收入效应可能是小的。如果我们用

$$\varepsilon_h\equiv-\frac{\partial D_h}{\partial p_h}\Big/\frac{D_h}{p_h}$$

和

$$\varepsilon_h^c\equiv-\frac{\partial D_h^c}{\partial p_h}\Big/\frac{D_h^c}{p_h}$$

分别表示普通需求和补偿需求的自身价格弹性，用

$$\varepsilon_h^I \equiv -\frac{\partial D_h}{\partial I} / \frac{D_h}{I}$$

表示普通需求的收入弹性，则斯勒茨基等式可以重新表述为

$$\varepsilon_h = \varepsilon_h^c + (\frac{p_h D_h}{I})\varepsilon_h^I$$

这样，直观地讲，如果消费者在商品 h 上的支出 $p_h D_h$ 相对于收入 I 是小的，其收入效应就是微不足道的。这一结论给出了两个很有用的事实：

● 对商品 h 的需求曲线是向下倾斜的，因为补偿需求曲线是向下倾斜的。

● 消费者剩余以及由其算得的无谓损失是一个好的福利近似。

这样的直观结论至少可以追溯到 Marshall（1920，p. 842），他认为，在消费者“对任一物品，例如茶叶的支出只占他全部收入的一小部分”时，上述两种说法是成立的。Vives（1987）证实了 Marshall 的直觉。在某些假设下[29]，他证明了当消费者消费商品数量 n 很大时，以下说法成立：

● 对一种商品的需求的收入导数是小的（如果偏好相加可分离，则达到 $1/\sqrt{n}$ 阶，甚至 $1/n$ 阶），需求曲线向下倾斜。[30]

● 对于单一价格变化，用消费者剩余作为希克斯变化的近似值，百分比误差是小的（也是 $1/\sqrt{n}$ 阶）。而且，这一点对于无谓损失的近似法也同样成立。

● 对于多种价格变化，多种商品的消费者剩余也能作为希克斯变化很好的近似，与积分的价格顺序无关（回忆一下，当数个商品的价格变化时，消费者剩余可能不是唯一的，依赖于积分路径）。

本书中所讨论的商品和产业一般只代表消费者支出的一个小的份额。因此，价格变化可能只产生很小的收入效应，从而假定需求曲线向下倾斜和消费者剩余为福利的良好近似是恰当的。

将单一消费者的情况拓展到多个消费者产生了新的困难。例如，我们可以毫无困难地将总等价变化定义为各个等价变化之和。但问题是，一般来说，总等价变化对消费者之间的收入再分配是不敏感的。只有在很强的假设条件下，我们才能忽略收入分配。[31]［关于更详细的说明，参看 Auerbach（1986）。］

在本书中，我不考虑收入分配。换句话说，假设从一个消费者向另一个消费者的收入再分配不产生福利效应（收入的边际社会效用相等），我当然并不认为实际的收入分配是最优的，即使有最优的所得税结构（因为，正如关于最优税收的文献所强调的，对收入征税是有限制和代价的）。市场干预确实有合意或不合意的收入再分配效应。但是，我将运用 Musgrave（1959）的分析框架，集中讨论市场的有效性。在 Musgrave 的分析框架中，政府的分配部门操心分配，而（本书所讨论的）配置部门则专司效率。Hicks（1940）和 Kaldor（1939）的“补偿原则”认为，我们只需关心效率；如果总剩余增加，赢者可以补偿受损者，因而每个人的境况都改

善了。这种方法的典型缺陷是，分配部门可能是无效的，因而补偿未必真的发生（Samuelson，1947）。在我们关于福利的所有结论中，都要记住这一忠告。例如，在第 3 章的结论中，承认垄断者的价格歧视完全地改善了福利，而如果社会计划者给消费者收入比给厂商股东收入以高得多的权重，这一结论就会逆转。

什么是市场

市场绝不是一个简单的概念。我们显然不希望将自己局限于同质商品的情况。如果我们假定，当且仅当两种商品是完全可替代品时，它们才属于同一市场，则实际上所有市场都会由单个厂商提供服务——不同厂商至少要生产（在物理、区位、可用性、消费者信息或其他方面）略有差别的商品。但是，大多数厂商实际上并不拥有绝对的垄断权。一种商品的价格提高会使消费者在少量的可替换商品中寻找替代。所以，市场的定义不应该太窄。[32]

市场的定义也不应该太宽。任何商品都可能是另一种商品的潜在替代品，即便只是无穷小的替代。但是，一个市场也不应该是整个经济。特别是，它应该允许作局部均衡分析。它也应该允许对厂商间主要的相互作用作单个描述。

同样重要的是，要认识到市场的“正确”定义与如何使用这个概念有关。以煤为例，如果是对能源政策问题有兴趣（例如，补贴一定种类的能源所产生的效果），有关的市场就是能源市场，包括煤、气、油以及核能。在地区水平上（例如，东北部、中部和西部，参看有关企业理论的章节），分析美国的煤炭生产者和电力事业公司之间的长期合同和纵向一体化是最合适的。为了评价两家煤炭供应商合并的竞争效应，由于高昂的运输成本，我们必须使用更窄的市场定义。

定义市场并无简单的药方，正如经济学家及反托拉斯官员们对特定产业的垄断势力程度所进行的许多争论告诉我们的。但是，人们已提出了一些有益的（虽然不完备的）准则。Robinson（1933）提出，先从给定商品开始，然后考察该商品的替代品，再考察这些替代品的替代品，依此类推，直到发现替代品链中的明显差别。她认为，这些差别确定了该商品相关市场的界限。这样的定义有一些缺陷。第一，例如，现代汽车和劳斯莱斯汽车无疑属于同一替代品链，但它们真的是在同一市场吗？第二，这一定义只考虑了现存的竞争而没有考虑潜在的竞争。第三个缺陷则与如何精确定义差别有关。[33] 另一种准则是观察商品价格之间的相关性。这一想法是，属于同一市场的商品往往面对相似的成本和需求冲击，因而它们的价格倾向于相关。但是，价格相关最多只是属于同一市场的必要条件。波士顿爱迪生公司和法国电力集团都配送电力，但它们绝不是竞争者，虽然它们的价格可能是相关的，这是由于它们的燃料价格相关。因为它们的价格高度相关就得出它们属于同一市场的结论是错误的。

鉴于本书的目的，定义市场的经验上的困难将不予考虑。我们将假定，市场是被明确定义的，它或者涉及相同的商品，或者涉及一组有差别的商品，而这些商品至少是该组商品中的一种商品的很好的替代品（或互补品），只与经济社会的其他部分发生有限的相互作用。

注释

[1] 本节内容摘自 Paul Joskow 和 Richard Schmalensee 所作的讲演。

[2] 见 Schmalensee（1986）对这一方法所作的杰出的评述。

[3] 实际上，这种统计关系很弱。在回归的右边引入一个市场份额变量，就会抵消集中度的效果。一种可能的解释是，厂商间具有成本差异的产业会产生高集中度（少数低成本厂商生产大部分产品）和高利润（低成本厂商相对较少受到来自对手的竞争压力）。集中度变量可能包含了未引入的市场份额变量的作用。见第 5 章。

[4] 例如，可以用各种方法来计量规模报酬。最常用的方法也许就是估计成本函数（估计产出水平与投入价格的成本函数的参数）。Bain 从车间一级的工程资料中得出“工程生产函数”；他也使用了“工程管理分析”方法——例如，询问管理人员什么是最佳工厂规模。另一种方法是 George Stigler 的存续技术（survivorship technique），即观察存续厂商的规模。

[5] 这不大可能解释当前在产业组织方面的理论研究的“绩效”。这一领域的理论研究市场的“结构”（例如，对这一领域具有长期或短暂兴趣的一流理论家的数量）本身是内生的。人们必须寻找解释这种流入的更基本的因素。

[6] 我用“市场规制”来表示对一个产业（包括潜在的产业）中的所有厂商实行的对称性管制。

[7] Scherer（1980）是一部关于厂商行为事实的值得重视的文集，对当代理论发展发挥了非常重要的作用。

[8] 新的产业内部经验研究（intra-industry empirical studies）是有可能产生这一进展的一个很好的标志。沿这一线索的一些贡献有：Bresnahan（1987a），Joskow（1985），Porter（1983）。见 Bresnahan（1987b）的有价值的评述。

[9] 要了解这一方法运用于产业组织学的情况，请参看 Plott（1982）。

[10] 参看 Helpman 和 Krugman（1985）有关开放经济下的产业组织学的新近贡献。

[11] 参看 Hart（1985）对有关文献的很好的评述。

[12] 参看 Carlton（1987）。

[13] 按照这一理论，最优化问题（即目标函数的最大化）的值对于一个外生参数的导数等于该目标函数对于该参数的偏导。也就是说，仅仅应该考虑该参数变化的直接影响，而不需考虑通过内生（控制）变量的变化而产生的间接影响，这只是二级效应。正式地说，令

$$V(a)=\max_x f(x,a)$$

则

$$\frac{dV}{da}=\frac{\partial f}{\partial a}(x^*(a),a)$$

式中，$x^*(a)$ 是最优控制变量。

[14] 函数 $f(x)$ 是凹的，对于区间 $\lambda\in[0,1]$ 以及所有的 x 和 x'，

$$f(\lambda x+(1-\lambda)x')\geqslant\lambda f(x)+(1-\lambda)f(x')$$

式中，x 是 R^n 的一个向量。

对于可微函数，凹性的另一个特征如下：对所有的 x 和 x'，

$$f(x)\leqslant f(x')+\sum_{i=1}^{n}\frac{\partial f}{\partial x_i}(x')(x_i-x'_i)$$

（对于 R 中的 x，读者可以用图形来检验这一不等式。）

如果在由 $\{x \mid f(x) \geqslant y\}$ 定义的 R^n 中的集合对于所有 y 是凸的，则函数 f 是准凹的。

对于 R 中的 x，准凹性的一个更强一点的充分条件是，当 $f'=0$ 时，$f''<0$。用图形将易于显示，准凹性（较凹性为弱）的更强概念是，满足在最优规划中所有所需的二阶条件。但是，我们很少需要这样的概念。

[15] 对最优化进行了更详细论述的经济学家包括 Dixit（1976）及 Kamien 和 Schwartz（1981）。

[16] 见 Debreu（1959）、Arrow 和 Hahn（1970）以及 Mas-Colell（1985）所作的优秀处理。读者可以在 1978 年 Varian 的著作（研究生水平）和各种本科生微观经济学教科书中见到较简易的解释。

[17] 这并不是说产业组织学应该完全抛弃竞争均衡。从简单的竞争模型中可以引出一些实证的含义。例如，有一些令人感兴趣的文献（本书中没有讨论）运用竞争范式，研究了动态经济中进入和退出一个产业的过程，并且（或者）发现了吉布拉定律（Gibrat's law）的理论基础（根据这一定律，平均来说，厂商的增长率与厂商规模是无关的）。参看 Lucas（1978）、Jovanovic（1982）、Lippman and Rummelt（1982）和 Hopenhayn（1986）。

[18] 当一个消费者消费某种产品而直接影响了另一个消费者的福利，或者当一家厂商的生产影响了其他经济行为人的利益时，就产生了外部性。一个消费者加入电话网，扩大了电话网的规模，就对其他消费者产生了正外部性。一家厂商污染了河流，就对消费者和其他厂商产生了负外部性。

[19] 公共产品是能够同时被多个消费者消费的产品（例如，国防或电视节目）。

[20] 见 Hall（1986）对一些产业中价格和边际成本间偏离所作的富有独创性的估计。

[21] 见 Auerbach（1986）对剩余和超额负担的各种衡量方法的详尽考察。也可以见 Hicks（1941）和 Samuelson（1947）对消费者剩余的经典讨论。

[22] 如果有生产的固定成本，则须将其从利润中扣除。

[23] Hotelling（1938）和 Harberger（1964）后来更正式地证明了这一结果，并将其推广到几种商品。Boiteux（1951）和 Debreu（1951）在一般均衡框架内给出了无谓损失的重要的衡量法。

[24] 为了说明这一点，我们考虑两个价格。先改变一个，再改变另一个；然后反过来。取两者之差，并将需求函数记作各偏导数的积分，得到式子 $\partial D_2/\partial p_1 - \partial D_1/\partial p_2$。如果需求为互补的（斯勒茨基矩阵对称），这一式子会等于 0。但是，这些需求是普通的。关于补偿需求的概念，参看 Varian（1978）。关于这里所研究的问题，参看 Auerbach（1986）。

[25] 令

$$E(\mathbf{p}, u) = \min_{\mathbf{q}}\{\mathbf{p} \cdot \mathbf{q}\}, \text{ s. t. } U(\mathbf{q}) \geqslant u$$

为消费者的支出函数，式中，$U(\cdot)$ 表示效用函数。它是价格向量是 $\mathbf{p}$ 时为达到效用水平 U，消费者所要求的最低收入额。令

$$V(\mathbf{p}, I) = \max_{\mathbf{q}} U(\mathbf{q}), \text{ s. t. } \mathbf{p} \cdot \mathbf{q} \leqslant I$$

表示间接效用函数。当价格从 $\mathbf{p}^0$ 变为 $\mathbf{p}^1$ 时，补偿变化为

$$CV = E(\mathbf{p}^1, V(\mathbf{p}^0, I)) - I$$

等价变化为

$$EV = I - E(\mathbf{p}^0, V(\mathbf{p}^1, I))$$

等价变化是一个可接受的福利量，因为比较在价格 $\mathbf{p}^1$ 和 $\mathbf{p}^2$ 时的福利——$V(\mathbf{p}^1, I)$ 和 $V(\mathbf{p}^2, I)$——相当于比较从 $\mathbf{p}^0$ 到 $\mathbf{p}^1$ 和从 $\mathbf{p}^0$ 到 $\mathbf{p}^2$ 的等价变化。一般来说，补偿变化不具有这一性质。

在多重价格变动的情况下，这两个变化未表现出对路径的依赖。

[26] 正式地说，等价变化为

$$E(\mathbf{p}^1, V(\mathbf{p}^1, I)) - E(\mathbf{p}^0, V(\mathbf{p}^1, I))$$

$$= \int_{p_h^0}^{p_h^1} D_h^c(\mathbf{p}, V(\mathbf{p}^1, I))dp_h$$

式中，$I=E(\mathbf{p}^1, V(\mathbf{p}^1, I))=E(\mathbf{p}^0, V(\mathbf{p}^0, I))$，用包络定理和支出函数的定义，得到支出函数对价格的导数。对于补偿变化，情况类似。

[27] 两个希克斯变化将消费者剩余包括在一起。当考虑无谓损失而不是剩余或变化时，这一点可能不成立。

关于将无谓损失拓展到多重价格变化的情形，参看 Mohring（1971）、Diamond 和 McFadden（1974）。他们的论文分别用到了等价变化和补偿变化。

[28] 但要注意，这种近似值的小的百分比误差未必意味着由消费者剩余计算出希克斯变化，从希克斯变化计算出无谓损失，其近似值的百分比误差也是小的。（为了得出无谓损失，必须扣除政府和厂商增加的收入。）参看 Hausman（1981）。

[29] 特别地，Vives 假定对不同商品的偏好是充分对称的（避免了一种商品引起大部分收入效应的可能性），并且没有两种商品接近到完全可以替代（避免了一种商品吸引大部分需求的可能性），还假定消费者的效用函数满足一个曲率条件。当商品数量趋于无穷大时，如果替代效应很大，收入接近为零。

[30] 关于一种商品的需求曲线向下倾斜的条件有不同的文献。例如，Hildenbrand（1983）证明，如果所有消费者有同样的需求函数，收入分配由一个递减密度给出，则所有需求函数均向下倾斜。另参看 Chiappori（1985）。这并不要求有大量商品（相关的假设参看注释［29］）。但是，关于相同偏好和递减的收入密度的假设则是很强的。

在 Sonnenschein（1973）、Debreu（1974）和 Mantel（1976）关于超额需求函数的早期著作中，要求强的假设并不奇怪。这些作者表明，只要消费者的数量至少和商品的数量一样多，就绝不会对总需求函数形成约束（价格的零次齐次性和瓦尔拉斯法则除外）。

[31] 更具体地讲，消费者 i 的需求函数必须采取“高曼极形式”(Gorman polar form)：

$$D^i(\mathbf{p}, I^i) = \Phi^i(\mathbf{p}) + \theta(\mathbf{p})I^i$$

式中，Φ^i 对价格是零次齐次的；θ 是 -1 次齐次的。

[32] 这部分内容得益于 Paul Joskow 和 Richard Schmalensee。

[33] 美国司法部的方针提供了一些相关的准则：从一定的商品和卖家开始，不断增加接近的替代品（未必由同一卖家生产），直到这一类商品作为一个整体具有充分低的自身需求弹性，以致这些商品的卖家如果合谋，将会收取高于某种生存水平的平均垄断加价。这一组商品被称为一个市场。因此从业者不必去寻找差别，虽然在实践中他们可能会这样做。

参考文献

Areeda, P. 1974. *Antitrust Analysis*, second edition. Boston: Little, Brown.

Areeda, P., and D. Turner. 1976. *Antitrust Law*. Boston: Little, Brown.

Arrow, K., and F. Hahn. 1970. *General Competitive Analysis*. San Francisco: Holden Day.

Auerbach, A. 1986. The Theory of Excess Burden and Optimal Taxation. In *Handbook of Public Economics*, volume 1, ed. A. Auerbach and M. Feldstein. New York: Elsevier.

Blair, R., and D. Kaserman. 1985. *Antitrust Economics*. Homewood, Ill.: Irwin.

Boiteux, M. 1951. Le "Revenu Distribuable" et les Pertes Economiques. *Econometrica*, 19: 291 - 309.

Bresnahan, T. 1987a. Competition and Collusion in the American Automobile Industry: The 1955 Price War. *Journal of Industrial Economics*, 35: 457 - 482.

Bresnahan, T. 1987b. Empirical Studies of Industries with Market Power. In *Handbook of Industrial Organization*, ed. R. Schmalensee and R. Willig. Amsterdam: North-Holland, forthcoming.

Carlton, D. 1987. The Theory and the Facts of How Markets Clear: Is Industrial Organization Valuable for Understanding Macroeconomics? In *Handbook of Industrial Organization*, ed. R. Schmalensee and R. Willig. Amsterdam: North-Holland, forthcoming.

Chiappori, P.-A. 1985. Distribution of Income and the "Law of Demand." *Econometrica*, 53: 109 - 127.

Debreu, G. 1951. The Coefficient of Resource Allocation. *Econometrica*, 19: 273 - 292.

Debreu, G. 1959. *The Theory of Value*. New York: Wiley.

Debreu, G. 1974. Excess Demand Functions. *Journal of Mathematical Economics*, 1: 15 - 21.

Diamond, P., and D. McFadden. 1974. Some Uses of the Expenditure Function in Public Finance. *Journal of Public Economics*, 3: 3 - 21.

Dixit, A. 1976. *Optimization in Economic Theory*. Oxford University Press.

Dixit, A., and V. Norman. 1980. *Theory of International Trade*. Welwyn: Nisbet.

Dupuit, J. 1844. De la Mesure de l'Utilité des Travaux Publics. Translation in *AEA Readings in Welfare Economics*, ed. K. Arrow and T. Scitovsky.

Hall. R. 1986. The Relationship between Price and Marginal Cost in U. S. Industry. Working Paper E-86-24, Hoover Institution, Stanford University.

Harberger, A. 1964. Taxation, Resource Allocation and Welfare. In *The Role of Direct and Indirect Taxes in the Federal Reserve System*. Princeton University Press for NBER and Brookings Institution.

Hart, O. 1985. Imperfect Competition in General Equilibrium: An Overview of Recent Work. In *Frontiers of Economics*. ed. K. Arrow and S. Honkapohja. Oxford: Blackwell.

Hausman, J. 1981. Exact Consumer's Surplus and Deadweight-Loss. *American Economic Review*, 71: 662 - 676.

Helpman, E., and P. Krugman. 1985. *Market Structure and Foreign Trade*. Cambridge, Mass.: MIT Press.

Hicks, J. 1940. The Valuation of Social Income. *Economica*, NS 7: 105 - 129.

Hicks, J. 1941. The Rehabilitation of Consumer's Surplus. *Review of Economic Studies*, 9: 108 - 116.

Hicks, J. 1946. *Value and Capital*, second edition. Oxford University Press.

Hildenbrand, W. 1983. On the Law of Demand. *Econometrica*, 51: 997 - 1019.

Hopenhayn, H. 1986. A Competitive Stochastic Model of Entry and Exit to an Industry. Mimeo, University of Minnesota.

Hotelling, H. 1938. The General Welfare in Relation to Problems of Tarification and of Railway and Utility Raises. *Econometrica*, 6: 242 - 269.

Joskow, P. 1975. Firm Decision-Making Process and Oligopoly Theory. *American Economic Review, Papers and Proceedings*, 65: 270 - 279.

Joskow, P. 1985. Vertical Integration and Long Term Contracts: The Case of Coal-Burning

Electric Generating Plants. *Journal of Law, Economics and Organization*, 1: 33-80.

Jovanovic, B. 1982. Selection and the Evolution of Industry. *Econometrica*, 50: 649-670.

Kaldor. N. 1939. Welfare Propositions in Economics. *Economic Journal*, 49: 549-552.

Kamien, M., and N. Schwartz. 1981. *Dynamic Optimization*. Amsterdam: North-Holland.

Lippman, C., and R. Rummelt. 1982. Uncertain Imitability: An Analysis of Interfirm Differences in Efficiency under Competition. *Bell Journal of Economics*, 13: 418-438.

Lucas, R. 1978. On the Size Distribution of Business Firms. *Bell Journal of Economics*, 9: 508-523.

Mantel, R. 1976. Homothetic Preferences and Community Excess Demand Functions. *Journal of Economic Theory*, 12: 197-201.

Marshall, A. 1920. *Principle of Economics*. London: Macmillan.

Mas-Colell, A. 1985. *The Theory of General Economic Equilibrium: A Differentiable Approach*. Cambridge University Press.

Mohring, H. 1971. Alternative Welfare Gain and Loss Measures. *Western Economic Journal*, 9: 349-368.

Musgrave, R. 1959. *The Theory of Public Finance*. New York: McGraw-Hill.

Plott. C. 1982. Industrial Organization Theory and Experimental Economics. *Journal of Economic Literature*, 20: 1485-1527.

Porter, M. 1980. *Competitive Strategy*. New York: Free Press.

Porter, R. 1983. A Study of Cartel Stability: The Joint Economic Committee: 1880-1886. *Bell Journal of Economics*, 14: 301-314.

Posner, R., and F. Easterbrook. 1981. *Antitrust Cases, Economic Notes and Other Materials*, second edition. St. Paul: West.

Robinson, J. 1933. *The Economics of Imperfect Competition*. London: Macmillan.

Samuelson, P. 1947. *Foundation of Economic Analysis*. Cambridge, Mass.: Harvard University Press.

Scherer, F. 1980. *Industrial Market Structure and Economic Performance*, second edition. Chicago: Rand-McNally.

Schmalensee, R. 1986. Inter-Industry Studies of Structure and Performance. In *Handbook of Industrial Organization*, ed. R. Schmalensee and R. Willig. Amsterdam: North-Holland, forthcoming.

Sonnenschein, H. 1973. Do Walras' Identity and Homogeneity Characterize the Class of Community Excess Demand Functions? *Journal of Economic Theory*, 6: 345-354.

Varian, H. 1978. *Microeconomic Analysis*. New York: Norton.

Vives, X. 1987. Small Income Effects: A Marshallian Theory of Consumer Surplus and Downward Sloping Demand. *Review of Economic Studies*, 54: 87-103.

Willig, R. 1976. Consumer's Surplus without Apology. *American Economic Review*, 66: 589-597.

绪论 企业理论

本书中的基本角色是企业。但什么是企业？企业怎样运作？这两个问题是这一开篇章的主题。

“企业”“纵向一体化”和“权威”的概念并不简单，因此它们在文献中被赋予了各种各样的含义。这里将要提及并加以分类的那些经常被使用的定义，既反映了这些概念的不同侧面，也可以被认为是互补的。它们所共有的一种思想是，企业比它的各组成部分独自地行动应该能够更有效地进行生产（或销售）。这些定义因而不可避免地要求采用非常明确的最优化方法。

企业的行为同样不是一件简单的事情。在很多情形下，企业决策者会偏离利润最大化行为，反过来也有很多机制限制了经营者的偏离行为。另外，最近对企业的决策与行为研究的成果大多建立在激励理论基础上，对此的全面论述超出了本书的范围。但这里仍将对主要的论点加以介绍和分类。

本章至少是已知的各种观点的一个总汇，在最好的情况下，也只是一张有关成果的指路图。我们将快速地回顾各种各样的理论，并给感兴趣的读者提供大量参考文献，读者还会发现 Hart 和 Holmström（1987），以及 Holmström 和 Tirole（1987）的评述也很有参考价值。[1]

对企业的规模，习惯上要区分横向的方面和纵向的方面——尽管这并不总是没有歧义。横向方面是指单一产品企业的生产规模或多产品企业的生产范围。纵向方面反映了企业在多大程度上自己生产那些可以从外部购买的商品和服务。一家壁纸制造商与另一家壁纸制造商或一家壁砖生产商合并，所涉及的是横向一体化；一家葡萄酒制造商收购一家酒瓶或软木塞工厂，所涉及的则是纵向一体化。

本章分成两节。第 1 节考察了各种各样的企业定义，其侧重点不在于阐述法律规定中的一些企业形式（例如，两合公司或有限公司）所具有的长处（有限责任、发行股票，等等）。[2]相反，其侧重点在于什么决定了企业的规模。不过，事先应该提及一个法律方面的问题：有时企业中的交易内部化是掩盖反托拉斯法下不合法活动的一个办法。文中给出了两个这样的例子，其中的企业或横向或纵向地一体化了，其目的是在产品市场上合法地实践垄断的威力。

第1节主要涉及一体化或非一体化效率（或“非垄断”）原因的探讨。效率驱动力是与经济活动的成本最小化组织联系在一起的，它们并不依赖于产品市场上垄断力量的存在。的确，如果产品市场是完全竞争的，私人和社会在选择不同组织形态方面的利益通常是一致的。[3]

首先企业将被看成是在挖掘规模或范围经济时，在给定时点的不同组成部分的协同体。[4]这种关于企业存在的技术观点，将引起对成本或需求互补性的各种形式的讨论，以及对古老的U型组织（其中各单位是根据其功能聚集起来的）的讨论。

关于企业的第二种观点——其组成单位长期安排的契约观点——把我们带到关于长期关系中特异性交换风险的威廉姆森理论。考虑买者与卖者之间的关系，在这种关系中，当事人在交易前必须进行交易特用投资。事前（在同意交易前）可能会有很多供方和买方，但是事后（一旦投资已经完成）买方和供方就可能处在双边垄断地位。供方可能找不到其他出路，买方也不能及时与新的供方订约。这种事后（同意交易后的）缺乏竞争性导致了“敲竹杠”或“机会主义”产生的可能性（一方投资的收益被另一方占有）。为了事前能够鼓励专用性投资，长期契约必须保证事后各方的公平回报。通过防止垄断定价来保证事后有效的交易量也是必须的。

以上两种观点相对来说与企业的法律定义（或者相互间）没有什么关系。那些同意共担一些固定成本（例如，研究出口市场，共同采购投入品或研发）的企业，如签订规定严格纵向约束契约的制造商和零售商，以及签订了详尽的30年供应合同的相邻的电厂和煤矿，都可被认为至少部分地一体化了，尽管在法律上它们保持着各自独立的实体。（试对照地想一下，一名为某一特定工作而被雇用的雇员，或者一名可以在没有事先通知和违约处罚的情况下随时离职或被解雇的雇员。）

第三种企业观点——不完全契约观点——距离法律定义更近了一些。它强调企业和契约是相当不同的“治理模式”。它把企业看成是一种规定在合同中无法预测到的突发事件发生时应该如何行动的特殊方式。它始于这样的思想，即契约必然是不完全的，因为有一些未来状态是不可预见的，或者可能的状态太多因而不能在文字上明确，因而成本最小化要求初始契约只规定粗线条的关系。对机器的所有权和雇佣关系给了企业所有者在一定限度内选择使用机器和人力的权力（“权威”）。这样，一体化的程度就能够粗略地通过权威在订约各方之间的分配程度来衡量。

第1节还根据各种不同的企业定义讨论了限制企业规模的因素。这些因素有：对规模报酬和范围报酬的利用，稀缺因素，长期关系的弊病，以及权力的过分集中。

第2节把企业当成定义明确的实体。这里不是分析企业规模，而是考察企业怎样运作。企业真的像本书通篇所假设的那样，要使利润最大化吗？如果不是这样，利润最大化假定还是预言垄断行为或策略相互作用的有用指南吗？文中考察了限制经营者偏离行为的各种机制（监督以及产品、劳动和资本市场的激励），然后讨论了利润最大化假定。

0.1 什么是企业

在0.1.2至0.1.4小节中，我们将考察三种把企业当作成本最小化手段的观点。但是，在此之前，我们讨论一下某些一体化的动机。

0.1.1 作为行使垄断力量的一种形式的企业

无论是对是错，许多交易活动都被反托拉斯法当做有害的垄断力量形式而禁止。通过使这些活动内部化，企业能够绕过法律框架悄悄地行使它们的垄断力量。（因为内部交易通常不会被观察到，所以它们逃避了法律。[5]）

价格歧视

如第3章所示，企业会希望对一定的商品在不同的市场以不同的价格卖出。这给服务于这些市场的零售商之间进行套利提供了可能。为了避免套利，制造商会一体化到销售中，并自行服务于低价格市场。一种类似的现象是由法律而不是套利引起的，它源于法律强迫企业平等地对待处于“类似地位”的两个顾客（如原则上在美国或法国的情况），但是制造商希望区别地对待他们，或者预先满足一个顾客的要求时。通过与一个顾客的一体化，制造商可以区别地对待另一个，或可能同时关闭中间品市场。

中间价格控制

假设大量供方和大量买方之间交易的中间产品的价格是由规制机构以低于供求决定的市场均衡价格确定的，这种中间产品一定要通过某种定量供应机制分配给买方。这使供方受到与它们的一些买方合并的鼓励。为什么？这种中间产品的（合法的）交易价格比买方愿意支付的影子价格要低。因此，存在着可在供方和被供应的用户之间分配的潜在租金。然而，尽管市场不受管制时，供方能通过提高价格来获得它们的那一份租金，它们却不能在受管制的市场上做到这一点。纵向一体化允许供方通过进行内部的因而是不可观察的交易来绕过法律。

还有其他法律原因可以导致纵向关联的企业实行一体化。一个原因是营业税的存在。交易内部化避免了在中间阶段支付这种税。（当税基是产品的增值而不是累积的产品价值时，这种现象不会发生。增值税对一体化决策是中性的。）另一个原因是存在着回报率管制。如果设备交付价格没有被管制，回报率受到管制的企业能够通过后向一体化到设备供应产业获得更大利润。[6]

第4章对与运用垄断力量有关的纵向一体化的经济驱动力而不是法律驱动力进

行了研究。

评论 运用垄断力量的动力也会推动横向一体化。一个明显的例子是两家生产相同产品企业的合并。这种合并以美国1887—1904年间的大合并浪潮最为著名[7]，通常意味着排除由产品竞争导致的垄断利润的消失（见第5章）。[8]

0.1.2 作为静态协同体的企业

跟随着Viner（1932）对成本曲线的经典考察，产业组织理论的一个久远的主题是，一个产业中的企业规模和数量与规模报酬程度相关。

企业规模的一个主要决定因素是它能够利用规模经济或范围经济的程度。就像工程师已很好证实的那样[9]，大量生产允许使用较为有效的技术，他们以可降低成本的技术证明投资值得进行，他们还允许工人更加专业化。这样单位生产成本就降低了。这种与单一产品的生产数量相联系的规模经济被称作产品专业化经济（product-specific economies）。尽管通常并不这样做，但我们把所谓的密集存货经济（economies of massed reserves）也包括在这种类型中（Robinson，1958）。一个拥有大量机器的工厂能够比只有少量机器的工厂超比例地支撑更高的产出流。这是由于一台机器偶尔的故障对产出只有很小的影响，因为通过那台机器的生产流可以被重新安排到其他机器上。（在一定限度内，当机器故障是独立事件时，根据大数定律，能够被支撑的产品流是完全确定的。）类似地，一个服务于有（不完全相关的）各种不同需求的若干个市场的企业，比单独地服务于这些市场的各自独立的企业面对着更少的不确定性，因此能够节省昂贵的高峰负荷投资。当各种不同的产品能够共享生产技术时，密集存货经济也可以应用于多产品企业。[10]

另外，有些活动，不管它们是针对同一产品还是不同产品，如果聚集起来，虽然狭义上与生产无关，但与伴随着生产的服务有关。它们包括监督、营销、人事、财务、分配、原材料采购、研发等。这种聚集避免了与这些服务有关的固定成本的重复，或者至少平均地降低了这些成本。需求互补性也可能是协调活动的一个动因。[11]

19世纪末出现了对大规模的、多功能企业的合并，它们被组织成U型（集权式）组织[12]，各单元根据其功能被重组成如图0.1所示的形式。这种组织类型可以被看成是挖掘潜在规模经济的一种做法。在每个单元中，大规模使实现其功能（即生产商品或服务）的单位成本降低了。

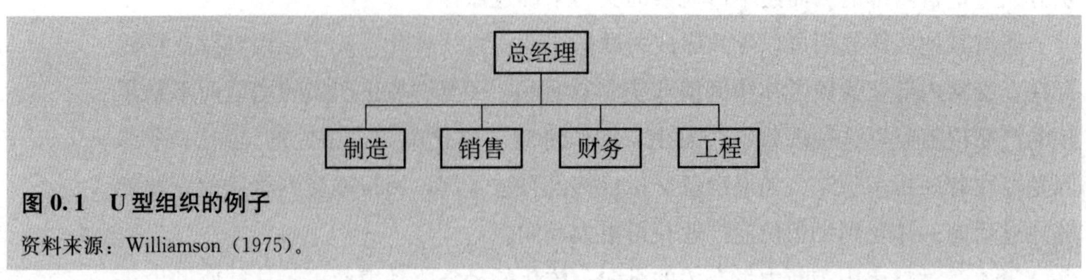

图0.1 U型组织的例子

资料来源：Williamson（1975）。

不管有多么普遍，规模报酬总有其限度。只有在与两个生产单元都相关的机器或职能部门没有物尽其用时，它们才能够被优化在一起。类似地，那种与共担风险和大数定律相联系的高峰负荷能力的节省，随着企业规模的增长变得越来越小。而且，通常会存在诸如经营才能之类的稀缺因素，它们不能随着企业的膨胀而增加。[13]

现在我们简要地考察一下规模报酬和范围报酬的形式化。［在 Baumol 等（1982）中能够看到更加完整的探讨——见第 2 章的单一产品情况和第 3 章、第 4 章的多种产品情况。］

我们从单一产品企业开始。令 $C(q)$ 表示一个企业生产产出 q 的总成本，即 $C(q)$是允许生产 q 单位产出的一组投入要素的最小成本。为了简化，假设成本函数是二阶可微的（零产出除外）：

$$C(q)=\begin{cases}F+\int_0^q C'(x)dx & q>0\\ 0 & \text{其他}\end{cases}$$

其中 $F\geqslant 0$ 代表固定生产成本。

如果对所有可能的 q，$C''(q)<0$，边际成本就是严格递减的。如果对所有的 q_1 和 q_2，$0<q_1<q_2$，则

$$\frac{C(q_2)}{q_2}<\frac{C(q_1)}{q_1}$$

平均成本就是严格递减的。

如果对任何 n 个产出 q_1，…，q_n，有

$$\sum_{i=1}^{n}C(q_i)>C(\sum_{i=1}^{n}q_i)$$

则成本函数是严格次可加的（strictly subadditive）。

因此，次可加性是指一起生产各种不同产出比分别生产它们所花的成本更低。

图 0.2 显示了初级和中级微观经济学教科书中常见的平均成本（AC）和边际成本（MC）曲线的三种形态。图 0.2（a）意味着对于所有的 $q>0$，成本函数 $C(q)=F+cq$。企业承担着固定成本 F，并且有一个不变边际成本。平均成本总是在下降（零产量时除外），尽管下降速度越来越慢。图 0.2（b）显示了 U 形平均成本曲线。平均成本一直下降到与边际成本曲线相交的“最有效规模”（most efficient scale，MES）点，然后开始上升。这种成本曲线的一个例子是 $C(q)=F+aq^2$（其中 $a>0$）。图 0.2（c）描绘的平底的平均成本曲线介于前两种曲线之间。在递减报酬使其上升之前，平均成本在一定的产出范围内是固定不变的。[14]

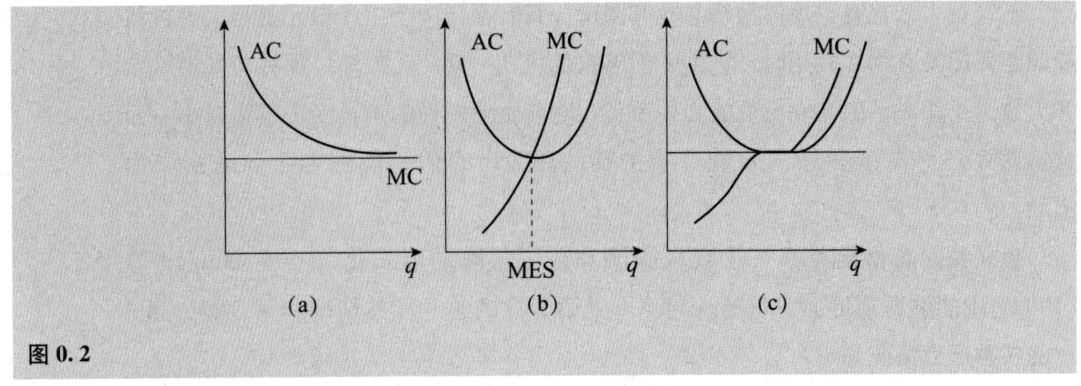

图 0.2

处处递减的边际成本意味着平均成本总是递减的[15]，平均成本总是递减的意味着次可加性。[16]但这两种情形的逆命题是不成立的。［见属于第一个逆命题的反例——图 0.2（a）和属于第二个逆命题的反例——Baumol 等（1982）中的命题 2A1。］

评论 根据所作的应用研究，可以赋予自然垄断几种不同的含义。假设存在着生产某种产出 q 的普遍可用的技术 $C(q)$。如果一个产业成本函数在相关的产出范围内是次可加的，则 Baumol 等（1982）把该产业定义为自然垄断。这个定义对一个悉知情况的计划者（一个完全知道成本函数的计划者）来说是正确的。当总产出能够由单个企业更便宜地生产时，计划者就不会有积极性给数家企业生产。

在较为实证的意义上，我们可以看一看非规制产业中的行为。如果产业中的企业数为 n，令 $\Pi(n)$ 代表单个企业的利润。（为简单起见，假设所有企业都获得相同的利润。）该利润是企业进行任何类型竞争的成果，是所有成本（包括固定成本）之外的净利润。自然要假设 $\Pi(n)$ 随着 n 的增加而下降。如果 $\Pi(1)>0>\Pi(2)$，即如果只有一家企业而不是两家或更多企业可以存在，该产业就是一个自然垄断的产业。[17]

我们还可以考察对成本函数（或需求）有不完全信息的规制者的情况。这种规制者可能愿意放弃一定的规模报酬（单一企业生产）来换取通过企业之间的竞争获得有关信息。当规制者宁愿让单一企业生产时，自然垄断就产生了。

次可加性自然可以一般化到多产品企业。假设 $\mathbf{q}$ 现在是生产向量或计划：对 m 种产出，$\mathbf{q}=(q_1, \cdots, q_m)$。令 $\mathbf{q}^1, \cdots, \mathbf{q}^n$ 代表 n 个这种向量。（这里上标指生产计划，下标指商品。）成本函数 C 是严格次可加的，如果

$$\sum_{i=1}^{n} C(\mathbf{q}^i) > C(\sum_{i=1}^{n} \mathbf{q}^i)$$

对所有 $\mathbf{q}$，$\sum_i \mathbf{q}^i \neq 0$。该定义也适用于作为特例的单件产品成本函数。（令 m 种商品都是同质的，即为同种商品。）更有趣的是，它给出了范围经济的一个公式。例如，令 q_1 和 q_2 代表两种不同商品的数量。这样，对一个严格次可加的成本函数，

则有

$$C(q_1, 0) + C(0, q_2) > C(q_1, q_2)$$

$C(q_1, 0)$ 和 $C(0, q_2)$ 被称为独立成本（stand-alone costs）。例如，既经营客运又经营货运（两种不同的经济商品）的独家铁路公司，在技术上要比专门进行其中一种经营的两家公司更有效。类似地，当由独家电力公司生产时，高峰负荷和基本负荷需求的生产的成本较低。[18]

上述技术观点是一个"企业理论"吗?

技术观点注重界定企业的规模。规模经济鼓励集中活动。对规模的限制源于平均成本曲线在高产出时上升的事实，见图 0.2 的（b）和（c）。有两个相互联系的理由说明现在这种观点为什么还不能构成一种企业规模理论。

首先，为什么规模经济必须在企业内挖掘尚不清楚。在逻辑上，规模经济也能够通过在法律上独立的实体之间签订契约来实现。例如，考察一下前面对"密集存货经济"的讨论。如已经指出的那样，一个服务于几个市场的企业比服务于这些市场的大量相互独立的企业面对着较少的不确定性。因此它可以减少昂贵的高峰负荷设备投资。但是类似的结果能够通过以某种（可能是随机的）有价转移商品的协议来实现。的确，发电厂确实在参与储备电力的安排。类似地，Arrow 等（1972）的包含规模报酬递增生产函数的"修理工问题"也不意味着全部生产必须在一个单独的企业内进行。不同的单位可以签订共享修理工服务的合同，或者能够成立可向这些单位提供服务的独立的修理企业。

其次，我们不能想当然地认为平均成本曲线在高产出时一定上升。例如，如果生产产出 q_1+q_2 比分别生产产出 q_1 和 q_2 成本更高，想要生产 q_1+q_2 的企业将建立两个独立的以准企业方式运作的事业部，它的生产技术将不会表现为规模不经济。对这个讨论的一个修正把我们带入威廉姆森的"选择性干预难题"（puzzle of selective intervention）：为什么我们不能把两个企业合并成一个，以复制（可能通过选择性干预改进）非集中化结果呢？为什么企业规模有限度？（0.1.4 小节给出了答案的一个方面。）

0.1.3 作为长期关系的企业

在 0.1.2 小节中我们考察了在给定的时点上，一些单元希望通过静态契约合并或协调其活动一致的一些原因。我们现在来研究与长期关系相联系的新问题——特别是，为什么只要可行，管制明天交易的规则就必须在今天确定。[19]为了简化，这个讨论将严格限制在一个供方和一个买方的纵向关系上。在讨论不确定性时，也将假定两者都是风险中性的。

特异性投资和资产专用性

长期关系经常与转换成本或专用性投资相联系。Williamson（1976）以与政府使用重复竞价来分配自然垄断相关联的风险为例，详尽分析了转换成本。[20]转换成本中突出的问题是新团队需要学习规则，而老团队不太愿意向新团队传递信息。可能阻止规制者重复使用竞价确定某一商品的垄断供应的成本，也同样可能阻止买方重复使用现货市场向供方购买某些商品或服务。

转换成本在一定意义上是特异性投资的一种情况。一旦双方进行了交易，维持交易关系能够产生与其他方交易得不到的额外剩余。更一般地，特异性投资可能与未来交易的期望而不是当前交易相联系。例如，在下列情况时就是这样：供方必须为买方的特定订单设计带有特殊（专用）性能的装备（就像机械用具常有的情况）；或者买方在供方提交用来生产最终产品的中间产品前（如音乐会组织者在歌唱家演唱之前，要租下音乐厅），花钱和精力销售或推销最终产品；或者原材料用户购买适合加工某种材料的机器。Williamson（1975）区别了专用性的两种具体类型：场所专用性和人力资本的专用性投资。场所专用性与供方或买方的就近交易的收益相联系。例如，在钢铁产业，冶炼（向前）和轧制（向后）操作一体化可以降低运输成本，并且避免了对钢铁进行再加热。类似地，发电厂坐落在煤矿附近节省了运输成本。人力资本的专用性投资包括诸如对操作过程和团队工作的学习。[21]

所有这些专用性类型都有同样的结果：契约各方现在知道以后将从相互交易中有所得。重要的是，为了正确地发掘这些来自交易的收益（即有有效的事后交易量），以及为了诱使事前的有效专用性投资量，还要正确地分配这些收益。

专用性投资的关键方面是，即使供方和买方事前要在竞争性的大量供方和买方中互相选择一番，供方和买方最后也会形成事后双边垄断，使得其有积极性在相互之间交易而不是与外方交易。在双边垄断下各方都想得到事后共同剩余，因此危害了事后有效交易的实现和事前专用性投资的有效数量。[22]

双边垄断定价和事后交易量

为了更具体一些，我们假设有两个阶段：$t=1$（事前）和 $t=2$（事后）。某一对供方和买方在阶段 1 可能签约也可能不签约。为集中于事后情况，我们不考虑阶段 1 的专用性投资。在阶段 2 开始时，双方知道可以从阶段 2 的交易中获得多少收益（这些变量在阶段 1 可以被看成是随机的）。假如双方选择这样做，它们将交易一个单位的不可分商品（或供方卖出了一个“项目”）。因此，交易量或是 0 或是 1（在更复杂的模型中，它可能是连续变量）。商品对买方的价值是 v，供方的生产成本是 c。[23]这样，要在双方之间分割的来自交易的收益（如果有交易）等于 $v-c$。假如交易价格是 p，来自双边关系的买方剩余是 $v-p$，供方剩余是 $p-c$。在没有交易时，双方的剩余都是 0。

讨价还价

我们假设在阶段 1 没有签订契约。那么，在阶段 2 就会发生决定是否以某一价格交易的讨价还价。

如果 v 和 c 属于共同知识（即如果双方在讨价还价前都知道 v 和 c），我们会预期交易量是有效的（即当且仅当 $v \geqslant c$ 时交易才发生）。为了说明这一点，假设 $v > c$，并且没有交易发生，双方因而得不到任何剩余。那么，其中一方会建议以 (c, v) 之间的价格 p 交易，以使双方得到净剩余。这种结果对双方都优于不进行任何交易。假如 $v < c$，双方进行了交易，其中必有一方得到负剩余，因而拒绝交易反而更好。更一般地说，在对称信息下的讨价还价是有效的，因而在讨价还价过程中不会发生无效事后交易量的情况。[这是科斯（Coase）定理的一个变形。] 像我们现在将看到的，不对称信息会导致讨价还价的无效。

通常，买方价值 v 和供方成本 c 是“私人信息”。价值只能由买方观察到，成本只能由卖方观察到。[24] 由于（双边）垄断定价问题，有效交易量不可能实现。无效源于这样的事实：双方都愿意从交易中获得相应的收益，但是由于信息的不对称性，双方都愿意为了在交易中获得更大份额的馅饼而冒放弃交易的风险。它们可能是过于贪婪了。

一个简单的例子有助于说明“讨价还价能力的错误分配”如何造成了交易的无效：假设成本 c 对双方都是已知的，但只有买方知道价值 v，供方对 v 的信念可以用累积概率分布 $F(v)$ 代表，其中在区间 $[\underline{v}, \bar{v}]$ 内有密度函数 $f(v) > 0$[$F(\underline{v}) = 0$ 和 $F(\bar{v}) = 1$]。假设来自交易的收益以正的概率为正（即 $\bar{v} > c$），且为了简化，假定这一概率小于 1（即 $\underline{v} < c$）。进一步，假设在阶段 2 供方具有完全的讨价还价能力，即供方能够向买方提出“爱买不买”的价格 p。（当然，在双边垄断情况下，人们可能希望讨价还价能力有较均等的分配；但是这种极端情况提供了简单的说明性结论。）如果供方提出 p，买方仅当 $v \geqslant p$ 时接受。这时，交易发生的概率是 $1 - F(p)$，供方预期的利润为

$$(p - c)[1 - F(p)]$$

对 p 最大化产生了一阶条件[25]，即

$$[1 - F(p)] - (p - c)f(p) = 0 \tag{1}$$

等式（1）说的是，把价格从 p 提高到 $p + dp$ 产生了概率为 $1 - F(p)$ 的额外利润 dp，但导致了交易损失，因此损失了概率为 $f(p)dp$ 的净利润 $p - c$。在最优条件下，这两种效应抵消了。注意，交易量是次优的。[26] 当且仅当 $p = c$（买方正好支付了供方的成本且因而作出了是否交易的“正确决策”）时，有效交易量才会出现。但是，等式（1）意味着 $p > c$。这种无效率的原因如下：价格等于成本使得供方没有利润；把价格提到高于成本产生了获利的某种可能性；与这种提高相联系的被放弃的交易量是无成本的，因为最初的价格-成本边际是零。

等式（1）不过是常见的需求曲线为 $q = D(p) = 1 - F(p)$ 的垄断定价公式（见

第 1 章）。对一个风险中性的卖方来说，具有单位需求和服从某种累积分布 $F(\cdot)$ 的评价的连续买方，等价于具有单位需求和 $F(\cdot)$ 决定的随机评价的单个买方。[27]

评论 更一般地，可以证明，只要价值和成本都是私人信息，只要来自交易的收益不是必然的（即有 $v<c$ 的可能性），只要各方可自由地不选择交易（即当事人自己能通过退出讨价还价过程得到零剩余），就不存在有效的讨价还价过程［见 Myerson 和 Satterthwaite (1983)］。[28]讨价还价产生了某些无效率（一般来说，交易量太少）。直观地说，先前的垄断定价的无效性必然出现，因为每个讨价还价者都只有关于对方的不完全信息。

签约

事后交易的无效性给各方提供了事前签订契约以避免或限制这种无效性的激励。在前面的只有买方的价值是私人信息的例子中，有一个可以这样做的简单办法。只要给“知情方”——买方——选择价格的权利（即改变讨价还价的权利）就足够了。由于 c 是已知的，无效性不会出现。买方的垄断价格等于使得卖方对接受或拒绝交易无差异的价格，即 $p=c$。买方事后获得来自交易的全部收益。通过谈判达成的买方向供方的无条件事前支付，可以实现最优的联合剩余的任何种分配。（更一般地，契约的目标是产生最大可能的“馅饼”。对这个馅饼的分配取决于事前相对讨价还价能力。）

类似地，如果买方价值是共同知识，而供方成本是私人信息，让供方拥有确定价格的权利是有效的。这种权利与序贯权威关系有某些相似之处（见 0.1.4 小节），在后一种情况，一方有权选择价格，而另一方只有决定交易与否的权利。

在一方的价值或成本在订约期已是共同知识的情况下，这种有效安排采取了更简单的固定价格契约的形式。例如，如果 c 在订约期是共同知识，契约可以以如下方式来写：“买方决定交易量（这里是 0 或 1）；交付价格是 c。”

在双边信息不对称的情况下，指定一方有权利选择价格或在以前商定的价格下选择数量，一般地说不会有效。当事人将会考虑其他安排。一条非常简单的规则——“刚性准则”，事先固定交易量和价格。合同规定，无论实现的 v 和 c 是多少，双方都将交易。当然，当且仅当双方事前确信交易是有利可图的，这种规则才是有效的。（在这种情况下，刚性准则一般严格优先于给任何一方选择价格的权利。[29]）

总而言之，事后讨价还价可能不会导致有效交易量。阶段 2 决策过程的一些约束条件（如果可能，简单的条件）一定要在合约中说明。当一方的信息是（或者订约后变成）共同知识时，另一方应有权利选择是否在给定价格下交易（或者选择价格）。权利应该给有私人信息的一方。

将其应用于一个例子，考虑出版商与印刷商之间的关系，其中出版商是买方，印刷商是供方，交易是指进行额外印刷。如果额外印刷成本已知且等于 c，出版商应该有权决定加印，它为此将支付 c。如果相反，c 是私人信息（比方说由于印刷商有外部机会)，而 v 可以被精确地衡量（例如，可以从一份在可观察价格下的固定印书契约中得出)，印刷商应该得到选择价格的权利。

专用性投资和敲竹杠问题

假设在阶段 1 供方投资于降低成本（其投资使 c 降低了)，买方投资于增加价值（其投资使 v 提高了)。这些投资是专用性的，如果双方打算与其他方交易，就不会投资来降低成本或提高价值。

讨价还价

像上面一样，我们开始假设在阶段 1 没有订约。因此，双方在阶段 2 就是否交易且以什么价格交易进行讨价还价。

显然，如果事后交易量是无效的，投资将因此受影响。如果交易太少，供方和买方将会比在有效交易下投资得更少，因为其投资被“利用”的概率要比最优时小。[30]为了区分有效交易和有效投资，我们假设事后 v、c 都是共同知识。因此，当且仅当$v \geqslant c$ 时，双方才进行交易。我们由此可侧重于事前专用性投资对事后交易收益分配的依赖方面。买方（供方）能够收回自己的价值增加（成本减少）投资的多大份额呢?

假设买方价值在订约期已知为 $v=3$。供方可以“投资”（花费 $I=2$）或“不投资”（花费 $I=0$)。如果它投资，它的事后边际成本是 $c=0$。如果它不投资，它的边际成本是“高的”（大于 3)。假设事后双方讨价还价，导致了纳什解[31]：它们平均分配交易收益。因此，如果 $c=0$，交易收益是 3，其交易价格是 1.5（因此各方的剩余是 1.5)。如果 c 是高的，就没有交易收益，因而就没有交易，各方剩余都是 0。我们接下来看专用性投资。如果供方不投资，它的利润是 0。如果它投资，它的利润是 $-2+1.5<0$（假设没有贴现)，这样就没有投资发生。然而，从社会角度看，投资是划算的，它将会产生 $3-2>0$ 的净收益。

这个例子能很容易地一般化到连续投资选择上。假设生产成本是供方投资的确定函数：$c(I)$，其中 $c'(I)<0$ 且 $c''(I)>0$（投资降低了成本，但是以递减的速率)。令 v 代表（确定性的）价值。为了简化，假设 $v \geqslant c(0)$。令价格是事后由纳什讨价还价解决定的：一旦 I 已被投资 [利用 $v \geqslant c(I)$]，$p(I)=[c(I)+v]/2$[使得 $v-p(I)=p(I)-c(I)$]，供方利润是

$$\max_I [p(I)-c(I)-I]=\max_I [v/2-c(I)/2-I]$$

换句话说，成本降低 1 美元，供方只得到 50 美分，另外 50 美分被买方得到。私人最优投资是$-c'(I)=2$。相比之下，社会最优投资是

$$\max_I [v-c(I)-I]$$

于是，$-c'(I)=1$。因为 c 是凸的（$-c'$是递减的)，实际（私人最优）投资是

次优的。[32]

当然，问题出在投资方得不到由它的投资所产生的全部成本节省（价值的增值），另一方能够用不交易进行威胁，以获得一些这样的节省。Williamson（1975）称之为机会主义。他强调，事后双边垄断和讨价还价产生了专用性资产的投资不足。一家坐落在煤矿附近的电力公司如果知道一旦它的投资沉没，它将不会得到投资的全部利益，就不会卖力投资；一名雇员如果得不到企业今后将不会剥夺他的职位的保证，就不会投资学习企业专用性技能；等等。

这个简单模型也能使我们分析资产专用性程度和存在外部机会的作用。引入（事前和事后）大量愿意为商品付出 v 的买方。但是，还存在资产专用性，因为投资 I 是为了特定的买方（“专用买方”）。如果供方与另外一个买方进行交易，它的生产成本就与虚构的投资 λI 相对应，这里 λ 属于 $[0,1]$。（$\lambda=0$ 是最极端的资产专用性形式，$\lambda=1$ 与缺乏专用性相对应。）假设供方已经投资了 I。通过不与专用买方交易，它获得价格 v（由于其他买方的竞争行为），并得到剩余 $v-c(\lambda I)$。因此，仍假定与专用买方讨价还价会导致交易收益平分，与该专用买方发生交易的价格应满足

$$v-p=[p-c(I)]-[v-c(\lambda I)]$$

我们立即看到供方比缺乏外部机会时有更高的投资积极性。供方的外部机会提高了其现状（达不成协议时）支付，使它处于更好的讨价还价地位。现在供方的跨期支付是

$$v-\frac{1}{2}[c(I)+c(\lambda I)]-I$$

事前投资选择产生

$$-[c'(I)+\lambda c'(\lambda I)]=2$$

当 $\lambda=1$（没有资产专用性）时，$p=v$，且投资是社会最优的。当 $\lambda=0$（完全资产专用性）时，投资水平与缺乏外部机会时一样。对 $(0,1)$ 区间内的 λ，只要成本函数的曲率不是太高，投资就随着 λ 的增加而增加。

签约

我们现在假设双方事前签订契约，对事后决定交易量和支付的过程作出规定。我们将假设专用性投资可被双方观察到，但是不可证实。这通常意味着，虽然各方都能在交易前观察到对方的专用性投资量，法院却没法衡量这种投资，因此契约不能规定实现的投资水平。（如果投资可证实，能够事前被确定、事后被落实，那么资产专用性的问题就不会发生。在这方面有意思的是通用汽车和其他制造商有时替它们的供方购买工具。）我们也将假设价值和成本是共同可观察的，但是不可证实。也就是说，它们能够被有关各方知道，但是它们不能被法院认定。

由于中止合同（不交易）的威胁经常是各方在讨价还价情况下得到一份交易的共同收益的砝码，人们会希望事前订约以对违约实施惩罚。这种惩罚使各方互相约束并防止机会主义行动。违约惩罚的极端例子是各方事先同意在某一给定价格下交易，不管这一价格是多少（这与无限惩罚有关）。由于价格是给定的，专用性投资就不能被剥夺（数学上，p 对 I 的依赖性不存在了）。

对违约的严惩在一定意义上是长期关系的一个度量。它自动维持这种关系。当然，它的缺点之一是，当交易无利可图时，它强迫各方交易（即如果出现价值低或成本高，或者相应地双方有更好的外部机会）。当无交易收益的可能性存在时，就一定要商定更有弹性、更灵敏的机制。然而，有一些简单的情况。例如，假设 v 和 c 在阶段 1 看来是随机的（有 $v<c$ 的可能性），但是从阶段 2 开始时，对双方而言它们都是已知的。进一步假设只有一方——比如供方投资（这样 c 随机地依赖于投资 I）。在这种情况下，供方选择价格和买方接受或拒绝在此价格下交易的序贯权威机制是有效的（即产生了最优的投资或交易水平）。由于事后的对称信息，交易量是最优的。如果 $v\geqslant c$，供方索要价格 v；如果 $v<c$，供方索要任何严格大于 v 的价格。当且仅当 $v\geqslant c$ 且所有事后交易收益都给了供方时，交易才会发生。由于交易量是最优的，并且价格不依赖于投资，供方选择了社会最优投资。[33] 如果已经在时期 1 知道 v，这种机制就会在时期 1 将价格确定在 v，让供方在时期 2 选择是否交易。因此，粗略的规则是，如果另一方的信息被事先知道，投资方应该对价格或者对交易有决策权。[34]（通过总转移支付，交易收益能够事前被分配。）

习题 0.1：**在书中，我们假设供方投资降低了其生产成本，并假设事前投资影响生产质量，从而影响买方的价值。买方的事后价值是 $v(I)=3I-\frac{1}{2}I^2$。因此，在交易情况下的买方剩余是 $v(I)-p$。供方剩余则是 $p-c-I$（其中 $c<1/2$，是不变生产成本）。假设 I（以及 v）可被买方观察到，但是不能被法院证实，从而不能在契约中规定。

(1) 确定投资的有效量。

(2) 假设没有契约，双方根据纳什讨价还价解事后讨价还价。投资是最优的吗？请指出外部性。

(3) 假设订约双方确定，买方有权以给定价格 p 购买商品，合同是有效的吗？如果供方有权以给定价格出售又怎样呢？

(4) 如果供方得到事后选择价格的权利，那么会发生什么？

评论 前面的讨论表明，在可行情况下要对 v 和 c 进行审计。在讨价还价中，完全审计使得价值和成本成为共同知识，因而避免了不完全信息造成的无效。在订约框架内，它允许交易决策和转移支付不连通，这样交易决策能够完全建立在审计基础上。更多的信息有效地提高了收益，而在缺乏审计时，契约是无效的。[35] Williamson（1975，p. 29）指出，一体化企业比非一体化企业对审计更敏感。[36] 他特别指出，审计一个内部部门比审计提供同样服务的外部订约人更容易，因为外部监督人被认为是可疑的且面临着会阻碍信息释放的雇员方面的合谋行为。[37]另一种观点是，企业有监督自己部门的合法权利，但是没有对外部订约人的监督权（除了在极端条件下）。Grossman 和 Hart（1986）认为一体化本身不可能改变信息结构，其根据是非一体化的各方能够签约模仿一体化企业的监督可能性。特别是，各方能够放弃其不被另一方监督的权利。[38]

长期关系的局限

长期关系的最明显和最重要的局限发生在外部机会出现时。如前所述，如果没有交易收益，或者等同地，如果对一方或双方有更好的外部机会可用，强迫各方互相坚持对违约的严惩会损害它们。由于解约可能是所希望的，契约必须很好地权衡灵活和防止机会主义。[39]

失去好的外部机会并不是长期契约的唯一风险。长期关系易于鼓励单位人员之间的合谋（Tirole，1986b）。长时间的接触给了他们互给好处的时间，以及对维持合谋的信心。例如 Pettigrew（1972）说明了一家工商企业的经营者怎样长期与特定的供方保持一致。[40]这种合谋将带来无效的可能性，因此这要求每个单元中的人员要轮换，或者当这样做成本（比如，与岗位相关的人力资本）太高时，要不定期调换供方或买方。

长期关系的另一个局限可能源于这样的事实，即短期关系通常对知道自己将来会有好的外部机会的一方更有利。因此，将来好的外部机会与他表现得好的一般能力有关，从而会改变他现在讨价还价的地位，所以有好机会的一方会通过签订短期契约（很可能伪装成长期契约）来显示这一点。[41]

应用：重复特许权竞价

我们现在可以回到 Williamson 对特许权竞价的风险的警告上来。[42]首先，他认为为了能够以公平价格转让给其他供方（以便引导当事人进行投资），现当事人的专用性投资必须可观察且可证实。但是设备往往很难评估。好的记录一定要保存，物理折旧要充分衡量，不能为了换得设备价格的提高而给当事人回扣。更难衡量的是当事人的人力资本的专用性投资。因此，公平的投资偿还不能来自简单的数据计算。相反，一定要通过设备的竞价来确定。[43]最后，市场给许诺更多投资的企业以更高的价值。但是，这也产生了问题。一方面，当事人的可转让投资不可能被其他竞价者观察到。另一方面，其中一些投资（如人力资本）不可能被收回。[44]因此，使用特许权竞价很可能在有高专用性投资的产业中成本很高（如电力、煤气、电话和有线电视产业），尽管这在只有一小部分投资沉没的产业中是较有利的（可能像在分配航空线的情况中，或像在 Demsetz 虚拟的回报随通用设备而提高的汽车牌照生产的例子中)。[45]

经验考察

Williamson的长期关系理论表明，在可行且成本不太高的情况下，企业应该签订长期而详细的契约，这样做的积极性会随着事后外部机会的缺少和投资专用性而提高。Joskow(1985，1987)对美国煤矿和电厂之间的契约做了详细的研究。(这种关系大多以契约维持，很少有纵向一体化。)这里冒着损失风险的专用性投资，对煤矿(供方)是采矿能力的投资，对电厂(买方)是制造机组和适应特定煤型的锅炉的投资。[46]

我们可以区别两种极端的地理位置的情况(当然在实际中事情并非清楚划一)。一种情况是，一个地区有大量的电厂和煤矿，有大量相互竞争的煤炭运输设施(铁路和驳船)，因此各方对其合伙人有很大的选择余地(即使事后)。而且，不同煤矿生产的煤炭是极其同质的，因此锅炉设计没有多大关系。在这种地区，专用性资产损失的风险很小，于是，现货市场(短期契约)相对有效。另一种情况是，只有少数煤矿，运输设施有限，煤炭的质量也非常不同。那么支持交易的复杂的长期契约(或纵向一体化)预期会出现。

像Joskow所指出的，美国的地区差异给Williamson预言提供了戏剧性的说明。在东部，地下采煤(60%的生产)几乎不存在规模报酬，结果有很多小煤矿，有大量运输设施，煤炭质量也相对同质。在西部，露天采煤很普遍，有很大的规模报酬，因而只有少数大煤矿，运输竞争也比东部少，煤炭质量也非常不同。Joskow的研究发现，西部契约比东部契约要长得多(并且煤炭现货市场在东部很重要，在西部实际上不存在)。注意，这里外部机会的缺乏是与资产专用性相联系的。

对该理论的另一个检验涉及“坑口电厂”——发电厂坐落在煤矿附近。缺少竞争和高运输成本会引导电厂设在煤矿附近，这就产生了场所专用性。Joskow发现，坑口电厂倾向于依赖长期契约(或者甚至纵向一体化)。典型地，它们签订20～50年的契约以防止20年内的价格再谈判，契约给出了此间的供应数量的详细描述，规定了煤炭质量，以及如何根据替代品的成本指数来调整价格(还常常包括在争议情况下的仲裁条款)。这种契约条款的事前具体化能够很好地防止专用性投资被剥夺。

0.1.4 作为不完全契约的企业[47]

在0.1.2小节和0.1.3小节中我们看到了有效短期和长期契约意义上的组织。然而在实践中，由于“交易成本”的缘故，契约不是很完全。[48] Coase(1937)和Williamson(1975)区别了四种类型的交易成本，两种发生在签约期，两种发生在签约后。第一种，双方将面临的偶然因素不可能在签约期被预见。第二种，即使它们能够被预见，也可能会有太多的偶然因素没法写入契约。[49]第三种，对契约的监督（即对另一方遵守情况的检查）成本会很高。第四种，执行契约会涉及很可观的法律成本，Coase 和 Williamson 认为，交易成本的最小化是组织设计的主要考虑。

不完全的事前原因很难形式化。我们还没有一个很好的关于建立起在不可预见偶然因素情况下的复杂性或个人决策——两个经济学上的重要现象——的理论。大多数现存契约没有明确很多有关的偶然因素。当这些未明确的状态发生时，有关各方的行为很可能导致冲突。我们可以区分事后处理不可预见偶然因素的决策过程的两种极端情况。

在 0.1.3 小节中已经考察了讨价还价这个最简单的决策过程。那里我们首先假设事前根本没有签订任何契约，以及各方在投资并了解其价值和成本后，对交易和支付决策进行讨价还价。讨价还价过程不受事先订约的约束，只有关于事后交易必须自愿的法律约束。我们把这种结果与完全契约下的情况作了对比。

无契约（及无约束的事后讨价还价）和完全契约之间的中间订约形式也是有的。这些中间形式相对完全契约能够节省交易成本，但是没有无约束讨价还价的不当影响。我们来区分两种可能性。第一种可能性是两个相关方面求助于第三方。假设该第三方作出了最接近完全契约会规定的内容的有效决策。因此，事后交易和支付决策必须产生事后有效交易量，并且鼓励恰当的事前专用性投资量。第二种可能性是给有关双方的一方，而不是第三方，以决定在不可预期偶然因素情况下做什么的权利。

仲裁

求助第三（无关）方的第一种类型是外部仲裁。例如，如果劳动契约的谈判陷入僵局，工会和企业会同意去找有约束力的仲裁。类似地，供方和买方也可能会同意接受外部专家的仲裁。[50]

外部仲裁可能成本很高。外部仲裁人也许不具有形成有效决策所需要的相关信息。他们可能不得不雇用专家或花时间来了解具体情形。在这方面，如果可行，内部仲裁很可能会更有效。内部仲裁的一个主要优势是，它给组织的主要负责人解决其部门或雇员之间冲突的权威。与事务的日常接触和对雇员的个人经验很可能使内部仲裁人比外部仲裁人有更多的有关情形的知识。[51] Williamson（1975，p. 29）认为，内部仲裁在解决内部争议中具有优越性。

仲裁人必须能够以相对低的成本学习并了解情况，并且必须是独立的。像我们所看到的，第一个条件可能限制了外部仲裁人的使用，也可能使内部仲裁产生困难。在大型企业中，主要负责人可能会因决策的负担太重而不能为下属仲裁。当负责人对情况知之甚少时，权威是处于危险境地的。[52]第二个条件即独立性，要求仲裁人不能同时是裁判和参与人。他必须作出符合双方共同利益的决策，不能使一方满意而损害了另一方。独立性可能会失败，例如，当主要负责人员与特定部门保持密切关系时。更一般地，内部仲裁人和外部仲裁人一样，必须被信任，或者也必须发展一种“公平地”解决争议的声誉（也就是说，仲裁人必须证实各方认为他将作出有效决策的预期——在完全契约中应该明确这些决策）。[53]

权威

填补没有明确的偶然因素的力量——权威——可能会被给予有关各方的一方，而不是仲裁人。像 Grossman 和 Hart（1986）及 Hart 和 Moore（1985）所指出的，权威并不意味着有关各方不进行事后谈判。有权威的一方愿意的决策对另一方可能是成本很高的。一些替代决策可能是互利的，有权威的一方可能通过不行使权威来实现一些利益。Grossman-Hart-Moore 分析的重要观点是，权威改变讨价还价过程中的现状点（status-quo point）——它把有权威的一方置于更好的讨价还价地位。反过来，交易收益的事后划分将影响事前投资。

为了看到权威怎样对交易收益进行再分配，与 Grossman 和 Hart 一样假定事后各方（买方和供方）必须在 D 集中选择决策 d。它们有事后货币支付 $B_i(d)$，其中 $i=1$，2。[54]给一方（买方或供方）权威意味着它被允许事后选择它愿意的 d。因此，如果双方不同意某一替代决策，一方选择 d_1^* 以使 $B_1(d)$ 最大化。但是，如果 d_1^* 没有使另一方的支付最大化，一般地，双方将有重新谈判选择 d^* ［使它们的共同支付 $B_1(d)+B_2(d)$ 最大化的决策］的积极性。假设从另一方向一方的转移支付 t 这样规定：使得来自再谈判的收益在二者之间平均分配（即假设纳什讨价还价解），我们有

$$[B_1(d^*)+t]-B_1(d_1^*)=[B_2(d^*)-t]-B_2(d_1^*)$$

令 B_1 和 B_2 代表最后收益（给定转让和决策 d^*），我们有

$$B_1=B_1(d_1^*)+\frac{1}{2}[B_1(d^*)+B_2(d^*)-B_1(d_1^*)-B_2(d_1^*)]$$

$$B_2=B_2(d_1^*)+\frac{1}{2}[B_1(d^*)+B_2(d^*)-B_1(d_1^*)-B_2(d_1^*)]$$

显然一方从拥有权威中得到好处，因为，根据定义有

$$B_1(d_1^*)\geqslant B_1(d_2^*)$$

$$B_2(d_1^*)\leqslant B_2(d_2^*)$$

所以

$$B_1(d_1^*)-B_2(d_1^*)\geqslant B_1(d_2^*)-B_2(d_2^*)$$

更重要的是，如果事后收益既依赖于事前投资（像 0.1.3 小节中的情况），也依赖于事后决策，权威的分配就影响了各方投资于专用性资产的积极性。直观地，在现状点，一方的投资不可能被侵蚀，因为它是决策制定者。（另一方的投资将可能被侵蚀。）因此，在缺乏再谈判的情况下，一方的权威影响了双方的投资积极性。

在再谈判情况下，现状即使不能被观察到也会影响支付，因此权威的分配仍然影响到投资的积极性。为了更具体，还必须描述专用性投资与决策如何影响支付（见下面的例子）。

Grossman 和 Hart（1986）把供方（买方）对决策有权威的情形叫作供方控制（买方控制）。一体化被定义为剩余控制权被分配给一方。非一体化是指决策空间至少是二维的且各方至少在自己的一维上有权威（与一方有全方位权威的一体化相反）。[55]最优安排是最好地保护专用性投资的安排（或者在无效讨价还价情况下，带来最高交易收益的安排）。在缺乏完全契约时，所有权是保护一方投资的次优（second-best）解。因此，在美发和法律等行业中，企业经常把以前积累的顾客指定给新雇员，顾客属于企业而不是雇员；这种所有权的分派是通过非竞争条款实施的。（有时，像理论所预言的那样，要在老顾客和雇员带来的顾客之间作隐性区分。）一名工程师不能轻易地离开他的企业并对通过企业的努力研究才得以获得的发明申请专利。Grossman 和 Hart 还提到，保险公司在代理人保有顾客方面的专用性投资很弱时（如在人寿保险方面），倾向于使用直接办事员（即不拥有自己的顾客名单的雇员），在代理人进行重要的专用性投资时，则使用独立代理人。

例子

依 Grossman 和 Hart 的分析，这个例子显示了权威的分配是如何影响交易收益的分配和投资的积极性的。

一个买方和一个供方约定明天交易，交易不是问题，双方同意在任何情况下都交换商品。唯一的不确定涉及对商品的规定。在时期 1 双方确定了基本设计，但是在时期 2 可能会出现改进其质量的机会，这不可能在时期 1 加以描述。（我们能够想象有无穷多这种潜在改进，其中只有一个将被证明是相关的。）是否作出质量改进不能在时期 1 直接决定。适当的质量改进是双方在时期 2 才知道的。供方的第二阶段成本 c 大于零。为了简化，我们假设 c 在时期 1 已知且独立于特定的改进。买方在时期 1 作了一项投资。它在第二阶段改进的价值 $v>c$ 的概率为 x，等于零的概率为 $1-x$；投资成本 I 等于 $x^2/2$。外部人不清楚选择了哪个投资水平，因此双方不能就此订约。注意，v 和 c 是额外的价值和成本（超出了符合基本设计的价值）。

投资技术的解释是买方投资于灵活的设计。更高的投资提高了将出现的改进可用的可能性。例如，一个雇主（买方）可以训练工人适应变化的技术，就像 Piore 和 Sabel（1984）的灵活性理论所说的；或者一个电力公司（买方）可以选择一个更昂贵和更灵活的、被设计得能够适应来自一家煤矿（供方）的几种煤型的锅炉。

我们先看一看这个模型的社会最优解。显然，当且仅当买方有价值 v 时，应该进行质量改进。最优投资由下式得出：

$$\max_x [x(v-c)-x^2/2]$$

这样，$x^*=v-c$。联合剩余是 $W^*=(v-c)^2/2$。（这里和下面都假设参数的价值

使得约束条件 $x\leqslant 1$ 永远被满足。)

现在假设各方都是自私的。质量改进尽管在时期 1 没有明确，但可以在时期 2 订约。我们将考察三种制度：无约束讨价还价（双方在第二阶段就是否进行改进讨价还价；如果它们达不成一致，就不能进行改进，因为在契约中没有规定)；“买方控制”（买方有权决定是否进行改进)；“供方控制”（供方有权决定是否进行改进)。我们假设在后两种情况中，有权威的一方能够讨价还价，并提出放弃这种权威（这样，例如买方可以提出不要求供方改进，如果后者同意以转移支付交换)。我们还将假设，在任何讨价还价情况中，来自交易的任何收益都要被分享。最后，我们假设来自改变成更有效的制度的收益总是能够在时期 1 通过转移支付进行再分配，在此基础上，双方将选择使预期联合剩余最大化的安排。

在无约束讨价还价中，当且仅当 $v>c$ 时，各方才交易。各方都得到 $(v-c)/2$。这样，买方投资解是

$$\max_x\left(\frac{x(v-c)}{2}-\frac{x^2}{2}\right)$$

因此

$$x^{\mathrm{B}}=(v-c)/2=x^*/2$$

这个结果不过是我们前面在无约束讨价还价下的投资不足的结果。联合剩余等于

$$W^{\mathrm{B}}=x(v-c)-x^2/2=3(v-c)^2/8=3W^*/4$$

在这个简单模型中，供方控制与无约束讨价还价是等价的，因为现状点是一样的：如果双方达不成协议，供方就不会选择进行改进（对它来说这是成本较低的行动)。它的权利允许它把严格遵守最初的契约当作得到一个好的讨价还价地位的威胁。这种情况大体描述了国防部和国防承包商对设计更改进行谈判的情形。承包商一般会行使其权利不进行更改，以便从中得到更多利润。由于等价性，$x^{\mathrm{SC}}=x^{\mathrm{B}}$，$W^{\mathrm{SC}}=W^{\mathrm{B}}$（其中 SC 代表供方控制)。买方投资再次是“半侵蚀”，买方因此投资不足。

在买方控制下，如果没有对现状再谈判，通常会进行改进。(实际上，当买方的价值是零时，买方对改进或不改进是无差异的，我们假设它选择改进。一方面，如果价值仅仅稍微为正，它会这样做；另一方面，如果它不进行改进，我们的结论将更强。）如果价值是 v，现状是有效的且没有讨价还价发生。如果价值是 0，现状是无效的且讨价还价均分了不进行改进的收益 (c)，尤其是，买方得到 $c/2$。因而，买方的最优投资选择由下式给出：

$$\max_x\left(xv+(1-x)\frac{c}{2}-\frac{x^2}{2}\right)$$

因此有

$$x^{BC}=v-c/2>x^*$$

$$W^{BC}=\frac{1}{2}(v-c/2)(v-3c/2)$$

这里的最引人注意的结果是，买方现在过度投资。这是因为，如果它的价值是 v，它的权威将允许它不支付生产成本 c。因为它不能使这项生产成本内部化，它过度投资于更可能进行生产的活动。

显而易见，最优安排可能是将控制权给买方，也可能是给供方。当 $c=0$ 时，买方控制是社会有效的（没有非内部化的生产成本）；供方控制不是这样。如果$v=c>0$，没有最优投资，供方控制（或无约束讨价还价）是最优的；买方控制鼓励投资且产生了负的联合剩余。

权威的范围

我们已经假设，有权威的一方能够从中选择的决策集合 D 事前被很好地界定。这可能与交易成本假定不一致。如果偶然因素不可预见，或者太多而不能被包括在最初的契约中，包括这些偶然因素的决策集也很可能不可预见，或者太复杂而不能在该契约中描述（的确，偶然因素自身可能是可行行为）。但如果不是在最初的契约中准确地确定，那么怎样定义 D 呢？Grossman 和 Hart 对权威追溯到某些实物财产的所有权上；其意思是机器的所有者有权按照自己的意愿使用机器。Kreps (1984) 注意到所有权也可以指无形资产（例如声誉），也可以通过权威的代表，用企业内的函数来定义它。领班可能对车间管理有某些权威。

虽然所有权（可能以代理形式）有助于定义 D 集，却不能完全决定它。尽管一台机器的所有者可自由地在不同用途中选择使用方式，但撤掉其噪声消音器不会被工人或法院认为属于其权威范围。一个部门经理可能对秘书使用打字机或文字处理机的选择有被认可的权威，但是无权要求秘书使用屏幕有害视力的文字处理机。国防部可能有权威把一些没有订约但标准的安全装置强加于承包方，但是无权要求重大的设计改变。像 Kreps 正确指出的，必须对权威的范围有一些共同的理解，即使这个范围没有事先明确；当不可预见偶然因素遵从某种范式时，这种理解（公司文化的一部分）是很有用的。

权威范围的事后定义产生了一种类似于由决策 d 本身的定义所产生的仲裁作用：一个内部或外部仲裁人可能不能胜任贯彻决策，但是可能有足够的信息界定可接受的决策集。的确，在一个典型的企业中，一个有仲裁能力的高级权威的存在（即经理），使代理权的行使（即工人的监工）成为可能。

另一个防止权威滥用的可行安全阀门是允许没有权威的一方终止关系，这样，事后这一方有权拒绝另一方的权威决定。

经验考察

像长期契约一样，纵向一体化更可能出现于较专用性的投资。这给经验地区别这两者造成了困难。在这方面 Coase-Williamson 分析的主要结论是纵向一体化，更可能（相对于长期契约）出现在“交易成本”很高时。当然，我们能够推测在有相当大的技术不定性的情况下，交易成本是高的。（这可以解释为什么煤矿和电厂很少一体化，尽管对这个产业中纵向一体化水平低的另一个解释是规制者拒绝它。）遗憾的是，“不可预见性”和复杂性的程度很难经验地衡量；一定要找到好的代理品。

多数案例研究和回顾分析侧重于专用性投资对纵向一体化方面的影响。Klein，Crawford 和 Alchian（1978）对资产专用性怎样导致了通用汽车和费希博德（Fisher Body）之间，以及管道企业和采油商或炼油厂之间的纵向一体化提出了一种特别有趣的分析。Monteverde 和 Teece（1982）考察了美国汽车制造商采购汽车零部件的情况。为了解释为什么有些企业要购买，而另一些要在内部制造，他们使用了（尤其是）下列变量：零部件对汽车制造商的专用性（零部件是不是专门为该制造商设计的，是否可以轻易地从其他供方买到），以及零部件必须被装入（发动机、底盘等）的系统的复杂性。[56]他们特别指出，专用性变量是一体化决策的有意义的决定因素。Masten（1984）对航天制造商的考察发现了类似结论。以类似的精神，Anderson 和 Schmittlein（1984）研究了销售力量（制造商的代表与销售雇员）的一体化，表明人力专用性资本的程度（通过对经理了解公司内外、产品性能、顾客特性等的难易程度来衡量）与使用独立代理人的可能性是负相关的。[57]

作为对契约或一体化的一种替代的声誉

本节和前面各节背后的理念是，为了回避未来道德风险，各方应该签订完全的契约，或者，如果契约成本太高或不可能订下，应该至少对权威结构（被约束的契约）有正确的使用。然而，在实际中，MaCaulay（1963）发现企业之间的关系比理论预言的更加不正规。当企业处理长期关系时，尤其如此。此时，效率是被企业的声誉维持的。在某一日期行骗（即作出不是共同有效的决策）的企业冒着失去与其伙伴未来做有利可图的生意的风险［见 Williamson（1975），Kreps（1984），0.2.2 小节以及第 2 章、第 6 章］。声誉使企业节约签署完全契约的成本，或者甚至分配权威的成本。另外，不正规性把企业置于机会主义的威胁。因此，当在专用性投资有限和有充分经常的交易使欺骗的积极性很低时，人们会期望不正规性更普遍。

替代签约的双重供货

避免事后敲竹杠问题的另一个办法是在可行的时候，引入事后竞争。Farrell 和

Gallini（1986）以及 Shepard（1986）分析了 Williamson 模型，其中，买方投资于专用性资产，供方事后选择一些事前不可订约的变量（称为“质量”）。[58]事后，供方有选择低质量的积极性[59]，因此，买方事前很少投资于这种关系。双重供货包括两个或更多供方，它们事后在质量上进行竞争。这产生和提高了均衡质量水平和事前投资，竞争因此能够缓解事后双边垄断问题。Farrell，Gallini 和 Shepard 认为，这对于为什么英特尔许可使用它的微处理器技术，以及为什么 IBM 在它的个人计算机领域采取一种“开放建构”政策，是一个有说服力的解释。

0.2 利润最大化假定

企业使预期利润最大化是本书以及大多数经济理论的一个假定。然而，普遍的感觉是，在现实中企业的经理们有其他目标（例如，使企业的规模和成长以及管理职位的津贴最大化）。[60]本节展示了支持和反对利润最大化假定的争论，还讨论了当前产业组织理论在非利润最大化企业的现实中的解释力。

企业的股东是除去各种投入成本后的剩余收益索取者。因此，如果他们有能力经营企业，他们会选择使成本最小化和利润最大化的决策。[61]因此，非利润最大化主要与所有权和控制的分离相联系。[62]委托-代理理论的拥护者及其传播者自 20 世纪 70 年代初已经提出，企业偏离利润最大化行为应该被解释而不是被假定，偏离应该被追溯到股东没有能力充分地指挥经理并发现企业的成本与需求状况。例如，管理者偏离行为（如给予津贴）是由经理相对股东的信息优势导致的。企业对规模或成长的关心不能直接归因于股东或经理对这种特征有内在的偏好，相反地，可能要归因于股东和经理之间的冲突。例如，股东对企业技术的不完全信息可能导致允许经理扩大人力需求，减轻工作压力（或相应地，增加在岗休息）。类似地，企业的成长可能不是经理从企业的要求出发期望如此，而是由于这允许他们及其下属享受更大的提升机会。

回顾委托-代理文献和可选择的其他分析方法超出了本章的范围。[63]这里将严格限制在主要方面。首先我们将考察基本的道德风险问题，以及直接的货币激励、标尺竞争、兼并、产品市场竞争和监督是怎样减少管理松弛或随意性的。我们也将指出这些控制机制的局限。然后我们将讨论即使管理松弛使利润最大化假定显得苍白，该假说对产业组织理论的含义也不一定是错的。

应该在一种广泛的意义上看待下面将要讨论的管理报酬。这种报酬可以是货币的（就像下面模型中的情况），也可以包括提升、特权消费、声望、指定现金流向某部门，等等。而且，应该注意到，委托-代理关系将主要在股东和经理之间的所有权和控制权分离的情况中讨论。显然，下面描述的许多激励机制可用于企业科层体制的其他方面；的确，其中的一些激励机制更多地被应用于总经理以下的层次。

0.2.1　基本激励问题

道德风险形式（本小节的重点）下的代理问题源于保险和激励之间的基本冲突。一方面，根据最优保险理论，如果激励问题被搁在一边，在风险中性方（股东）和风险规避方（经理）[64]之间最优分配一个随机规模馅饼（利润），要求风险中性方承担全部风险［参见 Arrow（1970）和 Borch（1963）］。假设有一个随机规模为 Π 的馅饼要在双方之间分配，并且这个随机变量不受双方行为影响。令 Π 取值于概率分布为 p_1，…，p_i，…，p_n（其中 $p_i>0$ 且 $\sum_{i=1}^{n} p_i=1$）的离散集 $\Pi_1<\cdots<\Pi_i<\cdots<\Pi_n$。当实现的情况是 Π 时，令 $\Pi-w(\Pi)$ 和 $w(\Pi)$ 代表风险中性方和风险厌恶方的所得。各方的预期效用分别是

$$\underset{\Pi}{E}[\Pi-w(\Pi)]=\sum_i p_i(\Pi_i-w_i)$$

$$\underset{\Pi}{E}u(w(\Pi))=\sum_i p_i u(w_i)$$

式中，$w_i\equiv w(\Pi_i)$。

给定另一方的效用水平，一个有效（或帕累托最优）的契约是最大化一方的期望效用。它满足

$$\max_{\{w_i\}}\sum_i p_i(\Pi_i-w_i)\ \text{s. t.}\ \sum_i p_i u(w_i)\geqslant U_0$$

式中，U_0 是常数。

这个规划的拉格朗日形式是

$$L=\sum_i p_i(\Pi_i-w_i)+\lambda\left(\sum_i p_i u(w_i)-U_0\right)$$

对 w_i 求导数，对所有的 i，可得

$$u'(w_i)=1/\lambda$$

所以如果经理是严格风险规避的（$u''<0$），w_i 独立于 i。同样的结果对 Π 的连续分布也是成立的。

因此，风险规避方应该得到完全的保险（即应该在所有状况下得到恒定的收入）。激励问题就源于此。假设风险规避方采取某些不可观察的行动，影响了要分配的馅饼（在随机的意义上）的规模，并且这种行为对他来说是有成本的。把这种行为理解为努力程度（可能是一个更一般的管理决策权选择）。进一步假设，风险中性方只能观察到馅饼（利润水平）的实现情况。风险规避方如果得到不取决于这种实现的收入，就没有进行努力的积极性，因为他的努力不会影响他的收入。这样，足额保险与激励发生了矛盾。的确，保险和激励目标的平衡结果一般使各方得到了次优保险和次优利润。

在一种情况下这种冲突不会出现。假设双方都是风险中性的（特别是不变的），这样采取不可观察行动的一方（代理人）就不需要保险。另一方（委托人）通过向他“销售”馅饼，能够确信代理人采取了联合最优的行动——就是委托人获得了独立于馅饼规模的交易价格，代理人成了其余馅饼的剩余索取者。因为代理人的预期收入等于（在固定交易价格下）预期的馅饼规模，代理人有完全的积极性采取最优行动，即最大化预期的除去行为成本的馅饼规模（见 0.3 节）的行为。代理人承担了这种安排下的全部风险，但是这没有什么关系，因为他是风险中性的。把剩余索取权给采取不可观察行为的一方给激励问题提供了一个通解，这将在第 3 章特别是第 4 章中再讨论。然而，显然对风险规避代理人来说，剩余索取权与保险目标是矛盾的。

当代理人是风险规避的时，寻找最优激励方案是一项复杂的任务。（补充节包括了一些成果。）下面的简单例子说明了这个问题。

例 1： 假定企业的利润可以取两个值：Π_1 和 Π_2（$\Pi_1<\Pi_2$），企业由一名经理经营，他在两种努力水平之间选择：高（“工作”）和低（“偷懒”）。该经理在工作时有效用 $U=u(w-\Phi)$，在偷懒时有效用$U=u(w)$，其中 w 是经理的工资，u 是递增的凹函数（$\lim\limits_{w\to-\infty} u'(w)=+\infty$），$\Phi$（高努力水平的货币负效用）是严格正的。经理的目标函数是对 u 的预期。在企业外工作，他将得到 $U_0\equiv u(w_0)$。这样，为了确保他留下，股东必须给他至少为 U_0 的预期效用。[w_0 被称为保留（净）工资。] 股东的目标函数是净预期利润 $\Pi-w$。

分析方法如下：如果经理工作，利润为 Π_2 的概率是 x；利润等于 Π_1 的概率是 $1-x$。如果他不工作，利润为 Π_2 的概率是 y，利润为 Π_1 的概率是 $1-y$。我们有 $0<y<x<1$。

假设经理的契约是由股东决定的。

首先假定经理的努力能被股东观察到，后者就能够选择他们想要的努力程度并将它强加于经理（若他违背，就用严惩来威胁）。由于努力是可观察的，所以不存在激励问题，因此，最优契约要求足额保险。先假设他们要求一个低努力水平。最优保险是指$w_1=w_2=w_0$，其中第二个等号源于这样的事实，即股东既不想要也没必要给经理保留比其工资高的报酬。股东的利润是

$$y\Pi_2+(1-y)\Pi_1-w_0$$

现在假设股东要求高努力水平。最优保险再次要求给经理不变的净工资，这样就有

$$w_1-\Phi=w_2-\Phi=w_0$$

股东的预期利润就是

$$x\Pi_2+(1-x)\Pi_1-(w_0+\Phi)$$

为了使讨论有意义，假设股东要求高努力水平是最优的：

$$x\Pi_2+(1-x)\Pi_1-(w_0+\Phi)>y\Pi_2+(1-y)\Pi_1-w_0$$

或

$$(x-y)(\Pi_2-\Pi_1)>\Phi \tag{2}$$

即预期利润的增加超过了努力的负效用。

现在考虑经理的努力不可被股东观察这一更有意思的情况。如已经指出的，高努力水平不可能由不变工资结构引出。相反，当利润高时，股东必须奖励经理。假设股东还想引出高努力水平，他们必须设计一种工资结构使下述“激励相容”约束得到满足：

$$xu(w_2-\Phi)+(1-x)u(w_1-\Phi)\geqslant yu(w_2)+(1-y)u(w_1) \tag{3}$$

式中，w_i 是当实现的利润为 Π_i 时所支付的工资。[等式（3）表明 $w_2>w_1$。[65]]

除激励相容约束，我们还必须加上“个人理性”或“参与”约束：

$$xu(w_2-\Phi)+(1-x)u(w_1-\Phi)\geqslant u(w_0) \tag{4}$$

股东的预期利润是

$$x(\Pi_2-w_2)+(1-x)(\Pi_1-w_1)$$

容易看到，在涉及等式（3）和等式（4）的股东利润最大化中，两种约束都是起作用的。假设“激励相容”没有约束力。如已经看到的，满足参加约束的股东预期利润最大化产生了足额保险（$w_1=w_2$），但是，这种工资结构不满足激励相容约束。反过来，假设只有激励相容约束是有约束力的。这样，股东能够降低 w_1，仍满足这种约束；如果 w_1 的减少不是很大，参与约束仍被满足。因此，在这种简单情况下，即使引入了高努力，最优工资结构可从满足下式的等式（3）和等式（4）中得出：

$$xu(w_2-\Phi)+(1-x)u(w_1-\Phi)=yu(w_2)+(1-y)u(w_1) \tag{3'}$$

$$xu(w_2-\Phi)+(1-x)u(w_1-\Phi)=u(w_0) \tag{4'}$$

在不可观察性下，股东利润较低，等式（4′）和 u 的凹性意味着预期货币工资，$xw_2+(1-x)w_1$，严格超过 $w_0+\Phi$，如图 0.3 所示。[66] 因此，为了引出高努力水平并获得概率为 x 的高利润，货币工资必须高于努力可观察的情况。

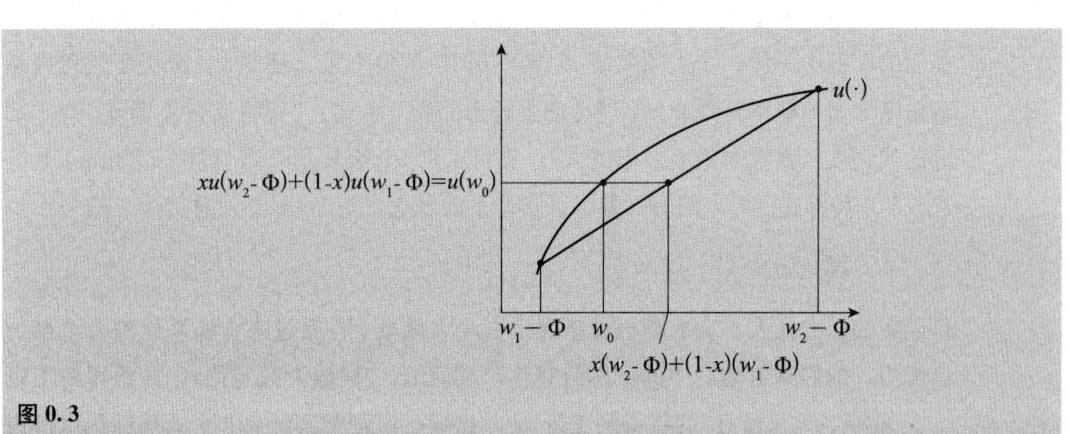

图 0.3

另外，如果股东想要引出在努力可观察性下的低努力水平，他们就不会遭受努力不可观察的痛苦。完全信息工资是不变的（$w_1=w_2=w_0$），并且也引出不可观察性下的低努力水平。这样，引出高努力水平的相对愿望在不可观察性下较低；如果等式（2）被满足，股东会更高兴看到不可观察性下的低努力水平。

概括地讲，这个简单模型说明了下面几点：如果努力不能被观察，就必须有激励合同。经理的工资必须随着实现的利润而增加。由于这种激励合同损害了保险，获得努力所要求的预期货币工资比不可观察性下的要高。这反过来可能使股东不愿意引入努力，即他们可以容忍偷懒。

进一步的重要两点可以从该模型的变体中直接得出。

可观察性、可证实性和权威

可观察性和可证实性之间的区别（迄今为止还没有探讨这一点）涉及委托人能够观察代理人的绩效，但是不能向法院证实他的观察（即不能提供充分的证据）的可能性。由于绩效不可能由法院证实，依绩效而定的契约（如写着“如果代理人绩效符合如此标准，我将支付给他这么多”的契约）不可能被签订，因为法院不可能强制实行它们。[67]例如，当代理人是生产团队的一员时，可信的会计程序只能衡量团队的绩效，而不是个人的贡献。然而，一个内部人（即总经理或主管）能够区别这些贡献，而外部人（法官）却不能。这同样可以很好地被应用到互补的部门（例如制造或销售部门）的绩效，或团队工人的绩效。

现在假设在一个代理问题中，Π 可由委托人观察，但是不可证实，这样契约不能直接取决于代理人的绩效。可以相信委托人宣称的实际观察到的东西吗？逻辑上不能。假设在前面的模型中，当利润可证实时，最优契约导致努力。当利润仅仅可观察时，委托人有积极性宣称它是低的（Π_1），即使它是高的（Π_2），因为 $w_1<w_2$，对委托人也显然存在着利益冲突。

当委托人监督很多代理人（部门经理、工人等）时，情况戏剧性地改变了。为了简化，考虑大量代理人为 N，每个人都生产一份可观察但不可证实的利润。和在前面的模型中一样，个人绩效是 Π_2 而不是 Π_1 的概率是 x 还是 y，取决于代理人是否付诸努力。概率是独立的。[68]考虑委托人的如下承诺：“我将支付工资 w_2 给 x 部分的代理人（我宣布最有效率的人），支付工资 w_1 给其余人”，其中 w_1 和 w_2 是等式（3′）和等式（4′）的解（即可证实性下的最优工资。）显然，总货币工资

$$N[xw_2+(1-x)w_1]$$

是固定的，委托人不会有积极性错误报告个人绩效。[69]反过来，如果代理人全都付诸努力，他们知道他们中的 x 部分将生产利润 Π_2（根据大数定律），并将得到工资 w_2。那些生产利润 Π_1 的将得到工资 w_1。这样，激励相容约束和个人理性约束都得

到了满足。拥有很多代理人的委托人能够得到选择奖励的权威，因为他能够承诺一个全面奖励政策。因而，可证实性被间接地得到了。[70]

评论 通过权威对可观察但不可证实的绩效进行奖励是较普遍的现象。这里，通过排除委托人歪曲代理人绩效的积极性，总奖金的固定规模能防止权威被滥用。如果委托人有声誉要捍卫，存在着另一种类似的、即使单一代理人时也可行的机制。例如，一个有公平地对待其雇员的声誉的雇主（根据他们的行为奖励他们），即不滥用权威的雇主，能够给雇员提供更好的激励，因为这样的委托人不大愿意为了增加短期利润而玷污自己的声誉。

有限惩罚和管理租金

前面的模型显示了经理的个人理性约束是起作用的。这里的论点是，如果不是这样，股东将使工资 w_1 降低一点；这不会损害积极性，仍会导致经理参与。然而在有些情况下，降低工资是不可能的。假设由于有限责任和法律反对奴役，能够强加给经理的最重的惩罚是使他得到 w_0（这样对所有的 i，$w_i \geqslant w_0$ 是设计工资合同时的一个新的约束）。w_0 可以被认为等同于经理能够从其他地方得到的、除去寻找成本后的工资的效用。[71]或者，我们可以设想，经理在工资低于 w_0 时变成无限风险规避；w_0 可能是一个维持生计的水平，再下降一点将对经理产生效用 $-\infty$（“死亡”）。

由于 w_2 和 w_1 必须（弱）超过 w_0，还由于经理总能够选择不工作，参与约束可被自动满足。假设股东还想引导努力（如果 $\Pi_2 - \Pi_1$ 足够大，将是这种情况），为了这样做，他们需要在两种利润水平之间加上工资差异 $w_2 > w_1 \geqslant w_0$。又因为经理总能够选择不工作，他的预期效用不会低于

$$yu(w_2) + (1-y)u(w_1) > u(w_0)$$

参与约束没有约束力，这意味着经理得到企业内的租金。[72]［这里 w_1 等于 w_0，并且 w_2 由等式（3′）给出。］

租金可能性（Calvo，1977；Calvo and Wellisz，1978，1979）构成非自愿失业的有效工资假说的基础，根据该假说，企业内的工人相对于失业者得到租金，作为在有限惩罚条件下给他们工作激励的一种方式（Shapiro and Stiglitz，1984）。[73]

例 2： 这个例子的目的是证实我们关于具有连续努力选择的简单例子的直观推测。[74]经理实际上选择努力水平 e。他的效用等于 $u(w - Re^2/2)$，其中 R 是劳动负效用参数，u 满足例 1 的假设。他的净保留工资是 w_0，这样参与约束是

$$\mathrm{E}u(w - Re^2/2) \geqslant u(w_0) \tag{5}$$

其中期望对 ε 取值。股东的总利润是 $\Pi = e + \varepsilon$，其中 ε 是 $\mathrm{E}\varepsilon = 0$ 的随机变量。（我们将继续假

设，随机事件发生在对努力的选择之后，尽管在当前模型中，即使它发生在签约和努力选择之间，并且可能被代理人观察到，也不会改变结论。）

如果股东能够观察努力水平，最优契约将规定固定工资 $w=\overline{w}$。对一个给定的努力水平 e，这个工资由参与约束给出：

$$\overline{w}=w_0+Re^2/2$$

股东的预期利润是

$$\mathrm{E}(e+\varepsilon-w_0-Re^2/2)=e-w_0-Re^2/2$$

最大化上式产生 $e^*=1/R$（假设 $w_0\leqslant\frac{1}{2}R$）。假设努力不可观察，但是利润可以。

我们将限于讨论线性激励方案[75]，这样，令 $w(\Pi)=a+b\Pi$。现在决定最优方案。经理的预期效用是

$$\mathrm{E}u(a+be+b\varepsilon-Re^2/2)$$

对 e 的最大化产生了 $e=b/R$。努力随着激励方案的斜率的增加而增加，对$b=1$，经理是剩余索取人且 $e=e^*$。经理的预期效用因而是

$$\mathrm{E}u(a+b^2/2R+b\varepsilon)$$

股东的预期净利润是

$$\Pi^e\equiv\mathrm{E}(e+\varepsilon-a-be)=\frac{b}{R}(1-b)-a$$

为了找出最优线性激励方案，解

$$\max_{\{a,b\}}\Pi^e=\frac{b}{R}(1-b)-a$$

$$\text{s.t. }\mathrm{E}u\left(a+\frac{b^2}{2R}+b\varepsilon\right)\geqslant u(w_0)$$

把 a 代入参与约束（这里是有约束力的），产生

$$\mathrm{E}u\left(-\Pi^e+\frac{b}{R}-\frac{b^2}{2R}+b\varepsilon\right)=u(w_0)\tag{6}$$

显然，如果要最大化 Π^e，股东必须选择 b 以使等式（6）的左边最大化。因此，我们有

$$(\mathrm{E}u')\frac{1-b}{R}+\mathrm{E}(u'\varepsilon)=0\tag{7}$$

如果经理是风险中性的，u'是独立于ε 的常数，等式（7）意味着 $b=1$。这证实了风险中性代理人应该是剩余索取者的结论。如果 u'是严格凹的，我们认定 b 介于 0~1。假设 $b\leqslant 0$，那么等式（7）左边第一项是严格正的，第二项等于 u'和 ε 的协方差（回忆一下$\mathrm{E}\varepsilon=0$），是非负的，这样等式（7）不成立。协方差非负的原因是，对 $b\leqslant 0$，经理的收入对 ε 是非递增的，

因此他的作为收入的递减函数的边际效用对 ε 是非递减的。$b\geqslant 1$ 的推理也类似，但此时的第一项是负的且协方差也是负的。

我们因此得出，最优线性工资结构是一个利润分享方案——最优保险的固定工资（$b=0$）和最优激励的剩余索取权（$b=1$）之间的折中。

评论 在上例中，假设经理依利润得到奖励。在实践中，管理报酬依赖于企业价值及其当前利润。Lewellen（1971）指出，企业的股票期权通常占管理报酬的一大部分。在根据股票价值而不是利润来奖励经理背后的一般思想是，利润是对管理绩效的一种十分歪曲的衡量（Lewellen，1968；Grossman and Hart，1980，p. 48）。例如，一个有利可图的投资减少了当前利润，并不反映管理上的偷懒或者无能。但是这类由于会计操纵而不可证实的因素可以被市场观察到，因此可以反映在对企业的估价中。股票期权尤其被看成是对容易有短期行为的经理既关心企业的未来利润也关心当前利润的一种激励。[76]

0.2.2 对偏离行为的限制

在前一小节中，我们考察了使用绩效标准限制管理者偏离行为的可能性。实际上，股东可能也想要使用其他信息。我们来更进一步看看制约经理行为的其他因素。

标尺竞争

代理人个人的绩效即使是可证实的，也只是对代理人努力的歪曲的衡量（见前面的例 1 和例 2）。例如，企业的低利润可能是因为需求下降或成本上升，而不是经理偷懒。通过把代理人绩效与在类似条件下的其他代理人绩效进行比较，在一定程度上能够探知这种努力。[77]

为了看看标尺竞争是怎样进行的，考虑上面的例 1。假设股东监督两个负责同类部门的经理。股东利润等于每个经理产生的利润之和减去预期货币工资。如前所述，产生利润 Π_2 而不是 Π_1 的概率是 x 或 y 取决于经理是否工作。而且，面对经理的不确定性是完全相关的，其中同样水平的努力产生同样的利润。因而，如果两个经理都选择工作，实现的利润或者都是 Π_2（概率为 x），或者都是 Π_1（概率为$1-x$），且他们都选择不工作时也是类似的。例如，我们可能会注意到，服务于两个需求完全相关的不同地域市场的两个部门的情况。

在这些情况下，股东可以用下面的契约："如果两个经理达到了同样的利润水平（可以是 Π_1 或 Π_2），就可得到完全信息工资 $w_1=w_2=w_0+\Phi$；如果利润不同，高利润经理得到 $w_2=w_0+\Phi$，低利润经理受到重罚。"每个经理的工资因而既取决于另一个经理的绩效，也取决于自己。显然，两个经理都选择努力是经理之间博弈的均衡结果。如果一个经理被预期去工作并产生高利润，低利润结果自动暴露了另一个经理没有工作。他不能把他的差绩效归因于“不利环境”，他被重罚了。[78]

习题 0.2*：**在这个习题中，涉及单来源供货与双来源供货，我们建构一个简单模型，其中经理的目标函数是货币激励相当无效的那一种。企业有一个给定规模的项目。项目的成本是$C=\beta-e$。变量β在$[\underline{\beta}, \bar{\beta}]$上随机分布，有期望$E\beta$。变量$e$代表负责该项目的经理所付出的努力。经理有效用函数$U(w, e)=u(w)-\Phi(e)$，其中$\Phi'>0$，$\Phi''>0$，$\Phi'(0)>0$，且

$$u(w)=\begin{cases}-\infty & \text{如果 } w<\overline{w} \\ \bar{u}+\lambda(w-\overline{w}) & \text{如果 } w\geqslant\overline{w}\end{cases}$$

因此，$\overline{w}$可以被理解为生存工资。λ是一个小的、正的参数；数学上，对所有的e，有$\lambda\leqslant\Phi'(e)$。经理对自然状态β是无限风险规避的，所以他只对他的坏状态中的效用感兴趣：$\min_\beta U(w, e)$。经理在签约后和选择e前知道了β。委托人观察到C，但不是β或e。所以工资结构是C的函数$w(C)$，经理的目标可以写成：

$$\min_\beta(\max_e(u(w(\beta-e))-\Phi(e)))$$

令U_0代表经理的保留效用，$e^*>0$由$u(\overline{w})-\Phi(e^*)=U_0$定义。委托人希望最小化项目的预期成本。

(1) 证明如果β和（或e）可以被委托人观察到，最优契约将对所有的β产生$w=\overline{w}$和$e=e^*$，且项目的预期成本是$\overline{w}+E\beta-e^*$。

(2) 在不对称信息下，证明最优契约是：

$$w\begin{cases}=\overline{w} & \text{如果 } C\leqslant\bar{\beta}-e^* \\ <\overline{w} & \text{其他}\end{cases}$$

且项目的预期成本是$\overline{w}+\bar{\beta}-e^*$。

(3) 假设项目可以给两个经理。委托人的成本（除去货币工资）是$\min(C_1, C_2)$，其中$C_i=\beta-e_i$，且e_i是经理i的努力（$i=1, 2$）。β对两个经理是一样的。证明最优契约是：

$$w_i(C_i, C_j)\begin{cases}=\overline{w} & \text{如果 } C_i=C_j \\ <\overline{w} & \text{如果 } C_i>C_j \\ =\overline{w}+\Phi'(e^*)(C_j-C_i)/\lambda & \text{如果 } C_i<C_j\end{cases}$$

并且，当且仅当$\overline{w}\leqslant\bar{\beta}-E\beta$时，委托人才偏好双来源而不是单来源，请解释。

评论 前面的例子和习题都假设代理人的技术之间是完全相关的。但是标尺竞争的思想可以扩展到不完全相关的情况（一种更合理的假设）。的确，Baiman 和 Demski（1980）以及 Holmström（1982a，b）已经使用 Holmström-Shavell 充分统计量结果（见 0.3 节）证明，当且仅当绩效独立时，代理人的最优工资结构只取决于自己的绩效。

标尺竞争有点类似于当代理人绩效可观察但不可证实时，使用权威奖励代理人，两者都基于对代理人绩效的比较。但是，两种观点在实质上是不同的。标尺竞争依赖于代理人的技术相关性，而不是绩效的不可证实性；而且，可以同外部各方，例如竞争公司相比较。权威的情况源于不可证实性，并且不依赖于技术相关性，而且比较是在由一个委托人监督下的一组代理人之间进行的。

标尺竞争的潜在应用很多。有着相似的成本或需求状况的部门经理的绩效可以由总经理进行比较。类似地，对一个公司经理的奖励可以根据竞争公司经理的绩效确定。更一般地，对经理的奖励可以以产业平均利润为基础。国防部和许多私人公司有时利用双来源来确定供方，甚至不管可能失去规模报酬。医疗保险中心对处置一个诊断相关群体中的所有病人，付给医院固定费用。这个费用的多少是以在可比较的医院中处置这一群体病人的平均费用为基础的。

标尺竞争也有其局限性。被比较的单位可能面对不同的条件（例如，条件之间的相关性可能相当不完全）。而且，绩效可能被会计手段或衡量错误歪曲。最后，经理的绩效取决于他们所承袭的资产。（虽然在理论上这可能不是一个问题，这种效应要求标尺竞争更复杂，因此使它变得更不可能。）这可以解释为什么在电力产业中很少有标尺竞争（Joskow and Schmalensee，1986）。[79]

接管

Manne（1965）和 Marris（1964）认为，没有利润最大化使企业的股票价值下降，也引致外部企业家（侵入者）来购买企业，改变其管理，并把企业引向利润最大化。这种接管威胁有助于约束经理。

但是为什么经理会关注接管的威胁呢？为使这一观点成立，经理必须受到接管损害。这可能是真的，或者由于当他们的企业被接管时，经理会立即被惩罚（因为接管是不良管理的指示器），或者由于被转手，他们失去了在企业内曾经享受的租金。第一个原因并不可信。由于有限的依赖性和禁止奴役，直接惩罚很难实施。实际上，不仅不是惩罚，当经理们在失误后被解雇时，他们通常得到相当数量的钱（“金色降落伞”）。[80]失去附着在管理职务上的租金的威胁是一种更可信的解释。这种租金之一是名声或名誉。另一个可能是由股东和经理之间的信息不对称产生的在岗清闲（偷懒）。在某种程度上，管理失误增加了接管可能性，对失去租金的恐惧会使经理们不想再偷懒。这一观点是由 Scharfstein（1985a），以及 Demski，Sappington 和 Spiller（1987）推进的。[81]

然而，接管也有其局限性。必须收集关于企业无效性和改进领域的昂贵信息。外部人只有在能够从接管中得到实际利润时，才有收集信息并支付接管成本的积极性。Grossman 和 Hart（1980）指出了可能损害这种积极性的一个潜在的搭便车问题：在接管事件中，股东不想转让其股份，因为如果他保留它们，他能够享受到侵入者带来的股票价格提高的利益。另外，只有当股票的投标价格低于其侵入后价格时，侵入者才能获利。因此，他不能既购买股票又从中获利。

有避免搭便车的途径。价格稀释——企业章程中的一种条款，允许成功的侵入者把企业的部分资产在对少数股东不利的条件下，出售给侵入者拥有的另一个公司，或者发给自己新的股份——相当于给侵入者一个奖励，鼓励了接管（Grossman and Hart，1980）。另一种可能性是侵入可能由企业的一个大股东来做。即使其他股东不理睬他（不交出他们的股份），大股东至少享受了自己股份的增值（Shleifer and Vishny，1986）。

这些反搭便车因素也有自己的局限性。一方面，由于稀释基本上是对侵入者的一项奖励，在位股东会不情愿大规模这样做。而且，美国法院限制了它的使用。另一方面，大股东仅仅把他们的股份的价值内部化。他们不主动考虑对其他在位股东的正的外部性，所以，他们控制企业和进行接管的积极性可能会很小。

当前管理集团对侵入的潜在抵制带给接管功效第二个局限性。经理可以通过反托拉斯诉讼和“毒丸”使企业对侵入者失去吸引力。[82] 如果这不奏效，经理会同侵入者合谋，并且以高于市场价格的实质上的溢价买下后者拥有的该企业的股份（如果有），以换取侵入者签字同意不再收购，这防止了侵入者在某一时期内拥有企业的股份。其他股东是这种“绿色邮件”策略的受损者，因为接管没有发生（管理没有改进），企业以高价购买了侵入者的股份（Shleifer and Vishny，1984）。最后，管理者阻力只是以相当高的成本被减少（例如，通过给被撤换的经理提供“金色降落伞”）。

这些效应在某种程度上可以解释 Scherer（1980，p. 38）的观察：“可用的证据至多只是给下列假说提供了微弱的支持，即接管产生了有效约束机制来反对对利润最大化的偏离。”

接管威胁会产生反面的激励作用。第一，它降低了经理进行长期投资的积极性，因为他们从中不会收获利益，即经理被引至缺乏远见的行为上（Laffont and Tirole，1987）。第二，它破坏了经理职位的稳定性并加强了他们的职业忧虑，这会导致与企业利益相反的管理决策（Hermalin，1987）。第三，它缩短了经理和工人之间联系的时间，会妨碍他们之间建立信任（Shleifer and Summers，1987）。

管理激励：动态考察

另一个约束经理偏离行为的是他们对自己在企业内和企业外职业生涯的关心。这里的讨论主要涉及逆向选择（经理如何有效或值得信赖）和道德风险（他工作有多努力）之间的相互作用。

在企业内，表现差的经理不会得到将来能做好的信任。他的内部提升的前景黯淡。为了形式化这一点，一些作者侧重于企业和其雇员之间关系的重复方面。假设在每个阶段雇员是高质量绩效或者是低质量绩效的。质量对雇主是可观察的，但是不可证实。只要雇员以前有高质量的绩效，企业就会在每个阶段都给其雇员提供租金（这里的租金是指雇员十分愿意留在企业中，而不是放弃——例如，它可能代表高于市场工资的工资）。如果雇员“行骗”并变成低质量绩效的，企业就停止向他提供租金（例如，不提拔他或者不给他提工资）。失去这种租金的威胁给雇员加上了某种约束。在数学上，这个思想的形式化包含了超级博弈或信息不对称下的声誉理论（见第 2 章、第 6 章、第 9 章）。这种思想与第 2 章中的类似，在那里，消费者不再购买开始生产低质量产品的企业的产品。[83]

我们现在转向经理会离开企业的可能性。外部提供的威胁会制约企业，迫使它在经理的工作质量可观察但是不可证实时，公平地对待其经理。假设经理的工作被证明是高质量的，这是经理的能力和努力的一个信号，但是没有被回报以高工资。如果他的绩效被其他企业观察到，后者就能够出价诱使他离开。由于这种威胁，企业必须公平地奖励经理。设想大学中的一个教授。令他的工作质量是指他的研究质量以及他与同行和学生相互作用的丰富性。这种质量可以被同行观察到，但是很难被法院取证。[84]他转向另一所大学的威胁使他在本校内外的地位同等化。这种思想由 Fama（1980）最先提出，Holmström（1982a）作了进一步的研究，他把可观察性和可证实性之间的区别和外部压力机制结合了起来。

像在企业内被奖励一样，能够得到他现在的企业以外的好机会的可能性当然给了经理好好表现的激励。当经理的内部和外部监督者只观察到他的绩效时，他的任何程度的偷懒都可能被误认为缺少信赖或能力，因而可能有害于他的事业。Holmström 指出，在这种情况下，处于事业开始时的经理会比社会最优时工作得更努力。[85]

评论 使企业正式奖励其雇员的可观察但不可证实的绩效的另外两个机制已经描述过了。一个是基于企业同意给一定比例的雇员提供奖励；另一个是基于企业的声誉。外部压力机制对高层经理比对其他雇员能更好地起作用，因为前者比后者有更多的外部可见性。

监督

除了在对接管的讨论中外，我们主要把委托人信息当作给定的并研究了这种控制代理人的信息的最优使用。我们现在转向对监督者的内部激励。

Alchian 和 Demsetz（1972）认为，不可分离性或规模报酬递增对理解组织设计是至关重要的。一个团队的生产超过其成员各自独立的生产之和；然而，Alchian 和 Demsetz 指出，团队生产会妨碍对生产率和奖励的测量。例如，除非每个工人的特定生产部分是可计算的（像单件工作的情况），计算数据只能衡量车间的产出。在他们的一个例子中，Alchian 和 Demsetz 指出，区分两个联合把重货物举到卡车上的工人的绩效可能是困难的。在更大的集合层次上，一种高水平的产品销售可能要归功于一个好的设计或者一个合适的市场宣传活动，并且可能不能清楚地衡量每一个职能部门的贡献。

不可分离性在团队成员中产生了搭便车问题。例如，假设一个团队中的两个雇员同等分享了团队创造的每一额外美元，这样，当团队产生1美元时，每个雇员只能得到50美分。这意味着每个雇员很少有积极性贡献于团队生产。一个解决办法是进一步增加货币激励（见下面的评论）。另一个解决办法是引入第三方（监视者或监督者）来衡量每个雇员的个人绩效。怎样监督监督者？他监督雇员的动力是什么？Alchian和Demsetz指出，监督者应该得到团队的净收获（除去对其他投入的支付）。用激励理论的术语讲，监督者应该是剩余索取人或风险承担者。在边际上，他得到团队的任何额外利润。他因而有强烈的积极性努力去衡量雇员的个人绩效。

总而言之，Alchian和Demsetz的组织（或“企业”）是一种进行团队生产的特殊的治理装置。的确，在各种与企业所有权相联系的权利中，Alchian和Demsetz列出了作为剩余索取人的权利和对雇员行为观察的权利。[86]

评论 Holmström（1982b）提出了基于团队生产力和衡量个人绩效不可能性的另一种企业理论。他指出，公司的一个作用是打破组织的收益必须在雇员之间分割这个规则（在合伙企业中的做法）。其观点如下：为了在生产决策中得到正确的激励，雇员必须是这些决策的“剩余索取人”；如果一项决策给企业或单位带来了额外的1美元，雇员必须得到这额外的1美元。考虑一家有两个雇员的企业，假设只有总绩效（等于两个雇员绩效的和）是可观察的，企业的利润每增加1美元，每个雇员必须得到1美元。对企业赚得的每一额外美元，利润的边际分配必须是2美元。这只有当存在着在边际上的“打破预算约束”的“来源”（股东还是其他单位）时，才是可能的。[87]除了出发点（在会计层次上个人贡献的不可分解性）和团队约束必须被打破的结论外，Holmström和Alchian-Demsetz的理论是不同的。Alchian和Demsetz依赖于第三方的监督，为了给该方以监督的激励，要让他承担风险（在边际上，雇员对他们生产的每一美元，得到0美分，即他们有固定工资）。相比之下，Holmström通过外来者提供的货币激励来约束团队成员。

Williamson（1975，p. 49）指出，生产中的不可分离性不应被过分强调。由于一个监督者只能监督有限数量的雇员，该理论能够最好地解释小群体组织。在大企业中，监督必须被授权。[88]

这把我们带到一个有趣的科层模型的分类，这是由Williamson（1967）以及Calvo和Wellisz（1978，1979）开创的，由Rosen（1982）以及Keren和Levhari（1983）进一步发展。假设企业是按照金字塔结构组织起来的，如图0.4所示。1级是企业的生产层（工人）。1级雇员是由2级雇员监督的，大概是由于生产的不可分离性，一个2级雇员并不监督所有的1级雇员，因为监督质量随着监督跨度的增大而降低。依次地，2级雇员进行监督的激励由3级监督提供。假设3级是由单个代理人（或单位）构成的，他是企业利润除去工资和投入支付后的剩余索取人。例如，3级可以是股东（总经理），2级是总经理（部门经理）。这些模型的有吸引力的内容是，企业的横向和纵向规模是不固定的。控制每个雇员的跨度和层数被假设由最高层根据利润最大化要求来选择。企业规模能够封顶的原因是随着企业扩大而来的监督的恶化。更多的工人需要更多的 2 级监督者，这样高层对 2 级雇员的监督就恶化了。（或者，可以在高层和 2 级之间生成一个额外层次，但是这增加了成本。）Calvo 和 Wellisz 还导出了一些来自这种模型的企业中有趣的工资结构的指南。

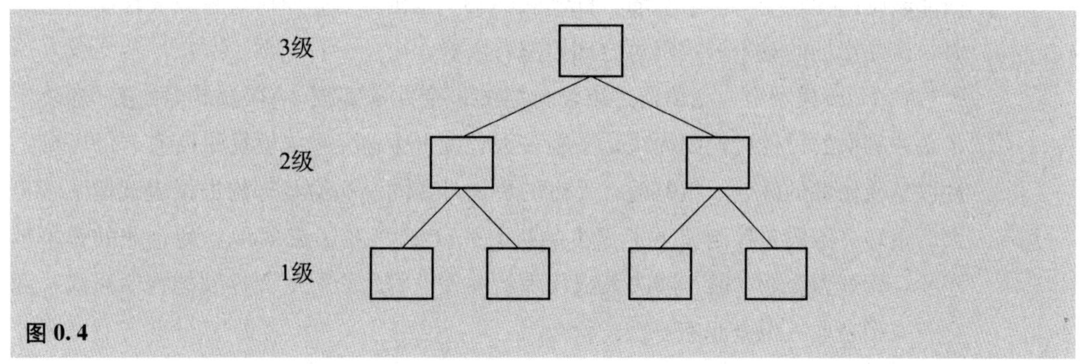

图 0.4

Tirole（1986b）认为，组织中监督和权威的运作受到集体成员之间合谋可能性的限制。当一个雇员得到评价他人绩效（监督）或者在影响他的不可预见的偶然因素中作决策的权利（权威）时，他就获得了对他人的权利。这种权利带来了双方之间合谋的可能性，这是通过附带转移支付（许诺相似的互利互惠、现金、个人关系的发展等）实现的。组织设计部分地与防止合谋相适应，这要通过确认监督者作为被监督者的引导者而不是检举人的积极性，以及通过官僚化规则限制权威来实现。

产品-市场竞争

正如 Scherer（1980，p. 38）所指出的：

> 当被迫进入企业是否最大化问题的战壕时，经济学家诉诸他们武器库中最后的武器：达尔文自然选择理论的变形。从长期看，只有一个简单的工商企业的生存准则：利润必定是非负的。不管经理多么强烈地想要追求其他目标，也不管在一个不确定性和高信息成本的世界中找到利润最大化策略有多么难，不能满足这一准则必定意味着企业将从经济舞台上消失。

例如，Winter（1971）指出，作出无效决策（例如，对技术）的竞争性企业会招致损失，因为它不能直接把它的额外成本转嫁给顾客（市场价格被当成给定的）。因此企业为了生存去寻找新的和更好的决策。因而，竞争环境中的企业有更大的压力降低成本，结果是更有效。显然这是相当真实的情况；然而，如 Hart（1983）所说："至少 Winter 没有正式分析的一个问题是，为什么企业在一开始选择无效技术。"这个问题的答案可能在于上面提到的代理和监督问题。[89]

破产的威胁和竞争的压力对管理激励的作用还没有得到令人满意的形式化。然而，有些竞争压力对激励（不是与生存有关的问题）的作用已经得到了研究。

一个明显的作用源于标尺竞争的可能性。竞争性企业的股东能够把边际报酬置于竞争者的利润或市场价格的基础上，如果企业是垄断者，这将是不可能的。

当企业得不到外部数据，例如竞争者的利润和市场价格时，产品市场的竞争对内部激励的影响变得非常脆弱。Hart（1983）指出，当企业所有者只关注企业绩效时，产品市场的竞争形式仍对内部控制有影响。[90]

在 Hart 模型中，竞争通过市场价格的可变性来实现，它与成本冲击一起决定了企业利润的可变性，因而决定了在多大程度上企业经理能够操纵所有者的不确定性以享受偷懒的好处。粗略地，外生的更加可变的利润给经理的失误表现留下了更大的余地，给股东控制留下了更少的机会。Hart 考察了有两种类型企业的竞争性产业：管理型企业（股东将决策权代理给经理，因此面对上面提到的控制风险）和企业家型企业（由企业家自己经营）。[91]

直观地讲，当边际生产成本低（企业间完全相关）时，企业家型企业本能地扩大它们的产出。如果管理型企业的经理对货币激励没有反应，就会利用好时光去偷懒。如果企业家型企业的比例增加，那么产出会对成本下降更敏感。这降低了好时期的市场价格，因而减少了低成本对利润的影响。尤其是，当企业家型企业的比例增加时，管理型企业的利润变得对外部不确定性较不敏感。这使得股东对他们的控制更容易了，这导致了的偷懒较少。在企业家是竞争标志的意义上[92]，产出市场上的较多竞争导致管理型企业中的偷懒较少。遗憾的是，像 Scharfstein（1985b）指出的，这个结果对经理的效用函数假设极为敏感。如果经理的确对货币激励有足够的反应，较大比例的企业家型企业增加了管理型企业中的偷懒。[93]

应用：M 型企业

对经理激励的分析有助于理解所谓的多部门（M 型）企业的产生。[94]

回顾 0.1 节，技术上合理的企业组织有其功能专用性的集权型组织。然而，这种类型的组织随着企业水平的扩张而瓦解。根据 Chandler（1966），这种瓦解主要是由于高层管理失去控制。这可以作下面的解释。为了控制职能部门，高层管理基本上可以使用两种方法之一：奖励每一个有好绩效的职能部门（即基于产出激励方案），以及为了评价个人贡献而直接监督部门（即衡量投入）。第一种方法显然面临着对不同部门各自贡献的计算问题。产品销售或企业利润取决于每个部门绩效的质量，这可能是很难衡量的。这就产生了 Alchian-Demsetz 型团队问题。第二种方法只有当企业很小时才可以使用。高层管理的监督可能性的缺失可能会造成集权型企业在扩张阶段的困难。

多部门形式产生于 20 世纪 20 年代，并且在第二次世界大战后成为主流。它类似于由多个“小规模的专业化 U 型结构”组成的准企业（Williamson，1975，p. 136），这些部门是根据产品、品牌或者地理脉络确定的，也是相当自治的。例如，见图 0.5。

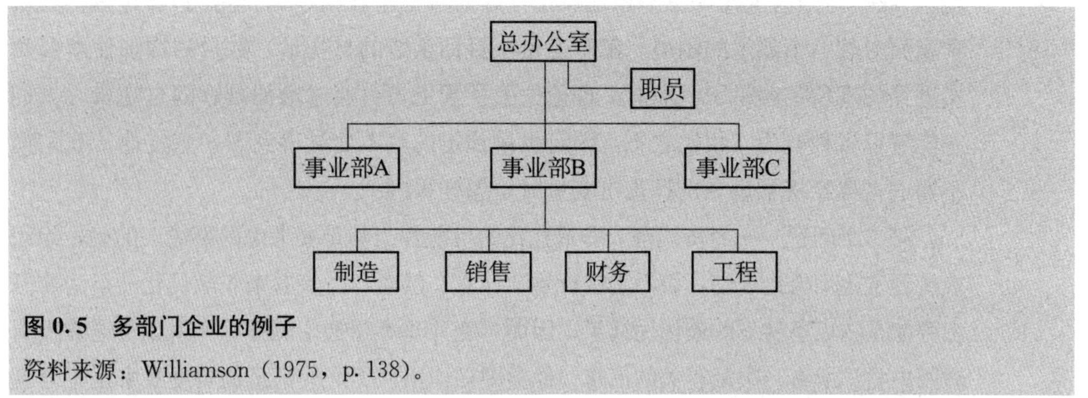

图 0.5 多部门企业的例子

资料来源：Williamson (1975，p. 138)。

在 M 型企业中，相对精确地衡量个人绩效是可行的，并且的确总经理（最高管理）的作用是在各竞争性部门之间进行监督并分配资源。[95]相比之下，在部门内进行监督较为普遍，也能对一些职能部门的相关贡献作出评价。

这种粗略的分析留下了一个未回答的重要问题：如果部门是准企业，为什么它们要被组织在一个单一结构中？为什么它们没有分成法律上的实体？的确，Williamson 把 M 型企业看成是“微型资本市场”；然而，他进一步认为总经理比资本市场有较好的监督能力和较好的接管能力（1975，pp. 146－148）。他的观点与不完全契约有关。

0.2.3 对新古典方法论的疑问

自 20 世纪 70 年代初以来的发展表明，新古典企业并不是组织理论家在 20 世纪 50 年代和 20 世纪 60 年代所嘲笑的不现实的、利润最大化的实体。新古典理论依然留下许多未回答的问题，这引起了对它处理某些复杂组织现象的能力的怀疑。Simon（1976）以及 Nelson 和 Winter（1982）在这方面尤其有指导性。被忽视的主题有以下几点。

最优化行为

新古典理论假设，组织成员的活动是为了使一个有若干标准变量（比如收入和努力）的目标函数最大化。这产生了两个问题：他们的目标包括其他变量（声望、自我实现、权力、下属数目、预算规模、欢乐、友谊等）吗？他们有很好定义的目标函数或者使用拇指规则或“满意”规则吗？

关于第一个问题（对目标函数的争论），我们必须明确，驱动成员活力的是大量的目标，而不只是收入和努力。当然，考虑这些目标是直接进入成员的效用函数中，还是充当帮助实现基本目标的中间目标，是很有意思的。像我们前面所提到的，很可能有这样的情况：经理并不喜欢有大量下属这件事本身，有大量下属是因为这是劳动力市场的一个信号（负责一个重要部门的经理很可能是一个能干的经理），或者是因为这允许更平稳地操作，因而减少了在岗压力（努力）。这里，经济学家面对着一个熟悉的困境。解释变量（目标函数的自变量）数目的增加使解释真实世界的现象更容易了。同时，理论失去了预见力：通过增加足够的自变量，人们总能解释各种行为。相比之下，限定少量预定的基本变量得到了一些定律。我们尚不知道古典经济学家在选择基本变量时是怎样得到“灵感”的。

第二个问题——经济代理人非最优化的可能性当然是要考虑的事情。的确，组织成员经常运用拇指规则，而不是进行复杂计算。然而，许多看来非最优化的行为实际上可能是约束条件下的最优化结果，因而可能并非不理智。例如，一个成员通常没有时间去尝试所有与决策有关的信息；他会因而作出从更好的信息的角度看来是不合理的决策。然而，如果考虑到必要的收集信息的时间的影子价格，决策可能是合理的。类似地，在复杂问题中用来计算最优决策的时间和努力可能导致决策的无效性。我们仍有待考虑这种对有限理性的“合理解释”在多大程度上是成功的。[96]

交流和知识

新古典理论对交流问题只给予了口头重视。仅仅由于激励相容，组织成员之间的信息流被限制了。当受害于信息公开时，成员会私自保留自己的信息。私人激励当然会相当大地限制信息的流动。然而，由于太费时间，或者由于为了使其接收者理解，对信息的“整理”［见 Arrow（1974）］太难了，甚至组织的好心成员（即不为个人好处而操纵信息的成员）也会在把他们拥有的全部信息传递给相关同事时遇到麻烦。因此，在完全交流下可能的利润最大化决策将不会在不完全交流下出现。[97]

这给我们带来了知识的概念。一些研究［最近有 Nelson 和 Winter（1982）；Kreps（1984）；以及 Cremer（1986）］赋予了企业知识存量的特征，这种知识存量指导组织成员在不完全交流的世界中进行决策和协作：

一个成员拥有的信息的内容由所有其他成员拥有的信息确定……把组织记忆看成单个成员记忆的缩减忽视或者低估了通过共享过去经验形成的那些私人记忆的联系，这些经验确立了极其详尽和专用性的交流系统，它成为常规性绩效的基础。（Nelson and Winter，1982，p.105）

组织文化是基本假设范式，一个给定的群体在学习怎样处理它的外部适应和内部一体化问题的过程中进行了发明、发现或发展，并且工作得足够好，以至于被认为有效，因而可以作为与这些问题相关的理解、思考、感受的正确方法教给新成员。（Schein，1984，p.3）

组织记忆帮助成员在复杂决策面前寻找相对满意的决策（“满意”或个人有限

理性），并在缺乏交流的情况下协调他们的行为（集体有限理性）。

组织动力学

新古典理论侧重于在给定时点的最优组织设计，很少谈到重组。由于大多数重组在最初的组织设计中一般并没有明确，它们受重组时的权威和讨价还价关系的影响很大。因为这些关系的形式仍很不成熟，即使在静态新古典企业理论中，新古典理论对重组讨论得很少也并不奇怪。

团队行为

社会学家［如 Dalton（1959）；Crozier（1967）］和组织理论家［如 Cyert 和 March（1963）］强调，通过同时分析团队激励和个人激励通常可以对组织行为作出最好的预测。相比之下，新古典理论仅仅注意强调个人激励。[98]

在这个对当前新古典方法空白的讨论中，读者会察觉到很强的知识帝国主义。其中大部分内容表达了下述信息："社会学家和组织理论家宣称新古典理论没有抓住组织的重要方面是正确的，但应该给理论足够的时间发展和导出恰当的模型。"当然，这是一种纯粹的信仰行为，很多争论可以围绕新古典方法是否的确能够符合这些方面来思考。

0.2.4 利润最大化假定和产业组织

前面已经提到，有许多途径能够约束管理者的偏离行为。然而，没有哪种方法是完美的，我们会看到一些可能的对利润最大化行为的重要偏离。[99]这是否意味着本书的利润最大化模型有根本缺陷呢？不一定。考虑熟悉的垄断价格问题（见第 1 章）。垄断者的利润函数为

$$\Pi = P(q)q - c(e,\ \varepsilon)q - w$$

式中，q 是企业的产出，$P(\cdot)$ 是逆需求函数，w 是管理者工资，c 是单位成本（管理者努力 e 和某个随机变量 ε 的函数）。假设股东观察到除了 e 和 ε 之外的所有其他变量，特别是他们观察到单位成本 c 的实现。该单位成本的作用与 0.2.1 小节例 1 和例 2 中的利润变量一样。容易看到，最优工资结构 $w(c)$ 仅仅依赖于 c 的实现，因为 c 传递了所有的关于努力的相关信息（在数学上，它是对努力的一个充分统计量）。现在，我们从 0.2.1 小节中知道，如果管理者是风险规避的，由最优工资结构导出的努力 e 与如果努力可以被股东观察所获得的最优水平 e^* 不同。企业仅仅在约束意义上是利润最大化的；从 Leibenstein（1966）意义上讲，管理者存在 X-无效率（$e \neq e^*$）。

然而，给定由最优工资结构 $w(\cdot)$ 导出的努力水平 e，令 $\tilde{c} \equiv c(e,\ \varepsilon)$ 代表所导致的随机成本。股东预期利润是

$$\mathrm{E}\Pi = P(q)q - (\mathrm{E}\tilde{c})q - \mathrm{E}w(\tilde{c})$$

由于对 q 的选择并没有改变管理者控制问题（记住 $\tilde{c}$ 是充分统计量），股东（或者管理者）也会选择最大化 $P(q)q-(\mathrm{E}\tilde{c})q$。因此，对外部观察者来说，企业行为与没有 X-无效率的企业的行为在观察上是等价的，但是在有效的（完全信息）努力水平上有一个成本分布 $\tilde{c}$。所以，不必在意由于信息不对称，单位成本的分布偏向高水平；第1章发展的垄断定价模型仍然是正确的。

这只是一个例子，并不是要传达这样一种印象，即内部组织和产品市场或投入市场决策之间的“可分离性”是规则。[100]的确，未来产业组织理论的一项最激动人心的研究计划是确定这种相互作用的范围和重要性。然而，本书作者认为并期望，即使利润最大化假定因发展很好的内部组织模型而被抛弃，产业组织理论的许多结论也仍将是正确的（至少在描述层次上）。

0.3 补充节：委托-代理关系[101]

本节的目的是在比本书更一般的框架内介绍道德风险问题。

假设股东是风险中性的，他们的目标函数等于预期企业总利润减去预期工资支付。为了易于表达，假设只有唯一的经理。该经理在区间 $[\underline{e}, \bar{e}]$ 中选择一个不可观察的决策 e。这个决策将被解释为一种努力水平，但更一般地，它可以是任何管理决策权或道德风险变量（津贴、关心等）；它不能被股东观察到。给定 e，利润的实现取决于随机变量 ε 的实现：$\Pi(e, \varepsilon)$。假定 Π 随着 e 增长，股东只能观察到利润水平，根据唯一可观察变量的工资函数 $w(\Pi)$ 奖励经理。因此，股东的目标函数是

$$\underset{\varepsilon}{\mathrm{E}}[\Pi(e, \varepsilon) - w(\Pi(e, \varepsilon))]$$

经理的目标函数是他的期望效用，后者取决于货币报酬和努力水平：$U(w, e)$。假定 U 随着 w 的增加而增加，随着 e 的增加而减少。还假设 U 对 w 是凹的（收入风险规避）。这样，经理的目标函数是

$$\underset{\varepsilon}{\mathrm{E}}U(w(\Pi(e, \varepsilon)), e)$$

（这里，所有的期望都对 ε 取值。）

在传统的委托-代理框架中，股东制定工资契约 $w(\cdot)$。存在着同类经理的事前竞争性提供，他们有某一保守效用 U_0（他们在其他地方工作时得到的预期效用）。只有当一个经理在所有潜在努力水平的最高可能预期效用超过 U_0 时，股东才能雇用该经理。用激励理论的术语讲，经理的“个人理性”或“参与”约束

$$\max_{e} \mathrm{E}U(w(\Pi(e, \varepsilon)), e) \geqslant U_0 \tag{8}$$

必须满足。接下来，如果股东想要诱使该经理选择某一努力水平 e^*，他们必须设

计“激励相容”的工资结构：

$$e^* \text{ 使 } \mathrm{E}U(w(\Pi(e, \varepsilon)), e) \text{ 在所有 } e \text{ 上最大化} \tag{9}$$

现在考虑股东的问题：为经理选择一个工资结构 $w^*(\cdot)$ 并引入努力水平 e^*，使

$$\mathrm{E}[\Pi(e, \varepsilon) - w(\Pi(e, \varepsilon))]$$

最大化，满足约束条件式（8）和式（9）。

一般地说，解这个问题是一项复杂的工作[102]，然而有两种极端情况可以直截了当地求解。

在讨论这些情况之前，导出 e 和 ε 可观察（完全信息）情况下的解是很有用的。由于股东观察 e，他们能够决定想要的、与经理参与约束相一致的任何努力水平（如果经理不遵守，他们将用重惩来威胁）。因此，唯一适应的约束是式（8）。现在，根据最优保险理论，对给定的 e，风险中性的股东将给经理一个固定工资 w，即将给他足额保险。[103]一般地，努力水平的选择稍复杂一点。我们简单假设完全信息下的最优努力不是 $\underline{e}$（经理的最低可能努力）。

我们现在回到股东只观察到利润的不对称信息框架中来。显然，由于契约只依赖少数变量，股东有较少的控制，因而至多只能得到完全信息下的预期利润。（通过少量观察项作出的分配总能够通过大量观察项得到复制。）

第一种极端情况是一个收入风险中性的经理的情况。在这种情况中，有

$$U(w, e) = w - \Phi(e)$$

$\Phi(e)$ 代表以货币形式表达的努力的负效用。这样，股东目标函数可以写成

$$\mathrm{E}(\Pi - w) = \mathrm{E}\Pi - \mathrm{E}U(w, e) - \Phi(e) = [\mathrm{E}\Pi(e, \varepsilon) - \Phi(e)] - U_0$$

这里我们使用了经理风险中性和个人理性约束（在目前情况下很容易证明约束等式成立）。令 e^* 最大化 $\mathrm{E}\Pi(e, \varepsilon) - \Phi(e)$（预期利润除去努力的负效用）。根据定义，$e^*$ 是完全信息下的最优努力（因为在完全信息下只有个人理性约束起作用）。因而，在完全信息下股东的净利润是

$$\mathrm{E}\Pi(e^*, \varepsilon) - \Phi(e^*) - U_0$$

在信息不对称下，假设股东以价格 $p = \mathrm{E}\Pi(e^*, \varepsilon) - \Phi(e^*) - U_0$ 将企业出售给经理。如果经理接受，他就变成了企业利润的剩余索取人。向经理出售企业在形式上等同于一种激励方案，其中股东仍然是企业利润的索取人，但是要支付工资 $w(\Pi) = \Pi - p$。要知道经理是否接受，请看他的目标函数，即

$$\max_e [\mathrm{E}\Pi(e, \varepsilon) - \Phi(e) - p] = U_0$$

所以经理接受且股东得到和在完全信息下相同的预期利润。如前面解释的，这种结

果的直观解释是，经理面对着准确反映纵向结构目标的激励方案，因此，他选择完全信息努力水平。潜在的缺点是经理可能要承受全部风险。然而这没关系，因为经理是风险中性的。

另一个极端情况是经理是无限收入风险规避的。对这样一个经理来说，当且仅当 $\min\tilde{w}_1>\min\tilde{w}_2$，或 $\min\tilde{w}_1=\min\tilde{w}_2$，且 $e_1<e_2$ 时，他才宁愿要随机工资 $\tilde{w}_1$ 和努力 e_1，而不要随机工资 $\tilde{w}_2$ 和努力 e_2。也就是说，经理仅仅关心他的最低工资，但是在工资相同的情况下，他宁愿定位在最低努力水平上。进一步假设，给定 e，无论 e 是多少，Π 都有等于区间 $[\underline{\Pi},\overline{\Pi}]$ 的支撑集，因此是 e 的分布而不是支撑集随着 e 移动。[104]这样，无论他怎样努力，经理的最低可能工资都是独立于努力的，所以他选择 $e=\underline{e}$。在这种情况下，经理没有任何激励。他得到固定工资，其价值是由满足个人理性约束的等式和努力 $\underline{e}$ 给定的。

一般经理效用函数 $U(w,e)$ 的情况更加复杂。我们把模型简化，假设效用函数在收入与努力之间是可分离的：$U(w,e)=u(w)-\Phi(e)$。假设 $u'>0$，$u''<0$，$\Phi'\geqslant 0$，$\Phi''>0$，$\Phi'(0)=0$，$\Phi'(\infty)=\infty$。我们还要使用“不确定性的参数化分布形式”［由 Mirrlees（1974）和 Holmström（1979）开创］，根据该形式，给定 e，Π 的积累分布是由 $[\underline{\Pi},\overline{\Pi}]$ 上的积累分布函数 $F(\Pi;e)$ 描述的，其中密度为 $f(\Pi;e)>0$。这些函数被假定对努力水平是可微的。努力对利润的正效应（随机意义上）由 $[\underline{\Pi},\overline{\Pi}]$ 上一阶随机占优关系形式化，即

$$e_1>e_2\Rightarrow F(\Pi;e_1)<F(\Pi;e_2)$$

也就是说，e_1 的分布将更多的权重放在高收入水平。对于一个可微累积分布函数，这意味着 $F_e(\Pi;e)<0$。

对一个给定的激励方案 $w(\cdot)$，经理的最优化问题是

$$\max_e\left(\int_{\underline{\Pi}}^{\overline{\Pi}}u(w(\Pi))f(\Pi;e)d\Pi-\Phi(e)\right)$$

一阶条件是

$$\int_{\underline{\Pi}}^{\overline{\Pi}}u(w(\Pi))f_e(\Pi;e)d\Pi-\Phi'(e)=0 \tag{10}$$

当然，该一阶条件对最优化努力是不充分的；要得到最大化，二阶条件也必须被满足。暂时先忽略二阶条件。如果随后证明通过忽略二阶条件得到的最优解满足二阶条件，这个解就是最优的。

经理还必须愿意参与，即

$$\int_{\underline{\Pi}}^{\overline{\Pi}}u(w(\Pi))f(\Pi;e)d\Pi-\Phi(e)\geqslant U_0 \tag{11}$$

对股东的“一阶条件方法”包括发现工资结构 $w(\cdot)$ 和努力水平 e，其最大化

$$L=\int_{\underline{\Pi}}^{\overline{\Pi}}[(\Pi-w(\Pi))f(\Pi;\ e)+\lambda(u(w(\Pi))-\Phi(e)-U_0)f(\Pi;\ e)$$
$$+\eta(u(w(\Pi))f_e(\Pi;\ e)-\Phi'(e)f(\Pi;\ e))]d\Pi$$

式中，λ 和 η 是正的（很容易证明，实际上是严格正的）；L 的导数是对 e 和 $w(\Pi)$ 求的。我们将只考虑第二个微分，得到

$$-f(\Pi;\ e)+\lambda f(\Pi;\ e)u'(w(\Pi))+\eta f_e(\Pi;\ e)u'(w(\Pi))=0$$

或 $$\frac{1}{u'(w(\Pi))}=\lambda+\eta\frac{f_e(\Pi;\ e)}{f(\Pi;\ e)} \tag{12}$$

[等式（12）只需对几乎每个 Π 都是真的，即除了可能的零测度集合。] 留给读者计算 L 对 e 的导数，并核对选择 $w(\Pi)$ 和 e 的二阶条件是被满足的（假定经理的二阶条件是被满足的）。

当只有两种努力水平——低和高（e_L 和 e_H）——而不是一个连续选择时，对结果的解释特别简单。假定股东想要引致高努力水平，激励相容约束变成：

$$\int_{\underline{\Pi}}^{\overline{\Pi}}u(w(\Pi))f_H(\Pi)d\Pi-\Phi(e_H)\geqslant\int_{\underline{\Pi}}^{\overline{\Pi}}u(w(\Pi))f_L(\Pi)d\Pi-\Phi(e_L) \tag{3'}$$

式中，$f_H(\cdot)$ 和 $f_L(\cdot)$ 分别代表努力水平为 e_H 和 e_L 时的密度。

等式（12）就变成：

$$\frac{1}{u'(w(\Pi))}=\lambda+\eta\left(1-\frac{f_L(\Pi)}{f_H(\Pi)}\right) \tag{12'}$$

其中，$\lambda,\ \eta>0$。由于 u' 是递减的，故 $1/u'$ 是递增的，因此，当观察到利润 Π 时，高努力的相对概率越高，经理的工资也会越高。$f_L(\Pi)/f_H(\Pi)$ 被称为似然比。如果似然比是递减的，最优工资函数就随着实现的利润递增。（见 1981 年 Milgrom 对似然率的有价值的讨论。）这一特性是很自然的（尽管构造一个不满足它的条件分布是容易的）。如果较高的利润的确是较高努力水平的正确信号，经理报酬随着观察到的利润的增加而增加。

一阶条件方法什么时候适用呢？换句话说，什么时候最优解满足经理的二阶条件呢？正如 Mirrlees（1975）、Grossman 和 Hart（1983）、Rogerson（1985）高度概括指出的，下列条件足以保证一阶条件方法的适用性［特别是等式（12′）或等式（12）描述了最优报酬方案］。

单调似然比特征：f_e/f 随着 Π 的增加而增加（或在两水平努力情况下，f_H/f_L 随着 Π 增加）。

分布函数的凸性：$F_{ee}\geqslant 0$，或（更一般地）对所有 e_1，e_2，Π，以及任何属于 [0，1] 的 α，

$$F(\Pi;\ \alpha e_1+(1-\alpha)e_2)\leqslant \alpha F(\Pi;\ e_1)+(1-\alpha)F(\Pi;\ e_2)$$

即确定性努力 $\alpha e_1+(1-\alpha)e_2$ 随机地优于概率为 α 的努力 e_1 和概率为 $1-\alpha$ 的努力 e_2。这一凸性假设有规模报酬递减的意味。[105]

等式（12）还告诉我们一些关于信号价值的有趣的事情。假设股东不仅观察利润 Π，也观察其他信号 s。该信号可能是投入品的价格、其他企业的绩效或者太阳黑子。如果 $G(\Pi, s; e)$ 代表给定努力 e 时 Π 和 s 的联合分布，其中密度为 $g(\Pi, s; e)$，这样等式（12）变成：

$$\frac{1}{u'(w(\Pi, s))}=\lambda+\eta\frac{g_e(\Pi, s; e)}{g(\Pi, s; e)} \tag{12''}$$

如果有

$$\frac{g_e(\Pi, s; e)}{g(\Pi, s; e)}=\frac{f_e(\Pi; e)}{f(\Pi; e)} \tag{13}$$

等式（12″）给出了和等式（12）一样的工资结构（即 w 只取决于 Π）。

然而，如果对 e 积分，等式（13）等同于存在两个函数 m 和 n，使得

$$g(\Pi, s; e)=m(\Pi, e)n(\Pi, s) \tag{14}$$

等式（14）说的是，Π 是（Π，s）的有关 e 的一个充分统计量。因此，当且仅当给定 Π 已经是可用的，s 包含有关 e 的信息时，最优激励方案才使用额外信息 s。Holmström（1979）和 Shavell（1979）给出了这一定理的正式证明。

对道德风险问题的一般性结论很少。例如，合理的预计应该是：利润增加 1 美元导致经理工资的增加在 0 美元（足额保险）和 1 美元（剩余索取）之间。然而，这一点并不一定成立。即使对经理的可分离的效用函数 $[U=\phi(e)u(w)-\Phi(e)$ ——前面使用过的一种特殊情况，其中 $\phi\equiv1]$，我们也只能证明报酬函数必须在某些利润水平上是递增的，并且在某些（可能不同的）利润水平有斜率 <1（Grossman and Hart，1983）。只是当仅有两种可能的利润水平 Π_1 和 Π_2 时，我们才必然有

$$0<\frac{w_2-w_1}{\Pi_2-\Pi_1}<1$$

（其中 w_i 对应于 Π_i）。或者，我们可以假设似然比是单调的，并且在应用一阶条件方法及其结论（例如报酬函数的单调性）时，分布函数对 e 是凸的。要得到更特别的结果，需要对分布和效用函数作更强的假设。

注释

[1] Hart 和 Holmström（1987）更详尽地发展了本章的一些主题。Holmström 和 Tirole（1987）主要是问题导向的，较少涉及方法论。本章实质上涵盖了更广泛的选题。

[2] 见 Alchian 和 Demsetz (1972) 以及 Jensen 和 Meckling (1976) 对各种所有权结构的经济分析。

[3] 除非企业之间存在着生产外部性，例如，当投入市场是非竞争性的时，这种外部性就产生了。或者，像下面提到的 Hart 经理激励模型那样，企业的股东对经理的控制（因信息方面的原因）取决于产业中其他企业的内部组织。

[4] 十分粗略地说，规模经济存在于单个产品的生产成本随着产量下降时；范围经济是生产线之间的成本节省的外部性（例如，商品 A 的生产降低了商品 B 的生产成本）。

[5] 法律通常对内部和外部交易作非常清楚的划分。

[6] 受规制的企业可以通过提高投入品价格来减轻回报率规制。见 Dayan (1972)。

[7] 例如，见 Scherer (1980, pp. 119 - 122)。这种合并后来受到反托拉斯法实施的限制。

[8] 通常也认为，这表明企业可以通过在很多（可能无关的）市场相互影响来得益。这可能是横向的［混合（conglomerate）］合并。见第 6 章。

[9] 见 Scherer (1980, pp. 81 - 84) 中的几个具体例子。

[10] 与本段线索一致的一篇有用的文章是 Arrow 等 (1972)。作者指出了修理机器和规模报酬递增之间的关系。他们得出了一个规模报酬递增的生产函数，当机器数量趋近无限时，该函数收敛于不变的规模报酬。

[11] 人们可能会想到专门制造左脚鞋的企业和制造右脚鞋的其他企业；然而，对协调设计的需要产生了协同体。

[12] 关于集权和多事业部形式的讨论，见 Chandler (1966) 和 Williamson (1975)。（U 型组织——从技术观点看是合乎逻辑的——面临严重的协作和激励问题，常常被 M 型组织所取代。）

[13] Lucas (1967) 及 Prescott 和 Visscher (1980) 建立了一个调整成本使企业膨胀减慢的模型。Prescott 和 Visscher 把调整成本和了解雇员特性联系起来。企业花时间观测雇员，慢慢发现每个人最适合哪项工作。要权衡快速成长但在工作安排中出错与较慢地成长但从关于雇员比较优势的较精确的信息中得益这两个方面。该理论反映了企业主管关于人力资本是膨胀时期的重要约束的普遍认识。

Lucas (1978) 以及 Kihlstrom 和 Laffont (1979) 考察了经营才能稀缺的经济体，他们把企业与经理联系起来。

[14] 见 Bain (1954) 和 Scherer (1980) 的第 4 章对平均成本曲线证据的讨论。

[15] $$\frac{d}{dq}\left(\frac{C(q)}{q}\right)=\frac{d}{dq}\left(\frac{F}{q}\right)+\frac{d}{dq}\left(\int_0^q C'(x)dx/q\right)<0$$

这是因为对所有 $x\in(0,q)$，$C'(q)<C'(x)$ 意味着 $C'(q)-\int_0^q C'(x)dx/q<0$。

[16] 令 $q\equiv\sum_i q_i$（其中 $q_i>0$），则 $\frac{C(q_i)}{q_i}<\frac{C(q)}{q}$，这意味着 $\sum_i C(q_i)<\sum_i q_i C(q)/q=C(q)$。

[17] 类似地，我们可以把自然双寡头垄断产业定义为 $\Pi(2)>0>\Pi(3)$，…。

[18] 规模报酬观点认为成本或需求是相互依赖的。不相关的单位也能成为协同体。两个基于不确定性和风险分散的协同体被用来解释混合合并（即合并不是由成本或需求的互相作用所驱动——这种合并浪潮发生在 20 世纪 60 年代和 80 年代的美国）。首先，人们认为多样化于无关活动可以使企业减少风险。（这种观点没有解释为什么企业使活动多样化，而其股东还要进行使其证券多样化的操作。）其次，当多样化仍让总经理负责所有活动时，对总经理行为的衡量就较小受到每项活动的利润的随机波动的干扰（根据大数定律），所以经营激励方案可以更好地以实际业绩为基础［见 Aron (1984)］。

[19] 对不完全契约的讨论，见 0.1.4 小节。

[20] Williamson 承袭了早些时候 Demsetz (1968)、Stigler (1968) 和 Posner (1972) 的研究，后者认为重复竞价可以防止受规制的垄断者的过度偏离行为。

[21] 关于劳动力方面的专用性投资，见 Williamson 等 (1975)。

[22] 下面的讨论特别取材于 Farrell (1985)、Grossman 和 Hart (1984)、Hall 和 Lazear (1984)。

[23] 价值和成本也可以反映外部机会。例如，v 对买方在这一关系和另一关系中的价值可能会不同。

[24] 在有些情况下，这类价值能够从事后对交易数据的计算中得出。可是，这种数据计算可能会被歪曲。例如，供方的成本很难和与其他项目有关的成本区别开；它也可能被“道德风险”(供方事后进行的降低成本努力的不可观察的水平）所歪曲。类似地，这种中间产品交易对买方全部利润的贡献的多少也很难识别。

[25] 局部二阶条件是 $-2f(p)-(p-c)f'(p)\leqslant 0$。利用一阶条件读者可以检查，当且仅当分布函数的风险率 $f/(1-F)$ 是递增的时，二阶条件是被满足的。

[26] 如果有交易收益（即 $\underline{v}>c$）是共同知识，那么交易量可能是有效的，也可能是无效的。

[27] 类似地，卖方在其中连续开价的买卖双方之间的动态讨价还价，可以被重新解释为跨期垄断价格歧视问题。的确，这里考察的垄断定价问题是跨期垄断价格歧视问题的单阶段变形（或者有承诺的多阶段变形）。

[28] 有条件的读者可以用下面的方法检查这一点。令供方成本 c 在 $[\underline{c},\bar{c}]$ 上具有连续分布函数 $G(\cdot)$ 和密度函数 $g(\cdot)$，令买方价值 v 有连续分布函数 $F(\cdot)$ 和密度函数 $f(\cdot)$。交易的有效性意味着，当且仅当 $v\geqslant c$ 时，双方一定交易。因此，事前总预期剩余是

$$W=\int_{\underline{c}}^{\bar{c}}\left(\int_{c}^{\bar{v}}(v-c)f(v)dv\right)g(c)dc$$

然后，令 $V(v)$ 代表讨价还价过程中的买方预期利润（期望值对卖方成本取值）。我们有 $\dot{V}(v)=G(v)$，即预期利润的增长率等于评价为 v 的买方交易的概率。[为了明白这一点，注意，评价为 v 的买方总是像评价为 $v+dv$ 的买方一样行动，所以，$V(v+dv)-V(v)\leqslant G(v+dv)dv$。反之亦然。] 类似地，如果 $C(c)$ 代表成本为 c 时供方的预期利润，则有 $\dot{C}(c)=-[1-F(c)]$。最后，自由参与意味着 $V(\underline{v})\geqslant 0$ 和 $C(\bar{c})\geqslant 0$。因此，有

$$V(v)\geqslant\int_{\underline{v}}^{v}G(x)dx$$

$$C(c)\geqslant\int_{c}^{\bar{c}}[1-F(x)]dx$$

一个简单分部积分表明，如果 $\bar{c}>\underline{v}$，则

$$\int_{\underline{v}}^{\bar{v}}V(v)f(v)dv+\int_{\underline{c}}^{\bar{c}}C(c)g(c)dc$$

严格超过 W（重叠支持）——一个矛盾。

Myerson 和 Satterthwaite (1983) 描述了最优讨价还价机制（当然，实际讨价还价过程不一定是其中一种）。Cramton 等 (1987) 指出，如果商品所有权最初以较对称的方式分配（如在合伙企业中），无效不一定会发生，它们也一般化了 Myerson-Satterthwaite 描述的最优机制。

[29] 像 Arrow (1979) 以及 d'Aspremont 和 Gerard-Varet (1979) 所指出的，如果各方在了解其私人信息之前签订了最优契约，无效不会发生。读者可以这样来检查这一点：假设 v 在 $[\underline{v},\bar{v}]$ 上有先验连续分布函数 F 和密度函数 f；c 在 $[\underline{c},\bar{c}]$ 上有先验连续分布函数 G 和密度函数 g。假定这两种分布是独立的。进一步假设，双方事前同意，在第二阶段知道了以后，双方同时向第三方（仲裁人）公布其私人信息。令 $\tilde{v}$ 和 $\tilde{c}$ 代表公布的信息（不一定是真的）。规则规定，当且仅当 $\tilde{v}\geqslant\tilde{c}$ 时，交易发生。那么，如果各方说实话，合同就是有效的。买方向卖方的支付是 $p(\tilde{v},\tilde{c})$ 并且不依赖于交易（即使 $\tilde{v}<\tilde{c}$ 也要交易）。$p(\tilde{v},\tilde{c})$ 由

下式给出：

$$p(\tilde{v}, \tilde{c}) = \int_{\underline{c}}^{\tilde{v}} wg(w)dw - \int_{\underline{v}}^{\tilde{c}} bf(b)db + \text{常数}$$

这种支付引导各方说真话。这被称作预期外部性支付，因为，假如买方通过宣布把 $\tilde{v}$ 提高到 $\tilde{v}+dv$，把支付提高到 $\tilde{v}g(\tilde{v})dv$，这正是所发生的额外交易量的预期成本。[当 $c=\tilde{c}$ 属于 $[\tilde{v}, \tilde{v}+dv]$ 时，新的交易发生了，发生的概率为 $g(\tilde{v})dv$。] 关于这一机制的扩展（对某些值破坏了事后非负剩余条件），见 Maskin（1985）、Pratt 和 Zeckhauser（1985），以及 Johnson 等（1986）。

这里描述的预期支付机制通常是有效率的，但它比这里描述的更复杂，更难以建立。（必须描述主观分布，且一定要事后向第三方或者记录机传递私人信息，要交易的商品也必须在第一阶段准确地描述。）

[30] Tirole（1986a）强调了这种交易量下降的影响。

[31] 见 Nash（1953）。纳什用公理化方法导出了他的讨价还价解；他还把它解释为同时行动的“需求博弈”的结果。Rubinstein（1982）和 Binmore（1982）给出了在各方没有外部机会的情况下，对纳什解在连续的、非合作讨价还价方面的一个修正。（见第 11 章关于完全信息动态博弈一节。）

[32] 关于这种推理类型在劳动力市场中的应用，见 Grout（1984）。

[33] 令 $F(v)$、$f(v)$、$G(c \mid I)$ 和 $g(c \mid I)$ 代表 v 和 c 的累积分布和密度（其中 $\partial G/\partial I>0$）。供方解 $\max_I\left(\int_{\{v\geqslant c\}}[p(v, c)-c]f(v)g(c \mid I)dvdc - I\right)$，这也是社会最优规则，因为只要 $v\geqslant c$，就有 $p(v, c)=v$。

[34] 双方投资或供方投资以及关于 v 的不对称信息要求更复杂的机制。注释 [29] 中的预期外部性支付机制，即使在双方都投资和在事后双边信息不对称时，也能产生有效投资（以及交易）量。

[35] 当然，通常 v 和 c 只能事后（即交易实现以后）被监督。的确，交易前它们常常是主观估价。即使交易决策一定要以其结果为基础，事后监督也可能并不成为问题。各方可以承诺在交易前暴露其估计且如果所宣布的信息是错误的，事后就要被惩罚。（为了使这种机制在初始估计并不是对实现的成本或价值的完美预测时能够运作，双方必须是不太风险规避的。）

[36] 关于一体化能产生更优的监督技术的纵向一体化模型，见 Arrow（1975）。

[37] 这并不是说操纵账目的合谋行为不会在企业内发生。例如见 Dalton（1959，p. 206）。

[38] 该观点取决于撰写这种契约的可能性：在一方不想给另一方监督其整个企业的权利的情况下，契约要明确监督与双方交易有关的特定事项的权利。如果描述特定的监督权利成本很高或者很难事前进行，内部组织在监督方面就很有优越性。Williamson（1975，p. 146）的一个类似的论点认为，相对于资本市场，总经理对其部门有更有效的监督可能性。见 0.1.4 小节关于不完全契约与权威的讨论。关于为什么在不完全契约框架中，权威结构会影响信息结构，见 Holmström 和 Tirole（1987）。

[39] 关于寻找优越的外部机会的可能性的模型，见 Harris 和 Holmström（1983）。

[40] 类似地，一些国防部官员变得与他们反复打交道的企业友好起来，一些顾问在与企业长期共处后失去了他们的客观性。出于类似的原因，审计企业要对人员进行轮换。

[41] Hermalin（1986）在关于劳动力市场的讨论中对这一点的论述最引人注目。Hermalin 考察这种信号显示行为对培训的意义。还请看 Aghion 和 Bolton（1987）对市场圈定学说的再考察，其中商品的当前垄断方试图通过降低对买方违约的惩罚，发出技术使进入其市场不可能的信号，短期契约是没有明确对违约惩罚的长期契约。

[42] 见 Joskow 和 Schmalensee（1983）对电

力生产情况中的专用性的分析。

[43] 这里我们必须区分对设备的竞价（其收益归现当事人）和对垄断地位的竞价（其收益归规制者）。

[44] 可以把与“棘轮效应”相联系的前竞价成本加到这些麻烦上。在位企业在得到垄断地位的新的奖励之前没有保持有效性的积极性，因为这会传递出有关其技术的好信息，导致竞争者更高的竞价，并可能导致规制者在抬价中确定一个较高的最低价。关于棘轮效应的有关分析，见 Freixas 等（1985）以及 Laffont 和 Tirole（1988）；关于在劳动力市场中的应用，见 Gibbons（1987）。

[45] 见 Laffont 和 Tirole（1987）对不可观察的可转让和不可转让投资特许权竞价的分析。

[46] 煤炭专用锅炉比允许灵活使用不同煤炭的锅炉更有效。

[47] 见 Holmström 和 Tirole（1987）对不完全契约更广泛的考察。

[48] “完全契约”是使相关决策（支付、交易等）取决于所有可证实变量的契约，这些变量包括各方（关于其价值、成本等）可能的披露。即使不严格使用术语，人们也会把本来不完全的契约称为“完全契约”，如果它像最优完全契约一样使各方产生相同的支付。

[49] 可能很难从经验上区分二者。例如，秘书工作对引入文字处理机的适应的内容，很可能在这一引入前不能被写到劳动契约中，这不是因为没有人想到该情况出现的可能性，而是因为考虑所有的文字处理的潜在形式并把它们包括在契约中会花费相当长的时间，并且成本很高。

[50] 除此之外，还有诉诸法院的可能。不同的是诉诸法院无须事先在合同中规定。然而，法院——除了强制执行“合理的契约”外——仅仅约束“不公平活动”（即排除某些缺乏共识的行为类型）。仲裁人可以有更为广泛的权力（例如，在缺少共识时决定结局）。

[51] 法院和仲裁人都意识到这种信息优势并试图模仿内部仲裁。例如，在法国商业法庭，许多负责商业案件的法官有工商或工程背景而不是法律背景。类似地，国际商会（International Chamber of Commerce）列出的仲裁人通常是专家而不是律师。

反过来，内部仲裁可能采取类似于外部仲裁的程序。特别是一些企业有内部申述程序。

[52] 这样，权威可能不得不由较低层次（例如分部）来代理。

[53] 经理公平（即有效）解决争议的声誉构成了所说的“公司文化”的一部分。

[54] 决策 d 可以是交易决策，B_i 可以是价值或成本。但是这种情况非常普遍。例如，d 可能代表质量或设计决策，或者 B_i 可能代表由 i 方所作的努力。注意 d 可以是多维的。

[55] 例如，供方和买方可以有其人事管理的自由，而只有买方对所提供的产品的质量是否接受有权威。类似地，监工和工人都可以决定他们在车间里穿什么衣服，但是只有监工对车间管理事务有权威。这些例子表明，由于决策范围很广，对全部决策而言的非一体化是普遍的。为了使区别更加恰当，自然要侧重于小维度的权威结构，比如一些有形资产的所有权带来的那些决策；这就是 Grossman 和 Hart 所做的。

[56] 介绍这一变量的意图如下。Williamson（1975）和 Scherer（1980，p. 90）都认为，纵向一体化允许经理更好地协调（因为生产过程的准确工作时序在不完全契约中通常是不加确定的）。复杂系统可能需要更多的投入协调。

[57] 其他有趣的例子见 Williamson（1985）。

[58] 这一变量在 Farrell 和 Gallini（1986）中是一种价格，在 Shepard（1986）中是供货时滞。

[59] 在这些模型中是高价格或者长期供货时滞。

[60] 见 20 世纪 50 年代和 60 年代的企业行为模型［例如 Baumol（1962）；Marris（1964）］。

[61] 有两个原因可能使股东不想使预期利润

（或者净市场价值）最大化。第一，他们可能是风险厌恶的；他们可能想让企业作出使企业利润与经济波动负相关的决策（以便得到风险较低的投资组合），即使这种决策不太会使预期利润最大化。第二，在一般均衡情况下，只要企业不是完全竞争的，企业某一产品的价格对股东福利的影响不仅通过企业的利润，而且通过他们对企业产品的消费。（实际上，在这种情况下，股东甚至可能不同意企业的最佳决策。）这两种一般均衡效应在理论上是重要的，但在经验上并不是很明显。股东的股票相当分散化，并且企业的大多数决策怎样与总经济波动相联系还不清楚。而且，股东对他们的企业产品的消费量通常很小，所以价格影响相对于企业利润水平所带来的收入影响而言是很小的。

[62] 关于对所有权和控制分离的一些证据的评论，见 Scherer（1980，pp. 32 - 33）。

[63] 见 Arrow（1985）对这一主题非正式的介绍。人们通常对“隐藏行动”（或者“道德风险”）模型与“隐藏信息”模型加以区分。在隐藏行动模型中，代理人采取某些委托人不可观察的行为。在隐藏信息模型中，他对某些外生的环境变量有信息上的优势。根据代理人是在签约前还是签约后获得其信息，隐藏信息模型又被分成两组（后一种是指“逆向选择”）。Hart 和 Holmström（1987）对非逆向选择模型（以及不完全契约理论）进行了很有价值的讨论。关于对在采购或规制情况下的逆向选择文献的近期评述，见 Baron（1986）、Caillaud 等（1988），以及 Sappington 和 Stiglitz（1987）。本节大部分内容是关于道德风险问题的。

[64] 目标函数分别为 Ex 和 $Eu(x)$，其中 x 是收入，u 是递增且严格凹的效用函数，$E(\cdot)$ 代表对 x（随机变量）的期望。

[65] 如果 $w_1 \geqslant w_2$（回忆一下 $x>y$），等式（3）的左边严格小于 $xu(w_2)+(1-x)u(w_1)$，后者小于右边。

[66] 图 0.3 是对詹森不等式的说明，据此不等式，随机变量的凹函数的期望小于随机变量期望的函数值。

[67] 在上面讨论的模型中，Π 不一定代表企业利润；它还可以代表雇员绩效。

[68] 与下面的锦标赛机制的情况一样，这里不要求生产过程之间的相互性。

[69] 只要他不与一些代理人合谋。

[70] Bhattacharya（1983）、Carmichael（1983）以及 Malcomson（1984）作了类似的论述。这一论点对有限数量的（即不是大量的）代理人仍然成立，尽管不是如此明确。

[71] 这里有一些微妙的关于生产时序和利润计算方面的问题，但是，动态模型会使讨论复杂化。还要注意，严惩略小于 w_0 不会使推理受到影响。

[72] 技术上，租金的存在是与实施惩罚不可能超过给定水平联系在一起的。关于取消租金的充分条件，见 Grossman 和 Hart（1983）中的早期推导和命题 2。

[73] 见 Milgrom 对附属于岗位的租金的进一步讨论。

[74] 本例来自 Parsons（1984），后者又源自 Berhold（1971）和 Stiglitz（1975）。

[75] 这是一个强约束。本章末的补充节考察了最优非线性方案。Holmström 和 Milgrom（1987）以及 Laffont 和 Tirole（1986）提供了两种不同的特殊情况，其中的激励方案的确为线性的。

[76] 当然，为了保持积极性，重要的是要防止经理分散与企业绩效相联系的风险。不允许经理出售股票期权的目的就在于此。

[77] 标尺竞赛和锦标赛竞争是由 Lazear 和 Rosen（1981）、Green 和 Stokey（1983）、Nalebuff 和 Stiglitz（1983）以及 Shleifer（1985）发展的。

[78] 这指出了多种均衡的可能性。的确，根

据我们的公式，都不工作也是一种均衡。关于多重性和防止它的激励设计问题，见 Mookherjee (1984)。

[79] 见 Antle 和 Smith (1986) 关于在经理报酬中运用标尺竞争的经验评估。

[80] 在一些情况下接管会通过传达有关其能力的坏消息损害经理的未来职业生涯。这一制裁被经理市场加强了，并且被拖延。(关于管理生涯，见下一小节。)

[81] Demski 等在第二来源的相关关系（即由一个供方代替另一个供方）中提出了他们的模型。也见 Anton 和 Yao (1987)，以及 Caillaud (1985)。

[82] 例如，他们会收购侵入者的一个竞争者，使侵入者的接管符合反托拉斯法。或者，通过收购另一家企业（即使是与侵入者的活动没有关系的企业），他们会增加自己企业的债务，以吓退受现金制约的侵入者。“毒丸”是优先股权，平时不活跃，除非被对企业较大比例的要约收购行为所触发。“毒丸”与侵入者要支付的进入费有些相似。

[83] 关于在内部组织和商业关系背景下对这一思想的详尽阐述，见 Telser (1980)，Kreps (1984)，Bull (1985)，Hart 和 Holmström (1987)，以及 MacLeod 和 Malcomson (1986)。在商业关系情况下，Kreps 提出了为什么企业的短期任职的经理会愿意使企业的声誉持续的深层次问题。在隐含的协议上做手脚会得到一份当前利益，而与声誉丧失相联系的某些未来损失将会在经理离开企业后发生。Kreps 指出，如果经理拥有企业，他们会将其决策的全部效果内部化，因为企业的价值既反映了未来利润，也反映了当前利润。

[84] 当然法院会雇用这一领域的专家来评价质量（它们有时这样做），但是法律成本通常会与所处理的问题不相称。

[85] Gibbons (1985) 指出，为了减少这种影响，在其事业开始时降低经理的外部能见度可能是最优的。他认为，法律企业的低级成员常常有这种降低了的能见度。Wolfson (1985) 指出，声誉作用在石油钻探业中缓和了某些道德风险问题。

[86] 其他列出的权利有关于在全部投入契约中都成为中心方的、关于变动团队成员的和关于出卖这些权利的。

[87] 关于跟从 Holmström 的讨论，见习题 4.4。注意，使用一个来源要求雇员不能够合谋对付这一来源。由于一个雇员增加 1 美元产出，另一个雇员也得到 1 美元，雇员们就有积极性一起将生产扩大到高于不合作的水平。

[88] 的确，组织中的多数监督者只与组织有有限的利害关系。特别是，他们通常远不是他们所监督的团队的剩余索取人。

[89] 另一种与激励问题无关的可能性是，企业必须在了解其有效性之前，对技术进行试用。因此，企业可以进入一个市场，发现其中有一种继承下来的无效技术，遭受损失后退出该市场。从长期看，只有发展了有效技术的企业才能生存下来。Jovanovic (1982)、Lippman 和 Rumelt (1982) 以及 Hopenhayn (1986) 从这种动态竞争选择模型中得出了一些有趣的结论。

[90] 这里的资料比本章的其他部分较为高深。读者可以在第一遍阅读时略过它。

[91] 对这两种类型企业的划分可由成为企业家的固定成本来解释。

[92] 然而要注意，没有企业有市场力量。

[93] 熟悉委托-代理文献的读者会理解下面的解释：如果经理对货币激励没有什么反应，获得对不同的自然状态的分离（即当成本参数变化时，得到所拥有的企业利润的变动）对股东来说成本很高（因为要花费大量的货币进行分离）。特别地，像在 Hart 模型中那样，当经理是无限收入风险规避类型时，最好要求他达到一个利润目标，即在所有自然状态下都达到的相同利润水平。这意味着在好的自然状态下，经理更加偷懒。相反，

当经理对货币激励作出一定程度的反应时，最优激励方案导致分离。众所周知，在这种情况下，在最好的自然状态下［至少如果努力的负效用可用货币表示，即 $u=u(w-Re)$］不存在努力的扭曲，在较差的自然状态中存在偷懒。这逆转了前面的结果。

［94］下面只是试图用激励理论对 M 型企业作不完全的解释，关于更丰富的研究，见 Chandler（1966）和 Williamson（1975）。

［95］其他作用包括咨询服务和策略规划。要注意的重要之处是，高层管理已离开常规操作活动——在一定程度上，包括对部门的监督。

［96］这种重新阐述获得相当成功的一个重要领域是搜寻理论，它简明地将昂贵的信息获取和（事后）无效决策之间的权衡形式化了。

［97］新古典理论最近在把这些问题形式化方面取得了一些进展（Geanakoplos and Milgrom，1984；Sah and Stiglitz，1985），但是还有很多工作要做。

Marshak 和 Radner（1972）分析了不完全交流下的协调组织成员的最优决策规则。

［98］根据 Nelson 和 Winter（1982，p. 56）："尽管商业新闻界常常以一种明显含有对结盟模型的非正规使用的方式，报道大企业的内部政策斗争，但很少有经济学学术性文献持这种观点。March（1962）及 Cyert 和 March（1963）的建议基本被忽略了。"

［99］Scherer（1980，p. 41）断言："……假设利润最大化为描述商业行为提供了一个很好的第一近似。偏离（包括故意的和非故意的）无疑大量存在，但是它们被竞争力量、股票管理者的自我利益以及重要的外部股东和外部接管侵入者的管理层更换的威胁束缚在或多或少的狭窄范围内。"

［100］关于反面的例子，见第 9 章的"鼓鼓钱袋"的故事。

［101］本补充节在一定程度上受到 Hart 和 Holmström（1987）的启发。

［102］这一领域的先驱是 Wilson（1968），Ross（1973），Mirrlees（1974，1975），Harris 和 Raviv（1978），Holmström（1979），Shavell（1979），以及 Grossman 和 Hart（1983）。在缺少特定假设的情况下，很少能得出一般性结论［见 Grossman 和 Hart（1983）］。

［103］为了证明这一点，固定 e，令 $\tilde{\Pi}\equiv\Pi(e,\varepsilon)$ 代表随机利润，令 $\tilde{U}(w)\equiv U(w,e)$。股东在约束条件 $E\tilde{U}(w(\tilde{\Pi}))\geqslant U_0$ 下，选择 $w(\tilde{\Pi})$ 最大化其目标函数

$$\underset{\tilde{\Pi}}{E}[\tilde{\Pi}-w(\tilde{\Pi})]$$

对这一问题建立拉格朗日函数，并求一阶导数得到 $\tilde{U}'(w(\tilde{\Pi}))=$常数，所以工资是独立于利润的。

［104］移动支撑集的情况并不是很有趣，至少如果工资函数 $w(\cdot)$ 不受约束时是这样。例如，假设 $\underline{\Pi}$ 是 e 的严格递增函数。进一步假设股东想要诱使任何努力水平 e_0。如果实现的利润 Π 低于预定的下限 $\underline{\Pi}(e_0)$，给经理一个非常重的惩罚就足够了。这阻止了经理选择低于 e_0 的任何努力水平。［如果$w(\cdot)$受有限责任约束，那么这种极端的惩罚是不可行的。］因此，移动支撑集基本上等同于完全信息。如 Mirrlees（1974）所指出的，同样的现象也会发生在非移动的无限支撑集的情况下。

［105］为了看到为什么这些条件对经理产生了凹性目标函数，对经理的目标分部积分可得

$$\int_{\underline{\Pi}}^{\bar{\Pi}} u(w(\Pi))f(\Pi;e)d\Pi-\Phi(e)$$

$$=-\int_{\underline{\Pi}}^{\bar{\Pi}} u'(w(\Pi))w'(\Pi)F(\bar{\Pi};e)d\Pi$$

$$-\Phi(e)+\text{常数}$$

其中常数是独立于 e 的［因为对所有的 e，$F(\underline{\Pi};e)=0$，$F(\bar{\Pi};e)=1$］。由于$w'(\Pi)\geqslant 0$［根据等式（12）］，$F_{ee}\geqslant 0$ 且 $\Phi''\geqslant 0$，该目标函数对 e 是凹的。

参考文献

Aghion, P., and P. Bolton. 1987. Entry Prevention through Contracts with Customers. *American Economic Review*, 77: 388-401.

Alchian, A., and H. Demsetz. 1972. Production, Information Costs, and Economic Organization. *American Economic Review*, 62: 777-795.

Anderson, E., and D. Schmittlein. 1984. Integration of the Sales Force: An Empirical Investigation. *Rand Journal of Economics*, 15: 385-395.

Antle, R., and A. Smith. 1986. An Empirical Investigation of the Relative Performance Evaluation of Corporate Executives. *Journal of Accounting Research*, 24: 1-39.

Anton, J., and D. Yao. 1987. Second Sourcing and the Experience Curve: Price Competition in Defense Procurement. *Rand Journal of Economics*, 18: 57-76.

Aron, D. 1984. Ability, Moral Hazard, and Firm Diversification, Part Ⅰ. Mimeo, Department of Economics, University of Chicago.

Arrow, K. 1970. *Essays in the Theory of Risk Bearing*. Amsterdam: North-Holland.

Arrow, K. 1974. *The Limits of Organization*. New York: Norton.

Arrow, K. 1975. Vertical Integration and Communication. *Bell Journal of Economics*, 6: 173-183.

Arrow, K. 1979. The Property Rights Doctrine and Demand Revelation under Incomplete Information. In *Economics and Human Welfare*. New York: Academic.

Arrow, K. 1985. The Economics of Agency. In *Principals and Agents: The Structure of Business*, ed. J. Pratt and R. Zeckhauser. Cambridge, Mass.: Harvard Business School Press.

Arrow, K., D. Levhari, and E. Sheshinski. 1972. A Production Function for the Repairmen Problem. *Review of Economic Studies*, 39: 241-250.

Baiman, S., and J. Demski. 1980. Economically Optimal Performance Evaluation and Control Systems. *Journal of Accounting Research*, supplement, 18: 184-234.

Bain, J. 1954. Economies of Scale, Concentration and Entry. *American Economic Review*, 44: 15-39.

Baron, D. 1986. Design of Regulatory Mechanisms and Institutions. In *Handbook of Industrial Organization*, ed. R. Schmalensee and R. Willig (Amsterdam: North-Holland, forthcoming).

Baumol, W. 1962. On the Theory of Expansion of the Firm. *American Economic Review*, 52: 1078-1087.

Baumol, W., J. Panzar, and R. Willig. 1982. *Contestable Markets and the Theory of Industry Structure*. New York: Harcourt Brace Jovanovich.

Berhold, M. 1971. A Theory of Linear Profit-Sharing Incentives. *Quarterly Journal of Economics*, 85: 460-482.

Bhattacharya, S. 1983. Tournaments, Termination Schemes and Forcing Contracts. Mimeo.

Binmore, K. 1982. Perfect Equilibria in Bargaining Models. Discussion Paper 82-58, ICERD, London School of Economics.

Borch, K. 1963. *The Economics of Uncertainty*. Princeton University Press.

Bull, C. 1985. The Existence of Self-Enforcing Implicit Contracts. Mimeo, New York University.

Caillaud, B. 1985. Regulation, Competition, and Asymmetric Information. *Journal of Econom-*

ic Theory, forthcoming.

Caillaud, B., R. Guesnerie, P. Rey, and J. Tirole. 1988. Government Intervention in Production: A Review of Recent Contributions. *Rand Journal of Economics*, spring.

Calvo, G. 1977. Supervision and Utility and Wage Differentials across Firms. Mimeo, Columbia University.

Calvo, G., and S. Wellisz. 1978. Supervision, Loss of Control, and the Optimal Size of the Firm. *Journal of Political Economy*, 86: 943 – 952.

Calvo, G., and S. Wellisz. 1979. Hierarchy, Ability, and Income Distribution. *Journal of Political Economy*, 87: 991 – 1010.

Carmichael, L., 1983. Firm-Specific Human Capital and Promotion Ladders. *Bell Journal of Economics*, 14: 251 – 258.

Chandler, A. 1966. *Strategy and Structure*. New York: Doubleday (Anchor Book edition).

Coase, R. 1937. The Nature of the Firm. *Economica*, n. s. 4: 386 – 405. Reprinted in *Readings in Price Theory*, ed. G. Stigler and K. Boulding (Homewood, Ill.: Irwin, 1952).

Coase, R. 1960. The Problem of Social Cost. *Journal of Law and Economics*, 3: 1 – 44.

Cramton, P., R. Gibbons, and P. Klemperer. 1987. Dissolving a Partnership Efficiently. *Econometrica*, 55: 615 – 632.

Cremer, J. 1986. Corporate Culture: Cognitive Aspects. Mimeo, Virginia Polytechnic Institute and State University.

Crozier, M. 1967. *The Bureaucratic Phenomenon*. University of Chicago Press.

Cyert, R., and J. March. 1963. *A Behavioral Theory of the Firm*. Englewood Cliffs, N. J.: Prentice-Hall.

Dalton, M. 1959. *Men Who Manage*. New York: Wiley.

d′ Aspremont, C., and L. A. Gerard-Varet. 1979. Incentives and Incomplete Information. *Journal of Public Economics*, 11: 25 – 45.

Dayan, D. 1972. Vertical Integration and Monopoly Regulation. Ph. D. dissertation, Princeton University.

Demsetz, H. 1968. Why Regulate Utilities? *Journal of Law and Economics*, 11: 55 – 66.

Demski, J., D. Sappington, and P. Spiller. 1987. Managing Supplier Switching. *Rand Journal of Economics*, 18: 77 – 97.

Fama, E. 1980. Agency Problems and the Theory of the Firm. *Journal of Political Economy*, 88: 288 – 307.

Farrell, J. 1985. Allocating and Abrogating Rights: How Should Conflicts Be Resolved under Incomplete Information? Mimeo, GTE Labs, Waltham, Mass.

Farrell, J., and N. Gallini. 1986. Second-Sourcing as a Commitment: Monopoly Incentives to Attract Competition. Working Paper 8618, University of California, Berkeley.

Fershtman, C., and K. Judd. 1986. Strategic Incentive Manipulation in Rivalrous Agency. Technical Report 496, IMSSS, Stanford University.

Freixas, X., R. Guesnerie, and J. Tirole. 1985. Planning Under Incomplete Information and the Ratchet Effect. *Review of Economic Studies*, 52: 173 – 191.

Geanakoplos, J., and P. Milgrom. 1984. A Theory of Hierarchies Based on Limited Managerial Attention. Mimeo.

Gibbons, R. 1985. Optimal Incentive Schemes in the Presence of Career Concerns. Mimeo, Massachusetts Institute of Technology.

Gibbons, R. 1987. Piece-Rate Incentive Schemes. *Journal of Labor Economics*, 5: 413 – 429.

Green, J., and N. Stokey. 1983. A Comparison

of Tournaments and Contests. *Journal of Political Economy*, 91: 349 - 364.

Grossman, S., and O. Hart. 1980. Takeover Bids, the Free Rider Problem and the Theory of the Corporation. *Bell Journal of Economics*, 11: 42 - 64.

Grossman, S., and O. Hart. 1983. An Analysis of the Principal-Agent Problem. *Econometrica*, 51: 7 - 45.

Grossman, S., and O. Hart. 1984. Vertical Integration and the Distribution of Property Rights. Mimeo, University of Chicago.

Grossman, S., and O. Hart. 1986. The Costs and Benefits of Ownership: A Theory of Lateral and Vertical Integration. *Journal of Political Economy*, 94: 691 - 719.

Grout, P. 1984. Investment and Wages in the Absence of Binding Contracts: A Nash Bargaining Approach. *Econometrica*, 52: 449 - 460.

Hall, R., and E. Lazear. 1984. The Excess Sensitivity of Layoffs and Quits to Demand. *Journal of Labor Economics*, 2: 233 - 258.

Harris, M., and B. Holmström. 1983. On the Duration of Agreements. Technical Report 424, IMSSS, Stanford University.

Harris, M., and A. Raviv. 1978. Some Results on Incentive Contracts with Applications to Education and Unemployment, Health Insurance, and Law Enforcement. *American Economic Review*, 68: 20 - 30.

Hart, O. 1983. The Market Mechanism as an Incentive Scheme. *Bell Journal of Economics*, 74: 366 - 382.

Hart, O., and B. Holmström. 1987. The Theory of Contracts. In *Advances in Economic Theory, Fifth World Congress*, ed. T. Bewley. Cambridge University Press.

Hart, O., and J. Moore. 1985. Incomplete Contracts and Renegotiation. Mimeo, London School of Economics.

Hermalin, B. 1986. Adverse Selection and Contract Length. Mimeo, Massachusetts Institute of Technology.

Hermalin, B. 1987. Adverse Effects of the Threat of Takeovers. Mimeo, Massachusetts Institute of Technology.

Holmström, B. 1979. Moral Hazard and Observability. *Bell Journal of Economics*, 10: 74 - 91.

Holmström, B. 1982a. Managerial Incentive Problems: A Dynamic Perspective. In *Essays in Economics and Management in Honor of Lars Wahlbeck*. Helsinki: Swedish School of Economics.

Holmström, B. 1982b. Moral Hazard in Teams. *Bell Journal of Economics*, 13: 324 - 340.

Holmström, B., and P. Milgrom. 1987. Aggregation and Linearity in the Provision of Intertemporal Incentives. *Econometrica*, 55: 303 - 328.

Holmström, B., and J. Tirole. 1987. The Theory of the Firm. In *Handbook of Industrial Organization*, ed. R. Schmalensee and R. Willig (Amsterdam: North-Holland, forthcoming).

Hopenhayn, H. 1986. A Competitive Model of Entry and Exit to an Industry. Mimeo, University of Minnesota Department of Economics.

Jensen, M., and W. Meckling. 1976. Theory of the Firm: Managerial Behavior, Agency Costs and Ownership Structure. *Journal of Financial Economics*, 3: 305 - 360.

Johnson, S., J. Pratt, and R. Zeckhauser. 1986. Efficiency Despite Mutually Payoff-Relevant Private Information. Mimeo, John F. Kennedy School of Government, Harvard University.

Joskow, P. 1985. Vertical Integration and Long Term Contracts: The Case of Coal-Burning Electric Generating Plants. *Journal of Law, Economics and Organization*, 1: 33 - 79.

Joskow, P. 1987. Contract Duration and Relationship-Specific Investments: The Case of Coal. *American Economic Review*, 77: 168 - 185.

Joskow, P., and R. Schmalensee. 1983. *Markets for Power*. Cambridge, Mass.: MIT Press.

Joskow, P., and R. Schmalensee. 1986. Incentive Regulation for Electric Utilities. *Yale Journal on Regulation*, 4: 1 - 49.

Jovanovic, B. 1982. Selection and the Evolution of Industry. *Econometrica*, 50: 649 - 670.

Katz, M. 1987. Game-Playing Agents: Contracts as Precommitments. Mimeo, Princeton University.

Keren, M., and D. Levhari. 1983. The Internal Organization of the Firm and the Shape of Average Costs. *Bell Journal of Economics*, 14: 474 - 486.

Kihlstrom, R., and J.-J. Laffont. 1979. A General Equilibrium Entrepreneurial Theory of the Firm Based on Risk Aversion. *Journal of Political Economy*, 87: 719 - 748.

Klein, B., R. Crawford, and A. Alchian. 1978. Vertical Integration Appropriable Rents and the Competitive Contracting Process. *Journal of Law and Economics*, 21: 297 - 326.

Kreps, D. 1984. Corporate Culture and Economic Theory. Mimeo, Graduate School of Business, Stanford University.

Laffont, J.-J., and J. Tirole. 1988. The Dynamics of Incentive Contracts. *Econometrica*, 56.

Laffont, J.-J., and J. Tirole. 1986. Using Cost Observation to Regulate Firms. *Journal of Political Economy*, 94: 614 - 641.

Laffont, J.-J., and J. Tirole. 1987. Repeated Auctions of Incentive Contracts, Investment and Bidding Parity, with an Application to Takeovers. Mimeo, University of Toulouse.

Lazear, E., and S. Rosen. 1981. Rank-Order Tournaments as Optimal Labor Contracts. *Journal of Political Economy*, 89: 841 - 864.

Leibenstein, H. 1966. Allocative Efficiency as "X-Inefficiency." *American Economic Review*, 56: 392 - 415.

Lewellen, W. 1968. *Executive Compensation in Large Industrial Corporations*. New York: Columbia University Press.

Lewellen, W. 1971. *The Ownership Income of Management*. New York: Columbia University Press.

Lippman, S., and R. Rumelt. 1982. Uncertain Imitability: An Analysis of Interfirm Differences in Efficiency Under Competition. *Bell Journal of Economics*, 13: 418 - 438.

Lucas, R. 1967. Adjustment Costs and the Theory of Supply. *Journal of Political Economy*, 75: 321 - 339.

Lucas, R. 1978. On the Size Distribution of Business Firms. *Bell Journal of Economics*, 9: 508 - 523.

MaCaulay, S. 1963. Non-Contractual Relations in Business. *American Sociological Review*, 28: 55 - 70.

MacLeod, B., and J. Malcomson. 1986. Implicit Contracts, Incentive Compatibility and Involuntary Unemployment. Mimeo, Queen's University.

Malcomson, J. 1984. Work Incentives, Hierarchy, and Internal Labor Markets. *Journal of Political Economy*, 92: 486 - 507.

Manne, H. 1965. Mergers and the Market for Corporate Control. *Journal of Political Economy*, 73: 110 - 120.

March, J. 1962. The Business Firm as a Political Coalition. *Journal of Politics*, 24: 662 - 678.

Marris, R. 1964. *The Economic Theory of "Managerial" Capitalism*. London: Macmillan.

Marshak, J., and R. Radner. 1972. *Economic Theory of Teams*. New Haven: Yale University

绪论

Press.

Maskin, E. 1985. Unpublished Notes on Public Goods with Correlated Values. Harvard University.

Masten, S. 1984. The Organization of Production: Evidence From the Aerospace Industry. *Journal of Law and Economics*, 27: 403－418.

Milgrom, P. 1981. Good News and Bad News: Representation Theorems and Applications. *Bell Journal of Economics*, 12: 380－391.

Milgrom, P. 1986. Quasi-Rents, Influence, and Organization Form. Mimeo, Yale University.

Mirrlees, J. 1974. Notes on Welfare Economics, Information and Uncertainty. In *Essays in Economic Behavior in Uncertainty*, ed. M. Balch, D. McFadden, and S. Wu. Amsterdam: North-Holland.

Mirrlees, J. 1975. The Theory of Moral Hazard and Unobservable Behavior. Part I. Mimeo, Nuffield College, Oxford.

Monteverde, K., and D. Teece. 1982. Supplier Switching Costs and Vertical Integration in the Automobile Industry. *Bell Journal of Economics*, 13: 206－213.

Mookherjee, D. 1984. Optimal Incentive Schemes with Many Agents. *Review of Economic Studies*, 51: 433－446.

Myerson, R., and M. Satterthwaite. 1983. Efficient Mechanisms for Bilateral Trading. *Journal of Economic Theory*, 28: 265－281.

Nalebuff, B., and J. Stiglitz. 1983. Prices and Incentives: Towards a General Theory of Compensation and Competition. *Bell Journal of Economics*, 14: 21－43.

Nash, J. 1950. The Bargaining Problem. *Econometrica*, 18: 155－162.

Nash, J. 1953. Two-Person Cooperative Games. *Econometrica*, 21: 128－140.

Nelson, R., and S. Winter. 1982. *An Evolutionary Theory of Economic Change*. Cambridge, Mass.: Harvard University Press.

Parsons, D. 1984. The Employment Relationship: Job Attachment, Work Effort, and the Nature of Contracts. In *Handbook of Labor Economics*, ed. O. Ashenfelter and E. Lazear. Amsterdam: North-Holland.

Pettigrew, A. 1972. Information Control as a Power Resource. *Sociology*, 6: 187－204.

Piore, M., and C. Sabel, 1984. *The Second Industrial Divide*. New York: Basic Books.

Posner, R. 1972. The Appropriate Scope of Regulation in the Cable Television Industry. *Bell Journal of Economics*, 3: 98－129.

Pratt, J., and R. Zeckhauser. 1985. Incentive-Based Decentralization: Expected Externality Payments Induce Efficient Behavior in Groups. In *K. Arrow and Economic Theory*. ed. G. Feiwel. London: Macmillan.

Prescott, E., and M. Visscher. 1980. Organization Capital. *Journal of Political Economy*, 88: 446－461.

Robinson, E. 1958. *The Structure of Competitive Industry*, revised edition. University of Chicago Press.

Rogerson, W. 1985. The First-Order Approach to Principal-Agent Problems. *Econometrica*, 53: 1357－1368.

Rosen, S. 1982. Authority, Control, and the Distribution of Earnings. *Bell Journal of Economics*, 13: 311－323.

Ross, S. 1973. The Economic Theory of Agency: The Principal's Problem. *American Economic Review*, 63: 134－139.

Rubinstein, A. 1982. Perfect Equilibrium in a Bargaining Model. *Econometrica*, 50: 97－109.

Sah, R., and J. Stiglitz. 1985. Human Fallibility and Economic Organization. *American Economic*

Review, 75: 292 - 297.

Sappington, D., and J. Stiglitz. 1987. Information and Regulation. In *Public Regulation: New Perspectives on Institutions and Policies*, ed. E. Bailey. Cambridge, Mass.: MIT Press.

Scharfstein, D. 1985a. The Disciplinary Role of Takeovers. Mimeo, Massachusetts Institute of Technology.

Scharfstein, D. 1985b. Product Market Competition and Managerial Slack. Mimeo, Massachusetts Institute of Technology.

Schein, E. 1984. Coming to a New Awareness of Organizational Culture. *Sloan Management Review*, 25: 3 - 16.

Scherer, F. 1980. *Industrial Market Structure and Economic Performance*, second edition. Chicago: Rand-McNally.

Shapiro, C., and J. Stiglitz. 1984. Equilibrium Unemployment as a Worker Discipline Device. *American Economic Review*, 74: 433 - 444.

Shavell, S. 1979. Risk Sharing and Incentives in the Principal and Agent Relationship. *Bell Journal of Economics*, 10: 55 - 73.

Shepard, A. 1986. Licensing to Enhance Demand for New Technologies. Mimeo, Yale University.

Shleifer, A. 1985. A Theory of Yardstick Competition. *Rand Journal of Economics*, 16: 319 - 327.

Shleifer, A., and L. Summers. 1987. Hostile Takeovers and Breaches of Trust. Mimeo, Harvard University.

Shleifer, A., and R. Vishny. 1984. Greenmail, White Knights, and Shareholders' Interest. Mimeo, Massachusetts Institute of Technology.

Shleifer, A., and R. Vishny. 1986. Large Shareholders and Corporate Control, *Journal of Political Economy*, 94: 461 - 488.

Simon, H. 1957. *Models of Man*. New York: Wiley.

Simon, H. 1976. *Administrative Behavior*, third edition. London: Macmillan.

Stigler, G. 1968. *The Organization of Industry*. Homewood, Ill.: Irwin.

Stiglitz, J. 1975. Incentives, Risk and Information: Notes Towards a Theory of Hierarchy. *Bell Journal of Economics*, 6: 552 - 579.

Telser, L. 1980. A Theory of Self-Enforcing Agreements. *Journal of Business*, 53: 27 - 44.

Tirole, J. 1986a. Procurement and Renegotiation. *Journal of Political Economy*, 94: 235 - 259.

Tirole. J. 1986b. Hierarchies and Bureaucracies. *Journal of Law, Economics and Organization*, 2: 181 - 214.

Viner, J. 1932. Cost Curves and Supply Curves. *Zeitschrift für Nationalökonomie*, 3: 23 - 46. Reprinted in *Readings in Price Theory*, ed. G. Stigler and K. Boulding (Homewood, Ill.: Irwin, 1952).

Williamson, O. 1967. The Economics of Defense Contracting: Incentives and Performance. In *Issues in Defense Economics*, ed. R. McKean. New York: Columbia University Press.

Williamson, O. 1975. *Markets and Hierarchies: Analysis and Antitrust Implications*. New York: Free Press.

Williamson, O. 1976. Franchise Bidding for Natural Monopoly—In General and With Respect to CATV. *Bell Journal of Economics*, 7: 73 - 107. Elaborated version: O. Williamson, *The Economic Institutions of Capitalism* (New York: Free Press, 1985), Chapter 13.

Williamson, O. 1985. The *Economic Institutions of Capitalism*. New York: Free Press.

Williamson, O., M. Wachter, and J. Harris. 1975. Understanding the Employment Relation: The Analysis of Idiosyncratic Exchange. *Bell Jour-*

nal of Economics, 6: 250 - 280.

Wilson, R. 1968. The Structure of Incentives for Decentralization under Uncertainty. In *La Decision*, ed. M. Guilbaud. Paris: CNRS.

Winter, S. 1971. Satisficing, Selection, and the Innovating Remnant. *Quarterly Journal of Economics*, 85: 237 - 261.

Wolfson, M. 1985. Empirical Evidence of Incentive Problems and their Mitigation in Oil and Tax Shelter Programs. In *Principals and Agents: The Structure of Business*, ed. J. Pratt and R. Zeckhauser. Boston: Harvard Business School Press.

第一篇

垄断力量的运作

第一篇涉及垄断行为。具体地说，包括单一产品和多种产品定价（第 1 章）；质量选择、产品系列和广告（第 2 章）；价格歧视（第 3 章）；纵向控制（第 4 章）。

这些章节关心的是垄断力量的运作。只要企业保持某些市场力量，这里所考察的大部分现象即使在存在竞争者的情况下也能够出现。

研究垄断从表述的方便性看是必要的。试图同时阐述策略竞争会使推导复杂化，并且有时会歪曲主要观点。侧重于垄断也可以使我们推迟引入博弈论。

第1章 垄 断

本章讨论各种支持和反对垄断力量的论点。我们这里将假设垄断者生产的商品是给定的且消费者知道其质量。我们还将假设垄断者对每单位商品索要相同的单位价格。(更具体地说，在给定时间点上没有价格歧视。但是，我们要考察跨期价格歧视。)

与定价策略相联系的最为熟知的垄断扭曲将在1.1节探讨。根据定义，竞争性企业的需求有无限大的弹性（以及价格是给定的），与此不同，在给定市场上行使垄断力量的企业能够把价格提高到边际成本之上，而不会失去其所有顾客。这种行为导致太高的价格，以及对社会的“净”福利损失（除非企业能够像我们在第3章看到的，实行完全价格歧视）。

我们将回顾单一产品垄断者的定价行为的主要方面。然后考察对其各种不同产品有相互关联生产成本或相互关联需求的多种产品垄断者。最后，我们将研究耐用商品垄断的跨期定价行为。

还存在着其他扭曲。一方面，理论和实践都表明，当企业在产品市场拥有垄断力量时，企业所有者很难对其成本保持控制。因此，垄断者会以高于竞争性企业的成本生产给定的产出（1.2节)。另一方面，垄断租金会在几家为获得或保护它的企业中间引起竞争，这种竞争会造成社会的浪费性支出，后者部分地耗费了垄断租金。因此，垄断利润不应该总是算在福利中（1.3节)。

自然，这些结论对买方独家垄断力量（即投入市场中的垄断力量）也是适用的。

1.1 定价行为

最为熟知的垄断扭曲产生于垄断者的定价行为。为了侧重于这种扭曲，我们假设垄断者的产品是给定的，其存在和质量对消费者来说是已知的。我们从回顾单一产品垄断者的扭曲标价开始；然后我们研究多种产品垄断者；最后，我们考察耐用品垄断者的跨期定价问题。

1.1.1 单一产品垄断者

1.1.1.1 逆弹性法则

令 $q=D(p)$ 为对垄断者生产的商品的需求，其逆需求函数为 $p=P(q)$。令 $C(q)$ 为生产 q 单位该商品的成本。假设需求是可微的且随着价格递减［即 $D'(p)<0$］[1]；成本是可微的且随着产出递增。利润最大化垄断者选择垄断价格 p^{m}，解

$$\max_{p}[pD(p)-C(D(p))]$$

此问题的一阶条件是

$$p^{\mathrm{m}}-C'(D(p^{\mathrm{m}}))=-\frac{D(p^{\mathrm{m}})}{D'(p^{\mathrm{m}})}$$

或

$$\frac{p^{\mathrm{m}}-C'}{p^{\mathrm{m}}}=\frac{1}{\varepsilon} \tag{1.1}$$

其中 $\varepsilon=-D'p^{\mathrm{m}}/D$ 代表在垄断价格 p^{m} 处的需求弹性。令 $q^{\mathrm{m}}=D(p^{\mathrm{m}})$ 代表垄断产出，我们可以把一阶条件改写成边际收入和边际成本之间的等式：

$$\mathrm{MR}(q^{\mathrm{m}})=P(q^{\mathrm{m}})+P'(q^{\mathrm{m}})q^{\mathrm{m}}=C'(q^{\mathrm{m}})$$

迄今为止，我们忽略了该最大化问题的二阶条件。等式（1.1）表明，相对“加价”——价格减去边际成本的差与价格的比率，也被称为勒纳指数（Lerner index）——与需求弹性成反比。垄断者以高于社会最优价格（该价格等于边际成本）的价格销售。[2]当消费者面对一种价格提高时，只是稍微地减少其需求，价格扭曲就较大。当然，当消费者通过大大地缩减其需求来抵制价格提高时，垄断者对于高价对消费的负面影响更警惕。

如果需求弹性是独立于价格的（需求函数是 $q=kp^{-\varepsilon}$，其中 k 是正的常数），勒纳指数就是不变的。垄断者通过使用不变的（相对的）加价规则，调整其价格以适应对边际成本的冲击。例如，如果它的技术表现为规模报酬不变，那么边际成本等于平均成本或者单位成本，并且如果需求弹性是 2，垄断者就系统地收取两倍于单位成本的价格。因而，如果我们观察到垄断者使用这样一种“拇指规则”，我们不必作出垄断者的定价行为不是最优的结论。

更一般地，注意垄断总是在某一价格区域运行，使得需求弹性［来自等式(1.1)］超过 1。当需求弹性小于 1 时，垄断者的收入——当然还有它的利润——对数量是递减的（即对价格是递增的）。

垄断价格是边际成本的非递减函数，这是垄断定价的一个简单而又非常普遍的特征。为了说明这一点，看一下垄断者的两种互相替代的成本函数：$C_1(\cdot)$ 和 $C_2(\cdot)$。假设它们是可微的且对所有的 $q>0$，$C_2'(q)>C_1'(q)$。这两个成本函数不需要其他假设。令 p_1^{m} 和 q_1^{m} 代表成本函数为 $C_1(\cdot)$ 时的垄断价格和数量；p_2^{m} 和

q_2^m 也类似地定义。当成本函数为 $C_1(\cdot)$ 时，垄断者偏好要价 p_1^m，而不是其他价格。特别地，它本可以要价 p_2^m 并售出数量 q_2^m。因此有

$$p_1^m q_1^m - C_1(q_1^m) \geqslant p_2^m q_2^m - C_1(q_2^m) \tag{1.2}$$

类似地，当成本函数为 $C_2(\cdot)$ 时，垄断者偏好要价 p_2^m，而不是 p_1^m，即

$$p_2^m q_2^m - C_2(q_2^m) \geqslant p_1^m q_1^m - C_2(q_1^m) \tag{1.3}$$

把等式（1.2）和等式（1.3）相加，得到

$$[C_2(q_1^m) - C_2(q_2^m)] - [C_1(q_1^m) - C_1(q_2^m)] \geqslant 0 \tag{1.4}$$

或

$$\int_{q_2^m}^{q_1^m} [C_2'(x) - C_1'(x)]dx \geqslant 0 \tag{1.5}$$

由于对所有的 x，$C_2'(x) > C_1'(x)$，等式（1.5）意味着 $q_1^m \geqslant q_2^m$。换句话说，垄断价格是边际成本的非递减函数。[3]

1.1.1.2 无谓损失

等式（1.1）提供了价格扭曲的一种数量形式，但是从规范的观点看，对扭曲的适当衡量是社会福利的损失。为了衡量后者，我们来比较垄断价格下的总剩余和竞争性（边际成本）价格下的总剩余。总剩余等于消费者剩余和生产者剩余（或利润）之和，或者等于总消费者效用与生产成本之差。[4]在图 1.1 中，该剩余分别表现为边际成本定价下的区域 $DGAD$ 和垄断定价下的区域 $DEFAD$。

在图 1.1 中，垄断下的净消费者剩余是三角形 CDE 的面积。垄断者的利润等于全部收入 $p^m q^m$ 减去边际成本的积分，即等于四边形 $ACEF$ 的面积。因此，无谓福利损失等于三角形 EFG 的面积。（只有当需求和边际成本曲线为线性的时，它们才是正规的三角形或四边形。）

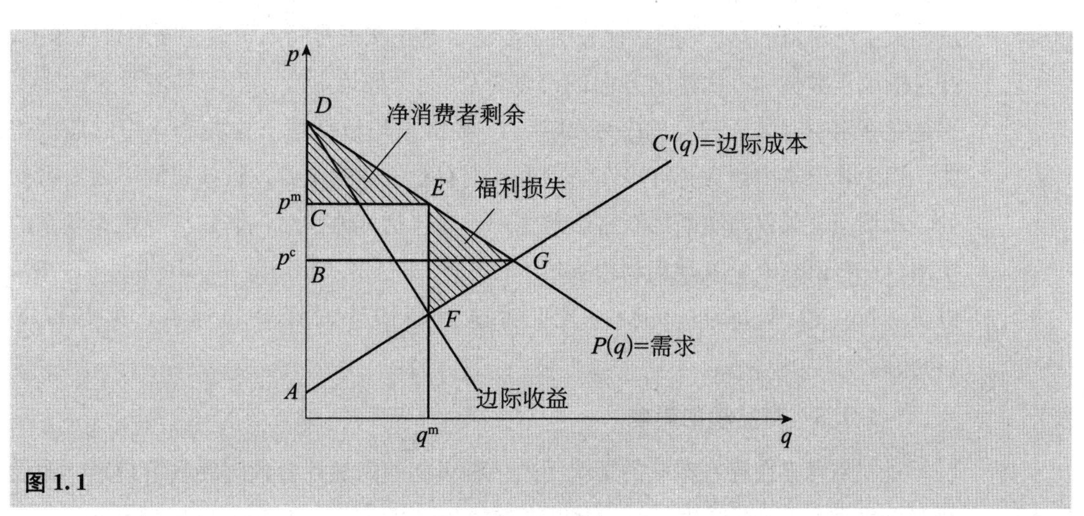

图 1.1

福利损失不一定随着需求弹性下降，尽管相对加价是这样的［根据等式(1.1)］。我们观察到的存在强价格扭曲的垄断情况对应于需求弹性较小的情况：消费者对单位价格提高的反应只是轻微地减少他们需求的数量。结果是，正是在这样的情况下，价格变化不会对消费数量造成很大的影响；相反，它们引起大量货币从消费者转移到企业。因此，我们不能得出福利损失关于需求弹性单调的结论。

习题 1.1：** 在一个垄断产业中，需求函数有不变的弹性：$q=D(p)=p^{-\varepsilon}$，其中 $\varepsilon>1$ 是需求弹性。边际成本是不变的且等于 c。

(1) 证明社会计划者（或竞争性产业）将创造总福利

$$W^c = c^{1-\varepsilon}/(\varepsilon-1)$$

(2) 计算垄断下的福利损失 WL。

(3) 证明比率 WL/W^c（相对无谓损失）随着 ε 增加，WL 对 ε 是非单调的，以及垄断者能够得到的潜在消费者剩余的份额 Π^m/W^c 随着 ε 增加。对结果进行讨论。（注意市场的“规模”随着 ε 而改变。）

习题 1.2*： 假设所有消费者都有单位需求。他们买垄断者所生产的 0 或 1 个单位产品。他们是相同的且都愿意为该产品支付（估价）$\bar{s}$。证明垄断定价没有产生福利损失。

当然，无谓福利损失仅仅表示了从垄断状态转变为理想状态所能获得的部分。这因而产生了通过纠正垄断定价能够实现的效率收益的上限。实际的效率收益必须根据无法达到边际成本定价的干涉政策计算。换言之，与产业垄断化相联系的高的总扭曲是可能需要某种公共干涉的信号，但是这并不意味着要采取行动。分析家或者政府应该进行垄断化原因的分析（见第 8 章），以及潜在干涉集的分析。后者将关键依赖于关注产业状况（成本结构、需求）的社会计划者所能得到的信息。

评论 福利损失可以经验地通过对需求曲线和边际成本曲线的估计来衡量。对方法论和结论的讨论，见 Scherer (1980)。Harberger (1954) 对总福利损失不超过国民生产总值的 0.1%的估计表明，经济学家正在把时间浪费在垄断定价问题上，并且造成了数据和方法论两方面的许多矛盾。[5]一般地，产业组织经济学家的主要兴趣是在至少有某种程度的垄断的产业。经济平均数低估了这些产业中的典型扭曲，因为其样本中包含了许多在一定程度上有竞争性的产业。正如我们下面要看到的，无谓损失仅仅是垄断的有害影响之一。还包括其他扭曲，例如与寻租相联系的扭曲，一些研究人员发现福利损失占 GNP 的 7%。见 Cowling 和 Mueller (1978)，以及 Jenny 和 Weber (1983)；关于对这种高估计的怀疑的观点，见 Scherer (1980)。

1.1.1.3 商品税的影响

我们来考察在存在垄断的情况下，一种可能的恢复社会最优的政策规定。假设政府以税率 t 向垄断产出收税。垄断者选择 p，以便使

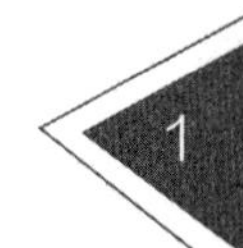

$$\max_p [pD(p+t) - C(D(p+t))]$$

解得

$$D(p+t) + D'(p+t)(p - C') = 0$$

或

$$[D(p+t) - tD'(p+t)] + D'(p+t)(p+t-C') = 0$$

为了恢复社会最优，边际成本 C' 一定要与消费者所面对的价格（$p+t$）相吻合，因而与消费者的货币的边际效用相吻合。因此，我们必须规定

$$t = D(p^c)/D'(p^c) < 0$$

（即 $t/p^c = -1/\varepsilon$），其中 p^c 是竞争性价格（在图 1.1 中由需求和边际成本曲线的交点决定）。由于 $t<0$，我们必须对垄断者的产出给予补贴。我们可以这样解释这种十分自相矛盾的结果：垄断定价的问题是它引导消费者消费太少的商品。为了进行有效的资源分配，我们通过给商品补贴，引导他们更多地消费。

习题 1.3*：一个垄断者向消费者提供某一商品的边际成本是 $\tilde{c} = c + t$（其中 t 是单位商品税）。令 $p^m(\tilde{c})$ 代表相应的垄断价格。

（1）对下面的几种需求函数计算 $dp^m/d\tilde{c}$：$p = q^{-1/\varepsilon}$，$p = \alpha - \beta q^{\delta}$，$p = a - b\ln q$。

（2）Sumner（1981）利用了一种巧妙的方法估计美国香烟产业中的需求弹性，以及由此引出的垄断力量的大小。他指出，在美国，商品税——及由此产生的成本 $\tilde{c}$——在各州之间是不同的。虽然关于 c 的数据很难获得，关于 t 的数据却是现成可用的。Sumner 用各州之间不同的税收水平估计需求弹性。Bulow 和 Pfleiderer（1983）认为这种方法的可用性有限。你怎么认为？

尽管结果很简明，但补贴办法只有很少的拥护者。批评意见指出，总剩余的概念给消费者剩余和企业股东的垄断利润以同样的权重，所以从消费者向股东的纯粹转移没有明显的社会成本。这种政策的补充导致了更多问题。政府很难估计需求弹性，也很难确定垄断者的边际成本。当然，企业从自身利益角度，希望国家错误地给予大量的补贴。[6]面对这种情况，企业会通过其活动以及在与政府打交道中，寻求“抬高”补贴。为了以有区别的方式使用这种补贴政策，政府很可能会需要得到一些直接的关于需求和成本的信息，而不是通过垄断者获得。需求信息可以通过抽样获得，尽管这种技术可能成本很高，并且如果垄断者只供应少数较大的消费者，抽样很难进行。成本信息更难取得，因为由于显而易见的原因，垄断者不愿意提供其成本结构的准确估计。[7]另外，政府可以给垄断者以展示其成本结构的激励。例如，当垄断者定低价时，可以给它奖励（以总量方式）。政府因此可以得出，当垄断者有低边际成本时，它定了低价。这种政策会减少无谓损失。

通过考虑“精致化的”激励方案，我们正在离开产业组织本身，而进入规制——补贴政策不再是最优的领域，因为存在着其他规制方案能降低福利损失。[8]为什么要远离规制？第一，这是一个几乎不能用简明的方式对待的一个很大的领域；第二，其理论基础要求熟悉激励理论，而后者还需要进一步的发展。这里的观点主要是，政府对市场状况的不完全信息给干涉带来了困难。为了对问题进行正确处理，要明确地把信息不对称引入模型；然后才能分析各种类型干涉（包括商品税）的有效性。

1.1.1.4 二阶条件

我们简要地回到二阶条件，它要求凹的或拟凹的目标函数。有时垄断者的利润函数不总是凹的，即使其成本函数是凸的。问题在于收益函数可能不是凹的，即边际收入不一定处处递减。收益函数$R(p)=pD(p)$的二阶导数是

$$R''(p)=2D'(p)+pD''(p)$$

需求向下倾斜的假设保证了$R''(p)$的第一项是负的。如果需求是线性的，或更一般地，是凹的，第二项就是非正的。如果需求是凸的，那么收益函数以及利润函数可能不是凹的。[9]

习题 1.4*：假设需求有不变弹性ε：

$$q=D(p)=p^{-\varepsilon}$$

假设成本函数是凸的。证明如果$\varepsilon>1$，垄断者的利润函数是拟凹的。

1.1.2 多种产品垄断者

现在考察对所制造的全部产品都具有垄断力量的多种产品企业的情况。它生产产品$i=1, \cdots, n$，要价$p=(p_1, \cdots, p_n)$，且出售数量$q=(q_1, \cdots, q_n)$，其中$q_i=D_i(p)$是对产品i的需求。生产产品向量的成本是$C(q_1, \cdots, q_n)$。

在1.1.1小节中，我们分析了单一产品垄断的情况，或者等价地，需求独立的多种产品垄断的情况：$q_i=D_i(p_i)$（对产品i的需求仅仅取决于产品i的价格），并且总成本可以被分解成n个子成本：

$$C(q_1, \cdots, q_n)=\sum_{i=1}^{n}C_i(q_i)$$

（成本可分离性）。于是定价问题就可以分解成n个子定价问题。等式（1.1）告诉我们，垄断者给需求弹性较低的产品以较高的加价。我们将在第3章中给出这一结论的直接意义，在那里我们将重新解释作为多种产品垄断者的制造商，在若干区别市场中出售同样产品的现象。这一结果代表了“拉姆齐定价”（Ramsey pricing）最简单的形式，它描述了加价应该怎样随着需求弹性变化。[10]

更一般地，多种产品垄断者最大化

$$\sum_{i=1}^{n} p_i D_i(p) - C(D_1(p), \cdots, D_n(p))$$

这产生了下面的公式，它将边际收益和边际成本间的等式一般化了。

$$\left(D_i + p_i \frac{\partial D_i}{\partial p_i}\right) + \sum_{j \neq i} p_j \frac{\partial D_j}{\partial p_i} = \sum_j \frac{\partial C}{\partial q_j} \frac{\partial D_j}{\partial p_i} \quad (\text{对所有的 } i) \tag{1.6}$$

为了分析这个公式，我们考察两种极端情况。[这里不讨论等式（1.6）的二阶条件。] 我们将根据偏向性对结论进行描述，如果企业通过 n 个独立的分部运作，每个分部生产一种产品且使该种产品的利润最大化，偏向性就会产生。

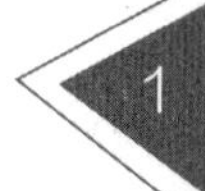

1.1.2.1 相互依赖的需求，可分离的成本

我们假设总成本可以分成 n 个成本：

$$C(q_1, \cdots, q_n) = \sum_{i=1}^{n} C_i(q_i)$$

这样，经过一些代数运算，等式（1.6）变成

$$\frac{p_i - C_i'}{p_i} = \frac{1}{\varepsilon_{ii}} - \sum_{j \neq i} \frac{(p_j - C_j') D_j \varepsilon_{ij}}{R_i \varepsilon_{ii}}$$

式中，$\varepsilon_{ii} \equiv -(\partial D_i/\partial p_i)(p_i/D_i)$ 是自身需求弹性（我们将假设它是正的）；$\varepsilon_{ij} \equiv -(\partial D_j/\partial p_i)(p_i/D_j)$ 是商品 j 的需求对商品 i 的价格的交叉弹性；$R_i \equiv p_i D_i$ 是商品 i 的收入。

首先，考察作为替代品的商品的情况，即对所有的不同于 i 的 j，$\partial D_j/\partial p_i > 0$ 或者 $\varepsilon_{ij} < 0$。在这种情况中，对每种商品 i 的勒纳指数超过了自身需求弹性的倒数。这可以简单解释为：商品 i 的价格提高使商品 j 的需求上升。所以，如果企业由 n 个分部构成，每个分部生产和经营自己的商品，并使自己的利润（$R_i - C_i$）最大化，从整个企业的观点看，每个分部定的价格太低。这些分部实际上是相互竞争者，因为它们的商品之间具有替代性。因此，必须给予它们提高其价格的激励（排除它们之间的外部性）。

其次，对于互补品（对所有不同于 i 的 j，$\partial D_j/\partial p_i < 0$），每种商品的自身需求弹性的倒数超过了勒纳指数。这很容易理解：商品 i 的价格下降增加了商品 j 的需求。随着互补品产生的一个有趣现象是，一种或几种商品会以低于边际成本的价格出售（所以它们的勒纳指数可能是负的），以便充分地提高其他商品的需求。这种可能性将在第 3 章说明。

习题 1.5*：一个企业在生产螺母（商品 1）和螺栓（商品 2）上有垄断力量。螺母和螺栓是完全互补的。因此，需求只取决于总价格：对所有 i，$D_i(p_1, p_2) = D(p_1 + p_2)$。证明等式（1.6）归结起来是单一合成市场中的垄断定价公式。

应用：跨期定价和商誉 考察一个单一产品的垄断生产者。该产品在两个连续的阶段销售：$t=1, 2$。在时期 1，需求是 $q_1 = D_1(p_1)$，生产成本是 $C_1(q_1)$；在时

期 2，需求是 $q_2=D_2(p_2,\ p_1)$，生产成本是$C_2(q_2)$。存在一种商誉作用，较低的第一阶段价格增加了第一阶段需求，也增加了第二阶段需求：$\partial D_2/\partial p_1<0$。[11]因此垄断者的利润是

$$p_1D_1(p_1)-C_1(D_1(p_1))+\delta(p_2D_2(p_2,\ p_1)-C_2(D_2(p_2,\ p_1)))$$

式中，δ 是贴现因子。令 $\widetilde{D}_2\equiv\delta D_2$ 且 $\widetilde{C}_2\equiv\delta C_2$，我们可以把该利润改写成满足互相依赖需求的多种产品垄断的利润。这两种经济产品是两个不同时期的同一种产品。根据前面的分析，我们可以得出：当$\partial D_1/\partial p_2=0$ 时，垄断者根据第一阶段积累的商誉制定第二阶段的垄断价格（换句话说，第二阶段勒纳指数等于第二阶段需求弹性的倒数）。然而，在第一阶段，垄断者制定低于静态垄断价格的价格，即低于最大化 $p_1D_1(p_1)-C_1(D_1(p_1))$ 的价格。这是很自然的，因为垄断者认识到今天的低价格增加了明天的需求。它采取了通过牺牲某些短期利润来增加长期利润的动态观点。

1.1.2.2 独立的需求，相互依赖的成本

我们现在假设对商品 i 的需求只取决于自己的价格：$q_i=D_i(p_i)$。设计对相互依赖的成本的分类比设计对相互依赖的需求的分类更复杂。的确，虽然在相互依赖的需求的情况中，我们可以很容易设想一组分类，每种分类代表一种产品，但是把总成本分成几个组成部分可能很不自然。然而在一些情况中，这种分解可能是有道理的。下面的应用也取自一个跨期问题。然而，在转向应用之前，读者最好做一下下面的习题。

习题 1.6：**一家发电厂（或者旅馆，航空公司）面对两种类型的需求：非高峰 $[q_1=D_1(p_1)]$ 和高峰 $[q_2=D_2(p_2)]$，其中 $D_1(p)=\lambda D_2(p)$，$\lambda<1$。（为了简化，需求是独立的。）边际生产成本是 c（只要生产能力没有被充分满足）。投资一单位生产能力的边际成本是 γ。相同的生产能力服务于高峰和非高峰需求。[12]

（1）证明如果非高峰需求与高峰需求相关性很小（其中“很小”需要定义），垄断者使边际收入分别等于 c 和 $(c+\gamma)$。

（2）讨论非高峰需求不是很小的情况。解不变需求弹性的情况。

应用：干中学 在一些产业中，成本降低只是由于花时间进行了学习。通过其活动的重复，企业越来越精通。干中学在产业活动中特别明显。例如，20 世纪 20 年代，怀特-帕特森空军基地（Wright-Patterson Air Force Base）的司令官注意到，装配一架飞机所需的直接工时数随着所装配的飞机总数的上升而下降。较近期的是，人们在半导体和计算机的制造中也观察到了干中学。[13]

考察在时期 $t=1$，2 进行生产的单一产品垄断者。在时期 t，需求是 $q_t=D_t(p_t)$（需求依赖于时间）。时期 1 的总成本是 $C_1(q_1)$，时期 2 的总成本是 $C_2(q_2,\ q_1)$，其中$\partial C_2/\partial q_1<0$。因此我们假设初期较高的生产降低了以后的生产成本，即所谓的“熟能生巧”。因此垄断者的利润是

$$p_1D_1(p_1)-C_1(D_1(p_1))+\delta(p_2D_2(p_2)-C_2(D_2(p_2),\ D_1(p_1)))$$

关于 p_1 和 p_2 的利润最大化［即等式（1.6）］使得在第二阶段边际收入和边际成本（关于当前产出）相等。然而，第一阶段的边际收入低于边际成本。因此，在第一阶段，垄断者要价低于第一阶段（短视的）垄断价格［最大化了 $p_1D_1(p_1)-C_1(D_1(p_1))$的价格］；这一政策使得它销售较多，这就增加了生产和学习。[14]否则，如果企业由两个相继的最大化短期利润的经理经营，就会在第一阶段生产不足。习题 1.7 表明，在较一般的模型中，如果需求是不变的，成本随着经验的增加而下降，我们可以得到进一步的结果：企业的产出随着时间增长。如果企业短视地行动，这一结果是很自然的。归因于干中学的边际成本下降导致了产出膨胀。然而非短视企业为了学习也希望在第一阶段多多地生产。结果表明，第二阶段的效应受第一阶段的支配。

习题 1.7* [15]**：单一产品的垄断生产者在时期 t 有固定单位成本 $c(\omega(t))$，其中 $\omega(t)$是该企业在该时期的“经验”。［假设 $c>0$，$c'<0$，$\lim_{t\to\infty}c(t)>0$。］时间是连续的且从 0 到无穷大。经验随着生产而积累：$d\omega(t)/dt=q(t)$，其中 $q(t)$ 是在时期 t 的产量。（做过经验研究的学者像我们一样假设，生产显示了不变的瞬时规模报酬，以及对经验的合适衡量是累积产出。）令 $R(q)$ 代表作为数量函数的收益函数（假设需求是不变的）。假设 $R'>0$，$R''<0$。令 r 代表利率。垄断者的目标函数是

$$\int_0^\infty[R(q(t))-c(\omega(t))q(t)]e^{-rt}\,dt$$

（1）证明在每一时刻垄断者规定边际收入等于未来的平均（贴现的）单位成本：

$$A(t)=\int_t^\infty c(\omega(s))re^{-r(s-t)}\,ds$$

提示：通过略微改变 $q(t)$ 考察当前成本和将来的节省。

（2）证明产出随着时间增加。

1.1.3 耐用品垄断者

像我们上面看到的，在产品带来商誉的情况下，企业应该持一种动态的观点，为了将来的利润而牺牲一些当前利润。重复购买（将在第 2 章得到较一般的研究）是不同时期间动态联系的一个例子：如果顾客今天购买了，他们明天更可能购买。这里我们来考察需求方面的另一种跨期联系——与商品的耐用性相关的联系。我们现在假设产品的寿命超过了基本“期”（即价格修订的时间跨度）。与非耐用品的商誉范例不同，今天购买了耐用品的顾客，明天不可能购买同一商品。因此，垄断者在不同时期提供的商品互为替代品，而不是互补品。（耐用品垄断者的跨期定价在补充节有很详尽的研究；这里只提及大的问题。）

正如我们所看到的，耐用品垄断者制造了自身的竞争。它通过今天的销售降低了明天的需求。如我们将要看到的，为了向剩余的需求销售，垄断者降低了明天的价格。但是消费者会预期价格下降，并且抑制今天的购买。这些理性预期伤害了垄断者。

假设有 7 个消费者。这些消费者有“购买意愿”或“估价” $v=1, 2, \cdots, 7$；v 代表自购买之日起服务流的贴现值。每个消费者都只从一个单位的耐用品中得到效用。进一步假设不存在生产商品的成本，且商品是无限耐用的。时间是离散的：$t=1, 2, \cdots$。时期间的贴现因子是 δ。

首先假设垄断者在第一阶段作了一劳永逸的提供。（这个思想实验意在描述在缺乏跨期效应时发生的事。）这样垄断者收取垄断价 $p^m=4$ 且向估价为 4～7 的消费者出售。（垄断利润等于 16。）现在考察多阶段模型。假设垄断者在时期 1 要价 4，估价超过 4 的消费者接受了。从时期 2 开始时，垄断者只能面对剩余的需求，后者由估价为 1～3 的消费者构成。这样垄断者试图收取较低的第二阶段价格。例如，如果第二阶段是垄断者销售的最后阶段[16]，它根据剩余的需求收取垄断价，即 2。现在，考察若消费者在时期 1 知道垄断者事后在时期 2 有积极性降价，将会发生什么。高估价的消费者还会接受支付 4，因为他们亟须得到该商品。[17]然而，例如，估价 4 的消费者就不会购买，因为他将得到零剩余，而通过等待他会得到正的剩余。因此，对未来价格的预期降低了时期 1 的需求。

为了求解均衡，我们必须发现价格的序列和消费者的预期，使在给定企业行为下，预期是合理的，并且使在给定消费者预期下，企业行为是最优的。补充节解释了怎样做。均衡采取了递减价格序列的形式。因而，垄断者有跨期价格歧视：它首先要高价，并只向最急于购买商品的消费者出售，然后削价以迎合稍不急于购买的顾客，等等。这种类型的跨期歧视行为在现实中经常出现。例如，图书常常先推出精装本，然后几个月或几年后再出版平装本。众所周知，精装本和平装本之间的生产成本差别相当小。因此，多数价格差别可以由跨期歧视模型解释。另一个例子是故事片第一轮在电影院上映，然后在电视播放、作为家庭录像带发行、在飞机上播放或在电影院第二轮上映。

垄断者随时间调整价格的灵活性实际上损害了它。的确，可以看到，如果它能够使自己事前承诺不改变价格，即不在高估价消费者购买后降价，它的境况会更好。（当它这样承诺时，“不精心谋算”对垄断者实际上是最优的。当然，固定价格就是垄断价格。）消费者等待垄断者削价的那一天的事实说明了这一点。这里，价格歧视是不情愿的——企业事前宁愿不歧视。而且，可以看到，在价格调整频繁时，不进行承诺的垄断者的利润损失变得非常高；实际上，一个由 Coase 所作（并由其他研究者证明，见补充节）的猜想指出，当价格调整变得越来越频繁时，垄断者利润会收敛到零。所有交易几乎都是在价格接近边际成本时瞬时发生的。这一结论可能是极端的，但是它很好地说明了问题。

补充节以更正规的方式描述了这些观点。它还讨论了承诺的可信性，以及在实践中，怎样才能在一定程度上避免科斯问题。该节首先举了一个垄断者生产一种被再循环的商品的例子。该例子以模拟的买方预期不相关的方式建构。因此，它构成了耐用品问题的简单入门。它还可以作为讨论铝市场中垄断力量的背景材料。

1.1.4 了解需求曲线

在本章通篇以及本书的绝大部分我们假设垄断者完全知道自己的需求曲线。修正这一点的一个办法是假设垄断者进行市场调查。但是这种调查成本很高且不完全，而且常常给成本曲线留下了一些不确定的地方。了解需求的弥补办法是通过不时地变换价格来实验，这通常能比保持价格不变对需求曲线作出更好的估计。

关于垄断者在一种贝叶斯构架中进行最优跨期定价的文献较少。[18]垄断者可以依从的价格路径的一般性结论很少，这显然不需要随时间单调递增或递减。有一点是明确的：当在给定时期确定价格时，垄断者不应该在给定当前（后验）的市场需求信息时最大化预期的当前利润，相反，垄断者应该考虑到为未来定价而获得的信息的价值。Aghion、Bolton 和 Jullien（1988）以及 Lazear（1986）研究了稳定的（非随机的）需求曲线。Aghion 等问道，垄断者是否最终会了解其需求曲线，因而提出长期垄断价格？答案是很直观的。假设最初已知利润函数为凹的且连续，但是其准确形状是未知的。这样，垄断者在达到垄断价格之前是不会停止实验的。假设垄断者从某一时间起保持其价格不变，通过制定与这一价格稍有不同的价格，垄断者掌握了利润函数在这一价格处的斜率，并且没有对当前预期利润产生多大影响。可是掌握斜率对将来很有价值，因而很必要。问题在于，通过以任意小量改变价格，垄断者可以使实验成本任意小，但仍然可以掌握关于其目标函数梯度变化的非常有用的信息。Aghion 等指出，利润函数的非凹性或不连续性可能防止垄断者掌握其真实垄断价格，即使其需求曲线是确定的。[见 Rothschild（1974）和 McLennan（1984）关于允许随机需求模型中有限实验的进一步结果。] 例如，在非凹性利润函数情况下，以前的局部实验论证表明，垄断者必然会实现利润函数的局部最大化。然而，为了实现全局最大化，需要非局部实验（价格的较大改变），如果贴现因子不是充分高，其成本就会很高，因此，垄断者即使在长期也会满足于不完全学习。Lazear（1986）考察了一个简单的学习模型，并且得到了一些有趣的比较数据结果。例如，他指出，单薄的市场（如一幢大楼的买卖）怎样容易成为刚性很强的定价类型，而厚实的市场（如一个很普通的公寓的买卖）会产生较大的价格变化。其观点是，在厚实的市场中，卖方通过观察当前需求获得了较多有关需求曲线的信息。类似地，需求曲线上先验概率分布十分分散的市场也将显示出很大的价格变化。

1.1.5 存　货

本书的大部分内容假设，在每一阶段，销售源于当前的生产。实际上，存货会允许企业将生产与销售分开。相当多有趣的文献探讨了在企业面对冲击，通过持有存货得以缓解其价格轨迹和生产轨迹的情况下，数量和价格调整的动态学。例如，Blinder（1982）分析了垄断者的生产、存货及价格怎样根据冲击是暂时的还是永久的来适应这些需求冲击。他假设每一阶段的边际生产成本随着产量递增。由于成本凸性，垄断者偏好确定的生产而不是有相同均值的随机生产。在跨期情况下，这意味着垄断者偏好稳定的生产而不是变动的生产。因此，垄断者会喜欢随着时间的推移缓解需求冲击；这正是存货允许垄断者做的。首先考察需求的暂时（一阶段）向上冲击的情况。在 Blinder 模型中，在缺少存货的情况下，价格和产出向上调整。在有存货的情况下它们仍是这样，但是程度要小些。企业可以暂时减少其存货，然后再补充它。某一阶段的需求增长的影响可以因此在几个阶段后传递到生产方面。永久的需求冲击不可能被根本缓解。今天的高需求意味着未来的高需求。也就是说，生产的边际成本明天也会很高。因此，生产（以及价格）对永久冲击比暂时冲击的反应更敏感。[19]

文献中关于存货行为的另一个常见的论题是价格对向上和向下冲击的不对称反应。Reagan（1982）[也可以参见 Reagan 和 Weitzman（1982）了解对竞争情况的论述] 假设垄断者只能出售现有存货，即在投入的使用和产出的可用性之间存在着时滞。当前存货在每一阶段都是销售能力的制约因素。当需求很高时，为了出清市场（即满足需求），产出完全由存货和企业价格调整决定。相比之下，当需求很低时，存货约束是没有约束力的（销售低于存货）。企业通过选择低价和减少生产作出反应。正如 Reagan 指出的，由于这种适应低需求而不是高需求的数量调整的可能性，垄断者的价格更倾向于对向上需求冲击而不是向下需求冲击作出反应。[20]

1.2 成本扭曲

1.1 节的重点是关于与垄断者的定价行为相联系的需求方面的扭曲。垄断力量也可以对供给产生负面作用。具体地说，在给定垄断者生产的商品且给定要供应给消费者的商品数量的情况下，垄断者会以高于竞争性企业的成本生产。具体地说，人们常常指出，处于垄断地位的企业倾向于不重视成本削减策略、偷懒，等等。例如，Hicks（1935）指出："最好的垄断利润是平静的生活。" Machlup（1967）认为，只有当产品市场不是完全竞争时，经理偷懒才能存在。这些思想看起来是矛盾的。毕竟垄断力量是在产出方面，不容易断定为什么产出扭曲会对给定数量的商品生产产生成本影响。

为了考察这个问题，我们必须回到成本函数的概念上——更准确地说，进入代理问题。正如我们在企业理论一章所讨论的，希望使利润最大化的企业股东可能很难监督和控制企业雇员（代理人、工人）的活动。后者自然地要寻求利润最大化以外的目标，除非股东完全观察到技术环境和雇员行为（这是非常不现实的），企业很可能存在“X-无效率”（Leibenstein，1966）。的确，我们从企业理论一章中得知，无论市场结构如何，企业一般都能够从事这种无效率（即 Machlup 的观点只是在非常特殊的情况下才立得住）。这里的问题是，这种无效率是怎样受产品市场上的垄断力量影响的？

正如我们在前一章看到的，股东可以把拥有相关技术（或需求）的企业的绩效作为判断标准来控制他们的企业。例如，当知道面对类似供给或需求条件的其他企业都做得很好时，股东可能会怀疑企业关于它面临不利的外部条件的说法。在这种情况下，经理用“时势艰难”作为掩盖偷懒和为低利润辩护的借口，与没有其他企业可与他们的企业对比的情况相比，就不是那么可信了。这种“锦标赛”思想——把企业的激励结构建立在与相关企业的绩效的对比上——并不取决于产品市场上竞争的存在；人们可以比较在两个相互独立的地区生产电力的两个电厂的绩效。但是当企业在产品市场上竞争时，同样的论点也成立。因此，很自然要基于通用汽车的绩效制定福特的经理的报酬。甚至还有争论认为，由于当两个企业处于同一产品市场中时，这两个企业面对的外部条件很可能是相关的，所以，在实践中，标尺竞争在有若干竞争者的产业中比在产品市场垄断中会更有用。

当可应用标尺竞争时，它可以解释为什么竞争性企业的经理比垄断企业的经理能更好地被股东所控制。[21]然而，Hicks 的陈述仅仅有一半是正确的：尽管垄断的经理会有较多的偷懒（“平静地生活”），但他们也不可能从中得到好处，因为偷懒被预料到了。换句话说，他们的“参与”约束仍然会有约束力，即低努力被低报酬抵消了。

1.3 寻租行为

1.1 节描述了垄断定价相对于竞争性行为怎样减少了消费者剩余，增加了企业的利润。剩余的减少超过利润的增加的数量等于无谓损失。1.2 节讨论了对于给定的产出，垄断地位怎样提高成本。这些额外成本加到无谓损失上了。这一节讨论与垄断相联系的第三种扭曲：为保证或保持垄断地位所造成的浪费的支出。

考虑与垄断定价相联系的租金。从 1.2 节对控制问题的讨论中，我们可以看到这种租金等于图 1.1 中的四边形 $CEFAC$ 所代表的垄断利润。显然这种潜在租金的存在会导致寻租行为。企业会倾向于花钱并付诸努力去得到垄断地位；一旦确立了这一地位，企业会继续花钱并努力保持。

企业为了获得或保持垄断地位，要进行策略性和管理性支出。策略性支出的一个例子是获得专利的研发成本，这保证了对专利产品的垄断地位（见第 10 章）。其他例子是积累各种形式的资本并设立进入壁垒（见第 8 章）。管理性支出有针对影响公众及其选出的议员的贿赂和宣传活动（“我们的企业是服务于消费者的”）的成本，以及对付反托拉斯指控的法律防卫成本。

Posner（1975）分析了在要成为垄断者的企业间的竞争中寻租行为的极端例子，得出所有垄断租金都应该算在垄断成本上的结论。换句话说，实际的无谓损失在图 1.1 中是由 *CEGFAC* 的面积代表的。导致该结论的两个主要公理如下。

（1）租金耗散：企业为获得租金的总支出等于租金量。

（2）社会浪费耗散：该支出没有带来有社会价值的副产品。[22]

公理 1 是零利润自由进入条件。意思是，对每个企业来说，直到预期租金即获得租金的概率乘以租金量等于寻租成本时，进入（或者寻租支出的增加）才会停止。例如在均衡情况下，10 个企业会各花 1 美元得到获得 10 美元租金的 10%的机会，在这种情况中成本等于租金。

公理 1 的似乎合理的解释取决于竞争被组织起来的方式。如果没有进入具体情形的微观基础，就不能事先衡量租金耗散。[23]公理 1 不能被满足的原因有许多［见 Fisher（1985）］。首先，垄断可以通过运气而不是通过预见来获得。一个极端且有点臆造的例子是，一项幸运的发明取得了专利。其次，更重要的是，竞争者不会在同一起跑线上开始竞争；一家企业可能已经拥有专利、拥有特定的矿产资源、有关于技术或需求的私人信息或者在位优势[24]，这可以使它成为垄断地位的最强有力的候选人。由于竞争者可能不太愿意花钱获得垄断地位，该企业会得以保留某些租金。考虑企业必须为成为特许垄断者而竞价优先权的情况。如果所有企业都是对称的，最高竞价等于（普通的）垄断租金。然而，对于不对称竞价者，有最高潜在租金的企业有能力保存一些剩余。最后，即使对于对称或几乎对称的企业，租金也不一定会被耗散。[25]

公理 2 说支出从社会角度讲是浪费的。当受规制的垄断地位（例如，进口特许权的分配）是以贿赂为基础分配时，可能会是这种情况。[26]然而，如果同样的垄断分配是通过拍卖来分配的，支出就由政府得到了，因而就没有浪费（在对称情况下，公理 1 被满足，但公理 2 被违背）。还有支出有某些浪费的中间情况。例如，在美国空运价格和进入航线受到规制时，航空公司通过提供慷慨的服务争夺顾客（“租金”）。这类寻租行为不完全是浪费的，因为顾客享受到了服务。然而，同样的消费者可能会对把一些这样的服务换成与服务削减相对应的价格下降感到高兴。

一个有趣的事例是垄断租金被部分地转移给了投入的供方。例如，如果工会的讨价还价力量能够使它占有一半馅饼，一份为 10 的租金可能被分成给企业所有者 5 和给工人 5。如果这表明了一种从所有者向工人的简单转移（劳动供给没有被再分配改变），垄断利润的“耗散”就不包括社会损失；所标明的利润（等于 5）只是对垄断租金（等于 10）的估计不足。然而，如果劳动供给受再分配影响（例如，如果当前工人通过增加劳动供给响应较高的工资），那么也会产生分配中的某些扭曲。

底线是寻租行为当然要浪费一些垄断利润。垄断利润可能是与垄断相联系的福利损失的一部分，这是一种正确的观点。然而，我们不应该对垄断利润的多大比例应该算作福利损失作出一般结论。只有对寻租博弈的仔细描述才允许我们给出这一比例的数量约数。因为寻租博弈在实践中变化很大，我们不得不逐个事例地分析该问题。

1.4 结束语

垄断力量导致高价格和无谓损失，也可能存在其他较微妙的扭曲，如X-无效率和垄断利润的消耗。(下一章进一步考察与产品选择相关的扭曲。)

虽然定价扭曲相对很好理解，但成本扭曲和寻租行为还没有被经济学家所掌握。在理论上扩展1.2节和1.3节，并发展衡量这些扭曲的经验方法论，是本章提出的两个挑战。

一些缓解因素在一定程度上平衡了垄断力量的这些负面影响。

首先，在递增的规模报酬下，由单一企业生产在技术上较有效。的确，在为产业垄断化的辩护中，最常听到的论点之一就是它避免了固定成本的浪费性重复。Williamson (1968) 对美国法院在《克莱顿反托拉斯法》下拒绝认可对横向合并案例中规模经济的辩护提出疑问。[27]他认为，在对需求弹性的合理假设下，只有少量的固定成本减少必须用于抵消合并案例中价格提高所造成的无谓损失。

其次，如Joseph Schumpeter指出的，垄断是适当规模的研发的一个必要条件。尤其是，创新会要求分配垄断所有权（专利权）。[28]

不考虑垄断的替代（例如竞争、受规制的垄断）以及这些替代可以被培育或阻挠的方式（例如补助、反托拉斯诉讼、规制），我们就无法表述关于垄断功过的观点。支持和反对垄断的各种观点的适用性最终取决于全部安排的相对效率[29]，以及反托拉斯、规制和推进它们的其他政府权威所拥有的信息。和本书的多数章节一样，本章在实证方面（企业在产品市场上怎样运作）比在规范方面（政府怎样纠正扭曲）更令人满足。本章提供的另一个挑战是发展了规范方面。

1.5 补充节：耐用品和对垄断力量的限制

在这一节中，我们考察耐用品垄断者怎样造成了其自身的未来竞争。中心思想是垄断力量能够被这种所培育的竞争侵蚀。我们从有短期寿命商品的事例开始。商品的买者在寿命期末将它废弃，这允许我们忽略买者对未来价格的预期。尽管极端，但这一事例给本主题提供了一个简单且有指导性的引子。在第二个例子中（一个“跨期价格歧视问题”），我们考察一种不贬值的商品，并且我们侧重于消费者预期的作用。这个例子证明了预期降价的消费者怎样限制了他们的购买。

1.5.1 再循环

考察生产被竞争性产业再循环的商品的事例。作为这个事例的一个动因，回顾一下 1945 年美国最高法院关于美铝公司（Alcoa）的著名案例。美铝公司拥有 90% 的初级铝市场。它被认为是一个垄断者，并且被禁止扩大规模（其中法院下令政府在战时建设的铝厂不得卖给美铝公司），这迅速导致了初级铝的更具竞争性的市场。[30]一些经济学家反对法院的决定，理由是早已存在独立于美铝公司的近似的竞争性产业，后者再循环了美铝公司生产的铝。如果把该二级铝市场考虑在内，美铝公司的市场份额只占 64%。实际上，对于一个垄断者来说，美铝公司的要价还是适中的。一些人甚至提出美铝公司的价格接近其边际成本。我们用一个简单模型考察这一争论。[31]

考察标记为 1，2，…，t 的不连续时段。假设在每个时段都有需求函数 $q_t=D(p_t)$。这种需求对应于铝的消费需求（初级或二级）。令 $p_t=P(q_t)$ 为逆需求函数。在 t 阶段消费的铝或者丧失或者被竞争性产业再循环。令 $x_{t+1}\in[0，1]$ 为被再循环的铝的比例。再循环的成本是 $C(x_{t+1})$，其中 C 是递增的凸函数（即再循环技术显示了递减报酬）。而且，假设 $C(0)=0$，$C'(0)=0$，$C(1)=+\infty$（不可能补偿全部投入）。如果 p_{t+1} 是 $t+1$ 阶段的铝价，再循环比例 x_{t+1} 为

$$p_{t+1} = C'(x_{t+1})$$

（竞争性回收产业一直再循环到其边际成本等于铝价。）我们因而可以写出作为 p_{t+1} 的递增函数的 x_{t+1}，即

$$x_{t+1} = x(p_{t+1})$$

评论 我们隐含地假设再循环利润（由于再循环成本函数是凸的，它是正的）归于再循环产业。换句话说，t 期的铝的买方在 $t+1$ 期处理了其用过的铝。这一假设允许我们写出每阶段需求函数 $p_t=P(q_t)$。正如将要看到的，如果消费者能够再利用该商品或者再出售它，则消费者在 t 期的需求就取决于其期望的 $t=1$ 期的价格。关于未来价格的预期一定要进入模型。证明这一假设正确的一个方法是想象一个由大量再循环企业构成的再循环产业，这样在（初级或二级）铝市场上谁也没有威力（即企业是价格接受者）。然而，在其地理区划的投入市场中，每一个企业都具有局部垄断力量。因此，它们能够收取垄断价，以获得报废的铝；如果铝不经过再循环便不能使用，它就被再循环企业免费得到了。因此，再循环企业仅仅在产出水平上是竞争的。

假设初级铝由一个垄断者以不变单位成本 c 生产。t 期的垄断利润是

$$\pi_t = [P(q_t) - c](q_t - x_t q_{t-1})$$

（注意，$q_0 = 0$。）式中，q_t 是铝（新的加上再循环）的总产量；$q_t - x_t q_{t-1}$ 是垄断者提供的新铝。

假设垄断者最大化利润的贴现值为

$$\Pi = \sum_{t=1}^{\infty} \delta^t \pi_t, \text{ 其中 } \delta = \frac{1}{1+r} < 1$$

作为一个练习请读者证明，在稳定状态下（根据定义，数量和价格不随时间而改变），有

$$(p-c)(1-\delta x - x'P'q) = -P'(1-x)q \tag{1.7}$$

进一步假设二阶条件也是被满足的。

由于 $x' > 0$，$P' < 0$，等式（1.7）表明 $p > c$。实际上，只有当再循环比例接近于1时，铝的长期价格才能接近于竞争性价格。这不像是美铝公司案例中的情况（另外，我们必须考虑到在考察期内，需求大大递增，所以，即使 x 曾经是高的，美铝公司的市场份额也可以保持）。

令

$$\varepsilon = -\frac{D'p}{D} = -\frac{P}{P'q}$$

为需求弹性。等式（1.7）可以改写成

$$\frac{p-c}{p} = \frac{1}{\varepsilon}\left(\frac{1-x}{1-\delta x - x'P'q}\right)$$

因为

$$\delta < 1, \ x < 1, \ x' > 0, \ P' < 0, \ (p-c) > 0$$

所以

$$\frac{p-c}{p} < \frac{1}{\varepsilon}$$

因而，在这种情况下，相对利润边际（勒纳指数）低于垄断者在没有再循环的产业（$1/\varepsilon$）中所选择的相对利润边际。实际上，从长期看，消费者从再循环的存在中得到利益。下面几点也可以得到证明：

● 再循环技术的改进减少了垄断租金。[32] 的确，当再循环技术十分无效时，几乎没有铝被再循环，垄断者在每一阶段都意识到其稳固的垄断利润。

● 如果说消费者从长期存在的再循环中受益，他们在其第一次引入时则受到了损失。假设直到时期 2 仍没有再循环。根据在时期 2 是否有再循环产业产生，比较时期 1 的市场价格。如果垄断者预料到未来再循环的存在，它就相对于静态最优［由 $(p-c)/p = 1/\varepsilon$ 给出］降低它的产出，这样它不会“培育”未来竞争。因此，对

消费者来说，时期 1 的价格较高。从长期看，再循环增加了产品的供给，并且（尽管最初的垄断产出降低了）价格下降了。

● 铝市场的增长提高了垄断者的利润率。（这里，我们假设市场是稳定的。）基本思想是，在市场增长过程中，再循环的铝——它取决于较低的过去需求而不是较高的当前需求——获得了较低的市场份额。

对原材料再循环技术的分解分析，以及对再循环本身和纵向一体化效果的研究，见 Martin（1982）。

1.5.2 耐用品和跨期价格歧视

现在假设消费者能够在若干阶段享受某一耐用品。消费者现在愿意购买该商品时的价格就取决于他们将来能够购买它时的价格预期，因为现在的购买是未来购买的一种（不完全的）替代。我们首先建立一个能够说明主要观点的简单的两阶段模型。我们证明，只要可行，耐用品的生产者偏好出租而不是出售它。然后我们考察跨期价格歧视的一般问题及其最极端形式——所谓的科斯猜想。这个猜想（现在是结论）断言，当其价格调整的间隙收敛为零时，一个无限耐用品的生产者损失了其全部垄断力量。正如我们将要看到的，这一结论一定要由下面的事实限定，即在许多情况下，垄断者能够夺回其某些垄断力量。我们然后考察跨期价格歧视对垄断者选择商品的耐用性的意义。

1.5.2.1 出租与出售

当一种商品（例如计算机或复印机）为耐用品时，它的生产者就有出租或出售的选择权。[33]我们这里要考察的观点是，耐用品的垄断生产者宁可出租以避免与出售相关联的跨期可信任问题。有两个时期：$t=1$，2。在时期 1 生产和使用的商品能在时期 2 再次使用，而没有贬值。为了简化，假设在时期 2 以后，该商品变得过时（被新产品取代），这样就没有对它的需求了。模型和观点很容易一般化到没有变得过时的情况。为了简化计算，假设生产该商品的成本为零，所以垄断者在各时期可以愿意生产多少就生产多少，而不产生任何成本。垄断者和消费者有贴现因子 $\delta=1/(1+r)$，其中 r 是利率。对这种商品在每一时期的消费（利用）需求是 $D(p)=1-p$。

垄断者有两种选择权：(1) 在每一时期出租商品；(2) 在每一时期出售商品。在后一情况下，存在再销售市场，第一期购买的商品在第二期可以再易手。在每一时期，商品的拥有者如果愿意，可以出租给其他消费者。

比较以下两种选择：

(1) 假设垄断者决定出租。它在每一时期 t 的价格最大化 $p_tD(p_t)$。垄断者要价 $p_1=p_2=1/2$。这样它在时期 1 生产 $q_1=1/2$，在时期 2 生产 $q_2=0$（由于没有损耗）。它的跨期利润的贴现值是

$$\Pi^l = \frac{1}{4} + \frac{1}{4}\delta = \frac{1}{4}(1+\delta)$$

(2) 假设垄断者决定出售。时期 1 出售的数量在时期 2 的市场上被“再提供”。[34] 在时期 1 已经出售了数量 q_1，垄断者在时期 2 选择出售数量 q_2（最大化它的利润）。伴随价格 p_2 是指所提供的总数量（q_1+q_2）等于所需要的总数量，即 $p_2=1-q_1-q_2$。因此，为了最大化其利润，垄断者选择 q_2 以求解

$$\max_{q_2} q_2(1-q_1-q_2)$$

从中，我们确定 $q_2=(1-q_1)/2$。时期 2 的利润就是 $(1-q_1)^2/4$。

现在我们考察第一期。耐用品买方愿意支付的价格（不管是自己使用还是出租）取决于其对时期 2 市场价格的预期。令 p_2^a 为该预期价格。消费者愿意支付 $(1-q_1)+\delta p_2^a$，因为当前出租价格是 $1-q_1$。因此，我们有

$$p_1 = (1-q_1)+\delta p_2^a$$

为了完成这个模型，我们假设消费者正确预期到时期 2 的要价：$p_2^a=p_2$。从中已知 q_1，他们希望生产者在时期 2 提供 $q_2=(1-q_1)/2$，相应的价格为

$$p_2 = 1-q_1-\left(\frac{1-q_1}{2}\right)=\frac{1-q_1}{2}$$

因此，我们得出

$$p_1 = (1-q_1)+\delta\left(\frac{1-q_1}{2}\right)=(1-q_1)\left(1+\frac{\delta}{2}\right)$$

特别要注意，在价格为 p_1 时的需求数量低于垄断者承诺自己在时期 2 不生产时的情况［在这种情况下，$p_1=(1-q_1)(1+\delta)$］。还要注意第一期价格一定超过第二期价格。这样垄断者选择 q_1 以最大化

$$\Pi^s = \max_{q_1}\left[q_1(1-q_1)\left(1+\frac{\delta}{2}\right)+\delta\frac{(1-q_1)^2}{4}\right]$$

留给读者核实

$$q_1 = 2/(4+\delta)$$

$$p_1 = \frac{(2+\delta)^2}{2(4+\delta)} < \frac{1+\delta}{2}$$

以及更重要的 $\Pi^s<\Pi^l$。由于这一最后的不等式，垄断者偏好出租。[35]

1.5.2.2 科斯问题

为什么出售给垄断者带来了问题？原因是当知道垄断者在时期 2 会“使市场泛滥”时，消费者（或投资者）就不会准备在时期 1 支付高价格。（同样地，垄断者会通过引入新款式使时期 1 被购买的商品过时。）为了简化，考察由有单位需求的

连续消费者构成的线性需求曲线，其中每个人每单位的支付意愿在［0，1］区间。假设垄断者在第一期收取垄断价（$1+\delta$)/2，所有支付意愿在 1/2 以上的消费者天真地购买了。在第二期，垄断者面对着来自一些消费者的剩余需求 $D(p)=1/2-p$，这些消费者的支付意愿小于 1/2。这诱使垄断者降低其价格（在此降到 1/4)。因此，回过头看，一些支付意愿接近 1/2 的消费者将要在第一期抑制购买。例如，一个支付意愿等于 $1/2+\varepsilon$ 的消费者（其中 ε 很小且为正），如果他天真地购买，他将享用到$\varepsilon(1+\delta)$的剩余；如果他等待，剩余为 $\delta(1/4+\varepsilon)>\varepsilon(1+\delta)$。因此，对将来价格调整的预期改变了现在垄断者的需求曲线。面对完全预见下的需求低于天真预期下需求的情况，垄断者被迫降低第一期的价格。这里我们有跨期价格歧视现象。在均衡条件下，只有高估价消费者在第一期以高价购买；他们对商品的高剩余导致他们去购买，而不是等待低价格。有中等估价的消费者在第二期以低价购买。那些有低估价的根本不去购买。

垄断者受到消费者认为的它会使市场泛滥的理性信念的损害。这一问题在下面的情形下采取了一种极端的形式：假设垄断者和消费者无限期地活着，商品无限期地耐用。消费者有单位需求。每个消费者现在的估价代表了从购买日起，该商品带来的服务的贴现值。假设消费者的估价依据某一平滑的密度函数在 $[c, +\infty)$ 上分布，其中 c 是该商品的单位生产成本。（可以很容易地证明，由于垄断者绝不会收取低于 c 的价格，估价低于 c 的消费者是不相关的。）令 $\delta=e^{-r\Delta}$，其中 r 为利率，Δ 为价格调整之间的时长。科斯猜想（Coase，1972）的特殊需求函数和均衡情况由 Bulow（1982）和 Stokey（1981）证明，其较一般的需求结构由 Gul，Sonnenschein 和 Wilson（1986）证明。[36]根据该猜想，当 Δ 趋近于零时，跨期利润趋近于零。换句话说，一个很快改变其价格的垄断者（像被期待的那样）完全丧失了它的垄断力量。在均衡情况下，消费者期望它在任何未来时刻的要价都接近竞争性价格 c，而且由于他们能够等待下一次提供而无须很多延迟成本，他们不会被引导去接受较高的价格。因此，垄断者以要价接近竞争性价格而告终，这证明了消费者信念的正确。

本章补充节给出了科斯猜想的启发性证明；习题 1.8 探讨了一种简单情况下的推理机制。

习题 1.8***[37]：垄断者和消费者都是无限期地活着的。单位生产成本为 0。消费者的估价 v 均匀地分布在 $[0, 1/(1-\delta)]$ 上（这相当于说每期估价均匀地分布在［0，1］上)。估价为 v 的消费者有效用 $\delta^t(v-p_t)$，如果他在时间 t 以价格 p_t 购买，其中 δ 为贴现因子。垄断者的跨期利润是

$$\sum_{t=1}^{\infty}\delta^t p_t q_t$$

式中，q_t 是在时间 t 销售的数量（进行购买的消费者数量）。找出线性的和稳态均

衡：当某一时间面对价格 p 时，任何估价超过 $w(p)=\lambda p$ 的消费者将购买，估价较低的消费者不会购买，其中 $\lambda>1$。反过来，如果在某一时间估价超过 v 的消费者购买了，而其他消费者没有购买，垄断者要价 $p(v)=\mu v$，其中 $\mu<1$。

（1）计算当只有估价低于 v 的消费者还在，垄断者要价 p_t，p_{t+1}，…，以及消费者遵从他们的线性规划时，垄断者从时期 t 开始的跨期支付。

（2）证明垄断者对 p_t 的最优化导致了一种线性规划，其中 λ 作为 μ 的函数由下式（隐含地）给出

$$1-2\lambda\mu+\delta\lambda^2\mu^2=0$$

（3）写出消费者 $\omega(p)'$ 的无差异方程，以得出

$$(\lambda-1)=\delta\lambda(1-\mu)$$

（4）推断当 δ 趋近于 1 时，垄断者的利润趋近于 0。

1.5.2.3 回避科斯问题

在科斯猜想中，信用问题导致耐用品垄断者的利润为零。尽管这是一个很严重的问题（对于垄断者，而不是消费者而言），但耐用品垄断者在实践中获得利润仍然有许多原因。我们现在来考察这些原因。

正如我们已经看到的，出租（或租入）允许垄断者避开科斯问题。直观地讲，商品被隐含地还给了制造商。当使市场泛滥时，制造商给自己商品的价格，而不是消费者所拥有的数量（像在销售中的情况）施加了压力。垄断者因而认识到各个阶段的垄断利润是不变的。在这方面有趣的是，美国政府已经要求某些产业（计算机、复印机及制鞋机）中的占支配地位的企业要出售而不是出租。

然而，出租也会产生一些模型中没有包括进来的严重风险。如果消费者的消费方式（维修、护理等）是重要的，垄断者必须能够在每一时期末监督商品的准确状况。然而，这种监督技术会非常昂贵，并且出租会失去其功效。这是汽车通常更多的是出售而不是出租的一个原因。

当消费者不匿名（且匿名不能通过消费者之间转移商品得到恢复）时，出租会面临其他风险。这样，在某一给定时期内，垄断者可以根据其过去的消费在消费者之间实行歧视。过去租赁过的消费者发出了对该商品高支付意愿的信号，因此应该被收取高出租价格。在顾客和卖方之间关系的早期，这减少了对商品的可观的需求。的确，可以看到，在没有消费者匿名时，垄断者在出租时比在出售时做得更差：$\tilde{\Pi}^l<\Pi^s$（其中销售利润 Π^s 不受消费者是否匿名的影响，因为商品一旦售出，歧视便不再起作用了）。[38] 在这种情况下，看来卖方至少会有积极性模仿销售契约，以保证的价格提供长期出租。这会保护消费者免受将来根据其当前消费的价格歧视，并且会增加当前需求。在这方面，Hart 和 Tirole（1987）证明，如果双方能够签订一个长期契约（如果其中一方想要它被实施，它就会被实施，但是如果双方发

现实施不好，可以再谈判）[39]，有长期出租契约的市场组织与没有承诺出售耐用品的市场组织是一样的。一切都似乎等同于把商品卖给了顾客。价格和消费动态学与在“出租与出售”和“科斯问题”中描述的一样，垄断者的利润等于 Π^s。

现在假设出租是不可能的（由于消费者方面的道德风险）。我们将看到在许多条件下，垄断者能够至少部分地避免科斯问题。

首先注意垄断者能够像在出租中一样得到同样的（最优）利润，如果它能够在时期 1 可信地承诺一个序列价格。假设在我们的两期例子中，它宣布 $p_1=(1+\delta)/2$，$p_2\geqslant 1/2$，即它在第一期报以跨期垄断价格，并向自己保证第二期不降价格。购买的数量是 $q_1=1/2$ 和 $q_2=0$，且消费者在第一期的支付意愿为 $(1+\delta)/2$。因此，垄断利润是

$$p_1q_1=(1+\delta)/4=\Pi^l$$

以前分析的重要教训是，承诺一定要可信。在第二期，垄断者面对的剩余需求是 $q_2=1/2-p_2$。因此，和前面一样，垄断者会事后希望把价格降到 1/2 以下。但是，如果这可能，消费者会在第一期抑制购买。因此，垄断者事前实际上已被它的事后灵活性所损害。这一结论实际上很有普遍意义：一个经济代理人在他作出自我承诺时，总能做得和他不承诺时一样好。这是因为，在承诺下，他总可以重复他在不承诺时所做的。例如，在这种情况下，他可以宣布在不承诺时可流行的两种价格。消费者的行为将是不受影响的，因为我们假设在不承诺时，他们有理性预期。这个简单的矛盾——人们通常通过进行自我约束得到——是产业经济学中的一种重要现象。我们还会再碰到它，见第 8 章。

评论 在最优承诺价格方式中，价格随时间下降是我们人为的假设，即商品在两期后变得没用了。实际上，我们可以看到每期使用的价格（其中第二期是贴现的）是不变的且等于静态（每期）垄断价格。这一结论是很一般的。习题 1.9 就永不会变得无用的商品，说明了这一结论。

习题 1.9***：考虑习题 1.8 的框架（无限活着的消费者和垄断者，以及无限耐用品）。与习题 1.8 相对，假设垄断者承诺价格顺序为 $(p_1, p_2, p_3, \cdots)$。

（1）证明在寻找最优价格政策时，垄断者使自己约束于价格序列 $p_1\geqslant p_2\geqslant p_3\geqslant\cdots$。

（2）建立垄断者最优化问题，得出一阶条件。

（3）证明最优序列是 $p_1=p_2=p_3=\cdots=p^m=1/2(1-\delta)$。

实践中，垄断者有几种方法作出承诺：

● 一种不常见的可能是，垄断者在与第三方（“仲裁者”）立的契据中押下足够数量的钱，其条款是，如果将来它生产超过指定的数量，或者要价低于指定的价格，它就把这些钱输给第三方。[40]

● 当生产者和消费者的关系长期存在时，垄断者的声誉可以考虑在内。例如，

钻石垄断者 De Beers，就有拒绝允许价格下落的声誉。

● 为了承诺未来不增加商品存货，垄断者会在现在生产后摧毁其工厂（如果垄断者不能够以较少的费用再建一个）。例如一个艺术家毁坏了用于制作版画的模型。（另一个策略是给版画编号并指出制作的总数。）

● 在一种不太极端的办法中，递增的边际生产成本（递减的规模报酬）防止了垄断者过快地使市场泛滥（Kahn，1986）；因而，递增的成本允许垄断者承诺不以科斯方式削价。[41]

如果垄断者让商品的价格下跌，它能够提供一种货币返回保证（money-back guarantee，有时被称为“无歧视待遇”条款）。在上面的模型中，它可以在第一期要价 $p_1=(1+\delta)p^m$（其中 $p^m=1/2$）并承诺如果第二期价格 p_2 落到 p^m 以下，向它的第一期顾客赔偿 p^m-p_2。正式地，消费者似乎支付了以下价格：

$$(1+\delta)p^m-\delta(p^m-p_2)=p^m+\delta p_2$$

即好像他们在第一期被收取单期垄断价格，在第二期被收取价格 p_2。因此，垄断者在第二期有积极性要价 $p_2=p^m$，即如果商品完全耐用，在第二期就不生产。因此，垄断者实际上能够承诺不降低市场价格，这因而能够实现垄断利润。这一结论的直觉是，垄断者将赔偿消费者由它的第二期机会主义行为相对于允诺的（保证的）行为所造成的任何资本损失。因此，完全内部化了消费者对价格下降的关心。

这种价格保护可能很难实施或实施起来成本很高。卖方一定不能给予秘密的价格回扣。（1963 年 5 月，通用电气宣布，如果它降低其涡轮发动机的价格，它将反过来对在过去 6 个月里购买过该产品的顾客就这一降低进行补偿，它还雇用了会计师事务所对它的对于任何顾客要求的价格保护制度进行监督。）而且，卖方一定不能影响质量。因此，价格保护政策在商品是为特定顾客制作的产业中很难实现。在这种产业中，削价可以掩盖在质量改进中，即允许价格保护的商品必须是详细说明的和标准化的商品。[42]

● 耐用品垄断者会有一种留在该市场中的机会成本。假设出于某种原因[43]，垄断者在供应期生产该商品（即在 0 期不能生产任何东西），及每一期的生产都包括独立于生产规模的固定成本。（反过来，我们可以想到固定营销成本，或者机会成本，即如果企业转而制造另一种商品能够实现的利润。）垄断者继续生产该商品，只要与此相联系的利润超过固定成本。这意味着，科斯推理失败了：如果被购买的价格或数量趋近于零，垄断者将退出市场。这反过来在该商品从市场上消失以前，给要购买的买方带来了压力。[44]

● 买方不会被告知耐用品垄断者的准确的边际生产成本。甚至在科斯猜想条件下，这也允许垄断者有低生产成本时，能够实现一些利润——它总能够重复有高生产成本时会使用的定价策略，并至少在卖出的商品上赚取相应的成本节省。

Vincent（1986）和 Evans（1987）分析了这方面的一种有趣的可能性，即生产者会通过延迟来传递质量信号。更准确一点，假设生产者或者是高质量生产者，或者是低质量生产者。买方评价质量，但是买方在购买前不知道质量高低。高质量卖方比低质量卖方面对着较高的边际生产成本，这意味着低质量卖方对销售较无耐心(在任何给定价格下，其利润较高)。这表明在均衡下，高质量商品的卖方为了“说明”自己是一个高质量卖方，延迟了交易。Vincent 和 Evans 证实了这一直觉，指出甚至对迅速的价格提供，也会产生不可忽略的延迟。(读者在学习了第 2 章 Akerlof 的柠檬模型后，会发现这一结论很容易理解。[45])

● 最后，可能会有新顾客不断流入。每时每刻的新顾客的流入抬高了需求曲线（由顾客数量规定)，因为等待较长时间购买的顾客是有着最低估价的人们。因此，“平均地”，市场中的老顾客（他们围在那里，但是还没有购买）比新顾客有较低的估价。在某种意义上说，新顾客的存在削弱了垄断者削价的倾向。Conlisk，Gerstner 和 Sobel（1984）指出，新顾客的不断流入导致了“价格循环”；垄断者一次次地提供迎合现有的低估价买方的销售。在若干期，它要高价以榨取高估价买方的剩余，直到未得到服务的样本中的低估价买方比例变得非常高，以至于它不能再拒绝以低价卖给这些顾客。这种销售一时减少了潜在顾客中的低估价买方的比例，然后垄断者再次开始要高价。[46]

缓和科斯结论的许多因素中的哪一个在实践中起了作用取决于所考察的产业。然而，一般地说，上面的分析意味着，尽管跨期定价行为的可信性是耐用品垄断者面临的一个严峻问题，但我们可以不必预期它会迫使其收取竞争性价格并得不到利润。

1.5.2.4 垄断和计划废弃

从前面的讨论中，我们可以很容易得出计划废弃理论。假设商品的耐用性现在变成了垄断者的一个决策变量，消费者被告知了商品的耐用性。

假设垄断者能够承诺序列价格，或者（相应地）它能够出租商品。出租变通实际上可以直接引出垄断者的最优耐用性。在这种变通上，垄断者在每一时刻都是耐用品库存的所有者。对于任何计划，它系统地提出了耐用品库存的跨期释放，它有积极性选择耐用性，以使跨期生产成本最小化。因此，根据这一计划，垄断者选择了社会的最优耐用性。在这个意义上，不存在“计划废弃”；垄断者不生产有着不经济短期寿命，使顾客不得不进行重复购买的商品。因此，我们在我们的条件下得到了斯旺的最优耐用性结论［见 Swan（1972）和第 2 章关于耐用性的讨论］。

在销售（无承诺）情形下，情况戏剧性地改变了。这时，通过降低耐用性，垄断者减少了传留给下一期的商品数量，增加了下一期的剩余需求。因而，降低耐用性是承诺未来不降价的一种途径，这诱使消费者现在购买。（当垄断者能够直接承诺时，这种作用是间接的。因此，扭曲耐用性的决策就没有意义。）我们看到垄断者有积极性选择低于使其跨期生产成本最小化的耐用性，即计划废弃。一种典型的

“废弃计划垄断者”是时常引入修订版本的出版商。这样做消灭了二手（旧书）市场，因而相当于生产了一种低耐用性商品。（与我们的模型稍有不同的是，该商品的耐用性在购买时是被预期到的，而不是被观察到的。）

下面的习题［Bulow（1986）］使这些思想稍规范了一些。[47]

习题 1.10****：**考察前面的两期模型（其中商品在两期后被废弃）。引入第一期为 $c_1(x)$、第二期为 c_2 的不变的单位生产成本。x 是第一期商品在第二期仍然可用的概率。因此，如果 q_1 为第一期的产量，xq_1 就是第二期垄断者进一步生产前的耐用品的数量。［假设 $c_1'>0$，$c_1''>0$；$c_1'(0)$ “小”；$c_1'(1)$ “大”，以便得到有意义的解。］

（1）证明如果垄断者能够承诺，它就选择成本最小化耐用性；$c_1'(x)=\delta c_2$。

（2）证明如果垄断者不能承诺，耐用性是次优的：

$$c_1'(x)=\delta\left(c_2+\frac{\partial p_2(xq_1)}{\partial(xq_1)}xq_1\right)<\delta c_2$$

式中，$p_2(xq_1)$ 为给定的剩余需求等于需求减去当前库存（xq_1）时，垄断者选择的第二期价格。请解释。

这样，耐用性的选择在缺乏承诺时是有倾向的。另一种技术性选择中的倾向也是由 Bulow 提出的，涉及投资。例如，假设耐用品垄断者在现在不投资且面对所有未来阶段的高边际成本与投资以面对较低的边际成本之间进行选择。垄断者在没有承诺时不会选择投资，而如果它承诺了，它会投资。选择高边际成本的技术以便不使将来的市场泛滥的某种承诺成为可能，并且因此可以获利。

附录 科斯猜想的一个提示性证明

下面的科斯猜想的提示性证明是给有条件的读者准备的，它受到 Wilson（1985）的启迪。

考察无限时界 $t=1, 2, \cdots$。可以很容易看到，对于任何垄断者的要价序列 $\{p_1, \cdots, p_{t-1}\}$，卖方在 t 期开始时的后验信念是在 $[0, b_t]$ 区间估价为 b 的买方还没有购买商品而在 $(b_t, +\infty)$ 区间估价为 b 的买方已经以某一 b_t 购买时的信念。垄断者的后验信念一定要与它的截断的先验信念相一致（这是从高估价买方较为有耐心地购买的事实中得出的）。根据 Gul 等（1986），假设买方遵从一种简单的“稳态”策略。当在 t 期要价 p_t 时，估价超过 $\beta(p_t)$ 的买方购买，而估价低于 $\beta(p_t)$ 的买方不购买，其中 $\beta(\cdot)$ 是递增函数且对所有的 $p_t>0$，$\beta(p_t)>p_t$。［Ausubel 和 Deneckere（1986）证明了这一稳态假设的重要性。］为了简化标记，令 $c=0$ 代表垄断者的边际成本，令 $F(b)$ 代表在 $[0, +\infty)$ 的买方估价的积累分布［对 $b>0$，有 $F(0)=0$，$F(b)>0$，以及 $F(+\infty)=1$］。最后，$\delta=\exp(-r\Delta)$ 代表贴现因子，其中，Δ 是时期之间的实际时长。我们将对 Δ 趋近于 0 时所发生的事情感兴趣。

由于买方策略的稳定性，垄断者自给定时期 t 开始的利润的贴现值仅仅取决于剩余买方的分布，这是由“分割点” b_t 概括的。令 $V(b_t)$ 代表这一贴现利润。注意，$V(\cdot)$ 为非递增函数且令 $F_t \equiv F(b_t)$ 代表在时期 t 前还没有购买的买方比例。

固定实际时间 $\varepsilon>0$，令 Δ 收敛到 0。对任意 $\eta>0$，存在着一个充分小的 Δ 和 t［这样 $(t+2)\Delta<\varepsilon$］，满足

$$F_t - F_{t+2} \equiv F(b_t) - F(b_{t+2}) < \eta \tag{A1}$$

即由于 $0\sim\varepsilon$ 之间的时期数趋近于无穷，我们总能发现两个连续的时期，使得在这些时期销售的总数是由给定数值限定的。

科斯的直觉是，如果从实际时间 ε 起的利润 $V(b_{\varepsilon/\Delta})$ 是不可忽略的，垄断者就会有积极性通过快一点削价加速此过程。例如，在时期 t 和 $t+2$ 之间，它没有卖出很多，它也没有从歧视中获利很多，因为这两个时期之间的实际时间很短（从而在这两个时期之间，价格没有下降很多；否则买方会等待，并且在这两个时期之间没有人会购买）。因此，在一定意义上说，来自歧视的收益是二阶的，而通过在时期 t 作出它计划在时期 $t+1$ 的提供，垄断者会通过一个阶段加速此过程，并且获得一阶收益（对 Δ），如果 $V(b_{\varepsilon/\Delta})$ 不是很小。为了形式化这一直觉，我们写出在垄断者宁可在时期 t 要价 p_t，在时期 $t+1$ 要价 p_{t+1}，而不是直接在时期 t 要价 p_{t+1} 情况下的条件：

$$p_t(F_t - F_{t+1}) + \delta p_{t+1}(F_{t+1} - F_{t+2}) + \delta^2 V(b_{t+2}) \geqslant p_{t+1}(F_t - F_{t+2}) + \delta V(b_{t+2}) \tag{A2}$$

这等价于

$$(p_t - p_{t+1})F_t - (p_t - \delta p_{t+1})F_{t+1} + (1-\delta)p_{t+1}F_{t+2} \geqslant \delta(1-\delta)V(b_{t+2}) \tag{A3}$$

根据 b_{t+1} 的定义，估价 b_{t+1} 的买方在接受 p_t 和接受 p_{t+1} 之间是无差异的，因此，

$$b_{t+1} - p_t = \delta(b_{t+1} - p_{t+1}) \tag{A4}$$

这意味着

$$p_t - \delta p_{t+1} = (1-\delta)b_{t+1} \tag{A5}$$

和

$$p_t - p_{t+1} = (1-\delta)(b_{t+1} - p_{t+1}) \tag{A6}$$

将等式（A5）和等式（A6）代入等式（A2），并用 $(1-\delta)$ 除，我们得到

$$(b_{t+1} - p_{t+1})F_t - b_{t+1}F_{t+1} + p_{t+1}F_{t+2} \geqslant \delta V(b_{t+2}) \tag{A7}$$

即

$$b_{t+1}(F_t - F_{t+1}) - p_{t+1}(F_t - F_{t+2}) \geqslant \delta V(b_{t+2}) \tag{A8}$$

但是 $t+2 \leqslant \varepsilon/\Delta$ 意味着 $b_{t+2} > b_{\varepsilon/\Delta}$，因此 $V(b_{t+2}) \geqslant V(b_{\varepsilon/\Delta})$。另外，$F_{t+1} \geqslant F_{t+2}$。因此，等式（A8）变成

$$(b_{t+1} - p_{t+1})(F_t - F_{t+2}) \geqslant \delta V(b_{\varepsilon/\Delta}) \tag{A9}$$

这意味着通过选择充分小的 η，我们能够使卖方自实际时间起的贴现利润值任意小。因此得出，我们能够通过选择足够小的 Δ，使自任何时间（包括趋近于 0 的时间）起的利润的贴现值任意小。对科斯猜想的证明的结尾就是常规的了。仅当价格趋近于 0（更一般地，趋近于边际成本）时，利润能够变成 0。所有交易都发生在“眨眼之间”。[48]

注释

［1］见导言。

［2］见导言。

［3］这种证明的风格类似于论述激励的文献。尽管与产业组织理论中的方法不太相近，本书中还会偶尔用到它。

由于利润函数的非凹性，垄断价格可能不是唯一的。因而这是一种对应，而不是函数。因此，结果说明，成本函数 $C_2(\cdot)$ 的任何最优价格都（弱）大于成本函数 $C_1(\cdot)$ 的任何最优价格。

［4］这一标准忽略了收入分配问题，见导言。

［5］具体说，Harberger 假设单位需求弹性产生了低估福利损失的偏见。而且，Bergson（1973）指出 Harberger 的局部均衡方法能够成为任何一方偏见的主要根源。Harberger 方法的另一个缺陷是把竞争性利润率与包括了垄断利润的平均（跨部门）利润率等同起来。

［6］“包络定理”支持这一点。用 Π 代表垄断者的利润，运用一阶条件，$d\Pi/dt=(p-C')D'=-D$。

［7］当然，垄断者自己也可能不知道准确的成本结构。然而问题的关键恰好在于垄断者有关于技术的私人信息。

［8］对技术的不完全信息下的最优价格规制分析，见 Baron 和 Myerson（1982）及 Sappington（1982）关于单一产品垄断者，以及 Sappington（1983）关于多种产品垄断者的前沿性论文。对技术的不完全信息下和道德风险下最优价格和成本的分析，见 Laffont 和 Tirole（1986）。对这一系列研究和更深入的题目（事前和事后竞争，动态学，等等）的综述，见 Baron（1986），Besanko 和 Sappington（1987），Caillaud 等（1988），以及 Sappington 和 Stiglitz（1987）。

［9］如果目标函数是非凹的，通过补贴政策获得社会最优仍是比较困难的。［垄断者的反应函数——在所施加的税 t 基础上的价格 p 的决定——是不连续的。见 Guesnerie 和 Laffont（1978）对这一点的讨论。］

［10］见 Ramsey（1927）和 Robinson（1933）。这一成果要归功于 Robinson；与 Ramsey 贡献的联系是后来的事。传统的 Ramsey 背景是目标为社会福利最大化而不是利润最大化的多种产品企业。Boiteux（1956）建构了一种一般均衡模型，其中的社会计划者对一些公共企业有权威，它在这些企业获得非负利润的约束条件下，使某一社会福利函数最大化。该 Ramsey 一般公式当

然依赖于需求的交叉弹性和供给弹性。关于这一题目，还可以见 Baumol 和 Bradford (1970)，Sheshinski (1986)，以及 Brown 和 Sibley (1986)。

这些模型没有包括任何对公共部门的预算约束的内生性解释。

[11] "简化型"需求函数不是十分令人满意。商誉的理性基础一定要基于对消费者行为的分析，见第 2 章。

1

聪明的读者会注意到时期 1 中的需求曲线的形式含蓄地假设，垄断者相继地选择两种价格，即在时期 1 没有对 p_2 作出承诺。否则，对于生活在两个时期的理性消费者，在时期 1 宣布较低的 p_2 会鼓励消费者试用该商品，因为如果他们喜欢该商品，他们将享受一份较多的剩余。在这种情况下，D_1 随着 p_2 的上升而下降。

读者也会感觉到称 $D_1(p_1)$ 为"第一阶段需求函数"有一点误导，因为理性消费者在第一阶段决定是否购买时，要考虑重复购买的可能性。在现阶段对这一模型的最佳认识方式可能是：我们可以想象在两个阶段有两组不同的消费者。商誉的作用根源于两批人之间的口头交流。第一阶段的消费者越多，了解产品的特性或存在的第二阶段的消费者就越多。

[12] 由生产不同商品的企业从同一能力中作出的最优定价，是 Boiteux (1949) 最先研究的。

[13] 对这种现象的最早的理论分析之一是 Arrow (1961)。

[14] 干中学在一定意义上也可以视为动态规模报酬递增的一种形式 [见 Scherer (1980)]。具体地说，如果瞬间的成本显示了不变的规模报酬，就很容易看到干中学下不可能存在竞争性均衡 [见 Fudenberg 和 Tirole (1983)]。关于凸性瞬时生产成本的存在定理，见 Rasmussen (1986)。

[15] 本习题取材于 Fudenberg 和 Tirole (1983)。

[16] 如果有引导垄断者离开该市场的"外部机会"或者固定的生产成本或营销成本，这种情况就会发生。

[17] 为了使消费者接受，v 必须满足 $v-4\geqslant\delta(v-2)$ 或 $v\geqslant(4-2\delta)/(1-\delta)$。如果贴现因子不是太接近于 1，即如果消费者没有耐性，这样的 v 就会存在。

[18] 为了侧重于学习方面，这些论文常常抽象掉本章提到的其他跨期定价研究（消费者对耐用品的跨期替代、存货、商誉、干中学）。

[19] 还请见 Schutte (1983) 中对 Blinder 的讨论。

[20] 关于这一题目的其他参考文献，见 Phlips (1980, 1983)，Amihud 和 Mendelson (1983)。

[21] 这些观点还意味着公共部门会比私人部门更无效，同时，也不会引入任何不必要的无效。原因是许多国家公共部门包括很多"自然垄断"的产业。因为存在巨大的固定成本，产业不是竞争的，并且是国有的或规制的（例如，铁路、邮政服务、电力公司、通信产业）。因此，公共部门在产品市场力量方面构成了一个有偏的样本。然而，公共部门本身不一定更无效，因为它的许多企业即使是私人的，也一定会存在 X-无效率。

[22] 进一步的假设是，用来获得租金的投入不会被哄抬起来（它们的供给是完全弹性的）。下面要探讨的它们会被哄抬起来的一个例子是，为了从政府官员那里得到一种受规制的垄断地位而竞争的企业的事例。这样，租金不是被耗散，而是被转移到政府官员那里（在极端情况下是通过行贿）。但是，像 Krueger (1974) 指出的，成为负责分配这些租金的政府官员会在该阶段导致寻租行为。关于寻租行为的创新性文献是 Tullock (1967)。可以从 Varian (1987) 中发现有价值的探讨。

[23] 见本书第 10 章对专利竞赛的讨论。

[24] 关于在位优势和 Posner 方法，见 Rogerson (1982)。

[25] 见第 8 章中对先占权博弈的讨论。

[26] 这里的分析是非常模糊的。所需要的是贿赂活动在其中有影响的均衡模型。不完全信息

应该是建构这种模型的关键，模型将解释为什么产生贿赂（通风报信、与决策者合谋，等等），以及贿赂支出是不是社会浪费。

［27］然而注意，规模经济在当前司法部指南的案例中被考虑到了。

［28］我们将在第 10 章回到这一讨论。

［29］例如，第 6 章主要涉及定价扭曲是否被竞争所消除的问题。

［30］最高法院实际上并没有听证美铝公司案。太多法官卷入了冲突——由于此案花了如此长的时间通过法院系统，因此大多数法官在此案进行过程中都曾服务于司法部。为了最后了结此案，专门成立了一个三人合议庭。

［31］下面的讨论基于 Martin（1982）。也见 Gaskins（1974）和 Swan（1980）。

［32］如果生产成本 c 很高且消费者能够获得与再循环有关的租金的实质部分（与上面所作的假设相对照），则垄断者会从再循环技术的改进中受益。再循环因而使该商品更有吸引力。然而，见下面对跨期价格歧视的讨论。

［33］在某些情况下，出租选择权吸引力较小，或者根本不适用。例如，由于道德风险（消费者对小汽车不爱护）和潜在的逆向选择问题（市场倾向于吸引不细心的司机），小汽车的出租市场相对于出售市场来说相当小。

［34］说商品被再提供并不意味着必须易手。当市场价格超过自己赋予该商品的价值时，时期 1 的商品的消费者和拥有者就准备在时期 2 将它出租给另一个消费者。

［35］这一结果依赖于不存在进入威胁。Bucovetsky 和 Chilton（1986）以及 Bulow（1986）指出，如果垄断者想阻止竞争者进入，它会出售一些。出售减少了对新加入者的潜在需求，而出租在有进入的情况下不能保证消费者与在位企业站在一起。这一观点与第 4 章补充节讨论的市场排斥问题有些联系。

［36］也见习题 1.8［由 Sobel 和 Takahashi（1983）对指数需求曲线的处理引出］。见 Fudenberg 等（1985）关于买方估价被限制远离垄断者的生产成本时，对科斯猜想的推导（在这种情况下，科斯猜想指出，垄断者以接近买方的最低估价的价格销售）。Gul 等（1986）考察了买方的最低可能估价低于生产成本时（通常较为现实）的情况。他们的科斯猜想的推导假设，买方对是否接受这一价格的决策仅取决于该价格，而不取决于市场的历史。Ausubel 和 Deneckere（1986）向这一假设提出挑战，证明了一旦放弃这一假设，可以得出很多结果（可能包括接近垄断价格的结果）。见 Ausubel 和 Deneckere（1987）以及 Gul（1987）在寡头条件下对耐用品问题的讨论。

［37］这个习题根据 Sobel 和 Takahashi（1983）设置。

［38］见 Hart 和 Tirole（1987）。另一个结论是，当关系足够长且贴现因子“不太小”（但不一定趋于 1）时，垄断者失去了全部歧视力量；对于消费者有两个潜在的每期估价的情况，垄断者索取等于较低估价的价格，直到接近期末。

［39］互利再谈判的概念由 Dewatripont（1985）引入。

［40］这一方案不一定“奏效”，因为事后（即第二期）第三方和垄断者会有积极性再谈判其契约。第三方知道如果它不再谈判，它将得不到契约中的钱，它将愿意接受小的贿赂去谈判，让垄断者降低它的市场价格。

［41］见 Moorthy（1980）关于垄断者的能力约束不为消费者所知的模型。

［42］这几乎不是涡轮发动机的情况。然而，通用电气还发布了包括固定的和简化的定价公式的价格单。涡轮发动机的价格要依据该价格单计算（取决于各种零部件的规格），然后乘以统一的乘数。这样，价格保护应用到了单个价格：乘数。关于更多的电力产业的定价，见 Sultan (1975)。

［43］例如，垄断者可以是能力约束的，或者储存可能是昂贵的。

［44］Fudenberg 等（1987）认为固定成本的存在保证了垄断者不去要低价，他们证明了有限

时界的顺序怎样内生于外部机会的存在。(然而，与外生的固定时界还有些不同。)

[45] 为了现在粗略地掌握这一观点，假设高质量商品被买方估价为 5，对卖方的成本为 4；低质量商品被买方估价为 1，没有生产成本。这两种质量事先都是可能的。与科斯猜想中一样，假设全部需要的交易几乎都瞬时发生。这意味着双方以概率 1 立刻交易。由于交易几乎瞬时发生，它一定以某一单一价格（更确切地说，以互相非常接近的价格）发生。而且，为了使高质量卖方愿意交易，这一价格必须超过 4。这样，买方的预期剩余最多是

$$\frac{1}{2}\times 5+\frac{1}{2}\times 1-4=-1<0$$

这是不可能的，因为买方可以拒绝交易。因此，不可忽略的延迟（交易过程中的无效性）必定发生。我们将在第 2 章中看到，静态市场（没有连续交易价格）中的不对称信息通常意味着交易收益没有实现（这可以视为一种交易中的无限延迟）。

[46] 引入耐用品的平稳状态需求的另一种途径是假设商品连续地贬值。(在完全贬值的极端情况中，商品是非耐用的，企业享受到了需求曲线上的全部垄断力量，即没有受到价格保证的妨碍。) Bond 和 Samuelson（1984），以及 Suslow（1986）分析了与贬值相关的耐用品垄断问题。

[47] 见 Bulow（1986）的较为一般的条件，在此条件下可以得到计划废弃及其对寡头情形的分析。关于耐用性问题的进一步发展，见 Schmalensee（1974，1979）和 Liebowitz（1982）。

[48] 这里大量的细节一带而过了。特别是，我们简单假设，卖方利用一种纯策略，这是该结论所不需要的。实际的证明更加复杂，可以在 Gul 等（1986）中找到。

参考文献

Aghion, P., P. Bolton, and B. Jullien. 1988. Learning through Price Experimentation by a Monopolist Facing Unknown Demand. Mimeo, Harvard University.

Amihud, Y., and H. Mendelson. 1983. Price Smoothing and Inventory. *Review of Economic Studies*, 50: 87 - 98.

Arrow, K. 1961. Economic Welfare and the Allocation of Research for Invention. In *The Rate and Direction of Inventive Activity: Economic and Social Factors*, ed. R. Nelson. Princeton University Press.

Arrow, K., and M. Kurz. 1970. *Public Investment, The Rate of Return, and Optimal Fiscal Policy*. Baltimore: Johns Hopkins University Press.

Ausubel, L., and R. Deneckere. 1986. Reputation in Bargaining and Durable Goods Monopoly. Mimeo, Northwestern University.

Ausubel, L., and R. Deneckere. 1987. One is Almost Enough for Monopoly. *Rand Journal of Economics*, 18: 255 - 274.

Baron, D. 1986. Design of Regulatory Mechanisms and Institutions. In *Handbook of Industrial Organization*, ed. R. Willig and R. Schmalensee (Amsterdam: North-Holland, forthcoming).

Baron, D., and R. Myerson. 1982. Regulating a Monopolist with Unknown Costs. *Econometrica*, 50: 911 - 30.

Baumol, W. J., and D. Bradford. 1970. Optimal Departures from Marginal Cost Pricing. *American Economic Review*, 60: 265 - 283.

Bergson, A. 1973. On Monopoly Welfare Losses. *American Economic Review*, 63: 853 - 870.

Besanko, D., and D. Sappington. 1987. Designing Regulatory Policy with Limited Information. In

Fundamentals of Pure and Applied Economics, ed. J. Lesourne and H. Sonnenschein. London: Harwood.

Blinder, A. 1982. Inventories and Sticky Prices: More on the Microfoundations of Macroeconomics. *American Economic Review*, 72: 334 - 348.

Boiteux, M. 1949. La Tarification des Demandes en Pointe. *Revue Générale de l'Electricité*, 58: 321 - 340.

Boiteux, M. 1956. Sur la Gestion des Monopoles Publics Astreints à l' Equilibre Budgétaire. *Econometrica*, 24: 22 - 40. Published in English as On the Management of Public Monopolies Subject to Budgetary Constraints, *Journal of Economic Theory*, 3: 219 - 240.

Bond, E., and L. Samuelson. 1984. Durable Good Monopolies with Rational Expectations and Replacement Sales. *Rand Journal of Economics*, 15: 336 - 345.

Brown, S., and D. Sibley. 1986. *The Theory of Public Utility Pricing*. Cambridge University Press.

Bucovetsky, S., and J. Chilton. 1986. Concurrent Renting and Selling in a Durable Goods Monopoly under Threat of Entry. *Rand Journal of Economics*, 17: 261 - 278.

Bulow, J. 1982. Durable Goods Monopolists. *Journal of Political Economy*, 15: 314 - 332.

Bulow, J. 1986. An Economic Theory of Planned Obsolescence. *Quarterly Journal of Economics*, 51: 729 - 750.

Bulow, J., and P. Pfleiderer. 1983. A Note on the Effect of Cost Changes on Prices. *Journal of Political Economy*, 91: 182 - 185.

Caillaud, B., R. Guesnerie, P. Rey, and J. Tirole. 1988. The Normative Economics of Government Intervention in Production. *Rand Journal of Economics*, forthcoming.

Coase, R. 1972. Durability and Monopoly. *Journal of Law and Economics*, 15: 143 - 149.

Conlisk, J., E. Gerstner, and J. Sobel. 1984. Cyclic Pricing by a Durable Goods Monopolist. *Quarterly Journal of Economics*, 99: 489 - 505.

Cowling, K., and D. Mueller. 1978. The Social Costs of Monopoly Power. *Economic Journal*, 88: 724 - 748.

Dewatripont, M. 1985. Renegotiation and Information Revelation over Time in Optimal Labor Contracts. Mimeo, Harvard University.

Dixit, A. 1976. *Optimization in Economic Theory*. Oxford University Press.

Evans, R. 1987. Sequential Bargaining with Correlated Values. Mimeo, Cambridge University.

Fisher, F. 1985. The Social Costs of Monopoly and Regulation: Posner Reconsidered. *Journal of Political Economy*, 93: 410 - 416.

Fudenberg, D., and J. Tirole. 1983. Learning-by-Doing and Market Performance. *Bell Journal of Economics*, 14: 522 - 530.

Fudenberg, D., D. Levine, and J. Tirole. 1985. Infinite-Horizon Models of Bargaining with One-Sided Incomplete Information. In *Game-Theoretic Models of Bargaining*, ed. A. Roth. Cambridge University Press.

Fudenberg, D., D. Levine, and J. Tirole. 1987. Incomplete Information Bargaining with Outside Opportunities. *Quarterly Journal of Economics*, 102: 37 - 50.

Gaskins, D., 1974. Alcoa Revisited: The Welfare Implications of a Second-Hand Market. *Journal of Economic Theory*, 7: 254 - 271.

Guesnerie, R., and J.-J. Laffont. 1978. Taxing Price Makers. *Journal of Economic Theory*, 19: 423 - 455.

Gul, F. 1987. Foundations of Dynamic Oligopoly, *Rand Journal of Economics*, 18: 248 - 254.

1

Gul, F., H. Sonnenschein, and R. Wilson. 1986. Foundations of Dynamic Monopoly and the Coase Conjecture. *Journal of Economic Theory*, 39: 155 - 190.

Harberger, H. 1954. Monopoly and Resource Allocation. *American Economic Review*, 44: 77 - 87.

Hart, O., and J. Tirole. 1987. Contract Renegotiation and Coasian Dynamics. *Review of Economic Studies*, forthcoming.

Hicks, J. 1935. Annual Survey of Economic Theory: The Theory of Monopoly. *Econometrica*, 3: 1 - 20.

Intriligator, M. 1971. *Mathematical Optimization and Economic Theory*. Englewood Cliffs, N. J.: Prentice-Hall.

Jenny, F., and A. Weber. 1983. Aggregate Welfare Loss due to Monopoly Power in the French Economy: Some Tentative Estimates. *Journal of Industrial Economics*, 32: 113 - 130.

Kahn, C. 1986. The Durable Goods Monopolist and Consistency with Increasing Costs. *Econometrica*, 54: 275 - 294.

Kamien, M., and N. Schwartz. 1981. *Dynamic Optimization*. Amsterdam: North-Holland.

Krueger, A. 1974. The Political Economy of the Rent-Seeking Society. *American Economic Review*, 64: 291 - 303.

Laffont, J.-J., and J. Tirole. 1986. Using Cost Observation to Regulate Firms. *Journal of Political Economy*, 94: 614 - 641.

Lazear, E. P. 1986. Retail Pricing and Clearance Sales. *American Economic Review*, 76: 14 - 32.

Lazear, E. P. and S. Rosen. 1981. Rank-Order Tournaments as Optimal Labor Contracts. *Journal of Political Economy*, 89: 841 - 64.

Leibenstein, H. 1966. Allocative Efficiency vs. 'X-Efficiency'. *American Economic Review*, 56: 392 - 415.

Liebowitz, S. 1982. Durability, Market Structure and New-Used Goods Models. *American Economic Review*, 72: 816 - 824.

Machlup, F. 1967. Theories of the Firm: Marginalist, Behavioral, Managerial. *American Economic Review*, 57: 1 - 33.

Martin, R. 1982. Monopoly Power and the Recycling of Raw Materials. *Journal of Industrial Economics*, 30: 405 - 419.

McLennan, A. 1984. Price Dispersion and Incomplete Learning in the Long Run. *Journal of Economic Dynamics and Control*, 7: 331 - 347.

Moorthy, S. 1980. Notes on Durable Goods Monopolists and Rational Expectations Equilibria. Mimeo, Graduate School of Business, Stanford University.

Phlips, L. 1980. Intertemporal Price Discrimination and Sticky Prices. *Quarterly Journal of Economics*, 94: 525 - 542.

Phlips, L. 1983. The Economics of Price Discrimination. Cambridge University Press.

Posner, R. 1975. The Social Costs of Monopoly and Regulation. *Journal of Political Economy*, 83: 807 - 827.

Ramsey, F. 1927. A Contribution to the Theory of Taxation. *Economic Journal*, 37: 47 - 61.

Rasmussen, E. 1986. The Learning Curve in a Competitive Industry. Mimeo, Graduate School of Management, University of California, Los Angeles.

Reagan, P. 1982. Inventory and Price Behavior. *Review of Economic Studies*, 49: 137 - 142.

Reagan, P., and M. Weitzman. 1982. Asymmetries in Price and Quantity Adjustments by the Competitive Firm. *Journal of Economic Theory*, 27: 410 - 420.

Robinson, J. 1933. *The Economics of Imperfect Competition*. London: Macmillan.

Rogerson, W. 1982. The Social Costs of Monopoly and Regulation：A Game-Theoretic Approach. *Bell Journal of Economics*，13：391－401.

Rothschild，M. 1974. A Two-Armed Bandit Theory of Market Pricing. *Journal of Economic Theory*，9：185－202.

Sappington，D. 1982. Optimal Regulation of Research Development under Imperfect Information. *Bell Journal of Economics*，13：354－368.

Sappington，D. 1983. Optimal Regulation of a Multi-Product Monopoly with Unknown Technological Capabilities. *Bell Journal of Economics*，14：453－463.

Sappington，D.，and. J. Stiglitz. 1987. Information and Regulation. In *Public Regulation：New Perspectives on Institutions and Policies*，ed. E. Bailey. Cambridge，Mass.：MIT Press.

Scherer，F. 1980. *Industrial Market Structure and Economic Performance*，second edition. Chicago：Rand-McNally.

Schmalensee，R. 1974. Market Structure，Durability，and Maintenance Effort. *Review of Economic Studies*，41：277－287.

Schmalensee，R. 1979. Market Structure，Durability and Quality：A Selective Survey. *Economic Inquiry*，17：177－196.

Schutte，D. 1983. Inventories and Sticky Prices：Note. *American Economic Review*，73：815－816.

Sheshinski，E. 1986. Positive Second-Best Theory：A Brief Survey of the Theory of Ramsey Pricing. In *Handbook of Mathematical Economics*，volume 3，ed. K. Arrow and M. Intriligator. Amsterdam：Elsevier.

Sobel，J.，and I. Takahashi. 1983. A Multi-Stage Model of Bargaining. *Review of Economic Studies*，50：411－426.

Stokey，N. 1979. Intertemporal Price Discrimination. *Quarterly Journal of Economics*，93：355-371.

Stokey，N. 1981. Rational Expectations and Durable Goods Pricing. *Bell Journal of Economics*，12：112－128.

Sultan，R. 1975. Pricing in the Electrical Oligopoly，volumes 1 and 2. Division of Research，Harvard Graduate School of Business Administration.

Sumner，D. 1981. Measurement of Monopoly Behavior：An Application to the Cigarette Industry. *Journal of Political Economy*，89：1010－1019.

Suslow，V. 1986. Commitment and Monopoly Pricing in Durable Goods Models. *International Journal of Industrial Organization*，4：451－460.

Swan，P. 1972. Optimum Durability，Second-Hand Markets，and Planned Obsolescence. *Journal of Political Economy*，80：575－585.

Swan，P. 1980. Alcoa：The Influence of Recycling on Monopoly Power. *Journal of Political Economy*，88：76－99.

Tullock，G. 1967. The Welfare Costs of Tariffs，Monopolies and Theft. *Western Economic Journal*，5：224－232. Reprinted in *Toward a Theory of the Rent Seeking Society*，ed. J. Buchanan et al.（Texas A&M University Press，1980）.

Varian，H. 1987. Measuring the Deadweight Costs of DVP and Rent Seeking Activities. Mimeo，University of Michigan.

Vincent，D. 1986. Bargaining with Common Values. Mimeo，Princeton University.

Williamson，O. 1968. Economies as an Antitrust Defense：The Welfare Tradeoffs. *American Economic Review*，58：18－36.

Wilson，R. 1985. Economic Theories of Price Discrimination and Product Differentiation：A Survey. Mimeo，Graduate School of Business，Stanford University.

1

第2章　产品选择、质量和广告宣传

生产系统的功能之一是选择所要生产和销售的产品。这种选择涉及现实的经济抉择，特别是由于规模报酬递增，在潜在的可生产产品中实际上仅仅有一些产品被制造出来。在前一章中，我们假定，垄断者所生产的产品集是给定的。在本章中，我们放松这一假设，让该垄断者在“产品空间”中选择一个位置。这并不是说完全不考虑其他垄断决策，例如，该垄断者对不同质量的选择取决于如何销售这些不同质量的产品，所以，定价行为是不能忽视的。

本章从对产品空间的简单描述开始，然后讨论一个垄断者的产品选择，假定消费者在购买之前就了解产品的特性。与产品用途相关，相对于社会最优，该垄断者提供的质量可能太高或太低，其产品种类可能太多或太少。垄断者没有理由选择最优产品，但是，与定价行为相反，如果不进一步分析消费者偏好和生产技术，我们不可能对偏离作出判断（2.2节）。

2.3节和2.4节讨论消费者在购买之后才知道其特性的那些产品（“经验品”）。与这种产品有关的主要问题是，能否刺激厂产确保质量？价格和广告这种变量能否提供有关产品的（间接）信息？对确保质量的主要刺激是消费者再次购买的可能性，它促使厂产保证质量以至不损害信誉和失去未来的销售。本章主体部分论述了和品牌及信誉有关的主要思想，在补充节作了进一步的讨论。

2.1　产品空间的概念

众所周知，很难给出满意的产业或市场概念的定义。一方面，两种产品几乎不可能是完全可替代品（在价格相同时所有消费者的产品选择无差异这一意义上）。产品几乎总是因某些特性而有所不同。另一方面，一组产品（一个“产业”）总是在某种程度上与经济中的其他产品相互作用；该产业之外的产品定价不仅通过收入效应，而且通过替代效应影响对该产品的需求。产业的概念是一种理想化的或有局限性的说法。

还有一个关于如何描述一个产业之内的产品之间的差异性的问题。Hotelling

(1929)、Chamberlin (1951, 1962)、Lancaster (1966)，还有其他一些人，已经提到过这一问题。一种商品可以用一组特性来描述：质量、区位、时间、适用性、消费者关于其存在及质量的信息等。每一个消费者对这些变数都有一种排序。

引入所有可能的特性提供了对一种产品的丰富的描述，但是可能无助于研究产业组织问题。在经验研究和理论研究中，研究人员关注的是一小部分特性以及特定的（但是，如果可能，也是合理的）偏好描述。常用的有三种类型。

2.1.1　纵向差异

在纵向差异空间中，所有消费者对所提及的大多数特性组合是一致的，更一般地说，偏好次序是一致的。典型的例子是质量。大多数人都同意：较高的质量是更好的——例如，沃尔沃比现代更好。（但是，更多消费者可能仍然会购买后者。消费者的收入和汽车的价格以及维修保养决定了消费者的最终选择。见下面的讨论。）同样，体积较小但功能较大的电脑比体积较大但功能较小的电脑更好。在价格相等的条件下，关于特性空间有一种自然的排序。

2

例： 纵向差异的一个简单例子如下所述。每一个消费者消费 1 单位或 0 单位的一种“产品”。这种产品的特性由质量指数 s 来确定［我们用 s 代表“services”，以免混淆质量（quality）和数量（quantity），后者用 q 代表］。当垄断者生产几种不同质量的品种时，我们通常将这些不同的品种说成“不同的产品”。现在，我们将自己限定在单一质量产品的垄断者的范围之内。消费者具有以下偏好：

$$U=\begin{cases}\theta s-p & \text{如果他以价格 } p \text{ 购买具有质量 } s \text{ 的产品}\\ 0 & \text{如果他不购买}\end{cases}$$

U 应该被认为是消费该产品而产生的剩余。s 是正的实数，它描述了该产品的质量。效用对质量和价格是可分离的。正的实数 θ 是一个偏好参数。给定价格，所有的消费者都喜欢高质量。但是，具有高 θ 的消费者更愿意为获得高质量而花钱。模型化偏好的分布包括假设：θ 在经济中按照某种密度 $f(\theta)$ 分布，在区间 $[0, +\infty)$ 中有累积分布函数 $F(\theta)$，其中，$F(0)=0$，$F(+\infty)=1$。因此，$F(\theta)$ 就是偏好参数小于 θ 的消费者的比例。

关于偏好的另一种有趣的解释是将 θ 视为收入和质量之间的边际替代率的“倒数”，而不是偏好参数。只要考虑购买和不购买之间的选择，消费者偏好就可以记为

$$U=\begin{cases}s-(1/\theta)p & \text{如果他以价格 } p \text{ 购买具有质量 } s \text{ 的产品}\\ 0 & \text{如果他不购买}\end{cases}$$

按这一解释，所有消费者从该产品中获得同样的剩余，但是他们的收入不同，因而有不同的收入与质量的边际替代率 $(1/\theta)$。较富有的消费者具有较低的“收入的边际效用”或较高的 θ。[1]

我们导出代表这个特定效用函数的需求函数。如果只有一个质量 s，当价格为 p 时，对该产品的需求等于具有满足 $\theta s \geqslant p$ 的偏好参数 θ 的消费者数量。换句话说，对该产品的需求为

$$D(p) = N[1 - F(p/s)]$$

式中，N 是消费者总数。

如果市场上有 n 个品种，消费者在质量不同的这些品种中进行选择，选择是购买还是不购买（假设他们有单位需求，即假设无论质量如何，他们最多消费一个单位的该种产品）。例如，假定有两个品种（两种质量）的产品，$s_1 < s_2$，以价格 $p_1 < p_2$ 出售。（价格不等使这一问题不失其重要性，如果低质量产品比高质量产品更贵，就不会有人购买。）首先，假设品种（质量）2 的“每一美元的质量”较高：$s_2/p_2 \geqslant s_1/p_1$，则所有消费者如果购买，总是愿意购买品种 2 而不是品种 1：

$$(\theta s_2 - p_2) - (\theta s_1 - p_1) = p_2(\theta s_2/p_2 - 1) - p_1(\theta s_1/p_1 - 1)$$

$$\geqslant (p_2 - p_1)(\theta s_1/p_1 - 1) \geqslant 0 \qquad (\text{若 } \theta s_1 \geqslant p_1)$$

对高质量产品的需求则为

$$D_2(p_1, p_2) = N[1 - F(p_2/s_2)]$$

而对低质量产品的需求为 0。更有趣的情况是当低质量产品没有被“主导”时。具有超过 $\tilde{\theta} \equiv (p_2 - p_1)/(s_2 - s_1)$ 的偏好参数的消费者购买高质量产品，因为 $\theta s_2 - p_2 \geqslant \theta s_1 - p_1 \Leftrightarrow \theta \geqslant \tilde{\theta}$，具有低于 $\tilde{\theta}$ 而超过 p_1/s_1 的偏好参数的消费者购买低质量产品，其他消费者不购买。这样，需求为

$$D_2(p_1, p_2) = N[1 - F((p_2 - p_1)/(s_2 - s_1))]$$

$$D_1(p_1, p_2) = N[F((p_2 - p_1)/(s_2 - s_1)) - F(p_1/s_1)]$$

2.1.2 横向差异（水平差异）

对于某些特性，最优选择（给定价格相同）与特定消费者有关。人们的偏好是不同的。明显的例子是对于颜色。另一个例子是对于地点。波士顿人可能更喜欢在波士顿适用的产品，而不是那些物质上相同而仅在巴黎适用的产品。同样，消费者会更喜欢去附近的商店或超市。在这种横向或“空间”差异的情况下，不存在“好”或“坏”的区别。

例： Hotelling（1929）建立了一个横向差异的简单模型。考虑一个长度为 1 的“线性城市”。消费者沿着城市均匀分布。与分析纵向差异的例子一样，我们直接从有两种选择的例子开始，在以下的习题 2.3 中将使用这个例子。两家商店位于城市的两端，销售物质上相同的产

品。商店 1 的区位是 $x=0$，商店 2 的区位是 $x=1$（见图 2.1）。消费者每一单位距离的运输成本是 t（这一成本包括消费者的时间价值）。他们有单位需求；他们消费 0 或 1 单位该种产品。以 p_1 和 p_2 代表这两家商店的价格。

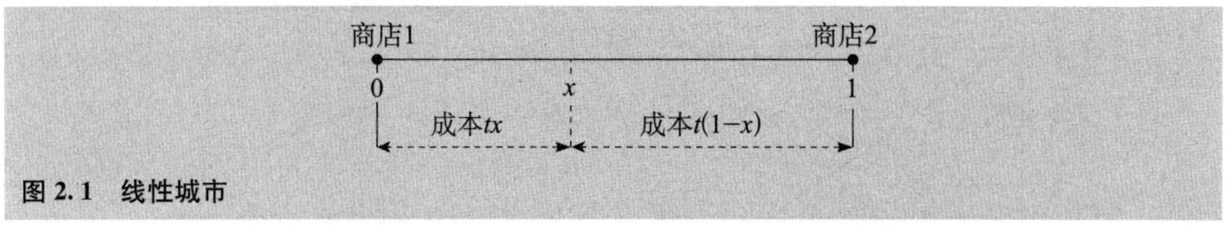

图 2.1　线性城市

2

坐标为 x 的消费者去商店 1（或商店 2）的“总价格”是 p_1+tx [或 $p_2+t(1-x)$]。如果 $\bar{s}$ 代表每一个消费者消费该产品时所获得的剩余，位于 x 的消费者的效用如下：如果从商店 1 购买，则为

$$\bar{s}-p_1-tx$$

如果从商店 2 购买，则为

$$\bar{s}-p_2-t(1-x)$$

其他情况为 0。考虑三种情况的需求函数。

如果两家商店之间的价格差不超过沿整个城市的运输成本 t，如果价格“不太高”（见下面的论述），就会有一个位于 $\tilde{x}$ 的消费者，他从商店 1 购买和从商店 2 购买是无差异的：

$$p_1+t\tilde{x}=p_2+t(1-\tilde{x})\Leftrightarrow\tilde{x}(p_1,\ p_2)=(p_2-p_1+t)/2t$$

则需求为

$$D_1(p_1,\ p_2)=N\tilde{x}(p_1,\ p_2)$$

$$D_2(p_1,\ p_2)=N[1-\tilde{x}(p_1,\ p_2)]$$

式中，N 是消费者总数。

如果两家商店之间的价格差超过 t（例如，$p_2-p_1\geqslant t$），商店 2 就没有需求了。如果 $p_1\leqslant\bar{s}-t$（即所有消费者都愿意在商店 1 购买），商店 1 有需求 $D_1(p_1,\ p_2)=N$；如果 $p_1>\bar{s}-t$，商店 1 有需求 $D_1(p_1,\ p_2)=N(\bar{s}-p_1)/t$。在后一情况下，市场“未被覆盖”，有一些消费者没有购买。

第三种情况是每一家商店都有局部垄断势力（市场未被覆盖）。当 p_1 和 p_2 都在区间 $[\bar{s}-t,\ \bar{s}]$ 内，位于 $\tilde{x}(p_1,\ p_2)$ 而对两家商店无差异的消费者不购买时，就会发生这种情况（这相当于条件 $p_1+p_2+t>2\bar{s}$）。图 2.2 表明了这三种情况。

图 2.2（a）～图 2.2（c）表明消费者的一般化总成本以及两种产品的市场份额是其区位的函数。在图 2.2（a）中，两种产品竞争消费者。一种产品价格的下降使另一种产品的需求减少。在图 2.2（b）和图 2.2（c）中，一种产品的定价政策不影响对另一种产品的需求（至少在局部区域）。图 2.2（d）刻画了在产品 2 的价格给定时，对产品 1 的残余需求。这一需

求曲线有一个弯折点，在这一点上，局部垄断和竞争状态相交［图 2.2（a）和图 2.2（c）中的两可情况］，p_1 提高一个单位，对产品 1 的需求减少 $1/t$；而 p_1 降低一个单位，对产品 1 的需求仅增加 $1/2t$。[2]

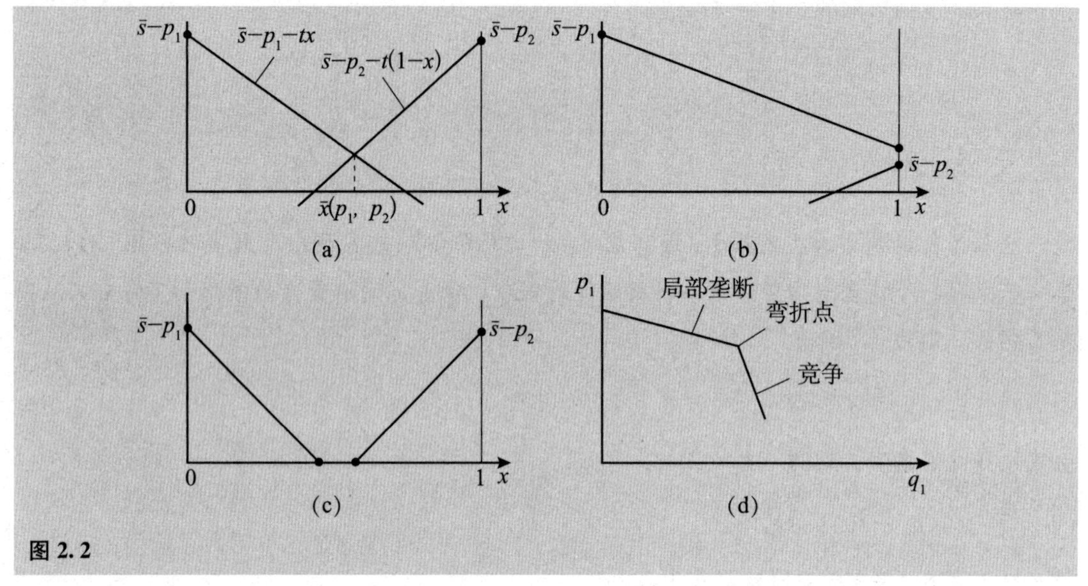

图 2.2

2.1.3 “产品特性”方法

产品是各种特性的组合，消费者对特性具有偏好。消费者可能对各种特性有不同的偏好。在纵向差异和横向差异的分析方法中，我们假定消费者只购买一种产品——换句话说，他们并不是从消费各种产品中获得更多的效用。相反，我们可以假定消费者能够消费几种产品，而且他们所关心的是每种产品的特性。例如，假定消费者关心的是食物的蛋白质和维生素。如果 1 单位食物 1 提供 2 单位蛋白质和 1 单位维生素，1 单位食物 2 提供 1 单位蛋白质和 2 单位维生素，1 单位食物 3 提供 1 单位蛋白质和 1 单位维生素，则对于消费者来说 1 单位食物 1 和食物 2 与 3 单位食物 3 之间是无差异的。换句话说，消费者最终所关心的仅仅是产品组合的特性，即这一组合中产品特性的总和。这是 Lancaster（1966）最先提出的方法。

产品特性方法在许多情况下是合理的。例如，当购买灯泡时，消费者确实主要关心灯泡照明的总时数。这一方法的关键是要能够对各种特性进行加总。在某些情况下，这种方法是不太方便的——特别是在像上述纵向差异和横向差异的例子那样存在消费的不可分性的场合。因而 Lancaster 方法必须进行修改。[3]

2.1.4 传统消费者理论的方法

在极端形式上，Lancaster 方法撇开产品概念而关注特性方面，在这里，产品的作用仅仅是提供特性。反之，人们也可以撇开特性的概念而关注产品。这的确就是古典一般均衡理论所采用的方法：生产函数和效用函数都被定义为各种产品的数量的函数。最一般的形式就是将所消费的产品 0，1，2，…，n 作为效用函数$U(q_0, q_1, q_2, \cdots, q_n)$ 的要素。问题是，我们如何才能使其更具有结构性并获得结论？关于产品的这种追加的结构性意味着什么？

下述效用函数通常被用来研究产品选择（见第 7 章）。在经济中有两个部门。“代表性消费者”（所有消费者都相同）消费第一部门所生产的数量为 q_0 的独特产品，消费第二部门所生产的数量为 $\{q_i\}_{i=1}^n$ 的 n 种产品，第二部门被称为“差异性产品部门”。其效用函数是

$$U = U(q_0, (\sum_{i=1}^{n} q_i^{\rho})^{1/\rho})$$

为保证 U 是拟凹的，要求 $\rho \leqslant 1$。如果 p_i 是差异性产品 i 的价格，以第一部门为价值标准，I 是消费者收入，代表性消费者在如下预算约束条件下最大化效用 U

$$q_0 + \sum_{i=1}^{n} p_i q_i \leqslant I$$

差异性产品的“子效用函数”是不变替代弹性（CES）效用函数。

如上所述，以产品而不是以特性为单位的方法是非常一般的（例如，基本的 Lancaster 形式简单地假定线性函数形式）。但是，在运用于产业组织时，它可能有一些缺陷。它不能辨明竞争中各厂产的特性，这有时限制了对于偏好的合理性的直观理解。另外，在上述不变替代弹性效用函数的场合中，它可能非常特殊。后一种效用函数对所有不同产品都采取一种对称方法。当厂产引入一种产品时，它并不是在选择其相对于其他产品的差异度。这与横向差异及纵向差异方法不同，也与产品特性方法不同，不存在相对于其他产品的“遥远”或“邻近”的概念。特别是，这种方法不太适合描述一个限定空间。[4]产业组织经济学家一般认为，一种新产品并不与每一种其他产品发生如此短兵相接的竞争。

2.2　产品选择

现在，我们来考察一个垄断者在进行产品选择时会有何种偏爱。在这一节中，我们将密切追随 Spence（1975，1976）。[5]我们从单一产品的垄断者进行质量选择（纵向差异）开始，然后，考察垄断者供给的产品从社会立场看是太少还是太多的相关问题。

2.2.1　产品质量

假设一个垄断者生产一种产品，对此它选择两个实数：价格 p 和质量 s。用 $p = P(q, s)$表示逆需求曲线，即产品质量为 s、需求量为 q 的价格。质量是合意的，

P 随 s 的提高而提高。用 $C(q, s)$ 表示生产质量为 s 的 q 单位产品的总成本。自然，我们要假定 C 随 s 的提高而提高。

我们先考虑社会计划者所作的质量选择，它会选择价格和质量（或者选择数量和质量，两种选择是等价的），以使得总消费者剩余与生产成本之间的差为最大。取质量和数量为决策变量，社会计划者最大化

$$W(q, s) = \int_0^q P(x, s)dx - C(q, s)$$

我们用给定的特定质量的需求曲线下的积分作为总消费者剩余的近似值。一阶条件为

$$P(q, s) = C_q(q, s) \tag{2.1}$$

$$\int_0^q P_s(x, s)dx = C_s(q, s) \tag{2.2}$$

式中，下标表示偏导。等式（2.1）是众所周知的价格与边际成本的公式。等式（2.2）源于质量选择。它表明总剩余对质量的偏导等于生产该品种的质量的边际成本。将需求曲线看作产生于大量具有单位需求的消费者，而这些消费者按支付意愿递减的顺序排列，这有助于对这一公式的理解。$P(x, s)$是使第 x 个消费者在购买和不购买质量为 s 的一单位产品之间无差异的价格。因此，$P_s(x, s)$ 等于消费者 x 对增加一单位质量的（以货币来度量的）支付意愿。或者，$P_s(x, s)$ 是当价格为 $P(x, s)$ 时，对于边际消费者，质量的边际价值。因此，边际总剩余等于产出 q 乘以市场上平均的边际质量价值，后者为

$$\left(\int_o^q P_s(x, s)dx\right)/q$$

但垄断者关心的是利润而不是社会剩余，因此，它最大化下述目标函数：

$$\Pi^m(q, s) = qP(q, s) - C(q, s)$$

两个一阶条件为

$$P(q, s) + qP_q(q, s) = C_q(q, s) \tag{2.3}$$

$$qP_s(q, s) = C_s(q, s) \tag{2.4}$$

条件式（2.3）是我们熟知的边际收益与边际成本的等式，它是该垄断者最优定价的表达式。条件式（2.4）决定给定产出 q 时的最优质量，它表明，与提高一单位质量相联系的边际收益，等于生产这一品种（质量）的边际成本。

条件式（2.1）和条件式（2.3）的区别是我们所熟知的。垄断者关心产出的价格效应，而社会计划者（或竞争厂商）却不关心这一效应。更有趣的是条件式（2.2）和条件式（2.4）的比较。社会计划者对质量的平均边际价值的关心被垄断

者对“边际的边际”价值 $P_s(q, s)$ 的关心所取代，其中，第一个边际涉及消费者，第二个边际涉及质量。（为简略起见，我们通常将取消对应于质量的“边际”。）这是很容易理解的。社会计划者关心质量提高对所有消费者的影响；垄断者考虑的则是质量提高对边际消费者的影响。当质量提高 Δs，该垄断者可以使价格提高 $P_s(q, s)\Delta s$ 而保持同样的需求（即使边际消费者保持同样的效用水平）。但是，价格的提高会传递到所有边际内的消费者那里，产生额外收益 $qP_s(q, s)\Delta s$。

总而言之，对于提供质量的激励是与消费者对质量的边际支付意愿相关的，在独家垄断的场合是边际消费者；在社会计划者的场合则是平均消费者。

因此，很自然要对 $P_s(q, s)$ 和 $(\int_o^q P_s(x, s)dx)/q$ 进行比较。有一点忠告：这种比较只告诉我们当两种安排中的产出相同时，垄断者如何确定其质量选择的偏向。但一般来说，两种安排中的产量是不同的，因为正如我们已经看到的，在给定质量的条件下，垄断者倾向于减少产出。因此，以下命题中更准确的说法是：对于给定的产出 q，当

$$(\int_0^q P_s(x, s)dx)/q > P_s(q, s)$$

时，垄断者提供的质量低于社会最优；反之亦然。因为不存在边际消费者是人群代表的先验的理由（即具有与下层边际消费者相同的边际价值），一般来说，给定产出水平，垄断者的质量选择偏离社会最优。

在质量选择和垄断定价的两种情况下，垄断者关心的是其决策对边际消费者需求的影响；而社会计划者同时也关心决策变量对边际内消费者福利的影响。在质量对价格下降是完全可替代的极端情况下，这一对比变得无关紧要了（例如，当“质量”是指产品的送货价格时，就可能出现这种情况）。假设消费者只关心“实际价格”$p-s$，其中 s 表示服务的货币价值。需求函数是 $q=D(p-s)$，因而仅需求函数是线性的：

$$p = D^{-1}(q) + s \equiv P(q, s)$$

进一步假设提供服务的成本是 $C(q, s)=sq$。从消费者和销售者（卖家）的观点看，s 是与价格下降等价的。等式（2.4）是成立的，这留给读者验证。从现在起，我们感兴趣的是那些不是价格下降的完全替代品的质量变量。这有助于理解这种不重要的完全替代的情况。

上述命题给出了推断垄断者是否过多或过少地提供质量的一个简单条件。这看起来可能是一个弱命题，它依赖于一个很可能无法满足的假定——在两种安排下有同样的产出。这里，我们应该稍事停顿，问一问：一旦考虑到定价行为（产出）的差别，比较垄断者和社会计划者的质量选择有何重要性？如果我们将兴趣从垄断者转向完全社会取向的组织，这样的比较是有意义的。当要在垄断者和社会取向组织

2

之间作出选择时，人们想关注的可能是与垄断相关的总净损失，而不仅仅是质量扭曲。相反，如果私人垄断者的安排不可改变，人们只想通过补贴、最低限度质量标准等影响垄断者关于产品质量的选择，那么上述给定产出的命题就更有意义。如果质量的平均评价超过质量的边际评价，如果导致质量提高的政策没有引起垄断者缩减产出（记住：垄断者增加产出对社会是一件好事），则质量的提高就具有社会合意性。像通常那样，最重要的是，这个问题依赖于所考虑的政策动向。

2.2.1.1 应用

Swan（1970）的最优耐用性定理 假定质量变量是产品的耐用性。例如，用 s 表示灯泡的照明小时数。购买 q 个灯泡的消费者获得 qs 小时（照明数）。假设该消费者仅关心总的小时数，而不关心获得这些小时数的方法。在这个 Lancaster 形式的世界中，诱使消费者购买 q 单位质量为 s 的产品的每单位耐用性的价格，仅仅依赖于这个两变量的乘积：$P(q, s)/s\equiv\widetilde{P}(qs)$。[6] 令 $\tilde{q}\equiv qs$ 表示总消费（同样，令 $\tilde{x}=xs$，其中 x 表示任意的消费水平）。再假设，产出的生产成本是线性的：$C(q, s)=c(s)q$。[单位生产成本自然随质量而提高，$c'(s)>0$。]

社会计划者（或一个竞争产业）的最大化总福利为

$$
\begin{aligned}
W(q, s) &= \int_0^q P(x, s)dx - c(s)q \\
&= \int_0^q s\widetilde{P}(xs)dx - c(s)q \\
&= \int_0^{\tilde{q}} \widetilde{P}(\tilde{x})d\tilde{x} - \left(\frac{c(s)}{s}\right)\tilde{q}
\end{aligned}
$$

对于 q 和 s 的最大化同对于 $\tilde{q}$ 和 s 的最大化是等价的。特别是，我们知道，社会计划者使耐用性的单位成本 $c(s)/s$ 为最小。

垄断者最大化利润

$$
\begin{aligned}
\Pi^{m}(q, s) &= qP(q, s) - c(s)q \\
&= qs\left(\widetilde{P}(qs) - \frac{c(s)}{s}\right) \\
&= \tilde{q}\left(\widetilde{P}(\tilde{q}) - \frac{c(s)}{s}\right)
\end{aligned}
$$

对 s 的一阶条件显示，垄断者也使耐用性的单位成本为最小。因此，垄断势力并不导致耐用性选择的扭曲。Swan 的恒定性定理包含了这一结论，它表明，如果消费者仅仅关心总服务 $\tilde{q}=qs$，如果生产函数在产出方面规模报酬不变，则耐用性的选择与市场结构无关。

这种恒定性是很自然的。消费者实际上关心的是复合产品 $\tilde{q}$。在所有安排中，厂商要使生产这种复合产品的成本为最小。在规模报酬不变的条件下，其单位生产成本 $c(s)/s$ 与产出无关。因此，耐用性与价格决定不相关。[如果成

本函数 $C(q, s)$ 不能写成一种乘积关系，则恒定性结论不成立。当然，消费者认为两个耐用期为一年的灯泡是一个耐用期为两年的灯泡的完全替代品的假设，对于这一结论也是极为关键的。[7]]

Dorfman-Steiner（1954）条件　在 Dorfman 和 Steiner 关于广告的创造性论文中，他们假设厂商面临的需求是价格和广告的函数，从而 $P(q, s)$ 表示逆需求函数，其中 s 表示广告的总费用。这一公式不适用于福利分析；一般来说，理性的消费者可能根本不欣赏广告本身。在这里，广告影响需求的原因并没有显性地表示出来，它们被包含在“简化型”需求函数 $P(q, s)$ 中。[8] 因此，我们仅研究垄断者的规划，而不研究计划者的规划。垄断者的利润是

$$\Pi^m(q, s) = qP(q, s) - C(q) - s$$

成本函数对产出与广告被假定是可加的。条件式（2.3）和式（2.4）可以记作

$$P(q, s) + qP_q(q, s) = C_q$$

$$qP_s(q, s) = 1$$

为得到 Dorfman-Steiner 条件，对价格和广告最大化比对数量和广告最大化更为方便。令 $q=D(p, s)$ 表示在价格为 p 和广告水平为 s 时的需求。垄断者的利润可以记作

$$\Pi^m(p, s) = pD(p, s) - C(D(p, s)) - s$$

对 p 和 s 最大化的一阶条件是

$$D(p, s) + pD_p(p, s) = C'(D(p, s))D_p(p, s)$$

$$pD_s(p, s) - C'(D(p, s))D_s(p, s) = 1$$

令

$$\varepsilon_p \equiv -\frac{\partial D}{\partial p}\frac{p}{q}$$

$$\varepsilon_s \equiv \frac{\partial D}{\partial s}\frac{s}{q}$$

分别表示对于价格和广告的需求弹性。整理这两个一阶条件，得到所希望的形式：

$$\frac{s}{pq} = \frac{\varepsilon_s}{\varepsilon_p}$$

垄断者的最优广告/销售比等于对于广告的需求弹性与对于价格的需求弹性之比。[9]（因为销售和广告是同时选定的，所以我们不应得出在因果意义上销售决定广告的结论。）

习题 2.1*：证明：如果需求是柯布-道格拉斯类型的，$q=p^{-\alpha}s^{\beta}$，其中 α 和 β 为正，则广告/销售比是一常数。（特别是，证明它与成本结构无关。）

一个质量“供给不足”的例子 考虑上述纵向差异的例子。如果消费者购买，则效用（净剩余）$U=\theta s-p$，其他情况为0。θ以累积分布F在人口中分布。如果我们用$N=1$标准化（这样做不失一般性），需求函数是$q=1-F(p/s)$或$p=P(q, s)=sF^{-1}(1-q)$，其中，F^{-1}（F的反函数）是增函数。对质量的平均边际评价（它指导社会计划者的质量决策）是

$$\frac{1}{q}\int_0^q P_s(x, s)dx = \frac{1}{q}\int_0^q F^{-1}(1-x)dx$$

对边际消费者的质量的边际评价（它指导垄断者的决策）是

$$P_s(q, s) = F^{-1}(1-q)$$

2

因为对于$x\leqslant q$，

$$F^{-1}(1-x) \geqslant F^{-1}(1-q)$$

对质量的平均评价超过边际评价，给定q，垄断者的质量供给不足。这很容易理解：边际消费者对质量的边际支付意愿比其他消费者低，后者有较高的θ。从垄断最优质量开始，外生性的小量质量提高会使社会得益。

但是，如前所述，我们并不清楚垄断场合的质量是否低于社会计划场合。社会计划者收取低价，因而达到低于垄断者的θ。因此，给定社会计划者的价格政策，对质量的平均评价最终可能低于垄断者的边际评价。的确，在以下习题中，两种安排下的质量是相同的。

习题2.2*：在上述纵向差异中，使θ在区间［0，1］上均匀分布。成本函数为

$$C(q, s) = (\frac{cs^2}{2})q$$

（1）给定q，证明：

$$\frac{1}{q}\int_0^q P_s(x, s)dx > P_s(q, s)$$

（2）证明：当考虑到产出的差异时，垄断者和社会计划者选择相同的质量。

一个质量“过度供给”的例子 如果“类型”θ的消费者购买产品，则获得的效用为$\theta+(\alpha-\theta)s-p$，否则，效用为0。参数$\theta$分布于区间［0，$\alpha$］。考虑这样的情况：消费者享用该产品（即从中获得效用θ），也享用附加在该产品上的一些追加服务$s<1$。但是，当他们对产品θ的“内在的”支付意愿较低时，他们较多地享用了这些服务。例如，一个独家音乐厅可以上演音乐会，也可以分发介绍音乐和指挥家的小册子。低θ的消费者从附加的服务中获得的利益比较高。（高θ的消费者可能是富人，能够买得起音乐书、接受更多教育等。）容易证明，对于这样的偏好状况，在给定的产出条件下，有超量的服务供给。边际消费者比购买该产品的普通消费者对服务的评价更高。而且，这一结论视所确定的产出而定。社会计划者会想达

到较低的 θ，因而，可能会想比垄断者提供更多服务。

2.2.2 产品太多还是太少

在前一小节中，我们考虑了垄断者选择其生产的单一产品的质量。一般来说，它会生产若干种产品。垄断者的多样化选择同社会最优的产品多样化相比较会怎样呢？先前的例子（它关注连续变量的选择而不是产品数量的选择）强烈暗示，垄断者可能选择过多或过少的产品。同前，“太多”或“太少”取决于一个人心目中的干预类型。在这一小节，考虑对垄断后果和社会计划后果进行比较的简单例子（例如，我们不研究垄断的比较静态状况）。在第 7 章，我们将回过头来在一个垄断竞争框架中讨论产品多样化的问题。

2.2.2.1 社会剩余的非独占性和多样化的供给不足

创造了一种新产品的厂商一般不可能获得这种产品所产生的所有总剩余。考虑仅有一种可能方案的情况。垄断者要么生产一种产品，要么不生产。假设引入或生产该产品要有固定成本 f（加上可变生产成本）。只有当垄断利润 Π^m（在图 1.1 中以 $CEFAC$ 的梯形面积来计量）超过 f 时，垄断者才引入这种产品。当且仅当社会福利 W（在图 1.1 中以三角形 ADG 的面积来计量）超过 f 时，社会计划者才引入这种产品。注意到 $W>\Pi^m$。因此，如果固定成本满足 $W>f>\Pi^m$，则垄断者不会引入这种产品，而社会计划者则会。所以，对于仅仅一种产品，垄断也许意味着“太少的产品”，而不是“太多的产品”。这可以解释为：一般来说，垄断者不可能独占社会剩余。$W-\Pi^m$ 代表净损失（以三角形 FEG 来计量）与净消费者剩余（以三角形 CDE 来计量）之和。企图以提价来获得消费者剩余，产生了无谓损失。与产品选择效率有关的是垄断者可获得的那部分潜在的净剩余。

评论 1 即使厂商收取垄断价格（因而产生无谓损失），在垄断条件下仍有产品太少的趋向，因为垄断者不可能获得净消费者剩余。

评论 2 在一种情况下垄断者可以通过引入该产品而获得全部的潜在剩余。当垄断者能够实行完全价格歧视时，就会出现这样的情况（即能够获得全部的消费者剩余而不产生无谓损失）。在第 3 章中我们将看到，完全歧视要求对个人需求函数（而不仅仅是总需求函数）完全了解，如果消费者需求不是单位需求，要求有非线性价目表，以及不存在消费者之间的套利。

评论 3 在第 10 章中我们将看到，与独占性类似的问题是对研发激励的 Schumpeter 反应的基础（那里的“产品”是一种发明）。

评论 4 第一个直觉会是，在需求弹性较大的情况下，产品（品种）减少的可能性更高。因为这导致垄断者收取较低的价格。然而，在需求为常数弹性的情况下，垄断者可独占的潜在剩余部分随这一弹性的提高而增加（见习题 1.1）。因此，低弹性的产品更经常地发生产品的供给不足。

2.2.2.2 多种产品垄断和多样化的过多供给

当垄断者可以制造几种产品时，会出现一种新的效应，即倾向于产生太强的多样化。假设垄断者能生产两种产品，这两种产品是替代品($\partial D_j/\partial p_i>0$，$i\neq j$，$i=1$，2)。它对产品 1 收取的价格高于生产该产品的边际成本。因而，对产品 1 实施垄断势力使产品 2 的需求函数向上移动。这可能使生产产品 2 有利可图。如果垄断者在产品 1 的市场收取竞争性（社会最优）的价格，就会无利可图。当这不是社会最优时，垄断者可能会生产产品 2。以下习题提供了这种情况的一个例子。

2

习题 2.3****：** 考虑 2.1.2 小节中的横向差异的例子。消费者沿着长度为 1 的线性城市均匀分布，每单位距离的运输成本为 t，有单位需求。除了区位差别之外，他们完全一样，而对垄断者销售的这种产品的总剩余为 $\bar{s}$。垄断者可以在不同地点销售这种产品，那么产品的多样化就用地点数来衡量。为简单起见，假设法律要求商店位于城市的边缘（横坐标上的 0 和 1)。建设一个销售点的固定设立费用为 f。生产该产品的边际成本为 0。假定 $t/2>f>t/4$，而 $\bar{s}$ 是“充分大的”(因而即使只有一个销售点，也可覆盖该市场)。证明：垄断者建立两家商店而社会计划者只建立一家。请作出解释。

本节的结论是，垄断者可能提供太多或太少的产品。除了这里所证明的两种效应之外，我们还将证明第三种效应，当我们引入垄断竞争时，这种效应影响产品的差异化。这第三种效应与厂商间的外部性有联系。

2.2.3 产品选择和歧视

面对具有不同偏好的消费者的垄断者渴望了解每一个特定消费者的偏好。如果它能够做到这一点，它就能够向对它的商品有较高的支付意愿的消费者收取高价，而向支付意愿较低的消费者收取低价（“劫富济贫”），这里假定消费者不能转售产品（套利）。但是，对一个消费者的偏好参数是没有“激励相容性”的。消费者有很强的愿望声称他的支付意愿很低以致将被收取较低的价格。像我们在第 3 章中将看到的，垄断者能够用与支付意愿相关的变量来区别对待消费者。如果消费者有向下倾斜的需求，一个这样的变量就是消费者所购买的数量：较多的购买量通常是较高的支付意愿的一个标志。这将导致对“非线性价目表”的调整。另一个这样的变量是所购买产品的质量：例如，在 2.1.1 小节的单位需求、纵向差异情况中，具有高 θ 的消费者比具有低 θ 的消费者更渴望消费高质量的产品。因而垄断者可以用其产品种类或产品系列（差率定价）在消费者之间实施歧视（把他们区分开）。第 3 章的补充节对此进行了描述。我们将看到，在理性假设下，销售给某一特定消费者的质量是次优的，垄断者倾向于提供“太多产品”。

2.3 质量与信息

一些产品（例如衣服）的质量，消费者购买之前就能知道。另一些情况下，人们在购买了产品之后才能知道其质量。例如，罐头食品的味道或餐馆的质量就属这种情况。还有一些产品，即使是在消费之后，也很难知道其质量（例如牙膏中氟化物的含量，医生诊治的及时性）。这三种类型的产品分别被称为“搜寻品”（search goods）、“经验品”（experience goods）（Nelson，1970）和“信任品”（credence goods）（Darby and Karni，1973）。确实，大多数产品不能按这种简单的方法进行分类，因为它们所具有的特性有的在购买前知道，有的在购买后才知道，有的无法知道。但是，这一分类法对于分析是很有用的。

前一节集中讨论了搜寻品。这种产品的主要问题是产品选择（质量、产品多样性）。对于经验品，主要问题是信息：消费者如何了解质量？厂商有哪些激励来提供信息？我们将看到，重复购买使消费者能掌握这类产品的质量。信任品面临十分严重的信息问题。由于明显的理由，它们通常需要政府干预。

广义地说，搜寻品包括“担保品”（warranty goods），在购买产品之前，并不总是需要观察其质量。如果产品的质量最终与所声称的特性不同，生产者就向买者提供完全的赔偿，那么质量不再成为问题；买者不担心生产者所声称的质量是否属实。尚待弄清的是生产者有没有提供完全担保的动机。可以证明，如果事后有可能评价产品的质量（绩效），如果产品绩效的变化能完全归因于生产者，则生产者的确想提供完全的担保（参看 11.5 节）。十分明显的是：如果生产者不提供完全的担保，买者就会产生怀疑。买者会正确地推断：生产者害怕提供完全担保的原因是产品很可能有缺陷，因而很可能导致生产者的赔偿。因此，低担保是低质量的一个信号。相反，完全担保制度使生产者将消费者的误解内部化，克服了信息问题。因此，完善的担保制度可以消除质量问题。

但是，在令人感兴趣的现实世界的许多情形下，担保制度是不存在或不完善的。当质量的含义是耐用性时，买者为了知道产品的确切质量，必须消费产品。如果像通常那样，那么产品的最终绩效取决于买者消费它的方法，也取决于产品的内在质量，消费者方也有一个道德风险问题：如果损坏可以得到完全的赔偿（即损坏对他无成本），买者就没有爱惜产品的动机。对付这一问题的很自然的方法是：不完全提供担保，让消费者承担与其行为有关的某些成本。逆向选择也可以导致有限担保。基于明显的理由，带有完全担保的产品会吸引拙劣用户或“高风险”消费者，而不太可能从担保中获益的消费者则购买与低担保相联系的（较便宜的）产品。

道德风险和逆向选择确实对担保制度的限制作了许多解释。例如，明显受车主的驾驶方式或养护行为影响的汽车部件（例如轮胎）不可能由制造商提供保单。但是对经验品，还有不完全担保的其他原因。虽然消费者可以观察到质量问题，但法庭也许不可能或者花很高费用来衡量产品质量。一方面，质量可能是主观的（使用一年以后的彩色电视机的颜色还能“合乎预期”吗）；另一方面，实施费用可能与问题不相称（当一件很便宜的产品损坏时，买者不会投诉制造商）。当制造商对所生产的产品质量的描述涉及许多特性，以及（或者）最终绩效状况有很大的不确定性时，担保不仅可能要花很高的实施费用，而且消费者进行评价也可能变得非常复杂。

在本节中，我们考虑经验品。为了获得明确的结论，我们假定不存在担保。我们先讨论当消费者只买一次（一种）产品时的信息问题。然后，我们讨论重复购买和声誉怎样刺激生产者提供适当水平的质量。补充节更详细地研究了重复购买。

2.3.1 一次性关系：道德风险和“柠檬”

2.3.1.1 道德风险

向只进行一次购买的消费者销售经验品的制造商，若既不提供担保也不因质量缺陷而被投诉，就有强烈的动机将质量降低到尽可能低的水平（只要提高质量必须花费成本），因为市场价格不反映不可观察的质量。这一最低水平也许是一种法定标准，或者是消费者可提供质量不合格证据的那一水平。因此，在生产者一方存在“道德风险”。

例如，道德风险问题可以解释为什么在巴黎的某些旅游点的餐馆中的食物没有达到可能达到的水平：消费的过路性质使信誉不能发挥重要作用。更一般地说，对于一次性购买，制造商所选定的质量可能是很低的。

考虑以下的简单模型（在补充节还将研究这种模型）。所有消费者都是相同的。当他们购买垄断者的价格为 p、质量为 s 的产品时，有偏好 $U=\theta s-p$，其他情况下，$U=0$。该垄断者选择价格 p，质量 s。质量 s 的单位生产成本是 c_s。质量可以“高”（$s=1$；成本 $c_1>0$）或“低”（$s=0$；成本 c_0 居于区间 $[0, c_1]$）。假设$\theta>c_1$，从社会角度看，生产高质量是有效率的。如果它以价格 p 销售质量 s，该垄断者的利润为（$p-c_s$）；如果不销售，利润为 0。（为不失一般性，我们将消费者的数量标准化为 1。）再假设在购买之前消费者不了解质量。很显然，不可能存在垄断者销售和提供高质量的那种均衡。垄断者降低质量会赚得c_1-c_0，而不会减少需求。如果 $c_0=0$，该模型的均衡状态为 $s=0$，从而 $p=0$，如果 $c_0>0$；市场消失，因为消费者不愿意为质量为 0 的产品花钱，因而该垄断者不能补偿成本。

在以上的简单模型中，我们假定了消费者在购买之前不能了解产品的质量。但是，在许多有趣的情况下，有些消费者在购买之前确实了解了与产品质量有关的信息。例如，他们进行技术测试，或者掌握了简单观察产品就能判断质量的技巧，或者阅读《消费者报告》。另一种可能性［在 Bagwell 和 Riordan（1986）的论文中有讨论］是，消费者逐个进入市场，以致在某一给定时点上，一些消费者了解质量，一些消费者不了解质量。

掌握信息的消费者对不掌握信息的消费者产生正的外部性影响。他们以更多的需求促使垄断者提高产品质量。[10]为说明这一点，假设在先前的模型中，消费中的一个外生给定部分 α 完全掌握信息（即在购买之前了解质量）。如果质量高，这些消费者就愿意支付 θ，否则为 0。其余 $1-\alpha$ 的消费者只有在购买之后才了解产品质量。假设垄断者收取价格 $p\in[0,\theta]$。如果质量高，掌握信息的消费者就购买，产生的利润为 $\alpha(p-c_1)$；如果质量低，就不购买。考虑不掌握信息的消费者的行为。首先假定他们不购买。那么，唯一的需求来自掌握信息的消费者，垄断者的最优选择是高质量（只要 $p\geqslant c_1$）。此后，不掌握信息的消费者会预期质量是高的，于是会购买（我们假设 $p\leqslant\theta$）——一种矛盾的行为。再假设不掌握信息的消费者购买。如果提供高质量，垄断者的利润是

$$p-c_1$$

如果提供低质量，垄断者的利润是

$$(1-\alpha)(p-c_0)$$

当且仅当

$$p-c_1\geqslant(1-\alpha)(p-c_0)$$

即

$$\alpha p\geqslant c_1-(1-\alpha)c_0$$

时，它提供高质量。

从以上不等式中，我们可以说明两个有趣的经济现象。

第一，只有当价格充分高时，垄断者才提供高质量。当价格高时，垄断者害怕失去掌握信息的消费者那里的高利润；这使低质量的吸引力较小。在这一意义上，当也存在掌握信息的消费者时（而且垄断者不能向不同类型的消费者提供不同的质量），对于不掌握信息的消费者，高价格可以表明高质量。的确，如果

$$\theta\alpha\geqslant c_1-(1-\alpha)c_0$$

在均衡条件下，垄断者收取 $p=\theta$，并提供高质量。[11]

第二，掌握信息的消费者的比重 α 越高，我们的条件越可能得到满足。[12]

这是很自然的，因为正是掌握信息的消费者阻止垄断者降低质量。于是，我们说明了增加掌握信息的消费者的数量有利于提高效率。[13]

后一个结论提供了政府干预的一个理由。消费者是否掌握信息并不取决于成为掌握信息者的相对成本（多么不厌其烦地阅读《消费者报告》，多么善于了解新产品等）。但是，当决定是否要掌握信息时，消费者仅仅考虑私人成本和私人收益。

他并不考虑这样的事实：通过较好地掌握信息，他导致（或使得）垄断者可信地提供高质量。因此，消费者信息应该被鼓励超过其私人最优水平。这种鼓励也许就是向《消费者报告》这样的杂志提供补贴。[14]

习题 2.4**：在上述例子中，证明：如果

$$\alpha p < c_1 - (1-\alpha)c_0$$

在均衡条件下，仅有一部分不掌握信息的消费者购买，垄断者在高质量和低质量之间作随机选择。

2.3.1.2 柠檬问题

2

Akerlof（1970）曾证明了，当选择变量是将产品投入市场而不是产品质量时，也会产生同样的问题。基本思想和前面一样，如果买者在购买时不知道产品质量，购买价格必定与实际质量无关。这暗示：只有当产品是低质量的时，卖者才会将产品投入市场，否则卖者自己“消费”这些产品会更好。

Robinson Crusoe（当事人 1）是一只山羊的独占所有者。Friday（当事人 2）是这只山羊的潜在买者。山羊的特性为 s，即每天的产奶量（质量参数）。Robinson 如果持有这只山羊，有剩余 $\theta_1 s$；如果按价格 p 出售，就有 p。Friday 如果按价格 p 购买，就有剩余 $\theta_2 s-p$；否则为 0。假设由于技术原因，羊奶不能买卖，只有山羊可以买卖。Friday 对质量的边际评价超过 Robinson 的评价：$\theta_2>\theta_1$（双方都了解这两个参数）。因此，不考虑 s，进行买卖是帕累托最优。但是，买卖必须是自愿的。Robinson 有对山羊的经验，完全了解 s。Friday 只知道 s 在区间［0，$s_{\max}$］上均匀地分布（这是山羊的通常分布，Robinson 的山羊取自该分布）。假定 Friday 是风险中性者（他的目标函数是 $\theta_2 s^a-p$，其中 s^a 是给山羊出售时的条件期望质量。）是否存在一个能使 Robinson 和 Friday 同意进行交易的价格 p（$\leqslant\theta_1 s_{\max}$）呢？假定存在，那么 Friday 应该推断：如果 Robinson 愿意以价格 p 出售他的山羊，质量 s 一定满足 $p\geqslant\theta_1 s$。这意味着：当且仅当 s 属于区间［0，p/θ_1］时，Robinson 才出售山羊。在 s 事前给定为均匀分布的情况下，供出售的山羊的平均（期望）质量是

$$s^a(p)=\frac{1}{2}\frac{p}{\theta_1}$$

将山羊上市的决定使平均质量下降［对于 $p\leqslant\theta_1 s_{\max}$，$s^a(p)\leqslant\frac{1}{2}s_{\max}$］。这就是所谓的逆向选择或柠檬问题。[15]

当且仅当 Friday 从这一交易中获得的预期剩余为正，即当且仅当 $\theta_2 s^a(p)\geqslant p$ 或 $\theta_2\geqslant 2\theta_1$ 时，Friday 才同意购买。如果 $\theta_2<2\theta_1$，偏好差距不太大，就不存在使 Robinson 愿意出售而 Friday 也愿意购买的价格。[16]在这种情况下，市场完全无效。无论 s 为什么，都不会发生社会合意的交易。以下习题略为详细地提供了这样的例子。

在这一例子中，市场不存在的原因是明显的。假设价格高，卖方也愿意出售，但买方不想购买。使市场平衡的传统方法是降低价格以减少超额供给。[17]但是，这种机制在这里可能无效。价格下降使该市场上的平均质量降低。（从一定意义上说，仍有产品出售的事实变成了“坏消息”。实际的质量是内生给定的。）这可能导致减少需求而不是增加需求。

一般来说，市场可能不会不存在，它可能只是由于逆向选择而缩小，在旧车市场就会出现这种情况，交易数量一定少于质量信息结构完善条件下会达到的数量（撇开其他交易费用）。在保险市场也会发生这种情况——高风险消费者更可能愿意购买健康保险或人寿保险。

是否有相反的因素减少这一问题？我们已经提到过重复购买的概率（下一小节研究这一问题）和担保的可能性。与逆向选择有关的另一个方法涉及多项契约，即除价格之外载明一些另外的条款。买者可以通过改变这些不同条款的组合来选择相对满意的产品和卖者。反之，卖者可以通过自己所提出的条款组合来表明其产品不为人知的特性。例如，事故概率高的消费者比事故概率低的消费者更希望有对事故的足额保险。保险公司可以采用两项目的契约——｛价格，发生事故时的赔偿额｝——并且可以向低事故概率的客户收取较低的价格，发生事故时仅向他们作部分赔偿。（折扣赔偿是部分保险的一种形式。）这种情形之下的市场组织是一个非常有意思的论题，但超出了本书的范围。[18]我们只简单地注意，在赔偿水平上实行差别待遇，即使从私人方面看是最优的，从社会方面看也不是最优的，即使是在不完全信息结构的条件下。

在有些市场中，政府管制或干预是很强的。这可以采取质量控制、最低质量标准、职业许可和执照（像对医生、会计师和律师那样）或安全管制等形式。[19][20]

习题 2.5**[21]：潜在的旧车卖者和买者数量均为 N（这里，N 是大数）。潜在卖者的质量分布由 $F(s)$ 给定，$F(s)$ 在区间 $[s_{\min}, s_{\max}]$，有密度函数 $f(s)$。当质量为 s 的汽车自用时，所有卖者有剩余 $\{\theta_0 s\}$，而出售汽车时，则获得 p（因而除了汽车的质量之外所有卖者的条件都是相同的）。当购买一辆质量为 s 的汽车时，买者有剩余 $\{\theta s-p\}$，如不买，则为 0。买者是不相同的：θ 在 $[\theta_{\min}, \theta_{\max}]$ 上分布，分布函数为 $G(\theta)$，密度函数为 $g(\theta)$。假设 $\theta_{\min}<\theta_0<\theta_{\max}$。卖者知道汽车质量，买者不知道（不对称信息）。

（1）给出有效交易量（即对称信息条件下的交易量）和有效组合。

（2）计算不对称信息条件下的需求与供给。说明为什么需求曲线不一定向下倾斜（尽管不存在收入效应）。

（3）解 f 和 g 在 $[0, 1]$ 中均匀分布的一个竞争性均衡。证明交易是次优的。

（4）证明：一般来说，可以存在多个均衡状态。假定是这种情况。证明较高价格均衡帕累托优于较低价格均衡。与福利经济学的第一基本理论比较。

（5）证明：最低限度质量标准 $s_0>0$，如果实施，可以改善福利。

2.3.2 重复购买

在没有担保的情况下，重复购买向消费者提供了某些监控质量的方法。根据经验，消费者了解了产品的特性。只要他们现在的经验与未来的质量有些相关，他们就获得了对于是否应该再次购买的有用信息。这一机制能以两种方式发生作用。第一，该产品的质量并不随时间而改变。例如，某一消费者可能尝过特定年份和葡萄园的葡萄酒。如果他喜欢这种酒，就可能喜欢同年份和同一葡萄园所制的其他酒。过去的消费带来了对质量（或所有同类物品）的直接信息。不过，质量常常会随时间推移而变化。一家餐馆中的一顿好餐也许并不意味着同一餐馆中的下一顿餐也是好的。厨师可能会用低质的配料，花较少的备食时间，等等。如果生产者可以随时改变质量，现在的质量就未必说明未来的质量。在这种情况下，重复购买机制只能以间接方式运行。

补充节将详细研究重复购买问题。这里概述几个重要观点。

先考虑质量不可改变的极端情况，因而，消费带来了直接信息。为了抽象掉道德风险问题，暂时假设质量是给定的。高质量产品的生产者面临的唯一问题是如何促使消费者尝试其产品。如果尝试新产品的心理成本低而未来购买的可能性又很高，消费者不会不愿意尝试新产品。但是，许多生产者可能觉得试用的成本很高，即使这种试用揭示了真实的质量。那么，生产者能否运用定价策略或某种替代方法来促使消费者尝试呢?

一种很自然的方法是在开始推销期（始销期）收取低价。但是，如果低价格意味着低质量，消费者可能仍然不愿意购买。因此，我们必须研究高质量生产者是否更具有用低价格来鼓励消费者试用的动机，而不是当产品质量低劣时才会采取降价方法。简而言之，假定质量可以“高”或“低”[22]，而低质量是如此之低，以至于不能导致重复购买。

我们的问题的答案取决于两种效应间的比较。一方面，高质量产品导致更多的重复购买（Nelson，1974）。因此，与低质量生产者相比，高质量生产者吸引一个消费者产生更多的未来收益。所以，高质量生产者更愿意牺牲当前利润（收取低价格）来吸引消费者。另一方面，给定价格，由于生产成本较低，低质量产品一般会有高利润（Schmalensee，1978）。这样，从静态来看，低质量生产者更具有吸引消费者的激励。因为低质量生产者总是可以模仿高质量生产者始销期的定价策略，为使价格传递关于产品质量的信息，因重复购买而获得的收益差必须超过低质量生产者的成本优势。如果这一条件得到满足，高质量生产者就能牺牲当前利润，用收取低价的方法来显示其质量。低质量生产者不会愿意模仿这样的牺牲，因为，对于低质量生产者，消费者并没有那么高的价值。所以，在某些条件下，低价格可以表示高质量。就质量而言，高质量生产者说：“我将很快占据市场，因为我的质量高。为了向你们证实这一点，我现在愿意损失一些钱。你们知道，如果我的质量不高，这样做对我是没有什么好处的。尝试一下吧。”

实际上并不一定用始销价格作为质量的信号。垄断者一开始用来“证明”它将长期占据市场的大量花费都可以成为质量的信号。的确，Nelson 本来就认为，不包含实质内容的广告可能是质量的信号。例如，并未向消费者提供直接信息的浪费的广告战有时可以被看作是保持市场的声明。当然，这产生了一个问题：大量的花费或始销优惠是不是显示质量的最便宜的方法？这一问题将在补充节中讨论。

如果维持市场不成问题，即如果低质量生产者保持其商誉（一旦告知消费者，就将被迫收取低价），那么高质量生产者可能要通过高价格来显示其质量。这是因为，即使是在完全的质量信息的条件下，由于成本差异，低质量产品也可以比高质量产品产生更多的利润，因而可能导致这样的结果：对于低质量生产者，购买是更有价值的。在这种情况下，显示高质量的方法是，以高价格来“证明”该生产者不害怕缩小需求。[23]而且，对于高质量生产者来说，做广告可能是最优的显示策略的必要组成部分（Milgrom and Roberts，1986）。

读者也许会被低价格可以显示高质量的结论所困惑。在讨论道德风险时，强调了这样的观点：在存在一部分直接掌握信息的消费者的情况下，生产者更害怕因价格较高而失去消费者，因而具有提供高质量的较强动机。以低价格还是以高价格来显示高质量的情况是不同的。低价格与存在重复购买相对应，而高价格则与掌握信息的消费者相对应。制定引入新产品策略的经理人员或观察新产品出现的局外人都应该记住这两个模型，并尽力准确地判断需求的性质。自然，两种因素——掌握信息的消费者和重复购买——的混合可能会混淆价格所传递的信息内容。例如，将最初掌握信息的消费者引入重复购买模型就会使高质量生产者更不愿意提供低的始销价格（因为高质量生产者可以向掌握信息的消费者收取高价）；这也更可能使大量浪费的花销（例如广告）成为质量的信号。

我们再来讨论另一极端情况：在每一“时期”（时期的意思是消费者了解质量所花的时间长度）垄断者都选择一种新的质量。只有当昨天的高质量显示垄断者今天会再次选择高质量时，即当垄断者有高质量的声誉时，重复购买才能像 2.3.1.1 小节中所描述的那样发挥避免出现道德风险问题的作用。补充节描述了两个模型，说明“声誉”是如何形成的。这两个模型是 Klein-Leffler/Shapiro 的质量酬金（贴水）模型和 Kreps-Wilson/Milgrom-Roberts 的不对称信息模型。

概略地说，质量酬金模型是基于这样的思想：在重复博弈中，消费者能够用不再购买的方式对垄断者选择低质量作出反应。只有当高质量可以得到一个利润差额时，这种反应才成为对垄断者的惩罚。这样的差额称为“质量酬金”（“质量贴水”）。人们因而可以构建一个均衡，在这种均衡中，垄断者因害怕消费者报复而保持高质量。只要质量高，消费者就购买。质量酬金就是未来的销售损失所造成的代价超过现期降低质量所带来的成本节省的部分。（这种情况要求重复博弈的次数是无限的。在有限次重复博弈的条件下，垄断者具有在最后一个时期，直至倒数最后一个时期……降低质量的动机。于是，市场均衡表现为2.3.1.1小节中所描述的重复 T 次时的不良均衡。不对称信息的情况不要求无限次重复。）

Kreps-Milgrom-Roberts-Wilson的声誉理论是以消费者关于垄断者的不完全信息为基础的。更准确地说，它是从消费者确信垄断者即使是在一次性关系中也可能不会具有提供低质量的动机开始的（即它"天然"会提供高质量）。例如，至少会有一些这样的可能性，即高质量实际上并不比低质量成本更高。或者，利润最大化也许不是垄断者的唯一目标，"诚实"——不愿意声称高质量而提供低质量——会使得垄断者提供高质量，即使是在与它的声誉无关时。这方面的文献表明，即使垄断者的静态利润最大化选择是低质量，它也需要暂时保持高质量（声誉）。这样做，它可能使别人相信它是高质量生产者（因而未来也不断提供高质量），因为弄不清垄断者的实际"身份"，消费者会重复购买。如果是有限次博弈，利润最大化类型的生产者在博弈最后一刻降低质量而利用自己的声誉挣钱，这使消费者在看到低质量之后不再购买。这些文献的主要发现是：只要消费者充分经常地重复购买（重复次数足够多），即使垄断者有很小的可能性是非利润最大化的，也会导致利润最大化类型的生产者树立一个高质量的声誉。补充节中讨论和比较了获得声誉的两种方法。

重复购买什么时候会导致厂商提供高质量呢?[24]显然，两个必要条件是，消费者能足够迅速地了解到所购买物品的质量，以及足够经常地进行重复购买。只有在这两个条件下，厂商才会有提供高质量的诱因。可以证明，向稳定顾客提供服务的餐馆（或者是在授权经营的连锁餐馆的情况下，如果授权人可以监督被授权人的质量），这些条件是可以得到满足的。

区分两种极端的质量类型是方便的。第一种类型将在补充节中讨论，它被称为"纵向产品空间模型"：产品具有消费者喜欢的一些特性。与消费该产品相联系的消费者总剩余在一定时期内是这些特性数量的增函数。第二种类型是耐用性。只要这种产品"在工作"，消费者总剩余就是既定的。质量由该产品从购买到损坏之间的时间来衡量。在第二种质量类型的情况下，声誉机制虽然还可能发挥作用，但有效性较低。问题在于，高质量产品（即耐用品）比低质量产品较少重复销售。在极端情况下，一件不会损坏的产品是不会有重复销售的。生产者不想生产这样的产品，因为它比低耐用性的产品更贵（这同Swan的最优耐用性命题相反，该命题假定在购买之前就可以观察到耐用性）。[25]

2.3.3 质量、信息和公共政策

一方面，有些产品质量差或有缺陷的单纯事实本身并不是政府干预的理由，因为政府与消费者一样也会面临同样的信息困难。另一方面，当考虑到信息不对称时，没有理由认为市场配置一定是有效的。本节的目的是给出一些提示，表明政府干预在什么时候可能是合意的。[26]

2.3.3.1 科斯定理的缺陷和产品责任

为了对可能的政策干预进行评价，我们先假定政府关于产品质量的信息的先验判断与消费者相同。

这样的假定提出了如下问题：什么是政府能做而又无法通过生产者与消费者的契约达到的？一种观点认为，垄断者也可以通过详细的契约条款来达到政府干预所能达到的效果。而且，垄断者可以通过提高价格来独占这些收益。因此，任何合意的政府干预都可以用私人方法来实现。这意味着没有政府干预的余地。这种推论似乎可以得到扩展的科斯定理的支持。[27]但是，我们将看到科斯定理不太可能应用到这里。

私人契约的有效性一般要求有完全的信息，不存在交易费用，也不存在对第三方的外部性。

不完全信息 不完全信息是质量问题的基础。但是，人们可以认为，即使均衡不是完全帕累托有效的，相对于信息结构，它也可能是（受束缚的）帕累托有效的。（因为政府被假定拥有与消费者同样的信息，它不可能扩大私人契约的范围。）这种猜想最终被证明是错误的。在次优条件下，在经济当事人之间一般存在外部性，这些经济外部性必须得到纠正。在一次性关系中，掌握信息的消费者对不掌握信息的消费者有正的外部性。政府则可以通过对信息的取得提供补贴而改善福利。

交易费用 交易费用可能导致不完备的合同，特别是一家厂商与其消费者之间的合同更是这样。契约常常并不存在（是隐含的）或者只是一种格式化的契约。为了说明这个问题，我们略微改变一下分析框架，假定在事后可以公开观察到一些方面的质量。例如，考虑汽水瓶，它有较小的爆炸可能性。购买汽水的消费者不会要求厂商签订一份详细的合同，因为这样做的费用与消费这种产品所获得的剩余是不相称的。但是，有效的制度要求，当瓶子发生爆炸和损伤了消费者时，生产者要负责。这就要求给厂商以生产安全瓶子的激励。于是，法律可以替代不完备的合同。实际上，这是拥护产品责任立法（卖者留心）的主要论据。[28]

产品责任立法的反对者会反对上述主张，他们认为，生产者提供合同承诺，当发生事故时对消费者进行赔偿会更好一些。但是，消费者通常没有时间来看这样的合同，或者并不理解其中的条款。而且可能有消费者未预见的意外事件。当这些意外事件对消费者发生了损害时，生产者并不会重视它们。[29]例如，消费者可以预见他用来漆房子的油漆可能不能持久，但不知道油漆中可能含铅，会毒害他的孩子。

我们的结论是，在这里，不能运用科斯定理，并且选择性的政府干预可能是需要的。

2.3.3.2 创造信息

我们前面假定政府并不拥有比消费者更多的信息。有时，质量测试可以加快消费者对质量的了解。[30]这适用于经验品，也可能以某种方式适用于信任品。对于信任品，要么无法获得信息，要么获得信息太慢、太迟。以导致癌症或影响遗传因子的化学物质为例。这个例子有助于说明产品责任的局限性。首先，消费者很难获得损害赔偿。其次，面临一系列花费高昂的法律诉讼威胁的厂商通常要破产。这意味着，相对于危害，惩罚是轻微的。[31]在这种情况下，产品责任对于提供合格质量是一个很不完善的诱因（在上述案例中，就是确保化学物质没有很高的毒性）。因而直接的质量控制可以完善或补充产品责任方面的法律。

2.3.3.3 消费者误解

消费者误解也可以用来作为支持产品责任立法的基础。在本章中（如本书的几乎所有各章一样），我们假定消费者理性地形成经验。他们即使不能完全掌握有关产品质量的信息，也不表现出系统的预期偏差。Spence（1977）假设消费者系统地高估产品不会损坏的可能性。具有理性预期的生产者则从提供价格低而较少担保的产品中获利。[32]消费者愿意接受这样的安排，因为它们错误地觉得损坏的概率不高。反过来，较少的担保又使生产者降低可靠性。这样的误解自然要求政府提高超出私人契约水平的责任。[33][34]

2.4 广告宣传

长期以来广告一直被认为是浪费的和操纵性的。一个原因也许是，广告是产业组织研究的主题之一，而传统的假定（特别是与消费者行为有关的假定）是很严格的。产品的广告有很强的心理学和社会学因素，超过了关于客观质量的最优推断。例如，广告代理人总是力图诉诸消费者对于社会认同、流行生活方式等的自觉和不自觉的意愿。广告也有重要的经济方面的因素（Dorfman and Steiner，1954；Kaldor，1950；Nelson，1970，1974；Schmalensee，1972）。我们自然集中讨论其经济方面。[35]

我们可以区分传递“硬”（直接）信息的广告和传递“软”（间接）信息或完全不传递信息的广告。硬信息包括产品存在、价格、零售的配送渠道、产品的物质形态等。大多数电视广告都不提供除产品存在之外的其他信息。如 Nelson（1974）所指出的，如果广告仅仅是散布硬信息，就应该有更多的搜寻品（能在购买之前评价其质量的产品）广告。但是，事实与这样的预见相反：经验品做了大量广告。

Dorfman-Steiner 模型提出了硬广告的一个简单的范式，这一模型（如注释[8]中那样），将广告重新解释为关于产品存在的一组信息。在 2.3 节中提出并在补充节中继续讨论的信号模型涉及的是软信息。我们已经建立了这些模型，而且广告的一些令人感兴趣的性质是与产品竞争有关的，所以，在这里我们不再分析垄断条件下的广告问题。[36]

2.5　结束语

当产品的特性在购买之前就能观察到时（如在搜寻品的情况下），垄断者一般会以从社会角度来看是次优的方式来选择这些特性，因为它关心的是边际消费而不是平均消费。虽然很显然在产品选择中会有偏离，但偏离的方向与模型有关。例如，垄断者供给的产品质量可能过多也可能过少。与这一问题密切相关的是产品的多样性。如果只有一种产品，垄断者就会倾向于少供给产品（即当销售产品会达到最优时，并不这样做），因为它并不能使相关的净消费者剩余内部化。而多种产品的垄断者则会销售太多产品，因为将一种产品的价格定在其边际成本之上可以为它的其他产品人为地创造需求。

在经验品的情况下会有新的问题。由于道德风险和逆向选择，会有质量供给不足的倾向。消费者信息、重复购买、担保、垄断者发信号（价格、广告）可以减轻这一信息问题。

虽然在理论层次上比较容易理解产品选择中的偏差，但是，留待要做的工作仍然是要弄清这些模型如何运用于特定的产业。而且，本章过多地强调了积极的方面。以信息结构（包括政府信息）的研究和各种政策工具（财政的、法律的和规制的）的研究为基础进行更详细的福利分析会更有价值。

2.6　补充节：重复购买

如前所述，重复购买可能有两种不同的方式。如果质量是不变的，观察当前的质量就可以获得关于未来质量的信息。如果质量可以随时改变，当前的质量仍可能是一种信号。

我们从这样的假定开始来分析重复购买，即假定产品的质量是外生给定的和不可改变的。在这个简单的分析框架中，有两个主要问题：（1）对于生产者，商誉的价值是什么？生产者是否应该用“始销优惠”来扩大商誉？（2）如果生产者了解产品的质量，它能否通过明智的价格选择、广告等来显示这样的质量？

为了区分第一个和第二个问题，我们建立一个模型，其中，生产者和消费者拥有同样的不完全信息。信息问题仅仅产生于这样的情况，即一定的消费者事先不知道他是否喜欢产品。喜欢产品是消费者与生产者之间的“匹配”问题，而不是质量问题，因为喜欢产品的概率（质量的度量）是已知的。然后，再讨论与生产者对质量的信息优势相关的问题（第二个问题）。接下来，再用包含序贯道德风险的模型来分析声誉问题。

2.6.1 不存在道德风险的重复购买

2.6.1.1 商誉和始销优惠[37]

考虑以下的匹配模型。存在大量消费者。具有偏好 θ 的消费者对垄断者生产的产品有如下即期偏好：

$$U=\begin{cases}\theta s-p & \text{如果以价格 } p \text{ 购买}\\ 0 & \text{其他}\end{cases}$$

式中，s 表示对该消费者的质量（见 2.1 节）。

2

这里，质量纯粹是“特质的”（idiosyncratic）或“主观的”——换句话说，消费者之间是不相关的。假定质量有两个可能的水平：$s=0$（“不匹配”），$s=1$（“匹配”）。消费者与生产者之间匹配的概率为 x，它在区间（0，1）取值。如前所述，x 是共知的。偏好参数 θ 以累积分布 $F(\theta)$ 在消费人口中分布。我们将人口标准化为 1（不失一般性）。生产该产品的单位成本是 c。

有两个时期：$t=1$，2。垄断者索取 p_1 和 p_2。为简单起见，我们假定，在第 1 期，它不能对第 2 期的价格作出承诺。[38]在第 1 期购买过该产品的消费者知道他们是否喜欢它。当且仅当他们在第 1 期喜欢该产品且 $\theta\geqslant p_2$ 时，他们才会在第 2 期购买。根据大数定律，喜欢这种产品的消费者的比例为 x。

首先，考虑消费者和生产者短视的情况，其共同的贴现因子 δ 等于 0。在第 1 期，当且仅当具有参数 θ 的消费者从购买该产品中获得的预期剩余为正，$E(\theta s)-p_1\geqslant 0$，或 $\theta\geqslant p_1/x$ 时，他才会以价格 p_1 购买。这样，价格为 p_1 时的需求为 $1-F(p_1/x)$。垄断者第 1 期的利润是

$$(p_1-c)[1-F(p_1/x)]$$

对于消费者，与喜欢该产品的概率 x 相联系的价格 p_1 等价于只有当他们满意时才支付的价格 p_1/x（如果能实行这样的契约）：

$$\theta x-p_1=x(\theta-p_1/x)$$

我们引入 $\tilde{p}_1\equiv p_1/x$ 并令 $\tilde{c}\equiv c/x$，垄断者的第 1 期利润可以记作

$$x(\tilde{p}_1-\tilde{c})[1-F(\tilde{p}_1)]$$

这一利润不过是当 x 比例的消费者事先就知道他们是否喜欢该产品时，垄断者能实现的利润，不同之处仅在于：单位生产成本是“平均每个满意的消费者”的生产成本 $\tilde{c}$，而不是 c。实际成本高于 c，因为垄断者不能预见到匹配的消费者。令 $p^{m}(\gamma)$ 为当单位成本为 γ 时完全信息条件下的垄断价格，即 $p^{m}(\gamma)$ 最大化 $x(p-\gamma)[1-F(p)]$。

在第 1 期，垄断者选择 $\tilde{p}_1=p^{m}(\tilde{c})$。因为 $\tilde{c}\geqslant c$，$\tilde{p}_1\geqslant p^{m}(c)$（参看第 1 章）。或

者，$p_1 \geqslant xp^{\mathrm{m}}(c)$，由此得到的结论是，这一价格超过经消费者不喜欢该产品的概率所调整的完全信息垄断价格。这是由于被满足的平均每一消费者的单位成本超过生产成本（除非后者为 0）。

现在考虑在这种短视的情况下的第 2 期价格。第 2 期的需求曲线由图 2.3 表示。垄断者有两种策略：仅仅迎合友好的（第 1 期）顾客和力图吸引新顾客。我们从第一种策略开始。第 1 期的边际消费者有参数 $\tilde{p}_1 = p^{\mathrm{m}}(\tilde{c}) \geqslant p^{\mathrm{m}}(c)$。因为第 1 期的消费者已完全掌握了信息，边际生产成本是 c，所以，垄断者索取价格 $p_2 = \tilde{p}_1$。[39]那么，垄断者第 2 期的利润是

$$x(\tilde{p}_1 - c)[1 - F(\tilde{p}_1)]$$

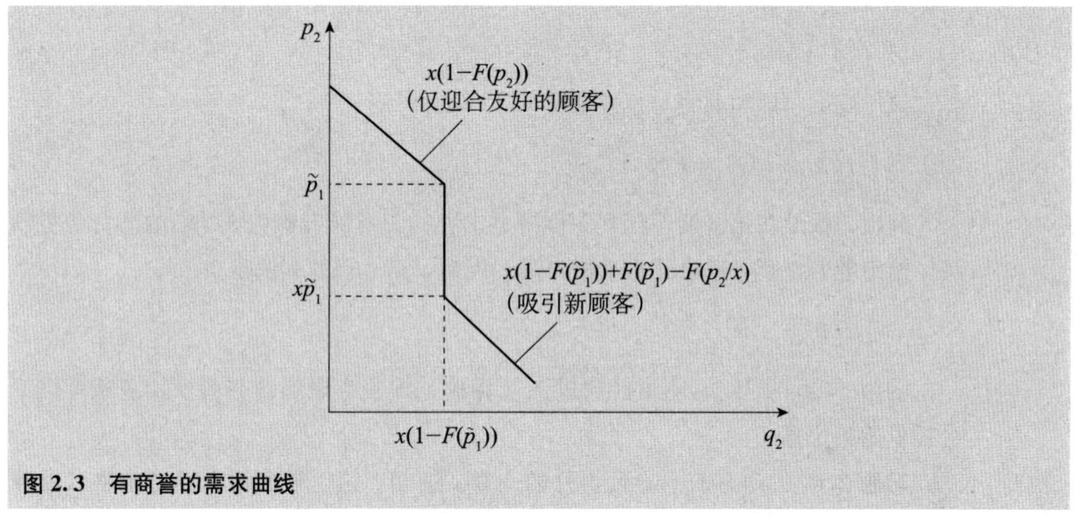

图 2.3　有商誉的需求曲线

第二种策略，索取价格 $p_2 \leqslant x\tilde{p}_1$，吸引新顾客。那么，垄断者的第 2 期的利润是

$$(p_2 - c)\{x[1 - F(\tilde{p}_1)] + F(\tilde{p}_1) - F(p_2/x)\}$$

这样的策略不是最优的——注意，利润可以记为

$$x(\tilde{p}_2 - \tilde{c})\{x[1 - F(\tilde{p}_1)] + F(\tilde{p}_1) - F(\tilde{p}_2)\} < x(\tilde{p}_2 - \tilde{c})[1 - F(\tilde{p}_2)]$$

式中，$\tilde{p}_2 \equiv p_2/x$。

因此，对于短视的消费者和短视的垄断者，垄断者索取 $p_2 = p_1/x$，仅仅迎合第 1 期的顾客（垄断者已树立起商誉的那些顾客）。第 2 期的价格高于第 1 期。这是自然的，因为顾客知道他们喜欢这种产品。

这是否意味着垄断者提供了“始销优惠”？请注意，在第 1 期，消费者对于确定地支付 p_1 和以喜欢该产品为条件而支付 p_2 是无差异的。根据 Farrell（1984），我们将始销优惠定义为：第 1 期的价格绝对低于第 2 期（完全信息）的价格乘以第 1 期顾客喜欢该产品的概率。[40]在这一意义上，垄断者没有提供始销优惠。

我们来更一般地讨论非短视的当事人。垄断者和消费者有同样的贴现因子 δ。直觉表明，考虑到动态前景，垄断者应该力图在第 1 期积累大量顾客，从而在第 2 期获益。但是，这种直觉是不正确的（Farrell，1986；Milgrom and Roberts，1986）。

如在短视的情况中一样，很容易证明，垄断者并不力图在第 2 期吸引新顾客。与第 1 章所讨论的耐用品垄断者的情况相反，第 2 期降低价格以吸引新顾客也会使第 1 期的顾客获益。总之，垄断者会从机会主义地利用自己的商誉中受益。

有趣的问题是，垄断者是否会仅仅迎合一部分忠实顾客？为证明这种策略是不利的，要分两步。首先要说明，如果这样，第 1 期的边际消费者会在这一时期作出短视的决策，因为他知道在第 2 期他不会购买。因此，价格 $p_1=x\tilde{p}_1$ 时的需求是

$$1-F(\tilde{p}_1)$$

该厂商第 1 期的利润与短视情况下一样：

$$x(\tilde{p}_1-\tilde{c})[1-F(\tilde{p}_1)]$$

其次，假设在第 2 期厂商索取价格 $p_2\geqslant\tilde{p}_1$。只有具有参数 $\theta\geqslant p_2$ 的消费者将购买，给定他们在第 1 期已经喜欢该产品。因此，第 2 期的利润是

$$x(p_2-c)[1-F(p_2)]$$

因为 $c\leqslant\tilde{c}$，所以 p_2 不可能超过 $\tilde{p}_1$。因此，即使考虑到动态前景，垄断者也不会提供始销优惠。

习题 2.6*：动态前景导致更好的商誉。证明：第 1 期和第 2 期的价格以贴现因子 δ 下降。给出这一结果的直观说明。

无始销优惠的结果可以解释为：没有理由“硬要”吸引那些垄断者以后不想再迎合的顾客。

2.6.1.2 显示存在的质量

现在，我们来讨论了解产品质量的生产者通过价格选择、广告等来显示其质量的可能性。在两个方面修改先前的模型。第一，假定在消费者之间，s 是完全相关的，而不是不相关的——换句话说，或者所有消费者都喜欢该产品，或者没有消费者喜欢该产品。那么，s 是质量的一个客观衡量标准（纵向产品空间）；$s=0$ 表示低质量，$s=1$ 表示高质量。第二，假定垄断者知道产品质量，而消费者只有试用了产品才能了解质量。再假定，只有试用了该产品的消费者才了解质量。[41]令 c_0（c_1）表示生产一件低质量（高质量）产品的单位成本。

无论真实质量如何，垄断者总是想让消费者相信质量是高的。消费者应该理解这一点，而问题是，垄断者能否可信地显示高质量？

在这一模型中，垄断者可以用两种潜在方法来显示：产品价格，以及铺张的（浪费性）花费。后者的一个例子是，不传递产品质量的直接信息的广告战。两种

方法有一些相似之处（例如，从垄断者的观点看，始销优惠有点像挥霍金钱）。不同之处是，始销价格的成本与需要成比例，而浪费性花费是固定成本。而且，消费者从始销优惠中获益，而浪费的花费对他们没有直接好处。

Nelson（1974）证明，浪费性花费（或始销价格）可以显示质量。他的观点是高质量产品导致重复购买。因此，高质量产品从形成商誉中获得的未来报酬高于低质量产品。假设在消费者心目中，高质量与某种最低限度的浪费性花费是联系在一起的。那么，如果产品质量是高的，为了提高商誉，增加未来收益，垄断者会愿意花这些费用。生产低质量产品的垄断者不会这样做。在这种情况下，消费者的预期证明是对的，尽管浪费性花费并没有传递关于质量的直接信息。

Schmalensee（1978）指出，不明显的是，高质量的垄断者比低质量的垄断者具有更强的吸引顾客的动机。尽管高质量的垄断者这样做的未来收益可能较高（按 Nelson 的观点），但它的当前收益也较低。这是由于高质量的垄断者的生产成本会比低质量的垄断者更高（$c_1>c_0$）。给定第 1 期价格 p_1，低质量的垄断者平均每一顾客的利润额较高：$p_1-c_0>p_1-c_1$。这一结果可能使浪费性花费不能成为质量的信号。Klein 和 Leffler（1981），特别是 Kihlstrom 和 Riordan（1984），Milgrom 和 Roberts（1986）更详细地研究了这一问题。

Spence（1973）建立了一个正式的信号模型来描述工人如何能通过（可能是浪费的）教育支出向雇主显示他们的能力。转到我们的质量问题上，Spence 分析的寓意是：高质量生产者能够用一种方法——例如价格或浪费性花费——来显示其质量，如果高质量生产者使用这种方法的成本（得到的收益）比低质量生产者更低（更高）。

现在，我们来考虑一个例子，其中，始销价格与浪费性花费实质上是等价的，因而垄断者只用其中的一种方法来显示质量。（多维的显示是一个更复杂的问题，将在以后进行简略的讨论，它要求对哪种方法是成本较低的信号进行考察。）

假定所有消费者都是相同的（即都有相同的偏好参数 θ）。如果产品是高质量的，总剩余是 θ；如果产品是低质量的，总剩余为 0。为简单起见，假设只有在时期 1 消费的消费者才能在时期 2 消费。（如前一节中所提到的，可以放松这一假设而不改变结论。）我们将假设 $x\theta<c_1$，这里，x 是产品属于高质量的先验概率。我们将看到，这一条件意味着，如果高质量生产者不能显示其产品质量，就会被低质量生产者驱逐出市场。（在没有新信息的情况下，消费者愿意支付 $x\theta$。）用 A 表示第 1 期的浪费性花费的水平。（如前所述，在第 2 期不需要进行浪费性花费。）这些花费是夸耀性的，消费者可以观察到。如果所有消费者都购买该产品，垄断者第 1 期的利润是 p_1-c-A。因此，A 的提高等价于 p_1 的下降。以下我们集中讨论价格信号，假定 $A=0$。当用价格来显示与用浪费性花费来显示确实等价时，我们将会予以说明。

假定消费者在第 1 期进行购买。在第 2 期，如果质量低，他们就不会再购买；

如果质量高而且第 2 期的价格 p_2 不超过 θ，他们就再次购买。于是，在第 2 期，高质量的垄断者索取价格 $p_2=\theta$。

第 1 期的价格能否显示（揭示）质量呢？假定能够显示质量。低质量的垄断者就无法销售，利润为 0。高质量的垄断者索取价格 p_1，获得的利润为

$$\Pi_1=(p_1-c_1)+\delta(\theta-c_1)$$

要使这成为一个均衡，低质量的垄断者必须不愿意模仿这种策略（否则，p_1 不传递信息）。它这样做所获得的利润是 p_1-c_0，因为不能导致重复购买。因此，我们要求$p_1\leqslant c_0$。这意味着

$$\Pi_1\leqslant\delta(\theta-c_1)-(c_1-c_0)$$

因而有两种情况：

- $\delta(\theta-c_1)<c_1-c_0$。在这种情况下，$\Pi_1<0$。不存在显示性（或分离）均衡。在均衡条件下，垄断者索取相同的价格，不论产品质量如何。价格是不传递信息的。如果 x 表示产品有高质量的先验概率，在第 1 期能索取的最高价格是 $p_1=x\theta$。只有当 $(x\theta-c_1)+\delta(\theta-c_1)\geqslant 0$ 时，高质量的垄断者才进行生产。如果这一条件得不到满足，高质量的垄断者就不生产。在这一模型中，低质量的垄断者也不生产。[42]因此，像柠檬问题中的情况一样，低质量的可能性会将高质量生产者驱逐出市场。[43]
- $\delta(\theta-c_1)\geqslant c_1-c_0$。在这种情况下，高质量存在显示性均衡，其中，高质量的垄断者索取价格 $p_1=c_0$。无论怎样解释其行为，它实际上并不需要索取低于 c_0 的价格来显示高质量，因为低质量的垄断者绝不会索取低于 c_0 的价格。[44]低质量的垄断者不进行销售。

因此，显示性均衡可能存在，也可能不存在。信号（显示质量的）成本与质量无关（价格的降低同样会减少所有质量的垄断利润），但是，信号的收益却依赖于质量。显示性均衡的存在取决于两种效应的比较。第一种是 Nelson 效应：高质量生产者导致重复购买，价值为 $\delta(\theta-c_1)$。第二种是 Schmalensee 效应：给定的需求产生有利于低质量生产者的成本差（c_1-c_0）（假定 $c_1\geqslant c_0$；如果 $c_1<c_0$，显示性均衡总是存在的）。只有当 Nelson 效应大于 Schmalensee 效应时，价格才能显示质量。

在显示性均衡中，高质量的垄断者在第 1 期索取低于边际成本的价格并提供始销优惠（在上述特定意义上）。

评论 我们简单地讨论一下用浪费性花费作为可替代的信号工具的情况。令 p_1 表示高质量的垄断者的价格，在显示性均衡中，我们有 $p_1-A=c_0$。消费者的效用是 $\theta-p_1=\theta-c_0-A$。为使消费者购买，必须有 $\theta\geqslant c_0+A$。只有同时满足 $p_1-A=c_0$ 和 $A\leqslant\theta-c_0$ 的 $\{p_1, A\}$ 才能形成显示性均衡。因此，只要 A 不超过 $\theta-c_0$，浪费性花费和始销价格就是完全可替代的。当然，消费者更喜欢始销价格而不是浪

费性花费。所以，如果认定一个帕累托优于所有其他均衡的均衡状态是“正确的”或“聚点均衡”，在均衡条件下就不应该存在浪费性花费。

这一研究的结论是：只有当成本差别相对于高质量产品的重复购买盈利空间足够小时，低价格（或浪费性花费）才能显示高质量。

高质量必须通过低价格来显示的结论关键依赖于如下假设：在完全信息条件下，低质量无利可图（单位生产成本 c_0 超过 θs_0，这里等于 0）。在这样的假设之下，低质量的垄断者最多只能在一个时期销售，即必须采取不可靠的策略。因为在任何给定的第 1 期价格下，低质量的垄断者都比高质量的垄断者赚取更多的短期利润，高质量的垄断者只有通过索取低质量的垄断者短期内伪装成高质量就无利可图的价格，才能显示其产品的特征。

2

如果低质量的垄断者能够在完全信息条件下获得利润，即如果$\theta s_0 > c_0$，情况就大有改变。如果我们假定或者所有消费者都购买或者没有消费者购买（记住：消费者都是一样的），并且 $(\theta s_0 - c_1) + \delta(\theta s_1 - c_1) > 0$（即使最初被认为是低质量的，高质量的垄断者仍然是有利可图的），第 1 期的价格就完全不提供信息。因此，该垄断者索取的价格与其产品的质量无关。为说明原因，首先要注意的是，在均衡中两种类型的垄断者都有销售。特别是，它们总是能以 $p_1 = \theta_0 s_0$ 的价格出售产品，因而有正的利润。其次，根据假定，所有消费者都接受所有均衡价格，两种类型的垄断者都应该索取最高的均衡价格，这意味着价格不传递信息。

如果低质量的垄断者能在完全信息条件下获取利润，如果消费者是不同的（这与先前的模型相反），那么高质量的垄断者可以通过高价或低价来显示其产品质量，这取决于参数值[45]——这一结果与生产者力图使消费者相信在消费者了解情况之后它仍不会离开的产业所得到的结果相反。关键是，在消费者各不相同的情况下，高价格比低价格的销售量要少。[46]与低质量生产者相比，对于高质量生产者，商誉的价值可能更高也可能更低。可能更高，是因为高质量能使生产者在第 2 期获取更多消费者剩余；可能更低，是因为高质量的成本更高，因而高质量的生产者可能只想供应较少的消费者。如果要价格确实显示质量（这要求有一些严格的条件），如果第一（第二）种效应占主导，低（高）价格就能显示高质量。以下习题表明了这两种可能性。[47]

习题 2.7*：**假设在前面的模型中有两种类型的消费者，偏好参数是 θ_1 和 θ_0（$\theta_1 > \theta_0$），比例为 q_1 和 $1-q_1$。高质量是 s_1，平均每一单位的成本是 c_1。低质量是 s_0，平均每一单位的成本是 c_0（$c_1 \geqslant c_0$）。考虑两组参数集：

$$S_1 = \{c_1 = \frac{1}{2};\ c_0 = 0;\ \theta_1 = 2;\ \theta_0 = 1;\ s_1 = 1;\ s_0 = \frac{1}{2};\ \delta = 1;\ \frac{1}{3} \leqslant q_1 \leqslant \frac{1}{2}\}$$

$$S_2=\{c_1=c_0=1;\ \theta_1=2;\ \theta_0=1;\ s_1=2;\ s_0=1;\ \delta=1;\ q_1\leqslant\frac{1}{3}\}$$

(1) 首先假定消费者了解产品质量。证明：在 S_1 的条件下，高质量的垄断者仅向 θ_1 的消费者出售产品，而低质量的垄断者出售产品给所有消费者。证明：在 S_2 的条件下，结论是相反的。

(2) 假定消费者在第 1 期获得质量信息，而且只有在第 1 期购买了的消费者才能在第 2 期购买。证明：在 S_1 的条件下，存在显示性均衡，其中，高质量的垄断者比低质量的垄断者索取更高的价格。证明：在 S_2 的条件下，存在显示性均衡，其中，高质量的垄断者比低质量的垄断者索取更低的价格。

2

评论 Bagwell (1985) 提出了对始销优惠的另一种解释，根据这一解释，垄断者显示的不是它的产品质量（消费者知道），而是它的生产成本。在消费者每一时期必须决定是否花费代价从垄断者那里获取报价单的场合（即进行搜寻），第 1 期的低价格可能会鼓励消费者回来获取第 2 期的报价单。低成本生产者比高成本生产者从重复购买中获益更多，这使生产者愿意在第 1 期牺牲一些利润。因此，消费者相信，第 1 期的低价格显示了第 2 期的低价格。这导致了低价格声誉的商场理论。这一思想与下一节要讨论的声誉故事类似。

2.6.2 可调整质量和声誉

在前一小节中，我们集中讨论了消费者如何了解不可改变的质量。如前面所提到过的，在许多情况下生产者能够随时改变质量。在本节中，我们研究另一种极端情况，即在每一时期，垄断者都作出新的质量决策。于是产生了这样的问题：重复购买如何惩戒生产者？是否存在某种机制来防止它在每一时期选择最便宜的质量？很显然，如果存在这样的机制，一定是这种情况：今天所见到的低质量使消费者产生对未来的悲观预期。我们现在来考虑理性预期的两种模型。在两种模型中，我们都假定，在购买之后，所有消费者都立即了解到垄断者的质量选择。

2.6.2.1 质量酬金和自我实现均衡

我们先考虑 Klein 和 Leffler（1981）、Shapiro（1983）质量酬金模型的简化描述。[48]考虑 2.6.1.2 小节的模型。有两种可能的质量：低质量（$s=0$）和高质量（$s=1$）。生产低（高）质量产品的单位成本是 c_0（或 $c_1>c_0$）。消费者都是相同的，如果他们以价格 p 购买质量为 s 的产品，就获得每一时期的平均剩余 $\theta s-p$；如果不购买，则获得的剩余为 0。在本节中，我们在三个方面修正这一模型。第一，垄断者在每一时期都选择质量（在 2.6.1.2 小节中，我们假定质量是外生的）。第二，时期是无限的：$t=1,\ 2,\ \cdots$。我们将看到，结果不可能产生于两个时期，或更一般地说，产生于有限时界模型。令 $\delta=1/(1+r)$ 表示贴现因子。第三，在时期 $t+1$ 开始时，所有消费者都了解垄断者在时期 t 所选择的质量。例如，这可以产生于

《消费者报告》中的一篇文章或者消费者之间有效的口头交流。我们从考虑掌握信息的消费者数量中抽象出这一假设，它在前一节占有中心地位。

如果只有一个时期，生产者就会有选择质量 $s=0$ 的动机；而不论索取什么价格，消费者都不会购买这种产品。因此，在第 1 期的模型中，有极端的柠檬问题（参看 2.3 节）。[49]

我们来寻找如下类型的均衡：

● 消费者根据厂商“声誉”形成质量预期。t 期的声誉由垄断者在 $t-1$ 期所选择的质量来衡量：$R_t=s_{t-1}$。因此，他们预期 $s_t=R_t$。假定 $R_1=1$（消费者先假定高质量）。

● 垄断者从价格 p_1 开始并一直索取同样的价格，也总是提供高质量。如果它脱离常规而在某一时期提供了低质量，就会从那时起一直提供低质量并索取价格 $p_0=0$，消费者就停止购买。

这些策略描述了声誉的一种特殊形式：消费者相信垄断者一直生产同样的质量，而无论是什么质量。而且，垄断者确实保持同样的质量。

我们将看到，对一个明智价格选择 p_1，这些策略形成均衡。我们必须证明，消费者的看似天真的预期确实是合理的（他们不会愚弄自己），而且，给定消费者预期，对于任何初始声誉，垄断者最大化利润贴现值。

消费者预期具有平凡的合理性，因为垄断者的策略表明，在每一时期它都选择前一时期所选择的质量。

如果垄断者遵循上述策略，它获得的跨期利润为

$$(p_1-c_1)(1+\delta+\delta^2+\cdots)=\frac{p_1-c_1}{1-\delta}=\left(\frac{1+r}{r}\right)(p_1-c_1)$$

如果它偏离该策略，以价格 p_1 销售低质量产品（如果它生产低质量产品，就可能索取 p_1），在偏离的当期它会获得 p_1-c_0，此后为 0。因此，均衡的必要条件是，不可靠的策略是无利可图的：

$$\left(\frac{1+r}{r}\right)(p_1-c_1)\geqslant p_1-c_0$$

或

$$p_1-c_1\geqslant r(c_1-c_0)$$

因此，为使垄断者不降低质量，高质量的价格必须获得酬金：价格至少比边际成本高出$r(c_1-c_0)$。这是很容易理解的。通过降低质量，垄断者节省的生产成本为 (c_1-c_0)。但是，它损失了声誉租金：

$$(p_1-c_1)(\delta+\delta^2+\cdots)=(p_1-c_1)/r$$

p_1 必须使垄断者如果失去声誉，就不会想再建声誉。为此，它可以在一个时

期以 0 价格（或小的负价格）来出售高质量的产品。这在短期内会使它花费 c_1 并重新取得声誉租金 $(p_1-c_1)/r$。于是，我们要求

$$-c_1+(p_1-c_1)/r\leqslant 0$$

或

$$p_1-c_1\leqslant rc_1$$

（为使消费者购买产品，还必须有 $p_1\leqslant\theta$。）

这一模型的道德基础是直观的：只有当高质量带来租金而生产者担心降低质量损失这种租金时，生产者才会有生产高质量产品的动机。[50] 最低限度质量酬金 $r(c_1-c_o)$ 随利率而提高。例如，假定时期之间的间隔延长。这意味着消费者花更长的时间观察过去的质量。对于给定的平均每一单位时间的利率，平均每一时期的利率随信息时间间隔延长而提高。垄断者更会企图降低质量，因为质量的下降需要更长的时间才被察觉。为了使垄断者不降低质量（榨取声誉），必须提高质量酬金。

最后，讨论这种均衡的自我实现性质。声誉之所以重要，只是因为消费者认为它重要。如果他们认为声誉并不重要，而是认为无论过去的质量如何，垄断者在将来还是会提供低质量产品，那么垄断者就不会有保持质量的动因，消费者的预期又一次得到实现。于是，我们有具有绝对柠檬效应的另一种均衡：无论历史是怎样的，生产者总是生产质量最低的产品，消费者也预期它会这样做。因此，这一分析仅仅表明：重复可能会刺激提高质量，但未必一定会这样。

如果时界是有限的，实际上就会达到第二种均衡。令 T 代表时界。在时期 T，垄断者的占优策略是：（对于索取的任何价格）生产最低质量的产品。这是因为没有未来，并且问题与单期博弈相同。因此，无论过去如何，消费者都会预期 $s_T=0$。因为时期 T 的质量与时期 $T-1$ 所发生的事情无关，时期 $T-1$ 所作的质量决策也不考虑未来，所以，又会发生与单期模型相同的情况。无论过去如何，垄断者总是生产最低质量的产品。通过逆向归纳（参看第 11 章），柠檬问题向后流动，垄断者在每一时期都生产最低质量产品。

无限期的模型也可以被解释为一个这样的模型：在每一时期，有固定的市场将“消失”（例如，由于引入一种优良产品或者偏好的改变）的概率 $y\in(0,1)$，贴现因子修正为

$$\delta=\left(\frac{1}{1+r}\right)(1-y)$$

式中，r 是每期的利率。

通过允许自由进入，我们可以在多个模型中重新构造上述垄断模型。自由进入意味着每一生产者跨期利润一定为 0（否则，其他厂商就会进来）。0 利润要求，进入时该厂商要亏损，因为随后的利润流（p_1-c_1）是正的。例如，厂商也许会以低于边际成本 c_1 的成本来提供始销优惠（特别是，如果它不提供这种始销优惠或不

提供高质量，消费者在未来就不信任它）。或者，该厂商可能会使一些资金沉没于不提供信息但很昂贵的广告中。对这一问题更详细的讨论，参看 Shapiro（1983）。

2.6.2.2　不对称信息和声誉

Klein、Leffler 和 Shapiro 的质量酬金理论在经济学上是有吸引力的。但是，它高度依赖于博弈的无限性。而且，即使博弈是无限的，重复购买对产品质量的正效应也只是一种可能性，而不是确定性的（存在多种均衡，包括不形成声誉的均衡）。Kreps 和 Wilson（1982）、Milgrom 和 Roberts（1982）证明，只要消费者对厂商的技术及目标函数的信息是不完全的，即使是有限的博弈，也会有声誉效应。[51] 其理论如下：假定在一个时期的问题中，从消费者的观点看，存在垄断者不想提供低质量的可能性。例如，垄断者可能是"诚实的"，即不愿意声称高质量却提供低质量，即使这样做会产生较高的货币盈利。或者，存在垄断者提供高质量的成本并不超过低质量的成本的可能性。这样，考虑垄断者有两种潜在类型。[52] 在 2.6.2.1 小节中，我们描述了"不诚实"型；在 1 期和 T 期博弈中，如果消费者知道它的类型，它就会提供低质量。假定"诚实"型总是提供高质量。

假定只有垄断者知道它的类型，考虑两个时期的情况。不诚实型当然可以一开始就像消费者知道其类型那样行动，在第 1 期提供低质量。这样，消费者就会推知它是不诚实型，预期它在第 2 期也提供低质量。但是，另一种策略可能更好。不诚实型可以在第 1 期提供高质量，力图使消费者相信它是诚实的。于是，消费者预期它在第 2 期会提供高质量，并愿意为此付高价。然后，不诚实型通过在高价格时提供低质量而榨取其声誉。[53] 这种策略要承受第 1 期的损失（为了对声誉投资），但在第 2 期得到来自声誉的收益补偿。例如，这种情况可能会出现于一家餐馆，在前一两年提供高质量食物，然后降低质量，最后关门大吉。

我们更正式地讨论这一模型。在每一时期（$t=1, 2$），垄断者在两种质量 $s=0$ 和 $s=1$ 中进行选择。高质量的成本为 c_1，低质量的成本为 c_0（$c_1>c_0\geqslant 0$）。消费者都是相同的，如果购买，每一时期的平均效用为（θs_t-p_t），否则为 0。垄断者有两种可能类型："诚实"型（概率为 x_1）和"不诚实"型（概率为 $1-x_1$）。垄断者知道它的类型，但是消费者不知道。诚实的垄断者总是提供高质量。不诚实的垄断者使跨期利润最大化。特别是，它总是在第 2 期提供低质量（因为便宜，而且保护声誉是无用的）。

在每一时期，垄断者报一个价格，然后挑选一种质量。消费者只能直接观察价格，一个时期后才能知道质量。为简单起见，我们假定，在给定时期，所有消费者都同样行动——他们或者全部接受垄断者提出的价格，或者全部不接受。我们进而寻找独立于第 1 期价格的均衡行为。的确，我们将看到，存在一种均衡，其中，任何 p_1 完全不传递信息。我们固定一个任意的第 1 期价格，讨论不诚实的垄断者的质量选择。然后我们再确定在第 1 期索取什么价格。如果消费者在该期不购买该种产品，则质量选择是无关的。

假定消费者购买产品。不诚实的垄断者通过提供低质量，能够节省 c_1-c_0。然后，在第 2 期，它获取的利润为 0，因为消费者知道它是不诚实的，所以在第 2 期它会提供低质量（完全信息条件下的道德风险问题——参看 2.6.2.1 小节或 2.3 节）。如果在第 1 期提供高质量，它在第 2 期最多能获得 $\delta(\theta-c_0)$。这是因为，在最好的情况下，消费者相信它是诚实的并愿意支付 θ；然后，在第 2 期榨取声誉，获得 $\theta-c_0$。那么，如果 $c_1-c_0>\delta(\theta-c_0)$，不诚实的垄断者的占优策略是：在第 1 期提供低质量。那么，在第 1 期销售该商品的最高价格就是 $p_1=\theta x_1$。

更有趣的是 $c_1-c_0<\delta(\theta-c_0)$ 的情况。[54] 由于低质量而节省的成本小于诚实声誉的价值。不诚实的垄断者在第 1 期可能想模仿（“混同于”）诚实的垄断者而提供高质量。这能够成为均衡吗？如果两类垄断者提供同样的质量，观察高质量不能带来任何信息。于是，消费者随后（在时期 2）遇到诚实的垄断者的概率仍然是 x_1。因此消费者愿意支付$E(\theta s_2)=\theta x_1$。反过来，只有当 $c_1-c_0<\delta(\theta x_1-c_0)$ 时，不诚实的垄断者才愿意提供高质量。如果这一条件得到满足，垄断者在榨取声誉之前的一个时期确实会提供高质量。当然，它不能使消费者完全相信它是诚实的。但是，它保持了不确定性，这使它在第 2 期可以按价格 θx_1 销售。这样，我们得到了对声誉投资的一个基本例子。

如果 $\delta(\theta-c_0)>c_1-c_0>\delta(\theta x_1-c_0)$，在第 1 期，唯一的均衡是不诚实的垄断者在高质量和低质量之间的随机选择（无差异的）。

习题 2.8**：证明：如果 $\delta(\theta-c_0)>c_1-c_0>\delta(\theta x_1-c_0)$，不诚实的垄断者为第 2 期建立声誉的概率为

$$\alpha=\frac{x_1[\delta(\theta-c_0)-(c_1-c_0)]}{(1-x_1)(c_1-c_0+\delta c_0)}$$

注意：$\lim_{x_1\to 0}\alpha=0$。请解释。

注意：质量选择以及第 2 期的价格与 p_1 无关。为了描述均衡状态，我们来具体说明消费者的行为：

如果 $c_1-c_0>\delta(\theta-c_0)$，第 1 期就显示垄断者的类型。因此$E(\theta s_1)=\theta x_1$。两种类型的垄断者都收取 θx_1。

如果 $c_1-c_0<\delta(\theta x_1-c_0)$，两类垄断者都提供高质量。因此$E(\theta s_1)=\theta$。消费者愿意支付的最大价格为 $p_1=\theta$。两种类型的垄断者都收取 θ。

如果 $\delta(\theta x_1-c_0)<c_1-c_0<\delta(\theta-c_0)$，不诚实的垄断者随机行动：

$$E(\theta s_1)=\theta[x_1+(1-x_1)\alpha]$$

式中，α 由习题 2.8 给出。消费者愿意支付的最高价格为 $p_1=\theta[x_1+(1-x_1)\alpha]$。两种类型的垄断者都索取这一价格。

注意：保持声誉的动机越强［例如，(c_1-c_0) 越低］，第 1 期的价格就越高。

这样，我们有了不诚实的垄断者立即显示其类型的均衡，或力图保持其声誉的

均衡（在这里，声誉的含义是消费者对诚实概率的感觉），这依据于参数值。

我们将这种均衡与质量酬金情况的声誉均衡进行比较。在两种情况下，与声誉相联系的高价格都可能诱使不诚实的垄断者不降低质量（在质量酬金情况下，至少短期内如此）。但是，二者存在重要的差别。第一，新的均衡基于信息的不对称性，而不是自动实现。第二，在两个模型中，低的成本节省（c_1-c_0）都会削弱降低质量的动机；但是，在质量酬金情况下，这意味着只需要较低的溢价来保持激励。因此，市场价格会较低。在不对称信息的情况下，较低的成本节省使不诚实的垄断者更可能提供高质量。这一般会提高市场价格（在第 1 期和第 2 期都是如此）。

不对称信息的声誉理论可以在 T 期模型中进行更一般的研究。用前面使用过的同样的方法，可以使较早的均衡一般化。一般来说，它采取如下形式：在早期，不诚实的垄断者总是提供高质量；后来，它在高质量和低质量之间随机行动（并且一旦它提供了低质量，就一直会这样做）；在最后的阶段，它总是提供低质量（见习题 2.9）。

2

Kreps、Milgrom、Roberts 和 Wilson 的贡献的要点是：如果时间充分长，贴现因子 δ 充分接近于 1（因而垄断者不对未来打太大的折扣），则即使垄断者属于诚实型的初始概率很小，也会导致可观的声誉投资（在两期模型中，情况不是这样，见习题 2.8）。

习题 2.9***：在前述模型的 T 期模型中，推导出每一时期的价格都不充当信号的均衡（如前面那样）。令 $k\equiv\theta\delta/(c_1-c_0+\delta c_0)$。证明：如果 $k\leqslant 1$，均衡行为在第 1 期显示垄断者的类型。证明：如果 $k>1$，当目前垄断者属于诚实型的后验概率满足 $x_1\geqslant 1/k^{T-t}$ 时，垄断者在 t 期以 1 的概率混同。

在我们的均衡中，市场价格并不充当垄断者质量的信号。人们也许会问：当不诚实的垄断者在第 1 期模仿诚实的垄断者的质量选择时，诚实的垄断者为什么不像 2.6.1.2 小节中那样，通过始销价格来显示质量？为了更好地说明这一问题，必须更全面地描述诚实的垄断者的目标函数。如果诚实的垄断者只是喜欢提供高质量，就不清楚为什么它会通过始销优惠来力图提高跨期利润。另外，它也许喜欢利润。（但首要的是质量，这或者是因为词典式偏好，或者是因为对这一类型的垄断者，提供较高质量的成本低于提供较低质量的成本。）

注释

[1] 假设消费者有相同的序数偏好，仅仅是收入不同。考虑以下的消费者效用函数的可分离表达式 $U=u(I-p)+s$，式中，I 是消费者的收入。[取更一般的函数 $U=u(I-p)+\Phi(s)$，Φ 递增不会改变任何东西，它相当于对“质量”的另一种定义。] 令 p 远小于 I，即对该特定产品的支出相对于收入是很小的。一阶泰勒展开式为 $U\simeq -u'(I)p+s$。令 $\theta\equiv I/u'(I)$。如果 U 是凹的，

较富有的消费者就有低的 $u'(I)$，因而有高的 θ。

［2］关于产品空间概念也有大量文献。Schmalensee 和 Thisse（1987）描述了在其文献中所运用的“感性测定”方法与这里所讨论的区位方法的联系。

［3］正如 Rosen（1974）所说的，“两辆 6 英尺的汽车并不能相当于一辆长度为 12 英尺的汽车，因为它们不能同时开动”（或“两把小提琴并不能成为一把乐器”）。Rosen 区别了以可分性假设为前提的 Lancaster 方法。结果是，即使在完全竞争条件下计算特性时，决定了特性组合的总成本的“享乐价格”也可能不是线性的。也就是说，我们不可能采取用反映特性单位数的价格对特性加权并将其简单相加这样的方法来计算一种产品的价格。参看 Lancaster（1975，1979）。

2

［4］正如我们将看到的那样，在 n 很大的效用函数的情况下，商品 $i\geqslant 1$ 的价格变化并不改变产品 $j\geqslant 1$ 的价格。但是，当研究产品数量时，这种抽象的效用函数非常便于运用，因为它使我们仅仅考虑进入决策（“0 或 1”），而不考虑区位、质量等使问题复杂化的选择。参看第 7 章。

［5］也可参看 Sheshinski（1976）。

［6］更正式地说，为简单起见，考虑一个代表性消费者，用 $U(qs)$ 表示该消费者消费 q 单位耐用性为 s 的产品所获得的总剩余。净剩余为 $U(qs)-pq$。该消费者的最优消费由 $sU'(qs)=p$ 给定。本文中的表达式 $\tilde{P}(qs)$ 不过是 $U'(qs)$。这一分析很容易推广到不同消费者的场合。

［7］关于耐用性和恒定性问题的更多论述，参看 Hirshleifer（1971），Kihlstrom 和 Levhari（1977），Liebowitz（1982）。

［8］以下是这样一个特殊构架的例子［引自 Butters（1977）］：假设广告的作用是向消费者提供表明该产品存在和其价格的信息。令消费者的数目 N 是一个大数。假定垄断者随机地向消费者发出总数为 s 的消息（广告），因而，一些消费者没有获得广告，而另一些消费者获得了多次广告。消费者没有获得广告的概率为

$$(1-1/N)^s \simeq e^{-s/N}$$

N 为大数。令 $d(p)$ 表示代表性消费者的需求函数（或不同类型消费者的平均需求），我们有

$$D(p,\ s)=N(1-e^{-s/N})d(p)$$

注意：D 对 s 和 p 是乘积形式。在第 7 章中，我们将使用这一详述。

［9］关于这一公式的动态形式，参看 Nerlove 和 Arrow（1962），Schmalensee（1972）。

［10］以下的讨论参考了 Wolinsky（1983）关于价格是质量的信号的论著，Salop（1977）及 Salop 和 Stiglitz（1977）关于价格搜寻的论著。参看 Farrell（1980），Chan 和 Leland（1982），Cooper 和 Ross（1984，1985）。

［11］注意：$\theta-c_1\geqslant(1-\alpha)(\theta-c_0)$ 和 $p=\theta$ 是当质量高时，垄断者能够向掌握信息的消费者所收取的上限。

［12］这一条件要求 $p>c_1$，它暗含 $p>c_0$。

［13］在这一简单模型中，生产者认为所有效率都是通过对高质量收取 θ 而获得的。更一般地说，如果消费者有不同的偏好，或者有向下倾斜的需求（而且，垄断者完全不能实施价格歧视——参看第 3 章），则他们也将获得一些超额剩余。

［14］垄断者可以采取与第三方（例如研究所）达成协议来提供产品质量评估的方法，模仿政府干预。但是，这种第三方对于垄断者的独立性是可怀疑的。尽管如此，美国保险商实验室（Underwriter's Laboratories）和好管家（Good Housekeeping）仍试图提供这种服务。

［15］Akerlof 以旧车市场为例。旧车被称为“柠檬”（lemons）。

［16］为了完整理解，注意：价格 $p\geqslant\theta_1 s_{\max}$ 总是引致卖方出售产品。平均质量则为 $s_{\max}/2$。如果 $\theta_2<2\theta_1$，市场就不能达到均衡。

［17］这里不存在收入效应。因此，在完全信息条件下，“需求曲线”向下倾斜，Walrasian 寻求过程是稳定的。

[18] 例如，可参看 Rothschild 和 Stiglitz (1976)，Wilson (1977)，Stiglitz 和 Weiss (1981)，Bester (1985)，Hellwig (1986a)。关于具有道德风险以及具有或不具有逆向选择的市场组织，参看 Arnott 和 Stiglitz (1982)，Hellwig (1986b)。

[19] 当然，卖者和买者在其合同中可以模仿管制机构或法律的条款。但是，在许多情况下，由于交易费用和实施费用，他们不能这样做。一方面，在一个合同中预见和写下每一件事是代价昂贵的；另一方面，如果卖者出售多个单位，政府的质量控制可能更有效——在实施中，规模报酬递增。(卖者可能会建立一个控制机构来获取这些规模报酬，但是，这一机构对卖者的独立会产生一些问题。)

[20] Leland (1979) 检验了一个 Akerlof 类型的模型中最低限度质量模型的效果。Shaked 和 Sutton (1981) 扩展了 Leland 关于职业许可的检验，即以发放进入保护性职业的许可证的方式来拒绝进入。Shapiro (1986) 对职业许可（一种投入管制，它要求专业人员有最低限度的人力资本投资）和执照（向客户提供关于专业人员训练水平的信息，这可能高于职业许可的水平）作了区分。他证明，在这两种情况下，政府干预都能使对服务质量评价高的消费者受益，而这是以那些对服务质量评价不高的消费者的牺牲为代价的。他还指出，执照可能会导致专业人员的过分显示。

[21] 这一习题取自 Wilson (1980)。

[22] 以下我们用“高质量生产者” (the high-quality producer) 简称“当质量高时的生产者”(the producer when the quality is high)。

不熟悉信号理论的读者可能需要看一下博弈理论（第 11 章）中关于 Spence 信号模型的内容。这里，如果低价格比高价格吸引更多消费者，低价格可以表示高质量，高质量的垄断者增加一个消费者的边际收益比低质量的垄断者更高。

[23] 在 Bagwell-Riordan (1986) 的跨期定价模型中，高质量的厂商正是基于这样的原因才用高价格来显示其质量。因为在 Bagwell-Riordan 模型中，生产高质量的产品比生产低质量的产品成本更高，高质量的垄断者具有以高价格而不是以低价格来显示质量的动机。(需求缩小使低质量的垄断者损失更大。) 他们的模型的一个有意义的创新是，存在“新”“老”消费者的连续组合。随着时间的推移，老消费者的比重提高，因为一些过去没有用过这种产品的消费者现在尝试了该产品。老消费者（2.3.1.1 小节中的术语是“掌握信息的消费者”）比重的提高减弱了显示质量的激励，最终使高质量的垄断者将其价格降低为完全信息（高质量）的垄断价格。Bagwell 和 Riordan 由此得出递降价格路径（与通过始销优惠显示质量时的递升价格路径相反）。

参看 Crémer (1984) 和 Riordan (1986) 的略有差别的模型。在这两个模型中，卖者事先规定好重复购买期间的价格，当消费者不能确定其对该产品的偏好时 (Crémer)，或者不能确定该产品本身的质量时 (Riordan)，就会有递降价格路径。

[24] 为产生这样的效果，不一定要同一个消费者在同一商店进行重复购买或重复购买同一种产品。首先，消费者之间的口传会发生作用。一个人可能并不经常与房地产经纪人或承包商打交道，但是可以通过家庭成员或朋友了解到他们近来的服务质量。其次，当重复购买的是类似却不同的产品时，品牌和连锁店有助于增进声誉。

[25] 关于产品耐用性的更复杂的模型，参看 Smallwood 和 Conlisk (1979)。

[26] 对于产品质量的公共政策的全面研究超出了本书的范围。

有大量法律的和经济学的有趣文献讨论了本小节的（以及更多的）论题。例如，可以参看 Shavell (1980, 1984)，Polinsky (1983) 以及其中的法律参考文献。

[27] 科斯定理 (1960) 认为，无论法律责任如何分配，只要信息是完全的，交易是无费用的，通过市场力量就总可以达到资源的最优配置。(这一定理不应被误当作第 1 章中所讨论的科斯猜想)。

[28] 当然，当主要的道德风险是在消费者一

方时，将责任确定在消费者一方（买者留心，不退不换）可能是合理的。

［29］这一论点是由 D. Scharfstein 提出的。

［30］也可以由消费者协会或类似的组织来进行测试。当然，信息是公共产品，它有集体的价值。但是，每一个消费者都宁愿其他消费者来生产信息，因为这样可以节省测试费用。公共产品问题的通常解决方式是采取集体行动。

［31］实际上惩罚应该高于损害，以抵消未被发现的损害的可能性。

2

［32］Spence 假设消费者是风险规避的。（如偏离早先世界观的赌博理论所告诉我们的，如果他们是风险中性的，解是不固定的。）参看 Spence 的论文，在其例子中，两方面责任——对消费者和对政府（或第三方）——是最优的。

［33］当然，问题在于消费者是否真的低估风险。在这方面有一些证据［参看 Calabresi（1970）］。一般人都认为“这样的事总是发生在其他人那里”。在特殊情况下，这种所声称的误解可能是由于认识上的分歧，即他们可能在事后企图调整当事人的行为（考虑不周或签订了不完善的合同等）。这一点应该做进一步的研究。

［34］消费者误解的另一个模型是 Shapiro（1982）模型。在 Shapiro 模型中，消费者在每一时点 t 的效用为 $U(q(t), s)$，它依赖于购买流量和产品的真实质量。（s 是一个一般的质量参数，不应被视为可靠性。）消费者不知道或不推断 s，他们对质量的认知为 $R(t)$（误解），其中 R 表示声誉。R 不一定与 s 相同。消费者开始时有某种认知 $R(0)$。Shapiro 考虑了长期学习过程。随着时间的推移，声誉提高（或降低），有差 $s-R(t)$。Shapiro 证明了，在非常一般的条件下，任何自我履行的质量水平［即对于所有 t 和给定的 $R(0)$，满足 $R(0)=R(t)=s$ 和垄断者各时期利润最大化行为］都低于在关于产品质量的完全信息条件下垄断者所选择的质量水平。当垄断者能随时间推移而影响质量时，也能得到相似的结论。

［35］关于当广告影响偏好时富于挑战的福利分析，参看 Dixit 和 Norman（1978）。也可参看 Fisher 和 McGowan（1979）的评论以及 Shapiro（1980）。

［36］与其他章节相比，本节对该领域的研究分量较小。如果感兴趣的读者要了解已经提及的著作以外的著作，可以参看 Schmalensee（1986）中的参考文献。

［37］本节以 Farrell（1984，1986）、Milgrom 和 Roberts（1986）的论著为基础。

［38］如 Farrell（1986）所述，承诺的可能性不会产生很大影响。

［39］对这一推论，读者也许会怀疑是否要求作利润函数为凹性的假定。以下是更严谨的推论：垄断者第 2 期利润函数对于价格超过 $\bar{p}_1$ 而言与第 1 期一样，不同之处只在于单位成本为 c 而不是 $\tilde{c}$。因此，第 2 期的价格不可能超过第 1 期的价格。另外，价格低于 $\bar{p}_1$ 或者不吸引新顾客（因而由 $\bar{p}_1$ 主导），或者吸引新顾客（下面要研究的情况）。

［40］更一般地说，我们可以用产品在每一期开始时的期望质量来调整每一时期的价格。

［41］如果我们假设消费者可以通过口传或阅读《消费者报告》来了解产品，则所有消费者在时期 2 都能了解质量，而无论在时期 1 发生了什么（如果总消费不等于 0）。这样，不断进行了解是没有意义的。没有厂商也没有消费者会作动态的展望。中间的假设也是可能的。

［42］更正式地说：如果高质量生产者进行销售，低质量生产者就能获得绝对是正的利润，因为它总是有机会模仿高质量生产者的策略。但是，根据贝叶斯法则，我们知道，一定存在某种均衡价格 p_1，使消费者的后验概率 $x'(p_1)$ 满足 $[x'(p_1)\theta-c_1]+\delta(\theta-c_1)<0$［因为，$x=\sum_{p_1}x'(p_1)\mathrm{Prob}(p_1)$，其中，$\mathrm{Prob}(p_1)$ 是在均衡条件下索取 p_1 的概率，根据假定，$(x\theta-c_1)+\delta(\theta-c_1)<0$］。因为消费者不愿意支付超过 $x'(p_1)\theta$，高质量的垄断者不会索取 p_1；因此，$x'(p_1)=0$。这意味着，低质量的垄断者也不索取 p_1，与 p_1 是均

衡价格的假定相矛盾。如果高质量的垄断者被驱逐出市场，低质量的垄断者也会被驱逐，因为消费者不愿意为低质量的产品进行支付。

[43] 与柠檬问题的类似性是双重的。第一，由于不可能进行显示，无论质量如何，生产者都必须索取同样的价格。第二，高质量生产者比低质量生产者承担了更高的生产成本。这与 Crusoe 在山羊有较高生产力时更愿意拥有山羊的情况相似。

[44] 这里，我们隐含地消除了劣策略（低质量的垄断者索取低于 c_0 的价格）。这足以获得唯一的显示性均衡。为了得到唯一的均衡，可以运用直观标准［Cho 和 Kreps（1987）］。直观标准（intuitive criterion）改进了不完全信息动态博弈中的均衡概念。更正式的讨论，参看第 11 章。

[45] 以下的讨论受到 Milgrom 和 Roberts（1986）的启示。

[46] 至少在均衡中必定是这样，否则就从来不会索取低价格。

[47] Milgrom 和 Roberts（1986）提供的例子说明，高质量的垄断者既用广告也用价格来进行显示。参看他们论文中更详细的论述。

[48] 参看 Allen（1984）。Rogerson（1987）假定生产者有不同的成本结构，进一步支持了 Shapiro（见以下的讨论）所选择的均衡。

[49] 在柠檬问题中，卖方不选择质量，而是选择是否销售产品。但是，情况与这里讨论的情况有点类似，只有当低质量时，卖方才出售其产品。

[50] 这一思想并不新。Klein 和 Leffler 从亚当·斯密处摘引了以下论述："劳动的工资，因劳动者所须负担的责任的大小而不相同。各地方金匠和宝石匠的工资，不仅比需要同样技巧的许多其他劳动者高，而且比需要更大技巧的许多其他劳动者高。这是因为有贵重的材料托付给他们。我们把身体的健康委托于医生；把财产，有时甚至把生命和名誉委托于律师或辩护人。像这样重大的信任绝不能安然委托给微不足道的人。"（Smith，1776，p. 105）

[51] Kreps、Milgrom、Roberts 和 Wilson 实际上是在关于连锁店争夺战的讨论中发展了他们的声誉理论。但是，这些理论同样可以直接运用于质量问题。

[52] 关于不完全信息博弈中类型的概念，参看第 11 章。

[53] 当然，消费者应该知道，这种策略对垄断者可能是最优的。见以下的讨论。

[54] 为简明起见，我们不考虑两可的情况 $c_1-c_0=\delta(\theta-c_0)$。同样，在以下的讨论中，我们将不考虑其他的两可情况。

参考文献

Akerlof，G. 1970. The Market for "Lemons"：Qualitative Uncertainty and the Market Mechanism. *Quarterly Journal of Economics*，84：488 - 500.

Allen，F. 1984. Reputation and Product Quality. *Rand Journal of Economics*，15：311 - 327.

Arnott，R.，and J. Stiglitz. 1982. Equilibrium in Competitive Insurance Markets and The Welfare Economics of Moral Hazard. Reports DP 465 and 483，Queen's University.

Bagwell，K. 1985. Introductory Price as Signal of Cost in a Model of Repeat Business. Discussion Paper 130，Studies in Industrial Economics，Stanford University.

Bagwell，K.，and M. Riordan. 1986. Equilibrium Price Dynamics for an Experience Good，Discussion Paper 705，CMSEMS，Northwestern University.

Bester，H. 1985. Screening vs. Rationing in Credit Markets with Imperfect Information. *American Economic Review*, 75: 850 - 855.

Butters, G. 1977. Equilibrium Distributions of Sales and Advertising Prices. *Review of Economic Studies*, 44: 465 - 491.

Calabresi, G. 1970. *The Costs of Accidents: A Legal and Economic Analysis*. New Haven: Yale University Press.

Chamberlin, E. 1951. Monopolistic Competition Revisited. *Economica*, 18: 343 - 362.

Chamberlin, E. 1962. *The Theory of Monopolistic Competition*, eighth edition. Cambridge, Mass.: Harvard University Press.

Chan, Y., and H. Leland. 1982. Prices and Qualities in Markets with Costly Information. *Review of Economic Studies*, 49: 499 - 516.

Cho, I. K., and D. Kreps. 1987. Signaling Games and Stable Equilibria. *Quarterly Journal of Economics*, 102: 179 - 221.

Coase, R. 1960. The Problem of Social Cost. *Journal of Law and Economics*, 1: 1 - 44.

Cooper, R., and T. Ross. 1984. Prices, Product Qualities and Asymmetric Information: The Competitive Case. *Review of Economic Studies*, 51: 197 - 208.

Cooper, R., and T. Ross. 1985. Monopoly Provision of Product Quality with Uninformed Buyers. *International Journal of Industrial Organization*, 3: 439 - 449.

Crémer, J. 1984. On the Economics of Repeat Buying. *Rand Journal of Economics*, 15: 396 - 403.

Darby, M., and E. Karni. 1973. Free Competition and the Optimal Amount of Fraud. *Journal of Law and Economics*, 16: 67 - 88.

Dixit, A., and V. Norman. 1978. Advertising and Welfare. *Bell Journal of Economics*, 9: 1 - 17.

Dorfman, R., and P. Steiner. 1954. Optimal Advertising and Optimal Quality. *American Economic Review*, 44: 826 - 836.

Farrell, J. 1980. Prices as Signals of Quality. Ph. D. dissertation, Brasenose College, Oxford.

Farrell, J. 1984. Moral Hazard in Quality, Entry Barriers and Introductory Offers. Discussion Paper 344, Department of Economics, Massachusetts Institute of Technology.

Farrell, J. 1986. Moral Hazard as an Entry Barrier. *Rand Journal of Economics*, 17: 440 - 449.

Fisher, F., and J. McGowan. 1979. Advertising and Welfare: Comment. *Bell Journal of Economics*, 10: 726 - 727.

Hellwig, M. 1986a. A Sequential Approach to Modelling Competition in Markets with Adverse Selection. Mimeo. Universität Bonn.

Hellwig, M. 1986b. Moral Hazard. Adverse Selection and Competition in Insurance Markets. Mimeo, Universität Bonn.

Hirshleifer, J. 1971. Suppression of Inventions. *Journal of Political Economy*, 79: 382 - 383.

Hotelling, H. 1929. Stability in Competition. *Economic Journal*, 39: 41 - 57.

Kaldor, N. 1950. The Economic Aspects of Advertising. *Review of Economic Studies*, 18: 1 - 27.

Kihlstrom, R., and D. Levhari. 1977. Quality. Regulation. Efficiency. *Kyklos*, 30: 214 - 234.

Kihlstrom, R., and M. Riordan. 1984. Advertising as a Signal. *Journal of Political Economy*, 92: 427 - 450.

Klein, B., and K. Leffler. 1981. The Role of Market Forces in Assuring Contractual Performance. *Journal of Political Economy*, 81: 615 - 641.

Kreps, D., and R. Wilson. 1982. Reputation and Imperfect Information. *Journal of Economic Theory*, 27: 253 - 279.

Lancaster, K. 1966. A New Approach to Consumer Theory. *Journal of Political Economy*, 74: 132 - 157.

Lancaster, K. 1975. Socially Optimal Product Differentiation. *American Economic Review*, 65:

567 - 585.

Lancaster, K. 1979. *Variety, Equity and Efficiency*. New York: Columbia University Press.

Leland, H. 1979. Quacks, Lemons and Licensing: A Theory of Minimum Quality Standards. *Journal of Political Economy*, 87: 1328 - 1346.

Liebowitz, S. 1982. Durability, Market Structure, and New-Used Goods Models. *American Economic Review*, 72: 816 - 824.

Milgrom, P., and J. Roberts. 1982. Predation, Reputation, and Entry Deterrence. *Journal of Economic Theory*, 27: 280 - 312.

Milgrom, P., and J. Roberts. 1986. Prices and Advertising Signals of Product Quality. *Journal of Political Economy*, 94: 796 - 821.

Nelson, P. 1970. Information and Consumer Behaviour. *Journal of Political Economy*, 78: 311 - 329.

Nelson, P. 1974. Advertising as Information. *Journal of Political Economy*, 81: 729 - 754.

Nerlove, M., and K. Arrow. 1962. Optimal Advertising Policy Under Dynamic Conditions. *Economica*, 29: 524 - 548.

Polinsky, M. 1983. *An Introduction to Law and Economics*. Boston: Little, Brown.

Riordan, M. 1986. Monopolistic Competition with Experience Goods. *Quarterly Journal of Economics*, 101: 265 - 280.

Rogerson, W. 1987. Advertising as a Signal when Prices Guarantee Quality. Discussion Paper 704, CMSEMS, Northwestern University.

Rosen, S. 1974. Hedonic Prices and Implicit Markets: Product Differentiation in Pure Competition. *Journal of Political Economy*, 82: 34 - 56.

Rothschild, M., and J. Stiglitz. 1976. Equilibrium in Competitive Insurance Markets: An Essay in the Economics of Imperfect Information. *Quarterly Journal of Economics*, 90: 629 -650.

Salop, S. 1977. The Noisy Monopolist. *Review of Economic Studies*, 44: 393 - 406.

Salop, S., and J. Stiglitz. 1977. Bargains and Ripoffs: A Model of Monopolistically Competitive Price Dispersion. *Review of Economic Studies*, 44: 493 - 510.

Schmalensee, R. 1972. *The Economics of Advertising*. Amsterdam: North-Holland.

Schmalensee, R. 1978. A Model of Advertising and Product Quality. *Journal of Political Economy*, 86: 485 - 503.

Schmalensee, R. 1986. Advertising and Market Structure. In *New Developments in the Analysis of Market Structure*, ed. J. Stiglitz and F. Mathewson. Cambridge. Mass.: MIT Press.

Schmalensee, R., and J. Thisse. 1987. Perceptual Maps and the Optimal Location of New Products. *International Journal of Research in Marketing* 4.

Shaked, A., and J. Sutton. 1981. The Self-Regulating Profession. *Review of Economic Studies*, 48: 217 - 234.

Shapiro, C., 1980. Advertising and Welfare: Comment. *Bell Journal of Economics*, 11: 749 - 752.

Shapiro, C. 1982. Consumer Information, Product Quality, and Seller Reputation. *Bell Journal of Economics*, 13: 20 - 35.

Shapiro, C. 1983. Premiums for High Quality Products as Rents to Reputation. *Quarterly Journal of Economics*, 98: 659 - 680.

Shapiro, C. 1986. Investment, Moral Hazard, and Occupational Licensing. *Review of Economic Studies*, 53: 843 - 862.

Shavell, S. 1980. Damage Measures for Breach of Contract. *Bell Journal of Economics*, 11: 466 - 490.

Shavell, S. 1984. On the Design of Contracts and Remedies for Breach. *Quarterly Journal of Economics*, 99: 121 - 148.

Sheshinski, E. 1976. Price, Quality and Quantity

Regulation in Monopoly. *Econometrica*, 43: 127 - 137.

Smallwood, D., and J. Conlisk. 1979. Product Quality in Markets where Consumers are Imperfectly Informed. *Quarterly Journal of Economics*, 93: 1 - 23.

Smith, A. 1776. *An Inquiry into the Nature and Causes of the Wealth of Nations*. New York: Modern Library, 1937.

Spence, M. 1977. Consumer Misperceptions, Product Failure, and Producer Liability. *Review of Economic Studies*, 44: 561 - 572.

Spence, M. 1973. Job Market Signaling. *Quarterly Journal of Economics*, 87: 355 - 374.

Spence, M. 1975. Monopoly, Quality and Regulation. *Bell Journal of Economics*, 6: 417 - 429.

Spence, M. 1976. Product Differentiation and Welfare. *American Economic Review*, 66: 407 - 414.

Stiglitz, J., and A. Weiss. 1981. Credit Rationing in Markets with Imperfect Information. *American Economic Review*, 71: 393 - 410.

Swan, P. 1970. Market Structure and Technological Progress: The Influence of Monopoly on Product Innovation. *Quarterly Journal of Economics*, 84: 627 - 638.

Wilson, C. 1977. A Model of Insurance Markets with Incomplete Information. *Journal of Economic Theory*, 16: 167 - 207.

Wilson, C. 1980. The Nature of Equilibrium in Markets with Adverse Selection. *Bell Journal of Economics*, 11: 108 - 130.

Wolinsky, A. 1983. Prices as Signals of Product Quality. *Review of Economic Studies*, 50: 647 - 658.

第3章 价格歧视

在第1章和第2章中，我们大都假定垄断者生产一种产品，并且以统一的（单位）价格销售该种产品。一般说来，统一定价（uniform price）会使消费者获得一些剩余。（事实上，我们在第2章中已经看到，无法占有消费者剩余是使垄断者产品供应不足的一个原因。）

对于大多数零售市场来说，统一定价是一个很好的概括。但是一种经济物品以不同价格售给不同消费者的例子却比比皆是。医生对富有的病人的要价可能高于贫穷的病人，或者对投过保的病人的要价高于未投保的病人。即使不存在任何显著的成本差别，在同一城市或同一国家的不同区域，消费品的售价也可能会不同。此外，同一经济产品对于同一消费者的售价也可能不同。例如当生产者实行数量折扣（quantity discount），即边际单位的产品售价低于边际以内的产品售价时，这种情况就会发生。这些例子可以被看作生产者为获取一个比统一定价时更高的消费者剩余份额所作的努力。

要想出一个让人满意的价格歧视的定义并不容易。粗略地说，当两个单位的同种实物产品对同一消费者或不同消费者的售价不同时，我们就可以说生产者在实行价格歧视。

这一定义并不令人满意，有时必须加以补充或延伸。首先，考虑一个供应不同区域的水泥生产商的情形。生产成本中必须包括运输成本。假定水泥生产商实现了垂直一体化，从而能够自己提供运输。在这种情形下，统一的到货价格将是歧视性的，而充分反映了离工厂远近不同的消费者之间运输成本差别的价格却不是歧视性的。因此，如果消费者之间的价格差别恰好反映了供应这些消费者的成本差别，我们就认为不存在价格歧视（这等于考虑供应一个消费者的净成本）。其次，不能据此推论说当销售给不同消费者的产品存在差别时便不存在价格歧视。[1]正如我们将要看到的，提供不同质量的服务（例如火车或飞机上的等级）的部分原因，也是为了通过把消费者划分为不同的群体来获取消费者剩余。因此，要给出一个全面的定义是很困难的。一般均衡的理论家也许会不无道理地指出，在不同时间、不同地点、不同状态下交货的或存在质量差异的产品是不同的经济产品，因而“纯粹”价格歧视的范围是非常有限的。[2]

价格歧视的可能性是与套利的可能性联系在一起的。区分两种不同类型的套利是一种传统的做法。

第一类套利是和产品的可转让性相联系的。很清楚，如果两个消费者之间的交易（套利）成本很低，任何试图将某种特定的产品以不同的价格销售给两个消费者的努力都会碰到这样的问题，即获得低价的消费者为了把产品转卖给高价的消费者而进行购买。例如，数量折扣的引入（正如我们在下面将看到的，这种做法常常是最优的）意味着，在消费者之间不存在交易成本的情况下，将只有一个消费者购买产品，然后再把它转卖给其他消费者。举例来说，如果每个消费者都按照“二部定价”，即 $T(q)=A+pq$（其中 $A>0$，代表固定费用，p 为边际价格）来购买，则只有一个消费者将支付固定费用。因此，如果有许多消费者，情形将和制造商以线性（即统一）价格销售大致相同。如果消费者能够完全地套利，生产者通常会被迫制定一个统一的或完全线性的价格：$T(q)=pq$。

交易成本为我们提供了一个关于价格歧视何时可行的线索。服务（例如医疗或旅游）通常比大多数零售产品更不可转让。类似地，消费者往往很难在电力或电话行业中进行套利。

当然，完全的（无成本的）套利和没有套利只是两种极端情形。一般说来，某些有限的套利将会发生，这取决于相对成本和收益：考虑一个使用假学生身份证来享受学生折扣的情形。一个有趣的部分套利并且部分价格歧视的情形是，一个制造商将其产品卖给几个零售商。如果制造商试图对不同的零售商制定不同的价格，零售商将进行套利。这将阻止制造商对零售商执行统一的非线性价格 $T(q)$。即使制造商不能观测到每个零售商销售的确切数量，它也可以观测到零售商运送它的产品，从而（不考虑法律方面的限制）它可以执行一个二部定价 $T(q)=A+pq$，其中 A 是一个固定费用（在本例中，是一笔“特许费”）。

二部定价还适用于套利产品的（变动）消费与其互补产品的（固定）消费相互联系时的情形。例如，剃须刀片和剃须刀、立即成像的胶卷和立即成像照相机的情形。如果照片（而不是胶卷或照相机）被看成是最终消费品，制造商就可以通过操纵生产照片的两种投入品的相对价格来进行价格歧视（也就是说，可以对一张好“照片”的不同构成单位制定两个不同的价格）。这和特许经营例子的相似之处在于，事实上每个消费者都必须支付固定费用，虽然对于在变动部分消费的产品是可以进行套利的。

第二类套利是和提供给消费者的不同消费包或消费组合之间需求的可转移性相联系的。这完全不存在消费者之间产品的实体转移。消费者仅仅是在提供给他的不同选择之间进行取舍。例如，消费者可选择以 $T(2)$ 的总价格购买两单位产品，或以$T(1)$的价格购买一单位产品（这被称为价格-数量包）；又如他可在火车上的一等车厢和二等车厢之间（一种价格-质量包）进行选择。正如我们即将看到的，如果消费者的口味是不同的，生产者通常希望为每个消费者设计特定的消费包。但是，由于无法得到关于每个消费者个性的信息（生产者只知道口味的总体分布），生产者必须想办法确保每个消费者都确实选择了为他设计的消费包，而不是选择为别的消费者设计的消费包。例如，不能让作为一等车厢的目标群体的旅客因为价格的节约超过了质量的下降而想坐二等车厢。正如我们将要看到的，这给生产者提供的消费包集合加上了“激励相容”约束。生产者必须使用“自我选择机制”。

就价格歧视结果而言，这两类套利自然是很不同的。产品的可转让性倾向于阻止歧视，而需求的可转移性可能诱使生产者增加歧视。在补充节中我们将看到，在某些合理的假定下，当生产者拥有关于总体需求的信息而不是关于单个需求的信息时，它会扩大数量幅度或质量幅度。

3

受 Pigou（1920）的影响，价格歧视通常被分为三类。一级价格歧视是完全价格歧视——生产者成功地获取了全部的消费者剩余。例如，当消费者拥有单位需求、生产者确切知道每个消费者的保留价格并且（如果这些保留价格不同）能够阻止消费者之间的套利时，这种价格歧视就会发生。只要生产者制定一个等于消费者保留价格的个体化价格就可以了。在现实中，完全价格歧视不大可能发生，这要么是因为套利的存在，要么是因为关于个人偏好的不完全信息。在关于个人偏好的信息不完全的情况下，生产者仍可能通过前面提到的自我选择机制来不完全地榨取消费者剩余，这叫作二级价格歧视。[3]另外，生产者也可能观察到某些与消费者偏好相关的信号（例如年龄、职业、所在地等），并利用这些信号进行价格歧视，这叫作三级价格歧视。二级和三级价格歧视的重要差别在于三级价格歧视利用了关于需求的直接信号，而二级价格歧视是通过消费者对不同消费包的选择间接地在消费者之间进行选择。

我们将不完全按照传统的顺序来叙述。在考察完全价格歧视在何种情况下可行的问题（3.1 节）之后，我们将考察三级价格歧视（3.2 节）。3.2 节中的思想是前面关于多种产品垄断者和逆弹性法则的内容（见 1.1 节）的直接应用。为了明确地把这类不完全歧视和二级价格歧视区分开来，我们假定垄断者能够根据直接信号把市场分成 n 类顾客，但是它无法对同一类别中的顾客进行区分（要么是因为单位需求，要么是因为产品套利）。然后我们再通过假定垄断者知道同一类内消费者的偏好分布而不知道每个消费者的偏好就内容较新的二级价格歧视展开讨论。这将导向对筛选或自我选择机制的考察，这些考察将在补充节中得到较为详细的展开。我们对二级价格歧视的研究还将扩展到揭示质量幅度上的歧视同非线性价格之间的相似性。

3

3.1 完全价格歧视

最简单的完全价格歧视是在单个消费者（或者，等价地，一些完全相同的消费者）拥有单位需求时出现的。假定每个消费者对于一种产品有一个支付愿意（评价）v。垄断者通过令价格 $p=v$，可以获取全部的消费者剩余。

接下来，考虑有多条相同的向下倾斜的需求曲线的情形。假定市场上的 n 个消费者对于垄断者的产品都有相同的需求，$q=D(p)/n$，而且这一需求函数并且进而总需求函数$q=D(p)$ 为垄断者所知。通过使用恰当的定价方案，垄断者可以获得比线性定价时［其利润为 $p^m D(p^m)-C(D(p^m))$］更大的利润，它甚至可以榨取所有潜在的社会剩余。我们所指的定价方案或者价目表是指把消费者应支付的货币总额 T 表示成消费量 q 的函数。线性定价方案对应的是一个单一价格：$T(q)=pq$。仿射定价方案对应的则是二部定价：$T(q)=A+pq$。

首先设想一下垄断者采取竞争性定价方案的情形，即 $T(q)=p^c q$，其中 p^c 为竞争性价格（见图 3.1)。令 S^c 为相应的净消费者剩余：

$$S^c=\int_0^{q^c}[P(q)-p^c]dq$$

式中，$P(q)\equiv D^{-1}(q)$ 为反需求函数。现在假定，为了获得以价格 p^c 购买的权利，消费者必须支付一笔固定费用。这笔固定费用 A 可能高达 S^c/n 而不至于使消费者一点都不购买。通过提供一个“仿射”（但是非线性）的定价方案或“二部定价”，即

$$T(q)=\begin{cases}p^c q+\dfrac{S^c}{n} & 若\ q>0\\ 0 & 若\ q=0\end{cases}$$

垄断者实现的利润为

$$\Pi=S^c+p^c q^c-C(q^c)$$

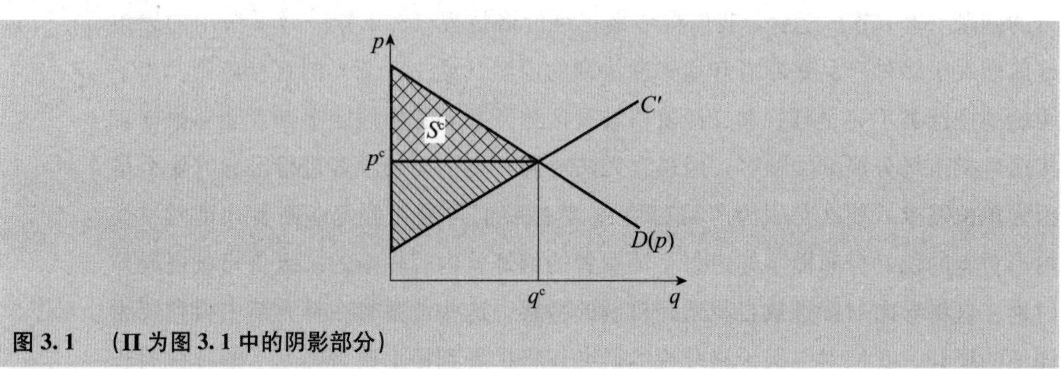

图 3.1 （Π 为图 3.1 中的阴影部分）

这恰好就是最优点上的社会剩余。这一点是意料之中的，因为垄断者所定的边际价格等于它的边际成本，而消费者在减去 S^c/n 之后没有任何剩余。不难看出，这一策略给垄断者带来了它能得到的最大利润。[特别地，它获得的利润超过了最优线性定价方案所能带来的利润，即 $p^m q^m - C(q^m)$。] 除非垄断者使用强制手段，消费者总是可以通过根本不购买而确保获得一个零利润。由于消费者剩余和垄断利润之和等于总剩余，所以垄断者的最大利润等于最大总剩余。

习题 3.1：(1) 证明在价格歧视下实现最优利润的另一种方式是对每个消费者制定的价格等于他的毛剩余，即

$$T(q) = \int_0^q P(x)dx/n$$

(2) 推广至垄断者在 $p_0 > p^c$ 上面临一个竞争性边界的情形。(竞争性边界定义为愿意在 p_0 价格上供应一切需求，但是在低于 p_0 的价格上不提供任何产品。) 最优的二部定价是什么？为了执行占有消费者剩余的第二种方案，应如何重新定义“毛剩余”？

到此为止，我们都假定消费者是完全相同的。现在假定消费者有不同的需求曲线，而且假定垄断者知道每个消费者的需求曲线。对于垄断者来说，最优的定价方案是对边际单位产品制定一个等于边际成本的价格 p^c，并且要求消费者支付一个因人而异的固定费用，这个固定费用等于第 i 个消费者在价格 p^c 下的净剩余 S_i^c。这一结果的一个特例是，总需求函数由支付意愿各不相同的消费者的单位需求函数(即每个消费者要么消费 1 单位产品，要么消费 0) 导出；此时的二部定价就等价于一个简单的个人化的价格系统，其中每个消费者都支付一个等于他的支付意愿的总金额。

当然，这里存在着相当大的信息显示问题。消费者显然不太可能表露出他属于愿意为产品支付较高价格的那类人。这也许会使歧视成为不可能。例如，当消费者拥有单位需求而生产者只知道(对产品的) 评价在人口中的分布却不知道每个人的评价时，生产者便会制定单一价格——也就是说，价格歧视不会发生。(最优价格等于由单位需求加总而成的向下倾斜的需求曲线上的垄断价格。)[4]

我们现在转向不完全价格歧视。

3.2 多市场(三级) 价格歧视

3.2.1 逆弹性法则的再考察

假定垄断者以 $C(q)$ 的总成本生产单一产品，并且它能够通过某些“外生的”信息(如年龄、性别、职业、所在地、第一次购买还是第二次购买等) 把总需求分成 m 个“群体”或“市场”。这 m 个群体有 m 个可以区分的向下倾斜的产品需求曲

线。垄断者知道这些需求曲线。我们假定，在群体之间无法发生套利，但是垄断者无法在一个群体之内进行歧视（即便是二级歧视）。（在每次应用中都必须核实这些条件是否被满足。）因此，垄断者为每一个群体制定一个线性价格。令

$$\{p_1, \cdots, p_i, \cdots, p_m\}$$

代表不同市场上的价格，并且令

$$\{q_1 = D_1(p_1), \cdots, q_i = D_i(p_i), \cdots, q_m = D_m(p_m)\}$$

代表需求数量。令

$$q = \sum_{i=1}^{m} D_i(p_i)$$

代表总需求。垄断者通过选择价格来最大化它的利润

$$\sum_{i=1}^{m} p_i D_i(p_i) - C(\sum_{i=1}^{m} D_i(p_i))$$

从形式上看，这一价格歧视方案是第 1 章中描述的多市场垄断者定价问题的一个特例，在那个问题中，需求是独立的，成本（可能）是不独立的。我们从分析中知道，相对的价格成本差额率由逆弹性法则给出：对于所有 i，有

$$\frac{p_i - C'(q)}{p_i} = \frac{1}{\varepsilon_i}$$

式中，$\varepsilon_i = -D_i'(p_i)p_i/D_i(p_i)$ 为第 i 个市场的需求弹性。

最优定价意味着垄断者应该在需求弹性较低的市场制定较高的价格。

这一法则解释了为什么私有企业向学生和老年人提供不带再分配目的的折扣，为什么律师和医疗服务要根据顾客的收入或保险金额来定价，为什么产品在不同国家的价格有时并不反映运输成本和进口关税，以及为什么首次订阅某一杂志的人可以享受折扣。[5]

3.2.2 福利方面

当垄断者生产的各种产品实际上不过是销售到不同市场上的同种实物产品时，一个有趣的问题便是，如果垄断者被迫在所有市场上制定相同（统一）的价格，情形会怎么样呢？比较这两种情形为衡量三级价格歧视的效果提供了一个尺度。垄断者在价格歧视的情况下境况会得到改善，因为它“最坏”也总可以在每个市场上制定统一的价格。低弹性市场上的消费者会受到价格歧视的不利影响，所以更喜欢统一的价格，高弹性市场上的消费者则更喜欢价格歧视。[6]

为计算相应的福利变化，假定规模报酬不变，即

$$C(\sum_i q_i) = c(\sum_i q_i)$$[7]

在歧视价格下，垄断者在第 i 个市场的定价为 p_i。需求为 $q_i = D_i(p_i)$。总的净消费者剩余为 $\sum_i S_i(p_i)$，企业的利润为 $\sum_i (p_i - c)q_i$。接下来假定歧视是被禁止的。垄断者制定一个统一价格 $\bar{p}$，而且在第 i 个市场的销售量为 $\bar{q}_i = D_i(\bar{p})$。利润为 $\sum_i (\bar{p} - c)\bar{q}_i$，消费者剩余为 $\sum_i S_i(\bar{p})$。令 $\Delta q_i \equiv q_i - \bar{q}_i$。

歧视与非歧视之间的总福利差别等于剩余的变化加上利润的变化：

$$\Delta W = \left\{ \sum_i [S_i(p_i) - S_i(\bar{p})] \right\} + \left\{ \sum_i (p_i - c)q_i - \sum_i (\bar{p} - c)\bar{q}_i \right\}$$

我们现在来推导 ΔW 的上界和下界。为做到这一点，我们要用到这样一个事实，即净剩余函数是市场价格的凸函数。[回忆一下，净剩余对价格的导数等于需求函数的负数，而且需求函数是向下倾斜的：$S'(p) = -D(p)$ 意味着 $S''(p) = -D'(p) > 0$。]

凸函数的一个众所周知的性质是它的每一点都在过该点的切线的上方，如图 3.2 所示。因此有

$$S_i(p_i) - S_i(\bar{p}) \geqslant S_i'(\bar{p})(p_i - \bar{p})$$

利用这一不等式，以及 $S_i'(\bar{p}) = -D_i(\bar{p})$ 这一事实，我们有

$$\Delta W \geqslant \sum_i (p_i - c)\Delta q_i \tag{3.1}$$

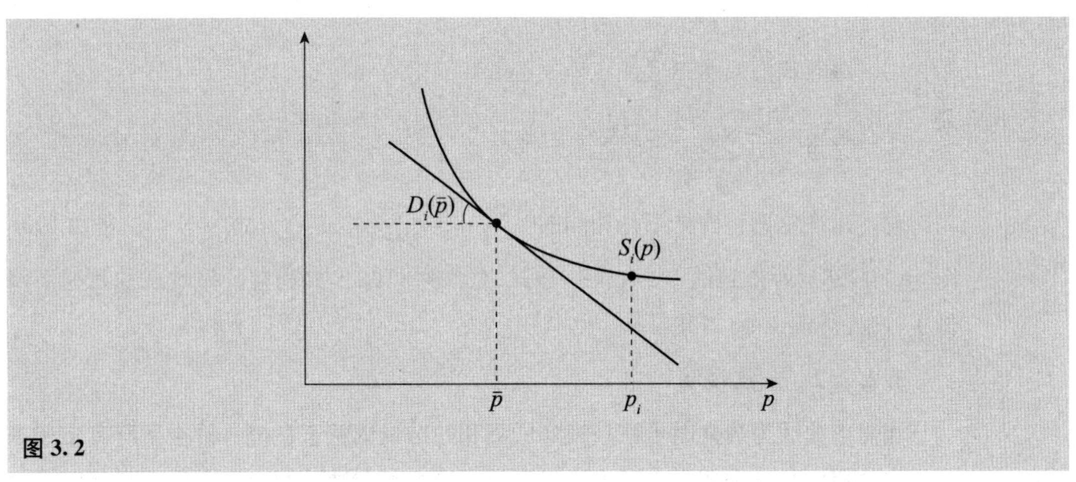

图 3.2

类似地，我们有

$$S_i(\bar{p}) - S_i(p_i) \geqslant S_i'(p_i)(\bar{p} - p_i)$$

并由此得出

$$\Delta W \leqslant (\bar{p} - c)\left(\sum_i \Delta q_i\right) \tag{3.2}$$

如果价格歧视不能增加总产出，它就会降低福利［式（3.2）意味着这一事实］，这一点是很直观的。价格歧视使得消费者之间的边际替代率不同，因此，从

社会角度看，如果目标是把既定数量的产品在消费者之间进行分配，它不如统一定价好。所以对整个社会来说，价格歧视更为有利的必要条件是它能够提高产量（即它减少了传统的垄断定价造成的扭曲）。[在得出边界式（3.1）和式（3.2）的过程中，我们没有对企业的行为作出假定。但是，要得出具体的结果，我们就有必要利用生产者最大化垄断利润这一事实。]

3.2.2.1　一个应用：线性需求曲线

假定第 i 个市场的需求曲线为 $q_i=a_i-b_ip$，并且进一步假定，对于所有 i，$a_i>cb_i$。这个条件可以确保在价格歧视条件下所有市场上都有产品提供。

如果垄断者能够进行价格歧视，它将在第 i 个市场上选择价格 p_i 来最大化 $(p_i-c)(a_i-b_ip_i)$。简单的计算表明：

$$p_i=(a_i+cb_i)/2b_i$$

$$q_i\equiv(a_i-cb_i)/2$$

第二步假定垄断者被迫在所有市场上制定一个统一价格 $\bar{p}$。假定所有市场都被供应一个最优的产量（见下面的说明）。垄断者选择 $\bar{p}$ 来最大化

$$(\bar{p}-c)[\sum_i a_i-(\sum_i b_i)\bar{p}]$$

这将导出

$$\bar{p}=[\sum_i a_i+c(\sum_i b_i)]/2(\sum_i b_i)$$

$$\sum_i \bar{q}_i=[\sum_i a_i-c(\sum_i b_i)]/2$$[8]

总产出在这两种安排下是相同的：$\sum_i q_i=\sum_i \bar{q}_i$ 或 $\sum_i \Delta q_i=0$，这是由 Robinson（1933）所得到的一个结果。由式（3.2）可知，福利在价格歧视的情况下降低了（Schmalensee，1981）。

3.2.2.2　一点说明

当需求曲线为线性时价格歧视降低福利的结论依赖于在统一价格下所有市场都被供应的假定。这个假定实际上是很强的。当垄断者被迫制定一个统一价格时，它实际上是“抢了东家给西家”——它提高了高弹性市场的价格，降低了低弹性市场的价格（参看注释［6］）。高弹性市场的价格上升可能会诱使那些市场的消费者停止购买。

假定有两个市场（$m=2$），并且在统一价格下，其中的市场 2 不被供应，就可以发现，关于福利的结论颠倒过来了。在此情况下，价格等于市场 1 的垄断价格：$\bar{p}_1=p_1^m$ 且 $\bar{q}_1=q_1^m$。另外，$\bar{q}_2=0\leqslant q_2$。从式（3.1）可知，在价格歧视时福利提高了。事实上，价格歧视导致了帕累托改进。垄断者获得了更多利润，市场 2 的消费

者剩余为正，而市场 1 的消费者剩余不变。

3.2.2.3　小结

我们的福利分析归结起来就是：三级价格歧视的福利效果是不确定的。必须比较低弹性市场消费者的损失和高弹性市场消费者以及生产者的收益。如果消除价格歧视会导致市场关闭，那么这样做就尤其危险。[9]

前面的讨论假定福利等于消费者剩余和利润之和，也就是政府只有效率的考虑而没有再分配的考虑。但是很显然，关于价格歧视的主要政策问题之一是它对收入分配的影响。正如我们所见，价格歧视把低弹性群体的部分收入再分配给了高弹性群体和垄断者。当然，通过牺牲消费者的利益来提高垄断利润可能不是非常合适的。但是，低弹性群体通常是（但不总是）较富有的消费者。[10]因此，显然我们不能先验地根据再分配方面的考虑作出不利于价格歧视的论断。

3.2.3　应　用

下面是几个以可观测特征为基础的歧视的例子。

3.2.3.1　应用之一：空间歧视

考虑在 2.1 节描述过的区位模型。假定垄断者在同一个工厂中生产某种产品。为简化起见，假定每单位产品的运输成本和客户与工厂的距离成正比，即对于距离为 x 的客户来说，运费为 tx。假定生产者自己运输产品。它对于该客户制定的到货价为 $p(x)$；等价地，它也可以制定一个离岸价（FOB）或工厂交货价 $p(x)-tx$，并让客户负责运输（当然，第二种策略可能会导致套利）。假定单位生产成本为 c。

假定企业的客户与工厂的距离是各种各样的。为集中于空间问题，假定所有客户在既定的到货价下都有相同的需求；令 $q=D(p)$ 代表这一需求。假定企业对所有处在同一区位的客户制定相同的价格。（例如，我们可以想象，处在同一地点的客户会从事套利活动。至于区位之间的套利可能性，见下文。）垄断者最大化由处在 x 区位上的客户构成的市场上的垄断利润；也就是说，它最大化 $(p-tx-c)D(p)$ 。

运输成本（tx）类似于一种消费税。用第 1 章的术语来说，p 等价于“消费者价格”，而 $p-tx$ 等价于“生产者价格”。我们从第 1 章可知，一般说来，消费税并未完全转嫁给消费者。例如，对一个线性需求来说，生产者承担了一半的消费税增加额。对于指数需求函数来说，任何税收的增加都完全由消费者承担。对于固定弹性需求函数来说，消费者承担的损失将超过全部的税收增加额（见习题 1.3）。这些结果放到我们的区位模型中重新加以解释就是：离工厂的距离每增加 dx，就意味着在指数需求的情况下，垄断（到货）价格的增加 $dp=tdx$；在线性需求的情况下，$dp=tdx/2$；在固定弹性需求的情况下，$dp=tdx/(1-1/\varepsilon)$。在指数需求的情况下将不存在价格歧视：任何成本差别都充分反映在到货价格中。换句话说，对于所有客户来说，离岸价都是一样的。在线性需求情况下，消费者不用支付全部运输成本。垄断者实行“运费吸收”，并歧视离它最近的客户。在固定需求弹性的情况下，被歧视的是最远的那些消费者。

不同区位的消费者之间进行套利的可能性将使那种在固定需求弹性情况下出现的歧视失效。如果垄断者使用的运输技术是能够普遍得到的，离工厂近的客户就会购买产品，并把它转卖给离工厂更远的客户。在这种情况下，生产者就必须满足于非歧视价格。运费吸收的策略却可以不受消费者之间套利可能性的影响。因此，虽然在理论上歧视的操作方式对需求函数很敏感，但是套利的可能性却表明，只有运费吸收是可能在现实中观测到的。

在实际操作中，运费吸收是经常被观测到的。[11]套利的可能性可能并不是对这一现象的唯一解释。在某些情况下，我们所假定的每一区位上的需求函数是相同的这一条件可能会被破坏。离工厂较远的消费者可能比附近的消费者更能够从其他来源买到产品。一个离两家相距 100 英里的相互竞争的水泥生产商各 50 英里的水泥消费者比起那些离其中的一个生产商 10 英里、离另一个生产商 90 英里的消费者来说，有更多的替代可能性。因而价格歧视就成为各生产商竞争处在边际上的消费者而又不向边际以内的（被控制的）消费者作出价格让步的有效手段。就目前阶段而言，我们只需这样设想便足够了，那便是需求弹性随离工厂的距离的增加而增加。空间上不同的寡头垄断者之间策略性的相互作用将在第 7 章加以考虑。

习题 3.2*：假定消费者有线性需求函数，并且在距离 $x=0$ 至 $x=1$ 之间均匀地分布。至距离 x 的运输成本为 tx。

（1）计算允许歧视时的最优离岸价。

（2）假定运输是通过一个竞争性部门以相同的单位成本 t 进行的，并且假定整个市场都被供应，计算最优统一（即非歧视性的）离岸价。我们能否说，在非歧视情况下，某些消费者“交叉补贴”了另外一些消费者？

（3）一般说来，哪种安排能够使被供应的市场最大？

3.2.3.2 应用之二：作为歧视手段的垂直控制

假定垄断者为两个生产不同的最终产品的竞争性产业生产一种投入品（或者类似地，垄断者的产品被竞争性的零售商销售给两类消费者）。最终产品（$i=1$，2）面临两类独立的需求，其需求弹性 $\varepsilon_2>\varepsilon_1$（在下面的叙述中，把它们设想为固定弹性需求不失为一种方便的做法）。为简单起见，还假定每个产业都把 1 单位投入转化为 1 单位产出。

由于这种技术以及下游产业是竞争性的这一事实，每种最终产品的价格就等于对生产这种最终产品的产业制定的中间价格。因此，情况就如同是垄断者直接将它的产品销售给两个产业中的消费者。下游产业不过是一个“面纱”。因此，中间产品的最优价格为

$$p_2^* = \frac{c}{1-1/\varepsilon_2} < p_1^* = \frac{c}{1-1/\varepsilon_1}$$

垄断者自己操作两种下游技术（并向消费者销售）的解被称为“垂直一体化解”。[12]

但是还有一点需要说明。为实现垂直一体化利润，垄断者必须阻止两个产业之间的套利。产业 2 也许会以低价（即 p_2^*）购买中间产品，并把它转销给产业 1。如果由于产业 2 转销某些投入品给产业 1 而使歧视策略遭到了破坏，而垄断者又无法直接地阻止这种套利活动，它的最优解决办法就意味着不向产业 2 销售任何产品。要做到这一点，垄断者可以购买产业 2 中的一个企业，然后把这个企业的最终价格定为 p_2^*，然后以价格 p_1^* 向其他企业供应中间产品（见图 3.3）。只有产业 1 中的企业会购买产品，因为在产业 2 中的企业将无法有效地在第 2 种消费品的销售方面同垄断者的附属企业展开竞争。例如，美铝公司在生铝锭这种中间产品的生产方面具有垄断力量。它就在高需求弹性的市场（如铝板市场）进行一体化，并通过它的中间产品定价策略来排挤这些市场上的下游竞争者。[13]

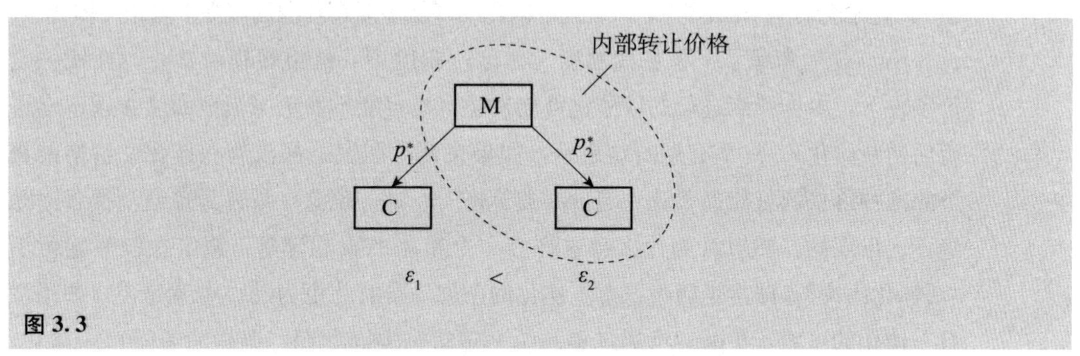

图 3.3

因此，当上游企业不能直接控制其买主之间的产品转销时，垂直一体化就可以用作价格歧视的替代手段。而反对价格歧视的法规也可能导致垂直一体化。

采取“相反策略”，即自己供应低弹性市场的垄断者必须对供应其他市场的产业施加进一步的控制。例如，在美国一个涉及怀特汽车公司（White Motor Company）的反托拉斯案例中，低需求弹性的产业是由各种（地方的和联邦的）公共机构组成的，并且由生产者自己供应。高需求弹性的产业则是由零售商供应的私人市场。生产者对零售商向公共机构的销售进行了限制。

3.2.4 中间产品市场上的三级价格歧视

前面的分析假定，垄断者产品的购买者是消费者，即产品是最终产品。但是，美国限制三级价格歧视的法律尤其关心的是中间产品市场。《罗宾逊-帕特曼法》（该法后来并未得到严格的贯彻）的目标就在于使得这些市场上的小企业在面对大买主所拥有的“不公平的”优势时能够获得某种保护。该法案关心的一个典型情形是能够从垄断者那里获得比当地商店更低的折扣价格的连锁店。Katz（1987）注意到了前面的分析不能直接应用于中间产品市场的两个理由。第一，“消费者”的需求是相互依赖的。例如，连锁店和当地商店在产品市场上展开竞争；因而其中的一个竞争者向垄断者购买多少的决定不仅依赖于垄断者对其制定的价格，而且也依赖于垄断者对另一个竞争者制定的价格。求解产品市场上的竞争，我们得到的是一个需求相互影响的情形（参看第1章）。第二，分销商比消费者更可能对产品实行后向一体化。特别是，如果连锁店不能从垄断者那里获得有利的条件，它就可能决定自己供应产品。（当地商店更不可能这样做，因为在生产阶段上存在着规模报酬递增——例如，对于低产量的生产者来说，生产的固定成本可能太高。）

在Katz对这一连锁店-当地商店模型的分析中，连锁店在每个不同区域的市场上都同一个当地商店进行竞争（因而有多少个市场，便有多少个当地商店）。后向一体化的成本为$F+vq$，其中F为固定成本，v是生产的边际成本（它被假定为不低于垄断者的边际成本c）。垄断者选择两个价格，一个针对连锁店，一个针对当地商店。Katz证明，一体化不会发生。（如果连锁店实行一体化，垄断者可以对连锁店制定价格v，这不会影响下游的竞争，而且可以在不降低垄断者利润的前提下阻止一体化。）

Katz随后考虑了一种替代制度。在这一制度中，价格歧视被禁止。在统一定价条件下，由连锁店进行的一体化可能发生，也可能不发生（当地商店永远不会进行后向一体化）。一个有趣的结果是，如果在两种制度下都没有一体化，价格歧视下的两种价格都可能高于统一定价时的价格——这一现象在买者为普通消费者时是绝不会出现的。要想对为什么会这样有一个粗略的直观理解，假定在统一定价下“一体化约束”（即连锁店不愿意一体化的条件）是有约束力的。也就是说，如果没有一体化的可能，垄断者将通过提高统一定价来提高利润，但是为了阻止一体化，它不能这样做，而只能把价格保持在较低的水平上。当允许歧视时，它可以提高对当地商店的定价。在某些条件下，这将降低连锁店一体化的积极性，从而使垄断者也增加对连锁店的定价。[14]在这一情形中，价格歧视显然是损害福利的，因为它提高了所有价格。

3.3 个人套利与消费者甄别（二级价格歧视）

假定垄断者面对的是由异质的消费者构成的需求。如果垄断者知道每个消费者的口味，一般而言，它就可以为消费者提供个人化的消费包或消费组合（价格与数量，价格与质量，等等），从而就能够达到完全的歧视。但是，我们假定垄断者不能够把消费者区分开来。特别地，假定（与前面的部分相对照）没有关于每个消费者需求函数的外生信号（例如年龄或职业）。[15]这并不意味着垄断者将放弃在消费者之间进行歧视的努力，而满足于对所有消费者提供唯一的消费组合。它可以提供一个可供选择的消费组合菜单。但是这样做时，它必须考虑到个人套利的可能性，即作为某一特定的消费组合的设计对象的消费者也许会希望选择针对另一个消费者设计的消费组合。这就引出了“自我选择”或“激励相容”约束，这些约束一般说来会使完全价格歧视成为不可能（参看3.1节中涉及具有单位需求的消费者的例子）。

这一节从一个简单的二部定价例子开始。由于二部定价通常都不是最优的，我们将接着考虑更一般的非线性定价方案，然后还将展示利用价格-数量组合进行的歧视和利用价格-质量组合进行的歧视之间的高度相似性。最优定价连同保险市场上的歧视，将在补充节中得到更为详细的论述。

3.3.1　二部定价[16]

二部定价［$T(q)=A+pq$］提供了一个位于直线上的消费组合菜单（实际上是这些组合的一个连续统）。与代表纯线性定价的直线不同的是，这条直线不一定经过原点。

二部定价在实践中应用普遍。表3.1给出了一些例子。

二部定价的主要吸引力在于它的简单性。例如，消费者为进入露天游乐场而支付的价格可能是（有时也确实是）一个更为复杂的搭乘游乐设施次数的函数，而不像二部定价那么简单；但是要记录下每个人搭乘游乐设施的次数是有成本的。有时，正如上文所注意到的，二部定价的原因还在于有限套利的可能性。

但套利不能是完全的；不能出现只有一个消费者支付固定费用A，然后把产品转销给其他消费者的情形。这一假定在表3.1给出的例子中都是满足的。注意，二部定价实际上是和数量折扣方案相对应的：产品的平均价格随购买单位量的增加而降低。

表 3.1

	固定费用（A）	随……变化的费用
电话、煤气、电力	租金	单位数
立即成像相机	相机购买费	胶卷数量
露天游乐场	门票	搭乘游乐设施的次数
出租车	起步价	距离

我们现在来分析这一定价方法在利润和福利方面的后果。为做到这一点，我们必须利用一个简单的例子。假定消费者具有如下偏好：

$$U=\begin{cases}\theta V(q)-T & \text{如果他们支付 } T \text{ 而消费 } q \text{ 单位产品}\\ 0 & \text{如果他们不购买}\end{cases}$$

式中，$V(0)=0$，$V'(q)>0$，$V''(q)<0$（即在此效用函数中，消费的边际效用递减）；θ是一个偏好参数，它随消费者的不同而不同；$V(\cdot)$对所有消费者均相同。

3

正如在第 2 章中一样，这些偏好可以通过对产品的相同偏好再加上不同的收入加以解释。假定所有消费者都有偏好 $U(I-T)+V(q)$，即偏好在净收入（$I-T$）和数量上是可分的，其中 $U'>0$，$U''<0$，$V(0)=0$，$V'>0$ 且 $V''<0$。如果在产品上支付的货币额相对于初始收入是很小的（$T \ll I$），偏好就可大致表示为 $U(I)-TU'(I)+V(q)$。所有与消费者关于该产品的选择相关的变量都被总结为 $\theta V(q)-T$，其中 $\theta \equiv 1/U'(I)$ 是"收入的边际效用"的倒数。因此，我们可能仅仅因收入的不同而导致表面上的偏好的不同。[17]

假定有两类消费者。偏好参数为 θ_1 的消费者比例为 λ；偏好参数为 θ_2 的消费者比例为 $1-\lambda$。（在固定边际成本的情况下，消费者的绝对数并不重要，因而可以标准化为 1。）假定 $\theta_2>\theta_1$ 且垄断者以固定边际成本 $c<\theta_1<\theta_2$ 进行生产。

为简化计算，假定

$$V(q)=\frac{1-(1-q)^2}{2}$$

[从而 $V'(q)=1-q$ 是数量的线性函数。]

我们将依次考虑下述情形：完全歧视情形、统一的非歧视垄断定价情形以及二部定价情形。（我们对前两种情形感兴趣，只是为了同第三种情况相对照。）

作为开始，我们来计算 θ_i 类的消费者在面临边际价格 p 时的需求函数。（对于这一需求函数，固定费用就只影响是否购买产品的决定。如果消费者已经决定购买，当他选择购买多少时便不再把它考虑进去。）消费者最大化

$$\{\theta_i V(q)-pq\}$$

这将导出（一阶条件）

$$\theta_i V'(q)=p$$

对于我们所设定的偏好，$\theta_i(1-q)=p$。因而需求函数为

$$q=D_i(p)=1-p/\theta_i$$

净消费者剩余为

$$S_i(p)=\theta_i V(D_i(p))-pD_i(p)$$

（忽略了任何可能的固定费用。）在此特例中，

$$S_i(p)=\theta_i\left(\frac{1-[1-D_i(p)]^2}{2}\right)-pD_i(p)$$

$$=\frac{(\theta_i-p)^2}{2\theta_i}$$

[注意，$S_i(\theta_i)=0$，而且 θ_2 类的消费者的剩余总是更高。] 需求函数及净剩余如图 3.4 所示。

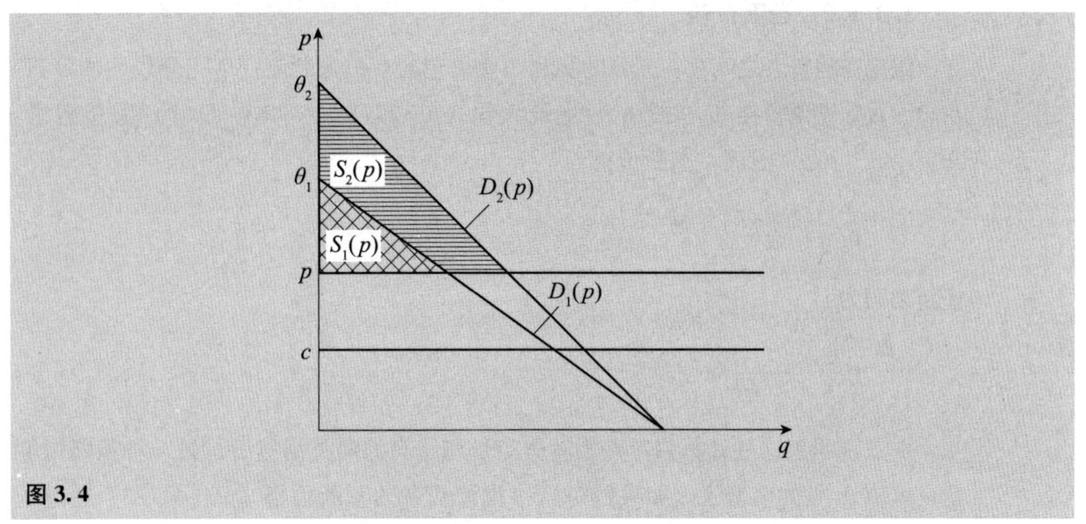

图 3.4

令 θ 代表 θ_1 和 θ_2 的“调和平均值”：

$$\frac{1}{\theta} \equiv \frac{\lambda}{\theta_1} + \frac{1-\lambda}{\theta_2}$$

那么在价格 p 上的总需求就可写成

$$D(p) = \lambda D_1(p) + (1-\lambda) D_2(p) = 1 - p/\theta$$

3.3.1.1 完全价格歧视

假定垄断者能够对消费者进行区分，也就是说，它能够直接观测到 θ_i。正如我们在 3.1 节看到的，它就可以判定一个边际价格 $p_1 = c$，并且索要一个个人化的固定费用，该费用等于每个消费者在价格 c 上的净剩余。对于消费者 i（$i=1$，2）来说，固定费用为

$$A_i = S_i(c) = \frac{(\theta_i - c)^2}{2\theta_i}$$

高需求的消费者支付的固定费用自然也更高。垄断者的利润为

$$\Pi_1 = \lambda \frac{(\theta_1 - c)^2}{2\theta_1} + (1-\lambda) \frac{(\theta_2 - c)^2}{2\theta_2}$$

正如我们在 3.1 节所见，此时福利是最优的（假定没有再分配方面的考虑）。

如果垄断者没有观察到消费者的类型，完全歧视的分配就不可能贯彻。剩余被全部剥夺了的高需求的消费者将有激励去声称他们是低需求的消费者。这样做将给他们带来严格为正的效用，因为低需求的消费者对于其消费组合的效用为零。[18] 因此，高需求的消费者将进行个人套利。（低需求的消费者则不会。）3.3.2 小节将表明，要想阻止高需求的消费者购买为低需求的消费者设计的消费组合，对于垄断者来说是有成本的。

3.3.1.2 垄断价格

假定在消费者之间存在充分的套利，使得垄断者被迫制定一个完全线性的价格：$T(q)=pq$。垄断价格 p_2（或 p^m）将最大化（$p-c)D(p)$，其中 $D(p)$ 为总需求：$D(p)=1-p/\theta$。因而，垄断价格为

$$p_2=\frac{c+\theta}{2}$$

垄断利润为

$$\Pi_2=\frac{(\theta-c)^2}{4\theta}$$

一点说明：这些计算假定垄断者决定供应所有的两类消费者。另一种策略可能是只供应 θ_2 类的消费者。如果针对这一类消费者的垄断价格 $[(c+\theta_2)/2]$ 超过了 θ_1，而且 θ_1 类消费者的比例足够小，这种策略就是最优的。为了使要考虑的情形减少，我们假定要么

$$(c+\theta_2)/2\leqslant\theta_1$$

要么 λ 不是太小，从而两类消费者都会被供应。

习题 3.3*：证明若 θ_1 或 λ "足够大"，则实行统一定价的垄断者将对两类消费者都进行供应。

3.3.1.3 二部定价

现在我们来看一看最优二部定价。我们再次假定垄断者将供应两类消费者。

假定边际价格为 p。能使 θ_1 类消费者仍然购买产品的最高固定费用为 $A=S_1(p)$。此时，θ_2 类的消费者将会购买。因为

$$S_2(p)>S_1(p)=A$$

因而垄断者最大化

$$S_1(p)+(p-c)D(p)$$

在最优二部定价下，垄断者的状况至少要和完全线性定价时一样好。因为在变动利润$(p-c)D(p)$ 之外，它还增加了从两类消费者获得的固定费用 $S_1(p)$。(另一种理解方式是把线性定价看成是二部定价的一个特例，即 $A=0$。) 通过简单的计算可得出

$$p_3=\frac{c}{2-\theta/\theta_1}$$

3.3.1.4 比较

不需计算，便可看出 $\Pi_1\geqslant\Pi_3\geqslant\Pi_2$。垄断者在完全价格歧视时获得最大利润。而它又总能在二部定价时重复线性定价，所以 $\Pi_3\geqslant\Pi_2$。更有趣的是关于边际价格

和福利的比较（见图 3.5）。我们不难验证（在两类消费者均被供应的假定下）：

$$p_1 = c < p_3 < p_2 = p^{\mathrm{m}}$$

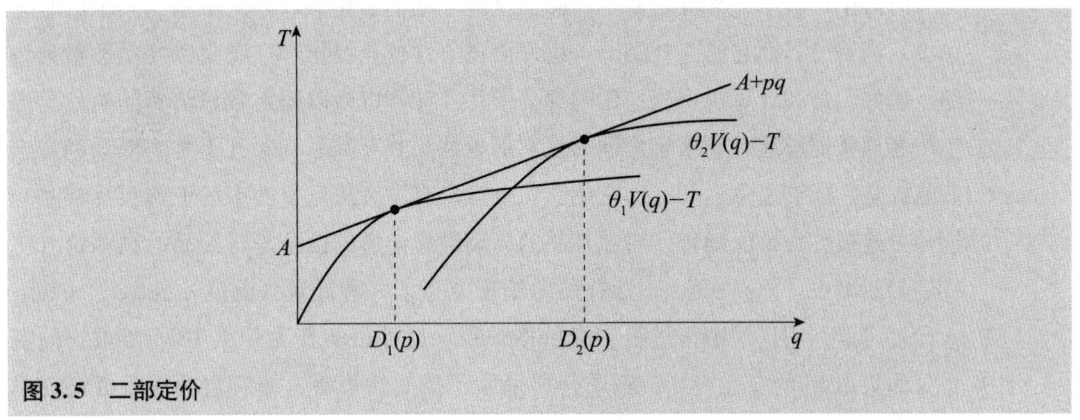

图 3.5　二部定价

因此，二部定价的边际价格介于竞争性价格（即完全歧视下边际消费者支付的价格）和垄断价格之间。直观的理解是，从垄断价格 p^{m} 开始，考虑一个微小的价格下降（$\delta p<0$）。根据垄断价格的定义，价格变化只对变动利润（$p-c$)$D(p)$ 有二阶效应。但是消费者剩余增加的幅度与价格下降成比例，这是一种一阶效应。特别地，垄断者可以增加一个与价格下降成比例的固定费用，即

$$\delta A = \delta S_1(p) = -D_1(p)\delta p > 0$$

从而获得好处。此外，从竞争性价格开始，将价格提高 $\delta p>0$ 并相应地降低固定费用，使得 θ_1 类消费者在买与不买之间是无差异的，这将使从这些消费者获得的利润不变，因为对于这些消费者来说，垄断者实现了完全的价格歧视。因此，价格的微小变动只对从低需求消费者获得的利润有二阶效应，但是它对从高需求消费者获得的利润却有一阶效应。后者节省了固定费用，该费用的减少额为 $D_1(c)\delta p$。另外，他们为需求多支付了$D_2(c)\delta p$。[还有第 i 种效应：需求的减少。但是由于 $p-c$ 为零，垄断者的变动利润并不受需求变动的影响。] 因此，对利润的净效应为

$$(1-\lambda)[D_2(p)-D_1(p)]\delta p > 0$$

这一分析有力地说明最优边际价格介于 c 和 p^{m} 之间（事实也确实如此）。

还请注意，二部定价下的福利比线性定价时高；因为边际价格降低了，两类消费者都会消费更多，从而减少了扭曲。[19] 正如我们所见，在二部定价下，垄断者可以把边际价格定到垄断价格之下，然后通过固定费用把损失的利润补偿回来。因而固定费用会诱使垄断者降低价格，从而增加福利。

习题 3.4** [20]：考虑前面有两类消费者的模型。对于任何 $p>c$ 的线性定价 $T(q)=pq$，存在一个二部定价 $\widetilde{T}(q)=\widetilde{A}+\tilde{p}q$，使若消费者被允许在 T 和 $\widetilde{T}$ 之间进行选择，则两类消费者和企业的境况都将得到改善。提示：提供一种包含着高需求

消费者在线性定价下的消费组合［即穿过（$D_2(p)$，$pD_2(p)$）点］的二部定价。[21]

3.3.1.5 一点说明：作为一种价格歧视手段的搭配销售

有时生产者生产某种“基本”品。这种“基本”品是以固定数量（典型的是一单位）消费的，而它的互补品——也许由竞争性产业提供——则是以变动数量消费的。例如，曾和计算机一起使用的穿孔卡片。计算机（以固定数量消费的商品）的生产者通常能够通过要求客户同时从它那里购买其互补品（穿孔卡片）而获利，当然前提是它能够避免套利（即它能够检查客户有没有从竞争性市场上购买互补品）。这种方式被称为搭配销售。对互补品的高额消费传递的信号是对商品的高评价（在我们的模型中，即高 θ 值）；互补品的销售充当了一种计量（测度）机制。[22]因此，生产者可以利用搭配销售进行二级价格歧视。这可以解释为什么 IBM 要求它的客户只购买 IBM 的穿孔卡片。施乐公司采取了类似的策略，即对它的复印机征收单位复印费（另一种替代方法是，要求搭配销售施乐复印纸，如果它能够阻止套利）。[23]

为了在我们的模型中说明这一点，假定有一个消费者，如果他购买，就会购买一单位生产者生产的商品及 q 单位互补品。和前面一样，如果他购买，他的效用为 $\theta V(q)-T(q)$；如果他不购买，则其效用为 0。$T(q)$ 是由生产者通过搭配销售制定的二部定价。生产者生产基本品的单位成本为 c_0，生产其互补品的单位成本为 c。c 同样也是互补品的竞争性价格，因为有许多企业愿意以价格 c 生产该种互补品。生产者对于基本品市场具有垄断力量。

除了生产者必须为它供应的每一个消费者支付一个固定成本 c_0 外，这个模型的设定和前面分析的二部定价是类似的。因此，如果我们假定两类消费者都被供应，c_0 的大小就是无关的，因此就得到了和前面相同的解。与那一分析相对照，假定生产者被禁止进行搭配销售。偏好为 θ 的消费者在竞争性市场上以价格 c 购买互补品，以使得 $\{\theta V(q)-cq\}$ 最大化。θ_i 类消费者的净剩余为 $S_i(c)$。再次假定生产者供应两类消费者，它制定的基本品价格等于低需求消费者的支付意愿：$S_1(c)$。[24]

前面关于二部定价的分析使我们能够不必作进一步的计算就可以对搭配销售的效果进行评价。在搭配销售中，互补品的价格提高了：$p>c$（p 已在前面算出），而基本品的价格则降低了：$S_1(p)<S_1(c)$。[25]

这里有一个令人感到好奇的地方，那就是对于垄断者最优的定价结构的导出与基本品的成本 c_0 无关（Oi，1971）。通过选择足够高的 c_0（但并未高到使垄断者只供应高需求的消费者），人们可以得到基本品价格低于其边际成本的例子。

但是，搭配销售同较为古典的二部定价分析有一个重要的不同：只要生产者对两类客户都进行供应，搭配销售就会减少福利。要理解这一点，请注意当搭配销售被禁止时，客户将以边际成本购买变动商品。因而潜在的社会剩余就被实现了。[26]

相反，与搭配销售相联系的二部定价导致了边际价格扭曲（$p>c$），这又会导致消费扭曲。因此若生产者总是对两类消费者都进行供应，搭配销售就是有损于福利的。当然这里有一个重要的说明是，禁止搭配销售使生产者更可能只供应高需求的消费者。正如下面的习题所示，搭配销售有损福利的结果可能被颠倒过来。

习题 3.5：** 假定 $c_0=0$。

（1）当搭配销售被禁止时，若$(1-\lambda)S_2(c)\geqslant S_1(c)$，总社会剩余为

$$(1-\lambda)S_2(c)$$

（2）令 $c=1$，$\theta_1=2$，$\theta_2=3$，$\lambda=\frac{5}{8}$，且 $D_i(p)=1-p/\theta_i$。证明禁止搭配销售降低了总福利。

习题 3.6：** 美国的 Chicken Delight 快餐连锁店曾将纸包装盒——购买量较大的人用的“大盒”和单个用餐者用的“小盒”——同特许名称的使用权搭配在一起出售。你能想出对这一做法的一个可能解释吗？（提示：特许分销商供应的是不同的、具有独占性的地区。）

3

3.3.2　完全非线性定价和数量歧视[27]

二部定价简单且普遍。但是一个能够完全阻止商品套利（但不包括个人套利）的生产者却可以通过采取更复杂的方案来获得比它通过最优二部定价所获得的利润更高的利润。

图 3.6 描述的是（q，T）空间。它解释了其中的原因。直线代表的是最优二部定价 $T(q)=A+pq$。两类消费者的无差异曲线都是凹的，因为 $V(q)$ 是凹的。由于 $\theta_2>\theta_1$，所以当它们相交时，θ_2 类消费者的无差异曲线比 θ_1 类消费者的陡。[28]在最优二部定价下，θ_1 类消费者选择 B_1 组合，θ_2 类消费者选择 B_2 组合。通过构造，低需求的消费者将没有净剩余（他们通过 B_1 的无差异曲线穿过原点），而高需求消费者则有可能有净剩余。图 3.6 也显示了垄断者的无差异曲线（即 $T-cq=$常数）。由于 $c<p$，这些无差异曲线比最优二部定价曲线更平坦。

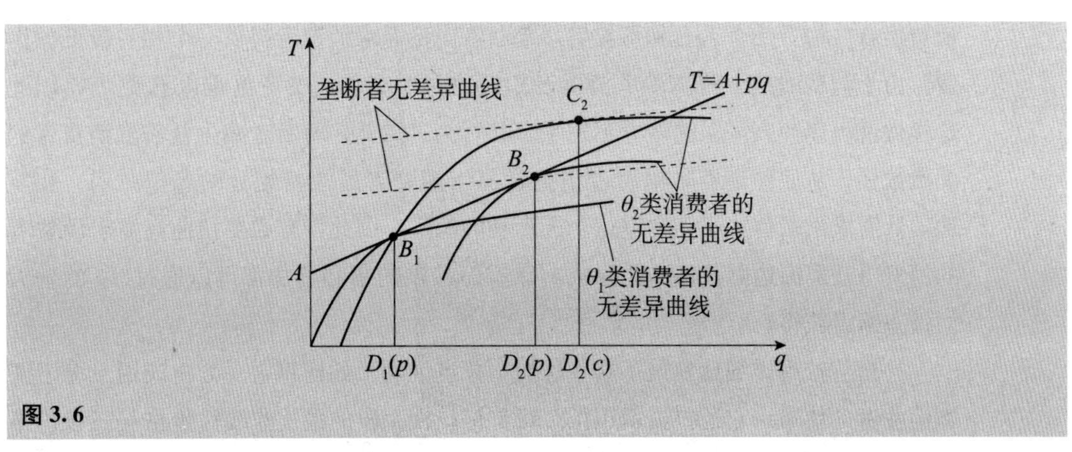

图 3.6

二部定价的一个重要特征是没有任何个人套利约束是起作用的。特别地，在 B_2 和 B_1 之间，高需求消费严格地偏好于 B_2。实际上，当这类消费者的无差异曲线穿过 B_1 时，任何在这条线上或在它下方的点都会被他们接受。显然垄断者可以通过向 θ_2 类消费者提供一个在 θ_2 类消费者过 B_1 点的无差异曲线之下、垄断者过 B_2 点的无差异曲线之上的消费组合来增加自己的利润。实际上，这些点中最优的点是 C_2，在 C_2 处，垄断者的无差异曲线和 θ_2 类消费者过 B_1 点的无差异曲线相切。由于 θ_1 类消费者的无差异曲线经过原点，而 θ_2 类消费者的无差异曲线又比它陡，所以它不可能包括原点。因此，θ_2 类消费者获得了部分租金。[29]垄断者从低需求消费者获得的利润保持不变，但是从高需求消费者获得的利润都增加了，所以二部定价不是最优的。

3

在 C_2 的构造中，一个有趣的特征是垄断者和高需求消费者的无差异曲线是相切的。因此，在 C_2 处，θ_2 类消费者的消费是社会最优的：$q_2=D_2(c)$。

为了推导出最优非线性定价，我们必须找出两个消费组合（q_1，T_1）和（q_2，T_2），它们能够在不发生个人套利及消费者愿意购买的约束下最大化垄断者的利润。这一切将在补充节中进行，并将基本上表明，最优非线性定价与（B_1，C_2）组合是类似的。

【结论 1】 低需求消费者得不到净剩余，而高需求消费者则可以得到一个正的净剩余。

【结论 2】 有约束力的（或有效的）个人套利约束将阻止高需求消费者购买低需求消费者的消费组合。

【结论 3】 高需求消费者购买社会最优的数量，$q_2=D_2(c)$[30]，而低需求消费者则购买低于最优水平的数量，$q_1<D_1(c)$。

结论 3 是最有经济学意义的结论。相对于社会最优来说，垄断者扩大了消费差别的幅度：$(D_1(c), D_2(c))$ 变成了$(q_1<D_1(c), D_2(c))$。其直觉如下。垄断者希望能够榨取 θ_2 类消费者的大量剩余，但是这一策略面临着个人套利的威胁：若高需求消费者自己的消费组合不能带来足够大的剩余，他就可以消费低需求消费者的消费组合。为了使个人套利不发生，垄断者向低需求消费者提供一个相对较低的消费。由于消费的减少对高需求消费者来说比对低需求消费者更难以忍受[31]，因此这样做就可以使高需求消费者不发生套利行为。因此，垄断者减少低需求消费者的消费数量，从而使高需求消费者消费低需求消费者的消费组合的愿望减弱。相反地，低需求消费者并不存在进行个人套利的动机，因此没有必要扭曲高需求消费者的消费（任何因边际价格向边际成本靠近而带来的福利增加都可以通过 T_2 的增大而被垄断者获得）。

补充节较为详细地发展了这些思想，并且说明了如何将这一分析应用于多于两类消费者的情形。它还将揭示用作二级价格歧视手段的最优非线性价格与三级价格歧视研究中考虑的 Ramsey 价格之间的联系。

3.3.2.1 福利

非线性定价的福利效应是模棱两可的。毫无疑问，垄断者所选择的非线性定价只是社会次优的。但是我们不能将这种价格同社会的最优价格作比较，而应该同在给定的政府干预下所产生的价格相比较。一种研究得很多的政策干预办法是强迫垄断者制定线性价格。（这种有局限的政策之所以为人们所热衷是因为它不需要政府拥有任何有关消费者偏好的分布、企业的成本结构等方面的知识。）这种干预将降低垄断者的福利，因为它失去了定价的灵活性。但是消费者并不一定因此而受益。在非线性定价下，垄断者可以在榨取高需求消费者净剩余的同时，仍然向低需求消费者销售。在线性定价下，垄断者为了榨取高需求消费者的剩余可能会停止对低需求消费者的供应。因此它的产出可能减少。

有关非线性定价福利分析的详细内容，可参看 Spence（1977）、Roberts（1979）和 Katz（1983）。

3.3.3 质量歧视

在 3.3.1 小节和 3.3.2 小节，垄断者是通过以不同的价格向对商品具有不同偏好的消费者提供不同数量的同种商品来对消费者实行歧视的。垄断者同样也可以通过提供不同的质量向对质量（或服务）具有不同偏好的消费者进行歧视。例如铁路和航空公司提供几种等级的座位。机票也在退票的容易程度、是否有候补名单以及其他方面存在着不同。

事实表明，质量歧视和数量歧视非常相似。[32] 为了理解这种相似，请考虑第 2 章中研究过的纵向差异空间。消费者对商品有单位需求。商品有不同的质量，用 s 标出。消费者偏好为 $U=\theta s-p$（如果他们购买），其中 s 为被购买商品的质量，p 为支付的价格，θ 为偏好参数。一般说来，价格取决于质量，即 $p(s)$。假定垄断者生产一单位质量为 s 的商品成本为 $c(s)$，其中 c 为增函数，而且是凸的。

通过重新定义符号，这一质量模型可以转化成前面的数量模型。为此，令 $q\equiv c(s)$ 代表质量 s 的成本。令 $s=V(q)\equiv c^{-1}(q)$ 代表它的反函数，即支付成本 q 可以获得的质量（注意，c 是增函数，而且是凸的，这意味着 V 是增函数，而且是凹的）。消费者的偏好（若他们购买）为

$$U=\theta V(q)-p(V(q))=\theta V(q)-\tilde{p}(q)$$

[式中，$\tilde{p}(q)\equiv p(V(q))$]。根据模型的构造，垄断者的成本函数关于 q 是线性的（比例系数为 1）。因此，在形式意义上，这两个模型是相同的，我们可以把数量模型的结论变换成质量模型的结论。特别地，我们（在两类消费者的情形下）有下述结论：

【结论 3′】 把质量看得较重要的消费者（θ_2 类消费者）购买社会最优的质量；把质量看得较不重要的消费者（θ_1 类消费者）购买低于最优水平的质量。[33]

换句话说，正如 Mussa 和 Rosen（1978）所揭示的那样，垄断者拉开了质量的档次。［还可参看 O′Keefe（1981）。］垄断者把低质量的商品当作一种市场分割技术。

关于这种行为在真实世界中的例子，可参看 Dupuit（1849）对铁路客运价格的讨论：

某个公司之所以要有敞篷的木凳车厢，并不是因为给三等车厢装上顶篷或者给三等座位装上垫子要花掉几千法郎……它这样做的目的只是阻止能够支付二等车费的人去坐三等车厢；它伤害了穷人，但并不是因为它想伤害他们，而只是为了吓走富人……出于同样的理由，那些被证明对待三等乘客几近于残酷、对待二等乘客几近于吝啬的公司，在对待一等乘客时却变得慷慨起来。它们拒绝给予穷人他们所必需的东西，却给予富人许多多余的东西。[34]

3

但是应该注意的是，最优策略是给予富人社会最优的质量，而不是多余的质量。但是这一高质量和其他低于最优水平的质量对照起来，也许会显得过于奢侈。

3.3.3.1 应用之一：保险单歧视

在保险市场上，消费者的类型指的是消费者出“事故”（如遭抢劫等）的可能性。服务的质量对应的则是事故发生后的赔偿额。如果消费者被分为两类（高事故可能性的和低事故可能性的），那么可以表明高风险的消费者对赔偿的评价比低风险的消费者高（按照前面的解释，即 θ_2 类消费者对数量或质量的评价高于 θ_1 类消费者）。和结论 3 类似的关于保险市场的结论是：一个风险中性的垄断保险公司将通过向高风险消费者提供足额保险（社会最优的保险单），同时向低风险消费者提供低于最优水平的保险（即赔偿额小于损失额）来对消费者实行最优歧视。同样，这里引入对 θ_1 类（低风险）消费者的扭曲也是为了使 θ_2 类（高风险）消费者较少地受到选择“错误的”保险单的诱惑（Rothschild and Stiglitz，1976；Stiglitz，1977；Wilson，1977）。

关于保险市场上的最优歧视将在补充节中加以研究。

3.3.3.2 应用之二：通过等待时间和价格离散进行的歧视

有时变量 s 指的是商品购买过程中的某种不愉快。例如，消费者通常不喜欢跑到远处的商店，不喜欢长时间地讨价还价，也不喜欢到提供的服务很少的商店购买商品。或者，他们在搜寻某种商品的最低价格时要付出成本。从更一般的意义上说，被购买的商品是和另一种商品搭配在一起销售的，这种商品（更确切地说，是一种“麻烦”*）代表了获得商品过程中的时间花费（或者，更一般地，代表了其他

* “麻烦”原文为 bad，与“商品”good 相对，此处译为“麻烦”。——译者注

诸种不愉快)。

初看起来，企业似乎应该根据自己的成本结构尽可能地减少商品购买过程中的成本。这是因为消费者的成本得到节约之后，企业可以通过更高的商品定价把它剥夺过来。例如，如果企业在不同的地点都制定相同的价格不会给企业带来什么成本，它还不如这样做，以降低消费者的搜寻成本。这将使消费者更愿意购买商品。类似地，消费者也愿意为附近商店或快捷服务带来的方便支付更高的价格。

但是前面的推理隐含的假定是：消费者都是同质的。在消费者异质的情况下，垄断者就可能把对麻烦的消费当作消费者对商品的支付意愿（评价、需求）的一个信号。[35]要使这一点成为可能，对商品支付意愿最高的消费者（也正是企业试图判别出来的人）就必须同时也是最讨厌“麻烦”的人。[36]如果确实如此，企业就可以提供几种不同的消费组合：商品的高（低）价格和麻烦的低（高）消费联系在一起。商品的低价格伴随着麻烦的高消费是为了阻止高需求的消费者进行个人套利，这和 Dupuit 所描写的铁路垄断者拒绝给三等车厢装顶篷从而吓走富人是一个道理。

Salop（1977）给出了一个模型。在他的模型中，消费者在搜寻成本[37]和商品需求方面都存在着差异。他的分析表明，通过价格离散进行价格歧视对垄断者来说是一种有利可图的策略。[38]Chiang 和 Spatt（1982）的模型与它在实质上是类似的，在他们的模型中，垄断者通过等待时间进行歧视。

就福利而言，如果替代方案是强迫垄断者统一对待所有消费者，那么将多于社会最优的“麻烦”与商品一起搭配销售并不一定是有损于福利的。正如在数量及质量模型中一样，歧视可以使垄断者在剥夺高需求消费者的某些净剩余的同时，仍然对低需求消费者进行供应。禁止歧视可能会消除某些麻烦的过度消费（即可能使垄断者为三等车厢盖上顶篷），但是也可能使垄断者停止对低需求消费者的供应（中止三等车厢服务）。因此，禁止歧视的福利后果是含糊不清的。实际上，Chiang 和 Spatt（1982）证明，垄断者通过等待时间进行歧视的情形可以是帕累托优于（即令消费者和企业都更满意）垄断者被迫对消费者制定统一价格，从而让所有消费者都支付相同的等待时间的情形。

上面的分析有些不太准确，因为它忽略了个人理性约束的问题，即垄断者无法在消费者从它的产品中获得的是负的净剩余时强迫他们进行购买。这可能会带来问题。在数量及质量模型中，只要最低需求的消费者满足这一条件便足够了。拥有更高需求的消费者会自动满足，因为他们从既定的消费组合中获得的净剩余更大，并且能够进行个人套利。但是在等待时间歧视或搜寻歧视当中，支付意愿更强的消费者对“麻烦”也更讨厌。因此，并不清楚高需求消费者将从既定的消费组合中获得比低需求消费者更多的净剩余。这就使分析更加复杂化了。

3

3.4 结束语

二级歧视和三级歧视都是非常普遍的。它们的重要性导致了大量有价值的经济学文献的产生。但是需要做的工作仍然很多。

虽然我们假定的是单个企业，但是大多数价格歧视都是发生在寡头垄断市场上。只要这些竞争者在单一维度上（对品牌的忠诚、所在地、消费者信息，等等）是存在差别的，每个竞争者都会试图针对其剩余需求曲线进行价格歧视。因此研究作为竞争手段的价格歧视工具，如降价销售、优惠券、频繁的广告传单、组合出售、与对手进行竞争性报价等，就变得十分有趣了。因此理论朝寡头垄断市场的延伸是一个重要的研究领域。[39]

而且，在研究二级价格歧视时，我们还假定垄断者是在单一维度（数量或质量）上进行歧视。在许多有趣的情形中（如计算机系统、广域电话业务线，以及工业设备等方面），消费者既选择一个数量变量，又选择一个质量变量。Panzar 和 Sibley（1978）以及 Oren，Smith 和 Wilson（1985）对容量和使用度的定价问题进行了研究。[40]

我们对二级价格歧视的研究还有一个重要假定，那就是消费者的需求同其他消费者的需求是无关的。但是向一个消费者提供的质量也许会依赖于其他消费者的选择。当某种服务因生产能力有限而按照优先顺序进行供应时，情况便是如此（如在电话、电力、航空等产业）。假定一个电力产业在一个给定的时期内生产能力是固定的，但是面临着不确定的需求或供给。在高峰负荷时，电力必须对某些消费者实行配额供应。随机地进行配额限制一般是无效率的。因为中断电力供应对某些消费者造成的损失大于对其他消费者造成的损失。另外，如果有一个现货市场，它将在每种自然状态下都有效率地将电力分配给消费者，因为那些愿意支付现货价格的消费者将正是那些在电力中断时损失最大的消费者。但这样的现货市场通常是不可行的，因为它的建立需要巨大的交易成本。作为对现货市场的一种不完美的替代，企业可能提供一种服务的优先顺序，即被中断的可能性的顺序。在实际操作中，它采取的是划分几种优先等级的形式。这里，需求的相互依赖性是显而易见的：如果所有消费者都选择最优先的等级，那么任何一方都将得不到任何优先。因此，企业必须精确地计算每一优先等级的价格，以使生产能力和需求相匹配。Wilson（1986）在他对垄断者、寡头垄断者及社会计划者按优先顺序提供服务行为的研究中，朝这个方面迈出了一大步。[41]

3.5 补充节：非线性定价

本补充节发展了在 3.3.2 小节及 3.3.3 小节开始的非线性定价研究。我们明确地推导出了最优定价，并且研究这一定价是否表现出数量（或质量）折扣的特征。补充节第一部分的重点放在技术方面，这种技术可以应用于大量的经济学问题，包括那些与产业组织有关的论题，如最优规制理论[42]和最优拍卖理论[43]等。

3.5.1 非线性价格[44]

我们再来考虑 3.3.1 小节中的模型：一个企业生产一种产品。[45]如果消费者购买数量 q，他将获得效用 $\theta V(q)-T(q)$；否则，效用为 0。生产产品的单位成本为常数 c。我们首先考虑第一种情形，即 θ 取两个值；再考虑第二种情形，即 θ 的值为某一区间上的一个连续统。

3.5.1.1 有两类消费者的情形

这是在前面正文中考虑过的情形。垄断者提供两种组合：(q_1, T_1)，它是针对 θ_1 类消费者（其比例为 λ）设计的；(q_2, T_2)，它是针对 θ_2 类消费者（比例为 $1-\lambda$）设计的。假定垄断者对两类消费者都进行供应（若 λ "足够大"，情形就会如此）。

垄断者的利润为

$$\Pi^m=\lambda(T_1-cq_1)+(1-\lambda)(T_2-cq_2)$$

垄断者面临两类约束。第一类约束要求消费者情愿购买产品（用激励经济学文献的术语来说，即"个人理性约束"）。特别地，低需求消费者的净剩余必须不小于零：

$$\theta_1V(q_1)-T_1\geqslant 0 \tag{3.3}$$

如果这一条件得到满足，高需求消费者愿意自动购买［因为他们可以选择以 T_1 的价格购买 q_1，从而获得 $\theta_2V(q_1)-T_1>0$ 的净剩余］。第二类约束要求消费者不进行个人套利（此即所谓的"激励相容约束"）。特别地，高需求的消费者不希望消费低需求的消费者的组合：

$$\theta_2V(q_2)-T_2\geqslant\theta_2V(q_1)-T_1 \tag{3.4}$$

我们前面的分析有力地说明，另一个激励相容约束是没有意义的——我们的想法是诱使高需求的消费者"显示"出他们的高需求，而不是相反。因此，我们将忽略第二个激励相容约束并在下面验证，该约束在这个"子约束问题"的解中确实得到了满足。（参看图 3.6 以获得直觉。）

因此，垄断者在式（3.3）和式（3.4）的约束下最大化 Π^m。由于高价对垄断者是有利的，所以约束式（3.3）意味着 $T_1=\theta_1V(q_1)$。因而约束式（3.4）也就意味着

$$T_2=\theta_2V(q_2)-\theta_2V(q_1)+T_1$$

$$= \theta_2 V(q_2) - (\theta_2 - \theta_1) V(q_1)$$

注意这些等式的经济含义。价格 T_1 可以选择在 θ_1 类消费者的剩余完全被剥夺的水平上；而 T_2 则必须为 θ_2 类消费者留出一部分净剩余，因为他们总可以购买组合（q_1，T_1），从而获得净剩余

$$\theta_2 V(q_1) - T_1 = (\theta_2 - \theta_1) V(q_1)$$

代入目标函数，垄断者求解下述无约束问题：

$$\max_{\{q_1, q_2\}} \{\lambda[\theta_1 V(q_1) - cq_1] + (1-\lambda)[\theta_2 V(q_2) - cq_2 - (\theta_2 - \theta_1) V(q_1)]\}$$

一阶条件为

3

$$\theta_1 V'(q_1) = c \Big/ \left(1 - \frac{1-\lambda}{\lambda} \frac{\theta_2 - \theta_1}{\theta_1}\right) \tag{3.5}$$

$$\theta_2 V'(q_2) = c \tag{3.6}$$

从式（3.6）可以看出，高需求的消费者购买的数量是社会最优的（产品消费的边际效用等于边际成本）。从式（3.5）及垄断者对两类消费者都进行供应的假定可以看出，低需求的消费者购买的数量低于最优水平 [$\theta_1 V'(q_1) > c$]。（这两个性质还意味着 $q_2 > q_1$。）这证明了正文中的结论。

最后，我们验证一下，低需求的消费者确实不愿意选择高需求的消费者的组合。因为他们没有实现净剩余，所以我们要求

$$0 \geqslant \theta_1 V(q_2) - T_2$$

而这一条件等价于

$$0 \geqslant -(\theta_2 - \theta_1)[V(q_2) - V(q_1)]$$

因而该条件得到了满足。

向上有约束力的个人理性约束 垄断者面临着两类约束：消费者可以在企业提供的不同消费组合之间进行个人套利（激励相容），也可以拒绝购买企业的产品（个人理性）。我们假定如果消费者不从该企业购买产品，他就根本不购买产品。这类个人理性约束是向下有约束力的，因为它意味着对产品评价更低（θ 更小）的消费者更不想购买。如果存在的替代品是更为低劣的，一般就会出类似情形。但有时替代品可能是更为优良的。例如，如果放到前面的模型中，它可能带来 $k\theta V(\tilde{q})$ 的效用，其中 $\tilde{q}$ 为该种替代品的消费量（它与垄断者的产品的消费量互不兼容）且 $k \geqslant 1$。进一步假定这种替代品是以边际成本 $\tilde{c}$（$\tilde{c} \geqslant kc$）竞争性地销售的。在这种情况下，垄断者面临的个人理性约束就可能是“向上有约束力的”。问题可能变成如何阻止高评价的消费者购买“优等”产品。[46]如果真是这样，数量差别幅度相对于

最优（完全歧视）情形而言，也许将再次被扩大，不过是以一种相反的方式：高评价消费者的消费可能超过社会最优消费。关于这方面的进一步讨论，参看 Champsaur 和 Rochet（1986）。[47]

3.5.1.2　连续型消费者的情形

为了进一步展示非线性定价技术并获得一些新的结果，我们假定偏好参数 θ 在消费者人口中的分布遵循密度函数 $f(\theta)$ ［其累积分布函数为 $F(\theta)$］，其中 θ 的区间为 $[\underline{\theta}, \bar{\theta}]$（其中 $0\leqslant\underline{\theta}<\bar{\theta}$）。

垄断者提供了一个非线性定价 $T(q)$。偏好参数为 θ 的消费者购买$q(\theta)$单位并支付$T(q(\theta))$。垄断者的利润为

$$\Pi^{m} = \int_{\underline{\theta}}^{\bar{\theta}}[T(q(\theta)) - cq(\theta)]f(\theta)d\theta$$

垄断者将在两个约束下最大化这一利润。

首先，所有消费者都必须愿意购买：对于所有的 θ，有

$$\theta V(q(\theta)) - T(q(\theta)) \geqslant 0 \tag{3.7}$$

［垄断者也许只希望将某些消费者从消费中排除出去；在形式上，这一点可以通过这些消费者满足 $q(\theta)=T(q(\theta))=0$ 来代表。］正如在二部定价中那样，实际上只需个人理性约束式（3.7）对于最低需求的消费者成立就足够了，即

$$\underline{\theta}V(q(\underline{\theta})) - T(q(\underline{\theta})) \geqslant 0 \tag{3.8}$$

若约束式（3.8）得到满足，θ 类消费者也能够实现一个非负的净剩余，因为他总能够选择消费一个 $\underline{\theta}$ 类消费者的组合并获得效用

$$\theta V(q(\underline{\theta})) - T(q(\underline{\theta})) \geqslant (\theta - \underline{\theta})V(q(\underline{\theta})) \geqslant 0$$

其次，θ 类消费者必须不选择$\tilde{\theta}$ 类消费者选择的组合（其中 $\tilde{\theta}\neq\theta$）。激励相容约束为，对于所有的 θ 和$\tilde{\theta}$，有

$$U(\theta) = \theta V(q(\theta)) - T(q(\theta)) \geqslant \theta V(q(\tilde{\theta})) - T(q(\tilde{\theta})) \tag{3.9}$$

式（3.9）所代表的约束不大好处理。幸运的是，在本问题中，只需求激励约束在“局部”满足即可——也就是说，只需对于接近于 θ 的 $\tilde{\theta}=\theta-d\theta$（参看注释［52］），有

$$\theta V(q(\theta)) - T(q(\theta)) \geqslant \theta V(q(\theta - d\theta)) - T(q(\theta - d\theta))$$

假定 $q(\cdot)$ 和 $T(\cdot)$ 都是严格递增的，而且是可微的[48]，我们就得到，对于所有的 θ，有

$$\theta V'(q(\theta)) - T'(q(\theta)) = 0 \tag{3.10}$$

它表述的是这样一个事实，即 θ 类消费者每增加一个微小的消费数量，将带来与边际支付 $T'(q(\theta))$ 相等的边际效用 $\theta V'(q(\theta))$。因此，消费者不希望在边际上修改他的消费数量。只要知道数量函数 $q(\theta)$，式（3.10）便可用来计算支付函数；假定最优 $q(\theta)$ 在 θ 上是严格单调的（这一点稍后即可推导出来），则有

$$T'(q)=\alpha(q)V'(q) \tag{3.11}$$

式中，$\alpha(\cdot)$ 为数量函数的反函数——也就是说，$\alpha(q)$ 是消费数量为 q 的消费者类型（$\alpha(q(\theta))\equiv\theta$）。要推导最优数量函数，通过一个也许不那么自然的激励约束表达式来进行实际上是很方便的。[49]令 $U(\theta)$（像前面一样）代表 θ 类消费者的效用或净剩余。根据激励相容约束，有

3

$$\begin{aligned}U(\theta)&\equiv\theta V(q(\theta))-T(q(\theta))\\&=\max_{\tilde{\theta}}[\theta V(q(\tilde{\theta}))-T(q(\tilde{\theta}))]\end{aligned}$$

根据包络定理，U 对 θ 的导数只需考虑 θ 的直接影响，而不必考虑由数量调整引起的间接影响，即

$$\frac{dU}{d\theta}\equiv U'(\theta)=V(q(\theta)) \tag{3.12}$$

对式（3.12）积分，我们可以把 θ 类消费者的效用表示为[50]：

$$U(\theta)=\int_{\underline{\theta}}^{\theta}V(q(u))du+U(\underline{\theta})=\int_{\underline{\theta}}^{\theta}V(q(u))du \tag{3.13}$$

式中用到了个人理性约束（$U(\underline{\theta})=0$）。

作为 θ 的函数的消费者效用以一个随 $q(\theta)$ 增大的速率增大，这一事实其实是非常关键的。数量越大，越能“区分”出不同的类型，因为效用的微分也越大。由于把剩余留给消费者对于垄断者来说是一种成本［回想一下，转让价格 $T(q(\theta))$ 等于 $\theta V(q(\theta))-U(\theta)$］，垄断者将倾向于降低 U，而要做到这一点，就要诱使消费者消费一个低于最优水平的数量。式（3.13）表明，更多地减少低 θ 值的消费者的消费数量［相对于由 $\theta V'(q(\theta))=c$ 定义的社会最优数量而言］是更可取的——因为 θ 类消费者购买的数量每增加 $\delta q>0$，就会使所有 $\theta'>\theta$ 类消费者效用增加 $V'(q(\theta))\delta q>0$，但是对 $\theta'<\theta$ 类消费者却没有影响。因此，我们可以预期，低需求的消费者的消费将大大低于他们的社会最优数量。而需求最高的消费者（$\theta=\bar{\theta}$）将正好消费其社会最优数量——这一结论正好同正文中的结论 3 相似。如果事实确实如此，垄断者就是朝低数量的方向（从质量角度解释，则是朝低质量方向）扩大了数量差别的幅度。下面我们来正式地证明这些结果。

由于 $T(q(\theta))=\theta V(q(\theta))-U(\theta)$，垄断者的利润可以写成

$$\Pi^m=\int_{\underline{\theta}}^{\bar{\theta}}(\theta V(q(\theta))-\int_{\underline{\theta}}^{\theta}V(q(u)du-cq(\theta)))f(\theta)d\theta$$

分部积分[51]得

$$\Pi^{m}=\int_{\underline{\theta}}^{\bar{\theta}}\{[\theta V(q(\theta))-cq(\theta)]f(\theta)-V(q(\theta))[1-F(\theta)]\}d\theta$$

Π^{m} 关于变量 $q(\cdot)$ 的最大化要求，对于所有的 q，积分号下的项都达到关于 $q(\theta)$ 的最大化，即

$$\theta V'(q(\theta))=c+\frac{1-F(\theta)}{f(\theta)}V'(q(\theta)) \tag{3.14}$$

我们由此得到下述结论：除了最高需求的消费者（$\theta=\bar{\theta}$）之外，其余消费者对产品的边际支付意愿大于边际成本。因此，垄断者诱使消费者购买了一个低于最优数量的数量。[52]

接下来，对于这一类型的消费者偏好，我们可以得到“价格成本差额率”的简单表达式。令 $T'(q)\equiv p(q)$ 代表当消费者已经消费 q 单位之后再增加一个单位的价格。我们从消费者的最优化中知道

$$T'(q(\theta))=\theta V'(q(\theta))$$

代入式（3.14），得

$$\frac{p-c}{p}=\frac{1-F(\theta)}{\theta f(\theta)} \tag{3.15}$$

式中，$p=p(q(\theta))$。

文献中通常作出的一个假定是类型分布的“风险率”，即

$$\frac{f(\theta)}{1-F(\theta)}$$

随 θ 递增。[53]许多分布（包括均匀分布、正态分布、帕累托分布、逻辑斯蒂分布、指数分布，以及任何具有非递减密度的分布）都满足这一性质。根据风险率递增的假定，有

$$\theta-\frac{1-F(\theta)}{f(\theta)}$$

随 θ 递增。根据式（3.14），以及 V 为凹函数这一事实，可知 $q(\theta)$ 随 θ 递增，而且

$$\frac{1-F(\theta)}{\theta f(\theta)}$$

随 θ 递减，因此价格成本差额率随消费者的类型递减，因此，也随产出递减。

我们来推导一下最优支付函数 $T(\cdot)$ 的更进一步的性质。回想一下，$T'(q)=p(q)$。因此，有

$$T''(q)=\frac{dp}{dq}=\frac{dp}{d\theta}\Big/\frac{dq}{d\theta}$$

但是 $dq/d\theta>0$ 且根据式（3.15），$dp/d\theta<0$。因此，支付函数是凹的。它可由图 3.7 来表示。

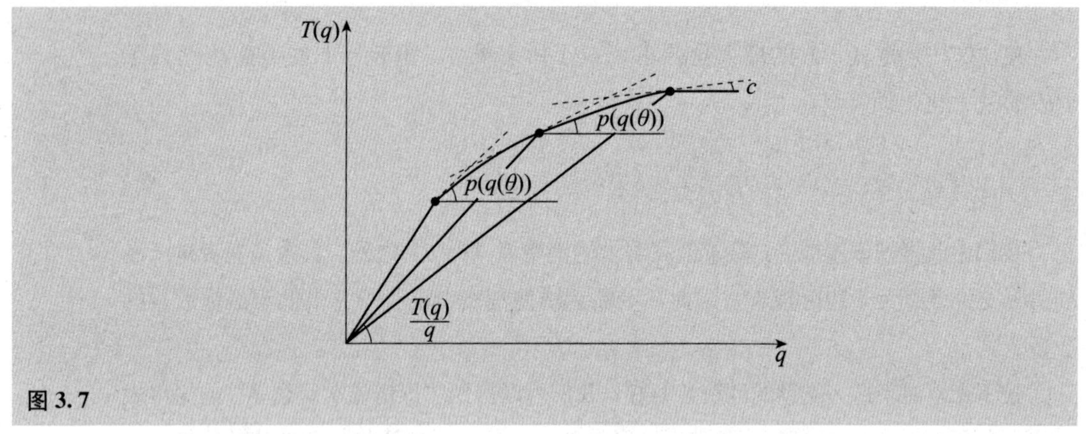

图 3.7

由图 3.7 得出两个性质：

● 每单位平均价格 $T(q)/q$ 随 q 递减。[54]（这就是 Maskin-Riley 的数量折扣结果。）

● 由于凹函数是其切线的下包络，最优非线性定价方案也可以通过提供一个二部定价的菜单来实施（即垄断者让消费者沿着一个二部定价的连续统进行选择）。这可以从图 3.7 中看出来，图中 θ 类消费者实际上是选择了斜率为 $p(q(\theta))$ 的二部定价。[55][56]

更一般的需求函数 正如我们前面注意到的，上述理论对于更为一般的毛剩余函数 $V(q, \theta)$ 也成立，只要保证 $\partial V/\partial\theta>0$（这不过是一种标准化）和 $\partial^2 V/\partial q\partial\theta>0$（单一交叉或分离条件）。式（3.14）也就变成

$$\frac{\partial V}{\partial q}(q(\theta), \theta)=c+\frac{1-F(\theta)}{f(\theta)}\frac{\partial^2 V}{\partial q\,\partial\theta}(q(\theta), \theta) \tag{3.14'}$$

下述练习受 Spulber（1981）和 Wilson（1985）的启发。它们用到了式（3.14′）。

习题 3.7：**边际成本为 c 的垄断者向异质性的消费者销售产品。后者的差异在于购买数量 q 的运输成本 tq。参数 t 在区间 $[0, +\infty)$ 上服从累积分布函数 $G(t)$，密度函数为 $g(t)$。垄断者不提供运输。（而且进一步假定消费者之间不能进行套利。）消费者购买 q 单位时的效用函数为

$$[1-(1-q)^2]/2-tq-T(q)$$

（1）你如何定义 θ，$V(q, \theta)$，$F(\theta)$ 及 $f(\theta)$，从而能够应用一般理论？

（2）令 $p(q)\equiv T'(q)$，利用式（3.14′）计算最优的 $p(q)$。

（3）假定在 $[0, 1]$ 区间上 $G(t)=t^\alpha$（其中 $\alpha>0$）。计算最优非线性定价，并且说明它具有数量折扣的特征。

数量折扣和数量溢价 Maskin 和 Riley 的数量折扣结果依赖于他们对消费者偏

好的形状和分布的合理假设。但是一般说来，最优非线性定价可能会涉及数量溢价，而不是数量折扣。假定商品只能以整数单位消费，而且有两类消费者。低需求的消费者希望消费恰好一单位商品。如果他消费一单位商品，或者更多，他的毛剩余为 1；否则就为 0。高需求的消费者希望消费恰好两单位商品。如果他消费两单位商品，或者更多，他的毛剩余为 4；否则就为 0。对垄断者来说，最优定价显然是当 $q=1$ 时，$T(q)=1$；当 $q=2$ 时，$T(q)=4$。在这个特例中，垄断者可以进行完全歧视；而且更重要的是，购买一单位商品的平均价格为 1，而购买两单位商品的平均价格为 2。

至于从质量角度对模型进行解释，一个很好的溢价的例子是关于汽车制造商的。汽车制造商通常试图从高评价的消费者（即对豪华和声望看得比较重要的消费者）那里榨取剩余。最高级的汽车和可选择设备的利润率通常要高于一般的汽车和设备的利润率[57]，这表明了数量溢价的存在。

因此，我们不能先验地断定数量（或质量）折扣最优，还是数量（或质量）溢价最优。只有仔细地考虑消费者偏好的可能形状及分布之后，才能决定最优的商业策略。

福利方面　Katz（1983）证明，和社会最优量相比，非线性定价可能导致生产过少或过多。（而且，这一给定数量的产出在消费者之间的分配也不是福利最大化的，因为分配既定产出的有效手段是统一定价。）但是，如果单一交叉条件成立（正如本书所假定的），则垄断者的产出通常是过少的。

3.5.1.3　作为 Ramsey 价格的最优非线性定价[58]

我们来揭示最优非线性定价［例如，由式（3.15）给出的价格］和逆弹性法则之间的相似性，以使二级和三级价格歧视理论得到统一。

为达到这一目的，我们把总需求分解成相互独立的对边际消费单位的需求。固定一个数量 q，考虑对第 q 个消费单位的需求。根据定义，这一单位的价格为 p。愿意购买这一单位的消费者的比例为

$$D_q(p) \equiv 1 - F(\theta_q^*(p))$$

式中，$\theta_q^*(p)$ 代表在价格 p 上对购买或不购买第 q 个单位感到无差异的消费者的类型，即

$$\theta_q^*(p)V'(q) = p$$

对于 $\tilde{q} \neq q$，对第 q 个单位的需求独立于对第 $\tilde{q}$ 个单位的需求。[59]因此我们可以应用逆弹性法则。对第 q 个单位的最优定价由下式给出：

$$\frac{p-c}{p} = \frac{dp}{dD_q}\frac{D_q}{p}$$

而

3

$$\frac{dD_q}{dp}=-f(\theta_q^*(p))\frac{d\theta_q^*}{dp}$$

$$\frac{d\theta_q^*}{\theta_q^*}=\frac{dp}{p}$$

因此我们有

$$\frac{p-c}{p}=\frac{1-F(\theta_q^*(p))}{\theta_q^*(p)f(\theta_q^*(p))}$$

而这正是式（3.15）。

3.5.2 商品组合

3

3.5.2.1 同质商品

我们看到，执行歧视策略的垄断者可能会希望实行数量折扣，从而两单位商品的价格就低于一单位商品价格的两倍。在某种意义上说，消费者购买的两单位商品是组合在一起的（不能分开购买而不支付额外的成本）。但是，我们并不能得出结论：垄断者通过提供数量折扣而诱使消费者消费了更多。我们必须给出“消费更多”的准确定义。如果以有效率的解作为参照，我们实际看到的是垄断者的歧视可能导致次优消费。

垄断者提供在一单位和两单位商品之间的选择，是 Adams 和 Yellen（1976）所谓的“混合商品组合”（例如，航空公司既提供单程机票，又提供往返机票）的一个例子。如果垄断者只提供两单位商品这种组合，它就是一种纯商品组合。虽然这种要么全有、要么全无的策略通常不是最优的[60]，但是当存在生产或销售的规模经济时，这种组合的出现也自有其道理。两个单位一起生产或销售也许要比重复生产一个单位更便宜。

要理解在不存在规模经济的情况下，何时会出现纯商品组合，回忆一下价格歧视模型。假定有两类消费者：高需求的和低需求的。而且假定有效率的分配是使低需求的消费者消费一单位商品，高需求的消费者消费两单位商品（为简单起见，假定商品只能以整数单位消费）。正如我们在3.3节所见，若高需求的消费者的比例很高，垄断者为榨取高需求的消费者的剩余，就不愿供应低需求的消费者；因此，它将诱使他们消费零单位而非一单位。最优策略就是只提供两单位这种组合（其价格等于高需求的消费者消费两单位商品的毛剩余）。我们因此就有了一个纯商品组合的例子。

当由于技术的或市场营销方面的原因，使一种商品必须以一个单位或两个单位的组合进行销售而不能以这两种方式同时销售时，纯商品组合就变得更为可能。（试想这样一个企业，它必须确定商品组合的大小——以一单位商品作为一个组合，还是以两单位商品作为一个组合。[61]）在前面的例子中，垄断者通过向高需求的消费者销售两个单位，向低需求的消费者销售零单位，获得了和选择两单位商品作为一个组合的技术一样的利润。[62]但是在现在这个例子中，供应两类消费的可能性被降低了，因为只能有一种组合的约束阻止了价格歧视。这使得只供应高需求的消费者（从而只提供以两单位消费为一个组合的交易）更富有吸引力。下面的习题说明了这一推理。

习题 3.8****：** 消费者偏好为 $U=\theta V(q)-T$。消费量 q 可以取值为 0、1 或 2，$V(0)=0$，$V(1)=1$，$V(2)=7/4$。不管组合的大小如何，单位生产成本都为 3/4。有两类消费者。$\theta_1=1$（其比例为 λ）和 $\theta_2=2$（其比例为 $1-\lambda$）。消费者可以进行个人套利。

（1）证明在没有技术约束的情况下（即垄断者可以生产两种组合的情形），当且仅当 $\lambda<4/5$ 时，垄断者才使用纯商品组合的策略。

（2）假定由于技术原因，垄断者必须选定一种组合进行生产，即要么以一单位商品作为一个组合，要么以两单位商品作为一个组合。证明当且仅当 $\lambda<6/7$ 时，垄断者选择以两单位商品作为一个组合。

习题 3.9***：** 有时购买季节票是参与某些体育或文化活动的唯一方式。但是很多时候，也可以买到特定场次的票。根据上面的理论（或者有可能，根据你希望提出的其他理论），讨论这一问题。

3.5.2.2 异质商品

前面的讨论集中于几个单位的同种商品的组合。商品组合也可能涉及几种商品。例如，饭店把几种不同的菜搭配成一份套餐，银行提供一整套不可分的服务，旅游经营商则销售全面服务的度假计划。

从形式上看，将不同商品搭配在一起和把几单位相同的商品搭配在一起是类似的。但是，尽管在一种商品的情况下，我们可以对商品边际效用的交叉分布作出合理的假定[63]，然而要对不同商品的效用的交叉分布作出先验的限制却要困难得多。因此，毫不奇怪的是，有关多商品组合的理论都关注于具体的例子。下面的习题便提供了一个例子，其他例子及理论展开可以在 Adams 和 Yellen（1976）、Telser（1979）、Schmalensee（1984）和Lewbel（1985）中找到。

习题 3.10***：** 美国电影业的一个常见的做法（在它被禁止之前）是，在电影发行的时候，把不同电影组合在一起。Stigler（1963）曾给出了如下简单的模型来对这种被称为“搭配定购”的做法进行形式化：有两个下游单位（影剧院）、两部电影和一个垄断的电影生产商。第一个下游单位对第一部电影的评价为 4，对第二部电影的评价为 1。第二个下游单位则对第一部电影的评价为 3，对第二部电影的评价为 2。一个组合对每个下游单位的价值等于该单位对两部电影的评价之和（不存在相互影响）。说明电影生产商为什么希望将两部电影组合在一起。

前面提到过混合组合优于（至少是弱优于）纯组合。它也优于非组合出售（理由一样：垄断者有更多手段）。但是，正如Schmalensee（1982b）所证明的，它并不一定严格优于非组合出售；如果消费者对两种商品的保留价值（评价）是互不相关的，那么垄断者将它的商品同竞争性地生产出来的另一种商品组合在一起并不能给它带来什么好处。[64] McAfee，McMillan 和 Whinston（1987）给出了一些非常一般的条件，在这些条件下，即使保留价格互不相关，垄断者也在混合组合和非组合出售之间严格地偏好于混合组合。[65]

3.5.3 保险市场

3 最后，我们来考虑一下保险市场同质量差别模型之间的相似性。在保险市场上，消费者之间的风险是不同的。一个初始收入为 I 的消费者将面临两种自然状态中的一种。在第二种自然状态（“事故”）中，他将发生一笔损失，该损失等价于 L 单位的货币损失，这一状态出现的可能性为 θ；在第一种自然状态（“没有事故”）中，他将没有损失，这一状态出现的概率为 $(1-\theta)$。概率 θ 是外生的（不存在“道德风险”）。消费者具有冯·诺伊曼-摩根斯坦效用函数 U。

一个风险中性的企业能够为消费者提供保险。该企业（为简化起见）具有垄断势力。对于一笔固定的保险费——该保险费在任何自然状态下都要支付，企业将在发生事故时补偿一定的金额 s。s 可被视为一项保险服务。对于保险单 (p, s)，消费者的期望效用为

$$\theta U(I-p-L+s)+(1-\theta)U(I-p)$$

而企业的预期利润则为 $p-\theta s$。

首先，假定所有事情（除自然状态的实现外）均为双方所知。企业在自然状态实现之前向消费者提供一个保险合约。只有当该合约给消费者带来的期望效用超过了没有保险合约时的期望效用时，它才会被消费者接受。个人理性约束可以写成

$$\theta U(I-p-L+s)+(1-\theta)U(I-p)\geqslant \theta U(I-L)+(1-\theta)U(I) \tag{3.16}$$

企业在式（3.16）的约束下使合约 (p, s) 的预期利润 $(p-\theta s)$ 最大化，这意味着 $s=L$。企业将在事故发生时对消费者进行充分的补偿（足额保险）。这是保险理论中的一个古典结论。正如效率要求商品和消费者之间的边际替代率相等一样，Borch（1968）法则说明，消费者在两种自然状态下的收入的边际替代率

$$\frac{U'(I-p-L+s)}{U'(I-p)}$$

必须等于企业的边际替代率（1/1），或者说

$$I-p-L+s=I-p$$

也就是说，$s=L$。[66]

其次，假定消费者知道自己的风险参数 θ，但是企业不知道。这便是 Rothschild-Stiglitz（1976）和 Wilson（1977）保险市场歧视模型。[67] 为简单起见，假定只有两种可能的事故概率：$\theta_1<\theta_2$。（连续型的情形可像 3.5.1.2 小节那样处理。）保险公司提供两种合约：（p_1，s_1）和（p_2，s_2）。

令 $u(p, s, \theta)$ 代表事故概率为 θ 的消费者对于合约（p，s）的效用。根据定义，消费者在保险服务和收入之间的边际替代率为

$$\frac{\partial u}{\partial s}\Big/\left(-\frac{\partial u}{\partial p}\right)$$

简单的计算表明

$$\frac{\partial}{\partial\theta}\left[\frac{\partial u}{\partial s}\Big/\left(-\frac{\partial u}{\partial p}\right)\right]>0 \tag{3.17}$$

这一不等式表明，当事故概率增大时，消费者购买保险服务的愿望就更为迫切。换句话说，他愿意为给定的边际服务增加支付更高的边际保险费。因此，在我们的歧视模型中，θ_2 类（“高风险”）消费者比 θ_1 类（“低风险”）消费者更为积极地购买保险。

不等式（3.17）是保险市场上的筛选（或 Spence-Mirrlees）条件。它表明，对两类买主进行歧视的唯一方式是使高风险的消费者获得更高的保险：$s_2\geqslant s_1$。这一模型和质量歧视模型有着很强的相似性。

虽然该模型不太适合 3.5.1 小节中的消费者目标函数，但是前面的技术和结论都可以推广到这里。[68] 特别地，结论 3 变成下面的内容：高风险的消费者得到足额保险（$s_2=L$），而低风险的消费者只得到低于最优水平的保险（$s_1<L$）。和前面一样，这里的直觉是企业想阻止高风险的消费者消费低风险的消费者的组合。[69] 它减少了向低风险的消费者提供的服务，从而来阻止高风险的消费者进行个人套利。这一策略实际上是有利可图的，因为服务减少对于低风险的消费者造成的损失相对低于对高风险的消费者造成的损失。图 3.8 说明了这一结果。

在此，最优保险合约是根据简单的几何学考虑而导出的［关于正式的论证，可参看 Stiglitz（1977）］。图形是在消费空间而非（p，s）空间上画出的。

在图 3.8（a）中，E 代表的是没有保险（$p=s=0$）时两种自然状态下的消费组合。这一组合对两类消费者来说都是一样的。穿过 E 点的消费者无差异曲线也被画出来了。低风险的消费者的无差异曲线总是比高风险的消费者的陡。在关于 θ 的信息是完全的情况下，垄断者将在消费者愿意购买的最低水平上提供足额保险（即在 A_i 点上为 θ_i 类消费者提供保险）。因此个人理性约束是起作用的。另外还请读者注意的是，高风险的消费者会希望购买低风险的消费者的足额保险单。

3

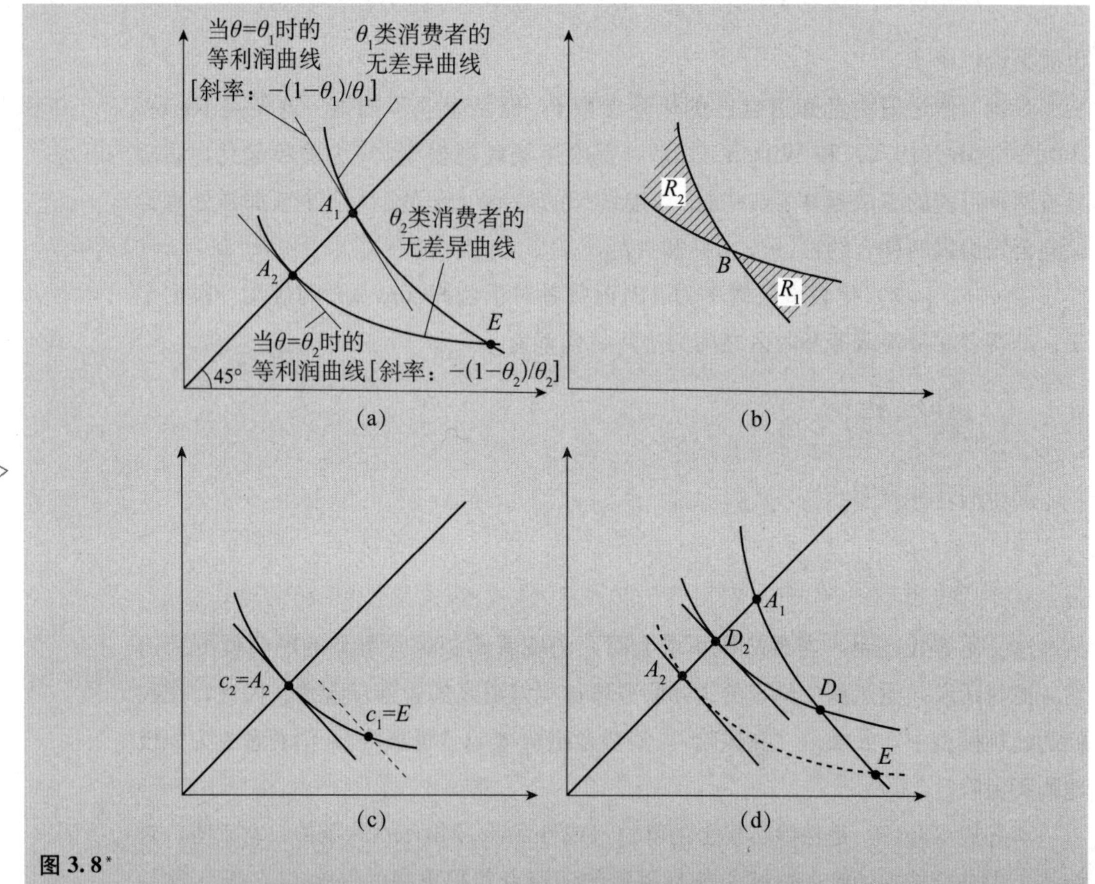

图 3.8*

* （a）完全信息。纵轴代表（事故时）的收入（$=I-p-L+s$）；横轴代表（无事故时）的收入（$=I-p$）。（b）不完全信息：筛选概率。（c）不完全信息：λ 很小。低风险的消费者不买保险。（d）不完全信息：λ 较大。低风险的消费者购买次优数量的保险。

图 3.8（b）描述了当垄断者无法观测 θ 时两类消费者是如何被分离开的。例如，如果 B 点代表的是针对低风险的消费者的组合，则任何对于高风险的消费者的分配都必须位于 R_2 区域上（它必须对于 θ_2 类消费者来说是更好的，但又不会使 θ_1 类消费者放弃 B）。相反地，如果 B 是针对 θ_2 类消费者的分配，那么对于 θ_1 类消费者的分配就必须属于区域 R_1。

图 3.8（c）描述的是当市场主要由高风险的消费者构成时的最优分配。高风险的消费者得到了足额保险但是并未从保险单中获得任何净剩余（c_2 点）；和在完全信息时的情形一样，他们的效用也同没有保险时没有什么差别。低风险的消费者不买保险（c_1 点）。要理解为什么这一分配不会轻易地因为向低风险的消费者提供某些保险而被推翻，我们可以画一条穿过 E 点的低风险的消费者的无差异曲线。任何能被他们接受的合约都必须位于这一无差异曲线的东北方向。而且，要使风险中性的保险公司同风险厌恶的低风险的消费者之间的交易产生什么收益，合约必须从 E 点向对角线方向移动一定距离（即必须有正的保险）。但是那样的话垄断者就必须

为高风险的消费者留出一部分净剩余，以使他们不会去购买低风险的消费者的组合。如果高风险的消费者的比例很大，这样做对于垄断者来说成本就太高了。由新合约带来的新交易抵不上它在激励方面的成本。

当高风险的消费者* 的比例变小时，上面的权衡就要颠倒过来了［见图 3.8(d)］。垄断者将更喜欢为两类消费者都提供保险。低风险的消费者将选择 D_1，他们并不能因有了保险的可能性而获得什么净剩余；高风险的消费者则可以通过选择 D_2 而获得一个净剩余。高风险的消费者的净剩余是能够使他们不选择 D_1 的最低值。

在两种情形下，高风险的消费者都得到了有效率的保险（足额保险），而低风险的消费者只得到了次优水平的保险。

注释

［1］在水泥生产商的例子中，消费者实际上购买的是在空间上存在差别的产品。但是，每个消费者都只能消费一种确切的产品（“在消费者所在地交货的水泥”）。我们希望把价格歧视的概念推广到消费者可以在几种差别产品之间进行选择的情形。

［2］参看 Phlips（1983）关于价格歧视概念的广泛讨论。第 3 章的引论受他对这一问题的介绍的影响。Varian（1987）和 Wilson（1985）给出了另外两种有用的处理价格歧视问题的方法。

［3］我们在第 1 章的补充节中碰到过一个二级价格歧视的例子，在那里我们看到对耐用品有不同评价的消费者是如何通过时间被甄别出来的。高评价的消费者更急于尽早购买。他们将支付一个比低评价的买主更高的价格，后者则希望观望一段时间后再买。这个例子与下文中例子的不同在于，在前一例子中垄断者实际上会因实行价格歧视而遭受损失。正如我们看到的那样，它更喜欢作出遵循一条固定的（统一的）价格路径的承诺（而且该模型的建构使得在一期的情况下，垄断者将无法进行歧视）。在 3.3 节，我们假定可置信性问题不存在了。

［4］如果垄断者为购买产品的消费者制定一个价格的概率函数（即消费者是否得到产品不是事先决定，而是靠“掷硬币”决定），歧视也可以进行。但是可以证明，若垄断者和消费者都是风险中性的，则这种复杂的机制对垄断者来说并不是最优的。

［5］在最后一个例子中，价格歧视也可以用匹配问题来解释——参看第 2 章的补充节。这里的解释更接近于第 1 章补充节中的思想，即垄断者认为还未订阅的消费者不会像已经订阅的消费者那样急于购买杂志。

［6］在统一价格 $\bar{p}$ 和不变边际成本 c 的条件下，垄断者最大化

$$(\bar{p}-c)\Big(\sum_i D_i(\bar{p})\Big)$$

由此得出的价格成本差额率为

$$\begin{aligned}(\bar{p}-c)/\bar{p} &= -\Big(\sum_i D_i(\bar{p})\Big)\Big/\bar{p}\Big(\sum_i D_i'(\bar{p})\Big)\\ &= \Big(\sum_i D_i(\bar{p})\Big)\Big/\Big(\sum_i D_i(\bar{p})\varepsilon_i\Big)\end{aligned}$$

因而价格成本差额率的倒数为需求弹性的加权平均数，其中权重为需求数量。（作为一个练习，把

* 原文为“低风险的消费者”，疑有误。——译者注

价格成本差额率写成逆弹性的加权平均数。）因此，有

$$\min_i(1/\varepsilon_i)\leqslant(\bar{p}-c)/\bar{p}\leqslant\max_i(1/\varepsilon_i)$$

[7] 本讨论受 Varian (1985) 的启发。Hausman 和 Mackie-Mason (1986) 给出了当生产技术表现为规模报酬递增时价格歧视提高福利的一般条件。

[8] 如果对于所有的 i，$a_i-b_i\bar{p}\geqslant0$，则垄断者服务于所有市场。

3

[9] 与歧视相联系的更高的利润也可能会增加为获得垄断租金而进行的浪费性竞争。这一点使 Posner (1976) 注意到，如果垄断租金完全被耗散掉了（见 1.3 节），价格歧视就更有可能是有害的。因为如果那样，在价格歧视下消费者剩余的减少就足以说明统一定价是更适宜的。事实上，在完全价格歧视的情况下，根本就不会有剩余，因此价格歧视显然是有害的——我们前面的结论被颠倒过来了。（但是即使存在着浪费性的租金耗散，价格歧视也不总是有害的，参看前面的两个市场的例子，在这个例子中，统一定价将导致一个市场关闭。）这一评论当然也适用于二级价格歧视。和往常一样，浪费性租金耗散假设的有效性也有待进一步的分析。

[10] 在 3.2.1 小节的例子中，高弹性群体为学生、老年人、贫困的病人和需要法律帮助的人，或者贫困的国家。

[11] 参看 Phlips (1983) 关于水泥、石膏板及黏土砖行业中统一到货价的例子，以及关于为歧视目的而使用的基点定价制度的分析。基点定价制度是将到货价表示成一个基础价加上从基点（并不一定是工厂所在地）开始的运输成本。基点定价制度通常被用作一种合谋机制，它既可使竞争者协调其定价策略，又可较为容易地发现对合谋行为的背叛。

[12] 关于垂直控制和三级价格歧视的进一步讨论，参看 Perry (1978)。

[13] 关于管制及非管制环境下价格排挤问题的一般讨论，可参看 Joskow (1985)。法官 Learned Hand 在美铝公司一案中写下了意见，他建议使用“转移价格检验”来评价企业是否从事了价格排挤活动。该检验考虑这样一个问题，即如果一体化企业对它内部生产的投入品必须支付同它对其下游竞争者制定的价格一样的价格，它以现行价格销售其最终产品是否仍有利可图？如果答案是否定的，企业就被认为是在实行价格排挤。在美铝公司一案中，法院发现如果美铝公司的下游单位必须向它的上游单位支付市场价格，而不是内部价格，它的利润便是微不足道的，或者是负的。

[14] 提高对当地商店的定价将降低连锁店一体化的积极性，这一点绝不是微不足道的。如果它暗含的条件不被满足，别的模式就可能出现。例如，对当地商店的定价将可能降低，而对连锁店的定价将可能上升。

[15] 同样地，我们可以考察在一个根据信号区分出来的群体之内的价格歧视。

[16] 关于二部定价的进一步讨论，参看 Oi (1971) 及 Schmalensee (1982a)。

[17] 本小节中的分析，以及对完全非线性情况的分析，可以很容易地扩展到偏好为 $V(q,\ \theta)-T$ 的情形，只要 $\partial V/\partial\theta>0$，且 $\partial^2V/\partial q\partial\theta>0$。

[18] 更正式地，他们将得到的效用为 $(\theta_2-\theta_1)V(D_1(c))>0$。

[19] 记住，总福利等于

$$\lambda S_1^g(p)+(1-\lambda)S_2^g(p)-c[\lambda D_1(p)+(1-\lambda)D_2(p)]$$

当 $p\geqslant c$ 时，它随 p 增大而减小（S_i^g 为 θ_i 类消费者的毛剩余）。

[20] 本习题是由 Willig (1978) 导出的一般结果中的一个特例。

[21] 这个习题表明，即使在关于消费者类型的信息约束下，每个人都能够比在线性定价时处境更好。这并不表明，对垄断者最优的非线性定

价帕累托优于（或者仅仅是从福利角度看优于）该最优线性定价。

［22］参看 Bowman（1957）和 Burstein（1960a，b）。被搭配销售的商品不一定是和它一起销售的商品（主产品）的互补品。我们可以设想另一种情形，即搭配品的消费能够给垄断者带来有关消费者对主产品的支付意愿的信息。关于这一点，参看 Burstein（1960a）；Adams 和 Yellen（1976）；以及补充节中关于商品组合的讨论。

［23］也可参看 Blackstone（1975）关于复印机产业的研究。SCM 是一家复印机企业，它使用的工艺（电子摄影）需要特殊的上浆纸。只要它在这种纸的生产方面居于垄断地位，它就在纸的销售上制定很高的加价比例（约为 200%），而在机器上的加价比例都比较低（约 25%）。但是电子摄影纸产业内新厂商的进入使得它必须使用各种方式来保持其歧视性策略。特别地，SCM 利用其在显影剂及维修服务业（这些产业的进入比较缓慢）内的垄断力量来强迫其客户使用它生产的纸。对显影剂和维修服务需要视纸的购买量而加以补贴。类似地，SCM 也试图使机器的出租和纸的使用搭配在一起。

［24］当 λ 很小时，生产者只愿意供应 θ_2 类消费者，从而制定的固定费用为 $S_2(c)$。不难看出，对于某一“中间大小”的 λ，生产者将在搭配销售时供应两类消费者，而在不允许搭配销售时只供应高需求的消费者。

［25］这解释了为什么 SCM 对机器的定价相对低而对互补品的定价要高得多（Blackstone，1975）。与此相同的是，汽车制造商以大大高于其边际成本的价格出售其修理零部件（Crandall，1968）。（汽车零部件并非搭配出售的，但是零部件的专用性及修理零部件生产的规模报酬递增却使得客户即使在修理零部件方面也被同制造商锁定在一起。）

［26］生产者的利润为 $S_1(c)-c_0$，θ_1 类消费者的净剩余为 0，θ_2 类消费者的净剩余为 $S_2(c)-S_1(c)$。总福利为

$$S_1(c)-c_0+(1-\lambda)[S_2(c)-S_1(c)]$$

$$=\lambda S_1(c)+(1-\lambda)S_2(c)-c_0$$

［27］本小节比本章的其他部分更为抽象。但读者也许会希望对在本小节及补充节中应用的技术多花点时间，因为在最优税收、不对称信息下的管制、劳动契约、拍卖等理论中都用到与它基本相同的技术。

［28］这一条件——在有关激励的文献中是经常遇到的——被称为“分离条件”或“单一交叉条件”或“Spence-Mirrlees 条件”。在此它使区分出两类消费者成为可能，其办法是向 θ_2 类消费者提供更多消费。

［30］在最优赋税文献（Mirrlees，1971；Seade，1977）中，这一结论被称为“顶端无扭曲”。

［31］这只不过是在注释［28］中提到的分离条件而已。考虑 θ_1 类消费者消费的一个微小减少，$\delta q_1<0$ 且以价格的降低作为补偿，$\delta T_1\simeq\theta_1 V'(q_1)\,\delta q_1<0$。根据模型的构造，这一变化对于 θ_1 类消费者来说是无差异的。但是如果 θ_2 类消费者消费 q_1，他们就会受到损害；他们的效用变化量为

$$\theta_2 V'(q_1)\delta q_1-\delta T_1=(\theta_2-\theta_1)V'(q_1)\delta q_1<0$$

［32］本小节受 Maskin 和 Riley（1984）的部分分析的启发。

［33］社会最优的质量 s_1 和 s_2 是由 $c'(s_1)=\theta_1$ 和 $c'(s_2)=\theta_2$ 给出的。

［34］引自 Ekelund（1970，p. 275）和 Phlips（1983，p. 216）。

［35］垄断者通常更希望把某种与支付意愿相关的愉快同商品组合在一起，但是这种愉快可能并不存在。

［36］例如，Chiang 和 Spatt（1982）假定，消费者拥有单位需求，其效用为 $v(\theta)-\theta t-p$，其中 v 为对商品的评价，t 为等待时间（用我们前面的符号来表示即 $s=-t$），p 为商品价格。假定

$v'(\theta)>0$。

[37] 这里搜寻成本指的是对各商店的价格进行抽样的成本，以及各种更广泛的搜寻成本，如向朋友和销售人员咨询，或者阅读《消费者报告》及报纸广告的成本。

[38] 自从 Diamond (1971) 在个人搜寻和市场均衡之间的结合方面作出了开创性的工作以来，有相当多的文献对价格离散同消费者或生产者之间的异质性的关系进行了形式化。Reinganum (1979) 的模型是把价格离散看成是由企业之间生产成本的差异而产生的。价格离散也可能因消费者有不同的搜寻成本 (Salop, 1977; Salop and Stiglitz, 1982; Axel, 1977; von zur Muehlen, 1980; Rob, 1985; Stiglitz, 1985)、收到不同数目的报价单 (Butters, 1977; Burdett and Judd, 1983) 或对商品有不同的评价 (Diamond, 1987) 而产生。Rosenthal (1980)、Shilony (1977) 以及 Varian (1980) 则考察了存在异质消费者的寡头垄断中的价格离散。Png 和 Hirshleifer (1987) 的模型考虑了价格匹配问题。而在 Bénabou (1986) 的模型中，价格离散则是（在消费者同质或异质的情况下）由于通货膨胀的经济环境和价格调整的成本而产生的。

[39] 这方面的开创性工作，参看 Borenstein (1985); Champsaur 和 Rochet (1986); Katz (1984a, b); Oren, Smith 和 Wilson (1983); Thisse 和 Vives (1986)。

[40] Panzar 和 Sibley 假定容量和使用度的定价都是线性的（它是 3.3.1 小节研究的二部定价的推广）; Oren 等人考虑的则是一般的非线性定价。

[41] 例如，Wilson 得出了这样的结论：在许多情况下，按优先顺序提供服务可以使社会计划者实现现货市场所能带来的绝大部分收益。也可参看 Reitman (1986) 以及这两篇论文的参考文献。

[42] 例如，可参看 Baron 和 Myerson (1982); Sappington (1982); 以及 Laffont 和 Tirole (1986)。

[43] 例如，可参看 Maskin 和 Riley (1980); Milgrom 和 Weber (1982); Myerson (1979); 以及 Riley 和 Samuelson (1981)。

[44] 关于最优非线性定价的解释，可参看 Goldman, Leland 和 Sibley (1984); Maskin 和 Riley (1984); Oren, Smith 和 Wilson (1984)。

[45] Mirman 和 Sibley (1980)，以及 Oren 等 (1982) 考虑了多产品企业的非线性定价问题（但仍假定消费者的类型是通过一维参数加以划分的）。有关多产品歧视研究中使用的技术的说明，可参看 Guesnerie 和 Laffont (1984)。关于垄断者同时还能够提供产品担保的质量歧视的研究，可参看 Matthews 和 Moore (1987)。

多维类型空间的研究比较复杂。在相关模型中开始涉及这一点的有 Laffont 等 (1982); Kohlleppel (1983); Quinzii 和 Rochet (1985); 以及 Engers (1987)。

[46] 该约束可以写成

$$\theta_2 V(q_2) - T_2 \geqslant \widetilde{U}(\theta_2) = \max_{\tilde{q}_2}[k\theta_2 V(\tilde{q}_2) - \tilde{c}\,\tilde{q}_2]$$

[47] 这一思想的另一个应用是关于垂直一体化的。如果客户是一个下游企业，它就必须在购买上游垄断者的一个消费组合和自己生产（即垂直一体化）之间进行选择。在后一种情形中，它将支付一个固定投资成本 k，以获得以边际成本 $\tilde{c}$ 进行生产的技术（在本模型中 k 可能等于 1）。高需求的客户将有更大的动力去进行垂直一体化（正如在本书提到过的 Katz 的三级价格歧视模型中那样），因而个人理性约束可能是向上有约束力的。

[48] 事实上，可以证明，这两个函数几乎是处处可微的：根据式 (3.9)，利用与第 1 章中证明垄断价格随边际成本递增的方法，可以证明 q 必须是 θ 的非递减函数（T 显然肯定是 q 的非递减函数，否则某些组合就不会有人购买）；而单调函数几乎是处处可微的。

[49] 这一技巧最早是由 Mirrlees (1971) 使用的。

［50］式（3.13）和两类消费者情形下的等式

$$U(\theta_2)=(\theta_2-\theta_1)V(q(\theta_1))$$

是类似的。

［51］在此分部积分中，将$-[1-F(\theta)]$看成$f(\theta)d\theta$的积分较为方便。

［52］我们用一阶条件式（3.10）来代表激励相容条件。为确保$q(\theta)$确实是θ类消费者的最优选择，我们必须验证与消费者在数量上的最优化相关的二阶条件，包括局部的和全局的。令$U(\theta,\tilde{\theta})$代表当一个偏好为θ的消费者消费偏好为$\tilde{\theta}$的消费者的数量时获得的效用：

$$U(\theta,\tilde{\theta})\equiv\theta V(q(\tilde{\theta}))-T(q(\tilde{\theta}))$$

一阶条件为，对于所有的θ，有

$$U_{\tilde{\theta}}(\theta,\theta)=0$$

式中，下标代表偏微分。换句话说，选择$q(\theta)$对θ类消费者来说是最优的。就一阶条件对θ求微分，得

$$U_{\tilde{\theta}\tilde{\theta}}(\theta,\theta)=-U_{\theta\tilde{\theta}}(\theta,\theta)$$

因此，局部二阶条件等价于

$$U_{\theta\tilde{\theta}}(\theta,\theta)\geqslant 0$$

但是，因为$\dfrac{dq(\theta)}{d\theta}\geqslant 0$，

$$U_{\theta\tilde{\theta}}(\theta,\theta)=V'(q(\theta))\frac{dq(\theta)}{d\theta}\geqslant 0$$

为检验全局二阶条件，假定对于某一θ_1和θ_2，

$$U(\theta_1,\theta_2)>U(\theta_1,\theta_1)$$

这意味着$\int_{\theta_1}^{\theta_2}U_{\tilde{\theta}}(\theta_1,x)dx>0$。

假定$\theta_2>\theta_1$，由于$U_{\theta\tilde{\theta}}(\theta,\tilde{\theta})\geqslant 0$，则对于$x\geqslant\theta_1$，有

$$U_{\tilde{\theta}}(\theta_1,x)\leqslant U_{\tilde{\theta}}(x,x)=0$$

式中使用了一阶条件，我们得到了一个矛盾的结果。对于$\theta_2<\theta_1$，与此类似。

［53］要理解为什么这被称作风险率，假定我们沿着θ轴从$\underline{\theta}$向$\bar{\theta}$移动，并将所有“经过”的类型去掉。在到达θ点之后，继续向右移动$d\theta$，我们将发现消费者的类型属于区间$[\theta,\theta+d\theta]$，从而被去掉的条件概率为$f(\theta)d\theta/[1-F(\theta)]$。

［54］T在$q(\underline{\theta})$点的斜率实际上小于通过原点和点$(q(\underline{\theta}),T(q(\underline{\theta})))$的射线的斜率，即

$$\underline{\theta}V'(q(\underline{\theta}))<\underline{\theta}\frac{V(q(\underline{\theta}))}{q(\underline{\theta})}$$

因为V是凹的。

［55］Laffont和Tirole（1986）在不同的情形下也得到了这一结论。在他们的模型中，政府向在自己的技术方面拥有私人信息的受管制企业提供一个合约菜单。最优合约确实可以是成本超支额的线性函数。也就是说，政府通过返还给企业的成本超支额比例进行歧视。由于存在着不确定性，这一激励背景中的线性（即二部）定价的使用更为有趣。在风险中性的情况下，不论面临何种不确定性或测量误差，线性合约都是强劲的（最优的）。

［56］事实表明，在两类消费者的情形下，无法用二部定价来实施最优非线性定价。这看起来有些奇怪，因为人们一般会以为类型越多，使用二部定价方法就越困难。但是，可以把两点分布看成是一个有两个原子的连续分布。这个分布就不是良性的，因为它的风险率不是单调的（而单调性正是利用二部定价实施最优非线性定价的充分条件）。

［57］Scherer（1980，p.394）引用了一份1966年的福特银河四门轿车的记录。该记录显示，虽然带标准设备的普通型汽车的批发价只比标准会计成本高17%，但是可选择设备的加价率通常要高得多——例如，马力更大的V型8汽缸引擎的加价率为293%，动力转向装置的加价率为123%，空调设备的加价率为58%。

［58］本小节受Brown和Sibley（1986）及Goldman等（1984）的启发。

［59］这种无关是由于没有收入效应。对边际以内的单位制定的价格不影响对边际单位的需求。

[60] 正如 Adams 和 Yellen 所示，混合组合总是优于纯组合。直观地看，因为它使垄断者有更多“手段”。假定纯组合的价格为 p_B。垄断者仍能以 p_B 的价格出售该组合，并以 p_B-c（c 为单位成本）的价格出售每单位商品。这种策略不可能产生低于纯组合策略的利润。这一推理可以很容易地扩展到异质商品组合的情形。

[61] 我们仍不考虑规模经济的问题。不管垄断者选择一单位的组合，还是两单位的组合，生产两单位商品的成本都是一样的。我们仅仅是假定两种不同大小的组合是互不兼容的。

[62] 以一单位商品作为一个组合不可能达到这种分配。为了榨取高需求的消费者消费两单位商品的毛剩余，垄断者制定的价格必须是这个毛剩余的一半。但是由于毛剩余函数是严格凹的，所以从数学上看，高需求的消费者将只消费一单位商品，因为

$$\theta_2 V(1)-\frac{\theta_2 V(2)}{2}>\theta_2 V(2)-2(\frac{\theta_2 V(2)}{2})=0$$

[63] 例如，我们可以作出 Spence-Mirrlees 假定：任何数量上的边际效用都随消费者的“类型”递增。

[64] 令 c' 代表另一种商品的单位成本和价格。如果垄断者将组合定价为 p_B，那么它把其商品以 p_B-c' 的价格单独出售也可以达到相同的效果。但这一结果并不能推广到相关评价的情形。Schmalensee 证明，如果消费者对两种商品的保留价格是负相关的（上面的习题给出了一个负相关的例子），垄断者可以通过混合组合而严格受益。

[65] 也可参看 Chae（1987）对特定（独立的）保留价格分布下的组合进行的分析。

[66] 不同的自然状态可被视为不同的商品。不确定性理论将在两种自然状态下可获得的同种实体商品当作两种不同的经济商品。参看 Debreu（1959，chapter 7）。

[67] 垄断情形实际上是在 Stiglitz（1977）中加以考虑的。Rothschild 和 Stiglitz（1976）及 Wilson（1977）讨论的是竞争性保险市场的问题。

[68] Maskin-Riley 的分析框架把保险市场作为一个特例包括进去了。它与质量歧视模型的一个相似之处在于，当且仅当垄断者也向另一类消费者提供服务时，最迫切地想要购买服务的那一类消费者才能从不对称信息中获得好处。

[69] 在质量或数量模型中，如果企业能够区分不同的类型（即企业有充分的信息），则低需求的消费者为获得以边际成本进行购买的权利而支付的金额要小于高需求的消费者为此而支付的金额。这里，在充分信息的条件下，企业向低风险的消费者提供 $s=L$ 的服务将收取较低的保险费，因为在没有保险的情况下，低风险的消费者的境况要好于高风险的消费者。

参考文献

Adams, W., and J. Yellen. 1976. Commodity Bundling and the Burden of Monopoly. *Quarterly Journal of Economics*, 90: 475 - 498.

Axel, B. 1977. Search Market Equilibrium. *Scandinavian Journal of Economics*, 79: 20 - 40.

Baron, D., and R. Myerson. 1982. Regulating a Monopolist with Unknown Costs. *Econometrica*, 50: 911 - 930.

Bénabou, R. 1986. Optimal Price Dynamics: Speculation and Search under Inflation. Ph. D. thesis, Massachusetts Institute of Technology.

Blackstone, E. 1975. Restrictive Practices in the Marketing of Electrofax Copying Machines and Supplies: The SCM Corporation Case. *Journal of Industrial Economics*, 23: 189 - 202.

Borch, K. 1968. *The Economics of Uncertain-*

ty. Princeton University Press.

Borenstein, S. 1985. Price Discrimination in Free-Entry Markets. *Rand Journal of Economics*, 16: 380 - 397.

Bowman, W. 1957. Tying Arrangements and the Leverage Problem. *Yale Law Journal*, 67: 19 - 36.

Brown, S., and D. Sibley. 1986. *The Theory of Public Utility Pricing*. Cambridge University Press.

Burdett, K., and K. Judd. 1983. Equilibrium Price Dispersion. *Econometrica*, 51: 955 - 990.

Burstein, M. 1960a. The Economics of Tie-in Sales. *Review of Economics and Statistics*, 42: 68 - 73.

Burstein, M. 1960b. A Theory of Full-Line Forcing. *Northwestern University Law Review*, 55: 62 - 95.

Butters, G. 1977. Equilibrium Distributions of Sales and Advertising Prices. *Review of Economic Studies*, 44: 465 - 491.

Chae, S. 1987. Subscription Television. Mimeo, Rice University.

Champsaur, P., and J.-C. Rochet. 1986. Multiproduct Duopolists. Mimeo, ENSAE.

Chiang, R., and C. Spatt. 1982. Imperfect Price Discrimination and Welfare. *Review of Economic Studies*, 49: 155 - 181.

Crandall, R. 1968. The Decline of the Franchised Dealer in the Automobile Repair Market. *Journal of Business*, 43: 19 - 30.

Debreu, G. 1959. *The Theory of Value*. New York: Wiley.

Diamond, P. 1971. A Model of Price Adjustment. *Journal of Economic Theory*, 3: 156 - 168.

Diamond, P. 1987. Consumer Differences and Prices in a Search Model. *Quarterly Journal of Economics*, 102: 429 - 436.

Dupuit, J. 1849. On Tolls and Transport Charges. Translated in *International Economic Papers* (London: Macmillan, 1952); original version in *Annales des Ponts et Chaussées* 17.

Ekelund, R. 1970. Price Discrimination and Product Differentiation in Economic Theory: An Early Analysis. *Quarterly Journal of Economics*, 84: 268 - 278.

Engers, M. 1987. Signalling with Many Signals. *Econometrica*, 55: 663 - 674.

Goldman, M., H. Leland, and D. Sibley. 1984. Optimal Nonuniform Pricing. *Review of Economic Studies*, 51: 305 - 320.

Guesnerie, R., and J.-J. Laffont. 1984. A Complete Solution to a Class of Principal-Agent Problems with an Application to the Control of a Self-Managed Firm. *Journal of Political Economy*, 25: 329 - 369.

Hausman, J., and J. Mackie-Mason. 1986. Price Discrimination and Patent Policy. Working paper, University of Michigan.

Joskow, P. 1985. Mixing Regulatory and Antitrust Policies in the Electric Power Industry: The Price Squeeze and Retail Market Competition. In *Antitrust and Regulation: Essays in Memory of John J. McGowan*, ed. F. Fisher. Cambridge, Mass.: MIT Press.

Katz, M. 1983. Nonuniform Pricing, Output and Welfare under Monopoly. *Review of Economic Studies*, 50: 37 - 56.

Katz, M. 1984a. Firm-Specific Differentiation and Competition among Multiproduct Firms. *Journal of Business*, 57: 149.

Katz, M. 1984b. Price Discrimination and Monopolistic Competition. *Econometrica*, 52: 1453 - 1471.

Katz, M. 1987. The Welfare Effects of Third Degree Price Discrimination in Intermediate Goods Markets. *American Economic Review*, 77: 154－167.

Kohlleppel, L. 1983. Multidimensional Market Signalling. Mimeo, Universität Bonn.

Klein, B., and L. Saft. 1984. Tie-in Contracts as Franchising Quality Control Mechanisms. Mimeo, University of California, Los Angeles.

Laffont, J.-J., and J. Tirole. 1986. Using Cost Observation to Regulate Firms. *Journal of Political Economy*, 94: 614－641.

Laffont, J.-J., E. Maskin, and J.-C. Rochet. 1982. Optimal Nonlinear Pricing with Two-Dimensional Characteristics. Mimeo.

Lewbel, A. 1985. Bundling of Substitutes or Complements. *International Journal of Industrial Organization*, 3: 101－108.

McAfee, R., J. McMillan, and M. Whinston. 1987. Multiproduct Monopoly, Commodity Bundling and Correlation of Values. Discussion Paper 1296, HIER, Harvard University.

Maskin, E., and J. Riley. 1980. Auctioning an Indivisible Object. Working Paper 87D, Kennedy School of Government, Harvard University.

Maskin, E., and J. Riley. 1984. Monopoly with Incomplete Information. *Rand Journal of Economics*, 15: 171－196.

Matthews, S., and J. Moore. 1987. Monopoly Provision of Quality and Warranties: An Exploration in the Theory of Multidimensional Screening. *Econometrica*, 55: 441－468.

Milgrom, P., and R. Weber. 1982. A Theory of Auctions and Competitive Bidding. *Econometrica*, 50: 1089－1122.

Mirman, L., and D. Sibley. 1980. Optimal Nonlinear Prices for Multiproduct Monopolies. *Bell Journal of Economics*, 11: 659－670.

Mirrlees, J. 1971. An Exploration in the Theory of Optimum Income Taxation. *Review of Economic Studies*, 38: 175－208.

Mussa, M., and S. Rosen. 1978. Monopoly and Product Quality. *Journal of Economic Theory*, 18: 301－317.

Myerson, R. 1979. Optimal Auction Design. *Mathematics of Operations Research*, 6: 58－73.

Oi, W. Y. 1971. A Disneyland Dilemma: Two-Part Tariffs for a Mickey Mouse Monopoly. *Quarterly Journal of Economics*, 85: 77－90.

O'Keefe, M. 1981. Quality and Price Discrimination. Ph. D. thesis, Harvard University.

Ordover, J., and J. Panzar. 1980. On the Nonexistence of Pareto Superior Outlay Schedules. *Bell Journal of Economics*, 11: 351－354.

Oren, S., S. Smith, and R. Wilson. 1982. Linear Tariffs with Quality Discrimination. *Bell Journal of Economics*, 13: 455－471.

Oren, S., S. Smith, and R. Wilson. 1983. Competitive Nonlinear Tariffs. *Journal of Economic Theory*, 29: 49－71.

Oren, S., S. Smith, and R. Wilson. 1984. Pricing a Product Line. *Journal of Business*, 57, no. 1: S73－S100.

Oren, S., S. Smith, and R. Wilson. 1985. Capacity Pricing. *Econometrica*, 53: 545－566.

Panzar, J., and D. Sibley. 1978. Public Utility Pricing under Risk: The Case of Self Rationing. *American Economic Review*, 68: 888－895.

Perry, M. 1978. Price Discrimination and Forward Integration. *Bell Journal of Economics*, 9: 209－217.

Phlips, L. 1983. *The Economics of Price Discrimination*. Cambridge University Press.

Pigou, A. C. 1920. *The Economics of Welfare*, fourth edition. London: Macmillan.

Png, I., and J. Hirshleifer. 1987. Price Discrimination through Offers to Match Price. *Journal of Business*, 60: 365－384.

Posner, R. 1976. *The Robinson-Patman Act: Federal Regulation of Price Differences*. City: American Enterprise Institute.

Quinzii, M., and J.-C. Rochet. 1985. Multidimensional Signalling. *Journal of Mathematical Economics*, 14: 261 - 284.

Reinganum, J. 1979. A Simple Model of Equilibrium Price. *Journal of Political Economy*, 87: 851 - 858.

Reitman, D. 1986. Competition in Congested Markets. Ph. D. dissertation, Graduate School of Business, Stanford University.

Riley, J., and W. Samuelson. 1981. Optimal Auctions. *American Economic Review*, 71: 381 - 392.

Rob, R. 1985. Equilibrium Price Distributions. *Review of Economic Studies*, 52: 487 - 504.

Roberts, K. 1979. Welfare Implications of Nonlinear Prices. *Economic Journal*, 89: 66 - 83.

Robinson, J. 1933. *Economics of Imperfect Competition*. London: Macmillan.

Rosenthal, R, 1980. A Model in which Increase in the Number of Sellers Leads to a Higher Price. *Econometrica*, 40: 1575 - 1579.

Rothschild, M., and J. Stiglitz. 1976. Equilibrium in Competitive Insurance Markets: An Essay on the Economics of Imperfect Information. *Quarterly Journal of Economics*, 90: 629 - 650.

Salop, S. 1977. The Noisy Monopolist: Imperfect Information, Price Dispersion, and Price Discrimination. *Review of Economic Studies*, 44: 393 - 406.

Salop, S., and J. Stiglitz. 1982. A Theory of Sales: A Simple Model of Equilibrium Price Dispersion with Identical Agents. *American Economic Review*, 72: 1121 - 1130.

Sappington, D. 1982. Optimal Regulation of Research and Development under Imperfect Information. *Bell Journal of Economics*, 13: 354 - 368.

Schmalensee, R. 1981. Output and Welfare Implications of Monopolistic Third-Degree Price Discrimination. *American Economic Review*, 71: 242 - 247.

Schmalensee, R. 1982a. Monopolistic Two-Part Pricing Arrangements. *Bell Journal of Economics*, 12: 445 - 466.

Schmalensee, R. 1982b. Commodity Bundling by a Single Product Monopolist. *Journal of Law and Economics*, 25: 67 - 71.

Schmalensee, R. 1984. Gaussian Demand and Commodity Bundling. *Journal of Business*, 57: S211 - S230.

Seade, J. 1977. On the Shape of Optimal Tax Schedules. *Journal of Public Economics*, 7: 203 - 235.

Shilony, Y. 1977. Mixed Pricing in Oligopoly. *Journal of Economic Theory*, 14: 373 - 388.

Spence, A. 1977. Nonlinear Prices and Welfare. *Journal of Public Economics*, 8: 1 - 18.

Spulber, D. 1981. Spatial Nonlinear Pricing. *American Economic Review*, 71: 923 - 933.

Stigler, G. 1963. A Note on Block Booking. *Supreme Court Review*. Reprinted in *The Organization of Industry* (University of Chicago Press, 1983).

Stiglitz, J. 1977. Monopoly, Nonlinear Pricing, and Imperfect Information: The Insurance Market. *Review of Economic Studies*, 44: 407 - 430.

Stiglitz, J. 1985. Competitivity and the Number of Firms in a Market: Are Duopolies More Competitive than Atomistic Markets? Technical Report 478, IMSSS, Stanford University.

Telser, L. 1979. A Theory of Monopoly of Complementary Goods. *Journal of Business*, 52: 211 - 230.

Thisse, J.-F., and X. Vives. 1986. On the

3

Strategic Choice of Spatial Price Policy. Mimeo, University of Pennsylvania.

Varian, H. 1980. A Model of Sales. *American Economic Review*, 70: 651 - 659.

Varian, H. 1985. Price Discrimination and Social Welfare. *American Economic Review*, 75: 870 - 875.

Varian, H. 1987. Price Discrimination. In *Handbook of Industrial Organization*, ed. R. Schmalensee and R. Willig (Amsterdam: North-Holland, forthcoming).

von zur Muehlen, P. 1980. Monopolistic Competition and Sequential Search. *Journal of Economic Dynamics and Control*, 2: 257 - 281.

Willig, R. 1978. Pareto-Superior Nonlinear Outlay Schedule. *Bell Journal of Economics*, 9: 56 - 69.

Wilson, C. 1977. A Model of Insurance Markets with Incomplete Information. *Journal of Economic Theory*, 16: 167 - 207.

Wilson, R. 1985. Economic Theories of Price Discrimination and Product Differentiation: A Survey. Parts Ⅰ, Ⅱ, Ⅲ. Mimeo, Graduate School of Business, Stanford University.

Wilson, R. 1986. Efficient and Competitive Rationing via Priority Service. Mimeo, Graduate School of Business, Stanford University.

3

第4章 纵向控制

在第1章到第3章中，我们假定所讨论的企业直接向最终消费者提供产品，将分析的重点集中于垄断定价和产品选择。现在，我们将研究在一种中间产品市场上居于垄断地位的一个"上游企业"和该种产品的使用者即"下游企业"的关系。在这类情形中，垄断者自己不向最终消费者供货。下游企业的例子包括使用一种中间投入品的制造业或服务业企业、批发商、零售商（在后两种场合，最终产品经常与中间产品十分接近或完全相同）。因为下游企业是上游企业的客户，前面研究过的许多特征对纵向关系的分析也是适用的。例如，上游企业可能也试图对下游企业实行歧视，或者根据其所在行业或地区，或者根据其成本结构。

但是，较之于一个企业与其顾客的关系，企业间的纵向关系通常更为丰富和复杂。普通消费者一般只是消费所购得的物品，而产业消费者（下游企业）则转换物品的形态或将其销售。换句话说，一些进一步的决策（关于技术用途、最终价格决定、推销势力等）是在中间产品被上游企业售出后作出的。由于这些决策影响上游企业的利润，所以它有控制这些决策的动因。在定价政策和产品规格选择之外，它将在可行的限度内对下游的经营活动进行进一步的纵向控制。例如，它可以确定产品的最终（零售）价格，为每个零售商划定销售区域，或者要求在销售中搭配其他产品。

在企业理论一章中，我们已接触到了纵向控制问题。在本章中，我们将不考虑交易成本、不完全契约、所有制以及其他一些甚至在产品市场完全竞争的情形下都至关重要的因素。我们将集中于纵向控制的垄断原因，即那些仅当中间产品市场不具有竞争性时才产生纵向控制动因的因素。

一个学派（有时与芝加哥大学联系在一起）认为，纵向控制的垄断原因是不存在的，所观察到的纵向控制的意义只在于改善现实世界的效率，而不是在中间产品市场上施展垄断努力。按这种观点的最简单形式，一个在其市场上拥有垄断势力的企业总可以通过提高它对其顾客收取的线性价格而充分利用其垄断势力。因此，纵向控制纯属纵向结构范围内的一件内部的、有利于增加福利的事情（也就是说，这样做并不损害如消费者这样的第三方）。我们下面将考虑这种观点能否成立。

遵从产业组织理论文献的习惯，如果所讨论的上游企业（直接或间接地）控制了其所在的纵向结构中所作出的全部决策，我们就说该企业是纵向一体的。“纵向一体利润”是该纵向结构所能获得的总利润（制造商的利润加上零售商的利润）的最大值，即当所有决策变量都能被不费成本地观察、证实并在契约中规定时，该纵向结构将会获得的总利润。纵向一体解值是一个特别有用的基准，因为这个解值表明，在垄断者不能直接控制的事情上，垄断者希望下游企业作出何种决策。对于没有阅读企业理论一章的读者来说，有一点必须注意：“纵向一体化”这一术语像在本章中这样使用时可能会发生误导。一方面，一个吞并了下游企业（纵向一体化的通常含义）的垄断者可能无力对这些企业实行完全的控制（因为无论是否一体化，在一个纵向结构内一些决策必须被授予下级）。另一方面，即使没有纵向一体化，如我们下面将要看到的，通过一些包含了“纵向约束”的恰当的契约，完全的纵向控制有时也是可以达到的。

本章的安排如下：4.1 节定义一个基本的纵向框架，这一框架被用来引入那些最常见的纵向约束。4.2 节提出控制问题。控制的必要性被追溯到上游企业与下游企业之间以及下游企业相互之间存在的外部性。（第 3 章已经研究了运用纵向控制推行价格歧视的问题，在此不再作进一步的研究。）这里的重点是纵向约束如何被用来解决外部性问题。[1] 4.3 节和 4.4 节研究品牌内竞争和品牌间竞争。4.6 节作为补充部分探讨不确定性对纵向关系的效应和下游竞争对经济效益的促进作用，并给出一个对市场圈定的更一般的分析。

4.1 线性价格与纵向约束

经济理论所研究的大多是线性价格的情形，即买者对卖者的支付与所购买的数量成比例的情形。而纵向关系常常包含着更复杂的契约安排，这些契约安排被概括地称为纵向约束。从简单的非线性价格（例如，像第 3 章提到的收取特许费）到限制品牌内竞争和品牌间竞争的手段（诸如排他性经营区域或排他性经营范围），都是纵向约束的形式。为了循序渐进地引入一些常见的纵向约束，我们从一个基本模型开始，逐步丰富其内容。

4.1.1 基本框架

一个叫作垄断者或制造商的供给者以一个固定的单位成本 c 生产一种中间产品。它是这种产品唯一的生产者，并将这种产品卖给一个叫作零售商的下游企业。（这个下游企业同样可以是这种中间产品的一个批发商或生产性用户。）这个零售商再把这种产品卖掉，为简单起见，假定它没有零售成本。正式地表述是，在签订契约之后，零售商就垄断了一种技术，该种技术可以将一单位中间产品转化为一单位最终产品。以 p_w 表示批发（中间）价格，p 表示消费者（或零售、最终）价格。以 q 表示零售商所购买的数量；当零售商不扔掉该中间产品时，q 也表示最终消费。消费者的向右下方倾斜的需求函数记为 $q=D(p)$。［稍后我们将假定需求也依赖于一个零售商所进行

的推销服务 s：$q=D(p, s)$。]

制造商和零售商之间一些最常见的契约形式定义如下：

线性价格是一个契约，该契约规定零售商对制造商的一项支付，$T(q)=p_w q$。q 是零售商的选择（见图 4.1）。

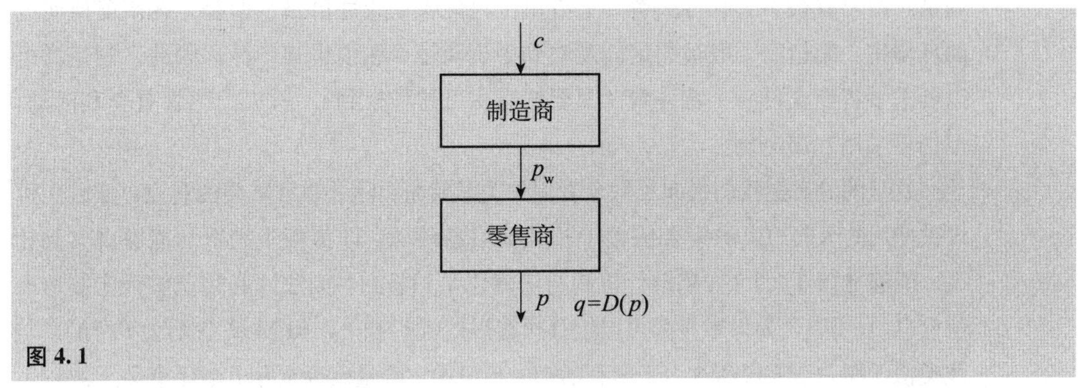

图 4.1

特许费记为 A，是非线性价格（或支付函数）的最简单的例子。在这种场合，零售商向制造商支付 $T(q)=A+p_w q$。如在第 3 章中一样，更一般地说，该制造商可以收取一个更复杂的（完全非线性的）价格。

转售价格维持（resale-price maintenance，RPM）是契约中就零售商对最终价格 p 的选择作出限定的一种规定。最高限价（$p\leqslant\bar{p}$）和最低限价（$p\geqslant\underline{p}$）是这种约束的两个变种。（因而 RPM 就是价格上限加价格下限，即 $\underline{p}=\bar{p}$。）

数量定额规定零售商购买的数量 q。数量强销（$q\geqslant\underline{q}$）和数量配给（$q\leqslant\bar{q}$）是数量定额的两个变种。如果需求已知且仅依赖于最终价格，而零售商又不能把货物扔掉，则数量强销等价于价格上限，数量配给等价于价格下限（数量定额等价于 RPM）。

为什么产业组织理论家把研究重点放在这种原始的约束？什么情况下可以施加这些约束？把它们作为研究重点的最明显的原因是，它们既简单又常用。不过，它们可能不像在研究它们时设定的环境中所表现的那样原始。

首先考虑一个确定的环境（详见 4.2 节）。制造商所关心的是保证零售商选择"正确的行动"（例如，在最终价格或推销努力方面）——由于不存在不确定性，什么是正确行动是已知的。如我们将要看到的，零售商的决策一般由它为此中间产品所付的边际价格所决定。但是，在一个确定的环境中，该中间产品的消费量进而其边际价格是完全可预见的。所以，采用二部定价（即一个特许费加上一个固定的边际价格）不会有什么损失——至少当零售商的目标函数为凹函数时不会有什么损失。因此，没有必要考虑更复杂的非线性价格。这说明，把注意力集中于特许费是正确的。

不过，这种正确性在一个随机的、信息不对称的环境中就不能成立了。正如在关于逆向选择[2]和道德风险[3]的研究中已广为人知的那样，固定的边际价格一般说来是不理想的。因此，制造商可能愿意采用更复杂的非线性价格。但是，套利活动可能阻碍制造商这样做（见第 3 章）。尽管对零售商直接购买的数量进行控制比较容易，但要观察零售商实际销售的数量就要困难得多。其结果是，如果有几个零售商（例如这些零售商活动于几个在地理上不相同的市场上），一些零售商就会对另一些零售商进行“非法倒卖”，从而使垄断者难以实行全面的价格歧视。通常的结局是，由于有很多套利性买者，上游单位只能收取线性价格。但是，在当前所研究的环境中，制造商一般被假定能观察到零售商是否在销售其产品；因此，制造商可以要求零售商支付一个特许费（只要法庭认可这种权利）。所以，尽管有套利活动，但仍可采用二部定价。

这里的分析把我们引向了一个看似无关紧要而实际上非常重要的观点：实践中可以被使用的纵向约束的集合依赖于相关的信息环境，即依赖于制造商能够观察到什么，能够推行什么。（如果推行机制与法律体系相联系，则法庭必须能够证实制造商的信息。）所以，如果零售商可以给其顾客以隐性折扣[4]，RPM 就是无法实行的。与此类似，在一个零售商致力于套利活动的环境中，数量定额实际上毫无意义。

4.1.2 品牌内竞争

我们现在引入同一市场上的几个零售商之间竞争的可能性。制造商可以使用的一种新的约束是排他性经营区域，即在零售商之间划分最终市场（见图 4.2）。（一种类似的约束是限制零售商的密度。）

经营区域可以在空间意义上理解，也可以（更广义地）在市场区分的意义上理解（例如，区分为公共市场和私人市场）。为使这类约束可行，要在信息方面满足很高的要求。例如，在从空间意义上理解这一模型的场合，制造商必须能够追踪顾客[5]，以证明（在零售商有欺骗行为的情况下）零售商知道顾客从何而来（或者，如果零售商没有欺骗行为，证明零售商未取得这方面的信息是由于疏忽）。因此，排他性经营区域更经常地被用于下游单位是批发商的场合。但是，要注意的是，在一个孤立的区域，零售垄断情形的配给也服务于排他性经营区域的目的。类似的评论也适用于拒绝交易的情形。

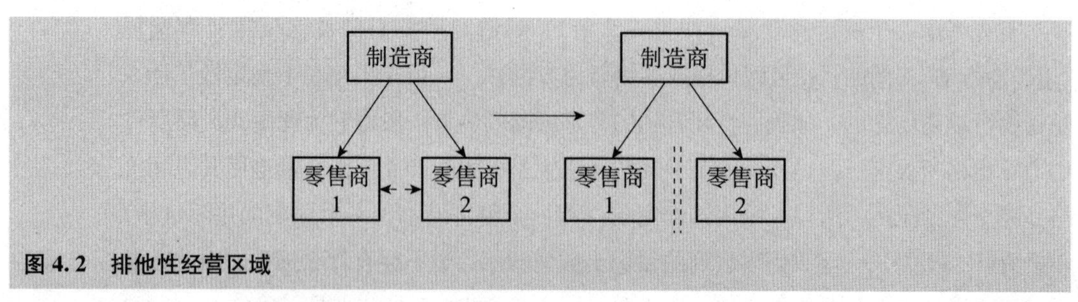

图 4.2 排他性经营区域

4.1.3 数种投入

我们假定下游单位使用数种投入生产最终产品。这里，下游单位可以是一个制造商，也可以是一个向顾客销售互补品的零售商。与这一特征直接相关的一种约束是搭配，即一种投入品的供给者强迫下游单位从它那里购买别的投入品（见图 4.3）。（为了准确，我们应当区分“配售”和“搭配”，前者规定制造商的每单位投入品要配售的其他投入品的数量，后者只是要求零售商向制造商购买其他投入品。在不确定性存在的条件下，这一区分很重要。）这样就把中间产品搭配在了一起。特别是，它可以为其他投入品收取与市场价格不同的价格。[6]

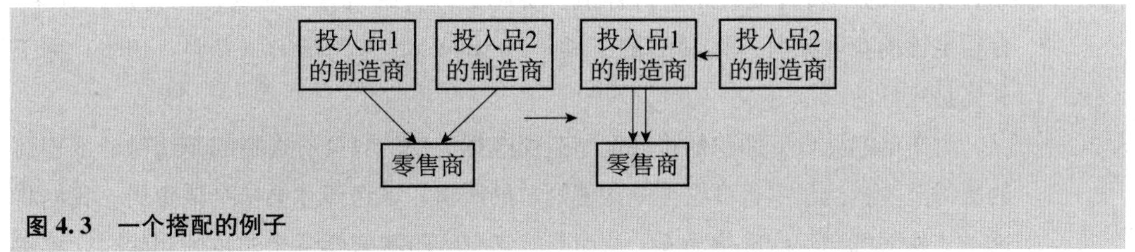

图 4.3　一个搭配的例子

如果零售商的销售量是可观察且可证实的，则制造商还可以使用另一种工具：它可以征收一项被称为“抽成”的费用，该费用与下游单位的销售数量成比例。[7]

4.1.4　品牌间竞争

零售商在销售制造商供给的产品的同时，可能也销售其相近的替代品。制造商因此可能对零售商实行排他性经营的约束，即不许它出售与制造商的产品直接竞争的产品。[8]

这里还没有列出制造商和零售商之间可能的全部契约规定，这些规定通常都依赖于环境。例如，如果制造商负责在全国范围内为产品做广告，契约中可能就包括一项有关广告费用的规定。

4.1.5　约束的法律地位

关于这些约束在美国的不断改变的法律地位，有必要予以简述。粗略地说，特许费是合法的；事实上，其合法性甚至使人觉得纵向约束这个术语应当留给其他约束。RPM 本身目前是不合法的。排他性经营区域在被禁止之后，现在根据论辩规则来判决。搭配在原则上是非法的，但实际地位接近于按论辩规则判决。

4.2　外部性与纵向控制

4.2.1　方法论

纵向结构作为一个整体，决定若干个（可能相互依赖的）决策变量：批发价格、特许费、零售商购买数量、消费者价格、推销努力、零售地点等。在实践中，这些变量中只有少数是可观察和可证实的（在 4.1 节的意义上）；这些变量被称为工具。它们的作用是为制造商和零售商之间按契约进行货币支付提供基础。我们接着来定义目标。为此，我们称制造商和零售商的利润的总和为总利润。目标是那些直接影响总利润的决策变量，它们形成决策变量的另一个子集合。推销努力和零售价格是目标。特许费和批发价格就不是目标，因为它们不直接影响总利润。[9]所谓控制问题，就是要了解如何运用工具达到或接近合意的目标值，即能使纵向结构总（纵向一体的）利润最大化的目标值。实际上，文献常常针对这样的情形，其中，存在足够的获取纵向一体利润的工具；Mathewson 和 Winter（1984，1986）称工具集是充分的。

为简单起见，下面我们将假定制造商选择契约。只有所选择的契约保证零售商的所得至少相当于零售商在拒绝该契约时的所得，零售商才会接受该契约。我们将这一“外部机会”标准化为零，从而只有当契约给零售商一个非负的利润时，零售商才会接受契约。当存在潜在的零售商的竞争性供给时，假定制造商选择契约是有道理的。[10]

4.2.2 基本的纵向外部性

我们在第 1 章中看到，在线性定价的情况下，垄断者收取一个高于边际成本的价格。这使得它能够获得一个正的利润率（代价是需求收缩）。与此类似，在纵向结构中，实行线性定价的中间产品的垄断性生产者收取 $p_w > c$。因此零售商面对一个由其投入品（中间产品）引致的等于 p_w 的边际成本，它们以此为基础作出它们的定价、推销、技术决策。纵向外部性指的是，零售商所作出的任何使其对中间产品的需求增加一单位的决策都为制造商带来一个利润增量 $p_w - c$。但是，以自己的利润最大化为目的的零售商并不考虑制造商的利润增量，因而倾向于作出使中间产品的消费水平太低的决策。这里的问题在于，该中间产品对零售商的成本（p_w）与对该纵向结构的成本（c）是不同的。因此总利润低于纵向一体利润，这使得制造商有动因施加纵向约束以消除上述外部性。

关于简单的制造商-零售商框架中的基本外部性，有三种著名的解说，分别针对下游单位的价格选择、推销努力选择和生产技术选择。

例 1： 双重加价（Spengler，1950）。假定零售价格是零售商要做的唯一决策（因而也是纵向结构的唯一目标）。纵向一体数量 q^m 和零售价格 p^m 由 $q^m = D(p^m)$ 决定，p^m 使 $(p-c)D(p)$ 最大化，其中，$D(\cdot)$ 是需求曲线。

考虑在线性批发价格 $T(q) = p_w q$ 条件下的分散化结构和零售商对消费者价格 p 的选择。假定首先由制造商选择该线性价格，其次由零售商选择消费者价格，并且零售商在其零售市场上也是一个垄断者。

零售商要使自己的利润 $(p-p_w)D(p)$ 最大化。我们在第 1 章看到，垄断价格是边际成本的一个增函数。因为零售商是一个垄断者且其边际成本为 p_w，只要制造商收取的价格高于边际成本（$p_w>c$），我们就有 $p>p^m$，见图 4.4，分散化结构中的零售价格比一体化结构中的高，因为相继有两次加价（边际化）。如前所述，外部性的出现是由于零售商在决定零售价格时不考虑制造商的边际利润 $(p_w-c)D'(p)$。

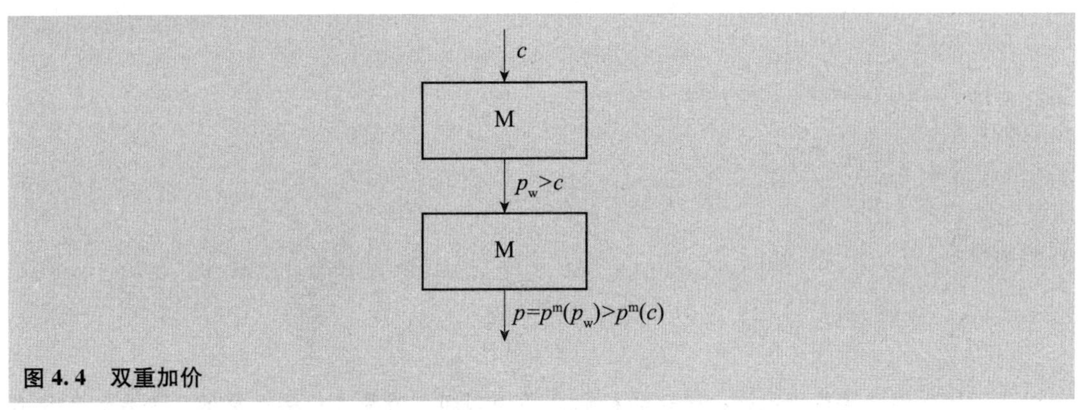

图 4.4　双重加价

为说明这一点，假定最终需求函数为 $D(p)=1-p$ 且 $c<1$。令 Π_m 和 Π_r 为制造商和零售商的利润。首先考虑这个未一体化的行业的均衡。零售商求解

$$\max_p[(p-p_w)(1-p)]$$

由此而得

$$p=\frac{1+p_w}{2}$$

对最终产品（从而中间产品）的需求为

$$q=\frac{1-p_w}{2}$$

零售商的利润为

$$\Pi_r=\left(\frac{1-p_w}{2}\right)^2$$

制造商求解

$$\max_{p_w}\left[(p_w-c)\left(\frac{1-p_w}{2}\right)\right]$$

由此而得

$$p_w=\frac{1+c}{2}$$

注意：

$$\Pi^{ni}=\Pi_m+\Pi_r=\frac{(1-c)^2}{8}+\frac{(1-c)^2}{16}=\frac{3}{16}(1-c)^2$$

且

$$p=\frac{3+c}{4}$$

现在考虑一体化的行业，它为其每一单位投入品支付 c。它求解

$$\max_{p}[(p-c)(1-p)]$$

由此而得

$$p=\frac{1+c}{2}$$

利润总额为

$$\Pi^{i}=\frac{(1-c)^{2}}{4}>\Pi^{ni}$$

所以，一体化的行业获得比未一体化的行业更高的利润，消费者价格也更低。如我们已经看到的，这两个性质是非常一般的。纵向一体化的目的就是避免双重价格扭曲，这种情况的发生是由于每个企业在每个生产阶段都加上自己的价格成本差额率。（“什么比垄断更糟？一个垄断链。”）

习题 4.1**：说明在双重加价的框架中，当需求函数为线性（凸性，凹性）时，零售商的加价与制造商的加价之比 $(p-p_w)/(p_w-c)$ 等于（大于、小于）1/2。[11]（提示：考虑零售商和制造商的一阶条件。为得到零售价格对批发价格的敏感程度，对零售商的一阶条件求微分；再次使用这个一阶条件得出结论。）

如果（如图 4.5 所示）两个企业中有一个在下述意义上是竞争性的，即该企业按边际成本出售产品，则纵向一体化不会增加另一垄断企业的利润。这一结果背后的直观道理在于竞争性部门不产生价格扭曲。因此，垄断性部门不对竞争性部门产生外部性，竞争性部门的价格成本差额率为零。（如我们在例 3 中将看到的，如果下游竞争性部门使用数种投入，这一结果将不成立。）

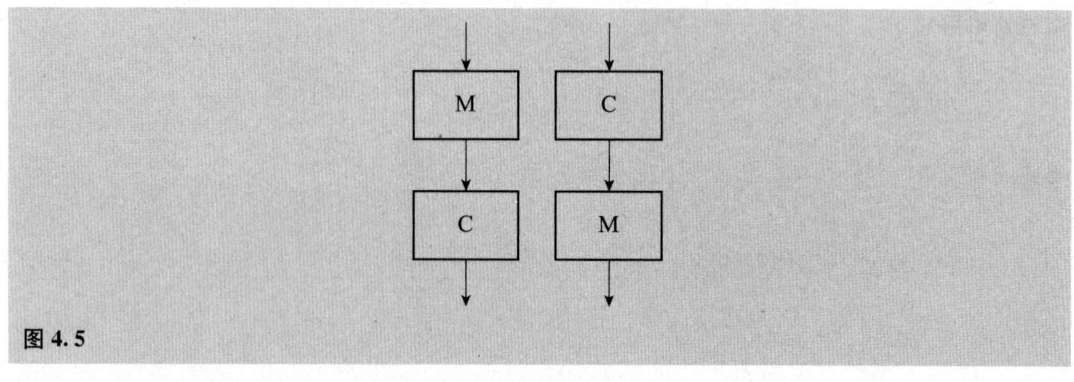

图 4.5

双重加价（或垄断链）问题非常接近于两个完全互补品的垄断生产者的问题。

无论如何，生产和零售是互补的，消费者经常要按固定比例消费二者。下面的习题说明，与制造商和零售商的情形类似，互补品的垄断生产者为避免双重加价和需求的过度收缩，也有（横向）一体化的动因。

习题 4.2****：** 两个企业（$i=1$，2）各生产一种产品，边际成本为 c_i（$i=1$，2）。每个企业都是各自产品的垄断制造商。两种产品是完全互补品：其需求曲线为 $q=D(p)$，其中，$p\equiv p_1+p_2$ 是该组合产品的价格，p_i 是产品 i（$i=1$，2）的价格。令 $c\equiv c_1+c_2$。

（1）通过重新解释各变量，说明这一模型适用于一个单一产品的情形，该单一产品由一个制造商生产，一个零售商销售。

为简化计算，假定需求弹性 $\varepsilon=-D'p/D$ 为常数。

（2）对该横向一体结构，最佳的 p 是什么？

（3）考虑未一体化的结构。假设企业1首先选择其价格，选择时考虑到了它的选择对企业2的价格的效应。证明勒纳指数高于一体化时的水平。更准确地说，证明：

$$p=c/(1-1/\varepsilon)^2$$

（4）现在假设两个企业同时选择其价格。假定每个企业在另一个企业价格给定的条件下使自己的利润最大化，即选择是同时的，一个企业不去试图影响另一个企业的价格（见第5章）。证明在顺序选择价格的情况下勒纳指数更高。更准确地说，证明：

$$p=c/(1-2/\varepsilon)$$

解释这一结果。（提示：从同时选择的均衡开始，略微改变企业1的价格。）

充分纵向约束

特许费 纵向一体化的利益是与线性价格契约极其简单这一点相联系的。事实上，只要使用二部定价 $T(q)=A+p_wq$，不需一体化，制造商也能实现一体化的利润。稍微想一下就可以清楚地看到它应当选择什么边际价格 p_w。我们记得，与线性价格相联系的问题是，下游单位的边际成本不等于该纵向结构的边际成本。为消除这种扭曲，取 $p_w=c$。这样，下游单位对最终价格的选择不影响上游单位，因而没有外部性。零售商最大化

$$(p-c)D(p)-A$$

因而选择

$$p=p^m$$

它的利润等于

$$\Pi^m - A$$

式中，$\Pi^m = (p^m - c)D(p^m)$。这样，制造商可以通过收取一个等于该纵向结构的利润（$A = \Pi^m$）的特许费而收走零售商的利润。

收取一个等于上游边际成本的边际价格以避免下游扭曲，这个观念——我们在第 3 章中曾接触过——是非常一般的。这一政策相当于“把纵向结构卖给”下游垄断者（价格为 A），使其成为“剩余索取者”（边际利润无论为多少，都归它所有）。所以，下游垄断者有一切动因作出“正确决策”（在这里是选择垄断价格）。二部定价也能解决下面将考虑的推销努力和投入选择中的外部性问题。

特许费的缺点 特许费在这个环境中是一个简单而有力的工具。但是，在更复杂的环境中，特许费也会有其缺点。第一，当零售商为风险厌恶型且零售成本或最终需求为随机的时，由于零售商是剩余利润的索取者，它承担的风险太大。降低特许费并同时将批发价格提高到边际成本之上以给零售商一些保险，是合意的。[12]（见 4.6 节对风险分担的分析。）第二，假设在签订契约之时，零售商掌握一些制造商所不知道的有关零售成本或（当地）最终需求的私人信息。因为制造商不知道零售商的利润，它很难确定合适的特许费以收取零售商的利润。制造商这时必须使用与第 3 章所分析的对象类似的筛选机制。通过类比，我们可以引出制造商的最佳歧视政策：这里的一个零售成本低或最终需求高的零售商相当于价格歧视理论中的一个需求高的消费者；所以，在最佳的二部定价中，包含一个高于边际成本的批发价格（$p_w > c$）和一个特许费，后者等于当需求处于低水平或零售成本处于高水平时零售商的利润。[13]第三，当存在几个零售商时，一个零售商一般难以通过按边际成本购买投入品而成为该纵向结构的剩余索取者。如我们后面将看到的，一般地说特许费将不足以实现纵向一体利润。

转售价格维持 制造商也可以不使用特许费，而将中间产品按 $p_w = p^m$ 的价格售出，并施加转售价格维持即 $p = p^m$ 的要求。这时，零售商的利润为零，该纵向结构的总利润（等于制造商的利润）为 Π^m。所以，RPM 在这里是一个充分的工具。实际上，一个最高限价（$p \leqslant p^m$）——或等价地，一个数量强销（$q \geqslant q^m$）——也可以使制造商实现纵向一体利润。更常见的价格维持的形式即最低限价做不到这一点（这启发我们，除了对于双重加价问题，价格维持还可以有别的解释）。

与特许制度一样，一旦引入不确定性，RPM 也将不再是充分的。原因之一是，当零售商为风险厌恶型且面对零售成本不确定性时，RPM 的保险性能不佳；零售商不能把零售成本变化转嫁到最终价格中，它自己（而非制造商）承担这种变化的全部风险。

福利 纵向一体化（或等价地，充分纵向约束）的福利分析很简单。纵向结构（制造商加零售商）在纵向一体化情况下比在线性价格情况下赚钱更多，因为它实现了其垄断利润。消费者在纵向一体化情况下境况也更佳，因为他们面对一个较低的价格。因此，双重加价的消除使福利提高是清楚无疑的。对下面例 2 和例 3 中考虑的基本纵向外部性的另外两种解释，这一结论也是成立的。

例 2：下游道德风险。零售商经常提供一些使制造商的产品对消费者更具吸引力的服务：提供购物优惠卡，提供免费更换，提供免费送货，允许使用信用卡购买，提供售前信息，提供良好的购物环境，为减少排队而安排额外销售服务，等等。我们可以把这些归入“推销努力”或“推销服务”的标题之下。由于推销努力影响对产品的需求，制造商愿意鼓励零售商增加其供给。为此可采用的最简单的办法是在契约中规定推销努力的水平。但是，这样的契约一般地说是不可推行的，因为法庭（甚至立约各方）无法准确度量这种服务。因此，必须给零售商以动因，使之克服相关的道德风险问题。[14]

推销努力可被形式化为一个实数 s。如在第 2 章中一样，s 是一个参数，衡量所考虑的产品在一个纵向产品空间中的位置。消费者的需求是 $q=D(p, s)$（2.1 节中有这一需求函数如何导出的例证）。D 随 p 增加而递减，随 s 增加而递增。假设提供水平为 s 的服务供给使零售商为每单位销售付出 $\Phi(s)$ 的成本，而这一成本只能被零售商观察到。Φ 随 s 增加而递增。总服务成本为 $q\Phi(s)$。

纵向一体化的消费者价格（p^m）和服务（s^m）最大化

$$[p-c-\Phi(s)]D(p, s)$$

令

$$\Pi^m=[p^m-c-\Phi(s^m)]D(p^m, s^m)$$

在一个分散化结构中，对一个线性价格 p_w，制造商的利润为

$$(p_w-c)D(p, s)$$

零售商的利润为

$$[p-p_w-\Phi(s)]D(p, s)$$

为最大化其利润，制造商确定 $p_w>c$。然后，零售商对 p 和 s 最大化自己的利润。对于零售价格的扭曲——二次加价，我们在例 1 中已经熟悉。服务的扭曲与零售价格的扭曲类似：零售商不考虑因服务增加而给制造商带来的额外利润，即

$$(p_w-c)(\partial D/\partial s)$$

同样，这是因为制造商在成本之上的加价使零售商的利润率小于纵向结构的利润率。因而，对任何零售价格，零售商都提供太少的服务，导致需求太小。

服务和零售价格之间的可比性不是偶然的。像在第 2 章中一样，考虑这种极端情形是有用的，在其中，服务是价格折扣的完全替代品——也就是说，$q=D(p-s)$ 且 $\Phi(s)=s$，从而高价格与低服务相伴随。当然，有意义的和一般的情形是服务和价格折扣属于不完全替代品。

4

为鼓励零售商提供更多的推销努力并取得纵向一体利润，制造商可以（和前面一样）选择 $p_w=c$，使零售商成为剩余索取者，并通过一个特许费 $A=\Pi^m$ 收走零售商的剩余利润。

RPM 本身已不再是充分的。为实现纵向一体利润，制造商应当将零售价格定为 $p=p^m$。但是，服务的外部性依然存在。[15]

习题 4.3：** 证明数量强销是一个充分工具（即与数量强销一起，一个线性价格引致纵向一体利润）。

当制造商提供难以精确度量的服务（品牌广告、产品质量等）时，就会出现双边道德风险。在这种情况下，制造商一般对零售商施加外部性，因为它的服务影响零售商的需求和利润。如果零售商的利润率为零，则这种外部性无关紧要；但是，如我们已经看到的，制造商可能愿意给零售商留下一个正的利润率，以鼓励它提供推销服务。为此目的，一个简单的二部定价不再是充分的。如我们已经看到的，为诱使零售商提供正确数量的推销努力，必须使它成为剩余索取者。这样，制造商的边际利润 p_w-c 就成为零，这意味着它没有动因去扩张需求（从而也没有动因提供服务）。另外，如果制造商成为剩余索取者，零售商也没有动因提供推销努力。因此，必须设计更复杂的机制。下面的习题说明，通过使用一个第三方，双方可以同时成为剩余索取者（Holmström，1982）。但是，相应的机制无法抵御零售商和制造商的合谋。

习题 4.4：** 令需求函数为 $q=D(p, s, S)$，其中，S 为制造商提供的服务。（D 随 S 增加而增加。）为简单起见，假定为提供 S，制造商承受一个成本 $\Phi(S)$，该成本独立于售出的数量（$\Phi'>0$）。令（p^m，s^m，S^m）最大化纵向一体利润

$$[p-c-\Phi(s)]D(p, s, S)-\Phi(s)$$

在分散的结构中，p 和 s 由零售商选择，S 由制造商选择。制造商和零售商可以共同和一个第三方订立契约。这个称作边际来源的第三方愿意签订任何给它以非负利润的契约。

（1）证明纵向一体利润可以以如下方式实现：中间产品通过该第三方转让。第三方向制造商支付一个线性收费 $T_1(q)=p_w q$，其中 $p_w\equiv p^m-\Phi(s^m)$，并向零售商实行一个二部定价 $T_2(q)\equiv A+cq$。你将如何选择 A?

（2）解释“边际来源”这一术语。三方契约能抵御制造商和零售商的联盟吗?

例 3： 投入替代。现在假定下游单位是一个以数种投入品生产一种最终产品的行业。为了简化，假定下游单位使用两种投入：制造商的产品以及另一种中间产品，后者是在竞争条件下生产的，成本（和售价）为 c'。除最终价格外，下游单位还必须选择投入 x 和 x' 来生产产出 $q=f(x, x')$。两种投入在生产函数中是替代品。进一步假定，技术具有规模报酬不变的性质（f 是一阶齐次的）。需求函数为 $q=D(p)$（为了简化，我们不考虑推销努力）。纵向一体

利润为

$$\Pi^{m} = \max_{x,x'}[P(f(x, x'))f(x, x') - cx - c'x']$$

式中，$P(\cdot) \equiv D^{-1}(\cdot)$ 是逆需求函数。令 x^{m} 和 x'^{m} 为最佳投入。

考虑分散结构，其中，第一个投入品 x 的制造商和下游行业（暂时假定如此）都具有垄断地位，见图 4.6。（在存在数种投入的情况下，基本外部性的获得并不要求下游行业处于垄断地位。因引入下游竞争而产生的差别将在下面讨论。）

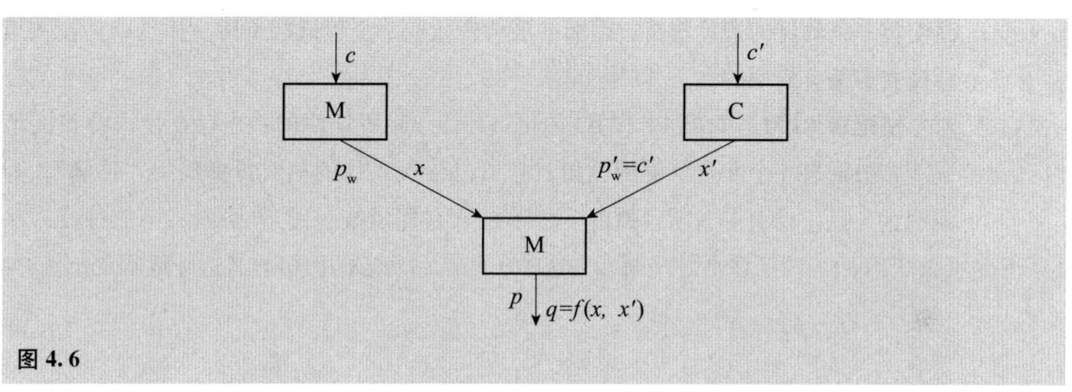

图 4.6

在线性定价情况下，垄断性制造商收取一个批发价格 $p_w > c$，因竞争性制造商制造的第二种投入品的价格是 $p'_w = c'$。因此，下游单位的投入品相对价格 $p_w/p'_w = p_w/c'$ 超过纵向结构的投入品的真实相对价格 c/c'。下游单位因此以第二种投入品替代第一种投入品，使该制造商的中间产品的消费量太少（Vernon and Graham，1971；Schmalensee，1973；Warren-Boulton，1974）。在实行这种替代时，下游单位没有考虑上游垄断者的边际利润（$p_w - c$）（同时也没有对第二种投入品的制造者施加外部性，因其利润率为零）。

当然，只有当替代具有可能性时，投入替代问题才能发生。在固定比例的场合，比如左鞋和右鞋的消费、螺栓和螺母的消费，投入替代问题不会发生。［如 Bowman（1957）指出的，“垄断性的螺栓和竞争性的螺母与垄断性的螺栓和螺母没有什么区别。”］

为实现垄断利润，上游垄断者不必与生产第二种投入品的行业一体化，因为后者不施加任何外部性（它满足于按边际成本销售）。所以，只要如图 4.7所示纵向地实行一体化就足够了。

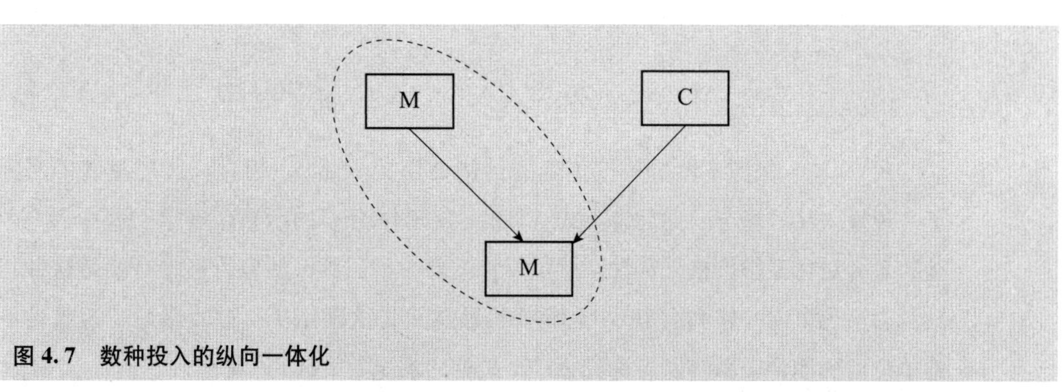

图 4.7　数种投入的纵向一体化

作为另一种选择，也可以不实行纵向一体化，有几种纵向约束可以取而代之。

特许费 上游垄断者可以使下游单位成为剩余索取者：

$$p_w = c$$

$$A = P(f(x^m, x'^m))f(x^m, x'^m) - cx^m - c'x'^m$$

如同在例 1 和例 2 中一样，纵向控制使福利增加。下游垄断者为其第一种投入品支付一个较低的边际价格，因而向消费者收取一个较低的价格。而且，其投入组合现在也是有效率的。

搭配加 RPM 如 Blair 和 Kaserman（1978）所证明的，在存在投入替代的情况下，搭配有一个非常合意的性质：它可以使投入品的相对价格保持“正确”。为说明这一点，设上游垄断者强迫下游单位从它那里按 p'_w的价格购买第二种投入品（见图 4.8）。假定该上游垄断者为这种中间产品确定的价格与其边际成本成比例：

4

$$p_w/p'_w = c/c' \tag{4.1}$$

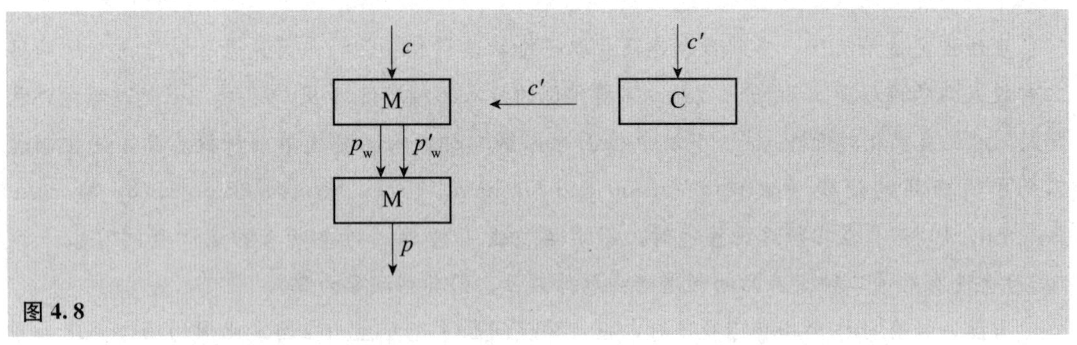

图 4.8

下游单位以两种投入品为对象最小化其成本。成本最小化的一个广为人知的条件是投入品之间的边际替代率等于其价格的比率。因而

$$\begin{aligned}\frac{\partial f}{\partial x}(x, x')/\frac{\partial f}{\partial x'}(x, x') &= \frac{p_w}{p'_w}\\ &= \frac{c}{c'}\\ &= \frac{\partial f}{\partial x}(x^m, x'^m)/\frac{\partial f}{\partial x'}(x^m, x'^m)\end{aligned} \tag{4.2}$$

式（4.2）保证下游单位按正确的比例使用投入品。[16] 而且，这把我们带回到了一种投入品的场合。比如说，式（4.2）将 x'作为 x 的函数来确定。这样，上游垄断者为对付零售价格外部性，就仅仅再需要一种工具。转售价格维持就是这种工具。为实现纵向一体利润 Π^m，上游垄断者显然必须确定 $p=p^m$。最后，为收走下游单位的利润，上游垄断者选择 p_w 和 p'_w使之满足式（4.1）和

$$p_w x^m + p'_w x'^m = p^m f(x^m, x'^m) \tag{4.3}$$

因为 f 为一次齐次的，下游单位不能在垄断配置[17]的基础上再有改善，其利润为零。

对于使用搭配这种纵向约束，有一个限制是，一般说来，投入的种类（包括劳动）很多，生产一种投入品的垄断者必须搭配所有其他投入品（或者至少是那些可以很好地成为其产品的替代品的投入品）。这样广泛的搭配是很少见的。耐用品垄断者的情形是上述分析的一个很好的应用（见习题 4.5），在这种情形中，作为替代品的“投入品”是维修服务。

我们来简要地考察一下当下游行业具有竞争性时会带来的新特征。假定下游行业按边际成本（中间价格 p_w 和 p'_w 给定时的最小成本）销售其产品。[18]在确定 $p_w = c$ 的同时收取一个特许费，已经不再是充分的；下游行业这时的销售价格等于以中间价格 c 和 c' 为基础的边际成本。从而，消费者所付的只是该纵向结构的边际成本（从纵向结构的观点看是一个过低的价格），没有任何利润可以实现。所以，对下游企业无法征收任何特许费。

相反，搭配［价格由式（4.1）和式（4.3）决定］是一个充分的工具。因为下游竞争消除了第二次加价，RPM 成为不必要的了。

对最终产出的一个抽成也是一个充分工具；上游垄断者收取 $p_w = c$，以免引起投入扭曲，然后通过对最终产品课征抽成而实现一体化利润。[19]

习题 4.5：某些耐用品生产者在销售产品时搭配备用件和维修服务。（例如，波音曾通过合同规定，在销售商用飞机时搭配备用件，并要求下游承包商销毁一切多余的备用件。）这一练习的目的是说明，投入替代模型对这类行为提供了一种可能的解释。（你还能想出别的解释吗？）

一个垄断者生产一种耐用品，单位成本为 c。一个竞争性行业提供维修服务，单位成本为 $p'_w = c'$。另一个竞争性的下游行业使用该耐用品生产最终产品。在每单位时间内，处于工作状态的每单位耐用品生产一单位最终产品。时间是连续的，利率为 r。下游行业的各企业在每单位时间内为每单位耐用品消费 x' 单位维修服务。在 t 到 $t+dt$ 之间该耐用品出现故障的条件概率为 $\alpha(x')dt$，其中，$\alpha' < 0$，$\alpha'' > 0$。（出现故障意味着该耐用品必须被更换。）令 p_w 为耐用品的价格（假定这一价格随时间推移而固定不变，以避免在第 1 章补充节中讨论过的承诺问题）。

（1）说明最终产品的价格为

$$p = c'x' + p_w[r + \alpha(x')]$$

式中，x' 使上式右边最小化。

（2）说明从纵向结构的观点来看，下游行业“消费”的维修服务太多。耐用品垄断者如何才能解决这一问题？

（3）与投入替代模型进行比较。

这三个著名的例子——双重加价、下游道德风险、投入替代——说明纵向一体化或纵向约束并不一定对福利有害，即使这意味着垄断利润增加，也是如此。[20]在这种情况下，问题是垄断的存在本身，而不是其副产品（纵向一体化或纵向约束）。在补充节中，我们将看到，对私人合意的纵向约束可能同时对社会是不合意的。在估计这类约束的效应时应当谨慎，但无原则地反对纵向约束也是不合适的。

4.3 品牌内竞争

在4.2节的大部分场合，我们假定零售商拥有垄断势力。在本节中，我们考察另一极端情形，其中，下游部门是竞争性的。我们的注意力集中于推销服务的提供。[21]

4.3.1 品牌内竞争和零售服务[22]

4

我们这里使用4.2节例2的模型。讨论一组 p（最终价格）和 s（服务）。最终产品的需求函数是 $q=D(p,s)$。为舍去第3章讨论过的歧视问题，我们假定所有消费者都是完全同质的。他们的净消费者剩余是 $S(p,s)$，其中 $\partial S/\partial p=-D(p,s)$。完全同质的各个零售商为提供服务 s 而产生的每单位产出的成本是 $\Phi(s)$。

纵向一体利润的取得是通过选择 p^{m} 和 s^{m} 最大化下式而实现的：

$$[p-c-\Phi(s)]D(p,s)$$

对服务的一阶条件是

$$[p^{m}-c-\Phi(s^{m})]\,\partial D/\partial s=\Phi'(s^{m})D \tag{4.4}$$

现在考虑分权结构。

消费者将光顾那些提供最好的价格-服务组合的零售商。我们可以在这个模型中将完全竞争正式化为零售商向消费者提供他们最偏好的价格-服务组合，条件是零售商不亏本。换句话说，竞争性价格和服务水平在 $p=p_{w}+\Phi(s)$ 的约束条件下最大化$S(p,s)$，其中，p_{w} 是垄断者收取的中间价格。把约束条件代入消去 p，竞争性部门最大化$S(p_{w}+\Phi(s),s)$。对服务的一阶条件是（记住，消费者剩余对价格的导数等于$-D$）：

$$\partial S/\partial s=\Phi'(s)D \tag{4.5}$$

比较式（4.4）和式（4.5），我们看到，在服务的选择上，竞争引入了一种偏向。对分权结构和一体化结构，等式的右边都是一样的：服务增加一单位所带来的成本等于服务的边际成本乘以需求。但等式的左边是不同的。一体化结构考虑因需求增加而增加的边际收益。竞争性结构考虑边际剩余，它反映了对所有边际内单位的需求的增加：

$$\frac{\partial S}{\partial s}=\int_{p}^{\infty}\frac{\partial D}{\partial s}(u,s)du$$

这里的比较类似于第 2 章中一个垄断者（它只考虑质量提高对边际消费者的效应）选择的质量和一个社会计划者（它考虑质量提高对平均消费者的效应）选择的质量之间的比较。这种类似不是偶然的。纵向一体解就是垄断解；竞争最大化社会福利，只是受下述事实约束：投入品购买价格不是 c 而是 p_w。

从第 2 章的分析我们得到的结论是，竞争性零售商可能提供（从纵向结构的观点来看）太多或太少的服务，这取决于对服务的评价是更多地由边际消费者作出，还是由边际内消费者作出。对纵向一体结构的福利分析的结果可以说是模棱两可的。给定批发价格，竞争性零售业提供的服务是社会最佳的。但批发价格是垄断者的选择，可能超过在纵向一体结构中虚拟的批发价格。[23]

习题 4.6**：在前面的模型中，下列工具中哪个是充分的?

（1）特许费。

（2）转售价格维持。

4

4.3.2　横向外部性

在前面的模型中，零售商通过相互间的竞争对制造商施加了外部性（它们没有提供制造商所希望的服务水平）。在这一小节中，我们考虑零售商之间的外部性问题。我们将考察一个零售商向消费者提供售前信息（或广告），而这些消费者最终却向别的零售商购买的情形。售前信息（例如文献、试驾驶、推销人员演示）对于汽车、照相机、音响设备等结构复杂的耐用品来说是很重要的。Telser（1960）认为，零售商之间的竞争可能会有碍于这类信息的提供。与其他没有提供信息的零售商相比，一个因提供信息而增加了成本的零售商必须收取更高的价格。消费者因而就有动因先到第一个零售商那里获取信息，再到第二个零售商那里购买货物。

为清楚地解说这种现象，我们考虑一个极端情形，其中，零售商提供的服务不能为自己所用。假设需求为 $q=D(p,\bar{s})$，其中 $\bar{s}$ 是各零售商提供的服务的最高水平，p 是各零售商收取的价格的最低水平。[24] $\Phi(s)$ 现在是提供给那些只看不买的消费者的服务的单位成本。假定 $\Phi(0)=0$。提供服务 $\bar{s}$ 的零售商必须在销售中有足够的收入，以抵消所增加的成本。同时，它的零售价格必须不高于批发价格，因为如果这样，另一个零售商就可以略微降低其价格、不提供任何服务并获得全部需求。换句话说，对一个给定的 $\bar{s}$，竞争性价格为 $p=p_w$。但是因

$$p-[p_w+\Phi(\bar{s})]\leqslant 0$$

所以，$\bar{s}=0$。没有任何服务被提供。

更一般地说，横向外部性造成了一个公共产品问题。零售商们相互搭便车。公共产品——提供给消费者的信息——因此而供给不足。（在我们讨论的极端情形中，

完全没有这种供给。）为鼓励零售商提供充足的服务，竞争必须被减少或消除。制造商必须保护零售商免受不公平竞争之害，从而使它们对所提供的服务拥有产权。减少竞争型纵向约束（如 RPM 和排他性经营区域）可以达到这一目的。RPM 防止了折扣销售的商店的产生，鼓励消费者在提供服务的地方购买（因为他们在别的地方也不会发现更好的价格）。排他性经营区域也足以达到同样的目的。例如，制造商可以给予一个零售商以垄断地位。竞争的消失排除了任何横向外部性存在的可能性。这类约束一般是福利增进型的，因为它们使零售商可以向消费者提供有价值的信息（不过人们必须像通常一样谨慎从事，要考虑到从下游竞争解向下游垄断解移动时，与服务的变化相联系的最终价格变化）。[25]

Mathewson 和 Winter（1984）建立了一个模型，其中，零售商被按其所在位置区别开来（空间差异模型）。它们在当地为所售产品做广告（即面向自己的顾客），但某些溢出（比如通过消费者之间互相传话）对在其他地理位置的其他零售商产生了正外部性。[26] 和前面一样，这种外部性必须受到鼓励。例如，如果授予排他性经营区域，最佳的二部定价可以使每个零售商“不仅是剩余索取者”：$p_w < c$。中间产品受到补贴，给每个零售商一个额外的附加，鼓励其更多地做广告，制造商则通过一个零售商对其他零售商的正外部性而获益。

横向外部性的理论经常被用来解释 RPM 的存在。但是，RPM 经常被施加于那些相对说来较少涉及不可获益的售前服务的产品。[27] 近来，外部性分析已被扩展至那些零售商提供质量证书的产品。分析的思路是，售前服务不一定要采取与消费者一起花费时间、免费奉送小册子之类的形式。某一零售商销售一种产品的简单事实本身就可以作为该产品具有高质量的信号。例如布鲁明戴尔这样有声望的商店已经树立了销售高质量产品的声誉。只有当一个给定产品足够有利可图时，尤其是只有当折扣销售的商店不销售这种产品时，有声望的商店才愿意销售这种产品，以保护自己的声誉。转售价格维持是一种途径，通过这种途径，可以使消费者在获得有声望的商店销售高质量产品的信息后，不去减价商店买东西。[28]

4.3.3 差异零售商

在前两个例子中，零售业竞争损害了制造商，制造商也可能愿意向一个零售商授予垄断权。但是，一般地说，一个制造商可能愿意保留几个零售商。首先，如我们在下一小节中将要看到的，竞争可以对零售商构成约束。其次，消费者可能是异质的，有若干零售商分布在地理和质量空间的不同点上（见 2.1 节），使制造商能更好地获取它们的剩余。[29] 通过选择特许费的水平（然后零售商进入，直至利润为零），制造商可以直接或间接地选择零售商的数量。当然，制造商不仅关心零售商的数量，而且关心其地理位置。分析结果表明，对同质的地理空间（例如消费者沿一个圆圈形成的均匀分布——见第 7 章），制造商和一组数目给定的零售商之间不会就零售商的地理位置产生冲突。这是因为，为避免激烈的品牌内竞争（见第 7

章)，零售商要尽可能使它们相互区别开来（即尽可能离得远一些）。纵向一体结构也会尽可能使零售商相互区别，以便获取消费者剩余。相反，在更一般的产品空间中，可能会发生关于地理位置的冲突［见 Bolton 和 Bonanno（1985）的质量差异模型，其中有这类冲突；另见前面的 4.3.1 小节］。

4.3.4　作为一种激励机制的零售业竞争

因为零售商是制造商的代理人（在经济意义上如此，在法律意义上不一定如此），所以必须给它们以激励以使它们选择恰当水平的推销服务、零售价格等。4.2 节的确定性环境使制造商可以（例如通过使用二部定价）完全地控制每个零售商的行动，实现“纵向一体的”（信息对称的）利润。但是，如关于企业理论的一章所强调的，通过引入一个保险和激励之间基本的权衡问题，不确定性和不对称信息一般会产生一个实际的控制问题。风险规避的代理人（零售商）由于被给予了某些保险，要采取那些对它来说有成本但对委托人（制造商）来说有利可图的行动，会缺乏足够的动因。

零售市场上的竞争可能减轻代理问题，因为（这看上去如此怪异）竞争给零售商提供了一些保险。例如，假设一个零售商受到零售成本上升的损害（直接效应）。如果它在零售市场上竞争，而且它的竞争对手也受到零售成本上升的损害（既然它们在同一市场上，这样的相关性就不是没有道理的），它的这些对手提高价格或降低服务，它所面对的需求就会上升，它的利润损失就会下降。对一个垄断性零售商，这一间接效应不存在。因此，竞争可以使零售商在各种自然状态（各种零售成本）下的利润流趋于平缓。同样的论辩也适用于这个市场上发生的需求冲击。因为竞争具有这种合意的保险性质，从而能减轻保险和激励之间的权衡问题，所以对某种产品的制造商来说，当其零售商在该产品的市场上竞争时，制造商可以给它更多激励。因此，竞争也可以被看作是一种激励机制。

另外，如整个第二篇所强调的，竞争对利润有毁灭性影响。但一个垄断性零售商不受竞争压力的约束，可以从零售市场上充分获取垄断利润。因此，我们的结论是：制造商面临着一个权衡，一方面是高激励（由零售业竞争所产生），另一方面是垄断势力的最佳利用（通过只允许一个零售商，或允许几个零售商但施加排他性经营区域限制）。关于这一问题的正式模型及其福利含义的讨论，见本章补充节。

4.3.5　零售商卡特尔

相互竞争的零售商可能对制造商施加压力，使之施加减少竞争型纵向约束。作为一个极端的例子，考虑一组零售商，它们按竞争性价格 $p_w=c$ 购买一种中间产品。换句话说，假定上游不存在垄断势力。这些零售商就最终价格展开竞争。因而最终价格等于它们的边际成本（即如果它们没有别的零售成本，$p=c$），它们不赚任何利润。（关于这一结论的讨论见第 5 章。）现在假定它们有一个更聪明的主意，即创立一个商标。它们创立一个机构来为产品“发证”（但要注意这里没有质量问题）。然后，这一上游机构对它们“施加”转售价格维持或排他性经营区域限制。RPM 规定一个超过边际成本 c 的最低零售价格（例如，等于其垄断价格）；排他性经营区域将市场分割为若干分市场，每个零售商在其分市场上居于垄断地位。在两种情况下，创立这样一个虚拟的上游机构就可使零售商通过减少竞争而增加利润。

当然，这个简单的故事还有许多问题：如果一个零售商不遵守商标协议怎么办？零售商能否对非竞争性的上游制造商施加纵向约束？不过，这个简单故事还是直截了当地说明了问题。在这个框架中，纵向约束并不意味着提高纵向结构的效率。引入纵向约束仅仅是为了允许零售商将消费者价格提高到边际成本之上。这类纵向约束不过是横向合谋的一种面纱。这类纵向约束以和第 1 章中的垄断定价一样的方式降低福利。

按目前对这一问题的理解水平，零售商卡特尔所施加的约束一般都被认为是有害的。即使是那些通常认为纵向一体化和纵向约束有利于提高纵向结构的效率和福利的芝加哥学派经济学家[30]，也反对将零售商施加的约束合法化。[31]

4.4 品牌间竞争

这里，我们将简要地讨论纵向控制与消费者对不同产品的选择之间的联系。两种情形将被区别开来：其一，纵向约束的施加鼓励制造商提供服务，从而被作为一种提高效率的途径；其二，制造商施加纵向约束以便影响其上游竞争对手的行为。[32]

4.4.1 排他性经营范围与效率

排他性经营范围，即一个零售商不得销售一种与制造商的产品相竞争的品牌的规定，可能引起规模报酬的损失。例如，如果零售商销售几种产品，所提供的就业会增加，消费者的搜寻成本会降低。但是，排他性经营范围也可以带来效率的提高。这里的论点与 4.3.2 小节中的论点类似，在该小节中，为使一个零售商有动因提供售前信息服务，可能必须授予它排他性经营区域（或者更一般地说，施加一个减少下游竞争的约束）。与此类似，排他性经营范围（其实质是一个减少上游竞争的约束）可以诱使制造商提供推销服务。这里的道理在于，制造商可能为其产品进行推销活动、给零售商一个确定的地点等，但零售商可能诱使到它这里来的消费者购买与制造商的产品相竞争的其他品牌（如果这些品牌的制造商不发生相同的推销费用，可想而知，零售商的利润率会更高一些）。因此排他性经营范围可以被看作是一种给予制造商一项对其推销费用的产权的方式（Marvel，1982）。

4.4.2 纵向约束和上游策略性行为

有的观点指出，某些纵向约束被制造商用来限制上游竞争。

第一种也是最著名的一种观点是，排他性契约（排他性经营范围与零售商的长期契约）构成一种进入壁垒。这类契约迫使新的制造商建立自己的销售网络（无论新的销售商能否很快弥补自己在商誉和经验方面的不足，这样做都是代价高昂的）。这就使新的制造商不大想进入。（补充节研究了这一重要观点的另一种形式，并表明私人间契约倾向于过度地关闭新进入者进入市场的通道。）

第二种观点是市场约束的观点。Telser（1960）和 Posner（1977）认为，RPM 可以通过减少批发价秘密下调的有效性，帮助相互竞争的制造商建立合谋关系（关于有利于和阻碍合谋的因素，见第 6 章）。Bonanno 和 Vickers（1986）、Gal-Or（1987）以及 Rey 和 Stiglitz（1986）以一种略微不同的方式说明，减少下游竞争的约束（诸如排他性经营区域等）也可以缓和上游竞争。因此，制造商也可以为策略性目的而采用纵向约束。[33]

4.5 结束语

在一个单一制造商、单一零售商的确定性的环境中，与线性定价相联系的外部性导致过度的需求收缩，即使从纵向结构的观点来看也是如此。校正这类外部性的约束倾向于增加福利。因此，减少竞争（无论是下游竞争还是上游竞争）型纵向约束似乎更值得经济学家注意。尽管与售前服务相联系的横向外部性理论正确地要求减少下游竞争，在补充节中分析的两个竞争模型则都得出了私人间契约导致从社会观点来看过度市场圈定（竞争太少）的结论。减少竞争型约束应成为研究的重点，因为在纵向控制的这个关键领域中有很多工作尚待进行。

从理论上说，在纵向控制问题上唯一站得住脚的立场似乎是论辩规则。依环境的不同，大部分纵向约束可以提高或降低福利。合法性或不合法性本身似乎都不是充分的理由。与此同时，这一结论给反垄断当局施加了太重的负担。重要的似乎是经济理论家要建立细致的分类和具有可操作性的标准，以便决定在什么环境中特定的纵向约束有可能降低社会福利。

4.6 补充节：弱化竞争的限制

在这一节中，我们将分析两个市场圈定模型。在第一个模型中，制造商决定是否容许在它的零售商（或执照领取者，或下游企业）之间同时存在（产品市场）竞争。第二个模型考虑一个供给者转换模型中的序贯竞争，分析在均衡状态下买方和供方的长期契约对其他供方是否形成进入壁垒。在两个模型中，我们都发现私人间契约导致从社会观点来看过度的市场圈定，即过少的竞争。

4.6.1 零售业竞争在促进效率方面的作用[34]

我们在4.3节中已经看到零售业竞争可以怎样损害制造商的利益。竞争对零售商构成约束，使之难以获取垄断利润。为实现（更高的）纵向一体化利润，制造商通过施加诸如排他性经营区域的纵向约束来防止竞争。一个按边际成本购买中间产品的零售商在被给予对部分需求的垄断地位后，就内在化了纵向结构的目标，从而它就会作出能获得纵向一体化利润的决策，这些利润进而被制造商通过特许费而获得。在这种环境中，施加排他性经营区域限制不会损害制造商的利益。施加另一个主要的品牌内竞争减少型约束——转售价格维持——也不会损害制造商的利益。如果零售商不面对任何不确定性，则制造商就能完美地预见零售商要收取的最终价格，通过施加这一零售价格，制造商就总可以不受约束地复制零售商自己定价时的情形。这个补充节首先说明，在存在不确定性和不对称信息的情况下，竞争减少型约束有一些缺点：其一，这些约束可能不允许零售商掌握的信息被有效地使用；其二，这些约束给予零售商的保险可能是不充分的。零售商之间的竞争对制造商来说可以成为一种有利可图的选择[35]（尽管竞争本身也产生纵向非效率，尤其是通过限制零售商的选择而产生非效率）。

在对这些问题作了广泛的讨论之后，我们考虑一个更正式的零售业竞争模型。在这个模型中，零售业竞争对制造商来说或者是最佳的，或者不是最佳的，但对社会来说却总是优于零售业竞争不存在的情形。我们将解释为什么消费者——制造商和零售商的安排中没有考虑他们的利益——偏好零售业竞争。

4.6.1.1 不确定性、授权和保险

不确定性 零售商在一个给定的市场上所面对的不确定性可以分为两类（考虑在同一地理区域内的零售商）：需求不确定性和零售成本不确定性。需求随消费者的偏好和品牌间竞争的程度而变化；零售成本则受到技术进步、工资、投入品价格等的影响。假定不确定性以相同的方式对一个给定市场上的所有零售商产生影响。在制造商和零售商订立契约的时点上，关于需求和零售成本不确定性的潜在实现，每个人都有相同的信念。签订契约后，不确定性消释并为零售商所知，零售商接着采取某些影响纵向结构的目标的行动（例如，选择零售价格或推销努力）。视经济环境变化而作出决策的权利被授予零售商。

考虑下面的简单框架就可以说明问题（下面将给出这一框架的正式推导）：在一个给定市场上有 n（$n>1$）个零售商。制造商对其零售商采取二部定价。和以前一样，收费的形式是

$$T(q)=A+p_{w}q$$

式中，q 是零售商购买的中间产品的数量。在零售业竞争的条件下，零售商选择零售价格。消费者视零售商为同质的，光顾价格最低的零售商。消费者的需求为 $q=$

$D(p, d)$，其中 p 是最低的零售价格，d 是需求不确定性参数（D 是 p 的减函数，是 d 的增函数）。零售商的单位零售成本为 γ，γ 和 d 一样，在签订契约之日是不确定的，但在最终价格被选定之前会显示给零售商。制造商可以施加排他性经营区域限制，也可以施加 RPM，这取决于约束是否可推行。排他性经营区域把消费者分为 n 组，于是每个零售商都拥有了垄断势力，面对的需求为 $q=D(p, d)/n$。对于 RPM，制造商在契约中将 p 固定。假定零售商均等地分享需求：每个零售商销售 $q=D(p, d)/n$。[36]

授权　制造商愿意看到纵向结构实现纵向一体化利润（哪怕是由零售商实现的，因为可以使用特许费来获取零售商的利润）。事后的纵向一体化利润为

$$\max_{p}[(p-c-\gamma)D(p, d)]$$

使这一利润最大化的零售价格依赖于需求和零售成本参数的实现。假定 $p^{m}(d, \gamma)$ 随 d 和 γ 的增加而增加（关于 p^{m} 随 γ 的增加而增加的证明见第 1 章；使 p^{m} 随 d 的增加而增加的合理条件也可以找到）。例如，如果

$$D(p, d)=d-p$$

（线性需求），则

$$p^{m}(d, \gamma)=(d+c+\gamma)/2$$

授权问题就是，对需求和零售成本不确定性的所有实现，如何诱使零售商选择的行动尽可能接近于最佳行动——这里就是 $p^{m}(d, \gamma)$。我们考察一下竞争和竞争减少型约束在这方面的性质。

在存在竞争的条件下，零售价格被压到了零售商总边际成本的水平，后者等于批发价格加零售成本：$p=p_{w}+\gamma$。[37]于是零售价格完全由成本决定。该价格对需求参数没有反应，完全反映了零售成本。相反，纵向一体化价格对需求参数敏感，同时可能仅反映部分零售成本（在线性需求的条件下，仅反映 50%的零售成本）。如 4.3 节中一样，竞争限制了零售商寻求垄断利润的努力。

RPM 与竞争相同的是以非最佳方式使用分散化的信息。事实上，零售价格在不确定性消释之前就已经确定，所以对需求和零售成本条件根本没有反应。

相反，排他性经营区域产生区域性垄断，这些垄断者可以视不确定性的实现而调整自己，既不（像在 RPM 的情形下那样）受制造商的约束，也不（像在竞争情形下那样）受其他零售商的约束。实际上，如果制造商不扭曲中间产品价格（$p_{w}=c$），则每个零售商最大化

$$(p-c-\gamma)D(p, d)/n-A$$

从而选择正确的零售价格 $p^{m}(d, \gamma)$。因此排他性经营区域在使用分散化信息方面是非常出色的。

保险 如果零售商是风险规避型的[38]，则制造商就要关心零售商所承担的风险的大小。零售商所承担的风险的任何增加都会减少制造商能从它们那里收取的特许费。所以，垄断者希望使零售商不要承担风险。我们假定制造商是风险中性的。[39]

相互竞争的零售商得到完全的保险。对成本不确定性的任何实现，它们的利润率（$p-p_w-\gamma$）都等于零。所以，零售商的利润是确定的。直观的道理如下：例如，当某个零售商的零售成本上升时，它的竞争者的零售成本也上升了。由于它的竞争者的价格上升，竞争压力减轻了，因此竞争具有十分合意的保险性质。

RPM 使零售商承担了全部不能转嫁给消费者的零售成本波动。零售商是否承担需求波动的风险，取决于合同是否给它们留下了一个正的利润率（$p-p_w-\gamma$）。

最后，排他性经营区域使零售商承担了该纵向结构的波动——至少在零售商成为剩余索取者（$p_w=c$）的情况下是如此，在这种情况下，制造商不承担任何风险。因此，排他性经营区域给零售商的保险是中度的。

4

由此看来，与竞争减少型约束相比，竞争给零售商更多保险，从而优于前者。（这是从纵向结构的观点来看的，如我们下面将要看到的，竞争给消费者提供许多好处。）

现在我们通过完成和论证前面的模型，分析纵向结构面对的在竞争和竞争减少型约束之间的替换关系，并将福利分析引入模型。

4.6.1.2 一个零售业竞争模型

考虑 4.6.1.1 小节建立的模型：消费者需求为 $q=D(p, d)$，其中，p 是零售价格，d 是不确定的需求参数。对所有零售商都相同的、不确定的单位销售的零售成本为 γ。零售商事前和事后都是同质的。第一步，它们与制造商签订一个契约；第二步，它们知道了需求参数和零售成本参数的实现值；第三步，它们选择一个零售价格。

为定义可行契约的集合，现在我们就制造商所观察到的东西（即可以作为契约的依存条件的东西）作一些假定。如我们将要看到的，这些假定意味着，可行的契约只有竞争和排他性经营区域，二者都与一个二部定价相结合（特别要指出的是，在这些假定下，RPM 是不可推行的）。

假定 1 制造商观察到一个零售商直接从它那里购买了多少中间产品，以及零售商是否销售该种产品。

假定 2 制造商观察不到不确定性（d 和 γ）的实现、零售商所销售的数量及零售商的价格和利润。

假定 3 制造商向多个独立的市场供货[40]，零售商从事套利活动（它们“私下倒卖”）。

假定 1 和假定 3 加上零售商销售数量的不可观察性，意味着制造商不能收取不同的边际价格，因为有套利活动（如前面讨论过的那样），但仍可以施加二部定价，因为它可以观察到零售商是否销售它的产品。

关于制造商不能观察到一个零售商出售给消费者的价格的假定，可以从两方面说明这是有道理的。首先，零售商可以给其顾客以秘密的价格折扣。其次，零售商可以把对制造商来说不可观察的（或者至少对法庭来说是不可证实的）服务包含在销售之中。例如，假设零售商向消费者提供相当于 s 货币单位的服务。对消费者来说，“实际零售价格”是$p-s$，其中 p 是零售商收取的名义价格。需求函数为 $q=D(p-s,\ d)$。进一步假定为每单位销售提供服务 s 的成本为 $\Phi(s)=s$。因而零售商的利润率是 $p-s-p_{\mathrm{w}}-\gamma$。很清楚，即使 p 是可观察的，服务选择的不可观察性也意味着零售商选择了一个等于 $p-s$ 的“一般化的零售价格” $\tilde{p}$，这个一般化的零售价格对制造商来说是不可观察的。这个模型也可以被解释为是关于零售商提供服务的动因的模型。考虑到后面的内容，我们将引出产品市场竞争是一种激励机制的结论。在关于企业理论的一章中我们看到，在代理问题中存在着一个基本冲突，即保险和激励的冲突。由于竞争是一个好的保险机制，所以，通过迫使零售商在同一个市场上销售，制造商可以诱使它们提供更多服务（推销努力）。

所以，只有二部定价是可推行的。为引入在竞争和竞争减少型约束之间的选择，我们再作一个假定。

假定 4 制造商可以把市场分为 n 个分市场，在分市场上，如果一个零售商愿意，它就可以拥有垄断势力（排他性经营区域）。

因而制造商和零售商之间的最佳契约是一个二部定价，或者伴随着零售商之间的竞争，或者伴随着排他性经营区域。[41]

制造商是风险中性的。它从总销售量 $Q=nq$ 中得到的利润为

$$n(A+p_{\mathrm{w}}q)$$

一个零售商在销售量为 q 时获得的利润为

$$(p-p_{\mathrm{w}}-\gamma)q-A$$

它是风险厌恶型的，有一个冯·诺伊曼-摩根斯坦效用函数 U（$U'>0$，$U''\leqslant 0$）。它的保留利润为零。从零售契约中得到的期望效用必须大于零售商不签订这一契约时的效用：

$$\mathrm{E}U[(p-p_{\mathrm{w}}-\gamma)q-A]\geqslant U(0) \tag{4.6}$$

其中期望值是关于 d 和 γ 的。显然，在均衡状态下，式（4.6）将以等式的形式得到满足，因为如果零售商的期望效用严格地超过其保留效用，制造商总可以提高特许费。我们将考虑一族效用函数，这些效用函数按其 Arrow-Pratt 绝对风险规避系数

4

$$-\frac{U''(\cdot)}{U'(\cdot)}$$

排列。[42]两种极端情形被包括在这族效用函数内：一个是风险中性［即 $EU(x)=Ex$——零售商仅关心它的期望利润］；另一个是无限风险规避［即 $EU(x)=\min x$——零售商关心的是它在最坏情况下的收入］。一个上升的系数意味着零售商更为厌恶风险。最后，所有零售商都具有相同的偏好。

现在我们可以证明下列命题。

命题 1 制造商在竞争和排他性经营区域两种情况下的利润差别随零售商的风险规避程度的升高而增大。制造商在风险规避程度较低的情况下施加排他性经营区域限制。制造商在风险规避程度较高的情况下允许竞争的充分条件是，在垄断条件下，需求和垄断价格不随需求参数的上升而下降，垄断价格对边际成本变化的反应不比该变化更大［对所有 p、c 和 d，$\partial D(p, d)/\partial d\geqslant 0$，$\partial p^{m}(c, d)/\partial d\geqslant 0$，$\partial p^{m}(c, d)/\partial c\leqslant 1$］。［线性需求 $D(p, d)=d-p$ 尤其能满足这些充分条件，线性需求条件下，第一个导数等于 1，第二个和第三个导数都等于 1/2。］

这一命题的证明很简单。首先注意到，在竞争条件下，制造商的利润不依赖于零售商的风险规避程度。这是因为零售商获得了完全的保险（见 4.6.1.1 小节），从而风险规避不起任何作用。（顺便注意，因为零售商没有任何利润，特许费为零。）与此相反，在排他性经营区域的情况下，利润随风险规避程度的升高而递减，因为在这里风险是由零售商承担的。从 Arrow-Pratt 定理（见注释［42］）可知，零售商的风险规避程度越低，它们的随机利润

$$\max_{p}[(p-p_{w}-\gamma)D(p, d)/n-A]$$

的确定性等价越高，其中，确定性等价是这样一个 z 值，它使得

$$U(z)=EU[(\max_{p}(p-p_{w}-\gamma)D(p, d)/n)-A]$$

所以，对一个给定的批发价格（随机利润的分布完全由该价格决定），零售商的风险规避程度越低，在使等式（4.6）得到满足的情况下所能获得的特许费就越高。因而，风险规避程度的下降使制造商得益。

在风险中性的条件下，我们从 4.6.1.1 小节中知道，垄断者施加排他性经营区域限制比在竞争情况下获得更多利润。这是因为保险问题不存在，排他性经营区域充分地利用了分散化信息（排他性经营区域带来的是纵向一体化利润），而这是竞争所做不到的。

最后，在无限风险规避的情形（另一极端情形）下，竞争安排的保险性质使之比排他性经营区域给制造商带来的利润更大。见下述习题。

习题 4.7**：假定命题 1 最后一部分的条件得到了满足。证明在无限风险厌恶的情况下，排他性经营区域的安排带来的利润少于这种竞争安排，其中，批发价格

等于最坏自然状态下排他性经营区域的零售价格减去可能出现的最高零售成本。（最坏自然状态指的是，需求参数达到其可能达到的最低水平$\underline{d}$，零售成本达到其可能达到的最高水平$\bar{\gamma}$。）

这部分研究的结论是：尽管竞争限制了零售商对环境的反应，但从制造商的观点来看，竞争可能是合意的。当零售商属于风险规避型时，如果制造商施加排他性经营区域限制，则它必须扭曲中间价格（$p_w > c$）以便分担零售商的部分风险。通过选择零售价格（或按另一种解释，选择服务）而影响制造商的利润附加，零售商对制造商产生了纵向外部性。因此，制造商希望控制零售商的行为。然而，它做不到这一点，因为它缺乏关于零售商所处环境的信息。而且，它能收取的唯一特许费是那种不依赖于零售商的环境的特许费。相比之下，竞争使零售商未暴露在风险之下，因为竞争使它们不能获得任何利润。其结果是，制造商不为风险的考虑而扭曲中间价格，也不为难以将特许费与不确定性的每一实现值联系起来而操心。

4.6.1.3 福利分析

4

与纵向契约相联系的主要问题是，虽然从立约双方的观点来看这些契约通常是有效率的[43]，但它们并未将消费者（或更一般地说，第三方）的利益纳入考虑。所以，可能会出现需要公共干预来矫正的外部性。我们已经看到，纵向一体化和纵向约束经常对消费者产生正的外部性。4.2.2小节指出，契约有助于避免产出的过度收缩，从而对消费者有利。但是，在这里建立的零售商竞争模型中，情况有所不同。为说明这一点，我们把需求作为价格的线性函数以简化模型：

$$q = D(p,\ d) = d - p$$

于是净消费者剩余为

$$S = S(p,\ d) = \int_p^{\infty}(d-u)du = (d-p)^2/2$$

因为d和γ的不确定性，我们必须对d和γ取消费者剩余的期望值：

$$\text{ES} = \text{E}[(d-p)^2/2] = [(d^e - p^e)^2 + \text{var}(d-p)]/2$$

式中，上标e表示一个变量的期望（或平均）值；var表示方差；d的期望值d^e是给定的。

期望净消费者剩余随平均零售价格的上升而下降，随消费量的方差的上升而上升。

总福利被定义为期望净消费者剩余与制造商利润之和。零售商总是被置于只能获得保留效用的地位，所以它们的效用不依赖于所选择的安排。

命题1从制造商的观点出发比较了两种安排。命题2考虑消费者和总福利。

命题2 假定需求是线性的：$D(p,\ d) = d - p$。对零售商的任何凹效用函数

U，与排他性经营区域相比，在竞争情形下，期望净消费者剩余和总福利都较高。

这个结果说明消费者确实偏好竞争。而且，它说明当零售商的风险规避程度较低时，制造商对品牌间竞争施加了一个从社会观点来看不合意的约束（竞争情形下的总福利更高一些）。这一结果[44]背后的直观道理是，在竞争情形下，期望零售价格较低，消费量的方差较高。那么为什么会如此呢？

首先，不确定性造成了两种安排中期望零售价格的差别。如 4.2 节和 4.3 节所表明的，在确定性环境中，与竞争或排他性经营区域相伴随的二部定价是一个充分约束。当不确定性不存在时，零售价格在两种情形下都等于纵向一体的零售价格。[45]在零售商竞争的情形下，引入围绕 d 和 γ 的均值而发生的不确定性，既不影响批发价格，也不影响期望零售价格，因为零售商得到了完全的保险。[46]但在排他性经营区域的情形下，零售商承担一些风险，同时制造商通过令 $p_w>c$（在确定性情形下，零售商被赋予剩余索取者的地位，因为 p_w 被定为等于 c；见 4.2 节），分担了一部分风险。批发价格的这一上升部分地被转移到了零售价格中（见第 1 章）。所以，当不确定性存在时，在排他性经营区域的情形下，平均零售价格较高。

4

其次，在竞争情形下，消费量的方差较高。为说明这一点，回忆一下，竞争性零售价格对成本干扰作出完全的反应，对需求干扰则根本没有反应（$p=p_w+\gamma$），所以消费量（$q=d-p=d-p_w-\gamma$）对两种不确定性都作出完全的反应。而在排他性经营区域的情形下，垄断定价意味着零售价格的调整是部分的，因而消费量对两类不确定性的调整也只是部分的。[47]

我们由此得出的结论是：由于这方面的原因，消费者也偏好竞争。[48]实际上，消费者对竞争的偏好是如此强烈，甚至在制造商偏好排他性经营区域时，一个社会计划者也将会禁止对品牌间竞争的这一约束。

在零售商风险中性并存在需求冲击的情况下，可以和三级价格歧视作一个有意义的类比（这是 Michael Whinston 所建议的）。首先，由于风险中性，制造商获得了零售商的期望利润，甚至在排他性经营区域的情形下也是如此（在这种情形下，垄断性零售商面对一个等于边际成本 c 的批发价格）。其次，排他性经营区域和竞争之间的差别与三级价格歧视和统一定价之间的差别完全相同。排他性经营区域导致与需求参数 d 的每一取值相对应的垄断价格。（把需求 d 设想为一组消费者，其比例等于参数 d 的概率。）因此，其结果也就是三级价格歧视的结果。相反，在竞争情形下，制造商"固定"了一个零售价格（等于批发价格加零售成本），该零售价格独立于 d，于是它获得了统一定价时的垄断利润。所以在零售商风险中性并存在需求冲击的情况下，命题 2 不过就是 Robinson 定理，即对社会而言，若需求为线性的，则统一定价优于三级价格歧视（见 3.2.2.1 小节）。这一类比也说明了需求的线性性质在命题 2 中的作用。

这一模型显示了竞争的一个破坏性方面。如我们在整个第二篇中都将强调的，竞争减少产业利润是一个更为一般的现象。竞争的另一个破坏性效应实际上已在

4.3.2 小节中说明，在那里，竞争减少售前服务的供给。不过，在那里，租金耗散对社会来说是浪费性的（损害消费者），在这里则不是，因为消费者得益于零售商激励的加强。

4.6.2　市场圈定

在产业组织理论中，没有几个问题像市场圈定问题那样引起争议。粗略地说，市场圈定指的是一种商业行为（包括兼并），该行为限制若干买方与一个供方接触的通道（我们称之为上游圈定），或者限制若干供方与一个买方接触的通道（下游圈定）。用来达到市场圈定的工具有很多。一个买方可以收购一个供方，或设立自己的生产单位，从而自己制造中间产品；或者，它至少可以满足自己的部分需要[递减的一体化（tapered integration）]。于是上游事业部可以拒绝与外部买方交易，或等价地，可以实行“价格挤压”（price squeeze）（即向它们收取一个高不可及的价格）。一个供方可以与它的购买者签订排他性经营范围或排他性经营区域的契约。一个生产两种互补品的制造商可以进行搭配，或使其基本产品与其他制造商生产的互补品不相容。

尽管市场圈定在那些关注反托拉斯问题以及市场监管问题的人们中是一个“热点”，但经济学家对其动因和效应的理解仍然很不全面。对于为什么一种特定的工具被用来达到圈定的目的，他们也并非总能作出成功的解释。要对市场圈定的理论作一般的概述，条件还很不成熟。下面的几个小节只是介绍一些这方面的问题。

4.6.2.1　市场圈定的一般问题

为方便起见，我们区分两类市场圈定。在第一类市场圈定中，有一个部门（上游或下游）已经被垄断。垄断性供方或买方的目的是有效率地利用其垄断势力。排斥交易伙伴或减少其竞争都可以服务于这一目的。在第二类市场圈定中，哪个部门都没有被垄断，市场圈定提高上游或下游部门的垄断程度。

市场圈定作为对现有垄断势力的有效利用　我们已经讨论过一个垄断性供方可能愿意与单个买方做交易的理由。[49] 在 Rey 和 Tirole 的模型（见 4.6.1 小节）中，制造商可能对其零售商（或批发商）施加排他性经营区域限制。对此的解释是，零售业竞争破坏了利润，从而不能允许制造商享有充分的垄断势力。（相应的解释是，零售业垄断破坏了下游的激励机制。）这类行为是上游圈定的一个例子。制造商事实上拒绝给竞争性零售商以销售其产品的机会。

上游圈定的另一个动机是价格歧视。我们在第 3 章中看到，一个其中间产品被两个下游市场所使用的垄断性制造商，有与弹性较高的市场进行一体化以及对向低弹性市场供货的企业收取较高中间产品价格的动因。Joskow（1985）指出，歧视经常是“价格挤压”的动机。考虑这样一种情形，其中，一个垄断性供方向下游实行了一体化。Joskow 将价格挤压的发生定义为这样一种情形，其中，“该垄断性供方为所供应的投入品向其下游竞争者收取一个如此之高的价格，以至于后者在与该一体化企业的竞争中不能有利可图地出售其下游产品。”（p. 186）也就是说，该制造商对其下游事业部收取一个比其下游竞争者低廉的（内部）价格。在上述价格歧视的例子中，制造商只需要将其下游竞争者逐出高弹性市场。价格挤压的概念是在一个价格歧视的案件（美铝公司案件，见第 3 章）中由 Learned Hand 法官引入的。[50]

同样的动机也适用于互补品的情形。如本章较早的分析所表明的，生产互补品非常类似于经营一个纵向一体化的企业。一个典型的例子是铁路行业的竞争性进入轨道的问题，在该行业中经常出现的情况是，从地点 A 到地点 B 的线路（叫作瓶颈）为一个铁路垄断者所拥有，而从地点 B 到地点 C 的线路则由该垄断者及其竞争对手提供服务。假定有一些顾客想从 A 运货到 C，但由于处理货物的成本太高，在 A 与 B 之间由垄断者承运而 B 与 C 之间由其竞争对手承运的可能性被排除。为向这样的顾客提供服务，该竞争对手的列车必须使用垄断者所拥有的 A 与 B 之间的轨道。考虑这种情形的一种方式是将瓶颈运输视为上游产品，由垄断者生产，而将竞争性运输视为下游产品。这样我们就可以使用前面的框架。要回答的问题是，垄断者及其竞争对手是否应自由地就后者为使用 A 到 B 之间的轨道而应向前者支付的转移价格进行谈判？州际商务委员会应当防止对瓶颈线路进入权的任何圈定，还是应当（更一般地）进行监管以实现一个“公平转移价格”？垄断者对竞争的价值是否给予了充分的评价［见 Baumol（1983）；Grimm and Harris（1983）；Tye（1986a，b）］？类似情形在 1984 年以前也曾在电话行业中出现，AT&T 作为一个一体化的企业，在短途电话方面居于垄断地位，在长途电话市场上则需要与其他公司（如 MCI 和 Sprint）竞争。但是，它的长途电话市场上的竞争者必须与它的短途电话网络相连接。当时一个很重要的监管问题就是决定对 AT&T 的竞争者收取的使用其网络的转移价格。[51]

除使用拒绝交易或价格挤压的方法圈定市场外，制造两种互补品而对其中一种拥有垄断势力的制造商还可以使用两种工具：搭配和不兼容性。例如，国际盐业公司对一种将盐注入罐装产品的机器拥有雄厚的垄断势力，该公司曾被反托拉斯当局指控将该机器与其互补品（盐）搭配，后者的生产更具竞争性。IBM 曾被指控使它的一些产品具有不兼容性，以取得竞争优势。［见 Ordover 和 Willig（1981）关于掠夺性的产品不兼容性的分析。另见第 8 章例 8。］

垄断化 现在假定上游产业和下游产业都是寡头垄断性的。经常被宣称的一种观点是，在这种情形下，市场圈定趋于造成垄断，或者是在上游，或者是在下游。例如，在州际马戏案［Krattenmaker 和 Salop（1986）中提及此案］中，一个得克萨斯电影院公司从一些电影发行商那里得到了后者将对与该公司竞争的展览商提高价格的许诺。这种行为的一个极端例子是，据报道，美铝公司从电力公司那里购买了不向其他铝制造商出售电力的排他性权利。这种步骤是旨在通过提高竞争者的成本而将下游市场垄断的总体策略的一部分（Krattenmaker and Salop，1986；Salop and Sheffman，1983）。[52]

通过兼并或排他性纵向约束而形成的垄断威胁一直是反垄断当局关注的问题。例如，布朗鞋业（它占美国制鞋业的 5%）和金尼制鞋（它占美国鞋类销售的 1.6%）的兼并就被认为是非法的。类似地，排他性经营范围的安排也曾引起不满。在 1922 年的标准时装案中，有 40%的服装销售点被排除了与一家服装制造商的竞争对手们做生意的机会。（与一个制造商订立的排他性经营范围协议所覆盖的市场份额的临界值已经随时间推移而变小了。[53]）更近的一个例子是，航空公司租给旅行社的计算机订座系统引起了关注（特别是由美国航空和美国联合航空推出的系统覆盖了旅行社系统的 70%）。[54]

近来，在将一种类型的市场圈定——纵向一体化——对下游和上游产业的竞争结构的影响及对福利的效应形式化方面已经取得了一些进展［见 Greenhut 和 Ohta（1979）；Groff 和 Perry（1985）；McAfee 和 McMillan（1986）；Salinger（1984，1986）；Krattenmaker 和 Salop（1986）；Ordover 等（1987）；Vassiliakis（1985）；Ordover 和 Saloner（1987）］。例如，在 Vassiliakis（1985）中，上游企业面对一个固定的生产成本，进入在其他情况下是自由的（见第 7 章）。一个下游企业实行生产一体化成本昂贵，因为分摊固定生产成本的单位太少（假定一个一体化的企业不在市场上买卖中间产品）。但是一体化防止了本章中所考虑的双重加价。独立的供方展开一场古诺博弈（见第 5 章），因而将价格确定在边际成本之上，这导致了下游选择的扭曲。从这一权衡中，Vassiliakis 得到了一体化企业的一个均衡比例，并进一步引出了有意思的比较静态结果。[55]

因为这些问题涉及的策略性考虑将在本书第二篇研究，这里不打算对这部分有意思的和不断增加的文献作概览。而且，还有很多工作没有做。其一，在一种既有一体化企业也有非一体化企业的框架中，为什么一体化企业不在市场上买卖中间产品，是一个有待解释的问题。[56]如果它们确实参与这一市场，则市场圈定的论辩可能需要重新考虑。与此类似，非一体化企业的可行契约集合应当尽可能从诸如套利、信息问题、交易成本等原始的经济假设中引出。其二，如在纵向约束分析的场合通常进行的那样，对可替代的工具必须给予仔细的考虑。例如，如果以圈定为目的的纵向兼并被禁止，有关企业不能通过一个契约复制出兼并情形中的配置吗？[57]其三，研究市场圈定的动态方面可能是有用的。例如，在水泥行业中，一个水泥公司收购一个预制件公司可能触发其他公司的类似行为（潮流效应）。[58]这些难题具有挑战性。解决它们需要对契约理论和策略竞争都有一个深厚的功底，由于这些问题的重要性，我们希望这方面的研究将有所进展。

横向圈定的一些案例也有类似问题。例如，在阿斯彭滑雪案中，对科罗拉多州阿斯彭的四个下山滑雪设施中的三个拥有控制权的公司拒绝对那些与第四个下山滑雪设施的所有者共同经营的公司开放市场。这是一个在网络外部性产生贸易利益的情况下拒绝交易的案例。(回忆一下，IBM 力图使它的产品与其他制造商的产品不兼容。) 我们将在第 10 章中回过头来将这一问题形式化。[59] 与此类似，拒绝参与合资也可以在一定程度上关闭一些企业接触新技术的渠道。

4.6.2.2 作为进入壁垒的契约

长期租赁契约或规定巨额违约惩罚的契约经常被认为可以切断正在进入的供给者进入下游市场的通道。这样的观点构成了 Wyzanski 法官就联合制鞋机公司一案所作出的决策的基础，Wyzanski 法官判定，联合制鞋机公司曾试图通过向制鞋厂家提供有约束的租赁契约而防止他人进入市场。这一判决受到芝加哥学派的著名支持者 Posner (1976) 和 Bork (1978) 的批评，他们指出，联合制鞋机公司的顾客也许不会签订一个可能加强该供方的垄断地位的契约。(按照芝加哥学派的传统，Posner 和 Bork 将这类契约归结于效率原因。)

4

Aghion 和 Bolton (1987) 重新考虑了市场圈定的阻碍进入学说之后认为，尽管存在买方对垄断化的关注，但以非效率的方式阻碍进入的长期契约仍可能被签订。

Aghion-Bolton 模型很简单。最初，一个卖方(在位者)和一个买方就提供一单位的一种中间产品签订契约。买方对该中间产品有一单位的需求，对之的评价为 1 (或者，它可以按价格 1 购买一个替代品)。卖方生产一单位该产品的成本是 1/2。契约签订后，出现了一个与之竞争的供方(“进入者”，它在契约签订时尚未被识别)，它生产该产品的成本为 c。假定 c 先验地均匀分布于 0 和 1 之间。(这样假定一个进入者不失一般性，一个高的 c 事实上伴随着不能进入。) 进一步假定，只有进入者知道 c。

首先考虑由在位者和买方施加的、对纵向结构来说的最佳配置。因为在位者的成本 (1/2) 低于买方的评价 (1)，买方总要消费一单位该产品。问题只在于最小化纵向结构的期望生产成本。权衡发生在是以 1/2 的成本在内部生产，还是以价格 p 从进入者那里购买。这是一个简单的垄断定价问题。该纵向结构最小化

$$p\text{Prob}(c \leqslant p) + \frac{1}{2}\text{Prob}(c > p) = p^2 + \frac{1}{2}(1-p)$$

因为当且仅当在位者的价格 p 超过 c 时，p 才被接受，而 c 是均匀分布的。由此而得 $p=1/4$。正如垄断定价导致福利损失(评价高于边际成本的消费者不买——见第 1 章)一样，纵向结构对进入者的出价导致了一个非效率的生产结构：当进入者的成本在 1/4 和 1/2 之间时，在位者提供该中间产品的供给。

接下来的问题是，未一体化的该纵向结构能否通过契约达到同样的结果？为说明这一点能做到，假定该在位者向买方提出这样一个接受就干、不接受就走的契约：买方可按价格 3/4 从在位者那里购买。违约惩罚(违约偿金)为 1/2。假定进入者向买方提出一个接受就干、不接受就走的出价(为简单起见，我们假定在谈判

中进入者拥有对买方的讨价还价优势)。当且仅当这一出价不超过 $3/4-1/2=1/4$ 时，买方才会接受。因而，对一个利润最大化的进入者来说，当且仅当它的成本低于 1/4 时。它才会提出它的出价，而且该出价恰好等于 1/4。所以，无论是配置还是该纵向结构的期望利润，都与一体化的情形相同。但我们仍然需要回答 Posner 和 Bork 所关注的问题，即买方可能不愿意接受一个帮助在位者垄断中间产品市场的契约。为此，我们必须确定如果买方拒绝在位者的契约会怎么样。确定这一结果的方法有若干种。幸运的是，所选择的确切结果仅仅影响向在位者支付的价格和违约惩罚，而不影响二者之间的差别。也就是说，受影响的只是利润在在位者和买方之间分割的方式，而不是实际的配置。我们假定如果 $c<1/2$，则进入者进入，并且两个供方之间的伯特兰德竞争使价格成为一个等于 1/2 的伯特兰德价格（见第 5 章)。如果 $c\geqslant 1/2$，进入者是高成本供给者，从而不会进入。于是在位者对买方收取垄断价格 1。从而，如果买方不签订该契约，它要付的期望价格为

$$\text{Prob}(c<1/2)\times 1/2+\text{Prob}(c\geqslant 1/2)\times 1=(1/2\times 1/2)+(1/2\times 1)=3/4$$

4

但是，要接受契约，不论 c 等于多少，买方都付 3/4（一旦违约惩罚被包括在内)，所以，买方接受这一排他性契约。[60][61]

所以，我们的结论是，买方和在位者可以通过一个长期契约而实现纵向一体化的结果，该长期契约规定当买方转向另一个供方时的违约惩罚。如我们已经看到的，这一契约造成了从社会观点来看非效率的、太低的进入概率。市场圈定太多(竞争太少)。[62]

然后，Aghion 和 Bolton 分析了几个买方之间的外部性问题。（为舍去下游竞争，我们假定这些买方来自不同的行业。）如果进入者在规模报酬不变的条件下生产（特别是，如果它不面对一个进入或生产的固定成本，即一个独立于它的经营规模的成本)，则这些买方之间是“无关联的”，在位者与一个买方签订的契约不会对其他买方产生外部性。所签订的契约也与一个买方的情形相同。但是，当进入者面对一个固定成本时，一个买方与在位者签订的、减少进入者与该买方交易的利益(因为违约惩罚）的契约，会降低进入者的市场规模，从而降低进入的概率。因为固定成本只有通过大规模生产才能补偿，一个买方所签订的排他性的或长期的契约给其他买方带来了负的外部性。

显然，在位者可能能够从单个买方那里获取大量剩余，而这在买方之间有合谋时是做不到的。为说明其中的道理，假定进入者的固定成本是如此之大，以至于进入市场并只向一个买方供货永远不可能是有利可图的。这时，如果所有其他买方接受一个将它们与在位者捆在一起的契约，则单个买方转向进入者就没有任何威胁。在位者于是可以获得自然垄断的价格（等于 1)。但是，一般来说，在位者可以提出一个允许进入者有一定进入概率（像在单一买方的情形下那样）的契约，并且可以通过获取部分因允许进入者生产而带来的效率提高，使自己的境况比自然垄断时更

好（只要买方不组织起来协调它们的决策）。

一个 Aghion 和 Bolton（1987）所没有分析的、但原则上可以通过扩展他们的模型而分析的问题是在位者最佳签约时间的选定。这将会有助于判定下述被广泛接受的观点能否成立，即已经确立地位的供方的最佳做法是通过与其下游顾客签订交错合同（如在计算机订座系统的案例中那样）而阻碍进入。

最后，Aghion 和 Bolton 证明，如果在位者掌握有关进入概率的私人信息（可以是由于它对有关技术所具有的知识上的优势），则与买方和在位者具有相同信息的情形相比，在位者趋于接受更低的违约惩罚（即提出“更短期”的契约）。也就是说，在位者力图通过发出进入概率很低（即 c 的分布偏向于高成本）的信号，促使买方接受它的条件。发出进入概率低的信号的方式是施加一个较低的违约惩罚，以“证明”它不在乎进入的可能性。

4 注释

［1］4.1 节和 4.2 节取自 Rey 和 Tirole（1986a）。Blair 和 Kaserman（1983）以及 Caves（1984）对一组不同的主题作了综述。

［2］参看第 3 章。关于监管问题中的逆向选择，见 Baron 和 Myerson（1982）；Sappington（1982）；Laffont 和 Tirole（1986）。

［3］参看例如 Holmström（1979）；Shavell（1979）；Grossman 和 Hart（1983）。

［4］折扣也可以影响零售商与顾客交易的非货币（更不易观察的）方面。例如，折扣的形式可以是额外服务或免费送货。而且，即使制造商可以观察到折扣，这类价格控制的成本可能也会高得使其无法实行。假定零售商的作用之一是对其顾客进行分析并实行价格歧视。（制造商只知道顾客偏好的分布。）这时，要对零售商的定价政策实行全面的控制，就必须事后掌握它所收取的价格的整个分布，而这对制造商或法庭来说是非常昂贵的。（换句话说，监控成本无法通过随机检查而减少。）

［5］追踪顾客的方法包括使用私人调查，以及发放必须填写顾客地址才能寄回给制造商的保修卡或折扣券。同样的方法也可以用来推行 RPM。

［6］与搭配相似的一种做法是，使自己的产品与其他企业生产的互补品不兼容（当然不能与自己生产的互补品不兼容）。

［7］在单一投入的场合也可以征收抽成。但是，如果像我们这里假定的，一单位投入被转换成一单位产出，则在批发价格之外的抽成是多余的。如果批发价格和抽成率分别是 p_w 和 r，零售商的边际成本就是 p_w+r。所以，使用抽成可以做的任何事情都可以使用一个更高的批发价格来做到，而不需要抽成。一般地说，如第 3 章所提示的，非线性抽成优于线性抽成。

［8］与品牌间竞争相关的另一种（也是很不相同的一种）可变动的自由是合同期限的长度，或违约时的惩罚水平。参看 4.6 节。

［9］它们只是直接影响“内部”转移支付。通过激励机制，它们可以间接影响目标，但这与当前的分类无关。

［10］而且，只要契约可以具体规定一项特许费并且不存在不确定性，这样的假定就是无害的。为说明这一点，把一个在激励约束下（把属于目标的决策变量分散化，但属于工具的那些决策变量不在此列）使总利润最大化的契约定义为“受约束的有效率的契约”。换句话说，一个“受约束

的有效率的契约”带来可实现的最大总利润（如果工具集是充分的，这个总利润与纵向一体化的利润就是一致的）。制造商和零售商之间关于契约的讨价还价过程可以被分解为两个步骤：设计一个受约束的有效率的契约（该契约带来可能限度内最大的“蛋糕”）和通过特许费分割蛋糕。因为特许费是总转移支付，所以它不影响各个目标的决定。因此，即使对各方讨价还价的相对实力（特许费由此决定）所知甚少，我们仍能给出最佳契约的特征（直至其中特许部分的特征）。如果没有特许费，可实现的最大利润就难以达到，一般地说，总的结果（不仅是利润的分割）对各方的讨价还价实力是敏感的。

[11] 这一习题来自 Bresnahan 和 Reiss (1985)。该文以汽车销售为例验证了这种关系。

[12] 如果不确定性是关于最终需求的，则当批发价格提高时，零售商面对的风险显然会降低，因为在按给定价格销售的每单位产品中，它的利润是随 p_w 提高而递减的。如果不确定性是关于零售成本的，这一道理成立的理由就略微复杂一些。批发价格的提高导致最终价格的提高，即导致需求收缩。由于总零售成本等于单位零售成本乘以需求，所以，对单位零售成本的一个给定的可变性，总零售成本的可变性降低。

[13] 相反，如果在签订契约之时，制造商掌握着关于其产品的总需求的私人信息，当需求“低”时，它确定 $p_w=c$，当需求“高”时，$p_w>c$。这里的直观道理是，为了“证明”高需求的存在，制造商愿意降低特许费以换取一个较高的批发价格。（第 2 章间接提到的 Spence-Mirrlees 条件指出，因为一个面对高需求的制造商比一个面对低需求的制造商对可变利润更感兴趣，所以，较高需求只能通过较高批发价格而得到显示。）见第 11 章补充节。[Gallini 和 Wright (1987) 进行过类似分析。]

[14] 正式地，双重加价和投入替代问题也与道德风险有关，下面可以看到一个例证，其中，推销努力与一个（与之相反的）二次加价等价。这里，我们将道德风险的程度限于努力和服务的提供。

[15] 如同制造商可能试图通过控制零售价格来消除价格外部性一样，它也可能试图通过控制服务来消除服务外部性。为诱使零售商提供这些服务，在货币激励之外，对服务提供的直接监督也经常被用来作为补充。对服务的减少，制造商可以以终止契约相威胁。（要使终止契约的做法能够给零售商施加一项成本，必须具备的条件是，零售商可从它与制造商的关系中获得一个租金，即它的所得大于它的保留利润。关于这一点，见绪论“企业理论”。）

[16] 例如，对一个柯布-道格拉斯生产函数

$$f(x,\ x')=kx^{\alpha}(x')^{1-\alpha}$$

有

$$x/x'=[\alpha/(1-\alpha)](c'/c)=x^{m}/x'^{m}$$

更一般地，一个一次齐次函数的偏导数是零次齐次的。因而，

$$\frac{\partial f(\lambda x^{m},\ \lambda x'^{m})}{\partial x}=\frac{\partial f(x^{m},\ x'^{m})}{\partial x}$$

对 x' 的偏导数与此类似。方程（4.2）的解是

$$\{x=\lambda x^{m},\ x'=\lambda x'^{m}\}$$

[17] 为使成本最小化，下游单位将对某些 $\lambda\geqslant 0$ 选择 $x=\lambda x^{m}$ 和 $x'=\lambda x'^{m}$。但是，从式（4.3）和 f 的齐次性有

$$\begin{aligned}p_w x+p'_w x' &= \lambda(p_w x^{m}+p'_w x'^{m})\\ &= p^{m}(\lambda f(x^{m},\ x'^{m}))\\ &= p^{m} f(x,\ x')\end{aligned}$$

[18] 因为 f 具有规模报酬不变的性质，所以边际成本独立于经营规模。

[19] 对每单位产出课征的抽成的恰当数额是

$$(p^{m}q^{m}-cx^{m}-c'x'^{m})/q^{m}$$

[20] 上述模型没有“解释”诸如转售价格维持及搭配这样的纵向约束的存在。在所有这些模型中，为取得纵向一体化利润，一个特许费就足够了。而且很难认为特许费的管理更为昂贵（所涉及的交易成本高于 RPM 和搭配。）

4

［21］由于下游竞争使第二个价格成本差额率为零，双重加价的问题消失了。［“差异零售商”（差异产品的定义见第 7 章）的情形是介于垄断和竞争之间的中间状态。差异使零售商可以引入第二次加价。］竞争对投入替代问题的效应在例 3 中已有分析。

［22］这里的阐述以 Caillaud 和 Rey（1986）为依据。

［23］该虚拟批发价格等于 $p^m-\Phi(s^m)$。从 4.2 节例 2 中可知，制造商可以通过授予一个零售商在零售上的垄断地位（或者，在本模型中，等价地授权几个零售商在排他性经营区域经营或分享总需求的不同部分），使用单一零售商场合的充分工具（如特许费）来实现纵向一体化利润。所以，我们所看到的是一个消除零售业的竞争而使制造商的利润增加的例子。

［24］这里，如果更细致地描述售前信息对需求的效应，将是合意的。可以想象消费者首先光顾售前信息水平最高的零售商，然后再以价格为唯一依据在各零售商之间作出选择。

［25］见 Perry 和 Porter（1986），该文在一个不同的产品差异空间中分析了零售服务外部性问题。

［26］在一组使用同一名称的特许经营者之间也存在类似的外部性。一个麦当劳特许经营者降低质量会损及其他麦当劳特许经营者。实际上，麦当劳不惜工本，用“质量-服务-卫生”指数衡量各地分店的质量。

［27］对这一理论被过分经常地应用所提出的批评，见 Overstreet（1983）和 Steiner（1985）。

［28］见 Lafferty 等（1984）中 Oster 对 Levi Strauss 和 Greening 销售的富乐绅鞋的分析。对质量保证的正式分析见 Marvel 和 McCafferty（1984）。

［29］关于空间模型，见 Dixit（1983）及 Mathewson 和 Winter（1984，1986）。

［30］例如，见 Posner（1981）。

［31］例如，见 Posner（1976）。1981 年，美国司法部负责反垄断部门的 William Baxter 称：“在我看来，不存在什么纵向‘问题’……纵向安排唯一可能的消极竞争后果在于其横向效应。只有在纵向安排限制产出、提高价格的场合——有横向效应的场合，这些纵向安排才应被禁止。”［引自 Howard（1983，pp. 150-151）。］

［32］这种情形与第二篇讨论的策略性竞争有关。因此，这里仅涉及主要观点。

［33］这里只是对纵向约束作一概览，而不详细介绍这些研究成果，把握这些研究成果需要对第 5 章和第 8 章有较好的理解。见书后的习题 19。

［34］这些评论取自 Rey 和 Tirole（1986b）。

［35］关于企业理论的一章指出，产品竞争可以对企业管理人员构成约束（见 Hart 的观点）。这里发生在零售商身上的是一种有些类似的现象——一个重要的区别是，产品竞争的存在是制造商的一个选择变量。

［36］这里，在 RPM 之上再施加排他性经营区域就是多余的。

［37］参看第 5 章。这里采取了一种尖锐的观点，因为我们假定所有零售商不能使用策略性合谋。此外，假定零售商无差别（既无自然的差别，也无因成本和需求冲击引起的差别），也意味着将纯粹竞争的概念形式化。

［38］它们的目标函数为

$$EU[(p-p_w-\gamma)q-A]$$

式中，q 是它们的销售数量；U 是一个凹型冯·诺伊曼-摩根斯坦效用函数；E 表示对 d 和 γ 求期望。

［39］例如，当该制造商面向多个独立市场时，该假定就是有道理的。

［40］“独立”在这里的含义是，不同市场上不确定性的实现在统计上是独立的，就像（例如）各有自己的需求和成本条件的地理上不同的市场（城市、地区等）一样。

［41］如果制造商像在“标尺竞争”文献中那样（见绪论企业理论一章），利用各零售商的不确定性实现值之间的完全相关性，它能做得更好吗？这里，最终销售是观察不到的。所以，制造商所获得的任何关于不确定性实现值的信息都一定是

来自零售商的“不费成本的”宣布。很容易看到，这个宣布博弈的均衡集和报酬是独立于不确定性的实现的——至少当偏好呈指数型（包含风险中性和无限风险厌恶偏好）时是如此。因此，在零售商相互协调于同一宣布均衡（无论不确定性的实现值如何）这一合理假定之下，制造商不能通过设计这一宣布博弈而有所获益。我们也排除了在不确定性实现之后将市场拍卖给一个零售商的可能性（这个假定的合理性在于需要不止一个零售商，这或者是因为以前的能力投资或分配的边际成本递增，或者——略微偏离我们的模型——是因为零售商的商誉或差异的存在）。

[42] 见 Arrow（1970）；Pratt（1964）。如果对 x 的所有实现值，

$$-U_1''(x)/U_1'(x) \geqslant -U_2''(x)/U_2'(x)$$

就说效用函数 U_1 比效用函数 U_2 更加风险规避。

Arrow-Pratt 定理称，对随机变量 x 的一个给定的分布，由

$$U_1(\bar{x}_1) \equiv EU_1(x)$$

所定义的效用 U_1 的确定性等价 $\bar{x}_1$，低于由

$$U_2(\bar{x}_2) \equiv EU_2(x)$$

所定义的效用 U_2 的确定性等价 $\bar{x}_2$。

这族效用函数的一个例子是 $U(x)=-e^{-\zeta x}$，其中 ζ 是绝对风险规避参数。

[43] 至少，如果在签约之日所有有关各方都具有对称信息，情况就是如此。当有关各方都能得到一个更高的效用时，它们显然不会满足于一个无效率的契约。

[44] 关于证明，见 Rey 和 Tirole（1986b）。

[45] 所以，认为消费者偏好竞争是因为竞争减少零售商的利润率的观点是不正确的。这种观点没有考虑到在两种安排中批发价格的调整。

[46] 零售价格为 $p_w+\gamma$，特许费一定为零。从而，制造商最大化

$$\begin{aligned}&E(p_w-c)[d-(p_w+\gamma)]\\&=(p_w-c)(d^e-p_w-\gamma^e)\end{aligned}$$

所以引入围绕均值 γ^e 和 d^e 发生的不确定性，不会影响 p_w 和平均零售价格（$p_w+\gamma^e$）。

[47] 零售商事后最大化

$$(p-p_w-\gamma)(d-p)/n-A$$

由此可得

$$p=\frac{d+p_w+\gamma}{2}$$

因而

$$\frac{\partial p}{\partial d}=\frac{\partial p}{\partial \gamma}=\frac{1}{2}$$

进而有

$$\frac{\partial}{\partial d}(d-p)=\left|\frac{\partial}{\partial \gamma}(d-p)\right|=\frac{1}{2}$$

[48] 当零售价格可观察时，RPM 成为可推行的（尽管对制造商不一定是最佳的）约束。类似地，可以证明，对线性需求，净消费者剩余和总福利在竞争情形下都比在 RPM 情形下高。

[49] 市场圈定问题在垄断性买方的场合也可能发生。在绪论中，我们看到，一个买方由于激励，可能愿意保持几个供方或货源。另外，为达到效率，固定成本不能被复制，因而该买方就制造出了一个垄断的供方（即导致下游圈定）。

[50] 关于价格歧视的其他例子，见 Joskow（1985）关于私营电力公司的歧视和 Scherer（1980，p. 325）关于 IBM 的歧视的讨论。Howard（1983，pp. 151-154）也讨论了价格挤压问题。Ordover 等（1985）对价格歧视和价格挤压问题提供了进一步的理论分析。

[51] 这一问题并未随 1984 年电话行业垄断的结束而消失。尽管现在运营短途电话网的公司已独立于 AT&T，但监管约束（诸如给长途电话公司以同等的进入权利）仍须保证这些公司不通过契约而复制在一体化情形下可能出现的市场圈定。关于对电话行业的进一步研究，见 Brock（1981）；Evans（1983）；Temin（1987）。

[52] Krattenmaker-Salop 的论文中有关于圈定与供方或买方的交易通道的各种方式的精彩讨论，以及这类行为的例子（有些在下面将被引用）。

[53] 见 *Standard Stations* case，337 U.S. 293（1949）。关于排他性经营范围的进一步分析，见 Marvel（1982）；Mathewson 和 Winter（1985）。

[54] 当不同航空公司在同一航线上竞争时，订座系统的显示偏向就变得特别重要。还有的观点认为，这对使用订座系统的独立的售票机构不利（它们不能使显示偏向于它们，因为它们没有一体化），小航空公司也处于类似的不利地位（美国航空公司不能对美国联合航空公司太不公平，因为有遭到报复的威胁）。在这些问题上，还没有多少理论研究。首先，排他性契约使进入计算机订座系统这一产业变得特别困难。旅行社不仅有自然转换成本（学习、新的打印机等），而且航空公司还对转换施加了重要的惩罚措施，如清算损失或收购惩罚，契约是排他性的，为期 4～5 年（关于这一点，见 4.6.2.2 小节）。其次，每个计算机订座系统有一个有利于销售该系统的航空公司的显示偏向，并为该公司向客人提供当场确认预订和登机牌服务。

[55] 例如，当经济的需求方被复制，从而使企业的数目趋于无限时，一体化企业的比例趋于零，但福利并不趋于社会最佳。

[56] Salinger（1984）和 Ordover 等（1987）属于例外。

[57] 如果不能，则区别可能就是来自不完全契约和剩余控制权的配置，如企业理论一章所解释的那样。

[58] 按照 Scherer（1980，p.90）的观点："当供货源太少导致的一体化使市场进一步变得清淡时，其他买方可能也会蜂拥而上实行一体化，尽管规模经济的牺牲相当可观。从美国和欧洲的冰箱行业的历史、美国汽车行业的历史以及美国炼钢厂进入铁矿开采业的历史都可以看到这类动态现象。"

[59] 其他案例包括西北文具案中对一个批发购买合作社的排斥，联合出版案中对非成员的排斥［见 Krattenmaker 和 Salop（1986）］。

[60] 即使在位者在与买方的谈判中拥有全部讨价还价的实力（即提出一个接受就干、不接受就走的出价），它也不能实现整个一体化结构的利润，该利润为9/16，而它的利润仅为 5/16，因为买方可以以拒绝契约而获得 1/4 相威胁。

[61] 如上面已注意到的，剩余的确切划分和生产的最终配置取决于相对的讨价还价实力，在拒绝签约的场合还取决于关于价格竞争的假定。但是在位者和买方针对进入者而运用它们的垄断实力的动因仍然存在。

[62] 有理由说明，为什么偏向于对在位者有利的再立约过程可能对社会来说是有效率的。特别是，如果在位者投资于可转让资产（例如，当进入者进入时可使用的机器或诀窍），则可以证明，无论对社会还是对私人，最初的契约应当在契约续签阶段对在位者有利（相对于一个竞价程序），见 Laffont 和 Tirole（1987）。这一结论与 Aghion 和 Bolton（1987）得出的在均衡状态下转换太少的结论并不矛盾，但它使得他们的结论在有不可忽视的可转让投资的场合的应用变得更为困难（私人偏向与社会最佳偏向相去何等遥远）。

参考文献

Aghion, P., and P. Bolton. 1987. Contracts as a Barrier to Entry. *American Economic Review*, 77: 388-401.

Arrow, K. 1970. *Essays in the Theory of Risk Bearing*. Amsterdam: North-Holland.

Baron, D., and R. Myerson. 1982. Regulating a Monopolist with Unknown Costs. *Econometrica*, 50: 911-930.

Baumol, W. 1983. Some Subtle Issues in Railroad Rate Regulation. *International Journal of Transport Economics*, 10: 341-355.

Blair, R., and D. Kaserman. 1978. Vertical

Integration, Tying and Antitrust Policy. *American Economic Review*, 68: 397-402.

Blair R., and D. Kaserman. 1983. *Law and Economics of Vertical Integration and Control*. New York: Academic.

Bolton, P., and G. Bonanno. 1985. Resale Price Maintenance and Competition in Post-Sales Services. Mimeo; *Quarterly Journal of Economics*, forthcoming.

Bonanno, G., and J. Vickers. 1986. Vertical Separation. Mimeo, Nuffield College, Oxford.

Bork, R. 1978. *The Antitrust Paradox*. New York: Basic Books.

Bowman, W. 1957. Tying Arrangements and the Leverage Problem. *Yale Law Journal*, 67: 19-36.

Bresnahan, T., and P. Reiss. 1985. Dealer and Manufacturer Margins. *Rand Journal of Economics*, 16: 253-268.

Brock, G. 1981. *The Telecommunications Industry*. Cambridge, Mass: Harvard University Press.

Caillaud, B., and P. Rey. 1986. A Note on Vertical Restraints with the Provision of Distribution Services. Mimeo, INSEE and Massachusetts Institute of Technology.

Caves, R. 1984. Vertical Restraints in Manufacturer-Distributor Relations: Incidence and Economic Effects. Mimeo.

Dixit, A. 1983. Vertical Integration in a Monopolistically Competitive Industry. *International Journal of Industrial Organization*, 1: 63-78.

Evans, D., ed. 1983. *Breaking Up Bell*. Amsterdam: North-Holland.

Gallini, N., and R. Winter. 1985. Licensing in the Theory of Innovation. *Rand Journal of Economics*, 16: 237-252.

Gallini, N., and B. Wright. 1987. Technology Licensing under Asymmetric Information. Mimeo, University of Toronto.

Gal-Or, E. 1987. Duopolistic Vertical Restraints. Working Paper 650, Graduate School of Business, University of Pittsburgh.

Greenhut, M., and H. Ohta. 1979. Vertical Integration of Successive Oligopolists. *American Economic Review*, 69: 137-147.

Grimm, C., and R. Harris. 1983. Vertical Foreclosure in the Rail Freight Industry: Economic Analysis and Policy Prescriptions. *ICC Practitioners Journal*, 50: 508-531.

Groff, R., and M. Perry. 1985. Resale-Price Maintenance and Forward Integration into a Monopolistically Competitive Industry. *Quarterly Journal of Economics*, 100: 1293-1312.

Grossman, S., and O. Hart. 1983. An Analysis of the Principal-Agent Problem. *Econometrica*, 51: 7-46.

Groves, T. 1973. Incentives in Teams. *Econometrica*, 41: 617-631.

Holmström, B. 1979. Moral Hazard and Observability. *Bell Journal of Economics*, 10: 74-91.

Holmström, B. 1982. Moral Hazard in Teams. *Bell Journal of Economics*, 13: 324-340.

Howard, M. 1983. *Antitrust and Trade Regulation: Selected Issues and Case Studies*. Englewood Cliffs, N.J.: Prentice-Hall.

Joskow, P. 1985. Mixing Regulatory and Antitrust Policies in the Electric Power Industry: The Price Squeeze and Retail Market Competition. In *Antitrust and Regulation: Essays in Memory of John J. McGowan*, ed. F. Fisher. City: Publisher.

Kamien, M., and Y. Tauman. 1983. The Private Value of a Patent: A Game Theoretic Analysis. Discussion Paper 576, Northwestern University.

Katz, M., and C. Shapiro. 1984. On the Licensing of Innovations. Discussion Paper 82,

Woodrow Wilson School, Princeton University.

Krattenmaker, T., and S. Salop. 1986. Anticompetitive Exclusion: Raising Rivals' Costs to Achieve Power over Price. *Yale Law Journal*, 96: 209 - 295.

Lafferty, R., R. Lande, and J. Kirkwood, eds. 1984. *Impact Evaluation of Federal Trade Commission Vertical Restraints Cases*. U. S. Federal Trade Commission.

Laffont, J.-J., and J. Tirole. 1986. Using Cost Observation to Regulate Firms. *Journal of Political Economy*, 94: 614 - 641.

Laffont, J.-J., and J. Tirole. 1987. Repeated Auctions of Incentive Contracts, Investment and Bidding Parity. Mimeo, Massachusetts Institute of Technology.

McAfee, R., and J. McMillan. 1986. Strategic Vertical Integration. Mimeo, University of Western Ontario.

Marvel, H. 1982. Exclusive Dealing. *Journal of Law and Economics*, 25: 1 - 26.

Marvel, H. and S. McCafferty. 1984. Resale Price Maintenance and Quality Certification. *Rand Journal of Economics*, 15: 346 - 359.

Mathewson, F. 1983. The Incentives For Resale Price Maintenance under Imperfect Information. *Economic Enquiry*, 21: 337 - 348.

Mathewson, F. and R. Winter. 1984. An Economic Theory of Vertical Restraints. *Rand Journal of Economics*, 15: 27 - 38.

Mathewson, F., and R. Winter. 1985. Is Exclusive Dealing Anticompetitive? Working Paper 85/7, University of Toronto.

Mathewson, F., and R. Winter. 1986. The Economics of Vertical Restraints in Distribution. In *New Developments in the Analysis of Market Structures*, ed. F. Mathewson and J, Stiglitz. Cambridge, Mass.: MIT Press.

Ordover, J., and G. Saloner. 1987. Predation, Monopolization, and Antitrust. In *Handbook of Industrial Organization*, ed. R. Schmalensee and R. Willig (Amsterdam: North-Holland, forthcoming).

Ordover, J., and R. Willig. 1981. An Economic Definition of Predation: Pricing and Product Innovation. *Yale Law Journal*, 91: 8 - 53.

Ordover, J., G, Saloner, and S. Salop. 1987. Equilibrium Vertical Foreclosure. Mimeo. Massachusetts Institute of Technology.

Ordover, J., A. Sykes, and R. Willig. 1985. Noncompetitive Behavior by Dominant Firms toward the Producers of Complementary Products. In *Antitrust and Regulation: Essays in Memory of John J. McGowan*, ed. F. Fisher. Cambridge, Mass.: MIT Press.

Overstreet, T. 1983. *Resale Price Maintenance: Economic Theories and Empirical Evidence*. U. S. Federal Trade Commission.

Perry, M., and R. Porter. 1986. Resale Price Maintenance and Exclusive Territories in the Presence of Retail Service Externalities. Mimeo, SUNY Stony Brook.

Posner, R. 1976. *Antitrust Law: An Economic Perspective*. University of Chicago Press.

Posner, R. 1977. The Rule of Reason and the Economic Approach: Reflections on the *Sylvania* Decision. *University of Chicago Law Review*, 45: 1 - 20.

Posner, R. 1981. The Next Step in the Antitrust Treatment of Restricted Distribution: *Per se* Legality. *University of Chicago Law Review*, 48: 6 - 26.

Pratt, J. 1964. Risk Aversion in the Small and in the Large. *Econometrica*, 32: 122 - 136.

Rey, P., and J. Stiglitz. 1986. The Role of Exclusive Territories. Mimeo.

Rey, P., and J. Tirole. 1986a. Vertical Restraints from a Principal-Agent Viewpoint. In *Marketing Channels*: *Relationships and Performance*, ed. L. Pellegrini and S. Reddy. Lexington, Mass.: Lexington Books.

Rey, P., and J. Tirole. 1986b. The Logic of Vertical Restraints. *American Economic Review*, 76: 921-939.

Salinger, M. 1984. Vertical Mergers and Market Foreclosure. Working Paper FB-84-17, Graduate School of Business, Columbia University.

Salinger, M. 1986. Vertical Mergers and Market Foreclosures with Differentiated Products. Mimeo, Columbia University.

Salop, S., and D. Sheffman. 1983. Raising Rivals' Costs. *American Economic Review*, 73: 267-271.

Sappington, D. 1982. Optimal Regulation of Research and Development under Imperfect Information. *Bell Journal of Economics*, 13: 354-368.

Scherer, F. 1980. *Industrial Market Structure and Economic Performance*, second edition. Boston: Houghton Mifflin.

Schmalensee, R. 1973. A Note on the Theory of Vertical Integration. *Journal of Political Economy*, 81: 442-449.

Schmalensee, R. 1974. Market Structure, Durability and Maintenance Effort. *Review of Economic Studies*, 41: 277-287.

Shavell, S. 1979. Risk Sharing Incentives in the Principal and Agent Relationship. *Bell Journal of Economics*, 10: 55-73.

Shughart, W. 1985. Durable Goods, Tying Arrangements, and Antitrust. Mimeo, George Mason University.

Spengler, J. 1950. Vertical Integration and Anti-trust Policy. *Journal of Political Economy*, 58: 347-352.

Steiner, R. 1985. The Nature of Vertical Restraints. *Antitrust Bulletin*, 30: 143-197.

Telser, L. 1960. Why Should Manufacturers Want Fair Trade? *Journal of Law and Economics*, 3: 86-105.

Temin, P. 1987. *The Fall of the Bell System*. Cambridge University Press.

Tye. W. 1986a, Post-Merger Denials of Competitive Access and Trackage Rights in the Rail Industry. *Transportation Practitioners Journal*, 53: 413-427.

Tye, W. 1986b. Sunk Cost, Transaction Costs, and Vertical Foreclosure in the Rail Industry. Mimeo, Putnam, Hayes and Bartlett, Cambridge, Mass.

Vassiliakis, S. 1985. On the Division of Labor. Mimeo, Johns Hopkins University.

Vernon, J., and D. Graham. 1971. Profitability of Monopolization by Vertical Integration. *Journal of Political Economy*, 79: 924-925.

Warren-Boulton, F. 1974. Vertical Control with Variable Proportions. *Journal of Political Economy*, 82: 783-802.

Winter, R. 1985. Contracts in Intermediate Markets with Variable Proportions. Mimeo, University of Toronto.

第二篇

策略相互作用

引言

价格竞争和非价格竞争

在寡头垄断的市场结构中，企业不再面对被动的环境。因此我们就要把各种决策者之间的策略性相互作用纳入我们的模型。为做到这一点，我们将广泛地应用非合作博弈（noncooperative games）理论。

企业可以使用多种手段在市场上进行竞争。粗略地说我们可以按照其可替代的速度来对这些手段进行分类。在短期内，价格是企业容易变更的常用的主要手段（其他手段包括广告和推销）。因此，我们在刚性成本结构与产品特性的背景下，开始对价格竞争进行分析。在比较长的时期内，成本结构和产品特性可以一起或分别变换。生产技术可以重新安排并予以改进；生产能力可以提高。产品特性（质量、产品设计、延期交付、销往地点等）是可以改变的。消费者对产品的看法（它影响着需求函数）可以由广告来施加影响。最终要作出是否进入或留在市场上的决策（一个“0－1”选择）。最后，从长期来看，产品特性与成本结构不仅可以通过简单调整现行的产品与可行成本的集合来加以改变，而且可以通过修改这一集合来加以改变。研发使得企业能够扩大它们的选择范围。“工艺革新”能够改变生产技术，“产品革新”能够创造出新产品。

我们可以很粗略地用图表表达竞争的不同阶段，如图 1 所示。

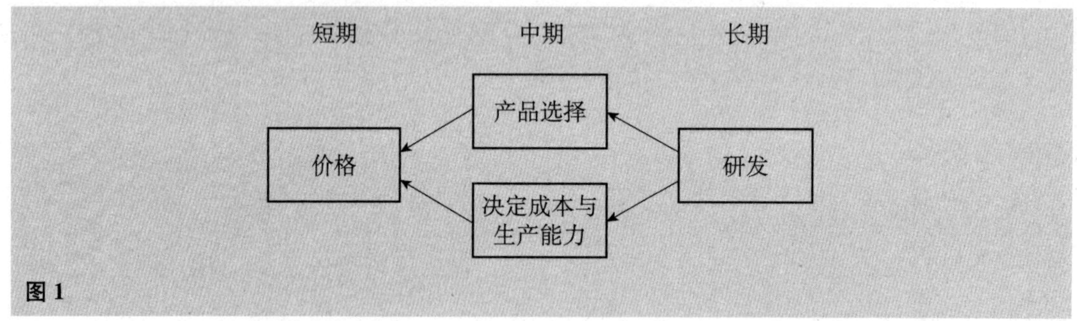

图 1

第 5 章将研究短期价格竞争，检验伯特兰德悖论（Bertrand paradox，在这一悖论中，两个以上的相同企业在均衡中以不变的规模报酬生产同类产品，以边际成本销售，因而没有获得利润），还要讨论为什么伯特兰德的结论使人困惑，并且提出在实践中可以使竞争顺利进行的三个因素。在这一章的后半部分将研究生产能力约束的后果。第 6 章研究重复的价格竞争。第 7 章介绍产品差异化。最后三章研究进入壁垒、容纳、掠夺性行为及退出（第 8 章、第 9 章），以及研发和采用新技术的竞争（第 10 章）。

非合作博弈与策略性行为

我们将以寡头垄断行为构成非合作博弈的模型，其中，每个企业为各自的利益而行动。我们对这些非合作博弈的均衡特别感兴趣。纳什均衡（Nash equilibrium）是博弈论中的基本概念。一个行动集合[1]是纳什均衡，如果在给定其对手行动的条件下，没有一个企业能通过选用其均衡行动之外的行动以增加自身的盈利。比如，以两个企业为例（分析中通常将其一般化为 n 个企业）。企业 i（$i=1$，2）挣得利润$\Pi^i(a_i, a_j)$，这里 a_i 是企业 i 的行动，a_j 是其对手的行动。我们说一对可行的行动处于纳什均衡，如果对于所有的 i 和任何可行的行动 a_i 来说，有

$$\Pi^i(a_i^*, a_j^*) \geqslant \Pi^i(a_i, a_j^*) \tag{1}$$

我们在这里研究的策略是纯策略：每个企业选择一个简单的行动。我们还可以考察混合策略，在那里每个企业随机地从一个行动集合中进行选择。当然，为了使企业 i 愿意从这个不同行动的集合中随机选择，其中所有行动必须提供相同的利润（或是预期利润，如果企业 j 也使用混合策略），而且相对于可行的行动 a_i 来说该利润必须是最佳的。

纳什均衡自然地适用于动态情况，以及信息不完全的情况。我们将首先考察纳什均衡的动态概念（在博弈论的术语中叫作“精炼”）。一旦存在着许多时间段以及任何时间段之间利润或可行行动的集合依赖，这个概念就显得特别重要；也就是说，当行动者在时期 t 作出选择，而这一选择又影响他们的目标函数，或影响他们在未来时期 $t+t'$（在此$t'>0$）的可行选择集时，便会如此。为了确定在时期 t 采取的行动的后果，参与人必须预测，在时期 $t+t'$会发生什么，假如在这一时期开始时其博弈状态是给定的（它要受到他们在时期 t 内采取的行动的影响）。为计算这些预期值，每个参与人都要假定，所有其他参与人都将在时期 $t+t'$执行最优策略。因此动态博弈的解决方案是“后向预期”。例如在一个两期博弈中，我们从求解第二期纳什均衡开始，它是第二期开始时博弈状态的函数（这就是说，在第一期已经发生的事情的基础上来求解）。这意味着，参与人可以决定他们第一期行动的未来后果，因为他们第一期的行动决定着哪种第二期均衡将会接踵而来。这具有这样一种含义：若第一期的行动是给定的，博弈行为的剩余部分就是一个可以预知的结论。因此，当事人选择其第一期行动时，要同时注意两个时期的后果。因此，只要决定对应博弈的纳什均衡就够了。在这个对应博弈中，参与人只在第一期行动，却得到与原两期博弈同样的结果集。所有这些看来颇为抽象，但经过若干举例之后，就会越来越清楚了。

纳什概念也适用于不对称信息的情况。比如，一家企业可能事先有两种可能的成本结构，并且是知道哪一个实现的唯一一方。于是其他各方必须推断这家企业在

每一可能的成本结构情况下如何最优行动。贝叶斯均衡（Bayesian equilibrium）概念确切地表明了纳什均衡是如何被引用于这类情况的。最后，在不对称信息的动态策略中，精炼均衡和贝叶斯均衡的概念可以结合起来进一步扩大纳什均衡的相关性。

由于产业组织的大多数问题可以用少数的博弈论概念予以解答，因此建议读者要对博弈论有基本了解。虽然第二篇内的多数论断可以直观地予以理解，但是熟悉纳什均衡及其引申出来的概念将使读者受益，这和通过优化技术以澄清垄断能力的学习方法是一样的。读者将发现第 11 章在这方面是有用的。

非合作博弈论对于企业间合谋行为的情况是否仍然有效呢？在产业组织中，如在其他领域一样，合谋与非合作行为并不是不相容的。第一，一个利他主义者的目标函数可能体现了另一方的目标。在此情况下，第一方的自身利益是作出帮助另一方的决策（这里，利他主义意味着采取合作行动纯粹出于自身的兴趣）。第二，在缺乏利他主义的情况下，面临斗争的双方如果认为这一斗争将有灾难性的后果，就可能希望改变斗争的规则。签订协议就是达到这一目的的方法。比如，两家共同垄断市场的企业可能同意划分市场，以避免你死我活的竞争。然而，签订协议只是更大的非合作博弈的一个正规的部分。为什么合谋可以从自利的行为出发而形成的理由在产业组织中可能具有有限的有效性。(1) 企业很少被认为是利他主义的。(2) 签订避免竞争的合谋协议常常是违法的。(3) 更为重要的理由是，在一个动态背景下，企业可能想“轻轻一击”，因为一个过分进攻性的行动将引发对方的理性反应或者报复行为。(这一点将在第 6 章中着重讲述，在第 8 章中也有少许论述。) 另外，合谋是明显的。它是优化的非合作博弈行为的结果。[这种类型的合谋，有时候叫作“默契合谋”。]

反应函数：策略补充和策略替代

为了简化，考虑两个企业之间的同时移动博弈。假定每一行动属于实数并假定利润函数 $\Pi^i(a_i, a_j)$ 对行动是两次连续可微的。对于每个企业 i，纳什均衡的一阶（必要）条件是

$$\Pi_i^i(a_i^*, a_j^*) = 0 \tag{2}$$

这里，下标表示偏导数（例如，$\Pi_i^i \equiv \partial\Pi^i / \partial a_i$）。二阶条件是 $a_i = a_i^*$ 给出局部最大值：

$$\Pi_{ii}^i(a_i^*, a_j^*) \leqslant 0 \tag{3}$$

假定每个利润函数在其各自的行动上是处处严格凹的：对所有（a_i，a_j）来说，$\Pi_{ii}^i(a_i, a_j) < 0$，于是二阶条件得以满足，而且进一步，等式（2）所给定的一阶

条件对于纳什均衡也是充分的。于是，纳什均衡就由具有两个未知数的两个方程组成的方程组［式（2)］决定。

我们定义 $R_i(a_j)$ 为给定企业 j 选择 a_j 时企业 i 的最佳行动，则

$$\Pi_i^i(R_i(a_j),\ a_j)=0 \tag{4}$$

根据严格凹性的假定，$a_i=R_i(a_j)$ 是唯一的[2]，并且被称作企业 i 对 a_j 的反应。纳什均衡是一对行动（a_1^*，a_2^*），使得 $a_1^*=R_1(a_2^*)$ 以及 $a_2^*=R_2(a_1^*)$。在这种均衡中，每个企业对其他企业的预计行动作出最优反应。

第二篇的一个重要因素是我们考虑到的各种策略变量的反应函数的斜率的符号。该斜率是对式（4）求微分而得到的：

$$R'_i(a_j)=\frac{\Pi_{ij}^i(R_i(a_j),\ a_j)}{-\Pi_{ii}^i(R_i(a_j),\ a_j)} \tag{5}$$

这样，我们有 $\text{sign}(R_i{}')=\text{sign}(\Pi_{ij}^i)$。$\Pi_{ij}^i$ 是企业 i 的利润函数的交叉偏导数，也就是说，边际利润对对手行动的导数。如果 $\Pi_{ij}^i>0$，则曲线向上倾斜。如果 $\Pi_{ij}^i<0$，则曲线向下倾斜。根据 Bulow，Geanakoplos 和 Klemperer[3]，我们说，如果 $\Pi_{ij}^i>0$，则两个企业的行动策略互补；如果 $\Pi_{ij}^i<0$，则两个企业的行动策略替代。[4]下面我们将看到，价格常常是策略互补的，生产能力常常是策略替代的。

在同时移动博弈中反应函数的构成（如图 2 所示）只不过是一个技术的和阐释性的设计。按照同时选择的定义，一家企业总是在观察到其对手的行动之前选择自己的行动。因此，它不可能作出反应。反应函数所描绘的是，假如了解了对手行动（而实际不知道）企业将要怎样做。除了反应曲线上的纳什点之外，永远看不到别的点。

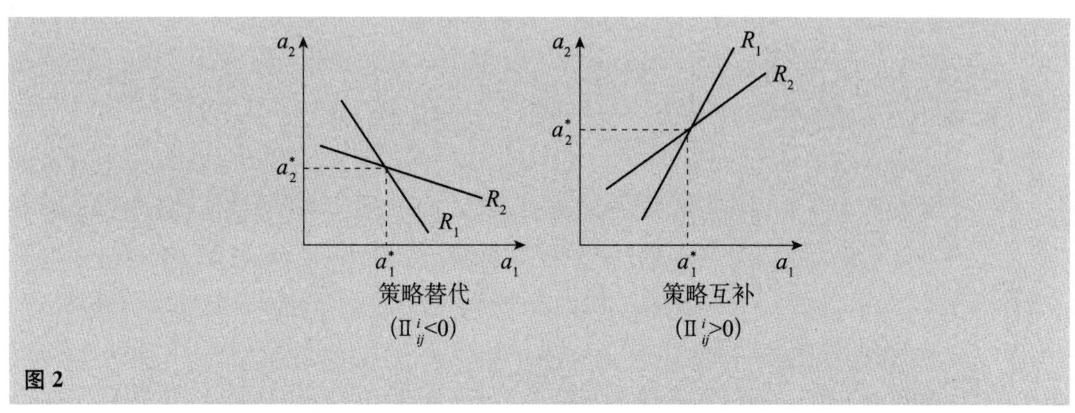

图 2

相反地，反应函数在动态（序贯）博弈中具有实际的经济学内容。比如，企业 i 先选择了 a_i，而企业 j 在选择 a_j 之前看到了这一选择，企业 i 可以用函数 R_j 来计算它的行为变化将如何影响其对手的行为。

注释

[1] 为了使解释简单化，我们不区分行动与策略的区别。要进一步详细了解，请参看第11章。

[2] 我们假定它存在，并且是一个内点解。换言之，走向可行的行动集的边界（例如$-\infty$或$+\infty$），对企业i不是最佳的。

[3] J. Bulow，J. Geanakoplos，and P. Klemperer，"Multimarket Oligopoly：Strategic Substitutes and Complements，" *Journal of Political Economy*，93（1985）：488－511.

[4] 这个名词受需求理论的启发。如果在两种产品之间，一种产品降价使得另一种产品对消费者更有吸引力，则这两种产品是互补的。这里，如果$\Pi_{ij}^{i}>0$，a_j 的下降将导致a_i 的下降。反之，两种产品就是替代的。

第5章 短期价格竞争

价格竞争研究——寡头理论的一个基本部分——是该理论最弱的一环。因而发生了这样的情形：最显著的自然形式化提供的成果有时缺乏说服力。进一步的反思表明，这一形式化在经济学上是幼稚的，要考虑替代的研究方法。

在本章中，我们假定各个企业在市场上“只相见一次”。它们同时并且非合作地索取价格。5.1 节讨论的伯特兰德悖论说明，在这类情况下，即使是寡头企业也会像竞争性企业一样行动——也就是说，对于价格研究来说，行业中的企业数目无关紧要。5.2 节将综述下面两章及其后探讨的三种可替代的研究方法。5.3 节将介绍其中一种研究方法，它是与递减的规模报酬或生产能力约束联系在一起的；它将研究与伯特兰德范例相对立的模型的基础，即数量竞争的古诺模型。古诺模型假定，企业选择数量而不是价格，而且假定拍卖商将选择使供需平衡的价格。这一模型受到了公正的批评。批评的立足点是，不存在这样的拍卖商，因而企业最终还是要选择价格。5.3 节的论点是，古诺竞争可以看作是两阶段博弈，其中，企业首先选择生产能力（或者更一般地说是规模变量），然后再通过价格进行竞争。5.4 节评述了古诺范例的主要特点。5.5 节讨论集中度指数。补充节以关于生产能力约束的价格竞争及古诺模型其他方面的讨论，对 5.3 节和 5.4 节作了补充。

5.1 伯特兰德悖论

为了简化，我们研究双寡头垄断的事例。分析可直接一般化为 n 个企业的情况。假定两个企业生产同样的商品，这种商品是“非差别化的”，在消费者效用函数中是完全的替代物。结果，消费者会从要价最低的生产者那里购买。如果各个企业索取同样的价格，那么我们必须就消费者在它们中间的分配作出假设。我们假定每个企业面对一个等于按共同价格确定的市场需求一半的需求表（这个假定的半数并不是决定性的）。我们进一步假定，企业总是能供应它面对的需求（这个假定在这里也不是决定性的）。市场的需求函数是 $q=D(p)$。各个企业的每单位产量的生

产成本为 c。这样，企业 i 的利润就是：

$$\Pi^i(p_i, p_j) = (p_i - c)D_i(p_i, p_j) \tag{5.1}$$

这里，企业 i 的产出需求表示为 D_i，由下列公式给定：

$$D_i(p_i, p_j) = \begin{cases} D(p_i) & \text{如果 } p_i < p_j \\ \frac{1}{2}D(p_i) & \text{如果 } p_i = p_j \\ 0 & \text{如果 } p_i > p_j \end{cases}$$

总利润

$$\min_{p_i}(p_i - c)D(p_i)$$

不能超过垄断利润

$$\Pi^m = \max_p(p - c)D(p)$$

每个企业可以采取要价高于边际成本的办法以保证获得盈利。因此，任何合理预测必须做到

$$0 \leqslant \Pi^1 + \Pi^2 \leqslant \Pi^m$$

各个企业同时且非合作地选定价格。所谓同时，意味着每个企业在选定自己的价格时还没有看到其他企业的价格。确切地说，企业是在推测其他企业的要价。我们假定它的推测是正确的。价格上的纳什均衡——有时候也叫作伯特兰德均衡——是一对价格（p_1^*，p_2^*），它将使其价格在其他企业给定的条件下，使企业的利润最大化。正式地说，对于所有 i=1，2，并且对于所有 p_i 来说，有

$$\Pi^i(p_i^*, p_j^*) \geqslant \Pi^i(p_i, p_j^*)$$

Bertrand (1883) 悖论指出，在这一独特的均衡中两个企业提出竞争性价格：$p_1^* = p_2^* = c$。其证明如下。考虑这种情况，例如有

$$p_1^* > p_2^* > c$$

那么对企业 1 就没有需求，而且它的利润为零。另外，如果企业 1 索取的价格为

$$p_1 = p_2^* - \varepsilon$$

在这里 ε 是"非常小"的正数，它就得到全部市场需求 $D(p_2^* - \varepsilon)$ 和一个正利润率 $p_2^* - \varepsilon - c$。

因此，如果企业 1 索取价格 p_1^*，它就不能按自身最佳利益进行运作。现在假设

$$p_1^* = p_2^* > c$$

企业 1 的利润就是

$$D(p_1^*)(p_1^*-c)/2$$

如果企业 1 稍微把价格降到 $p_1^*-\varepsilon$，它的盈利就变成了

$$D(p_1^*-\varepsilon)(p_1^*-\varepsilon-c)$$

对小的 ε，这比价格为 p_1^* 时大一些。在此情况下，企业占有市场的份额将以不连续的形式增长。由于没有企业愿意索取低于单位成本 c 的价格（索取最低价的企业将招致负盈利），我们就只剩下两个索取价格 c 的企业。为表明两个索取 c 的企业的情况，假设

$$p_1^*>p_2^*=c$$

于是，不盈利的企业 2 就可以稍微提高它的价格，仍然供应所有的需求并获得正盈利——这就构成了矛盾。

这一简单模型的结论如下：

(1) 企业按边际成本定价；

(2) 企业没有利润。

5

这些结论告诉我们，第 1 章的垄断结果是非常特殊的，甚至双寡头垄断足以恢复竞争。我们可以把这叫作伯特兰德悖论，因为很难相信，即使在一个行业中只有几个企业，也永远不能成功地操纵市场价格以获取利润。[1]

在不对称的情况下（比如说，企业 i 具有不变单位成本 c_i，而 $c_1<c_2$），结论 (1) 和结论 (2) 就都站不住脚了。下述结论就可以确实地表示出来（至于某些技术上的考虑，参看习题 5.1）。

(3) 两个企业都索取价格 $p=c_2$（实际上，企业 1 索取的价格比 c_2 低 ε，以保证它占有整个市场）。

(4) 企业 1 获得 $(c_2-c_1)D(c_2)$ 的利润，而企业 2 得不到利润 [只要 $c_2\leqslant p^m(c_1)$，这里，$p^m(c_1)$ 使 $(p-c_1)D(p)$ 最大化；否则，企业 1 将索取 $p^m(c_1)$]。

这样，企业 1 收取高于边际成本的价格，并且获得正利润，而伯特兰德均衡再也不是福利最优化的了。但是，这个结论还要受到一点扭曲。如果 c_2 接近 c_1，企业 1 只能得到很少的利润，企业 2 则毫无利润可得。

习题 5.1*：证明结论 (3) 和结论 (4)。

5.2　对伯特兰德悖论的解决办法的概述

我们可以通过放宽这一模型的三个决定性假定之一的办法来解开伯特兰德悖论。对此每一点的一般化都可以使价格决策问题更符合实际。第一个问题在 5.3 节

研究。另两个问题在第 6 章和第 7 章研究。在本节，我们将概述可能的解法。

5.2.1 埃奇沃思解法（Edgeworth solution）

Edgeworth（1897）采用生产能力约束条件来解开伯特兰德悖论。根据这一方法，企业不能销售它没有能力生产的产品。为了解这个含义，我们假定企业 1 具有小于 $D(c)$ 的生产能力。$(p_1^*, p_2^*)=(c, c)$ 是否还是一个均衡价格体系？按照这个价格，两个企业都没有利润。假定企业 2 稍微提高价格，企业 1 将面临需求 $D(c)$，这是它无法满足的。在配给思想支配下，一些消费者会去找企业 2。企业 2 就有了价格高于边际成本时的（剩余的）非零需求。因此，它获得了正盈利。于是，伯特兰德解法不再是一个均衡。

为了明确地解答这个均衡，我们必须引入一个关于消费者配给规则的特别假定。作为一般原则，在有生产能力约束的模型中，各企业获得正盈利，而市场价格高于边际成本。现在的关键问题是：这个特点讲得是否恰当？企业是否愿意从一开始就积累资本，直到它可以以边际成本满足整个市场需要？答案是否定的。积累资本是费钱的，而且，如果这种行为不能获得毛利润（即不能收回资本开支）[2]，企业根据自身利益不会这么做。

在某些应用方面，用生产能力约束来证明非竞争性价格的正当是很合理的。例如，设想在一个小镇上有两家旅店的情况。在短期内，这两家旅店不能调整床位数目（即生产能力）。如果它们没有能力单独满足市场需求，那么对它们来说，卷入一场你死我活的竞争是毫无用处的。在长期内，它们不会大大增加其生产能力，因为它们预期在集体生产能力过剩的情况下会有激烈竞争。还要考虑这种情况，即生产一种产品还需要时间上的某种延迟。在很短的时期内得到可供销售数量的产品是无法做到的，因此，在价格竞争时，这也起着约束生产能力的作用。

刚性生产能力约束的存在是规模报酬递减的生产技术的一种特殊情况。在我们前一个例子中，直至约束生产能力之前，边际成本等于 c，之后，边际成本为无穷大。更一般地讲，边际成本可以随产出而上升。除特殊情况（如旅店的例子）之外，一个企业在“有效水平”之外，一般都有增加产量的余地，包括租用额外的机器、现有机器可以更密集地加以利用、投入品可以一经通知即予供应、工人可以超时工作。生产这些额外产品的成本超过了边际内生产成本。但一般说来，这不是无限的。

5.2.2 时间维度

在伯特兰德悖论背后的第二个决定性的假定是这个博弈的“速度”，它常常并不反映经济的实际状况。为了看清这一点，可以考察一下伯特兰德解法的一个决定性条件。特别是，为什么 $p_1=p_2>c$ 不是一个均衡？答案是，例如，企业 1 将会从稍微降低一下价格（如降到 $p_2-\varepsilon$）以及从最终占领整个市场方面受益，那么会发生什么？什么也没发生，因为伯特兰德决定性条件假定参与人只操作一次。企业 2 将失去它所有顾客并将获得零盈利，因为它不会作出反应。事实上，企业 2 很可能会降价，以便重新获得其市场份额。如果我们引入时间维度的概念以及反应的可能性，那么企业 1 能否因降价到 p_2 以下而受益，就不再那么清楚了。企业 1 将把它的短期所得（增加市场份额）与长期价格战中的损失进行比较。第 6 章将表明，在价格战的威胁下，与在伯特兰德均衡中相比，合谋行为更会持续存在。

5.2.3　产品差异化

伯特兰德分析的一个重要假定是，各企业的产品之间要有完美的替代性。消费者对于同等价格的产品并不关心其差别，从而就从要价最低的生产者那里购买。这就构成了一种价格压力。但由于各企业的产品并不完全相同（参看第 2 章关于产品差异化领域的若干描述），这种价格压力就略微得到缓和。于是，企业一般不索取相当于边际成本的价格。例如，考虑销售同一产品而不在同一地点的两家企业。假如企业 1 索取的价格是 $p_1=c$，而企业 2 索取的价格为 $p_2=c+\varepsilon$（ε 是很小的数），它至少仍可保持住一些附近的顾客。对这些消费者来说，价格差别与交通成本所抵消的费用相比还是少的。因此，零盈利价格体系（$p_1=c$，$p_2=c$）就不再是均衡的了。（在消费者对各企业产品的需求互不相干时，产品差异化的极端例子就会出现，那时每个企业将索取其垄断价格。）差异化产品的价格竞争将在第 7 章予以分析。

5

5.2.4　怎样理解伯特兰德分析

伯特兰德竞争由于描述了极端情况而非常有趣。它代表了我们关于尖锐的少数竞争的想法。当然，一般说来，寡头垄断定价会导致在伯特兰德竞争与其他极端情况（垄断）两种结局之间的中间状况。我们对价格竞争的大多数分析将是关于引起强烈或温和竞争的因素的决定作用的。

5.3　规模报酬递减和生产能力约束

5.3.1　配给规则

现在假定两个企业的成本函数都呈现出递减的规模报酬：对所有的 $q_i>0$，$C_i(q_i)$是递增和凸的，$C_i'(q_i)>0$，$C_i''(q_i)\geqslant 0$。

如图 5.1 所示，规模报酬递减的极端例子是如下生产能力约束：生产的边际成本在某个产出 $\bar{q}_i$（称为生产能力水平）时变为无限大。

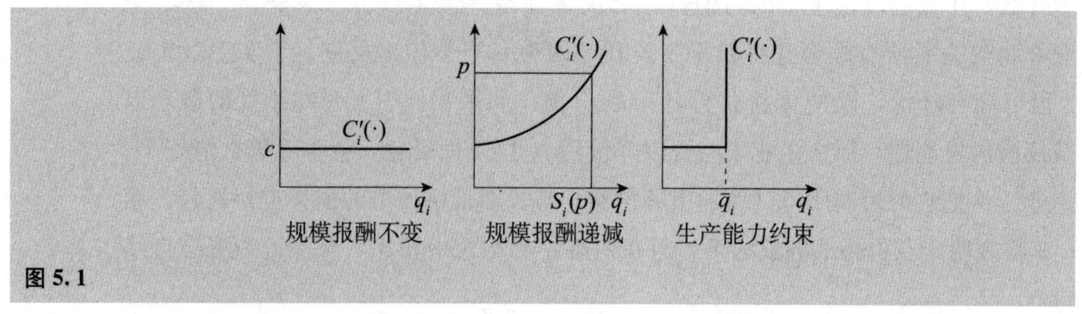

图 5.1

在给定价格 p 的情况下，企业不愿意供给比它的竞争性供给 $S_i(p)$ 多的商品，这个竞争性供给是由下列价格与边际成本的等式定义的：

$$p \equiv C_i'(S_i(p))$$

现在，假定企业 i 索取最低价格 p，并且 $S_i(p)<D(p)$。不是所有想从企业 i 购买的消费者都能买到。因为，根据配给思想，其他企业面对着若干剩余需求。剩余需求函数的正确形式所依赖的那些消费者是由索取低价的企业供应的，也就是依赖于配给规则。

在文献中，通常提出两条配给规则。下面的小节将对源于单位需求的需求函数作出解释。对于个体向下倾斜的需求的解释，留给读者。

令 $p_1<p_2$ 表示两个企业索取的价格。我们令 $\bar{q}_1 \equiv S_1(p_1)$ 表示企业 1 的供应量。[$S_1(p_1)$ 是自定的生产能力约束。]

5.3.1.1 有效配给规则

假定 $\bar{q}_1<D(p_1)$。企业 1 不能满足它的全部需求。有效配给规则为企业 2 预先设定了一个剩余需求函数：

$$\widetilde{D}_2(p_2)=\begin{cases} D(p_2)-\bar{q}_1 & \text{如果 } D(p_2)>\bar{q}_1 \\ 0 & \text{其他} \end{cases}$$

于是，似乎最饥渴的消费者会从企业 1 购买。于是，企业 2 面对的是图 5.2 所示的转化后的需求曲线。

这种配给被称为有效的，因为它使消费者剩余最大化了。特别是，当 $D(p_2)>\bar{q}_1$ 时，消费这一商品的边际消费者对商品的估价为 p_2，这是消费者获得这一商品的边际成本。由有效配给规则描述的剩余需求函数是在下述情况下可以得到的函数，即消费者可以不花成本而转售这种商品（即从事套利）。[3]

有效配给也叫作平行配给，这是由于明显的几何学原因，而且它在需求曲线源于相同的个体向下倾斜的需求曲线且消费者都得到公平配给（即 n 个消费者每人以

价格 p_1 得到 $\bar{q}_1/n$）时才发生。

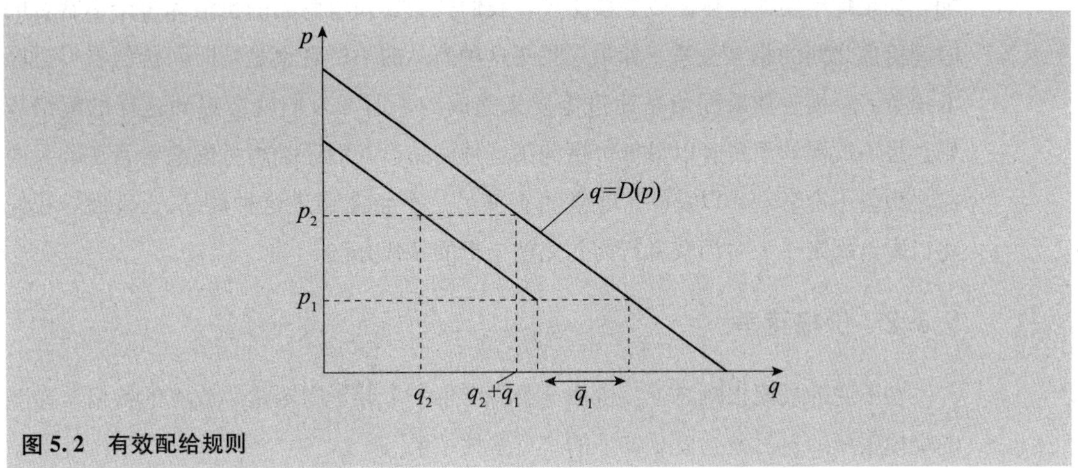

图 5.2　有效配给规则

5.3.1.2　按比例配给规则

按照这一配给规则（也称随机配给规则），所有消费者都有相同的被配给的概率。不能从企业 1 购买的概率是

$$\frac{D(p_1)-\bar{q}_1}{D(p_1)}$$

因此，企业 2 所面对的剩余需求是

$$\widetilde{D}_2(p_2)=D(p_2)\left(\frac{D(p_1)-\bar{q}_1}{D(p_1)}\right)$$

这一规则对于消费者不是有效率的——一些估价低于 p_2（对于购买者而言的商品的边际成本）的消费者会购买这种商品，因为他们通过讨价还价得到了 p_1 的要价（见图 5.3）。在与有效配给规则相比后，企业 2 更喜欢这个规则，因为它的剩余需求在每种价格上都是较高的。

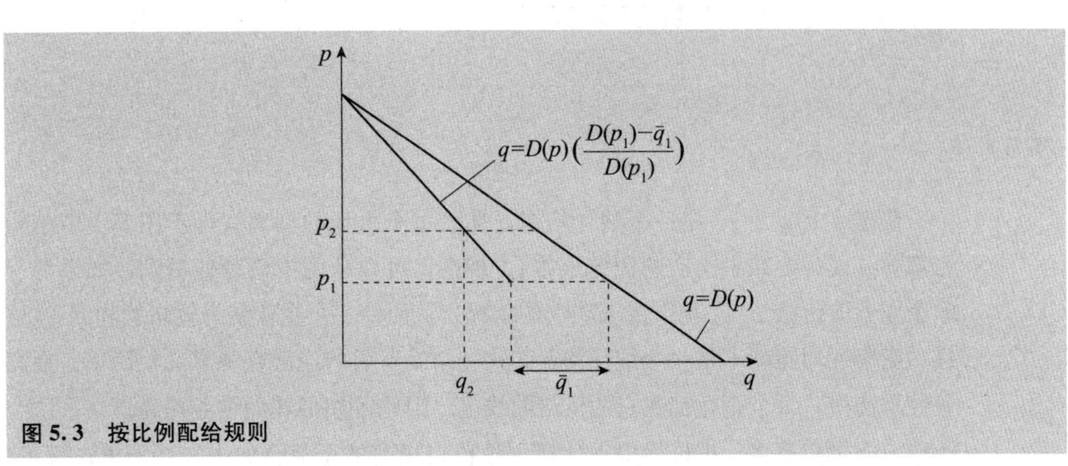

图 5.3　按比例配给规则

当然，还有许多其他可能的配给规则，而最实际的规则无法在抽象中找到。比如，如果配给要通过排队或等候实现，我们就需要知道商品的价值和每个消费者的时间价值之间的相互关系。如果最想买这种商品的消费者也是把时间价值看得最高的消费者，而且如果配给是通过等候来完成的，那么人们就会想到这样的配给规则：最不饥渴的消费者以最低价格购买这种商品。人们还必须考虑消费者在购买商品之后会不会套利，以及一个企业可否从另一个企业购进这种商品。[4]下面，我们将以配给规则作为对消费者行为的完整分析的替代办法。

5.3.2 价格竞争

在不变的规模报酬之下，价格竞争将产生一个等于固定边际成本的价格。递减的规模报酬的自然概括就是如下的“竞争性结果”：

$$p^{*}=C'_{1}(q_{1})=C'_{2}(q_{2})$$

或

$$S_{1}(p^{*})+S_{2}(p^{*})=D(p^{*})$$

5

遗憾的是，若两个企业都索取竞争性价格 p^{*}，一般说来就构不成均衡。比如，考察一下图 5.4 中描绘的对称的边际成本曲线。竞争性均衡价格是 p^{*}，而每个企业的竞争性供给是 q^{*}。这里，配给规则正是有效配给规则，而当另一个企业索取价格 p^{*} 时，每个企业的剩余需求曲线就是图中的虚线。

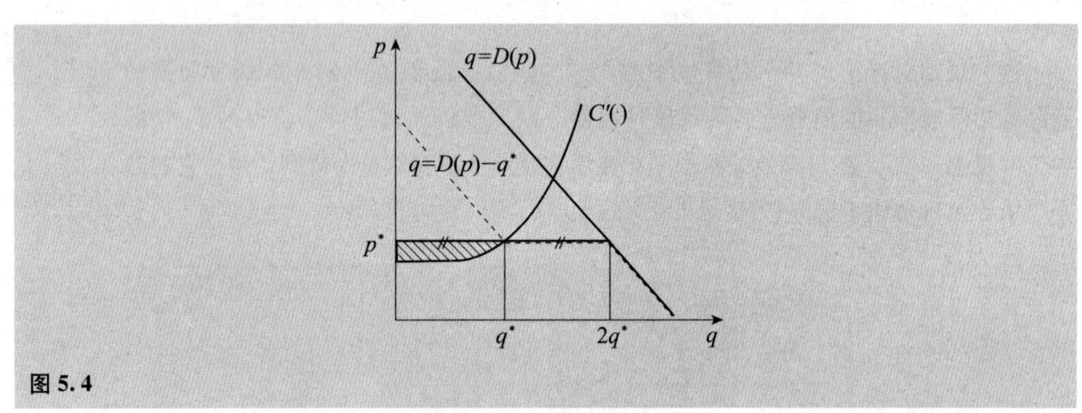

图 5.4

假定 $p_{1}=p_{2}=p^{*}$ 是一个纳什均衡，那么每个企业的利润就等于图 5.4 中的阴影部分（或许要减去生产的固定成本）。现在，可以从图中清楚地看到，如果另一家企业索取价格 p^{*}，就存在 $p>p^{*}$ 的情况，从而使一个企业获得较高的利润。[5]这样，竞争性均衡就不是一个纳什均衡。这一结果背后的经济直观意义很简单。在竞争性均衡中，每个企业都在它的供给曲线上，因此，如果其他企业提高价格，这个企业不会供应更多。把价格提得比竞争性价格稍高的企业会失去一些需求；可是，当最后一个产品以边际成本售出时，这只是二阶效应。而与此同时，在边际单位内卖出时提高价格的企业则实现了利润的一阶增加。

在边际成本递增的情况下，导出这个（或一个）均衡常常是一件复杂的事。特别是，它通常涉及混合策略。[6]但均衡的一个特点是，两个企业的价格都超过竞争性价格。[7]这一特点形式化了下述概念：规模报酬递减常常会缓和竞争。在下述例子中（它与以前对边际成本函数不可微的情况的分析是不一样的），均衡被很好地特征化了（各企业索取市场出清价格）。

5.3.2.1　一个生产能力约束的例子

令需求函数为

$$D(p)=1-p$$

或

$$p=P(q_1+q_2)=1-q_1-q_2$$

这两个企业都受到生产能力约束，因此企业 i 的产出必须满足$q_i\leqslant\bar{q}_i$ 的条件。生产能力 $\bar{q}_i$ 是在进行价格博弈之前以单位成本 $c_0\in[3/4,\ 1]$博弈取得的。为不失一般性，边际生产成本 c（一旦生产能力安置好）在产量低于 $\bar{q}_i$ 时为 0，在产量大于 $\bar{q}_i$ 时趋于∞（比如，生产能力可能与一种事前的生产相对应），有效配给规则在起作用。

我们可以将生产能力限定为小于 1/3，因为企业利润（加上投资成本）在价格博弈中不能超过垄断利润，即

$$\max_p p(1-p)=\frac{1}{4}$$

这样，企业 i 的总利润（减去投资成本）最多是 $1/4-c_0\bar{q}_i$，并且对 $\bar{q}_i\geqslant 1/3$ 来说是负数——不论它们对市场的后果作何种期望，企业根据理性推断不会投资多于 1/3。（从现在起，利润的计算将包括投资成本，除非说明采用了另外的方法。）

假定 $\bar{q}_1$ 和 $\bar{q}_2$ 都属于［0，1/3］区间。我们可以表明两个企业都索取价格

$$p^*=1-(\bar{q}_1+\bar{q}_2)$$

构成一个均衡（这一均衡是唯一的）。在这一价格下两个企业都在市场上“倾销”其生产能力，而消费者并未得到配给。在这里索取较低价格是没有意义的；企业 i 不能供应比 $\bar{q}_1$ 更多的商品，从而只能以较低的价格供应等于其生产能力的产出。

值不值得把价格提高到 p^* 以上呢？企业 i 在价格 $p\geqslant p^*$ 时的利润是

$$p(1-p-\bar{q}_j)=(1-q-\bar{q}_j)q$$

其中，q 是企业 i 以价格 p 销售的数量（注意，由于 $p\geqslant p^*$，故 $q\leqslant\bar{q}_i$）。但是，这后一个利润与把其产出卖给一个拍卖商所实现的利润是一样的，该拍卖商将使供应

等于需求，假定另一个企业供应 $\overline{q}_j$。我们在后面的叙述中将把这种利润叫作古诺利润。其利润函数

$$(1-q-\overline{q}_j)q$$

对 q 是凹的。它在 $q=\overline{q}_i$ 处的导数是

$$1-2\overline{q}_i-\overline{q}_j>0$$

因为 $\overline{q}_i$ 和 $\overline{q}_j$ 小于 1/3，因此，把产出降到 $\overline{q}_i$ 以下（或者，相应地，把价格升到 p^* 以上）不是最优的。

这一研究的结论是，所有情况似乎是这样的：两个企业都把等于其生产能力的产出拿到市场上，而一个拍卖商使供应等于需求。区别只在于各企业自行选择了市场出清价格。由于生产能力 $\overline{q}_1$ 和 $\overline{q}_2$ 在 [0，1/3] 区间，在价格竞争之后各企业的简约型利润函数是

$$\Pi^{ig}(\overline{q}_i, \overline{q}_j)=[1-(\overline{q}_i+\overline{q}_j)]\overline{q}_i \tag{5.2}$$
（包括投资成本）

$$\Pi^{in}(\overline{q}_i, \overline{q}_j)=\{[1-(\overline{q}_i+\overline{q}_j)]-c_0\}\overline{q}_i \tag{5.3}$$
（不包括投资成本）

我们在后面将说到，这种利润函数具有精确的古诺简约型。正如前面解释过的，这些就是可以在下述假定下获得的利润函数：假如企业生产量为 $\overline{q}_i$，并且有一个拍卖商选用了导致市场出清的价格。

习题 5.2*：令需求函数为

$$q=D(p)=1-p$$

假设两个企业（一旦生产能力安置好）的边际成本为零。进一步假设 $\overline{q}_1$ 和 $\overline{q}_2$ 都小于 1/4，根据按比例配给规则，两个企业都索取价格

$$p^*=1-(\overline{q}_1+\overline{q}_2)$$

而且

$$\Pi^{ig}(\overline{q}_i, \overline{q}_j)=\overline{q}_i(1-\overline{q}_i-\overline{q}_j)$$

我们关于大的投资成本的假定意味着要保证小的生产能力。对小的生产能力来说，简约型利润函数具有精确的古诺型，是 Beckman（1967）根据按比例配给的情况得出的结论，也是 Levitan 和 Shubik（1972）就有效配给的情况得出的结论。对于较大的生产能力来说，不存在纯策略均衡（除非生产能力允许每个企业能够以竞争性价格供应全部需求）。因而这一均衡是混合策略的产物。它是由 Beckman（1967）针对按比例配给的情况，以封闭形式计算出来的，也是 Levitan 和 Shubik

(1972) 针对有效配给中对称生产能力的特殊情况，以同样方法计算出来的。Kreps 和 Scheinkman (1983) 针对有效配给中的不对称生产能力，也阐明了混合策略均衡的特点，参看 5.7 节。[8]（揭示不对称情况的特点，对于学习两阶段博弈是重要的，在这一博弈中，允许企业选择不同的生产能力。）

5.3.3 事前投资与事后价格竞争

在上述例子中，价格竞争被归入一种非常简单的类型。每个企业都知道，两家企业都正确地选择了使它们能在市场上倾销其生产能力的价格。正如 Kreps 和 Scheinkman (1983) 已经指出的[9]，这提示我们注意一种两阶段博弈，其中，两家企业同时选定生产能力 $\bar{q}_i$，并且在了解了彼此的生产能力之后，同时选定了价格 p_i。

从我们对两阶段价格博弈特点的认定中，可以随之看到，两阶段博弈与下述的一阶段博弈是一样的。在一阶段博弈中，各企业选定数量 $\bar{q}_i$，而一个拍卖商确定能使市场出清的价格：$p=P(\bar{q}_1+\bar{q}_2)$。这种一阶段博弈的确正是 Cournot (1838) 预见到的数量竞争博弈。[10]古诺常常受到下面的（正确）批评：价格最终是由企业选定的，而不是由拍卖商选定的。两阶段博弈结构的类型可能为古诺进行辩护，因为它引入了生产能力约束概念，并且把古诺利润函数［式 (5.3)］作为包含着随后的价格竞争的简约型利润函数。

Kreps 和 Scheinkman (1983) 曾指出，如果需求函数是凹的，并且配给规则是有效配给规则（但投资成本 c_0 是任选的），则两阶段博弈的结果（生产能力的选择、市场价格）与一阶段古诺博弈是一样的——正如他们的论文所宣称的："数量的预先承诺和伯特兰德竞争将导致古诺结果。"[11]（参看 5.7 节。）

企业先选定投资决策然后进行价格竞争的两阶段博弈的概念并不限于生产能力的选择。的确，在第 7 章和第 8 章中，我们将研究两阶段博弈，其中投资决策涉及对产品空间（例如对地址）的选择。这些博弈也将具有同样的特点。比如，我们将看到，企业在选择一个地址时，将试图与其他企业有所区别，以免发生与完全可替代产品相联系的密集的伯特兰德竞争。（同样，各企业在此也要避免积累"过多的生产能力"，以缓和价格竞争。）这样的两阶段博弈是有吸引力的，因为它使下述概念形式化：投资决策一般要在价格决策之前作出（或者说这些是长期或中期抉择，而价格是可以灵活决定的）。

5.3.4 讨论

正如前面指出的，两阶段博弈的用意在于传达如下概念：价格竞争是竞争的最后阶段，以及对规模的决策必须在企业进入市场之前作出。当然，在企业在需求正在或已经形成时就能生产的情况下，第二个条件无法被满足。但是，事先对规模的选择在一些情况下可能是合理的。比如，关于旅店的例子，就是以下列事实为基础的，即旅店不能随需求函数的变化很快地调整其生产能力。同样，街头小贩销售易腐食品，第一步是去买一定数量的食品（生产能力），第二步才是卖掉这些食品的一部分或全部。

古诺竞争基础的、有趣的潜在后果有两个：

一是精确的古诺简约型。生产能力约束的价格博弈将产生与古诺利润函数一样的简约型利润函数，其中数量被解释为生产能力。

二是两阶段博弈中的古诺结果，两阶段（先是生产能力后是价格）博弈的均衡与古诺均衡是重合的，其中数量被解释为生产能力。

第一个结果隐含着第二个结果，而且不像第二个结果那样，它允许对古诺竞争的变量（比如为选定生产能力而用的序贯时间）进行分析。重要的是，要认清这些结果须依赖于特强假设。例如，Davidson 和 Deneckere（1986）就表明，如果投资成本 c_0 小，配给规则即使稍微不同于有效配给规则，也不能产生古诺结果。这个结果的产生还归因于缺少跨期价格竞争（参看第 6 章）和产品差异化（参看第 7 章）。[12]

5

另外，即使这样的结果在这一简单的结构中能出现，在使用简约型论点来证实古诺竞争适用于更一般的结构时，也必须小心行事。这一点在下面的简单模型中即可看到。在那里，企业的行动向它的对手发出了信号。正如我们将在第 9 章中看到的，企业可能从对手的行动中猜测有关成本结构或需求水平的信息。这样，一阶段数量博弈与两阶段数量（生产能力）和价格博弈的结果就会不同，因为作出猜想的能力会由于行动类型之间的差别而不同。（在一阶段博弈中，一个企业传递的信息与两阶段博弈中传递的信息是不同的。）在本书的现阶段，这个问题可能看起来有些含混不清。读者可以在读完后面的章节之后，再回过头来研究这个问题。这里的寓意在于：为古诺模型两阶段“辩护”背后的假定，与把这一理论应用于任一给定的情况所得结果不一定一致。特别是在把两阶段博弈折叠成一个简约型博弈并不消除两阶段博弈的特点这个方面（例如，企业可能从对手的行为中得出的推断的类型），必须小心行事。

另一个说明是：如我们以前注意到的，在大多数情况下，企业并未面对刚性的生产能力约束。由投资选择导出的成本函数没有呈（逆转的）L 形。也就是说，一般不存在对古诺利润函数中的产出变量有任何意义的“生产能力水平”。

那么，这一节的分析留给我们什么呢？有以下三点。

第一，在某些极端情况下，传统的古诺模型的预测和福利结果（参看 5.4 节和 5.7 节）可以有坚实的基础。总而言之，在投资成本 c_0 高的情况下，精确的古诺简约型和古诺产生的结果看来更易确立。一个高 c_0 将在第一期（事前）成本与第二期（事后）成本之间造成差异，从而创造一种事后倾销现有生产能力（如采用市场出清行为）的较高愿望。

第二，两阶段博弈阐明了如下观点：企业可能愿意选择缓和价格竞争的非价格行动（在这里，每个企业以决定限制其生产能力作为以后不选定较低价格的承诺）。[13]这个看法比特殊情况更具有普遍意义。我们在第 8 章中将进一步详细论述。

第三，在许多关于（描述性的）古诺竞争的应用中，以精确的古诺简约型写出利润函数并非决定性的。古诺竞争的主要特点是，企业 i 的利润对该企业及其对手的行动的交叉偏导数常常是负的（策略替代）。这一特点在 Kreps-Scheinkman 假设下是成立的（在纯策略范围，对一个凹需求函数来说）：

$$\frac{\partial^2 \Pi^i}{\partial \bar{q}_i \partial \bar{q}_j} = \frac{\partial^2((P(\bar{q}_i + \bar{q}_j) - c)\bar{q}_i)}{\partial \bar{q}_i \partial \bar{q}_j} = P' + P'' \bar{q}_i < 0)$$

并且，它对于精确的古诺型无效的模型也可能成立——虽然保证生产能力的确是策略替代的精确的假设还有待确定。

更一般地说，我们所说的数量竞争的真正含义是：规模的选择决定企业成本函数，从而也决定价格竞争的条件。对规模的选定可以是生产能力的选定，也可以是更一般的投资决策。

为了举一个这种推理的例子，我们超前一步，在第 7 章中，我们将考察位于一条线上的一个空间多样化模型的两端的两个企业的价格竞争。（为了解这一布局，参看第 2 章）。假设这一线段的长度为 1，多样化参数为 t，两个企业面对的不变生产成本为 c_1 和 c_2，我们将证明在价格竞争下，简约型利润函数如下：

$$\Pi^i(c_i, c_j) = (t + \frac{c_j - c_i}{3})^2 / 2t$$

现在考虑第一阶段博弈，其中，企业"选定其单位成本"——也就是说，企业选定金融投资水平 I_i，它决定着事后单位成本 $c_i(I_i)$ ［注意 $c'_i(\cdot) < 0$］。这些投资（或最终单位成本）可以看作规模变量，并且它们满足下列策略替代条件：

$$\partial^2 \Pi^i / \partial I_i \partial I_j < 0 \qquad (\partial^2 \Pi^i / \partial c_i \partial c_j < 0)$$

5.4　传统的古诺分析

我们现在来分析该一阶段博弈，其中，两企业同时选择它们的数量（了解自己的生产能力）。我们可以使用一般的简约型利润函数 $\Pi^i(q_i, q_j)$，也可以使用精确的古诺型：

$$\Pi^i(q_i, q_j) = q_i P(q_i + q_j) - C_i(q_i)$$

5

（参看 5.3 节中关于这一精确形式的说明。）

在给定另一个企业选定数量的情况下，每个企业都要使它的利润最大化。假定利润函数 Π^i 对 q_i 是严格凹的，并且是两次可微的，我们就得到下列方程式：

$$q_i = R_i(q_j) \tag{5.4}$$

其中，R_i 是企业 i 的反应曲线：

$$\Pi_i^i(R_i(q_j),\ q_j) = 0$$

回想一下第二篇引言，如果我们假定企业 i 的边际利润随另一个企业生产的数量的增加而递减，那么反应函数就是向下倾斜的。均衡数量在图 5.5 中是以两条反应曲线的交点来确定的。当然，这样的交点不一定是唯一的；在后一种情况下，我们会有多个均衡。

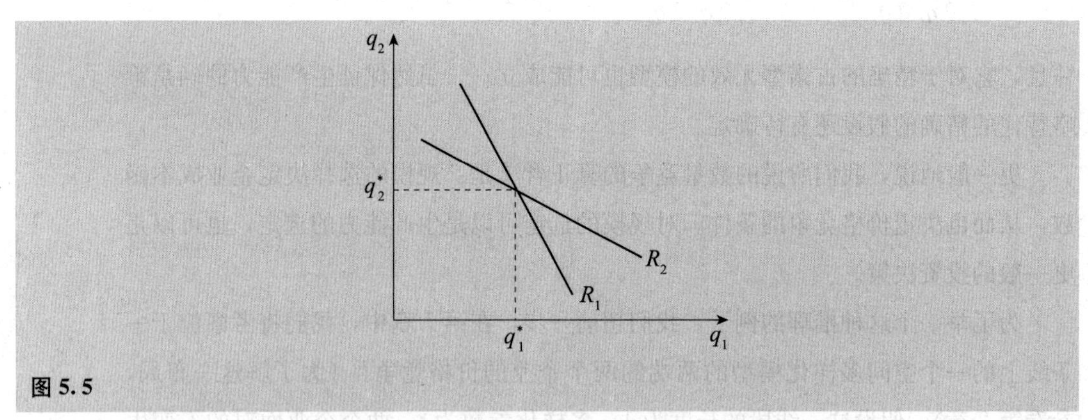

图 5.5

更具体地说，我们来考察精确的古诺型利润最大化的一阶条件：

$$\Pi_i^i = P(q_i + q_j) - C_i'(q_i) + q_i P'(q_i + q_j) = 0 \tag{5.5}$$

这有一个简单的解释。前两项是产出的一个额外单位带来的利润量，它等于价格与边际成本之差。第三项代表这一额外单位对边际内单位利润量的影响。额外单位造成了价格下降 P'，这又影响了已经生产出的 q_i 单位。式（5.5）与从一个竞争性企业和一个垄断企业所得的公式类似。对一个竞争性企业来说，不存在第三项，因为它太小，不足以影响市场价格；对于一个垄断企业来说，q_i 等于全行业的产出。

前面的比较实际上说明了各企业之间的负外部性：在选择其产出时，企业 i 把市场价格变化对自己的产出的不利影响计算在内，而不是考虑其对总产出的影响。因此，每个企业都企图选择一个超过从全行业看是最佳产出的产出量[14]（但这当然不是从福利观点出发的）。这样，市场价格将比垄断价格低，而且总利润低于垄断利润。式（5.5）的另一个有趣的结果是，除非是对称的情况，否则古诺均衡并不能使边际成本均等。这不仅是因为产量太小，也是因为行业的生产成本没有最小化。

式（5.5）可以写为

$$L_i = \frac{\alpha_i}{\varepsilon} \tag{5.6}$$

其中，

$$L_i \equiv \frac{P - C_i'}{P}$$

是企业 i 的勒纳指数（价格成本差额率），

$$\alpha_i \equiv \frac{q_i}{Q}$$

是企业 i 的市场份额（$Q \equiv q_i + q_j$），

$$\varepsilon \equiv -\frac{P'}{P}Q$$

是需求弹性。因此勒纳指数与企业的市场份额呈正比，而与需求弹性呈反比。这个指数是正数，也就是说，企业以超过边际成本的价格出售商品。因此，古诺均衡并非社会有效的。

对于企业目标函数的凹性和交叉偏导数符号的一个技术性提示如下：从式（5.5）我们得到

$$\Pi_{ii}^i = 2P' + q_i P'' - C_i'' \tag{5.7}$$

$$\Pi_{ij}^i = P' + q_i P'' \tag{5.8}$$

记住 $P' < 0$。为使目标函数成为凹的（$\Pi_{ii}^i < 0$），只要满足企业成本为凸的（$C_i'' \geqslant 0$）和逆需求函数为凹的（$P'' \leqslant 0$）这两个条件就足够了。后一个假定对于使数量实现策略替代（$\Pi_{ij}^i < 0$）是充足的条件。这两个假定对于诸如线性需求（$P'' = 0$）和不变规模报酬是被满足的。要进一步了解目标函数的凹性和古诺均衡的存在，可参看 5.7 节。

在线性需求和成本的情况下，古诺均衡是容易推导出来的。假设 $D(p) = 1 - p$［或 $P(Q) = 1 - Q$］和 $C_i(q_i) = c_i q_i$，则反应函数是

$$q_i = R_i(q_j) = \frac{1 - q_j - c_i}{2}$$

于是，古诺均衡由下式给定：

$$q_i = \frac{1 - 2c_i + c_j}{3}$$

其利润为

$$\Pi^i = \frac{(1-2c_i+c_j)^2}{9}$$

企业的产出随其边际成本的上升而下降。更有趣的是，它随竞争对手的边际成本的上升而上升。这是因为，较高的 c_j 使企业 j 减少生产，这使得企业 i 面对的剩余需求上升，从而鼓励它多生产。

这种一个企业的产出随边际成本的上升而下降，随其竞争对手的边际成本的上升而上升的情况，在下列两个条件可以被满足时，可以通过更通用的需求和成本函数获得。这两个条件是：(1) 反应曲线向下倾斜（数量是策略替代的）；(2) 反应曲线只相交一次（存在唯一的古诺均衡），并且在 (q_1, q_2) 空间，R_2 的斜率（绝对值）小于 R_1 的斜率（绝对值）。[15]

容易证明，企业边际成本的上升会使企业的反应曲线下移。为说明这一点，回想一下第 1 章所说的，垄断企业的价格（数量）随企业边际成本的上升而上升（下降）。但是在双寡头垄断情况下，对于给定的产出 q_j 来说，企业 i 在剩余需求曲线 $P(\cdot+q_j)$ 上是一个垄断者。因此，第 1 章的证明是适用的，企业 i 在给定 q_j 情况下的最优产出是其边际成本的递减（更确切地说，非递增）函数。这一结果是非常一般的；(1) 和 (2) 等条件都不要求被满足。（希望读者把这个论断完整地思考一遍，可作为一次练习。）

5

图 5.6 描绘了满足 (1) 和 (2) 两个条件的反应曲线，以及企业 1 的边际成本上升的影响。企业 1 的均衡产出减少了，而企业 2 的均衡产出增加了。

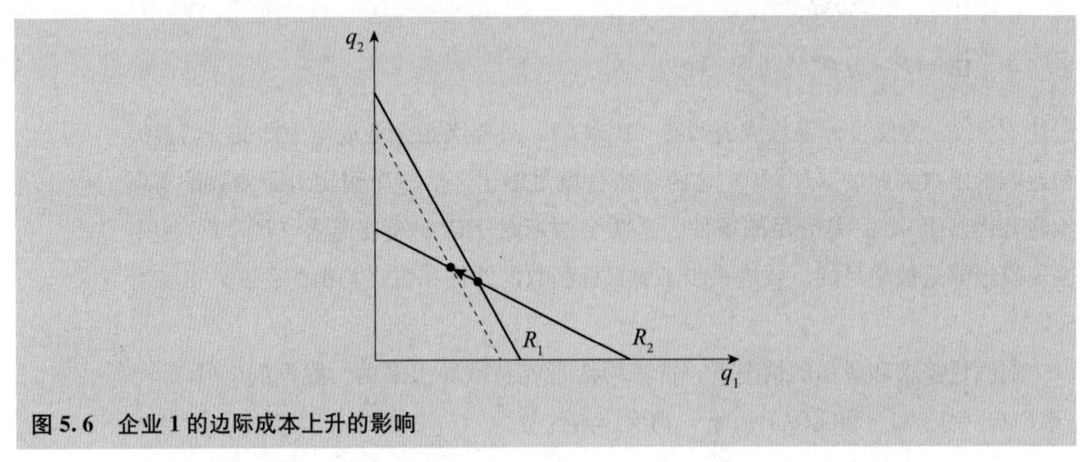

图 5.6 企业 1 的边际成本上升的影响

这些结果可以直接一般化到 n 个企业的情况。令

$$Q \equiv \sum_{i=1}^{n} q_i$$

式 (5.5) 就变成

$$P(Q) - C_i'(q_i) + q_i P'(Q) = 0 \tag{5.9}$$

企业 i 的勒纳指数仍然等于它的市场份额与需求弹性之比。例如，对于线性成本和需求的对称情况有

$$P(Q)=1-Q$$

$$C_i(q_i)=cq_i$$

对于所有的 i（在 $c<1$ 的情况下）来说，式（5.9）变为

$$1-Q-c-q_i=0 \tag{5.10}$$

对于这一对称模型，均衡是对称的；对 $Q=nq$ 来说，这里 q 是每个企业的产出。于是，我们得到

$$q=\frac{1-c}{n+1} \tag{5.11}$$

市场价格是

$$p=1-nq=c+\frac{1-c}{n+1} \tag{5.12}$$

每个企业的利润是

$$\Pi=\frac{(1-c)^2}{(n+1)^2} \tag{5.13}$$

市场价格和每个企业的利润随企业数目的增加而减少。而且，由于市场价格随 n 的增加而减少，总利润 $n\Pi$ 也同样减少。的确，在企业数目变得很大（$n\to\infty$）时，市场价格将趋向于竞争性价格 c。因此，在存在大量企业的情况下，古诺均衡就接近于竞争性（均衡）。这是很自然的，因为每个企业对价格的影响是很小的，因而它们都像是一个价格接受者。

要进一步了解收敛为竞争性均衡的问题，以及关于古诺均衡的存在性与唯一性的讨论，请参看 5.7 节。

习题 5.3*：行业中有三个相同的企业。需求为 $1-Q$，其中 $Q=q_1+q_2+q_3$，边际成本为零。

（1）计算古诺均衡。

（2）阐明如果三个企业中有两个合并（变成了双寡头行业），企业的利润减少。

（3）如果三个企业合并，将发生什么情况？

（4）** 如果各企业进行价格竞争并且出售多样化产品，两个企业合并是否有利可图？（给出直观解释，并且假定价格是策略互补的。）

习题 5.4*：探讨一个生产同类产品的双寡头垄断的情况。企业 1 以 1 单位劳动力和 1 单位原料生产 1 单位产品。企业 2 以 2 单位劳动力和 1 单位原料生产 1 单位产品。劳动力和原料的成本分别为 w 和 r。需求是 $p=1-q_1-q_2$，各企业进行数量竞争。

5

(1) 计算古诺均衡。

(2) 阐明企业 1 的利润不受劳动力价格(在某些范围内)的影响。采用包络定理精确地证明这一点并予以解释。

习题 5.5*: 这个习题要说明具有多个市场的企业所面临的策略思考。这个问题是由 Bulow 等(1985)中提出的更一般的理论引出的。

市场上有两个企业。它们以成本 $C(q)=q^2/2$ 生产完全可替代的产品。需求为 $p=1-(q_1+q_2)$。

(1) 计算古诺均衡。

(2) 现在假设企业 1 有机会在其他市场上销售同样的产品。在这个市场上卖出的数量为 x_1,于是企业 1 的成本是 $(q_1+x_1)^2/2$。第二个市场的需求是 $p=a-x_1$。考虑这样的古诺博弈:其中企业 1 选择 q_1 和 x_1,同时企业 2 选择 q_2。表明在 a 的适当区间内,$q_1=(2-a)/7$,$q_2=(5+a)/21$。在 $a=1/4$ 的情况下,a 的微小上升将损害企业 1。(运用包络定理)予以说明。

5.5 集中度指数与产业盈利能力

伯特兰德模型和古诺模型是关于生产同样产品的寡头垄断企业之间非重复的相互作用的基本模型。正如我们在下面各章中将要发展的模型那样,它们给出的价格、数量、利润和消费者剩余是成本结构、需求函数和企业数目的函数(除非后一个变量通过市场进入选择而内生化,如第 7 章所说的那样)。在实际中,对市场价格的观察(若这种观察存在)很少能告诉我们相关行业的竞争状况,除非我们观察到具有相同成本结构的各行业(比如,在不同地理位置的市场)的价格,或者我们观察到行业价格的时间模式(参看第 6 章),或者我们能够准确地衡量企业的边际成本。更为现成的信息变量是利润率和企业的市场份额。

长期以来,产业组织经济学家就想把企业间的市场份额的分布概括成单一的指数,以用于计量经济学和反托拉斯的分析。这样的综合指数叫作集中度指数。以 $\alpha_i \equiv q_i/Q$ 代表企业 i 的市场份额(其中,$i=1, \cdots, n$,$\sum_{i=1}^{n} \alpha_i = 1$),下面是一些集中度指数的例子。

- m-企业集中度($m<n$),它把行业中的前 m 高的份额加起来:

$$R_m \equiv \sum_{i=1}^{m} \alpha_i$$

(排列企业使得 $\alpha_1 \geqslant \cdots \geqslant \alpha_m \geqslant \cdots \geqslant \alpha_n$。)

- 赫芬达尔(Herfindahl)指数,它等于各市场份额的平方和[16]:

$$R_{\mathrm{H}} \equiv \sum_{i=1}^{n} {\alpha_i}^2$$

● 熵指数，它等于市场份额与其对数乘积之和：

$$R_e \equiv \sum_{i=1}^{n} \alpha_i \ln\alpha_i$$

当然，这样的指数必须与我们的集中度概念有关。Encaoua 和 Jacquemin（1980）对“可容许的”集中度指数作了公理化的推导。他们要求一个集中度指数 $R(\alpha_1, \cdots, \alpha_n)$ 满足下列特点：企业之间必须对称（不受企业间市场份额排列的影响）；它必须满足洛伦茨条件（一个均值保留展型）[17]，即市场份额分布向两边扩散，使 R 上升；以及当企业数由 n 增加到 $n+1$ 时，对称企业的集中度必须降低，也就是

$$R\left(\frac{1}{n}, \cdots, \frac{1}{n}\right) \geqslant R\left(\frac{1}{n+1}, \cdots, \frac{1}{n+1}\right)$$

他们表明，能满足这些特殊条件的集中度指数族将采取下列形式：

$$R(\alpha_1, \cdots, \alpha_n) = \sum_{i=1}^{n} \alpha_i h(\alpha_i)$$

这里，h 是一个任意的非递减函数，使得 $\alpha h(\alpha)$ 是凸的。赫芬达尔指数和熵指数是两个这类指数［相应地，$h(\alpha)=\alpha$，$h(\alpha)=\ln\alpha$］。m-企业集中度也能满足这些特殊条件，虽然它不属于这个族。

5

虽然上述要求看来是合理的，但它们并没有告诉我们，制定集中度指数有什么作用。它们能否作为衡量尺度或政策评估的有用的经济变量？一个可能性是，它们与行业的盈利有关。的确，Bain（1951，1956）曾假设，集中便利了企业之间的合谋，并且会增加全行业的利润。这里，我们不能评价这一看法中的合谋部分（主要是动态的），但是，我们已经能够在伯特兰德和古诺的静态模型中看到集中度与行业利润之间的联系了。大部分横截面分析实际上将注意力集中于集中度指数和利润率的关系上。[18]

我们首先考察具有相同市场份额的对称企业。唯一合理的对集中度的衡量尺度等价于行业中的企业数目［也就是说，集中度指数随行业中企业数目的增加而减小，例如，$R_m=m/n$，$R_H=1/n$，$R_e=\ln(1/n)$］。伯特兰德模型告诉我们，市场价格和行业盈利与行业中的企业数目无关。这样，盈利与集中度就没有关系。古诺模型则展示出企业数目与盈利呈负相关关系（参看 5.4 节）。[19]

当各个企业存在不对称的市场份额时（比如说，由于成本的差异），就不再存在对集中度的明确的衡量尺度。在某些简单的案例中，行业盈利率与一个简单的集中度指数有关。比如，根据 Cowling 和 Waterson（1976），假定各企业具有不变的边际成本 $C_i(q_i)=c_i q_i$，并且它们进行数量竞争，全行业利润就是

$$\Pi = \sum_{i=1}^{n} \Pi^i = \sum_{i=1}^{n} (p-c_i)q_i = \sum_{i=1}^{n} \frac{p\alpha_i q_i}{\varepsilon} = \frac{pQ}{\varepsilon}\left(\sum_{i=1}^{n} \alpha_i^2\right) \tag{5.14}$$

这里使用了式（5.6）的勒纳指数。进一步假定，消费者将其收入的一个固定部分用于该商品——也就是说，他们的需求弹性 ε 等于 1：$Q=k/p$，其中，k 是一个正的常数。于是，我们得到

$$\Pi = k(\sum_{i=1}^{n} \alpha_i^2) = kR_{\mathrm{H}} \tag{5.15}$$

于是，赫芬达尔指数产生了行业利润率的正确的衡量尺度（以比例常数）。

习题 5.6*：（1）证明在规模报酬不变和古诺竞争的情况下，全行业利润与全行业收入之比等于赫芬达尔指数除以需求弹性。

（2）证明在古诺竞争情况下，“平均勒纳指数”（$\sum_i \alpha_i L_i$）等于赫芬达尔指数除以需求弹性。

本章提示我们，企业间固有的不对称性看来会既造成高集中度指数，又造成高行业盈利率。的确，Demsetz（1973）提出了这一论断，以其作为 Bain 关于两个变量之间正相关关系的假设的非合谋性替代原因。比如，在存在不变边际成本的伯特兰德竞争中，成本最低的企业索取等于次低成本的价格，占领了整个市场（产生可能是最高的集中度指数，无论选择能满足 Encaoua-Jacquemin 公理的什么指数），并且获得正利润。在各企业对称的情况下，集中度一般不会如此高，并且没有盈利。下面的习题也提供了一个（古诺的）例子，其中，成本不对称者之间的外生增长会构成集中度指数与行业盈利的正相关关系。

习题 5.7*：假设需求是线性的（$Q=1-p$），并且存在着不变成本为 c_1 和 c_2 的两个企业，且 $c_1+c_2=2c$（其中，c 是一个常数）。证明：当企业变得更不对称（c_i 更偏离 c）时，古诺竞争将提供较高的集中度指数和较高的利润率。

我们不再探究 Demsetz 结论的一般性。[要进一步了解 Demsetz 的论断以及某些验证，可参看 Schmalensee（1987）。] 对上述例子中正相关关系的直观认识是清楚的：成本的不对称导致了产出的不对称，使得集中度指数上升。同时，这使得低成本企业享受了租金，从而增加了全行业利润。

人们还要研究集中度与福利的关系。在对称的情况下，对伯特兰德竞争来说，企业的数目与福利无关，而对古诺竞争来说，这却与福利成正相关关系。在各企业不对称的情况下，对任何一种竞争来说，一个给定的集中度指数都无须以对称的方式与福利发生关系（同样，也无须以对称的方式与盈利率发生关系）。

习题 5.8*：Dansby 和 Willig（1979）曾建议，考察一下企业产出的小变化对总剩余量（消费者剩余加上行业利润）的效应。由于某些非明确的理由，假定企业 i 的产出由 q_i 增加到 $q_i+\delta q_i$（对所有 i）。

（1）证明总剩余量的变化 δW 等于

$$\sum_{i=1}^{n} (p - C_i')\delta q_i$$

（2）假设一个变化 $\delta q = (\delta q_1, \cdots, \delta q_n)$ 必须小于欧几里得范数中一个给定的数

$$\sum_{i=1}^{n} (\delta q_i)^2 \leqslant k$$

证明就古诺竞争来说，和这一变化相联系的上限 δW 与赫芬达尔指数的平方根成正比。

当揭示某行业竞争性如何时，集中度指数提供了一种容易计算和解释的指标。但是，它们在评估成本、需求或政策变化方面，与使人感兴趣的经济变量没有系统性的关系。另外，它们是内生的，因此它们不允许以因果关系方式来解释对相关关系的简单观察。

5.6　结束语

根据伯特兰德的观点，即使是几个企业之间的价格竞争，也会产生竞争性的（社会最优的）结果。然而，当企业面对边际成本（在极端情况下，受生产能力约束）急剧上涨时，当它们重复竞争时，或者当它们实行产品多样化时，竞争会缓和下来。

5

如果各企业在价格竞争之前选定其生产能力，根据强假定，它们事后将选择拍卖商为实现市场出清而选定的价格（即把需求调整到适应现有生产能力的水平）。这一结果为古诺模型提供了若干基础。在古诺模型中，在数量被重新解释为生产能力的情况下，各企业选定数量，而拍卖商随后选定一个价格，以达到市场出清的目的。因此，伯特兰德模型与古诺模型不应被看作对于给定市场上的竞争结果作出互相矛盾的预测的对立的模型。（毕竟，大多数企业常常是进行价格竞争的。）确切地说，它们的意图是对具有不同成本结构的市场进行挑选。伯特兰德模型可能比较适合具有相当平稳的边际成本的行业；而古诺模型对于具有急剧上升的边际成本的行业可能更好一些。

当用生产能力约束的存在来评价古诺模型时，必须小心谨慎。评价的有效性必须在每个模型中进行检验。

数量竞争更一般地被看作选择规模的竞争，其中，企业对规模的选择决定着它的成本函数，从而决定着价格竞争的条件。

5.7　补充节：数量竞争

5.7.1　传统的古诺分析：存在性、唯一性和限制行为

这一小节对于第 5 章中探讨过的一阶段古诺模型（非价格竞争）涉及的技术分

析和研究提供了一个不完全的叙述。

5.7.1.1 纯策略均衡的存在

纯策略均衡具有引人关注的特点。第一，它简单；第二，在观察了其他企业的选择之后，没有企业会事后后悔。因此，即使企业可以改变它们的生产能力，也没有企业想作进一步的调整。混合策略均衡要求企业不能够调整其生产能力（即使是上调），因为一个企业实现的生产能力相对于其他企业的生产能力可能不是最优的。因此，它们对调整的可能性更敏感。纯策略均衡的存在在研究者中间引起了更多注意。为此，历史上曾经考虑过两套假定。我们将考虑纯策略均衡在两个企业情况下的存在性；这还可以直接被引用于对更多企业的推理。为了简单化，我们还假定利润函数是两次连续可微的。

第一个研究方案假定每个企业的利润函数对其自身的产出是凹的［参看 Szidarovszky 和 Yakowitz (1977)］。根据本书的分析我们知道，其充分条件是，成本函数为凸的[$C_i''(q_i)\geqslant 0$]，而需求函数为凹的（$P''\leqslant 0$）。根据凹利润函数，可以描述连续反应函数$R_i(q_j)$。[20] 为了确保反应函数相交，可以设定下述技术条件：对于所有 i，有

5

$$P(0) > C_i'(0)$$

若企业已是垄断者，它至少愿意生产一个小的数量，而且

$$R_j^{-1}(0) > R_i(0) = q_i^{\mathrm{m}}$$

（企业 i 诱使企业 j 不生产的产量超过企业 i 的垄断产出）。这些条件以及涉及自身产出的利润函数的严格凹性，在不变边际成本“不太高”的情况下，可以满足线性需求和不变边际成本。均衡的存在性如图 5.7 所示。[21]

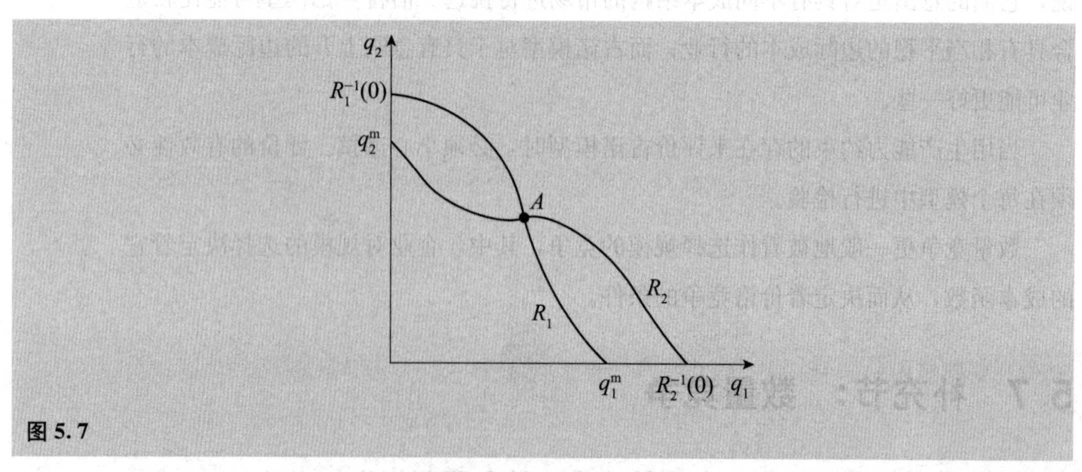

图 5.7

评论 纯策略古诺均衡的存在对于拥有大量企业的行业不是一个问题。为了直观地看清这一点，回想一下，Π^i 的二阶导数是

$$q_iP''(Q)+2P'(Q)-C_i''(q_i)$$

假设 $C_i''\geqslant 0$，并假设（如本书中的例子）增加企业数目以保持需求不变，以及总产出向竞争性产出收敛，于是，$P'(Q)$ 就收敛于严格为负的常数。如果 q_i 收敛于零（如本书中的例子），Π^i 显然是严格凹的，前面的存在性结果就可以适用。若 q_i 不收敛于零，而且竞争性均衡通过消费方面的复制，或者另行通过缩小最有效规模（参看 5.7.1.3 小节）而获得，则需要做更多的工作以取得这种类型的结果。Novshek 和 Sonnenschein（1978）指出，对于他们的模型来说，存在一个古诺均衡，其中当经济被复制时，采用混合策略的企业的比例将收敛于零。[22]

遗憾的是，利润函数不一定都是凹的。特别是，如果需求函数是“充分凸的”，它可能就不是凹的。[参看 Friedman（1983）及 Roberts 和 Sonnenschein（1977），以了解关于利润函数的凹性，以及甚至在凸性成本情况下纯策略均衡的存在性。] 如果利润函数为非凹的，反应函数不一定是连续的（可能包含跳跃）。第二种研究方法（McManus，1962，1964；Roberts and Sonnenschein，1976；Vives，1985）证明了具有凸成本函数的对称企业均衡的存在性。其关键在于证明凸成本的假定意味着反应函数中的跳跃（这对所有企业都一样）是跳升。[23] 如图 5.8 所示，只有当你在证明存在一个产出 q 使得 q 成为其本身的最优反应（对称的纯策略均衡）时，跳落才是问题。

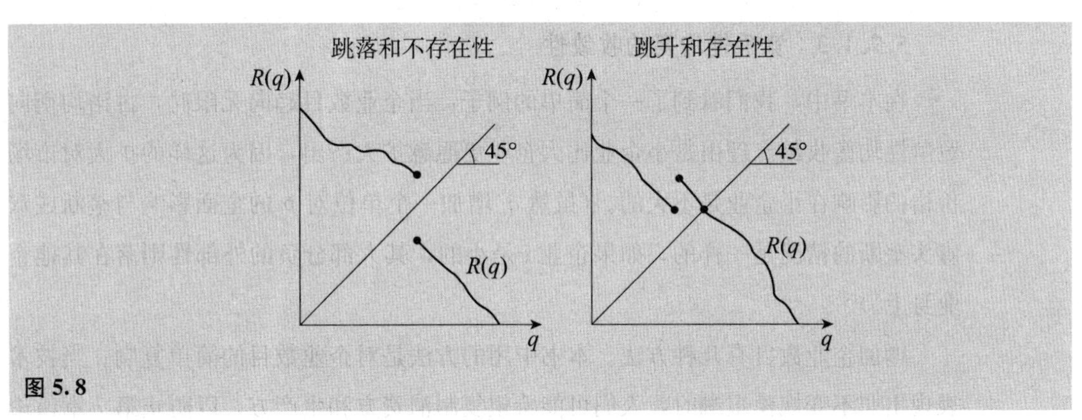

图 5.8

一个研究 [Novshek（1985）；要了解相关的成果，参看 Bamon 和 Frayssé（1985）] 证明，如果一个企业的边际成本随其他企业产出的增加而增加，则存在着纯策略均衡。

5.7.1.2 唯一性

即使纯策略古诺均衡存在，它也不一定是唯一的（见图 5.9）。但是，人们可以找到唯一性的充分条件。比如，考虑一下有两个企业的情况。假定利润函数关于其自身的产出是严格凹的。将一阶条件

$$\Pi_i^i(R_i(q_j),\ q_j) = 0$$

对 q_j 微分给出了反应曲线的斜率：

$$|R'_i(q_j)| = \left|\frac{\Pi_{ij}^i(R_i(q_j),\ q_j)}{\Pi_{ii}^i(R_i(q_j),\ q_j)}\right|$$

保证反应曲线只相交一次的充分条件是：无论它们何时相交，R_1 总比 R_2 更陡（请看图 5.9 中的 A 点和 C 点）。维持这一点的充分条件是：反应函数的导数在有效范围内绝对值小于 1（$|R'_i|<1$）。因此，$|\Pi_{ii}^i|>|\Pi_{ij}^i|$ 就是唯一性的充分条件。[24] 对线性需求和不变规模报酬这个条件是被满足的，因为在此情况下反应函数的斜率为 1/2。

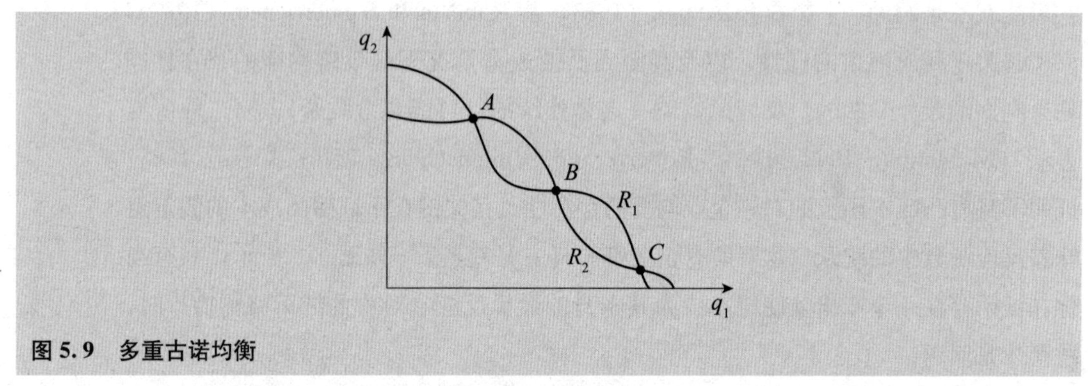

图 5.9　多重古诺均衡

5

5.7.1.3　竞争性均衡的收敛性

在本书中，我们看到了一个简单的例子：当企业数目趋向无限时，古诺均衡向竞争性均衡收敛。理由是小企业比大企业更愿意扩大产出，因为这样的扩大对市场价格的影响在小企业是不大的。（虽然 q_i 增加一个单位对 p 的全面影响与垄断或双寡头垄断的情况是一样的，如果企业 i 是小的，其大部分负的外部性则落在其他企业身上。）[25]

增加企业数目有几种方法。本书中用的方法是对企业数目的简单复制。当技术表现出非不变规模报酬时，人们可能希望复制消费方和生产方，以防止第 7 章讨论的那种类型的非竞争性结果。（例如，高固定成本和有限的消费市场会约束运行企业的数目。）对于这一点，Gabszewicz 和 Vial（1972）已予以探讨。你还可以从一开始就允许“自由进入”（潜在企业的数目是无限的，而经营企业却受固定成本的存在或者在某些范围内的递增规模报酬以及市场范围的限制），或者复制消费方，或者降低最小有效规模，以引诱更多的企业进入市场。虽然关于这个问题大量文献已有论述，我们不在这里复述了，但要指出，这些文献涉及一个更大的框架。特别是，由 Gabszewicz 和 Vial（1972）开始，结果常常在一般均衡中得到。[26] 这里，我们仅仅研究一个由 Novshek 和 Sonnenschein（1978）引出的局部均衡的简单例子。

假设在原来的经济中，每个企业有一个 U 形的平均成本曲线 $C(q)/q$，如图 5.10 所示。生产 0 单位的成本为 0。为不失一般性，最小有效规模（MES），即能使平均成本最小的产出，可以设定为 1。以 c 表示最小平均成本。我们使消费方保持不变［需求为 $p=P(Q)$］，并降低 MES。为此，我们引入成本函数族 $C_\alpha(q)=\alpha C(q/\alpha)$。$C_\alpha$ 的MES 是 α，而最小平均成本仍然是 c。[27]

对任意的 α，我们允许自由进入。存在着无限数目的潜在企业。它们都同时选定一个产出。当然，由于初始的递增规模报酬，对于给定的 α，只有有限数目的企业愿意进入市场（经营）。古诺均衡特别意味着，所有经营中的企业（即选择 $q_i>0$ 的企业）都获得非负盈利，而不经营的企业，若进入市场，将得到非正盈利。

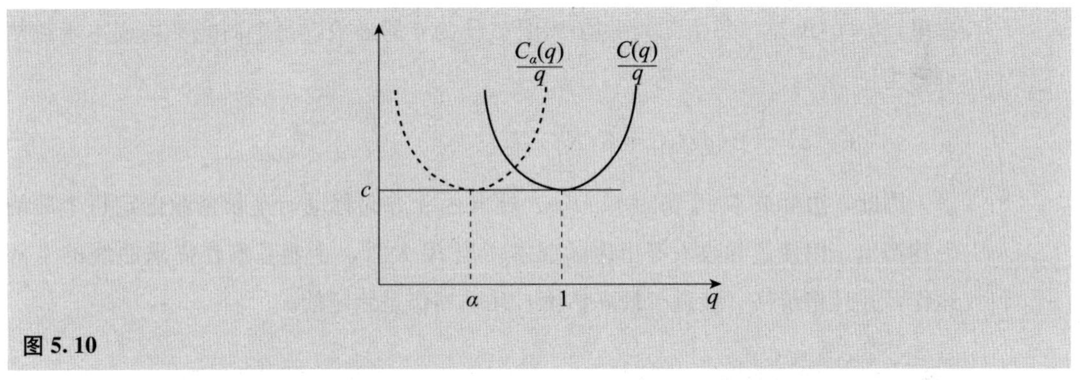

图 5.10

当 α 趋于零时，企业可以以小规模进入市场，即它可以以单位成本 c 生产少量产出。这导致更多的竞争行为。的确，如果均衡存在［它的确存在，参看 Novshek 和 Sonnenschein（1978），或 5.7.1.1 小节中的评论］，均衡的总产出 Q 必然属于 $[Q^*-\alpha, Q^*]$ 区间，其中，Q^* 是有限经济的瓦尔拉斯产出（Walrasian output）：$Q^*=D(c)$。为证明这一点，首先假设 $Q>Q^*$，于是，对于所有 $q_i>0$，则

$$P(Q)<c\leqslant\frac{C_\alpha(q_i)}{q_i}$$

因此，经营中的企业得到负盈利。它们若选择 $q_i=0$，境况会好些并获得零盈利。现在假设 $Q<Q^*-\alpha$。考察一个非经营企业 i，它获得零盈利。它以规模 $q_i=\alpha$ 进入市场，它将使总产出达到 $Q+\alpha<Q^*$。它的利润将是

$$\alpha P(Q+\alpha)-C_\alpha(\alpha)>\alpha c-C_\alpha(\alpha)=\alpha\left(c-\frac{C_\alpha(\alpha)}{\alpha}\right)=0$$

这是一个矛盾。因此，当 α 收敛于零，你确实得到一个竞争性均衡。

Hart（1979）指出，具有大量竞争者并不一定是得到竞争结果的必要条件。关

键是，相对于市场，企业是小的，从而它的决策对市场价格的影响很小。这一点可以用一个垄断生产者的情况来举例说明。假如这个生产者拥有 10 单位产品可供出售（也就是说，其生产能力被限制为 10 单位产品，并且在 10 单位产出量之前，边际成本是 0，而随后边际成本达到无限）。假设存在 10 个消费者，他们每人有单位需求，其估价分别为 10，9，8，…，而垄断生产者只想卖出垄断数量 5 单位产品。如果消费方被复制为原来的至少 10 倍（比如说至少有 10 个一样的岛屿，在那里垄断生产者可以销售产品），垄断生产者可以以价格 10 出售其 10 单位产品。这样，它并未引入扭曲。图 5.11 绘出了在连续递增边际成本情况下这一结果的直观情景。这个图复制了消费方；对于一个有 $K \geqslant 1$ 个岛屿的经济，需求量为 $q=KD(p)$。（K 起着在前面的推理中 $1/\alpha$ 的作用。）因此，对产量 q 来说，市场价格是

$$P(q/K)=P(\tilde{q})$$

这里，$\tilde{q} \equiv q/K$ 是“每个岛屿平均产出”。作为 $\tilde{q}$ 的函数，每个岛屿平均成本函数便可写为

$$\widetilde{C}_K(\tilde{q})=C(q)/K=C(K\tilde{q})/K$$

5

因此，边际成本 $\widetilde{C}_K'(\tilde{q})=C'(K\tilde{q})$ 便向西北方向移动。垄断企业选定每个岛屿平均产出，以使边际收入等于边际成本。当 K 大时，企业基本在需求曲线的上部运作，并且将价格（接近于最高估价）几乎当作是给定的。

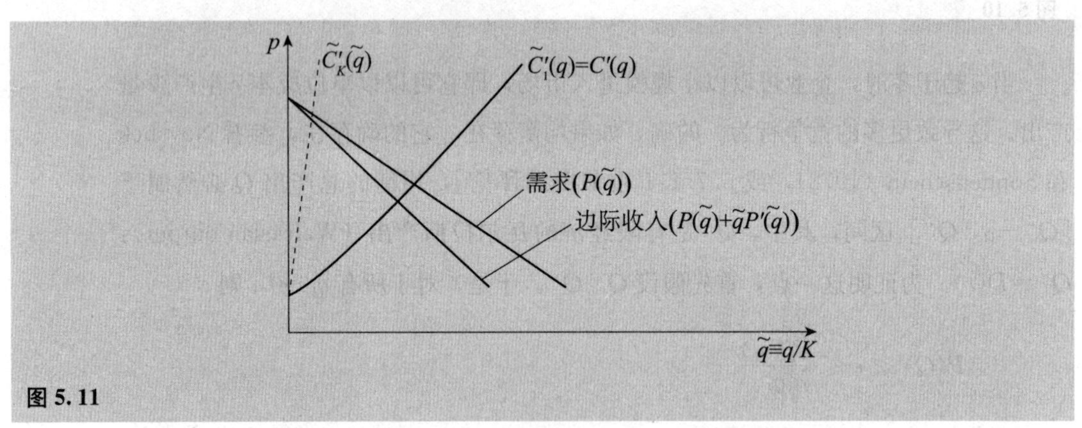

图 5.11

Allen 和 Hellwig（1986）曾研究过当企业数量趋向无限时，生产能力约束的价格博弈。他们假定每个企业的生产能力是一个外生的常数（不存在决定生产能力的第一阶段），并且表明均衡价格的分布向完全竞争结果（在分布上）收敛。[28]

5.7.2 生产能力约束的价格博弈

这里，我们非正式地考察 Kreps 和 Scheinkman（1983）所作的精巧结构的一部分。它表明，在某些环境中，古诺结果可以存在于生产能力约束的价格博弈。特

别地，我们首先设定具有（刚性）生产能力约束和有效配给的价格博弈。我们表明各企业在一定范围内销售，以生产能力为限，生产能力不太大；并且在两阶段博弈中，对生产能力的第一期选择终止于此范围内；以及其结果与古诺结果等同。然后，我们将讨论这一博弈的时序问题。

5.7.2.1　价格博弈

假设有两个企业（$i=1$，2）。企业 i 具有刚性生产能力约束；它能够以单位成本 c 生产任何数量 $q_i \leqslant \bar{q}_i$。它不能生产比 $\bar{q}_i$ 更多的数量。为了简单化，设定 $c=0$。边际生产成本如图 5.1 所示。若 $q_i=\bar{q}_i$，则企业销售量可达到生产能力的水平。设定实行有效配给。[29]需求函数 P 为凹的（$P'' \leqslant 0$），而且各企业同时选定其价格。

分析将如下进行。我们首先考虑存在一个纯策略均衡（也就是说，企业不是随机地选定价格）。我们表明，当且仅当生产能力“不太高”时（也就是说，属于刚刚高于生产能力空间原点的某些范围），这样的均衡就存在。在此范围内的均衡会使两个企业都索取使需求等于总生产能力的价格。从而，两个企业基本上都在市场上倾销其产品，其行为与古诺行为类似（唯一的区别是，是企业而不是拍卖商开出市场价格）。分析的下一步是，当生产能力“高”时，揭示（一定是混合策略）均衡的特性。这是一件复杂的事。但是，一个引理表明，最高生产能力企业的利润等于 Stackelberg 追随者的利润（即在一个企业对其他企业的产出作出最优反应时所得的利润，这一产出被设定为等于生产能力）。从而，对预先选择生产能力的分析就简单了。这就容易看到，古诺生产能力或数量在纯策略范围内引致价格均衡，而且如果一个企业选择其古诺生产能力，其他企业最好也选择古诺生产能力。

引理 1　在一个纯策略均衡中，$p_1=p_2=P(\bar{q}_1+\bar{q}_2)$，企业销售量等于其生产能力。

证明　首先假设 $p_1=p_2=p>P(\bar{q}_1+\bar{q}_2)$。价格就太高了，它至少使一些企业不能把销售量提高到生产能力：$q_i<\bar{q}_i$。现在，企业 i 通过收取 $p-\varepsilon$ 的价格占有了整个市场，并且能售出 $\bar{q}_i$。由于 ε 小，企业 i 会从削价中赚钱［即 $q_i p<\bar{q}_i(p-\varepsilon)$］。如果 $p_1=p_2=p<P(\bar{q}_1+\bar{q}_2)$，则两个企业严格地对消费者进行了配给。通过略微提高价格，每个企业仍然能够售出其生产能力所产产品，并且可以多得利润。最后，$p_i<p_j$ 行不通：只要生产能力还受约束，价格低的企业总想提高它的价格；或者，p_i 是企业 i 在成本 $c=0$ 时的垄断价格，而企业 i 以这个价格供应所有的需求。于是，企业 j 得不到盈利，而它把价格削减到 $p_i-\varepsilon$，就获得了严格的正盈利。

下面的简单引理直观地传递了古诺竞争中的大部分关系。令 $R_i(q_j)$ 表示在一阶段同时选择数量博弈中企业 i 对产出 q_j 的最优反应，而这里没有积累生产能力的成本：$R_i(q_j)$ 使 $q_i P(q_i+q_j)$ 最大化。因为需求是凹的，R_i 是单值且递减的（参看 5.4 节）。

引理 2 在一个纯策略均衡中，企业 i 在生产能力约束的价格博弈中从来不会索取小于 $P(\bar{q}_j+R_i(\bar{q}_j))$ 的价格。

也就是说，索取一个能使企业的生产超出对另一个企业生产能力的最优反应的低价格是没有意义的（即使它能够这么做）。

证明 以 p_i 表示企业 i 索取的价格。如果企业 j 索取 $p_j>p_i$ 的价格，企业 i 必然索取其垄断价格，则企业 j 得不到盈利（反之，它若索取价格 $p_i-\varepsilon$，它就可以获利）。如果

$$p_i = p_j < P(\bar{q}_j + R_i(\bar{q}_j))$$

企业 i 可以略微提高其价格并获利

$$(p_i + \varepsilon)\bar{q}_i > p_i\bar{q}_i$$

5

（如果它受生产能力的约束。）如果企业 i 不受生产能力的约束，则企业 j 必定是受约束的；至少有一个企业必然受生产能力的约束，否则它们就得削价。因此，企业 i 的利润是

$$p_i(D(p_i) - \bar{q}_j) = q_i P(q_i + \bar{q}_j) \leqslant R_i(\bar{q}_j)P(R_i(\bar{q}_j) + \bar{q}_j)$$

这里，不等式来自反应函数的定义。如果企业 j 索取 $p_j<p_i$ 的价格，企业 i 的利润为

$$p_i(D(p_i) - \bar{q}_j)$$

[或者，如果 $\bar{q}_i<D(p_i)-\bar{q}_j$，则为 $p_i\bar{q}_i$；但是，前面已经表明，受生产力严格约束的企业略微提高价格，境况会变好，因此我们无须考虑这种情况。] 由于企业 i 不受生产能力的约束，因而我们可以改写其利润如下：

$$q_i P(q_i + \bar{q}_j)$$

但这是相对产出 $\bar{q}_j$ 的古诺利润，所以根据反应函数的定义，

$$q_i = R_i(\bar{q}_j)$$

因此，

$$p_i = P(\bar{q}_j + R_i(\bar{q}_j))$$

引理 1 和引理 2 暗示，当且仅当对于所有的 i，

$$\bar{q}_i \leqslant R_i(\bar{q}_j)$$

时，纯策略均衡才存在。

为了看清这一点，令 $\bar{q}_i > R_i(\bar{q}_j)$，但假设纯策略均衡存在。根据引理1，

$$p_i = P(\bar{q}_1 + \bar{q}_2)$$

于是

$$p_i < P(\bar{q}_j + R_i(\bar{q}_j))$$

这就与引理2发生了矛盾，因此，纯策略均衡不可能存在。在任何一个反应曲线之上，唯一可能的均衡是“混合策略”均衡（参看图5.12）。反过来说，如果生产能力存在于两个反应曲线之下，则 $p = p_1 = p_2 = P(\bar{q}_1 + \bar{q}_2)$ 是一个均衡。降低价格是没有意义的，因为各企业不能售出更多产品。提高价格则意味着卖出的数量小于最优反应：

$$p(D(p) - \bar{q}_j) = q_i P(q_i + \bar{q}_j)$$

且

$$q_i \leqslant \bar{q}_i \leqslant R_i(\bar{q}_j)$$

特别是，如果生产能力为古诺生产能力（q_1^*，q_2^*）（相对应于边际成本 c），则均衡价格为 $P(q_1^* + q_2^*)$。更一般地说，在纯策略区域，简约型利润具有精确的古诺简约型。

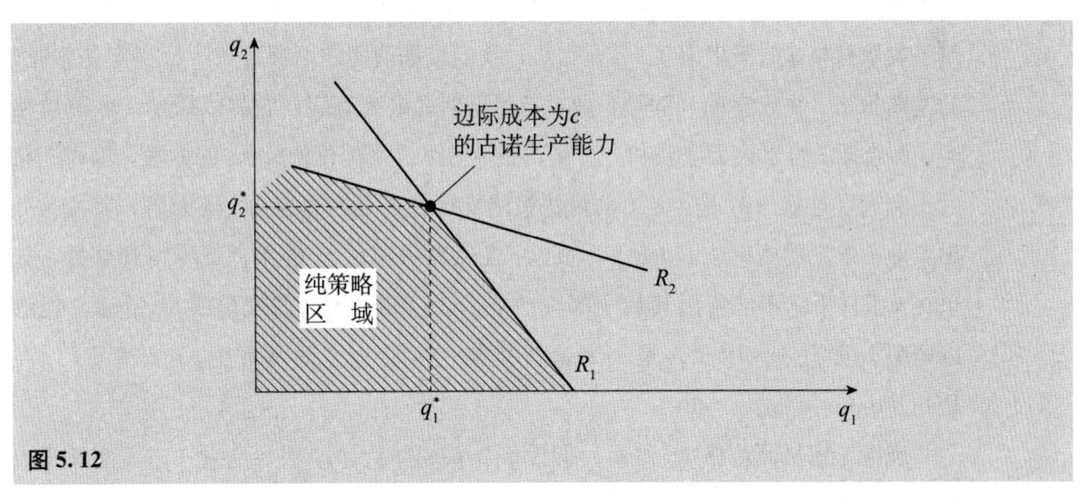

图5.12

后一个特点在按比例配给的情况下不成立。假设生产能力为古诺生产能力（q_1^*，q_2^*），而且两个企业都索取价格 $p^* \equiv P(q_1^* + q_2^*)$，那么企业1索取价格 $p > p^*$ 的盈利就是

$$p\left[D(p)\left(\frac{D(p^*) - q_2^*}{D(p^*)}\right)\right] = [pD(p)]\left(\frac{q_1^*}{q_1^* + q_2^*}\right)$$

因此，企业 1 最好是索取垄断价格［使 $pD(p)$ 最大化］，按 5.4 节所说，这个价格超过了古诺价格 p^*。这提示我们，这个分析不能引申到按比例配给（而且它的确不能）。参看 5.7.2.3 小节。

在纯策略区域以外，你必须寻求混合策略均衡［参看 Dasgupta 和 Maskin (1986a，b)］，以了解关于具有不连续盈利的混合策略均衡存在性的一般结果。我们不再重述 Kreps 和 Scheinkman 的均衡构造，但我们将简单地揭示均衡行为的特点，以表明在纯策略区域之外投资于生产能力不是任何一个企业的利益所在。

就企业 i 来说，混合策略是在某个区间［$\underline{p}_i$，$\bar{p}_i$］的价格的一个累积分布 $F_i(p_i)$。[30] 为使这个策略对企业 i 为最优的，情况只能是，企业 i 只选择使该企业利润最大化的价格（也就是说，所有选定的价格提供相同的最优利润）。关于混合策略的讨论，请参看第 11 章。

引理 3 在混合策略区域［至少对某个企业 i，$\bar{q}_i > R_i(\bar{q}_j)$］，生产能力最大的企业（比如说 i）所获的利润等于它的"Stackelberg 追随者的利润"：

$$\Pi^i = \Pi^{\mathrm{F}}(\bar{q}_j) = R_i(\bar{q}_j)P(\bar{q}_j + R_i(\bar{q}_j))$$

对引理 3 的证明（下面提供一个概略）是长且复杂的，初学者应该跳过。

证明（概略） 以 $\underline{p}_i$ 和 $\bar{p}_i$ 表示企业 i 最优策略支持的下限和上限。首先，我们表明 $\underline{p}_1 = \underline{p}_2 \equiv \underline{p}$，而且在 $\underline{p}$ 点，每个企业的销售达到生产能力的极限，或者它的对手收取价格 $\underline{p}$ 的概率为 0。若 $\underline{p}_i < \underline{p}_j$，我们根据前面的论断可知，$\underline{p}_i$ 必定是企业 i 的垄断价格。由于垄断利润是企业 i 能够得到的最大利润，它将以概率 1 收取价格 $\underline{p}_i$；而企业 j 将永远无法获利。可是，企业 j 可以用削价到 $\underline{p}_i - \varepsilon$ 的办法，取得严格的正利润，这就与 $\underline{p}_j$ 是企业 j 的最优策略支持的下限的假定发生了矛盾。其次，如果企业 j 以正的概率收取价格 $\underline{p}$，企业 i 在收取价格 $\underline{p} - \varepsilon$ 的条件下将得到好处，如果在 $\underline{p}$ 条件下它不能售出其余全部生产能力。这样，通过收取价格 $\underline{p}$，企业 i 能够以概率 1 卖出 $\bar{q}_i$。由于 $\underline{p}$ 是一个最优价格[31]，企业 i 的利润为 $\underline{p}\bar{q}_i$。注意，$\underline{p} > P(\bar{q}_1 + \bar{q}_2)$。

现在考虑最高价格 $\bar{p}_1$ 和 $\bar{p}_2$。假设 $\bar{p}_i > \bar{p}_j$ 或 $\bar{p}_i = \bar{p}_j$，并且企业 j 以概率 0 收取价格 $\bar{p}_j$，则企业 i 的利润为

$$\bar{p}_i(D(\bar{p}_i) - \bar{q}_j) = q_i P(q_i + \bar{q}_j)$$

式中，q_i 是以价格 $\bar{p}_i$ 出售的数量。因此，$q_i = R_i(\bar{q}_j)$[32]，并且企业 i 的利润为

$$\Pi^{\mathrm{F}}(\bar{q}_j) \equiv R_i(\bar{q}_j)P(\bar{q}_j + R_i(\bar{q}_j))$$

（上标 F 指的是企业 i 是"Stackelberg 追随者"，也就是说，它对企业 j 的选择 $\bar{q}_j$ 作

出反应。参看第 8 章。）但是，在混合策略均衡中，所有最优策略必然都为企业提供相同的利润，特别是

$$\Pi^{F}(\bar{q}_j) = \underline{p}\,\bar{q}_i \tag{5.16}$$

另外，假设 $\bar{q}_j > \bar{q}_i$。于是，企业 j 通过索取 $P(\bar{q}_i + R_j(\bar{q}_i))$ 就可以保证自己得到$\Pi^{F}(\bar{q}_i)$，因为我们是在混合策略区域之内，因而 $\bar{q}_j > R_j(\bar{q}_i)$，并且由于 $\bar{q}_i < \bar{q}_j$ 意味着[33]

$$P[\bar{q}_i + R_j(\bar{q}_i)] > P[\bar{q}_j + R_i(\bar{q}_j)]$$

于是，我们就得到

$$\underline{p}\,\bar{q}_j \geqslant \Pi^{F}(\bar{q}_i) \tag{5.17}$$

消去$\underline{p}$，我们得到 $\Pi^{F}(\bar{q}_j)\bar{q}_j \geqslant \Pi^{F}(\bar{q}_i)\bar{q}_i$。简单的代数运算[34]显示 $\bar{q}_i \geqslant \bar{q}_j$，矛盾。

或者，每个企业在 $\bar{p} = \bar{p}_i = \bar{p}_j$ 条件下应用一个微量。可是，在一个混合策略均衡中，$\bar{p} > \underline{p}$；并且，根据我们前面的分析，$\bar{p} > P(\bar{q}_i + \bar{q}_j)$。于是，在价格 $\bar{p}$ 条件下，各个企业不能以正概率卖出其全部生产能力。因此，各企业索取略少于 $\bar{p}$ 的价格，要比收取 $\bar{p}$ 境况更好。

于是，我们可以得出结论：具有最高生产能力的企业——比如 $i(\bar{q}_i \geqslant \bar{q}_j)$ ——会赚到利润 $\Pi^{F}(\bar{q}_j)$。

为构成一个混合策略均衡，你可以在某些（重合的）区间［$\underline{p}$，$\bar{p}$］寻找每个公司的递增的概率分布，以使在此区间企业对不同价格是无差异的［参看 Kreps 和 Scheinkman (1983)］。我们不需要这样做。给定上述特性，我们只需知道有一个均衡存在；我们无须关心它的特定形态。

5.7.2.2　生产能力的选择

现在我们加上一个关于预先和同时对生产能力选择的讨论，以 $c_0 > 0$ 表示安置生产能力的单位成本。我们来证明古诺结果，即

$$(\bar{q}_1 = q^{**},\ \bar{q}_2 = q^{**})$$

构成一个均衡（这里 $c=0$），其中，q^{**} 最大化

$$q[P(q + q^{**}) - c_0 - c]$$

图 5.13 描绘出了在生产能力成本沉没和不沉没时的反应曲线。在第二期价格博弈中，生产能力成本已经沉没，因而它是不相关的（过去的已经过去）。每个企业愿意投入市场的产出大于生产能力有待安置时的产出。因此，从第一期到第二期反应曲线上移。特别是$R(q^{**}) > q^{**}$，其中，R 表示第二期反应函数。

5

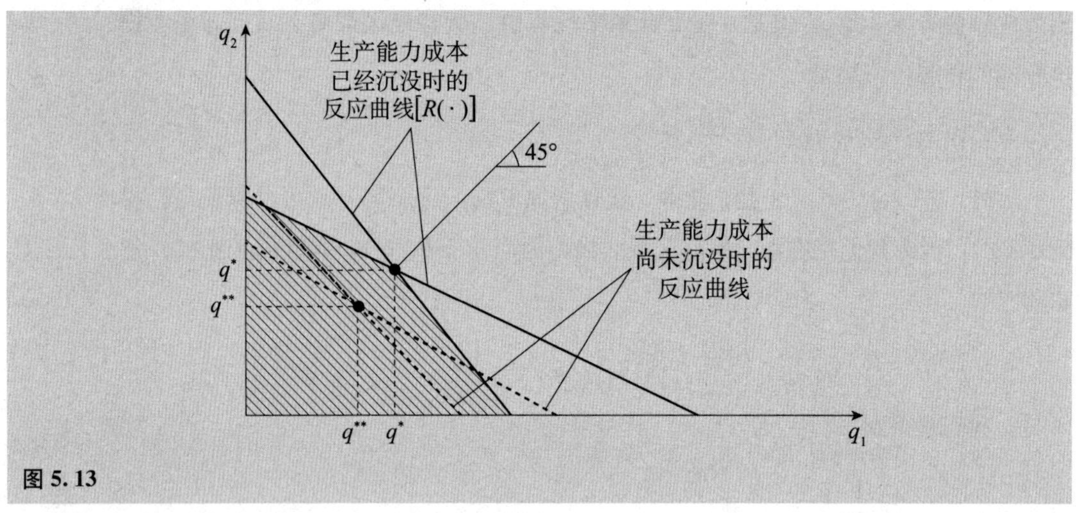

图 5.13

假设企业 i 选择 q^{**}。若企业 j 选择 $q \leqslant R(q^{**})$，则它得到

$$q[P(q+q^{**})-c_0] \leqslant q^{**}[P(2q^{**})-c_0]$$

式中，R 仍然表示第二期的反应函数。

5 若 $q > R(q^{**})$，则企业 j 恰恰得到

$$\Pi^{\mathrm{F}}(q^{**}) = R(q^{**})\{P[R(q^{**})+q^{**}]-c_0\}$$

但是，根据 q^{**} 的定义，q^{**}（$<R(q^{**})$）是对于 q^{**} 的最优的第一期反应，因此，

$$\Pi^{\mathrm{F}}(q^{**}) \leqslant q^{**}[P(2q^{**})-c_0]$$

我们的结论是：成本为 c_0 的古诺均衡是第一期生产能力博弈的均衡。根据价格博弈分析，第二期价格等于 $P(2q^{**})$。

要证明生产能力选择的唯一性，需要较多的研究，但也不是特别多；请参看 Kreps 和 Scheinkman（1983）。

5.7.2.3 关于配给规则的讨论

Davidson 和 Deneckere（1986）认为，除了有效配给规则之外，实际上对于任何配给规则来说，古诺结果都不能成为两阶段博弈的均衡。他们的推理可以概述如下：若我们以 c 和 c_0 表示生产成本和生产能力安置成本，古诺博弈中企业 2 的利润最大化的一阶条件就是

$$P'(q_1+q_2)q_2+P(q_1+q_2)-c-c_0=0$$

其中，$q_1=q_2=q^{**}$。令 $p^{**} \equiv P(2q^{**})$ 表示古诺价格，并以 $D(p_2/p_1)$ 表示当企业 2 索取价格 $p_2 \geqslant p_1$ 时该企业的剩余需求。注意：如果两个企业都在第一阶段积累古诺生产能力（一个出现古诺结果的必要条件），则 $D(p^{**} \mid p^{**})=q^{**}$。假定

$D(p_2 \mid p_1)$ 在 p_1 右侧对 p_2 是可微的并假定两个企业已积累了古诺生产能力并索取古诺价格 p^{**}，则企业 2 的与价格略高于 p^{**} 相联系的盈利增加与下式成比例：

$$A = D(p^{**} \mid p^{**}) + (p^{**} - c)D'(p^{**} \mid p^{**})$$

（记住，投资成本在第二期已沉没。）

遵循 Davidson 和 Deneckere 的推理，进一步设定，在 p_2 刚刚高于 p^{**} 时，

$$D(p_2 \mid p^{**}) > D(p_2) - q^{**}$$

也就是说，剩余需求超过了在有效配给规则下得到的剩余需求。这里的含义是，如果配给是即时和无成本的，q^{**} 消费者是由企业 1 供应的，而其余消费者则转向企业 2。对企业 2 来说，最坏的情况是，企业 1 向最高评价的消费者供应 q^{**}。这恰恰是在有效配给下发生的情况。也就是说，有效配给产生最低的剩余需求曲线。[35]

我们作一个微强假设：

$$D'(p^{**} \mid p^{**}) > D'(P^{**}) = \frac{1}{P'(2q^{**})}$$

式中，左边描述的是剩余需求曲线，而右边描述的是普通需求曲线。运用古诺均衡的一阶条件，我们得到

$$A > \frac{c_0}{P'(2q^{**})}$$

现在假设 $c_0 = 0$。于是 $A > 0$。因此，企业 2 有积极性，比如说，把它的价格提高到古诺能力下的市场出清价格之上。古诺结果不能成为两阶段博弈的均衡。更一般地说，如果 c_0 很小且剩余需求曲线充分高于有效配给规则下的剩余需求曲线，那么同样的结论成立。

5.7.2.4　关于时序的讨论

在生产能力竞争之后发生的价格竞争模型反映如下观点：价格比生产能力调整得快。因此，当选择价格时，把生产能力当作给定的是有意义的。前面分析的一个重要假定是：一个企业的生产能力在作价阶段之前被它的竞争者观察到了。于是，被观察到的生产能力就成为那个企业打算索取什么价格的指示器。如果生产能力没有被完全观察到，这个特征就消失了；在形式上，生产能力和价格看似是同时选定的（虽然它们不需要这样做）。

Gertner（1985）分析了同时数量-价格博弈。每个企业 i 在没有观察到其对手的选择之前，选定生产能力 q_i 和价格 p_i。虽然 Gertner 在分析中允许存在递减和递增规模报酬的情况，但在这里，我们关注不变规模报酬的简单情况，其中企业 i 生产 q_i，成本为 cq_i。为了简单起见，假定只有两个企业。

显然，这里不存在纯策略均衡。这里的逻辑紧密地追随着 Bertrand-Edgeworth 精神。如果纯策略均衡存在，则两家企业必须以同一价格出售产品，否则低价企业（比如企业 i）将得到整个市场；低价企业在知道其他企业索取较高价格的情况下，必然信心十足地生产以低价供应整个需求的产品。可是，情况或者是 $p_i=c$，企业 i 通过把价格至少提高一点以使境况更好；或者是 $p_i>c$，企业 j 以削价抢企业 i 生意的方法获得严格的正利润。然后，在纯策略均衡中，需要 $p_1^*=p_2^*=c$；若市场价格超过 c，每个企业可以用轻微的削价来增加盈利，并且供应整个市场。然而，竞争价格终究不能构成均衡。至少，有一个企业的供应会严格少于 $D(c)$（否则，这个企业就会亏损）；于是，其他企业可以稍微提高价格并仍然得到顾客，获得正盈利。

Gertner 表明：存在着（唯一的）混合策略均衡。就企业预期获得零利润而言，它与伯特兰德均衡相像。[36] 就预期价格高于竞争价格 c 而言，它类似于古诺均衡。[第二个结果源于这一事实：企业永远不会收取低于 c 的价格，并且 (c, c) 不是一个均衡。] 与数量（生产能力）被观察到的情况相比，定性差异在于，一个企业不能承诺选定有限生产能力而不“充斥市场”。这就增强了竞争的压力并迫使盈利下降，就像在伯特兰德均衡中那样。最终索取较低价格的企业供应整个市场并获得正利润，而索取较高价格的企业则获得负利润（它生产但不销售）。下面的习题展示了这一论断的逻辑。

习题 5.9**：考察两个企业的同时数量-价格博弈。令 $\bar{p}$ 表示价格的上限，在此价格下需求为 $D(\bar{p})=0$。寻求一个混合策略均衡。

（1）证明两个企业都获得零利润。（提示：考虑每个企业收取的最低价和最高价。）

（2）假设每个企业 i 根据 $[\underline{p}_i, \bar{p}_i]$ 上的某种连续分布 $F_i(\bar{p})$（这是可以证明的）进行活动。证明如果其他企业也按其索取的价格来满足需求，每个企业在它索取价格 p 时，生产 $D(p)$。

（3）证明在 $p<\bar{p}$ 时，$F(p)=1-c/p$，且 $F(\bar{p})=1$ 是一个对称的均衡价格分布。问：这些结果是否依赖于配给规则？

序贯和同时数量-价格博弈都涉及混合策略均衡。如果你确信价格能够比生产能力改变得快得多，这个情况可能有点不令人满意。在执行混合策略时，一个企业通常比竞争者以较高价格结束竞争，并且面对较少的剩余需求或根本没有剩余需求。显然，这个企业愿意作出反应，把价格修改得低些，以增加其市场份额。因此，混合策略要求动态反应。的确，当 Edgeworth 引入生产能力约束概念以逃避伯特兰德悖论时，他提醒人们注意价格循环的可能性，而不是注意混合策略的使用。另一个值得研究的现象是：当生产能力的预先承诺采取生产先于销售的形式时，以及当采取的博弈中作出生产能力和价格决策是重复进行的时，要注意产生库存的可能性。

5.7.2.5　投入品的竞争

我们早些时候假定，产出市场上的企业的生产成本函数是不相关的。在某些情况下，它们会为那些它们拥有垄断购买权的同一种投入品进行竞争。于是，一家企业取得投入品的成本取决于其他企业的采购策略。一个重要的现象是：每个企业都能够在投入品市场上比它的竞争者开价高，并且圈定获得投入品的渠道（或者使这种获得更为昂贵）。如果投入品与生产能力相适应（想想批发商从农民手里收购谷物，或者最终产品生产者从供应商手中购买机器的情况），每个企业都能用把投入品供应价格抬高的办法来限制其竞争者的生产能力。Stahl（1985）认为，投入品供应工业是有竞争性的并设置了一些其他条件；他阐明，一个在第一阶段为投入品（生产能力）开价投标并在第二阶段选定价格的两阶段博弈的结果是竞争性的。正如在伯特兰德均衡中那样，即使只有两家生产最终产品的企业，也不能防止价格下落到这样的水平，即消费者的边际支付意愿等于供应最终产品的边际成本时的水平。

5

注释

[1] 这个模型的另一个悖论是：人们会怀疑，如果不能盈利，企业为什么还为进入市场费心思。按此思路想下去，假如企业在进入市场时面临固定成本问题，那么如果一个企业进入市场，不管固定成本多么小，其他企业也不会追随。那么，会不会有人相信，在存在至少是小的生产固定成本或进入费的情况下，市场可能产生垄断。

[2] 参看 5.3 节和 5.7 节。

[3] 这是因为我们知道，在消费者之间的竞争性交易市场是有效率的。注意，在消费者之间存在无摩擦套利是一个强假定。（回想一下市场的另一方面，假定企业不能改变价格；这样，我们可能在供给方面设置了太多摩擦，而在需求方面又设置得太少了。）

[4] 例如，如果消费者按照有效配给规则予以配给，企业 2 希望购买企业 1 的全部生产能力（如果它能做到）。于是，剩余需求就等于（整个）需求，而企业 2 的利润（比如说，按线性成本计）将是

$$p_2D(p_2)-p_1\bar{q}_1-c[D(p_2)-\bar{q}_1]$$
$$>(p_2-c)[D(p_2)-\bar{q}_1]$$

[5] 当一个企业收取价格 p^* 时，另一个企业索取价格 $p\geqslant p^*$，其利润按数学方法计，应是

$$p[D(p)-q^*]-C[D(p)-q^*]$$

利用 $D(p^*)=2q^*$，这一利润对 p 在 $p=p^*$ 点的导数为

$$D(p^*)-q^*+\{p-C'[D(p^*)$$
$$-q^*]\}D'(p^*)=q^*>0$$

这样，在竞争性价格点，利润对自己的价格在局部是递增的。读者应当检验一个更一般的配给规则的这一特点，这个规则提供一条需求曲线 $\tilde{D}(p，p^*)$，它在 $p=p^*$ 时是右可微的（比如，按比例配给规则）。

[6] 这一特征使得价格选择的静态模型特别令人怀疑。假设每个企业在不同的价格中随意选择。一个企业的价格可能事先（在这个企业知道其他企业的价格实现之前）是最优的。但是，事后（在知道了其他企业的价格之后）它可能要改变价格。这提醒我们要注意价格动态学。

[7] 有高级学识的读者可以检验这个混合策略。直觉认识可以从下述纯策略中推导出来：如果 $p_2>p_1$ 且 $p_1<p^*$，那么企业 1 就是一个局部垄断企业（也就是说，在围绕着 p_1 定价时，它的利润是垄断利润）。我们知道，垄断企业不会以低于边际成本的价格出售商品。正如注释 [5] 的推理所示，如果 $p_2=p_1<p^*$，每个企业都要提高它的价格。

[8] 还可参看 Benoit 和 Krishna（1987）、Davidson 和 Deneckere（1986）、Ghemawat（1986）、Osborne 和 Pitchik（1986），进一步了解关于封闭形式计算以及在各种情况下均衡特点的讨论。关于这个问题的早期文献，见 Shubik（1959）。

[9] Davidson 和 Deneckere（1986）把这一概念追溯到 Sherman（1972）。

[10] 纳什均衡的概念可在古诺的著作中找到。数量竞争博弈的纳什均衡常被叫作古诺-纳什或古诺均衡。

[11] 但是，对于较大的生产能力，简约型利润函数并不具备精确的古诺形式（参看 5.7 节）。

[12] 他们还要求在价格选定之前，生产能力是可以被观察到的。如果一个企业的生产能力不能被其对手观察到，对规模和价格的选择必定更像是同时进行而非按顺序进行的。因此，结果就要被修正（参看 5.7 节）。

[13] 遵循这个思路，Ghemawat（1986）发现，在一个不对称生产能力价格博弈的例子中，一个具有低生产能力的企业比具有高生产能力的企业在定价时更具有进攻性，因为它冒着更大的销售不畅的风险。这就肯定了如下概念：高生产能力威胁着它的对手，并且驱使它们制定进攻性价格。

[14] 这是在式（5.5）中以 $(q_i+q_j)P'$ 替代 q_iP' 而得到的。

[15] 这个“稳定条件”在第 8 章中将予以探讨。其充分条件是：对于 $i=1, 2$，$|R'_i|<1$——也就是说，一个企业的生产下降，即使其对手对于这一生产下降作出（最优化）反应，也会导致总生产的下降。比如，对于一个线性需求来说，$|R'_i|=1/2$。

[16] 在文献中，一般以 H 代表 R_H。

[17] 参看 Rothschild 和 Stiglitz（1970），Atkinson（1970），以及 Kolm（1966，1969）。考虑两个同等规模的行业，它们具有市场份额 $\{\alpha_i\}_{i=1}^n$ 和 $\{\tilde{\alpha}_i\}_{i=1}^n$。令 R_m 和 $\tilde{R}_m$ 表示 m 个最大企业的比率。假定当所有 m 处于 1 和 n 之间时，$R_m\geqslant\tilde{R}_m$：第一个行业中 m 个最大企业的总市场份额大于或等于第二个行业中 m 个最大企业的总市场份额（对所有 m 而言）。那么，第一个行业的集中度指数 R 必然比较高（洛伦茨标准）。这个条件可以被认为等价于转移原则，据此原则，把一个企业的一部分份额转移给较大的企业，必然不会降低集中度指数。若行业中企业数目给定，这个条件意味着，当各企业具有同等的市场份额时，集中度指数 R 取其最小值，而当单个企业控制了整个市场时，此指数取其最大值。

[18] 参看 Scherer（1980）第 3 章和第 9 章，特别是 Schmalensee（1986）关于经验性文献和参考书的详细讨论。大多数横截面分析发现了弱的但在统计上显而易见的集中度与盈利的联系。除了对盈利的衡量问题之外，由于这一关系是两个内生变量之间的简化形式，对于这一联系的解释变得复杂起来，而且这些从相当不同的竞争模型中也可获得。其他关于集中度衡量问题的好的探讨是 Hannah 和 Kay（1977）以及 Curry 和 George（1983）。

[19] 在这里必须小心。企业的数目被认定为外生的。若企业的数目多少依赖于进入成本的高低，那么高的进入成本就会产生高集中度，但是

这会抵消总利润额的增加。

［20］为了简单化，我们将假定 $\Pi^i_{ii}<0$。在此情况下，反应函数是单值的。

［21］对 $P''<0$ 和 $C''_i>0$ 的更一般的证明如下：以一阶条件

$$P(Q)-C'_i(q_i)+q_iP'(Q)=0$$

定义（单值的）函数 $q_i(Q)$，若此方程无解，则令 $q_i(Q)=0$。注意 $q_i(Q)$ 是连续的且非递增的；$\sum_i q_i(Q)$ 也一样。一个纯策略古诺均衡通过找到一个总产出使得 $Q=\sum_i q_i(Q)$［即找到函数 $Q\to\sum_i q_i(Q)$ 的不动点］就可以达到。布劳威尔（Brouwer）定理可以证明这一结果，该定理认为，一个紧集上的反映射的连续函数至少存在一个不动点。［假定对所有使得 $P(Q)=0$ 的 Q 来说，$\sum_i q_i(0)\geqslant 0$ 和 $\sum_i q_i(Q)<Q$，则紧致性是容易得到的。］因此，这个均衡是唯一的，因为在严格正的情况下，所有函数 $q_i(Q)$ 是递减的。（为看清这一点，画个图比较方便。）

［22］他们还证明，在一个一般均衡模型中，需求曲线（对此我们一般假定，它在我们局部均衡框架中是向下倾斜的）在一个大的经济环境中必定也确实向下倾斜。

［23］假定 $P''\geqslant 0$。为了简单化，假定成本是零。假设对 $q_1-\varepsilon$ 而言，最优反应为 q_2，而且对 $q_1+\varepsilon$ 而言，最优反应 $q'_2<q_2$，在这里 ε 是正数并为任意小。利润最大化要求

$$q_2P(q_1-\varepsilon+q_2)\geqslant q'_2P(q_1-\varepsilon+q'_2)$$
$$q'_2P(q_1+\varepsilon+q'_2)\geqslant q_2P(q_1+\varepsilon+q_2)$$

把这两个不等式相加，并对 ε 使用一阶泰勒展开，就与 $P''\geqslant 0$ 产生了矛盾。因此，不可能有任何跳落。读者可以检验一般凸成本函数的特点。

［24］对 n 个企业来说，充分条件是 $p_i\geqslant C'_i\to|\Pi^i_{ii}|>|\sum_{j\neq i}\Pi^i_{ij}|$。这个条件实际上不要求各种产品都是完全可替代的。参看 Friedman（1983）。

［25］这类结果与 Roberts-Postlewaite（1976）关于更为抽象的背景的研究结果是一致的。其研究结果表明，在一个大的经济环境中，经济机构操纵竞争过程是不可能的。

［26］参看 Hart（1985），其中对于一般均衡的结果和方法论有非常有用的概述。

［27］$\min_q \frac{C_\alpha(q)}{q}=\min_q\frac{C(q/\alpha)}{(q/\alpha)}$　对 $q/\alpha=1$ 来说已经达到，并且等于 c。

［28］他们假定实行按比例配给。他们发现，虽然在分布方面存在收敛现象，但在支持方面没有收敛现象。也就是说，在不论有多少企业的情况下，垄断价格都持续存在（但其概率趋向于零）。Vives（1986）对有效配给规则的研究表明，对均衡价格分布的支持也向竞争价格收敛。

［29］参看 5.3 节。

［30］注意，F_i 是递增的。技术上要求 $F_i(\cdot)$ 是右连续的，也就是说，对所有 p_i 而言，

$$F_i(p_i)=\lim_{p\to p_i^+}F_i(p)$$

p_i 的一个微量定义为

$$F_i(p_i)>\lim_{p\to p_i^-}F_i(p)$$

均衡分布实际上具有密度并可能在支持的上限有一个微量。

［31］根据连续性，如果 $\underline{p}$ 是一个最小下限而不是一个极小值。

［32］若 $q_i>R_i(\bar{q}_j)$，企业 i 可以把价格提高到接近

$$P(\bar{q}_j+R_i(\bar{q}_j))$$

赚取高利。若 $q_i<R_i(\bar{q}_j)$，$q_i=\bar{q}_i$ 以及 $\bar{p}_i=P(\bar{q}_1+\bar{q}_2)=\underline{p}$，则均衡是纯策略的，矛盾。

［33］下列不等式是由于下述事实：反应曲线是相同的且斜率小于 1，就如对古诺均衡的一阶条件求微分所容易显示的那样。

［34］假设 $\bar{q}_i<\bar{q}_j$，它暗示 $\bar{q}_j>R_j(\bar{q}_i)$，考虑：

$$\Delta\equiv\Pi^F(\bar{q}_j)\bar{q}_j-\Pi^F(\bar{q}_i)\bar{q}_i$$

5

$$= \int_{\bar{q}_i}^{\bar{q}_j} \frac{d}{dq}[qR(q)P(q+R(q))]dq$$

$$= \int_{\bar{q}_i}^{\bar{q}_j} [R(q)P(q+R(q)) + qR(q)P'(q+R(q))]dq$$

式中，R 表示反应函数，并且运用了包络定理［$R(q)$ 使对 q 作出反应的企业利润最大化］。采用古诺竞争的一阶条件，我们得到

$$\Delta = -\int_{\bar{q}_i}^{\bar{q}_j} RP'(R-q)dq$$

若$\bar{q}_i \geqslant R(\bar{q}_i)$，那么对所有 $q > \bar{q}_i$，我们有 $R(q) < R(\bar{q}_i) \leqslant \bar{q}_i < q$，因而 $\Delta < 0$。接下来假设 $\bar{q}_i < R(\bar{q}_i)$。根据注释［32］，$\bar{q}_j \geqslant R^{-1}(\bar{q}_i)$。由于 q 在［$R^{-1}(\bar{q}_i)$，$\bar{q}_j$］区间，因此

$$R(q) \leqslant \bar{q}_i \leqslant R^{-1}(\bar{q}_i) \leqslant q$$

由于 $R(\bar{q}_i)$ 对 $\bar{q}_i$ 的反应比 $R^{-1}(\bar{q}_i)$ 要好，因此

$$\Delta \leqslant \int_{\bar{q}_i}^{R^{-1}(\bar{q}_i)} -RP'(R-q)dq$$

$$\leqslant R^{-1}(\bar{q}_i)\bar{q}_i P(\bar{q}_i + R^{-1}(\bar{q}_i)) - R(\bar{q}_i)\bar{q}_i P(\bar{q}_i + R(\bar{q}_i)) < 0$$

［35］当然，这里需要回到配给的微观基础。如果配给不是即时和无成本的，可以想到的剩余需求对企业 2 会比与有效配给相关的需求更差，比如，消费者可能维持向企业 1 订购的订单，以期在配给方式不即时的情况下以低价买到产品。

［36］在报酬递减（边际成本递增）的情况下，企业获得盈利。

5 参考文献

Atkinson, A. B. 1970. On the Measurement of Inequality. *Journal of Economic Theory*, 2: 244 - 263.

Allen, B., and M. Hellwig. 1986. Bertrand-Edgeworth Oligopoly in Large Markets. *Review of Economic Studies*, 53: 175 - 204.

Bain, J. 1951. Relation of Profit Rate to Industry Concentration: American Manufacturing, 1936—1940. *Quarterly Journal of Economics*, 65: 293 - 324.

Bain, J. 1956. *Industrial Organization*. New York: Wiley.

Bamon, R., and J. Frayssé. 1985. Existence of Cournot Equilibrium in Large Markets. *Econometrica*, 53: 587 - 597.

Beckman, M. 1967. Edgeworth-Bertrand Duopoly Revisited. In *Operations Research-Verfahren, III*, ed. R. Henn. Meisenheim: Verlag Anton Hein.

Benoit, J.-P., and V. Krishna. 1987. Dynamic Duopoly: Prices and Quantities. *Review of Economic Studies*, 54: 23 - 36.

Bertrand, J. 1883. Théorie Mathématique de la Richesse Sociale. *Journal des Savants*, pp. 499 - 508.

Bulow, J., J. Geanakoplos, and P. Klemperer. 1985. Multimarket Oligopoly: Strategic Substitutes and Complements. *Journal of Political Economy*, 93: 488 - 511.

Cournot, A. 1838. *Recherches sur les Principes Mathématiques de la Théorie des Richesses*. English edition (ed. N. Bacon): *Researches into the Mathematical Principles of the Theory of Wealth* (New York: Macmillan, 1897).

Cowling, K., and M. Waterson. 1976. Price-Cost Margins and Market Structure. *Economic Journal*, 43: 267 - 274.

Curry, B., and K. George. 1983. Industrial

Concentration: A Survey. *Journal of Industrial Economics*, 31: 203 - 255.

Dansby, R., and R. Willig. 1979. Industry Performance Gradient Indexes. *American Economic Review*, 69: 249 - 260.

Dasgupta, P., and E. Maskin. 1986a. The Existence of Equilibrium in Discontinuous Economic Games, Ⅰ: Theory. *Review of Economic Studies*, 53: 1 - 26.

Dasgupta, P., and E. Maskin. 1986b. The Existence of Equilibrium in Discontinuous Games, Ⅱ: Applications. *Review of Economic Studies*, 53: 27 - 41.

Davidson, C., and R. Deneckere. 1984. Horizontal Mergers and Collusive Behavior. *International Journal of Industrial Organization*, 2: 117 - 132.

Davidson, C., and R. Deneckere. 1986. Long-Term Competition in Capacity, Short-Run Competition in Price, and the Cournot Model. *Rand Journal of Economics*, 17: 404 - 415.

Demsetz, H. 1973. Industry Structure, Market Rivalry and Public Policy. *Journal of Law and Economics*, 16: 1 - 10.

Deneckere, R., and C. Davidson. 1985. Incentives to Form Coalitions with Bertrand Competition. *Rand Journal of Economics*, 16: 473 - 486.

Edgeworth, F. 1897. La Teoria Pura del Monopolio. *Giornale degli Economisti*, 40: 13 - 31. In English: The Pure Theory of Monopoly, in *Papers Relating to Political Economy*, volume 1, ed. F. Edgeworth (London: Macmillan, 1925).

Encaoua, D., and A. Jacquemin. 1980. Degree of Monopoly, Indices of Concentration and Threat of Entry. *International Economic Review*, 21: 87 - 105.

Friedman, J. 1977. *Oligopoly and the Theory of Games*. Amsterdam: North-Holland.

Friedman, J. 1983. *Oligopoly Theory*. Cambridge University Press.

Friedman, J. 1986. On the Strategic Importance of Prices vs. Quantities. Mimeo, University of North Carolina.

Gabszewicz, J., and J. P. Vial. 1972. Oligopoly "à la Cournot" in General Equilibrium Analysis. *Journal of Economic Theory*, 4: 381 - 400.

Gertner, R. 1985. Simultaneous Move Price-Quantity Games and Non-Market Clearing Equilibrium. Mimeo, Massachusetts Institute of Technology.

Ghemawat, P. 1986. Capacities and Prices: A Model with Applications. Mimeo, Harvard Business School.

Hannah, L., and J. Kay. 1977. *Concentration in Modern Industry: Theory, Measurement and the U.K. Experience*. London: Macmillan.

Hart, O. 1979. Monopolistic Competition in a Large Economy with Differentiated Commodities. *Review of Economic Studies*, 46: 1 - 30.

Hart, O. 1980. Perfect Competition and Optimal Product Differentiation. *Journal of Economic Theory*, 22: 279 - 312.

Hart, O. 1985. Imperfect Competition in General Equilibrium: An Overview of Recent Work. In Frontiers of Economics, ed. K. Arrow and S. Honkapohja. Oxford: Blackwell.

Kay, J. 1977. *Concentration in Modern Industry*. London: Macmillan.

Kolm, S.-C. 1966. Les Choix Financiers et Monétaires: Théorie et Techniques Modernes. Editions Dunod.

Kolm, S.-C. 1969. The Optimal Production of Social Justice. In *Public Economics*, ed. J. Margolis and H. Guitton. London: Macmillan.

Kreps, D., and J. Scheinkman. 1983. Quantity Precommitment and Bertrand Competition Yield

Cournot Outcomes. *Bell Journal of Economics*, 14: 326-337.

Levitan, R., and M. Shubik. 1972. Price Duopoly and Capacity Constraints. *International Economic Review*, 13: 111-122.

Levitan, R., and M. Shubik. 1980. Duopoly with Price and Quantity as Strategic Variables. *International Journal of Game Theory*, 7: 1-11.

McManus, M. 1962. Numbers and Size in Cournot Oligopoly. *Yorkshire Bulletin of Social and Economic Research*, 14.

McManus, M. 1964. Equilibrium, Number and Size in Cournot Oligopoly. *Yorkshire Bulletin of Social and Economic Research*, 16: 68-75.

Mas-Colell, A. 1982. The Cournotian Foundations of Walrasian Equilibrium Theory: An Exposition of Recent Theory. In *Advances in Economic Theory*, ed. W. Hildenbrand. Cambridge University Press.

Nash, J. 1950. Equilibrium Points in *n*-Person Games. *Proceedings of the National Academy of Sciences*, 36: 48-49.

Novshek, W. 1985. On the Existence of Cournot Equilibrium. *Review of Economic Studies*, 52: 85-98.

Novshek, W., and H. Sonnenschein. 1978. Cournot and Walras Equilibrium. *Journal of Economic Theory*, 19: 223-266.

Osborne, M., and C. Pitchik. 1986. Price Competition in a Capacity Constrained Duopoly. *Journal of Economic Theory*, 38: 238-260.

Roberts, K. 1980. The Limit Points of Monopolistic Competition. *Journal of Economic Theory*, 22: 256-279.

Roberts, J., and A. Postlewaite. 1976. The Incentives for Price-Taking Behavior in Large Exchange Economies. *Econometrica*, 44: 115-128.

Roberts, J., and H. Sonnenschein. 1976. On the Existence of Cournot Equilibrium without Concave Profit Functions. *Journal of Economic Theory*, 13: 112-117.

Roberts, J., and H. Sonnenschein. 1977. On the Foundations of the Theory of Monopolistic Competition. *Econometrica*, 45: 101-113.

Rothschild, M., and J. Stiglitz. 1970. Increasing Risk: I. A Definition. *Journal of Economic Theory*, 2: 225-243.

Salant, S., S. Switzer, and R. Reynolds. 1983. Losses Due to Merger: The Effects of an Exogenous Change in Industry Structure on Cournot-Nash Equilibrium. *Quarterly Journal of Economics*, 48: 185-200.

Scherer, F. 1980. *Industrial Market Structure and Economic Performance*, second edition. Chicago: Rand-McNally.

Schmalensee, R. 1986. Inter-Industry Studies of Structure and Performance. In *Handbook of Industrial Organization*, ed. R. Schmalensee and R. Willig (Amsterdam: North-Holland, forthcoming).

Schmalensee, R. 1987. Collusion versus Differential Efficiency: Testing Alternative Hypotheses. *Journal of Industrial Economics*, 35: 399-425.

Sherman, R. 1972. *Oligopoly: An Experimental Approach*. Cambridge, Mass.: Ballinger.

Shubik, M. 1959. *Strategy and Market Structure*. New York: Wiley.

Stahl, D. 1985. Bertrand Competition for Inputs, Forward Contracts and Walrasian Outcomes. Duke University.

Szidarovszky, F., and S. Yakowitz. 1977. A New Proof of the Existence and Uniqueness of the Cournot Equilibrium. *International Economic Review*, 18: 787-789.

Szidarovszky, F., and S. Yakowitz. 1982. Contribution to Cournot Oligopoly Theory. *Journal of Economic Theory*, 28: 51-70.

Vives, X. 1985. Nash Equilibrium in Oligopoly Games with Monotone Best Responses. CARESS W. P. 85-10, University of Pennsylvania.

Vives, X. 1986. Rationing and Bertrand-Edgeworth Equilibria in Large Markets. *Economic Letters*, 27: 113-116.

第6章　动态价格竞争和默契合谋

第5章中的分析假定竞争是一次性的；各企业同时喊出自己的价格，然后就“消失”了。然而，实际上各企业往往是多次相遇。由于耐久性投资、技术知识和进入壁垒等原因，诸企业间形成相对稳定的长期竞争关系（对于只有少数企业的行业尤其如此）。正如第5章中提到的那样，反复的相互作用可能推翻伯特兰德结果。在反复的相互作用中，一个企业在决定削价时，不但要考虑当前利润增加的可能性，而且要考虑价格战的可能性，以及会不会导致长期亏损的问题。

Chamberlin（1929）提出，在生产同类产品的寡头垄断中，企业会认识到它们之间的相互依存性，因而能够不必实行明显的勾结而维持其垄断价格。残酷的价格战的威胁足以阻挡削价的诱惑。因此，寡头垄断企业能够以一种纯粹非合作的方式进行勾结。这种“默契合谋”，在经济学者一开始关注公开勾结的时候，成为一个具有挑战性的问题。Chamberlin（1929）甚至认为，在没有阻碍因素（下面将要讨论）的情况下，垄断价格是最可能的结果。

本章的目的是提供一个关于重复相互作用的理论。6.1节将简要回顾有关合谋的传统观点以及那些被认为阻碍和便于合谋的因素。[读者可以从Scherer（1980）中获得关于传统看法的较详尽的描述。] 由于价格行为的动态变化是难以分析的，进行分析的理论工具（动态博弈理论）也只是在最近才发展起来，有相当多的文献企图在静态框架下分析动态方面的问题。这类文献一般假定企业会预期到竞争对手对自己的价格选择作出反应。我们将在6.2节回顾这类文献。6.3节至6.5节运用三种不同的方法发展动态价格竞争模型。[1] 在所有这些研究中，削价能为企业提供短期利润，但是会引发价格战，因而超过边际成本的价格（例如垄断价格）可能在均衡中得以维持。可是，三种方法对“报复”的动机有不同看法。在第一种方法（属于充分发展的超级博弈文献）中，价格战只是一种自我实现的现象。一个企业索取低价，是因为它预期别的企业也会这样做（所谓“自我实现行为”）。引发这种非合作现象的信号是某个企业率先削价。第二种方法假定存在短期价格刚性；一个企业对另一个企业削价作出反应的动机是，希望重新获得那个曾经并继续受到其对手侵略性价格策略侵蚀的市场份额。第三种方法（名誉）注重各个时期间（非物质）的联系，这种联系产生于诸企业之间的相互了解。一个企业以自身索取低价的方式对他人削价作出反应，是因为先削价行为传达了一个信息：或者是对手的成本低，或者是这个对手在持续的勾结中不可信任，因而很可能会在未来也索取相对低的价格。

这样，我们将考虑各种解释默契合谋的理论。这些理论应当被看作是描述重复的价格相互作用的互补理论。依照 Scherer（1980，p. 151）的解释，这些理论是在寡头垄断下实际看到的、同样盛行的各种行为方式的映射。

6.5 节简明地回顾了最优化方法的替代理论——价格行为的演进理论。最后面的补充节提供了关于默契合谋的动态博弈分析的进一步和更高深的处理。

6.1　传统解释（有利于和不利于合谋的因素）

自 Chamberlin 开始，有一些作者认为，寡头垄断下的重复相互作用会有利于合谋行为。他们也识别了一些可能阻止合谋的因素。

6.1.1　合　谋

考虑这样的情况：少数几个企业生产同一类产品。Chamberlin 推测，在这种情况下，行业内的企业将索取垄断价格，就是使行业利润最大化的价格：

> 如果每个企业理性地、明智地追求最大利润，它就要认识到：当只有两个或少数几个销售者的时候，它自己的行为对其竞争者有相当大的影响；而且不可假定它们会接受它强加于它们的损失而不予报复。由于任何一方削价都不可避免地会减少它自己的利润，因此没有企业会削价，而且，尽管零售商是完全独立的，均衡结果就像它们签订了垄断协议一样（1933，p. 48）。

第二次世界大战前出版的若干著作试图把重复相互作用的可能性引致的行为规则形式化，其中一部分将在 6.2 节中予以介绍。其中最有名的是关于扭结需求曲线的故事（Hall and Hitch，1939；Sweezy，1939）。考察两个边际成本均为 c 的企业。以 $q=D(p)$ 表示需求函数，$\Pi(p)=(p-c)D(p)$ 表示索取的最低价为 p 时的行业利润。假定开始时，各企业索取垄断价格 p^m，每个企业获利 $\Pi^m/2$，这里，$\Pi^m\equiv\Pi(p^m)$。假设有一个企业考虑偏离垄断价格，并且对其对手的反应有下述推测：它的对手在它把价格提到 p^m 以上时，仍然收取价格 p^m；如果它削价，则跟着做（与此价相当）。显然，根据这样的推测，偏离垄断价格是无利可图的。提高价格将导致失去全部市场份额，因而只得到零盈利。价格降到 $p<p^m$，利润为 $\Pi(p)/2\leqslant\Pi^m/2$。（“扭结需求曲线”将在 6.2 节中予以解释。）

正如 Chamberlin 所认识到的，存在着可能阻止勾结的因素。我们特别提出两个这样的因素：观察的滞后和企业间的不对称性。第一个因素的后果从上面提到的动态博弈研究中容易得到。遗憾的是，模型化第二个因素的努力尚没有如此成功。

6.1.2 观察的滞后

Chamberlin 式的默契合谋是在报复的威胁之下形成的。但是只有在得知行业中某些成员有背离行径时，报复才会发生。在许多行业中，企业的要价相当容易被它的竞争者知道。然而，在另一些行业中，要价可能在某种程度上被掩盖起来。比如，在企业只把产品卖给少数大买主的时候情况可能是这样。企业不是公开报价，而是与每一个买主进行特别的交易，而其他竞争者只可能滞后观察到这种行为的影响（它们只能从它们占有的市场份额上进行推测）。由于报复被推迟，对削价企业来说，成本不高，因而默契合谋难以维持。（极端情况是，如果一次削价永远不被发现，则一切就像各企业同时选择价格一样——也就永远没有竞争者可以作出反应。我们从第 5 章中知道，在这样的情况下，若缺少生产能力约束，各企业索取其边际成本价格，没有盈利。）

信息滞后使未来显得更为遥远，从而使得动态的相互作用没有多大适用性。在存在大额销售的情况下，如从一家大买主那里来了大额订单，情况类似。在这种情况下，人们会预料合谋将要垮掉，因为由削价获得的私人所得与随后的价格战带来的长期损失相比是很大的。[2]

寡头垄断企业可能认识到了私下协议合谋面临的威胁，因而会采取措施来消除这种威胁。

第一，它们可以建立行业协会，在其他功能之外，收集会员之间进行交易的详细情报，或是允许会员相互检查其要价。行业内的会员还可以事先通报其价格变化。

第二，寡头垄断企业可以对它们的批发商或零售商实行转售价格维持（Telser，1960）。这里的用意是，任何对勾结行为的背离都容易被侦察出来，因为制造商的产品是按照不受分布特征影响，也没有价格歧视的单一价格来销售的。[“无歧视待遇”条款要求卖主对买主收取的价格不能比任何别的卖主高，为的是类似的目的，并且是对削价的一个重大威慑力量；参看 Scherer（1980，p. 225）。]

第三，在企业销售成百上千种产品时（像百货商场和有大量多种属性产品的制造商那样），“拇指规则”，比如，对所有产品确定统一的利润，或使用代表性价格，可以帮助企业在复杂情况下迅速分析彼此的价格行为。（例如，一家汽车修理商规定完成业务的标准时间，然后规定每小时的收费率。）同样，行业协会可以用签订标准化协议的方法劝阻在多元归属的环境中的削价行为。那些产品运输成本相对于产品价值高的工业（如水泥、钢铁、木材、食糖）常常被指控用基点作价进行合谋。[3]基点作价的例子包括：收取统一的出厂价；运往各销地的价格等于已宣布的出厂价加上到这些销地的运费。[4][5][6]

6.1.3　不对称性

Chamberlin 关于可能的市场后果是垄断价格的观点提出了这样的问题：如果寡头垄断诸企业对价格特别是垄断价格有不同的偏好，会发生什么情况呢？比如，各企业边际成本可能不同，低成本企业比高成本企业更愿意在较低价格上进行协调（参看第 1 章关于低边际成本意味着低垄断价格的证明）。各企业还可能提供差异化产品（企业按照品质、地域、分配渠道等，制造多样化的产品）。通常来说，成本和产品方面的不一致会使价格协调变得困难（参看 Scherer 著作第 7 章）。[7]

在对称条件下，要协调的价格看来自然是垄断价格。这一价格使利润最大化，并且涉及对等的利润再分配。[8]在不对等成本情况下，不存在要进行协调的“聚点”价格。[9]

下面的习题描述了当各企业面对不同边际成本时工业利润最大化与利润的“公平”分配之间的权衡取合。

习题 6.1***：假设有两个企业，其单位成本分别为 $c_1<c_2$。用 $p^m(c)$ 表示单位成本为 c 时的垄断价格；它使 $(p-c)D(p)$ 最大化。如果这两个企业能够在一起签订一个合同，让企业 1 生产所有产品，并索取 $p^m(c_1)$，这将使产业利润最大化。这个“蛋糕”可以通过由企业 1 向企业 2 的一次性转移支付进行分割。但是，假定企业公开同意并使用单边支付方法是不合法的。我们可以确定一个对两个企业都有效的安排满足禁止单边支付这一约束。（习题 6.5 涉及“受约束的有效安排”能否在重复相互作用的均衡中得到维持的问题。）为此目的，我们为企业 2 在 $[0, \Pi^m(c_2)]$ 区间设一个固定的利润目标 $\overline{\Pi}^2$，然后寻求一个使两个企业都索取相同价格 p 的利润分享协议（没有转移）。它们选定市场份额 s_1 和 s_2，并使$s_1+s_2=1$。对这些市场份额的解释是：企业 i 准确地生产 $q_i=s_iD(p)$；若 $s_i<1/2$，到企业 i 的消费者被配给到企业 j 购买。给定企业 2 的利润目标为 $\overline{\Pi}^2$，有效安排是选择价格 p 和市场份额 s_1 和 s_2，从而最大化 Π^1：

$$\max_{(p,s_1,s_2)} \Pi^1=(p-c_1)s_1D(p) \tag{6.1}$$

$$\text{s.t. } \Pi^2=(p-c_2)s_2D(p)\geqslant\overline{\Pi}^2 \text{ 且 } s_1+s_2=1$$

假设对所有 p 和 c，利润函数 $(p-c)D(p)$ 是凹性的。

（1）在代入 s_1 以后，得到一阶条件。证明：

$$p^m(c_1)\leqslant p\leqslant p^m(c_2)$$

且目标函数是拟凹的。

（2）证明：

$$[(p-c_1)D'(p)+D(p)]+\frac{(c_2-c_1)\overline{\Pi}^2}{(p-c_2)^2}=0$$

(3) 作出结论：当 $\bar{\Pi}^2$ 增长时，p 和 s_2 都增长。

(4) 证明帕累托边界是凸性的。

(5) 你从（4）中得到什么结论？

(6) 证明：现在如果按照有效配给规则（见第 5 章）允许各企业价格不同，确定的有效市场份额分配的确意味着两个企业索取相同的价格。

6.1.4 其他因素

在静态背景下削弱价格竞争的因素，也可能支持在反复的价格相互作用情势下的合谋行为，特别是在规模报酬递减（或生产能力约束）使得削价不太有利可图的今天。然而，这些因素也削弱了将来报复的力量，因为它们限制了企业可以供应市场的产出。因此，递减规模报酬的影响本身是不确定的。[10]

多个市场的接触一般被认为会减弱企业采取敌对行为的动机。Corwin Edwards 把这种情况描述如下：

> （在许多个市场上互相竞争的企业）可能不太愿意在一个市场上过分竞争，因为不值得为局部所得冒险卷入一场全方位的价格战……在一个市场上拼力竞争得到的好处可能被另一个市场上竞争对手报复的危险所抵消。［引自 Bernheim 和 Whinston（1986）。］

6

然而，正如 Bernheim 和 Whinston 注意到的，一个企业也会在所有市场同时拼力地战斗，从而它的短期所得不仅是局部的，而且是全局的。在 6.3 节，我们将探讨多个市场接触的论断。

行业中的企业数目当然会影响合谋的可能性。Bain（1956）对市场集中的最初关注就是以下述直观看法为基础的，即高度集中是产生合谋后果的必要（如果不是充分的）条件。

6.2 动态价格竞争的静态分析

6.2.1 扭结需求曲线

如 6.1 节所述，扭结需求曲线的故事是为解释寡头垄断企业为什么羞于经常削价而设计的。假设有两个企业，$i=1, 2$，单位成本为 c，需求函数为 $q=D(p)$。

扭结需求曲线故事的最简单的说法赋予给定价格以特殊的作用；我们把它叫作“聚点价格” p^f。我们可以把 p^f 看作现行市场价格，或者像企业所认为的稳定状态（长期）价格。每个企业都有下述推测：如果它索取的价格 $p>p^f$，那么它的对手不会跟着做（即仍将索取 p^f）。反之，如果一个企业削价到 $p\leqslant p^f$，它的对手也会同样削价。提价企业的剩余需求为零；索取 $p\leqslant p^f$ 的企业的剩余需求为 $D(p)/2$。总之，每个企业推断它的对手的“反应曲线”如图 6.1 所示。对企业 i 可觉察的需求曲线如图 6.2 所示。

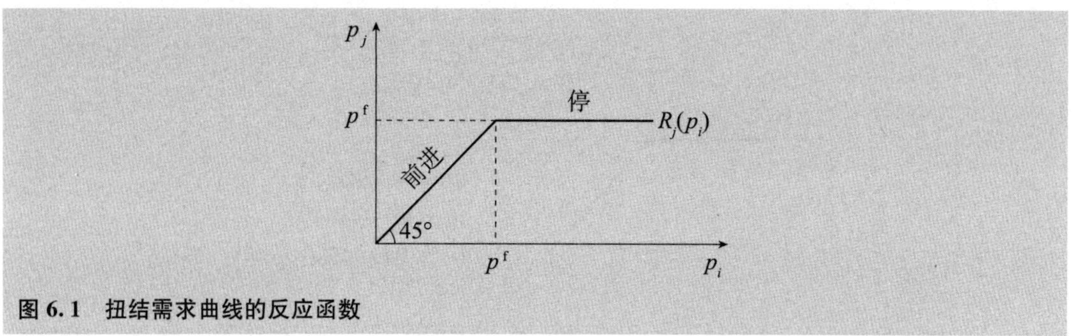

图 6.1 扭结需求曲线的反应函数

对于竞争对手的反应，企业 i 最大化 $(p_i-c)D(p_i)/2$，满足$p_i \leqslant p^{\mathrm{f}}$。我们假定利润函数$(p-c)D(p)$在 p^{m} 的左边增加，并且在它的右边减少（即它是拟凹的），若 $p^{\mathrm{f}} \leqslant p^{\mathrm{m}}$，则企业 i 的最优价格等于 p^{f}，若 $p^{\mathrm{f}} > p^{\mathrm{m}}$，则其最优价格等于 p^{m}。我们的结论是：当 p^{f} 在 c 和 p^{m} 之间，并且每个企业期望其对手作上述反应时，两个企业索取任何 p^{f} 都是一个“均衡”。

扭结需求曲线的故事可以从多方面予以批判。第一，除了在静态框架中模型化动态情势这一一般问题（下面将探讨的问题）之外，人们会为太多的均衡感到困惑。就像在 6.3 节中描述的超级博弈那样，在一定意义上，扭结需求曲线的故事对默契合谋的解释过于成功了。确实，在边际成本和垄断价格之间的任何价格都可以是价格竞争的产物。我们得不到任何指示表明企业如何在给定的聚点价格面前止步。但是，我们可以争论说 $p^{\mathrm{f}}=p^{\mathrm{m}}$ 是合乎逻辑的结果，因为它对两个企业都是最好的聚点价格，从而两个企业可以根据它进行协调。第二，当成本变化时，聚点价格是否也变化？这个问题再一次没有得到答案。有些人这样认定，在可行情况下，聚点价格对成本的小变化是不变的。这个假定对于整个经济的价格刚性具有重要意义。假设对于初始单位成本 c 来说，聚点价格是 $p^{\mathrm{m}}(c)$。再假定，在某个时点，成本永久地增加到$c'>c$（见图 6.2）。价格仍然停在 $p^{\mathrm{m}}(c)$。然而，如果单位成本变为 $c''<c$，则 $p^{\mathrm{m}}(c)$ 就不能再是聚点价格了，因为 $p^{\mathrm{m}}(c'') < p^{\mathrm{m}}(c)$，我们可以认定，价格落到新的聚点价格 $p^{\mathrm{m}}(c'')$。因此，不变的聚点价格只具有上升的刚性，而没有下降的刚性。然而，根据 Scherer（1980，p. 168），在久经锻炼的寡头垄断企业里，价格向下的刚性与价格向上的刚性至少是一样的。然而，人们能够作同等可能的假定：聚点价格在成本变动时会自动向新垄断价格调整。于是，价格向上与向下之间的不对称性就消失了。结论是：由于我们对如何选择聚点价格的内情知之甚少，因此扭结需求曲线的故事也很少有预测能力。[对此故事的更多批判，参看 Stigler（1947）]。这个故事最敏感的方面很可能是它对于反应和对抗所提出的看法。

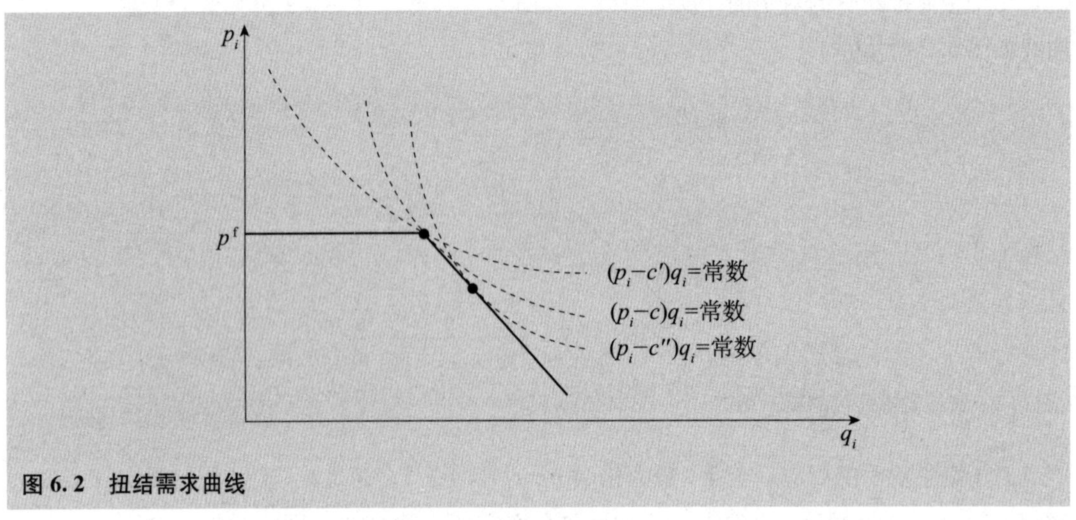

图 6.2 扭结需求曲线

6.2.2 推测变差

像扭结需求曲线的故事一样，推测变差（Bowley，1924）的故事假定，每个企业相信它选定的价格将影响其对手选定的价格。所不同的是，这个故事一般预计出现较平坦的、较少不对称的反应。例如，可以作这样的类比：企业 1 相信企业 2 将按照 $R_2(p_1)$ 选择 p_1 以最大化$\Pi^1(p_1, R_2(p_1))$。[11]正如在扭结需求曲线故事中对聚点价格的选择一样，我们对推测变差 R_2 选择的内情也知之甚少。

6

6.2.3 讨论

在静态框架中讨论动态特点的模型看起来是非常引人入胜的。正如我们将看到的，动态价格竞争是复杂的，而就多种应用来说，人们会喜欢把它列入“简化型”静态竞争的某一类。这正是扭结需求曲线和推测变量研究所要做的。可是，这个方法论有一个主要缺点：按照定义，静态对策是这样一种对策，其中每个企业的选择是独立于它的对手的选择之外的。根据其特有的时序和信息结构，企业之间不能互相作出反应。因此，关于对手的反应的任何不同于没有反应的推测是不合理的。我们的结论是：这个方法论在理论上是不能令人满意的，因为它没有服从博弈论所设定的规则。[12]

当然，某些在静态模型中推测的反应可能产生与成熟的动态价格对策一样的后果。然而，要了解这一点，你必须研究动态博弈。你还必须验证，这两个研究方法对外生的需求和成本冲击产生一样的反应（这不大可能，因为静态研究不能描述追随冲击的调整路线）。没有这样的验证，静态研究能得到什么结果是不清楚的。

6.3 超级博弈（重复博弈）

6.3.1 理 论

现在我们来研究 5.1 节引入的两个企业的模型。这两个企业以同样的边际成本 c 生产完全可以相互替代的产品。低价企业得到了整个市场，而各个企业在收取同样价格的情况下则分享这个市场。这里唯一的区别是，我们复制了基本的伯特兰德博弈 $T+1$ 次，这里 T 可能是有限数，也可能是无限数。于是这个博弈被叫作重复博弈，或超级博弈。以 $\Pi^i(p_{it}, p_{jt})$ 表示企业 i 在 t（$t=0, \cdots, T$）时的利润，其中 p_{it} 为企业 i 索取的价格，p_{jt} 为它的对手索取的价格。每个企业都最大化利润的现行贴现值，即

$$\sum_{t=0}^{T}\delta^t\Pi^i(p_{it}, p_{jt})$$

式中，δ 是贴现因子（$\delta=e^{-r\tau}$，r 是瞬时利率，τ 是各“时期”之间的实际时间）。δ 接近于 1 代表缺乏耐心或快速的价格变化。

在每个 t，两个企业同时选择它们的价格（p_{1t}, p_{2t}）。在各时期之间没有“物质”联系；当一个企业选定其价格时，其对手以前选定的价格已经过时了。然而，我们允许在日期 t 的价格选择依赖于以前的历史价格。因此，价格策略 p_{it} 依赖于历史：

$$H_t \equiv (p_{10}, p_{20}; \cdots; p_{1,t-1}, p_{2,t-1})$$

我们要求策略形成“精炼均衡”（参看第 11 章）。也就是说，对于任何给定的日期 t 的历史 H_t，从日期 t 开始，在给定企业 j 从那时开始的策略的情况下，企业 i 的策略将使利润的现行贴现值最大化。

首先，我们假定的时期是有限的：$T<+\infty$。动态价格博弈的均衡是什么样的？正如第 11 章中所解释的，我们需要用逆向归纳法去寻求精炼均衡。先给定博弈的历史 H_T，每个企业在最后时期 T 如何选择价格？因为过去的价格不影响 T 时期的利润，各企业在其对手价格给定的情况下，应当使它的“静态利润”$\Pi^i(p_{iT}, p_{jT})$ 最大化。因此，对任何历史情况来说，均衡是伯特兰德均衡，即

$$p_{1T} = p_{2T} = c$$

那么，$T-1$ 时期的均衡价格是什么？由于在 T 时期的价格选择不依赖于 $T-1$ 时期发生了什么，一切事情都会像 $T-1$ 时期就是最后一个时期一样。因此，各企业也在 $T-1$ 时期选择竞争性的价格，而不管直到这个时期之前的历史如何。对于任何 H_{T-1}，有

6

$$p_{1,T-1} = p_{2,T-1} = c$$

根据逆向归纳如此进行下去。$T+1$ 个时期价格博弈的结果是伯特兰德均衡重复 $T+1$ 次。因此，动态因素对这个模型毫无贡献。

当期界为无限的（$T=+\infty$）时，情景就发生了显著的变化。一方面，伯特兰德均衡无限次重复仍然是这一博弈的均衡。这一点是容易验证的。考虑下述博弈：每个企业在每个 t 选择等于边际成本的价格，而不管 t 以前的博弈历史。假定对手企业在此方式下索取等于 c 的价格，则每个企业所能做的不会比本身收取 c 更好。另一方面，这个博弈的有趣的特点是，重复的伯特兰德均衡不再是唯一的均衡。以 p^m 表示垄断价格［它使（$p-c)D(p)$ 最大化］并考虑下述（对称的）策略：每个企业在 0 时期索取 p^m。若是在 t 以前各时期两个企业都曾索取 p^m，它在 t 时期继续索取 p^m；否则，它将永远把价格定为边际成本 c。[13]这种策略叫作触发策略，因为一次背离将使合作停止。如果贴现因子足够高，它们就构成一个均衡。在索取价格 p^m 时，企业在每个时期挣得一半垄断利润。而背离这个价格，企业在整个背离期间能挣到最大利润 Π^m（的确，通过略微削减价格 p^m，它能够挣到接近于 Π^m），但是随后它将永远只有零利润。因此，如果

$$\frac{\Pi^m}{2}(1+\delta+\delta^2+\cdots) \geqslant \Pi^m$$

6

触发策略是均衡策略。满足上式的条件是 $\delta \geqslant 1/2$。

这个结果是默契合谋的形式化。如果一个企业削减其垄断价格，它将在整个背离时期得利，但它破坏了以后时期的合谋——所有企业将回到"残酷策略"（即它们永远执行纯竞争对策，我们知道这是一个均衡）。注意，合谋是通过一个纯粹不合作的机制来实现的。

在这个博弈中还有许多其他均衡。前面的推理实际上意味着在贴现因子大于 1/2 的条件下，任何一个在竞争价格与垄断价格之间的价格都可以持续地成为（非时变的）均衡价格（这意味着，任何在 0 和 Π^m 之间的对称的阶段利润都能够成为均衡利润）。令 p 属于［c，p^m］区间，并且只要没有企业背离该价格，每个企业就索取价格 p。如果其中有一个企业过去曾经背离这个价格，双方就都永远索取竞争性价格。这些策略再次成为均衡策略。在一致遵守价格 p 的情况下，每个企业得到

$$\frac{\Pi(p)}{2}(1+\delta+\delta^2+\cdots)$$

如果一个企业背离，在背离期间，它最多得到 $\Pi(p)$（因为它的对手收取 p）。因此，它在那一时期最多多赚到 $\Pi(p)/2$，而它在以后将永远失去价格 p 时利润的一半，

$$\frac{\Pi(p)}{2}(\delta+\delta^2+\cdots) = \Pi(p)\frac{\delta}{2(1-\delta)}$$

因此，如果 $\delta \geqslant (1-\delta)$，即 $\delta \geqslant 1/2$，背离价格 p 并非最佳做法。

前述结果是被称作无名氏定理的一般结果的一个方面。对于目前考察的重复价格博弈来说，无名氏定理说的是，任何一对满足

$$\Pi^1 > 0, \ \Pi^2 > 0, \ \Pi^1 + \Pi^2 \leqslant \Pi^m$$

的利润（Π^1，Π^2）都是 δ 充分接近于 1 时的阶段均衡支付。也就是说，存在着精炼均衡策略

$$\{p_{1t}(H_t), \ p_{2t}(H_t)\}$$

使得对所有的 i 来说，企业 i 的阶段支付为

$$(1-\delta)\sum_{t=0}^{\infty}\delta^t \Pi^i(p_{it}, \ p_{jt}) = \Pi^i$$ [14]

图 6.3 描绘了这一点。

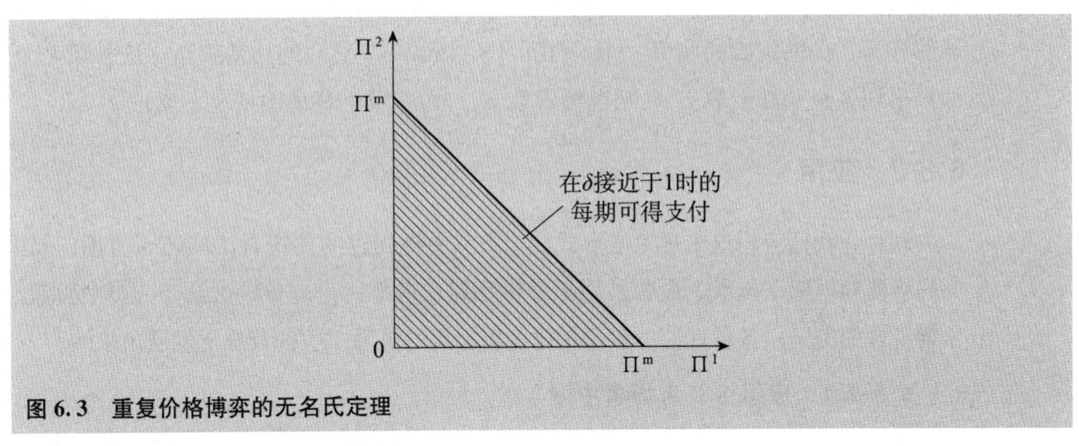

图 6.3　重复价格博弈的无名氏定理

习题 6.2*：** 证明任何满足 $\Pi^1>0$，$\Pi^2>0$ 且 $\Pi^1+\Pi^2 \leqslant \Pi^m$ 的支付（Π^1，Π^2）是 δ 接近于 1 时的均衡支付。

习题 6.3*：** 证明对于 $\delta<1/2$，唯一的均衡利润是竞争性（零）利润。把你自己限制在纯策略之内。提示：考虑一个企业在精炼均衡中可获得的最大（上确界）阶段利润。

因此，当 δ 接近于 1 时，一切情况都是均衡的（之所以说“一切情况”是因为加总利润不能超过 Π^m，并且均衡利润不能是负的——一个企业可以通过索取超过边际成本的价格或退出市场以保证自己取得非负利润）。

这里展示的无名氏定理已由 Friedman（1971，1977）予以证明。这一定理的更一般的说法已由 Aumann 和 Shapley（1976）、Rubinstein（1979）以及 Fudenberg 和 Maskin（1986a）予以提供。还可参看下面的 6.7.3 小节。

评论　执行给定价格（可能还有市场份额）的最容易的方法是对背离惩罚得尽可能严厉。在一个具有完全替代性的价格博弈中，最大的惩罚采取一个简单的形

式；它们与竞争性伯特兰德（静态的和动态的）均衡相对应，其中所有企业都得不到利润。（不存在更严厉的惩罚，因为一个企业总能存在于市场——或等价地说，索取很高的价格——并且保证其本身在背离之后获得零盈利。）当然，这样的惩罚对执行惩罚者也是严厉的，但是在均衡路径，它没有成本，因为它实际上不会发生。因此，要看一个给定行为在均衡中是否确实可以维持，只需要假定任何背离都将导致向伯特兰德行为的永久回归。这个推理是更为一般的原则的一部分［参看 Abreu（1983，1986）］[15]；我们将在 6.3.3 小节中看到，它严格地依赖于所有价格选择都是完全可以观察到的。

在一定意义上，超级博弈理论在解释默契合谋方面过于成功。均衡太多是一个“富有的窘境”。为了使均衡概念保持吸收力，企业必须以某种方式在一个“聚点均衡”上进行协调。这个均衡是怎样选择的？在有关文献中常用的选择程序假定在对称博弈中，聚点均衡也是对称的，并且聚点均衡必须从两个企业的观点看是帕累托最优的（这就是说，支付必须在利润集合的边界上）。在前面的例子中，这些假定显然选定了提供阶段利润 $\Pi^1=\Pi^2=\Pi^m/2$（当 $\delta\geqslant 1/2$ 时）的均衡策略（这种策略是如果早期各企业都索取 p^m，则继续索取 p^m，而在发生背离的情况下索取 c）。

6.3.2 应用

6

现在，我们应用这个理论来形式化 6.1 节中提到过的传统看法的若干方面。（因为超级博弈框架在技术上最容易用来分析我们在这里讨论的传统看法。）我们将满足于解说性的例子；各种理论一般是在比这里设定的更为一般的背景下发展出来的。[16]

6.3.2.1 应用Ⅰ：市场集中度

如前所述，Bain（1956）对于市场集中问题最初的关注是以高市场集中度与合谋之间的直观关系为基础的。这里的想法是，默契合谋在企业数目较少时容易维持。考虑在生产同类产品的行业中有 n 个企业，面对同样的不变边际成本。我们看看全面合谋结果：所有企业都索取垄断价格并平等地分享市场。每个企业的阶段利润为 Π^m/n，是 n 的递减函数。企业数量的增加减少每个企业的利润，从而也减少了削价受罚的成本。与此相对照，略微削减垄断价格的短期所得是

$$\Pi^m(1-1/n)-\varepsilon$$

且随 n 的增大而增大。为使合谋可以维持，贴现因子必定超过 $1-1/n$；在这个意义上，集中有利于默契合谋。

6.3.2.2 应用Ⅱ：长期的信息滞后和不经常的相互作用

只有在削价之后相当迅速地给予惩罚，惩罚的威胁才起作用。惩罚可能由于两个相关的理由而被拖延。第一，企业的削价可能只在一定的时滞后才为对手知道。这种情况可能在制造商与少数大买主（批发商或下游制造商）签订合同时发生。签

约的秘密于是成为合谋的障碍。的确，如果削价永远不被观察到，合谋也就不可能维持。第二，不经常的相互作用（比如，由于订货额的巨大）拖延了惩罚，并使现期削价更具吸引力。

第二个理由在超级博弈框架内被直截了当地形式化了。更不经常的相互作用对应 δ 的减少。但是我们知道，如果 δ 介于 0～1/2 之间，合谋就不能维持；如果 δ 超过 1/2，任何后果都是可能的，包括合谋后果（超级博弈对将不经常相互作用作为合谋失败的原因的解释是很弱的，因为这一理论只是预测合谋可能在均衡中出现）。

第一个理由是难以形式化的，除非你愿意作出这样的强假定：利润和需求也只是滞后被观察到的。比如，考虑双寡头模型，假定价格在选定之后两个时期（而不是一个时期）才被观察到。进一步假定，一个企业给定时期的利润和需求至少在两个时期之后才被这个企业观察到。因此，一个企业不能通过对过去利润与需求的观察，了解它所不知道的对手的作价行为。在这种情况下，一个企业在被观察到以前，可以有背离活动并且进行两个时期的削价。当且仅当

$$\frac{\Pi^m}{2}(1+\delta+\delta^2+\cdots)\geqslant \Pi^m(1+\delta)$$

或

$$\delta\geqslant\frac{1}{\sqrt{2}}$$

时，垄断价格（或任何其他价格）才在均衡中是可维持的。

这样，条件比以前（$\delta\geqslant 1/2$）更为严格，因为 $1/\sqrt{2}>1/2$。就这个意义来说，信息滞后也是合谋失败的一个原因。然而，对利润和（特别是）需求的观察滞后是一个强假设。在 6.3.3 小节和 6.7.1 小节，我们作出极端假设：价格是完全秘密的（永远不让对手知道），但是一个企业立刻了解了它的利润与需求（也就是说，在价格选定的一个时期之后）。

6

6.3.2.3 应用Ⅲ：需求波动

现在我们来探讨 Rotemberg 和 Saloner（1986）关于繁荣时期的价格战的理论。假设需求是随机的。在每个时期 t，需求可能低［$q=D_1(p)$］，概率为$\frac{1}{2}$，也可能高［$q=D_2(p)$］，概率为$\frac{1}{2}$。假定对所有 p，$D_2(p)>D_1(p)$。为简化起见，假定需求的波动在各个时期是相同和独立分布的。在每个时期，两个企业在同时选定价格之前了解到当前需求状况。

我们寻求一对价格 $\{p_1, p_2\}$，使得：（1）当需求状况为 s 时，两个企业都索取价格 p_s；（2）价格格局 $\{p_1, p_2\}$ 在均衡中是可维持的（也就是说，存在一个均衡，其中在 s 状态下背离 p_s 对个人并非最佳）；（3）每个企业在均衡路径上的期望贴现利润

$$V=\sum_{t=0}^{\infty}\delta^{t}\left(\frac{1}{2}\,\frac{D_1(p_1)}{2}\,(p_1-c)+\frac{1}{2}\,\frac{D_2(p_2)}{2}\,(p_2-c)\right)$$
$$=\left(\frac{1}{2}\,\frac{D_1(p_1)}{2}\,(p_1-c)+\frac{1}{2}\,\frac{D_2(p_2)}{2}\,(p_2-c)\right)\Big/(1-\delta)$$

不低于其他均衡支付（即不存在另一个为两个企业都偏好的均衡）。

我们从最大惩罚原则知道（参看 6.3.1 小节），为了使这一对价格 $\{p_1,\ p_2\}$ 得以执行，我们可以假定，在背离以后，两个企业将永远索取竞争性价格 c（从而不能获得利润）。

我们首先检验“完全合谋结果”在均衡中是否可维持。所谓“完全合谋结果”的意思是，在每个需求状态 s 下，两个企业都收取垄断价格 p_s^{m}［在这里，p_s^{m} 使 $\Pi_s(p)=(p-c)D_s(p)$ 最大化］。我们以

$$\Pi_s^{\mathrm{m}}\equiv(p_s^{\mathrm{m}}-c)D_s(p_s^{\mathrm{m}})$$

表示在状态 s 的垄断利润。如果垄断利润总是能够维持，则

$$V=\frac{(\Pi_1^{\mathrm{m}}+\Pi_2^{\mathrm{m}})/4}{1-\delta}$$

根据最大惩罚原则，在某时的背离的未来损失的贴现值是 δV。在需求状态 s 下略微削减 p_s^{m} 带给背离企业的额外所得大约为

$$\Pi_s^{\mathrm{m}}-\frac{\Pi_s^{\mathrm{m}}}{2}=\frac{\Pi_s^{\mathrm{m}}}{2}$$

因此，为使 p_s^{m} 可维持，对所有 s，必须有

$$\frac{\Pi_s^{\mathrm{m}}}{2}\leqslant\delta V \tag{6.2}$$

可是，由于 $\Pi_1^{\mathrm{m}}<\Pi_2^{\mathrm{m}}$，这个条件只有在下列情况下才能被满足：

$$\frac{\Pi_s^{\mathrm{m}}}{2}\leqslant\delta V \tag{6.3}$$

或者，代入 V，

$$\delta\geqslant\delta_0\equiv\frac{2\Pi_2^{\mathrm{m}}}{3\Pi_2^{\mathrm{m}}+\Pi_1^{\mathrm{m}}} \tag{6.4}$$

因为 $\Pi_2^{\mathrm{m}}>\Pi_1^{\mathrm{m}}$，$\delta_0$ 严格位于 1/2～2/3 之间。

这个结果提供了一些见识。在需求高的时候，削价的诱惑很大。惩罚会带来相当于高利润和低利润平均数的损失，因而与高需求可以持续下去的情况相比，损失要小些。这样，当 δ 位于 $1/2\sim\delta_0$ 之间时，全面合谋在高需求的情况下不能持续下去，这与确定性需求情况形成对比。

有趣的是贴现因子在 $[1/2,\ \delta_0)$ 区间的情况。我们必须选择 p_1 和 p_2，使企业

期望的支付最大化，满足激励（无削价）约束，即

$$\max\left(\frac{1}{2}\ \frac{\Pi_1(p_1)}{2}+\frac{1}{2}\ \frac{\Pi_2(p_2)}{2}\right)\Big/(1-\delta) \tag{6.5}$$

满足

$$\frac{\Pi_1(p_1)}{2}\leqslant\delta\left(\frac{1}{2}\ \frac{\Pi_1(p_1)}{2}+\frac{1}{2}\ \frac{\Pi_2(p_2)}{2}\right)\Big/(1-\delta) \tag{6.6}$$

$$\frac{\Pi_2(p_2)}{2}\leqslant\delta\left(\frac{1}{2}\ \frac{\Pi_1(p_1)}{2}+\frac{1}{2}\ \frac{\Pi_2(p_2)}{2}\right)\Big/(1-\delta) \tag{6.7}$$

直观地看，起作用的约束条件应当是式（6.7），因为在需求高的时候，削价的诱惑更强。容易证明，情况确实如此。注意，这个规划等价于

$$\max\{\Pi_1(p_1)+\Pi_2(p_2)\} \tag{6.5$'$}$$

满足

$$\Pi_1(p_1)\leqslant K\Pi_2(p_2) \tag{6.6$'$}$$

和

$$\Pi_2(p_2)\leqslant K\Pi_1(p_1) \tag{6.7$'$}$$

这里

$$K\equiv\delta/(2-3\delta)\geqslant 1$$

不考虑式（6.6′），在满足式（6.7′）的情况下最大化式（6.5′）。显然，选择 $p_1=p_1^m$ 增加了目标函数，并且尽可能地放松式（6.7′）的约束。于是，在低于 p_2^m 的范围中选择 p_2，使得 $\Pi_2(p_2)=K\Pi_1(p_1^m)=K\Pi_1^m$。[17][18]

因此，我们得到下述结论：对处于［1/2，δ_0］区间的 δ_0，某种合谋是可维持的。在低需求状态，各企业索取垄断价格 $p_1=p_1^m$。在高需求状态，各企业索取低于垄断价格的价格 $p_2<p_2^m$（p_2 可以高于或低于 p_1，这取决于需求函数）。Rotemberg 和 Saloner 把这解释为：它显示在繁荣时期存在着价格战——这就是说，它代表了一种情况，在此情况下企业被迫在好的时机减少合谋。[19]这不是一般意义上的价格战，因为价格在繁荣时期实际上可能会比萧条时期高；因此，寡头垄断的反经济周期变动并不是 Rotemberg 和 Saloner 模型的内在含义（但是与之并不矛盾）。

Rotemberg 和 Saloner 的分析看来似乎有理。在微观水平上，当大量订单到来时，卡特尔便趋向于崩溃。比如，Scherer（1980，p. 222）在回顾四环素类抗生素的市场时就观察到，在 1956 年 10 月军队医药采购当局下达大量订单后，这类纯粹的纪律就崩溃了。产业的需求状况或成本状况也会随着可能的相对外生因素（投入品的价格、综合需求）而波动。Rotemberg 和 Saloner 1986 年论文的第二个贡献是对产业行为和整个经济运作之间的某些联系进行了经验性分析。特别是，他们证明

了水泥（一个寡头垄断产业的产品）价格倾向于反经济周期，这与他们的理论是一致的（但正如我们所观察到的，这不一定是他们的理论所预料到的）。还可参看 Porter（1983a）关于 19 世纪 80 年代芝加哥到纽约线路上铁路卡特尔的讨论，Bresnahan（1981）关于 20 世纪 50 年代中期美国汽车工业的分析。

习题 6.4*：考虑 n 个企业的超级博弈情况。各企业具有不变成本 c。在 t 时其需求函数为 $q_t=\mu^t D(p_t)$，这里，$\mu\delta<1$（δ 是贴现因子）。[20] 推导出使得完全合谋（即垄断解）可以作为超级博弈均衡出现的贴现因子的集合。这个模型可以对扩张产业和衰退产业合谋的相对容易程度作出什么预测？

6.3.2.4 应用Ⅳ：成本不对称

在 6.1 节，我们看到两个单位成本为 $c_1<c_2$ 的企业在索取价格方面的偏好是有冲突的。有效市场分享配置可能是，比如要求企业 2 供应少于它所面对的需求，以换取企业 1 收取高于垄断价格的价格；或者甚至让两个企业轮流供应市场。下面的习题表明，若每个企业不是过于缺乏耐心，则在超级博弈中，多种市场分享的形式都可以维持。

习题 6.5**：参考习题 6.1。考虑确定性有效市场分享配置。用 $\{p^*, s_1^*\}$ 表示一个有效市场分享配置，并且

$$\Pi^{1*}\equiv s_1^* D(p^*)(p^*-c_1)$$

$$\Pi^{2*}\equiv(1-s_1^*)D(p^*)(p^*-c_2)$$

表示相应的阶段利润。考虑下述策略：只要两个企业以前都遵守规则，则每个企业 i 都收取 p^* 并生产 $s_i^* D(p^*)$。如果任何一个企业过去曾经背离规则，则双方都永远回归到伯特兰德行为。[21] 确定在这种形式下能够执行的有效市场分享配置的集合。

之前间接提到的一个问题是均衡配置的选择。即使一个人已经接受了选择一个帕累托最优配置的想法，他也很难得到线索，知道如何在可行的范围内选定 p^*（或 s_1^*）。在对称情况下，你可以产生这样的想法：一个对称的均衡是聚点均衡。但是，不论这个论断有什么价值，它对于在不对称成本下的竞争是不适用的。找出聚点均衡的困难，被某些人认为会阻止默契合谋。

6.3.2.5 应用Ⅴ：多市场接触

要了解为什么多市场接触有助于合谋，回顾一下为使一个不变价格（比如垄断价格）在一个单一市场上成为可维持价格的激励约束条件：

$$\frac{\Pi^m}{2}\leqslant\delta\frac{\Pi^m}{2}(1+\delta+\cdots)$$

或

$$1\leqslant\frac{\delta}{1-\delta}$$

正如已经说明的，$\delta=1/2$ 是使完全合谋可维持的充分条件。一个较高的 δ 是“过分具有杀伤力的”；此时惩罚已超过了保持市场纪律的必要水平。

现在假设有两个相同但独立的市场，两个企业都同时参与两个市场。再进一步假设，市场 1 比市场 2“会晤更为频繁”——也就是说，或者订单来得更快，或者信息的时滞较短。简而言之，我们假设市场 1 每个时期接触一次，而市场 2 每两个时期接触一次。如果各时期间的贴现因子为 δ，则市场 2 隐含的贴现因子等于 δ^2。假设 $\delta^2<1/2<\delta$。于是，我们从 6.3.1 小节中知道，在缺乏多市场接触的情况下，勾结在市场 1 是可持续的，而在市场 2 则不是。另外，如果存在下列条件，在存在多市场接触的情况下完全的合谋在两个市场上都是可维持的：

$$2\times\frac{\Pi^{m}}{2}\leqslant\frac{\Pi^{m}}{2}(\delta+\delta^2+\delta^3+\cdots)+\frac{\Pi^{m}}{2}(\delta^2+\delta^4+\delta^6+\cdots)\tag{6.8}$$

或

$$0\leqslant4\delta^2+\delta-2\quad(\text{或 }\delta\geqslant0.593)\tag{6.9}$$

我们来推导式（6.8）。削价最大的诱惑出现于每个偶数期，这时两个市场都开放。一个削价的企业会在两个市场上同时削价，因为无论如何，背离行为在两个市场上都要受惩罚。从垄断价格向下削减，每个市场的所得是 $\Pi^m/2$，因此，总数为 Π^m。式（6.8）的右方代表在两个市场上与回归到伯特兰德行为（最重的处罚）相联系的将来的合谋利润损失。

因此，比如对于 $\delta=0.6$，在多市场接触之下，两个市场上的全面合谋都可以维持下去，而在单一市场接触下，在市场 2 没有任何合谋的可能。

这一结果的直观解释是，市场 1 上中断合谋的损失可能如此之大，以至于不仅阻止了市场 1 上的背离，而且阻止了市场 2 上的背离。[从技术上讲，（无削价）激励约束在两个市场上已合并为单一的约束，即式（6.8）的条件。若它在两方面都满足了约束条件，则式（6.8）的条件也得到了满足。这反过来则不能成立，正如已经表明的。多市场接触下的可持续配置的集合不会小于单一市场接触下的可持续配置的集合。]

Bernheim 和 Whinston（1986）对于多市场接触和默契合谋作了更为完备的探讨。[22]

习题 6.6*： 考虑在两个相同且独立的市场上相互作用的两个企业。两个市场的差别在于：在市场 1，企业 t 时的价格可于 $t+1$ 时被观察到；而在市场 2，它要在 $t+2$ 时才能被知道。因此，尽管每个市场每个时期都会相遇，但市场 2 却存在着较长的信息时滞。

（1）论证在缺乏多市场接触情况下，当且仅当 $\delta\geqslant1/\sqrt{2}\simeq0.71$ 时，合谋在市场 2 才是可维持的。

（2）证明在多市场接触情况下，当且仅当 $\delta\geqslant\underline{\delta}$（其中 $\underline{\delta}\simeq0.64$）时，合谋在两

个市场上才是可维持的。

6.3.3 秘密削价

6.3.1 小节和 6.3.2 小节曾假设，在经过若干信息时滞之后，一个企业的价格选择才被它的对手完全观察到。可是，人们可以考虑这样的实例，其中价格是观察不到的。就像我们在第 4 章补充节中所说的，企业可以给顾客打折，或者提高服务质量，而不提高价格。如果对手的价格无法被观察到，一个企业就必须依赖于观察自身实现的市场份额或需求去观察对手的任何削价活动。可是，如果需求函数是随机的，而且冲击是观察不到的，推论的程序就会受到歪曲。低市场份额可能是由于对手的侵略性行为，或者是由于需求的疲软。因此，在需求很随机的时候，削价是难以侦察到的。正如 Stigler（1964）指出的，这倾向于阻止合谋。

Green 和 Porter（1984）［还可参看 Porter（1983b）］发展了一个超级博弈模型，形式化了秘密削价问题。[23] 如前所述，最大惩罚原则不一定适用于这种情况。当价格选择完全可观察时，采取极端的惩罚是有意义的。因为这些惩罚在均衡路径上是永远观察不到的，所以对企业来说是没有成本的（它们只是威胁）。在不确定的情势下，错误是不可避免的。最大的惩罚（永远回归到伯特兰德行为）不一定是最佳的。

对在价格秘密情况下的合谋进行分析，比在价格完全可观察的情况下要复杂得多（因为必须确定最佳的惩罚方式）。这个问题将推延到补充节中再谈。这里我们仅满足于研究简单的事例。只要各企业的利润过去曾是高的，它们就会索取垄断价格。如果一个企业观察到低利润（这可能是由对手削价或低需求造成的，或者由于它自己在前一个时期削减了垄断价格），它就会在时间 T 的某些时期索取低价，而它的对手也这样做（这是一个惩罚阶段）。这个企业在惩罚阶段完结之后回归到合谋阶段，直到下一次背离或需求剧烈下降时为止。回到惩罚阶段的概率增大，导致削价无利可图。这个模型预言存在周期性的价格战，这与 6.3.1 小节和 6.3.2 小节中完全可观察的模型正相反。价格战是非自愿的，战斗不是由削减价格引发的，而是由观察不到的巨额需求变化引发的。（的确，在合谋阶段，双方都索取垄断价格，直到企业的利润都反过来受到需求的冲击为止。）还要注意到，与 Rotemberg-Saloner 模型相反，价格战会由衰退引发。

在信息不完备的情况下，全面合谋的结果不可能维持下去。只有所有企业在即使利润很低时也坚持合谋（收取垄断价格），全面合谋才能维持下去，因为即使在合谋的情况下，低盈利也能作为低需求的后果出现。然而，如果一个企业相信其对手即使利润低也会合作，它就总会有各种动机进行（秘密地）削价——削价会提供短期所得，但不会造成长期损失。因此，全面合谋与阻止削价并不一致。[24]

习题 6.7*：一个采购机关用密封拍卖的办法重复地为联邦、州和地方政府购买所需物资。开价在一个预先决定的日期公开发布。这个程序潜在的不利影响是什么？

6.3.4 讨　论

正如我们已经看到的，超级博弈框架是简单的，并且可以应用于多个方面。这一小节将找出超级博弈模型的主要特点并讨论其方法论。

6.3.4.1 同步行动

我们假定诸企业总是同时选定价格。也就是说，在一家企业选择它自己的价格时，它的当前利润不再受它的对手以前价格选择的影响。容易看出，对于超级博弈的主要结果来说，同步的假设不是关键性的（无名氏定理适用于缺乏耐心的情况）。但是，它意味着特定的行为。在下述意义上，企业的策略是自我实现策略：在任一时间点上，过去的价格不影响当前（或将来）的利润。因此，如果一个企业要根据以前的价格选择来调整它的价格行为（在合谋均衡中），其唯一的理由是，别的企业也这么做了。合谋结果来自精巧的自我实现的期望。企业不会遵循这样一些简单的策略，诸如在市场份额已被对手侵略性价格行为破坏之后，争取恢复自己的市场份额。在超级博弈中，市场份额在企业作出反应时已不会再受到破坏。如果我们排除了自我实现均衡，留给我们的就只有无合谋了（重复的伯特兰德行为）。

6.3.4.2 无限时界

如我们所见，合谋不能在超级博弈框架中维持下去，即使在一个漫长但有限的范围内。因此，无限时界对合谋结果是关键性的。这就提出了这样一种可能性：这些结果对于有限长度的价格相互作用不稳健——一个合理的假设。对于无限时界的假设无须过分严肃地对待。假设在每个时期市场有 $x\in(0,1)$ 的概率“活下去”，即诸企业继续在市场上竞争（可以设想 $1-x$ 为产品被废弃或激烈的竞争爆发的概率）。博弈会以概率 1 在有限的（但随机的）时间内结束。然而，一切就好像是无限时界的，并且各企业的贴现因子等于 $\tilde{\delta}=\delta x$，就像在支付函数上容易检验到的那样（将来是由贴现因子 δ 打折扣的，但只以概率 x 存在）。因此，如果 δ 和 x 都够高，超级博弈合谋就可以实现。要注意，这一结果依赖于概率 x 为长期不变数。遗憾的是，如果（比如说）随时间变化的 x_t 在某些时点上急剧下降，均衡的集合如何，人们知之甚少（虽然我们可以猜想，超级博弈均衡在这样的环境中难以持续）。

6.3.4.3 均衡的多重性

如前所述，超级博弈的故事在解释默契合谋方面过于成功了。均衡的多重性是一个“富有的窘境”。我们需要有一个合理且系统的理论来说明企业在特定的均衡中如何相互协调。如果我们要求这一理论有预测力，并且为比较静态学所接受，这就是必要的。一个自然的方法是，假定各企业协调于一个均衡，这个均衡是所有均衡利润的集合中的一个帕累托最优点。你还可以进一步通过选择对称性的均衡来去除余下的均衡集，如果该博弈是对称的。这是一个有用的方法，但它引出了两个问题。第一，这个博弈可能不对称（例如，由于内在的成本差异），或者由于更多的维度被纳入研究范围而变得不对称（例如，当一个企业作出投资决策时）。[25]第二，选择有效均衡引出了“再协商”的问题。假设各企业原来在垄断价格均衡的基础上进行协调，并且某些企业通过在第一时期削价而发生背离行为。均衡策略从第二时期起规定了某些惩罚措施。比如，我们设想最重的惩罚是各企业在发生背离行为后永远索取竞争性价格。但是，那些预期从第二时期以后没有利润的企业会产生一种动机去重新协商，以避免发生惩罚并重新达到有效均衡。另外，的确没有任何理由可以认为，如果各企业在日期 1 能够就有效均衡进行协调，它们就不能在日期 2 做同样的事。[26]

再协商的可能性削弱了惩罚的力度，从而也削弱了不削价的动机。（为施行纪律，各企业会喜欢作不协商的承诺，但这种承诺是不可靠的。）Farrell 和 Maskin（1986）、Pearce（1987）和 van Damme（1986）对有关再协商的可能性提供了超级博弈分析。

6.4 价格刚性

6

正如在 6.3.1 小节中讨论过的，上面关于重复价格竞争的超级博弈的描述是非常特殊的，因为在模型中，企业从不对影响其利润的当前变量作出反应。在现实中，价格不可能连续不断地调整。企业在决定价格变动时要承担成本，如发送新价格表和产品目录，更换价格标签，向消费者作降价广告，等等。这些“菜单成本”一般不大，如果企业愿意这么做，它们就可以经常变动价格。可是，每天或每分钟变动价格却是非常花成本的事，因此价格很可能显示短期刚性。除了价格刚性之外，还有其他一些渠道导致过去的价格选择影响当前利润。在需求方面，过去的价格可以通过消费者对产品成本或转换成本的了解影响企业当前商誉。在供给方面，过去的价格可以影响当前的库存（或当前工作负担，如果订货要按时交足）。

价格刚性的出现导致了这种可能：价格反应不是自我实现反应，而只是试图重新取得或巩固市场份额。（大体上）模型化短期刚性和对支付相关价格反应的最简单的方法是假定诸企业不同步去选定价格。[27]为了简单明了，我们考虑两个生产完全可替代产品的企业。在奇数（相应地，偶数）时期，企业 1（相应地，企业 2）选择它的价格。企业 1 在时期 t 选择的价格 p_{it} 对于两个时期是固定的：$p_{i,t+1}=p_{i,t}$。在时期 $t+2$，企业 i 可能选择一个新价格，这个价格仍将持续两个时期（我们作外生不同步假设的动因将在下文说明）。

企业 i 的目标是最大化利润的贴现值：

$$\sum_{t=0}^{\infty}\delta^{t}\Pi^{i}(p_{i,t},\ p_{j,t})$$

现在，除了以不同步代替同步之外，上面这个模型与超级博弈模型是一样的。

我们寻求一个精炼均衡，其中各企业对价格的选择是简单的：它只依赖于“支付相关信息”。更准确地说，在日期 $2k+1$，企业 2 仍然承诺它在前一时期选定的价格（$p_{2,2k}$）。这个价格影响企业 1 在日期 $2k+1$ 的利润，因此被称为支付相关的。我们假定 $p_{1,2k+1}=R_1(p_{2,2k})$，也就是说，企业 1 的策略只依赖于与理性相一致的最少信息（没有自我实现）。企业 2 也类似：$p_{2,2k+2}=R_2(p_{1,2k+1})$。$R_1(\cdot)$ 和 $R_2(\cdot)$ 叫作马尔可夫反应函数。马尔可夫精炼均衡是诸企业都采用马尔可夫策略的精炼均衡。给定两个企业未来将根据 $R_1(\cdot)$ 和 $R_2(\cdot)$ 作出反应，对于任何现期价格 $p_{2,2k}$，企业 1 在日期 $2k+1$ 的反应一定是最大化目标函数。从数理上讲，当企业 1 选择 $p_{1,2k+1}=p_1$ 以对 $p_{2,2k}=p_2$ 作出反应时，它从 $2k+1$ 开始的跨期利润是

$$V^1(p_2) = \max_{p_1}[\Pi^1(p_1, p_2) + \delta\Pi^1(p_1, R_2(p_1)) + \delta^2\Pi^1(R_1(R_2(p_1)), R_2(p_1)) + \cdots]$$

因为企业 2 将在下一个时期以 $R_2(p_1)$ 作出反应，因而企业 1 将在两个时期内以$R_1(R_2(p_1))$ 对 $R_2(p_1)$ 作出反应，如此等等。（在这里，我们求助于“一期背离标准”。均衡的必要条件显然是没有企业想在一个时期背离反应规则，而后又转向遵守这一规则。反过来说，因为跨期背离可以分解为一系列单期背离，一期背离标准也是均衡的充分条件，参看 6.7 节。）在均衡中，对所有 p_2，$p_1=R_1(p_2)$ 一定使括号内的表达式最大化。企业 2 也类似地行动。

在 6.7.2 小节中，我们将推导出一对均衡反应函数必须满足的条件。在这里，我们只满足于研究简单的例子并考察这一模型的若干内涵。

6

6.4.1　扭结需求曲线的例子

令 $D(p)=1-p$，并且两个企业的边际成本均为 $c=0$。价格是离散的：$p_h=h/6$，其中 $h=0, 1, \cdots, 6$。现在，$p_0=0$ 是竞争价格，而 $p_3=1/2$ 是垄断价格。考虑表 6.1 中的对称反应函数 $R_1(\cdot)=R_2(\cdot)=R(\cdot)$（最右边一列表示索取的最低价格为 p 时的产业利润）。对任何充分接近于 1 的贴现因子（价格调整足够快），这些策略都可以构筑一个均衡。参看 6.7 节。

表 6.1

p	$R(p)$	(36) $\Pi(p)$
p_6	p_3	0
p_5	p_3	5
p_4	p_3	8
p_3	p_3	9
p_2	p_1	8
p_1	$\begin{cases} p_3 \text{（其概率为 } \alpha\text{）} \\ p_1 \text{（其概率为 } 1-\alpha\text{）} \end{cases}$	5
p_0	p_3	0

注：α 取决于 δ。

这一均衡使人联想到扭结需求曲线的故事。聚点价格（稳定状态）在这里是垄断价格 p_3。从这个价格开始，如果一个企业提高价格，它的对手不会追随它，仍然执行聚点价格。如果这个企业削价到 p_2，它的对手就以进行价格战作为反应。在这个特殊的均衡中，价格战有两个阶段：其对手依次削价到 p_1。在这一低价，企业从事“消耗战”。两个企业都期望价格回升到聚点价格。但是每个企业都希望别人先行动，因为宽容的企业会在短期内丧失市场份额。结果是一种混合策略性行为，在这种策略性行为中，企业或者继续进行价格战，或者涨价。与扭结需求曲线（KDC）故事的区别在于，反应是真实且完全理性的。（一个小的事实上的差别是，这里的价格战现象与扭结需求曲线故事的比赛行为不一样。）

例如，我们以没有哪个企业愿意削减聚点价格这件事来检验这个问题。若均衡策略是给定的，比如说企业 1 得到了下式所列的一个跨期利润（所有利润都乘以 36），即

$$V(p_3)=(1+\delta+\delta^2+\delta^3+\cdots)\times 4.5=4.5/(1-\delta)$$

通过削价到 p_2，它今天得到了利润 8。在下个时期，价格被企业 2 削减到 p_1，因而它得到零利润。从现在开始的两个时期，该轮到企业 1 去选择价格了。根据均衡策略，一个最优行动是回归到聚点价格。（为计算一个企业的支付，你可以在企业执行混合策略时采取任何均衡行动，因为均衡的条件是以正概率选择的所有行动都带来相同的盈利。）企业 1 在这一期没有盈利，并且从随后的周期起把产业带回到聚点价格。因此，当 δ 接近于 1 时，削价到 p_2 导致

$$8+\delta\cdot 0+\delta^2\cdot 0+(\delta^3+\delta^4+\cdots)\times 4.5<V(p_3)$$

这一计算说明了削价的短期所得与价格战招致的较长期损失之间的交替。今天，企业的利润增长了 8－4.5＝3.5，但是在随后的两个时期将减少 4.5（如果我们假设企业 1 在价格 p_1 上宽容）。

评论 1 上述均衡提出了关于额外生产能力的一种“策略性”理论。到目前为止，我们一直假定企业可以满足对它们的需求。现在我们假定，在价格竞争之前，企业必须首先装置其生产设备（正如第 5 章所说，但是要以动态竞争作为“第二阶段”）。在平稳状态下，企业在 p_3 时需要生产能力等于市场总需求的一半，即 1/4。可是，如果一个企业的生产能力是 1/4，则当另一个企业索取 p_2 时，它将索取 p_1 的威胁就不再可信了，因为在价格 p_1，该企业远不能满足需求（5/6）。在选择这一生产能力水平时，在 p_3 条件下的均衡不再是一个均衡。事实可以证明，那些装置了生产能力后并不使用，但在其他企业变得过分具有“侵略性”时使用这些生产能力的企业得到了好处。[28]

评论 2 还存在着这样的均衡，其中价格问题永远得不到解决。比如，在前面的例子中，对称策略 $\{R(p_6)=R(p_5)=p_4$；$R(p_4)=p_3$；$R(p_3)=p_2$；$R(p_2)=p_1$；

$R(p_1)=p_0$；以及以 β 的概率 $R(p_0)=p_0$ 和以 $1-\beta$ 的概率 $R(p_0)=p_5\}$（其中 β 取决于 δ），在 δ 接近于 1 时形成另一个均衡。在这个均衡中，市场动态包含价格战和宽容阶段的交替出现。市场旁观者于是看到了一个市场价格周期性反复的路线。每个企业都会削价，因为有充分的理由预料保持原价并不能阻止其他企业采取侵略性行为。从这个意义上讲，不信任是一种自我证明的态度。[29]

6.4.2　讨　论

上面的评论 2 表明，尽管存在着对简单的（马尔可夫）策略的限制，多重均衡却依然存在（确实还存在着若干扭结需求曲线均衡）。然而，仍然能够证明，在任意马尔可夫精炼均衡中，利润总是远离竞争利润（即零利润）。例如，对称均衡中的产业平均利润至少等于 δ 接近于 1 时的垄断利润的一半。直观地讲，如果企业陷入竞争价格区域中，发现了未来获得小量盈利的前景，一个企业可能猛烈地抬价，以引诱其对手至少在某些时间索取高价（这个对手的定价也不会急于回归到接近于竞争价格）。于是，默契合谋不仅是可能的（如在超级博弈中那样），而且是必要的。更进一步说，还可以证明，存在唯一的一对均衡策略，可以使产业利润接近于垄断价格。这两个策略（将在 6.7.2 小节中予以描述）构成一个执行垄断价格的对称的扭结需求曲线均衡，它是唯一的对称的“再协商免除”的均衡策略。（不论现行价格如何，企业都找不到双方都偏爱的可替代的马尔可夫精炼均衡。）

价格刚性提示我们，在繁荣时期价格调整的可能性比在萧条时期更小。这里的论点是，在需求萧条时期，价格要向下调整，因而暂时的结果是使首先调价的企业的市场份额增大。在繁荣时期，各个企业都不愿（向上）调价，因为这将导致市场份额的暂时损失。[30]

非同步性是外加的，其目的在于形成对支付相关变数作出反应的观念。但是，可以证明，如果企业能够在它们愿意的任何时候选择其价格并服从于下述约束条件，即其价格一旦选定就被锁定于两个时期（短期承诺），各个企业将实际上非同步移动。这证明了交错定价的用处。当然，两期承诺只是理论假想。为了优化，人们更希望对本节一开始讨论的价格摩擦予以更为详尽的描述。Gertner（1986）就采取了这种形式，他假定有一个改变价格的固定的菜单成本。[31]他的研究成果重新肯定了以前的研究成果（特别是，在某些马尔可夫精炼均衡策略中，垄断价格是可持续的，并且均衡利润的界限远远高于竞争性利润）。

价格刚性不能形式化重复拍卖情况下的默契合谋［参看 Scherer（1980）中关于抗生素工业中合谋和合谋崩溃的描述，在这个事件中联邦政府是主要买主］。在每次拍卖中都会引用新的价格，时序被限制为同步的。［Ortega-Reichert（1967）提出一个关于一级价格拍卖的默契合谋理论，它与下面 6.5 节讨论的默契合谋理论类似。这里的思想是，每个企业在当期投标中要一个高价是想给其他企业一个信号，表明它的成本比实际要高，从而表示它在下一次拍卖中不会进行侵略性要价。

这也就引诱着它的对手将来在作价上减少侵略性。这个策略与理性行为是否一致，将在 6.5 节以及第 9 章有关部分进行检验。]

6.5 友好行为的声誉

6.4 节阐明了短期价格刚性如何能使价格合谋得以持续。更一般地讲，这一研究推断，企业要对由过去价格选择决定的支付相关变量作出反应［支付相关变量可以是价格本身，但是它也可以（不大直接地）来自消费者的惰性或者跨时技术联系］。因此，它强调实质性变量的作用。实际上，历史不仅由于它对实质性变量的影响，而且由于它传达的有关竞争者的信息而具有重要作用。寡头垄断企业对它们不能确切估计的许多变量也是关心的，其中包括对手的成本结构（或更一般地说，是目标函数）、需求状况，以及市场潜力。除个人或行业调查以外，企业依赖于市场信息（诸如过去的价格选择和观察到的需求）来估计这些变量。因此，历史还由于非实质性的变量（信仰）而有重要作用。这就引出了这样的可能：每个企业都想操纵对手的信息，以便日后得利。

第 9 章着重对在信息不完全情况下的策略相互作用进行一般研究。本节的目的在于说明，为什么不对称信息可能诱导企业在重复的价格相互作用中提高它们的价格。

6

基本的直觉（这将在第 8 章和第 9 章中系统地予以探讨）如下所述。在一次性相互作用中，一个企业如果知道它的对手很可能收取高价，它就更可能收取高价（这一步骤在目前必须被当作是理所当然的，它是非常直观的）。由于一个企业喜欢它的对手收取高价，它会愿意说服其对手，它自己也很可能收取高价。在一次性博弈中，企业在说服其对手方面可做的事很少。谈论是容易的，但在提供有用信息方面企业却不能得到信任。然而，在一个动态框架内，一个企业可以传达高成本的信号。比如，在一个两期价格对策中，一个企业可以在第一期中索取超过它第一期期望利润最大化的价格，以传达一个信号：它很可能在第二期索取高价。（这个信号可能是确切可信的，因为它是有代价的——它意味着在第一期中牺牲利润。）为什么第一期的高价能够传达该企业会在第二期索取高价的信息呢？假设该企业拥有关于它生产成本（或关于需求曲线）的私人信息。[32]在一次性关系中，如果企业的边际成本高，它会企图收取高价（或者如果它得到了需求高的信息，也会这样），否则，它就会收取低价。因此，在未对信息进行策略性利用的情况下，第一期的高价显示该企业具有高成本（或者需求高）。如果成本（或需求）在整个时期内呈正相关关系，企业在第二期内也会收取高价。因此，对手应当利用该企业第一期高价传达的信息来推测其第二期的行为。一个理性的企业当然知道这一点，并且一般会想操纵对手的信息。为了这样做，在边际成本（或需求信息）给定的情况下，它收取超过第一期期望利润最大化的价格。反过来，对手应当预测该企业收取高价的动机并相应地修订其推理过程。关于精炼纳什均衡对这类情况的适当扩展，我们将在 11.5 节中予以描述。对均衡的研究的确肯定了刚才提出的直观认识。在具有对边际成本或需求不对称信息的重复价格对策中，每个企业以提高价格而牺牲短期利润的办法来建立索取高价的声誉。（当然，在两期博弈中，这个效果只在第一期起作用。在第二期，在其信息给定的情况下，每个企业都会最大化该期的预期利润，因为再没有带来信誉的未来时期了。）

如前所述，这一推理也可能适用于重复拍卖（招标）。假设政府采购它的供应品（混凝土、武器、抗生素等），采取一级价格拍卖方式。[33]在一次性拍卖中，企业一般不索取等于边际成本的价格，因为索取高于边际成本的价格，在其他企业甚至要价更高的情况下，能使该企业获得正利润。（这种与伯特兰德后果不一致的情况可能是由于企业间成本的差异。参看第 11 章，以了解一级价格拍卖均衡的例子。）在重复拍卖中，每个企业要价甚至比这更高，以说服对手自己是低效率的，因而在将来也可能索取高价（Ortega-Reichert，1967）。

6.5.1　一个比喻：重复的“囚徒困境”博弈

由于不完全信息动态博弈在技术上难以求解，我们把对它的研究搁置起来，到第 9 章再说。这里，我们将考虑一个简单的例子，它看起来有些像一个价格博弈。图 6.4 描绘了所谓的“囚徒困境”博弈（参看第 11 章，以了解其创意）。该博弈有两个参与人。他们都可以在合作（C）和背叛（F）之间进行选择。如果都选择合作，每人得到 3。如果都选择背叛，则每人得到 0。如果一个合作，另一个背叛，则他们分别得到－1 和 4。在这个博弈的“一次性”版本中，背叛对两个参与人都是占优策略。也就是说，不管另一个参与人如何选择，选择背叛时每个参与人都获益，因此唯一的纳什均衡是（F，F）。尽管囚徒困境与价格博弈并不完全相同，但它包含着一些可以阐明价格竞争和伯特兰德悖论的因素。特别是，两个参与人通过合作（索取高价）可获得比背叛（削价）更多的好处，但单个参与人却会通过背叛得到更多好处。它和伯特兰德价格博弈都有这样的特点，即重复这一博弈 T 次，并不能使合作得以维持。在最后一个时期，每个参与人都会选择背叛；倒数第二期同样如此；如此继续下去。因此，除非博弈重复进行无限次 [在那种情况下，如果贴现因子足够大，合谋，即（C，C），就能够通过威胁如果一方现在不合作，将来会回到（F，F）的方法得以实现]，均衡（F，F）在每个时期仍然是唯一的非合作均衡。

Kreps 等（1982）的基本理解是：如果这个博弈重复的次数够多（但无须重复无限次），对参与人的偏好的微小不确定（从技术上说是对上述支付矩阵的不确定）就会对参与人的行为产生重大影响。为看清这一点，我们假设，参与人有 $1-\alpha$ 的概率是“理智的”，意思是，他的支付结果已在图 6.4 的支付矩阵中给出 [比如，与（F，C）对应的支付结果是参与人 1 得到 4]，参与人有 α 的概率是“疯狂的”，他的偏好在上面的支付矩阵中没有给出，他反而以下述方式行动：在时期 1 开始合作；在时期 t 继续合作，只要他的对手在这之前仍合作；否则，他就背叛。（你可以设想，这种疯狂类型代表一种对合作的偏好——或是不喜欢背叛——同时有一种惩罚不合作的对手的强烈愿望。）“疯狂”并不是一种价值判断，而是一种行为（或一种偏好），这种行为偏离了常规（这种常规是与支付矩阵所定义的偏好相联系的）。你如果觉得疯狂相对来说不大可能，你可以认为 α 非常小。

		参与人 2	
		C	F
参与人 1	C	3，3	−1，4
	F	4，−1	0，0

图 6.4

现在我们回到比喻上来。在这个比喻中，一个企业可以索取两种价格中的一种（与合作相对应的是索取高价，与背叛相对应的是索取低价）。在这里，“理智型”可以设想为对应于低生产成本（因此可以从不受报复的削价中得益），而“疯狂型”可以设想为对应于足够高的成本（比如说，高于低价），从而从来不能从削价中受益。[34][35]

6

我们假定，博弈从 $t=0$ 开始，重复进行到 $t=T$，并且，为了简化计算，假定贴现因子 δ 为 1。每个参与人知道自己的偏好（“理智”或“疯狂”），但不知道对手的偏好。由于“疯狂型”的行为是已经确定的，我们来推导如果参与人 i 是理智的，他的最优策略是什么。

假设在时期 0，参与人 1 选择背叛。由于一个疯狂的参与人从不会首先选择背叛，参与人 1 一定是理智的。两个参与人从时期 1 起都选择背叛（直到博弈结束）是一个均衡。根据疯狂的特殊定义，如果参与人 2 是疯狂的，他将对参与人 1 在时期 0 的背叛行为实行反击。如果他是理智的，假定参与人 1 无论如何都要背叛，他也会背叛。同样，理智的参与人 1 也不会比选择背叛做得更好。这实际上是在时期 0 背离合作以后自时期 1 开始的唯一均衡。[36]也就是说，如果参与人 1 在时期 0 是理智的并且选择背叛，他的支付最多是 4（他在时期 0 最多得到 4，并在时期 1，…，T 得到 0）。现在考虑这样的策略：参与人 1 合作直到 T，除非参与人 2 在某个时期 t 背叛；在后一种情况下，参与人 1 从时期 $t+1$ 到 T 选择背叛。这一策略对于参与人 1（如果他理智）不一定是（实际上也不是）最优策略；可是，如我们将证明的，如果 T 足够大，它优于在时期 0 的背叛行为，所以，在时期 0 选择背叛，即使对一个理智的参与人来说，也不可能是最优策略。如果参与人 2 是疯狂的，参与人 1 从这一策略中得到 $3(T+1)$。如果参与人 2 是理智的，参与人 1 最

坏得到 -1，因为他的对手选择背叛而他选择合作的情况最多只有一个阶段，在此之后，他也选择不合作。因此，如果 T 足够大，参与人 1 从这一策略得到的期望支付至少是

$$\alpha[3(T+1)]+(1-\alpha)(-1)>4$$

不论 α 如何小，都存在一个 T，使得对于所有的 $T\geqslant T_0$，在时期 0 选择背叛对于参与人 1 来说不可能是最优的，即使他是理智的。对于参与人 2 来说也一样。这意味着：在一个足够长的时限，每个参与人在开始时会选择合作，即使从短视（静态）的角度看，背叛对于一个理智的参与人来说也是占优策略。更一般地说，只要 $t\leqslant T-T_0$，我们就可以观察到双方参与人的合作行为。[37]

这一结果的直观解释是直截了当的。对每个参与人来说，合作的风险是如果另一个参与人选择背叛，自己得到一个阶段的低利润（在此后，他吸取了教训，决定不再试图合作了）。可是，如果背叛，他就暴露出自己是非合作（疯狂）型的，因而如果另一个参与人是合作型的，他就会失掉从合作得到的未来收益。如果时期够长，未来合作的期望收益将超过被欺骗的损失。从某种意义上说，在他们建立关系之初，每个参与人都愿意保持可能愿意合作的信誉。也就是说，他们不愿意暴露自己是非合作型的。

由于我们已经得到了主要成果（如果时限足够长，合作是可以维持的，即使疯狂的概率很小），我们就不对这一博弈的均衡作完整的描述了。一个理智的参与人会在若干个时期的时间内选择合作，然后，在接近终点时，他开始舍弃自己的信誉，因为继续合作的可能损失大于可能的受骗损失。因而，在关系的结尾，合谋崩溃了（假如至少有一方是不合作的）。[38]

6.5.2　讨　论

6.5.1 小节中模型的一个引人注目的特点是：如果时限够长而且参与人不是非常缺乏耐心，那么有关彼此的目标函数的小的不确定性将对均衡行为产生强有力的影响。正如 Kreps 等（1982）证明的，即使疯狂的概率 α 非常小，合作也是可持续的；但当 $\alpha=0$ 时，合作就不可维持了。

当然，合谋或别的后果的可能性取决于人们愿意设想的疯狂类型。比如，如果我们假设一个疯狂的参与人无论如何都愿意合作（也就是说，在他的对手背叛之后，他并不“渴望复仇”），那么无论 α 为何值，合谋都是不可能的。[39] 因为与这样一个疯狂的参与人博弈，背叛并不意味着招致未来合作的损失，因此，没有什么会阻止一个理智的参与人选择背叛。

另外，Kreps 等人表明，如果疯狂的含义是采用“针锋相对”策略（“针锋相对”策略就是，在时期 0 时合作，然后在时期 t 做对方在时期 $t-1$ 做过的任何事情），则 6.5.1 小节的结论仍然成立。

均衡行为对于有关对手目标函数的信念及高贴现因子的高度敏感性提出了这样一个问题：由“疯狂性”的任意描述所形成的均衡集合的大小问题。Fudenberg 和 Maskin（1986a）证明，下述无名氏定理可以成立，即只要你愿意规定每个参与人以特殊方式“疯狂”的概率 $\alpha>0$，如果时限足够长且贴现因子足够大，“任何结果”都可以作为不完全信息博弈的均衡出现（参看 6.7.3 小节的详细讨论）。这一均衡集合与只在理智的参与人之间进行的无限重复博弈（超级博弈）的均衡集合是一样的。这样，我们又一次面对“富有的窘境”。一方面，超级博弈方法迫使我们在一个单一模型的诸多均衡之间进行选择；另一方面，长期博弈的声誉分析（由于时间有限，这一分析大大减少了一个给定模型的均衡数量）又给我们提供了太多模型（关于不确定性的描述）及其相关结果。

Fudenberg 和 Maskin 的批判提供了两条能使声誉模型产生预测能力的思路。第一条涉及对在实践中可能出现的疯狂性的合理假设。[40] 第二条与一般的新古典学派的研究方法颇为一致，就是为获得预测能力而假定充分理性（在利润最大化的意义上）。按照这一方法，每个参与人把他的对手看作理性的，而且认为他自己也是理性的；但是，他不知道某些参数，如对手的边际成本、对手对需求的估计。除了坚持理性公理之外，这一方法还有一个优点，就是观察一种不对称信息，它更有可能是“大”的（对比之下，我们假定疯狂的概率是“小”的）。（当不确定性不可忽视时，不完全信息动态博弈均衡对不确定性的准确特征是不太敏感的。）在第 9 章中我们一般要采用第二种研究方法。

6

然而应当指出，6.5.1 小节概述的研究方法来自许多实验的启发，这些实验表明，合谋在长而有限的博弈中很可能持续存在。比如，Axelrod（1980）为经济学、心理学、社会学和数学界的博弈论学者设计了一种囚徒困境博弈（如图 6.4 所示）。假定这个博弈重复 $T=200$ 次，Axelrod 在一个循环竞赛中让博弈论学者提出各自的策略。获最高平均得分的是针锋相对策略，而不是在每一时期从事破坏的“理性”策略。

这种实验提出了下列看法：在这样的环境下，合谋看来不能由第二种研究方法解释——与产业组织的环境不同，这里不存在关于成本、需求等的不对称信息：如果你设想每个参与人的偏好随他的最终财产的增加而增加，就不存在关于参与人之间的支付结果的真正的不对称信息。因此，在每一期内未能观察到背叛行为似乎可以追溯到理性公理。而且，我们的确可以合理地假定，至少有一小部分参与人（“疯狂”的参与人）没有进行逆向推理，而这一推理可以得出每期的背叛；或者他们不能做这件事，或者他们相信有某种概率，其他参与人没有进行这种计算。Kreps 等人研究的重要贡献在于表明，如果博弈重复得足够多，即使是一个理智的参与人，在进行了所有需要的计算后，也可能想要像一个疯狂的参与人那样行动，这样做比他选择背叛更好。

6.5.3 进化研究法

6.5.1 小节描述的声誉研究法依赖于小的疯狂概率，但是它并没有完全与理性研究法脱离联系，因为大部分参与人还是试图使利润最大化。进化研究法则完全不需要最大化行为假设。然而，它承认：第一，就长期而言，经济人不可能完全使用次优化规则（因为如果不注意到这一点，他们就会在市场上消失）[41]；第二，允许各种各样的非理性意味着预测能力的完全丧失。这一研究方法遵循了达尔文传统，是 Alchian（1950）、Hirshleifer（1977），特别是 Nelson 和 Winter（1982），以及 Maynard Smith（1974，1978）等开创的，它着眼于寻求那些"稳健"策略。在这里，"稳健"策略是指各种规则中最具生存能力、最有适应性的策略或规则（更好的名词）。[42]比如，Axelrod（1981）指出，在重复的囚徒博弈中，针锋相对就趋向于成为稳健规则，因为企业合作，从而它对对手的背叛进行报复，然而在进行一次报复之后又原谅对方。（与此相对照，"总是背叛"规则禁止了从与合作类型的合作中获益，如在 6.5.2 小节所看到的，而在"背离之后总是背叛"的规则不原谅"错误"。[43]）

进化研究法假定，就长期而言，只有采用稳健规则的参与人会生存下来，而采用脆弱规则的参与人会死亡（在生物学背景中），或破产（在经济学背景中），或试用新规则；比较成功的参与人会看到其实行的规则将被世代模仿下去。

6

> 这一研究法的生物学动因是以对按适应性（生存和繁殖）标准衡量的支付结果的解释为基础的。所有变异都是可能的。如果其中任何一个能侵犯一个给定群体，它就有机会这么做。因此，只有集体稳定的策略，才有望成为在长期均衡中保存自己、为所有人采用的策略。集体稳定的策略之所以重要，是因为一旦引入变异，它是唯一能使整个群体长期保存下来的策略（Axelrod，1981，p. 310）。

进化研究法的预测能力仍然有待确定。"稳健规则"的含义是：它先验地依从于变异的集合和概率分布，以及与稳健规则相容的策略集合。

6.6 结束语

重复的价格相互作用的完全成熟的动态模型是复杂的；然而，它提供了关于默契合谋的形成的最佳研究方法。博弈论迫使经济学者考虑并确切描述策略环境（包括价格变更的频率与时序，以及信息结构）。原则上讲，这可以使人们更好地评估模型的有效性；很少有人会仅仅由于它形式化了一些传统看法（如有关市场的高集中度导致的合谋、扭结需求曲线、价格秘密阻挠合谋等的看法）而相信一个模型。在缺乏有关各种模型预测能力的结论性的、计量经济学方面的证据的情况下，我们可以通过考察模型（博弈的“扩展形式”）设定的特定竞争方式，而不仅仅是它的结果（如均衡价格或利润）是否符合商业报道或产业案例的非正规描述来获得有价值的信息。

为什么我们要对价格合谋的三种（或更多）研究方法有兴趣？一个具有讽刺意味的观点是，缺少严密的实验使得我们很难说某一种研究方法是不恰当的，从而予以拒绝。“理论的异质性”或许是需要的。跨行业的行为模式的丰富序列可能为理论的多样化提供合理性。因此，这一章中探讨的各种研究方法，以及其他研究方法可能只是互补的，而不是竞争的。

这把我们带到了有关“比较模型构筑”的三个重要问题上来。这些问题在本章和有关文献中只是被部分地提到。这三个重要问题是：如何对不同研究方法进行检验？哪一个方法对一个特定产业最有效？不同方法会得出不同的政策结论吗？在研究日程上，这些难题应当优先考虑。

6.7 补充节：动态博弈与默契合谋

6.7.1 秘密削价

6.7.1.1 价格竞争

6

为了将对 6.3.3 小节的直观认识形式化，我们现在建立一个在价格不能被完全观察到的情况下合谋的简单模型。Green-Porter 模型有些特别，因为它考虑的是数量竞争，因而假定有个拍卖商出现（如果我们严肃地看待关于信息的假定）。我们现在要偏离这个模型，假定有直接的价格竞争。[44] 因此，我们将采用 Stigler (1964) 的假定：企业不是观察对手的价格，而是通过对自身需求的分析来（不完美地）推断对手的情况。然而，我们的分析仍遵循 Green-Porter 模型的精神。

分析的框架是基本的超级博弈。两个企业在每一时期选择价格。产品是可完全替代品，并且以不变边际成本 c 进行生产，因而消费者都从低价企业购买。如果两个企业收取相同的价格，需求在二者之间平分。在每个时期，有两种可能的状态：零需求（“低需求状态”）或正需求$D(p)$（“高需求状态”），概率分别为 α 和 $1-\alpha$。高需求状态下的垄断价格和垄断利润分别以 p^m 和 Π^m 来表示。我们假定需求的实现在时期之间是独立同分布的。

当一个企业在某个时期没有销售时，它无法观察到没有需求究竟是由于低需求状态出现了，还是由于其对手削价了。两个企业都知道，至少有一个企业没有利润。如果这是由于缺少需求，则没有一个企业有利润。如果这是由于一个企业削减了价格，则该企业知道另一个企业将没有利润。

这个“或者全部或者没有”的需求函数当然是被设计出来了。可是，它使各企业面对一个不小的信号提取问题。一个企业不能肯定地说低需求是否来自对手的削价。因此，这一模型遵循了 Stigler 的方法。(在差异化产品的一般需求函数的情况下，一个企业无法完美地推断削价行为。)

在非重复博弈或有限重复博弈中，两个企业都索取竞争性价格 c（伯特兰德结果）。在无限重复博弈下，我们寻求具有下述策略的均衡：有一个合谋阶段和一个惩罚阶段。博弈开始于合谋阶段，两个企业都索取价格 p^m，直到一个企业只获得零利润（正如我们在前面提到的，即使不能观察到对手的利润，两个企业也都能观察到这样的事态）。[45]零利润的出现导致进入惩罚阶段。两个企业在 T 个时期中收取 c，T 可以是有限的，也可以是无限的。在惩罚阶段（如果有）的结尾，两个企业都回到合谋阶段，并且只要它们都能获得正利润，就一直索取 p^m。

现在我们探究惩罚阶段的长度，它将使每个企业预期利润的贴现值最大化，满足相联系的策略构成均衡这一约束条件。

在惩罚阶段的策略总是最优的。这是因为，给定对手在 T 个时期无论如何都索取竞争性价格，则每个企业都不能比索取竞争性价格做得更好。

以 V^+（相应地，V^-）表示一个企业从时期 t 开始以后的利润的贴现值，假定属于合谋阶段（相应地，惩罚阶段）。根据定义，我们有

$$V^+ = (1-\alpha)(\Pi^m/2 + \delta V^+) + \alpha(\delta V^-) \tag{6.10}$$

$$V^- = \delta^T V^+ \tag{6.11}$$

式（6.10）可以解释如下：在合谋阶段，两个企业都索取 p^m。需求以 $1-\alpha$ 的概率是高的，每个企业获得当期利润 $\Pi^m/2$，并且博弈仍有 $1-\alpha$ 的概率留在合谋阶段，因此两个企业在下一个周期都再次得到 V^+。现期以 α 的概率没有需求，博弈在下期将处于惩罚阶段。式（6.11）给出了惩罚阶段开始时的利润贴现值。在 T 个时期，两个企业都只得到零利润，其后它们回到合谋阶段。

最后，我们必须加上“激励约束条件”：没有企业会愿意在合谋阶段削价，即

$$V^+ \geqslant (1-\alpha)(\Pi^m + \delta V^-) + \alpha(\delta V^-) \tag{6.12}$$

这个不等式表达了每个企业面临的交替。如果削价，它得到 $\Pi^m > \Pi^m/2$。然而，削价自动地导致进入惩罚阶段，价值是 V^-，而不是 V^+（这些效果只有高需求时存在；对于低需求来说，情况如前）。因此，为了阻止削价，V^- 必须比 V^+ 足够低。这意味着惩罚必须延续得足够长。但是，由于惩罚是成本高昂的并且会以正的概率出现，给定式（6.12）必须被满足，T 将被选择得尽可能小。从数学上来讲，式（6.12）等价于［利用式（6.10）］

$$\delta(V^+ - V^-) \geqslant \Pi^m/2 \tag{6.13}$$

另外，式（6.10）和式（6.11）给出

$$V^+ = \frac{(1-\alpha)\Pi^m/2}{1-(1-\alpha)\delta - \alpha\delta^{T+1}} \tag{6.14}$$

6

$$V^{-}=\frac{(1-\alpha)\delta^{T}\Pi^{\mathrm{m}}/2}{1-(1-\alpha)\delta-\alpha\delta^{T+1}} \tag{6.15}$$

将式（6.14）和式（6.15）代入式（6.13），经过若干计算，得到

$$1\leqslant 2(1-\alpha)\delta+(2\alpha-1)\delta^{T+1} \tag{6.16}$$

因为博弈开始于合谋阶段，企业的最高利润通过解规划 $\max V^{+}$ 而得到，规则满足公式（6.16）。

根据式（6.14），容易证实，V^{+} 是 T 的递减函数。这表明，较长的惩罚减少了预期利润。因此，我们必须选择与式（6.16）一致的尽可能低的 T。$T=0$ 不能满足式（6.16）这一事实肯定了我们的评注：一定时期的惩罚是需要的。当且仅当 $\alpha<1/2$ 时，式（6.16）的右边随 T 的增加而增加。这样，若 $\alpha\geqslant 1/2$，就没有任何一个 T 可以满足式（6.16）。直观地讲，当将来合谋的预期所得减少时，削价的诱惑就增加了。如果 $\alpha<1/2$，则式（6.16）的右边在 $T=+\infty$ 时达到最大。

假设 $(1-\alpha)\delta\geqslant 1/2$ 可以保证，采取最重处罚（$T=+\infty$）将使高价得以维持。这可以理解为在确定性需求下合谋条件一般化，后者与 $\alpha=0$ 相对应（参看 6.3 节）。

这样，为了在满足激励约束条件式（6.16）下最大化 V^{+}，我们只需要选择能满足激励约束条件的最小的 T。于是，我们得到了一个（有限的）最优处罚长度。[46]

习题 6.8**：用你自己的方式解有价格竞争和两个独立同分布（i. i. d.）的需求状态（无需求或正需求状态）的 Green-Porter 模型。重新推导最优的处罚长度。证明：在无需求概率 $\alpha=1/4$ 的情况下，为使合谋得以维持，δ 必须超过 2/3；证明至少需要两个时期的处罚。

6.7.1.2 数量竞争

习题 6.9***：考虑一个以数量为选择变量的 Green-Porter 模型。假设在时间 t 的市场价格是

$$p_t=\theta_t P(q_{1t}+q_{2t})$$

式中，θ_t 是一个在时间 t 独立同分布的需求冲击，累积分布函数为 F。企业 i 只能观察到 p_t，而不能观察到 θ_t 或 q_{jt}。令

$$\Pi(q)\equiv \mathop{\mathrm{E}}_{\theta}[(\theta P(2q)-c)q]$$

表示在两个企业都生产 q 时，每一时期的期望利润，并以 q^{c} 表示对称的古诺产出（我们假定这些产出是唯一的）。这样，q^{c} 最大化

$$\Pi^{i}(q_i,\ q^{\mathrm{c}})=\mathop{\mathrm{E}}_{\theta}[(\theta P(q_i+q^{\mathrm{c}})-c)q_i]$$

假设当 p_t 落到某个阈值水平 p^{+} 之下时，一次价格战爆发。因此，当各企业的

产出为 q_i 和 q_j 时，价格战的概率是

$$\alpha(q_i,\ q_j)=F\left(\frac{p^+}{P(q_i+q_j)}\right)$$

以 q^+ 和 q^c 代表每个企业在合谋和惩罚阶段（$q^+<q^c$）的产出。注意：约束条件是惩罚必须是古诺的。

（1）运用与正文中同样的符号，证明：

$$V^+=\frac{\Pi(q^c)}{I-\delta}+\frac{\Pi(q^+)-\Pi(q^c)}{1-\alpha^+\delta^{T+1}-(1-\alpha^+)\delta'}$$

式中，$\alpha^+=\alpha(q^+,\ q^+)$。

（2）再次运用同样的符号，证明最优产出 q^+、引发价格 p^+ 和惩罚长度 T 由下式给定：

$$\max_{\{q^+,p^+,T\}} V^+$$

$$\text{s.t.}\ \frac{\partial\Pi^i}{\partial q_i}(q^+,\ q^+)$$

$$=\delta\frac{\partial\alpha}{\partial q_i}(q^+,\ q^+)\left(\frac{\Pi(q^+)-\Pi(q^c)}{1-\alpha^+\delta^{T+1}-(1-\alpha^+)\delta}\right)(1-\delta^T)$$

（最优的 T 可以是有限的，也可以是无限的。）

（3）以直观的推理论证 $q^+>q^m$，这里 q^m 使 $(\theta P(2q)-c)q$ 的预期值最大化。（提示：从 $q^+=q^m$ 开始用一阶和二阶效应解释。）证明当噪声数量趋向于零时（θ 的分布退化），q^+ 向 q^m 收敛。

Green-Porter 均衡（如在习题 6.9 中所描述的）只在有限的策略类别中是最优的。第一，惩罚局限于古诺惩罚，而更坏的惩罚是存在的（有关这方面的一些直观认识可以在 6.7.3 小节中得到）。第二，价格战是建立在“尾部检验”的基础之上的。它是由低于某些阈值水平 p^+ 的 p_t 引发的，因此，除非与 p^+ 比较，p_t 的实际水平是没有用的。这样，这个模型设想的是合谋和惩罚阶段的特殊形式。Abreu，Pearce 和 Stacchetti（1985，1986）考察了没有策略类别限制的最优合谋策略。使这几位作者得到颇为清晰的结果的两个假设是：诸企业的目标函数是凹的以及若总产出 Q_t 给定，则市场价格 p_t 的条件分布可以满足“单调似然比特性”（MLRP）。非正规地说，后一条件意味着一个低 p_t 更可能来自高 Q_t，而不是低 Q_t。[47]

Abreu 等人表明，人们的确可以只注意由支付 V^+ 和 V^- 特征化的合谋阶段和惩罚阶段。在这里，V^+ 和 V^- 代表在对称精炼均衡支付集合中的最好和最坏元素。而且，合谋阶段和惩罚阶段采取简单的形式。在合谋阶段，各企业生产产出 q^+。惩罚阶段是由尾部检验引发的，也就是说，若市场价格落到某个阈值水平 p^+，惩罚阶段就开始。因此，定性地讲，合谋阶段与 Porter（1983b）及 Green 和 Porter

(1984) 所设想的类似。可是，惩罚阶段没有一个固定的长度；确切地说，它类似于合谋阶段。两个企业各自生产（设想为高的）产出 q^-。如果市场价格超过了阈值水平价 p^-，则博弈停留在处罚阶段；如果它低于 p^-，则博弈返回到合谋阶段。因此，这两个阶段的演变遵循着马尔可夫过程。读者可能对处罚阶段的“反向尾部检验”感到惊讶。这里的意思是，一种严厉的惩罚要求高产出（甚至比个人希望的还要高）；为了确认企业生产高产出，需要规定，在高价格情况下（这发出低产出信号），博弈仍然留在惩罚阶段。[48]

6.7.2 价格刚性与扭结需求曲线

下面是对 6.4 节的交替行动的价格博弈的技术分析。

6.7.2.1 一期背离标准

读者可能会对本书中的下述声明感到迷惑不解。这个声明认为，没有任何一个单期背离均衡的行为有利可图这一事实，足以保证策略（R_1，R_2）是最优的；的确，在计算日期 t 的 $V^1(p_2)$ 时，我们假定企业 1 将于日期 $t+2$，$t+4$，…根据预定的反应函数$R_1(\cdot)$ 作出反应。那么，有没有可能存在如下情况，即在日期 t 的一次单一背离无利可图，但在日期 t，$t+2$，…的一连串的背离却有利可图？答案是否定的。（下述推理适用于更一般的博弈，并且特别适用于 6.3 节探讨的超级博弈。）首先，如果单期背离无利可图，在 n 个时期有限序列的背离中，企业也不能盈利；原因在于第 n 次背离无利可图，因为它等于一个单期背离。因此，如果一个企业能从 n 次背离中受益，它从前 $n-1$ 次背离中也必然受益。如果我们消掉最后的背离，则第（$n-1$）次背离就成为一个单期背离，从而不是最优的，如此等等。其次，考察一个偏离 $R_1(\cdot)$ 的盈利的无限背离序列。如果与整个时间都坚持 $R_1(\cdot)$ 相比，它可以提供额外支付 $\varepsilon>0$，那么（由于 $\delta<1$ 使得远期未来的支付毫不重要）若 n 足够大，前 n 次背离可以单独提供一个额外支付 $\varepsilon'>0$。但是，我们知道，有限背离不会出现。

6.7.2.2 动态规划方程

为了简化记法，我们寻求一个与对称均衡相对应的必要和充分条件——使$R_1=R_2=R$ 的条件。因此，我们不再用下标标明企业。我们假定存在有限数目的可能价格 p_h，R 将被解释为马尔可夫链。也就是说，存在有限数目的可能状态，这里，状态指的是各企业当前承诺的价格。反应函数描述从现行状态到新状态的转移。这一新状态是其他企业对现行状态作出反应时选定的价格。以 $\alpha_{hk}\geqslant 0$ 代表企业（1 或 2）通过索取价格 p_k 对价格 p_h 作出反应的转移概率：

$$\sum_k \alpha_{hk}=1$$

最后，令 $\Pi(p_k, p_h)$ 代表在企业（1 或 2）的价格为 p_k 而竞争对手的价格为

p_h 时的瞬时利润。

我们从动态规划中引入赋值函数。V_h 代表在另一企业已于前个时期选定价格 p_h 时选择价格的企业的利润贴现值。第二个企业的利润贴现值以 W_h 表示。按照我们的记法，得到

$$V_h = \max_{p_k}[\Pi(p_k,\ p_h) + \delta W_k]$$

这给出了下面一组方程式：

$$\begin{aligned}
&V_h = \sum_k \alpha_{hk}[\Pi(p_k,\ p_h) + \delta W_k]\\
&W_k = \sum_l \alpha_{kl}[\Pi(p_k,\ p_l) + \delta V_l]\\
&[V_h - \Pi(p_k,\ p_h) - \delta W_k]\alpha_{hk} = 0\\
&V_h \geqslant \Pi(p_k,\ p_h) + \delta W_k\\
&\sum_k \alpha_{hk} \geqslant 1\\
&\alpha_{hk} \geqslant 0
\end{aligned} \tag{6.17}$$

这些方程中的前两个只是应用了函数 V 和 W 的定义。第三个方程是互补松弛性关系。为了使价格 p_k 成为对（与第一个方程 $\alpha_{hk}>0$ 相联系的最大化习题中的）价格 p_h 的最优反应，对应于 p_k 的贴现值 $\Pi(p_k,\ p_h)+\delta W_k$ 必须取得 V_h 关于 p_k 的最大值。

方程组（6.17）中有未知数 $\{V_h,\ W_k,\ \alpha_{hk}\}$。我们只对 α_{hk} 感兴趣，它决定着反应函数（这一系统可称作互补双线性规划）。

为了验证 6.4.1 小节的扭结需求曲线形成一个均衡，需要根据设定的策略，为所有 h 计算 V_h 和 W_h，并且验证方程（6.17）的条件已得到满足。

习题 6.10****：**计算 6.4.1 小节所描述的诸策略的赋值函数，计算 α，并验证当 δ 接近于 1 时，策略是均衡的。

6.7.2.3　利润下界大于零

本书中已经说明，在马尔可夫精炼均衡中，利润不能接近于竞争性利润。我们来表明：在对称均衡中，每个时期的平均产业利润必须超过 $\Pi(p^{\mathrm{m}})/2$ ［这里，在 δ 接近于 1 时，$\Pi(p)\equiv(p-c)D(p)$］。［一个基本类似的证法表明，即使在不对称的均衡中，也至少有一个企业必须挣得不少于 $\Pi(p^{\mathrm{m}})/4$ 的平均利润。］

令 $V(p)$ 和 $W(p)$ 分别代表轮到选择价格的企业和它的对手的利润贴现值。价格网格假定是离散的[49]，间隔为 k，这里 k 是“小的”（例如，以一分钱为单位计量价格）。令 p^{m} 表示垄断价格，考察价格 $p^{\mathrm{m}}+k$。令 p^* 为解出下式的最低价格：

$$\max\left\{\max_{p<p^{\mathrm{m}}+k}[\Pi(p)+\delta W(p)],\ \frac{\Pi(p^{\mathrm{m}}+k)}{2}+\delta W(p^{\mathrm{m}}+k),\ \max_{p>p^{\mathrm{m}}+k}\delta W(p)\right\}$$

因此，一个企业对 $p^{\mathrm{m}}+k$ 的反应不低于 p^{*}。

情况 a： $p^{*}\geqslant p^{\mathrm{m}}$。

在此情况中，从任何价格开始，每个运营中的企业的支付至少是

$$\delta^{2}[\Pi(p^{\mathrm{m}}-k)+\delta W(p^{\mathrm{m}}-k)]$$

因为它可以把价格提高到 $p^{\mathrm{m}}+k$，然后，在对手作出反应之后，削价到 $p^{\mathrm{m}}-k$。由于同样的原因，我们得到

$$W(p^{\mathrm{m}}-k)\geqslant\delta^{3}[\Pi(p^{\mathrm{m}}-k)+\delta W(p^{\mathrm{m}}-k)]$$

从而，

$$W(p^{\mathrm{m}}-k)\geqslant\frac{\delta^{3}\Pi(p^{\mathrm{m}}-k)}{1-\delta^{4}}$$

并且

$$\delta^{2}[\Pi(p^{\mathrm{m}}-k)+\delta W(p^{\mathrm{m}}-k)]\geqslant\frac{\delta^{2}\Pi(p^{\mathrm{m}}-k)}{1-\delta^{4}}$$

于是，每个企业在选择价格时的跨期利润至少是

$$\left(\frac{\delta^{2}}{1+\delta+\delta^{2}+\delta^{3}}\right)\frac{\Pi(p^{\mathrm{m}}-k)}{1-\delta}$$

6

如果它在上一时期选定价格，利润至少为 δ 乘以上式。当 δ 接近于 1 时，该利润至少是

$$\frac{1}{4}\left(\frac{\Pi(p^{\mathrm{m}}-k)}{1-\delta}\right)$$

这相当于每个时期的利润是

$$\frac{\Pi(p^{\mathrm{m}}-k)}{4}$$

对一个好的价格网格，接近于

$$\frac{\Pi(p^{\mathrm{m}})}{4}$$

情况 b： $p^{*}<p^{\mathrm{m}}$。

在这种情况下，我们有

$$\Pi(p^{*})+\delta W(p^{*})\geqslant\Pi(p^{\mathrm{m}})+\delta W(p^{\mathrm{m}})$$

另外

$$W(p^{\mathrm{m}})\geqslant\delta\frac{\Pi(p^{*})}{2}+\delta^{2}W(p^{*})$$

后一个不等式之所以成立，是因为承诺价格 p^{m} 的企业最坏也只削价到 p^{*}，并且可以以自己索取 p^{*} 作为对 p^{*} 的反应。如果对手收取 $p>p^{*}$，该企业至少可以（通过削价到 p^{*}）得到

$$\delta\Pi(p^{*})+\delta^{2}W(p^{*})$$

用 δ 乘以第一个不等式，并把两个不等式相加，则得

$$(1-\delta)W(p^{m})\geqslant\frac{\delta}{1+\delta}\left(\Pi(p^{m})-\frac{\Pi(p^{*})}{2}\right)$$

根据垄断价格的定义，我们得到

$$\Pi(p^{m})-\frac{\Pi(p^{*})}{2}\geqslant\frac{\Pi(p^{m})}{2}$$

且如果 δ 接近于 1，则

$$\frac{\delta}{1+\delta}\simeq\frac{1}{2}$$

因此，每一时期和每个企业的平均利润超过垄断利润的 1/4。

还可以进一步表明，在一个扭结需求曲线均衡中，当 δ 接近于 1 时，每个企业每一时期的利润超过 $4/7\Pi(p^{m})$。反之，聚点价格的集合（某些扭结需求曲线均衡的稳定状态）恰恰是在使得 $\Pi(p)\geqslant4/7\Pi(p^{m})$ 的 p^{m} 之下的价格 p 的集合，以及在使得 $\Pi(p)\geqslant2/3\Pi(p^{m})$ 的 p^{m} 之上的价格 p 的集合。因此，即使没有近似竞争性均衡，也存在着大量均衡。

6.7.2.4　再协商免除的均衡

以 $\underline{p}$ 代表低于 p^{m} 使得下式成立的价格：

$$(1+\delta)\Pi(\underline{p})\geqslant\frac{\delta\Pi(p^{m})}{2}>(1+\delta)\Pi(\underline{p}-k)$$

式中，k 是价格网格的大小。注意，当 δ 接近于 1 时，

$$\Pi(\underline{p})\simeq\Pi(p^{m})/4$$

并且考虑下列对称的反应函数：

$$R^{*}(p)=\begin{cases}\underline{p} & 若\ \underline{p}<p<p^{m}\\ p^{m} & 其他\end{cases}$$

习题 6.11****：** 证明当 δ 接近于 1 时，(R^{*}, R^{*}) 构成一个马尔可夫精炼均衡。

(R^{*}, R^{*}) 被证明是唯一的一对均衡反应函数，它得出了当 δ 接近于 1 时，平均产业利润接近于 $\Pi(p^{m})$ 的结果［参看 Maskin 和 Tirole（1988）］。这一特点轻微地暗示：这是一个当 δ 接近于 1 时唯一的对称的再协商免除的均衡。（它之所以是再协商免除的，是因为其他均衡提供较少的总利润，从而使得至少一个企业得到较

低利润；进一步说，从任何一个价格开始，任何其他对称的马尔可夫精炼均衡比这个均衡向两个企业提供的利润要少，因此它能激励两个企业再协商，以转向这个均衡。）

6.7.3 无名氏定理

在这一小节，我们回顾无名氏定理的现存版本。

6.7.3.1 完全信息的无限重复博弈

考虑一个如下定义的 n 个人的“静态”博弈：每个参与人 $i=1, \cdots, n$ 的行动空间为 A_i，每个参与人的支付函数为 $\Pi^i(a_1, \cdots, a_i, \cdots, a_n)$，这里 a_j 属于 A_j。假设为了简化起见，纯策略的集合是有限的（比如，在价格博弈中，价格必须以美分来表示，是非负的，并且有上界）。我们并不区分纯策略和混合策略，因此，我们可以把 A_i 设想为参与人 i 的纯策略上的概率分布（混合策略）的集合。（在技术上假定每个参与人采取相关策略是方便的。也就是说，他们可以根据公开的随机程序选择行动。但在这里，我们将忽视这一点。）这一静态博弈常被称为“组成博弈”。我们将使用记号

$$a_{-i}=(a_1, \cdots, a_{i-1}, \cdots, a_{i+1}, \cdots, a_n)$$

且以 $\Pi^i(a_i, a_{-i})$ 代表参与人 i 的利润。

6

我们把参与人 i 的保留效用定义为参与人 i 在博弈中能够被迫接受的最坏结果：

$$\Pi^{i*}=\min_{a_{-i}} \max_{a_i} \Pi^i(a_i, a_{-i})$$

预测到对手的行动为 a_{-i}，参与人 i 在静态框架中最大化 $\Pi^i(a_i, a_{-i})$。显然在组成博弈中所得不会少于 Π^{i*}（或者，如果组成博弈重复进行，平均起来不少于 Π^{i*}）。

如果对所有 i 来说，$\Pi^i>\Pi^{i*}$，则支付向量 $\Pi=(\Pi^1, \cdots, \Pi^i, \cdots, \Pi^n)$ 是个人理性的。如果存在着可行的策略 $a=(a_1, \cdots, a_i, \cdots, a_n)$ 使得对所有 i，$\Pi^i=\Pi^i(a)$，则支付是可行的。

比如，在伯特兰德价格博弈或古诺数量博弈中，个人理性的利润等于零（企业不可能被迫取得负利润；另外，对手索取零价格，或者生产使得价格落到边际成本之下的产量，会防止盈利的实现）。容易验证：任何不超过垄断利润的利润集合都是可行的。

现在考察组成博弈的无限反复的形态。以 δ 表示贴现因子。于是参与人 i 拥有支付

$$V^i=\sum_{t=0}^{\infty} \delta^t \Pi^i(a_1(t), \cdots, a_n(t))$$

和平均支付

$$v^i = (1-\delta)V^i$$

式中，$a_i(t)$ 表示 i 在 t 选择的行动（是过去历史的函数）。

我们的第一个无名氏定理源于 Friedman（1971）。它说的是：如果参与人有足够耐心，任何对所有参与人来说大于组成博弈的纳什均衡的支付向量都可以作为无限重复博弈的精炼均衡结果出现。更确切地说，令

$$\Pi^{iN} = \Pi^i(a_1^N, \cdots, a_n^N)^{[50]}$$

且 $v=(v^1, \cdots, v^n)$，使得 v 是可行的，并且对所有 i，$v^i > \Pi^{iN}$，那么，存在一个 $\delta_0<1$，使得对所有 $\delta \geqslant \delta_0$，$v$ 是一个均衡支付向量。

无名氏定理的证明基本上与文中的一样。为了讲解的简单化，假设存在纯策略 $a=(a_1, \cdots, a_n)$，致使对所有 i，$v^i=\Pi^i(a_1, \cdots, a_n)$。考虑如下行为：每个参与人选择 a_i，只要所有人以前都坚持策略 a。如果过去有某个人背离，则参与人选择 a_i^N。于是，合谋于 a 是通过纳什威胁（即永远回归到纳什行为的威胁）来实现的。通过今天的背离，参与人最多得到一个有限数目；另外，他失去了未来合作的收益：

$$(v^i - \Pi^{iN})(\delta + \delta^2 + \cdots)$$

当 δ 趋向于 1 时，这将趋向于无限。

就伯特兰德博弈而言（由于价格是在短期内被锁定的，这是长期重复相互作用理论最有趣的潜在应用之一），这个定理给出了当 δ 接近于 1 时均衡集合的充分的描述。这是因为，如果各企业都有同一的边际成本，组成博弈的纳什均衡将提供零利润，从而提供保留支付。于是前面的定理表明：所有个人理性和可行的支付都是 δ 接近于 1 时的均衡支付。对于其他组成博弈（例如古诺竞争）来说，纳什点并不提供保留价值（见图 6.5）。

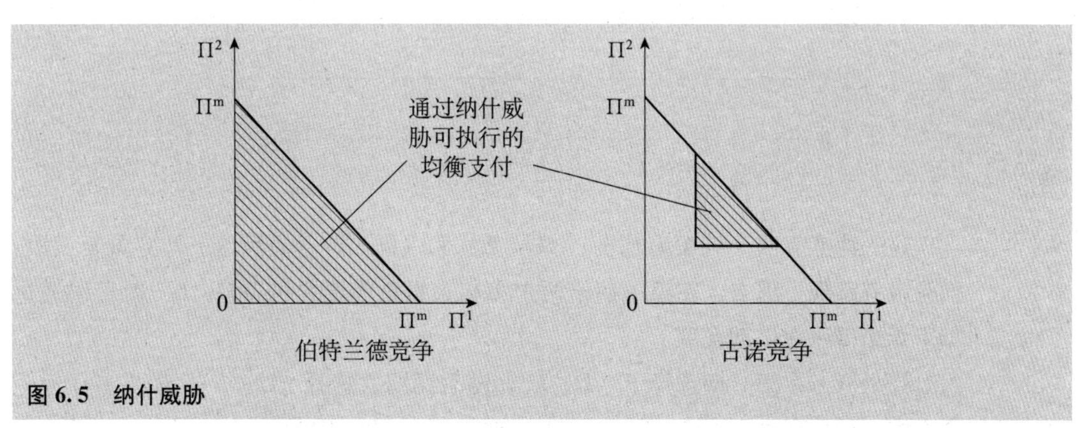

图 6.5　纳什威胁

在纳什均衡位于保留价值之上的博弈中，问题是，除前述定理所给定的均衡支付向量以外，其他均衡支付向量还能否实施？答案是：每个个人理性和可行的支付

向量都可以作为精炼均衡被实施。Aumann 和 Shapley（1976）及 Rubinstein（1979）在 $\delta=1$ 的情况下证明了这一点。[51] 为什么任何一个超过保留价值的支付都可以维持下去？直观的说明如下：

> 只要每个人以前曾确实遵守规则，诸参与人将继续选择行动 a_i，得到支付 v_i。若某个参与人 j 背离了，他将像以前那样受最小最大化惩罚，但是，这并不是永久的，而只是持续到足以消除他在背离中的可能所得为止。在这一惩罚之后，参与人回到他们的 a_i。为诱使惩罚者进行最小最大化惩罚，他们受到这样的威胁：如果他们中的任何一个背离惩罚策略，他也要轮到被别人最小最大化惩罚，其持续时间将使这样的背离毫不值得。而且，如果他们中的任何一个背离，他的惩罚者也要受惩罚，如此等等。这样，就存在着一个潜在的连续高阶惩罚序列，其中，每一个水平的惩罚之所以被执行，是由于害怕引发下一水平的惩罚（Fudenberg and Maskin，1986a，p. 538）。

Fudenberg 和 Maskin（1986a）表明：在温和的正规条件下，下一半连续性在 $\delta=1$ 时成立。所有个人合理和可行的支付向量在 δ 充分接近于 1 时可以在精炼均衡中持续下去。

6.7.3.2 在组成博弈中存在多个均衡情况下的完全信息有限重复博弈

我们已看到，即使有一个长的时界，合谋也不能在有限重复的伯特兰德价格博弈（或囚徒困境）中出现。然而，在组成博弈有几个纳什均衡的情况下，就有可能通过选择不同的纳什均衡，在重复博弈中得到不同于纳什均衡的其他均衡。图 6.6 以组成博弈（协调博弈）为例说明了这一点。

		参与人 2	
		L	R
参与人 1	U	5，5	0，0
	D	0，0	1，1

图 6.6

这一博弈有两个纯策略均衡：(U,L) 和 (D,R)。假定这一博弈重复三次，而且没有贴现。那么，在第一期给两个参与人提供零支付的 (D,L) 就可以通过如下承诺得以在该期实现。

如果双方在第一期选择了 (D,L)，随后两期就选择 (U,L)；如果有任何一方在第一期偏离 (D,L)，随后两期就选择 (D,R)，因为

$$5+1+1<0+5+5$$

因而 (D,L) 可以在第一期实现。

Benoit 和 Krishna（1985）表明，在某些条件下，当组成博弈中有多个均衡时，重复博弈均衡的集合将收敛于个人理性和可行结果的集合。

6.7.3.3　不完全信息的有限重复博弈

这里，我们探讨 6.5.1 小节中模型的一般化问题。考虑这样一个有限重复博弈，其中参与人 i 以 $1-\alpha$ 的概率是“理智的”，在每一期的行动空间为 A_i，支付为 $\Pi^i(a_1, \cdots, a_n)$；参与人 i 以 α 的概率是“疯狂的”（这个参与人的偏好或策略由模型构筑者随意处置，可参看下面的叙述）。

Fudenberg 和 Maskin（1986a）表明，在一个温和条件下，无名氏定理在下述意义上适用，即只要时界足够长，贴现因子充分接近于 1，则对任意小的概率 α，组成博弈的任何个人理性和可行的支付向量（对理智的人）可以在有限重复博弈中作为精炼贝叶斯均衡出现。

证明任何超过纳什支付的支付都可以作为均衡出现是很简单的（还可参看 6.5.1 小节）。我们简略地讲一下。令 $a^N=(a_1^N, \cdots, a_n^N)$ 表示在参与人以概率 1 理智时的组成博弈的纳什均衡。以 Π^{iN} 表示对应的支付，令

$$v^i = \Pi^i(a_1, \cdots, a_n) > \Pi^{iN}$$

并且假定疯狂的参与人 i 有如下策略：只要所有参与人在过去都执行了 a_i，他也执行 a_i，但若有任何一个人在过去有背离行为，则他执行 a_i^N。对一个理智的参与人来说，得自背离的一期支付是有上界的；同时，若 T 为时界，并且为了简化，假定没有贴现（$\delta=1$），则因失去与疯狂的参与人将来合作的机会而遭受的损失为 $\alpha^{n-1}(v^i-\Pi^{iN})T$。当 T 趋向于无限时，这笔损失也趋向于无限。因此，对于 $T \geqslant T_0$，对参与人 i 来说，即使他是理智的，背离 a_i 不可能是最优选择。更一般地说，以 a 进行合谋，至少在 $T-T_0$ 期内是可以持续的。这意味着，当 T 趋向于无限时，理智的参与人 i 的平均支付趋向于 v^i。

与通常一样，这个证明给出了伯特兰德博弈的无名氏定理。对于更一般的博弈来说，证明无名氏定理涉及更多步骤；参看 Fudenberg 和 Maskin（1986a）。

注释

［1］Shapiro（1986）中有关于动态价格竞争的精彩的批评性讨论。

［2］参看 Scherer（1980，pp. 220 - 225），以了解在隐秘的情况下难以维持勾结的有趣的例子。还可参看 Stigler（1964）、Orr 和 MacAvoy（1965）以了解对这个主题的早期分析。

［3］参看第 3 章，以了解在不同空间市场中的三级价格歧视问题。

［4］有些拇指规则要求大量共同信息。比如，就统一边际来说，各个企业需要了解彼此的成本，以证实拇指规则得到遵守。基点作价和按照业务完成标准时间作价需要较少的共同信息。

［5］在这一段叙述的实践中，企业允许竞争对手从对单一价格的观察推测到价格策略上的变

化。企业减少了信息的时滞，从而加速了报复。据称，这些实践（特别是基点作价）通过把注意力集中于单一价格可以有助于协调（而不是信息收集）。根据这个学说，企业在一个复杂的环境中达到“聚点均衡”是困难的（或许是因为有界理性）。

不论是信息收集学说，还是协调学说，都不能解释拇指规则或代表性价格规则为什么被选用。（比如，为什么采用一个特殊的基点作价规则，而不用离岸价格；以及汽车修理商为什么设置完成业务的标准时间。）

[6] 采用这种做法的最好例证存在于电机行业中。该行业以通用电气和西屋两家企业为主导。购买发电设备的叶轮发电机的程序是高度机密的。1963 年，通用电气迅速追随它的对手宣布了新的定价政策。首先它出版了一本新的价格手册，其中包括简化的和详尽的定价公式，用以计算叶轮发电机的价格。（旧的价格手册留有大量解释余地，特别是对某些技术置换和零部件价格。）于是，最终价格是由一个统一的乘数乘出来的，正像汽车修理商设定一个统一的计时费一样。（两个对手使用同样的价格手册，甚至最终使用同样的乘数。）其次，通用电气宣称它不会在不同的卖主之间实行价格歧视（包括时期间的价格歧视——其合同中包括六个月的价格保护条款，这是由通用电气租用的一家公共会计企业执行的）。要更多地了解这一情况，参看 Sultan（1975）和 Porter（1983）。

[7] 当然，如果各企业的产品过于多样化，就不存在真正的竞争了，合谋协调问题也就不会发生。关于这些多样化的效果，非正规的文献众说纷纭。

[8] 这里的推理很松散；没有正式的论证来校正它。

[9] 关于 Schelling（1960）的聚点均衡的讨论，参看 Scherer（1980，pp. 190 - 193）。关于为什么不对称企业间的合谋更为复杂，参看 Scherer（1980，pp. 156 - 160）。

[10] Brock 和 Scheinkman（1985）考察了一个动态模型，其中诸企业受到同样的外生给定生产能力的约束。每一时期的价格对策与第 5 章中讲的生产能力约束的价格对策是类似的。他们证明了先前的直觉认识，并且表明对于他们选择的均衡来说，合谋价格并不必然是产业生产能力的单调函数。

[11] 对于完全可替代品，利润函数是不可微的（当价格相等时）。如果 Π^1 以及 R_2 是可微的（参看第 7 章中多样化产品的案例），就可以把一阶条件写为

$$\Pi_1^1(p_1,\ R_2(p_1))+\Pi_2^1(p_1,\ R_2(p_1))R_2'(p_1)=0$$

式中，Π_j^i 表示 Π^i 关于价格 p_j 的偏导数。

对于同类产品，一般采用“古诺竞争”。比如，有两个企业，企业 1 知道企业 2 以生产 $q_2=R_2(q_1)$ 对产出 q_1 作出反应（反之亦然）。根据 R_2 是可微的这一假定，最大化

$$P(q_1+R_2(q_1))q_1-C_1(q_1)$$

将给出

$$P-C_1'+q_1P'(1+R_2')=0$$

古诺竞争与“零推测变量”相对应：$R_2'=0$。竞争解是由负推测变量取得的：$R_2'=-1$。也就是说，每个企业看到它的产出的任何增加恰恰由其对手产出的减少所抵偿，因此总产出（从而价格）被看作外生的。读者可以验证，合谋的（行业利润最大化）结果是由正推测变量取得的。

[12] 可是，推测变量的研究方法可能在实际工作中评估一个行业的非竞争性程度时是一个有用的方法。参看例如 Appelbaum（1982），Bresnahan（1981，1987a），Iwata（1974），Sumner（1981）。[推测变量的经验性定义与理论上的定义并不一致，见 Bresnahan（1987b）。] 尽管人们希望成熟的动态模型的检验工作能得以发展，但必须承认，这样的模型是复杂的，而且对于它的可检验的内涵，人们还很少予以注意。

[13] 正式地说，若 $H_t=(p^m,\ p^m;\ \cdots;\ p^m,\ p^m)$，则 $p_{it}(H_t)=p^m$，否则，$p_{it}(H_t)=c$。

[14] 以 $1-\delta$ 乘以跨期支付，使它标准化为

一个单期等价支付。要特别注意，如果 $\Pi^i(p_{it}, p_{jt})$ 独立于时间之外并等于 Π^i，则

$$(1-\delta)\sum_{t=0}^{\infty}\delta^t\Pi^i(p_{it}, p_{jt}) = (1-\delta)(1+\delta+\delta^2+\cdots)\Pi^i = \Pi^i$$

［15］当背离是完全可观察的时，最大的惩罚显然是最优的。Abreu（1983，1987）证明在连续行动的博弈中，最大的惩罚是存在的。他还寻找了动态寡头博弈中的最优对称惩罚（1986），揭示出这些惩罚的“胡萝卜加大棒”的本质。

［16］不熟悉超级博弈理论的读者可能在初读时要跳过对这些应用的叙述。有条件的读者可以学习超级博弈方法的进一步应用：例如 Mookherjee 和 Ray（1986）关于干中学或规模报酬递增情况下的重复博弈的叙述，Rotemberg 和 Saloner（1985b）关于策略存货问题和价格领导问题的叙述，Slade（1985）关于当行业需求处于周期性的、观察不到的随机冲击下时价格战作为信息收集工具的叙述。

［17］这样的 p_2 之所以存在，是因为根据 δ_0 的定义，对 $\delta\leqslant\delta_0$，

$$K\Pi_1^m = \delta\Pi_1^m/(2-3\delta) \leqslant \Pi_2^m$$

你必须选择 $p_2 < p_2^m$，而不是方程式 $\Pi_2(p_2) = K\Pi_1(p_1^m)$ 的其他根，否则企业将在高需求状态下削价到 p_2^m。还要注意到，被忽略的约束条件或式（6.6′）是被满足的，因为根据 $K\geqslant 1$，$K\Pi_2(p_2)=K^2\Pi_1^m\geqslant\Pi_1^m$。

［18］在满足式（6.6′）的情况下对式（6.5′）最大化并忽略式（6.7′）将同样产生 $p_2=p_2^m$ 以及 $\Pi_1(p_1)=K\Pi_2^m$ 的结果。然而由于 $K\geqslant 1$，以及 $\Pi_1^m<\Pi_2^m$，不可能有这样的 p_1 存在，因而这不能成为解。

［19］以后我们将辨明由价格刚性引致各繁荣时期价格战的另一个因素。另外，如果资本市场不完善（参看第 9 章中的“鼓鼓钱袋”说），在萧条时期也可能发生价格战。

［20］这与 Rotemberg 和 Saloner 讨论的情况一样，只有两点不同：冲击完全被预料到，而且存在一个趋势（若 $\mu>1$，则市场扩大；若 $\mu<1$，则市场缩小）。

［21］在不对称支付的情况下，回归到伯特兰德行为对低成本企业不是最重的惩罚。最坏的均衡结果是零利润。参看 6.7 节。定性分析不受这个想法的影响。

［22］多市场接触可以提高企业的利润，但不需要在两个市场上都提价。Bernheim 和 Whinston 表明，价格可以在一个市场上较高，而在另一个市场上较低。

［23］参看 Porter（1983a）关于价格战的存在的检验（这是 Green－Porter 模型的一个内在含义）。他使用了美国铁路产业 19 世纪 80 年代的资料。

［24］要了解表明下述情况的超级博弈的例子，可参看 Maskin 等（1986），Fudenberg 和 Maskin（1986b）。这个情况是：如果各方行动只有带噪声（即在“双边道德风险”情况下）才能被观察到，则即使 δ 接近于 1，双方全面合谋也不可能。上述著作提出了使全面合谋可持续的一般条件。

［25］即使各企业是对称的，并在均衡中作出对称的投资决策，当它们进行投资决策时，也必须考虑在不对称投资情况下重复价格博弈的后果。

［26］当然，曾经受到削价侵害的企业的管理者会说：“其他企业的管理者不可信任，不能再与之进行合作了。”但是，这种评论是就那些了解其他企业或其管理者信息的企业管理者来说的。因此，这与 6.5 节所描述的情况的关系更密切。

［27］下面的说明遵循 Maskin 和 Tirole（1988）、Eaton 和 Engers（1987）关于这一模型用于多样化产品的研究。

［28］参看 Maskin 和 Tirole（1985），以了解一个策略性额外生产能力的例子；参看 Benoit 和 Krishna（1987），Davidson 和 Deneckere（1985），以了解在超级博弈背景下的类似行为的例子。Rotemberg 和 Saloner（1985a）就存货问题提出了类似论点。保持额外生产能力的一个非策略性原因是长时期内的需求波动（或是季度式的，或是

经济周期式的)。参看 Arrow, Beckmann 和 Karlin (1958) 指出的在库存背景下有关的概念,以及 Arrow, Karlin 和 Scarf (1958)、Mills (1962)、Zabel (1972) 的贡献。还可参看本书第 1 章关于库存的讨论。

[29] 这样的均衡价格周期循环源于缺乏生产能力约束。(Edgeworth 曾指出,在具有生产能力约束的静态价格博弈中,价格周期循环可能是潜在不存在纯策略均衡的后果。参看前面的第 5 章。)

[30] 参看 Maskin 和 Tirole (1988),以了解以不能预见到的需求冲击为基础的此类行为,以及使用"再协商免除"的均衡策略的一个初步例子。

[31] 关于菜单成本的文献有 Barro (1972), Sheshinski 和 Weiss (1977, 1983)。这一领域(在垄断或竞争框架内)的重要研究有 Caplin 和 Spulber (1987), Bénabou (1985)。在宏观经济学中,有大量关于昂贵的价格调整的文献。在对菜单成本效果的动态研究中,Blanchard (1983) 关于非同步价格运动的分析特别中肯。

6

[32] 就所描述的现象而言,企业不需要私人信息。它还可以通过选择观察不到的行动(这里指的是秘密的价格调整)来干扰对手的信息,就如 Riordan (1985) 的模型那样。参看第 9 章。

[33] 在一级价格拍卖中,所有投标者宣布自己愿意供应的商品价格,要价最低的企业被选中,买主接受其供应。因此,一级价格拍卖相当于完全可替代品之间的伯特兰德竞争。(一个小的区别是买主——例如政府——购买的数量是固定的,即无弹性的,而不是由向下倾斜的需求曲线决定的。)

[34] 根据这种解释,α 没有必要非常小。

[35] 这个比喻,像现在这样,是不完善的,因为它没有说清楚一个高成本类型的企业为什么会在背离之后收取低价。这个囚徒困境的比喻在为价格博弈建立某些直觉认识方面为什么有用,将在第 9 章中进行说明。

[36] 在时期 T,每个人都背叛(理智的参与人这样做,是因为背叛是最后一个时期的占优策略;疯狂的参与人这样做,是因为他仍然为时期 0 的偏离而进行报复)。在时期 $T-1$,也是一样;并且根据逆向归纳,在任何 $t\geqslant 1$ 的时期,都是如此。

[37] 如果两个参与人在时期 0, …, $t-1$ 的最优策略是合作,在时期 t 每个参与人仍然有 $(1-\alpha, \alpha)$ 的信心合作会继续。

[38] 这个均衡和它的推导在形式上类似于垄断企业有关质量信誉的模型。

[39] 根据逆向推理,对于理智的参与人,背叛在每个时期都是占优策略。因此,理智的参与人在每个时期都选择 F(背叛),而不仅仅是在最后阶段。

[40] Fudenberg 和 Levine (1987) 的一个有趣的研究成果认为,在某些条件下,一个有私人信息的参与人(知情人)从长期看能成功地说服其对手自己是"疯狂的",而且他的"疯狂"形式是(理智的)知情人"偏爱的"那一种。非正式地说,这种偏爱的疯狂类型是那种在一次博弈中能引诱对手选择有利于知情的理智的参与人的行动的那一种。这里的条件是:知情的参与人是一个长期参与人,他面对着(长)序列的短期参与人(每个参与人只参加一次),这些短期参与人看到了长期参与人过去的行为,以正的先验概率认为后者是疯狂的。这一结论背后的直观解释是,如果知情的参与人非常有耐心,而且时间足够长,则花时间和成本建立可能的最佳声誉就是值得的。建立这样的声誉所用时间比 Kreps 等人著作中所说的要长。在该著作中,疯狂只有一种形式,因而对手不必区分疯狂的不同类型。

[41] 例如,若存在充分的实验或变异,他们就会破产。

[42] 这里应该提到有关计算机模拟的重复博弈的近期文献[如 Abreu 和 Rubinstein (1986), Aumann 和 Sorin (1986), Kalai 和 Stanford (1986), Rubinstein (1986)]。

[43] 在进化框架里(成功的策略生存下来并得到发展),针锋相对的另一个优点是:它允许别

的合作策略（如“总是合作”策略）生存。要全面了解 Axelrod 对合作的研究，参看他的书《合作的进化》(*The Evolution of Cooperation*，1984）以及 Milgrom（1984）的有关述评。

［44］更为一般的事实是，不同的竞争方式具有不同的信息内容。比如，Milgrom（1985）指出：合谋在无限重复“降价”拍卖中比在无限重复密封拍卖中更容易维持。例如，设想两个具有同样边际成本 c 的企业向一个买主投标。在密封拍卖中，它们同时开价。在降价拍卖中，价格自动下降，直到一方放弃出价为止。在这种情况下，另一个企业以现价供货。在一次或有限次拍卖中，这两种拍卖的均衡结果都是竞争性价格（买主支付 c）。重复的密封拍卖与 6.3 节中研究的重复价格博弈类似。只有在无限期且贴现因子足够大的条件下，合谋才能维持。在重复降价拍卖中，背离会立即被发现（而不是在一个周期之后），从而无利可图。即使从静态观点（背离者的对手在价格等于 c 以前不会放弃）看，情况也是如此。对于任何贴现因子，合谋都是可行的。因此，市场组织影响着观察的滞后和可行的勾结数量。

［45］这一模型和它相对应的完全信息的情况一样，也有“呼呼”猛冲的特性；也就是说，企业没有理由试图执行任何少于 p^m 的价格。（这与 Green-Porter 模型形成对照，参看习题 6.9。）

［46］剩下的一个问题是：式（6.16）的根可能不是整数。在这种情况下，或者选定高于这个根的最小整数，或者（更好地）使用一个随机化方法来确定处罚的长度是这个整数还是比这个根小的最大整数［这里，概率的选择要使约束条件式（6.16）完全具有约束力］。

［47］参看本章补充节中关于企业对此条件类似利用的理论。正规地讲，以$F(p_t/Q_t)$表示以总产出为条件的价格累积分布，其密度为 $f(p_t/Q_t)$。如果 $\frac{\partial}{\partial p_t}(\frac{\partial f/\partial Q_t}{f})<0$，$F(\cdot)$ 满足 ML-RP 条件。

［48］如果把处罚限于古诺类型，根据 Abreu-Pearce-Stacchetti 对尽可能严厉惩罚 V^- 的研究成果，则处罚的最佳长度为 $T=+\infty$。这与 Porter（1983b）所展示的相反。后者认为，如果以前的假定不成立，则古诺惩罚的最佳长度可能是有限的。这也与前面讲的价格博弈不同，在那里（伯特兰德）惩罚是有限的。价格博弈与数量博弈在技术上是不一样的。数量博弈展示出共同可观察的变数（市场价格），而价格博弈并不如此。

［49］选定一个离散价格网格是出于技术性原因。即使在静态框架中，一个企业对其对手价格的反应在有完全可替代品和连续价格网格情况下也难以很好地定义（因为这个企业在认真削价时总愿意使自己的价格尽可能接近对手的价格）。

［50］也就是说，对所有 i 和 A_i 中的 a_i，$\Pi^i(a_i^N, a_{-i}^N)\geq\Pi^i(a_i, a_{-i}^N)$。

［51］在缺乏贴现的情况下，当事人长时期的支付数额可能是无法定义的（可能是无限的）。于是，你可以或者使用平均支付的极限（下确界），即当 T 趋向于无限时，$\frac{1}{T}\sum_{t=0}^{T}\Pi^i(a(t))$ 的值，或者采用所谓的“超越标准”［参看 Rubinstein（1979）］。

参考文献

Abreu，D. 1983. Repeated Games with Discounting：A General Theory and an Application to Oligopoly. Ph. D. thesis，Department of Economics，Princeton University.

Abreu，D. 1986. Extremal Equilibria of Oligopolistic Supergames. *Journal of Economic Theory*，39：191－225.

Abreu，D. 1987. On the Theory of Infinitely Repeated Games with Discounting. *Econometrica*，forthcoming.

Abreu, D., and A. Rubinstein. 1986. The Structure of Nash Equilibria in Repeated Games with Finite Automatas. Mimeo, Harvard University.

Abreu, D., D. Pearce, and E. Stacchetti. 1985. Optimal Cartel Equilibria with Imperfect Monitoring. *Journal of Economic Theory*, 39: 251 - 269.

Abreu, D., D. Pearce, and E. Stacchetti. 1986. Toward A Theory of Discounted Repeated Games with Imperfect Monitoring. Mimeo.

Alchian, A. 1950. Uncertainty, Evolution and Economic Theory. *Journal of Political Economy*, 58: 211 - 222.

Appelbaum, E. 1982. The Estimation of the Degree of Oligopoly Power. *Journal of Econometrics*, 19: 287 - 299.

Arrow, K., M. Beckmann, and S. Karlin. 1958. The Optimal Expansion of the Capacity of a Firm. In Arrow, Karlin, and Scarf 1958.

Arrow, K., S. Karlin, and H. Scarf. 1958. *Studies of Mathematical Theory of Inventory and Production*. Stanford University Press.

Aumann, R., and L. Shapley. 1976. Long Term Competition: A Came Theoretic Analysis. Mimeo.

Aumann, R., and S. Sorin. 1986. Bounded Rationality and Cooperation. Mimeo, Hebrew University, Jerusalem.

Axelrod, R. 1980. Effective Choice in the Prisoner's Dilemma. *Journal of Conflict Resolution*, 24: 3 - 25.

Axelrod, R. 1981. The Emergence of Cooperation among Egoists. *American Political Science Review*, 28: 1 - 12.

Axelrod, R. 1984. *The Evolution of Cooperation*. New York: Basic Books.

Axelrod, R., and W. Hamilton. 1981. The Evolution of Cooperation. *Science*, 211: 1390 - 1396.

Bain, J. 1956. *Barriers to New Competition*. Cambridge, Mass.: Harvard University Press.

Barro, R. 1972. A Theory of Monopolistic Price Adjustment. *Review of Economic Studies*, 39: 17 - 26.

Bénabou, R. 1985. Optimal Price Dynamics and Speculation with a Storable Good. Ph. D. thesis, Department of Economics, Massachusetts Institute of Technology.

Benoit, J.-P., and V. Krishna. 1985. Finitely Repeated Games. *Econometrica*, 53: 890 - 904.

Benoit, J.-P., and V. Krishna. 1987. Dynamic Duopoly: Prices and Quantities. *Review of Economic Studies*, 54: 23 - 36.

Bernheim, D., and M. Whinston. 1986. Multimarket Contact and Collusive Behavior. Mimeo, Department of Economics, Harvard University.

Bishop, R. 1960. Duopoly: Collusion or Warfare? *American Economic Review*, 50: 933 - 961.

Blanchard, O. 1983. Price Asynchronization and Price Level Inertia. In *Inflation, Debt and Indexation*, ed. R. Dornbusch and M. Simonsen. Cambridge, Mass.: MIT Press.

Bowley, A. 1924. *The Mathematical Groundwork of Economics*. Oxford University Press.

Bresnahan, T. 1981. The Relationship between Price and Marginal Cost in the U. S. Automobile Industry. *Journal of Econometrics*, 17: 201 -227.

Bresnahan, T. 1987a. Competition and Collusion in the American Automobile Industry: The 1955 Price War. *Journal of Industrial Economics*, 35: 457 - 482.

Bresnahan, T. 1987b. Empirical Studies of Industries with Market Power. In *Handbook of Industrial Organization*, ed. R. Schmalensee and R. Willig (Amsterdam: North-Holland, forthcoming).

Brock, W., and J. Scheinkman. 1985. Price Setting Supergames with Capacity Constraints. *Review of Economic Studies*, 52: 371-382.

Caplin, A., and D. Spulber. 1987. Inflation, Menu Costs, and Endogenous Price Variability. *Quarterly Journal of Economics*, 102: 703-726.

Chamberlin. E. 1929. Duopoly: Value Where Sellers Are Few. *Quarterly Journal of Economics*, 43: 63-100.

Chamberlin, E. 1933. *The Theory of Monopolistic Competition*. Cambridge, Mass: Harvard University Press.

Cook, P. 1963. Facts and Fancy on Identical Bids. *Harvard Business Review*, 41: 67-72.

Davidson, C., and R. Deneckere. 1985. Excess Capacity and Collusion. Discussion Paper 675, DMSEMS, Northwestern University.

Eaton, J., and M. Engers. 1987. International Price Competition. Mimeo, University of Virginia.

Farrell, J., and E. Maskin. 1986. Renegotiation in Repeated Games. Mimeo, Harvard University.

Friedman, J. 1971. A Noncooperative Equilibrium for Supergames. *Review of Economic Studies*, 28: 1-12.

Friedman, J. 1977. *Oligopoly and the Theory of Games*. Amsterdam: North-Holland.

Fudenberg, D., and D. Levine. 1987. Reputation and Equilibrium Selection in Games with a Patient Player. Mimeo, Massachusetts Institute of Technology.

Fudenberg, D., and E. Maskin. 1986a. The Folk Theorem in Repeated Games with Discounting and with Incomplete Information. *Econometrica*, 54: 533-54.

Fudenberg, D., and E. Maskin. 1986b. Discounted Repeated Games with Unobservable Actions. Mimeo.

Gertner, R. 1986. Dynamic Duopoly with Price Inertia. Ph. D. thesis, Department of Economics, Massachusetts Institute of Technology.

Green, E., and R. Porter. 1984. Non-cooperative Collusion Under Imperfect Price Information. *Econometrica*, 52: 87-100.

Hall, R., and C. Hitch. 1939. Price Theory and Business Behavior. *Oxford Economic Papers*, 2: 12-45.

Hirshleifer, J. 1977. Economics from a Biological Viewpoint. *Journal of Law and Economics*, 20: 1-52.

Iwata, G. 1974. Measurement of Conjectural Variations in Oligopoly. *Econometrica*, 42: 947-966.

Kalai, E., and W. Stanford. 1986. Finite Rationality and Interpersonal Complexity in Repeated Games. Mimeo, Northwestern University.

Kreps. D., P. Milgrom, J. Roberts, and R. Wilson. 1982. Rational Cooperation in the Finitely Repeated Prisoner's Dilemma. *Journal of Economic Theory*, 27: 245-252.

Maskin, E., and J. Tirole. 1985. A Theory of Dynamic Oligopoly: II: Price Competition. MIT Working Paper 373.

Maskin, E., and J. Tirole. 1988. A Theory of Dynamic Oligopoly: II: Price Competition, Kinked Demand Curves and Edgeworth Cycles. *Econometrica*, forthcoming.

Maskin, E., R. Myerson, and R. Radner. 1986. An Example of a Repeated Partnership Game with Discounting and with Uniformly Inefficient Equilibria. *Review of Economic Studies*, 53: 59-70.

Maynard Smith, J. 1974. The Theory of Games and the Evolution of Animal Conflict. *Journal of Theoretical Biology*, 47: 209-221.

Maynard Smith, J. 1978. The Evolution of Behavior. *Scientific American*, 239, no. 3: 176-192.

6

Milgrom, P. 1984. Axelrod's *The Evolution of Cooperation*. *Rand Journal of Economics*, 15: 305 - 309.

Milgrom, P. 1985. Auction Theory. In *Advances in Economic Theory*, ed. T. Bewley (Cambridge University Press, forthcoming).

Mills, E. 1962. *Price, Output and Inventories*. New York: Wiley.

Mookherjee, D., and D. Ray. 1986. Collusive Market Structure under Learning by Doing and Increasing Returns. Report RP 884-R, Stanford University Graduate School of Business.

Nelson, R., and S. Winter. 1982. *An Evolutionary Theory of Economic Change*. Cambridge, Mass.: Harvard University Press.

Orr, D., and P. MacAvoy. 1965. Price Strategies to Promote Cartel Stability. *Econometrica*, 32: 186 - 197.

Ortega-Reichert, A. 1967. Models for Competitive Bidding under Uncertainty. Ph. D. thesis, Stanford University.

Pearce, D. 1987. Renegotiation-Proof Equilibria: Collective Rationality and Intertemporal Cooperation. Mimeo, Yale University.

Porter, M. 1983. *Cases in Competitive Strategy*. New York: Free Press.

Porter, R. 1983a. A Study of Cartel Stability: The Joint Economic Committee, 1880-1886. *Bell Journal of Economics*, 14: 301 - 314.

Porter, R. 1983b. Optimal Cartel Trigger Price Strategies. *Journal of Economic Theory*, 29: 313 - 338.

Riordan, M. 1985. Imperfect Information and Dynamic Conjectural Variations. *Rand Journal of Economics*, 16: 41 - 50.

Rotemberg, J., and G. Saloner. 1985a. Strategic Inventories and the Excess Volatility of Production. Mimeo, Massachusetts Institute of Technology.

Rotemberg, J., and G. Saloner. 1985b. Price Leadership. Mimeo, Massachusetts Institute of Technology.

Rotemberg, J., and G. Saloner. 1986. A Supergame-Theoretic Model of Business Cycles and Price Wars during Booms. *American Economic Review*, 76: 390 - 407.

Rubinstein, A. 1979. Equilibrium in Supergames with the Overtaking Criterion. *Journal of Economic Theory*, 21: 1 - 9.

Rubinstein, A. 1986. Finite Automata Play the Repeated Prisoner's Dilemma. *Journal of Economic Theory*, 39: 83 - 96.

Schelling, T. 1960. *The Strategy of Conflict*. Cambridge, Mass.: Harvard University Press.

Scherer, F. 1980. *Industrial Market Structure and Economic Performance*, second edition. Chicago: Rand-McNally.

Schmalensee, R. 1987. Competitive Advantage and Collusive Optima. *International Journal of Industrial Organization*, 5: 351 - 368.

Shapiro, C. 1986. Theories of Oligopolistic Behavior. In *The Handbook of Industrial Organization*, ed. R. Schmalensee and R. Willig (Amsterdam: North-Holland, forthcoming).

Sheshinski, E., and Y. Weiss. 1977. Inflation and Costs of Price Adjustment. *Review of Economic Studies*, 44: 287 - 304.

Sheshinski, E., and Y. Weiss. 1983. Optimum Pricing Policy under Stochastic Inflation. *Review of Economic Studies*, 50: 513 - 529.

Slade, M. 1985. Price Wars in Price Setting Supergames. Mimeo, University of British Columbia.

Stigler, G. 1947. The Kinky Oligopoly Demand Curve and Rigid Prices. *Journal of Political Economy*, 55: 442 - 444.

Stigler, G. 1964. A Theory of Oligopoly. *Journal*

of Political Economy, 72: 44–61.

Sultan, R. 1975. Pricing in the Electrical Oligopoly. Division of Research, Harvard Graduate School of Business Administration.

Sumner, D. 1981. Measurement of Monopoly Behavior: An Application to the Cigarette Industry. *Journal of Political Economy*, 89: 1010–1019.

Sweezy, P. 1939. Demand under Conditions of Oligopoly. *Journal of Political Economy*, 47: 568–573.

Telser, L. 1960. Why Should Manufacturers Want Fair Trade? *Journal of Law and Economics*, 3: 86–105.

van Damme, E. 1986. Renegotiation-Proof Equilibria in Repeated Prisoner's Dilemma. Mimeo, Universität Bonn.

Zabel, E. 1972. Multiperiod Monopoly under Uncertainty. *Journal of Economic Theory*, 5: 524–536.

第7章 产品差异化：价格竞争和非价格竞争

在伯特兰德悖论（第 5 章）背后，一个决定性的假设是各企业生产同一类产品。因此，价格是消费者唯一感兴趣的变数，并且没有一个企业能够把价格提高到边际成本之上，而又不失去市场份额。在现实中，这样一种假设条件是不大可能得到满足的。某些消费者甚至在小的溢价条件下也喜欢购买某企业的品牌，或者因为它在较近的商店可以买到，或者由于它发货较快，或者由于它有优越的邮购服务。另一些消费者会仍然忠实于某个高价企业，因为他们不知道还有别的品牌。还有另一些消费者，他们考虑的是，其他品牌没有同样的质量，或者不适合其偏好。总之，产品是差异化的；需求的交差弹性在同等价格上不是无限的。第 5 章中已经指出，显然，超过边际成本的价格能够（因而也将）在产品差异化情况下得以维持。产品差异化防止了对消费者的不受拘束的竞争，即使是在非重复的相互关系中也是如此。本章着重讲两个主要问题：在产品差异化条件下的价格决定问题（假设存在非重复的相互关系），以及寡头垄断企业的产品选择。因此，本章通过把策略的相互作用包括在内，扩展了第 2 章的分析。

价格调整常常比产品特点的调整要快。为使这一点形式化，我们要假设企业在进行价格竞争时，把产品特性看作是给定的。因此，企业在选择产品时要预测到它们在产品空间的定位会影响价格竞争的密度。在进行这些假定时，我们和有关文献是一致的。这些文献看到了这样一个世界，在那里首先被选择的是产品，其次才是价格。（与第 5 章所讲的在选择价格之前先选择生产能力的方式类似。）

主要的论点将用两个古典模型来阐明。第一个模型是所谓的定位或空间差异化模型[1]，其中，不同的消费者定位于不同的地方［参看 Hotelling（1929）］。对这个模型的另一个解释是：消费者具有不同的喜好，分布在一个连续统上；比如，一个消费者的“定位”可能代表他最喜欢的甜的程度。企业并不在每个潜在的“定位”上定位，这可能是固定成本造成的结果。这样，当消费者去购买这种产品时，他们要付运输费用。（根据有关喜好的解释，消费者因未能消费喜爱的产品而招致效用的损失。）

我们开始以寻求（静态）价格竞争博弈的伯特兰德-纳什均衡的方法来解这个模型，此时我们把各企业的定位作为给定的。通过计算均衡价格，我们得到以其定位为自变量的简约型利润函数。然后我们考察各企业的市场进入和定位决策（非价格竞争）。在此阶段，只要用简约型利润函数并且只考虑每个企业的市场进入和定位决策就足够了。

下面我们进一步研究差异化原则，根据这一原则，各企业一般都不愿意在产品空间中定位于同一位置。其原因仅仅在于伯特兰德悖论：生产完全可替代产品的两家企业面对着无约束的价格竞争（至少在静态框架中如此）。与此相对照，产品差异化形成了固定客户（即建立了“市场壁龛”），并且允许企业对这些固定客户享有某些市场权力。这样，企业通常愿意把自己与其他企业区分开来。然而，市场条件对这种差异化设置了一定限制。例如，超级市场不能随便设在任何地方，在洗衣粉、食品调味品甚至照相机的生产中，差异很小（企业可能会通过送小东西或广告宣传来使自身不同于他人）。

正如刚刚提到的，不是所有技术上可行的产品都将被生产出来，常常是从事先可能有的上千种样式中选择两三个。产品的这个不完整的系列是与固定成本的存在密切相关的（资本、人员、研究与开发等）。生产所有想象到的产品将需要巨大的固定成本开支，并且对这些产品的大多数需求永远不会使它有利可得。因此，固定成本限制了产品系列。

我们假设存在着许多潜在的企业（远比最终可以运营的数目要多，或许是无限个）。由于在后面各章中我们将考察技术的差别，我们在这里还假定，所有潜在的企业都拥有同样的技术。这两个特点结合起来，就构成了一个“自由进入市场”的假定。这个假定对均衡利润会有什么影响呢？我们已经知道，一个进入市场的企业必须不招致负利润。在自由进入的假定之下，现存企业的利润（假定所有企业的利润是一样的）不可能很大；否则，进入将发生，使得利润减少，直到进一步的进入无利可得时为止。因此，自由进入天然地导向接近于零利润（实际上这个直观认识只在市场足够大的情况下才是正确的）。为简化计算，我们常常假定利润为零。这一假定可能导致计算出的企业数为非整数。在这样的情况下实际的答案（它必定是整数）应是最接近但不超过计算的实际数目的整数。

在 7.1 节，我们发展两个空间差异化的标准模型：“在线上的”和“在圆上的”。我们运用这些例子来展示具有差异化产品的伯特兰德竞争的性质，用以阐明差异化原则并研究自由进入的多种均衡。我们还要讨论在市场经济与社会优化两种情况下的产品差异化和产品数目。在这一节的最后，我们讨论削弱差异化激励的某些因素。在补充节，我们考察另一个产品差异化的重要模型——使用第 2 章中介绍的有关纵向差异的一种模型，以形式化质量竞争。由于这里的分析与关于横向差异的分析是接近于平行进行的，因而本章对质量模型与定位模型的各个分歧点将予以指明。[2]

在7.2节，我们研究Chamberlin（1933）提出的“垄断竞争”概念。垄断竞争指的是，一个“行业”有大量企业，每个企业面对着向下倾斜的需求曲线（由于产品差异化），但由于固定成本的缘故不能获得利润，从而不存在策略相互作用（也就是说，每个企业都可以无视它对其他企业的影响）。正如我们将要看到的，后一特点把垄断竞争的情势与在空间差异化模型中研究的零利润均衡区别开来。补充节把Dixit和Stiglitz（1977）以及Spence（1976）提出的模型应用于对垄断竞争经济中产品差异化的分析上。

在7.3节，我们使用7.1节和7.2节中提出的概念来研究信息的差异化这个另一种产品差异化的类型。这种情况是由消费者对各种产品的特点（其存在、价格、质量等）缺乏全面了解造成的。我们将注意广告与差异化的联系。在回顾了对广告的传统看法之后，我们将探讨：信息性的广告如何提高对一种产品的需求弹性并培育竞争。我们还将（从社会立场出发）探讨竞争如何使信息性的广告过多或过少。

7.1 空间竞争

7.1.1 线性城市

我们首先考察一个模型［源于Hotelling（1929）］，在这个模型中，长度为1的“线性城市”坐落在一条线的横坐标中，而消费者以密度1均匀地分布于这一区间。有两个企业，它们销售同样的物质产品。为了简化并作为第一步，假设这两个企业位于城市的两个端点：企业1位于$x=0$，企业2位于$x=1$。每个企业的单位产品成本为c。消费者为每个单位长度支付运输费用t（费用可以包括旅行耗用时间的价值）。这样，位于x的消费者去企业1购买的运输费用为xt，去企业2购买的运输费用为$t(1-x)$。消费者具有单位需求，即每个消费者购买1个或0个产品。每个消费者从消费中得到等于$\bar{s}$的剩余（包括价格和运输费）。

我们还将考虑这个模型的一个变种，其中运输开支是二次的，而不是线性的。在这种情况下，住在x的消费者去企业1的开支为tx^2，去企业2的开支为$t(1-x)^2$。按照这种模式，边际运输成本随着与企业距离的增加而增加。我们将看到，这种二次模型有时比线性的更易于处理。

7.1.1.1 价格竞争

在这一小节中，我们把企业的地址作为给定的来考察价格的纳什均衡。假定两个企业同时选择价格p_1和p_2[3]，我们推导二次运输成本下的需求函数。我们假定这两个企业的价格差距不至于大到使一个企业面临无需求状态；并假定价格相对于$\bar{s}$来说不太高（这样的话，所有消费者都可来购买——也就是说，市场被完全覆盖）。第一个条件在均衡中显然是必须被满足的，因为一个企业若没有需求，也就没有利润，从而就会激励它降低价格，以争得市场份额。如果产品的消费者剩余$\bar{s}$

足够大，第二个条件也会在均衡中得到满足。

一个在两个企业间无差异的消费者位于 $x=D_1(p_1, p_2)$，这里 x 是由加总的成本相等所决定的，即

$$p_1 + tx^2 = p_2 + t(1-x)^2$$

两个企业的需求分别是

$$D_1(p_1, p_2) = x = \frac{p_2 - p_1 + t}{2t}$$

$$D_2(p_1, p_2) = 1 - x = \frac{p_1 - p_2 + t}{2t}$$

当企业分设在城市的两个端点时，线性成本和二次成本的需求函数是一样的。（这一论点并不稳健。如果市场未能被完全覆盖，它就不能成立，而且我们很快会看到，它是以处于城市的两个端点为条件的。）在两种情况下，企业 i 的利润都是

$$\Pi^i(p_i, p_j) = (p_i - c)(p_j - p_i + 1)/2t$$

两个企业生产的产品对价格是策略互补的（$\Pi^i_{ij}>0$）。这一重要特性在本章所讲的全部模型之中都有效，只有垄断竞争模型是例外；在后一模型中，没有相互作用。它的作用将在下一章予以澄清。

对于线性或二次运输成本，企业 i 选择价格 p_i，以使它的利润最大化，假定对手索取的价格 p_j 给定，即

$$\Pi^i = \max_{p_i}[\Pi^i(p_i, p_j)]$$

企业 i 的一阶条件是

$$p_j + c + t - 2p_i = 0$$

且满足二阶条件。运用这一问题的对称性，我们得到了在产品差异化情况下的竞争性价格和利润，即

$$p_1^c = p_2^c = c + t \tag{7.1}$$

$$\Pi^1 = \Pi^2 = t/2 \tag{7.2}$$

我们所说的差异化产品甚至可以在物质上是一样的。当运输成本较高时，产品的差异化对消费者来说就更明显。当 t 增长时，两个企业对“同一个消费者”的竞争就比较缺乏力量。的确，企业邻近的“固定客户”变得更有被俘获性，并给予企业以“垄断权力”（这会随即允许它提高价格）。另外，当 $t=0$ 时，所有消费者可以因为同样的运费（0）而随便去任意企业。缺乏产品差异化导致了伯特兰德结果。

因为我们对企业的产品差异化选择也有兴趣，所以我们希望了解均衡价格如何因企业位置的不同而有所不同。我们已经考察了极端情况——两个企业相距尽可能

远（最大的区分化）。另一个极端情况是，两个企业生产同样的产品——也就是说，它们定位于同一点（比如说 x_0），而且它们的产品是可以完全相互替代的。比较住在任何一点 x 的消费者的总成本 $p_i+t|x-x_0|$［或在二次情况中为 $p_i+t(x-x_0)^2$］，相当于只比较 p_1 和 p_2。因此，伯特兰德结果也适用于同一地点的情况：

$$p_1^c = p_2^c = 0 \tag{7.3}$$

$$\Pi^1 = \Pi^2 = 0 \tag{7.4}$$

更一般地讲，我们假定：企业 1 位于点 $a\geqslant 0$，企业 2 位于点 $1-b$，这里 $b\geqslant 0$。为不失一般性，假定 $1-a-b\geqslant 0$（企业 1 在企业 2 的“左边”；$a=b=0$ 与最大差异化相对应，$a+b=1$ 与最小差异化相对应，即完全可以替代）。如果企业位于这一区间之内，线性成本模型就不大容易处理，因为在一个企业把价格降到恰好能吸引位于两个企业之间的消费者的那一点时，它也能吸引位于对手另一边的所有消费者。[4]企业的需求函数是不连续的。它们的利润函数是不连续的和非凹的。因此，价格竞争问题没有得到很好的表述。的确，d'Aspremont，Gabszewicz 和 Thisse（1979）表明，如果企业位于接近于这一线段中心的地点（但不是同一地点），则不存在纯策略价格均衡。[5]

二次成本模型使我们避开了这些技术问题，需求函数和利润函数有很好的定义（连续的和凹的）。我们得到

$$D_1(p_1,\ p_2) = x = a+\frac{1-a-b}{2}+\frac{p_2-p_1}{2t(1-a-b)} \tag{7.5}$$

7

$$D_2(p_1,\ p_2) = 1-x = b+\frac{1-a-b}{2}+\frac{p_1-p_2}{2t(1-a-b)} \tag{7.6}$$

（只要这些数是非负的且不超过 1，并且只要 $\bar{s}$ 足够大，就使市场被完全覆盖。）

为阐释式（7.5），注意在同一价格下，企业 1 控制着自己的领地（等于 a），接待位于两个企业之间靠近企业 1 的半数消费者［数量等于 $(1-a-b)/2$］。式（7.5）的第三项表示需求对价格差异的敏感性。

价格的纳什均衡（总是存在的）为

$$p_1^c(a,\ b) = c+t(1-a-b)\left(1+\frac{a-b}{3}\right) \tag{7.7}$$

$$p_2^c(a,\ b) = c+t(1-a-b)\left(1+\frac{b-a}{3}\right) \tag{7.8}$$

习题 7.1*：验证式（7.5）至式（7.8）。

7.1.1.2 产品选择

现在假设有两个企业，每个企业只允许选择一种产品（也就是只能选择一个地址）。这就定义了一个两阶段博弈，其中：（1）两个企业同时选择地址；（2）在地

址给定的情况下，它们同时选择价格。前面已说明，每个企业必须预测它对地址的选择对它的需求函数以及对价格竞争的强度会有什么影响。因此，为研究地址（产品）的竞争，我们使用简约型利润函数，即

$$\Pi^1(a,b)=[p_1^c(a,b)-c]D_1[a,b,p_1^c(a,b),p_2^c(a,b)] \tag{7.9}$$

式中，D_1 是由式（7.5）给定的。一个位置均衡要使企业 1 关于 a 最大化 $\Pi^1(a,b)$，把 b 看作给定的，企业 2 也类似。（这一程序与第 5 章中研究的先选择生产能力后价格竞争的两阶段程序类似。）

d'Aspremont，Gabszewicz 和 Thisse（1979）表明，就二次运输成本而言，均衡是两个企业位于城市的两个端点（最大的差异）。每个企业的地址远离其对手，以防引致对手降低价格，从而弱化价格竞争。为说明这一点，我们可以通过使用式（7.5）至式（7.8）明确地计算简约型利润函数，然后解出纳什均衡。然而，更为精明和有益的是另外的办法。假定不失一般性，在均衡中，

$$0\leqslant a\leqslant 1-b\leqslant 1$$

我们知道，为了使 $\Pi^1(a,b)$［由式（7.9）给定］关于 a 最大化，不需要求导数

$$\frac{\partial \Pi^1}{\partial p_1}\frac{\partial p_1^c}{\partial a}$$

这是由于包络定理：企业 1 在第二期总是选择最优价格，因而$\partial\Pi^1/\partial p_1=0$。这样，我们只需注意 a 对 Π^1 的直接效应（需求效应）以及企业 2 价格变动的间接效应（策略效应）。这就是：

$$\frac{d\Pi^1}{da}=(p_1^c-c)\left(\frac{\partial D_1}{\partial a}+\frac{\partial D_1}{\partial p_2}\frac{dp_2^c}{da}\right)$$

运用式（7.5）、式（7.7）和式（7.8），我们得到

$$\frac{\partial D_1}{\partial a}=\frac{1}{2}+\frac{p_2^c-p_1^c}{2t(1-a-b)^2}=\frac{3-5a-b}{6(1-a-b)} \tag{7.10}$$

再运用式（7.5）和式（7.8），我们得到

$$\frac{\partial D_1}{\partial p_2}\frac{dp_2^c}{da}=\left(\frac{1}{2t(1-a-b)}\right)\left[t\left(-\frac{4}{3}+\frac{2a}{3}\right)\right]=\frac{-2+a}{3(1-a-b)} \tag{7.11}$$

把式（7.10）和式（7.11）相加，并根据加价（p_1^c-c）是正数，我们能够容易地证明，$d\Pi^1/da<0$。因此，企业 1 总是想往左移动（如果它在企业 2 的左边），企业 2 也是如此。因此，定位均衡显示出最大的差异化。

运用包络定理（这一定理将在下一章中重述）也是有指导性的。它展示了两种效果的冲突。式（7.10）表明，如果 a 不太大（特别是，如果它不超过 1/2，应用

7

$1-b\geqslant a$)，企业 1 将愿意向中心移动，以增加其市场份额（给定价格结构）。这是一个更为一般的结果：对于给定的价格，两个企业都希望定位于中心点或接近于中心点（参看 7.1.3 小节）。然而，企业 1 也认识到，相联系的产品差异化下降，将迫使企业 2 降低价格。计算表明，策略性效果支配着市场份额效果。

把市场决定的定位与社会最优化定位相比是有趣的。假设社会计划者为两个企业选址。由于消费量是固定的，因而社会计划者把消费者的平均运输成本最小化（不论企业如上所述实施其市场权力，或者被迫以边际成本作价，这一点都是成立的；地址给定，并且只要市场被完全覆盖，作价结构并不影响无弹性需求模型中的消费者余额和利润）。按照问题的对称性，社会计划者选择把两个企业定位于这一线段中心任一侧等距离的地方，使得每个企业以相同的价格供应市场左侧或右侧的消费者。因此，在消费者密度均匀的情况下，在一个市场线段上使平均运输成本最小化的地址在这个市场线段的中间部分。这样，社会最佳定位是 1/4 和 3/4。在这个例子中，从社会角度看市场结果产生了太多产品差异化。

习题 7.2****：**考虑线上的差异化模型。两个企业的地址已固定于这一线段的两端。运输成本对距离是线性的，并且消费者沿线段均匀分布。两个企业的不变边际成本为 c_1 和 c_2，这两个数不一定要相等（但是，为了简单化，假定它们差别不大，因而每个企业在均衡中都占有正的市场份额）。

（1）计算反应函数 $p_i=R_i(p_j)$。推断纳什均衡价格 $p_i(c_i, c_j)$ 和简约型利润 $\Pi^i(c_i, c_j)$ 为两个边际成本的函数。

（2）证明：$\partial^2\Pi^i/\partial c_i\partial c_j<0$。

（3）假设在价格竞争之前，两个企业进行第一期博弈，同时选择边际成本［设想选择边际成本 c 的投资成本为 $\phi(c)$，$\phi'<0$ 且 $\phi''>0$］。证明：如同前述选址博弈，这个投资博弈将产生直接效应与策略效应。

7.1.2 圆形城市

7.1.2.1 模型

上述关于线性城市的探讨使我们检验了差异化产品的价格竞争，以及双寡头情况下的产品选择问题。现在我们来研究，除了固定成本或进入成本以外没有“进入壁垒”情况下的进入和定位（选址）问题。假定存在着大量相同的潜在企业，我们要考察进入市场的企业数目。为此，实际上较为方便的做法是，考察一个具有均匀分布的消费者的圆形城市。在此情况下，产品空间是完全同质的（没有一个定位先验地优于另一个定位）。这就使我们要研究的问题更易于处理。

下面的模型来自 Salop (1979)。消费者均匀地位于周长为 1 的圆周上。圆周的密度是 1。企业也沿着圆周分布，并且所有运动都沿圆周进行（与线性城市类似，为了简化分析，这里有一点人为假设，不过，你可以想象环绕着一个湖的城市，以船作为交通工具成本太高；或者想象为环形郊区的超级市场，以一个穿越费用昂贵的城市为中心）。

和以前一样，消费者要买一单位产品，单位距离的运输开支为 t（为了简单化，我们只考虑线性运输成本），并且愿意以最小的一般化成本来购买，只要后者不超过他们从产品所获得的总剩余（$\bar{s}$）。每个企业只允许有一个地址（我们将在下面讨论这个假设，特别是在下一章，我们将检验由于品牌增加而进入受阻的可能性）。为了论述企业数目的问题，我们引进市场进入的固定成本 f。一个企业一旦进入并定位于产品空间的一个点上，它就面对着边际成本 c（小于 $\bar{s}$）。这样，企业 i 如果进入市场，其利润为 $(p_i-c)D_i-f$（这里 D_i 是它面对的需求），如果不进入，利润为 0。

Salop 考察了下述两阶段博弈：第一阶段，潜在的进入者同时抉择是否进入。以 n 表示进入的企业数。这些企业并不选择它们的地址，而是一个个自动等距离地坐落在圆上（见图 7.1）。这样，最大的差异化（分化）就外生地设定了。第二阶段，在地址给定的情况下，各企业在价格上进行竞争。

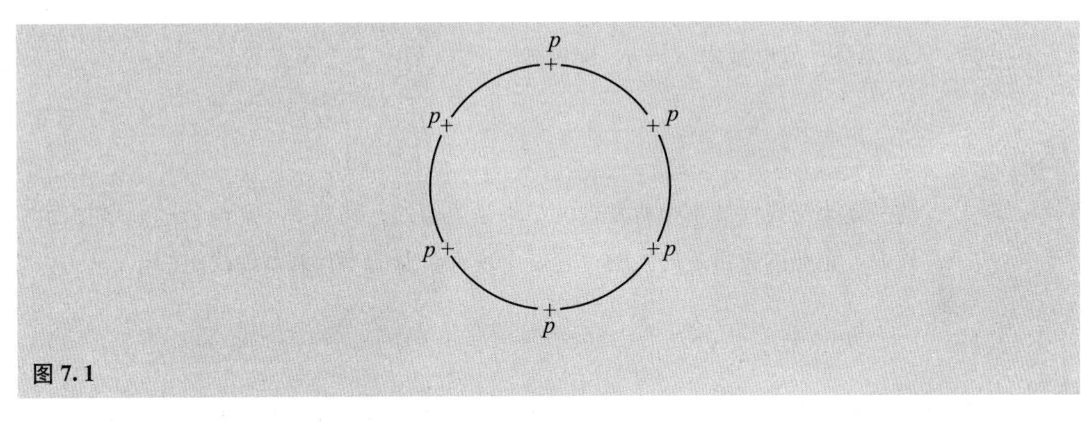

图 7.1

现实地说，我们想让企业或者同时选定地址，或者在作出进入市场决定之后选定地址，而不是让一个拍卖商来选定特定的定位模式。但是，Salop 的模型并不着眼于产品的选择，而是要研究进入的程度（在这方面，这个研究方法与 7.2 节和 7.5.2 小节所概述的类似）。略去选址问题，我们能够以一种简单和易于处理的方法研究进入问题。

我们已经假定市场自由进入（有大量相同的企业），从而进入企业的均衡利润是零。正如已经指出的，我们必须：（1）确定任何数目的企业在价格竞争上的纳什均衡，并计算简约型利润函数；（2）确定进入博弈中的纳什均衡。

假定 n 个企业进入了市场。由于它们都是对称地选址，因而寻求一个它们都收取同一价格的均衡是恰当的（见图 7.1）。现在，我们只考察这样一种情况：市场上存在着足够数目的企业（相对 f 来说不太高），从而它们的确在相互竞争。实际上，企业 i 只有两个真正的竞争对手，即两个在它左右的企业。[6] 假设它选择了价格 p_i

7

(见图 7.2)。位于离企业 i 的距离为 $x\in(0,\ 1/n)$ 的消费者，在

$$p_i+tx=p+t(1/n-x)$$

情况下，对于从企业 i 还是从它最邻近的企业购买是无差异的。

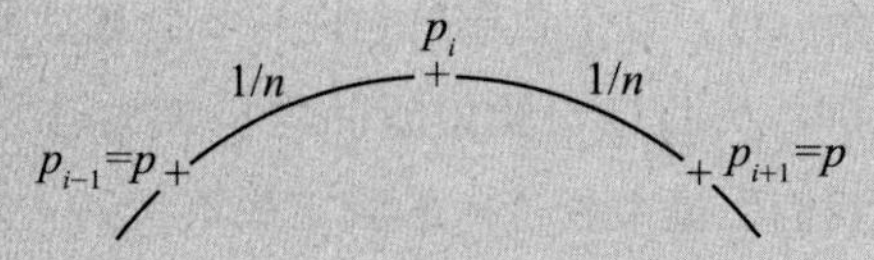

图 7.2

这样，企业 i 面对的需求是

$$D_i(p_i,\ p)=2x=\frac{p+t/n-p_i}{t}$$

因此，企业 i 谋求最大化，即

$$\max_{p_i}\left[(p_i-c)\left(\frac{p+t/n-p_i}{t}\right)-f\right]$$

关于 p_i 微分，然后规定 $p_i=p$，则得到

$$p=c+\frac{t}{n}$$

这一结果与线性城市中所发现的结果是类似的。利润率（$p-c$）随 n 增加而减少。然而，企业的数目是内生的；它是由现存企业的零利润条件决定的：

$$(p-c)\frac{1}{n}-f=\frac{t}{n^2}-f=0$$

因此，在允许自由进入的不完全竞争情况下，企业的数目和市场价格相应地为

$$n^c=\sqrt{t/f}$$

$$p^c=c+\sqrt{tf}$$

这一类模型的一个普通但重要之处是，企业的价格在边际成本之上，却仍不能盈利。因此，一个产业中诸企业不获得超额利润这一经验性的研究成果不应使人得出这样的结论：企业没有市场权力。这里“市场权力”指的是价格超过边际成本。（经济学者关于市场权力的定义与政策制定者的定义不同。政策制定者一般认为，这指的是作价超过了平均成本。按照这第二个含义，在自由进入模型中的企业没有市场权力。）

上面的两个方程式表明：固定成本的增加导致企业数目的减少，以及利润率（p^c-c）的增加。运输成本的增加使利润率增加，从而增加了企业数目——企业看到了差异化的可能性。最后，我们注意到，消费者的平均运输成本为

$$\frac{t}{4n^c} = \frac{\sqrt{tf}}{4}$$

并且它不像 t 增长得那么快。

当进入成本和固定生产成本 f 向零收敛时，进入市场的企业数趋向于无限，而价格趋向于边际成本。（与此类似，在固定成本不变的情况下，消费者的密度增加，将使进入企业数目增加，并把价格推向边际成本。）这样，在进入成本很低的条件下，消费者买到与他喜爱的产品很接近的产品，而市场几近于具有竞争性。（我们在补充节中将看到，在纵向差异化模型中，这一特点不能成立。）

现在，我们从规范化的观点看均衡来继续以前对定位选择模型的研究。为此，我们比较自由进入的均衡与社会计划者的地址配置抉择。我们已经知道，各企业收取的价格大于边际成本。可是，在此情况下，消费者都从购买中获得同样的效用，且每个消费者只购买 1 单位（产品），没有带来价格歧视。消费的数量——1 单位——并不受涨价的影响。因此，利润率只是从消费者向企业的货币转移。问题是与社会最优化有关的企业是太多还是太少？在推导社会最优化方面，我们不打算关注消费者总余量（$\bar{s}$），因为它和不完全竞争情况下一样。一个见多识广的社会计划者会选择 $n=n^*$，以使固定成本和消费的运输成本最小化

$$\min_n\left[nf + t\left(2n\int_0^{1/2n} x dx\right)\right]$$

或者，等价地

$$\min_n(nf + t/4n)$$

因此，我们得到

$$n^* = \frac{1}{2}\sqrt{t/f} = \frac{1}{2}n^c$$

由此，我们得到结论：市场竞争产生了太多企业。（因为这里没有由作价构成的消费扭曲现象，所以社会计划者在管制市场进入的背景下能否迫使各企业按边际成本作价，并不影响这一结论。）下面的习题表明，对二次运输成本来说，类似结果也成立。

习题 7.3*：证明若运输成本为 td^2，这里 d 代表消费者到他选定的企业的距离，则 Salop 模型得出

$$p=c+t/n^2$$

且在自由进入情况下，

$$n^c = (t/f)^{1/3} > n^* = (t/6f)^{1/3}$$

这样，在线性或二次成本情况下，我们得到了太多产品。[7] 企业也得到了太多进入市场的激励。显然，进入市场的私人激励和社会激励没有理由相互一致。从社

7

会角度，进入市场是否得当以节约运输成本为准（或者，更一般地说，是向消费者提供更大的产品多样性）。与此相对照，对进入市场的私人激励是与“偷窃”其他企业的“生意”且仍能施加加价相联系的。以后，我们会回来论述这个效应，该效应有时候被叫作贸易转移效应。

评论 在前面的模型中，我们暗含着假定：市场均衡会导致

$$p^c+\frac{t}{2n^c}<\bar{s}\left(\text{即}\frac{3}{2}\sqrt{tf}<\bar{s}-c\text{ 或 }f<\bar{f}=\frac{4}{9t}(\bar{s}-c)^2\right)$$

换句话说，离企业最远的消费者（距离为 $1/2n^c$）得到了严格正的净利润。这个假设对小额固定成本来说并不构成任何问题。然而，当固定成本增加时，企业数目就要减少，而且企业间的距离和价格都增加。当 f 超过 $\bar{f}$ 时，均衡就不能像上面描述的那样了，因为位于两个企业中间位置的消费者不再买任何东西了。参看 Salop（1979）对这种情况的研究（还可参看下面的习题）。

习题 7.4**：证明若 $f\geqslant\bar{f}$ 但 f 足够小，致使市场仍能被“覆盖”，则存在一个均衡，其中企业索取 $p=\bar{s}-t/2n$。为做到这一点，构筑“剩余需求曲线”——也就是说，在其他企业收取价格 $p=\bar{s}-t/2n$ 时，企业 i 的需求曲线为 $D_i(p_i/p_{-i})$。证明这一需求曲线在 $\bar{s}-t/2n$ 处有一个扭结，并且在同一空间（D_i，p_i）画出等利润曲线。推导出 f 和 t 的函数 n^c 和 p^c。论证这一结果是先验地“反直觉的”，并作出解释。

7.1.2.2 讨论

上述模型是为探讨企业数目而建立的。在三个方面的自然引申将使它更有现实意义。这三个方面是：选址概念的引进；企业不同时进入的可能性；一个企业在生产空间中定位于几个点的可能性。

选址 该模型假定各企业等距离地选址。依照 d'Aspremont 等人关于在一个线性城市中二次运输成本下的最大多样化结果的论述，这个假设是令人感兴趣的。它在圆形城市的背景下，只对二次运输成本已经证明是正确的。Economides（1984）探讨了一个三阶段博弈，其中，企业先选择是否进入市场，然后选择在圆形上的地址，再在价格上进行竞争。他为相等空间设址的假设辩护，指出对二次成本来说，这里存在一个自由进入的对称均衡（在地址和价格上）。

顺序进入 所有企业同时进入的假设是方便的，因为它取消了产品定位的策略方面（产品的选择可以遏制市场进入，或者影响竞争对手随后对产品的选择）。可是，人们一般想到各企业可能（但不必然）按顺序进入。[8]这里有两个问题。第一，设定企业按顺序行动，若各企业把它们在生产空间的选址决策会影响未来定位的事实考虑在内，定位的均衡模式会是什么样的？[Prescott 和 Visscher（1977）在这个领域曾进行过开拓性的工作，研究在一个线性城市里各企业顺序选址的决策问题。]第二，进入的最佳时机是什么？[9]要对第二个问题提供满意的答案，需要把更多因

素（比如，在一个空间模型中需求或人口的增长率，或者生产成本下降的速率）引入这一模型。

品牌扩展　在以前的分析中，一个关键的假设是，每个企业只允许有一个品牌。但是，一个企业可以有若干个品牌挤进产品空间（如果抢先是可行的，这种可能性就是完全能够存在的）。的确，随后各章将要论证，由于拥有同一品牌和同样技术的垄断企业会比寡头垄断企业攫取更多利润（因为竞争降低了利润），在经营中的企业要比新进入的企业有更大的积极性去引进新产品。我们将看到，这种效率效应会使市场结构向多品牌垄断倾斜。[10]

7.1.3　最大差异化还是最小差异化

显然，各种空间模型以及其他类似的模型［例如，纵向差异化（质量）模型，见补充节］只是抽象表述。但它们是很有用的，因为它们揭示了价格竞争的本质。而且，它们对经营策略作出重要预测。其中一个预测就是差异化原则：企业希望差异化，以缓和价格竞争。这在大多数市场营销教科书中关于市场细分的论述中可以找到，并且与现实生活中观察到的企业成功地进行差异化的情况相符。[11]在某些情况下，企业寻求最大的产品差异化。尽管这些建议在经济上非常诱人，但也存在着反对最大差异化的力量，甚至是反对任何产品差异化的力量。这可以分为如下三种类型。

以需求所在为目的地　显然，尽管企业愿意为策略目的而差异化，但是它们也都愿意坐落在需求所在之处（例如，接近线性城市的中心）。在 d'Aspremont 等人所举的例子中，这两种力量互相冲突，而我们并未就为什么策略效应起支配作用推导出任何直观认识。因此，人们可以构造企业实行差异化又不完全差异化的例证就不足为奇了。[12]这在某些需求集中围绕着少数极点的市场上看得更清楚。[13]这就可以解释为什么大量冰激凌小店和书店会设在大学附近。（在其他产品空间，洗衣粉或汽油的差异化就引不起大多数消费者的兴趣。）当然，如果多个企业都坐落在同一地点，它们必然能够以某种方式缓和价格竞争。从第 5 章和第 6 章中我们知道，这个任务可以由约束生产能力或默契合谋达到。另一个可能性是，企业可以用选址以外的其他方法进行差异化。比如，对于各种冰激凌，所有消费者不可能具有同样的口味，而这与其一般化成本是无关的。[14]或者，对各种产品他们不可能具有同样的信息（参看 7.3 节）。

企业间的正面外部效应　可能存在着引诱企业选定互相邻近地址的外部因素。在成本方面，可以想到共用设施和商业中心。比如，渔民可能聚集于同一个港湾去销售他们的鱼，即使那意味着更为紧张的竞争。另一个可能性是，许多企业会选址在一个原料产地。在供应方面，消费者的搜寻会鼓励企业聚集起来。这样做就降低了搜寻成本，并增加了这些企业的总需求。如果需求没有受到价格竞争加剧的较大影响，采用这种策略可能就是值得的。这就可以解释为什么在巴黎圣安东郊区有大量家具店。[15]这里的论点是，在一个除了选址之外至少有些产品差异化（比如，家具的设计不同）的世界里，如果消费者在一个给定的商店里没有找到他们喜欢的品种，他们会发现到隔壁商店去找也很方便。[16]

缺乏价格竞争 产品差异化意味着弱化价格竞争。在某些情况下，可能存在一些法律上或技术上的理由，以限制价格竞争的范围。比如，在美国（在取消管制以前）机票价格是外生确定的，如同燃气价格和书的价格在法国那样。[17]（同样，消费者享受的价格可能由生产厂家提出的转售价格维持协议所决定。）因此，显而易见，在企业不进行价格竞争时，使产品差异化的积极性会降低。Hotelling（1929）阐释了在这种情况下的最小差异化原则。要了解为什么在某些选址模型中会发生最小差异化，可以考察有两个企业的线性城市模型。假设价格是外在固定的，并且每个企业都在长度为 1 的线段上选择地址，在那里，消费者是均匀分布的。进一步假设，如果两个企业选择同一地址，它们就均等地分享需求。由于价格和利润率是固定的，因而企业选择地址时就要使需求最大化。令企业坐落在 a 点，企业 2 坐落在 $1-b$ 点，这里，为不失一般性，$0\leqslant a\leqslant 1-b\leqslant 1$。假设这些地址的差别为 $a<1-b$。我们来表明：比如说，企业 1 愿意向 b 移动。它的需求为

$$a+\frac{1-b-a}{2}$$

因此，随 a 的增长而增长。由于两个企业在争夺住在它们之间的消费者，因而，这是自然的。这样，均衡必定涉及两个一致的选址 $a=1-b$。现在假设 $a=1-b<1/2$，则每个企业的需求为 1/2。但是，比如说，企业向右移动 $\varepsilon>0$ 的距离，则它将得到的需求为

$$(b-\varepsilon)+\frac{1-b+\varepsilon-a}{2}\simeq b>\frac{1}{2}$$

这样，两个企业都要往中心移动。根据同样的推理，若 $a=1-b=1/2$，则没有一个企业愿意移动。因此，唯一的均衡是两个企业都坐落在城市的中心。[18]在这个例子中，从社会角度看，各产品彼此过于靠近。若各企业从中心移开，运输成本可能减少。（正如在 7.1.1 小节中提到的，选址在中心与两端间的中途可使运输成本最小化。）这样一个没有价格竞争的选址模型可以说明为什么政治讲台要聚集在中心周围，同样可以说明为什么类似的电视节目（新闻、电影等）在许多国家的主要网络中要争取同一时间段。

7.2 垄断竞争

Chamberlin（1933）提出垄断竞争是为了形式化下述产业格局（这里，我们继续假定，每个企业最多生产一种产品，以便抽象掉一个给定企业的品牌扩散问题）：

（1）每个企业都面对着向下倾斜的需求曲线；

（2）每个企业都没有利润；

（3）一个企业的价格变动对于其他任何一个企业的需求只有可以忽略不计的影响。[19]

第（1）、（2）个特点在7.1节的Salop模型的零利润均衡中是被满足的。第（3）个特点把垄断竞争和前述自由进入的寡头垄断竞争区别开了。它说的是，每个企业或产品在产品空间中是没有邻居的。这种缺乏交叉影响的状况受到了广泛的批评。除在少数情况外（参看7.3节中关于信息产品多样化的垄断竞争模型的论述），现有产品和少数产品直接竞争［或者，像在垄断情况下，它们不竞争，第（2）个特点就很可能不成立］。因此，垄断竞争的论点不是来研究各种产品之间的策略问题（比如产品的定位和价格竞争问题），确切地说是抽象掉这些方面，以简化分析工作，研究其他问题，比如一个市场经济所提供的产品数目问题。

一向有一种“传统看法”：从社会观点看，垄断竞争提供了过多企业，或者说，现存企业生产了太少的产品，不足以耗竭规模报酬（“过剩生产能力”）。其推理如下：假设企业有一个U形平均成本曲线。以$D_i(p_i, p_{-i})$表示企业i的剩余需求曲线，即给定其他企业索取价格p_{-i}时企业i的需求曲线。一个自由进入均衡要求每个企业获取零利润，或者简单地说，企业i在(p_i^c, q_i^c)点上进行生产，致使剩余需求曲线在此点上与平均成本曲线相切。［参看图7.3，在图中，$AC(q_i)$是产出为q_i时的平均成本。］生产的数量少于平均成本最小化的数量(q_i^*)。因此，固定成本分摊在太少单位的产品上，浪费就发生了。

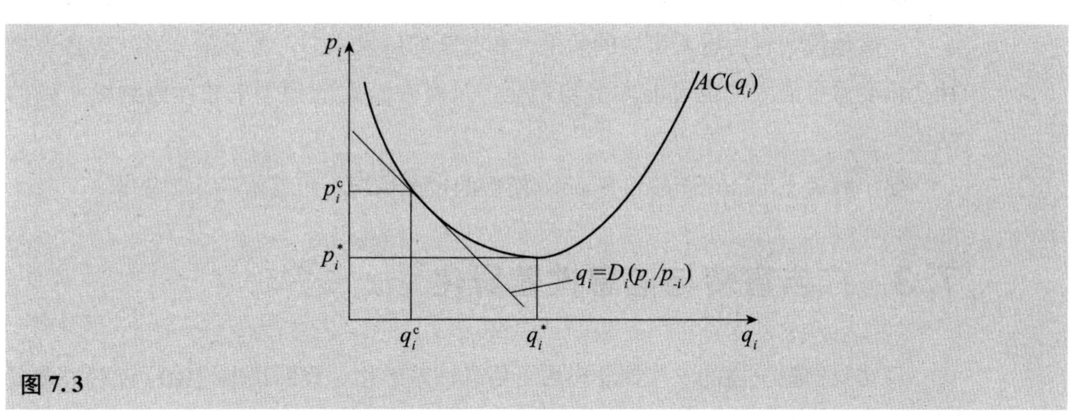

图7.3

实际上，这个推理是有缺陷的。如果没有别的企业生产同样的产品（其他产品与企业i的产品不一样），这种产品的引进也可以视为正当的，即使其生产不能耗尽规模经济报酬。（这一点在前述选址的例子中甚至可以看得更明显。在那里，平均成本为$c+f/q_i$，因此，使平均成本最小化的数量——最有效规模——是$q_i^*=+\infty$。）因此，这一推理必须要求企业i生产一种其他企业已经生产的产品。但是，这样它的需求曲线在其他企业索取价格(p_j)处（或者如果有许多其他企业生产这种产品，在最低的这样的价格处）是水平的，之后就下降，参看图 7.4。

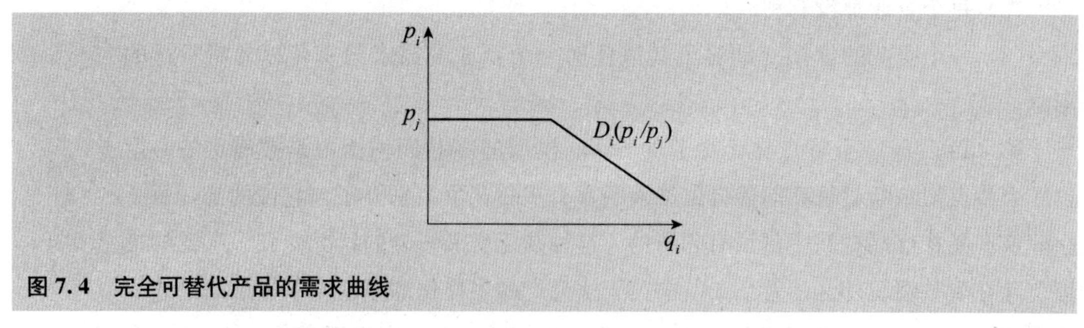

图 7.4 完全可替代产品的需求曲线

从几何图形上容易看到，为了满足下述两个条件，即企业 i 获得零利润，而企业 j 销售正数量（否则，由于固定成本，它自身利润必然是负的），企业 i 的产出量只能是 q_i^*（在 $p_i=p_i^*$ 条件下）。因此，我们不能得出存在"过剩生产能力"，或是存在太多企业的结论。

研究（Dixit and Stiglitz，1977；Spence，1976）已经表明，这种论断是无法修补的。一般地说，有两个向相反方向作用的效果。

社会剩余的不可占用性 在第 2 章关于垄断的讨论中曾提出，一个企业一般不能获得与引进一个产品相联系的全部消费者剩余。对消费者的这一正外部性意味着，企业倾向于引进从社会角度看太少的产品。

窃取生意（贸易转移） 通过引进一种产品，一个企业从其他企业窃走消费者。具有正利润率的对手因这些转移的消费者而损失了收入。对其他企业的负外部性意味着企业倾向于引进过多的产品。

一般地说，自由进入市场的后果（和垄断的后果相似，参看第 2 章）包含着从社会角度看可能太少也可能太多的企业，只有在特定的模型中才能得到更明确的结论。

要了解关于 Dixit-Stiglitz-Spence 模型的更多情况，可参看 7.5.2 小节。

7.3 广告宣传与信息性差异化

现在我们把上述的一些概念应用于信息性差异化。我们集中讨论广告对消费者的需求和产品差异化的影响。

广告有许多传播媒介，包括电视、广播、报纸、杂志和直接邮寄等。[20]它本身构成了一个不可忽视的产业（1984 年广告产业在美国占国民生产总值的 2%～3%，在其他发达国家所占比例略小一些）。[21]

广告的竞争是非价格竞争的一个主要方面。正如在第 2 章中曾经提到的，关于广告的研究，与对别的题目的研究相比，或许更紧地抓住了理性消费者的模型。尽管人们可以争辩说，广告可以通过增加需求弹性（减少"差异化"）培育竞争，但相反的例证也很容易找到。比如说，广告在使物理上几乎一样的产品（啤酒、洗衣粉等）差异化方面是成功的。7.3.1 小节将评述有关广告的传统看法。

7.3.2 小节举出了广告的最好案例。我们采用了广告向消费者提供有用信息的观点［这一观点来自 Telser（1964）对经济学者一向不喜欢广告所作的反应——参看比如 Kaldor（1950）］。我们把广告形式化为提供产品的特定存在和它的价格的信息（关于位置和产品特点的信息也大致遵循类似模式）。这一小节的假设是：信息问题是可以通过广告——以某种成本——来解决的。（按第 2 章的术语，这种产品是搜寻品。）我们将调查广告是否减少产品差异化以及市场供给的广告是太多还是太少。

7.3.3 小节简要地叙述了消费者信息与产品差异化的联系。在那里，我们考察的是经验产品而不是搜寻品。我们假定企业不能通过广告直接把产品质量告诉消费者，消费者只能通过消费来了解产品质量。在一个给定时点，不同消费者对不同产品的质量具有不同的信息，这种信息差异来自他们之前的消费方式。因此，一个消费者可能看不出两种相同质量（并且在别的特点上也没有差异）的产品是可以完全互相替代的，因为他只试验过并了解其中的一种。

7.3.1　关于广告的观点[22]

我们可以区分关于广告的两个极端观点。

偏袒观点把广告看作是向消费者提供信息，从而使他们作出理性选择的东西。广告宣布一个产品的存在，标明它的价格，告诉消费者购买的详细地址，并且描述产品的质量。它减少了消费者的搜寻成本，并帮助他们选择品牌。因此，广告减少了与缺少某些产品信息相联系的产品差异化，加强了竞争。同样，它便利了新企业进入市场夺取对已有企业的需求。它还鼓励高质量产品的生产。高质量产品企业受到激励，通过广告来宣传其产品的质量，这使得低质量产品企业处于不利地位。

报纸是支持这种意见的人们钟爱的传播媒介。在美国，绝大部分广告是地方性的。它常常提供关于价格、供应者和零售地点的信息。这些支持者钟爱的产品是眼镜、处方药和食品等。Benham（1972）论证说，在美国禁止广告的地方，眼镜的价格显著地高于其他地方。这个解释看起来好像在说广告告知了消费者并且培育了价格竞争[23]［还可参看 Cady（1976）关于处方药的讨论，以及 Steiner（1973）关于网络电视广告怎样改变了玩具工业竞争性质的论述］。这些支持者还提到了某些专业人员（例如药剂师、医务人员和律师）要对广告加以限制的努力。

不同意见认为，广告意味着劝诱和愚弄消费者。它创造了不真实的差异化，而不是减少了信息差异化［参看 Galbraith（1967）和 Solow（1967），其观点是消费者受到了广告中心麦迪逊大道的戏弄］。因此，广告减少了产品竞争，并且增加了市场进入壁垒。

这种观点支持者钟爱的传媒是网络电视。网络电视的广告主要是全国性的。它以形象为导向。它除了产品的存在以外传播很少的信息。他们钟爱的产品是香烟、高乐氏公司的产品（产品价格溢价较高，产品质量与竞争性的产品基本相同），以及啤酒。他们特别提出了 Nichols（1951）关于卷烟工业的著名研究。这一研究成果表明，自 20 世纪 20 年代以来，香烟制造商一直通过做广告和增加品牌来进行竞争，而没有通过削价（价格看来在相当大的程度上是相互勾结制定的）或提高质量来进行竞争。因此，竞争在这个行业中从社会角度看是浪费的。

这些观点肯定各有其道理。各自的正确性看来要依产品、消费者需求的性质以及广告传媒的不同而定。在本节的以下部分，我们将在设定消费者具有完全理性的条件下，探讨广告的作用。

7.3.2　搜寻产品和信息性广告

在本小节中，我们假定广告提供产品存在和价格的信息。[24] 我们考察两个这样的模型。第一个是来自 Butters（1977）的关于垄断竞争的模型（大量企业中的每一个企业都面对着向下倾斜的需求，但它们对其对手的影响是可以忽略的）。产品之间的差异化情况完全是因为消费者只知道有限数目的品牌（可能是一个，或者一个也没有）。第二个模型来自 Grossman 和 Shapiro（1984），他们注意到 Butters 模型中的寡头垄断性的相互作用；这个模型也允许沿着另一范畴进行产品差异化（在选址方面）。我们主要关注的是垄断的或寡头垄断的相互作用是否给社会提供了太多或太少的广告。弄清楚这些以后，我们将继续以前关于产品差异性的研究。

7.3.2.1　垄断竞争

在 Butters 模型中，所有企业生产同样的产品（不存在横向或纵向的产品差异化）。这种产品生产表现出不变的规模报酬，单位成本为 c。每个消费者对此产品具有单位需求。如果以价格 p 去购买，消费者所获效用为 $U=\bar{s}-p$；如果不购买，则效用为 0。如果消费者都掌握所有企业的完备的信息，则伯特兰德竞争将驱使价格趋向边际成本，而每个消费者将购买一单位产品，并享受效用 $\bar{s}-c$。可是，我们假定告知消费者一个品牌的存在和价格的信息是成本昂贵的。更特别的是，我们假定唯一能将信息送达消费者手中的办法是随机地发送广告。广告上还标明寄送广告的企业所索取的价格。（在这个模型中消费者无法搜寻产品。）如果存在着 N 个消费者，每个消费者接到给定广告的概率为 $1/N$。于是，一个消费者可以接到 0，1，2，… 个广告。如果他没有接到广告，他就不买；如果他接到一个广告，只要价格不超过 $\bar{s}$，他就会从对应的企业买。如果他接到几个广告，若是价格不超过 $\bar{s}$，他将选择价格最低的买。若是联合销售，他将在低价品牌中随机地选购。

如同在 2.2 节中那样，以 s 表示所有企业给消费者的广告总数。若 N 是大的，则消费者连一个广告也得不到的概率是

$$1-\Phi\equiv\left(1-\frac{1}{N}\right)^{s}\simeq e^{-s/N}$$

相反，若以 c' 表示发送一个广告的单位成本（我们再次假定收益不变），则确保每个消费者至少接到一个广告的概率为 $\Phi\in(0, 1)$ 的社会成本是

$$A(\Phi) = c's = c'N\ln\left(\frac{1}{1-\Phi}\right)$$

于是，每个消费者的广告成本为

$$c'\ln\left(\frac{1}{1-\Phi}\right)$$

假定 $\bar{s}>c+c'$（否则就不会有任何广告和生产）。

我们首先考虑一个自由进入均衡。在这里，企业不会面对进入市场的成本和固定成本。相对于整个市场而言，每个企业都是微不足道的。显然，提出低于 $c+c'$ 或高于 $\bar{s}$ 价格的广告是不会被发出的（作价低于 $c+c'$ 将招致负利润；作价高于 $\bar{s}$ 则自动导致无需求）。Butters 表明：任何一个在 $c+c'$ 和 $\bar{s}$ 之间的价格在均衡中将出现在某个企业的广告上。两个价格的消长如下：较高的价格产生较高的利润率，但被接受的概率较低，因为消费者接受另一低价的广告的概率提高。更正规地说，以 $x(p)$ 表示一个消费者接到一个价格为 p 的广告的概率，也就是说，这是这一消费者未接到另一标明低价的概率。可以设想 $x(p)$ 是一个（向下倾斜的）需求函数。在均衡中，无论价格如何，一个广告必须取得零预期利润（如果它取得正利润，新的企业就会进入市场，并发出同样价格的广告，直到接到广告的概率降到足以重建零利润条件）。也就是说，对于所有在 $[c+c', \bar{s}]$ 区间的 p 来说，有

$$(p-c)x(p)-c' = 0 \tag{7.12}$$

注意，$x(c+c')=1$，否则一个价格为 $c+c'$ 的广告将会赔钱。反之，你可以以概率 $x(p)$ 恢复广告的分布。

不久我们将看到，评价这一模型中福利的重要数据是广告的水平。这一水平是从式（7.12）得到的。消费者未接到一个广告的概率 $1-\Phi^c$ 等于一个标明最高可能价的广告引发销售的概率 $x(\bar{s})$（这样的广告引发销售的唯一机会是它是消费者接到的唯一广告）。根据式（7.12），有

$$1-\Phi^c = \frac{c'}{\bar{s}-c}$$

现在我们来考虑社会福利问题。由于单位需求假设，以及消费者的同类性，市场不会构成消费扭曲。至少接到一个广告的消费者消费一单位的产品，这从社会角度看是最优的。这个经济中唯一潜在的扭曲与广告数量有关，或等价地，与没有接到广告的消费者的比例 $(1-\Phi)$ 有关。由于一个消费者的消费提供社会剩余 $\bar{s}-c$，社会计划者会选择一个比例 Φ^*，解如下最大化问题：

$$\max_{\Phi}\left[\Phi(\bar{s}-c)-c'\ln\left(\frac{1}{1-\Phi}\right)\right]$$

7

一阶条件是

$$\bar{s}-c-\frac{c'}{1-\Phi^*}=0 \text{ 或 } \Phi^* = \Phi^c$$

因此，广告的垄断竞争水平是社会最优的。为理解这一结果，要注意，从零利润条件可知，企业发送广告的积极性$(p-c)x(p)$与价格 p 无关（换言之，所有价格在 $c+c'$和 $\bar{s}$ 之间的广告都提供同样的利润）。这个激励等于发送价格为 $\bar{s}$ 的广告之所得。这样一个广告以等于消费者未接到广告的概率提供 $\bar{s}-c$ 的剩余。而这恰恰是社会计划者的激励。只有在消费者没有接到其他广告的情况下，一个广告才能增加社会剩余（$\bar{s}-c$）。[25]

这一最优结论是颇为引人注目的。即使对更一般的模型是不能成立的，这一结论也表明信息性广告在市场均衡中不一定被扭曲。它依赖于特定的假设（单位需求，消费者的同质性，等等）。Butters 考虑的这一模型的一个有趣的变体是允许消费者搜寻（产品）。这样，消费者可以通过两个渠道得到信息：广告和个人搜寻（若未收到广告）。Butters 指出，垄断竞争均衡导致太多的广告和太少的搜寻。

Butters 揭示的另一个引人注目的结果是均衡价格的分散。有大量关于价格分散的文献。当消费者通过搜寻而不是通过广告得到产品信息时，便有此现象。参看 Bénabou（1986a，b）以了解搜寻的一般模型，以及关于早期研究的参考资料。[26]

7.3.2.2 寡头垄断

Grossman 和 Shapiro（1984）以 Butters 的研究为基础，分析了寡头垄断相互作用中的信息性广告问题。他们把原先的模型与圆形城市模型结合起来。于是，企业以信息和选址两个维度区别开来。我们将采用一个比他们的模型简单些的模型，并且抽象掉他们所考察的市场进入问题，以集中探讨广告对个人需求弹性的影响，以及广告对社会剩余的不可占用性和窃取生意的影响。

我们利用 7.1 节的线性城市模型。（有两个企业坐落于长度为 1 的线段的两个端点。消费者以密度 1 均匀地分布于这个线段；他们通过消费这一产品得到总盈余 $\bar{s}$，并且为每一单位距离支出 t。）正如在 Butters 案例中那样，当且仅当消费者从一个对应企业接到一个广告，他才能消费一个产品。以 $\Phi_i(i=1,2)$ 代表从企业 i 接到一个广告的消费者的比例。像 Grossman 和 Shapiro 一样，我们假定广告不是地方化的。于是，沿这一线段居住的消费者就有同等的机会得到一份给定的广告（由此扩展这个模型以考虑广告的目标化将是有价值的情况）。达到 Φ_i 比例的消费者的成本为 $A(\Phi_i)$，这里，$A'>0$，$A''>0$。据 Butters 技术，有

$$A(\Phi_i)=c'\ln\left(\frac{1}{1-\Phi_i}\right)$$

然而，这个技术可以更具一般性。为简化计算，我们假定，$A(\Phi_i)=a\Phi_i^2/2$，最大广告开支为 $a/2$。

企业1的潜在需求规模，比如说，等于 Φ_1。它可以分解为两部分。这一潜在需求的 $1-\Phi_2$ 部分没有接到企业2的广告。因此，可以把它视为企业1的领地。在这一市场线段上的每个消费者都愿意支付高到 $\bar{s}$ 减去运输成本的价格。Φ_2 比例的消费者也从企业2接到了至少一个广告，从而构成了一个更具弹性或竞争性的需求部分。我们假定企业不能实行价格歧视。它们分别选择了价格 p_1 和 p_2。因而，我们只考虑两个企业为"共同的需求"而竞争。我们特别注意企业在获得充分信息的消费者之间的重叠市场区域的均衡。这样，我们集中研究竞争的情况，并可以与7.1节的无广告模型[27]进行有用的对比。回忆一下7.1节，在具有充分信息的情况下，企业1的需求是

$$(p_2-p_1+t)/2t$$

因此

$$D_1=\Phi_1\left[(1-\Phi_2)+\Phi_2\left(\frac{p_2-p_1+t}{2t}\right)\right]$$

注意，在 $p_1=p_2=p$ 和 $\Phi_1=\Phi_2=\Phi$ 的情况下，需求弹性是

$$\varepsilon_1=-\frac{\partial D_1}{\partial p_1}\Big/\frac{D_1}{p_1}=\frac{\Phi p}{(2-\Phi)t}$$

需求弹性是 Φ 的递增函数，从而随广告的增加而增加。

考虑这样一个博弈，其中两个企业同时选定价格和广告水平。比如，企业1的行为由下式描述：

$$\max_{\{p_1,\Phi_1\}}\left\{\Phi_1\left[(1-\Phi_2)+\Phi_2\left(\frac{p_2-p_1+t}{2t}\right)\right](p_1-c)-A(\Phi_1)\right\}$$

企业2的行为也类似。现在特别考虑二次广告成本 $A(\Phi_i)=a\Phi_i^2/2$ 的模型。两个一阶条件（注意，企业的作价政策与广告水平无关）为

$$p_1=\frac{p_2+t+c}{2}+\frac{1-\Phi_2}{\Phi_2}t \tag{7.13}$$

$$\Phi_1=\frac{1}{a}(p_1-c)\left[1-\Phi_2+\Phi_2\left(\frac{p_2-p_1+t}{2t}\right)\right] \tag{7.14}$$

对这两个方程式的解释是直截了当的。式（7.13）右边的第一项是在获得充分信息情况下的反应函数。第二项是与存在"领地"相联系的额外加价；它反映了这样一个事实：需求弹性低于具有充分信息的情况。式（7.14）说的是，广告的边际成本 $a\Phi_1$ 和边际收益相等。边际收益等于利润率乘销售概率。由于博弈是对称的，我们寻求（$p_1^c=p_2^c=p^c$ 与 $\Phi_1^c=\Phi_2^c=\Phi^c$）的对称均衡。假定 $a\geqslant t/2$，解式（7.13）和

式 (7.14)，得

$$p^c = c + t\frac{2-\Phi^c}{\Phi^c} = c + \sqrt{2at} \tag{7.15}$$

$$\Phi^c = \frac{2}{1+\sqrt{2a/t}} \tag{7.16}$$

$$\Pi^1 = \Pi^2 = \frac{2a}{(1+\sqrt{2a/t})^2} \tag{7.17}$$

从这个简单的模型中可以推导出若干有趣的结论（当然，这些结论只在竞争区域内有效）：

● 价格 p^c 超过了有充分信息的价格 $(c+t)$。这是由于与信息分散化相联系的较低需求弹性。如 7.1 节所说，价格随横向差异化的参数 t 的增加而增加（但不一样快，因为更多的横向差异化产生了较高的利润率，从而鼓励更多的广告，并创造更大的共同市场）。价格还与广告成本 a 一起增加。

● 做广告的成本越低，横向差异化程度越高，企业做广告越多。

● 如 7.1 节所述，利润与运输成本一起增加。更值得注意的是，它们与做广告的成本一起增加。a（p 和 Φ 给定）的增加的直接效果是减少了企业的利润。可是，这里有一个策略性效果，广告成本的增加减少了广告（数量），因而增加了信息问题带来的产品差异化，这使企业得以涨价。在这个例子中，企业从做成本较高的广告中得到的比失去的多。这一结果不具有一般性，但强烈地以事例表明了广告在减少产品差异化中的作用。这也可以在某种程度上说明，为什么某些专业人员并不反对——有时还鼓励——对广告加以法律限制。[28]

拿广告的市场水平与广告的社会最优水平 Φ^* 进行比较。[29] 容易看到，Φ^c 可能大于或者小于 Φ^* ——在均衡中可能出现广告过多或广告低于最优水平的现象。这个结果并不奇怪。在这个模型中所描述的做广告很像创造一种产品。这里，它向接收广告的消费者提供了一件新产品。现在可以把下述效应加以区分。

社会剩余的不可占用性　由于竞争的压力，企业的利润率低于与消费此产品相联系的社会剩余。因此，企业创造产品（即广告）的积极性过低。

窃取生意　在这里，一个企业创造了太少的社会剩余，如果一个消费者既接受了它的广告，又接受了它的对手的广告，它最多能节省一些运输成本 t，而且一般是较少的（因为它俘获了邻近于它的线段，在这样的消费者身上平均节省了 $3t/4-t/4=t/2$）。但加价超过了 t。吃亏的不是这个消费者，他节省了运输开支，吃亏的是其对手企业，它在转移购买的消费者身上损失了利润率 p^c-c。因此，可能出现过多的广告。

这类模型太粗糙，不足以得出（除了广告可能过多或过少之外）明确的结论。可是，它向更丰富的分析迈出了第一步，并且它提供了一个框架，可以用来探索经验性的研究成果。比如，考察下述特征化的事实："在制造业的广泛样本中，特别是消费品制造业中，广告的密度和产业利润率呈正相关关系。"（Schmalensee，1986b）。[30]正如 Schmalensee 提醒我们的，这样的相关关系不能被解释为因果关系。广告不增加利润，利润也不产生广告。两个变量同时被（内生地）决定，如简约型方程式（7.16）和式（7.17）所表明的。在前述模型中，外生变量是 t 和 a。如果横向差异化增加，则广告和利润都增加。这是与特征化的事实相一致的。然而，如果广告成本增加，则广告减少，利润上升，两者之间呈负相关关系。因此，这完全依赖于哪个外生变量在抽样分布中显著变化。如果我们把这个简陋的模型看作一个范例，就可以把正相关关系归因于如下可能性，即在各制造行业之间，产品差异化的变化比广告成本的变化要大。[31]

7.3.3　经验产品：信息导致的差异化和商誉

前面的分析研究的是搜寻产品。广告可以带给消费者关于产品存在、零售地点、价格、特点等的信息。由于广告竞争费用高昂（因而也不完全），不能告知所有消费者关于所有产品的信息，产品被差异化了。对于经验产品来说，信息导致的差异化也会由于消费者缺乏对产品质量和是否适合其偏好的了解而发生（有关垄断产业中质量和匹配的讨论，参看第 2 章）。根据经验了解消费一种产品的效用的消费者，一般只知道一个或几个品牌，因为试用是费钱的。因此，消费者并不把他们用过的产品和没用过的产品看作是一样的，即使这两种产品事实上是一样的。一个消费者若觉得一种产品适合自己的需要或质量高，就不会去试用与之竞争的另一种产品，除非后一种相当便宜。因此，一个给定品牌的需求曲线是向下倾斜的，而不是具有完全弹性的。

这里有一些与市场动态有关的有趣的问题：消费者如何试用各种品牌？有没有消费的惰性？早先开创的品牌相对于进入品牌有没有优势？Bain（1956）论证说，信息差异化可能是市场进入壁垒，因为消费者倾向于忠于早先开创的品牌。Schmalensee（1982）在一个正式模型中肯定了 Bain 的直觉认识。该模型表明，一个已有的高质量品牌可以怎样获得超级利润，而又不会鼓励新的甚至是高质量的市场进入者。Bagwell（1985）考虑了以作价表明产品质量的可能性[32]，证明由于信息差异化，即使是低质量的现有产品也可以阻挠高质量的市场进入者。[33]

7.4　结束语

产品差异化缓和了价格竞争这个思想，与观察到的企业在为其产品定位时常常寻找市场壁龛的现象是颇为一致的。然而，如我们已看到的，存在着对差异化的限制。固定价格、产品空间中的离散需求集中以及从企业的聚集中获得的成本与需求方面的收益都会促进产品的同质性。

本章得到的另一个教益是，自由进入的均衡可以导致企业过多或过少。虽然经济学者一般认为市场进入从社会角度看是可取的，但是，这种看法是基于其他考虑，而非本章所讨论的那些，比如存在着进入壁垒之类（参看第 8 章和第 9 章）。

在本章的大部分，我们假定企业在单一的维度上实行差异化（横向的、纵向的、信息的）。实际上差异化是多维度的。一个有趣而且远未探索的问题是不同产品特性（例如质量和广告）的需求互补性或替代性以及这些特性的最优策略性混合。

本章中考察的模型的另外两个限制是，企业的同时进入决策和它们对单一产品的选择。市场抢先和企业级的品牌增加是现实世界中的两个重要现象，这将在下一章中探讨。

7.5 补充节：纵向差异化和垄断性竞争

7.5.1 纵向差异化

纵向（质量）差异化已在第 2 章和第 3 章中介绍，那里描述了一个垄断企业怎样操纵它投入市场的产品系列，以求得较好的差异作价。这里我们要考察在质量差异化情况下的寡头竞争。在探讨横向差异化时，我们要首先分析在给定质量（每个企业一个）条件下的价格竞争，然后考察对质量的事前选择。这里展示的分析是 Gabszewicz 和 Thisse（1979，1980）及 Shaked 和 Sutton（1982，1983）发展的。[34] 由于对纵向差异化的研究类似于对横向差异化的研究，我们将更多地注意到分歧点。

以 $U=\theta s-p$ 来描述消费者的偏好，若消费者消费一个单位（质量为 s），支付价格 p；否则为 0。对质量的喜好参数 θ 均匀地分布于 $\underline{\theta}\geqslant 0$ 和 $\bar{\theta}=\underline{\theta}+1$ 之间的消费人口中，其密度为 1。

假定有两个企业，企业 i 生产的产品的质量为 s_i，这里 $s_2>s_1$。单位生产成本为 c。两种质量的成本是一样的（我们随后还要回到这个假设）。现在我们作如下假设。

假设 1 $\bar{\theta}\geqslant 2\underline{\theta}$

粗略地说，这一假设意味着消费者差异性足够大。

假设 2 $c+\dfrac{\bar{\theta}-2\underline{\theta}}{3}(s_2-s_1)\leqslant\underline{\theta}s_1$

这保证了在价格均衡中，市场已“被覆盖”。（也就是说，每个消费者购买两个品牌中的一个。）

以 $\Delta s\equiv s_2-s_1$ 表示质量差异，以 $\overline{\Delta}\equiv\bar{\theta}\Delta s$ 和 $\underline{\Delta}\equiv\underline{\theta}\Delta s$ 代表为最高和最低质量需求

的消费者提供这种质量差异的货币价值。

我们首先考虑价格竞争。我们寻求一个市场被完全覆盖、双方企业争夺消费者的均衡。高 θ 消费者购买高质量产品；低 θ 消费者购买低质量产品（企业必须以低价吸引消费者）。当且仅当 $\theta s_1 - p_1 = \theta s_2 - p_2$ 时，参数为 θ 的消费者将对两个品牌是无差异的。这就引出了下述需求函数（参看第 2 章）

$$D_1(p_1, p_2) = \frac{p_2 - p_1}{\Delta s} - \underline{\theta}$$

$$D_2(p_1, p_2) = \bar{\theta} - \frac{p_2 - p_1}{\Delta s}$$

在纳什均衡中，每个企业 i 选择 p_i 最大化

$$(p_i - c)D_i(p_i, p_j)$$

反应函数为

$$p_2 = R_2(p_1) = (p_1 + c + \bar{\Delta})/2$$

$$p_1 = R_1(p_2) = (p_2 + c - \underline{\Delta})/2$$

纳什均衡满足 $p_i^c = R_i(p_j^c)$，它意味着

$$p_1^c = c + \frac{\bar{\Delta} - 2\underline{\Delta}}{3} = c + \frac{\bar{\theta} - 2\underline{\theta}}{3}\Delta s$$

$$p_2^c = c + \frac{2\bar{\Delta} - \underline{\Delta}}{3} = c + \frac{2\bar{\theta} - \underline{\theta}}{3}\Delta s > p_1^c$$

从而引致需求为

$$D_1^c = (\bar{\theta} - 2\underline{\theta})/3$$

$$D_2^c = (2\bar{\theta} - \underline{\theta})/3$$

利润为

$$\Pi^1(s_1, s_2) = (\bar{\theta} - 2\underline{\theta})^2 \Delta s/9$$

$$\Pi^2(s_1, s_2) = (2\bar{\theta} - \underline{\theta})^2 \Delta s/9$$

因此，高质量企业比低质量企业收取较高的价格，也赚到较高的利润。

正如在横向模型中那样，未差异化企业（$\Delta s = 0$）收取其边际成本价，而得不到盈利。因此，在考察质量选择问题时，我们将获得差异化原则。

现在考虑一个两阶段博弈，各企业首先在质量方面竞争（每个企业一个），然后在价格方面竞争。暂且假定选择质量不要成本。进一步假设，s_i 必须属于 $[\underline{s}, \bar{s}]$ 区间，在这里 $\underline{s}$ 和 $\bar{s}$ 能满足假设 2。[35] 在第一阶段，企业 1 选择 s_1 最大化 $\Pi^1(s_1,$

s_2）；企业 2 也类似。现在我们来寻求纯策略。由于非差异化的企业不盈利，s_1 和 s_2 将在均衡中不一样。假设，比如说 $s_1<s_2$。由于当双方企业差异化更大时，它们将获得更多利润，企业 1 将由降低其质量向$\underline{s}$ 靠近而有所得，企业 2 则由提高其质量向$\underline{s}$ 靠近而有所得，因此，在定位上有两个纯纳什均衡：$\{s_1^c=\underline{s},\ s_2^c=\bar{s}\}$，以及调换下标得到的另一个均衡。两个均衡都表现出了最大的差异化。这里的直观解释与空间模型是一样的：各企业通过产品差异化来缓和价格竞争。当然，如果有一个企业先进入（对质量的顺序选择），这个企业将选择高质量 $\bar{s}$，而另一个企业将选择低质量$\underline{s}$，这样，均衡将是唯一的。这提示了这样的可能性，在实际时间上，双方企业都试图抢先。要描述这样一个抢先博弈，就要引用一个（可能是随时间递减的）引进每种质量的成本，以及一个可能的需求增长率（比如，由消费者密度的增长率形式化的需求增长率）。于是各企业面临取得领导地位（即占据最能盈利的壁龛）与过早引进产品之间的取舍。（参看第 8 章和第 10 章，以了解这种抢先博弈。）

最大差异化的结果是有趣的。因为它以一种极端方式形式化了策略性行为的效应。即使质量不需用成本来生产，低质量企业也由于把质量降到最低而有所得，因为它缓和了价格竞争（否则，价格竞争会减少需求）。然而，这个结果不是很强健。特别是，如果最低质量相当低（即如果假设 2 不成立），低质量企业将面对无需求的结局。这一效果防止了最大差异化（如果边际生产成本有差别，以至于价格竞争不大激烈，则此效果将更得到加强）。但差异化原则是更强健的。

在假设 1 不成立时，一个有趣的现象将出现。假设 $\bar{\theta}<2\,\underline{\theta}$（低的消费者的差异性），那么，在价格均衡中，企业 1 就面临无需求状态。它索取 c，而企业 2 索取 $c+(\overline{\Delta}/2)$。企业 1 没有盈利，而企业 2 的盈利为 $\overline{\Delta}/2$。因此，即使我们假定市场进入无成本而且规模报酬不变，也只有一家企业在市场上得到正利润，而其他企业得不到任何市场份额。这一特点和选址模型形成对照。在那个模型中，如果进入是无成本的，一个企业总能进入并得到正的市场份额。通过索取刚刚高于边际成本的价格，它总能从住在附近的消费者那里获得正利润（给定其对手从不索取低于边际成本的价格）。在消费者差异性低的情况下，激烈的价格竞争将把低质量的企业赶出市场。这里的直观解释是：如果质量是“低”的，它就无法与高质量竞争，反之，如果它是“高的”，它就会引发激烈的价格竞争，这将压制与质量提高相联系的需求提高。

更一般地说，Shaked 和 Sutton（1983）表明了下列“有限性结果”。[36]假设质量 s 每单位成本为 $c(s)$（在我们的例子里，c 是常数）。进一步假设，如果所有质量以边际成本 $p(s)=c(s)$ 生产和销售，消费者将购买最高质量的产品。[37]这里最多只能存在有限个在这个行业中获得正的市场份额的企业（不管需求和进入成本的相对规模如何）。高质量企业间的竞争再一次把价格推向低水平，在这个水平上，低质量产品是没有容身之地的。这一结果与 7.1 节中的选址模型所得结果显然不同。在那里，当进入成本趋向于零，或消费者的密度趋向于无限时，均衡企业数目将趋向于无限（且价格向边际成本收敛）。

在一定意义上，这一有限性特点要求质量的边际成本不要随着质量增长得太快。因此，Shaked 和 Sutton 的结论是：如果质量改进的主要负担落在研发成本和固定成本上，而不是落在像劳动力、原料等可变成本上，这一有限性特性就更可能得以保持。

7.5.2 垄断竞争的对称模型

在横向和纵向差异化模型中，一种产品更多地与某些产品（它在产品空间的近邻）竞争，而不是与其他产品竞争。本小节的目的是介绍一种模型［依据是 Dixit 和 Stiglitz（1977）和 Spence（1976）］，其中，行业中的各种产品之间的可替代性没有不对称性。横向和纵向差异化模型的其他不同点是：存在着一个单一的、代表性的消费者（即没有偏好的差异性）；而且这个消费者对每种可得产品都消费一点，而不是只消费他最喜爱的一种产品。

这一模型有两个部门。"代表性"的消费者的效用函数中有参数 q_0（第一部门生产的产品的消费量）[38] 和一个"子效用函数"，后者依赖于第二部门（叫作"差异化产品部门"）生产的所有产品 i 的消费。更简明地说，即

$$U = U(q_0, (\sum_{i=1}^{n} q_i^{\rho})^{1/\rho})$$

因此，差异化产品的子效用函数具有不变替代弹性（CES）的形式。我们假定 U 为凹的，它特别要求 $\rho \leqslant 1$。若 p_i 是差异化产品 i 的价格，则代表性消费者使 U 最大化，满足预算约束

$$q_0 + \sum_{i=1}^{n} p_i q_i \leqslant I$$

式中，I 是代表性消费者的（外生）收入。[39]

在差异化部门内，潜在生产者的数目是无限的。每个生产者 i 等同于一个产品 i。差异化产品 i 的生产涉及固定成本 f 和边际成本 c，这两项都是以标准产品为单位来计算的。

由于涉及固定成本，只有 n 个有限数目的差异化产品被生产出来（当然 $nf < I$）。为简化计算，我们假定 n 是大数。最后，我们要假定自由进入市场，从而使进入市场企业的利润为零。因此，利润对于代表性消费者的收入是无关的。

如前所述，所选择的效用函数是很特别的，因为它以对称的方法处理所有差异化产品。在一个企业新生产一种产品时，它并不选择这种产品与其他产品的区分程度。因此，这里使用的效用函数有些抽象，但是，它让我们能够关注市场进入决策（"0 或 1"），而无须因同时选择"地址"而使问题复杂化。

选择 q_i 使消费者效用最大化，（在把预算约束代入 U 之后）得到

$$U_1 p_i = U_2 (\sum_{j=1}^{n} q_j^{\rho})^{1/\rho - 1} q_i^{\rho - 1} \tag{7.18}$$

式中，U_h 是 U 对第 h 个自变量的偏导数。

由于 n 是大数，q_i 的变化对下式影响不大：

$$\sum_{j=1}^{n} q_j^{\rho}$$

因而对 U_1 和 U_2 的影响也不大。产品 i 的最终需求函数可以通过下式求近似：

$$q_i = k p_i^{-1/(1-\rho)} (k > 0)$$

因此，产品 i 的需求弹性接近于

$$\varepsilon_i = -\frac{\partial q_i}{\partial p_i} / \frac{q_i}{p_i} = \frac{1}{1-\rho}$$

$\rho=1$ 对应于产品可以彼此完全替代的情况。

产品 i 的生产者如果决定进入市场，就要选择 p_i 以使其利润最大化：

$$\max_{p_i} [(p_i - c) q_i - f]$$

于是

$$p_i (1 - 1/\varepsilon_i) = c$$

（参看第 1 章）或

$$p_i = c/\rho \tag{7.19}$$

差异化产品越是不具相互替代性，价格就越高。现在我们通过设定零利润条件来确定企业的数目 n。给定问题的对称性，差异化生产部门的所有企业生产相同的数量：$q_i = q$。这样，零利润条件就可以写为

$$(c/\rho - c) q = f \tag{7.20}$$

利用式（7.18），我们推导出

$$U_1 \frac{c}{\rho} = U_2 q^{\rho-1} (n q^{\rho})^{1/\rho - 1}$$

$$c U_1 \left(I - \frac{ncq}{\rho},\ n^{1/\rho} q \right) = n^{1/\rho - 1} \rho U_2 \left(I - \frac{ncq}{\rho},\ n^{1/\rho} q \right) \tag{7.21}$$

问题现在解开了：q 是由式（7.20）决定的；在代入 q 以后，式（7.21）决定企业的数目 n。令（q^c，n^c）代表这两个数字。

现在，我们来比较这一自由市场的后果与社会计划者选择的后果。可以假设几个社会计划者可能做的事。一个可能［von Weizsäcker（1980）以及 Mankiw 和 Whinston（1986）在不同的模型中讨论过］是，它只能控制进入水平（即 n）。另一个可能是，它还可以管制价格（即 n 和 q）。抽象地讲，不可能确定合适的标准

基，因为它依赖于社会计划者可行的干预手段的集合。这里我们考虑“第一最优”标准基，其中，社会计划者既选定进入水平（n^*），又选定进入企业的产出（q^*）。可以肯定，社会计划者要定价于边际成本 c。它将以对消费者所得的总额税来资助固定成本(n^*f)。然后，消费者选择每个差异化产品的数量 q（由于问题的对称性这一事实，它是相同的），以实现

$$\max_q U(I-nf-ncq,\ qn^{1/\rho})$$

因而社会计划者要选择 n，以便使对应的间接效用函数最大化。因此，只要选择在 q 和 n 使 U 最大化就足够了（为此，我们可以运用“包络定理”）。于是，我们将得到包含两个未知数的两个方程式，从而解出 q^* 和 n^* 。

经过这些计算后，就可以比较 q^c 与 q^* ，以及 n^c 与 n^* 。为了实际目的，可以采取一个简单的函数形式，就像 Dixit 和 Stiglitz 所做的那样，以便利这些计算。这两位作者表明，q^c 与 q^* 的比较主要依靠他们的例证中“企业所创剩余的可占用率”的导数。这一可占用率的定义为，企业总收入与引进差异化产品所产生的总消费者剩余的比例：

$$\mu(q)\equiv\frac{pq}{S(q)}=\frac{S'(q)q}{S(q)}$$

在他们的例子中，q^c 比 q^* 是较大还是较小依赖于 μ 是随 q 上升还是下降。[40]很自然，当可占用率随生产量上升而上升时，企业（其目的是使利润最大化）比社会计划者（其目的是使剩余最大化）有更大的积极性去增加产出。这也可以通过 n^c 比 n^* 大些或小些来表明。

对垄断或寡头垄断来说，这个关于垄断竞争研究的结论只有在详细检验每个情势之后才允许我们说，这里有没有“过多的生产能力”（$q^c<q^*$）或“过多的差异化”（$n^c>n^*$）。

垄断竞争还从下列论著中得到了非常有力的支撑。这些论著包括：Deneckere 和 Rothschild（1986），Hart（1985a，b），Perloff 和 Salop（1985），Sattinger（1984），以及 Wolinsky（1986）。与这些论著相比，前面的论证只是一个近似（具有大而有限数目的品牌，有一点策略性的相互作用，利润并非恰恰为零，如此等等）。这些作者为需求函数寻求基础，就像 Spence-Dixit-Stiglitz 所做的那样。这又一次引起了人们对垄断竞争的兴趣。代之以设置代表性的消费者，他们构筑了多个概率模型，其中偏好各不相同，而且是随机的。除了若干变量差异，这些模型类似于本章讲的横向和纵向差异化模型，其中，消费者在差异化部门只消费一个品牌。然而，本章模型与这些模型的一个重要区别是，对于不同品牌的评价独立地取自某些概率分布。[41]反之，在横向差异化模型中，对不同品牌的“净评价”（评价减去运输成本）遵循着在消费者中进行的一种定义明确和非随意的方法。[42]

注释

[1] 参看第 2 章关于横向差异的记述。

[2] 为了解这些模型在啤酒和汽车工业中的应用情况，请参看 Baker 和 Bresnahan（1985）和 Bresnahan（1987）。

[3] 关于线性运输成本下需求函数的推导，参看 2.1 节。

[4] 假设一个消费者住在 $x\geqslant 1-b>a$。这个消费者属于企业 2 的“领地”或“后院”。他对两个企业的选择由对下列两式的比较来确定：

$$p_1+t(x-a)$$

$$p_2+t[x-(1-b)]$$

也就是在 p_1 和 $p_2-t(1-a-b)$ 之间进行选择。这样，所有住在企业 2 右边的消费者就总是像住在企业 2 同一地点的消费者那样，选择同样的品牌。这意味着，在 $p_1=p_2-t(1-a-b)$ 时，需求函数是非连续的；p_1 的小小削减就会使企业 2 “领地”上的所有消费者转向企业 1。

[5] 混合策略价格均衡确实存在。参看 Dasgupta 和 Maskin（1986）。

[6] 这种情况是由定位模型的特点造成的。比如，Archibald 和 Rosenbluth（1975）曾表明：在一个有 4 个特征的 Lancasterian 形式的世界里（参看第 2 章），一个正常品牌会有 $n/2$ 个直接竞争者。这里，n 是产品数。

[7] 更一般地说，对所有 $\alpha>0$，当运输成本为 tx^{α} 时，市场提供了太多产品（见 R. Costrell, private communication）。

[8] 在连续时间内进入的模型比一个时期进入的模型更接近于实际情况。一期模型只能在特殊情况下得到，比如，关于对手进入决策的信息长期滞后，导致各企业（事实上）同时行动。

[9] 这个问题引出了抢先的一个重要问题。抢先问题将在第 8 章和第 10 章的不同模型中予以检验。

[10] 参看第 8 章和第 10 章以了解详情，以及关于鼓励寡头垄断结构的抵消效应的描述。

[11] 比如在个人电脑行业，苹果公司的产品容易使用，并且直接适用于家庭，而 IBM 的产品则主要适合于办公室和专业用途。（可是，苹果公司正试图打入办公使用的市场。）一个纵向差异化的例子是，德国梅赛德斯与英国罗尔斯·罗伊斯两公司的情况，它们在汽车产品空间中找到了盈利的“壁龛”。还可参看 7.3 节中关于广告和信息业的讨论。

[12] 在 d'Aspremont 等的著作中可以找到一个虚构城市中的普通例子（例如，它覆盖着 $x=-1$和 $x=2$ 之间的线段）。但是，在 $x=-1$ 和 $x=0$ 之间，以及在$x=1$ 和$x=2$ 之间的分线段上没有人居住；消费者同样地分布于 0 和 1 之间。显然，d'Aspremont 等人的分析并未受影响；但是，均衡定位（$x=0$ 和 $x=1$）不再是城市领土的端点。

在一个更有趣的例子中，Economides（1986）采用了运输成本为 td^{α} 的线性城市模型，其中 d 是到企业的距离，α 属于［1，2］区间。他表明一个纯策略价格均衡存在于 $\alpha>1.26$，当 α 在［1.26，1.67］区间时，差异化未达到最大化，而在 $\alpha\in$［1.67，2］区间时达到最大化。

[13] 这里，我们把极点看作外生的。这可能不仅是由于消费者的住址分布模式，而且是由于企业选择销售互补性产品（或不完全的可替代品），因而坐落在彼此邻近的地点——想象一下购物街的情形。参看 Stahl（1982a）和 Eaton（1982）。

[14] De Palma 等（1985）在具有线性运输成本的线性城市模型中提出了这种可能性。没有假定所有消费者都能从任一产品中取得同样的盈余 $\bar{s}$，他们考虑一种产品特定的盈余：$\bar{s}_i=\bar{s}+\mu\varepsilon_i$，其中，$\mu$ 是一个参数，而 ε_i 是消费者和企业的特定

随机变数。他们发现，若 μ 变得足够大，就存在一个均衡，其中，两个企业都坐落在中心地点。在 μ 大的情况下，产品就更加差异化，即使它们都在同一个空间定位。这样，策略效应就弱。直接效应使企业定位于需求所在之处。

［15］在巴黎的其他例子还有：春天百货和老佛爷百货，在克利希广场附近的海味饭店。纽约某些地区的消失是不是由于搜寻成本和信息成本的减少，也是一个有趣的研究课题。

［16］关于消费者搜寻和企业选址之间的相互关系，有关文献稀少。Stahl（1982b）在这方面开了个头。

［17］要肯定，某些形式的“非价格决策”可以替代削价。比如，法国的某些大的书籍零销商曾以优惠价格购回用过的书，并给忠实的顾客以优惠；一些航空公司曾一度提供豪华的空中服务。企业总要机灵地寻找管制体系的漏洞。然而，这些非价格竞争并不一定是价格竞争的完美替代物，因而它可能产生某些管制部门不希望的福利损失。消费者可能更喜欢直接减价。

［18］比如，可以表明，在外生的固定价格的情况下，如果有三个企业，则不存在纯策略的选址均衡［要了解这种不存在的情况，可参看 Eaton 和 Lipsey（1975）］。要得到更多的文献并了解混合策略均衡，可参看 Dasgupta 和 Maskin（1986）。然而，如果三个企业是依次进入，而不是同时进入，则均衡确实可以存在（Prescott and Visscher, 1977），第一个和第二个企业可分别坐落于 1/4 和 3/4 处。第三个企业坐落于两者中间。

［19］其他（非等价的）特点有时代替特点（3）为垄断竞争提供替代的定义。一个这样的定义［比特点（3）要弱］是完美对称公理（也叫作无地区化公理）：对产品 i 的需求的一个变动（由价格、广告水平等的变动造成）不影响产品 j 和产品 k 之间的销售比率（对所有 $j, k \neq i$）。Schmalensee（1985）曾对地区化竞争的出现进行过计量经济的检验。把这一检验应用于美国即食早餐麦片工业的数据上，得到的结论却为完美对称模型是不成立的。

［20］在此给出比重顺序。在美国 1984 年的广告开支中，电视占 23%，广播占 7%，报纸占 27%，杂志占 6%，直接邮寄占 16%。还有非广告的推销开支，例如推销人员、游说人员和公关人员的开支。

［21］由于产品不同，广告开支的差别也很大。比如，根据联邦贸易委员会 1975 年的数据资料，药品、香水和早餐麦片的传媒广告开支与销售的比率为10%～20%（如果把所有销售开支计算在内，则在 20%～35%）。当然，甜菜糖、铁道设备和导弹几乎都不做广告。

［22］这一节受到 Paul Joskow 和 Richard Schmalensee 演讲的启发。

［23］这里可能存在着服务质量的变化。Benham 指出，1963 年，在美国禁止广告的各州有 83.4%的消费者接受内科医生和验光师的服务；在允许广告的各州却只有 53.2%的消费者接受上述服务。Kwoka（1984）提出一个经验性的证据，指出在这个行业中广告对服务质量没有侵蚀作用。

［24］在这方面，我们从 Dehez 和 Jacquemin（1975）、Dorfman 和 Steiner（1954）、Friedman（1983）、Nerlove 和 Arrow（1962）、Schmalensee（1972，1976，1978）以及 Spence（1980）等的早期分析中得益甚多。他们都认定，对一个产品的需求依赖于它的价格和广告数量。他们的研究对实证分析（对价格的预测和广告开支）是有用的。对于规范化的分析，他们的研究就不大经得起检验，因为它们不能详细了解广告进入消费者偏好的渠道。在进行福利分析时，我们选择了更为明晰的（而且是不大一般的）关于广告对需求的影响这个主题。要更加综合分析广告与市场结构的关系，可参看 Schmalensee（1986a）。

［25］由于价格 $p<\bar{s}$，私人激励可以分解为两个效应。企业的利润率 $p-c$ 低于社会剩余 $\bar{s}-c$；企业并不获得全部盈余。但是，广告以概率 $x(p)$ 造成需求，这超过了消费者未接到其他广告的社会有效概率（$1-\Phi$）。这两个概率的区

别与该企业从其他企业夺得消费者（窃取生意效应）的概率是相对应的。当我们讨论寡头垄断时，还要回过头来研究这两个效应。注意：最佳结果意味着两个效应恰恰相互抵消。

［26］Bénabou（1986b）在一个垄断竞争的模型中找到了价格分散现象。在这个模型中，名义价格调整颇为浪费（由于“菜单成本”），并且通货膨胀造成了调整价格的需要。他证明，通货膨胀造成价格分散，从而使得搜寻潜在地有利，并增强了价格竞争。因此，通货膨胀导致了较低的实际均衡价格和较少的均衡企业数量。

Gertner（1987）考察了一个寡头垄断模型，其中，通货膨胀的较高方差增加了企业对高搜寻成本的市场权利。其含义是，在确定的通货膨胀率条件下，消费者把企业的高价格解释为源于一种特异的成本，因而消费者可能继续搜寻，直接找到一个成本更低的企业（依赖于搜寻成本）。在随机的通货膨胀率情况下，高价格或者由于高的特异成本，或者由于高的通货膨胀，这种膨胀对竞争对手也有同样的影响。因此，消费者搜寻的积极性减少了，企业的市场权力增大了。有趣的是，Bénabou 在通货膨胀水平与市场权力之间发现了负相关关系；而 Gertner 在通货膨胀方差与市场权力之间发现了正相关关系。（当然，这两种效应可能在某种程度上相互抵消，因为通货膨胀率和其方差一般是正相关的。）

Bénabou（1986a）还考察了价格信誉和反复地搜寻购买。

［27］粗略地说，如果广告费用不太高，从而市场的一大部分被两个企业所覆盖，则竞争就会发生。在此情况下，收取高价并且只注意自己的领地是不能产生足够需求的。企业确实要为共同需求而竞争。在二次成本广告的例子中，如果 a 不超过 $t/2$ 太多，这是可以保证的。（价值 $a\leqslant t/2$ 在这里不予考虑，因为在均衡中它们得出 $\Phi_1=\Phi_2=1$，那是 7.1 节中曾考虑的充分获得信息的情况。）

［28］在这个模型中，对广告进行小的限制，（如收少量税）会帮助企业。完全禁止广告会伤害企业，因为它们的信息将无法到达消费者那里。当然，在现实生活中，没有广告，消费者可以用搜寻代替广告（包括口口相传）。因此，对这样的禁止进行合理的描述需要丰富这个模型。

Peters（1984）建立了一个同类产品工业的模型，其中，价格广告是没有成本的。在一个广告均衡中，所有消费者都被告知了所有价格。当价格广告被禁止时，消费者必然搜寻产品。

这里有两类消费者：一类是零搜寻成本的消费者，他们无成本地得到了所有价格的信息；另一类是高搜寻成本的消费者，他们只访问了一家商店。Peters 表明，高生产成本的生产者由于限制广告，境况变好，而低生产成本的生产者却因而境况变坏（他的其他结论，比如限制广告可能导致一个产业平均价格下降之类，是颇为模糊不清的）。

［29］后者是通过最大化下式得到的：

$$\Phi^2(\bar{s}-c-t/4)+2\Phi(1-\Phi)(\bar{s}-c-t/2)-2(a\Phi^2/2)$$

［一个普通消费者接到两个广告时，其运输成本为 $t/4$，其发生概率为 Φ^2。当他只接到一个广告时，其运输成本为 $t/2$，其发生概率为 $2\Phi(1-\Phi)$。］这一最大化得到

$$\Phi^*=\frac{2(\bar{s}-c)\ -t}{2(\bar{s}-c)-3t/2+2a}$$

因为 $a\geqslant t/2$，$\Phi^*<1$。在 a 接近于 $t/2$ 时，市场决定的广告水平要超过社会最佳水平。与此相对照，当 a 和 t 都小时，从社会角度看广告就太少了。（为看清这一点，固定 a 和 t 使得 $a>t/2$，并考察参数 $\{\lambda a, \lambda t\}$。Φ^c 与 λ 无关，而在 λ 趋向于 0 时，Φ^* 趋向于 1。）

［30］要进一步了解关于广告的经验性分析，参看 Telser（1964），Schmalensee（1972），Comanor 和 Wilson（1974），Comanor（1979），Lambin（1976）和 Porter（1976）。

［31］Schmalensee 还陈述了两个有关市场进

入和集中的特征化事实："在消费品行业中，在集中度处于低水平时，广告密度与集中度一起上升；在集中度处于高水平时，这种关系可能消失或改变"；以及"广告密度与制造行业的进入呈负相关关系"。Grossman 和 Shapiro（1984）考察了圆形城市模型中的自由进入均衡。

[32] 还可参看 Farrell（1984）关于垄断环境中的价格和广告信号的论述，参看第 2 章。

[33] 这些重要课题的形式化是复杂的。为详细了解，可参看（本书中引证的）原论文。

[34] 还可参看 Gabszewicz，Shaked，Sutton 和 Thisse（1981）。这一节特别紧密地遵循了 Shaked 和 Sutton（1982）的分析。我们将采用一种对消费者偏好的不同表现方式。为求一致，我们坚持在第 2 章和第 3 章所用的偏好。Bonanno（1986）和 Gal-Or（1983）考察了在质量竞争（而不是价格竞争）条件下的纵向差异化并报告称，一般说来，古诺竞争并不比价格竞争导致较少的产品差异化。

[35] 也就是说，$c+[(\bar{\theta}-2\underline{\theta})/3](\bar{s}-\underline{s})\leqslant\underline{\theta}\underline{s}$。这意味着，对所有质量选择，假设 2 都得到满足。

[36] Shaked-Sutton 模型实际上在两个方面不同于这一模型。第一，它采用了一族不同的消费者偏好；第二，它研究了一个三阶段博弈，包括序贯进入、质量选择和价格决策。

[37] 消费者 θ 将最大化 $\theta s-c(s)$。假定 $c'\geqslant 0$，$c''\geqslant 0$，该条件等价于 $\underline{\theta}\geqslant c'(\bar{s})$；也就是说，对质量作最低评价的消费者将选择最高质量 $\bar{s}$。这在我们的模型中特别得到满足，在那里 $c'\equiv 0$。更一般地说，这个假设是：如果以边际成本销售，所有消费者将以同样的方法对潜在的质量进行排序。

[38] 这种独特的产品被视为标准产品。

[39] 例如，我们可以假定这个消费者以他的劳动生产 I 单位的非差异化产品。

[40] Dixit 和 Stiglitz 的例子在 U 的第二个参数方面更加一般化。他们使用了 $\sum_{i=1}^{n} v(q_i)$。对于上面采用的效用函数，我们可以证明 $\mu(q)=\rho$。在此情况下，$\mu'(q)=0$，$q^c=q^*$。

[41] 比如，Sattinger 表明，如果一个消费者对一个品牌的评价来自帕累托分布，就会得到与 Spence 以及 Dixit 和 Stiglitz 使用过的由 CES 形式推导出的类似的总需求函数。

[42] 要了解比这个更简明的定义，参看 Deneckere 和 Rothschild（1986）。他们论证说，若"其他情况相同"，垄断竞争比环形竞争更有竞争性，因为每个企业是与其他每个企业竞争，而不是只与两个相邻企业竞争。

参考文献

Archibald，G.，and G. Rosenbluth. 1975. The "New" Theory of Consumer Demand and Monopolistic Competition. *Quarterly Journal of Economics*，89：569 - 590.

Bagwell，K. 1985. Informational Product Differentiation as a Barrier to Entry. Discussion Paper 129，Studies in Industry Economics，Stanford University.

Bain，J. 1956. *Barriers to New Competition*. Cambridge，Mass.：Harvard University Press.

Baker，J.，and T. Bresnahan. 1985. The Gains from Merger or Collusion in Product Differentiated Industries. *Journal of Industrial Economics*，35：427 - 444.

Bénabou，R. 1986a. Search Market Equilibrium，Heterogeneity and Repeat Purchases. Mimeo，CEPREMAP.

Bénabou，R. 1986b. Search，Price-Setting and Inflation. CEPREMAP Working Paper 8622（*Review of Economic Studies*，forthcoming）.

Benham, L. 1972. The Effects of Advertising on the Price of Eyeglasses. *Journal of Law and Economics*, 15: 337 - 352.

Bonanno, G. 1986. Vertical Differentiation with Cournot Competition. *Economic Notes*, 15: 68 - 91.

Bresnahan, T. F. 1987. Competition and Collusion in the American Automobile Industry: The 1955 Price War. *Journal of Industrial Economics*, 35: 457 - 482.

Butters, G. 1977. Equilibrium Distribution of Prices and Advertising. *Review of Economic Studies*, 44: 465 - 492.

Cady, J. 1976. An Estimate of the Price Effects of Restrictions on Drug Price Advertising. *Economic Inquiry*, 14: 493 - 510.

Chamberlin, E. 1933. *The Theory of Monopolistic Competition*. Cambridge, Mass.: Harvard University Press.

Comanor, W. S. 1979. The Effect of Advertising on Competition: A Survey. *Journal of Economic Literature*, 17: 453 - 476.

Comanor, W. S., and T. A. Wilson. 1974. *Advertising and Market Power*. Cambrige, Mass.: Harvard University Press.

Dasgupta, P., and E. Maskin. 1986. The Existence of Equilibrium in Discontinuous Economic Games, II: Applications. *Review of Economic Studies*, 53: 27 - 42.

d'Aspremont, C., J. Gabszewicz, and J.-F. Thisse. 1979. On Hotelling's Stability in Competition. *Econometrica*, 17: 1145 - 1151.

Dehez, P., and A. Jacquemin. 1975. A Note on Advertising Policy under Uncertainty and Dynamic Conditions. *Journal of Industrial Economics*, 24: 73 - 78.

Deneckere, R., and M. Rothschild. 1986. Monopolistic Competition and Preference Diversity. Discussion Paper 684, CMSEMS, Northwestern University.

De Palma, A., V. Ginsburgh, Y. Papageorgiou, and J.-F. Thisse. 1985. The Principle of Minimum Differentiation Holds Under Sufficient Heterogeneity. *Econometrica*, 53: 767 - 782.

Dixit, A., and J. Stiglitz. 1977. Monopolistic Competition and Optimum Product Diversity. *American Economic Review*, 67: 297 - 308.

Dorfman, R., and P. O. Steiner. 1954. Optimal Advertising and Optimal Quality. *American Economic Review*, 44: 826 - 836.

Eaton, B. C. 1982. An Economic Theory of Central Places. *Economic Journal*, 92: 56 - 72.

Eaton, B. C., and R. Lipsey. 1975. The Principle of Minimum Differentiation Reconsidered: Some New Developments in the Theory of Spatial Competition. *Review of Economic Studies*, 42: 27 - 49.

Economides, N. 1986. Minimal and Maximal Product Differentiation in Hotelling's Duopoly. *Economic Letters*, 21: 67 - 71.

Economides, N. 1984. Symmetric Equilibrium Existence and Optimality in Differentiated Product Markets. Mimeo, Columbia University.

Farrell, J. 1984. Moral Hazard in Quality, Entry Barriers, and Introductory Offers. Working Paper 344, Department of Economics, Massachusetts Institute of Technology.

Friedman, J. 1983. Advertising and Oligopolistic Equilibrium. *Bell Journal of Economics*, 14: 464 - 473.

Gabszewicz, J., and J.-F. Thisse. 1979. Price Competition, Quality and Income Disparities. *Journal of Economic Theory*, 20: 340 - 359.

Gabszewicz, J., and J.-F. Thisse. 1980. Entry (and Exit) in a Differentiated Industry. *Journal of Economic Theory*, 22: 327 - 338.

Gabszewicz，J.，A. Shaked，J. Sutton，and J.-F. Thisse. 1981. Price Competition Among Differentiated Products：A Detailed Study of Nash Equilibrium. Discussion Paper 81/37，ICERD，London School of Economics.

Galbraith，K. 1967. *The New Industrial State*. Boston：Houghton Mifflin.

Gal-Or，E. 1983. Quality and Quantity Competition. *Bell Journal of Economics*，14：590－600.

Gertner，R. 1987. Inflation and Monopoly Power in a Duopoly Model with Search. Mimeo，University of Chicago Graduate School of Business.

Grossman，G.，and C. Shapiro. 1984. Informative Advertising with Differentiated Products. *Review of Economic Studies*，51：63－82.

Hart，O. 1985a. Monopolistic Competition in the Spirit of Chamberlin：A General Model. *Review of Economic Studies*，52：529－546.

Hart，O. 1985b. Monopolistic Competition in the Spirit of Chamberlin：Special Results. *Economic Journal*，95：889－908.

Hotelling，H. 1929. Stability in Competition. *Economic Journal*，39：41－57.

Kaldor，N. 1950. The Economic Aspects of Advertising. *Review of Economic Studies*，18：1－27.

Kwoka，J. 1984. Advertising and the Price and Quality of Optometric Services. *American Economic Review*，74：211－216.

Lambin，J. J. 1976. *Advertising，Competition，and Market Conduct in Oligopoly Over Time*. Amsterdam：North-Holland.

Lane，W. 1980. Product Differentiation in a Market with Endogenous Sequential Entry. *Bell Journal of Economics*，11：237－260.

Mankiw，G.，and M. Whinston. 1986. Free Entry and Social Inefficiency. *Rand Journal of Economics*，17：48－58.

Nerlove，M.，and K. J. Arrow. 1962. Optimal Advertising Policy Under Dynamic Conditions. *Economica*，29：524－548.

Nichols，W. 1951. *Price Policies in the Cigarette Industry*. Nashville：Vanderbilt University Press.

Perloff，J.，and S. Salop. 1985. Equilibrium with Product Differentiation. *Review of Economic Studies*，52：107－120.

Peters，M. 1984. Restrictions on Advertising. *Journal of Political Economy*，92：472－485.

Porter，M. E. 1976. *Interbrand Choice，Strategy，and Bilateral Market Power*. Cambridge，Mass.：Harvard University Press.

Prescott，E.，and M. Visscher. 1977. Sequential Location Among Firms with Foresight. *Bell Journal of Economics*，8：378－393.

Riordan，M. 1986. Monopolistic Competition with Experience Goods. *Quarterly Journal of Economics*，101：265－279.

Salop，S. 1979. Monopolistic Competition with Outside Goods. *Bell Journal of Economics*，10：141－156.

Sattinger，M. 1984. Value of an Additional Firm in Monopolistic Competition. *Review of Economic Studies*，43：217－235.

Schmalensee，R. 1972. *The Economics of Advertising*. Amsterdam：North-Holland.

Schmalensee，R. 1974，Brand Loyalty and Barriers to Entry. *Southern Economic Journal*，40：579－588.

Schmalensee，R. 1976. A Model of Promotional Competition in Oligopoly. *Review of Economic Studies*，43：493－507.

Schmalensee，R. 1978. A Model of Advertising and Product Quality. *Journal of Political Economy*，86：485－503.

Schmalensee, R. 1982. Product Differentiation Advantages of Pioneering Brands. *American Economic Review*, 72: 349 - 365.

Schmalensee, R. 1985. Econometric Diagnosis of Competitive Localization. *International Journal of Industrial Organization*, 3: 57 - 70.

Schmalensee, R. 1986a. Advertising and Market Structure. In *New Developments in the Analysis of Market Structure*, ed. J. Stiglitz and F. Mathewson. Cambridge, Mass.: MIT Press.

Schmalensee, R. 1986b. Inter-Industry Studies of Structure and Performance. In *Handbook of Industrial Organization*, ed. R. Schmalensee and R. Willig (Amsterdam: North-Holland, forthcoming).

Shaked, A., and J. Sutton. 1982. Relaxing Price Competition through Product Differentiation. *Review of Economic Studies*, 49: 3 - 13.

Shaked, A., and J. Sutton. 1983. Natural Oligopolies. *Econometrica*, 51: 1469 - 1484.

Solow, R. 1967. The New Industrial State or Son of Affluence. *Public Interest*, 9: 100 - 108.

Spence, M. 1976. Product Selection, Fixed Costs and Monopolistic Competition. *Review of Economic Studies*, 43: 217 - 235.

Spence, M. 1977. Non-Price Competition. *American Economic Review*, 67: 225 - 259.

Spence, M. 1980. Notes on Advertising, Economies of Scale, and Entry Barriers. *Quarterly Journal of Economics*, 95: 493 - 508.

Stahl, K. 1982a. Location and Spatial Pricing Theory with Nonconvex Transportation Cost Schedules. *Bell Journal of Economics*, 13: 575 - 582.

Stahl, K. 1982b. Consumer Search and the Spatial Distribution of Retailing. *Journal of Industrial Economics*, 31: 97 - 114.

Steiner, R. 1973. Does Advertising Lower Consumer Prices? *Journal of Marketing*, 37: 19 - 26.

Telser, L. G. 1964. Advertising and Competition. *Journal of Political Economy*, 72: 537 - 562.

von Ungern-Sternberg, T. 1986. Monopolistic Competition and General Purpose Products. Mimeo, Université de Lausanne.

von Weizsäcker, C. 1980. A Welfare Analysis of Barriers to Entry. *Bell Journal of Economics*, 11: 399 - 420.

Wolinsky, A. 1986. True Monopolistic Competition as a Result of Imperfect Information. *Quarterly Journal of Economics*, 101: 493 - 511.

第8章 进入、容纳与退出

在前一章，我们看到固定成本（或更一般而言，递增收益）是怎样通过限制进入，使不完全竞争市场结构得以形成的。但是，即使固定成本真的限制了进入，在位者也不能保证自己获取正的（超正常）利润。实际上，在自由进入均衡中，企业的利润为零（这适用于整数问题）。在一些行业中，必然存在某种类型的进入限制使得其他企业不能利用有利的市场状况，这才能解释为什么某些行业的利润率系统性地大于其他行业的利润率。沿着这种思路，Bain（1956）把进入壁垒定义为允许在位企业赚取超正常利润，而不受到进入威胁的一切因素。[1]

在有些场合，政府会限制进入——例如，引入执照、许可证、专利和出租汽车经营牌照。这些限制可能会产生高于正常水平的利润。[2]其他例子包括政府使用采购政策或授予进口许可证（那些不存在国内竞争的情况，恐怕要归因于巨大固定成本的存在）以形成国内垄断。[3]在本章中，我们要研究并非由政府引起的进入壁垒。

Bain（1956）非正式地鉴别了市场结构的四种要素，它们影响着在位企业阻止超正常利润（租金）遭受进入侵蚀的能力。

规模经济（例如，固定成本） Bain 论证，如果最小有效规模是行业需求的重要部分，则市场只能维持少量企业的生存，这些企业能获取超常利润且不会引起进入。我们将在 8.1 节中研究这个论点，在那里我们将考察自然垄断或寡头垄断的情况及可竞争性理论。也见 8.6.1 小节。

绝对成本优势 在位者也许会拥有优越的生产技术，这是通过经验（干中学）或者通过研究与开发（取得专利的或秘密的创新）而学来的。它们也许会积累资本而使自己的生产成本降低。它们也许还会通过与供给者订立契约，以阻碍进入者获得重要的投入品。在 8.2 节和 8.6.1 小节中，我们将研究在位者的资本积累。我们在 4.6.2 小节中研究了市场圈定学说。研发（R&D）活动将在第 10 章中研究。

产品差别优势 在位者也许取得了产品创新的专利（当然，这可以视为和该种产品相关的成本优势），或者，它们也许已在产品空间中垄断了合适的位置，它们还可能享有消费者对其产品的忠诚。（在 8.6.2 小节中，我们将研究有关合适位置的观点。）

资本要求 根据这一有争议的进入壁垒要素，进入者可能会发现为它们的投资进行融资比较费事，原因在于贷款者要为此承担风险。一种观点认为，因为进入者不如在位者知名，银行不愿意向进入者提供贷款；另一种观点（我们将在 9.7 节中研究）认为，由于在位者为了降低新投资者的融资能力，会在产品市场上令进入者蒙受损失，从而阻碍了进入者的成长。

Bain 还提出了当在位者面临进入威胁时，可能采取的三种行为。

进入封锁 在位者之间进行竞争，就像不存在进入威胁一样。尽管如此，市场对进入者也不具有足够的吸引力。

进入遏制 在位者不能对进入实行封锁，但它们可以调整自己的行为来成功地挫败进入。

进入容纳 在位者发现（个别地）让进入者进入市场要比建立代价高昂的进入壁垒更为有利。

对 Bain 的提示显然需要作出更为深入的分析。最著名的进入壁垒模型是“限制性定价模型”（Bain，1956；Sylos-Labini，1962；Modigliani，1958）。这一模型的基本思想是，在某种情况下，在位企业可以维持一个低价以阻碍进入，在 Spence（1977）、Dixit（1979，1980）以及 Milgrom 和 Roberts（1982）澄清了这种思想的基础方面之前，这一模型是具有争议的。[4]很粗略地讲，Spence－Dixit 对模型的重新考察（下面的 8.2 节）提出，可以把序贯数量竞争的 Stackelberg 模型看作一种序贯生产能力的选择。虽然产品市场竞争（即使有也极少）在短期中决定了市场价格，但在长期中，企业是通过生产能力的积累而展开竞争的。（见第 5 章有关数量作为生产能力的新解释。）一种在位优势（早先资本积累的可能性）使在位企业积累了大量生产能力（并因此可制定一个低价），以妨碍或限制进入。Milgrom－Roberts 对限制性定价模型的重新考察（在第 9 章中研究）建立在在位者与进入者之间信息不对称的基础上。在他们的模型中，在位者制定一个低价并非由于它具有大批量的生产能力（这里，生产能力不起任何作用），而是由于它试图传递市场需求较低或它自己的边际成本较低的信息，这样，它便向潜在进入者发送了进入的盈利可能很低的信号。这两个模型的实证含义与规范含义大不相同。

建立进入壁垒只是策略性竞争的一个方面。它的另一个方面是诱导竞争对手退出。即使进入和退出都不成问题（“容纳”的情况），企业也会为市场份额而进行竞争。第 6 章考察了这类竞争的例子，其中包括企业重复地进行价格竞争。企业也在非价格方面进行竞争（生产能力、技术、R&D、广告、产品差别等）。第 5 章和第 7 章给出了非价格竞争的例子，但在那里，我们集中讨论的是一次性博弈（静态）的情形，其中企业同时选择它们的非价格变量；影响竞争对手序贯非价格行为的重大可能被忽略了。本章将在动态环境中考察策略的相互作用。

企业可以采取的商业策略多种多样，这取决于它是要妨碍进入，诱导退出，还是（如果上述目标代价极高）要与竞争对手进行斗争。就像我们将要看到的那样，最优策略还取决于反应曲线是向上倾斜的（策略互补）还是向下倾斜的（策略替代）。8.3节给出了有关商业策略的分类，所有策略都意在削弱竞争对手的行为。8.4节把这些策略应用于许多策略性情形。

Gilbert（1986，1987）、Kreps 和 Spence（1984）、Shapiro（1986）和 Wilson（1984）的出色研究提出了本章论述的某些观点。本章及下一章的大部分材料来自 Fudenberg 和 Tirole（1986，1984，1987）。

8.1 固定成本：自然垄断和可竞争性

本节将阐述固定成本作为进入壁垒的作用。回忆一下 Bain 的论证，在规模报酬递增的情况下，只有有限的企业可以生存，并且这些企业会获取正的（超正常水平的）利润而不会导致进入——例如，如果潜在进入者了解到双寡头竞争利润为负，则一家在位企业便可稳定地获取垄断利润，且不必担心进入威胁。这个结论受到了 Baumol，Panzar 和 Willig（1982）的挑战，他们论证道，市场中只有一家或有限家企业并不意味着不存在竞争，以及潜在的竞争（进入威胁）会有利于规范在位企业的行为。[5]

8.1.1 固定成本对沉没成本

在一个一期（即静态的）世界中，固定成本可以很容易地定义为企业为了生产所必须承担的且与产量多寡无关的成本。例如，一家企业对于 $q>0$ 可能支付成本 $C(q)=f+cq$，对于 $q=0$，支付 $C(q)=0$。（固定成本是规模报酬递增的特例。见绪论企业理论一章，那里有弱可加性和自然垄断的概念。）静态生产模型当然只是一种抽象。一旦引入时间，人们就必须认真定义生产时期的概念。为了说明这一点，我们假定［依照 Weitzman（1983）］一家企业在连续的两期中，每期生产 $q>0$，企业的成本为 $2(f+cq)$，f 为每期的固定成本。如果没有进入威胁和退出成本，在第一期生产 $2q$ 且在第二期生产 0 将是比较经济的。这时企业的成本为 $f+2q$，节省了 f。（我们假设时期之间的时滞很短，从而利息和贮存成本忽略不计；我们还忽略了未来需求的不确定性，这种不确定性会使企业等待以生产未来的供给。）更一般地讲，将生产时期除以 2 和加倍的生产强度会节省固定成本，因此，所有生产都应该在一个很短的时间区间上进行，并且相对于可变成本而言，固定成本应该忽略不计。为避免出现这个极端的结论，认识到固定成本在某种程度上总为沉没成本是很重要的。市场的不完全性阻碍了资本的瞬时租用和劳动的瞬时雇用。或者企业可能需要进行前向专用投资，这一投资对其他企业毫无价值（并因此在二手市场上毫无价值），也无法在企业内部配以其他用途。

我们将把固定成本定义为与生产规模无关的且对于某个较短的时间长度而言被锁住的（承诺的、沉没的）成本，这个较短的时间长度定义为“时期”。例如，假定企业决定生产一个正的数量，这要求它将机器、资本、土地、法定权利、公关和广告服务，以及普通职员固定达一个月之久。企业不能在 15 天内只承担有关固定成本的一半，而使其生产率加倍，然后退出，企业不能停止生产，并在接下来的两个星期内节省所剩下的那一半固定成本（而它此后可能会继续生产）。因此，你可以设想一个离散时间模型，在这个模型中，如果企业在每个时期都进行生产，它所要承担的成本是 $f+cq$；否则为 0。每个时期的实际时间长度表明企业承担成本的时间长度。[6]

“固定成本”和“沉没成本”的差别只是程度问题，而非本质问题。固定成本只是在短期内才是沉没的。（当然，存在着短期究竟有多短以及承诺投资行动的时间长度如何与产品竞争，即价格变动的时间长度加以比较这些问题。当讨论到可竞争性理论时，我们再回到这个问题。）沉没成本是在一个较长的时间期限上能够创造收益流，却永远不能加以回收的那些投资成本。如果企业租用一台机器一个月（或者，企业可以在购入机器后的一个月将它卖掉，而不发生资本损失），这台机器便会被列为固定资本；如果这台机器企业无法脱手，它便是一项沉没成本。

固定成本与沉没成本的概念是理想化的，原因有以下几点。第一，在短期和永久承诺行动这两种极端情形之间，显然存在一个承诺行动程度的连续统。第二，两种概念都假设，在承诺行动时期内（无论承诺什么），投资成本都不能回收。在实际中，一台机器在二手市场上会具有某一低于其原值的价值。同样，租赁或劳动契约可以不被履约，但需支付一笔惩罚成本。因此，承诺行动绝不是一个非此即彼的概念。我们所用的承诺行动时期的真实含义是指这样一个时期：在该时期内，摆脱承诺行动的成本高得足以使这样做是不值得的。为简化起见，我们愿意这样假设：在整个时期中，投资成本是完全沉没的。第三，作为一个相关的观点，我们的承诺行动概念主要是一个纯技术概念（虽然通过现存的投入品市场制度集进行了过滤）。在实际中，一家企业再出售其资产或修改其租赁或劳动契约的时间可能还依赖于企业在产品市场上的经营情况以及它在该市场中的策略性考虑。

8.1.2 可竞争性

按照 Baumol 等（1982），我们考察一下一个拥有几家企业的同质产品行业。所有企业都具有相同的技术，生产产量 q 的成本是 $C(q)$，$C(0)=0$。我们把企业分为两类：m 个“在位者”（为不失一般性，我们可以假设在位者是企业 $i=1$，…，m）和 $n-m\geqslant 0$ 个“潜在进入者”。

行业格局是由在位者的产量集 $\{q_1，\cdots，q_m\}$ 和所有在位者制定的价格 p（潜在进入者在市场之外）来刻画的。

如果市场出清［即如果在价格 p，全部产量等于全部需求：$\sum_{i=1}^{m} q_i=D(p)$］，而且企业利润非负［对任何一个在位者而言，$pq_i\geqslant C(q_i)$］，行业格局便是可行的

(feasible)。如果视在位者价格为给定的，没有一个进入者能获取利润［不存在价格 $p^e \leqslant p$ 和产量 $q^e \leqslant D(p^e)$，使得 $p^e q^e > C(q^e)$］，则行业格局便是可维持的（sustainable）。

完全可竞争市场（perfectly contestable market）是这样一个市场，其中任何一个均衡行业格局都必须是可维持的。

这些定义可直接扩展到多产品技术；为此，允许产量和价格为多维向量就足够了。实际上，可竞争性理论在一定程度上是由多产品技术促成的，并且它的一些有趣的发展是与“交叉补贴”问题相联系的（见之后的注释［7］）。

这里，我们只对单一产品的情形给出解释。

为了描述可维持性的概念，我们来考察一下报酬递增技术的标准范例：

$$C(q) = f + cq$$

令

$$\tilde{\Pi}^m \equiv \max_q \{[P(q) - c]q\}$$

为含固定成本的垄断利润。假设一个垄断企业是可以生存的，即 $\tilde{\Pi}^m > f$。图 8.1 给出了这个行业中唯一可维持的格局。在行业中，只存在一个在位者，它制定的价格为 p^c，供给产量为 q^c。其他企业不进入市场。由平均成本曲线和需求曲线的交点，我们可以得到可竞争性价格-产出组合｛p^c，q^c｝：

$$(p^c - c)D(p^c) = f$$

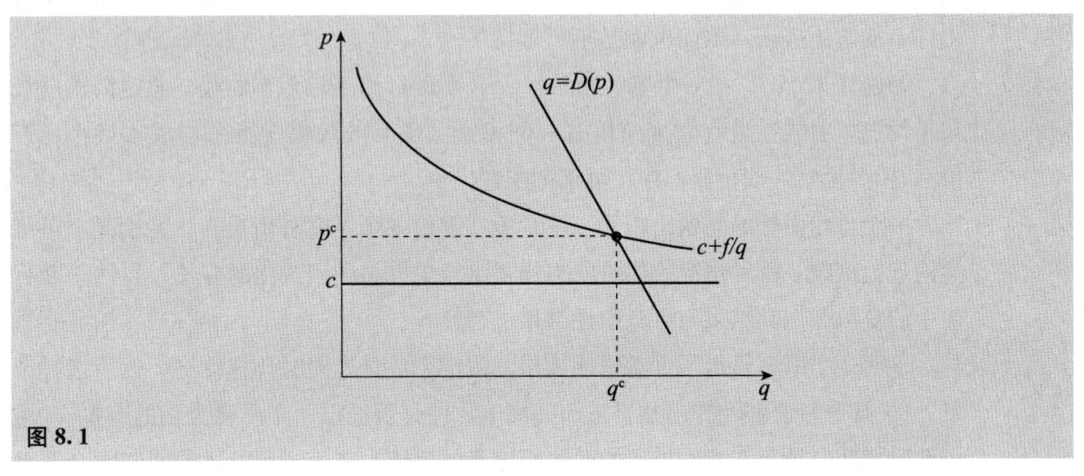

图 8.1

一家定价 $p < p^c$ 并生产一个正的数量的企业会蒙受损失，这是由于其价格低于平均成本。（这也表明，可竞争性价格低于垄断价格 p^m。）反之，高于 p^c 的价格是不可维持的，这是由于进入者可以削价与在位者抢生意，而仍然可以获取严格为正的利润。

在这个例子中，可竞争性理论预言了下面的结论：

(1) 在该行业中，只有一家企业经营（这是技术有效的)。

(2) 该企业利润为 0。

(3) 流行平均成本定价。进一步言之，给定社会计划者不使用补贴，在配置是社会有效的意义上，平均成本定价是约束有效的。[7]

因此，只有“进入威胁”对在位企业的市场行为有影响（结论 2 与结论 3 的第一部分)。结论 3 的第二部分是不足为怪的。固定成本在可维持的结果中没有被复制出来。因而，在效率评价中，只有市场价格起作用。显然，当在位者所定价格等于其边际成本时，我们便会得到最优结果；但是由于不存在补贴，企业会蒙受损失 f 而不愿经营下去。由于得不到最优结果，社会计划者偏向于使企业获取非负利润的最低价格，即 p^c。[8]

上述结论令人惊讶。长时间内，人们认为，一个具有不可忽视的递增报酬的行业不能采取竞争行为，因此该行业应被国有化，至少应被严格加以管制。但是，如果这样一个行业采取类似完全可竞争性市场的行为，它会趋于按照边际成本定价，与生存下来的企业相容（如果禁止补贴)。在不存在实际竞争的情况下，潜在竞争对规范在位企业行为颇为奏效。因此，规模报酬递增行业的没有受到管制的组织，就不像我们在初次审视它时那样，成为什么问题了。显然，如果这样一个结论是可行的，那么它对解除航空业及相似产业的管制具有很深刻的意义。

Baumol 等（1982）证明，对于不同的需求函数和成本函数，自然垄断可能是不可维持的，即可能并不存在一个价格—产量组合 $\{p^c, q^c\}$，使得企业获取非负利润，市场出清，并且在价格与产量组合 $\{p^e, q^e\}$ 下，即使进入有利可图，也不能打破市场配置，使得 $p^e \leqslant p^c$ 以及 $q^e \leqslant D(p^e)$。也就是说，受约束的有效市场结构也许不能防止进入，因而也就是不可维持的。

8

习题 8.1：** 在一个单一产品行业中考察 U 形平均成本曲线。假定需求曲线与平均成本曲线在最有效规模稍右一侧相交（最有效规模是指平均成本最小化产量)。用图说明，该行业不存在可维持配置。

一个自然而然的问题出现了：可竞争性理论刻画了哪种情况——特别是，可维持性理论刻画了哪种情况？你可能想描述（至少以一种程式化的方式）自然垄断行业中的竞争并把其结果与可竞争性结果进行比较。

下面这个博弈给出了可竞争性结果：假定企业首先同时选择价格，然后选择产量。(选择产量要涉及作出是否进入的决策，即是否选择一个严格为正的产量。）这个两阶段博弈是第 5 章中描述的两阶段博弈的反转，在第 5 章描述的博弈中企业首先选择产量而不是价格。假定所有潜在企业都选择价格 p^c，然后其中一家企业选择产量 q^c，其他企业留在市场之外（不进行生产)。这明显是一个均衡。所有企业的利润都为 0。如果一家企业要在 p^c 的基础上削价，则它不能在盈利的条件下为市场提供供给。[9]就像 Baumol 等正确指出的那样，完全可竞争性市场理论由此可视为伯特兰德规模报酬递增市场竞争的一般概括。[10]

上述博弈描述了一个行业的图景，其中价格的调整要比数量或进入决策的调整更为缓慢。在企业选择其数量时，价格被考虑成刚性的。由于价格一般被认为容易得到相对迅速的调整，从而技术要涉及8.1.1小节意义上的固定成本。这个图景隐含于可竞争性理论支持者所作出的稍微复杂的"袭击"模型之中。假定在位者价格对于时间长度τ而言是刚性的，进入与退出是无成本的。如果在位者价格超过p^c，一个进入者在p^c的基础上稍作降价，便可以进入市场（因而占有了在位者的全部市场份额），并在τ单位时间消逝之前退出行业——也就是，在在位者能通过降价对此作出反应之前退出行业。进入者（按照假定，不承担进入或退出成本）因而获取正利润。因此，只有价格p^c是"可维持的"。

鉴于价格的调整看上去要比数量或进入决策的调整更加迅速，因此对可竞争性的这一解释受到了不断的抨击。在铁路业中，价格调整看上去确实很快，而进入或扩张则需要一个较长的过程来购买一块块土地（一般需要有土地征用权），完成工程设计，兴建铁路，等等。在航空业中，价格的调整可能更加迅速，开辟一条新航线是一个相对快速的过程。[11][12]

如果有人认为价格的调整一般要比生产能力的调整更为迅速，那么当进入者完成生产设备装配时，在位者的价格不一定会被锁住。也就是说，进入应该诱使在位者迅速降低价格以应对竞争压力。如果在位者的价格对进入作出迅速反应（这里"迅速"是相对于进入者投资的时间长短而言的），袭击式进入便不是有利可图的了，这是因为在一个自然垄断的市场中，没有余地容纳两家企业进行价格竞争。

考察可竞争性的另一种方法是想象短期中的生产能力承诺行动而不是价格刚性。这种观点认为，价格可作出"瞬时"调整（当然，这是不现实的，它不过是价格调整相对于生产能力博弈的时间长短而言比较迅速的意思）。也就是说，在任何一个时点上，每家企业都选择最大化其利润的价格，条件是预期生产能力向量是给定的。

产业组织中一个陈旧的直觉认为，在位者只是短期中以其生产能力进行承诺的，在位者与潜在进入者几乎是平等的，因此，进入壁垒（以及在位者的利润）很低。的确，在一个企业于短时期内无法更改生产能力选择的模型中可以证明，存在一个只有在位者进行生产的均衡；这一显著的垄断者积累着并连续不断地（近似地）更新着生产能力q^c，并且它获取的利润（几乎）为0。如果在位者的均衡生产能力较低（这时它可获取正的利润），一个进入者便可进入市场，同时由于在位者生产能力承诺行动时间较短，进入者于在位者退出之前，在一个较短的时间内将蒙受双寡头竞争所带来的损失。但进入者会接管市场，成为新的在位者。因此，高额稳定利润期望加上撵走在位者所需的时间较短，两者一起助长了进入。这种研究可竞争性的方法将在补充节中进行详细论述。

8

8.1.3　消耗战

研究自然垄断的另一个很流行的角度是消耗战。与上一段描述短期生产能力承诺行动的方法一样，这一方法也假设价格调整比数量调整更迅速。

Maynard Smith（1974）把消耗战引入理论生物学来解释动物为获取猎物所进行的争斗。这种争斗也许与两家企业为取得对一个报酬递增行业的控制而展开的斗争颇为相似。对动物而言，争斗的代价是高昂的；至少它们放弃了进行其他流动的机会，并变得精疲力竭。与此类似，由于双寡头竞争的利润为负，它的代价可能也是高昂的。在这两种情况中，斗争的目标都是致使对手放弃斗争。在争斗中取胜的动物保有了猎物；在斗争中取胜的企业获得了垄断的力量。失败者会叹息如果没有加入这场斗争该多好。（这样一场斗争发生的条件为，它的结果是不确定的。每个参与者都必须至少拥有某个机会获胜，这样它才会加入这场斗争。）在一场消耗战中，每个参与者都要经历等待和忍耐。如果在某个时点，它的竞争对手仍不退缩，它便会投降。

下面是消耗战最简单的例子：假定时间是连续的，从 0 到 $+\infty$。利率为 r。存在两家企业，它们在单位时间内的成本函数相同，如果$q>o$，成本为 $C(q)=f+cq$；并且$C(0)=0$。价格可以瞬时调整。如果在时间 t，两家企业都在市场上，价格等于边际成本 c（伯特兰德竞争），并且每家企业的单位时间损失为 f。如果只有一家企业在市场中，价格等于垄断价格 p^m，企业获取的瞬时利润$\tilde{\Pi}^m-f>0$，另外一家企业的利润为 0。在时间 0，两家企业都在市场中。在每一个时刻，每家企业都要决定是否退出（条件是在这个时刻，另一家企业仍在市场中）。退出是无成本的。为简化起见，假设一旦企业退出后将不再返回市场（但是，我们下面描述的均衡在重新进入市场无须支付成本这一条件下仍是一个均衡）。由于对一个垄断者而言，市场是有利可图的，在竞争对手退出之后，胜利的企业将永远留在市场之中。

我们现在构造一个对称均衡，其中，在任何一个时刻，每家企业对于退出市场与留在市场中是无差异的。由于是无差异的，所以企业从这两种行为中所得到的期望利润肯定是一样的。因为在时刻 t 退出市场意味着从此之后退出企业的利润都为 0，因此，从任何时刻开始计算的每家企业利润的期望贴现值都必须等于 0。如果在时刻 t，两家企业仍都留在市场中，在 t 与 $t+dt$ 之间，每家企业退出的概率都将是 xdt，这里 $x\equiv rf/(\tilde{\Pi}^m-f)$。为表明这些策略构成一个均衡，假定在时刻 t，两家企业仍都留在市场中。如果企业 1 退出，从 t 时刻开始，它得到的利润都是 0。如果企业 1 在市场中坚持到时刻$t+dt$，它蒙受的双寡头竞争损失是 fdt。但是，在这个非常短的时间内，企业 2 退出的概率是 xdt。如果企业 2 退出，企业 1 便会成为垄断者，从 $t+dt$ 之后，赚取的总利润（贴现利润总额）是（$\tilde{\Pi}^m-f)/r$。如果在时刻 $t+dt$，企业 2 仍留在市场中，企业 1 将愿意退出，从此获取 0 利润。如果

$$0=-fdt+(xdt)[(\tilde{\Pi}^m-f)/r]+0$$

则企业 1 在时刻 t 退出市场与坚持到时刻 $t+dt$ 之后退出市场，这两者之间是无差异的。行业结果是随机的。每家企业按照参数为 x 的泊松过程退出。[13]

这个均衡是与重新自由进入一致的，这是由于留在市场中的价值为0，因而一旦某家企业退出市场，它就没有理由重新进入。均衡不是唯一的[14]；但是，如果我们抛弃完美信息假设，引入关于竞争对手固定（机会）成本的不确定性（见第9章），而且，如果对这个不确定性的忍受力充分大，那么，对称均衡也是唯一的均衡。

从消耗战中，我们可以得到以下结论：

（1′）在一段（随机的）时间内，行业中存在两家企业（技术效率低下）；然后，其中一家企业退出。

（2′）企业不可获取事前租金，但它可能获取事后利润。

（3′）开始时价格是竞争性的，之后它等于垄断价格。配置不是约束有效的，福利要比可竞争性情形下的福利低。

结论（3′）的第二部分来自下述事实，即在无补贴约束这一条件下，可竞争性配置是最优的。下面这个习题验证了对于简单设定的需求函数，这一结论的可靠性。

习题 8.2**：一个行业中的所有企业的生产成本都是相同的：$C(q)=f=3/16$。（边际成本是0。）需求函数是 $D(p)=1-p$。

（1）这是一个“自然垄断”行业吗？

（2）计算可竞争性配置和福利水平。

（3）导出两家企业之间所进行的无限期、连续时间消耗战中的对称均衡。计算跨期福利的期望值，并将它与问题（2）中算得的福利水平加以比较。（提示：对于一个参数为 y 的泊松过程，到时点 t 为止，消耗战仍未结束这一事件的概率是 e^{-yt}。）

图8.2描绘了可竞争性理论与消耗战理论之中价格动态变化的不同之处。

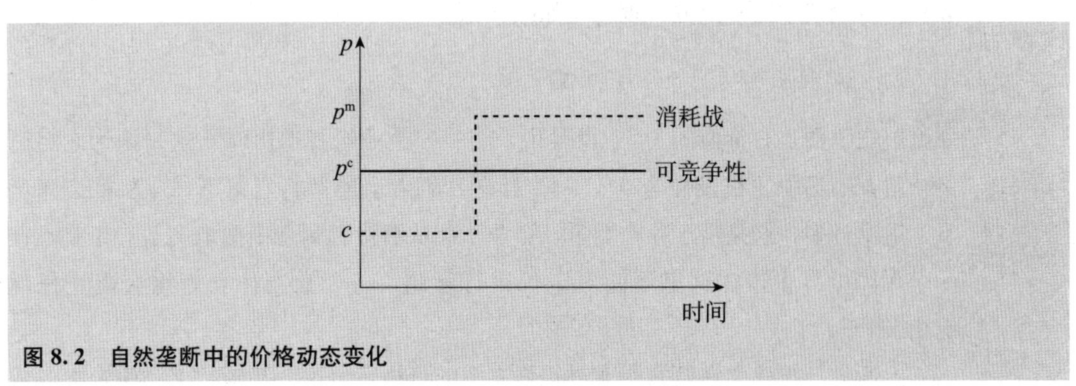

图 8.2　自然垄断中的价格动态变化

从有关寻租文献的观点来考察自然垄断问题可能会对我们有所启发。正如我们在第1章看到的那样，Posner论证道，垄断利润的前景导致了一场为占有这一利润而展开的竞赛。如果如下两个假设成立，所有垄断利润都必须加到福利净损失三角形中：租金耗散（或零利润）假设，它断言企业为获得垄断利润所进行的全部支出与垄断利润相等；以及浪费假设，它断言这个支出不会产生对社会有价值的副产品。

可竞争性配置和消耗战均衡都满足租金耗散假设。为取得垄断地位所进行的竞争使行业利润降为 0。[15]可竞争性配置给出了浪费假设的一个有趣的反例。由于租金耗散是由于价格很低才发生的，因此它会使消费者受益，而这对社会也是有益的。消耗战均衡比可竞争性配置更趋于满足浪费假设。有些利润是浪费掉了（固定生产成本暂时要增加一倍）。但是，在面对垄断价格之前，消费者也会在一定时间内享受边际成本定价给他们带来的利益（Posner 配置在每个时刻都将与垄断定价相对应）。因此，消耗战的福利水平要比寻租文献所预言的福利水平高，但低于可竞争性配置下的福利水平。

另外一个有趣的类比是与第 7 章讨论的自由进入的偏见相联系的。如 Whinston（1986）所指出的，你可以把退出决策视为一个反向进入决策。因此，这一决策要受到与进入决策同样的偏见——消费者剩余的不完全可剥夺性和商业盗窃效应。令 $w(p)$ 代表包括固定成本在内的单位时间的毛社会福利。为说明这两种偏见，我们假设这里存在两个消费者，都具有单位需求，而且 $c=0$。首先，我们集中研究商业盗窃效应。假定两个消费者对商品的评价都为 v。于是垄断利润为 $\widetilde{\Pi}^{\mathrm{m}}=v$。一个垄断者攫取了消费者的全部剩余，但没有扭曲消费。因此，

$$w(c)-w(p^{\mathrm{m}})=v-v=0<f$$

单位时间中从竞争得到的社会收益低于固定生产成本。从社会角度出发，在任何时点上，行业中只存有唯一一家企业是最优的，即使不能对其定价行为进行管制也是如此。因此，退出太少了。假定两个消费者具有不同评价 $v_1<v_2$，并有 $v_2>2v_1$，那么垄断者会定价 v_2。通过定价 v_1（这会带来社会最优消费），垄断者将只攫取总消费剩余中的一部分。现在，如果 f 低于

8

$$w(c)-w(p^{\mathrm{m}})=(v_1+v_2)-v_2=v_1$$

那么，竞争便是有价值的。[16]也就是说，当一家企业选择退出时（这是因为它自己坚持留在市场中的积极性为 0），一个社会计划者会愿意将它留下——从社会角度看，退出过多，这是由于存在竞争，企业不能从消费者剩余中攫取利益。于是，在一个次优世界中，在这里不能对定价进行管制，一个社会计划者将会阻止任何退出。

上面的分析建立在两家企业进行强有力的价格竞争这个基础之上。假定它们成功地在价格上进行默契合谋，从而都留在市场中（见第 6 章对默契合谋的讨论）。这时，市场价格等于 p^{m}，它独立于留在市场中的企业数目。因此，一个社会计划者在时刻 0 会希望有一家企业退出市场，以避免固定成本成倍浪费。但是，假定企业展开消耗战，当进行竞争时，它们单位时间蒙受的损失为（$f-\widetilde{\Pi}^{\mathrm{m}}/2$）$>0$。在

对称均衡中，每家企业在时刻 t 和 $t+dt$ 之间退出的概率都是 $x'dt$，这里 x' 由下式给出：

$$(f-\tilde{\Pi}^{m}/2)dt=[x'(\tilde{\Pi}^{m}-f)/r]dt$$

由此得到 $x'<x$。在默契合谋的条件下，由于为夺取垄断地位进行的斗争代价较小，正当社会计划者希望行业中只存在一家企业时，企业退出的速度恰恰较慢。这里，我们有一个商业盗窃效应的例子。坚持留在市场中无任何社会价值可言，所有利润都由各自竞争对手一半的垄断利润转移而来（如果竞争对手退出市场，则会得到全部的垄断利润）。在默契合谋的条件下，从社会角度来看，退出过少。[17]

消耗战范式已被用来预测在一个衰落的行业中，是大企业还是小企业更有可能率先退出市场，这个衰落行业是规模报酬递增的。Ghemawat 和 Nalebuff（1985）论证，大企业将率先退出市场，把行业留给小企业。直观地讲，如果需求下降，大企业的活力丧失得快（相对于市场而言，它太大了）。于是，在垄断情况下，大企业会比小企业先退出市场。在双寡头竞争中，小企业预计大企业最终会退出市场，为它自己坚持留在市场中提供了一种激励。就像 Ghemawat 和 Nalebuff 证明的那样，只要大企业的瞬时双寡头利润为负，就会迫使大企业退出市场（即在均衡路径上，没有真正的消耗战发生）。[18] Londregan（1986）把这个模型扩展到存在完整的产品生命周期的情形，其中市场是先扩展、后衰落。[19]

Whinston（1986）证明，Ghemawat 和 Nalebuff 的结论关键取决于大企业无能力“减肥”。他论证说，在实际中，一家大企业在面临需求下降时，能够减少工厂数目并成为一家小企业。然后，他解出了企业可以关闭工厂情况下的均衡（当企业将最后一个工厂关闭时，它就退出了市场）并证明多种不同的潜在结果也是可行的。实际上，Whinston 指出，在为加铅汽油生产反爆燃剂这个衰落的行业中，最小的生产者最先退出市场。Ghemawat 和 Nalebuff（1985）给出了一些大企业率先退出市场的例子，其中包括合成碱行业和英国铸钢业。

有一种简单的情况，人们无须具有某一行业的内部知识便可预知其未来结果。Ghemawat 和 Nalebuff（1987）以及 Whinston（1986）证明，如果企业在一次可能使企业退出的不利需求冲击后能够减小它的生产能力，则大企业会把生产能力缩小到与其竞争对手的生产能力相等为止。从此之后，两家企业对称地缩小生产能力（因此，它们的规模仍然相同）。[20]

在第 9 章中，我们要考察消耗战的另一方面：每家企业关于其竞争对手的生产或机会成本具有不完全信息的可能性。已在毁灭性的双寡头竞赛中所花费的时间于是成为一个信号，它表明一家企业是有效率的（或者退出市场的可能性较低，或者市场对该企业的其他产品系列产生了有利的溢出效应）。一个行业中的消耗战、贝叶斯修正以及达尔文选择之间的关系将在此讨论。

8.2 沉没成本与进入壁垒：Stackelberg - Spence - Dixit 模型

沉没成本的迷人之处在于它的承诺价值。一家企业今天购买设备，便发出了这样的信号：如果它不能重新出售这台设备，则明天它仍将留在市场上。于是，我们可以猜测，购买设备——如果被企业的竞争对手观察到——可能具有策略效应，而不仅仅是企业内部的成本最小化问题。竞争对手可能把企业购买设备视作关于市场盈利性的一个坏消息，它也许会减小进入规模或根本不进入市场。本章的目的在于证实这一猜测。

为建立模型，我们需要一个明确的动态模型。由定义，沉没成本是一个多期现象，就像进入遏制一样。我们也将引入暂时的不对称性。有些企业进入市场早一些，这可能是由于其技术领先。我们将会看到，这些已建立的企业（也称作在位者）积累了一定数量的“资本”，足以限制其他企业进入，甚至使这些企业的进入无利可图。因此，“先动优势”使在位者得以限制或妨碍竞争。我们将把“资本”考虑为设备或机器；但是，就像后面将要讨论的，我们可以对资本概念作出更为广泛的解释。

8.2.1 容纳、遏制和封锁进入

我们从一个经典模型开始，它异常简单的结构可使我们集中研究进入壁垒的概念。这个模型来自 Heinrich von Stackelberg（1934）。

考虑一个由两家企业构成的行业。企业 1（在位者）选择一个资本水平 K_1，然后它便固定了。（我们后面还要回到这个假设。）企业 2（潜在“进入者”）观察到了

K_1，并选择其资本水平 K_2，然后它也固定了。

假设两家企业的利润分别为

$$\Pi^1(K_1, K_2) = K_1(1-K_1-K_2)$$

$$\Pi^2(K_1, K_2) = K_2(1-K_1-K_2)$$

我们在后面要对这些函数加以解释。（从第 5 章中，我们可以回忆起，它们是从资本给定下的短期产品市场竞争中导出的简约型利润函数。）注意，上述利润函数具有两个性质，这是把模型结果扩展到更一般的利润函数所必需的：第一，每家企业都不喜欢其他企业的资本积累（$\Pi^i_j<0$）。第二，每家企业的边际资本价值是随另一家企业资本水平上升而下降的（$\Pi^i_{ij}<0$）。也就是说，资本水平是策略替代的（见第二篇的引言）。

现在，我们假设不存在固定进入成本。两家企业间进行的博弈是一个两期博弈。企业 1 必须预计到企业 2 对资本水平 K_1 所作的反应。企业 2 实现利润最大化

要求

$$K_2 = R_2(K_1) = \frac{1-K_1}{2}$$

式中，R_2 是企业 2 的反应函数［即 $R_2(K_1)$ 最大化 $K_2(1-K_1-K_2)$，选择变量为 K_2］。因此，企业 1 最大化

$$\Pi^1 = K_1\left(1-K_1-\frac{1-K_1}{2}\right)$$

由此，我们求出“精炼”纳什均衡：

$$K_1=\frac{1}{2}，K_2=\frac{1}{4}，\Pi^1=\frac{1}{8}，\Pi^2=\frac{1}{16}$$

尽管企业 1 和企业 2 的利润函数是相同的，但企业 1 却能通过限制企业 2 的进入规模，获取比企业 2 更多的利润。这说明了先行者的优势。我们知道，如果两家企业同时选择各自的资本水平，每家企业都会对另一家企业作出最优反应，因而 $K_2=R_2(K_1)$，$K_1=R_1(K_2)$。运用对称性，同时移动解给出

$$K_1=K_2=\frac{1}{3}$$

$$\Pi^1=\Pi^2=\frac{1}{9}$$

图 8.3 中给出了同时移动和序贯移动的结果。虚线表示等利润曲线。由反应曲线的定义，当企业 1 的等利润曲线与 R_1 相交时是水平的，而当企业 2 的等利润曲线与 R_2 相交时是垂直的。依照习惯，我们用 S 表示序贯博弈中的均衡结果；用 N 表示同时博弈中的均衡结果。它们通常被称作 Stackelberg 均衡和纳什均衡，但这些术语实际上却起了误导作用。在两种情况下，均衡概念都是相同的：“精炼”纳

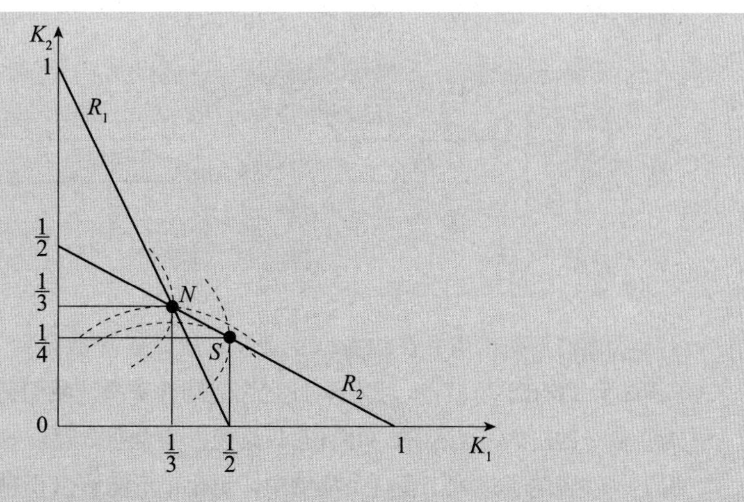

图 8.3　Stackelberg 结果

什均衡。两个博弈只是在时序上不同。在 Stackelberg 博弈中，企业 1 有机会在企业 2 之前选择自己的资本水平，而这又会影响企业 2 的决策。

我们推断，进入时间的不对称性使得企业 1 能够限制企业 2 的资本水平。为了做到这一点，与一个同时移动的均衡比较而言，企业 1 要积累更多的生产能力。结果，企业 2 投资的边际盈利减少，使得企业 2 没有积累过多生产能力的积极性。对更为一般的利润函数而言，经济学直觉也是相同的；通过扩大 K_1，企业 1 降低了企业 2 从投资中所获取的边际利润（Π_2^2）（只要 $\Pi_{12}^2<0$）。因此，企业 2 减少投资，可使竞争对手获益（$\Pi_2^1<0$）。

应该强调一下资本水平的不可逆性（即资本在将来不能被削减这一事实）的作用。企业 1 事后没有处在其反应曲线之上；对于 $K_2=1/4$，它的最优反应是 $K_1=3/8<1/2$。在企业 2 选择了 K_2 之后，如果企业 1 能降低 K_1，它就会这样去做。但如果企业 2 预计到企业 1 会作出这种反应，它就选择$K_2>1/4$。在这个意义上，企业 1 的灵活性会使它自己蒙受损失。投资成本成为沉没成本这一现实成为一个退出壁垒，并使得在位者承诺作出高额投资。

所以，重要的是如果资本投资要有承诺价值，它必须是难以逆转的。特别是，如果在位者使用的机器可以很容易地在二手市场上重新出售，那么在位者的资本投资便不满足上述条件。资本折旧越慢，对企业而言，其专用性越强，它的承诺效应就越大。

承诺价值和与之相关的“自断归路”概念在经济学之外有着普遍的应用。一个常被引用的例子是，两国军队都希望占据两国之间的一座岛屿，这座岛屿与两国都有桥梁相接（见图 8.4）。每支军队都宁肯让对手占据岛屿，也不愿开战。军队 1 有一点博弈论的知识，占据岛屿之后，烧掉了它与本国相连的桥梁。从而军队 2 除了让军队 1 据有岛屿之外，别无选择。这是因为，它知道军队 1 除了击退这场进攻之外没有退路。这就是承诺行动悖论：军队 1 通过缩小其选择集合而使自己更加有利。

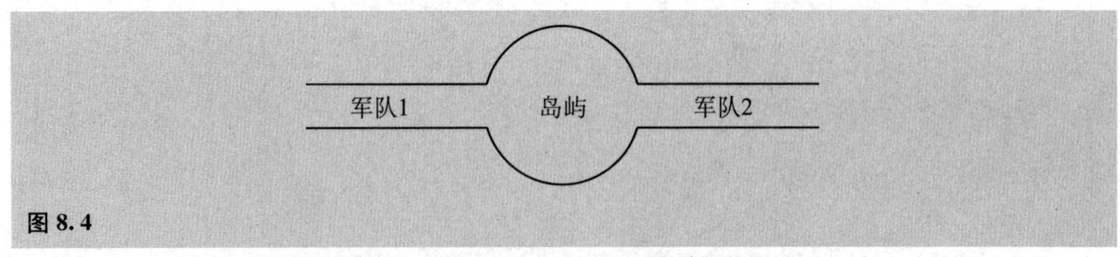

图 8.4

上面的均衡给出了在位者（企业 1）是如何降低企业 2 的进入规模的。依照 Caves 和 Porter（1977），我们将此记为流动性壁垒。我们还要说明，由于企业 1 认为企业 2 的进入是当然的，并且它只是想影响企业 2 随后的行为，因此，在这种情况下，它容纳了进入。在这个模型中，企业 1 不能够阻止进入。只有当 $K_1\geqslant 1$，而这会给企业 1 带来负利润时，企业 2 才不会进入 $[K_2=R_2(K_1)=0]$。在经济学意义上，这意味着企业 2 进入市场总是值得的，即使进入规模很小。如果企业 1 的利润为正，企业 2 可以选择一个较小的资本水平，它几乎不能对市场价格产生影响并赚取利润。

在规模报酬递增的条件下，这种小规模进入是无利可图的。为描述进入遏制的可能性，我们把一项固定进入成本 f 引入模型。假设企业 2 的利润函数如下：

$$\Pi^2(K_1, K_2)=\begin{cases}K_2(1-K_1-K_2)-f & \text{如果 } K_2>0\\ 0 & \text{如果 } K_2=0\end{cases}$$

假定 $f<1/16$，如果企业 1 像从前一样选择 $K_1=1/2$，则企业 2 选择 $K_2=1/4$ 并赚取利润 $(1/16-f)>0$。但是，对企业 1 而言，K_1 这个选择可能不是最优的，它可以通过完全地阻止企业 2 的进入来提高自己的利润。挫败进入的资本水平 K_1^b 由

$$\max_{K_2}[K_2(1-K_2-K_1^b)-f]=0$$

或

$$K_1^b=1-2\sqrt{f}>\frac{1}{2}$$

给出。[21] 图 8.5 中给出的企业 2 的反应曲线直到 K_1^b 都是与图 8.3 中给出的反应曲线一致的，当 $K_1>K_1^b$ 时，它与横轴重合。当企业 1 阻止了企业 2 的进入时，它的利润是

$$\Pi^1=(1-2\sqrt{f})[1-(1-2\sqrt{f})]=2\sqrt{f}(1-2\sqrt{f})$$

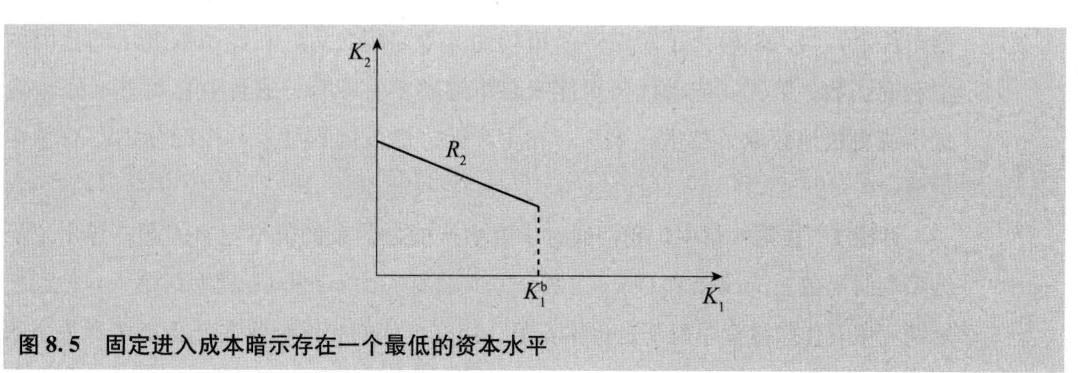

图 8.5　固定进入成本暗示存在一个最低的资本水平

如果 f 趋于 1/16，企业 1 所获取的利润大于 1/8。因此，企业 1 的兴趣在于彻底挫败企业 2 的进入，而不只是限制它的规模。由于资本积累超过 K_1^b，这会降低利润（K_1^b 大于垄断资本水平 1/2），所以企业 1 选择 $K_1=K_1^b$，达到了阻止进入的目的。[22]

用 Bain 的术语来说，f 稍低于 1/16 的均衡是被遏制的进入均衡；反之，$f=0$

（或更一般而言，f 很小）的均衡是被容纳的进入均衡。若 $f>1/16$，企业 1 只是选择垄断资本水平 $K_1^m=1/2$ 便可封锁进入。[23]

习题 8.3*：像固定成本一样，如果把不可分性与先动优势结合起来，我们可能会得到一个垄断结构。假定企业必须建立整数个工厂 0，1，2，…。建立 n 个工厂的成本是 $3.5n$。每个工厂生产一单位产出，不存在可变成本，市场价格为 $p=6-K$，K 表示行业总生产能力（工厂数目）。

（1）证明一个垄断者只建立一家工厂。

（2）考虑双寡头竞争者同时选择其工厂数目 K_1 和 K_2，记 $p=6-K_1-K_2$。证明在古诺均衡中，每家企业只建立一个工厂。

（3）假定企业 1 在企业 2 之前建立工厂。证明企业 1 会建立两个工厂而企业 2 不进入市场。评论一下（3）的结果与投资和固定成本连续的情况下所得到的结果的异同。

8.2.2 讨论和扩展

8.2.2.1 简约型利润函数

我们现在回过头来解释利润函数。实际上，在 Stackelberg 两阶段博弈中，选择变量是生产数量。这（至少）留给我们三个没有解答的问题：数量竞争的意义是什么？为什么一家企业会享有先动优势（即首先选择其数量）？为什么数量具有承诺行动价值？Spence（1977，1979）和 Dixit（1979，1980）主要是通过把 Stackelberg 的数量变量解释成生产能力（就像我们所表示的那样），使 Stackelberg 模型获得了一致性。这样做为上述三个问题提供了答案：第一，在生产能力水平给定的条件下，当人们解出了短期产品市场的竞争问题之后，利润函数表示的是简约型利润函数。第二，先动优势可能来自下述事实，即有一家企业比另外一家企业更早或更快地获取了技术。第三，在生产能力沉没的程度上，生产能力具有承诺价值。

评论 1 在第 5 章中，我们通过求解生产能力约束的价格竞争问题，导出了简约型利润函数。Spence 和 Dixit 在两个方面偏离了 Stackelberg 模型。第一，他们把短期竞争看作数量竞争而不是价格竞争。第二，他们允许企业在产品市场竞争中积累更多的生产能力。考虑 Dixit（1980）的模型。在时期 1，企业 1 选择了生产能力 K_1，成本为 c_0K_1。以后，这个生产能力可能还会增加，而不会减少。企业 2 观察到了 K_1。然后，在时期 2，两家企业同时选择产量（q_1 与 q_2）和生产能力（$\widetilde{K}_1$ 与 K_2），且 $\widetilde{K}_1\geqslant K_1$。生产的单位成本是 c。产量不可能超过生产能力：对于所有的 i，$q_i\leqslant K_i$。在产出给定的条件下，价格等于市场出清价格。

企业 2 面对的短期和长期边际成本等于 c_0+c，它显然会使生产能力与产量相等($K_2=q_2$)。对于 $q_1\leqslant K_1$，企业 1 承担的短期边际成本是 c；大于 K_1 的任何一单位产量的成本都是长期边际成本 c_0+c。图 8.6 中给出了短期边际成本曲线，它告诉我们，为什么生产能力具有承诺价值：对于产量 $q_1\in[0, K_1]$，它降低了生产的事后边际成本，并因此使得企业 1 愿意在时期 2 先生产 K_1 单位产量。为了说明清楚，我们可以考虑两个反应函数。如果企业同时选择资本水平和产量水平（即如果不存在先动优势），企业在作出生产决策时，面对的单位生产成本将是 c_0+c。我们假设需求曲线是线性的($p=a-bq$)，企业 i 将最大化

$$q_i(a-b(q_i+q_j)-c_0-c)$$

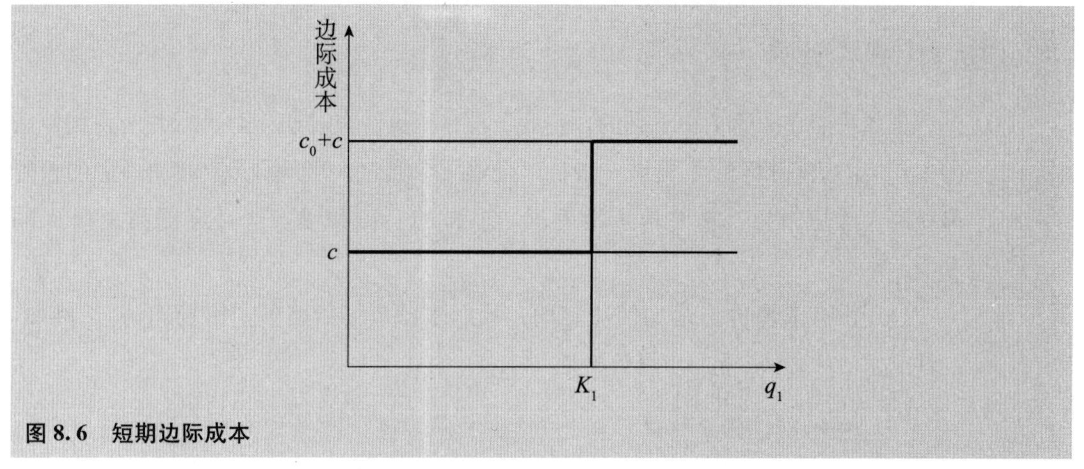

图 8.6　短期边际成本

显然企业积累生产中得不到使用的生产能力是毫无意义的，因此，反应函数是

$$R_i(q_j)=(a-bq_j-c_0-c)/2b$$

再接下来考察 Dixit 两阶段博弈，在这个博弈中，企业 1 在时期 1 选择生产能力，并在时期 2 作出生产决策；与此相对应，企业 2 在时期 2 既选择生产能力又作出生产决策。在时期 2，企业 2 的反应函数是

$$R_2(q_1)=(a-bq_1-c_0-c)/2b$$

然而，企业 1 在时期 2 具有一个不同的反应函数，称作短期反应函数。直到 K_1，它承担的边际成本只是 c，因此，其反应函数为

$$\widetilde{R}_1(q_2)=(a-bq_2-c)/2b>R_1(q_2)$$

当产量大于 K_1 之后，短期与长期反应函数一致，即

$$\widetilde{R}_1(q_2)=R_1(q_2)$$

因此，我们从图 8.7 中 $\widetilde{R}_1$ 和 R_2 的交点便可得到作为 K_1 的函数的第二期均衡。

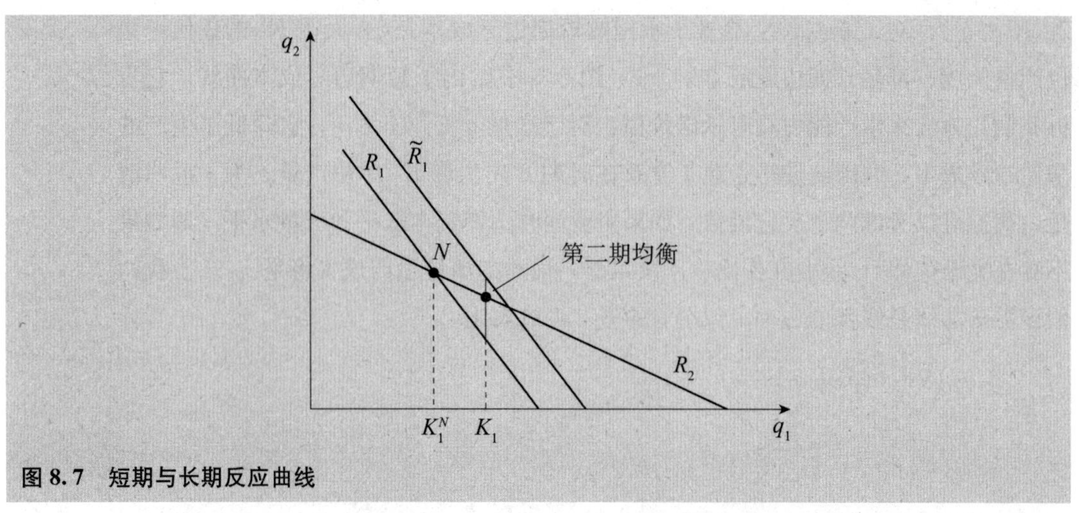

图 8.7 短期与长期反应曲线

正如我们在图 8.7 中看到的，企业 1 没有积极性在时期 1 对事后并未得到使用的生产能力进行投资。[24]更进一步讲，企业 1 会通过大于纳什生产能力 K_1^N 的投资而获利，这是因为，它使均衡沿着 R_2 向 N 的右侧移动，这又会提高企业 1 的利润。

这还没有解释价格是如何决定的。我们假设市场价格使“市场出清”。例如，线性需求 $p=a-bq$ 下的市场价格是

$$p=a-b(q_1+q_2)$$

假设在时期 2，企业使它的产量等于生产能力 $q_i=K_i$（这实际上是推导的一部分），我们可以把简约型利润函数写为

$$\Pi^i(K_i, K_j)=K_i(a-c_0-c-b(K_i+K_j))$$

对于 $a-c_0-c\equiv 1$ 与 $b\equiv 1$，它具有与从前相同的形式。

8

拍卖人的出现照样不能完全令人满意。对 Spence-Dixit 博弈一个更加现实的描述可能要包含一个“双重能力约束博弈”。第一重能力约束是指生产能力，它限制了产量水平；只要 $q_i\leqslant K_i$，边际成本即为 c。第二重能力约束是指销售能力，它制约了销售水平——企业 i 的销量不能大于其产量：$x_i\leqslant q_i$，这时 x_i 指销售水平。这种解释只不过为博弈增加了第三个阶段，在这个阶段，企业在其产量约束下选择价格。

文献中研究的一个问题是，在阻止进入之后，企业 1 会保持理想生产能力以阻止企业 2 的进入吗？将数量竞争作为短期产品市场竞争的范式，Spence 对此作出了肯定的答复。但 Dixit 证明，Spence 的结论源自下述事实，即 Spence 均衡不是一个精炼均衡。[25]实际上，如果需求函数是凹的，垄断者会运用可以阻止进入的任一生产能力。Bulow 等（1985a）证明，当需求函数很凸，致使反应曲线向上倾斜时，Spence 的过度生产能力可能会重新出现。

Schmalensee（1981）运用了 Spence - Dixit 模型；但是，他假设如果企业进行生产，则其产量不能低于某个最小产量水平 K_0（因此，$q_i \geqslant K_0$），而没有引入固定进入成本。他把 K_0 解释为最小有效规模。运用“最小有效规模相对行业需求往往较低（一般低 10%）”这一经验证据，他论证说，这种进入壁垒不能解释在位企业为何会获得高利润。

习题 8.4****：**这个习题的第一部分回顾了简约型利润函数是怎样从短期价格竞争中推导出来的。第二部分［受 Matsuyama 和 Itoh（1985）的启发］说明了怎样利用进入壁垒模型分析保护弱质产业的合意性。

（1）两家企业生产完全替代品，生产的边际成本均为 0（以生产能力约束为限）。需求函数为 $p=4-(q_1+q_2)$。企业具有生产能力约束：$q_i \leqslant K_i$。单位生产能力成本为 3。运用垄断解证明 K_i 不会超过 1。运用这一上界推断，当企业受到生产的约束并同时选择价格时（假定生产能力固定且为共同知识），两家企业都开价 $p=4-K_1-K_2$；要说明这一点，假定实施有效配给规则或比例配给规则。

（2）企业 1 是一家外国企业，企业 2 是一家国内企业。考虑下面的“无保护”三阶段博弈：

1）企业 1 选择生产能力 K_1。

2）在知道 K_1 后，企业 2 选择生产能力 K_2。

3）在知道 K_1 和 K_2 后，企业同时定价。

（也就是说，外国企业拥有先动优势。）国内企业面对一项进入成本 $f=1/16$。计算出均衡与福利水平（这里，福利＝消费者剩余＋国内企业利润）。证明，迫使外国企业到时期 2 才可在国内投资（因此，两家企业同时选择 K_1 和 K_2）的一项“有限保护”政策会使福利增加。

评论 2　在生产能力约束下，把利润函数看作对价格竞争而言的简约型利润函数，可使我们进行某种福利分析。在 Stackelberg 例子中（见 8.2.1 小节），令 $p=1-K$ 为需求函数，$K=K_1+K_2$ 表示行业的生产能力和产量（需求函数的截距减去投资和生产成本——见评论 1）。这个行业中，社会最优结果是生产行业产量 $K=1$。在双寡头竞争中，福利损失是由需求曲线与边际成本曲线（在这里，它就是横轴，因为边际成本已被标准化为 0）之间的三角形面积度量的；见第 1 章。如果 p 为市场价格，由垄断或双寡头定价所导致的福利损失等于 $p^2/2$。如果进入者进入市场，固定进入成本必须计入福利损失，这是由于社会最优生产只包含一个企业（进入者没有带来任何成本节约）。

首先，假设不存在进入成本。两家企业同时投资时的市场价格（$p=1/3$）高于企业 1 先于企业 2 投资时的市场价格（$p=1/4$）。因此，一个社会计划者不会反对序贯进入。

但是，当存在进入成本时，情形可能就大不一样了。如果两家企业同时投资，

8

福利损失等于 $f+1/18$。[26]当企业 1 先投资时，如果固定成本大到可以制止企业 2 的进入，则福利损失等于 $(2\sqrt{f})^2/2=2f$。[27]于是，如果 $f>1/18$，则序贯进入时的福利损失要大于同时进入时的福利损失（只要进入被制止，$f<1/18$，就会出现相反的情况）。尽管对进入遏制所作的福利分析是模棱两可的，但这不足为怪，从第 7 章中我们知道，进入总会导致某个方向上的偏离。如果从消费者剩余的不可占用性效应中获取私人利益（只要生产能力被运用），当进入者把在位者的生产能力视为固定的时，进入者增加生产能力对社会是有益的。在位者为制止进入而增加生产能力也使行业生产能力有所增加，而又没有浪费进入成本。

8.2.2.2 多个在位者

有几位作者研究了多个在位者情形下的进入遏制问题，或是序贯进入模型，其中，尤其值得一提的有 Bernheim（1984），Gilbert 和 Vives（1986），McLean 和 Riordan（1985），Vives（1985），Waldman（1987）。

这些文献讨论的一个问题[28]是，进入遏制是否为一种公共产品。上述考察的单一在位者-单一进入者模型提出了下面的猜测：为阻止进入，在位者承担了一项成本。在存在多个在位者的条件下，进入遏制会成为一种公共产品；如果第一个在位者通过积累大量生产能力制止了进入，则其他在位者也会从中受益。每个在位者都想阻止进入，而不愿承担相关的成本。

为了理解为什么在位者在阻止进入的时候可能会发生投资不足，回顾一下经典的非合作出资问题将对我们的理解有所帮助。考虑一个由两人组成的共同体。这个共同体可以实施一个成本为 1 美元的项目。共同体的每个成员对这个项目的评价都是 2/3 美元，因此，没有一个人愿意承担项目的全部成本；但是，合作行动是令人满意的，这是因为项目的社会价值 4/3 美元大于其成本 1 美元。假定共同体成员同时选择对该项目的投资数额。如果两人投资之和为 1 美元或者更多，项目便得以实施；否则，项目不能得以实施。任何余下的货币都会按照某个规则进行再分配。在这个博弈中，存在两类纯策略纳什均衡。在第一类中，两个成员都不对项目进行投资，因而项目不能实施。在第二类中，每个成员 i 都通过捐献 a_i 对项目进行投资，$a_1+a_2=1$；这时项目得以实施。（如果由于项目没有实施，资金将退还到出资人手中，那么这种均衡就构成一个连续统，它可表示为，比方说，a_1 在区间 [1/3，2/3] 内。）[29]

现在，我们来考察两个在位者（企业 1 和企业 2）同时选择生产能力的情况。当且仅当 $K_1+K_2\geqslant K^b$ 时（K^b 表示能阻止进入的行业生产能力），进入者（企业 3）才不会进入市场。

我们看似面对的是一个公共产品问题，从在位者的角度来看，存在着总投资过少的可能性。Gilbert 和 Vives（1986）证明，这种直觉可能是错误的。原因在于，与一般的公共产品问题不同，供给公共产品（并因此有助于阻止进入）并不必然代

价就高。假定进入被制止，并且 $K_1+K_2=K^b$。记在位者的利润为

$$K_i(P(K^b)-c_0-c)$$

$P(\cdot)$ 是逆需求函数，而 c_0 和 c 是投资和事后单位可变成本。由于价格必须大于总单位成本，每家企业都愿意拥有对于给定价格水平的最大可能资本水平。于是，在实际制止进入的条件下，每家企业都愿意为制止进入尽可能地贡献力量（这与公共产品的情况相反）。Gilbert 和 Vives 实际上发现，只有过度投资会发生。下面的习题更详细地说明了为什么过度投资会发生。对于更一般的模型而言，结论是更为含混不清的；见 Waldman（1987）以及 McLean 和 Riordan（1985）。

习题 8.5**：考虑上述两个在位者-一个进入者博弈。记

$$\Pi^i=K_i(P(K_1+K_2+K_3)-c_0-c)$$

为企业 i 的利润函数，$i=1$，2，这里，

$$K_3=\begin{cases}R_3(K_1+K_2) & \text{当 } K_1+K_2<K^b \text{ 时}\\ 0 & \text{当 } K_1+K_2\geqslant K^b \text{ 时}\end{cases}$$

（企业 3 面临一项固定进入成本）。记

$$\Pi^b\equiv K^b(P(K^b)-c_0-c)$$

为企业 1 和企业 2 恰好阻止了企业 3 进入时的行业利润。证明，如果在位者的非合作均衡允许进入，那么 $\Pi^1+\Pi^2\geqslant\Pi^b$（因此，当在位者制止进入时，不存在投资不足的问题）。

8.2.2.3　为被买断而进入

我们假设进入之后的市场组织采取的是在位者与进入者（如果进入者进入市场）之间进行竞争的形式。假定不存在兼并障碍，即不存在法律禁令，不存在关于资本价值的信息不对称，转让资本没有直接成本，以及资产出售者有可能作出承诺不再返回并在市场中重新进行投资。如果在位者兼并了进入者，或者进入者兼并了在位者，市场结构可能会变成垄断。实际上，如果兼并是无成本的，在进入者进入之后，企业有积极性进行兼并，这是因为，只要一家企业拥有两家企业的资产，这个垄断者至少会与一个双寡头竞争者做得一样好。当然，垄断化所带来的收益的分配是在为兼并而进行的讨价还价过程中决定的，而且它也依赖于“威胁点”，即当两家企业没能达成协议而必须在产品市场上展开竞争时，它们所获得的利润。只要进入者具有某种讨价还价的力量，它就可以榨取伴随兼并所产生的行业利润的增加额。这意味着，对于一项给定的投资（这里是指生产能力），兼并的可能性增加了进入者进入后的利润。基本原因在于，买断的前景鼓励了进入。但我们应该指出，

兼并在事后使市场集中度增加了。关于社会不当效应的一个例子是，在位者可能购买了进入者的生产能力，并对其进行部分削减（也就是说，在位者在兼并进入者之后，拥有的生产能力可能过剩）。见 Rasmusen（1987）关于这一想法更深入的论述。

8.2.2.4 不确定性

Maskin（1986）扩展了 Schmalensee 形式的 Spence-Dixit 模型，他引入了有关需求或短期边际成本的不确定性。他论证说，与确定性相比，不确定性迫使在位者选择更高的生产能力以阻止进入。这增加了进入遏制成本，使遏制发生的可能性变小。

8.2.2.5 资本积累

基本模型是非常简化的，它假设企业可以在突然之间进行生产能力的积累。更进一步讲，这些生产能力不能降低，也不发生折旧。在实际中，生产能力积累与调整是需要时间的（由于技术不可分性，它可能会呈现出起伏的形式）。生产能力的扩张强加了调整成本。[30]在产品生命周期之初，需求是增长的，这使得早期所进行的完全生产能力积累成为一种代价高昂的策略。因此，企业为获取 Stackelberg 领先地位的资本积累博弈值得我们探究。

8.2.3 其他形式的资本

我们已经看到有形资本将怎样帮助企业建立进入壁垒。如果其他类型的资本具有承诺价值（即它们是不可逆的，至少在短期中它们是这样的），则它们也会与有形资本具有同样的效应。考虑下面这三个例子。[31]

干中学 在某些行业中，在位者从过去生产时期中所获得的经验会使其现期生产成本降低，因而经验可被考虑成资本的一种形式。这种经验赋予在位者一种竞争优势，因而它可挫败其他企业的进入。实际上，某些咨询公司（例如波士顿咨询公司）已表明，早期生产的高强度会带动干中学，因而，可以策略性地将高强度生产用于积累经验这一目的。但不管怎么说，这一论点多少有些不够清晰，这一点我们会在 8.4 节中看到。

习题 8.6**：(1) 在两个时期（A 和 B）中，一个垄断者面对的需求曲线都是 $q=1-p$。在时期 A 中，其单位成本为 c；在时期 B 中，其单位成本为 $c-\lambda q^{A}$，q^{A} 表示第一期的产量（企业干中学）。时期之间的贴现因子 $\delta=1$。证明，第一期产量是 $d/(2-\lambda)$，其中 $d\equiv 1-c$。

(2) 现在假定垄断者（企业 1）在第二个时期面对一个进入者（企业 2，其单位成本为 c）。它们进行古诺（数量）竞争，从中产生的利润是

$$\Pi_i^{B}=(1+c_j^{B}-2c_i^{B})^2/9$$

产量是

$$q_i^{\mathrm{B}}=(1+c_j^{\mathrm{B}}-2c_i^{\mathrm{B}})/3$$

分别就（a）进入者在第二期竞争开始之前没有观察到 q_1^{A} 以及（b）进入者在第二期竞争开始之前观察到 q_1^{A} 这两种情形写出决定 q_1^{A} 的一阶条件。在哪种情形下，垄断者的第一期产量高些？（不必计算 q_1^{A}；只要从商业策略方面给出经济学直觉和解释就行了。）如果进入者面对一项固定进入成本，情况会发生什么变化？

拓展客源　拓展客源的决策是一项资本决策，它可以使在位者的产品需求增加。显然，如果属于在位者的顾客数目相当可观，则进入者的潜在需求便会较小。企业非常清楚广告支出与促销活动不仅会提高其产品的知名度，而且会使其“优先”获取需求。消费者的信息越不完备，改变供给者的成本对消费者越重要，顾客效应就越大。[32]

建立独家专卖权网络　这是一项会增加进入者分销成本的资本决策。[33]在位者通过一开始选择更具实力的零售商并赋予其专有权，确保自己能得到它们的服务。[34]一些经济学家对外国生产者试图进入美国汽车市场所遇到的初始困难给出了上述解释（但是，由于独占性供应合同往往持续的时间较短，所以这一点是有争议的）。

上述两个壁垒——拓展客源与建立独家专卖权网络——是抢先策略。下面给出关于这些策略的另外两个重要例子。

- 在地理或产品空间中选择一个“策略位置”常常是很重要的，这是由于它具有承诺效应（在位者自身的固定成本不能轻易地得以补偿；“企业要留在这里”）。见8.6.2小节对这一问题更深入的讨论。
- 一项新产品可以使在位者抢先于竞争对手，特别是当该产品取得了专利时。

在不完全竞争理论中，抢先以及为成为第一而进行的“竞赛”是不完全竞争理论中很重要的概念。

“明白无辜”行为的问题　以理论的角度来看，在在位者所作出的每一种非竞争行为的情况下，规定政府干预的政策是可能的。那些有责任保护竞争的机构（例如反托拉斯当局）非常清楚，事情绝没有那么简单。要证明某类行为对竞争有益是非常困难的。在实际中，关于需求函数、成本结构、资本积累的数量等方面，反托拉斯当局要比企业拥有的信息少。政府的决策制定者面对两难选择。当然，反托拉斯当局不能起诉在位者为消费者提供信息来增加其产品需求，投资于R&D或进行物质资本积累来降低自己的成本或者积累经验。但是，我们怎么会知道一家企业是否以一种完全清白的方式完成它的“资本”积累呢？问题在于，使企业自身更加完善的大多数决策也会使它拥有一个对于潜在竞争而言的有利地位。[35]

8.3 竞争策略的分类

Stackelberg 模型的要点是，承诺行动的价值在于它会影响竞争对手的行动。在生产能力积累博弈中，在位者过度投资，迫使进入者限制自己的生产能力。本节的目的是要定义“过度投资”和“投资不足”的概念，而且更为一般地讲，本节想要提供一个用以考察经营策略的两期分析结构，包括对可能的策略进行分类。本节的思想基础在很长时间内是非正式地为人所知的。近来，Fudenberg 和 Tirole（1984），Bulow，Geanakoplos 和 Klemperer（1985b）独立地给出了综合这些思想的分析结构。[36]我们应用简单两期模型中策略效应的基本分析结构，可以预测产业组织中许多策略相互作用的结果。

考虑下面的两期两家企业模型。在时期 1 中，企业 1（在位者）选择某个变量 K_1（例如，生产能力）。我们将称 K_1 为一项投资，虽然我们在后面将会看到，“投资”一词是在非常广泛的意义上被使用的。企业 2 观察到了 K_1 并决定是否进入市场。如果它不进入市场，它获取的利润是 0。这样在时期 2 中，在位者享有垄断地位，获得的利润是

$$\Pi^{1m}(K_1,\ x_1^m(K_1))$$

式中，$x_1^m(K_1)$ 表示时期 2 的垄断选择，它是 K_1 的函数（举例而言，x_1 是企业 1 的产量）。如果企业 2 进入市场，两家企业将同时作出时期 2 的选择 x_1 和 x_2。它们的利润分别是

$$\Pi^1(K_1,\ x_1,\ x_2)$$

$$\Pi^2(K_1,\ x_1,\ x_2)$$

习惯上，企业 2 的进入成本是 Π^2 的一部分。我们假设这些函数都是可微的。

假定企业 1 选择了某个水平的 K_1（在本段中，它被视为给定的），而企业 2 进入市场，进入后选择 x_1 和 x_2 是由一个纳什均衡决定的。我们下面分析 K_1 的变动对纳什均衡的影响，假设这一纳什均衡

$$\{x_1^*(K_1),\ x_2^*(K_1)\}$$

是唯一的和稳定的。“稳定性”与下面所设想的试验有关。假定企业 1 任意选择了一个 x_1。企业 2 选择一项行动 $R_2(x_1)$ 对此作出反应，$R_2(x_1)$ 是通过最大化 $\Pi^2(K_1,\ x_1,\ x_2)$ 而得到的。然后，企业 1 选择一项行动 $R_1(R_2(x_1))$ 对 $R_2(x_1)$ 作出反应，$R_1(R_2(x_1))$ 是由 $\Pi^1(K_1,\ \tilde{x}_1,\ R_2(x_1))$ 对 $\tilde{x}_1$ 求最大化而得到的，等等。这给出了一个序贯调整过程，其中两家企业都是短视的（即它们忽视了自身的调整行为对竞争对手的影响；或者，它们是理性的，但贴现因子 $\delta=0$）。纳什均衡

$$\{x_1^*(K_1),\ x_2^*(K_1)\}$$

是稳定的，如果这样一个调整过程从任何一个初始位置起都收敛于均衡配置。[37] 图 8.8 描述了稳定性。

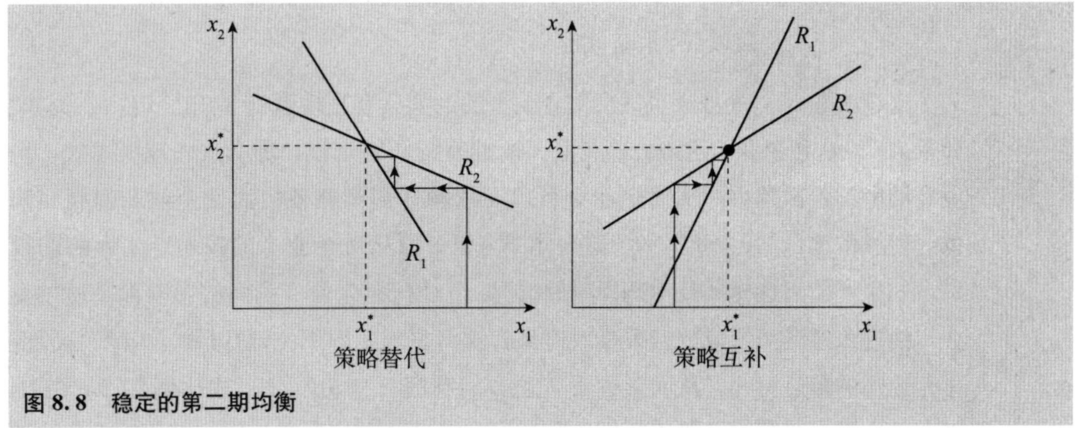

图 8.8　稳定的第二期均衡

我们现在来考察在位者第一期对 K_1 的选择。如果企业 1 选择 K_1 使得

$$\Pi^2(K_1,\ x_1^*(K_1),\ x_2^*(K_1)) \leqslant 0$$

我们说企业 1 制止了企业 2 的进入。（这包括了进入封锁的情况，即企业 1 对 K_1 的垄断选择制止了进入。）如果

$$\Pi^2(K_1,\ x_1^*(K_1),\ x_2^*(K_1)) > 0$$

则企业 1 容纳了企业 2 的进入。我们要研究其中的哪一种情况要依在位者发现制止进入对其有利，还是发现容纳进入对其有利而定。为简化起见，我们还将假设

$$\Pi^1(K_1,\ x_1^*(K_1),\ x_2^*(K_1))$$

$$\Pi^{1m}(K_1,\ x_1^m(K_1))$$

对 K_1 是严格凹的，而且函数 $x_i^*(\cdot)$ 是可微的。

8.3.1　进入遏制

我们忽略进入被封锁那种索然无味的情况（这种情况中没有策略相互作用）。这样，在位者选择某个水平的 K_1 使之恰好制止进入[38]：

$$\Pi^2(K_1,\ x_1^*(K_1),\ x_2^*(K_1)) = 0$$

我们来考察企业 1 可以使用何种策略以使企业 2 的进入无利可图。为了做到这一点，我们求 Π^2 对 K_1 的全导数。由第二期最优化，我们得到

$$\frac{\partial \Pi^2}{\partial x_2}(K_1,\ x_1^*(K_1),\ x_2^*(K_1)) = 0$$

8

因此，K_1 通过企业 2 的第二期选择对 Π^2 的影响应被忽略不计（这是包络定理）。Π^2 对 K_1 的全导数只剩下两项：

$$\frac{d\Pi^2}{dK_1}=\underbrace{\frac{\partial\Pi^2}{\partial K_1}}_{\text{直接效应}}+\underbrace{\frac{\partial\Pi^2}{\partial x_1}\frac{dx_1^*}{dK_1}}_{\text{策略效应}}$$

通过改变 K_1，企业 1 也许会对企业 2 的利润具有直接影响（$\partial\Pi^2/\partial K_1$）。例如，如果 K_1 表示在企业 2 进入之前企业 1 所拥有的顾客规模，那么这一规模越大，企业 2 的市场份额越小，从而企业 1 可以不依赖任何策略效应而使企业 2 的利润降低。但经常地，$\partial\Pi^2/\partial K_1=0$。这表示 K_1 是一项只对企业 1 的技术产生影响的投资，如生产能力选择或技术选择时的情况。[39] 任何对企业 2 利润的影响都是通过企业 1 的进入选择而形成的。策略效应来自这个事实，即 K_1（通过 dx_1^*/dK_1）改变了企业 1 的事后行为，从而影响了企业 2 的利润（与 $\partial\Pi^2/\partial x_1$ 成比例）。K_1 在 Π^2 的总效应是直接效应与策略效应之和。

如果 $d\Pi^2/dK_1<0$，我们说投资使企业 1 变得强硬；如果 $d\Pi^2/dK_1>0$，我们说投资使企业 1 变得软弱。

显然，为制止进入，企业 1 想让自己看上去是强硬的。现在考察下面的竞争策略分类：

恶狗：企业大或强，使之看上去强硬或富有攻击性。

小狗：企业小或弱，使之看上去软弱或无恶意。

饿狼：企业小或弱，使之看上去强硬或富有攻击性。

肥猫：企业大或强，使之看上去软弱或无恶意。

如果投资使企业 1 变得强硬，那么企业 1 应“过度投资”以制止进入；也就是说，它应该运用“恶狗”策略。如果投资使企业 1 变得软弱，那么企业 1 应“投资不足”（即“饿狼”策略）以制止进入。[40]

例：为简化起见，考虑 8.2 节中 Spence-Dixit 模型的一个稍作修改的形式（同类推理适用于原始博弈）。其中，企业 1 选择一项投资 K_1。这项投资决定了企业 1 的第二期边际成本 $c_1(K_1)$，$c_1'<0$。[41] 在第二期中，企业 1 和 2 进行数量竞争：$x_1=q_1$，$x_2=q_2$（为便于解释，我们忽略企业 2 的投资选择）。在第二期中，企业 1 最大化

$$q_1(P(q_1+q_2^*)-c_1)$$

式中，P 是逆需求函数；c_1 是企业 1 的边际成本；K_1 增加会使企业 1 的反应曲线向右移动。[42] 假设数量是策略替代的，K_1 增加的作用如图 8.9 所示。当企业 1 的成本下降时，它有积极性使产量增加，这会降低企业 2 产量的边际价值。新的均衡包括企业 1 的一个更高的产量和企业 2 的一个更低的产量。这里的主要论点是，投资使企业 1 变得强硬（它使 q_1^* 增加，

从而损害了企业 2 的利益)。因此,“恶狗”策略适于制止企业 2 的进入。

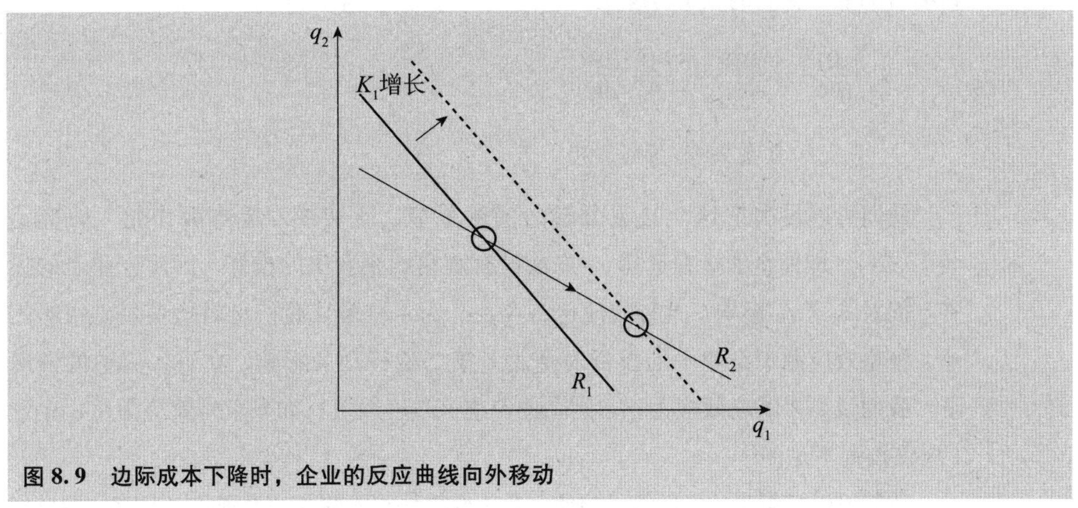

图 8.9 边际成本下降时,企业的反应曲线向外移动

习题 8.7*: 假定在上述 Spence-Dixit 博弈的改变中(这里企业 1 的投资使其边际成本降低),第二期竞争是价格竞争。两种产品有差别,而且是替代的(例如,第 7 章中的选址模型)。价格是策略互补的。应用图示分析,论证企业 1 必须过度投资以制止进入(假设进入未被封锁)。

例: 我们前面提到一种情况,其中 K_1 表示进入前企业 1 所拥有的顾客规模。(举例来说,你可把 K_1 视作企业 1 的支出,它至少会使某些消费者要付出高昂代价,才能转换供给者。[43]) K_1 的直接效应是使企业 2 的潜在市场缩小($\partial\Pi^2/\partial K_1<0$)。但是,如果企业 1 不能在其消费者之间实行完全价格歧视,策略效应对企业 2 的利润具有正好相反的影响;在理想状况下,企业 1 愿对其控制的消费者制定高价,而对非其控制的市场分划制定低价,它要与企业 2 就这部分市场展开竞争。但由于不存在价格歧视,企业 1 会制定一个中间价格,直觉上它会随企业所控制的顾客规模的增加而上升。也就是说,相当大的顾客规模可以使在位者变成一只“肥猫”,它不利于进入遏制。因而,总效应 $d\Pi^2/dK_1$ 是不确定的,而且,依具体参数而定,“恶狗”策略或者“饿狼”策略也许都适用于制止进入。

8

8.3.2 进入容纳

现在假定,企业 1 发现制止进入代价太大。其实,在进入遏制的情况下,企业 1 的第一期行为是受企业 2 的利润支配的,企业 1 要使之降为 0;而在进入容纳的情况下,企业 1 的第一期行为是受企业 1 的利润支配的。投资的积极性由

$$\Pi^1(K_1, x_1^*(K_1), x_2^*(K_1))$$

对 K_1 的全导数给出。

由包络定理，企业 1 第二期行动的变动对 Π^1 的影响是二阶的。由此，在进入容纳情况下，我们的基本方程是

$$\frac{d\Pi^1}{dK_1}=\underbrace{\frac{\partial\Pi^1}{\partial K_1}}_{\text{直接效应}}+\underbrace{\frac{\partial\Pi^1}{\partial x_2}\frac{dx_2^*}{dK_1}}_{\text{策略效应}}$$

我们可以再次把这个导数分解为两种效应。直接或“成本最小化”效应是 $\partial\Pi^1/\partial K_1$。即使企业 2 在选择 x_2 之前没有观察到企业 1 的投资，因而企业 1 的投资不能对 x_2 产生影响，这种效应也将存在。为了分类，我们将对这种效应忽略不计。策略效应源于企业 1 的投资对企业 2 第二期行动的影响。在进入容纳的情况下，我们说如果策略效应为正，则企业 1 应该过度投资；如果策略效应为负，企业 1 应该投资不足。[44]

我们可以把策略效应的符号与使企业 1 变得强硬或软弱的投资，以及第二期反应曲线的斜率联系起来。为了做到这一点，假设在 $\partial\Pi^1/\partial x_2$ 和 $\partial\Pi^2/\partial x_1$ 符号相同的意义上，两家企业的第二期行动本质相同。例如，如果第二期竞争是数量（价格）竞争，$\partial\Pi^i/\partial x_j<0$（$>0$）。运用下面由链式法则得到的事实

$$\frac{dx_2^*}{dK_1}=\left(\frac{dx_2^*}{dx_1}\right)\left(\frac{dx_1^*}{dK_1}\right)=[R_2'(x_1^*)]\left(\frac{dx_1^*}{dK_1}\right)$$

并整理，我们得到

$$\text{sign}\left(\frac{\partial\Pi_1}{\partial x_2}\frac{dx_2^*}{dK_1}\right)=\text{sign}\left(\frac{\partial\Pi^2}{\partial x_1}\frac{dx_1^*}{dK_1}\right)\times\text{sign}(R_2')$$

策略效应的符号，以及因而过度投资或者投资不足的规定是依进入遏制情况下策略效应的符号（当进入遏制情况下不存在直接效应时，它是与投资使企业 1 变得强硬还是软弱相等价的）和企业 2 反应曲线的斜率而定的。因此，依赖于投资使企业 1 变得强硬还是软弱[45]，以及第二期行动是策略替代的还是互补的（即反应曲线向下倾斜还是向上倾斜——见第二篇的引言），我们要区分四种情况。在所有这些情况中，企业 1 都试图通过其投资策略诱使企业 2 作出软弱的行动。

- 如果投资使企业 1 变得强硬，而且反应曲线是向下倾斜的，企业 1 进行投资便会诱使企业 2 作出软弱的行动；因此，企业 1 从策略目的出发，应该过度投资（即应该采取“恶狗”策略）。

- 如果投资使企业 1 变得强硬，而且反应曲线是向上倾斜的，企业 1 应该投资不足（即应该采取“小狗”策略）以不刺激企业 2 作出攻击性反应。

- 如果投资使企业 1 变得软弱，而且反应曲线是向下倾斜的，企业 1 应该采取“饿狼”策略。

- 如果投资使企业 1 变得软弱，而且反应曲线是向上倾斜的，企业 1 应该过度

投资而成为一只“肥猫”。

这些结论以及那些适用于进入遏制情况的结论被总结在图 8.10 中。

	投资形成企业 1	
	强硬的	软弱的
策略互补 ($R'>0$)	A 小狗 / D 恶狗	A 肥猫 / D 饿狼
策略替代 ($R'<0$)	A 和 D 恶狗	A 和 D 饿狼

图 8.10　最优经营策略*

*　A 表示容纳进入，D 表示制止进入。

例：考虑修改过的 Spence-Dixit 博弈。企业 1 投资会使其边际成本降低。第二期竞争或者是价格竞争，或者是数量竞争。像从前一样，我们假设价格是策略互补的，而数量是策略替代的。边际成本降低在数量博弈中使企业 1 的产量增加，在价格博弈中使企业 1 的价格下降（见 8.3.1 小节）。

在数量博弈中，企业 1 的产量越高，企业 2 的产量越低。因此，企业 1 希望过度投资，即成为一只恶狗。因此，无论它希望制止进入还是容纳进入，企业 1 的策略都是相同的，这是因为，在数量博弈中企业 1 的强硬既对企业 2 不利，又会使之软弱。

但在价格博弈中，情况就不同了。企业 1 制定低价会迫使企业 2 也制定低价，这反过来又会有损于企业 1 的利益。因此，企业 1 应该投资不足（即采取“小狗”策略）以使自己看上去不具有攻击性，这样就不会刺激企业 2 作出攻击性反应了。这样，企业 1 制止进入所使用的策略就会与容纳进入所使用的策略大不相同（制止进入要求使用“恶狗”策略），这是因为在价格博弈中，企业 1 的强硬虽然对企业 2 是不利的，但也会使之强硬起来。

此刻，你可能会问：“我对制止进入的情况有了一个清楚的了解，在这种情况下，企业 1 必须过度投资。但在容纳进入的情况下，最优策略过分依赖事后竞争的类型（价格竞争或数量竞争）；这时我怎样决定企业 1 应采取‘恶狗’策略还是‘小狗’策略？”在第 5 章中，你会看到回答这个疑问的一项要素，我们在那里把数量竞争解释成生产能力竞争。为发现最优策略，我们必须问问自己投资 K_1 是降低了积累生产能力的边际成本，还是降低了产生生产能力的边际成本。在这个模型之中，当投资使积累生产能力的成本下降时，我们便可预测，存在有力的策略性投资以容纳进入。反之，在容纳进入的条件下，一家企业可能不愿意降低生产成本而引发激烈的价格竞争。

8.3.3　退出引诱

上面的模型只考察了制止进入与容纳进入。假定企业 2 在时期 1 即存在于市场中，而且必须决定在时期 2 是留在市场中还是退出市场，在这种情况下，企业 1 在时期 1 的投资积极性是怎样的？诱使退出与制止进入非常类似。在这两种情况下，企业 1 希望在第二期使企业 2 无利可图，即

$$\Pi^2(K_1, x_1^*(K_1), x_2^*(K_1)) \leqslant 0$$

是企业 1 的适应目标，这里 Π^2 包括了进入或退出成本。因此，企业 1 的行为是受企业 2 的利润所驱使的，而且两种情况下的策略分类都是相同的。特别地，在图 8.10 中，“D 或 E”可用来代替 D，这里 E 表示退出引诱。

8.4 竞争策略分类的应用

我们现在转向 8.3 节的一些应用。其他应用将在第 9 章和第 10 章中给出。[46] 我们从第 5 章和第 7 章遇到的两个进入容纳的例子开始。然后，我们来考察一些新的例子。我们多半是非正式地对这些例子加以考察的，我们着重要解释怎样用所学到的猜想去预测最优商业策略和市场绩效（参考文献可供更为正式的分析所需。）。

在 8.3 节中，K_1 被解释为一项投资。更一般地讲，我们可以认为 K_1 是在时期 2 竞争之前企业 1 所采取的任何行动；例如，在下面的例 4 中，K_1 是指企业 1 是否提供了无歧视待遇条款，以什么价格提供这一条款。重要的是，这个行动是否为企业 2 所观察到；它使企业在第 2 期竞争中变得强硬还是软弱。实际上，K_1 甚至都不必是企业 1 所采取的行动，它可以是影响时期 2 竞争的任何变量。在下面的例 5 中，K_1 是指企业 1 在另外一个市场中的存在。在例 6 中，K_1 表示某个企业 1 所不可控制的变量（配额、关税或者补贴）。只要我们可以决定 K_1 使企业 1 变得强硬，还是使之变得软弱，我们的商业策略分类便可再次得到应用。唯一的修改工作只是语言上的：当 K_1 不是由企业 1 来控制时，“过度投资”或者“投资不足”的规定由较高的 K_1 使企业 1 获益还是使之不利这种说法来取代。我们还可把商业策略应用集合扩大，以包括所有企业在时期 1 都采取策略性行动的情况，或包括多期博弈。8.3 节中的简单模型仍是理解这些稍微复杂的模型的关键。

在下面的应用中，我们将假设价格是策略互补的，而数量（即生产能力）是策略替代的。这一关键假设将在 8.5 节中讨论。

例 1： 自愿限制生产能力。在第 5 章中，我们分析了一个两阶段（容纳）博弈，其中企业积累生产能力，然后制定价格。我们观察到，企业积累非竞争性的生产能力（在某些情形下是古诺生产能力水平）。事前生产能力积累被视作跳出伯特兰德悖论的一种方法。阻止一家企业进行大规模（竞争水平的）生产能力积累的原因在于，通过积累较小的生产能力，每家企业都发送了它不会采取攻击性价格策略的信号，而且当你无法满足市场需求时，你没有任何

理由降低产品价格。这个信号削弱了企业竞争对手的定价行为。像这样的自愿限制生产能力是"小狗"行为的一个例子。Gelman和Salop(1983)使这种观点更为严格。他们考察了一个模型,其中一个进入者的进入规模非常小,以不刺激具有大量生产能力的在位者作出攻击性反应。[47](在这个例子中,进入者是策略性局中人。)就像Wilson所指出的:

> 一个有用的例子是一家位于旅游胜地的在位旅馆:一个进入者建造了一家可与之相匹敌但较小的旅馆,该旅馆收费较低(膳宿费)。进入者可以预计到大旅馆会采取容纳行动,这是因为吸引小旅馆容纳不了的客流是符合在位者利益的,而降价直接与之竞争是不符合在位者的利益的……成功地完成对生产能力限制所作出的承诺行动有多种不同的方法。除了对可利用的供给施加直接限制外,进入者还可以把其产品限定在一个有限的市场范围内。在旅馆的例子中,进入者提供一份营养食谱也许就足够了。(1984, p.41)

例2:差异化原理。在第7章中,我们考察了两阶段进入与选址(容纳)博弈,其中企业在第二期进行价格竞争。根据企业不希望在产品空间中相继选址以避免剧烈价格竞争这个直觉,我们阐述了差异化原理。

回忆我们在7.1节中研究过的选址博弈会对我们有很大启发,在这个博弈中,两家企业沿着一条线段选择店址。当我们分析一家企业的最优决策时会看到两种效应:在价格给定的条件下,向线段中心移动会使企业的市场份额增加,利润增加。这是与8.3节中的直接或成本最小化(这里是利润最大化)效应相对应的。向另外一家企业移动会使价格竞争更为激烈。这个策略效应使得一家企业尽可能地远离另外一家企业选择店址。我们看到,企业的产品是存在差异的。(在我们的例子中,策略效应太强,使得发生最大差异。)产品差异是"小狗"行为的另一个例子。[48]把企业的资本视为其店址对线段中点的逼近程度,每一家企业所希望积累的资本都小于竞争对手行动(价格)被固定条件下它所希望积累的资本(即离开中点选址)。

8

例3:干中学。[49]人们常常论证说,经验作用可被用于策略性目的。实际上,20世纪70年代,有些咨询企业劝告其委托人在产品生命周期之初牺牲短期利润以获得策略地位,其理由是企业在产品生命周期之初大量生产(如通过降价)会使它的学习曲线迅速向下滑动并制止其他企业的进入(或至少限制其扩张)——例如,见波士顿咨询公司(1972)。

干中学类似于对技术或生产能力投资,这是因为,二者都使企业的未来成本下降。(这里我们假设了存在专门性学习。学习的外部性问题在后面分析。)但是,在干中学与其他投资之间存在着一个重大差别:干中学的成本对市场而言不是外生的,它是依企业的生产经验而定的。

为解释方便,我们来考虑一个两家企业的竞争。令每家企业的第二期边际成本随其第一期产量的增加而下降。我们首先假定企业在两个时期中都进行数量竞争。通过增加时期1的产量,一家企业发送了由于存在学习作用,其时期2的产量会更高的信号。由于数量是策略替代，这会使另一家企业时期 2 的产量减少。因此，在进入容纳博弈中进行数量竞争时，提前积累经验的“恶狗”策略是最优的。对进入遏制而言，它也是最优的，这是由于在位者降低第二期成本对进入者是不利的。

在价格竞争条件下，决定最优策略稍微有点复杂。对于进入遏制而言，“恶狗”策略仍是最优的：在位者今天制定低价会使之积累经验，而这又会使之在明天也制定低价。当在时期 1 市场中只存在一家企业时，进入容纳（就像在 8.3 节那样）给出了一个正好相反的结论：经验使在位者制定低价，而这会刺激其竞争对手也制定低价。对经验投资不足的“小狗”策略（即在第一期制定高价）就是因此得名的。与之相反，当时期 1 两家企业都在市场之中时，进入容纳给出了一个模棱两可的结论。今天的低价会使企业的产量增加并因此使其经验增加，使它在明天具有攻击性而刺激其竞争对手也制定低价（这是前面的策略效应）；但是，企业 1 制定低价也会使其竞争对手的市场份额减少并因此使其经验减少。竞争对手面对一个更高的第二期成本，因此，在第二期，它不会那么富有攻击性。该第二个效应要求企业采用“恶狗”策略；该效应在数量竞争中并不存在，原因在于一家企业不能影响其竞争对手的现期产量。我们事前并不清楚哪种效应会起支配作用。

总结 在存在专门性干中学的条件下，对于制止进入或诱使退出而言，积累大量经验的“恶狗”策略是最优的。在进入容纳博弈中企业进行数量竞争时，它也是最优的，但在进入容纳博弈中企业进行价格竞争时，它也可能不是最优的。因此，对于进入容纳而言，弄清干中学是指投资成本的下降（数量竞争）还是生产成本的下降（价格竞争）是很重要的。

我们现在来考察学习效应在企业之间交叉扩散的可能性（溢出效应）。[50] 这种外部性可以通过企业间雇员的流动、商业间谍行为、逆向工程（即把一件产品分解以学习它是怎样制造出来的）而产生。这样，干中学有点类似于公共产品并因此可能会是供给不足的。由学习扩散而来的新的策略效应与专门性学习情况下的“恶狗”倾向相反：没有企业愿意积累经验，因为这会帮助其竞争对手降低成本并使之更富有攻击性。[51]

例 4：无歧视待遇条款。在进入容纳框架中进行价格竞争的某家企业看上去必须是无恶意的，以不迫使其竞争对手降价。因而，这就像采取行动承诺制定高价一样。就像我们以前看到过的那样，这可以通过限制降低生产成本的投资来实现。当然，还存在其他承诺制定高价的方式。其中之一是赋予现期消费者无歧视待遇地位或价格保护［见 Hay（1982）和 Salop（1986）。这里的分析主要取自 Cooper（1986）对这种政策所作的正式考察］。

无歧视待遇条款对一家企业的现期顾客作出担保，他们所支付的现期价格与未来（到某个特定时刻止）最低价格之间的差额将会得到补偿。例如，20 世纪 60 年代及 70 年代早期，两家汽轮发电机制造商（通用电气公司和西屋电气公司）便对用户提供了价格保护，价格保护在产品售后的 6 个月之内是有效的。[52]

在我们考察这种政策可能会帮助企业进行合谋的原因之前，回忆 Stackelberg 价格领导模型也许对我们是有益的。考虑存在产品差异的双寡头竞争。图 8.11 给出了反应曲线和纳什（同时移动）均衡（p_1^*，p_2^*）。现在假定，企业 1 先于企业 2 选择其价格。如果它把价格从 p_1^* 稍稍提高，它的利润只受到二阶影响，这是由于下述事实的存在，即 p_1^* 是对 p_2^* 的一个最优反应（根据包络定理）。这个直接效应可被加入间接效应。间接效应是指企业 2 通过提价而对此作出反应。这一间接效应会使企业 1 的利润一阶增加。企业 1（Stackelberg 领导者）因此会选择一个高于 p_1^* 的价格。[53]

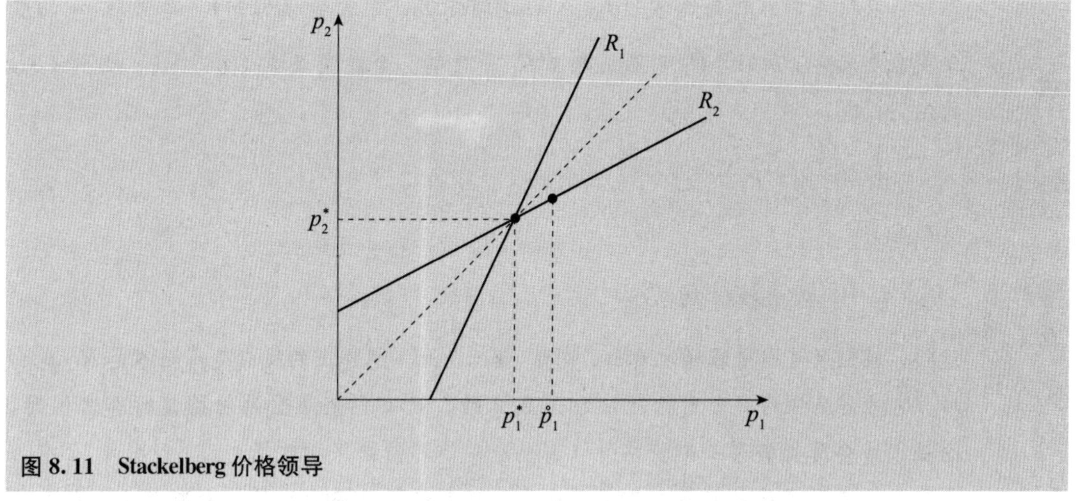

图 8.11　Stackelberg 价格领导

为什么即使对价格保护政策作出单边承诺行动可能也是合意的？Stackelberg 模型对此做了回答。考虑一个两期双寡头价格竞争博弈。在每个时期中，企业都同时选择其价格。需求函数 $D_i(p_i, p_j)$ 和成本函数（为了使用符号的方便，我们把它视为线性的）独立于时间。为简化起见，在两个时期之间，不存在贴现问题。在不存在价格保护政策的条件下，每个时期中的价格均衡都是纳什均衡（p_1^*，p_2^*）。

在存在价格保护的条件下，上述纳什均衡（不存在价格保护）不再是一个均衡。这也就是说，一家企业执行单边价格保护对它是有利的。为了看到这一点，假定企业 1 在第一期制定了一个稍高于 p_1^* 的价格 $\mathring{p}_1$，并提出补偿 $\mathring{p}_1$ 和其第二期将要制定的价格这二者之间的差额（如果前者高于后者）。假设消费者是短视的，也就是说，并不是因为他们预期到企业 1 会降价并发还他们某个金额，他们才从该企业购买产品。（我们下面将会看到，这些短视的消费者实际上是理性的，这是由于企业 1 不会降价。）因此，企业 1 的第一期需求是

$$\mathring{q}_1 \equiv D_1(\mathring{p}_1, p_2^*)$$

企业 1 的第二期利润是

$$\mathring{\Pi}^1(p_1, p_2) = \begin{cases} \Pi^1(p_1, p_2) & p_1 \geq \mathring{p}_1 \\ \Pi^1(p_1, p_2) - (\mathring{p}_1 - p_1)\,\mathring{q}_1 & p_1 < \mathring{p}_1 \end{cases}$$

这里

$$\Pi^1(p_1, p_2) \equiv (p_1 - c)D_1(p_1, p_2)。$$

由此，企业 1 第二期的边际利润在 $p_1 = \mathring{p}_1$ 时是不连续的。为了看出

$$\{p_1 = \mathring{p}_1, p_2 = R_2(\mathring{p}_1)\}$$

是第二期价格均衡，画出企业 1 第二期的反应曲线 $\mathring{R}_1$。（假设企业 2 没有提供价格保护，其反应曲线仍为通常的 R_2。）在通常情况下（无价格保护），每当对 p_2 的最优反应要求 $p_1 \geqslant \mathring{p}_1$ 时，$\mathring{R}_1$ 明显总是与 R_1 一致的。令 $\mathring{p}_2$ 满足 $R_1(\mathring{p}_2) = \mathring{p}_1$。由 $R_1(\cdot)$ 的定义，得

$$\Pi_1^1(\mathring{p}_1, \mathring{p}_2) = 0$$

这暗含着

$$\Pi_1^1(\mathring{p}_1, \mathring{p}_2) + \mathring{q}_1 > 0$$

这样，我们便可以很容易地看出，对 $\mathring{p}_2 - \varepsilon$，企业 1 想作出的反应是 $\mathring{p}_1$ 而不是 $R_1(\mathring{p}_2 - \varepsilon)$。这对企业 2 的一个价格区域也是成立的。只有当企业 2 的价格变得非常低时，企业 1 才会降低其第一期价格并（遗憾地）使其价格保护政策兑现。[54] 图 8.12 中给出了企业 1 的不连续的第二期反应曲线。理解这条反应曲线的一种有效方法是要注意到对 $p_1 < \mathring{p}_1$，

$$\mathring{\Pi}^1 = (p_1 - c)[D_1(p_1, p_2) + \mathring{q}_1] - (\mathring{p}_1 - c)\mathring{q}_1$$

就边际选择而言，上面表达式中的第 2 项是不相关的，因此，一切就像当 $p_1 < \mathring{p}_1$ 时，企业 1 面对的需求是 $D_1(p_1, p_2) + \mathring{q}_1$ 那样。因此，一旦反应严格小于 $\mathring{p}_1$，它就是对需求 $D_1(p_1, p_2) + \mathring{q}_1$ 作出反应；而一旦反应大于 $\mathring{p}_1$，它就是对需求 $D_1(p_1, p_2)$ 作出反应。

现在，我们回忆一下，我们选择的 $\mathring{p}_1$ 恰好大于 p_1^*。从图 8.12 中我们看到，第二期价格均衡由 $p_1 = \mathring{p}_1$ 和 $p_2 = R_2(\mathring{p}_1)$ 给出。[55] 也就是说，企业 1 成功地变成了 Stackelberg 领导者，因而，它使企业 2 的价格上升。企业 1 的利润一阶增加，这足以抵消第一期中其利润的二阶损失。因此，即使另一家企业没有执行价格保护政策，企业执行价格保护政策也是值得的。通过使未来降价代价高昂，企业运用了有利可图的“小狗”策略。它使企业第二期利润函数下移（即企业变得软弱），以承诺在第二期制定高价（以使自己看上去没有恶意）。但是，像在 Stackelberg 价格博弈中一样，执行价格保护政策的企业从此政策中比其竞争对手获益要少。见 Cooper (1986) 有关这个博弈的全解（在均衡中，或者一家企业提供价格保护，或者两家企业都提供价格保护）。

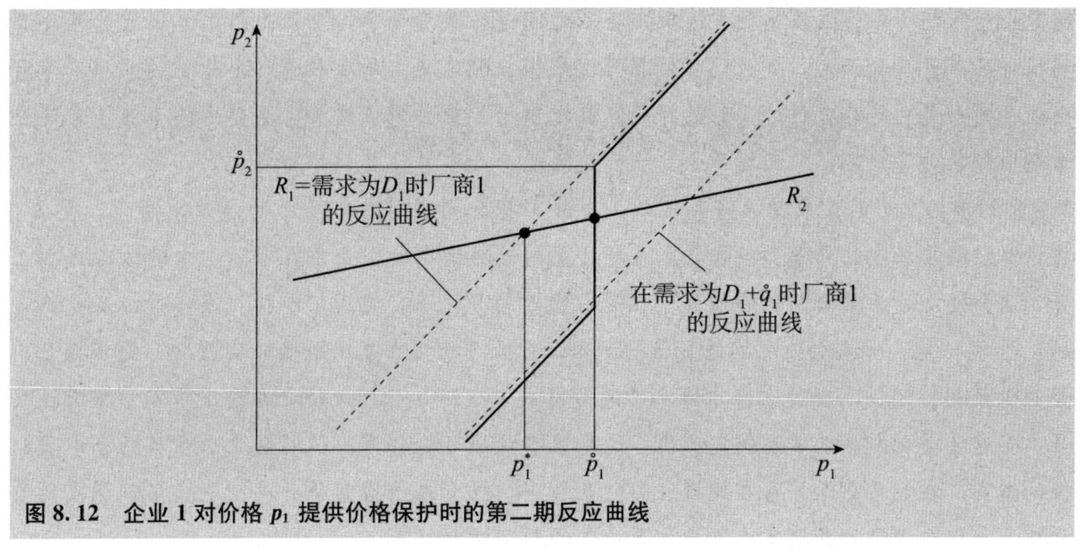

图 8.12　企业 1 对价格 p_1 提供价格保护时的第二期反应曲线

评论 1　尽管无歧视待遇条款在策略上很有吸引力，但它并不流行。原因有以下几点：(1) 必须使每一家买者都观察到企业对其他顾客的折扣，这是由于未被记录的折扣会使一家过去提供价格保护的企业（事后而不是事前）获益，即秘密折扣消除了价格保护政策的可靠性。其他交易成本包括按通货膨胀调价的成本与投入成本。(2) 产品设计可能随着时间的变化而变化，因此，价格保护政策几乎是不适用的。[56] (3) 价格保护政策可能受到反托拉斯指控。(4) 当其他企业威胁进入市场时，价格保护政策不是那么有利可图的。实际上，"小狗"策略（这里是指在位企业承诺制定高价的行动）会鼓励进入。(5) 即使在进入容纳的情况下，价格保护政策的应用也许仍会被下述事实所延迟，即每家企业都愿做追随者而不愿做领导者（就像在同时移动博弈中，只选出一家企业去执行该政策的情况一样）。这可能会使我们得到类似于消耗战的情况。[57]

评论 2　价格保护是削弱未来价格竞争的一种方法。另一种方法（像例 2 中那样）是提高产品差异性。Klemperer (1984) 论证说对重复购买所给予的折扣提高了顾客转换品牌的成本，并因而在将来使产品具有差异性。这使得未来的价格上升。但是，在开始阶段，价格竞争更加剧烈，这是由于顾客对于企业的价值增加了。[58]

例 5：多市场寡头竞争。如果两个市场存在某种联系，企业在一个市场中的存在可能会影响它在另一个市场中的策略地位。当企业为两个市场所进行的生产涉及规模或范围经济（不经济）时，便会发生这种情况。或者，两个市场上的需求可能是互相依存的。[59]

Bulow 等 (1985a, b) 考察了一个双寡头竞争模型，其中，企业 1 和企业 2 在市场 1 中展开竞争，而企业 1 垄断市场 2。（为使之具体，你可把两个市场设想为两个不同的地区。）这里，K_1 是与市场 2 中的盈利性相关的一个参数（它可被设想为一个需求参数），而不是企业 1 的选择变量。Bulow 等说明，企业 1 在市场 2 中盈利性的提高可能会使其总利润下降。

这是由于市场1中存在策略效应。假定企业之间进行数量竞争，企业1的成本依它为两个市场提供的产量总和而定，并且这种技术呈现规模报酬递减。所有数量（企业1的两个产量和企业2的产量）是非合作地同时选择的。假定市场2中的需求增加。这会诱使企业1在这个市场中销售更多产品，从而增加企业1的边际生产成本并使其供给市场1的产量下降。企业2观察到市场2中的需求增加将会推断，企业1将会削减供给市场1的产量，因此，企业2将增加供给市场1的产量。换言之，市场2盈利性的提高使企业1在市场1中的边际成本上升，这会使之处于策略不利的位置（在策略替代的条件下，运用“小狗”策略对企业是有害的）。[60]类似地，如果企业之间进行价格竞争，企业1的技术呈现规模报酬递增，则市场2中企业1盈利性的提高会使它在市场1中的边际成本下降，并因此使之在这个市场中富有攻击性，而这又会刺激企业2也制定低价。这种策略效应可能会再次抵消企业1在市场2中盈利性的提高。在数量竞争并存在规模经济的条件下，或者在价格竞争并存在规模报酬递减的条件下，市场2盈利性的提高无疑会使企业1的利润增加。

例6：配额与关税。在国际环境中，策略性相互作用要受到国家贸易政策的影响。习题8.4表明一项保护政策如何帮助国内企业在与外国企业进行的国内生产能力积累竞赛中占据优势（当国家之间进行产品贸易代价高昂的时候）。更一般地，补贴、关税与配额（可被解释为一般模型中的K_1）可能对国外和国内企业的策略地位具有不可忽视的影响（Brander and Spencer，1984；Dixit，1984；Dixit and Grossman，1986；Eaton and Grossman，1983；Eichberger and Harper，1986；Krishna，1983；Krugman，1984）。[61]

例如，如果在外国市场中，国内企业与外国企业进行数量竞争，出口补贴会诱使国内企业扩大产量，而这又会诱使外国企业压缩自己的产量。也就是说，出口补贴使国内企业变成了“恶狗”（对国内企业有利）。下面的习题给出了其他例子。

8

习题8.8*：“在国内市场上与国内企业进行价格竞争的外国企业会因配额而蒙受损失。”这一说法正确还是错误？

习题8.9*：假定两家生产有差别的替代品的企业进行价格竞争。（均衡是唯一的且是“稳定的”，而且利润函数是凹的。）说明政府强加给企业1的最低限价可能会使该企业利润增加。请解释。

例7：垂直控制。如果契约是可观察的，所有者与管理者之间或制造商与其零售商之间签订的契约会影响下游单位之间的竞争（管理者或零售商之间的竞争）。例如，Rey和Stiglitz（1986）说明了排他性经营区域是怎样不但削弱了品牌内部的竞争，而且削弱了品牌之间的竞争的。排他性经营区域可能会使企业在价格博弈中像“小狗”那样行事。[62] Bonanno和Vickers（1986）说明，在双寡头竞争中，制造商可能愿意通过独立零售商销售其产品，而不愿自己向消费者直接销售产品，这是为了诱使与之竞争的制造商对之作出更友好的行为。见McGuire和Staelin（1983）以及Moorthy（1987）。如果你想得到一些关于可观察代理契约与品牌间竞争之间联系的一般性结论，参看 Ferschtman 和 Judd（1986）以及 Katz（1987）。

例 8： 搭售。从搭售可能会使在一个市场中拥有垄断力的企业，在第二个市场进行垄断化经营这一点出发，Whinston（1987）对老式的杠杆理论作了重新考察。他的最简单的模型如下：假定存在两家企业和两个完全不相关的市场（这里的推理可被扩展到产品互补的情况）。市场 A 由企业 1 垄断经营。消费者对产品 A 的支付意愿都是 v。我们把这个市场中的需求标准化为 1（只要价格不超过 v）。市场 B 是一个差异化市场，由企业 1 和企业 2 为之提供产品。记 $q_i=D_i(p_i, p_j)$ 为该市场中企业 i 面对的需求。为简化起见，假设两个市场中的消费者是相同的，他们在两个市场中的需求都是单位需求，因此$D_i(\cdot, \cdot)\leqslant 1$。记 c 与 c_1 为企业 1 在市场 A 和 B 中的单位生产成本。企业 1 有搭售产品的积极性吗？为简化起见，假设企业 1 或者分别提供两种产品，或者一起提供两种产品。

首先假定企业 1 把 p_2 视为给定的。当企业 1 和企业 2 选择价格，并且企业 1 选择是否搭售产品这些事件同时发生时，这种情况便会产生。我们可以很容易地看出，企业 1 不会从搭售两种产品中获益——在搭售条件下，企业 1 在价格 P_1 提供产品组合，以最大化

$$(P_1-c_1-c)D_1(P_1-v, p_2)$$

这是因为它的产品在市场 B 中的虚构价格是 P_1-v。把 P_1^* 记为最优价格，企业 1 以价格 v 和 P_1^*-v 分别销售两种产品，至少可以实现搭售利润：

$$(v-c)+[(P_1^*-v)-c_1]D_1(P_1^*-v, p_2)$$

$$\geqslant (P_1^*-c-c_1)D_1(P_1^*-v, p_2)$$

这里 $D_1\leqslant 1$。由于缺乏策略性考虑（我们所考虑的情况就是这样，企业 1 把 p_2 视为给定的，在其剩余需求曲线上像一个垄断者那样行事），搭售一般会减少企业 1 在定价策略中的自由度，从而对企业 1 造成损害。（我们从第 4 章中了解到，这不是一般结论，因为垄断者是可能从搭售中获利的。关于这个问题，见书后习题 27。但上述模型选择将使结论更为显著，并可帮助我们辨别策略效应。）

一个重要性质是，任给 p_2，纯粹组合出售条件下的虚构价格 $\tilde{p}_1\equiv P_1^*-v$ 都低于不存在组合出售条件下市场 B 中的价格 p_1。也就是说，在市场 B 中，组合出售使得企业 1 的反应曲线向左移动。为了看出这一点，注意在组合出售条件下，P_1 最大化

$$(P_1-c_1-c)D_1(P_1-v, p_2)$$

这意味着 $\tilde{p}_1$ 最大化

$$\{\tilde{p}_1-[c_1-(v-c)]\}D_1(\tilde{p}_1, p_2)$$

但是，当不存在组合出售时，p_1 最大化

$$(p_1-c_1)D_1(p_1, p_2)$$

[企业 1 利润函数中的常数项（$v-c$）可被忽略不计。] 因此，就市场 B 中的定价而言，一切

8

就像是组合出售使企业 1 在市场 B 中的生产成本减少了 $v-c$ 一样。这是很自然的，原因在于，在组合出售的条件下企业 1 在市场 B 中的单位销售损失会使之在市场 A 中承担成本 $v-c$，因此，市场 B 中的“真实”边际销售成本便被减少了 $v-c$。我们已从第 1 章中了解到，垄断价格是随边际成本的增加而上升的。它的后果是，当边际成本增加时，双寡头竞争中企业的反应曲线向外移动（这是由于该企业在其剩余需求曲线上是一个垄断者）。任给 p_2，便会有 $\tilde{p}_1<p_1$。而且，正式地讲，在这个模型中，组合出售与旨在减少成本的投资是相同的。企业 1 为一项虚构技术所支付的固定投资成本是 $v-c$（与它在市场 A 中单独出售产品所造成的收益损失相对应），该技术会使企业 1 把市场 B 中的边际成本从 c_1 降到

$$c_1-(v-c)$$

由于在市场 B 中销售的单位数目一般要低于在市场 A 中销售的单位数目（$D_1<1$），因此，由于缺乏策略性考虑，这样一项投资不可能是有利可图的。

现在假定，企业 1 在两家企业进行价格竞争之前，决定是否把其产品组合出售。因此，企业 1 首先要选择分别经营两种产品（不进行组合出售），还是一起经营两种产品（纯粹组合出售）；然后，两家企业同时定价。考虑关于产品组合出售的技术决策，或者（在产品互补的情况下更为可能的）是否使供给市场 A 的产品与企业 2 的产品不相容的决策。[63] 这里，由于组合出售使企业 1 承诺在市场 B 中制定一个虚构的低价，它不但对企业 1 是有害的，而且对企业 2 有害。因此，如果企业 2 的进入或退出决策不是利害攸关的，组合出售便不是一项好的策略。它对企业 1 造成的损害既是直接的也是间接的。这是由于它会迫使企业 2 降价。但是，如果企业 1 想制止进入或诱使企业 2 退出，组合出售便可能是有利可图的。从我们的成本减少类比来说，企业 1 可能进行旨在减少成本的过度投资（即组合出售），对市场 B 完成封锁。在进入遏制条件下，“恶狗”策略再次是最优的；而在进入容纳条件下，最优策略仍是“小狗”策略。（“小狗”策略实际上就是不进行组合出售的策略，这里，企业 1 在组合出售中是不能投资不足的。）

依照 Whinston，我们推断，对组合出售所作的技术上的预先承诺行动具有重要的策略作用，并且它可能会使一家企业运用自己在一个市场中的力量所提供的杠杆，封锁另外一个市场。

例 9：系统与产品兼容。这个例子与例 8 相关，它论及互补产品系统（例如，计算机硬件和软件；照相机、镜头以及胶片处理器；简化的磁带录音放音盘、扩音器以及话筒）。这些产品是不能被分别消费的，但它们可以被单独购买——只要它们是兼容的，消费者便可以对之进行“组合与装配”。与之相反，一家使自己的产品系统与其他产品系统不相容的制造商便把事实上的产品搭售强加给了消费者。

Matutes 和 Regibeau（1986）分析了两家竞争生产者的兼容性决策。他们考察了一个双寡头竞争模型，其中每家企业都生产两种互补产品 X 与 Y，它们构成了一个系统。他们的模型把线性模型上的差异化扩展到了二维情形。消费者在面积为 1 的正方形上均匀分布。企业

的产品位于正方形一条对角线的两个端点，彼此相对。企业1位于原点，而企业2位于（1，1）（见图8.13）。当位于坐标（x_1，y_1）的消费者购买企业1的产品系统时，他与所偏好的系统距离为tx_1+ty_1，这里的t是偏好参数（它与“运输成本”类似）。因此，如果企业1产品系统（即两个组合出售的互补品）的售价为p_1，消费者购买这个系统所支付的总价格便是

$$\tilde{p}_1 = p_1 + t(x_1 + y_1)$$

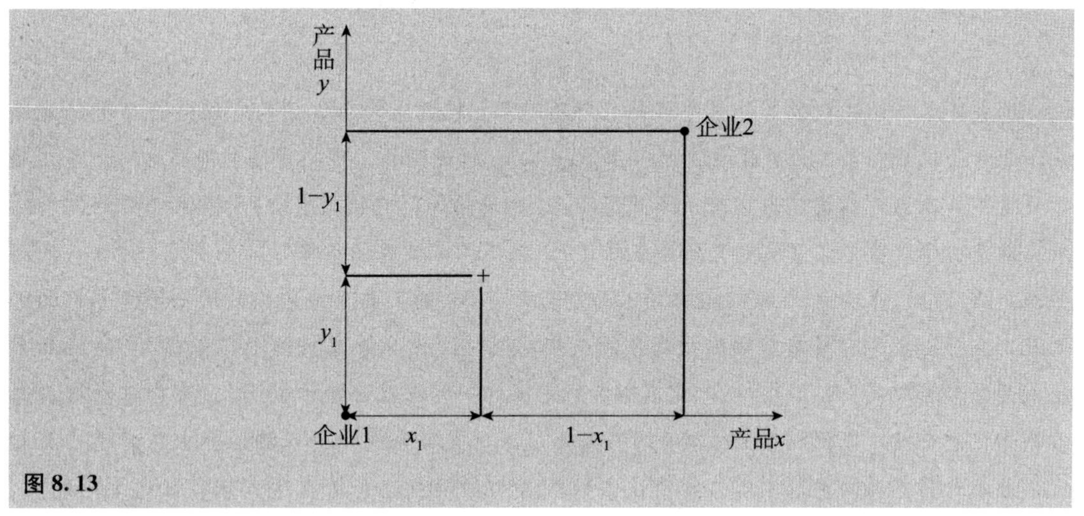

图8.13

类似地，企业2产品系统的总价格是

$$\tilde{p}_2 = p_2 + t[(1 - x_1) + (1 - y_1)]$$

在产品不兼容的条件下，消费者会购买总价格较低的产品系统，$\tilde{p}=\min\{\tilde{p}_1, \tilde{p}_2\}$。其需求曲线是向下倾斜的：$q=a-b\tilde{p}$。[64]如果产品系统兼容且产品被分别出售，消费者便可以组合与装配产品，使之成为一个系统。例如，从企业1购买产品X，从企业2购买产品Y的总成本是

$$p_1^X + p_2^Y + t[x_1 + (1 - y_1)]$$

式中，p_1^X是企业1所制定的产品X的价格；p_2^Y是企业2所制定的产品Y的价格。通过组合产品，消费者可以在四个系统之间进行选择——产品多样性增加，消费者仍会选择总成本最低的那个产品系统。

这样，如第7章中那样，对每家企业产品系统的需求（在产品非兼容条件下）或对每家企业产品的需求（在产品兼容条件下）可以被规定为价格的函数。你可以求解价格的纳什均衡。为简化起见，假定两家企业生产的四种产品具有相同的单位生产成本。对每种产品的均衡需求都是对称的，就像在图8.14中所表示的那样（假设在均衡中，全部市场都得到满足）。在图中，$\{X_i, Y_j\}$表示消费者所消费的产品X来自企业i，所消费的产品Y来自企业j。在产品兼容条件下，坐落在正方形左上角和右下角的消费者将会购买一个与产品非兼容条件下所购买的产品系统相比更能满足其偏好的产品系统。

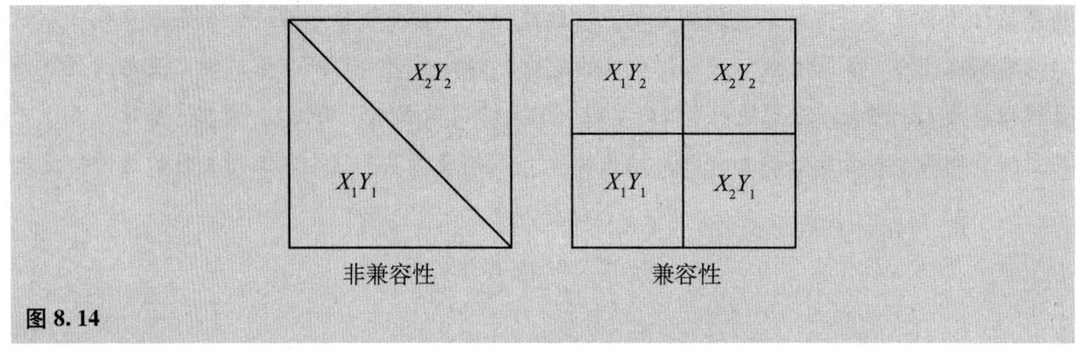

图 8.14

达成兼容性的积极性是什么？第一，产品兼容会使需求增加，因为它能使产品更好地适应消费者的偏好。第二，就像 Matutes 和 Regibeau 所说明的，产品兼容会削弱价格竞争。为了弄清楚第二点，注意，当企业 1 降低产品 X_1 的价格时，它使含有 X_1 的产品系统的需求增加（这是由于这些产品系统的总价格下降了）。在产品非兼容的条件下，含有 X_1 的唯一产品系统是 X_1Y_1。（正确地讲，X_1 价格的下降是与含有 X_1 的产品系统价格的同一下降等价的。）因此，企业 1 会享有与需求增加相联系的全部利益。在产品兼容条件下，含有 X_1 的产品系统有两种（X_1Y_1 和 X_1Y_2），因此需求增加所带来的一些收益会归于企业 2。部分需求增加的非内部化使企业 1 降价的积极性减少。[65] 因此，与非兼容系统中的产品组合出售时的情况相比，企业对其产品的定价不那么富有攻击性。这两种效应隐含着在达成兼容性这个问题上，企业具有共同利益。[66]

评论 兼容性需要来自企业彼此容纳这个假设（即它们并不试图迫使对方离开市场）。与之相反，我们从杠杆理论的 Whinston 形式了解到（见例 8），搭售可能会成为进入壁垒。相似地，一家想诱使其竞争对手退出市场的支配企业也可能想使自己的产品与其竞争对手的产品不具有兼容性。[67] 非兼容性以两种方式对竞争对手构成损害：它使需求降低并导致更富有攻击性的价格竞争。因此，非兼容性可用来诱使退出。因此，一家企业的最优策略（在这里是关于兼容性决策的）还是要依企业是想容纳竞争对手，还是想制止进入或诱使退出而定。[68]

8.5 结束语：价格与数量

我们对例 1 到例 9 的解释中含有一个关键假设，即价格是策略互补的而数量是策略替代的。这种刻画在容纳博弈中尤为重要。在容纳博弈中，当企业之间进行价格竞争时，企业不愿使自己看上去具有攻击性，它们可能会采取使之变成"小狗"的行动；当企业之间进行数量竞争时，企业可能试图在将来成为一只"恶狗"。因此，两期价格博弈与静态（一期）价格博弈相比，常常更具合谋性，是不会令人感到奇怪的；两期数量博弈与静态（一期）数量博弈相比，常常更具竞争性，也不会使人惊奇。[69]与进入容纳情况相比，在进入遏制或诱使退出的情况下，企业在价格博弈和数量博弈中所使用的策略往往是差别较小的。如我们在 8.3 节中看到的，重要的是要使自己看上去是强硬的。例如，无论企业之间进行价格竞争还是数量竞争，企业都可通过降低成本损害其竞争对手的利益。这里的着眼点是，在应用上述商业策略分类之前，你应该先考察行业的微观结构并决定企业间进行的竞争类型。

我们把价格刻画为策略互补，把数量刻画为策略替代只是一种猜测，而不是一般准则，下面我们便会看到这一点。

数量　假设利润函数为精确的古诺型（见第 5 章），则

$$\Pi^i(q_i, q_j) = q_i P(q_i + q_j) - C_i(q_i)$$

式中，C_i 是企业 i 的成本函数。通过简单计算，我们可得到交叉偏导数：

$$\Pi^i_{ij} = P' + q_i P''$$

我们已经知道 $P'<0$。为得到策略互补性质，只要价格函数是线性的（$P''=0$）或凹的（$P''<0$）就足够了。如果价格函数充分凸，这个性质便可能会被破坏。[70]

价格　记 $q_i = D_i(p_i, p_j)$ 为需求曲线。利润函数是

$$\Pi^i(p_i, p_j) = p_i D_i(p_i, p_j) - C_i(D_i(p_i, p_j))$$

这产生了交叉偏导数：

$$\Pi^i_{ij} = \frac{\partial D_i}{\partial p_j} + (p_i - C_i') \frac{\partial^2 D_i}{\partial p_i \partial p_j} - C_i'' \frac{\partial D_i}{\partial p_i} \frac{\partial D_i}{\partial p_j}$$

如讨论数量时一样，这个交叉偏导数依赖于需求函数的详细约定。假设需求（在相关区域上）是线性的，则

$$D_i(p_i, p_j) = a - bp_i + dp_j$$

并且边际成本是一个常数。如果产品是需求替代品（$d>0$），那么 $\Pi^i_{ij}>0$，则产品是策略互补的。如果它们是需求互补品（$d<0$），则它们是策略替代的。更一般而言，如果我们假设产品是需求替代品并注意到在均衡中 $p_i - C_i' > 0$（由企业 i 的一阶条件可得），那么，为使产品在价格均衡的邻域中是策略互补的，只要 $\partial^2 D_i / \partial p_i \partial p_j$ 是非负的就足够了。[71]

8.6　补充节：策略性行为与进入或流动壁垒

本节纳入了进入壁垒研究的一些成果，目的有二。第一，从技术方面来说，它超越了 8.2 节至 8.4 节中多少有些人为色彩的两期模型，分析企业之间

成熟的动态相互作用。第二，可能更为重要的是，它详尽研究了两种性质不同的进入壁垒。8.6.1小节比较了短期与长期资本积累。［这个分析遵从了Fudenberg和Tirole（1986，1987）。］8.6.2小节论述了差异化市场；它说明企业如何希望抢先于其竞争对手在市场中占据有利位置；企业怎样运用产品扩散来制止进入。[72]

8.6.1 资本积累

资本的使用寿命越长，其处置或再销售代价越大，它的承诺价值就越高。因此，资本沉没的程度决定了在位者所享有的垄断权力和利润。在这里，我们要考察两种极端情况：其一是投资只在极短时期中是沉没的；其二是资本不能再销售，也不发生折旧（即完全沉没）。

8.6.1.1 短期资本积累与可竞争性

在本小节中，我们要探讨两个互相关联、以投资为基础的动态自然垄断模型。在这些模型中，市场只有一家企业的生存空间；而在均衡中，实际也只有一家企业存在。该企业通过资本积累获取利润并制止进入。资本只在短期中沉没，它必须定期得到“更新”。资本沉没的时间长度决定了承诺的时期。当承诺的时期短暂时，在位者对潜在进入者只享有很小的在位优势（原因在于进入者可以迅速把在位者逐出市场）。因此，在位者必须积累资本以制止进入。在非常短的承诺时期的极限内，在位者几乎获取不了利润，因此，Posner的租金耗散假设［其内容是垄断利润通过竞争（这里是潜在竞争）而耗散］对极短期承诺来说是被满足的。Posner的浪费假设（其内容是利润以一种社会浪费的方式耗散）可能成立也可能不成立，这要依在位者的资本是过剩资本还是会对生产作出贡献而定。

浪费性租金耗散 短期承诺行动的基本理论是由Eaton和Lipsey（1980）发展起来的，它考察了一个具有两家企业的行业。时间是连续的，期界是无限的。一单位资本（如一家工厂）是生产所必需的，它使生产的边际成本为常数c。第二单位资本不能使生产的边际成本下降，从这个意义上说，它是无用的。一单位资本的单位时间成本为f，而且其耐久性确定为H（该单位资本装配完成之后，在H单位时间内不发生物质资本折旧；此后，它全部折旧[73]）。生产的固定成本（等于$\int_0^H fe^{-rt}dt$，r为利率）在该单位资本装配完成时支付；因此，企业不能在H单位时间消逝之前退出市场，以避免支付这一固定成本。这样，设备使用了τ单位时间时，$\tau<H$，即使另外一家企业进入市场，这家企业也没有退出市场的积极性。因而，H是承诺的期限。

如果在时刻t只有一家企业在市场上经营（即至少拥有一单位资本），这家企

业含资本成本在内的利润流量是

$$\tilde{\Pi}^{\mathrm{m}} = \max_q [P(q)q - cq]$$

假定 $f < \tilde{\Pi}^{\mathrm{m}} < 2f$。由于$\tilde{\Pi}^{\mathrm{m}} > f$，所以垄断是可行的。如果市场上有两家企业经营（即每家企业至少都有一单位资本），它们会进行边际成本为 c 的伯特兰德竞争，而且获得的毛利润均为 0；因而，每家企业单位时间的损失都是 f。伯特兰德假设意在简化计算。更一般地讲，企业获取的双寡头竞争毛利润可以为正；由于垄断毛利润是双寡头竞争条件下行业毛利润总额的一个上界，因此，$\tilde{\Pi}^{\mathrm{m}} < 2f$ 这一假设仍可保证至少有一家企业的净利润为负。

企业唯一要决定的是何时装配资本。一家企业在时刻 0 投资。（例如，我们可以设想是技术优势使之率先进入市场。）在其他方面，Eaton 和 Lipsey 构造的策略是对称的。Eaton 和 Lipsey 构造的策略也是马尔可夫策略，这是因为它们只依现期的收益相关状态（这里指两家企业的资本结构，即两家企业生产性工厂的数目及已使用的时间）而定。在位者（具有资本的那家企业）总是在其现期资本折旧前 Δ 年（$\Delta < H/2$）购置第二单位资本。如果在位者仅有一单位资本且该单位资本已使用了 $H-\Delta$ 年以上，则另一家企业就会进行一单位资本投资。在均衡中，在位者选择 Δ，使得当其资本使用了 $H-\Delta$ 年时，潜在进入者在进入市场与不进入市场之间是无差异的。如果潜在进入者不进入市场，在位者永远是一个垄断者，进入者得不到利润。如果潜在进入者进入市场，它在 Δ 年间每年获得利润 $-f$（原因在于在位者仍作出了承诺：其现期资本成本沉没），但自此之后它将永远享有垄断利润。图 8.15 给出了在位者的投资路径。沿着这个均衡路径，在位者总是在其资本折旧之前进行资本更新。潜在进入者永远不进入市场；它被在位者的承诺排斥在市场之外，在位者承诺在进入市场之后至少要在市场中坚持 Δ 年（它会使进入者蒙受短期损失）。

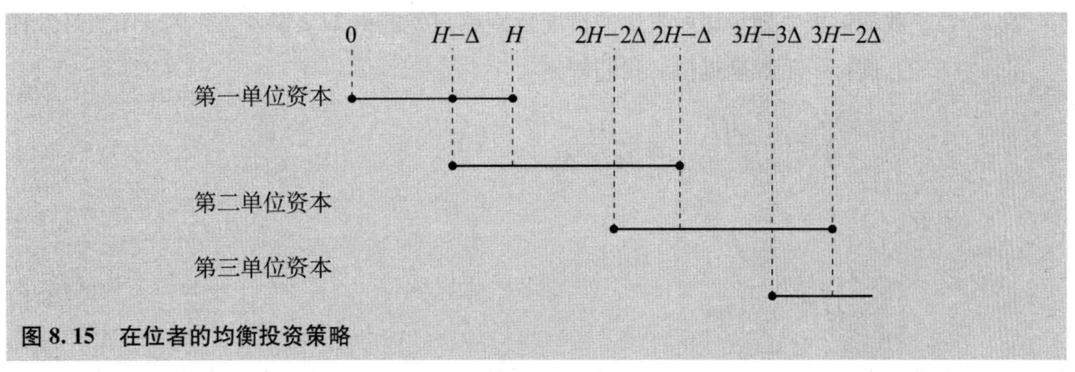

图 8.15　在位者的均衡投资策略

现在，我们来计算 Δ。在均衡中，在位者从时刻 0 起的贴现利润（或从任何一个购买一单位新资本的时刻起的贴现利润）是

$$V=\int_0^{\infty}\tilde{\Pi}^{\mathrm{m}}e^{-rt}dt-\left(\int_0^H fe^{-rt}dt\right)(1+e^{-r(H-\Delta)}+e^{-r2(H-\Delta)}+\cdots)$$

第一项表示垄断利润流量；第二项表示在时刻 0，$H-\Delta$，$2(H-\Delta)$，…，$n(H-\Delta)$，…重复发生的购置一单位资本所发生的成本。某种简略的运算给出

$$V=\frac{\tilde{\Pi}^{\mathrm{m}}}{r}-\frac{f}{r}\left(\frac{1-e^{-rH}}{1-e^{-r(H-\Delta)}}\right) \tag{8.1}$$

现在假定潜在进入者想进入市场。明显地，进入者没有理由严格于在位者购置第二单位资本之前进入市场（理由是双寡头竞争净利润流量为负）。因此，进入者将会等待并恰恰抢在在位者购买第二单位资本之前进入市场（即在在位者现期资本使用到 $H-\Delta$ 年时进入）。如果进入者这样做，在位者不会购置第二单位资本，它会在退出之前再使用第一单位资本 Δ 年。这样，从进入时刻起进入者所获的利润等于 V 减去进入者在进入的第一个 Δ 年内所要放弃的垄断利润（即时刻 0 时的在位者与接管市场的进入者之间的唯一差别在于，进入者在 Δ 年内处在双寡头竞争状况中）之差：

$$V-\int_0^{\Delta}\tilde{\Pi}^{\mathrm{m}}e^{-rt}dt=V-\tilde{\Pi}^{\mathrm{m}}\frac{1-e^{-r\Delta}}{r}$$

由于第二单位资本代价高昂且无益于生产性目的，所以在位者选择的 Δ 和与制止进入相容的 Δ 一样小：

$$V-\tilde{\Pi}^{\mathrm{m}}\frac{1-e^{-r\Delta}}{r}=0 \tag{8.2}$$

或者，代入 V，得

$$\frac{\tilde{\Pi}^{\mathrm{m}}}{f}=\frac{1-e^{-rH}}{e^{-r\Delta}-e^{-rH}} \tag{8.3}$$

根据我们的假设，方程（8.3）隐含着 $\Delta<H/2$。

我们对极短期承诺所发生的情况特别感兴趣。令 H（以及 Δ）趋于 0。对方程（8.3）进行一阶泰勒近似，我们得到

$$\frac{\tilde{\Pi}^{\mathrm{m}}}{f}\simeq\frac{rH}{rH-r\Delta}=\frac{H}{H-\Delta}$$

因此，

$$\frac{\Delta}{H}\simeq 1-\frac{f}{\tilde{\Pi}^{\mathrm{m}}} \tag{8.4}$$

这意味着在 $\Delta/(H-\Delta)\%\simeq(\tilde{\Pi}^{\mathrm{m}}-f)/f\%$ 的时间中，在位者拥有两单位资本。可能更为有趣的是，方程（8.2）给出

$$V\simeq 0 \tag{8.5}$$

8

因而，即使在均衡中只有一家企业存在，它也不能得到利润。垄断租金会通过第二单位资本的积累而全部耗散。这是很自然的。如果成为垄断者所获得的价值 V 很大，进入者将会进入市场，它在极短时期内会发生损失（原因在于 H 较小从而 Δ 较小），但会得到 V。这样，对短期承诺行动来说，潜在竞争使垄断利润降为 0。

即使对于短期承诺行动，我们也不能得到可竞争性结果。实际上，我们得到的恰恰是 Posner 的浪费性租金耗散假设：垄断者制定垄断价格但没有得到利润。单位时间内发生的全部福利损失等于消费者剩余损失与垄断净利润（$\tilde{\Pi}^m - f$）之和（见第 1 章）。我们不应对此感到奇怪；在这个模型中，租金耗散只可能通过过剩资本实现，而由定义，过剩资本无社会价值。这就把我们带入第二个模型，其中租金耗散对社会是有益的。

可竞争性　我们的第二个模型源自 Maskin 和 Tirole（1988a）。虽然它与第一个模型在本质上是相似的，但其形式化在某些方面却与前者不同。时间是离散的，期界是无限的。存在两家企业，它们进行生产能力竞争。企业一旦选择了其生产能力，就会被锁定两个时期。令 $\tilde{\Pi}(K_i, K_j)$ 为生产能力为 K_i 的企业在其竞争对手生产能力为 K_j 时每期所获利润（含有每期的固定成本 f）。与之前一样，Π 随 K_j 的增加而减少，交叉偏导数 $\partial^2 \tilde{\Pi}/\partial K_1 \partial K_2$ 为负（生产能力是策略替代的）。时期长度为 T，时期之间的贴现因子是 $\delta = e^{-rT}$。

企业序贯选择生产能力。[实际上，此模型与一个连续时间模型是等价的。在该连续时间模型中，企业选择生产能力 K，像 Eaton 和 Lipsey（1980）中那样，它也是以“单驾马车”的方式折旧的，但与之不同的是，折旧服从一个泊松过程，即 H 是随机的。[74]] 企业 1 在奇数时期选择生产能力而企业 2 在偶数时期选择生产能力。[75]企业选择的生产能力可用于两期生产，而且在这两个时期中的第一个时期一项固定成本沉没：当 $K>0$ 时，它为 $f(1+\delta)$；当 $K=0$ 时，它为 0。令

$$\tilde{\Pi}^m \equiv \max_K [P(K)K - (c + c_0)K]$$

这里 c 为生产的边际成本，c_0 为生产能力装配的边际成本。与之前一样，我们假设 $f < \tilde{\Pi}^m < 2f$。这样就只有一家企业而不是两家企业能够在市场中生存下去。我们要求企业使用“马尔可夫”策略（即收益相关）——也就是说，企业通过选择生产能力 $K_i = R_i(K_j)$ 对其竞争对手在上期选择的、本期仍在使用的生产能力 K_j 作出反应。[76]

和在 Eaton 和 Lipsey（1980）中一样，这个模型也存在唯一的对称均衡。对充分大的 δ，它采取了如下形式（如图 8.16 所示）：在均衡中，只有一家企业经营，其生产能力为 K^*。当且仅当竞争对手的生产能力小于进入遏制生产能力 K^* 时，

企业才会选择进入市场；如果它进入市场，则它自身会积累生产能力 K^*。在均衡中，K^* 使得进入者在进入市场与不进入市场之间是无差异的：

$$[\tilde{\Pi}(K^*, K^*)-f]+\frac{\delta}{1-\delta}[\tilde{\Pi}(K^*, 0)-f]=0 \tag{8.6}$$

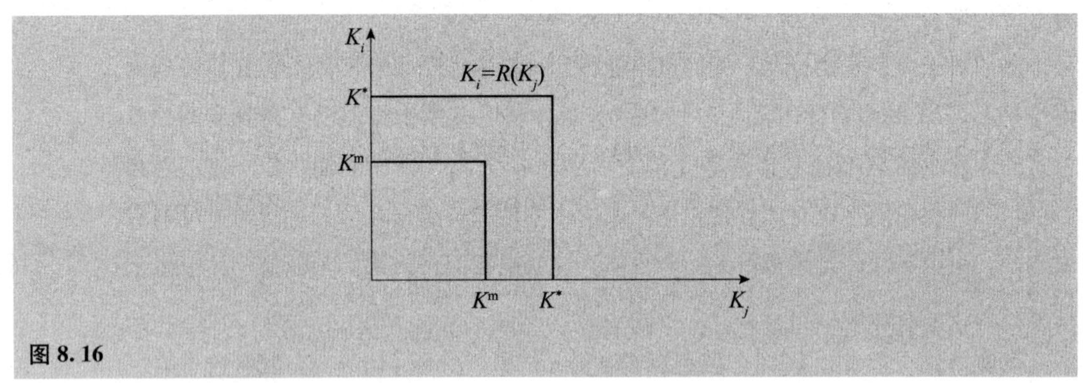

图 8.16

这个方程反映了下述事实：当进入者进入时，它会得到 $\tilde{\Pi}(K^*, K^*)-f<0$ [回忆一下，任给 K，$2\tilde{\Pi}(K, K)\leqslant\tilde{\Pi}^m<2f$]。在位者在下一期退出市场，而进入者成为垄断者，它会永远选择 K^* 以制止进入。这样，进入者的未来利润便由下式给出：

$$\begin{aligned}&\delta[\tilde{\Pi}(K^*, 0)-f]+\delta^2[\tilde{\Pi}(K^*, 0)-f]+\cdots\\=&\frac{\delta[\tilde{\Pi}(K^*, 0)-f]}{1-\delta}\end{aligned}$$

在位者选择生产能力使之可以恰好制止进入；积累资本超过 K^* 是划不来的，就像我们下面将会看到的，这是因为 K^* 已经超过了垄断生产能力 K^m。

我们作一小结：均衡只包括一家企业，它在生产能力水平 K^* 下经营。[77]这家企业从事了某种形式的限制性定价。它会比没有面对进入威胁的垄断者积累更多的生产能力。因此，它所制定的价格要比垄断价格低（见下文）。

我们现在将要考察短期承诺情况（T 趋于 0，即 δ 趋于 1）。从方程（8.6）中我们看到，当 δ 收敛于 1 时，$\tilde{\Pi}(K^*, 0)-f$ 收敛于 0。(特别要注意 K^* 超过了 K^m。) 关于这一租金耗散结果的经济学直觉同前。只有在位者能使进入者在充分长的时间内蒙受双寡头损失时，在位者才可享有重要的在位优势。只需经历短暂斗争便可成为垄断者的前景对进入者是具有诱惑力的，因此在位者必须增加生产能力以制止进入。

该模型与前面所研究的模型的一项重要区别在于，租金耗散不必然是浪费性的。实际上，如果在位者的生产能力 K^* 得到使用（因而产量 q 与 K^* 相等），那么这个耗散对社会就是有益的。租金耗散是通过价格下降而不是通过过剩生产能力而发生的。可竞争性学派所预言的就是租金耗散达到极限时所发生的结果（见 8.1

节)。垄断者是否运用了全部生产能力 K^* 是一个经验问题。就像第 5 章中那样，如果边际投资成本 c_0 相对于边际生产成本 c 是充分大的，则在位者所装配的 K^* 就会得到运用。

对于更小的贴现因子，进入会被封锁。也就是说，通过积累垄断生产能力，在位者就会制止进入。

无固定成本：古诺竞争动态　在前两小节中，我们假设存在高额固定成本，它使行业结构呈现自然垄断。在位者进行过度投资以制止进入。如果不存在固定成本(或固定成本是低廉的)，则市场可为两家企业提供生存空间。企业互相容纳而不是制止对方进入市场。本小节分析具有短期承诺行动的行业之中的进入容纳，并论证两期模型中数量竞争条件下决定进入容纳的某些原则（见 8.3 节和 8.4 节)，对成熟的动态博弈也是适用的。

考虑前一小节中的序贯移动生产能力竞争模型，但这里我们假设企业不承担固定成本（$f=0$)。[这里的分析遵从了 Maskin 和 Tirole（1987）所作的分析，而且它建立在 Cyert 和 DeGroot（1970）早期模型的基础之上。] 企业 1 在奇数时期选择生产能力（它会被锁定两期，两期之后方可自由变动)，企业 2 在偶数时期选择生产能力。在时刻 t，企业 i 的跨期利润是

$$\sum_{s=0}^{\infty}\delta^s \Pi^i(K_{1,t+s},\ K_{2,t+s})$$

与之前一样，我们对利润函数作出通常的假设：$\Pi^i_{ii}<0$，$\Pi^i_j<0$，$\Pi^i_{ij}<0$。我们要找到一对构成马尔可夫精炼均衡的动态反应函数：$R_1(\cdot)$ 与 $R_2(\cdot)$。因而，如果企业 2 现期（锁定）的生产能力是 K_2，则企业 1 对之的反应是选择生产能力 $K_1=R_1(K_2)$，以在给定两家企业将会按照 R_1 和 R_2 移动这个条件之下，最大化自己的贴现利润。如 6.7 节中那样，令 $V^i(K_j)$ 为企业 i 对其竞争对手的生产能力 K_j 作出反应时它的贴现利润，令 $W^i(K_i)$ 为企业 i 被锁定而其竞争对手对之作出反应时它的贴现利润。均衡条件如下：

$$V^1(K_2)=\max_K[\Pi^1(K,\ K_2)+\delta W^1(K)] \tag{8.7}$$

$$R_1(K_2)\text{ 最大化}[\Pi^1(K,\ K_2)+\delta W^1(K)] \tag{8.8}$$

$$W^1(K_1)=\Pi^1(K_1,\ R_2(K_1))+\delta V^1(R_2(K_1)) \tag{8.9}$$

类似地，我们可以写出企业 2 的均衡条件。

这里的分析与传统分析所共有的基本特点是反应曲线向下倾斜，其原因在于生产能力是策略替代的（$\Pi^i_{ij}<0$)。为说明这一点，写出反应函数的最优性质就足够了（同一技巧可用以证明激励问题中激励相容配置的单调性)。考虑两个生产能力水平，K_2 与 $\widetilde{K}_2$。令 $R_1(K_2)$ 和 $R_1(\widetilde{K}_2)$ 为对 K_2 与 $\widetilde{K}_2$ 作出的最优反应。由定义，

8

与 $R_1(\widetilde{K}_2)$ 相比，$R_1(K_2)$ 是对 K_2 作出的更好的反应：

$$\Pi^1(R_1(K_2), K_2)+\delta W^1(R_1(K_2))$$
$$\geqslant \Pi^1(R_1(\widetilde{K}_2), K_2)+\delta W^1(R_1(\widetilde{K}_2)) \tag{8.10}$$

类似地，$R_1(\widetilde{K}_2)$ 是对 $\widetilde{K}_2$ 作出的最优反应：

$$\Pi^1(R_1(\widetilde{K}_2), \widetilde{K}_2)+\delta W^1(R_1(\widetilde{K}_2))$$
$$\geqslant \Pi^1(R_1(K_2), \widetilde{K}_2)+\delta W^1(R_1(K_2)) \tag{8.11}$$

将式（8.10）和式（8.11）相加可得

$$\Pi^1(R_1(K_2), K_2)-\Pi^1(R_1(\widetilde{K}_2), K_2)+\Pi^1(R_1(\widetilde{K}_2), \widetilde{K}_2)$$
$$-\Pi^1(R_1(K_2), \widetilde{K}_2)\geqslant 0 \tag{8.12}$$

它与下式等价：

$$\int_{\widetilde{K}_2}^{K_2}\int_{R_1(\widetilde{K}_2)}^{R_1(K_2)}\Pi_{12}^1(x, y)dxdy\geqslant 0 \tag{8.13}$$

但由假设可知 $\Pi_{12}^1<0$。因此，式（8.13）意味着如果 $K_2>\widetilde{K}_2$，就会有 $R_1(K_2)\leqslant R_1(\widetilde{K}_2)$。反应曲线必然是向下倾斜的。

为找到均衡反应函数，我们必须解出由式（8.7）至式（8.9）构成的方程组。[78]二次利润函数

$$\Pi^i=K_i(d-K_i-K_j)$$

存在一个特别简单的解。每家企业的反应函数都是其竞争对手生产能力的线性函数：$R_1=R_2=R$，而 $R(K)=a-bK$。这个解还具有下面这一显著性质，即当期界从有限趋向无限时，它是每家企业在任意时刻的反应函数的极限。[79]

8

这个博弈的动态性如图 8.17 所示。实线表示 $\delta\in(0, 1)$ 时的动态反应函数，虚线表示古诺静态反应函数 R_1^s 和 R_2^s，E 表示稳态配置，C 表示古诺结果。

当 $\delta=0$ 时，企业是短视的。它们按照静态反应函数作出反应

$$R(K)=\frac{d}{2}-\frac{K}{2}$$

它最大化 $\widetilde{K}(d-K-\widetilde{K})$。因而，$a=d/2$，$b=1/2$。行业动态被称作反复探索过程。稳定状态是古诺配置 C。当 $\delta>0$ 时，每家企业不但要考虑其现期利润，而且要考虑其竞争对手的未来反应。由于反应函数向下倾斜，直观地讲，企业投资应该超越其短期利益，以引诱竞争对手削减生产能力（如 8.2 节中的 Stackelberg 模型一样）。实际上可以证明，当 δ 增加时，由 $K=a-bK$ 或 $K=a/(1+b)$ 给出的稳态对称生产能力水平会增加，从而偏离古诺水平。这个过程是动态稳定的——对任意的初始生产能力水平，两家企业的生产能力都会收敛于稳态生产能力。这使得古诺喊

价过程一般化，其原因在于每一家企业都理性地预期自己的生产能力选择对竞争对手的影响。

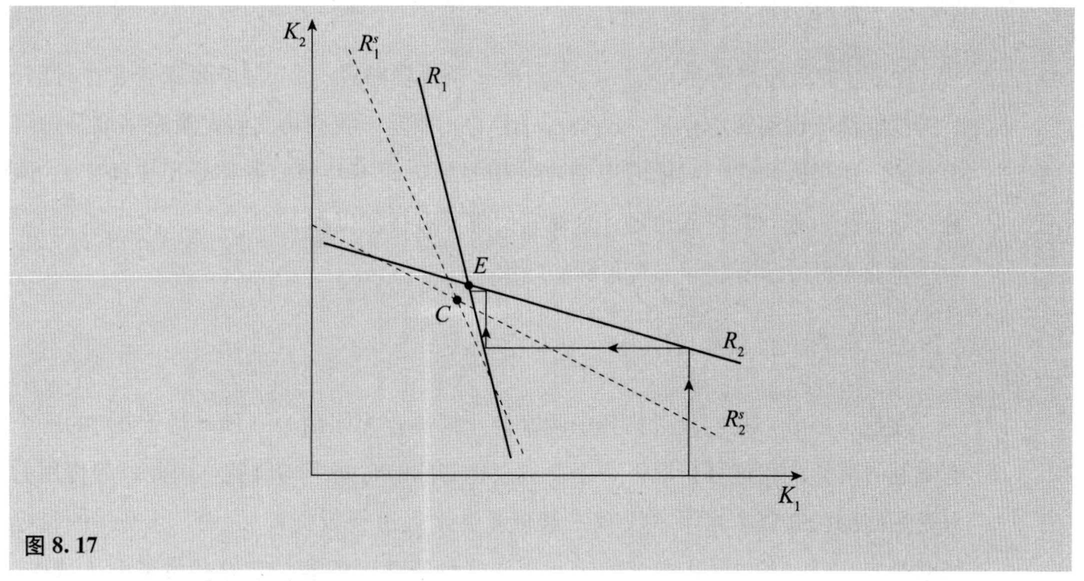

图 8.17

这样一个简单的无限期界模型的寓意在于，我们在两期模型中导出的经济学直觉在此仍然适用：策略替代会给出向下倾斜的反应曲线，因而，每家企业出于策略考虑都会过度投资。博弈结果可被视为对称的 Stackelberg 领导权。

8.6.1.2 长期资本积累博弈

在另一种极端情况下，投资能创造出留在市场之中的长期承诺。特别地，我们假设投资一旦发生，它便不会发生折旧，也不能被再销售。这也就是说，投资是不可逆的。下面的模型源于 Spence（1979）；这里给出的形式来自 Fudenberg 和 Tirole（1983b）。

考虑一个双寡头竞争，企业被标为 $i=1, 2$。时间是连续的，期界是无限的。在任意时刻 t，企业 i 含投资支出在内的利润流量由下式给出：

$$\Pi^i(K_1(t), K_2(t))$$

式中，$K_i(t)$ 是企业 i 在时刻 t 时的资本存量（与之前一样，$\Pi_{ii}^i<0$，$\Pi_j^i<0$，并且 $\Pi_{ij}^i<0$）。

时刻 t 时的资本等于到此时刻为止的累计投资

$$\dot{K}_i(t) \equiv \frac{dK_i(t)}{dt} = I_i(t)$$

式中，$I_i(t)$ 是投资率。我们假设投资成本是线性的。一单位投资的成本是 1 美元。为避免在时刻 0 时发生瞬时投资，我们规定 $\bar{I}_i$ 为每家企业投资的上界。这项技术是凸投资成本的一个例子。投资必须是非负的，而且不发生折旧。因而，资本存量是非递减的。时刻 t 时企业 i 的净利润是

$$\Pi^i(K_1(t),\ K_2(t)) - I_i(t)$$

企业 i 的策略是满足 $0 \leqslant I_i(t) \leqslant \bar{I}_i$ 的一条投资路径 $\{I_i(t)\}$。每家企业在时刻 t 时的投资都依现期资本存量 $(K_1(t),\ K_2(t))$ 而定（我们再次假设策略采取马尔可夫形式，这是因为它们只依博弈的收益相关状态而不是博弈的整个历史而定）。两家企业都在时刻 0 时进入市场，这时它们都没有任何资本。

企业 i 的目标函数等于其利润贴现值：

$$\int_0^{\infty} [\Pi^i(K_1(t),\ K_2(t)) - I_i(t)] e^{-rt} dt$$

在这一小节，我们只考察其中两家企业都具有无限耐心（即 r 趋于 0）的一个有限制的博弈。在这种情况下，企业最大化它们的时间平均收益，因此，起作用的只是最终的稳态资本水平（没有一家企业会永远进行投资）。因而，企业 i 的目标函数是 $\Pi^i(K_1^{ss},\ K_2^{ss})$，$ss$ 表示稳定状态。这种简化可使我们忽略投资的私人成本，而集中考察其策略性的一面，并使用一种简单的图式法进行分析。[80]

我们首先考察“预先承诺”或“开环”均衡。[81]在预先承诺均衡中，企业同时对投资的整个时间路径作出承诺。因而，预先承诺均衡恰恰是静态的，这是因为对每个企业而言，只存在一个决策点。预先承诺均衡恰好与古诺-纳什均衡类似，但它具有一个更大的策略空间。在生产能力博弈中，预先承诺均衡与两家企业在博弈开始时就建立起它们的全部存量这种情形正好相同（原因在于不存在贴现问题）。在所导致的“古诺”均衡中，给定竞争对手的稳态资本水平，每家企业都会把投资推进到资本的边际生产力等于 0 那一点。所有会导致这一稳定状态的多种不同路径都是预先承诺均衡。例如，每家企业的策略可以是尽可能迅速地投资以达到古诺生产能力水平。通过定义“稳态反应曲线”，它说明每一家企业的理想稳态资本水平是其竞争对手稳态资本水平的函数，我们便可强调这个解与古诺均衡的相似性。根据我们的假设，这些反应曲线看上去与通常所说的“精确的”古诺反应曲线相同。图 8.18 给出了反应曲线 R_1 和 R_2，这里的 IGP（investment-growth path）是投资增长路径（即两家企业沿着尽其所能迅速投资的路径）。预先承诺均衡（开环均衡）出现在点 $C=(C_1,\ C_2)$，它是两条曲线的交点。我们已经看到预先承诺行动这一概念的运用把一个明显的动态博弈变换成了一个静态博弈。作为一项建模策略，这一变换是鲁莽的，“你不应该允许预先承诺从后门进来……如果预先承诺是可能的，它就应被明确地建模为博弈中的一项正式选择”（Kreps and Spence，1984）。

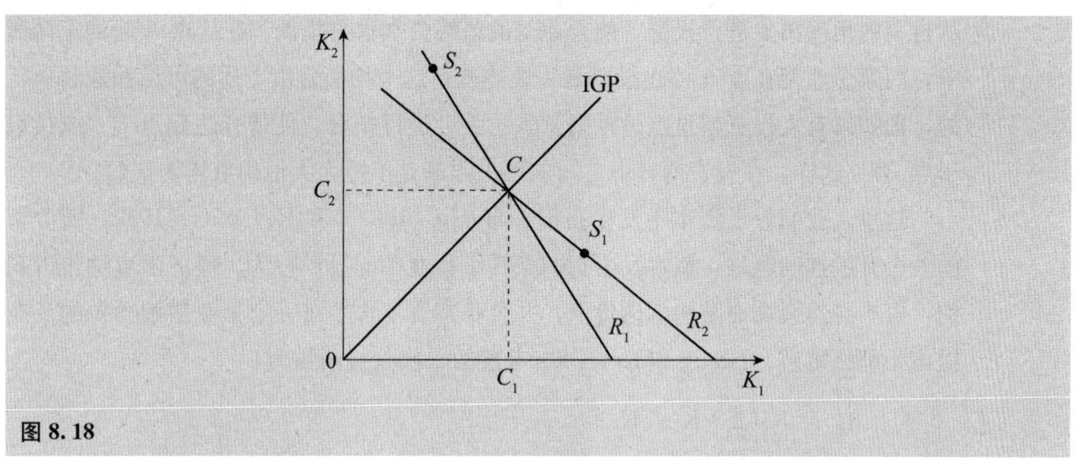

图 8.18

现在，我们让企业 i 在时刻 t 时的投资依该时刻的资本存量而定（企业使用闭合策略）。资本存量是“状态变量”（即任何时刻的资本存量和从该时刻起的投资方案是你计算收益所需的所有信息）。一个马尔可夫精炼均衡是一对马尔可夫策略

$$\{I_i(K_1(t),\ K_2(t))\}_{i=1,2}$$

这对策略从任意可能的初始状态（K_1^0，K_2^0）而不只是从博弈的初始状态（0，0）起都构成一个“闭合”纳什均衡。

考虑图 8.19，它给出了一个马尔可夫精炼均衡。箭头表示运动方向。如果仅有企业 2 在进行投资，则运动是垂直的；如果仅有企业 1 进行投资，则运动是水平的；如果每家企业都在尽可能迅速地进行投资，则运动呈对角方向；如果没有一家企业投资，则运动不存在（由于线性的原因，用最优控制理论的术语来说，最优策略是“砰砰”控制）。注意，我们已经定义了每一种状态下的选择，而不只是那些沿着均衡路径所作出的选择——我们必须这样做以检验精炼性。从图 8.19 我们发现，除非企业 1 抢先，否则它就不能得到 Stackelberg 结果 S_1，这是因为在企业 2 达到自己的反应曲线之前，企业 1 不能积累足够多的资本。如果企业 1 能够在企业 2 到达自己的反应曲线之前使投资达到 Stackelberg 水平，它会这样做，之后便停止投资；然后，企业 2 继续投资，直到它达到 R_2。如果某个因素使得企业 1 的资本存量已超过其 Stackelberg 水平，它会立即停止投资。在图的另外一半，情况是对称的，它是与企业 2 抢先的状态相对应的。因而，这一均衡描述了企业可以怎样利用其投资速度优势或初始条件优势。增长相位条件（哪个企业先到达、调整成本等）对行业结构具有持久的冲击。

业已证明，图 8.19 中给出的均衡不是唯一的。还存在其他许多均衡。为了理解原因，考虑图中的点 A。该点接近于企业 2 的反应曲线而越过了企业 1 的反应曲线。策略规定从点 A 起，两家企业都进行投资，直到达到 R_2 为止。但两家企业都偏好点 A 的现时状况。特别地，即使企业 2 停止投资，企业 1 也不愿投资；它只会

从自卫的角度出发进行投资，使企业 2 的最终资本水平降低。在从点 A 起的子博弈中，两家企业都在点 A 停止投资是一个均衡，这个均衡是由下述的可信赖威胁执行的，即如果有人投资超过点 A，则竞争对手会进行投资，使博弈达到点 B（或接近于点 B）。这样，在投资博弈中，马尔可夫限制是不能大大地约束均衡集的。[82]

这里，我们假设资本不发生折旧。Hanig（1985）和 Reynolds（1987）所分析的一个开放性问题是，资本发生折旧条件下行业中的投资行为。经济学直觉告诉我们，资本必然会丧失某些承诺价值，并且稳态资本水平对一家企业初始抢先的反应应该不那么敏感。Hanig 和 Reynolds 考察的二次收益函数为

$$\Pi^i = K_i(1-K_i-K_j)$$

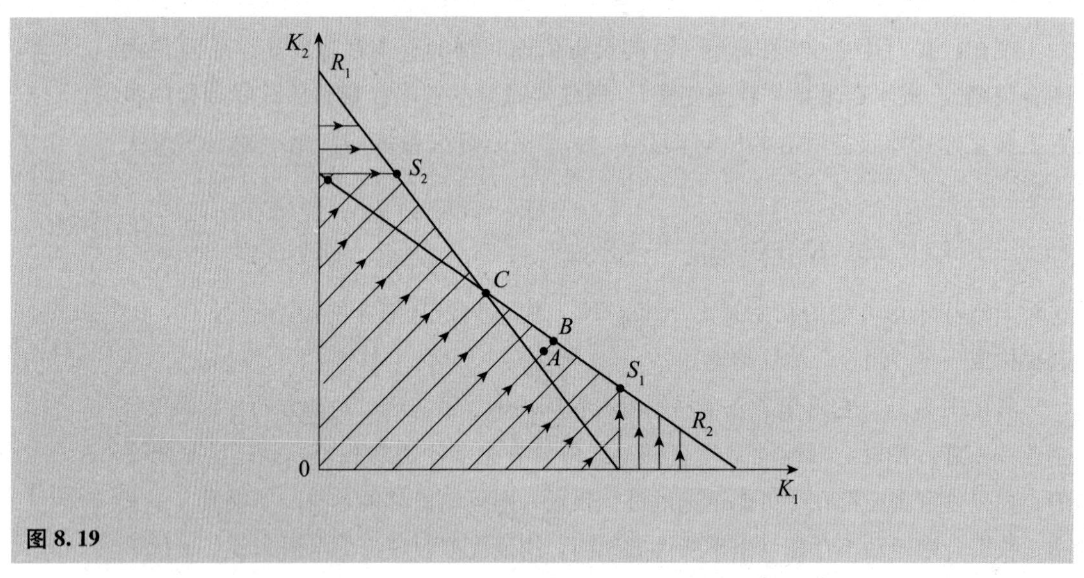

图 8.19

二次投资成本为

$$C^i(I_i) = cI_i^2/2$$

他们引入了折旧（$\dot{K}_i = I_i - \mu K_i$）与贴现。而且，他们寻找在资本水平上是线性的马尔可夫精炼均衡投资策略 [$I_i(t) = -\alpha K_i(t) - \beta K_j(t) + \gamma$，$\alpha$，$\beta$，$\gamma > 0$]。Hanig 和 Reynolds 应用微分博弈技巧[83]以得到这样的解。他们的主要结论是，两家企业的稳态资本水平严格大于古诺资本水平；因而，两家企业在长期中都越过了各自的反应曲线。这里的经济学直觉与前述短期承诺行动（和无固定成本）模型中的直觉是相同的。与企业不能影响其竞争对手生产能力的情况相比，这时企业在每个时刻要保有更多的生产能力。由于两家企业都以这种 Stackelberg 方式行事，它们的资本水平超过了古诺水平。资本的承诺价值与其折旧率反向相关。特别地，折旧迅速的资本只有短期承诺价值。

如果我们忽略固定成本与进入壁垒，这些模型对于马尔可夫策略下的动态竞争而言，指出了下面的结论：对照静态竞争（见第 5 章），重复地相互作用

在价格竞争条件下会促进合谋（见第 6 章）；而在 Hanig（1985）、Maskin - Tirole（1987）及 Reynolds（1987）的模型中，重复地相互作用在生产能力竞争的条件下会促进竞争。[84]这个结论是有经济意义的。通过提高价格，企业可以使其竞争对手产生提价的积极性；通过增加资本水平，它可以诱使其竞争对手降低资本水平。因而，策略替代与策略互补之间的区别对长期竞争的研究具有某种适用性。

Stackelberg - Spence - Dixit 模型（见 8.2 节）描述了下面的事实，在固定成本很低且生产中不存在实质的不可分性的条件下，在位者不能制止进入，只能努力限制进入者的扩张。上面讨论的动态竞争模型使这一论点更具说服力。Stackelberg - Spence - Dixit 模型还说明，在固定成本很大和（或者）存在不可分性的条件下，对在位者而言，进入遏制最优。这一论点同样为上述动态竞争模型所证实。

8.6.2　产品扩散、抢先与垄断的持续性

在许多行业中，企业并不选择连续的规模变量（如上述投资博弈中的生产能力）。相反，由于不可分性或固定成本的存在，企业面对离散选择：它们投资兴建规模最有效的工厂（就像在 U 形成本曲线情况下那样）；它们在一个有限的产品集合中进行选择；它们在一个受到约束的地理位置集合中选择店址；等等。这样，先动优势便采取了一种极端形式：抢先。当然，在上面的长期资本积累博弈中也出现了抢先。每一家企业都想首先进入市场，在其竞争对手完成足够的资本积累之前，达到 Stackelberg 生产能力，从而制止竞争对手作出同样的行动。不可分性的影响是，企业希望彻底抢先。在投资博弈中，一家企业的投资延迟一会儿，它就会丧失一点儿先动优势（当不发生折旧时，在稳定状态中，这家企业的资本将稍有减少，而其竞争对手的资本却稍有增加）。相反，一家企业若没能按时建立工厂或占据有利的市场位置，也许就不能阻止一个进入者建立工厂或占据那个位置。一个小小的耽搁可能会招致进入，因此会对企业的利润产生重大影响。[85]

8

在本小节，我们将研究离散选择与抢先。对上述问题的讨论将限于下面这种情况，其中抢先企业不能在物理上制止进入，但它可使进入企业无利可图。（排斥性投资将在第 10 章讨论可注册专利的创新时进行研究。）

抢先博弈的一个自然而然的焦点是企业引入工厂和产品的时序。如 Eaton 和 Lipsey（1980）模型所揭示的那样，在位者将倾向于提早投资。另外一个焦点是垄断的持续性。在位者总是能通过提早投资以制止竞争对手进入市场吗？在长期中，我们应该预期行业结构是垄断结构还是寡头结构？

8.6.2.1　产品扩散

就像我们在第 7 章中所看到的那样，企业希望使各自的产品存在差异，以避免

剧烈的价格竞争（当然也有某些例外）。因此，潜在进入者要寻找市场空位。为制止进入，在位者也许会试图把产品空间塞满，而不留任何有利可图的市场空位。例如，Scherer（1980，pp. 258－259）描述了通用汽车公司在1921年所作出的提供整个系列汽车的决策，以及通用汽车公司主席 Alfred P. Sloan 对此所持的策略性观点。他还注意到，瑞典烟草公司在1961年丧失其合法垄断地位之后，是如何通过提供数量相当于之前品牌数量两倍的品牌（并在之后几年使其广告费增加了12倍）而对此作出反应的。Schmalensee（1978）观察到六家最主要的即食早餐麦片制造商在1950—1972年间引入了80个品牌（1972年，联邦贸易委员会对四家最大的制造商提出控告，这四家制造商占据了市场份额的85%，享有巨额利润）。

Schmalensee（1978）正式说明了一个卡特尔（像单一垄断者那样行动的一个企业集团）是如何把产品空间塞满的。在环形选址模型之中，他问道，一个卡特尔应把多少种产品引入市场，使得再进入市场无利可图？并且，他还说明，以这种方式制止进入正是符合卡特尔的利益的。Schmalensee 的模型是静态的，因而也就没有论述抢先的最优时序。随后的研究已发展出了这样的模型，其中随着时间的推移，需求增加或者引入新产品的成本下降，而且，引入一种新产品的时刻是一个选择变量。Eaton 和 Lipsey（1979）、Gilbert 和 Newberry（1982）、Gilbert 和 Harris（1984）导出了关于垄断持续性问题的更深入的结论。Eaton 和 Lipsey 在一个选择模型中描述了抢先[86]；Gilbert 和 Newberry 给出了一个相似的结论，并且在专利竞赛之中清楚地区分了持续性发生的原因；而 Gilbert 和 Harris 则确定了“威胁时刻”，在这一时刻，在位者可以建立不可分的工厂以制止进入。[87] 现在，我们来考察一个简单的产品差异化模型的结论。[88]

我们回到第7章中发展起来的简单模型并考虑一个长度为1的线性城市。我们将假设，商店可能的选址地只有两处，即城市的两个端点。虽然这一假设并不重要，但可以使我们简化模型表达。消费者沿线段呈均匀分布，其单位距离的运输成本为 t。时间是连续的，属于区间 $[0, +\infty)$。在时刻0，消费者的密度是1。直到时刻 T 之前，消费者的密度仍是1，而在时刻 T，消费者密度即刻变为原来的两倍；然后，它永远为2。（人口不连续增长多少有点虚构成分，但是它可使我们用一种简单的方法把扩张城市中的选址问题构造成模型。）

存在两家企业。在时刻0，企业1（在位者）从其位于城市左端点的唯一商店向整个市场供应产品。在任意的未来时刻，两家企业中的每一家都可在城市的右端点设立一个商店，固定投资成本为 f。现在，我们假设企业不能在投资成本沉没之后退出市场。

我们可以假设，每一家企业都可以在其竞争对手已设商店的地址之处设立商店。但是，由于产品无差异的伯特兰德竞争给出的利润为0，我们可以很容易地看到，在我们的模型中，这样一项政策是无利可图的；因此，我们将不考虑它。这里的问题是要确定哪家企业将在第二处地址投资设立商店，而且要确定这会发生在哪个时刻。

在时刻 T 之前，如果两家企业都没有在城市的右端点设立商店，则企业 1 单位时间赚取的利润为 Π_0^m；如果企业 1 在城市的右端点设立商店，则它单位时间赚取利润 Π_1^m（未减去固定投资成本）；如果企业 2（进入者）在城市的右端点首先设立商店，企业 1 单位时间赚取利润 Π^d。在最后一种情况下，企业 2 单位时间赚取的利润也是 Π^d。如果单位生产成本（减去设立商店的固定成本）为常数，这些利润流量在时刻 T 之后会变成原来的两倍，原因在于人口增长。我们假设，$\Pi_1^m > \Pi_0^m$ 和 $\Pi_1^m > 2\Pi^d$。第一个不等式只是说，如果我们把设立商店的成本忽略不计，那么在位企业想要拥有两个商店而不是一个商店；第二个不等式说明，对给定数量的商店而言（这里是 2），双寡头竞争的行业总利润由于竞争的作用要小一些。这些条件是非常一般的。它们在消费者需求为 1，$\bar{s} > 2t$（$\bar{s}$ 是消费者对两家商店出售产品的评价），以及生产成本 c 为 0 时成立的原因是，$\Pi_0^m = \bar{s} - t$，$\Pi_1^m = \bar{s} - t/2$，以及 $\Pi^d = t/2$。

令 $t_1 > 0$ 为抢先时刻，也就是说，在此时刻一家企业（率先）投资，在城市右端点设立商店。记 $L_i(t_1)$ 为企业 i 在时刻 t_1 率先投资时，从时刻 0 起其利润的贴现值；记 $F_i(t_1)$ 为企业 i 被抢先时，从时刻 0 起其利润的贴现值。L 与 F 表示领导者与追随者（领导权是内生的）。对 $t_1 < T$，这些函数由下式给出：

$$L_1(t_1) = \int_0^{t_1} \Pi_0^m e^{-rt} dt + \int_{t_1}^{T} \Pi_1^m e^{-rt} dt + \int_T^{\infty} 2\Pi_1^m e^{-rt} dt - f e^{-rt_1}$$

$$F_2(t_1) = 0$$

$$L_2(t_1) = \int_{t_1}^{T} \Pi^d e^{-rt} dt + \int_T^{\infty} 2\Pi^d e^{-rt} dt - f e^{-rt_1}$$

$$F_1(t_1) = \int_0^{t_1} \Pi_0^m e^{-rt} dt + \int_{t_1}^{T} \Pi^d e^{-rt} dt + \int_T^{\infty} 2\Pi^d e^{-rt} dt$$

式中，r 是利率；f 是投资成本。对 $t_1 > T$，我们能以相似的方式定义 L_i 与 F_i。

现在假定

$$\frac{2\Pi^d}{r} > f > \frac{\Pi^d}{r}$$

第一个不等式告诉我们，人口增长为原来的两倍之后，双寡头利润的贴现值大于投资成本。这一条件保证了企业 2 进入行业是有利可图的。第二个不等式告诉我们，在 T 之前的任意时刻，双寡头利润（Π^d）是不能弥补投资成本的利息（rf）的。这两个不等式意味着，当不存在来自企业 1 的抢先威胁时，企业 2 希望恰好在时刻 T 进行投资（也就是 L_2 在时刻 T 达到最大值）。函数 L_i 与 F_i 在图 8.20 中给出。

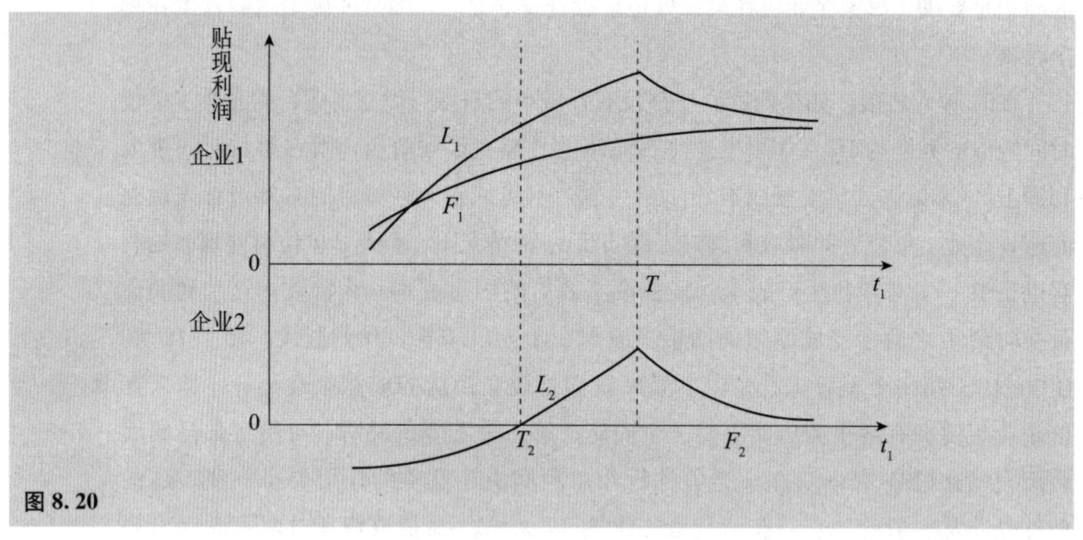

图 8.20

我们定义 $T_2<T$，使得在时刻 T_2，企业 2 在抢先与被抢先二者之间是无差异的，即

$$L_2(T_2)=F_2(T_2)=0$$

可以证明，当且仅当 $t_1>T_2$ 时，$L_2(t_1)>F_2(t_1)$；我们还可证明，对任何 $t_1\geqslant T_2$，有$L_1(t_1)>F_1(t_1)$（应用 $\Pi_1^m-\Pi^d>\Pi^d$）。

假定（$\Pi_1^m-\Pi_0^m$）$<rf$。换句话说，当不存在进入威胁时，在位者不会选择在 T 之前进行投资。[89]在 T 之前 L_1 是递增的。图 8.20 全面地总结了两家企业之间进行的抢先博弈。

现在我们可以来解抢先博弈了。为此，我们从时刻 T 向后考察这个问题。在时刻 T，在位者（企业 1）不管企业 2 随后会采取什么策略，都要进行投资（如果在 T 之前没有企业投资）。知道了这一点，企业 2 将不会允许企业 1 投资；它会在早些的某个时刻 $T-\varepsilon$ 抢先投资，这是因为 $L_2(T-\varepsilon)>F_2(T)$。企业 1 了解到进入者在 $T-\varepsilon$ 的抢先选择之后，将会恰恰在此时刻之前抢先投资，如此等等。这个抢先螺旋在时刻 T_2 停止下来，这时企业 2 发现再进行抢先的代价太高了。因此，为抢在企业 2 之前进行投资，企业 1 恰恰在 T_2 之前投资就可以了。由于 L_1 在 T_2 之前是递增的，企业 1 要等到这个时刻（或稍稍提前于此时刻）才会抢先。因此，均衡由以下两个性质刻画：

- 在位者抢在进入者之前进行投资，并仍保持垄断地位。
- 抢先发生在人口增长之前，发生在没人抢先时，进入者最早愿意进入市场的时刻。

我们可以在 Fudenberg 和 Tirole（1985）中一个相似的博弈里找到均衡策略的正确的形式化表述。[90]

上述例子的基本结论是：垄断会得以持续。更为一般的性质背后的直觉推理如下：竞争会使利润减少；拥有与双寡头竞争行业相同生产技术的垄断者所赚取的利润比两家竞争企业赚取利润的总和要多（最坏的结果是，垄断者也总能使它的商店选择竞争企业将会选择的策略）。被称为效率效应的这一性质，在这里通过不等式 $\Pi_1^m \geqslant 2\Pi^d$ 反映出来；它是很有一般性的，构成了垄断持续这一现象的基础。在进入时，潜在进入者把其决策建立在单位时间双寡头利润 Π^d 的基础之上。现在我们来考察在位者可以作出的选择，即或是允许进入，或是抢先进入。允许进入意味着单位时间损失利润 $\Pi_1^m - \Pi^d$。由于 $\Pi_1^m - \Pi^d > \Pi^d$，在位者抢先投资的积极性大于进入者必须进入的积极性。

由于垄断者必须先于其意愿进行投资（以抢在进入者之前），它的租金发生了耗散，虽然租金没有全部耗散。在上述具有同一单位需求及线性运输成本的例子中，可以证明，这一租金耗散对社会而言是浪费，就像 Eaton 和 Lipsey（1980）所说的那样。因而，社会计划者会希望消除进入威胁。[91]

把刚解完的抢先博弈那样的博弈与 8.1 节中考察过的消耗战博弈那样的博弈加以比较是有益的。两种博弈都是“时序博弈”。在这样的博弈中，每家企业都作单一决策（在抢先博弈中，是何时进入市场；在消耗战博弈中，是何时退出市场）。在抢先博弈中，每家企业都想当第一（至少在最优行动时刻之前的一段时间内是如此），但如果它们能确知其竞争对手不会抢先，则都会愿意“晚些”行动。在消耗战博弈中，每家企业都想第二个“行动”（即不退出市场），但如果企业能确知竞争对手比它更“长寿”，它会愿意“早些”行动。这两类标准的博弈只是时序博弈的极端情况，而更为一般的产业组织问题可能会涉及时序博弈的其他形式；但是，从这些博弈中导出的技巧与直觉会帮助你认识更为复杂的情况［见 Katz 和 Shapiro (1984)］。

8.6.2.2　空间抢先是可信赖的吗？

建立在效率效应基础上的推理思路告诉我们，垄断状况仍会归于垄断状况，当然，情况也并不总是这样。我们将要考察这一推理可能出现的问题。现在，我们考虑只有在位者设法使其投资具有承诺价值时，投资才具有抢先价值这种情况［见 Judd (1985)］。我们一直都在论证当投资具有承诺价值时，它就能更容易地制止进入。Judd 的有趣洞见是，如果一家多产品企业与一家单一产品企业在某个市场上展开竞争，那么只要该市场中的低价会抑制对多产品企业其他产品的需求，多产品企业就会比其竞争对手更有积极性退出这个市场。这样，现有产品可能只有极小的承诺价值。

为了看出多产品企业可能是怎样被迫退出市场的，我们考虑前述线性城市模型。假定在位者已抢先于进入者，它拥有两个商店，分别位于城市的两个端点。我们进一步假定，进入者仿效在位者，在城市的右端点设立了商店。如果没有一家企业退出，伯特兰德竞争会把城市右端点处两个商店的价格压低到边际成本 c。因而，每一家企业在右端点处商店所获利润均为 0。企业 1 在其左端点处商店所获利润为正。由于存在运输成本，左右端点处商店销售的产品是有差别的，企业 1 可以使其价格稍高于 c 而又不致失去它所有的消费者（见第 7 章）。但是，它的利润减少了，原因在于其右端点处商店的产品是以低价 c 出售的。现在，我们来比较两家企业从右端点处退出的积极性。假设在退出时，企业不能收回其设立商店的成本 f，但也不会再承担额外的退出成本。当企业 1 坚持留在市场中时，无论退出与否，企业 2 获得的利润都是 0，因此，其退出的积极性很小。但企业 1 就不同了，如果企业 2 坚持留在市场中，企业 1 通过退出市场能比其留在市场中赚更多的钱。企业 1 从右端点处退出可抬高此处的价格，因而就使左端点处商店销售产品的剩余需求增加。例如，在线性运输成本、消费者均匀分布、城市长度为 1 的条件下，双寡头价格是 $c+t>c$（见第 7 章）。由于企业 1 从消费者在其右端点分店的购买中没有赚取利润，因而它只会关心其左分店所出售产品的剩余需求；这样，它可通过退出使自己的利润增加。我们大致作一小结：从右端点处退出是企业 2 的一项弱非优策略，它会使企业 1 的利润增加。因而在均衡中，企业 1 会立即退出而企业 2 则留在市场中；结果会是双寡头竞争。[92]

解完了整个博弈，我们注意到，如果两家企业都在城市右端点处设立商店，企业 2 就会把企业 1 立即逐出此处，而且，我们回想一下，除非为了抢先的目的，否则不会有企业想在时刻 T 之前在右端点处设立商店。因此，均衡会是这样，企业 1 永远不在城市右端点处设立商店，企业 2 于时刻 T 在此设立商店。抢先不会发生。我们推断，小额退出成本加上产品替代可能会把在位者置于不利地位，并阻止其通过产品扩散令人可信地抢先。

习题 8.10*：两种有差异的产品，苹果和橘子，位于一个线性产品空间（长度为 1 的线段）的两个端点。位于 x 的消费者如果消费了一个苹果，则其效用是

$$\bar{s}-tx^2-p_1$$

如果消费了一个橘子，则其效用是

$$\bar{s}-t(1-x)^2-p_2$$

否则，其效用为 0（既消费苹果又消费橘子，消费者会消化不良）。苹果的单价是 p_1，橘子的单价是 p_2。消费者沿线段呈均匀分布（除了运输成本是二次的而不是线性的之外，它恰与运输模型类似，这里空间偏好被再解释为口味）。每种产品的边际成本都是 c。企业 1 是苹果垄断者，企业 2 是橘子垄断者。

（1）证明在相关区域内（$|p_2-p_1|\leqslant t$ 以及价格不是太高），需求函数是

$$D_1=(p_2-p_1+t)/2t$$

$$D_2=(p_1-p_2+t)/2t$$

（2）解出伯特兰德均衡。计算出利润。

(3) 假定企业 1 是苹果垄断者，但两家企业都产橘子。计算伯特兰德均衡。说明这里的 Π^1 比问题 (2) 中的 Π^1 小（是前者的四分之一），对此予以解释。

(4) 假定不存在退出成本，进入成本是沉没成本，企业 1 在两个市场中同时经营，企业 2 只经营橘子 [与问题 (3) 同]。哪家企业具有积极性退出橘子市场？对于通过产品扩散以制止进入的可能性问题（即企业 1 率先进入橘子市场），沉没成本或退出成本的作用如何？

8.6.2.3 垄断会持续吗？

8.6.2.1 小节揭示出促进垄断持续的一项重要因素：效率效应。由于竞争会使行业利润减少，在位者制止进入的积极性比进入者进入市场的积极性要高。[93] 但一般而言，这一效率效应还不足以说明垄断持续的原因。(这对理论而言是一件幸事：在美国，极少有纯粹垄断；当不存在管制约束时，多企业市场才是常态。)

第一，抢先必须是有效的。它或者可使抢先者在技术上建立产权（比如，通过专利或发放排他性许可证），或者可使企业承诺进行剧烈的价格竞争，如果其竞争对手这样干。抢先并非完全有效（这是从其允许进入的意义上而言的）的一个例子是无固定成本的 Stackelberg 博弈（见 8.2 节）。在这个例子中，Stackelberg 领导者不拥有资本的产权；而且，生产能力约束阻止了激烈的价格竞争，因此，领导者阻止进入的唯一途径是积累足够多的资本，以在价格等于投资的边际成本与生产的边际成本之和的情况下，供应整个市场（因而其获取的利润为 0）。如果领导者只是在自己拥有的资本之上，再去积累 Stackelberg 追随者的生产能力，那么它是不能制止进入的。抢先无效的另一个例子发生在在位者的投资不具有承诺价值的时候，就像前一小节考察过的放弃产品的例子中所发生的那样。

第二，抢先技术必须是确定的。企业必须拥有抢在其竞争对手之前的手段。如果技术是非确定的（就像第 10 章中考察的专利竞赛那样），那么，在位者可能没办法保证自己首先得到抢先技术。[94]

第三，即使在抢先既是有效的，又是确定的这种情况之下，我们也难以相信垄断者总会保持其特权状况。实际上，抢先模型的几种变体会使寡头竞争结构以正的概率出现。

(1) 在位者不拥有进入者的技术。在这个明显的情况中，在位者不能提前一刻仿效进入者的策略，这可能会给进入留下余地。例如，在产品差异化模型中，在位者也许不能在城市右端点处设立商店。

(2) 在位者可能没有时间抢在进入者之前。这种情况发生在一项创新出现后，在位者与进入者都想立即采纳它的时候。这样，抢先将会要求在位者于创新出现之前即采纳它，但这是不可能的。时间不足（以伪装的方式）也出现在同时进入模型里，其中投资只发生在一个时期中。第 7 章中分析的选址竞争模型和垄断竞争模型当属此类模型。在城市为线性的、企业可于两处设址的情况下，我们可以容易地看出，如果进入决策是同时作出的，则存在两个纯策略均衡。在其中一个均衡中，只有在位者在城市右端点处投资设立商店（垄断持续）；在另一个均衡中，只有进入者在此处投资设立商店（进入）。[95]

在投资模型中，也隐含时间不足的问题，其中企业不被允许设立一座以上的工厂或引入一种以上的产品。这里隐含的假设是，迅速投资（投资于第二、第三座工厂或第二、第三种产品）的代价极高，而且单一工厂或单一产品企业可于在位者实行扩张之前进入市场。

在某种意义上，第 7 章中的同时进入模型是与极长的信息时滞相对应的：没有企业能在作出自己的决策之前观察到竞争对手的选择。这明显是个极端的假设，即使在企业的投资决策执行一段时间之后可被观察的情况下也是如此。[96]一般而言，你可以考察不可忽略的信息时滞（不完全信息）下的动态竞争。Fudenberg 等（1983）考察了一个博弈，其中在完全信息（无信息时滞）的条件下，只有在位者进行研发投资；反之，若是存在信息时滞，则竞争就有可能发生。如果进入者没有试图进入市场，那么在位者将延迟其投资决策（就像在抢先博弈中那样，在位者想要“缓慢地”行动），而进入者是应进入市场的。但是，进入者只是在有机会抢先时才会试图进入市场。这样，垄断将不可持续的概率为正。

（3）在位者可能不具有关于进入者特征的完全信息。由于没有完全信息，在位者不能精确地算出最优抢先时刻 T_2。（在存在信息时滞的情况中，在位者观察不到其竞争对手的行动；在存在不完全信息的情况中，它可能观察不到其竞争对手的成本结构。）由于在位者希望尽可能地晚些投资（L_1 是递增的），并且还要抢在进入者之前投资，它可能会拖延时间，甚至不惜冒招致进入的风险。企业必须评价与等待相关的收益，并估计出自己被进入者抢先的概率。因此，不完全信息引入了潜在进入者实际上将会进入市场的可能性。为了从 8.6.2.1 小节的模型中看这个问题，假定进入者的进入成本或“高”或“低”，并且这只为进入者自己所知。进入成本“高”时的最优抢先时刻要大大迟于进入成本“低”时的最优抢先时刻。直觉地看，如果进入者具有高额进入成本这一事件的概率充分大，在位者是不值得保证自己抢在低成本进入者之前投资的。在位者从更高的 L_1 中所得的收益可以抵销与被进入者抢先的概率相联系的损失。

注释

［1］Stigler（1968）给出了一个建立在在位者与进入者之间成本不对称基础上的不同定义。von Weizsäcker（1980a，p. 400）定义：“进入壁垒是一种生产成本，它必然是由谋求进入一个行业的企业承担，而不是由已处于行业中的企业承担；并且从社会的角度看，这意味着资源配置的扭曲。”这一定义是与 Stigler 的定义相关的。有关于进入壁垒的综合考察，见 Encaoua 等（1986）

和 von Weizsäcker（1980b）。

［2］在纽约，一张出租汽车经营牌照可卖 100 000 美元。这可解释为进入受到法律限制的市场中赚取的正利润的贴现值。

［3］另一个制度性进入壁垒是管制过程中强加的时滞和成本。例如：MCI 公司支付了 1 000 万美元的管制和法律成本，并且等了 7 年才得到许可以建造一个微波系统，该系统值 200 万美元，7 个月就建成了。受管制的在位企业——AT&T 公司——拥有精通管制事务的律师和经济学家，它巧妙地争辩道，市场中无须引入新的服务，MCI 只是想进入市场有利可图的部分，AT&T 主张，这部分市场应该用来资助盈利较少的服务项目（“撇取奶油”）。见 Brock 和 Evans（1983）以及 Brock（1983b）对诺尔-本灵顿规则的批评意见，这一规则（特别是在 AT&T 公司案例中）使企业可以假借参与政府事务的责任来保护自己的业务。这些作者论证企业介入管制过程也许是纯粹的浪费，并且由于滥用权利不可能被制止，这种介入（称作“管制过程掠夺性行为”）应该受到严肃对待。

［4］部分争议来自这个事实，即深层博弈的时序和策略工具没有被完整地描述出来（例如，“Sylos-Labini 假说”认为，潜在进入者预计，如果进入发生，那么在位企业会维持相同的产量，这也被命名为“限制性定价”），而数量或价格的承诺价值也没有得到仔细的研究。

［5］见 Baumol 等（1982）中更深入的参考文献。也见 Brock（1983a），Spence（1983），Baumol 等（1986），以及 Schwartz（1986）。

［6］见 Baumol 等（1986）对这一观点更为完整的讨论。

［7］在多产品情况下，Baumol 等（1982）证明，如果存在一个可维持性配置，它将满足以下条件：（a）行业成本最小化成立（结论 1 的一般化）；（b）企业不获取利润（结论 2）；（c）企业从一个产品子集中获取的收入至少与不生产这些产品而带来的成本节约一样大（保持其他产品的产量不变）；（d）任何一家企业生产某种产品，产品价格都会高于其边际生产成本；（e）在某些假设下［见 Baumol 等（1977）］，拉姆齐价格与产量——在企业赚取的利润等于进入壁垒所允许的最大利润这一约束下的福利最优价格与产量——是可维持的。

条件（c）（无交叉补贴的结果）的直觉是，如果一个产品集是不可生存的，那么除非在位者抛弃这些产品并因此而赚钱，否则进入者便会进入市场，并像在位者一样生产。条件 d 是伯特兰德竞争的一般化。

［8］为严格起见，我们必须验证社会计划者无法通过强迫企业在不同价格之间进行随机选择来使自己做得更好。为了说明随机选择价格会使福利降低，我们只要证明总福利 $W(p)$ 对 p 是凹的就够了。如果确实如此，那么由詹森不等式，$EW(p)\leqslant W(Ep)$，在非随机价格 Ep 下的福利要高于随机价格 p 下的福利（E 表示对价格求期望）。进一步讲，如果利润函数 $\Pi(p)$ 在 p 上是凹的，那么若企业在随机价格 p 下可获取非负利润，则在非随机价格 Ep 下也可获取非负利润［由于 $\Pi(Ep)\geqslant E\Pi(p)\geqslant 0$］，因此，在随机价格下，企业非负利润约束比在非随机价格下更难以得到满足。从我们的目的出发，我们假设

$$D'(p)+(p-c)D''(p)\leqslant 0$$

则

$$\Pi''(p)\equiv 2D'(p)+(p-c)D''(p)<0$$

且有

$$\begin{aligned}W''(p)&=[S(p)+\Pi(p)]''\\&=[-D(p)+D(p)\\&\quad+(p-c)D'(p)]'\\&=D'(p)+(p-c)D''(p)\leqslant 0\end{aligned}$$

式中，S 表示消费者剩余。因此，Π 和 W 都是凹的。关于随机价格不合意性的更为一般的论述，见 Samuelson（1972）。

［9］为证明这是唯一均衡，考虑在均衡中，

任何一家企业所制定的最高价格 $\bar{p}>p^c$。说明这一价格严格高于其他企业所制定的最低价格的概率为 1。推断这家企业的利润为 0，而这又意味着，其他企业所制定的最低价格是 p^c 的概率为 1。

[10] 见 Grossman（1981），你会看到研究单一产品行业可竞争性的一种不同方法，Grossman 假设，企业宣布的是供给曲线而不是价格。

[11] 但是 Bailey 和 Panzar（1981）论证说，可竞争性理论适用于两个城市之间的航空市场。在这个行业中存在着规模报酬，但固定成本不是沉没的。（支付很少的成本便可回收飞机。沉没成本，像为跑道、指挥塔以及地面设备所支付的成本，是由市政当局承担的）。Bailey 和 Panzar 给出了某种证据，说明垄断者（几乎 70%的航线都由一家运输公司经营）在解除管制后会立即在其长途航线上采取多少像完全竞争那样的行为。与之相反，Bailey 等（1985）和其他人发现，当集中程度更高而其他条件不变时，飞机票变得更贵了（虽然这种关系在统计意义上很强，但在经济学意义上并不重要）。

[12] Brock 和 Scheinkman（1983）研究了"数量的可维持性"。他们说，如果一个进入者所作出的任何一个生产计划 q^e 都使该进入者在数量 $\bar{q}+q^e$ 的市场出清价格下获得负的利润，则价格-数量配置（$\bar{p}$，$\bar{q}$）便是数量可维持的。也就是说，进入者假设在位者的产量在进入发生之后仍是不变的。Brock 和 Scheinkman 证明，在某些假设下，价格的可维持性隐含着数量的可维持性，并且在单一产品情形中，需求曲线与平均成本曲线相交决定的配置（p^c，q^c）是数量可维持的（它并不必然是价格可维持的，见习题 8.1）。

Perry（1984）考察了价格策略，但他脱离了 Baumol 等（1982）作出的统一定价假设。在位者报出一个价格-数量表：他准备在 p_1 价格下供给 q_1 单位产品，在 $p_2>p_1$ 下，再多供给 q_2 单位产品（因此在价格为 p_2 时，他的全部供给是 q_1+q_2），等等。进入者通过自己的价格-数量表作出反应。这种情况比在统一定价情况下更容易得到可维持性，这是由于通过削价与在位者进行竞争来获取利润更困难。在位者可以低价出售恰好足够的产品，使得进入者的剩余供给曲线向其平均成本曲线左侧移动；在某种意义上，在位者能够通过对某一数量的产品制定低价来对这些产品作出承诺。但是，在位者仍可以通过对边际单位产品制定高价来获利。Perry 证明，在位者一般会获得严格正的利润，并且可维持价格-数量策略的存在甚至不必要求自然垄断假设（在统一定价下，这个假设对于可维持配置的存在而言是必要的而不是充分的）。

[13] 也就是说，一家企业在时刻 t 之前退出市场的累积概率是 $1-e^{-xt}$（一个指数分布），假定另外一家企业没有退出市场。

[14] 这里还存在不对称均衡：举例而言，在每个时刻，企业 1 都坚持留在市场，而企业 2 则退出市场，这便是一个不对称均衡（把上述两家企业调换一下位置，就又得到一个均衡）。

[15] 下面给出了考察这个问题的一种方法。在一个可竞争性市场中，垄断利润变为 0。企业不会为得到这个垄断利润而进行支出。相反，在消耗战中，垄断利润是正常的垄断利润。企业支出对应于退出市场或得到垄断地位之前蒙受的双寡头竞争损失。

[16] 在这个例子中，$\tilde{\Pi}^m=v_2>2v_1>2f$。只要企业之间进行伯特兰德竞争，为使市场成为一个自然垄断市场，$f>0$ 是充分的。

[17] 见 Mankiw 和 Whinston（1986）和书后的习题 24 有关静态条件下同质产品市场中自由进入偏见的分析。

[18] Ghemawat-Nalebuff 模型假设，每家企业都面临一个维持生产能力的成本流量，它与企业的生产能力成比例（不存在独立于生产规模的固定成本）。令 $P(K, t)$ 为时刻 t 的逆需求函数，这里 $K=K_1+K_2$ 是行业的生产能力，c 表示维持生产能力的成本，企业 i 的瞬时利润是（假设在时刻 t，两家企业仍都在市场中）

$$[P(K_1+K_2, t)-c]K_i$$

假设 $\partial P/\partial K<0$，$\partial P/\partial t<0$（即行业在衰落）。进一步假设，企业的退出决策是跳跃式的（因此企业的生产能力直接从 K_i 跳到0）。t_i^* 由下式给定：

$$P(K_i, t_i^*) \equiv c$$

如果 $K_1>K_2$，则 $t_1^*<t_2^*$，也就是说，在垄断情况下，企业1会率先退出，逆向归纳法表明，企业1在时刻 $t<t_1^*$ 率先退出市场，使得 $P(K_1+K_2, t)=c$，而企业2要在市场中等到 t_2^*。（提示：在时刻 t_1^*，对企业1而言，退出是一项占优策略，在时刻 $t_1^*-\varepsilon$，对于 ε 很小这种情况而言，企业2退出市场将是愚蠢的。在最坏的情况下，企业2在 ε 期间失去一些利润，但在 t_1^* 与 t_2^* 之间会成为得利的垄断者；因此，假设重新进入代价高昂，则企业2会留在市场中，而企业1退出市场。）

[19] 见 Huang 和 Li（1986）以及 Fine 和 Li（1986）对利润遵循随机过程的消耗战的分析。

[20] Ghemawat 和 Nalebuff 的模型是一个连续时间、连续生产能力调整的模型。Whinston 的模型假设时期是离散的，以及同规模工厂是不可分的；它不要求近乎连续地减少生产能力，但要用到一个类似马尔可夫的假设。

下面给出了均衡的一个启发性描述。考察注释［18］中给出的连续时间模型。令 $R(K_j, t)$ 为企业 i 在时刻 t 的静态反应函数；选择变量 K_i 最大化

$$[P(K_i+K_j, t)-c]K_i$$

令 $(K^*(t), K^*(t))$ 代表静态纳什均衡，$K^*(t)\equiv R(K^*(t), t)$。在适当的假设下，$\partial R/\partial t<0$，这意味着 $dK^*/dt<0$。现在考虑动态模型并为简化起见，假设企业只能降低生产能力。均衡策略是：如果

$$K_i(t)<R(K_j(t), t) \qquad i=1, 2$$

在时刻 t，没有一家企业降低生产能力。如果

$$K_i(t)<R(K_j(t), t)$$
$$K_j(t)\geqslant R(K_i(t), t)$$

企业 i 不降低生产能力；企业 j 停留在反应曲线上，或向反应曲线移动（即如果企业 j 在其反应曲线上，则它将连续降低生产能力；如果企业 j 位于反应曲线的上方，它将不连续地降低生产能力）。如果 $K_i(t)\geqslant R(K_j(t), t)$，$i=1, 2$，两家企业都向静态纳什均衡 $(K^*(t), K^*(t))$ 移动。它们降低生产能力以留在反应曲线上。均衡只不过是短视的（静态）古诺结果所构成的一个序列。

[21] 上标 b 表示壁垒。

[22] 从技术上讲，对企业1而言，$K=1/2$ 满足一阶条件，并且满足局部二阶条件。但是，由于企业2的反应函数在 $K_1=K_1^b$ 时是不连续的，企业1的目标函数不是全局凸函数。因此，$K_1=1/2$ 并不一定给出利润最大值。

[23] 在进入被容纳的情况下，垄断资本水平与在位者资本水平一致，是我们选择二次利润函数所得到的一个现象。

[24] 如果在某个 $q_1<K_1$ 的点，企业1的短期反应曲线与企业2的反应曲线相交，则这里存在理想生产能力。企业1只积累 q_1 便能得到相同的产品市场结果，并因之节省了 $c_0(K_1-q_1)$。

[25] 见第11章中对精炼均衡概念的论述。

[26] 这里假设两家企业都选择了其古诺产量，等于1/3。注意，在这个均衡中，进入者获取利润 $1/9-f>0$。在 $f<1/16$ 这个假设下，这是唯一的纯策略纳什均衡。（若 $f\geqslant 1/16$，将存在另外一个均衡，其中企业1生产其垄断产量1/2，而企业2不进入市场。）

[27] 即 $2\sqrt{f}-4f>1/8$ 或 $f\geqslant 0.0054$。与之前一样，我们假设在位者可使用阻止进入的生产能力 $2\sqrt{f}$。见评论1。

[28] 有些反对进入遏制的政策干预是模棱两可的。正如 Bernheim 所指出的，使得遏制第二个企业进入市场变得更为困难会使第二个企业前景黯淡，而市场中的第一个企业可以更容易地制止进入。

[29] 见第11章的习题11.6，那里给出了连续规模项目选择情形下的投资不足结果。

8

[30] 见 Prescott 和 Visscher (1980)，他们给出了一个解释调整成本的内部组织模型。

[31] 这些是传统智慧的阐述，它可能对现实作了过度的简化。下面我们会更详细地讨论其中的两个例子。

[32] 把客源考虑成资本的一种形式暗示着在位者应该进行过度投资以封锁其他企业的进入。即使实行这项策略是可能的，它也不一定是最优的，原因是，如果进入真的发生了，在进入之后，在位者拥有两类顾客：它自己的顾客（在这些顾客身上，它仍拥有垄断权）与其他消费者（它要与进入者竞争这些消费者）。当然，企业想对其控制的消费者制定高价，而对其他消费者制定低价。如果在位者不能进行价格歧视，它必然会制定一个中间价格；企业控制了的顾客对它越重要，中间价格就越高。结果，当在位者拥有大量顾客时，在进入发生之后，它的攻击性会较小；它会成为一只"肥猫"，利用进入获利。因此，在顾客身上过度投资也许不一定是阻止进入的最好办法。见 Schmalensee (1983)，Baldini (1983)，Fudenberg 和 Tirole (1984)，以及注释 [43]。

[33] Salop 和 Scheffman (1983) 在对"提高竞争对手成本"行为所作的分类中纳入了这类策略性行为。

8

[34] 见 4.6.2 小节。

[35] 在下一节我们将看到，在位者的行动如何既对其利润产生直接（"无辜"）影响，又对其利润具有策略影响。

[36] 策略互补与策略替代这两个术语是由 Bulow 等人创造出来的。"动物"术语来自 Fudenberg 和 Tirole。

[37] 如果你想对寡头模型中的稳定性问题作更多的了解，见 Cournot (1838)，Fisher (1961)，Hahn (1962)，Seade (1980)，以及 Dixit (1986)。局部稳定性的条件是 $\Pi_{11}^1\Pi_{22}^2>\Pi_{12}^1\Pi_{12}^2$。（提示：比较纳什均衡的斜率。）对于企业的理性行为（即预期序贯反应并贴现未来）参见 8.6.1.1 小节。

[38] 由 Π^1 与 Π^2 的连续性以及 x_1^* 与 x_2^* 的唯一性，$x_1^*(K_1)$ 和 $x_2^*(K_1)$ 在 K_1 上是连续的（这是由最大值定理得到的）。因此，Π^2 在 K_1 上是连续的。假定

$$\Pi^2(K_1, x_1^*(K_1), x_2^*(K_1))<0$$

那么，企业 1 可以稍稍增加或减少 K_1 而仍可制止进入（由 Π^2 的连续性而得）。这意味着，企业 1 制止进入的约束在 K_1 的最优点是局部无约束的。由 Π^1 的凹性和 Π^{1m} 的凹性，制止进入约束是全局无约束的，它意味着进入被封锁（我们已把该种情况排除了）。

[39] 除非企业 1 的投资抬高了企业 2 的投资品的价格，或者企业 1 的投资对企业 2 具有溢出效应和学习效应。

[40] 我们可以用另外一种方法来刻画过度投资和投资不足的概念。考虑假设的情况，其中企业 2 在进入并作出第二期决策之前观察不到 K_1。与之相对应的均衡常常被称为开环均衡（open-loop equilibrium），这是因为企业 2 的策略是不能依 K_1 的实际选择而定的，在企业 2 作出决策的时刻，它观察不到 K_1。（闭合策略依 K_1 的实际水平而定。）开环情况是一项有趣的基准，我们可用以比较 K_1 的可观察变动的作用。如果投资使企业 1 变得强硬，则均衡的制止进入的 K_1 水平大于开环水平（过度投资）；如果投资使企业 1 变得软弱，则结论相反。

[41] 在 8.2 节中，投资是一个生产能力水平，c_1 随产量的变动而变动。但其重要特征是投资会使边际成本下降。

[42] 对此所作的证明与我们对垄断企业最优价格随边际成本增加而上升所作的证明一致（见第 1 章）。

[43] 关于顾客规模的其他例子，见 Schmalensee (1983)，Baldini (1983)，以及 Fudenberg 和 Tirole (1984)。这里特别值得注意的是 Klemperer 的转换成本模型以及 Farrell 和 Shapiro 的转换成本模型。Klemperer (1984, 1985a) 在一个两期双寡头竞争模型中分析了转换成本的

作用，在这个模型中，第一期存在竞争而第二期存在事后垄断（源于锁住）。他说明，航空公司在第一期给予消费者的须在第二期使用的常客折扣会导致第二期只存在微弱的价格竞争，而且可能不会给消费者带来好处。（常客折扣与我们在 8.4 节中讨论的无歧视待遇条款不同，这是因为第二期折扣是与第一期价格无关的。否则，它们会具有相似的第二期合谋结果。）更一般而言，第二期租金是从转换成本中来的，它诱发了第一期的激烈竞争。Farrell 和 Shapiro（1987）引入了持续的消费者群体（这是通过一个迭代模型来实现的）并说明，拥有顾客的大企业可能怎样通过制定高价"挤出"顾客的"奶"；而反之，一家小企业可以制定低价以吸引年轻顾客并建立自己的顾客群。见 von Weizsäcker（1984）和本书第 2 章中对顾客规模问题的讨论，那里有转换成本的背景论述。

[44] 我们可以再一次通过 K_1 最优值与开环解（即除了企业 2 在作出决策之前 K_1 不可观察这一点外，其余均与原博弈相同的博弈的解）的比较来刻画过度投资和投资不足的概念。见注释 [40]。给定 Π^1 的凹性，当且仅当策略效应是正的，K_1 的最优值才会大于开环解的值。提示：在开环解中，$\widetilde{K}_1$ 由下式给出：

$$\frac{\partial \Pi^1}{\partial K_1}(\widetilde{K}_1,\ x_1^*(\widetilde{K}_1),\ x_2^*(\widetilde{K}_1)) = 0$$

这意味着，对一项正的策略效应而言，

$$\frac{d\Pi^1}{dK_1}(\widetilde{K}_1,\ x_1^*(\widetilde{K}_1),\ x_2^*(\widetilde{K}_1)) > 0$$

这种刻画不能推广到两家企业在第一期都作出决策那种情况。即使两家企业的策略效应均为正，企业 2（比如说）可能投资较少，这是因为企业 1 投资较多，降低了企业 2 投资的边际价值（例如，当策略效应对企业 1 而言很强时，这就可能会发生）。

[45] 我们假设 $\partial \Pi^2/\partial K_1 = 0$，这样我们便可在进入遏制的情况下，把"强硬"或"软弱"与策略效应的符号视为一致。如果 $\partial \Pi^2/\partial K_1 \neq 0$，则进入容纳下的分类以策略效应符号为准，而不是以"强硬"和"软弱"为准。

[46] 见 Shapiro（1986）有益的且更为广泛的应用清单。

[47] 这与 8.2 节中 Stackelberg 追随者的行为相似。但 Gelman 和 Salop 考察的博弈与之不同。进入者企业 2 既选择生产能力（K_2）又选择价格（p_2）。在位者企业 1 没有生产能力约束，在观察到 K_2 和 p_2 之后选择价格 p_1。明显地，企业 2 不会选择高于垄断价格 p^m 的 p_2，这是由于企业 1 将把价格降到这一垄断价格与企业 2 争夺市场。因此，当面对 $\{p_2 < p^m,\ K_2\}$ 时，在位者的最优策略或者把价格降到 $p_2 - \varepsilon$（这是企业 2 希望避免的），或者定价 $p_1 < p_2$ 以在剩余需求给定的条件下最大化其利润。例如，对于有效配给规则（见第 5 章）而言，剩余需求是 $D(p_1) - K_2$。因此，企业 2 要选择 $p_2 < p^m$ 与 K_2，在非削价约束的约束下，最大化 $(p_2 - c)K_2$。非削价约束是

$$\max_{p_1}\{(p_1 - c)[D(p_1) - K_2]\} \geqslant (p_2 - c)D(p_2)$$

为了使削价对企业 1 没有吸引力，企业 2 选择了一个足够低的价格并限制自己的生产能力。Gelman 和 Salop 把这种策略称为"柔道经济学"。他们的论文还对 1979 年美国主要航空公司之间的通票战作了一个有趣的理论解释。

[48] 这不太严谨，因为进入遏制或诱使退出情况包括直接效应：如果 $K_1 = a$（沿用第 7 章的符号），则 $\partial \Pi^2/\partial K_1 < 0$。但是，$(\partial \Pi^2/\partial p_1) \cdot (\partial p_1^*/\partial K_1)$ 还是负的，因此，我们可以辨别出"强硬"和策略效应。

[49] 尤其是 Spence（1981，1984）、Fudenberg 和 Tirole（1983a）、Stokey（1986）以及 Mookherjee 和 Ray（1986）分析了具有溢出效应的干中学的策略性方面和不具有溢出效应的干中学的策略性方面。这里的讨论遵从了 Fudenberg 和 Tirole（1986）。这个领域的开创要归功于 Arrow（1962）所作的早期分析。

[50] 见 Lieberman（1984）关于化工业经验

扩散的证据。

［51］例如，在需求是线性的且企业进行数量竞争的情况下，可以证明，企业的第一期产量随经验扩散程度的加强而下降（尽管经验扩散使得总经验增加，并因此会使第二期产量增加，而这又会使第一期学习更为适合）。例如，见 Fudenberg 和 Tirole（1983a）。

［52］作为解决方法的一部分，这些企业停止了这种实践以避免反托拉斯行动。

［53］但是，与数量竞争相反，成为领导者也许并不能令人满意。例如，在利润函数对称的条件下，对于 $p>p^*$，你会得到 $R(p)<p$。追随者比领导者从序贯时序中获利更多的原因在于

$$\Pi(R(\mathring{p}),\ \mathring{p})>\Pi(\mathring{p},\ \mathring{p})>\Pi(\mathring{p},\ R(\mathring{p}))$$

这里，第一个不等式来自企业对 $\mathring{p}$ 的反应的最优性，第二个不等式来自下述事实，即每家企业的利润随其竞争对手价格的上升而增加。

［54］这个非常低的价格 p'_2 是由下式给出的：

$$\Pi^1(\mathring{p}_1,\ p'_2)=\max_{p_1<\mathring{p}_1}[\Pi^1(p_1,\ p'_2)-(\mathring{p}_1-p_1)\mathring{q}_1]$$

［55］当 $\mathring{p}_1$ 收敛于 D_1^* 时，D_1 的反应曲线和 $D_1+\mathring{q}_1$ 的反应曲线并不是互相收敛的（两者相距很远）。

［56］如 Cooper（1986）所观察的那样，通用电气公司和西屋电气公司出版了内容为每个零件相对价格的小册子，以处理生产汽轮发电机所产生的问题。它们通过调整收益增值率来改变价格。

［57］另外一种可能性是企业进行生产能力竞争。我们知道，进入容纳博弈中价格竞争的结果常常与数量竞争的结果是相反的。在这种情况下，一家企业想让自己看上去很强硬（价格保护政策并不能帮助企业达到这个目的）。检查这种直觉要求我们来解这样一个博弈，其中企业选择生产能力、价格与价格保护政策。

［58］见注释［43］。

［59］例如，见 8.6.2 小节中需求相互依存条件下的多市场竞争。

［60］见习题 5.5。

［61］见 Itoh 和 Kiyono（1987）关于出口补贴可能令人满意的其他原因。

［62］见书后的习题 19。在金融环境中，Brander 和 Lewis（1986）表明，银行与企业之间所订契约会影响市场竞争。在他们的模型中，高额债务会使企业在数量竞争中成为“恶狗”。也见 Mathewson 和 Winter（1985）对排他性交易所作的策略性分析。

［63］见例 9 中的有关论证。

［64］在第 7 章中，我们假设需求等于 1（虽然我们还可考虑在每一个位置上，需求曲线都是向下倾斜的那种情形）。对音响系统而言，需求函数主要是由每个消费者的单位需求构成的。证实在一个给定位置上，需求曲线向下倾斜的方法是，设想在这个位置上存在大量对该系统具有不同口味的消费者。

［65］这种效应令我们想起了在第 4 章中所观察到的事情，即从行业的角度来看，互补品生产者倾向于制定过高的价格。产品非兼容情况使得产品系统成为非常好的替代品，反之，兼容性引入了某种互补性。

［66］福利分析是不那么清楚的。特别地，在产品兼容条件下，与消费者购买 X_1Y_1 和 X_2Y_2 相关的社会福利下降了，这是因为他们要为产品系统支付更高的价格，而其产品选择是与非兼容条件下的产品选择相同的。在产品兼容条件下，购买 X_1Y_2 和 X_2Y_1 的消费者会购买到与产品非兼容条件下相比更为适合的产品系统，但也要支付更高的价格，因此，如果我们不作出进一步假设，福利分析便是不确定的。

［67］有人声称 IBM 使自己的产品与竞争对手的产品不具兼容性，以维持其优势。

［68］见 Ordover 和 Willig（1981）对掠夺性非兼容决策的讨论。

［69］Maskin 和 Tirole（1987，1988b）所作

的无限期马尔可夫分析也强调了交叉偏导数 Π^i_{ij} 的作用，并指出这些结论基本上是普遍适用的。重复价格博弈会给出一个合谋结果，而重复数量博弈会给出一个比古诺解更具竞争性的结果。

［70］例如，Bulow 等（1985b）指出，当 $P(q_1+q_2)=(q_1+q_2)^{-\alpha}$，$0<\alpha<1$ 时，Π^i_{ij} 与 $\alpha-q_j/q_i$ 成比例。因此，如果由于成本差异，均衡包括一家大企业和一家小企业（也就是说，q_1/q_2 非常大），则在均衡点附近，数量对一家企业而言是策略互补的，而对另一家企业而言是策略替代的。特别地，小企业产量的提高会使大企业对此的最优反应提高。

［71］我们可以很容易地建立一个这一性质不能得到满足的例子。而且，就像 Maskin 和 Tirole（1988b）所指出的，在整个潜在价格区域上，产品在价格上一般都不是策略互补的。为了弄清为什么会这样，我们假定产品是极好的需求替代品。固定 p_j 并令 p_i 变动。当 $p_i \gg p_j$ 时，企业 j 赢得了整个需求，企业 i 的需求和利润不会受到企业 j 的价格单位变动的较大影响。（在极限中，在完全替代条件下，需求仍为 0，所以根本不会受到影响。）因此，Π^i_{ij} 非常小。类似地，当 $p_i \ll p_j$ 时，p_j 的单位变动对企业 i 的需求和利润影响极小，Π^i_{ij} 仍非常小。当 p_i 趋近于 p_j 时，p_j 的单位变动对企业 i 的需求和利润具有重大影响（考虑完全替代），因此，Π^i_{ij} 很大。因此，Π^i_{ij} 在 p_i 上不可能是单调的。不过，在我们的应用例子中，这是不重要的，因为第二期同时移动价格均衡位于 $\partial D_i/\partial p_j$ 很大而 Π^i_{ij} 为正的区域中。在许多动态博弈中，这可能具有某种适用性。例如，在 Maskin 和 Tirole（1988a，b）中，数量博弈中的反应曲线是单调的（向下倾斜），而价格博弈中的反应曲线是非单调的。

［72］不熟悉动态博弈的读者在第一次阅读时可略去 8.6.1 小节；它在技术上比本节其他部分要难。

［73］这是“单驾马车”式折旧。

［74］考虑一个利率为 r 的连续时间模型。记 $\Pi^i(K_1, K_2)$ 为企业 i 单位时间的毛利润流量。当企业选择生产能力时，它对该资本的承诺时期是随机的。承诺将在时刻 t 与时刻 $t+\Delta t$ 之间过时的概率独立于时间，等于 $\lambda\Delta t$。你可把这个技术设想成设备的工作寿命不确定（折旧时间独立显然是一项极端假设）。记 $V^i(K_j)$ 为企业 i 更新资本并对企业 j 的现期资本 K_j 作出反应时，企业 i 利润的贴现值；$W^i(K_i)$ 为企业 j 更新资本并对企业 i 的现期资本 K_i 作出反应时，企业 i 利润的贴现值。由动态规划，我们有

$$\begin{aligned}V^1(K_2) = \max_{K_1}\{&[\Pi^1(K_1, K_2)-f]\Delta t\\&+\lambda\Delta t W^1(K_1)e^{-r\Delta t}\\&+(1-\lambda\Delta t)V^1(K_2)e^{-r\Delta t}\}\end{aligned}$$

这给出

$$\begin{aligned}&V^1(K_2)\\&=\max_{K_1}\left(\frac{\Pi^1(K_1, K_2)-f}{\lambda+r}+\frac{\lambda}{\lambda+r}W^1(K_1)\right)\end{aligned}$$

因而，连续时间模型便与毛利润函数

$$\tilde{\Pi}^1(K_1, K_2)\equiv\frac{\Pi^1(K_1, K_2)}{\lambda+r}$$

和贴现因子

$$\delta=\frac{\lambda}{\lambda+r}$$

的离散时间序贯移动模型等价。

如果你想得到离散时间结构中的动态规划方程，请见下一小节。

［75］当我们允许企业在生产能力一经选择便被锁定在两个时期的约束下随其所愿地选择生产能力以使时序“内生化”时，对称均衡与之后描述的均衡一致。（时序内生化的另一种方法在注释［74］中给出。）

［76］换言之，策略不依赖于博弈的与收益无关的历史。

［77］在 Eaton-Lipsey 模型和 Maskin-Tirole 模型中都存在两个承诺充分短的不对称马尔可夫精炼均衡。在这些均衡中，一家企业在稳定状态下享有无约束的垄断力（即在第一个模型中它不

会提前更新资本；在第二个模型中它积累 K^m）。这家企业永远不会退出市场，它对进入所作出的反应是它假设一旦进入者的承诺过期，进入者就会退出市场。这种攻击性行为是自我实现的，它最终制止了进入。

[78] 为找到一个可微的解（如果这样一个解是存在的），我们可以对方程（8.9）求微分并对式（8.7）取一阶条件，经过某些代换，我们便得到了含两个反应函数的一个差分-微分方程组。这个方程组一般是很难解的，但在利润函数是二次函数时，可以很容易地得到它的解。

[79] 有限期界解太复杂以致不能以封闭形式推导。Cyert 和 DeGroot（1970）实际是用数值方法计算它的。为证明它向无限期界、线性、马尔可夫精炼均衡收敛，你可以证明有限期界解属于斜率在 $-1/2$ 与 0 之间、截距在 0 与 d 之间的一类线性反应函数；通过这些函数构成的函数空间中的一个压缩映射进行逆向归纳便可得到它；而且该压缩映射的不动点（它是期界很大条件下反应函数的极限）满足由方程（8.7）、方程（8.8）、方程（8.9）所导出的含（R_1，R_2）的差分-微分方程。

[80] 见 Fudenberg 和 Tirole（1983b）以及 Nguyen（1986）对贴现情况所作的分析。

[81] 这里的分析遵从了 Fudenberg 和 Tirole（1986，pp. 8－13）。

[82] Fudenberg 和 Tirole（1983b）通过有争议的直觉性论证，包括剔除帕累托上策均衡，挑选出了一个合理的“提前停止”均衡（即稳定状态在反应曲线的上包络之下的一个均衡）。在对称情况中，这一均衡与联合利润最大化结果吻合。MacLeod（1985）给出了更为正式的论证，它对这一选择有某种帮助。

[83] 见 Starr 和 Ho（1969）与 Fudenberg 和 Tirole（1986）。微分博弈理论所要求的投资策略对资本水平的可微性并不是一项无关痛痒的假设。它排除了上述的提前停止均衡，其中一家企业投资到某个资本水平时便停止投资，并威胁如果其竞争对手再投资，它也会再继续投资。

[84] 由于潜在多重均衡的存在，这里，我们必须小心。前面的无折旧资本积累博弈允许不可微均衡的存在，这些均衡中具有相当的合谋性。见注释 [82]。

[85] 在存在固定进入成本的投资博弈中会发生相似的现象。

[86] 研究此类模型的先驱者有 Hay（1976），Prescott 和 Visscher（1977），以及 Rothschild（1976）。见 Gabszewicz 和 Thisse（1986）对这些贡献所作的说明。Bonanno（1987）分析了一个 Prescott-Visscher 式的空间市场序贯进入模型。他允许企业开设多家商店，反之 Prescott 和 Visscher 把分析限于每家企业只开设一家商店或根本就不开设商店的情况。在时刻 i（$i=1$，…，n），企业 i 决定是否进入市场，（如果它选择进入）还要决定开设多少家商店，每家商店选址何处。在时刻$n+1$，在 n 家企业作出了各自的投资决策之后，便开始价格竞争。模型的主要结论是，垄断得以持续：企业 1 可以制止进入。实际上，对参数的某些值来说，进入遏制不能通过产品扩散来实现；相反，企业 1 可以像一个被保护的垄断者那样，开设相同数目的商店，但却重新为这些商店选址以制止进入。如果这一策略性选址对制止进入而言是不充分的或不是最有利可图的方式，产品扩散便会发生。

[87] 见 Rao 和 Rutenberg（1979）关于不能制止进入时，设立工厂的最优时序的分析。

[88] 下面的分析遵从了 Fudenberg 和 Tirole（1986），它是以 Eaton 和 Lipsey（1979）为基础的。

[89] 这一不等式在条件$\Pi_1^m-\Pi_0^m=t/2=\Pi^d<rf$下是得到满足的。

[90] 上面的推理不很严密。我们熟知的连续时间博弈中的策略（被称为“分布策略”），以及规定企业在任意时刻 t 移动的一个（右连续）累积概率分布，对描述这样的抢先博弈而言是“远远”不够的。在允许作出合理行为的同时，取离

散时间模型的极限，我们可以得到更丰富的、更令人满意的策略。见 Simon 和 Stinchcombe（1986）以及 Simon（1987）对此问题所作出的有益而详尽的阐述。

［91］由于需求缺乏弹性结构，与引入右端点处商店相联系的（T 前）福利流量的增加等于所节约的平均运输成本：$t/2-t/4=t/4$（假设垄断者总可供应整个市场）。商店的成本流量是 rf。但由假设可知，$rf>\Pi^d=t/2>t/4$。

［92］这是该博弈一个很不正式的论述。退出是企业 2 的一项弱非优策略，这是由于它总是可以定价 c，以保证自己的跨期利润为 0。而且，如果企业 1 退出市场，则它留在市场中是有利可图的。(这个弱非优论证实际上假设了重新进入是不可能发生的；但我们可以应用一项更为高级的论证，以在重新进入被允许时导出同样的结果。）现在，假定我们除去弱非优策略作为均衡行为的候选资格（例如，就像 Selten 的颤抖手精炼均衡概念在离散博弈中所作的那样——见第 11 章）。企业 2 留在市场中，而企业 1 除了退出之外别无选择。

如果在退出时，企业可以回收固定成本 f 的一部分，退出将不再是企业 2 的一项弱非优策略，但企业 1 通过退出仍可比企业 2 获得更大的利益。这样，退出博弈就类似一场消耗战。(在这场消耗战的混合策略均衡中，企业 2 退出的概率大于企业 1 退出的概率。)

［93］效率效应以垄断与双寡头竞争之间的对比为基础。你可能会猜想大企业抢先的积极性一般大于小企业抢先的积极性。但这是不正确的。例如，假定市场初始结构是双寡头竞争。企业 1（大企业）的单位成本为 1，而企业 2（小企业）的单位成本为 3。不存在固定成本，企业进行古诺竞争。假定一项创新成功了，它使得企业可以以低廉的采用成本获取单位成本为 2 的技术。即使在企业可以购买此项技术排他性专利（这样，它便排斥了其竞争对手）的情况下，企业 1 是否会抢先于竞争对手购买专利也是不清楚的（企业 1 购买新技术只是为竞争性目的服务，而不是为生产性目的服务）。企业 2 成本的下降可抵销激烈竞争所致的行业收益损失这种情况是可能发生的。这样，企业 2 购买此项技术的积极性可能会大于企业 1 购买它的积极性［见 Leung（1984）以及 Kamien 和 Tauman（1983）中的相关想法］。这源自下述事实，即我们把初始双寡头竞争状况与随后的双寡头竞争状况进行比较。如果行业初始构造是无约束垄断（企业 2 仍以高额单位成本开始经营），则效率效应将是很普遍的。

［94］我们将在第 10 章中看到，由于抢先时刻是随机的，在位者可能不愿加紧重置资本，因而它投资于 R&D 的积极性可能比进入者投资于 R&D 的积极性小。

［95］像同时进入的自然垄断模型中通常会发生的那样（这里“自然垄断”是指城市右端点而不是指整个市场），还存在第二个混合策略均衡，其中两家企业在进入与不进入之间是无差异的。

［96］还有企业不能以一种可信赖的方式传递其投资决策的情况。实际上，发布投资决策的消息以制止进入可能是符合企业利益的。(实际上，企业会宣布建立工厂，或像 IBM 公司那样提前宣布其产品。）相反，不进行此类宣布发送了没有进行投资这一信号（除非此类宣布会泄露宝贵的技术信息）。

8

参考文献

Arrow, K. 1962. The Economic Implications of Learning by Doing. *Review of Economic Studies*, 29: 153 - 173.

Bailey, E., and J. Panzar. 1981. The Contestability of Airline Markets during the Transition to Deregulation. *Law and Contemporary Problems*, 44：125 - 145.

Bailey, E., D. Graham, and D. Kaplan. 1985. *Deregulating the Airlines*. Cambridge, Mass.: MIT Press.

Bain, J. 1956. *Barriers to New Competition*. Cambridge, Mass.: Harvard University Press.

Baldini, J. 1983. Strategic Advertising and Credible Entry Deterrence Policies. Mimeo.

Baumol, W., E. Bailey, and R. Willig. 1977. Weak Invisible Hand Theorems on the Sustainability of Prices in a Multiproduct Monopoly. *American Economic Review*, 67：350 - 365.

Baumol, W., J. Panzar, and R. Willig. 1982. *Contestable Markets and the Theory of Industry Structure*. New York: Harcourt Brace Jovanovich.

Baumol, W., J. Panzar, and R. Willig. 1986. On the Theory of Perfectly Contestable Markets. In *New Developments in the Analysis of Market Structure*, ed. J. Stiglitz and F. Mathewson. Cambridge, Mass.: MIT Press.

Bernheim, D. 1984. Strategic Entry Deterrence of Sequential Entry into an Industry, *Rand Journal of Economics*, 15：1 - 11.

Bonanno, G. 1987. Location, Choice, Product Proliferation and Entry Deterrence. *Review of Economic Studies*, 54：37 - 46.

Bonanno, G., and J. Vickers. 1986. Vertical Separation. Mimeo, Nuffield College, Oxford University.

Boston Consulting Group. 1972. Perspectives on Experience.

Brander, J., and T. Lewis. 1986. Oligopoly and Financial Structure: The Limited Liability Effect. *American Economic Review*, 76：956 - 970.

Brander, J., and B. Spencer. 1983. Strategic Commitment with R&D: The Symmetric Case. *Bell Journal of Economics*, 14：225 - 235.

Brander, J., and B. Spencer. 1984. Tariff Protection and Imperfect Competition. In *Monopolistic Competition and International Trade*, ed. H. Kierzkowski. Oxford University Press.

Brock, W. 1983a. Contestable Markets and the Theory of Industry Structure: A Review Article. *Journal of Political Economy*, 91：1055 - 1066.

Brock, W. 1983b. Pricing, Predation, and Entry Barriers in Regulated Industries. In *Breaking Up Bell*, ed. D. Evans. Amsterdam: North-Holland.

Brock, W., and D. Evans. 1983. Predation: A Critique of the Government's Case in *U. S. v. AT&T*. In *Breaking Up Bell*, ed. D. Evans. Amsterdam: North-Holland.

Brock, W., and J. Scheinkman. 1983. Free Entry and the Sustainability of Natural Monopoly: Bertrand Revisited by Cournot. In *Breaking Up Bell*, ed. D. Evans. Amsterdam: North-Holland.

Bulow, J., J. Geanakoplos, and P. Klemperer. 1985a. Multimarket Oligopoly: Strategic Substitutes and Complements. *Journal of Political Economy*, 93：488 - 511.

Bulow, J., J. Geanakoplos, and P. Klemperer. 1985b. Holding Idle Capacity to Deter Entry. *Economic Journal*, 95：178 - 182.

Caves, R., and M. Porter. 1977. From Entry Barriers to Mobility Barriers. *Quarterly Journal of Economics*, 9：241 - 267.

Cooper, T. 1986. Most-Favored-Customer Pricing and Tacit Collusion. *Rand Journal of Economics*, 17：377 - 388.

Cournot, A. 1838. *Recherches sur les Principes Mathématiques de la Théorie des Richesses*.

Cyert, R., and M. DeGroot. 1970. Multiperiod Decision Models with Alternating Choice as a

Solution to the Duopoly Problem. *Quarterly Journal of Economics*, 84: 410 - 429.

Dixit, A. 1979. A Model of Duopoly Suggesting a Theory of Entry Barriers. *Bell Journal of Economics*, 10: 20 - 32.

Dixit, A. 1980. The Role of Investment in Entry Deterrence. *Economic Journal*, 90: 95 - 106.

Dixit, A. 1984. International Trade Policy for Oligopolistic Industries. *Economic Journal*, 94: S1 - S16.

Dixit, A. 1986. Comparative Statics for Oligopoly. *International Economic Review*, 27: 107 - 122.

Dixit, A., and G. Grossman. 1986. Targeted Export Promotion with Several Oligopolistic Industries. *Journal of International Economics*, 21: 233 - 250.

Eaton, B. C., and R. G. Lipsey. 1979. The Theory of Market Preemption: The Persistence of Excess Capacity and Monopoly in Growing Spatial Markets. *Econometrica*, 46: 149 - 158.

Eaton, B. C., and R. G. Lipsey. 1980. Exit Barriers are Entry Barriers: The Durability of Capital as a Barrier to Entry. *Bell Journal of Economics*, 12: 721 - 729.

Eaton, B. C., and R. G. Lipsey. 1981. Capital, Commitment, and Entry Equilibrium. *Bell Journal of Economics*, 12: 593 - 604.

Eaton, J., and G. Grossman. 1983. Optimal Trade and Industrial Policy under Oligopoly. Working Paper 1236, National Bureau of Economic Research.

Eichberger, J., and I. Harper. 1986. Price and Quantity Controls as Facilitating Devices. Working Paper 137, Australian National University.

Encaoua, D., P. Geroski, and A. Jacquemin. 1986. Strategic Competition and the Persistence of Dominant Firms: A Survey. In *New Developments in the Analysis of Market Structure*, ed. J. Stiglitz and F. Mathewson. Cambridge, Mass.: MIT Press.

Farrell, J., and C. Shapiro. 1986. Dynamic Competition with Switching Costs. Mimeo, Princeton University.

Farrell, J., and C. Shapiro. 1987. Dynamic Competition with Lock-in. Working Paper 8727, Department of Economics, University of California, Berkeley.

Ferschtman, C., and K. Judd. 1986. Strategic Incentive Manipulation and the Principal-Agent Problem. Mimeo, Northwestern University.

Fine, C., and L. Li. 1986. A Stochastic Theory of Exit and Stopping Time Equilibria. Working Paper 1755 - 86, Sloan School of Management, Massachusetts Institute of Technology.

Fisher, F. 1961. The Stability of the Cournot Oligopoly Solution: The Effects of the Speed of Adjustment and Increasing Marginal Costs. *Review of Economic Studies*, 28: 125 - 135.

Fudenberg, D., and J. Tirole. 1983a. Learning by Doing and Market Performance. *Bell Journal of Economics*, 14: 522 - 530.

Fudenberg, D., and J. Tirole. 1983b. Capital as a Commitment: Strategic Investment to Deter Mobility. *Journal of Economic Theory*, 31: 227 -256.

Fudenberg, D., and J. Tirole. 1984. The Fat Cat Effect, the Puppy Dog Ploy and the Lean and Hungry Look. *American Economic Review*, *Papers and Proceedings*, 74: 361 - 368.

Fudenberg, D., and J. Tirole. 1985. Preemption and Rent Equalization in the Adoption of New Technology. *Review of Economic Studies*, 52: 383 - 402.

Fudenberg, D., and J. Tirole. 1986. *Dynamic Models of Oligopoly*. London: Harwood.

Fudenberg, D., and J. Tirole. 1987. Understanding Rent Dissipation: On the Use of Game

Theory in Industrial Organization. *American Economic Review: Papers and Proceedings*, 77: 176 - 183.

Fudenberg, D., R. Gilbert, J. Stiglitz, and J. Tirole. 1983. Preemption, Leapfrogging, and Competition in Patent Races. *European Economic Review*, 22: 3 - 31.

Gabszewicz, J., and J.-F. Thisse. 1986. Spatial Competition and the Location of Firms. In *Fundamentals of Pure and Applied Economics*, ed. J. Lesourne and H. Sonnenschein. London: Harwood.

Gelman, J., and S. Salop. 1983. Judo Economics: Capacity Limitation and Coupon Competition. *Bell Journal of Economics*, 14: 315 - 325.

Ghemawat, P., and B. Nalebuff. 1985. Exit. *Rand Journal of Economics*, 16: 184 - 194.

Ghemawat, P., and B. Nalebuff. 1987. The Devolution of Declining Industries. Discussion Paper 120, Woodrow Wilson School, Princeton University.

Gilbert, R. 1986. Preemptive Competition. In *New Developments in the Analysis of Market Structure*, ed. F. Mathewson and J. Stiglitz. Cambridge, Mass.: MIT Press.

Gilbert, R. 1987. Mobility Barriers and the Value of Incumbency. In *Handbook of Industrial Organization*, ed. R. Schmalensee and R. Willig (Amsterdam: North-Holland, forthcoming).

Gilbert, R., and R. Harris. 1984. Competition with Lumpy Investment. *Rand Journal of Economics*, 15: 197 - 212.

Gilbert, R., and D. Newberry. 1982. Preemptive Patenting and the Persistence of Monopoly. *American Economic Review*, 72: 514 - 526.

Gilbert, R., and X. Vives. 1986. Entry Deterrence and the Free Rider Problem. *Review of Economic Studies*, 53: 71 - 83.

Grossman, S. 1981. Nash Equilibrium and the Industrial Organization of Markets with Large Fixed Costs. *Econometrica*, 49: 1149 - 1172.

Hahn, F. 1962. The Stability of the Cournot Oligopoly Solution Concept. *Review of Economic Studies*, 29: 329 - 331.

Hanig, M. 1985. A Differential Game Model of Duopoly with Reversible Investment. Mimeo, Massachusetts Institute of Technology.

Hay, G. 1976. Sequential Entry and Entry-Deterring Strategies. *Oxford Economic Papers*, 28: 240 - 257.

Hay, G. 1982. Oligopoly, Shared Monopoly, and Antitrust Law. *Cornell Law Review*, 67: 439 - 481.

Hendricks, K., and C. Wilson. 1985a. The War of Attrition in Discrete Time. Research Paper 280, State University of New York, Stony Brook.

Hendricks, K., and C. Wilson. 1985b. Discrete vs. Continuous Time in Games of Timing. Research Paper 281, State University of New York, Stony Brook.

Huang, C.-F., and L. Li. 1986. Continuous Time Stopping Games. Working Paper 1796 - 86, Sloan School of Management, Massachusetts Institute of Technology.

Itoh, M., and K. Kiyono. 1987. Welfare-Enhancing Export Subsidies. *Journal of Political Economy*, 95: 115 - 137.

Judd, K. 1985. Credible Spatial Preemption. *Rand Journal of Economics*, 16: 153 - 166.

Kamien, M., and Y. Tauman. 1983. The Private Value of a Patent: A Game Theoretic Analysis. Mimeo, Kellogg School of Business, Northwestern University.

Katz, M. 1987. Game-Playing Agents: Contracts as Precommitments. Mimeo, Princeton University.

Katz, M., and C. Shapiro. 1984. Equilibrium Preemption in a Development Game with Licensing or Imitation. Mimeo, Princeton University.

Klemperer, P. 1984. Collusion via Switching Costs: How "Frequent Flyer" Programs, Trading Stamps, and Technology Choices Aid Collusion. Research Paper 786, Graduate School of Business, Stanford University.

Klemperer, P. 1985a. Intertemporal Pricing with Consumer Switching Costs. Research Paper 835, Graduate School of Business, Stanford University.

Klemperer, P. 1985b. The Welfare Effects of Entry into Markets with Consumer Switching Costs. St. Catherine's College, Oxford University.

Krattenmaker, T., and S. Salop. 1985. Antitrust Analysis of Anticompetitive Exclusion: Raising Rivals' Costs to Achieve Power over Price. Mimeo, Georgetown University Law Center.

Kreps, D., and A. M. Spence. 1984. Modelling the Role of History in Industrial Organization and Competition. In *Contemporary Issues in Modern Microeconomics*, ed. G. Feiwel. London: Macmillan.

Krishna, K. 1983. Trade Restrictions as Facilitating Practices. Discussion Paper 55, Woodrow Wilson School, Princeton University.

Krugman, P. 1984. Import Protection as Export Promotion: International Competition in the Presence of Oligopoly and Economies of Scale. In *Monopolistic Competition and International Trade*, ed. H. Kierzkowski. Oxford University Press.

Leung, H.-M. 1984. Preemptive Patenting: The Case of Co-Existing Duopolists. Mimeo.

Lieberman, M. 1984. The Learning Curve and Pricing in the Chemical Processing Industry. *Rand Journal of Economics*, 15: 213 - 228.

Londregan, J. 1986. Entry and Exit Over the Industry Life Cycle. Mimeo, Princeton University.

McGuire, T., and R. Staelin. 1983. An Industry Equilibrium Analysis of Downstream Vertical Integration. *Marketing Science*, 2: 161 - 192.

McLean, R., and M. Riordan. 1985. Equilibrium Industry Structure with Sequential Technology Choice. Mimeo, University of Pennsylvania.

MacLeod, B. 1985. On Adjustment Costs and the Stability of Equilibria. *Review of Economic Studies*, 52: 575 - 591.

MacLeod, B. 1986. Entry Sunk Costs and Market Structure. Mimeo, Queen's University.

Mankiw, G., and M. Whinston. 1986. Free Entry and Social Inefficiency. *Rand Journal of Economics*, 17: 48 - 58.

Maskin, E. 1986. Uncertainty and Entry Deterrence. Mimeo, Harvard University.

Maskin, E., and J. Tirole. 1987. A Theory of Dynamic Oligopoly, Ⅲ: Cournot Competition. *European Economic Review*, 31: 947 - 968.

Maskin, E., and J. Tirole. 1988a. A Theory of Dynamic Oligopoly, Ⅰ: Overview and Quantity Competition with Large Fixed Costs. *Econometrica*, 56.

Maskin, E., and J. Tirole. 1988b. A Theory of Dynamic Oligopoly, Ⅱ: Price Competition, Kinked Demand Curves, and Edgeworth Cycles. *Econometrica*, 56.

Mathewson, R., and R. Winter. 1985. Is Exclusive Dealing Anti-Competitive? Mimeo, University of Toronto.

Matsuyama, K. 1987. Perfect Equilibria in a Trade Liberalization Game. Mimeo, Northwestern University.

Matsuyama, K., and M. Itoh. 1985. Protection Policy in a Dynamic Oligopoly Market. Mimeo, University of Tokyo.

Matutes, C., and P. Regibeau. 1986. "Mix and Match": Product Compatibility Without Network Externalities. Mimeo, University of California, Berkeley.

Maynard Smith, J. 1974. The Theory of Games and the Evolution of Animal Conflicts. *Journal of Theoretical Biology*, 47: 209-221.

Milgrom, P., and J. Roberts. 1982. Limit Pricing and Entry under Incomplete Information. *Econometrica*, 50: 443-460.

Modigliani, F. 1958. New Developments on the Oligopoly Front. *Journal of Political Economy*, 66: 215-232.

Mookherjee, D., and D. Ray. 1986. Dynamic Price Games with Learning-by-Doing. Discussion Paper 884, Graduate School of Business, Stanford University.

Moorthy, S. 1987. On Vertical Integration in Channels. Working Paper 7, Yale School of Organization and Management.

Nguyen, D. 1986. Capital Investment in a Duopoly as a Differential Game. Mimeo, Graduate Center, City University of New York.

Ordover, J., and R. Willig. 1981. An Economic Definition of Predation: Pricing and Product Innovation. *Yale Law Journal*, 91: 8-53.

Perry, M. 1984. Sustainable Positive Profit Multiple-Price Strategies in Contestable Markets. *Journal of Economic Theory*, 32: 246-265.

Prescott, E., and M. Visscher. 1977. Sequential Location among Firms with Foresight. *Bell Journal of Economics*, 8: 378-393.

Prescott, E., and M. Visscher. 1980. Organization Capital. *Journal of Political Economy*, 88: 446-461.

Rao, R., and D. Rutenberg. 1979. Preempting an Alert Rival: Strategic Timing of the First Plant by Analysis of Sophisticated Rivalry. *Bell Journal of Economics*, 10: 412-428.

Rasmusen, E. 1987. Entry for Buyout. Mimeo, University of California, Los Angeles.

Rey, P., and J. Stiglitz. 1986. The Role of Exclusive Territories in Producers' Competition. Mimeo, Princeton University.

Reynolds, S. 1987. Capacity Investment, Preemption and Commitment in an Infinite Horizon Model. *International Economic Review*, 28: 69-88.

Rothschild, R. 1976. A Note on the Effect of Sequential Entry on Choice of Location. *Journal of Industrial Economics*, 24: 313-320.

Salop, S. 1979. Strategic Entry Deterrence. *American Economic Review, Papers and Proceedings*, 69: 335-338.

Salop, S. 1986. Practices That (Credibly) Facilitate Oligopoly Coordination. In *New Developments in the Analysis of Market Structure*, ed. J. Stiglitz and F. Mathewson. Cambridge, Mass.: MIT Press.

Salop, S., and D. Scheffman. 1983. Raising Rivals' Costs. *American Economic Review, Papers and Proceedings*, 73: 267-271.

Samuelson, P. 1972. The Consumer Does Benefit from Feasible Price Stability. *Quarterly Journal of Economics*, 86: 476-493.

Schmalensee, R. 1978. Entry Deterrence in the Ready-to-Eat Breakfast Cereal Industry. *Bell Journal of Economics*, 9: 305-327.

Schmalensee, R. 1981. Economies of Scale and Barriers to Entry. *Journal of Political Economy*, 89: 1228-1238.

Schmalensee, R. 1983. Advertising and Entry Deterrence: An Exploratory Model. *Journal of Political Economy*, 90: 636-653.

Schwartz, M. 1986. The Nature and Scope of Contestability Theory. *Oxford Economic Papers*, 38 (supplement): 37-57.

Seade, J. 1980. The Stability of Cournot Revisited. *Journal of Economic Theory*, 23: 15-27.

Shapiro, C. 1986. Theories of Oligopoly Behavior. In *Handbook of Industrial Organization*, ed. R. Schmalensee and R. Willig (Amsterdam: North-Holland, forthcoming).

Simon, L. 1987. Games of Timing. Part I: Simple Timing Games. Mimeo, University of California, Berkeley.

Simon, L., and M. Stinchcombe. 1986. Extensive Form Games in Continuous Time: Part I: Pure Strategies. Working Paper 8607, University of California, Berkeley.

Spence, A. M. 1977. Entry, Capacity, Investment and Oligopolistic Pricing. *Bell Journal of Economics*, 8: 534 - 544.

Spence, M. 1979. Investment Strategy and Growth in a New Market. *Bell Journal of Economics*, 10: 1 - 19.

Spence, M. 1981. The Learning Curve and Competition. *Bell Journal of Economics*, 12: 49 - 70.

Spence, M. 1983. Contestable Markets and the Theory of Industry Structure: A Review Article. *Journal of Economic Literature*, 21: 981 - 990.

Spence, M. 1984. Cost Reduction, Competition, and Industry Performance. *Econometrica*, 52: 101 - 122.

Starr, R., and Y. C. Ho. 1969. Further Properties of Nonzero-Sum Games. *Journal of Optimization Theory and Applications*, 3: 207 - 219.

Stigler, G. 1968. *The Organization of Industry*. Homewood, Ill.: Irwin.

Stokey, N. 1986. The Dynamics of Industry-wide Learning. In *Equilibrium Analysis: Essays in Honor of Kenneth J. Arrow, Volume II*, ed. W. Heller, R. Starr, and D. Starrett. Cambridge University Press.

Sylos-Labini, P. 1962. *Oligopoly and Technical Progress*. Cambridge, Mass.: Harvard University Press.

Vives, X. 1985. Potential Entrants Deter Entry. Discussion Paper 180, Center for the Study of Organizational Innovation, University of Pennsylvania.

Vives, X. 1986. Commitment, Flexibility and Market Outcomes. *International Journal of Industrial Organization*, 4: 217 - 229.

von Stackelberg, H. 1934. *Marktform und Gleichgewicht*. Vienna: Julius Springer.

von Weizsäcker, C. C. 1980a. A Welfare Analysis of Barriers to Entry. *Bell Journal of Economics*, 11: 399 - 420.

von Weizsäcker, C. C. 1980b. *Barriers to Entry: A Theoretical Treatment*. Berlin: Springer-Verlag. (See also review by R. Schmalensee, *Journal of Economic Literature*, 21 [1983]: 562 - 564.)

von Weizsäcker, C. C. 1984. The Costs of Substitution. *Econometrica*, 52: 1085 - 1116.

Waldman, M. 1987. Non-Cooperative Entry Deterrence, Uncertainty, and the Free Rider Problem. *Review of Economic Studies*, 54: 301 - 310.

Weitzman, M. 1983. Contestable Markets: An Uprising in the Theory of Industry Structure: Comment. *American Economic Review*, 73: 486 - 487.

Whinston, M. 1986. Exit with Multiplant Firms. Discussion Paper 1299, HIER, Harvard University.

Whinston, M. 1987. Tying, Foreclosure, and Exclusion. Mimeo, Harvard University.

Wilson, R. 1984. Entry and Exit. Notes for "Analytical Foundations of Pricing Strategy." Mimeo, Graduate School of Business, Stanford University.

第9章 信息与策略性行为：声誉、限制性定价与掠夺性行为

寡头垄断者受到许多无法准确观察或估计的变量的影响：自己的成本函数；对手的成本函数；需求状况或市场潜力；对手的策略性决策；等等。由于在一定程度上，某些信息是归私人所有的（例如，企业可能对它自己的成本有较准确的估计，但是对对手的成本却很难作出准确的估计），因此，我们必须将市场上的相互作用视为不对称信息博弈。

最简单的情形是寡头垄断者进行的是静态竞争（也就是说，它们只相遇一次）。它之所以简单，是因为这样一个事实：虽然企业的信息至少是部分地通过它的行动而被显示出来，但是这些显示出来的信息却没有被利用，因为在这个博弈中没有未来。因此，企业的行为是短视的，它们仅仅是根据自己的私人信息，以及在这些私人信息基础上形成的关于对手行动的估计来最大化自身的静态利润。9.1 节讨论的是企业对自己的成本拥有私人信息时的静态价格竞争（一次性拍卖是它的一个特例）。正如我们将在 9.2 节看到的那样，关于动态竞争的大多数直觉都可以从这一静态分析中得出。

我们在第 8 章已经看到，企业可以如何利用有形的变量（如资本、经验等）来保护或拓展其市场份额。但是，企业的历史也是重要的，因为它会向企业的对手传递某些信息，从而影响某些无形的变量，如推断等。在多时期的寡头竞争中，企业的行为将显示它的某些私人信息，企业的对手则会在将来的竞争中利用这些信息。理性的企业认识到这一点之后，将会力图操纵其对手的信息，以便将来从中获益。这种操纵可称为“扰乱信息投资”。投资的相似性并不是偶然的。我们将发现关于缓和对手策略的分类在不对称信息的情况下同样适用。9.3 节考虑了容纳的情形（在稳定的产业结构中重复的相互作用），并认为在某些条件下，不对称信息会给替代品的生产者以提高价格的激励。

从 9.4 节到 9.6 节则考察了与进入遏制和退出引诱（掠夺性定价）相联系的更具攻击性的策略。9.4 节讨论了 Milgrom-Roberts 对限制性定价的重新解释。

9.5 节分析了兼并过程中的掠夺性定价。9.6 节则分析了多市场企业的声誉。9.7 节和 9.9 节考察了另外两种掠夺性行为："鼓鼓钱袋"说（即掠夺性定价者竭力耗尽其对手的资源）和消耗战。[1]

9.1 不对称信息下的静态价格竞争

9.1.1 一个简单的价格竞争模型

关于不对称信息博弈的直觉可以从一个简单的静态例子中获得。考虑一个两期的竞争。第 2 期即最后一期，所以企业在第 2 期内的行为是一个静态博弈，该博弈的信息结构是由双方在第 2 期期初所形成的后验信念确定的。也就是说，通过对静态博弈的考察也可以得出，企业在第 2 期的收益是后验信念的函数。但是这些后验信念正是先验（第 1 期）信念的更新，它们反映了企业在第 1 期中的行为所传递出来的信息。因此，静态分析可以说明，每个企业会希望其对手对它的私人信息持有什么推断，以及为了达到这一目的，它们将在第 1 期采取什么行动。

这里，我们将考虑一个存在产品差异的双寡头垄断价格博弈。在这个博弈中，为简单起见，假定两个企业中的一个对其对手的成本拥有不完全信息。假定在适当的定义域上，需求函数是对称的，而且是线性的：

$$D_i(p_i,\ p_j)=a-bp_i+dp_j$$

式中，$0<d<b$。(如果每个企业都提价 1 美元，双方的销售量都会下降，这就要求 $d<b$。）假定两种产品是替代品，而且是策略互补品（$d>0$）[2]，且企业所拥有的是规模报酬不变技术。企业 2 的边际成本 c_2 是共同知识，但是企业 1 的边际成本 c_1 只有它自己知道。假定对企业 2 来说，c_1 可以先验地取两个值：c_1^{L}（其概率为 x）和 c_1^{H}（其概率为 $1-x$），其中 $c_1^{\mathrm{L}}<c_1^{\mathrm{H}}$。令

$$c_1^{\mathrm{e}}\equiv xc_1^{\mathrm{L}}+(1-x)c_1^{\mathrm{H}}$$

表示对于企业 2 而言的企业 1 的预期边际成本。事后的利润可由下式给出：

$$\Pi^i(p_i,\ p_j)=(p_i-c_i)(a-bp_i+dp_j)$$

两个企业同时选择它们的价格，因此要找出的是一个伯特兰德均衡。[3]企业 2 的定价为 $p_2=p_2^*$。企业 1 的价格自然依赖于它的成本。令 p_1^{L} 和 p_1^{H} 分别表示当企业 1 的成本为 c_1^{L} 和 c_1^{H} 时它所选择的价格。

对于给定的 c_1 和对手的定价 p_2^*，企业 1 的利润最大化行为将导出

$$a-2bp_1+dp_2^*+bc_1=0$$

或

$$p_1=\frac{a+dp_2^*+bc_1}{2b} \tag{9.1}$$

无论企业 2 将如何定价，p_1 都是企业 1 成本的增函数。从不知道 c_1 的企业 2 的角度来看，企业 1 的预期价格为

$$\begin{aligned} p_1^e &\equiv xp_1^L+(1-x)p_1^H \\ &= x\left(\frac{a+dp_2^*+bc_1^L}{2b}\right)+(1-x)\left(\frac{a+dp_2^*+bc_1^H}{2b}\right) \\ &= \frac{a+dp_2^*+bc_1^e}{2b} \end{aligned} \tag{9.2}$$

企业 2 是风险中性的，所以它通过选择 p_2 来最大化它的预期利润

$$\begin{aligned} \underset{c_1}{E}\Pi^2 &= x(p_2-c_2)(a-bp_2+dp_1^L)+(1-x)(p_2-c_2)(a-bp_2+dp_1^H) \\ &= (p_2-c_2)(a-bp_2+dp_1^e) \end{aligned}$$

由此可以得出[4]

$$p_2=\frac{a+dp_1^e+bc_2}{2b} \tag{9.3}$$

在纳什均衡中，$p_2=p_2^*$。由式（9.2）和式（9.3）可以得出价格 p_1^e 和 p_2^*。再据式（9.1）即可得出 p_1^L 和 p_1^H。在下文的分析中，我们仅需要以下结果就可以了，即

$$p_2^*=\frac{2ab+2b^2c_2+ad+bdc_1^e}{4b^2-d^2} \tag{9.4}$$

图 9.1 描述了这一均衡。它表明，企业 1 的反应函数依赖于它的成本——当成本增加时，它就右移。在对称信息的情况下，伯特兰德均衡将视 c_1 是低还是高而

9

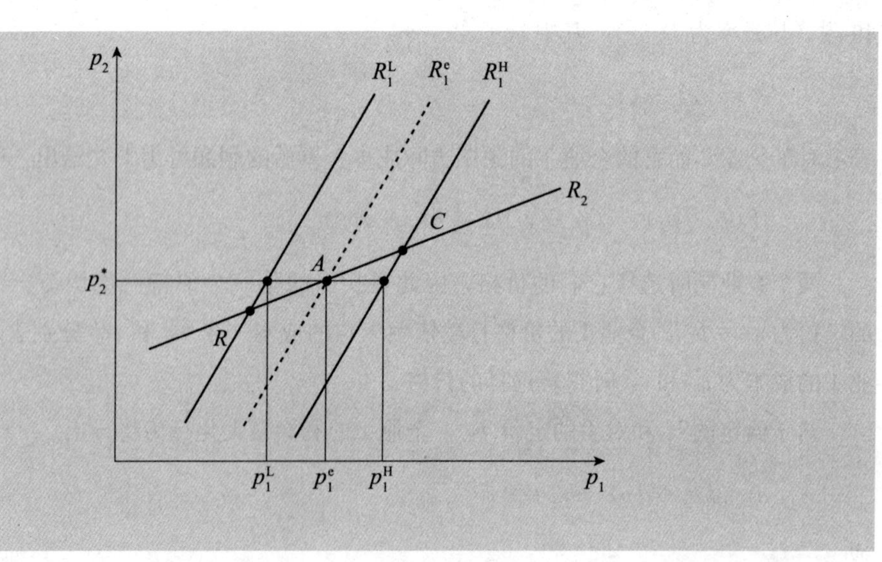

图 9.1

分别在 B 点或 C 点达到。在不对称信息的情况下，看起来就好像是企业 1 有一个"平均反应曲线" R_1^e。价格 p_2^* 和 p_2^e 是由企业 2 的反应曲线和企业 1 的平均反应曲线的交点 A 决定的。

对我们关于动态情形的讨论而言，最关键的一个性质是［从式（9.4）可以看出］：企业 2 的价格 p_2 是企业 1 的预期成本的增函数，从而也就是 $1-x$ 的增函数。当企业 1 是高成本的可能性增大时，企业 2 就会提价，因为 c_1 越高，p_1 也越高，而这两种产品又是策略互补品（即反应曲线是向上倾斜的）。

9.1.1.1　信息交流

现在假定企业 1 能够无成本地报告有关 c_1 的可证实的信息。也就是说，只要它愿意，企业 1 可以将其成本状况完全显示给企业 2。不难看出，企业 1 确实会这样做，尽管当属于低成本类型时，信息显示将使它看起来更具攻击性，从而导致 p_2 的降低。当企业 1 的成本为 c_1^H 时，信息显示将导致 $x=0$ 的（完全信息）事后信念。从式（9.4）和 c_1^e 已经等于 c_1^H 这一事实可以得出，企业 2 的定价将和均衡条件下一样高。[5]因此，一个高成本的企业有强烈的激励公开其成本信息，以缓和对手的定价行为。低成本的企业将无此激励；但是，不公开成本信息本身就传递了一种信息，即它是低成本的；因为如果不是这样，成本信息就会被公开。[6]

这一简单的推理对将来的动态分析有着重要的含义。企业 1 在进入价格竞争之前会有一种激励去证明自己是高成本的。在本章后面的部分，我们将假定这种直接的信息交换是不可能的（比方说，成本资料是不可证实的）；但是，企业将试图通过其市场行为来发送它是高成本类型的信号。[7]正如我们将会看到的那样，这种信号的发送并不是没有成本的。

习题 9.1**：考虑前面讨论过的模型，但是假定存在对称的成本不确定性。需求函数为 $D_i(p_i, p_j)=1-p_i+p_j$。企业的边际成本服从于均值为 c^e、方差为 σ^2 的同一分布。企业的成本是私人信息。每个企业都可以使它的成本信息为对手所知（即信息是可以证实的）。但是由于某种原因，除非企业在事前签订了有关分享信息的协议，否则它们不能在事后显示信息。考虑以下行动系列：（1）企业在了解自己的成本之前，先决定是否在事后分享成本信息。（2）企业 i 了解到 c_i（$i=1, 2$）。（3）若企业事先曾决定分享信息，它们便分享信息；反之则不分享。（4）它们进行价格竞争。

（1）解出没有信息分享时的均衡价格。（提示：利用对称性。证明每个企业的平均价格为 $p^e=1+c^e$。）证明企业 i 的事前利润为

$$\underset{c_1\ c_2}{\mathrm{EE}}\Pi^i=1+\sigma^2/4$$

（2）解出存在信息分享时的均衡价格。证明此时企业 i 的事前利润为

$$\underset{c_1\ c_2}{\mathrm{EE}}\Pi^i=1+2\sigma^2/9$$

9

（3）得出企业不同意分享成本信息的结论。讨论这一结果。[8]

9.1.1.2 拍卖

不对称信息价格竞争中一个有趣的特例是一级价格拍卖。最简单的拍卖形式有以下特征：买者（在价格竞争中他代表消费者）有一单位需求。每个卖者（企业）都知道自己供应一单位产品的私人成本，但是不知道对手的成本。一级价格拍卖将选择叫价最低的企业成交。因此这种一级价格拍卖和完全替代品（一条特殊的需求曲线）的价格竞争是等价的。[9]

9.1.2 讨论

现在我们来简略地看一看前面的分析如何依赖于我们关于需求函数、不对称信息的性质以及竞争类型的假定。在此过程中，我们将着重考察企业在竞争之前显示信息的激励。

● 互补品或替代品。我们假定两个企业生产的产品是需求替代品（$d>0$）。如果它们是互补品（$d<0$），每个企业仍会希望假装自己是高成本的。为了理解这一点，假定企业 2 相信企业 1 是高成本的。这样企业 2 就会相信企业 1 会定一个较高的价格，从而减少对企业 2 产品的需求。因此企业 2 就降低它的定价，从而增加对企业 1 产品的需求。由于是需求互补品，定出一个较低的价格就如同提供一种公共产品；每个企业都会声称它不会提供这种公共产品，以此来迫使对手提供。[10][11]

● 关于成本或需求的信息。我们假定的是企业拥有关于其成本的私人信息。它们也可能拥有关于需求的私人信息。例如，在上面的例子中，它们也许不知道截距项 a，但是它们可能得到关于它的某些私人信息：$a_i=a+\varepsilon_i$，其中 ε_i 为围绕未知的实际值 a 波动的均值为零的误差项。在这一情形中，不难看出，每个企业都希望假装需求是较大的（即宣布 a_i 较大）。这样做是为了给对手以提高价格的激励。[12]

● 价格竞争或数量竞争。与第 8 章中一样，当价格竞争被代之以数量竞争（即“生产能力”竞争）时，结果通常正好相反。[13]例如，企业将希望向其对手表明它是低成本的。这发送的是高产量的信号，从而迫使对手削减其产量。

9

9.2 动态分析：一个启发式的描述

在本章后面的部分，直接披露私人信息的方式被排除在外。企业试图采取不同于对称信息下最优行为的市场行为来间接地操纵对手的知识。为了使讨论更集中一些，我们假定企业在两期内进行价格竞争，而且它们所拥有的私人信息是和自己的成本有关的。如果进入或退出不在考虑范围之内，企业将希望显得不那么具有攻击性，以此来诱使对手提高价格。因而在第 1 期内，它会定出一个高价，以此来向对手传递一个信息，即它是高成本的。[14]因此，用第 8 章的语言来说就是，容纳要求使用“小狗”策略。其结果比对称信息时更具合谋的性质。9.3 节简略地回顾了这方面的有关论点。

为了阻止进入或诱使退出，企业将采取更具攻击性的“恶狗”策略。实际上，这种企业希望发送一个低成本的信息，以此来诱使对手怀疑自己能否在市场上生存，因此它将定一个低价，而不是高价。这是 9.4 节限制性定价的基本思路。9.5 节和 9.6 节给出了模型的两个重要修正。在限制性定价的情况中，低价是为了阻止对手进入或引诱对手退出。当兼并是可行的时，它还可能有助于企业低价收购对手，因为对手一旦相信在该市场上无利可图，就可能接受一个较低的兼并价格（参看 9.5 节）。同样，掠夺性定价也可能主要并不是为了诱使现有的对手退出，而是为了向潜在的进入者发送一个信号，即进入是无利可图的。例如，一个在好几个不同区域的市场上都具有垄断力量的企业可能会对其中某个市场的进入者发动攻击，实行掠夺性定价，但是它这样做的目的并不是提高它在该市场上的利润，而是为了阻止该进入者或其他市场的竞争者进入（参看 9.6 节）。

文献中有两类密切相关的模型。在信号传递模型中，企业 1 的价格可以被对手直接观察到。但有时候价格是保密的，企业 2 能了解的只是它所面临的需求或利润（它们取决于未观测到的企业 1 的定价）。现在，如果企业 1 拥有关于其成本（或需求）的私人信息，信号传递模型中的原则也同样适用，只是这时候企业 1 的信号会被需求函数中的噪声所混淆。但是在价格保密的情况下，企业 1 并不一定要拥有私人信息才试图操纵对手的信息。例如，假定需求是不确定的，而且是时间相关的。这样企业 2 的需求就取决于两个未被观察到的变量：需求不确定性和企业 1 的价格。企业 2 面临着一个“信号提炼问题”，所以不能完全确定需求参数。我们将看到企业 1 定一个低价可能会被企业 2 错误地当作需求水平较低，因为二者都会减少对企业 2 的需求。因此企业 1 会有干扰企业 2 的推算过程的激励。幸运的是，信号传递模型和信号干扰模型的技术和直觉都非常相似。[15]

9.3 容纳和默契合谋[16]

企业可能通过提高价格发送高成本的信号，从而缓和对手的行为，这一思想是由 Ortega-Reichert 发展出来的。在他 1967 年的论文中，他考虑了一个双寡头垄断模型，在模型中有两个连续的一级价格拍卖。（试想那些由政府机构组织的油田租约、药品或电力设备拍卖。）两个企业（$i=1$，2）供应一单位产品的成本 c_i 服从同一累积分布 $F(c_i \mid \lambda)$，其中 λ 是一个未知的分布参数［它自身服从 $G(\lambda)$ 分布］。成本在不同企业和不同时期之间的分布是独立的，因而结果不依赖于序列相关。需求是共同知识，叫价最低的卖者将以它宣布的价格供应一单位产品，另一个叫价者则不出售产品；在两个时期（A 和 B）内都是这样。如果第 1 期的成本 c_1^A 和 c_2^A 是共同知识，两个企业都可以利用它们来修正关于 λ 的推断。但是，模型假定企业 j

只观察到 c_j^A 及其对手在第 1 期的价格 p_i^A。因此，在第 1 期（A 期）中，企业 i 可以通过把价格提高到这一期的最优价格之上来传递 c_i^A 是高成本的信号，从而使成本分布函数 F 向高成本方向偏斜。[17]这样企业 i 就使企业 j 相信企业 i 第 2 期的成本也可能是高的。根据现在通用的推理方法，这一信息将缓和对手在 B 期的行为（也就是诱使它叫一个高价），从而使企业 i 获益。[18]Ortega-Reichert 的模型虽然在技术上比较复杂（本章的大多数模型都有这个特点），但是它很好地说明了在选择某种行动来传递私人信息时所遇到的权衡。它表明，在一个成熟的产业里，不对称信息可能为企业提供了另一种激励，使它们在价格竞争中采取非攻击性的立场。[19]

Mailath（1984）和 Riordan（1985）发展了一个类似的不对称信息重复价格竞争模型。[20]特别地，Riordan 表明，通过引入不对称信息，我们可以得出某些与推测变差类似的结果。在推测变差的文献中，每个企业都相信，只要它提价 1 美元，就会诱使其对手提价 γ 美元，其中 γ 为推测变差系数。我们在 6.2 节发现，这种推断在静态模型中是不理性的，因为对手没有时间作出反应，唯一合理的推测是 $\gamma=0$。但是，在动态模型中，企业却可能诱使对手提高定价（在未来的时期，而不是在现期）。

要了解这是怎样一个作用过程，假定每个企业的边际成本都为 0，第 i 个企业的需求为

$$q_i=a-p_i+p_j$$

需求截距项 a 不为两个企业所知，它沿实轴分布（为简单起见）且均值为 a^e。先考虑一个单期模型。企业 i 通过选择 p_i，最大化

$$\mathrm{E}(a-p_i+p_j)p_i=(a^e-p_i+p_j)p_i$$

由此导出

$$p_i=(a^e+p_j)/2$$

由于对称性，静态的伯特兰德均衡为

$$p_1=p_2=a^e$$

现在把它变成一个两期模型。截距项 a 在两期内都相同。每个企业都只观察到自己的需求，因而它的对手可以秘密地削价。（从技术上看，这是一个信号干扰模型。）在我们的对称均衡中，每个企业在第 1 期都把价格定为 α，如果截距为 a，企业 i（$i=1$，2）将通过观察它自己第 1 期的需求来准确地了解到 a，因为

$$D_i^A=a-\alpha+\alpha=a$$

第 2 期博弈就是一个完全信息博弈；因而第 2 期的伯特兰德均衡是每个企业都把价格定为 a。[21]

假定企业 i 偏离这一均衡，将第 1 期的价格定为 $p_i^A\neq\alpha$，则企业 j 观察到的需

求为

$$D_j^A = a - \alpha + p_i^A$$

它会把 a 估计为 $\tilde{a}$，$\tilde{a}$ 由下式得到：

$$a - \alpha + p_i^A = \tilde{a} - \alpha + \alpha = \tilde{a}$$

因而它的估计是错误的。这样就有

$$\tilde{a}(p_i^A) = a + (p_i^A - \alpha) \tag{9.5}$$

在第 2 期，企业 j 以为它进行的是一个完全信息博弈且截距为 $\tilde{a}(p_i^A)$，因而将价格定为 $p_j^B = \tilde{a}(p_i^A)$。利用式（9.5），我们可以得到推测变差系数：

$$\frac{dp_j^B}{dp_i^A} = \gamma = 1$$

这表明企业在第 1 期提价 1 单位，将使对手在第 2 期提价 1 单位。

要推导出 α，可以按以下方式进行：当企业 i 偏离均衡时，它自己对 a 还是有着清楚的了解的，因此它将最大化第 2 期利润

$$\max_{p_i^B}[a - p_i^B + \tilde{a}(p_i^A)]p_i^B$$

从而有

$$p_i^B = \frac{a + \tilde{a}(p_i^A)}{2}$$
$$= a + \frac{p_i^A - \alpha}{2}$$

根据包络定理，第 2 期利润对 p_i^A 的导数为

$$p_i^B \frac{d\tilde{a}}{dp_i^A} = p_i^B$$

这个导数对 a 求期望，可得

$$a^e + \frac{p_i^A - \alpha}{2}$$

在第 1 期内，企业 i 将最大化其利润的贴现值，因而令第 1 期边际利润

$$\frac{d}{dp_i^A}[(a^e - p_i^A + \alpha)p_i^A]$$

和第 2 期边际利润的和等于零，即

$$a^e - 2p_i^A + \alpha + \delta\left(a^e + \frac{p_i^A - \alpha}{2}\right) = 0 \tag{9.6}$$

在均衡条件下，$p_i^A = \alpha$，将它代入式（9.6），得

$$\alpha = a^e(1+\delta) \tag{9.7}$$

每个企业在第 1 期的定价都是 $a^e(1+\delta)$，而不是 a^e（在对 a 具有完全信息的情况下，价格水平平均说来将等于 a^e；在单期的不完全信息模型中，价格水平也将是 a^e）。[22]

Mailath 的模型结构比 Riordan 的更接近于我们在下一节将要讨论的 Milgrom-Roberts 模型，其中价格是可以观测的，私人信息是关于成本方面的。(Mailath 模型是一个信号传递模型。) 但是它们的结论却很相似。这种方法并未给静态的推测变差方法找到合理的解释，但是它说明了一个企业的定价对其对手定价的正向影响。[23]

9.4 Milgrom - Roberts 限制性定价模型

经常有人宣称，一个现有的企业可以通过制定低价来阻碍进入。Bain（1949）的限制性定价的概念是建立在这样的思想之上的：如果进入之前的价格和进入的速度或程度存在着正向关系，现有的企业就确实会有削减价格的激励。[24]

虽然 Bain 的观点流行了 30 年，但是许多经济学家在利用它来进行反垄断分析时却感到颇不自在。因为谴责一个企业让消费者支付的费用太少似乎是难以自圆其说的。更重要的是，为什么低价可以阻止进入？这一点并不清楚。正如 Bain 所言，低价必须向潜在的进入者传递有关市场盈利性的坏消息。

一种可能是现有企业的定价具有承诺价值。也就是说，进入者预期进入前的价格在进入后仍将持续。但是，这样一种理论并不是很有说服力。许多市场上的进入行为都是一个长达数月乃至数年的决定，而价格则常常在数周乃至数日之内就发生了变化。因此，进入前的低价对于潜在进入者造成的任何损失都可以是忽略不计的。价格本身只在极短的时间内具有承诺价值（Friedman，1979）。这样看来，也可能是因为进入之前的低价和进入之前的高生产能力联系在一起。生产能力可能具有比价格有更高的承诺价值。因而进入阻碍的根源在于在位者的生产能力而非它的价格（参看第 8 章）。

9

在这一节中，我们来看一看那些生产能力不一定具有承诺价值的产业。正如我们将要看到的那样，当面临进入威胁时，现有的企业还是会降低价格。在对限制性定价学说进行重新考察（而且，更一般地，在引导我们关注不对称信息对于反托拉斯分析的重要意义）方面具有关键意义的一篇论文是 Milgrom 和 Roberts (1982a)。下面给出了 Milgrom-Roberts 两期模型的简化形式。[25]

9.4.1 一个模型

假定有两个时期和两个企业。在第 1 期，企业 1，即在位者，是一个垄断者，它选择第 1 期的价格 p_1。在第 2 期，企业 2，即进入者，选择进入或不进入。它如果进入，在第 2 期内就存在着双寡头垄断竞争；反之，则企业 1 仍是一个垄断者。

正如在 9.1 节的静态模型中一样，企业 1 的成本可能是低的（其概率为 x），也可能是高的（其概率为 $1-x$）。令 $M_1^t(p_1)$ 代表在位者将价格定为 p_1 时的垄断利润，其中 $t=\text{L}$ 或 H（分别代表低成本或高成本）。[26]令 p_m^{L} 和 p_m^{H} 分别代表在位者为低成本和高成本所定的垄断价格。我们从第 1 章知道，$p_m^{\text{L}}<p_m^{\text{H}}$。令 M_1^{L} 和 M_1^{H} 代表在位者依据自己的类型最大化短期利润时的利润 $[M_1^t \equiv M_1^t(p_m^t)]$。假定 $M_1^t(p_1)$ 在 p_1 上是严格凹的。

企业 1 从一开始就知道自己的成本。企业 2 不知道企业 1 的成本。为简单起见（同时也是遵照 Milgrom 和 Roberts 的假定），假定如果企业 2 决定进入，它进入之后便可以立即了解企业 1 的成本情况。因而第 2 期的双寡头价格竞争如果存在便独立于第 1 期的定价。令 D_1^t 和 D_2^t 分别代表企业 1 为类型 t 时两个企业的双寡头垄断利润。（D_2^t 可能还包含了进入成本。）为了使问题变得更有意思，假定企业 2 的进入决策受它对企业 1 成本的推断的影响：

$$D_2^{\text{H}}>0>D_2^{\text{L}} \tag{9.8}$$

也就是说，在对称信息的情况下，当且仅当企业 1 为高成本时，企业 2 才会进入。两个企业有共同的贴现因子 δ。

由于企业 1 希望自己是一个垄断者（$M_1^t>D_1^t$，$t=\text{L}$，H），因此企业 1 显然希望传递自己是低成本企业的信息。问题是它没有直接的手段来做到这一点，即使它确实是低成本的。间接的办法就是通过制定一个较低的价格，即 p_1^{L}。在我们的例子中，即使企业 1 是高成本的，它也可能希望将价格定为 p_1^{L}。第 1 期内垄断利润的损失可能被第 2 期内作为一个垄断者而获得的收益所抵消。这是否意味着当潜在的进入者观察到定价为 p_1^{L} 时就不会进入呢？不一定。一个理性的进入者会知道现有企业以这种方式“撒谎”对它自己是有利的，因而不一定会据此推断企业 1 是低成本的。反过来，在位者也知道，进入者知道它有这种激励，依此类推。正如 Milgrom 和 Roberts 所做的那样，分析这一动态不完全信息博弈的正确方法是解出一个“精炼贝叶斯均衡”（参看第 11 章）。

在这类模型中，有两类可能的均衡。[27]在分离均衡中，在位者是低成本时的第 1 期定价与它是高成本时的定价不同，因此第 1 期定价就向进入者显示了充分的成本信息。在混同均衡中，第 1 期定价是独立于成本水平的，因而进入者无法从中了解到任何关于成本的信息，它的事后推断也就和事前推断完全一样（即它仍认为低成本的概率是 x）。[28]

我们来解出分离均衡。这有两个必要条件：低成本类型的企业不想把价格定在高成本类型企业的均衡价格上，反之亦然。因而我们可以通过选择非均衡路径上的（即关于两个潜在均衡价格之外的价格的）而且能够阻止两类企业偏离其各自的均衡价格的信念来完成对于均衡的描述。因而就相应的价格是均衡价格这一点而言，我们的必要条件同时也是充分条件。在分离均衡中，高成本类型企业的定价会导致进入，因而它将把价格定为 $p_{\mathrm{m}}^{\mathrm{H}}$（如果不是这样，它就可以增加其第 1 期的利润而不对进入产生什么不利影响）。所以，它将得到 $M_1^{\mathrm{H}}+\delta D_1^{\mathrm{H}}$。令 p_1^{L} 代表低成本类型企业的价格。如果高成本类型企业也制定这一价格，便可以阻止进入，从而得到 $M_1^{\mathrm{H}}(p_1^{\mathrm{L}})+\delta M_1^{\mathrm{H}}$。因此，均衡的必要条件是

$$M_1^{\mathrm{H}}-M_1^{\mathrm{H}}(p_1^{\mathrm{L}})\geqslant\delta(M_1^{\mathrm{H}}-D_1^{\mathrm{H}}) \tag{9.9}$$

类似地，低成本类型企业必须通过选择 p_1^{L} 来最大化其利润。由于它至少可以制定垄断性的价格，从而在最坏的情况下得到 $M_1^{\mathrm{L}}+\delta D_1^{\mathrm{L}}$（最坏的情况就是，$p_{\mathrm{m}}^{\mathrm{L}}$ 导致了进入者的进入），又由于在均衡情况下它将得到 $M_1^{\mathrm{L}}(p_1^{\mathrm{L}})+\delta M_1^{\mathrm{L}}$，所以我们必须有

$$M_1^{\mathrm{L}}-M_1^{\mathrm{L}}(p_1^{\mathrm{L}})\leqslant\delta(M_1^{\mathrm{L}}-D_1^{\mathrm{L}}) \tag{9.10}$$

为了使问题更有趣，假定不存在那种每类企业都像是在充分信息情况下一样行动的分离均衡；也就是说，如果 p_1^{L} 等于 $p_{\mathrm{m}}^{\mathrm{L}}$，高成本类型企业就会希望和低成本类型企业混同，即

$$M_1^{\mathrm{H}}-M_1^{\mathrm{H}}(p_{\mathrm{m}}^{\mathrm{L}})<\delta(M_1^{\mathrm{H}}-D_1^{\mathrm{H}}) \tag{9.11}$$

为了描述满足式（9.9）和式（9.10）的 p_1^{L} 集合的特征，我们必须对需求和成本结构作出更具体的假定。9.4.1.1 小节（第一次阅读时可以略过）正是这样做的。就我们的目的而言，注意到以下一点就足够了，即在合理的条件下，式（9.9）和式（9.10）定义了一个区间 $[\tilde{\tilde{p}}_1,\ \tilde{p}_1]$，其中 $\tilde{p}_1<p_{\mathrm{m}}^{\mathrm{L}}$。因此，要达到分离均衡，低成本类型企业的定价必须足够地低于它的垄断价格，从而使高成本类型企业与它混同的成本非常高昂。

9.4.1.1 分离价格区间的导出

为什么对于高成本类型企业来说，制定低价的成本会更加高昂？其原因就是所谓的分离条件或单一交叉条件（参看第 11 章）：

9

$$\frac{\partial\left[M_1^{\mathrm{H}}(p_1)-M_1^{\mathrm{L}}(p_1)\right]}{\partial p_1}>0$$

正如我们在 9.2 节所见，这一条件在此得到满足，因为

$$\frac{\partial^2\left[(p_1-c_1)D_1^{\mathrm{m}}(p_1)\right]}{\partial p_1\,\partial c_1}=-\frac{dD_1^{\mathrm{m}}}{dp_1}>0$$

这一条件保证了曲线

$$y=M_1^{\mathrm{L}}-M_1^{\mathrm{L}}(p_1^{\mathrm{L}})$$

和曲线

$$y=M_1^{\mathrm{H}}-M_1^{\mathrm{H}}(p_1^{\mathrm{L}})$$

在 $\{p_1^{\mathrm{L}}, y\}$ 空间上至多只有一个交点。接下来我们要在某些假定条件下说明，在位者的成本越低，它作为垄断者的收益就越大。令 $D_1(p_1, p_2)$ 代表企业 1 的双寡头垄断需求［注意，$D_1(p_1, +\infty)=D_1^{\mathrm{m}}(p_1)$］，$M_1(c_1)$ 和 $D_1(c_1)$ 代表成本为 c_1 时的垄断利润和双寡头垄断利润，p_1^{d} 和 p_2^{d} 代表均衡的双寡头垄断价格（它们都是 c_1 的函数），利用包络定理，我们有

$$\frac{d[M_1(c_1)-D_1(c_1)]}{dc_1}$$

$$=\frac{d}{dc_1}\{\max_{p_1}[(p_1-c_1)D_1^{\mathrm{m}}(p_1)]-\max_{p_1}[(p_1-c_1)D_1(p_1, p_2^{\mathrm{d}})]\}$$

$$=-D_1^{\mathrm{m}}(p_1^{\mathrm{m}})+D_1(p_1^{\mathrm{d}}, p_2^{\mathrm{d}})-(p_1^{\mathrm{d}}-c_1)\frac{\partial D_1}{\partial p_2}\frac{\partial p_2^{\mathrm{d}}}{\partial c_1}$$

等式中的第三项可能是负的（因为 $p_1^{\mathrm{d}}-c_1>0$，$\partial D_1/\partial p_2>0$，而且在某些温和的条件下[29]，$\partial p_2^{\mathrm{d}}/\partial c_1>0$）。因此，如果企业 1 的垄断需求大于它的双寡头垄断需求，M_1-D_1 就随 c_1 的增加而下降，因而有

$$M_1^{\mathrm{L}}-D_1^{\mathrm{L}}>M_1^{\mathrm{H}}-D_1^{\mathrm{H}}$$

这在单位需求区位模型中是成立的。在该模型中，垄断需求等于市场规模（即等于最大可能的需求）。

利用这些推导，我们可以从图 9.2 中得出区间 $[\tilde{\tilde{p}}_1, \tilde{p}_1]$。$\tilde{p}_1$ 是使式（9.9）中等号成立的价格；它被称为最低成本分离价格，因为在所有潜在的分离价格中，低成本类型企业将最喜欢 $\tilde{p}_1$ 处的价格（它最接近 $p_{\mathrm{m}}^{\mathrm{L}}$）。

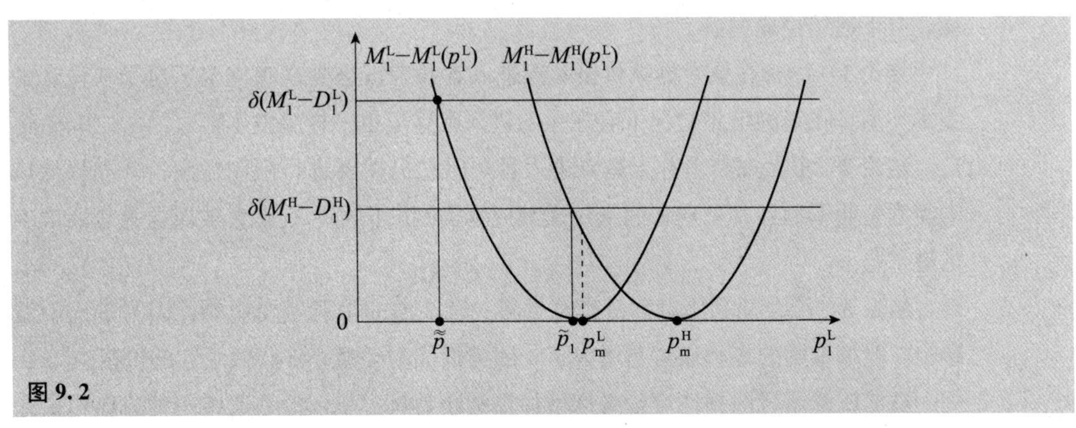

图 9.2

9.4.1.2　分离均衡分析

9.4.1.1 小节中所考察的必要条件同时也是充分条件。令高成本类型企业选择 $p_{\mathrm{m}}^{\mathrm{H}}$，低成本类型企业选择区间 $[\tilde{\tilde{p}}_1, \tilde{p}_1]$ 内的 p_1^{L}。当观察到的价格不同于这两个价格时，信念就是任意的（在一个没有预料到的事件中，贝叶斯法则无法详细说明企业 2 的后验概率）。最简单的得出均衡的方式是选择会导致进入的信念（在这种

方式下，两类企业都不想偏离设定的均衡策略)，因此我们规定，当 p_1 不属于 $\{p_m^H, p_1^L\}$ 时，后验信念为 x' 等于 0（即企业 2 相信企业 1 是高成本类型的)。[30] 现在，我们来检验一下是否每种类型的企业都不愿偏离这一点。高成本类型企业在第 1 期得到垄断利润，因而不愿意转向另一个会引致进入的价格。根据式（9.9)，它也不会愿意转向 p_1^L。低成本类型企业也类似。因此，我们会得到一个分离均衡的连续统。[31]

通常认为，这些分离均衡中只有一个——成本最小的一个——是“合理的”。假定企业 1 把价格定在 $[\tilde{\tilde{p}}_1, \tilde{p}_1)$ 中的 p_1 上。对于高成本类型企业来说，这样的价格是不合算的。也就是说，通过把价格定在 p_m^H 上而不是 p_1 上，高成本类型企业总是会得到改善，而不管它对于该价格对进入的影响作何预期。p_m^H 在最坏的情况下导致了进入，而 p_1 在最好的情况下阻止了进入。即便 p_1 阻止了进入，根据式（9.9）和利润函数的凹性，高成本类型企业把价格定为 p_m^H 也会得到更多利润，即

$$M_1^H + \delta D_1^H > M_1^H(p_1) + \delta M_1^H$$

因而企业 2 观察到 p_1 时，不会推断企业 1 是高成本类型的。也就是说，p_1 能阻止进入。这意味着低成本类型企业为了发送低成本类型的信号，从而阻止进入，不必将价格定在低于 $\tilde{p}_1$ 的水平上。

把这一冗长的分析归结起来就是：存在唯一的“合理的”分离均衡。高成本类型企业制定垄断价格，从而导致进入。低成本类型企业将把价格定在 $\tilde{p}_1$ 上，$\tilde{p}_1$ 是所有使高成本类型企业在第 1 期的损失略大于因进入被阻止而获得的收益的价格中的最高价格。由于信息不对称，企业 1 将价格由 p_m^L 降低到 $\tilde{p}_1$。对于这一分离均衡，有下述结论成立：

结论 1 尽管在位者操纵价格，但进入者并未被愚弄。它完全了解了在位者的成本类型。在对称信息情况下会发生的进入在这里也一样会发生。

结论 2 虽然在位者并未愚弄进入者，但它仍然要进行限制性定价。如果低成本类型企业不牺牲其短期利润来传递其成本类型的信号，它就会被误认为是高成本类型企业。

结论 3 社会福利比对称信息时更高。第 2 期的福利不受影响，因为进入不受影响。但第 1 期的福利通常是增大了，因为低成本类型企业降低了它的价格。

虽然就此断言限制性定价必然增加福利还为时过早，但是这样一种分离均衡却粉碎了所有认为进入之前的低价显然会降低福利的错觉。

9.4.1.3 混同均衡

混同均衡的存在与否取决于下述条件是否满足

$$xD_2^L + (1-x)D_2^H < 0 \tag{9.12}$$

假定条件式（9.12）受到破坏（而且是严格的不等式成立——为简单起见，我

们不考虑等号成立的情况)。那么，在混同价格下，企业 2 如果进入，就可以获得严格为正的预期利润（因为事后推断和事前推断是相同的)。这意味着进入未被阻止，因而两类企业不如都选择它们的静态垄断价格。由于两类企业的垄断价格是不同的，因而没有混同均衡存在。

因此，假定条件式（9.12）得到了满足，因而混同价格 p_1 阻止了进入。p_1 是一个混同均衡价格的必要条件是没有哪种类型的企业制定垄断价格。如果其中之一这样做，其最坏的结果便是导致了进入。因此，p_1 必须满足条件式（9.10）及类似的对于高成本类型企业的条件：

$$M_1^{\mathrm{H}} - M_1^{\mathrm{H}}(p_1) \leqslant \delta(M_1^{\mathrm{H}} - D_1^{\mathrm{H}}) \tag{9.13}$$

再一次地，满足条件式（9.10）和式（9.13）的价格 p_1 的集合取决于成本和需求函数。我们仅需注意到这一点就够了，即根据式（9.11)，在 $p_{\mathrm{m}}^{\mathrm{L}}$ 附近存在着一个价格区间，它将满足这两个不等式。

现在不难看出，若 p_1 满足条件式（9.10）和式（9.13)，则 p_1 就可能是混同均衡中的一个部分。假定每当企业 1 制定一个不同于 p_1 的价格（不在均衡路径上的价格）时，企业 2 就会相信它是高成本的。因而企业 2 就会进入，企业 1 还不如制定垄断价格。因此，根据条件式（9.10）和式（9.13)，没有哪种类型的企业会希望偏离 p_1。[32]

我们来考虑一下这样一个混同均衡，两类企业都把价格定在低成本类型企业的垄断价格 $p_{\mathrm{m}}^{\mathrm{L}}$ 上。不难看出，分离均衡中的某些结论就要被颠倒过来。

结论 1′　在位者操纵价格，使之不显示成本信息。进入比对称信息的情况下更少发生（进入总会被阻止，而不是以概率 x 被阻止)。

结论 2′　低成本类型企业制定垄断价格。高成本类型企业则进行限制性定价，以阻止进入。

结论 3′　不对称信息对于福利的影响是含糊不清的。在第 1 期内，福利通常是增加了，因为高成本类型企业降低了定价。但是进入更少了，因而第 2 期的福利通常是降低了。

9

9.4.2　讨　论

Milgrom - Roberts 模型表明，限制性定价确实会发生，但并不一定都是有害的。

事实表明，问题的结论对数据是很敏感的。这意味着，产业经济学家在得出有关限制性定价的明确结论之前，必须对他所研究的产业有足够的了解。第一，混同均衡和分离均衡的实证后果和规范后果都是不同的。第二（正如 9.3 节所示)，如果在位者容纳了进入者，而且进入者在进入时仍不了解其成本，则在位者会定出高于垄断价格的价格。因此，如果在位者不清楚自己要阻止进入还是要容纳进入（例如，因为它不了解进入成本），我们也就不清楚它将制定一个高于垄断价格的价格，还是将制定一个低于垄断价格的价格。第三，前面的模型假定，在位者的成本和进入者的成本是无关的。考虑另一种极端情形，假定进入者的成本 c_2 等于在位者的成本 c_1，但是进入者在进入之前并不知道它等于多少。企业 2 的双寡头垄断利润就是函数 $D_2(c_1)$。在许多关于第 2 期竞争的假定中，D_2 都是 c_1 的减函数。（对称的成本下降将增加两个企业的利润。）因此，为了阻止进入，在位者应传递高成本的信息，因而在第 1 期的定价应高于垄断价格（Harrington，1985）。

正如第 8 章一样，进入遏制中确立的原则在诱使退出（掠夺性定价）中同样适用。Salop 和 Shapiro（1980）、Scharfstein（1984）以及 Roberts（1986）已经将 Milgrom-Roberts 的方法拓展到用来对进入后的掠夺性定价进行形式化。在他们的模型中，已建立的企业对面临再进入成本的进入者进行掠夺性定价，以传递关于进入者未来盈利能力的坏消息。[33]因此，限制性定价模型稍加变化，就可以被视作一个掠夺性定价模型。

限制性定价模型的福利分析对掠夺性定价模型有着重要含义。假定两个企业在第 1 期内竞争，在第 1 期末，企业 2（仍称之为“进入者”）根据观察到的企业 1 的价格决定是否退出。（和限制性定价的唯一不同在于，进入者在第 1 期内已经在市场上了。）在分离均衡中，进入者未被愚弄，较低的价格提高了第 1 期的福利。我们已经注意到，如果均衡是一个混同均衡，则福利有可能会降低。这里我们还有一个理由对限制性定价的好处持谨慎态度。引入另一个时期（第 0 期），在这个时期内，进入者决定是否投下进入成本。即使均衡是分离的，从而进入者在第 1 期内不会被愚弄，在位者的价格也会低于对称信息时的价格，从而降低了进入者的预期利润。因此，在第 0 期内，潜在的进入者进入的可能性减小。[34]因此，掠夺性定价可能在事前是有害的，虽然在它发生的时候，它是改善福利的。

更一般地，Milgrom - Roberts 模型及其变体还为讨论掠夺性定价行为的检验提供了一个分析框架。[35]正如在“进入壁垒”中一样，“掠夺性定价”也很难有一个令人满意的定义。其直观的含义是指旨在诱使对手退出，从而确保留下的企业将来有更高利润的低价格（或高广告成本）。我们可以把掠夺性定价行为的影响分解成两个部分：第一，如果我们把对手的行为（特别是它的退出决策）视为既定的，这种行为对掠夺性定价者的利润有何直接影响；第二，这种行为对对手的行为有何影响（一种策略影响）。掠夺性定价者意识到低价会使对手对该市场上的盈利能力持悲观的估计，从而用这种方式来诱使它退出。我们也许可以根据掠夺性定价行为的策略影响来定义它。但是这种理论上的考虑却留下了两个问题。第一个问题是语义学上的：正如我们所看到的那样，掠夺性定价在上述意义上并不一定对社会有害。由于这一词语通常带有贬义，这就向我们提出了一个问题，那就是当策略性行为增加了福利时，我们是否还用这个词语？第二个问题是操作性的：正如在第 8 章一样，要把这种行为对掠夺性定价者利润影响的两个方面分解开是很困难的。低价格或高广告支出水平可能仅仅是为了实现利润最大化而采取的竞争性（“无辜”）行为。但是它也可能有着诱使退出的策略性目的。这就使我们面临着掠夺性定价的法律定义的问题。

早期的关于掠夺性定价行为的检验（Areeda and Turner，1975；Posner，1976）是以成本为基础的。例如，在好几起反托拉斯诉讼中均被美国法院所采用的Areeda-Turner检验就认为低于短期边际成本的价格是非法的，而短期边际成本可以通过平均变动成本近似地估计。关于什么是短期边际成本的良好的替代变量有过许多争论，但是对Areeda-Turner检验最根本的批评是，价格和边际成本的比较可能和掠夺性定价并不相关。正如Joskow和Klevorick（1979，pp. 219－220）声称的那样，重要的是牺牲当期利润和获得垄断收益之间的权衡：

> 掠夺性定价行为涉及短期内的价格降低，这种价格降低是为了把竞争企业赶出市场，或者阻止新企业的进入，从而在长期中通过更高的价格获得不降价时无法获得的高额利润。

例如，在Milgrom－Roberts模型中，掠夺性定价可能高于也可能低于边际成本。向进入者或掠夺对象传递的关于未来盈利能力的信号和掠夺性定价者牺牲的现期利润一样重要。

虽然掠夺性定价行为可以在一个抽象的模型内加以说明，但事实上要从中导出反托拉斯的经验检验是很困难的。如果掠夺性价格和成本之间并无系统性的关联，我们如何衡量掠夺性的意图呢?

一种可能性是看一看在位者的跨期价格路径。例如，假定当进入发生时，在位者就削价，这可能就意味着掠夺性行为。但是，当竞争者进入时，在位者的剩余需求曲线就下移了，这可能会导致不含掠夺性意图的价格下降（Williamson，1977）。Joskow和Klevorick把这种误将竞争性削价列为掠夺性定价的错误称为“第一类错误”。相反地，假定进入发生时，在位者没有降价。这并不意味着在位者没有从事反竞争的行为。在位者也许在进入发生之前就已经在进行限制性定价（制定一个较低的价格）——只不过没有成功地阻止进入，从而在位者可能感到没有必要进一步削价。因此，这种对在位者价格的时间系列分析还可能导致“第二类错误”，即忽略了真正的掠夺性行为。更一般地说，所有检验都面临着这两类错误。

不完全信息博弈的一个缺点[36]是存在多重均衡。在限制性定价博弈中，当企业2观察到一个不是均衡价格的价格 p_1 时，它应该作何推断呢?因为这样的事件是零概率的，贝叶斯法则无法适用。与均衡策略中的明确推断不同，这时任何后验概率都与贝叶斯修正一致[37]，因而会产生大量的推断。假定我们不希望某类企业在均衡路径上选择 p_1。如果观察到 p_1 实际上是一件偏离均衡路径的事件，我们就可以在观察到 p_1 之后选择任意的后验推断 $x'(p_1)$。因此，我们假定 $x'(p_1)$ 对在位

9

者是非常不利的。[在此 $x'(p_1)=0$，因此 p_1 会导致进入。] 那么，很可能没有哪种类型的企业会愿意选择 p_1（这取决于 p_1）。这符合我们前面的假定，即 p_1 不在均衡路径之上。一种减少多重均衡的方式——也是近年来博弈论中广泛研究的一种方式——是对零概率事件之后的推断施加某些“合理的”限制。（前面我们曾用这种限制来挑选出分离均衡中唯一的均衡；至于更进一步的“精炼”，参看第 11 章，以及其中的参考文献。）另一种由 Matthews 和 Mirman（1983），以及 Saloner（1981）所采用的方法是，假定进入者在观察在位者第 1 期的价格[38]时受到某些噪声的干扰。例如，进入者可能观察到 $\tilde{p}_1$，其中 $\tilde{p}_1$ 服从某一条件分布 $F(\tilde{p}_1 \mid p_1)$。如果 F 的支撑集是所有的 R^+，则不再有什么零概率事件，因而贝叶斯法则仍能发挥作用。通过假定在位者的产出是其边际成本的减函数，Saloner 证明，每种类型的企业都会从事限制性定价（即产出大于垄断产出）。

Saloner 也将这一模型拓展到大于两期的情形。在每一期内，进入者接收到受噪声干扰的价格信息，然后决定是否进入。直观地看，当且仅当价格超过了某一依赖于历史的阈值时，进入者才会进入。进入者可能会希望等到更准确的信息，从而总的来说，相对于充分信息的情形，进入被推迟了。但是，正如在 Milgrom - Roberts 模型中一样，限制性定价行为并不是肯定会推迟进入，因为它会被进入者预期到。（拖延的原因在于噪声的存在和进入者学习的愿望。）

9.5 为兼并而采取的掠夺性行为

本节和下一节的目的是把 9.4 节的逻辑应用于对掠夺性行为的分析。正如我们在 9.4 节里所看到的，限制性定价模型可以被重新解释为一个掠夺性定价模型。但是，有些同芝加哥学派比较接近的经济学家——McGee（1958，1980），Telser（1966），以及 Bork（1978）——曾争辩说，为了诱使退出而执行掠夺性定价是不理性的。他们的观点是，兼并对手是获得垄断力量的更好的手段。竞争——尤其是掠夺性竞争——会破坏产业利润，因而对立各方会尽量避免它。例如，掠夺性定价者可能向掠夺对象发出一个要约，这个要约对双方来说都比掠夺性定价的结果要好。因此，偶尔的价格削减可能是出于其他更为无害的考虑，例如需求或成本的波动，或者对新企业进入所导致的剩余需求曲线下移作出的正常反应。

早在不对称信息博弈成为一种标准的分析方法之前，Yamey（1972）就从下面两个方面批评了上述观点。第一，掠夺性定价者可能不仅在考虑中的市场上面临着潜在的进入，而且在它所经营的其他市场上也面临着潜在的进入。如果它在考虑中的市场不进行攻击，而喜欢将对手兼并，它可能就会被看成是一个懦夫（例如，被看成一个害怕价格战的高成本类型企业）。这就可能鼓励其他企业进入该市场（或其他市场），因为它们会作出这样的预期，即它们将在那些市场上获得利润，或者将卖得一个好价钱，而不会成为掠夺对象。第二，掠夺对象的购买价格可能并不独立于掠夺性定价者兼并之前的市场行为。显然，这两个反对理由都和私人信息及声誉有关。在完全信息的情况下，掠夺性定价将不影响掠夺对象或其他潜在的进入者预期的盈利能力。[39]

我们将在 9.6 节讨论 Yamey 的第一个观点。现在我们将根据 Saloner（1987）的工作来考察一下他的第二个观点。在这样做之前，我们先来看一看 1887—1904 年大兼并浪潮中的一些例子，以了解这样的两个观点是怎样产生的［当时，对于横向兼并很少有什么限制——参看 Scherer（1980，pp. 121－122)］。

在 1891—1906 年间，美国烟草公司和两个附属公司兼并了 43 个竞争对手。美国烟草公司就执行了掠夺性定价（有时是通过各种信号干扰手段——例如秘密控制的子公司，即所谓的“假独立机构”，秘密地削价，从而使对手将利润的减少归因于日益激烈的和旷日持久的竞争，或者归因于需求的下降）。Burns（1986）提供的证据表明，掠夺性定价在相当大的程度上降低了美国烟草公司兼并对手（包括掠夺性定价的牺牲品，以及那些尚未成为掠夺对象、还在和平共处的竞争者）的成本。另一个有名的例子是新泽西州的标准石油公司。19 世纪末，标准石油公司通过一套伴随着掠夺性定价（降低价格，取消原油供应和铁路运输的赎回权等）的兼并方案，取得了美国石油加工业 90%的市场份额。［关于这些低价可能并不带有掠夺性意图的观点，参看 McGee（1958）；Scherer（1980，pp. 336－337)。］

为兼并而进行掠夺性定价的基本原理被 Saloner（1987）加以形式化了。为了理解他的观点，可以考虑下面的模型概要。它的结构是一个限制性定价模型的结构，只不过在进入者进入之后、第 2 期的价格竞争发生之前，在位者可以向进入者发出一个兼并邀约。[40]如果兼并价格遭到拒绝，在第 2 期内便有上面所描述的双寡头垄断竞争。如果兼并被接受了，企业 1 便得到企业 2 的资产和技术，继续作为一个垄断者存在。为简单起见，我们假定进入者在拒绝兼并要约之后、发动价格竞争之前，了解到了在位者的成本。我们把式（9.8）变为

$$D_2^H > D_2^L > 0 \tag{9.14}$$

也就是说，对于任何水平的 c_1，即便企业 2 不被购买，它也会进入。我们还假定垄断会比双寡头垄断创造更多的利润。[41]

下面是本模型的一个分离均衡：高成本类型企业执行垄断价格 p_m^H。低成本类型企业进行限制性定价；它制定的价格 $p_1^* < p_m^L$，其中 p_1^* 由下式得出

$$M_1^H - M_1^H(p_1^*) = \delta(D_2^H - D_2^L) \tag{9.15}$$

当观察到的价格为 p_m^H 时，当且仅当兼并价格高于 D_2^H 时，进入者才会同意被购买；当观察到的价格为 p_1^* 时，则只要兼并价格高于 D_2^L，它就会接受兼并。在位者自然会在 p_m^H 之后出价 D_2^H，在 p_1^* 之后出价 D_2^L。式（9.15）表明，高成本类型企业没有积极性假装成低成本类型企业。因为如果这样做，它虽然可以节省 $D_2^H - D_2^L$ 的兼并成本，但是在第 1 期内要损失 $M_1^H - M_1^H(p_1^*)$ 的利润。

低成本类型企业会不会觉得执行垄断价格是有利可图的呢？正如在限制性定价模型中一样，假定高于 p_1^* 的价格将导致高成本的推断成立，如果执行垄断价格，则在位者在第 1 期的收益就是[42]

$$M_1^{\mathrm{L}} - M_1^{\mathrm{L}}(p_1^*) < M_1^{\mathrm{H}} - M_1^{\mathrm{H}}(p_1^*)$$

但是它的兼并价格就要提高到 $D_2^{\mathrm{H}} - D_2^{\mathrm{L}}$。因此，只要我们假定，当低成本类型企业被视作高成本类型企业时，它就会希望进行兼并；这可以得出低成本类型企业将不会执行垄断价格（而且，更不会模仿高成本类型企业）。为简单起见，我们作出这一假定。（为此，只需假定低成本类型企业从兼并中获得的收益大于高成本类型企业就足够了。关于这一点，参看 9.4.1.1 小节关于作为一个垄断者的收益如何随在位者的成本的变化而变化的讨论。Saloner 分析的是第 2 期的数量竞争，从而作出了更令人满意的假定，即在第 2 期市场竞争开始之前，在位者的成本并未被立即显示给进入者。他证明，在某些条件下，兼并对于低成本类型企业来说确实是更有价值的。）正如在限制性定价模型中一样，这里也存在着混同均衡。

分离均衡的一个有趣特征是限制性（掠夺性）定价相对于对称信息的情况而言反而提高了福利。无论何种情形，兼并都会发生，问题仅在于卖出价格。在位者类似于一支为赢得停战会议中的有利谈判地位而发动进攻的军队。幸运的是，这种战争的后果可能是不同的。在这里，不对称信息以及随之而来的向进入者发送坏消息的冲动使得价格得以降低，从而使福利得以提高。[43]

在这一模型中，企业总是会兼并。在 Saloner 模型的变体中还有第 3 个企业。如果兼并会发生，而且它相信在位者是高成本类型的，它就会准备进入。此时，另外两个企业之间的兼并可能发生，也可能不发生。

9.6 多市场声誉

在 9.4 节和 9.5 节，我们看到一个已有的企业如何希望通过削价来建立一种强硬者的声誉，从而使同一市场上的对手或者不进入，或者退出，或者以低价出售。自然地，一个多市场的在位者也可能通过在一个市场上采用这样的策略来增强它在其他市场上的地位。如果作一个粗略的对比，9.4 节和 9.5 节中第 2 期的市场竞争可以被重新解释成在第 2 个市场上的竞争。例如，假定某进入者（花费了一定的进入成本）进入了第 1 个市场。在第 2 个市场上仍是一位垄断者的在位者就可能有激励对第 1 个市场上的进入者进行掠夺性定价，以传递它是低成本类型的信息。即使这样的策略不能在第 1 个市场诱使对手退出（从而损失了一些钱），但它可能阻止了另一个进入者（也可能是同一个企业）进入第 2 个市场。要想使这一策略可行，在位者的成本在市场之间必须是正相关的。例如，我们可以把市场想象成按地理位置划分的各个单位，把在位者在每个市场上销售的产品看成是“相同的”，从而可以在相同的成本上生产出来（仅有运输成本是不同的）。[44]

我们来看几个已被指出的这种多市场掠夺性行为的例子。首先回忆一下Burns（1986）所指出的例子，即美国烟草公司通过对某些对手实行掠夺性定价，成功地降低了收购成本。一个引人注目的发现是，不仅在收购掠夺对象时存在这种收益，而且在收购那些在成为掠夺对象之前就被出售的竞争者时也存在这种收益。许多美国烟草公司的对手都是在小块区域上销售产品，这一事实便利了这种策略的实施。因为这使美国烟草公司可以在某一给定的营销区域上向对手发动进攻，而又不至于在它的整个产品线上造成太大的损失（也就是说，它可以通过实行价格歧视来限制掠夺性定价的损失）。另一个例子（Scherer，1980，p. 338）是通用食品公司，它控制了美国东部约45%的普通咖啡的销售。与之竞争的一个公司是福尔格公司，它在西部很受欢迎。20世纪70年代，它曾试图向东部扩张。通用食品公司奋起反击，在福尔格公司进入的市场上大幅度降价，并成功地阻止了它进一步进入东北部市场（但是它未能诱使对手退出已被渗透的城市）。[45]20世纪70年代一个不太成功的多市场掠夺性行为的例子是帝国天然气公司。该公司在不同地区的市场上销售液化石油气，而它的大多数对手都只在一个市场上销售产品。它试图通过在某些市场上执行低于批发价的价格来向其他市场发送信号。这样做的目的是诱使对手把它们的价格提高到这一批发价之上。虽然在某些市场上，这种做法导致了退出或者提价，但是对手的价格上升最终没能维持，而且，即便在某些对手退出的市场上，别的企业又进入了。（进入壁垒是有限的。）在整个过程中，帝国天然气公司得不偿失。[46]

多市场掠夺性定价最早是被Kreps和Wilson（1982）以及Milgrom和Roberts（1982b）加以形式化的。[47]在本书其他地方，我们曾经把这些作者的声誉模型应用于高质量生产者声誉（2.6节）和合作定价行为声誉（6.5节）的分析，显然没有必要在此把一个基本相似的观点详细展开[48]，因此我们将仅仅对他们的多市场行为模型做一个归纳。

Kreps、Milgrom、Roberts和Wilson对前面的掠夺性定价博弈作了一些简化，然后把它拓展成一个多市场模型。在一个特定的市场上，进入者决定是否进入。在进入的情况下，在位者有两种选择：掠夺性定价或者默许。进入者的利润（包括进入成本）在在位者默许的情况下是正的，在在位者进行掠夺性定价时则是负的。我们可以把掠夺性定价（默许）想成是执行一个低（高）价。在位者可能是“强硬的”，也可能是“软弱的”。如果它是强硬的，它就会喜欢进行掠夺性定价，因而也总会进行掠夺性定价。如果它是软弱的，掠夺性定价便是成本高昂的，因而只有当它能够提高在另一个市场上的利润时，这样做才是值得的。只有在位者知道自己是软弱的还是强硬的。（强硬可以设想为低生产成本的粗略近似。）

两个市场形式的博弈是这样的：在位者占有两个市场。在第1期，第1个市场的进入者决定是否进入；然后（如果进入发生了）在位者决定是否进行掠夺性定

9

价。在第 2 期，另一个进入者观察到第 1 个市场上的结果后，决定是否进入第 2 个市场；如果它进入了，在位者就决定是否进行掠夺性定价。（n 个市场形式的博弈也与此类似。）在这种情况下，对于一个软弱的在位者来说，如果在第 1 个市场上进入发生了，进行掠夺性定价也许是值得的。如果这样做是不值得的，那么第 1 个市场上的掠夺性定价显示的信息便是在位者是强硬的；因此，在进行了掠夺性定价之后，第 2 个市场上的进入就不会发生。如果第 2 个市场上的垄断收益超过了第 1 个市场上的掠夺性定价成本，那么对于软弱的在位者来说，不进行掠夺性定价就不是一种均衡。（显然，如果在第 2 个市场发生了进入，那么软弱的在位者便没有积极性去进行掠夺性定价，因为已经没有未来——也就是说，没有什么声誉需要维持了。）

在 T 个市场或 T 期的多市场掠夺性定价模型中（如果是强硬者的概率不是太小），均衡有以下特征：在第 1 个市场上，进入不会发生。如果一个企业错误地进入了第 1 个市场，它成为掠夺对象的概率便是 1（即不管是强硬的在位者还是软弱的在位者，都会对它进行掠夺性定价）。由于需要保护的市场数目随时间减少，对声誉的关心也逐渐减弱；这会鼓励进入者进入，进入也许是随机的（软弱的在位者进行掠夺性定价的概率小于 1）。这一声誉模型的另一个要点是，如果 T 很大，那么即使在位者是一个强硬者的概率很小，软弱的在位者也可能受到进行掠夺性定价的激励。

9.7 “鼓鼓钱袋”说

在 9.4 节至 9.6 节所概述的掠夺性定价理论中，掠夺性定价者试图向它的对手传递有关它们在该市场上盈利能力的不利消息。掠夺性定价并未影响对手的实际前景，而只是影响了它们对这些前景的估计。在理性预期的情况下，掠夺性定价可能可以成功地把对手赶出市场（或使对手不进入市场），也可能做不到这一点。

另一种流行的掠夺性定价理论认为，当对手由于筹集不到足够的资源而难以为继时，无情的竞争就可能影响对手的前景。根据这一理论，拥有大量资金（“鼓鼓钱袋”）的企业就能对更弱小的企业进行掠夺性定价。由于强大的企业在亏损的情况下会支撑更长的时间，因此它能够把弱小的企业赶出市场。[49] 如果这一理论是正确的，掠夺性定价就会有严重的后果。第一，掠夺性定价在信号传递模型中成功的可能性大，因而它更容易导致产业垄断。第二，剩下的企业不一定是最有效率的企业，而是资金最为雄厚的企业。垄断性定价可能会增加成本低效率。

“鼓鼓钱袋”说缺乏理论基础，因而慢慢地不被关注了。Scherer 写道：“也许是因为它的智力上的支持过于脆弱，所以这一理论在 20 世纪 70 年代的混合兼并诉讼中很少得到重视”（1980，p. 560）。Telser 在他 1966 年的一篇有影响的论文中对传统的“鼓鼓钱袋”说提出了质疑。在那篇文章中，他假定其中一个企业的筹资能力有一个上限。那个企业的对手就可以通过制定低价来使它的损失达到这一上限，从而使资金受约束的企业不得不退出。但是，Telser 注意到，在均衡情况下，掠夺性定价甚至根本不会发生。资金受约束的企业意识到自己会成为掠夺对象从而出现亏损，会有尽早退出（或不进入）的激励。[50]

这种方法的一个问题是不清楚为什么掠夺对象会面临资金约束。假定贷款人不对信贷进行限制，而是向掠夺对象提供无限的信贷额度，就不会有掠夺性定价的活动余地。掠夺性定价者保持沉默，"掠夺对象"则每期都有利润。因而贷款人不施加资金限制是符合其利益的。考虑到这一点，Fudenberg 和 Tirole（1985，1986b）认为，资本市场上的不完善是对"鼓鼓钱袋"说进行重新考虑的核心。我们概略地描述一下可以怎样对这些不完善进行形式化。

我们先考虑一个企业家（后面他将被解释成企业 2），他必须通过借债来为一个项目融资。令 K 代表投资的规模，E 代表企业家的财富（股权）。因而，企业家向银行贷款的数量为 $D=K-E$。投资能够带来一个随机利润 $\tilde{\Pi}$，$\tilde{\Pi}$ 属于区间 $[\underline{\Pi}, \bar{\Pi}]$。如果 r 代表银行收取的利率，则企业家必须偿还 $D(1+r)$。如果 $\tilde{\Pi}\geqslant D(1+r)$，他将会这样做，并且自己保留 $\tilde{\Pi}-D(1+r)>0$。如果 $\tilde{\Pi}<D(1+r)$，他的企业将破产，他自己什么也留不下。破产成本（法律和执行费用，或者是由产品市场上的混乱造成的损失）等于 B，所以在破产程序中享有优先权的银行将得到 $\tilde{\Pi}-B$。若 F 代表 $\tilde{\Pi}$ 的累积分布（密度为 f），则企业的预期利润为

$$U(D, r)=\int_{D(1+r)}^{\bar{\Pi}}[\tilde{\Pi}-D(1+r)]f(\tilde{\Pi})d\tilde{\Pi}$$

银行的预期利润为

$$V(D, r)=(1+r)D(1-F(D(1+r)))+\int_{\underline{\Pi}}^{D(1+r)}(\tilde{\Pi}-B)f(\tilde{\Pi})d\tilde{\Pi} \quad (9.16)$$

假定银行是竞争性的，其资金成本为 $1+r_0$。银行的零利润条件可以写成

$$V(D, r)=(1+r_0)D \quad (9.17)$$

假定式（9.17）决定了唯一的利率 $r(D)$，且 $dr/dD>0$。[51]

企业家会投资于这个项目吗？显然只有当他的预期利润超过其股本的机会成本 $(1+r_0)E$ 时，他才会这样做。令 W 代表企业家从项目中获得的净收益，则该项目只有在下式成立时才会进行：

$$W=\int_{(K-E)(1+r)}^{\bar{\Pi}}[\tilde{\Pi}-(1+r)(K-E)]f(\tilde{\Pi})d\tilde{\Pi}-(1+r_0)E\geqslant 0$$

利用式（9.17），且令 $E\tilde{\Pi}\equiv\int_{\underline{\Pi}}^{\bar{\Pi}}\tilde{\Pi}f(\tilde{\Pi})d\tilde{\Pi}$ 代表 $\tilde{\Pi}$ 的期望值，我们可以把 W 写成更简单的形式：

$$W=[E\tilde{\Pi}-(1+r_0)K]-[BF((1+r)(K-E))] \quad (9.18)$$

9

式中，第一项等于项目在完善的资金环境中的净值，第二项代表预期的破产成本。[若$\tilde{\Pi}<(1+r)(K-E)$，则企业破产。]

现在不难看出，财富或股本越多，项目进行的可能性就越大：高股本降低了负债（$K-E$），同时也降低了利率，所以$dW/dE>0$。我们可以把这一结果解释为：高股本降低了破产概率，从而减少了破产成本。根据零利润条件，这些成本节约被转移给企业家［参看式（9.18）］，从而使项目更具吸引力。[52]

Diamond（1984）、Gale 和 Hellwig（1985）以及 Townsend（1979）奠定了理解银行和企业家之间最优债务契约的基石。这些作者假定银行如果不检查企业的账户，就无法观察企业利润。而检查账户的成本为B。假定没有检查（破产），则银行只能要求一个固定的数额：$D(1+r)$。最优的契约安排是，当且仅当企业无力履行它的责任［即偿还$D(1+r)$］时，银行进行检查，并获得剩余利润，从而不对称信息使得债务契约成为最优契约。

不难看出，资本市场上的这些不完善为“鼓鼓钱袋”说奠定了基础。考虑一个两期的双寡头垄断模型。企业 1 没有资金约束。企业 2 如果想留在市场上，必须在两期之间筹集到数量为K的投资资金。企业 2 第 1 期末的股本取决于它在第 1 期市场竞争之后的保留盈余。那么，通过在第 1 期进行掠夺性定价，企业 1 能使企业 2 的第 1 期利润减少，从而减少它在第 2 期的股本。企业 2 需要借的债越多，它就会发现留在该市场上的吸引力越小。如果掠夺性定价能使E足够地降低，以致$W=0$，那么它就成功了。因此，如果第 1 期的利润损失能被第 2 期的垄断收益所抵销，掠夺性定价便是值得的。

在这种形式的“鼓鼓钱袋”说中，掠夺性定价即使在企业之间不存在不对称信息时也可能发生。而且，企业 2 在第 1 期也可能在市场上（因为它可能在即使成为掠夺对象的情况下也还能获得利润），只是无法在第 2 期内进行扩张（或进行现代化改造，或留在市场上）。掠夺性定价和资本市场上的不完善（不对称信息）有着密切的关联。[53]掠夺对象或者自愿退出市场（因为银行所定的利率相对于企业资产的机会价值来说太高了），或者是因为根本筹措不到资金（没有能使银行盈亏平衡的利率）而被迫退出。这个模型既考虑了资金约束对扩张的影响，也考虑了它对退出的影响。不管退出伴随着破产与否[54]，都不一定是这种掠夺性定价最常见的结果，参看 Scherer（1980，p. 214）。正如在我们的模型中那样，掠夺对象可能停止扩张或现代化改造，而不去冒破产的风险。掠夺对象也可能把它的资产出售给掠夺性定价者。[55]正如 Saloner（1987）注意到的那样，“破产企业保护”［美国兼并法中一条很少用到的条款，它允许对一家即使在不存在兼并时也不可能作为一个竞争者生存下来的公司进行收购——参看 Scherer（1980，p. 555）］可能正好鼓励了掠夺性定价行为。（这种推理假定法院很难对掠夺性定价行为进行评估，否则只要掠夺性定价是一种违法行为，掠夺对象就能够提起诉讼，要求赔偿三倍的损失，这可能比它在兼并中获利更丰。）

"鼓鼓钱袋"说依赖于外部融资比内部融资（保留盈余）更为昂贵这一假定。这种成本差异的基础是借款人和贷款人之间的某些信息不对称。正如 Roberts（1987）注意到的那样，一种缓解新企业（它们最可能面临资金约束）的融资问题的制度是风险资本主义。风险资本家通常大量介入企业的日常运作，这样就可以减少贷款人和企业之间的信息不对称，从而降低新项目的融资成本。但是，股本也有它的成本。[56]在确定金融市场和产业结构之间的确切联系方面，还有大量工作需要去做。

9.8 结束语

博弈论使我们有可能对前面关于价格竞争和非价格竞争的信号传递性质的某些直觉有更清晰的理解。它所提供的理论基础在价格竞争情形中尤为重要，因为价格的承诺价值很低，因而，从推理上看，它不是一种很好的进入壁垒。这些基础使许多经济学家拒绝了（以完全信息为基础的）简单的"芝加哥观点"，即削价通常是对成本和需求冲击或者增大了的竞争压力作出的自然反应。

已有的企业会有一种动力去操纵它占有的每个市场上的潜在进入者或已有企业所拥有的信息。虽然也不乏例外，但是一种合理的策略是通过制定低价来阻止进入或诱使退出，或者在容纳竞争时通过制定高价来促进合谋。

关于这种操纵对手信息的行为的福利分析还没有确定的答案。刚刚发展起来的博弈论方法还未能推导出操作性的标准来评价特定例子中的价格行为。现在在这一领域内取得这种进展的时机已经成熟。

经济学家也许忽视了金融制度和掠夺性行为之间的联系。"鼓鼓钱袋"说依赖于金融市场的不完善（其基础在于资本市场上的信息不对称）而不是信号发送。它认为保留盈余的不足——部分地是由于对手的掠夺性定价——可能会阻碍年轻企业或受资金约束的企业的扩张或设备更新。另外，已有企业发动严酷竞争的前景也可能减少进入。在寡头垄断中，资本市场不完善的福利后果可能会很严重，对此需进一步分析。

9.9 补充节：产业中的达尔文选择

在这一节，我们将利用消耗战模型（见第 8 章）来阐述一个"双边掠夺性定价"的例子。我们考虑这样一个产业，开始时存在的企业数目过多，因而某些企业的离开是其他企业生存的必要条件。掠夺性定价是一种被动的行为，因为每个企业都想等待其他企业首先退出。

与第 8 章不同，这里考察的消耗战模型存在着关于收益的不对称信息。每个企业都不能确定市场上其他对手的利润或成本。在等待策略的背后，每个企业都隐藏着秘密的愿望，希望消耗战对于它的对手来说是成本高昂的。如果这种情况没有发生，企业的对手坚持留在市场上，该企业最终就必须离开这一产业。正如我们将看到的那样，消耗战将选出那些财务状况最好的或动力最足的（即那些实际损失最小或未来利润最高的）企业。除了这种达尔文式的特色[57]之外，不对称信息消耗战还有一个好处，那就是允许企业有正的预期利润。[58][59]

消耗战的思想最早是理论生物学家提出的［参看 Maynard Smith（1974），及 Bishop 等（1978）］。Riley（1980）及 Kreps 和 Wilson（1982）将这种思想的不对称信息形式引入了经济学领域。Kreps 和 Wilson 的分析表明，虽然消耗战类似于一种“保卫战”，而 9.6 节之前讨论的那种掠夺性定价行为更像是一种“歼灭战”，但是这两种行为在正式意义上却是密切相关的：它们都属于相同的信号传递方法论。[60]

考虑一个简单的报酬递增行业的消耗战例子［也就是一个拆散了的 Fudenberg-Tirole（1986c）］模型。有两个企业，$i=1$，2。在第 0 期，两个企业都在产业内。在支付固定成本之前，每个企业在单位时间内都获得 $\Pi^d>0$ 的双寡头垄断毛利润。只要没有哪个企业离开这一产业，利润就保持不变。如果在时间 T 上企业 i 离开这一产业，则企业 j 从这时起每单位时间内获得 $\Pi^m>\Pi^d$ 的垄断毛利润，而且一直持续到将来。两个企业在每单位时间内的固定成本为 $f_1>0$，$f_2>0$；只有当企业留在产业内时，固定成本才会存在。企业 i 在单位时间内的净利润如下：双寡头垄断时为 Π^d-f_i，垄断时为 Π^m-f_i，离开该产业时为 0。

企业的固定成本可以被解释为企业在该产业内所要发生的经营成本，加上在别的事业上所放弃的利润的机会成本。假定只有企业 i 知道 f_i。企业 j，即它的对手，有一个关于 f_i 的概率分布 $g_i(f_i)$。假定 g_i 定义在区间［0，$+\infty$）上，而且是连续的和严格为正的。令 $G_i(f_i)$ 为它的累积分布［$G_i(0)=0$，$G_i(+\infty)=1$］。所有其他变量（包括概率分布）都为双方所知。

假定企业 1 首先离开该产业，而且是在时间 T 上离开。企业 2 从那时起成为一个垄断者。（我们不允许再进入，虽然即便允许这种行为，我们所导出的均衡也仍是一个均衡。）两个企业在整个时间段的利润贴现值为

$$V_1=\int_0^T(\Pi^d-f_1)e^{-rt}dt$$

$$V_2=\int_0^T(\Pi^d-f_2)e^{-rt}dt+\int_T^\infty(\Pi^m-f_2)e^{-rt}dt$$

当企业 2 为首先离开的企业，而且也是在 T 时离开时，V_2 和 V_1 的定义与此相似（其中 r 代表利率）。

观察这些利润，我们不难推导出下述简单的结果：任何一个固定成本大于垄断利润的企业都不会进入（或停留的时间不会超过第 0 期），因为不管它的对手的行

为如何，它在该产业内都只能获得一个负利润。同时，固定成本低于双寡头垄断利润的企业将会进入，而且会一直留在该产业。

我们在此考虑这样一个产业，即固定成本大于双寡头垄断利润的可能性很大[即$G_i(\Pi^d)$接近于0]。[61]因此，该产业类似于一个天然垄断产业，每个企业作为一个垄断者都能够生存，但是作为一个双寡头垄断者则要赔钱。在接下来的消耗战中，第一个离开的企业是一个失败者。

每个企业的策略都很简单：它将到达一个停止点T_i，如果企业j未在此之前离开，企业i便离开。当然，这一停止点取决于企业的固定成本$T_i(f_i)$。因此，令$\{T_1(f_1),\ T_2(f_2)\}$为依赖于固定成本的两个停止点。（由于固定成本是私人信息，每个企业都不能确切地知道对手的停止点，而只知道这一变量的一个概率分布，它是由对手固定成本的概率分布推导出来的。）

假定固定成本为f_1的企业1选择停止点T，则它的随时间的利润贴现值就等于

$$\mathrm{Prob}[T_2(f_2) \geqslant T] \cdot \int_0^T (\Pi^d - f_1)e^{-rt}dt$$
$$+\int_{\{f_2 \mid T_2(f_2)<T\}} \left(\int_0^{T_2(f_2)} (\Pi^d - f_1)e^{-rt}dt + \int_{T_2(f_2)}^{\infty} (\Pi^m - f_1)e^{-rt}dt\right) g_2(f_2)df_2$$

我们要找出最大化上述表达式的$T=T_1(f_1)$。（企业2的最大化行为与此类似。）这样我们就得到一个纳什均衡（用第11章中的语言来说，是一个精炼贝叶斯均衡）。尽管企业的目标函数很复杂，结果却很简单。

根据利润表达式，不难证明，若$f_i>f_i'$，则

$$T_i(f_i) \leqslant T_i(f_i')$$[62]

换句话说，企业的固定成本越大，离开越早（这正是这种选择的达尔文特征）。而且，函数T_i可以被证明是严格递减的，因而几乎处处可微。[63]我们定义

$$F_i(t) \equiv T_i^{-1}(t)$$

为使企业i将于第t期退出的固定成本水平。

现在我们来推导决定函数F_i（或者，在一种等价的方式下，函数T_i）的条件。为此，考虑时期t时的企业i，此时，它的固定成本使它决定离开，即$f_i=F_i(t)$。现在假定企业i决定留在产业内，直到$t+dt$期，如果到那时企业j仍未离开，它就离开。我们以企业j在时期t之前仍未离开为条件，计算它在这一时间段内离开的概率。这个条件意味着企业j的固定成本小于$F_j(t)$。如果企业j的固定成本介于$F_j(t+dt)$和$F_j(t)$之间，它就会在t到$t+dt$这段时间内放弃。企业j的固定成本介于这二者之间的条件概率为

$$\frac{g_j(F_j(t))}{G_j(F_j(t))}[-F_j'(t)dt]$$

由于企业 i 每单位时间的损失为 $F_i(t)-\Pi^d$，所以必须有

$$F_i(t)-\Pi^d=\left(-\frac{g_j(F_j(t))}{G_j(F_j(t))}F_j{}'(t)\right)\left(\frac{\Pi^m-F_i(t)}{r}\right) \tag{9.19}$$

否则，当固定成本为 $F_i(t)$ 时，企业 i 就可以通过把它的离开时间提前或推后来增加预期利润。

式（9.19）及由企业 j 导出的类似等式构成了一个微分方程系统。再加上下面的“边界条件”：对于所有的 i，有

$$F_i(0)=\Pi^m$$

$$\lim_{t\to\infty}F_i(t)=\Pi^d$$

上述条件中的第一个源于这样一个性质，即只有当企业作为一个垄断者能够生存时，它才会进入（而且，如果它确实进入了，它至少会稍作等待，看一看对手是否会立即放弃[64]）。第二个条件则是和下述事实相关的，即当时间趋向于无穷大时，对手离开的瞬时概率趋向于 0，以及愿意战斗的企业必须经得起微小的双寡头垄断损失。

在均衡情况下，选择需要很长的时间［因为在任何一个时点上，产业仍为两个企业所分享的概率都为正，其中一个企业已经退出的概率也为正，见图 9.3（a）］。如果我们通过允许利润函数随时间变动来使模型一般化，就可能得出不同的结果。Fudenberg 和 Tirole（1986c）的模型既允许干中学，又允许需求随时间变动（即考察的是一个增长或衰退产业）。在一般化的模型中，选择过程可能在有限的时间内停止，因为在第 0 期作为一个双寡头垄断企业无法生存的企业在需求增加或生产成本降低之后可能就可以生存了。图 9.3（b）表示的是在利润增长情况下的一个有限选择过程。如果在第 t_0 期，两个企业都还在产业内，则它们将永远作为双寡头垄断企业存在。因此，如果企业 i 的成本为 $F_i(t_0)$，那么在 t_0 期时，它必须在离开或永远作为一个双寡头垄断企业存在之间是无差异的。这就使前面的边界条件

$$\lim_{t\to\infty}F_i(t)=\Pi^d$$

为下面的条件所代替：

$$F_i(t_0)=(A\Pi_i^d)(t_0) \qquad i=1,\ 2$$

式中，$(A\Pi_i^d)(t)$ 代表企业 i 在 t 期之后的平均双寡头垄断利润（贴现值），即

$$(A\Pi_i^d)(t)\equiv\int_t^{\infty}\Pi_i^d(s)re^{-r(s-t)}ds$$

式中，$\Pi_i^d(s)$ 为企业 i 在时期 s 时的双寡头垄断毛利润。[65] Fudenberg 和 Tirole 还证明，该博弈的精炼贝叶斯均衡存在且唯一。

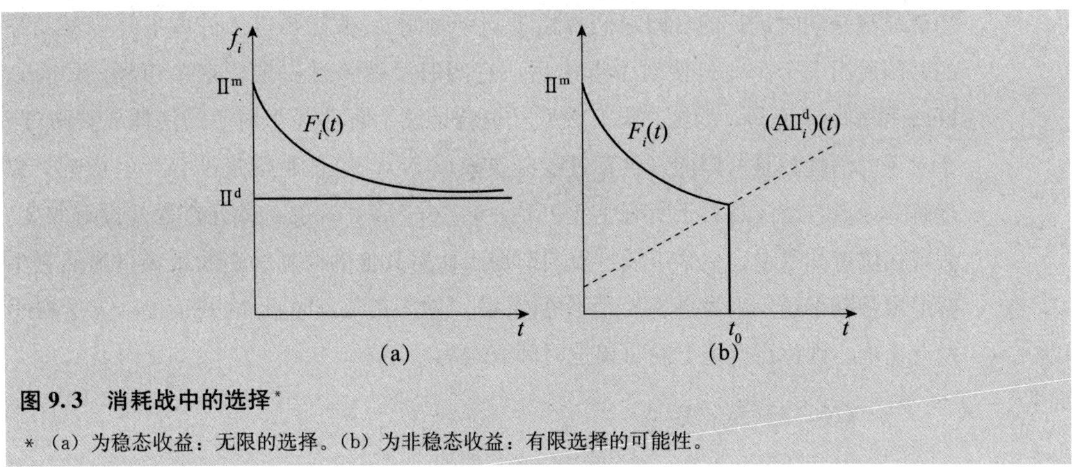

图 9.3　消耗战中的选择*

* (a) 为稳态收益：无限的选择。(b) 为非稳态收益：有限选择的可能性。

该模型的比较静态结果不多。但是考虑一下对称的情形 ($G_1 \equiv G_2 = G$)。可以证明，当成本分布向高成本方向移动时，也就是对于所有的 f，有一个更高的风险率 $g(f)/G(f)$ 时，选择将需要更长的时间，因为对于所有的 $f_i \leqslant \Pi^m$，$T_i(f_i)$ 都增大了。[66]（当然，要得到退出的时间分布，还必须把成本分布的变化考虑进来。）

与在许多掠夺性定价的信号传递模型中一样，该模型的福利结果是含糊不清的。一方面，如果双寡头垄断者成功地维持了价格合谋，竞争的社会价值就很低，社会计划者将希望加速退出过程。在消耗战中，垄断租金是通过固定成本的重复而不是通过低价格耗散掉的。另一方面，如果双寡头垄断竞争下的价格接近于边际成本，从一个社会计划者的角度来看，企业有可能退出得太早了，因为它们没有把与竞争相联系的消费者剩余收益内部化。

达尔文的适者生存概念在这里具有两层含义。第一，给定一个企业，它成本越低时，退出越晚。我们发现，在消耗战中，这一性质始终成立。第二，比较两个企业，我们可以说留下的企业比退出的企业更有效率。这一性质只有在对称的利润函数和成本分布下才成立。不难看出，若两个企业的成本服从于不同的分布，则竞争有可能选择出错误的企业（即高成本类型企业）。

Fudenberg 和 Kreps (1987) 提出的问题是：当一个企业在好几个市场上竞争且它的私人信息在各个市场之间都是相关的时，它发动消耗战的愿望如何？为了使问题更具体一些，假定企业 i ($i=0$) 占有 N 个不同区域的市场。在市场 j 上，它面临着企业 j ($j=1, \cdots, N$)。它在每个市场上的固定成本 f_0 都是相同的，且从对手的角度看，都服从 $G_0(f_0)$ 分布。企业 j 的固定成本 f_j 服从 $G(f_j)$ 分布。N 个对手的成本是独立的。市场是同一的而且（除 f_0 外）是独立的。

首先假定一个市场上的行为在另一个市场上观察不到。则企业 0 要进行 N 场独立的而且相同的消耗战，每场都像上面描述的那样。退出行为服从于微分方程 (9.19)。

下一步假定存在着信息泄露。企业 j 观察到第 $j' \neq j$ 个市场上发生的事情。N

场消耗战是同时进行的（即它们开始于同一时间）。假定再进入的成本是极其高昂的，因而当一个企业迫使对手退出后，它的对手就永远占据了这个市场。Fudenberg 和 Kreps 证明，均衡并没有改变。也就是说，面对 N 个对手的消耗战和面对 1 个对手的消耗战是一样的（只不过收益要乘以 N）；信息泄露并没有产生影响。要理解这一点，请注意对于所有企业 j（$j=1$，…，N）来说，微分方程并没有改变。假定在位者如果退出一个市场，就同时退出所有其他的双寡头垄断市场（显然它不会退出垄断市场，因为再进入是不可能的）。如果在某一时点 t，还有 $N-k$ 个对手没有让步，则留在市场上的每单位时间成本为

$$(N-k)(f_0-\Pi^{\mathrm{d}})$$

留在市场上的预期收益也要乘以 $N-k$，它等于

$$(N-k)\left(-\frac{g(F(t))}{G(F(t))}F'(t)\right)\left(\frac{\Pi^{\mathrm{m}}-f_0}{r}\right)$$

式中，$F(t)$ 描述的是每个对手的对称行为。因此，在位者的微分方程没有改变，均衡也没有改变。Fudenberg 和 Kreps 接着考察了无再进入条件的作用，并且证明，当在位者显示其类型时，若对均衡的性质作某些假定，市场之间的信息泄露就可能有利于多市场企业，也可能不利于多市场企业。

下面的习题是关于不完全信息消耗战的。

习题 9.2***：Riley（1980）考虑了这样一场消耗战，两只同类动物都渴望获得同一食物来源或配偶。双方都花费了宝贵的时间为此争斗。最后，在某一时期 t 上，其中一个竞争者离开了，它得到的收益是 $-t$。胜利者得到的收益是 $v-t$。动物 i 对争夺目标的评价 v_i 是一个私人信息，且服从 $G(\cdot)$ 分布，密度为 $g(\cdot)$。[$G(0)=0$，$G(+\infty)=1$。] 令 $V_i(t)$ 代表使动物 i 在 t 时退出的评价。

（1）利用一个直观的论据证明，均衡的微分方程是：

$$V_j(t)V_i'(t)g(V_i(t))=1-G(V_i(t))$$

（2）假定 $G(v)=1-e^{-v}$。证明存在一个由区间 $[0,+\infty)$ 上的 K 标识的均衡连续统，使得 $V_1(t)=K\sqrt{t}$，$V_2(t)=(2/K)\sqrt{t}$。这与本章所讨论的消耗战有何不同？

习题 9.3***：Kreps 和 Wilson（1982）考虑了这样一场消耗战：有两个参与者，$i=1$，2。时间从 0 到 1，是连续的。一旦有一个参与者让步，这个博弈就结束了。每个参与者都可能是"强"的（第 1 个参与者的概率为 p，第 2 个参与者的概率为 q）或"弱"的（概率分别为 $1-p$ 和 $1-q$）。弱参与者喜欢争斗，因而永远不会让步。弱参与者 1 每争斗一单位时间便损失 1，若对手让步，则它每单位时间得到 $a>0$；弱参与者 2 每争斗一单位时间便损失 1，若对手让步，则它每单位时间得到 $b>0$。因此，如果弱参与者 1 在 t 期获胜，则它的收益为 $a(1-t)-t$；若它在 t 期让步，

则其收益为$-t$。参与者 2 的收益与此类似。假定不存在贴现。

(1) 证明从时期 0^+ 开始，每个参与者关于对方的后验推断 p_t 和 q_t 属于曲线 $q=p^{b/a}$。

(2) 证明有一类弱参与者在 0 期即退出的概率为正（即参与者退出时间的累积概率分布在 $t=0$ 时是一个正数）。弱参与者的收益如何受 a、b、p、q 的影响？

注释

[1] 关于寡头垄断中不对称信息的进一步讨论，可参看 Roberts（1987），Ordover 和 Saloner（1987）。

[2] 参看本书第二篇的引言。

[3] 从技术上看，我们计算的是一个贝叶斯均衡（参看第 11 章）。

[4] 当然，p_2 仅依赖于企业 1 的预期价格这一事实是由模型的线性结构导出的特殊情形。

[5] 即它等于 $(2ab+2b^2c_2+ad+bdc_1^{\mathrm{H}})/(4b^2-d^2)$。

[6] 这一论点与保修无成本时产品质量不为人所知的销售者应提供完全保修的论点在形式上有些相似。

这一论点并不局限于两种可能的成本水平。例如，假定有三种成本类型。高成本类型企业总是会公开其成本信息。因而不公开信息将向其对手传递这样的信号，即它的成本是低的或是中间型的，而这又会诱使中间型企业也公开其成本信息。

[7] 在其他情况下，企业将试图发送其成本高的信号。

[8] 下述文献分析了寡头垄断中的信息分享问题：Clarke（1983），Fried（1984），Gal-Or（1985，1986），Li（1985），Nalebuff 和 Zeckhauser（1985），Novshek 和 Sonnenschein（1982），Ponssard（1979），Shapiro（1986）和 Vives（1984）。

[9] 关于拍卖问题的文献综述，可参看 McAfee 和 McMillan（1987）以及 Milgrom（1987a）。关于每个叫价者有两种类型时的主要结果，可参看 Maskin 和 Riley（1985）的简要介绍。关于一级价格拍卖均衡解的例子，参看 11.4 节。

[10] 产品是策略替代品，企业 2 的低价意味着缓和。

[11] 在本章的其余部分，我们都假定产品是替代品和策略互补品。

[12] 当斜率 b 存在不确定性时，企业将希望假定 b 较小（即需求较大）。类似地，它们希望假定 d 较大（即需求较大）。参看式（9.4）。

[13] 条件为价格是策略互补品，数量是策略替代品。

[14] 这一策略之所以传递了有关成本的信息，是因为高成本类型的企业提价造成的边际损失小于低成本类型的企业，从数学上看，即

$$\frac{\partial}{\partial c_i}\left(\frac{\partial}{\partial p_i}[(p_i-c_i)D_i(p_i,\ p_{-i})]\right)>0$$

式中，$D_i(\cdot)$ 为剩余需求曲线，p_{-i} 代表对手所定的价格。熟悉 Spence 信号传递模型（参看第 11 章补充节）的读者将发现，这正是信号传递模型中常见的分离条件。

[15] 但是，对动态不完全信息博弈（参看第 11 章）有所了解的读者可能会注意到，信号干扰模型的均衡解往往较少。（它通常有较少的非均衡信念，因而在描述企业 2 对未知参数的估计时的余地也较小。）关于隐藏行动模型和隐藏信息模型之间的一些关系，可参看 Milgrom（1987b）。

[16] 这部分虽然只是一些非正式的描述，但是对于不熟悉不完全信息博弈的读者来说，可能

9

还比较困难。11.5 节可能会对那些读者有些帮助。

[17] 假定 λ 是一个一阶随机占优参数。那么 $\lambda>\lambda'$ 就意味着对于所有的 c，有

$$F(c \mid \lambda) \geqslant F(c \mid \lambda')$$

（即具有参数 λ 的分布在左尾有较大的权重。）因此，p_i^A 较低向企业 j 传递的信号是 c_i^A 较低，从而 λ 有可能较高。

[18] Ortega-Reichert 解出了一种特殊分布的封闭形式下的精炼贝叶斯均衡，即 F 服从指数分布

$$f(c \mid \lambda) = \lambda e^{-\lambda c}$$

其中 c 和 λ 均为正数。G 服从 Γ 分布

$$g(\lambda) = \Delta^r \lambda^{r-1} e^{-\Delta\lambda} / \Gamma(r)$$

式中，$\Delta>0$，$r\geqslant 2$，$\lambda>0$，f 和 g 都代表密度函数。他证明，每个企业实际上都想建立起一个温和的出价者的声誉。

当时期超过两期时，会是怎样的情形呢？随着时间的推移，λ 被越来越准确地了解，因而操纵信息的积极性将下降。长期行为将类似于一系列相同的静态的或短视的一级价格拍卖，而且 λ 是已知的。但是，这不过是一个建模问题。假定 λ 不是一个常数，而且随时间的推移不完全地相关［这一直觉来自 Holmström（1983）］。例如，它可能遵循一阶自回归过程：$\lambda_t = \rho\lambda_{t-1} + \varepsilon_t$，其中 $0<\rho<1$，且扰动项 ε_t 是独立同分布的。那么，由于总是存在着新的信息，企业将永远定一个较高的价格。

[19] 参看第 6 章关于默契合谋的讨论。Bikhchandani（1986）提供的一个例子表明，重复叫价会促使企业建立一个强硬的而非温和的叫价者的声誉。他考虑的是一个有着“共同价值”的重复的二级价格拍卖。例如，假定两个企业对一个油田租约进行投标。每个企业都对油田中的油量拥有私人信息。该价值之所以是共同价值，是因为一个企业的信息为它的对手所关注，这既是为了预测该企业的行为，又是为了对油田的价值进行评估。当存在共同价值时，一个广为人知的现象是［参看 Milgrom 和 Weber（1982）］“赢者诅咒”：获胜的企业发现，它的对手对油田的评价不高，因为它只出了一个低价，而这是一个坏消息。它会使企业出价时更为谨慎。赢者诅咒本身并不意味着企业会在第 1 期内操纵信息。特别地，如果价值的分布是独立的和相同的，而且不存在自相关，则投标者们将会把两次拍卖视作两个独立的过程。但是现在假定企业 1 在钻探成本方面可能享有也可能不享有比企业 2 更大的优势，而这一点是企业 1 的私人信息。在单次拍卖中，由于企业 1 可能享有成本优势，企业 2 的出价将不那么具有攻击性。“赢者诅咒”会更加严重。因为如果企业 2 获胜了，而且企业 1 又享有成本优势，那就表明企业 1 对油田的估价十分悲观。这意味着在重复拍卖的框架内，企业 1 将希望建立一个享有成本优势的声誉（即一个强硬的投标者的声誉）。更详细的分析可参看 Bikhchandani（1986）。还可参看 Wilson（1985）对该模型及其他声誉模型的简要评述。

[20] 还可参看 Bulow 等（1985），Fudenberg 和 Tirole（1986a），以及 Mailath（1985a，b）。Riordan 的模型实际上描述的是数量竞争，但是正如他所言，只要我们对策略替代品和策略互补品通常所导出的相反结果稍加留意，它就同样适用于价格竞争。

[21] 反应曲线为 $p_i^B = (a + p_j^B)/2$。根据对称性，有 $p_i^B = p_j^B = a$。

[22] 这里二阶条件是被满足的。当 a 有一个紧支撑集时，全局二阶条件可能较难被满足。

[23] 在数量竞争条件下，结论自然相反。例如，在 Mailath 模型中，数量的增加传递的是低成本，因而将来也是高产量的信号。这会使对手削减未来的产量。正如 Riordan 所言，这时得到的是负推测变差。

[24] 参看 Gaskins（1971），该模型假定进入前价格和进入之间存在着外生关系。

[25] 这里的分析依据的是 Fudenberg 和 Ti-

role（1986a）的第 6 部分。

［26］因而 $M_1^t(p_1)=\max[(p_1-c_1^t)D_1^m(p_1)]$，其中 $D_1^m(\cdot)$ 为垄断需求。

［27］实际上，还可能有第三种均衡，在这种均衡中，在位者执行的是混合策略。

［28］Bagwell（1985）分析了在位者是否可以通过其他方式来传递信息（即广告是否可以作为一种信息传递工具来代替定价的信息传递作用）。他发现，在均衡情况下，浪费性的广告将不被采用：如果低成本类型企业通过降价的方式来迫使高成本类型企业为模仿低成本类型企业付出代价，则低成本类型企业使高成本类型企业付出 1 美元代价的成本将小于 1 美元；反之，若采取广告的方式，则使高成本类型企业付出 1 美元代价的成本就恰好是 1 美元。更深入的探讨（特别是，当广告不是浪费性的时），参看 Bagwell 和 Ramey（1987）。

［29］参看第 8 章。

［30］关于这些后验信念（它们与贝叶斯法则是一致的）是否“合理”的问题，将在之后讨论。

［31］这一分离均衡连续统对于任意 $x<1$ 都存在。但是对于 $x=1$，低成本类型企业将制定垄断价格 p_m^L。因此，信息结构中一点小小的变化可能会导致很大的不同。一个很小的高成本的概率也可能迫使低成本类型企业非连续地降低价格，以传递关于它的成本类型的信号。不完全信息博弈（包括完全信息博弈）对信息结构的规定是非常敏感的。

［32］在此我们不考虑如何通过对信念的限制来消除某些（或者有可能是所有的）均衡。消除均衡的一种方法是利用 Cho-Kreps 标准——参看 11.6.2 小节。要了解关于限制性定价博弈的更详细的情况，参看 Cho（1986）。

［33］Fudenberg 和 Tirole（1986b）利用信号干扰模型表述了相同的思想。在他们的模型中，已有的在位者（无信息优势）秘密削价，以误导新进入的企业相信其自身的盈利能力很弱，并试图以此来诱使它退出（但并不成功）。正如在 Milgrom 和 Roberts 的分离均衡中一样，进入者会识破在位者的策略，从而不会被愚弄。第 11 章给出了信号干扰掠夺性定价的一个例子。

［34］进入者需要支付更大范围的进入成本。

［35］Ordover 和 Saloner（1987）对这些检验有较好的讨论。

［36］关于这种方法的各种局限性，Milgrom 和 Roberts（1987）有更充分的讨论。

［37］假定低成本类型企业选择 p_1 的概率为 α^L，高成本类型企业选择 p_1 的概率为 α^H。贝叶斯法则表明，对 x' 的后验概率由下面的公式给出：

$$x'[x\alpha^L+(1-x)\alpha^H]=x\alpha^L$$

对于一个正概率事件（即 $\alpha^L+\alpha^H>0$），x' 被唯一地确定，但是对于零概率事件（$\alpha^L+\alpha^H=0$），任何［0，1］区间上的 x' 都是可以接受的。

［38］被引用的这些作者的文献实际上使用的是数量而不是价格。

［39］“进攻者发动一场价格战，或者发出类似的威胁，可能是为了使对手修正它的预期，从而改变它的出售条件，达到一个可以接受的水平。”（Yamey，1972，p. 130）。

［40］Saloner 考虑了一个稍微复杂一点的模型，即在第 1 期内也存在着两个企业的竞争。在存在着第 1 期竞争的情况下也会产生相同的效果，这一事实是很重要的，因为它更明确地探讨了消除一个已经存在的对手的问题。

［41］更正式地，令 $\widetilde{M}^t$ 代表当企业 1 拥有企业 2 时的垄断利润，其中 $t=$L 或 H。（$\widetilde{M}_1^t\geqslant M_1^t$；如果是完全替代品且 $c_2\geqslant c_1^t$，则有 $\widetilde{M}_1^t=M_1^t$，此时企业 1 得到的只是阻止其对手生产的权利。）该假定可以写成 $D_1^t+D_2^t\leqslant\widetilde{M}_1^t$。

［42］记得我们前面曾有 $M_1^H>M_1^H(p_m^L)$，$p_1^*<p_m^L$ 且 $\frac{\partial}{\partial p_1}[M_1^H(p_1)-M_1^L(p_1)]>0$。

［43］是否应允许兼并也不是一个简单的问题。兼并也许有消除无效率的竞争者的好处，但是它会提高第 2 期的价格，从而严重地影响消费者剩余。关于这类模型中的福利权衡，Saloner

(1987) 有全面的讨论，可供参考。

[44] Posner (1979, pp. 939 - 940) 继 Yamey 之后争辩说，多市场企业的掠夺性定价是“利润最大化销售者的合理选择”。他认为这种策略可能曾经被标准石油公司采用。

[45] 更进一步的案例可参看 Scherer (1980, pp. 335 - 340) 和 Schmalensee (1979)。

[46] 参看 Easterbrook (1981)。这个例子很值得利用不完全信息的方法来思考。

[47] 还可参看 Easley 等 (1985)。这类研究是被 Selten (1978) 的连锁店悖论激发出来的。根据这一悖论，在对称信息的情况下，不论在位者在多少个市场上面临着潜在的进入，都不会有掠夺性定价。

[48] 在之后的章节中，我们分析了一个两个市场的声誉模型。

[49] “在这一意义上的大企业可以从它的‘大’中获得一种特殊的力量，因为它能够大笔地支出。如果这样一个企业同比它小得多的企业在承担费用和损失方面展开竞争，1 美元对 1 美元，那么资金方面的实力就是胜利的保证……大公司处在一个能够杀伤对手而自己又不被杀伤的位置上。”(引自 Edwards，1955，pp. 334 - 335。) 也可参看 Scherer (1980, pp. 214 - 215, 335 - 336, 560)。

[50] Benoit (1983, 1984) 对 Telser 观点的博弈论处理表明，之所以不存在被观察到的掠夺性定价，是因为该博弈的完全信息结构。如果更强大的企业不知道它的对手是否受资金约束，那么后者在实际上受资金约束时虚张声势，假装不受资金约束便是值得的 (这种策略有点像 9.6 节考察的 Kreps、Milgrom、Roberts 和 Wilson 的声誉模型中的策略)。

[51] 由式 (9.17) 给出的利率 r 大于 r_0，因为当 $\tilde{\Pi}$ 高时，银行得到的回报为 r，而在破产的情况下，银行得到的回报将小于 r。

对于给定的 D，有可能不存在满足零利润约束的利率。银行可能在任何利率水平 r 上的利润都为负。原因在于，如果银行提高 r，则同时也会提高破产的概率，从而提高破产成本，因而利润反而下降。V 对 r 的导数与下式成比例：

$$1-F(D(1+r))-Bf(D(1+r))$$

若 B 很小，则 $V(D, r)-(1+r_0)D$ 对 D 的导数为负。因此，若要偿还的数额 $D(1+r)$ 和最大利润 $\bar{\Pi}$ 很接近，则利润将随 r 的增大而减小 (假定 f 以 0 为下界但不等于 0)。我们不考虑这一问题，并在下文中假定 $1-F-Bf$ 在有效的定义域上是正的，并且存在一个零利润的利率 (很容易找出这一假定的充分条件)。

[52] 另外，如果我们放松存在使银行保持盈亏平衡的利率这一假定，则企业家有可能找不到愿意为项目融资的银行。

[53] 在第 2 期之前，难道银行和企业不会有一种动力来签订一项长期合同，声明企业 2 将总能得到融资 (即不管 E 为多少，它都能得到 $K-E$ 的贷款) 吗？这样做将消除企业 1 进行掠夺性定价的动力，从而提高企业 2 的利润。因此，如果这样的契约能够为企业 1 所观测，而且银行和企业都能够承诺遵守这一契约，则签订这样一个契约便是值得的。但是，这第二个条件却有些麻烦。假定企业 1 在第 1 期内进行掠夺性定价，对企业 2 来说，为第 2 期的项目进行融资就不再是有利可图的了 (给定银行的零利润条件)。企业 2 和银行就可以通过重新签订合同，不再进行这个项目而增加它们的利润。因此，除非它和本书中的短期契约 [根据这一短期契约，只有当 $W(E)\geqslant 0$ 时项目才得到融资] 是一样的，否则长期契约就是不可信的。

Bolton 和 Scharfstein (1987) 也考察了长期金融契约和掠夺性定价的关系。他们的模型在两方面与 Fudenberg 和 Tirole 的不同。第一，企业的还款积极性不是和破产威胁联系在一起的，而是与在以后的时期内无法再融资联系在一起的。第二，他们既考虑了能够为掠夺性定价者所观测的债务契约，也考虑了不能为掠夺性定价者所观测的债务契约，而 Fudenberg 和 Tirole 只考虑了后者。Bolton 和 Scharfstein 突出了履约（即还款）激励和易受掠夺性行为攻击之间的权衡。贷款者面对掠夺性定价的威胁唯一的反应便是恶化激励问题（即提高再融资的概率）。

[54] 在这个模型中，很难引入一个均衡的破产概率。

[55] 或出售给一个资金雄厚的对手（这也会产生加剧产业集中化的效果）。

[56] 参看 Holmström 和 Tirole（1987）有关债务融资和股权融资问题的综述。

[57] 还有竞争性（它与策略性相对）的产业选择模型。不适者被赶走的思想曾在 Alchian（1950）及 Nelson 和 Winter（1982）中得到阐述。Jovanovic（1982）、Lippman 和 Rumelt（1982）以及 Hopenhayn（1986）分析了企业进入之后才了解成本信息的产业选择优化模型。

[58] 回忆一下，在第 8 章中，如果消耗战发生，企业就没有预期利润；要使一个企业愿意进行消耗战，它的对手屈服的概率必须为正。据此，我们得出结论：在每个时点上，留在市场上或退出对每个企业都是无差异的，这意味着每个企业事前的预期利润都为零。参看 Milgrom 和 Weber（1986）关于完全信息消耗战和不完全信息消耗战之间的联系的讨论。

[59] 另外一个好处是，在某些条件下，均衡是唯一的；在完全信息情况下，会存在多重均衡。

[60] 要了解这种相似性，请注意这一点，如果多市场在位者（参看 9.6 节）对一个市场上的进入保持沉默，从而显示出掠夺性定价对它来说是成本高昂的，它就放弃了将来阻止进入的潜在利润。类似地，退出某一市场的企业也放弃了这一市场上的潜在垄断利润。

[61] 假定 $G_i(\Pi^d)>0$ 是符合实际的。它还可导出解的唯一性。参看习题 9.2，它是一个纯自然垄断条件下，即 $G_i(\Pi^d)=0$ 的情形——多重均衡的例子。

[62] 要得到这一结果，只需写出两个“激励相容约束”：当企业成本为 f_i 时，在 $T_i(f_i)$ 和 $T_i(f_i')$ 中它更偏好 $T_i(f_i)$；当成本为 f_i' 时，正好相反。加上这两个约束便能得出想要的结果。

[63] 关于均衡的完整特征，参看 Fudenberg 和 Tirole（1986c）。

[64] 只要 $G_j(\Pi^m)<1$，这件事情的概率就为正。

[65] 如果 $\Pi_i^d(s)$ 是递增的，$(A\Pi_i^d)(t)$ 也将是递增的。

[66] 式（9.19）为此提供了直观解释。g/G 越高表明退出函数的斜率 $|F'(t)|$ 越小。

参考文献

Alchian, A. 1950. Uncertainty, Evolution and Economic Theory. *Journal of Political Economy*, 58: 211 - 222.

Areeda, P., and D. Turner. 1975. Predatory Pricing and Related Practices under Section 2 of the Sherman Act. *Harvard Law Review*, 88: 697 - 733.

Bagwell, K. 1985. Advertising and Limit Pricing. Discussion Paper 131, Studies in Industry Economics, Stanford University.

Bagwell, K., and G. Ramey. 1987. Advertising and Limit Pricing. Mimeo.

Bain, J. 1949. A Note on Pricing in Monopoly and Oligopoly. *American Economic Review*, 39: 448 - 464.

Benoit J.-P. 1983. Entry with Exit: An Extensive Form Treatment of Predation with Financial Constraints. IMSSS Technical Report 405, Stanford University.

Benoit, J.-P. 1984. Financially Constrained Entry in a Game with Incomplete Information. *Rand*

9

Journal of Economics, 15: 490 - 499.

Bikhchandani, S. 1986. *Market Games with Few Traders*, Ph. D. thesis, Graduate School of Business, Stanford University.

Bishop, D, C. Cannings, and J. Maynard Smith. 1978. The War of Attrition with Random Rewards. *Journal of Theoretical Biology*, 74: 377 - 388.

Bolton, P., and D. Scharfstein. 1987. Long-Term Financial Contracts and the Theory of Predation. Mimeo, Harvard University.

Bork, R. 1978. *The Antitrust Paradox*. New York: Basic Books.

Bulow, J., J. Geanakoplos, and P. Klemperer. 1985. Multimarket Oligopoly: Strategic Substitutes and Complements. *Journal of Political Economy*, 93: 488 - 511.

Burns, M. 1986. Predatory Pricing and the Acquisition Costs of Competitors. *Journal of Political Economy*, 94: 266 - 296.

Cho, I.-K. 1986. Equilibrium Analysis of Entry Deterrence: Reexamination. Mimeo, Graduate School of Business, University of Chicago.

Clarke, R. 1983. Collusion and the Incentives for Information Sharing. *Bell Journal of Economics*, 14: 383 - 394.

Diamond, D. 1984. Financial Intermediation and Delegated Monitoring. *Review of Economic Studies*, 51: 393 - 414.

Easley, D., R. Masson, and R. Reynolds. 1985. Preying for Time. *Journal of Industrial Organization*, 33: 445 - 460.

Easterbrook, F. 1981. Predatory Strategies and Counterstrategies. *University of Chicago Law Review*, 48: 237 - 263.

Edwards, C. 1955. Conglomerate Bigness as a Source of Power. In *Business Concentration and Price Policy*. NBER Conference Report (Princeton University Press).

Fried, D. 1984. Incentives for Information Production and Disclosure in a Duopolistic Environment. *Quarterly Journal of Economics*, 99: 367 - 381.

Friedman, J. 1979. On Entry Preventing Behavior. In *Applied Game Theory*, ed. S. J. Brams et al. Vienna: Physica-Verlag.

Fudenberg, D., and D. Kreps. 1987. Reputation and Multiple Opponents I: Identical Entrants. *Review of Economic Studies*, 54: 541 - 568.

Fudenberg, D., and J. Tirole. 1985. Predation without Reputation. Working Paper 377. Massachusetts Institute of Technology.

Fudenberg, D., and J. Tirole. 1986a. *Dynamic Models of Oligopoly*. In *Fundamentals of Pure and Applied Economics*, ed. J. Lesourne and H. Sonnenschein. London: Harwood.

Fudenberg, D., and J. Tirole. 1986b. A "Signal-Jamming" Theory of Predation, *Rand Journal of Economics*, 17: 366 - 376.

Fudenberg, D., and J. Tirole. 1986c. A Theory of Exit in Duopoly. *Econometrica*, 54: 943 - 960.

Fudenberg, D., and J. Tirole. 1987. Understanding Rent Dissipation: On the Use of Game Theory in Industrial Organization. *American Economic Review, Papers and Proceedings*, 77: 176 - 183.

Gale, D., and M. Hellwig. 1985. Incentive Compatible Debt Contracts: The One-Period Problem. *Review of Economic Studies*, 52: 647 - 664.

Gal-Or, E. 1985. Information Sharing in Oligopoly. *Econometrica*, 53: 329 - 343.

Gal-Or, E. 1986. Information Transmission: Cournot and Bertrand Equilibria. *Review of Economic Studies*, 53: 85 - 92.

Gal-Or, E. 1987. First Mover Disadvantages with Private Information. *Review of Economic Studies*, 54: 279 - 292.

Gaskins, D. 1971. Dynamic Limit Pricing: Optimal Pricing under the Threat of Entry. *Journal of Economic Theory*，2：306 – 322.

Harrington，J. 1985. Limit Pricing when the Potential Entrant Is Uncertain of his Cost Function. Mimeo，Johns Hopkins University.

Holmström，B.，and J. Tirole. 1987. The Theory of the Firm. In *Handbook of Industrial Organization*，ed. R. Schmalensee and R. Willig (Amsterdam：North-Holland，forthcoming).

Holmström，B. 1983. Managerial Incentive Problems：A Dynamic Perspective. In *Essays in Economics and Management in Honor of Lars Wahlbeck*. Helsinki：Swedish School of Economics.

Hopenhayn，H. 1986. A Competitive Stochastic Model of Entry and Exit to an Industry. Mimeo. University of Minnesota.

Joskow，P.，and A. Klevorick. 1979. A Framework for Analyzing Predatory Pricing Policy. *Yale Law Journal*，89：213 – 270.

Jovanovic，B. 1982. Selection and Evolution of Industry. *Econometrica*，50：649 – 670.

Kreps，D.，and R. Wilson. 1982. Reputation and Imperfect Information. *Journal of Economic Theory*，27：253 – 279.

Kreps，D.，P. Milgrom，J. Roberts，and R. Wilson. 1982. Reputation and Imperfect Information. *Journal of Economic Theory*，27：253 – 279.

Li，L. 1985. Cournot Oligopoly with Information Sharing. *Rand Journal of Economics*，16：521 – 536.

Lippman，S.，and R. Rumelt. 1982. Uncertain Imitability：An Analysis of Interfirm Differences in Efficiency under Competition. *Bell Journal of Economics*，13：418 – 438.

McAfee，R.，and J. McMillan. 1987. Auctions and Bidding. *Journal of Economic Literature*，25：699 – 754.

McGee，J. 1958. Predatory Price Cutting：The Standard Oil (NJ) Case. *Journal of Law and Economics*，1：137 – 169.

McGee，J. 1980. Predatory Pricing Revisited. *Journal of Law and Economics*，23：289 – 330.

Mailath，G. 1984. The Welfare Implications of Differential Information in a Dynamic Duopoly Model. Mimeo，Princeton University.

Mailath，G. 1985a. Welfare in a Simultaneous Signaling Duopoly Model. CARESS Working Paper 85 – 29. University of Pennsylvania.

Mailath，G. 1985b. Incentive Compatibility in Signaling Games with a Continuum of Types. Mimeo，University of Pennsylvania.

Maskin，E.，and J. Riley. 1985. Auction Theory with Private Values. *American Economic Review*，*Papers and Proceedings*，75：150 – 155.

Matthews，S.，and L. Mirman. 1983. Equilibrium Limit Pricing：The Effects of Private Information and Stochastic Demand. *Econometrica*，51：981 – 996.

Maynard Smith，J. 1974. The Theory of Games and the Evolution of Animal Conflicts. *Journal of Theoretical Biology*，47：209 – 221.

Milgrom，P. 1987a. Auction Theory. In *Advances in Economic Theory*：*Invited Papers for the Fifth World Congress of the Econometric Society*，ed. T. Bewley. Cambridge University Press.

Milgrom，P. 1987b. Adverse Selection without Hidden Information. Working Paper 8742，University of California，Berkeley.

Milgrom，P.，and J. Roberts. 1982a. Limit Pricing and Entry Under Incomplete Information：An Equilibrium Analysis. *Econometrica*，50：443 – 460.

Milgrom，P.，and J. Roberts. 1982b. Predation，Reputation and Entry Deterrence. *Journal of Economic Theory*，27：280 – 312.

Milgrom，P.，and J. Roberts. 1987. Informational Asymmetries，Strategic Behavior and Industrial Organization. *American Economic Review*，

9

Papers and Proceedings, 77: 184 - 193.

Milgrom, P., and R. Weber. 1982. A Theory of Auctions and Competitive Bidding. *Econometrica*, 50: 1089 - 1122.

Milgrom, P., and R. Weber. 1986. Distributional Strategies for Games with Incomplete Information. *Mathematics of Operations Research*, 10: 619 - 631.

Nalebuff, B., and R. Zeckhauser. 1985. The Ambiguous Antitrust Implications of Information Sharing. Mimeo, Princeton and Harvard Universities.

Nelson, R., and S. Winter. 1982. *An Economic Theory of Economic Change*. Cambridge, Mass.: Harvard University Press.

Novshek, W., and H. Sonnenschein. 1982. Fulfilled Expectations Cournot Duopoly with Information Acquisition and Release. *Bell Journal of Economics*, 13: 214 - 218.

Ordover, J., and G. Saloner. 1987. Predation, Monopolization and Antitrust. In *Handbook of Industrial Organization*. ed. R. Schmalensee and R. Willig (Amsterdam: North-Holland, forthcoming).

Ordover, J., and R. Willig. 1981. An Economic Definition of Predation: Pricing and Product Innovation. *Yale Law Journal*, 91: 8 - 53.

Ortega-Reichert, A. 1967. *Models for Competitive Bidding Under Uncertainty*, Ph. D. thesis, Stanford University.

Ponssard, J. P. 1979. The Strategic Role of Information on the Demand Function in an Oligopolistic Environment. *Management Science*, 25: 243 -250.

Posner, R. 1976. *Antitrust Law: An Economic Perspective*. University of Chicago Press.

Posner, R. 1979. The Chicago School of Antitrust Analysis. *University of Pennsylvania Law Review*, 127: 925 - 948.

Riley, J. 1980. Strong Evolutionary Equilibrium and the War of Attrition. *Journal of Theoretical Biology*, 82: 383 - 400.

Riordan, M. 1985. Imperfect Information and Dynamic Conjectural Variations. *Rand Journal of Economics*, 16: 41 - 50.

Roberts, J. 1986. A Signaling Model of Predatory Pricing. *Oxford Economic Papers* (supplement), 38: 75 - 93.

Roberts, J. 1987. Battles for Market Share: Incomplete Information, Aggressive Strategic Pricing, and Competitive Dynamics. In *Advances in Economic Theory: Invited Papers for the Fifth World Congress of the Econometric Society*, ed. T. Bewley. Cambridge University press.

Saloner, G. 1981. Dynamic Equilibrium Limit Pricing in an Uncertain Environment. Mimeo, Graduate School of Business, Stanford University.

Saloner, G. 1987. Predation, Merger and Incomplete Information. *Rand Journal of Economics*, 18: 165 - 186.

Salop, S., and C. Shapiro. 1980. A Guide to Test Market Predation. Mimeo.

Scharfstein, D. 1984. A Policy to Prevent Rational Test-Market Predation. *Rand Journal of Economics*, 2: 229 - 243.

Scherer, F. 1980. *Industrial Market Structure and Economic Performance*, second edition. Chicago: Rand-McNally.

Schmalensee, R. 1979. On the Use of Economic Models in Antitrust: The Realemon Case. *University of Pennsylvania Law Review*, 127: 994 -1050.

Selten, R. 1978. The Chain-Store Paradox. *Theory and Decision*, 9: 127 - 159.

Shapiro, C. 1986. Exchange of Cost Information in Oligopoly. *Review of Economic Studies*, 52: 433 - 446.

Telser, L. 1966. Cutthroat Competition and the Long Purse. *Journal of Law and Economics*,

9：257－277.

Townsend，R. 1979. Optimal Contracts and Competitive Markets with Costly State Verification. *Journal of Economic Theory*，21：265－293.

Williamson，O. 1977. Predatory Pricing：A Strategic and Welfare Analysis. *Yale Law Journal*，87：284－340.

Wilson，R. 1985. Reputations in Games and Markets. In *Game-Theoretic Models of Bargaining*，ed. A Roth. Cambridge University Press.

Vives，X. 1984. Duopoly Information Equilibrium：Cournot and Bertrand. *Journal of Economic Theory*，34：71－94.

Yamey，B. 1972. Predatory Price Cutting：Notes and Comments. *Journal of Law and Economics*，15：129－142.

第10章 研发和新技术的采用

本章包括两部分内容，第一部分（10.1节至10.4节）分析产生技术创新的私人与社会激励；第二部分有关于已有的创新如何在市场中应用。

研发（R&D）不仅在单个产业的分析中占有重要地位，而且从更广泛的经济范围看也如此。Solow（1957）发现，人均国民生产总值（GNP）增长中仅有一小部分与资本劳动比率的提高有关，这引起经济学家对技术进步在改善人类福利中的作用的关注。[1]这种核心作用意味着，应当重视对企业创新和采用新技术的激励。

习惯上将研究区分为三个阶段：旨在取得基本知识的基础研究（主要由大学和政府机构承担）；与工程有关的应用研究；开发，它把产品和工艺带入商业化使用。接着，有一个后研究阶段，在此阶段，通过授予特许权、模仿取得专利的创新或采用未获专利的创新，使创新在产业中扩散。

通常还可以在产品创新和工艺创新之间作出区分。产品创新是指创造新的产品和劳务；工艺创新则是要减少生产现有产品的成本。当然，在两类创新之间不可能总是有一条清晰的界线。一个企业的新产品也许会引致另一个企业的新工艺，而且，产品创新一般可以看作是工艺创新——设想一下新产品在创新之前存在和创新只是降低其生产成本的情形。

在本章第1节和第2节，我们将考察Schumpeter（1943）关于市场结构与研发的联系的理论。Schumpeter的基本观点是，垄断的情形与研发有着密切的联系。这反映在两个明显不同的论点中：垄断是研发自然滋生的基础；如果人们要引导企业从事研发，就必须接受创造垄断是必不可少的。我们忽略第一个论点，因为它有争议且不是Schumpeter理论的中心内容[2]，重点在第二个论点上，因为它与创新一致，符合公共产品的性质，其供给必须受到一套专利体制的鼓励。一个企业产生的任何创新以很少或不花成本的方式向其他企业提供了可利用的信息。一方面，所有企业都打算使用这种信息，而同时却没有一个企业愿意无偿提供为得到它所必需的金额（常常是不小的数目）。实际上，这种补偿是通过批准专利来实现的，即向创新的企业提供暂时的垄断，并因而允许弥补其研发的费用。（无专利的创新也可能由于它涉及商业秘密或存在仿造的滞后性而授予发明者暂时垄断的地位。）这种专利体制的弊病在于在鼓励研发的同时却阻碍了创新的扩散，并因此创造了非竞争的环境。

与专利保护创新相关的个人利益在10.1节考察，10.2节引入成本方面（研发的生产过程）的内容并描述专利竞赛。这两节强调了这些问题与那些产品选择和投资问题（在第2、7、8章中已作考察）之间的关系。毕竟，创新就是要创造新产品。因此，从事研发的市场激励问题类似于竞争性产品的多样化问题。在成本方面，研发活动是一个具有特殊性（投资收益的较大随机性，可获专利的创新所具有的先占权效应，不可获专利的创新所具有的公共产品性质）的投资实例。专利保护的福利效应在10.3节分析，10.4节讨论鼓励研发的一些可供选择且较为集权化的方法：奖励制度与合约机制。补充节介绍授予创新特许权的可能性，并提出这种办法怎样才能影响创新的价值和专利竞赛。

发明新产品和新工艺对于经济进步是不够的，还必须适当利用创新，通过授予特许权、仿造或简单地采用，使这些创新得以扩散。（仿造与采用的区别在于，仿造者必须支付逆工程的费用，如设计出另一企业的技术。）本章第二部分特别涉及采用的过程。我们假设，所有企业付一定成本就可以得到一项新技术。简要介绍之后，我们对采用新技术的先占权问题进行分析。在10.5节，我们考察在寡头垄断中，确定采用的时间是否可能涉及“一窝蜂”（所有企业几乎同时采用），或者在企业之间“拉开采用空间”。10.6节评述了一些有关标准化和网络外部性方面的文献。网络外部性的存在是由于一个消费者对产品的喜欢依赖于其他很多消费者消费这种产品（如同在电话网或录像机例子中那样）。这种消费外部性使采用过程呈现出有趣的特征。

10.1 市场结构中的创新激励：创新的价值

Arrow在他1962年的开拓性文章中这样问道：对于仅有的一个承担研发的企业来说，假定它的创新受到无限期专利的保护，那么，它从创新中得到了什么收益？[3][4]这里，我们试图区分出“纯粹的”创新激励，也就是它独立于任何先占权的策略考虑。我们把对创新成本的讨论放在下一节（创新成本通常受到来自竞争者压力的影响，并因而受到策略考虑的影响）。

我们以工艺创新作为分析的例子。为简化起见，假定这种创新降低了一个特定产品的单位生产成本，从最初的高水平$\bar{c}$降到$\underline{c}<\bar{c}$的水平。我们设想的问题是，假如没有别的企业购买，一个企业为得到技术$\underline{c}$将愿意支付多少费用？为了建立由市场提供激励的评价基准，我们首先考察企业的创新激励由一个社会计划者来管理的情形。

10.1.1 社会计划者

假定计划者的创新激励等于可归因于创新的社会净剩余增量，计划者使价格等于边际成本，即创新前的 $\bar{c}$ 与创新后的$\underline{c}$。因而，单位时间增加的社会净剩余就等于

$$v^{s}=\int_{\underline{c}}^{\bar{c}}D(c)dc$$

如果利率 r 是不变的，那么，这种变化（即社会创新激励）的贴现现值为

$$V^{s}=\int_{0}^{\infty}e^{-rt}v^{s}dt=\frac{1}{r}\int_{\underline{c}}^{\bar{c}}D(c)dc$$

10.1.2 垄　断

现在假定一个企业在产品市场以及与研发有关的市场上处于一种垄断的环境。令 Π^{m} 为单位时间企业的利润，由包络定理，我们可以知道

$$\begin{aligned}\frac{d\Pi^{m}}{dc}&=\frac{d}{dc}[(p-c)D(p)]\\&=\frac{\partial\Pi^{m}}{\partial p}\frac{dp^{m}}{dc}+\frac{\partial\Pi^{m}}{\partial c}\\&=\frac{\partial\Pi^{m}}{\partial c}\\&=-D(p^{m}(c))\end{aligned}$$

式中，$p^{m}(c)$ 是作为成本 c 的函数的垄断价格。因此，垄断者的创新激励可以由以下公式给出：

$$\begin{aligned}V^{m}&=\frac{1}{r}[\Pi^{m}(\underline{c})-\Pi^{m}(\bar{c})]\\&=\frac{1}{r}\int_{\underline{c}}^{\bar{c}}\left(-\frac{d\Pi^{m}}{dc}\right)dc\\&=\frac{1}{r}\int_{\underline{c}}^{\bar{c}}D(p^{m}(c))dc\end{aligned}$$

10

既然对于任一 c 有 $p^{m}(c)>c$，因而可以看出 $V^{m}<V^{s}$。这是很容易理解的，因为与社会的最优相对比，任何高于成本水平的垄断定价都会导致生产不足。所以，垄断者的成本下降是一个比较小的单位量。这一结论与第 2 章一致。第 2 章说明，从社会上看，垄断者对于引进一项新产品的积极性很低，这是因为垄断者不可能全部占有这种社会剩余（除非垄断者能够完全实行价格歧视）。

10.1.3 竞　争

最后，考察一种初始竞争的情形。大量企业使用边际成本为 $\bar{c}$ 的技术生产一种

同类产品。这些企业起初卷入伯特兰德价格竞争，因而，市场价格为 $\bar{c}$，所有企业赚取零利润。获得以成本 $\underline{c}$ 表示的新技术的企业被授予一项专利，令 $p^m(\underline{c})$ 为垄断价格，存在两种可能的情况：$p^m(\underline{c})>\bar{c}$ 和 $p^m(\underline{c})\leqslant\bar{c}$。在第二种情况中，这个创新的企业制定垄断价格，而其他低效率的企业则什么都不生产，这种创新被称为剧烈的或主要的。在第一种情况中，创新者被迫要价[5] $p=\bar{c}$，因为存在着来自其他企业的竞争性供给，这些企业的出价为 $p=\bar{c}$，这种创新被称为非剧烈的或次要的创新。

在非剧烈的创新中，创新者单位时间的利润是

$$\Pi^c=(\bar{c}-\underline{c})D(\bar{c})$$

因而在竞争条件下的创新激励为

$$V^c=\frac{1}{r}(\bar{c}-\underline{c})D(\bar{c})$$

注意，根据假设，$\bar{c}<p^m(\underline{c})\leqslant p^m(c)$，因此，对于所有的 $c\geqslant\underline{c}$，$D(\bar{c})>D(p^m(c))$。由此，我们得到

$$V^m=\frac{1}{r}\int_{\underline{c}}^{\bar{c}}D(p^m(c))dc<\frac{1}{r}\int_{\underline{c}}^{\bar{c}}D(\bar{c})dc=V^c$$

另外，对于所有的 $c<\bar{c}$，$D(\bar{c})<D(c)$，因此，$V^c<V^s$。

习题 10.1*：证明一个竞争企业的剧烈工艺创新的价值超过一个垄断者的这种创新价值，但仍低于一个社会计划者的价值。

这样，在两种情况下我们都有

$$V^m<V^c<V^s$$

我们来概括这种分析。即使具有一项无限期的专利，占有社会剩余的问题也会出现（这里的剩余是由于引进了一项新技术而不是一件新产品而产生的）。而且，撇开任何策略考虑不讲，垄断者来自创新的所得要少于竞争性企业，这是因为垄断者在进行创新时是在“自我替代”，竞争性企业通过创新变成垄断者。这一结果来自不同的初始状况；一个垄断者总是容易“吃老本”。这一特性被称作替代效应，这应归功于 Arrow 的发现。

习题 10.2*：V^s、V^m 和 V^c 提供了对从事研发的激励的度量，因而我们可以比较在各种市场结构下进行研究的量。但是，如果我们希望考察，比如在垄断和竞争条件下补贴研究的效果，它们就不是合适的尺度。令 W^m 表示创新带来的福利增加，而这种创新是由垄断者发明的（即此时边际成本定价不适用）。这样，W^m 等于 V^m 加上消费者剩余的变动。对于 W^c 同理。

（1）证明 $W^m>V^m$ 和 $W^c\geqslant V^c$。

（2）证明对于剧烈的创新，$W^m>W^c$。对于非剧烈的创新又如何呢？［提示：

考虑一个线性需求 $D(p)=a-bp$ 的事例，并计算，对于 $\bar{c}$ 附近的 $\underline{c}$ 而言，W^m 和 W^c 怎样与 $\underline{c}$ 一起变动。]

习题 10.3*：考虑一种有 n 个企业的产业，其线性需求为 $q=a-bp$，对称的成本为 $\bar{c}$。假设是古诺竞争，计算一项剧烈的创新使成本从 $\bar{c}$ 降低到 $\underline{c}$ 的私人价值。该价值怎样随着 n 的变动而改变？

习题 10.4**：一个产业起初是竞争性的，价格等于企业的边际成本 $\bar{c}$，需求是线性的：$q=1-bp$。其中一个企业（而且是唯一的）可以采用一项将边际成本降低到 c 的新技术，获得该技术的成本是 $\phi(c)=K(\bar{c}-c)^2/2$。其中 K 足够大，以使工艺创新保持为非剧烈的。工艺创新开始于时期 0，而专利持续 T 单位时间（之后，技术 c 可以由所有企业自由地使用）。企业间开展伯特兰德竞争，利率为 r。仿效 Nordhaus（1969），计算社会最优专利长度 T^*。T^* 怎样随 b 和 K 的变动而改变？请解释。（提示：使用包络定理计算随着专利长度改变而发生的创新企业利润的变动。）

10.1.4 受进入威胁的垄断

考虑在产出市场上有两个企业的情形。在创新以前，企业 1 是一个垄断者，其单位生产成本为 $\bar{c}$；企业 2 是潜在的“进入者”，其单位成本很高（无限），因此把整个市场让与企业 1，后者取得的利润为 $\Pi^m(\bar{c})$。

一方面，假如只有该垄断者能够获得一项新技术而使单位成本降低到 $\underline{c}$，那么，我们就有在 10.1.2 小节中已考察过的那种情况，在此例中，该垄断者的创新激励是 V^m。

另一方面，假如该潜在进入者是唯一的能够获得此项新技术的企业，那么，只要 Bertrand 类型的价格竞争占上风，我们就有 10.1.3 小节中考察的情形。这样，该垄断者在价格 $\bar{c}$ 的竞争边缘中发挥作用，而该进入者创新的价值为 V^c。

对这两种情况的比较可以看出，创新对于进入者比对垄断者更有价值，因为 $V^c>V^m$。

现在假定两个企业都没有取得对创新的垄断。例如，考虑这样一种情况，第三个企业在产出市场上不能生产，却提供创新，并在两个生产企业间喊价。（更合理的情形是假定两个企业竞争，看谁先发明这项新技术；见 10.2 节。）这里，创新价值的概念与我们在前三小节所考察的概念略有区别。现有企业不仅必须要考虑与创新相联系的利益，而且必须考虑如果自己不采用这项创新而由对手采用将会出现什么后果。但是，这不会影响对潜在进入者创新价值的测算。由于潜在进入者起初在这个市场上不会取得任何利润，因而一旦它已经决定自己不采用这项创新，就不会关心垄断者是否会采用。另外，在 10.1.2 小节中该垄断者期望在自己不进行创新的条件下单位时间可以赚取利润 $\Pi^m(\bar{c})$，现在垄断者发现自己的利润被一个创新的进入者削减。如同我们将看到的，这个新的问题使得创新对进入者比对垄断者更有价值的结论缺乏说服力。

如果进入者单独采用边际成本为 $\underline{c}$ 的新技术，垄断者的边际成本仍然是 $\bar{c}$，那么令 $\Pi^d(\bar{c},\ \underline{c})$ 和 $\Pi^d(\underline{c},\ \bar{c})$ 分别为垄断者和进入者的单位时间利润。对于进入者和垄断者，创新的价值 V^c 和 V^m 可以写为如下等式：

$$V^c = \frac{\Pi^d(\underline{c},\ \bar{c})}{r}$$

$$V^m = \frac{\Pi^m(\underline{c}) - \Pi^d(\bar{c},\ \underline{c})}{r}$$

有理由假定，在同类产品的产业中，一个垄断者获得的利润不会少于两个未合谋的寡头企业：

$$\Pi^m(\underline{c}) \geqslant \Pi^d(\bar{c},\ \underline{c}) + \Pi^d(\underline{c},\ \bar{c}) \tag{10.1}$$

这一特征（被称为效率效应[6]）必须对每一个竞争模型作验证，但它是相当直观的；如果垄断者愿意，它总是可以重复两家未合谋的寡头企业的情形。注意，在现在的事例中，垄断者未必会严格地做得很好。为理解这一点，考虑一下创新是剧烈的情况，这样，$p^m(\underline{c})<\bar{c}$。假如由进入者进行创新，它可以完全消除市场垄断，而且潜在的工业利润不会被竞争所消耗。在此事例中，$\Pi^d(\bar{c},\ \underline{c})=0$ 且 $\Pi^d(\underline{c},\ \bar{c})=\Pi^m(\underline{c})$，所以，式（10.1）中的等号被满足。式（10.1）更一般地意味着 $V^m \geqslant V^c$（等式指剧烈的创新）。我们的结论为，由于竞争减少利润，垄断者对保留单一垄断者的刺激大于进入者要成为双寡头垄断者的刺激。这样，如果垄断者和进入者要投标该创新，垄断者将出价 $\Pi^d(\underline{c},\ \bar{c})$，得到它的产权并保持垄断者地位（Gilbert and Newberry，1982）。

如同我们将看到的，这种效应未必意味着在专利竞赛中，垄断者总是比进入者创新要快。我们还必须考虑以上提出的替代效应（也就是这一事实：现有垄断者在创新以前已经挣得垄断利润，因而并不像“白手起家”的进入者那样急于搞创新）。

正如 Gilbert 和 Newberry（1982）所注意到的，垄断者对于一项创新，即使将来不采用，也会要求得到它的产权。这在有些情况，例如，该专利涉及的生产技术并不优于垄断者所拥有的条件下也同样发生。取得专利的唯一目的就是要阻止进入者的竞争。还有一种类似的情况，一项产品创新与垄断者的产品并无很大的差别，并不值得为引进新产品支付成本，但是垄断者也要求获得该产品创新的产权，以便避免竞争。因而，效率效应可以成为专利“搁置”[7]的一种解释。

10.2　专利竞赛导论

除了 10.1.4 小节外，我们已考察的只是纯粹的创新激励，即在一个假定企业垄断了研发活动的情形中来自创新的收益。然而，一个企业通常不具有这种垄断力量，相反地，研发的竞争可能与专利竞赛相联系。在此情形中，每个企业也许希望以追加费用为代价来加速其研究项目。这使我们想起在第1章中所阐明的租金耗散假设：每一次，市场或管制机构形成一个租金（这里的租金与专利创造的垄断环境有关），然后为此而竞争，并且这一租金趋向于通过企图占有它所追加的成本而部分地耗散。[8]

10.2.1 一个模型

专利竞赛的一个简单模型是“无记忆”或“泊松”专利竞赛，这与 Dasgupta 和 Stiglitz（1980）、Lee 和 Wilde（1980）、Loury（1979）和 Reinganum（1979，1982）等人的研究有关。[9]研究技术具有如下特征：一个企业在某时点上作出发明和获得专利的概率仅取决于该企业目前的研发费用，而与其过去的研发经验无关。这一假设对研发费用的投资层面进行抽象化，具有简化分析的优点。

我们可以使用该模型来研究所谓的垄断持久性。Gilbert 和 Newberry（1982）以及 Reinganum（1983a，b）[10]强调的问题是，一个垄断者在产品市场上是否比一个进入者更有可能创新。为了把我们的结论与以前讨论的某些观点联系起来，我们将考察的事例是，一个垄断者以边际成本 $\bar{c}$ 来生产且一个工艺创新导致成本$\underline{c}$。两个企业即垄断者（企业 1）和进入者（企业 2）在研发活动中开展竞争。第一个创新的企业取得并开发一项专利。[11]为了简化，我们假设专利具有无限长的生命。使用10.1.4小节的符号，我们以 $\Pi^m(\bar{c})$ 表示垄断者创新前所取得的单位时间的利润。潜在的进入者起初在此产业中没有任何利润。在创新之后，如果垄断者获得了专利，垄断者和潜在进入者的利润分别是 $\Pi^m(\underline{c})$ 和 0；如果进入者获得专利，则分别为 $\Pi^d(\bar{c}, \underline{c})$ 和 $\Pi^d(\underline{c}, \bar{c})$。同前，我们假定

$$\Pi^m(\underline{c}) \geqslant \Pi^d(\bar{c}, \underline{c}) + \Pi^d(\underline{c}, \bar{c})$$

我们假定，如果企业 i 在时间 t 与时间 $t+dt$ 之间花费 $\{x_i dt\}$，那么在该区间它取得发明的概率是 $h(x_i)dt$，这里 h 为一个凹的增函数，$h'(0)$“非常大”。如上面所提到的，一个企业在时间 t 取得发明的概率仅取决于在这个时间它的支出流量，而不是过去的费用（经验、记忆）。在这里，取得发明的概率不取决于日期或竞争者过去的研究项目。（人们明显会想到的情况是，最后这两个因素也许可以通过一般的技术进步，或者通过企业间无意的知识扩散，而将有关取得发明概率的信息提供给所讨论的企业。）

一般而言，我们可以这样来刻画两个企业之间的研发竞争：把两者研发支出的强度看作时间的函数，即 $x_1(t)$ 和 $x_2(t)$，直到其中一个企业获得专利。在每一个时期，如果没有一个企业取得一项发明，此时开始的博弈就等同于初始的博弈。换言之，缺乏经验的含义是该博弈没有记忆。因此，均衡的研发策略 x_1 和 x_2 将与时

间无关。这种性质使我们可以简单地解这个模型。

现在我们来导出每个企业 i 预期利润的贴现值，以 V_i 来表示。由于研发过程服从泊松分布，如果专利竞赛于 0 处开始，那么，在 t 时没有企业取得发明的概率为

$$e^{-[h(x_1)+h(x_2)]t}$$

在 t 之前没有创新的条件下，垄断者认识到在 t 与 $t+dt$ 间的利润是

$$[\Pi^{\mathrm{m}}(\bar{c})-x_1]dt$$

而且，垄断者以概率 $h(x_1)dt$ 首先创新，并从此刻开始随时间不断挣得利润，贴现值是

$$\Pi^{\mathrm{m}}(\underline{c})/r$$

进入者以概率 $h(x_2)dt$ 首先创新，而从此刻开始，垄断者随时间的利润贴现值是

$$\Pi^{\mathrm{d}}(\bar{c},\ \underline{c})/r$$

令 r 表示利率，我们可以把 V_1 写成等式

$$\begin{aligned} V_1(x_1,\ x_2) &= \int_0^{\infty} e^{-rt} e^{-[h(x_1)+h(x_2)]t} \times (\Pi^{\mathrm{m}}(\bar{c})-x_1 \\ &\quad + h(x_1)\frac{\Pi^{\mathrm{m}}(\underline{c})}{r} + h(x_2)\frac{\Pi^{\mathrm{d}}(\bar{c},\underline{c})}{r})dt \\ &= \frac{\Pi^{\mathrm{m}}(\bar{c})-x_1+h(x_1)[\Pi^{\mathrm{m}}(\underline{c})/r]+h(x_2)[\Pi^{\mathrm{d}}(\bar{c},\ \underline{c})/r]}{r+h(x_1)+h(x_2)} \end{aligned}$$

以同样的方式，V_2 可以写为

$$\begin{aligned} V_2(x_1,\ x_2) &= \int_0^{\infty} e^{-rt} e^{-[h(x_1)+h(x_2)]t} (h(x_2)\frac{\Pi^{\mathrm{d}}(\underline{c},\ \bar{c})}{r} - x_2)dt \\ &= \frac{h(x_2)[\Pi^{\mathrm{d}}(\underline{c},\ \bar{c})/r]-x_2}{r+h(x_1)+h(x_2)} \end{aligned}$$

纳什均衡是一组研究强度（x_1^*，x_2^*），满足给定 x_j^*，x_i^* 使 V_i 最大化（对所有的 i）。

两个企业中哪一个在研究上花费更多（或者说，哪一个更有可能成为第一个创新者），取决于上一节中所识别出的两个效应。效率效应即

$$\Pi^{\mathrm{m}}(\underline{c})-\Pi^{\mathrm{d}}(\bar{c},\ \underline{c}) \geqslant \Pi^{\mathrm{d}}(\underline{c},\ \bar{c})$$

在 V_1 和 V_2 的分子中得到反映，它表明垄断者具有更大的创新激励，因而在研发上花费更多。垄断者通过先于进入者的占有而获得一个净利润流：

$$\Pi^{\mathrm{m}}(\underline{c})-\Pi^{\mathrm{d}}(\bar{c},\ \underline{c})$$

另外，进入者成为第一，仅可以获得 $\Pi^{d}(\underline{c}, \bar{c})$。替代效应使人们注意到，垄断者研发费用的边际生产率与其初始利润一起下降，即

$$\frac{\partial}{\partial\left[\Pi^{m}(\bar{c})\right]} \frac{\partial V_1}{\partial x_1}<0$$

它来自这样的观察，即通过增加 x_1，垄断者可以把发明日期向前推进（平均来说），因而加速其自身的替代。与此相对照，进入者不会因发明而损失一个利润流。

两个效应中的任何一个都可能会起主导作用，为理解这一点，考察两个极端的情形。

● 考察一种剧烈的创新。由于进入者在创新情形中变为事实上的垄断者，所以不存在任何垄断租金的耗散，即没有效率效应。这样，替代效应必须占主导，即 $x_1^*<x_2^*$。Reinganum（1983a，b）从与纳什均衡相关联的如下一阶条件中得出这一结论：

$$\frac{\partial V_1}{\partial x_1}=\frac{\partial V_2}{\partial x_2}=0$$

因此，我们的结论是，在剧烈的创新中，存在着一种向产出市场“进入”的趋势（在概率意义上）。[12]

● 消除替代效应的充分条件是选择一种研发技术，其单位时间投入的量很大，因而单位时间的发明概率较高。在此情形中，创新较早地实现，垄断者更关心的是进入者创新的可能性，而不是它自我替代的日期。因此，我们有 $x_1^*>x_2^*$ ［例如，考察一下技术家族 $\{\lambda h[x/\lambda]\}$，这里 λ 趋于无穷大[13]，Fudenberg 和 Tirole（1986）］。对于非剧烈的创新，存在着持久性垄断的趋势，这是因为已建立的企业具有获得专利的更高的概率。

习题 10.5**：考虑一种涉及几个企业的对称专利竞赛。企业起初都无利润，而有一项私人价值为 V 的专利。研发技术属于无记忆型，支出流 x_i 导致单位时间的发明概率为 $h(x_i)$，假定 $h'>0$，$h''<0$，$h(0)=0$，$h'(0)=+\infty$ 和 $h'(+\infty)=0$。时间是连续的，利率为 r。

10

（1）设 $n-1$ 个对手中的每一个在研发的单位时间上的费用是 x，而该企业单位时间的费用是 y，证明该企业的跨期预期利润为

$$\frac{h(y)V-y}{h(y)+(n-1)h(x)+r}$$

计算该企业的“反应曲线” $y=R(x)$，这里 y 代表该企业在已知其对手选择 x 的条件下的最优研究强度。证明该反应曲线是向上倾斜的。

（2）求解对称的纳什均衡。这种均衡的研究强度怎样随着 n 的改变而改变？请说明如果 V 也是该专利的社会价值，那么社会上存在着太多研发。

10.2.2 讨 论

这个基本的专利竞赛模型有两方面的改进。首先，研发费用只是创新过程的一个维度。在基本模型中，企业通过在研发上更多地投资来抓紧发明时间。实际上，它们也必须在不同技术之间作出选择，可以选择那些或多或少带有风险的技术（例如，技术 A 可能给出一个完全确定性的发明日期，而技术 B 可能使发明更快，或者导致一个灾难性的结局）。另外，它们也可以选择那些或多或少相互间有联系的技术。其次，基本的专利竞赛模型作出了非现实的假设，即企业不在研发过程中学习。这排除了在第 8 章中所研究的其他投资的策略性行为（例如先动优势）。

10.2.2.1 技术选择

一项专利的竞赛怎样影响研发技术的选择?

我们首先看风险方面。Dasgupta 和 Maskin（1986）、Judd（1985）、Klette 和 de Meza（1986）都研究了风险问题［开拓者是 Dasgupta 和 Stiglitz（1980)］，并建立了专利竞赛模型。根据这些模型，在某些假设下，市场选择会导致有过多风险的研发技术。也就是说，研发的竞争者选择的技术比社会最优技术的“方差”大。[14]这完全不会令人吃惊。因为专利竞赛类似于“优胜者赢得所有博弈”，重要的是成为第一，而不是落后于别人有多远。由于发明的收益在一定时点（等于对手的发明日期）之后就变为零，因而，企业的目标函数在自己的发明时期内是凸的，这诱导企业选择有风险的技术。但是，一个企业通过选择一项风险技术，对其对手形成一种负的外部性。它增加了自己先占于对手的机会，否则后者会较早发明，并因而取得高收益。按照 Dasgupta 和 Maskin 以及 Klette 和de Meza的研究，设两个企业选择了一项“安全”的技术，发明时间均匀地分布于1～2 年之间。（这里，我们的重点从研发费用转移到技术选择上。）该发明在从现在起的 4 年后将被取代，企业不对未来贴现。[15]如果 t 代表发明期（以年表示），v 代表来自专利的利润流，那么，该专利持有者得到$v(4-t)$。假设作为一种选择，存在一项风险更大的技术，它的发明时间均匀分布于 0～3 年之间。现在，一个研发的垄断者在两项技术间是无差异的，因为每项技术都会产生 $2.5v$ 的预期利润（因为预期发明期为 1.5 年）。然而，如果这两项技术在成本上相同，专利竞赛中的对手将选择风险技术（见习题 10.6）。从负的外部性很容易看出：当两个企业都选择安全技术时，每一个企业几乎肯定如果它的发明期接近于 1 年（发明的收益是高的），它就会取胜。但当它的对手转换为选择风险技术时，情况就不同了。当然，这种转换也会使坚持安全技术的企业在发明期接近于 2 年时，更有可能取胜，但这种胜利具有较低的收益。[16]

习题 10.6***：两个企业进行一项专利竞赛。在时期 0，每一个企业从技术族中选择一项技术，用参数 ρ 表示，$F(t, \rho)$ 表示企业在时期 t 以前发明的概率，对应的密度函数是 $f(t, \rho)$。利率为 0，该发明产生了一个利润流 v，在时期 T 该发明

10

变为过时的［所以其收益是$v(T-t)$］。为了简单起见，假定对于所有 ρ，$F(T, \rho)=1$。技术 ρ 的成本是 $C(\rho)$，且 ρ 为递增风险的参数［见 Rothschild 和 Stiglitz (1970)］。回忆一下，一个递增的 ρ 保持均值

$$\frac{d}{d\rho}\left(\int_0^T tf(t, \rho)dt\right)=\frac{d}{d\rho}\left(\int_0^T F(t, \rho)dt\right)=0$$

以及对在［0，T］区间所有的 τ 有

$$\frac{d}{d\rho}\left(\int_0^{\tau} F(t, \rho)dt\right)\geqslant 0$$

（1）从任意技术选择 $\{\rho_1, \rho_2\}$ 开始，证明：只要

$$f(t, \rho)-(T-t)f_t(t, \rho)\geqslant 0$$

ρ_2 的增加就会损害企业 1（如同在均匀分布的事例中那样）。（提示：用分部法求积分。）

（2）推断：从一个对称均衡出发，两个企业如果对称地轻微减少 ρ，则境况都将很好。更一般地，证明合作的对称选择 ρ 要低于竞争的对称选择 ρ［这证明了如果 v 符合发明的社会价值（如由于完全价格歧视），那么存在着从社会角度看风险过多的专利竞赛］。［提示：写出两个合作的和竞争的必要条件，并将它们加总，然后利用问题（1）的答案。］

现在我们考察相关性问题。企业选择相似的项目比它们选择根本不同的研发技术可能会出现更频繁的重叠成功（即几乎是同时发明）。有许多研究论述竞争中的企业是否具有选择相似技术的刺激这一问题。Bhattacharya 和 Mookherjee（1986）及 Dasgupta 和 Maskin（1986）分析了当创新被授予专利时的相关偏差，Glazer（1986）对产品市场上双寡头垄断所进行的非专利却专有的工艺创新作了类似分析。Dasgupta 和 Maskin 证明，在某些假设下，这种均衡涉及从社会角度看太多的相关技术。直观地讲，当一个企业在研究项目空间上与它的对手拉开距离时，第一个企业增加了在它未获成功时其对手取得成功的概率。从社会角度讲这是有益的。所以，在项目特点的选择中也许存在着太多的相似性。[17]

10.2.2.2 专利竞赛的经验

模型化专利竞赛的经验或学习效应的一种方式是假定企业单位时间发明的概率不是取决于当期的研发费用，而是取决于迄今所积累的经验。例如，企业 i 在时期 t 与时期$t+dt$之间的发明概率是

$$h_i(\omega_i(t))dt$$

式中，$d\omega_i(t)/dt=x_i(t)$，h_i 是一个增函数。

积累 $x_i(t)dt$ 单位经验的成本为

$C_i(x_i(t))dt$

式中，C_i 是一个递增的凸函数。这样，在专利竞赛的每一时刻，该博弈都能够用所有企业的经验向量概括。[18]

经验是一种资本，因而在第 8 章中讨论的主题（例如自然垄断与先行者优势）又在这里出现并不奇怪。我们以一个有用但未必吸引人的结果，即"ε 先占权"开始。考察两个企业间的专利竞赛，这两个企业如果没有任何一个退出竞赛，都只能得到负期望利润，但是作为一个研发的垄断者，每一个企业都可以生存。这是一个自然垄断的情形，而且人们会期望其中一个企业退出。[19]假如企业都有得到相同技术的途径，并具有相同的专利价值，那么，似乎可能的是，退出的企业将是相对缺乏经验的那一个（追随者）。人们也许会进一步推测，该企业会在竞赛开始时就退出。先积累经验，然后当发明的概率更大时再退出，似乎是不合理的。Fudenberg 等（1983）使用一个模型，其中 $x_i(t)$ 在每一时刻或者等于 0（企业 i 退出竞赛），或者等于 1（企业 i 未退出），证明先行者的确会获得研发的垄断，即使它只是比追随者早一点进入竞赛，所以我们用"ε 先占权"这个词。Harris 和 Vickers（1985）在更弱的条件下独立地得到了相同的结果，他们允许 $x_i(t)$ 是完全任意的（即他们采用了一个可变强度模型）。

虽然 ε 先占权这一结果证明，研发中的竞争受到先行者优势和经验效应的强烈限制，但竞争常常在研发阶段观察到。要解释这一点，我们必须放松在前面模型中的某些假设。Fudenberg 等（1983）证明，理解研发阶段竞争的关键是追随者超越先行者的可能性，即积累更多经验，跳跃在竞赛的前面。他们提供了两种可能发生超越的方法。

第一种方法是信息滞后（即企业只是以某种时滞观察到对手在研发中的努力）。为了理解这一点，我们回到 ε 先占权背后的直观解释。考虑两个运动员的跑步比赛，假定两个运动员素质一样，而且他们都宁可保守一些（用慢速跑），也不愿意快速拼力跑。再假设领先者的后脑勺有眼睛，可以监视追随者是否赶上。由于领先者能够根据对手的速度来调整自己的速度，从而保持领先地位，对手参加比赛是毫无意义的。这样，领先者可以慢速前进而不用担心被超越。但是，如果两个运动员在用墙隔开的跑道上跑，情形就会完全改变。假设这堵墙上有一些洞，使每个运动员能够不时地检查自己的相对位置。现在领先者不能再用慢速跑了，如果这样，追随者可能快跑，在领先者不注意时超过他，迫使他在下一个洞退出比赛。所以，在信息上（或在反应上）的滞后造成了竞争。这同样适用于专利竞赛。为形式化这一点，Fudenberg 等人考虑了一种离散时间、可变强度的专利竞赛。（离散时间是对信息滞后的一个非常粗略的描写：企业的研发强度直到下一时期才会受到对手的注意。）他们假设每一企业在每一时期能够积累 0、1 或 2 单位经验，相应的成本为 0，c_1 和 $c_2>2c_1$。这样，由于缺乏耐心，研发的垄断者宁愿每一时期积累 1 单位经验。

10

在两个企业间的专利竞赛的均衡条件下，当两个企业势均力敌（具有相同的经验）时，竞争会异常激烈。每一个企业积累 2 个单位。[20] 当领先者领先 1 单位经验时，领先者的随机性在 1 和 2 之间，而追随者的随机性在 0 和 2 之间；这样，就（以一定概率）存在竞争。当领先者至少领先 2 时，追随者退出竞赛，而领先者以垄断速度 1 前进。

Fudenberg 等人提出超越的第二种可能性涉及一种多阶段专利竞赛，它允许经验变量的跳跃（而不是上述的连续变量）。他们提供了一种两阶段的、固定强度 [$x_i(t)=0$ 或 1] 的专利竞赛。一个企业必须首先取得中间发明（第一阶段），然后努力获得专利（第二阶段）；或者，人们可能把研发看作两个阶段。在这样的竞赛中，第一阶段追随者可能通过首先取得中间发明而超越领先者。这再一次证明，这种超越的可能性会产生竞争。Grossman 和 Shapiro（1987），Harris 和 Vickers（1987）及 Judd（1985）对这个模型作了很大扩展，最突出的是考虑了可变的研发强度。[21] 他们的结论与信息滞后模型类似。当企业势均力敌时，竞争最激烈。当落后的企业拉平时，两个企业都加强了自己的研发。领先者在研发上的投资往往多于追随者。

10.3 专利保护的福利分析

近来关于创新研究的重点较多地放在研发的实证方面（是否存在竞争，谁在研发上投资更多，等等），而不是在专利体制的规范方面。肯定地说，福利分析相对要复杂，在达成清晰的、可适用的结论之前，还需要做更多工作。关于市场是否具有足够的创新激励的问题，尚有一些很不完善的解释，它的焦点将是产品创新（可能作出一些与工艺创新很类似的评论。）

一个好的开始是把产品创新看作产品选择（带有随机引进的过程）。从第 2 章和第 7 章我们知道，市场可以提供太少或太多的多样性。如在无限长寿命的专利条件下，一个企业也许会有太少或太多的从事研发的激励。可占用性效应揭示，来自创新的私人剩余低于社会剩余（在没有实行完全价格歧视时），因而它导致了太少的创新（见 10.1 节）。相反，窃取生意效应揭示，一个引进了新产品的企业不会将产品市场上对对手造成的利润损失内在化，因而会引出太多的创新。实际上，另一种窃取生意效应（在 10.2 节中有分析）也会产生专利竞赛：一个企业通过增加研发，减少其对手获得专利的概率并且一个典型的结果是，从事专利竞赛的企业过多地投资了研发（如果我们假定不存在可占用性效应）[22]，并因而造成过多的重复性研究。[23]

现存的理论过于肤浅，缺乏现实性，一般是假定单一授权专利的创新，而它是由具有单一研发技术的利润最大化企业所带来的。我们已经注意到了某些进展，例如，企业可以在几项研发技术中进行选择（涉及不同的技巧和不同的风险度），或者由经理人进行管理的企业不会太注意利润最大化（因为所有权与控制权分离）。此外，需要引入专利体制的有效性程序。实际上，专利在各处都有发明，或者发明要被模仿（常常有一定滞后）。据我们所知，关于专利法的一个关键问题——专利保护的最佳程度，研究得还很不够。但是，关于模仿问题，经济学家早就认识到，对发明即使在一定程度上存在模仿的可能性，也会对从事研发产生特别低的激励（Arrow，1962；Nelson，1959）。[24]溢出效应可能减少专利竞赛获胜者的收益，增加失败者的收益。首先，如果模仿发生在获胜者的产业中，溢出增加了产品市场的竞争并减少了创新者的收益。其次，溢出增加了失败者的收益，失败者搭了获胜者的发明的“便车”(与失败者是否参与获胜者的产品市场竞争无关)。这里，我们还在重述对公共产品的讨论。但是，要点是公共产品的问题特别严重（即从事研发的激励不足)，尤其是在对其他企业的正外部性（溢出）很大时。[25]政府对研发活动的补贴对于具有很大溢出的产业中失败的专利体制可能是一个好的替代（Spence，1984）。

现在我们离开单一创新的范例。即使在没有溢出的条件下，专利竞赛的失败者也不总是失去一切；有时另一项产品的专利会伴随而来（或者还带有下一次专利竞赛的更多经验）。再者，专利创造的垄断即使有严格的专利保护，也只是暂时的。新技术不断地被发明以取代老技术。Schumpeter（1943）把这个过程称为“创造性毁灭的过程”。因此，有必要将连续不断的专利竞赛形式化。[26]

即使我们成功地决定了企业是否从事太少或太多的研发，鼓励或阻止研发的最佳方法也仍需要探索。这个理论一直集中于讨论最佳专利长度［例如 Nordhaus（1969)］。然而，研发的激励可以在多个方面改变。在投入水平上，研发支出取决于补贴。(例如，1981 年美国的《经济复苏税法》为研发投资增加了免税信贷；类似地，《研究与开发有限合伙法》为合资企业提供了财政便利。）在产出水平上，创新的收益取决于专利的时间长度（在美国为 17 年)、实施专利保护的范围和其他因素。注意，这些鼓励适度研发的最佳工具包得到的关注不够。

10.4 诱导研发的其他机制

专利并非必然产生可占用性，因而未必会诱导研发。一般而言，未获专利的创新仍然会给其发明者带来收益，至少是短时期的。模仿者观察一项创新要滞后一段时间，或者也许没有诀窍立刻进行复制。的确，专利在某些产业（如计算机）中所起的作用并不重要。但许多经济学家还是赞同 Schumpeter 的观点，认为专利以及伴随的与垄断权力相关的静态低效率对于给予企业适当的创新激励是必要的，而且，专利提高了动态效率（虽然这些经济学家很少提供有关最佳专利长度和最佳保护度的资料)。然而还存在其他一些鼓励创新的方法，比如奖励制度和合约机制。

奖励制度的极端形式是，指定一个界定清楚的项目，然后拨出固定数量的钱(奖金)给第一个完成该项目的企业。授奖之后，该创新就进入公共领域。像专利制度一样，这种方法有着很古老的渊源，但远不如专利制度使用得多，它相对于专利制度的一个重要优点是，它不会产生垄断。

奖励制度的问题在于实施的困难。首先，政府必须非常了解各种发明的可行性和对这些发明的需求。需求的信息对决定奖励的规模至关重要，而后者反过来又影响到对研究的激励。一般地，企业掌握的关于这些方面的信息要好于政府，所以，较低的集权化(如专利制度)是一个可取的答案。的确，专利制度的一个优点在于，垄断利润与发明的社会价值相关联(虽然与它有区别)。

实际上，奖励制度的奖赏可能在创新发生之后才决定。由于发明者的投资沉没在那个阶段，因而发明者常会遇到在企业理论一章中所阐释的敲竹杠问题。负责奖赏的行政和司法机构一般对发明的价值会作出很保守的估计。

与专利制度相对照，奖励制度的另一个缺点是，它与专利制度一起不会必然地传播技术信息(当创新组获得的技术诀窍难以传播甚至难以界定时，这会成为棘手的事)。

最后，奖励制度隐含着研究水平上的竞争。与专利制度中的情形一样，没有任何理由说明，这种竞争一定会产生最佳数量的创新活动。

Scherer (1980) 考察了使用奖励制度来激励与原子能的军事用途有关的发明，并列举了一些由原子能委员会专利补偿局所造成的敲竹杠事例。[27]

对专利制度更严重的挑战是采用集权化的办法，称作采购或合约机制。合约机制虽然与奖励制度有些类似，但不同之处在于政府控制着进入研究市场的途径。更准确的说法是，政府选择一定数量的企业[28]，并且与这些企业签订合同。该合同通常包含着比提供奖励所指定的还要多的细节。例如，它通常指定要由政府负担一定比例的研究费用。[29]这类合同或许可以防止过多重复性的研究支出，但也存在着与有限标尺竞争相联系的激励问题。在这两个要素之间寻求妥协取决于研究技术和合同企业是否容易被控制。[30]与奖励制度的情形一样，政府必须了解创新的价值。显而易见，当该创新的主要顾客是这个机构时，这种情况容易促成。由此可以解释，采购制度为什么经常被用于与空间和国防相联系的项目。

10.5 新技术的策略性采用

技术进步既依赖于新技术的发明，也取决于新技术的采用。上一节集中讨论了激励和产生发明的过程，而本节及下一节考察创新扩散的速度。

很少有创新是被立刻采用的。[31]原因有两个：一是企业可能期望需求的增长，不太愿意在形成足够的需求以前沉没采用成本；二是企业可能期望采用成本的下降，或者其技术不确定性的下降。

总体上，人们期待扩散的路径是S形[32]（即早期有几个企业采用该创新；随着别的企业了解到该发明，采用过程加速；而当大部分企业已经采用时，这个过程则减速）。Mansfield（1968）及其追随者确实证明了S曲线在经济计量上的成功。[33]考虑到采用的策略方面，必须对一定产业中精确的采用形式进行更详细的研究。

在本节，我们将考察非专利创新在垄断产业中的扩散过程。我们假定，在0期进行的创新可以由任何企业在未来t期以成本$C(t)$而采用（以非专有的形式）。采用是一个一劳永逸的过程：$C(t)$为沉没成本。设$C'(t)<0$，$C''(t)>0$（采用成本随时间而以递减的速率下降），并设$C(0)$为“巨大的”（没有企业想在0期采用）。我们形式化一个由双寡头垄断采用的策略，每一企业必须选择一个采用时间（可能是无限的）。我们假设信息滞后可以忽略不计，这样，企业能够没有迟延地观察（和回应）其对手的行动。如同我们将看到的，这暗含着企业会被诱使较早地采用该技术，以便推迟或阻止其对手的采用。[34]

考虑两个极端的事例，它们与新技术提供的租金的两种不同形式相联系。第一个事例涉及两个企业和一项工艺创新，第一个采用者从其采用中获益巨大，第二个采用者是无利可图的，人们将期待一个企业会早些采用这项创新，以便先占于与其竞争者。结果是，在两个企业间，扩散长期地滞后。的确，在我们这个极端的例子中，第一个采用者采用得“早”（在下面所定义的意义上）而其对手从不采用。再者，与采用相关的垄断租金全部被早期采用的成本所耗散。在第二个事例中，产品创新的采用引发立即的模仿。这样，人们很少期待采用的激励。采用被耽搁且两个企业同时采用（实际上，这在我们极端的例子中从不会发生）。所以，在集中化产业中确定采用时间的关键是采用被模仿的速度。

10.5.1 模仿阻止型的创新：先占权与扩散

为说明我们的第一个结论，考察一个同类产品的伯特兰德双寡头垄断的情形，这里，两个企业起初有不变的单位成本$\bar{c}$，没有一个企业取得利润，采用创新使单位成本降低为$\underline{c}<\bar{c}$。令$V=(\bar{c}-\underline{c})/r$。当仅有一个企业采用时，若$\bar{c}$不超过在成本$\underline{c}$上的垄断价格（“非剧烈”的创新），则该企业获得单位时间的伯特兰德利润$\bar{c}-\underline{c}$。由于具有相同成本的伯特兰德竞争产生零利润流量，因而，在此极端模型中绝不会出现模仿。图10.1描述了第一个采用者（先行者）的收益和被先占企业（追随者）的收益。均衡的采用时间t^c由$V=C(t^c)$给出，若企业1计划在t^c之后采用，那么企业2只需略早一些采用就会做得更好。这样，任何建议的$\tilde{t}>t^c$的均衡采用时间$\tilde{t}$都很容易被先占采用击败。这种直觉知识是由Dasgupta和Stiglitz（1980）非正式

10

提出来的。[35]

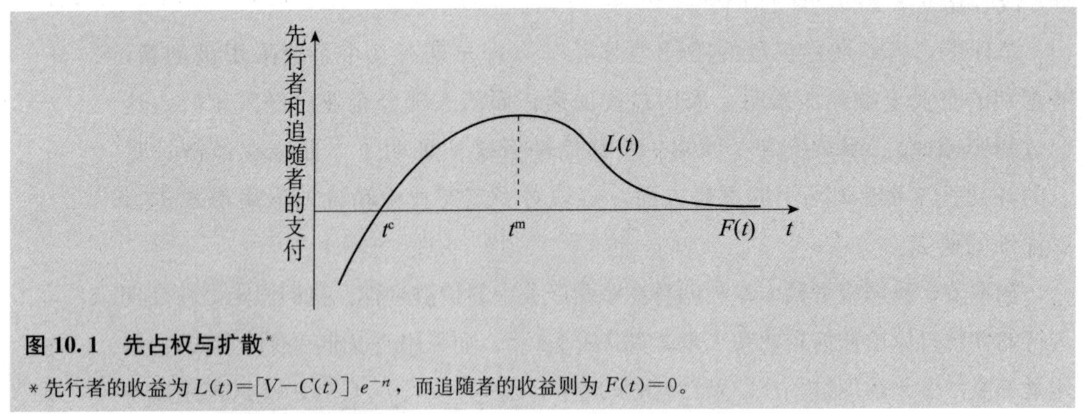

图 10.1　先占权与扩散*

* 先行者的收益为 $L(t)=[V-C(t)]\ e^{-rt}$，而追随者的收益则为 $F(t)=0$。

这种零利润均衡满足 Posner 的两个假说（见第 1 章）。第一，垄断租金被全部耗散，第一个采用者的采用成本等于随后的垄断利润。第二，从社会观点来看，此耗散完全是浪费。消费者价格等于 $\bar{c}$，且不受创新影响，因而，创新不会引起社会福利的任何增长。（如果创新是剧烈的，就不满足第二个假说。）

假如仅有一个企业能够采用该技术（例如由于它掌握了该技术的专利），那么该企业要选择采用期 t^m，以使 $[V-C(t)]e^{-rt}$ 最大化。其一阶条件是

$$r(V-C(t^m)) = |\ C'(t^m)\ |$$

即延迟的净利润 $(V-C(t^m))$ 的利息等于与等待相关的成本节约。特别要注意 $V>C(t^m)$，它意味着 $t^m>t^c$。如果创新是专有的，被采用就会迟些。

当然，在非专有事例中，缺少追随者的模仿是我们极端模型的产物。例如，由于产品的差异，若成本 $C(t)$ 下降幅度大，那么被先占企业最终也会采用。两个企业间长期扩散的滞后常常会是采用过程更为现实的描述。

10.5.2　快速模仿与延迟的联合采用

作为延迟采用的一个简单例子，可以考虑以下离散时间模型：每一双寡头垄断者起初每一时期取得利润 $\Pi>1$。采用一项新技术的当时成本 C 不随时间而改变（这虽违背了我们以前的假设，但是只是在无关紧要的方面），满足

$$1<C<(1+r)/r$$

式中，r 为每一时期的利率。

如果仅有一个企业（“先行者”）已采用该技术，其租金流为 $\Pi+1$，其对手（“追随者”）的租金流就是 $\Pi-1$。如果两个企业都已采用，它们的租金流仍为 Π。这样，创新的作用只是将利润从一个企业转移到另一个企业。创新能耗散租金，但不能增加总利润。在每个时期，每个企业基于历史来选择是否采用（如果它还没有采用）。

10

在此博弈中存在几种精炼均衡。我们重点放在帕累托劣均衡和帕累托优均衡上。首先注意，反应总是立即的：如果一个企业在 t 时采用，那么别的企业则在 $t+1$时采用，因为与采用相关的利润流等于 1，超过采用成本的利息，即 $Cr/(1+r)$。帕累托劣（先占权）均衡使每一企业在每一时期采用（假定它以前没有采用），而与其对手是否业已采用无关。在此均衡中，每一企业在 0 期采用，且有收益

$$\left(\frac{1+r}{r}\right)\Pi-C<\left(\frac{1+r}{r}\right)\Pi$$

引入创新使企业的境况变坏（这可以被称为“超”租金耗散）。帕累托优（延迟采用）均衡使每一企业仅仅在其对手已采用时才采用。这样，采用从不会发生。每一企业的收益为

$$\left(\frac{1+r}{r}\right)\Pi$$

这是一个均衡，因为 $C>1$。不存在任何超租金耗散。[36][37]

虽然可能存在协调失误（每一企业也许怀疑其对手，并在别的企业行动之前取得先占权），但人们可以期望两个企业会协调于帕累托最优的延迟采用均衡。（两个时期的间隔越短，支持这一均衡的论点就越强。如果时差很小，每一企业通过取得先占权的所得也很少，而且如果其对手决定等待，则会损失很大。）由于双寡头垄断从不采用新技术，所以，它自然要比在技术有专利条件下的采用速度更慢。在本例中，若创新是有专利的，就会被立刻采用。因而，关于发明的产权关系和它的采用速度高度依赖于该发明所带来的租金性质。

我们能够建立一些有趣的市场模型，使其产生与上述类似的支付结构吗？下列习题采用第 7 章的线性产品差异化模型，并引入一项产品创新，该创新若被企业采用，就会使顾客购买其产品的价值提高一个固定量。这项产品创新没有增加需求（顾客的数量是固定的，且他们有单位需求），而且只要创新是“小的”，产业利润就不受两个企业中任一个采用创新的影响。

习题 10.7*：两个企业位于城市的两端，消费者均匀分布于两端之间，交通成本是线性的。企业能够引进一项产品创新，提高其产品质量，因而将消费者购买该产品的价值提高 $\Delta\bar{s}$。每个企业采用该创新的（固定）成本为 C。令 t 表示交通成本，设 $\Delta\bar{s}/3<t$ 且 $C<\Delta\bar{s}(1+r)/3r$（这里 r 为离散时间利率）。计算 0、1 或 2 个企业已经采用时的产业利润流。得出结论：当 $\Delta\bar{s}$ 很小时，对于二阶 $\Delta\bar{s}$，该产业利润独立于采用的企业数量，而且该区位模型严格满足以上所考察的延迟采用的范例。还要证明，创新如果是有专利的，将会被立刻采用。（在整个习题中，假定价值 $\bar{s}$ 充分大，以致市场被覆盖且具有竞争性。）

习题 10.8***：考虑双寡头垄断。在位者（进入者）在采用工艺创新之前取得利润流 Π_0^m（相应地，0）。如果仅有进入者采用，企业 1 和企业 2 取得利润流 Π_1^d 和

10

Π_2^d。如果仅有在位者采用，那么它取得利润流 $\Pi_1^m > \Pi_0^m$。如果两个企业都采用，每一企业取得的利润流为 Π^d。设 $\Pi_1^d + \Pi_2^d \leqslant \Pi_1^m$ 且 $\Pi_1^d < \Pi^d < \Pi_2^d$。时间是连续的，利率为 r。采用成本 $C(t)$ 为递减的凸函数，在 0 时处于“高”位（任何企业都不愿意在初始时采用），并最终变为“低”位（两个企业最终都采用）。

（1）解释关于利润流的假设。

（2）证明进入者比在位者对先占权作出更早的反应。

（3）画出两个企业的先行者和追随者的曲线（如同在图 10.1 中一样）。

（4）证明在位者先占于进入者。

（5）你能设想一种引致进入者首先采用非专有技术的可选择支付结构吗？

Katz 和 Shapiro（1984）考察了一种开发博弈（development game），其中，开发导致了对创新的产权（与这里考察的情形相反）。这样，在他们的模型中，创新是确定性的且具有专利性。与采用博弈一样，每一企业选择一个最佳创新期。Katz 和 Shapiro 模型提出了两个有趣的可能性：特许和模仿。授予专利引发了明显的先占权动机，而模仿的可能性则使更多的创新成为公共产品并产生了相反的激励。这样，每个企业都在别的企业先行动之后获益。开发博弈是否类似于先占权博弈或者消耗战，取决于模仿成本高低和时间长短。例如，模仿成本的降低一般会延缓开发。特许甚至会引起更复杂的激励。一方面，它可以提高专利的价值（见补充节），并因而支持取得先占权和早开发；另一方面，它也可以提高当第二的价值，因为追随者能够以一定成本享用专利。

10.6 网络外部性、标准化和兼容性

本节考察以消费或生产上的互补性为特征的产业中的采用，并研究网络外部性存在和兼容性决策对扩散路径的影响。

当一种产品对一个用户的价值随着采用相同产品或可兼容产品的用户的增加而增加时，就出现了正的网络外部性。这种外部性可能是直接的（一个电话用户可以从与同一网络连接的其他用户中受益；如果计算机软件兼容，就可以实现共享），也可能是间接的。由于存在生产的规模报酬递增，当网络增加时，会有更多的互补性产品得以供给，并使价格降低（编写了更多程序用于大众计算机；存在更多与主导录像系统兼容的录像机；一种流行的汽车会得到更多经销商的服务）。还要注意到，相关网络的规模或者是企业特定的（汽车业常常是这样），或者具有产业广泛性（一个极端的例子是录像，因为实现了录制机的标准化）。

网络外部性涉及的第一个问题在需求方面。由于存在相互依赖的效用函数，用户必须预测哪项技术将会得到其他用户的广泛使用。这就引入了许多协调问题。而且，虽然用户关心协调，但不同用户协调于哪项技术也许存在不一致的偏好。这两种考虑导致产生了两种潜在的低效率：过大的惰性（用户等待采用新技术或者等待

在几项技术中选择）和过强的冲力（消费者因担心陷入困境而竞相采用低级技术）。这些问题可以绕过技术供给的方法而独立研究，特别是，可以方便地假设技术的供给（在边际成本上）具有竞争性。

第二个问题关系到供给方面以及技术选择和推进的方法。在出现网络外部性时，标准（即选择将被每个人采用的特定技术）常常由政府或民间机构如产业委员会来发布（或同意）。例如，灯泡、插座和铁轨通常都是标准化的。在美国，立体声电视的标准是由产业委员会创建的，并通过联邦通信委员会（FCC）加以保护，以不受其他用户的干扰。标准化的一个优点是避免过大的惰性。[38]另一个优点是它减少了用户的寻找和协调成本［参看 Carlton 和 Klamer（1983）］。然而，实现标准化也许不容易，迅速变动的技术会迫使采用无效的方法，而且标准化会减少多样性。[39]不小数目的标准化实际上留给了市场，因而，技术大多是由企业发起的。主导企业常常要建立标准。［AT&T 公司在分解前就是这种情形。IBM 在计算机产业推行标准中一直起着重要作用。家庭票房（Home Box Office）是一家最大的有线电视服务机构，率先界定了信号改变的标准。］但标准的采用不需要与主导企业相联系。QWERTY 打字机键盘成为打字机的标准就没有这种联系。[40]

当技术选择留给市场后，倡导不兼容技术的企业就具有创建“安装基地”的激励，以便获得对其对手的竞争优势，或者阻止对手取得优势。为此，它们可以先确定较低的（渗透）价格并在产品商业化之前就做广告。该策略的另一个重要部分是兼容性决策。为了策略目的，企业可以选择保持其产品的不兼容性，以减小其网络的规模。它们也可以实现兼容性，或者独立地（通过技术选择或建立改编装置），或者通过委员会与其竞争者达成协议。[41]

由于 Farrell、Katz、Saloner 和 Shapiro 等人的工作，网络外部性对于产业组织的含义在近些年得到了更好的解释。Farrell 和 Saloner 的研究集中在需求方面，而 Katz 和 Shapiro 则重点放在供给方面。以下两小节将对他们的研究进行评述。更全面的理论文献评述可以参看 Besen 和 Johnson（1986）以及 Besen 和 Saloner（1987）。[42]（这两篇论文还分别对广播和通信服务业中的兼容性标准的发展进行了有趣的分析。）

关于网络外部性的新文献深深根植于传统的微观经济理论和产业组织理论。在需求方面，这种外部性产生了多重均衡、无效率以及协调的需要，即使技术的供给是竞争性的（在公共财政的文献中以及最近在宏观经济学文献中这些都是很熟悉的主题）。在供给方面，技术的选择涉及产品的差异化问题。在这两方面，企业和用户采用某些技术的决策形成了时间选择的博弈，它的两个极端情形是消耗战和先占权博弈。

10.6.1　需求：用户的预期协调

首先，我们对协调问题进行简要的解释。设有两个用户（$i=1,\ 2$）。它们既可以沿用老技术，也可以采用新技术。两种技术是不可兼容的，因而网络的规模具有企业特定性。令 $u(q)$ 表示用户沿用老技术时的效用且老技术的网络规模为 q（这里 $q=1$ 或 2）。同理，$v(q)$ 表示用户采用新技术时的效用且此时该技术的网络规模为 q。（函数 u 和 v 是减去转换或采用成本的净收益函数）。正的网络外部性指$u(2)>u(1)$ 和 $v(2)>v(1)$。进一步设 $u(2)>v(1)$ 和 $v(2)>u(1)$。也就是说，两个用户偏好协调它们的决策，而不管这是什么决策。（如果这些条件不成立，用户总是偏好一种技术而排斥另一种技术，而且不会出现协调问题。）

假设这两个用户在是否转向新技术上同时作出选择，那么很容易看出存在两种纯策略均衡[43]：两个用户都沿用老技术，或者都采用新技术。由于 Farrell 和 Saloner 的研究，我们可以使用一种术语来解释过大惰性和过大冲力的可能性。当 $v(2)>u(2)$ 但两个用户沿用老技术时，就出现了过大惰性。在新技术上的协调将会是帕累托最优的，但每个用户都不愿意单独行动。当 $u(2)>v(2)$ 但两个用户因担心沿用老技术会陷入困境从而转向新技术时，就出现了过大冲力。

很自然，与过大冲力或惰性相关联的无效率是该模型假设同时移动的人为产物。例如，为避免过大惰性，一个用户可能（在实际时间）采用新技术并诱使另一个用户跟随其后。的确，Farrell 和 Saloner（1985）在更一般化的构架上认为，过大惰性实际上并不构成一个与一致偏好有关的问题。同样，如果一个用户能够对另一个用户的转向决策作出非常迅速的反应，那么过大冲力实际也不是一个问题。一个沿用老技术的用户将不会因其他用户的转向而陷入很长时期的困境。[44]因此，过大惰性和过大冲力除了以下两种情况外是不会成为问题的：信息滞后或反应滞后很长[45]以及用户对标准选择有不一致的偏好（但也许仍然喜欢网络外部性）。

Farrell 和 Saloner（1985）考察了一个涉及潜在不一致技术偏好的模型。设在前一个模型中，用户对技术的偏好用参数 θ 代表，并在区间 $[0, 1]$ 连续变化，如 $u_\theta(q)$ 和$v_\theta(q)$。我们将 θ 当作一个新技术的偏好参数，在此意义上，$v_\theta(2)-u_\theta(1)$ 随着 θ 的增加而增加，也就是说，用户加入另一用户行列和采用新技术的愿望随着 θ 的增加而增加。进一步设$v_1(1)>u_1(2)$ 和 $v_0(2)<u_0(1)$，即 θ 接近 1 的用户偏好选择新技术，而与另一个用户的行为无关。（对这样的用户，转向是一个占优策略。）同样地，θ 接近 0 的用户总是偏好选择旧技术。协调问题仅仅在 θ 处于中间值时才出现。

信息结构如下：每一用户知道自己的 θ，但不知道另一个用户的 θ。参数 θ 取自 $[0, 1]$ 上的独立均匀分布。博弈的时间选择有两个时期：1 和 2。（考虑多于两个时期不会影响到结果。）在每一时期，各企业同时决定是否转向新技术（假如它们尚未这样做）。转换是不可逆转的，而且收益会在时期 2 结束时获取（所以，时期 1 的收益可以忽略）。

每个用户可以在三个策略中选择其一：(1) 从不转换，不管另一个用户在时期 1 的行为如何；(2) 如果另一个用户已在时期 1 转换，那么自己就在时期 2 转换

（即赶潮流）；（3）在时期 1 转换（可能发起这个潮流）。容易看出，第 4 个可能的策略（在时期 2 转换，即使另一个用户没有转换）是劣的；该用户在时期 1 转换境况将会很好，它将增加另一个用户也转换的概率。

直观地看，每个用户如果有较低的 θ，则应该选择策略 1；如果有中等的 θ，则应该选择策略 2；如果有较高的 θ，则应该选择策略 3。的确，一种均衡的行为必须采取这种形式（这正是“激励相容”条件）。图 10.2 描述了一种对称均衡（用博弈论的术语，就是精炼贝叶斯均衡）。θ^* 和 θ^{**} 表示具有这种偏好参数的用户在策略 1 与策略 2 之间以及在策略 2 与策略 3 之间是无差异的，其参数值可以用下列公式给出：

$$u_{\theta^*}(1)=v_{\theta^*}(2) \tag{10.2}$$

$$v_{\theta^{**}}(2)(1-\theta^*)+v_{\theta^{**}}(1)\theta^*=v_{\theta^{**}}(2)(1-\theta^{**})+u_{\theta^{**}}(2)\theta^{**} \tag{10.3}$$

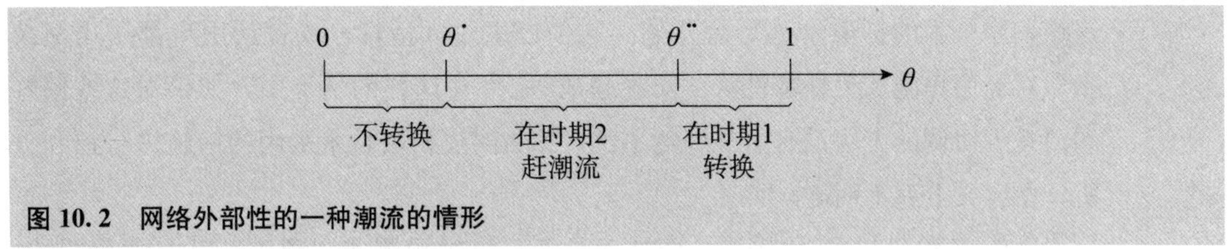

图 10.2　网络外部性的一种潮流的情形

为理解这些，首先考察具有参数 θ^* 的用户行为。策略 1 和策略 2 都没有规定在时期 1 转换。两个策略的选择取决于：如果另一个用户已在时期 1 转换，那么该用户是否应在时期 2 赶潮流。（由于该用户没有在时期 1 转换，另一用户如果在时期 1 也没有这样做，则将不会在时期 2 转换。）等式（10.2）简单表达了在沿用旧技术与在时期 2 跟随潮流之间的无差异性。

等式（10.3）的导出略微有些复杂。它表达策略 2 与策略 3 之间无差异。若一个用户在时期 1 转换，则另一个用户也在时期 1 转换，或者当且仅当其参数超过 θ^*（以概率 $1-\theta^*$）时，在时期 2 照着做。第一个用户得到 $v_{\theta^{**}}(2)$。但是，转换不会引起任何反应的概率为 θ^*，从而该用户得到 $v_{\theta^{**}}(1)$。如果该用户代之以采用策略 2，则仅当另一用户在时期 1 已这样做（其概率是 $1-\theta^{**}$）时，它才会转换。这样，它得到 $v_{\theta^{**}}(2)$；否则，得到 $u_{\theta^{**}}(2)$。等式（10.3）和 $\theta^{**}>\theta^*$ 的事实暗含着 $u_{\theta^{**}}(2)>v_{\theta^{**}}(1)$，即具有参数 θ^{**} 的用户不愿意单独转换。等式（10.3）也暗含着 $v_{\theta^{**}}(2)>u_{\theta^{**}}(2)$。

容易看出，这种均衡表现出过大的惰性。例如，如果两个用户的参数 θ_1 和 θ_2 刚好低于 θ^{**}，它们愿意协调采用新技术［因为 $v_{\theta^{**}}(2)>u_{\theta^{**}}(2)$］，但在均衡状态，它们不会这样做。每个用户都愿意赶潮流，但没有一个迫切地想自己发动潮流，因为它也许只是在单独地采用新技术。这种行为使人想起在 9.9 节中讨论过的不对称信息消耗战。率先转换就像提供公共产品一样，因为每个用户都想确信另一个用户也将转换。(同样，从当事企业的观点看，退出自然垄断产业也是“公共产品”，这些当事企业不想首先行动。)

对付过大惰性有几种方法。第一，如同 Farrell 和 Saloner（1985）所证明的，用户之间的交流可以消除（对称的）过大惰性问题。第二，用户可以签订合约（或在委员会达成协议[46]），以使它们能够进行协调。[47]第三，如同 Postrel（他将 Farrell-Saloner 模型扩展到几个用户）所证明的，政府对转换的用户的补贴也可以消除过大惰性问题："泵中灌水"* 使潮流滚动［见 Postrel（1986)］。

前面与公共产品的类比是有用的，但不全面。转换的用户对那些偏好老技术的用户施加负的外部性。Farrell 和 Saloner（1986b）设计了一个连续时间模型来阐释这一点，在模型中，用户随时间推移而到达市场。在 0 时，大概只有老技术；在稍晚的 T 时，可以得到新技术，新用户在两个技术中作出选择。像上述协调博弈一样，这种模型表现出由于网络外部性而出现的多种均衡。新用户也许购买老技术，这样，新技术的扩散永远不会开始。这会产生过大惰性；或者新用户都采用新技术，对老用户施加负外部性（“安置基地”)。[48]在这样的情形中，如果对这些偏好和消费者协调的方法没有更准确的了解，那么对支持新技术采用的措施进行福利分析，在含义上就不明确。

Farrell 和 Saloner 也表明，新技术是否可以被预测或“预告”是非常重要的。预告（即在引入之前告知）可以诱导那些刚好在引进之前到达的消费者推迟其购买。而且，将来以渗透价格传送新技术的合约，可以允许新技术的发起者（如果有）建立安置基地，以增加在它引进之后由新用户采用的可能性。预告和未来合约的福利含义同样是不清楚的。

10.6.2 供给：发起制与策略性行为

用户预期研究是产品竞争研究的一块积木。Katz 和 Shapiro（1985a；1986a，b）已研究了发起企业的渗透定价和兼容性选择。这些论文中的第一篇集中论述了静态模型中的兼容性问题。考虑提供两个不兼容产品的双寡头垄断情形。除了它们的不兼容性之外，这两个产品完全一样（完全替代)。消费者具有单位需求。由企业 i 发起的产品 i 的一个单位为消费者产生一个剩余，等于 $v(q_i)$ 加上消费者特定的常数，这里 q_i 为企业 i 的网络规模（从企业 i 购买的消费者数量)。$v(\cdot)$ 为增函数。这样，对消费者的一般化价格 $\tilde{p}_i$ 可以定义为 $p_i-v(q_i^e)$，这里 p_i 为企业 i 索要的价格，q_i^e 为消费者对企业 i 网络规模的预期。由于两个产品是完全替代的，所以消费者选择的是具有最低一般化价格的产品：$\tilde{p}=\min(\tilde{p}_1，\tilde{p}_2)$。以 $\tilde{p}$ 购买的消费者的数量为 $q=1-\tilde{p}$。［有单位需求的消费者对产品 i 的估价为 $\bar{s}+v(q_i^e)$，这里 $\bar{s}$

* 泵中灌水，使之产生吸力开始抽水，在此喻为政府补贴的激励作用。——译者注

在消费者中是均匀分布的。我们也假设，每个消费者对他所属的网络规模的影响可以忽略不计。]

企业以古诺形式开展竞争（见第 5 章）。它们同时选择产量（或生产能力）q_1 和 q_2。市场可以 $\tilde{p}=1-(q_1+q_2)$ 的一般化价格形成供求平衡。企业因而要价[49]

$$p_i = v(q_i^e) + 1 - q_1 - q_2$$

在一个固定的和对称的边际生产成本 c 的假定下，企业 i 的利润为

$$\Pi^i(q_i, q_j) = q_i(1 + v(q_i^e) - c - q_1 - q_2)$$

这样，网络 $v(q_i^e)$ 的价值相当于边际成本的减少或需求函数的增加。

Katz 和 Shapiro 探索了产出的纳什均衡，要求有理性的预期（$q_i^e=q_i$）。他们发现在关于 v（·）函数的某些假设下，均衡是唯一的。接着假定产品是兼容的，分析相同的博弈。消费者对网络的估价就成为 $v(q_1^e+q_2^e)$。再一次，推导出纳什均衡产量，总产量在可兼容的情形中更高。

这样，研究如何激励企业，实现其产品的可兼容性，也就成为可能。在这种模型中，兼容性的实现或者通过合作的方式（通过两个企业间的协议，可能有也可能没有转移支付），或者通过单方面行动（通过建造一种接合器）。研究发现，小企业要比大企业更具有实现兼容性的动力（当然，“小”或“大”都是内生于此问题的）。但是，使一个企业的产品与竞争对手的产品兼容的激励，从社会角度看也许太低，也许太高（如同在产品差异化的文献中一样，企业既不会使消费者剩余的增加内在化，也不会使其对手的利润损失内在化）。

为了研究渗透定价，Katz 和 Shapiro（1986a，b）[50]考察了一个两时期模型。他们发现，弱企业会偏好兼容性，而强企业不确定是否会偏好兼容性。（不兼容性提高了强企业的市场地位，但也强化了第一时期的价格竞争，参看 Katz 和 Shapiro 论文中关于“弱”和“强”的严格定义。）他们也揭开了一个有趣的“悖论”：设第一个产品在第一时期生产更廉价，而第二个产品在第二时期生产更廉价。（把第二个产品看作含有更新的技术，因而需要学习。）人们也许会期待市场的偏好有利于第一种技术，这样，企业将在第一时期建立安置基地，并利用安置基地占领第二时期的市场。然而，实际结果是，由于消费者的远见性，市场的采用是偏向于在第二时期更廉价的技术。这种技术能使一个企业通过定低价向第一时期的市场渗透；第二时期的低成本使它可以在第二时期有相对低的价格，并因而增加第二时期的网络规模。相比之下，如果第一种技术的拥有者不能提前承诺第二时期的低价格，则不可能保证其安置基地的扩大。

10.7　结束语

虽然支配研发的主要效应（可占用性与窃取生意，溢出与专利保护，效率效应

与替代效应）相对容易理解，但经济学家很少关注与研发相关的公共政策的最佳规模和组合（专利时间长度和保护，研发资助，等等）。关于新技术的采用与扩散也存在类似情况。

除了现行福利标准需要发展外，其他两个与研发相关的事情尚待进一步探索。第一，人们能够（如上所提及）从单一创新范式出发，研究一个产业的演化，它伴随着不同产品相继不断的、竞争性的专利和生产给定产品的高级技术。在这方面一个有趣的研究成果也许是，关于产品和工艺创新的社会最佳保护程度的研究。第二，企业间的正式协议（如特许权或共同投资研究）在新技术的思想形成和扩散中发挥着不可忽视的作用。补充节包含了关于这种协议与研发活动之间联系的讨论。在此主题上有更多的工作值得去做，即便只是为了能更好地发展反托拉斯方法。

10.8 补充节：专利特许与合资研究

在 10.1 节至 10.3 节，我们假设创新企业获得了排他性的专利享用。在本补充节，我们简要考察在特许权下技术转移到其他企业的可能性。自然地，我们将遇到在纵向控制一章中所提出的一些主题以及几个新问题。我们还将考察影响发明的分布和研发激励的另一种合约形式：合资研究。

10.8.1 特许权激励

我们可以区分两种类型的特许权。第一，一个独立的发明者（或专门从事研发的企业）也许不可能利用一项专利，因而会把技术特许给一个“下游”企业。第二，即使该发明者具有生产能力，它也许仍要特许给一个竞争对手。在第一种情形中，特许权激励是清楚的：若没有特许权，专利就无任何价值。不太清楚的是第二种情形（或一个独立发明者特许给超过一个以上的下游企业的情形）。前几章强调了产品竞争如何毁掉工业利润（所谓的效率效应）。例如，在双寡头垄断条件下，一个将工艺创新特许给对手的企业，通过减少其对手的成本而发起激烈的竞争，并降低了工业利润。另外，特许权只有当它增加了两个企业的（并且因而是工业的）利润时才会出现。这表明特许权是有极限的。的确，Firestone（1971）注意到，大多数由公司掌握的专利只由那些公司来使用[51]，而且大多数由独立发明者掌握的专利被特许给单一的企业。

10

特许权仍旧是一个不可忽略的现象（而且，可能会有这种情形，从社会观点看，特许太少了）。关于特许（对一个企业）或特许给多于一个企业（对一个独立的发明者），可以区分出三种动机[52]：

产品市场激励 产品市场竞争可以对管理者产生激励，不然，他们就会利用自己的垄断地位。第 4 章评述的 Rey-Tirole 模型表明，中间产品制造商在决定是否创造下游竞争时会权衡垄断力量的摧毁和增加的激励。独立发明者在决定是否特许给几个制造商时也面临着相同的权衡，而特有专利的制造商在决定是否特许给竞争对手时也要这样考虑（只要该制造商因所有权与控制权的分离而面临管理激励问题）。另一个与竞争相关的改善激励的事例在 Farrell 和 Gallini（1986）与 Shepard（1986）的不完全合约模型中被正式描述。他们证明，交叉特许可以事后保证特许人的产品质量并激励该产品用户投资于关系特定的资本（参看企业理论一章）。我们对这些特许的动机将不作进一步考察。

弱产品市场竞争 关于竞争毁掉工业利润的论点依赖于强的伯特兰德竞争。然而，回想一下第 5 章和第 6 章，产品市场竞争可以被三个因素弱化：产品差异、生产能力约束和跨期价格合谋。在这些方面，由高成本生产者采用低成本技术而带来的工业成本节省也许会远远高于工业利润的损失。这在产品差异方面尤为明显。在这种极端情形中，如果特许的另一个企业服务于一个非重叠的区域市场或生产其他一种无关的产品，那么这种特许不会影响到企业的市场地位。而且，它可以占用一部分由得到特许的人所实现的成本节省。这样，特许权就是一种纯垂直的安排。生产能力约束的情形在下面考察。

策略性特许 前两个动机都是涉及“事后”的特许。特许也可以在“事前”发生（开始进一步研究之前），以降低竞争对手围绕初始创新而进行发明的激励。在上面提到的情形中，特许的动机是节省生产成本，而这里的动机则是节省研发费用，这种费用从产业观点看属于浪费。

10.8.2 事后特许与专利的价值

本小节［基于 Kamien 和 Tauman（1983），特别是 Katz 和 Shapiro（1985b，1986c）的研究］考察在假定未来没有任何创新的条件下，专利持有者特许工艺创新的激励。

第一个问题是，特许授予人与特许接受人之间能够签订的合约类型。特许授予人允许特许接受人使用中间技术生产制成品。Kamien 和 Tauman（1983）考察了二部定价：$A+Rq$（特许接受人为接近技术支付一个固定费用 A，然后按照使用中间技术生产的每单位制成品，支付可变费用或者专利使用费 R）。Gallini（1984）与 Katz 和 Shapiro（在他们 1985 年论文的大部分中）只考虑了固定费用；而 Gallini 和 Winter（1985）只考虑了专利使用费。实际上，对于为什么合约要限制在诸如固定费用或专利使用费这样的简单形式上，也许存在着信息或法律上的理由。例如，Katz 和 Shapiro 认为，在某些情况下，特许接受人的产出（或者说这种产出有多少是在特许协议下生产的）是特许授予人所不易了解的，因此不可能把转让基于产出之上。在此情形中，固定费用合约比较接近现实。证据显示，在各产业中存在着广泛多样的特许协议。Calvert（1964）与 Taylor 和 Silberston（1973）观察到，大约 50%的特许合约只规定专利使用费，10%只规定固定费用，其余 40%为二部定价或为一种更复杂的安排。

为具体起见，考察一种有 n 个企业的同类产品的产业，它的初始技术（所有企业都可得到）下的生产成本为 $\bar{c}$。如前所述，一项创新如果使生产成本变为 $\underline{c}$，以至于相应的垄断价格低于 $\bar{c}$，就称为是剧烈的。我们将考察剧烈创新和非剧烈创新两种情形。

10.8.2.1 剧烈创新

首先考察一个“专门从事研发”的企业的情形。虽然该企业进行工艺创新，但自己却没有必要的生产结构使之付诸实施。因此，它要将这种创新转让给制造商。我们假设，该制造商在产出市场上处于垄断地位（$n=1$）。（以垄断事例开始的目的在于把最佳转让合约的效应与产出市场上的竞争效应区分开来。）前已述及，生产企业的初始单位成本是 $\bar{c}$，（工艺）创新使该成本降至 $\underline{c}<\bar{c}$，假设从事研发的企业可以使用两部定价方案（即单位时间收取 $A+Rq$）。那么，生产企业的真实边际成本为 $c=(\underline{c}+R)$。令 $\Pi^{m}(c)$ 为生产企业在其边际成本是 c 时可以从市场上获得的（在支付固定费用之前）利润。

习题 10.9 是基于剩余索取权原则确定的（见第 4 章），它证明特许授予人的最佳特许合约为

$$\{A=\Pi^{m}(\underline{c})-\Pi^{m}(\bar{c}),\ R=0\}$$

也就是说，最佳合约不包括专利使用费，而只要求一个与使用新老合约之间的利润差额相等的固定费用。直观上看，没有专利使用费防止了最终产出量的扭曲，因为制造商的边际成本等于垂直一体化结构的边际成本。这样，特许授予人从签订固定费用协议中获得了特许接受人的剩余。

习题 10.9*： 证明最佳特许合约包括 $R=0$。

当然，如果这种垄断处于与从事研发的企业相对立的买主垄断地位，那么签订这样一种合约的机会就很小。（在“创新市场”上存在着双边垄断的情形。）不过，两个企业间的争议应当在固定酬金 A［在 0 与 $\Pi^{m}(\underline{c})-\Pi^{m}(\bar{c})$ 之间］而不是 R 上。没有专利使用费仍然可以防止生产水平的扭曲，因而产生了将被分割的最大总利润。

当解决了最佳特许协议这一问题后，我们得到了研发企业的专利价值：A（单位时间）。假如特许授予人能够占有整个剩余 $\Pi^{m}(\underline{c})-\Pi^{m}(\bar{c})$，那么它的创新激励等同于它与制造商合并时可能具有的激励。

更为现实的是，制造商可能获取这种剩余中的一部分，这样，该专业化企业* 则具有比垂直一体化结构要小的创新激励。用 Williamson 的语言来说，该专业化企业的部分投资被剥夺，因为专业化企业不是全部增长利润的剩余者。在开

* 这里的“专业化企业”是指专门从事研发的企业，下同。——译者注

始研发之前签署一次合约，若可行，则恢复了专业化企业为降低成本而投资的正确激励。

对于垄断制造商而言，这种论点还未利用剧烈创新的假设。现在考察专业化企业的情形，该企业进行一种成本为$\underline{c}$的创新，生产部门由 n 个制造商组成（$n>1$），每个制造商使用老技术的成本是 $\bar{c}$。那么，该企业应该把专利转让给一个生产企业，还是很多生产企业？它能从创新中实现什么利润？显然，可得利润的上限是产品市场上的垄断利润$\Pi^m(\underline{c})$。假定该专业化企业拍卖其创新，并且这种拍卖把专利使用费价格固定为 0（$R=0$）。每个生产企业愿意支付的费用最高为 $\Pi^m(\underline{c})$，因为它的拍卖前的利润（如果有）无论如何将会消失。这样，专业化企业可以通过把自己的创新卖给最高出价者（例如，在一级或二级价格拍卖中）而获得 $\Pi^m(\underline{c})$。因此，在剧烈创新的情形中，专业化企业的最佳选择是将自己的专利只向一家企业转让。若转让给许多生产企业，则只会事后引起产品市场的竞争；因而将激发租金耗散，减少与专利转让相关的潜在利润。同样，如果专利由一个制造商拥有，则该发明将不会给予特许。所以，剧烈创新要由单个企业来开发。

10.8.2.2　非剧烈创新

若创新不是剧烈的且伴随着古诺竞争，那么非特许制造商继续从边际成本（$\bar{c}$）生产一个正的数量（除非它引起大量固定成本）。这会造成生产的无效率并可能刺激将特许扩大至这个无效率的制造商。当然，为了知道特许实际是否发生，我们必须检查，与更激烈的产品竞争（如果有）相关的产业收入的减少没有抵销成本的节省。为此，我们必须对产品市场竞争的形式作出假设。依照文献，可以假定制造商选择产量（因此，工艺创新可以被认为是降低装置生产能力的成本的创新——见第 5 章）。而且，为简化起见，我们只考察双寡头垄断（$n=2$）。专利持有者是两个企业中的一个。

首先假设特许协议可以包括专利使用费（可以有也可以没有固定费用）。Gallini 和 Winter（1985），Kamien 和 Tauman（1983）以及 Katz 和 Shapiro（1985b）证明了特许总是出现。假设专利持有者以专利使用费率 $R=\bar{c}-\underline{c}$（无固定费用）提供技术$\underline{c}$。由于特许接受人的边际成本没有变化（$\underline{c}+R=\bar{c}$），因而产品市场竞争不受影响，产业利润的增长是特许接受人产出的（$\bar{c}-\underline{c}$）倍（并由特许授予人占用）。这样，也就存在着一个帕累托优于非特许情形的特许合约。[53][54]

现在我们遵循 Katz 和 Shapiro 的理论，并假设只有固定费用可以被认可。伴随特许费的出现，特许权发生在当且仅当它增加了产业利润的条件下。很容易看出，特许权不会总是发生，例如，我们从 10.8.2.1 小节知道，在剧烈创新的情形中，特许权将会减少产业利润；这对于准剧烈创新来说，也必然如此。与此对照，Katz 和 Shapiro 证明，如果企业在创新之后具有很相似的成本，则有特许发生。

习题 10.10****：**假设在对称的古诺双寡头垄断中，一个小的和对称的成本减少增加了企业（和产业）利润。（它的充分条件是，古诺均衡是稳定的，产业边际收入向下倾斜。）进一步假设，一个企业从对称成本 $\bar{c}$ 开始，以$\underline{c}=\bar{c}-\varepsilon$ 进行创新，这里 ε 很小。证明，特许在固定费用体系下增加了产业利润（特许因此而发生）。（提示：利用问题的对称性。）

特许的社会必要性何在（假定创新非竞争性地进行）？Katz 和 Shapiro（1985b）注意到，一般而言，私人需要的特许也是社会所需要的。对此的充分解释是，产业产出增加了而同时其中一个企业的成本下降了——一个合理的条件。这样，消费者剩余增加了，且根据假设，产业利润增加了；因而，两者的合计（即福利）增加了，反之则不成立，社会需要的特许也许不会发生。[55]

Katz 和 Shapiro（1985b，1986c）还考察了特许对初始研发努力的效应。很显然，特许既增加了取得创新的报酬，又增加了失去专利竞赛的报酬。从事研发的准确激励取决于特许授予人在特许协议上能够占有多少共同剩余（而这又取决于特许授予人的谈判力量）。

10.8.3 事前特许

Gallini（1984）与 Gallini 和 Winter（1985）提出了这样的有趣观点：特许不仅可能减少生产成本，也可能消除无效率的研发支出。特许接受人较少有围绕特许授予人的专利进行发明的激励，因为它的边际成本已经减少，这使得创新的愿望变小。一个简单的例子可以说明这一点。设在位者企业 1 起初是一个垄断者，生产成本为$\underline{c}$；再设进入者企业 2 通过在研发上花费 K，可以取得一项不同的技术，这也使得边际成本为$\underline{c}$。也就是说，企业 2 能够围绕企业 1 的专利进行发明。令 Π^d 表示每个寡头企业的利润。若 $\Pi^d>K$，则企业 2 愿意承担研发。但是，两个企业都有达成特许协议以节省研发成本 K 的激励。

Gallini 和 Winter 考察了 Reinganum（1983b）创建的双寡头垄断模型，并提出了事前和事后特许的可能性。时间选择如下：首先，两企业（以不对称成本开始）达成一项事先特许的协议。然后，它们决定是否承担研发。承担研发要花费 K，并以来自某种分布的成本形成一项可获专利的工艺创新。那么，在第二阶段，两企业可以达成一项事后特许协议（已知它们的新成本），最终在产品市场上开展竞争。Gallini 和 Winter 证明，特许的总效应是：当初始成本相对对称时，鼓励研究；当成本差异很大时，则遏止研究。

10.8.4 研究合资企业

“研究合资企业”是这样的安排：一些企业同意分摊与已知研究项目相关的费用和利益。研究合资企业与特许协议虽然概念上很不同，但至少有两个共同特征：第一，它们都是对研发水平和创新在产业上的扩散有重大影响的合约形式；第二，尽管它们都开始于投入（创新）市场，但也对产出市场具有一定的约束。

关于研究合资企业的研究还不多见。如果考虑到它们在反托拉斯领域（尤其对于高技术产业）所具有的潜在重要性，这种研究状况令人惊讶。不过，Grossman 和 Shapiro（1986b）与 Ordover 和 Willig（1985）在这方面已取得进展。下面对他们提出的一些问题略作评述。

有效地开展研发，既是一个产业目标，也是一个社会目标。研究合资企业除了要增进成员的研发资产的互补性之外，还允许成员之间进行研究活动的协调。例如，它们能够防止对已知研究策略的浪费重复出现。（参看 10.2.2.1 小节关于研究策略选择中企业间外部性的讨论。）这样，通过两个或更多企业间的协调，可能对一定的研发费用作出较为合理的使用。

然而，一个研究合资企业还会影响到全球的研发费用（承担研发的激励）。由于产业的不同，它既可能增加也可能减少研发活动。为什么研究合资企业会加强创新进程？原因有二。第一，当专利保护不完全有效且创新造成溢出时，单独开展研发的企业不会使其创新对手的正外部性内在化。这样，从产业观点看，它们会出现研发上的投资不足。但研究合资企业至少会矫正成员之间的外部性，并因而增加成员的研发支出。第二，有这种情况，从事研发的固定成本太高，以致某些企业不可能自己单独承担。而研究合资企业则可以给这些企业一种利用规模报酬递增和承担研发的手段。不过，Grossman 和 Shapiro、Ordover 和 Willig 也都注意到，在集中化产业中，研究合资企业会帮助竞争对手躲避研发市场上的竞争，尤其当创新会再分配而不是增加产业利润时更是如此。[56]在非竞争企业之间或在非集中产业中的几个企业之间组成研究合资企业，似乎是社会需要的，但同时，它们也会大大放慢集中化产业中的研究。

研究合资企业可能设有附加限制，以防止内部企业在产出市场上的竞争。也就是说，该合约有利于横向合谋。例如，支付给合资企业的单位产出专利使用费增加了企业的边际成本，因而降低了产出，提高了价格。而一项不很复杂的限制对合作研究可能出现的任何专利规定产品市场的分工。这样一些附加限制可能是社会所不需要的。（不过，人们可以考虑一些相反的情形。例如，如果企业以伯特兰德方式开展竞争，那么，使两个企业的边际成本变为$\underline{c}$的工艺创新将不会创造任何利润。这样，为了使这些研究合资企业承担研发，那些缓和产品市场竞争的附加限制就成为必要的。）

为了对研究合资企业所具有的私人与社会必要性获得更全面的看法，人们必须考察具体的效应（例如，在一个产业的附属企业间组成研究合资企业所产生的独特效应），将没有研究合资企业时市场产生太多或太少研发的可能性（如同我们在本章所看到的）考虑进去，以及考察那些调节研发活动可供选择的公共工具。这个主题无疑是值得努力探讨的。

注释

[1] 这种剩余中不可忽略的一部分是由于技术进步以外的要素[例如 Denison（1962）对改善劳工教育的作用给予了高度评价]，但是，毫无疑问，技术进步是导致该剩余的一个主要因素。

[2] 关于第一个论点是否与垄断的力量或大型化有关系，Schumpeter 的观点一直是含糊的。他提出，大企业要比小企业有更好的条件或更迫切地承担研发，因为研发普遍会带来收益的增加；因为研发涉及很高的风险，这是保险业也难以消除的（由于道德风险），而大企业在经营上更为多元化，更愿意冒险；因为大企业有合适的生产结构，创新一旦产生，就会在大企业更迅速地实施；而且，因为一个垄断者不会有对手准备模仿其创新，或围攻该创新的现有专利。

[3] 这里也可参看 Dasgupta 和 Stiglitz（1980）的分析。本节以及 10.2 节和 10.8 节取自 Guesnerie 和 Tirole（1985）所作的一项调查。

[4] 对于有限期的专利或者可能最终成为无用的或受到围攻的创新这样更为现实的情形，也可进行类似的分析。

[5] 实际上，创新者将要价 $\bar{c}-\varepsilon$ 以便垄断整个市场。我们这里假定，垄断者的目标函数为标准的凹函数，因而垄断者要尽可能地去接近其无约束的理想状态。

[6] 在 8.6.2 小节讨论垄断的持久性时，我们已遇到这种效应。

10

[7] 见 Gilbert 和 Newberry 提到的反垄断案件，在此案中，SCM 公司索求超过 5 亿美元的损害赔偿金，据称，Xerox 公司（在别的反竞争行为中）已经保有了一张包含创新的“专利门票”，这些创新既不被采用，也不被授权给其他企业使用。具体的一些例子请参看 Scherer（1980）关于专利搁置的更多理论，见 Tauman 和 Weiss（1986）。

在很多国家，专利法包括强制许可的规定（得到专利者在指定的一段时间内如果没有利用这项创新，就必须提供许可）。存在每年专利更新费，随着时间的推移，费用明显增加。尽管强制许可有时在反垄断案件中可作为一种补救办法，但美国的专利法中不存在这些条款。[见 Pakes（1986）论一种不同的专利搁置的观点。他认为，专利是一种关于不确定性收益流量的选择，企业在得到专利后仍然在寻求机会，以获取使用专利的收益，而且是否支付更新费的决策可以作为解决最优停止时间问题的办法。]

[8] 我们将集中在创新过程的策略方面。有大量文献论述决策理论方法[见 Kamien 和 Schwartz（1982），他们对该方法进行了广泛而清晰的评论，并对实证性文献作了较好的综述]。这类文献假定，或者仅有一家企业承担研发，或者，更一般地，企业的环境（包括竞争者的研发费用）被当作外生变量（这样，在多个企业的情形中，每个企业假设其研发的支出对其竞争者的支出没有任何影响）。Grossman 和 Shapiro（1986a）对一个垄断者有关研发费用的最优时间路径进行了有益的分析。还有一种搜寻理论的文献，它较少强调研发费用，而把重点放在最优搜寻程序和停止时间上；参看 Weitzman（1979）以及 Roberts 和 Weitzman（1981）。

[9] 见 Reinganum（1984）对无记忆专利竞赛的评论。

[10] 另见 Gilbert 和 Newberry（1984）、Salant（1984）以及 Baldwin（1987）。

[11] 当然，这种“大爆炸”式的假设是很有争议的。专利可能会受到阻碍，新技术会随之而来，等等。而且，一项专利不会立刻得到开发，因为存在着它的需求或技术的不确定性。

[12] 这里的进入不是指竞争，因为一个垄断者取代了另一个垄断者。

[13] 当 λ 趋于无穷大时，研发成本在研究强

度中几乎变成直线：$\lambda h(x/\lambda) \simeq xh'(0)$。可见，这会导致快速的创新。(请回忆，由于发明函数 h 中的报酬递减，企业不会很快地创新。)

[14] 一个技术上更准确的风险定义是递增风险或者均值不变分散。见习题 10.6。

[15] 在贴现情况下，甚至研发的垄断者也喜欢均值不变分散的发明日期，这是因为该目标函数与 $\exp(-rt)$ 成比例，是发明期 t 的凸函数。

[16] 这一讨论假定企业最大化利润。然而，管理者也许对风险有不同的态度，因为他们的目标函数一般与利润最大化不同（见绪论企业理论一章）。的确，常常有这种断言，管理者对他们的投资选择太谨慎。见 Holmström (1983)、Holmström 和 Ricart i Costa (1986) 以及 Lambert (1986)。

[17] 这种分析再次忽略利润最大化假定的管理激励。Holmström (1982, p. 338) 已经证明，企业倾向于选择太相似（相关）的技术，以便通过标尺竞争更好地监视管理者（见绪论企业理论一章）；他认为，企业向社会提供了一种市场技术组合。这种组合的分散化程度比不存在任何管理激励问题时要小。

[18] 当然，人们可以考虑更为复杂的技术，比如，在这种技术中，发明的概率是依据环境和时间而确定的，或者不是单调的（在一定量的研究之后没有任何发明也许是坏消息）。

[19] 在一个具有不变的专利价值和不变的研究技术的无记忆竞赛中，发明期的企业集合与竞赛开始时的企业集合是一样的，没有任何企业退出。

[20] 除非企业已经积累了足够的经验，否则策略将更加复杂。见 Fudenberg 等 (1983) 及 Lippman 和 McCardle (1987)。

[21] Grossman 和 Shapiro 也考虑了通过发放许可证分享中间成果的可能性，以及在第一个研究阶段组成一个合资企业。

[22] 参看 Lee 和 Wilde (1980) 和习题 10.5。

[23] 当然，有几个独立研究项目存在本身并不是坏事，因为“两个机会总比一个好”。[确实，一个企业可以建立几个研究组。Kamien 和 Schwartz (1982) 提到，Upjohn 公司曾有 6 个研究组，从 6 个不同途径探索合成可的松的商业化开发。] 确切地说，这种过度投资是由于企业不会将它们的先占权导致的对手的专利收入损失内在化。

[24] 以下非正式分析假设不存在发放许可证的可能性（见 10.8 节对许可证的分析）。实际上，专利持有人会发现，为自己的专利发许可证（而不是让其他企业低效率地模仿）是有利可图的，这样可以获得一些因发放许可证所产生的共有剩余。然而，应当注意，溢出的存在提高了领许可证者的现有（未发许可证）收益，并因而加强了其谈判地位。所以，即使发放了许可证，模仿的威胁也会减少发许可证者的收益。

[25] 许多作者注意到一种缓解因素，也就是专利竞赛的失败者能够更好地模仿获胜者的发明，只要失败者不断跟踪该领域的最新进展。特别是，研发能使企业更容易地吸收其对手的溢出。那么，人们必须把“吸纳力量”和创新看作联合产品 (Cohen 和 Levinthal, 1987)。这种观点有时可用于解释半导体工业中的高水平研发。

[26] 在这方面的尝试，见 Dasgupta 和 Stiglitz (1981)，Futia (1980)，Nelson 和 Winter (1982, chapters 12 and 13)，以及 Reinganum (1985)。

[27] Scherer 也考察了苏联使用这种制度来激励一般发明的情况。

[28] 通常仅有一个。

[29] 这里，我们假设该顾客是政府。顾客也可以是一个需要特殊技术或某些特殊机具的企业。 10

[30] 参看 Ponssard (1981) 关于法国政府机构如何权衡这两个要素的讨论。

[31] 例如，1949 年奥地利发明了用于炼钢的基础氧气炉，而在 1960 年美国炼钢生产能力中仅有 3.7% (1970 年为 56.9%，1980 年为 85%) 使用了此法 (Oster, 1982)。同样，使用汽轮机发电的技术直到其被采用时才广为人知。

[32] 这是作为时间的函数的累积采用分布所呈现的形状。

[33] Kamien 和 Schwartz (1982) 在考察这种经验证据时也注意到，扩散在非垄断产业中趋于更快的速度。不同的情形见 Hannan 和 McDowell (1984) 关于自动点钞机在各地方金融市场上的采用。

[34] 以下分析取自 Fudenberg 和 Tirole (1985，1987)。他们的分析很多归功于 Scherer (1967) 和 Reinganum (1981a，b) 较早期的工作。他们假设，企业在 0 期一次性地选择自己的采用时期 [更多的结论参看 Quirmbach (1986)]。由于企业不能根据观察到的对手的采用而修改自己的计划，因此本节分析的策略先占问题在他们的分析中没有出现。

[35] 这种均衡证明要求一种特殊类型的混合策略，Fudenberg 和 Tirole (1985) 发展了这些策略。

[36] 如果企业从未观察其对手的采用期，或者，它们想以 0 期作为自己的采用期，那么唯一的均衡结果将会是上面所描述的先占权结果：给定对手的采用期不可能受到影响，尽可能早地采用的占优策略，因为额外的利润流超过了由于延迟采用一个时期所节省的利息。

[37] 这种延迟联合采用的均衡可以描述美国汽车工业在 20 世纪 50 年代延迟引进微型车的事例。White (1971) 认为，三个领袖企业认识到，如果它们中有一个引进了微型车，那么它们都会这样做；因此，它们一直等到市场扩大到足以养活所有三个企业时，才在 1959 年同时引进了微型车。

[38] 美国立体声广播的采用遇到了障碍，原因是缺乏标准，电台和听众担心把钱投给了技术失败者。

[39] 根据这些理由，Besen 和 Johnson (1986) 认为，FCC 决定电视字幕和录像字幕不搞标准化是明智的。

[40] 许多观察者认为 Dvorak 键盘要优于这个标准，即使考虑到再培训成本。但是，企业建造这种替代性键盘，秘书们单独作出改变来使用它，将是很愚蠢的。见 David (1985) 对打字机工业史的讨论。

[41] 一般而言，企业要在单个采用与协议之间进行选择，特别是，它们会以“走自己的路”相威胁，以提高其谈判地位。非合作采用（类似于先占权博弈，因为对技术的选择存在不一致的偏好）与合作采用（更多地类似于消耗战，每个企业都等待其对手的让与）形成了一个有趣的对照。Farrell 和 Saloner (1987) 对这两个主题作了阐释。

[42] 其他相关论文包括 Adams 和 Brock (1982)，Arthur(1985)，Dybvig 和 Spatt (1983) 以及 Rohlfs (1974)。

[43] 还存在一种混合策略均衡，它比两种纯策略均衡对于两个用户会产生更低的预期效用。

[44] 特别是，如果存在着对另一个用户的转向的立即反应，不去发起这个转向过程就是一个弱占优策略。

[45] 在此情形中，协调尤为重要；人们仍会期待，具有一致偏好的企业（比如以上所讨论的那些）能够进行交流或者通过一个委员会达成有关标准的协议。

[46] 自愿标准委员会在实践上很重要。关于这个主题的理论研究还很少。Farrell 和 Saloner (1987) 已开了先例。

[47] 用户间的信息不对称性限制了这种合约的效率。

[48] 新技术的采用也许是无效率的，即使新老用户事先都偏好新技术。关键是老用户想在新技术出现之前消费，因此在降低成本以后，老用户宁可选择老技术。

[49] 由于消费者不了解产量选择，所以企业不可能影响到消费者对其网络规模的信念。（还要假定，当消费者了解到价格与他们所期望的均衡价格不同时，不会改变这些信念。）Katz 和 Shapiro 也考虑了消费者在购买之前观察到产量时的

情形。

[50] 在该论文中，假设企业进行价格竞争。它提出了在10.6.1小节中分析的那种多重均衡。再假设消费者（他们对两个产品有相同的偏好）以最适合他们的均衡进行协调。当然，相同的预期均衡的多重性可能在古诺竞争中产生。能力约束限制了消费者关于网络规模猜想的灵活性；正如Katz和Shapiro所证明的，关于$v(\cdot)$函数的严谨的假设于是就形成了唯一的均衡，这是他们在伯特兰德竞争下所不可能产生的。

[51] 当然，企业不愿特许给对手的另一个原因是，伴随的知识转让会使对手能在该专利的基础上取得发明，或者甚至开发出一种高级技术。

[52] 这里我们忽略那种在特许权借口下服务于横向合谋的合约，大多数专利法显然都涉及这样的可能性。见Scherer（1980，pp.173，452）和Vaughan（1956）。

[53] 上述推论不适用于价格竞争。在价格竞争下，特许授予人没有把特许接受人的产出作为已知条件，因此，专利使用费影响到其边际激励。更具体地，特许授予人的价格提高，增加了对特许接受人产品的需求，并因而提高了专利使用费。这样，专利使用费的存在软化了特许授予人的价格行为，而且其结果应当增加产业利润（与成本节省无关），它使特许更为合意。

[54] Gallini和Winter研究了纯专利使用费的情形（没有固定费用），证明在合理条件下，上述专利使用费率$R=\bar{c}-\underline{c}$确实是特许授予人的最佳合约。

[55] Katz和Shapiro也注意到，特许不总是社会所需要的。为理解这一点，设企业1的成本为c_1，企业2的成本大于$p^m(c_1)$，再设特许使企业2的成本降为c_2，刚好低于$p^m(c_1)$，这样，企业2从根本上比企业1更无效率。就福利水平对c_2求导，并在$c_2=p^m(c_1)$处取值，我们有

$$\frac{\partial}{\partial c_2}\left(\int_0^{q_1+q_2} P(Q)d(Q)-c_1q_1-c_2q_2\right)$$

$$=\frac{\partial q_1}{\partial c_2}[p^m(c_1)-c_1]$$

这里利用了在$c_2=p^m(c_1)$，$q_2=0$的事实。现在$p^m(c_1)>c_1$。因而，在古诺均衡中$\partial q_1/\partial c_2>0$的合理假设下，福利随着$c_2$增加，意味着特许不是社会需要的。这里的思想是，特许在产业生产结构中引致了无效率。

[56] 为明白这一点，请回顾一下10.5.2小节关于延迟联合采用的论述。例如，习题10.7给出了一个产品创新的例子，该创新使创新者增加的利润量等于其对手减少的利润量。也就是说，消费者是从创新中而不是从产业中受益。原来假定创新是非专有的，对这个模型可以略作改动，而假定创新有专利权，并且在没有研究合资企业条件下两个企业从事专利竞赛。显然，如果这些企业组成了研究合资企业，它们就不会进行任何研发。

参考文献

Adams, W., and J. Brock. 1982. Integrated Monopoly and Market Power: System Selling, Compatibility Standards, and Market Control. *Quarterly Review of Economics and Business*, 22: 29-42.

Arrow, K. 1962. Economic Welfare and the Allocation of Resources for Inventions. In *The Rate and Direction of Inventive Activity*, ed. R. Nelson. Princeton University Press.

Arthur, W. 1985. Competing Technologies and Lock-In by Historical Small Events: The Dynamics of Allocation Under Increasing Returns. Discussion Paper 43, Center for Economic Policy Research, Stanford University.

Baldwin, C. 1987. Preemption vs. Flexibility in New Product Introductions. Mimeo, Harvard Business School.

Besen, S. M., and L. L. Johnson. 1986. Compatibility Standards, Competition, and Innovation in the Broadcasting Industry. Report R-3453-NSF, Rand Corporation.

Besen, S. M., and G. Saloner. 1987. Compatibility Standards and the Market for Telecommunications Services. Working Paper E-87-15, Hoover Institution.

Bhattacharya, S., and D. Mookherjee. 1986. Portfolio Choice in Research and Development. *Rand Journal of Economics*, 17: 594-605.

Calvert, R. 1964. *The Encyclopedia of Patent Practice and Invention Management*. New York: Reinhold.

Carlton, D., and J. Klamer. 1983. The Need for Coordination Among Firms, with Special Reference to Network Industries. *University of Chicago Law Review*, 50: 446-465.

Cohen, W., and D. Levinthal. 1987. Innovation and Learning: The Two Faces of R&D: Implications for the Analysis of R&D Investment. Mimeo, Carnegie-Mellon University.

Dasgupta, P., and E. Maskin. 1986. The Simple Economics of Research Portfolios. Economic Theory Discussion Paper 105, Cambridge University.

Dasgupta, P., and J. Stiglitz. 1980. Uncertainty, Industrial Structure, and the Speed of R&D. *Bell Journal of Economics*, 11: 1-28.

Dasgupta, P., and J. Stiglitz. 1981. Entry, Innovation, Exit: Towards a Dynamic Theory of Oligopolistic Industrial Structure. *European Economic Review*, 15: 137-158.

David, P. 1985. CLIO and the Economics of QWERTY. *American Economic Review: Papers and Proceedings*, 75: 332-337.

Denison, E. F. 1962. *Discourse on Method*. New York: Liberal Arts Press.

Dybvig, P., and C. Spatt. 1983. Adoption Externalities as Public Goods. *Journal of Public Economics*, 20: 231-247.

Farrell, J., and N. Gallini. 1986. Second-Sourcing as a Commitment: Monopoly Incentives to Attract Competition. Working Paper 8618, University of California, Berkeley.

Farrell, J., and G. Saloner. 1985. Standardization, Compatibility, and Innovation. *Rand Journal of Economics*, 16: 70-83.

Farrell, J., and G. Saloner. 1986a. Standardization and Variety. *Economics Letters*, 20: 71-74.

Farrell, J., and G. Saloner. 1986b. Installed Base and Compatibility: Innovation, Product Preannouncements, and Predation. *American Economic Review*, 76: 940-955.

Farrell, J., and G. Saloner. 1987. Coordination Through Committees and Markets. Mimeo, University of California, Berkeley.

Firestone, O. 1971. *Economic Implications of Patents*. University of Ottawa Press.

Fudenberg, D., and J. Tirole. 1985. Preemption and Rent Equalization in the Adoption of New Technology. *Review of Economic Studies*, 52: 383-401.

Fudenberg, D., and J. Tirole. 1986. *Dynamic Models of Oligopoly*. Volume 3 of *Fundamentals of Pure and Applied Economics*, ed. J. Lesourne and H. Sonnenschein. London: Harwood.

Fudenberg, D., and J. Tirole. 1987. Understanding Rent Dissipation: On the Use of Game Theory in Industrial Organization. *American Economic Review: Papers and Proceedings*, 77:

176–183.

Fudenberg, D., R. Gilbert, J. Stiglitz, and J. Tirole. 1983. Preemption, Leapfrogging, and Competition in Patent Races. *European Economic Review*, 22: 3–31.

Futia, C. 1980. Schumpeterian Competition. *Quarterly Journal of Economics*, 94: 675–696.

Gallini, N. 1984. Deterrence through Market Sharing: A Strategic Incentive for Licensing. *American Economic Review*, 74: 931–941.

Gallini, N., and R. Winter. 1985. Licensing in the Theory of Innovation. *Rand Journal of Economics*, 16: 237–252.

Gilbert, R., and D. Newberry. 1982. Preemptive Patenting and the Persistence of Monopoly. *American Economic Review*, 72: 514–526.

Gilbert, R., and D. Newberry. 1984. Preemptive Patenting and the Persistence of Monopoly: Comment. *American Economic Review*, 74: 238–242.

Glazer, J. 1986. The Choice of Research Techniques with Uncertain Success Probabilities in Rivalrous Situations. Mimeo, Bell Communications Research.

Grossman, G., and C. Shapiro. 1986a. Optimal Dynamic R&D Programs. *Rand Journal of Economics*, 17: 581–593.

Grossman, G., and C. Shapiro. 1986b. Research Joint Ventures: An Antitrust Analysis. *Journal of Law, Economics, and Organization*, 2: 315–337.

Grossman, G., and C. Shapiro. 1987. Dynamic R&D Competition. *Economic Journal*, 97: 372–387.

Guesnerie, R., and J. Tirole. 1985. L'Economie de la Recherche-Développement: Introduction à Certains Travaux Théoriques. *Revue Economique*, 36: 843–870.

Hannan, T., and J. McDowell. 1984. The Determinants of Technology Adoption: The Case of the Banking Firm. *Rand Journal of Economics*, 15: 328–335.

Harris, C., and J. Vickers. 1985. Perfect Equilibrium in a Model of a Race. *Review of Economic Studies*, 52: 193–209.

Harris, C., and J. Vickers. 1987. Racing with Uncertainty. *Review of Economic Studies*, 54: 1–22.

Holmström, B. 1982. Moral Hazard in Teams. *Bell Journal of Economics*, 13: 324–340.

Holmström, B. 1983. Managerial Incentive Problems—A Dynamic Perspective. In *Essays in Economics and Management in Honor of Lars Wahlbeck*. Helsinki: Swedish School of Economics.

Holmström, B., and J. Ricart i Costa. 1986. Managerial Incentives and Capital Management. *Quarterly Journal of Economics*, 101: 835–860.

Judd, K. 1985. Closed-Loop Equilibrium in a Multi-Stage Innovation Race. Discussion Paper 647, Kellogg Graduate School of Management, Northwestern University.

Kamien, M., and N. Schwartz. 1982. *Market Structure and Innovation*. Cambridge University Press.

Kamien, M., and Y. Tauman. 1983. The Private Value of a Patent: A Game Theoretic Analysis. Discussion Paper 576, Northwestern University.

Katz, M., and C. Shapiro. 1984. Perfect Equilibrium in a Development Game with Licensing or Imitation. Discussion Paper 85, Woodrow Wilson School, Princeton University.

Katz, M., and C. Shapiro. 1985a. Network Externalities, Competition, and Compatibility. *American Economic Review*, 75: 424–440.

Katz, M., and C. Shapiro. 1985b. On the Licensing of Innovations. *Rand Journal of Economics, 16: 504 - 520.

Katz, M., and C. Shapiro. 1986a. Technology Adoption in the Presence of Network Externalities. *Journal of Political Economy*, 94: 822 -841.

Katz, M., and C. Shapiro. 1986b. Product Compatibility Choice in a Market with Technological Progress. *Oxford Economic Papers*, 38: 146 - 165.

Katz, M., and C. Shapiro. 1986c. How to License Intangible Property. *Quarterly Journal of Economics*, 101: 567 - 590.

Klette, T., and D. de Meza. 1986. Is the Market Biased against R&D? *Rand Journal of Economics*, 17: 133 - 139.

Lambert, R. 1986. Executive Effort and the Selection of Risky Projects. *Rand Journal of Economics*, 17: 77 - 88.

Lee, T., and L. Wilde. 1980. Market Structure and Innovation: A Reformulation. *Quarterly Journal of Economics*, 194: 429 - 436.

Lippman, S., and K. McCardle. 1987. Dropout Behavior in R&D Races with Learning. *Rand Journal of Economics*, 18: 287 - 295.

Loury, G. C. 1979. Market Structure and Innovation. *Quarterly Journal of Economics*, 93: 395 - 410.

Mansfield, E. 1968. *Industrial Research and Technological Innovation—An Econometric Analysis*. New York: Norton.

Mansfield, E., M. Schwartz, and S. Wanger. 1981. Imitation Costs, and Patents: An Empirical Study. *Economic Journal*, 91: 907 - 918.

Nelson, R. 1959. The Simple Economics of Basic Research. *Journal of Political Economy*, 67: 297 - 306.

Nelson, R., and S. Winter. 1982. *An Evolutionary Theory of Economic Change*. Cambridge, Mass.: Harvard University Press.

Nordhaus, W. 1969. *Invention. Growth, and Welfare*. Cambridge, Mass.: MIT Press.

Ordover, J., and R. Willig. 1981. An Economic Definition of Predation: Pricing and Product Innovation. *Yale Law Journal*, 91: 8 - 53.

Ordover, J., and R. Willig. 1985. Antitrust for High-Technology Industries: Assessing Research Joint Ventures and Mergers. *Journal of Law and Economics*, 28: 311 - 333.

Oster, S. 1982. The Diffusion of Innovation among Steel Firms: The Basic Oxygen Furnace. *Bell Journal of Economics*, 13: 45 - 56.

Pakes, A. 1986. Patents as Options: Some Estimates of the Value of Holding European Patent Stocks. *Econometrica*, 54: 755 - 784.

Ponssard, J.-P. 1981. Marchés Publics et Innovation: Concurrence ou Régulation? *Revue Economique*, 32: 163 - 179.

Postrel, S. 1986. Bandwagons and the Coordination of Standardized Behavior. Mimeo, Massachusetts Institute of Technology.

Quirmbach, H. 1986. The Diffusion of New Technology and the Market for an Innovation. *Rand Journal of Economics*, 17: 33 - 47.

Reinganum, J. 1979. Dynamic Games with R&D Rivalry. Ph. D. dissertation, Northwestern University.

Reinganum, J. 1981a. On the Diffusion of a New Technology: A Game-Theoretic Approach. *Review of Economic Studies*, 48: 395 - 405.

Reinganum, J. 1981b. Market Structure and the Diffusion of New Technology. *Bell Journal of Economics*, 12: 618 - 624.

Reinganum, J. 1982. A Dynamic Game of R&D: Patent Protection and Competitive Behavior. *Econometrica*, 50: 671 - 688.

Reinganum, J. 1983a. Uncertain Innovation and the Persistence of Monopoly. *American Economic Review*, 73: 741 - 748.

Reinganum, J. 1983b. Technology Adoption under Imperfect Information. *Bell Journal of Economics*, 14: 57 - 69.

Reinganum, J. 1984. Practical Implications of Game Theoretic Models of R&D. *American Economic Review, Papers and Proceedings*, 74: 61 - 66.

Reinganum, J. 1985. Innovation and Industry Evolution. *Quarterly Journal of Economics*, 100: 81 - 100.

Roberts, K., and M. Weitzman. 1981. Funding Criteria for Research, Development, and Exploration Projects. *Econometrica*, 49: 1261 - 1288.

Rohlfs, J. 1974. A Theory of Interdependent Demand for a Communication Service. *Bell Journal of Economics*, 5: 16 - 37.

Rothschild, M., and J. Stiglitz. 1970. Increasing Risk I: A Definition. *Journal of Economic Theory*, 2: 225 - 243.

Salant, S. 1984. Preemptive Patenting and the Persistence of Monopoly: Comment. *American Economic Review*, 74: 247 - 250.

Scherer, F. 1967. Research and Development Resource Allocation under Rivalry. *Quarterly Journal of Economics*, 131: 359 - 394.

Scherer, F. 1980. *Industrial Market Structure and Economic Performance*, second edition. Chicago: Rand-McNally.

Schumpeter, J. 1943. *Capitalism, Socialism and Democracy*. London: Unwin University Books.

Shepard, A. 1986. Licensing to Enhance Demand for New Technologies. Mimeo, Yale University.

Solow, R. 1957. Technical Change and the Aggregate Production Function. *Review of Economics and Statistics*, 39: 312 - 320.

Spence, M. 1984. Cost Reduction, Competition and Industry Performance. *Econometrica*, 52: 101 - 122.

Tauman, Y., and Y. Weiss. 1986. Shelving and Licensing of Innovations. Mimeo, Tel-Aviv University.

Taylor, C., and Z. Silberston. 1973. *Economic Impact of Patents*. Cambridge University Press.

Vaughan, F. 1956 *The United States Patent System*. Norman: University of Oklahoma Press.

Weitzman, M. 1979. Optimal Search for the Best Alternative. *Econometrica*, 47: 641 - 654.

White, L. 1971. *The Automobile Industry Since 1945*. Cambridge, Mass.: Harvard University Press.

第 11 章　非合作博弈论：用户手册

就分析参与人之间的策略性相互作用而言，非合作博弈论已经成为一项重要工具；而且，非合作博弈论在产业组织领域中有着诸多应用。本章打算介绍非合作博弈论业已证明在产业组织中最有用的内容，并使读者熟悉其应用。它将帮助读者建立一个博弈论工具箱，使他研究产业组织时，能够从中寻求帮助。这个工具箱由四种基本工具组成，从静态完全信息博弈的纳什均衡开始，接着是这一概念在动态完全信息博弈、静态不完全信息博弈以及动态不完全信息博弈中的自然扩展。

本章的分析是非正式的，也不想成为一个完整的一般性考察。它借用了 Fudenberg 和 Tirole（1986c）[在阐述动态不完全信息博弈时借用了 Tirole（1983）]。我强烈建议认真的学生去读一读更加正式的著作。[1]

11.1　博弈与策略

把博弈形式化有两种方法。一种是描述扩展型，它详细说明了博弈的次序；每当轮到一个参与人行动时，他可资利用的信息和可以作出的选择；所有参与人的支付（视所有参与人的选择而定）；还有（可能还有）“自然”所作出的行动的概率分布。[2]博弈“树”（“节点”的有序化）刻画出了扩展型。图 11.1 中列出的博弈树描述了下面的二人博弈：在“时间 $t=1$”时，参与人 1 作出决策。他面临着两种选择，分别称为“左”（L）和“右”（R）。在“时间 $t=2$”时，参与人 2 在观察到参与人 1 的初始决策后，作出决策。他在“左”（l）和“右”（r）之间进行选择。由于每一个参与人只在一个时期中采取行动，指明每期的行动和策略是没有必要的。为方便起见，两个参与人的效用（或支付）都标在树的底部（它们可代表沿着博弈树所获取的收益之和）。举例来说，如果（a_1，a_2）=（L，l），这里 a_i 表示参与人 i 的行动，那么，参与人 1 获取的效用等于 2 而参与人 2 获取的效用为 0。

在这个博弈中，参与人 2 在选择自己的行动之前，观察到了参与人 1 的行动。图 11.2 中给出了参与人 2 在采取行动之前，观察不到参与人 1 的行动的情形（两种行动被“同时”选择）。在图中，连接参与人 2 节点的线表明他对参与人 1 已经移动到（或者正在移动到，或者将要移动到）左还是右具有同样信息[3]，这条线称作参与人 2 的信息集。（在博弈 1 中，每个节点都是一个分离的信息集。）在序贯博弈中（博弈 1），参与人 2 在两个节点可能会有不同的行动选择；在同时博弈中（博弈 2），他可选择的行动必定是一样的，否则参与人 2 就能将两个节点加以区分了。用本章的术语来说，博弈 2 是静态博弈而博弈 1 是动态博弈；这是因为在后者中，一个参与人（参与人 2）有可能观察到其他参与人的行动并作出反应，而在前种博弈中不能如此。在正式水平，没必要将这两类博弈分开；但是，这种区分能使我们更加方便地逐步介绍纳什均衡概念的扩展。

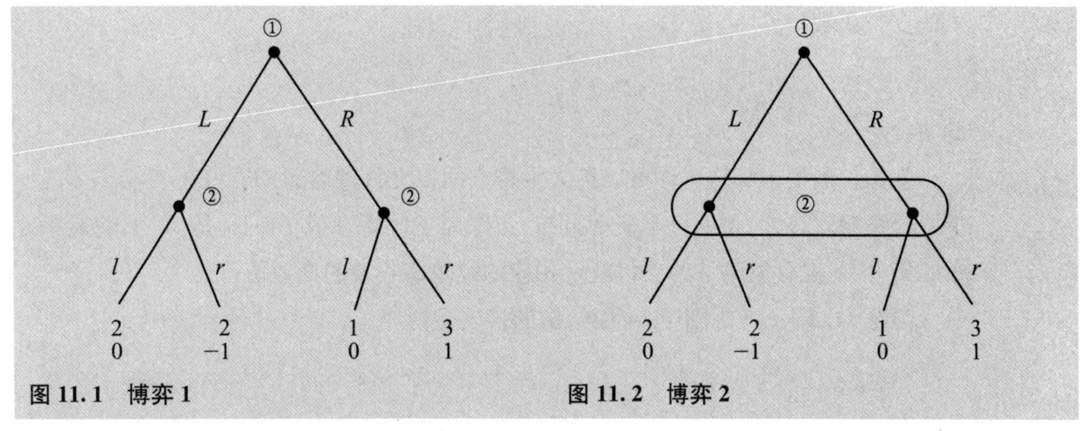

图 11.1　博弈 1　　图 11.2　博弈 2

我们假设，树的整个结构是“共同知识”：所有参与人都知道它，所有参与人都知道他们的对手知道它，等等。[4]任何外生的不确定性（比如说，自然的移动）必须被纳入树中。[5]

在对博弈 1 和博弈 2 的讨论中，我们谈到了参与人的左移或右移。这些称为纯策略。纯策略指参与人确定地作出了一项给定的行动选择。与之相反，一个参与人（比如说参与人 1）可能会在左和右之间进行随机选择，比如说，向左行动的概率是 x，向右行动的概率是 $1-x$，x 属于闭区间 $[0, 1]$。这样一种策略称作混合策略。[6]纯策略是混合策略的特例（在上例中，$x=0$ 或 $x=1$）。

一个扩展型博弈的标准型表示是扩展型的概括描述。扩展型中每一个参与人在他所处的每一个信息集中可以选择的纯策略构成的集合便是标准型。在博弈 1 和博弈 2 中，参与人 1 有两种纯策略：$a_1^1=L$ 和 $a_1^2=R$。在博弈 1 中，参与人 2 有四种纯策略：$a_2^1=\{l, l\}$，$a_2^2=\{r, r\}$，$a_2^3=\{l, r\}$，$a_2^4=\{r, l\}$。这里，比如说，$a_2^3=\{l, r\}$ 的含义是参与人2对 a_1^1 作出的反应是向左移动，对 a_1^2 作出的反应是向右移动。在博弈 2 中，参与人 2 只有两种纯策略，它们与博弈 1 中的 a_2^1 和 a_2^2 策略相对应。标准型还将纯策略映射到每个参与人的支付。举例而言，在博弈 1 中，对纯策略 $\{a_1^1, a_2^3\}$，参与人 1 的收益是 $\Pi'(a_1^1, a_2^3)=2$，这是因为，参与人 1 向左移动而参与人 2 也向左移动。如图 11.3 所示，标准型常用矩阵来刻画。

11

博弈 1

参与人 1 \ 参与人 2	$a_2^1=(l,\ l)$	$a_2^2=(r,\ r)$	$a_2^3=(l,\ r)$	$a_2^4=(r,\ l)$
$a_1^1=L$	2，0	2，−1	2，0	2，−1
$a_1^2=R$	1，0	3，1	3，1	1，0

博弈 2

参与人 1 \ 参与人 2	$a_2^1=l$	$a_2^2=r$
$a_1^1=L$	2，0	2，−1
$a_1^2=R$	1，0	3，1

图 11.3　标准型

更一般而言，你可将标准型定义为可行纯策略或行动的集合 A_i，与每个参与人的支付函数

$$\Pi^i(a_1,\ \cdots,\ a_i,\ \cdots,\ a_n)$$

的集合。

就像扩展型中那样，你可以扩大策略空间以允许混合策略存在。参与人 i 的一个混合策略就是 A_i 上的一个概率分布。（策略空间现在成了 $\widetilde{A}_i$，是 A_i 上的概率分布的集合。）混合策略下的支付就是相应的纯策略收益的期望值。

习题 11.1[*]**：**考虑图 11.4 中给出的扩展型博弈。

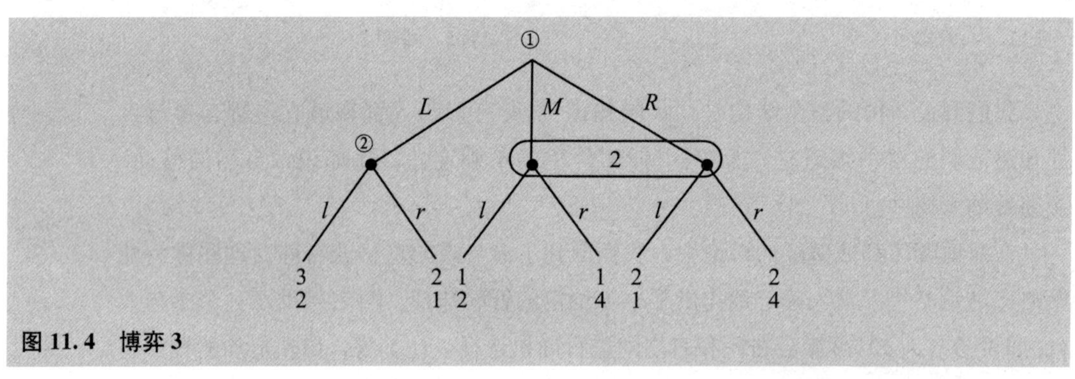

图 11.4　博弈 3

（1）什么是参与人 2 的信息集？什么是参与人 1 的信息集？

（2）写出这个博弈的标准型。

11.2　纳什均衡

在这一部分，我们将只利用博弈的标准型表述。为了作出最优决策，一个参与人一般必须猜测他的对手将会如何行动。这种猜测的首要且无可置疑的基础是，参与人的对手不应选择非优策略（劣策略）。不管其他参与人如何行动，如果一项行动比较另外一项行动而言总是使一个参与人获取较低的收益，我们便可假设这个参与人不会采取这项行动。举例而言，考虑博弈 1 的标准型。对参与人 2 而言，a_2^1，a_2^2 或 a_2^4（弱）劣于 a_2^3。因此，如果参与人 2 是“理性的”，他便会选择 a_2^3，而且，

如果第一个参与人向左移动（a_1^1）或向右移动（a_1^2），他应预计到其支付是 2 或 3。因此，参与人 1 会向右移动，这样，我们便得到了这个博弈的明确结果：$\{a_1^2, a_2^3\}$。注意，对参与人 1 而言，向左移动本身并不是劣的。在参与人 2 的非优策略已被剔除之后，向左移动才成为非优的。更一般地讲，你可以在标准型上逐次剔除非优策略。在每个阶段，先前阶段中一些参与人剔除的非优策略使得其他参与人发现了自己的非优策略。当不再有非优策略被发现时，逐次剔除的过程就停止了。

在如图 11.5 所示的著名的“囚徒困境”博弈中，剔除非优策略给出了这个博弈的唯一解。这个博弈后面的故事说的是，两个人因犯罪被逮捕。警方缺少充分证据指证这两个嫌疑人，结果，警方需要他们互相告发对方。警方分别把两个嫌疑人关入不同的牢房，而且能够阻止他们相互间通风报信。警方告诉每个嫌疑人，如果他作证另外一个嫌疑人有罪（告发对方），他将被释放——条件是另外一个嫌疑人没有告发他，他还会因指证对方而获得奖赏。如果每一个嫌疑人都没有告发对方，由于证据不足，他们都会被释放而不会获得奖赏。如果一个嫌疑人告发了对方，另外一个嫌疑人将被关入监狱；如果两个嫌疑人互相告发对方有罪，他们都将被关入监狱，但他们都会因指证对方而获取奖赏。在这个博弈中，两个参与人在两种行动之间同时作出选择。如果两个参与人都合作（C）（不指证对方），他们各自得到 2。如果他们都采取不合作行动（把告发记为 F），他们各自得到 −2。如果一个参与人告发对方而另一个参与人采取了合作行动，前者会得到奖赏（得到 3）而后者将被严厉惩罚（得到 −3）。[7]

参与人 2 / 参与人 1	F	C
F	−2，−2	3，−3
C	−3，3	2，2

图 11.5　囚徒困境

对两个参与人而言，F 明显是占优策略。因此，$\{F, F\}$ 是唯一可能的结果。这对两个参与人来说都是非常坏的结果；如果他们合作，每个人将会得到 2 而不是 −2。但是，私人利益导致了帕累托无效结果。（那些认为这个结果不合理的读者，特别是那些认为参与人应该能够维持合作行动的读者会对这个博弈的描述提出疑问。）

习题 11.2**：一个卖者要出售一单位不可分的物品。n 个出价人对该单位物品的评价是 $0 \leqslant v_1 \leqslant v_2 \leqslant \cdots \leqslant v_n$，而且该些评价是共同知识。出价人 i 同时喊价 b_i。出价最高者赢得该单位物品，而且他支付第二高出价，也就是，如果 i 赢得物品，他的效用是

$$\Pi^i = v_i - \max_{j \neq i} b_j$$

其他人不付出任何东西。

(1) 说明：对每个出价人 i 而言，按自己的评价出价是一种占优策略。

(2) 推断：出价人 n 会赢得该单位物品并获取剩余 $v_n - v_{n-1}$。

(3) 如果每个交易人只知道自己的评价，而不知其他出价人的评价，上面的结果会受影响吗？

习题 11.3**：存在 n 个消费者，效用函数是

$$\Pi^i \equiv t_i + g_i(a, \theta_i)$$

式中，t_i 表示消费者 i 的收入；a 是一项公共决策（比如，公共产品数量）；$g_i(a, \theta_i)$ 是消费者 i 对 a 决策的评价；θ_i 是效用参数；函数 g_i 是共同知识；决策 a 的货币成本是 $C(a)$。

(1) 说明，对一个知道所有参数 $\{\theta_i\}_{i=1}^n$ 的计划者而言，社会最优决策 $a^*(\theta_1, \cdots, \theta_n)$ 最大化

$$\sum_i g_i(a, \theta_i) - C(a) \quad \text{（萨缪尔森规则）}$$

(2) 假定只有消费者 i 自己知道 θ_i。计划者要设计一种机制，使得消费者真实报告他们的评价。然后，计划者执行社会最优决策。考虑下面的博弈：消费者被要求同时报告其评价。消费者 i 报告 $\tilde{\theta}_i$（它也许会不等于 θ_i）。然后，计划者执行决策 $a^*(\tilde{\theta}_1, \cdots, \tilde{\theta}_n)$（也就是说，如果所有消费者都说实话，那么这项决策便会是最优的），并给予转移支付：

$$t_i(\tilde{\theta}_1, \cdots, \tilde{\theta}_n) = K_i + \sum_{j \neq i} g_j(a^*(\tilde{\theta}_1, \cdots, \tilde{\theta}_n), \tilde{\theta}_j) - C(a^*(\tilde{\theta}_1, \cdots, \tilde{\theta}_n))$$

式中，K_i 是一个常数。说明：对消费者 i 而言，报告真实情况（$\tilde{\theta}_i = \theta_i$）是一种占优策略。推断：计划者可以现实最优（完全信息）配置。

遗憾的是，在许多博弈中，剔除劣策略这种方法并不能帮助我们筛选出唯一"合理"的结果（或者它们的有限集合）。博弈 2 是一个同时博弈，便给出这样一个例子。四种策略中没有一种是劣的，剔除劣策略的方法给我们留下了一个未确定的结果。与之相似，在同时选择价格或产量的伯特兰德或古诺博弈中（第 5 章），一个企业的最优行动依赖于另外一个企业的最优行动，这意味着我们有许多非劣策略。

图 11.6 给出了另外两个著名的两人同时博弈的例子。在"掷硬币"中，参与人选择正面或者反面。如果两个参与人的选择是相同的，参与人 1 从参与人 2 那里获得 1；如果两个参与人的选择是不同的，参与人 2 从参与人 1 那里获得 1。在"性别战"中，每个参与人在去看电影或去看比赛之间进行选择。两个参与人总是愿意一起去什么地方，而不愿意单独去任何地方，但参与人 1 喜欢去看电影，而参与人 2 喜欢去看比赛。

在这些情况下，纳什均衡的概念给出了一个较弱的"合理结果"观念。

掷硬币博弈

参与人1 \ 参与人2	H	T
H	1，−1	−1，1
T	−1，1	1，−1

性别战博弈

参与人1 \ 参与人2	M	P
M	3，2	1，1
P	1，1	2，3

图 11.6

定义 策略组合 $\{a_i^*\}_{i=1}^n$是一个纯策略纳什均衡，当且仅当对所有 A_i 中的a_i，

$$\Pi^i(a_i^*, a_{-i}^*) \geqslant \Pi^i(a_i, a_{-i}^*)$$

这里，$a_{-i}^* \equiv (a_1^*, \cdots, a_{i-1}^*, a_{i+1}^*, \cdots, a_n^*)$。换句话说，一个纳什均衡是一个行动组合，使得在视其对手行动是给定的条件下，没有一个参与人希望改变自身的行动。当然，这个定义可以直接扩展到允许混合策略存在的情形。这时，我们令 $\widetilde{A}_i$（A_i 上的概率分布的集合）代表参与人 i 的策略集合，令 Π^i 表示使用混合策略下的期望。

掷硬币博弈表明，在博弈中，纯策略均衡可能不存在。如果参与人 1 选择 H，参与人 2 选择 T，这又诱使参与人 1 希望选择 T，等等。但在这个博弈中，存在混合策略均衡：每个参与人以相同的概率选择 H 和 T。如果这要成为一个均衡，它必然使两种纯策略给每个参与人带来的收益相同。选择 H 使参与人 1 获得

$$\frac{1}{2}\times 1+\frac{1}{2}\times(-1)=0$$

反之，选择 T 使他获得

$$\frac{1}{2}\times(-1)+\frac{1}{2}\times 1=0$$

在一般博弈中，纯策略均衡不是必然存在的，但混合策略均衡总是存在的（见补充节）。

性别战博弈表明博弈可能有多个均衡。$\{M, M\}$ 和 $\{P, P\}$ 是两个纯策略均衡。这里还存在一个混合策略均衡，参与人 1 以 2/3 的概率选择 M（以 1/3 的概率选择 P），参与人 2 以 2/3 的概率选择 P（以 1/3 的概率选择 M）。在这种情况下，我们不清楚应该作出何种预测。对两个参与人而言，没有一个均衡优于其他均衡。另外，历史上的一些因素（没有在这个博弈中描述）也许会暗示，这里存在着一个聚点均衡（举例来说，两个参与人过去交替着去看电影和比赛，而且上周他们去看电影了，因此，本周他们“自然而然”将去看比赛）。[8]这样筛选纳什均衡涉及许多个人化判断（与运用系统化方法相反）。

A_i 常常是一个连续空间（比如说，实数 R），而且 Π^i 常常是可微的。将每个参与人的收益函数对自己的行动求微分，便可以得到一个纯策略均衡（如果存在）。于是，一阶条件是：

$$\Pi_i^i(a_i^*, a_{-i}^*) = 0$$

式中，$\Pi_i^i \equiv \partial \Pi^i / \partial a_i$，它表示对自己的行动的偏导数。（局部二阶条件是 $\Pi_{ii}^i \leqslant 0$。）一阶条件给出了一个有 n 个方程的系统，每一个方程含有 n 个未知数。如果解是存在的，而且对每一个参与人而言，二阶条件都是满足的，这个系统便可给出所求的纯策略纳什均衡（或几个均衡）。举例而言，假定两家（生产有差别的产品）企业进行价格竞争，因此 $a_i = p_i$。对企业 i 产品的需求是

$$q_i = D_i(p_i, p_j) = 1 - bp_i + dp_j$$

式中，$0 \leqslant d \leqslant b$。如果企业 i 的单位成本是 c，那么

$$\Pi^i = (p_i - c)(1 - bp_i + dp_j)$$

注意 Π^i 对 p_i 是凹的。对于 $i=1$，2 而言，一阶条件是

$$1 + dp_j + bc - 2bp_i = 0$$

纯策略纳什均衡是唯一的和对称的：

$$p_1^* = p_2^* = \frac{1+bc}{2b-d}$$

现在，我们回到博弈 1 和博弈 2。同时移动博弈（博弈 2）具有两个纯策略均衡：$\{a_1^1, a_2^1\}$ 和 $\{a_1^2, a_2^2\}$。序贯移动博弈（博弈 1）也包括这两个均衡，这个博弈还包括第三个均衡：$\{a_1^2, a_2^3\}$，它给出了与第二个均衡相同的行动（当然，支付因此也是相同的）。对于同时博弈而言，两个纳什均衡看上去都是合理的。[9]但在序贯移动博弈中，情况就不一样了。在序贯移动博弈中，我们论证这里存在着唯一合理的解（在剔除非优策略之后）。就像我们将会看到的那样，纳什均衡概念只是在所有决策同时作出时适用（只此一次）；当涉及序贯决策时，一般而言，这个概念太弱了。

习题 11.4*：找出在习题 11.1 中定义的博弈的纯策略纳什均衡。

习题 11.5**：消费者沿一个长度为 1 的线性城市均匀分布。每个消费者想从现有企业中的一家购买一单位产品。消费者的运输成本与他距购货企业之间的距离成正比。法律禁止任何形式的价格竞争和服务竞争（不禁止选址竞争），因此，消费者去最近的企业购买产品。企业的效用等于它吸引的消费者数目。选址相同的企业吸引到的消费者数目是相同的。

（1）存在两家企业，它们同时选址。说明纯策略纳什均衡存在且唯一，而且两家企业都将选址于线段的中点。

（2）说明如果存在三家企业，则不存在纯策略纳什均衡。

习题 11.6**：存在 n 个消费者。每一个消费者为公共产品花费的货币数量是 p_i。选择是同时进行的。消费者 i 的效用是

$$U_i(p_1, \cdots, p_n) = g(\sum_{i=1}^{n} p_i) - p_i$$

式中，$g(0)=0$，$g'(0)>1$，$g'>0$，$g''<0$，并且$\lim\limits_{x\to\infty} g'(x)<1$。计算出纳什均衡。讨论均衡的多重性，说明对公共产品的支出太少了。

11.3　精炼均衡

在纳什均衡中，参与人将对手的策略视为给定的，因此不考虑对手的策略影响他们的可能性。在一个参与人观察到对手的一些行动后才作出选择的博弈（我们将这种博弈称为动态博弈）中，这种猜想是天真的，并且会带来一些荒谬的纳什均衡，就像我们在上一节看到的那样。本节介绍对动态博弈中纳什均衡的一种改进，这种改进减少了纳什均衡的不足。

我们再来考虑序贯博弈 1（见图 11.1）和纳什均衡 $\{a_1^1, a_2^1\}$。在这个均衡中，由于参与人 2 威胁要选择 l，所以，参与人 1 没有选择 R。但是，我们假定参与人 1 选择 R，那么，参与人 2 面对这样一个既成事实时会从选择 r 中受益，因为他得到 1 而不是 0。因此，参与人 2 的威胁是不可信的。参与人 1 应该预见到这一点并选择 R。这种选择给他带来的收益是 3——大于选择 L 给他带来的收益。因此，上面提出的纳什均衡就建立在一种不可信的威胁之上，也就是说，当把第二个参与人置于其可以实施威胁的境地中时，他将不会执行威胁行动。

精炼均衡的基本思想是，它（大致上）要求，即使非均衡路径上的情况发生，参与人的行为也是最优的。举例而言，当参与人 1 已经选择了 R 时，参与人 2 选择 l 的决策就不是最优的；$\{a_1^1, a_2^1\}$ 之所以是一个纳什均衡，是因为参与人 2 假定参与 1 人会选择 L（用博弈论的术语来说，即参与人 1 选择 R 是一个零概率事件），所以，选择 l 这项弱优决策不会使参与人 2 付出任何代价。与此相反，一个精炼均衡要求，不管参与人 1 向右移动还是向左移动，参与人 2 都要作出最优选择。对参与人 2 而言，这可以归结为剔除劣策略。这也是在这个博弈中，求解精炼均衡所得到的答案与重复剔除劣策略所得到的答案相同的原因。（对下面将讨论的一类博弈而言，这两种方法会给出相同的答案。）

为了求得精炼均衡，我们要"倒着"计算：知道参与人 2 对参与人 1 的每项可能行动所能作出的最优反应之后，我们便可以"把博弈树折叠"，就像图 11.7 中表示的那样。当参与人 1 选了左或右后，他的评价是 2 和 3。对应地，参与人 2 的评价分别为 0 和 1。（评价表示当参与人到达博弈树中某一点时，他们所得到的支付。）于是，这个博弈便被归结为一个单一决策者的决策问题，其中参与人 1 的最优选择是 R。博弈树中的逆向归纳过程被称为库恩算法（Kuhn，1953）。

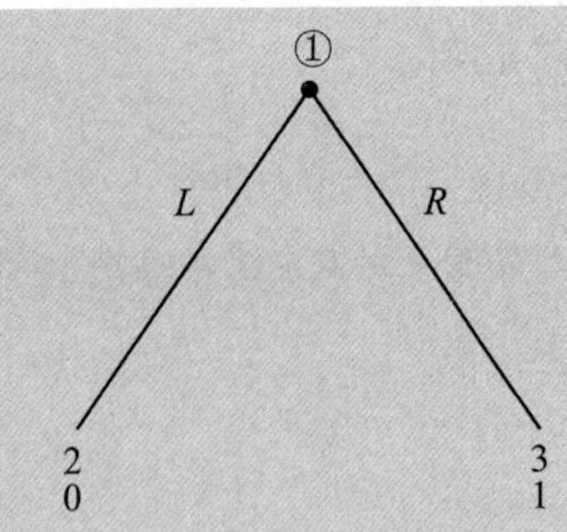

图 11.7

对更一般的博弈而言，我们把（适当的）子博弈定义为初始博弈树的子集，它满足：(1) 从一个只包含单一节点的信息集开始；(2) 对后续节点是闭的（如果一个节点在子博弈中，它的所有后续节点都在子博弈中）；(3) 所有信息集都是初始博弈的信息集。

特别地，一个博弈本身是它自己的一个子博弈。举例来说，博弈 1 具有三个子博弈：它自身和参与人 1 移动后产生的两个子博弈。与之相反，博弈 2 自身是它所具有的唯一子博弈，这是因为上述条件 (1) 发生作用的缘故。（子博弈）精炼均衡 (Selten，1965) 是指一组策略，在任何一个子博弈中，这组策略（适用于这些子博弈的那部分策略）都组成一个纳什均衡。精炼均衡要求不管在博弈树中的哪个点，以及是否位于均衡路径上，参与人所使用的策略都构成均衡策略。一个精炼均衡必然是一个纳什均衡（视大的子博弈由博弈本身构成）。在博弈 1 中，两个二期子博弈是单一决策者的决策问题。这个子博弈中的纳什均衡只意味着决策者（参与人 2）选择了他的最优行动。

用精炼均衡方法求解两类被普遍运用的博弈是非常有效的。这两类博弈是：完美信息博弈和“几乎完美”信息博弈。

11.3.1 完美信息博弈

大致上说，在这些博弈中，轮到行动的参与人知道这之前所有被选择过的行动（具有完美信息）。不涉及同时移动问题。正式地说，所有信息集都只有一个决策节点。博弈 1 是这类博弈的一个例子；第 8 章中的 Stackelberg 博弈和第 6 章中的短期承诺行动价格博弈也属于这类博弈。令人感兴趣的是，在这些博弈中，重复剔除标准型上的弱劣策略给出了精炼均衡（至少对有限博弈而言是这样）。我们从博弈的最终一期或最终节点来看这个问题（在博弈 1 中，有两个最终节点）。最后行动的参与人剔除劣策略（第一阶段剔除）给出了在每个最终节点上他的最优行为。当最终一期行为被折换成评价时，最终一期前面的一期变成了最终一期，剔除劣策略（第二阶段剔除）再次给出了最优行为，等等。这样，在博弈树中，重复剔除劣策略满足逆向归纳法 (Kuhn，1953)。[这两个概念几乎是等价的。把博弈 1 中的收益 3 换成 2，我们便可以得到一个新的博弈，其中这两个概念不是等价的。$\{R, r\}$ 是一个精炼均衡，但它在被剔除的劣策略之列。读者可以检查，在“代理人标准型”中，重复剔除强劣策略恰好给出了精炼均衡集合。11.6.1 小节中给出了代理人标准型的定义；Moulin（1982）给出了剔除弱劣策略的结果。]

例 1： 我们来考虑一个博弈 1 的两期结构代数例子。考虑与 11.2 节中的价格博弈相同的博弈，但在这里，企业 2 在选择自己的行动之前，观察到了企业 1 的价格。逆向归纳逻辑要求，企业 1 会预见到企业 2 将对任何一个 p_1 作出最优反应。也就是说，企业 1 在求解自己的第一期最优化问题之前，应该先求解在第二期企业 2 的最优化问题。知道了 p_1 后，企业 2 最大化 $(p_2-c)(1-bp_2+dp_1)$；因此有

$$p_2 = R_2(p_1) = (1+dp_1+bc)/2b$$

式中，R_2 表示企业 2 的（最优）反应。因此，企业 1 最大化

$$(p_1-c)[1-bp_1+dR_2(p_1)]$$

注意，上式已把 p_1 对于 p_2 的影响考虑在内。于是，上式的解为

$$p_1^* = \frac{(2b+d)(1+bc)-d^2c}{4b^2-2d^2}$$

$$p_2^* = R_2(p_1^*)$$

（序贯博弈中的价格比同时博弈中的价格高。见第 8 章中从策略互补角度作出的解释。）

例 2： 考虑 Rubinstein（1982）的讨价还价博弈，其中有两个参与人。他们必须分一块大小为 1 的馅饼。两个参与人序贯地轮流提出自己应分得的份额。在时期 1，参与人 1 提出他要分得 x_1，x_1 属于 $[0, 1]$；参与人 2 可以接受也可以拒绝 x_1。如果他接受 x_1，他便得到 $1-x_1$，留给参与人 1 的是 x_1。如果他拒绝，在时期 2，他提出要分给参与人 1 的是 x_2，x_2 属于 $[0, 1]$。如果这被接受，参与人 2 在时期 2 便得到 $1-x_2$，参与人 1 得到 x_2；如果参与人 1 拒绝 x_2，在时期 3，他提出要分得 x_3，如此等等，两个参与人轮流提出分配方案，直到其中之一接受了对手的方案为止。如果他们在第 t 期达成协议分给参与人 1 的是 x_t，则参与人 1 的支付是 $\delta^t x_t$，参与人 2 的支付是 $\delta^t(1-x_t)$。贴现因子 δ 属于 $(0, 1)$。在这个模型中，缺乏耐心（对未来贴现）是二者达成协议的推动力。这是一个完美信息博弈。每一个参与人在提出或对一项分配方案作出反应时，都知道在此之前双方所采取的所有行动。假定存在 T 期。为了求解精炼均衡，首先我们来考察最后一期。由于另外一个参与人将不能再提出分配方案，所以，在 T 期提出分配方案的参与人明显地会要求将整个馅饼都留给自己。因此，如果 T 是偶数，则 $x_T=0$；如果 T 是奇数，则 $x_T=1$。在 $T-1$ 期，提出分配方案的参与人会提议分给另外一个参与人一份馅饼，使得后者在接受这份馅饼与在 T 期得到整个馅饼间是无差异的，等等。

习题 11.7** **:** 对于 $T=2, 3, \cdots$，求解上述讨价还价博弈。说明当 T 趋于正无穷时，x_1 趋于 $1/(1+\delta)$。

下面我们集中讨论无限期界而不是有限期界的情况（有限期界的情况见习题 11.7)，这是为了说明可以用价值函数取代直接的逆向归纳法。我们假设时期是无限的。给定博弈没有结束（没有分配方案被接受)，则博弈在所有奇数时期“看上去都是相同的”；对偶数时期而言也是这样。我们来寻找“稳态策略”：当轮到参与人 1 提出分配方案时，他总是要求分得 x_1。当轮到参与人 2 提出分配方案时，他总是要求分给对手 x_2。这些出价和任何对作出反应的参与人更优惠的方案总会被接受，而任何较不利的方案都会被拒绝。

令 V_i 代表当轮到参与人 i 提出分配方案时他的评价，也就是说，V_i 是当参与人 i 提出一项（最优）分配方案时，他所期望的支付。令 W_i 代表当轮到另外一个局中人提出分配方案时，参与人 i 的评价。注意，由于策略是稳态的，这些评价不依赖于时间。还要注意，由 x_1 和 x_2 的定义，我们有

$$V_1=x_1,\ W_2=1-x_1,\ V_2=1-x_2,\ W_1=x_2$$

$$V_1+W_2=V_2+W_1=1$$

现在，当参与人 1 提出分配方案时，他提议分给参与人 2 的份额使得后者在现在接受这项分配方案和再多等待一个时期这两者之间恰好是无差异的（提议分给参与人 2 更多的馅饼是没有必要的)。这样，

$$1-x_1=\delta(1-x_2)$$

或

$$W_2=\delta V_2$$

类似地，当轮到参与人 2 提出分配方案时，他提议：

$$x_2=\delta x_1$$

或

$$W_1=\delta V_1$$

由于这个博弈是对称的，因此 $V_1=V_2=V$，$W_1=W_2=W$。这样，$W=\delta V$ 和 $V+W=1$ 使我们得出 $V=1/(1+\delta)$ 和 $W=\delta/(1+\delta)$。于是，提出分配方案的参与人得到 $1/(1+\delta)$，而另外一个参与人得到余下的部分：$\delta/(1+\delta)$。均衡策略是这样的：提出分配方案的参与人提议分给另外一个参与人 $\delta/(1+\delta)$；另外一个参与人接受任何大于或等于$\delta/(1+\delta)$的份额，拒绝任何其他份额。

注意，这个均衡是当 T 趋于正无穷时，有限期界均衡的极限（见习题 11.7)。Rubinstein 指出，这个均衡也是无限期界博弈的唯一均衡。[10]

习题 11.8*：** 说明无限期界均衡是唯一的。提示：引入下面的评价。在精炼均衡集合中，$\overline{V}_i$ 是当参与人 i 提出分配方案时，他可能得到的最高支付；$\underline{V}_i$ 是他可能得到的最低支付。类似地，我们可以定义 $\overline{W}_i$ 和$\underline{W}_i$。这些数之间的关系是怎样的？推断 $\overline{V}_i=\underline{V}_i=1/(1+\delta)$ 和 $\overline{W}_i=\underline{W}_i=\delta/(1+\delta)$。

习题 11.9*： 考虑下面简单的审查博弈：一家企业可以选择一项反竞争行动（也就是它可以进行掠夺），也可以不选择这项行动。进行掠夺给它带来（额外的）货币收益，$g>0$。反托拉斯当局可以审查这家企业，也可以不审查。审查成本是 $c>0$。如果企业已采取掠夺行动并且反托拉斯当局对之进行审查，这家企业要支付罚款 $p>g$；反托拉斯当局的收益是 $s-c>0$。如果企业没有采取掠夺行动而反托拉斯当局审查了它，或者如果反托拉斯当局不采取审查行动，则企业无须支付罚款，并且反托拉斯当局的收益是 $-c$ 或 0。

（1）假定反托拉斯当局在选择是否审查企业之前，观察到企业是否采取了掠夺行动。画出博弈树。精炼均衡是什么？

（2）假设在反托拉斯当局选择是否审查企业之前，它没有观察到是否发生了掠夺行动。画出博弈树。论证这个博弈中不存在纯策略均衡。计算混合策略均衡。罚款的变化是如何影响这个均衡的？

11.3.2　“几乎完美”信息博弈

假定博弈可被分解为若干时期 $t=1, 2, \cdots, T$（T 是有限的或是无限的），在每个时期 t，参与人同时选择行动；他们知道在时期 1 和时期 $t-1$ 之间每个人选择过的所有行动。由于这种博弈只是在一个时期内引入了同时性，因此，我们把这样的扩展型称为“几乎完美”信息博弈。这种博弈最简单的例子是“重复博弈”，其中，一个简单的一期同时移动博弈（像图 11.2、图 11.5 和图 11.6 中刻画的那些博弈）被重复 T 次，在时期 t，参与人知道 t 之前的所有移动。在重复博弈中，时期之间没有实际联系。[11] 与此相反，第 5 章中的序贯数量-价格博弈和第 7 章到第 9 章中的进入、和解与退出博弈涉及所有类型投资之间的实际联系。举例来说，当企业干中学时，由于成本结构已经发生了变化，t 期的价格竞争看上去不会与 $t-1$ 期的价格竞争一致。我们在这里简要介绍一下重复博弈就足够了。（如果你想对重复博弈了解得更多，请看第 6 章。）

例：重复博弈　我们回到 11.2 节中描述的“囚徒困境”博弈，我们假设参与人重复地进行这个博弈（并可了解过去的移动）。假设每个参与人的支付等于他们每期支付的贴现值[贴现因子 δ 在 (0, 1) 区间]。首先，我们假定博弈要进行 T 期，T 是有限值。为了求解精炼均衡，我们从 T 期开始逆向计算。在时期 T，不管过去发生了什么，参与人的策略必然给出一个纳什均衡。由于 T 期支付是可分离出来的，并且它不受过去移动的影响，参与人的策略必然给出一个一期博弈的纳什均衡。因此，不管过去发生了什么，从 11.2 节中我们都可以得出，$a_1^*(T)=a_2^*(T)=F$。两个参与人都要告发对方。考虑 $T-1$ 期的情况。不管过去发生了什么，参与人的策略必须构成一个两期纳什均衡。但是，最终两期实际上与从前发生的移动无关，而且 T 期结果与 $T-1$ 期所发生的移动无关。因此，参与人在 $T-1$ 期的策略也必须构成一个一期纳什均衡。在 $T-1$ 期，两个参与人也都要告发对方。通过逆向归纳法，在所有时期，两个参与人都要互相告发对方。这是一个更一般的结果的一部分：如果一期博弈的均衡是唯一的，T 期博弈均衡不过是这个均衡的 T 次重复。[12] 当 $T=+\infty$ 时（这里存在着“在无穷时的不连续性”），这个性质是不成立的。不管过去发生了什么，两个参与人互相告发对方仍是一个精炼均衡：给定现在作出的选择不会影响将来的结果（他们在任何时候都告发对方），那么两个参与人都应该告发对方以最大化自己的瞬时收益。但这里还存在着其他均衡。举例而言，考虑下面的对称策略：在任何时期 t，一个参与人采取合作行动，当且仅当两个参与人在时期 1 和 $t-1$ 期之间都采取了合作行动。在时期 1，两个参与人都采取合作行动。只要$\delta>1/5$，这就构成了一个精炼均衡：在一个以时期 t 开始的子博弈中，如果一个参与人过去告发过对方，那么他们将永远互相告发下去。我们已经知道，这样的策略是精炼的（因此，它们也构成纳什均衡）。在一个过去从来没有人告发过对方的子博弈中，这些策略也构成一个纳什均衡；从 t 以后，它们给出

$$2(1+\delta+\delta^2+\cdots)=2/(1-\delta)$$

如果一个参与人偏离了均衡并在 t 期告发对方，他将得到

$$3-2(\delta+\delta^2+\cdots)=3-\frac{2\delta}{1-\delta}$$

这是因为，从时期 $t+1$ 以后，两个参与人的策略都会是“永远告发对方”，因此，一个参与人采取合作行动的条件是

$$\frac{2}{1-\delta}>\frac{3-5\delta}{1-\delta}$$

（从维持合作行动中得到的长期收益超过了从偏离均衡中得到的短期收益），这要求$\delta>\frac{1}{5}$。

对于无限期界而言，还存在许多其他均衡。当贴现因子非常接近于 1 时，所谓的无名氏定理精确地刻画了一般无限期界重复博弈的精炼均衡集。[13]

11

11.4 贝叶斯均衡

11.4.1 不完美信息或不完全信息博弈

博弈论理论家区分了不完美信息和不完全信息。大致上说，一方面，当一个参与人不知道其他参与人事先采取了什么行动时，他的信息就是不完美的。另一方

面，当一个参与人不知道其对手的精确特征（偏好、策略空间）时，他的信息就是不完全的。[14]例如，考虑企业间的研发竞争。如果企业不知道它们竞争对手的单位研发成本（或者它们所拥有的工程师的才能），那么企业之间进行的谋求专利的动态博弈是不完全信息博弈；但如果在一个给定时点，各企业不知道它们的竞争对手至今已在研发上支付了多少费用，那么这个博弈就是不完美信息博弈。实际上，这种区分多少只是语义学意义上的——一个不完全信息博弈可以被转换成一个不完美信息博弈。为此，我们首先引入一个新的参与人——“自然”，它选择每个参与人的特征或类型；然后假设，除了当事人自己外，其他参与人不知道自然选择了何种类型［参见 Harsanyi（1967-68）］。[15]11.5 节中给出的均衡概念包含了不完全和不完美信息博弈。

参与人 i 的特征（或类型）t_i 包括了与他所作决策相关的一切。[16]在实际中，通常假定 t_i 是参与人 i 目标函数的某个参数（举例来说，它是成本或需求参数），只有参与人 i 知道它。进一步假设，参与人的类型取自某一事先已知的分布

$$p(t_1, \cdots, t_i, \cdots, t_n)$$

且这个分布是共同知识。于是，给定参与人 i 自己的类型 t_i，他关于其竞争对手类型

$$t_{-i} \equiv (t_1, \cdots, t_{i-1}, t_{i+1}, \cdots, t_n)$$

的条件概率是

$$p_i(t_{-i} \mid t_i)$$

11.4.2　静态不完全信息博弈

在这一小节，我们只讨论参与人同时移动，从而没有一个参与人能有机会对其他参与人的行动作出反应的博弈。因此，我们可以暂时离开 11.3 节中讨论过的精炼均衡问题。而且重要的是，我们没有必要担心参与人所作出的关于他们对手类型的推断，这是因为在任何行动被观察到之前，参与人便已经作出了所有行动。因此，关于对手类型的推断是无关的。动态不完全（或不完美）信息博弈将在 11.5 节中讨论。（注意，在动态博弈中，推断问题会变得非常重要。）

我们假设，参与人 i 在 A_i（像以前一样，A_i 可被扩大以包括混合策略）中选取某行动 a_i，并且其事后支付是

$$\Pi^i(a_1, \cdots, a_n, t_1, \cdots, t_n)$$

参与人 i 的决策自然依赖他的信息 t_i：记 $a_i(t_i)$ 为参与人 i 的行动。Harsanyi 的贝叶斯均衡是纳什均衡在不完全信息博弈的自然一般化。它假设，每一个参与人 i 正确地预见到所有参与人 $j \neq i$ 所采取的行动。由于这些行动是依赖于类型的，他

正确地计算出函数 $\{a_j(t_j)\}_{j\neq i}$。

定义 贝叶斯均衡是类型依存策略 $\{a_i^*(t_i)\}_{i=1}^n$ 的集合，使得每一个参与人最大化他的依存于其类型的期望效用，把其他参与人的类型依存策略看作给定的：$a_i=a_i^*(t_i)$ 最大化

$$\sum_{t_{-i}} p_i(t_{-i} \mid t_i)\Pi^i(a_1^*(t_1), \cdots, a_i, \cdots, a_n^*(t_n), t_1, \cdots, t_i, \cdots, t_n)$$

换言之，参与人 i 预见到，如果参与人 j 的类型是 t_j，他将采取行动$a_j^*(t_j)$；但参与人 i 并不知 t_j 为何，他自然要计算自己的期望效用。你也可以设想参与人 i 具有几种化身，比如一个类型是 t_i 的参与人 i 和另外一个不同的、类型是 t_i'的参与人 i。究竟哪一种化身与其他参与人进行博弈，是按照先验分布抽取出来的。因此，贝叶斯均衡可被看成一个具有 $\sum_i|T_i|$ 个参与人的纳什均衡，其中 $|T_i|$ 是参与人 i 可能具有的类型的数目。

例 1：我们从一个简单的例子谈起。在图 11.8 给出的两人同时移动博弈中，参与人 1 只具有一种类型（参与人 2 对参与人 1 具有完全信息）。参与人 2 具有两种可能的类型：t_2 和 t_2'。参与人 2 知道自己的类型，而参与人 1 认为他的类型是 t_2 或 t_2'的概率是相同的。每个参与人可以采取两种行动［对参与人 1 而言是上（U）或下（D），对参与人 2 而言是左（L）或右（R）］。每个方框都表示出了参与人 1 和 2 的支付向量。举例来说，上面最左边的方框表示，如果参与人 1 选择上，而参与人 2 的类型是 t_2 并选择左，他们分别得到 3 和 1。注意，参与人 1 的支付只依赖于双方所选取的行动，而不依赖于参与人 2 的类型。这里，求解贝叶斯均衡是较简单的。参与人 2 的每个类型都具有一个占优策略。不管参与人 1 采取什么行动，t_2 都选择 L 而 t_2'都选择 R［这就是说，$a_2^*(t_2)=L$ 和 $a_2^*(t_2')=R$］。现在，一切就像是参与人 1 面对着一个以相同的概率选择 L 和 R 的对手一样，这是因为 t_2 和 t_2'是等可能的。这样，通过选择 U，参与人 1 得到$\frac{1}{2}\times(3+2)$；通过选择 D，参与人 1 得到$\frac{1}{2}\times(0+4)$。因此，$a_1^*=U$。

	类型 t_2		类型 t_2'	
参与人 1 \ 参与人 2	L	R	L	R
U	3，1	2，0	3，0	2，1
D	0，1	4，0	0，0	4，1

图 11.8 博弈 4

例 2：考虑古诺双寡头（数量）竞争。记企业 i 的利润为二次函数：$\Pi^i=q_i(t_i-q_i-q_j)$，这里 t_i 是线性需求函数的截距与企业 i 的不变单位成本之差（$i=1, 2$），而 q_i 是企业 i 选择的产量（$a_i\equiv q_i$）。$t_1=1$ 是共同知识（企业 2 关于企业 1 具有完全信息）。企业 2 关于自己的单

位成本具有私人信息。企业 1 只知道 $t_2=3/4$ 或 5/4，且 t_2 在这两者之间取值的概率相等。于是，企业 2 就有两种可能的类型，我们将把它们称为“低成本类型”（$t_2=5/4$）和“高成本类型”（$t_2=3/4$）。两家企业同时选择产量，我们找出一个纯策略均衡。企业 1 选择 q_1，企业 2 选择 q_2^{L}（如果 $t_2=5/4$）或者 q_2^{H}（如果 $t_2=3/4$）。我们从企业 2 开始：

$$q_2(t_2)\in \arg\max_{q_2}[q_2(t_2-q_2-q_1)]\Rightarrow q_2(t_2)=(t_2-q_1)/2$$

式中，“arg max”表示使目标函数最大化的值的集合。现在，我们再来考虑企业 1，它不知道它所面对的企业 2 究竟是哪种类型。

$$\begin{aligned}&q_1\in \arg\max_{q_1}[\frac{1}{2}q_1(1-q_1-q_2^{\mathrm{H}})+\frac{1}{2}q_1(1-q_1-q_2^{\mathrm{L}})]\\&\quad\Rightarrow q_1=(1-\mathrm{E}q_2)/2\end{aligned}$$

式中，E(·) 表示对企业 2 的类型取期望。可是，

$$\mathrm{E}q_2=\frac{1}{2}q_2^{\mathrm{H}}+\frac{1}{2}q_2^{\mathrm{L}}=(\mathrm{E}t_2-q_1)/2=(1-q_1)/2$$

于是你可以得到 $\{q_1=\frac{1}{3},\ q_2^{\mathrm{L}}=\frac{11}{24},\ q_2^{\mathrm{H}}=\frac{5}{24}\}$ 是一个（可证明是唯一的）贝叶斯均衡。这个简单的例子告诉我们，你如何可以像计算三人博弈中的纳什均衡那样，计算这里的贝叶斯均衡。[17]

例 3：假设两个参与人同时出价竞买一件不可分物品（$a_i\equiv b_i$）。出价最高的参与人得到这件物品，并按其出价支付价格。（这样，如果 $b_i>b_j$，i 得到这件物品并向卖者支付 b_i。如果 $b_i=b_j$，物品将被随机出售给 i 或 j——这种情况下的拍卖规定是不重要的，这是因为 $b_i=b_j$ 的概率为 0。）参与人 i 的类型 t_i 是他对物品的评价，因此，如果他赢得这件物品，他得到 t_i-b_i；反之，他得到 0。类型 t_i 是独立地从 [0，1] 上的均匀分布中抽取出来的。我们找出一个贝叶斯均衡，其中，参与人的出价是他对物品评价的严格递增的可微函数。由于这个博弈是对称的，我们导出对称均衡策略：$b=b^*(t)$。当参与人 i 的类型是 t、出价是 b 时，他的收益是

$$\Pi^i=(t-b)\mathrm{Prob}(b_j<b)$$

式中，Prob 代表“某事件的概率”。由于策略是严格递增的，

$$\mathrm{Prob}\{b_j<b\}=\mathrm{Prob}\{b_j\leqslant b\}$$

但是，由参与人 j 的策略，我们有

$$\begin{aligned}\mathrm{Prob}\{b_j<b\}&=\mathrm{Prob}\{b^*(t_j)<b\}\\&=\mathrm{Prob}\{t_j<b^{*-1}(b)\equiv\Phi(b)\}\\&=\Phi(b)\end{aligned}$$

式中，$\Phi(b)$ 表示 b^* 的反函数 [$\Phi(b)$ 是指当参与人 j 出价为 b 时他对物品的评价]，并且我

11

们使用了类型呈均匀分布这个事实（如果θ在［0，1］上呈均匀分布，并有$k\in[0, 1]$，那么$\text{Prob}\{\theta\leqslant k\}=k$）。这样，参与人$i$最大化

$$\Pi^i=(t-b)\Phi(b)$$

它给出了一阶条件

$$-\Phi(b)+(t-b)\Phi'(b)=0$$

现在，为使$b^*(\cdot)$也成为参与人i的最优策略，当参与人i出价b时，他的类型必须是$t=\Phi(b)$。因此，

$$\Phi(b)=[\Phi(b)-b]\Phi'(b)$$

显然，这个微分方程的解是$\Phi(b)=2b$。因此，这个博弈的一个贝叶斯均衡是每一个参与人的出价都是其对物品评价的一半：$b^*(t)=t/2$。[18] 类似的技巧可用来求解“消耗战”，见9.9节。

习题 11.10**：考虑n个出价人的最高出价拍卖。每个出价人对拍卖品的评价独立地从［0，1］上的累积分布$F(t)=t^a$中抽取出来。说明，在均衡中，出价函数对出价者对拍卖品的评价是线性的。当n趋于正无穷时，会发生什么情况？

习题 11.11**：假定每个出价人对一件物品价值的估计都会对其他出价人自身对该物品价值的估计产生影响。这种情况的极端情形是共同价值拍卖，其中，物品的事后价值（比如说，一项石油租约）对所有出价人而言是相同的，而且每个出价人对共同价值都有自己的估计，这种估计是不完美的。于是，赢得这件物品给获胜者传递了不良消息，获胜者由此而知其他出价人认为该物品价值较低。一个理性的出价人必然会预见到这种情况。考虑对一件具有共同价值$\theta=x_1+x_2$的物品进行的最高出价拍卖。参数x_1和x_2独立地取自［0，1］上的均匀分布。存在两个出价人，$i=1$，2。出价人i知道x_i而不知道x_j。

（1）非正式地论证，如果参与人i获胜，他的收益必定小于$x_i+1/2-b_i$（这里b_i是获胜者的出价）。

（2）找出一个对称均衡。记$x=\Phi(b)$为逆出价函数。论证：对给定的x_i，b_i［$=\Phi^{-1}(x_i)$］最大化

$$\{x_i+E[x_j \mid x_j\leqslant\Phi(b_i)]-b_i\}\Phi(b_i)$$

（3）计算均衡出价函数。（提示：它是线性的。）

11

例 4：同时移动的完全信息博弈通常允许混合策略均衡的存在。有些研究者不喜欢这个概念。这是因为，“现实世界中的决策制定者是不会掷硬币的”。但正如 Harsanyi（1973）已经证明的，完全信息博弈中的混合策略均衡常常可被证明是发生轻微扰动的不完全信息博

弈中纯策略均衡的极限。实际上，我们已经注意到，在贝叶斯博弈中，一旦参与人的类型依存策略被计算出来，每个参与人就会像面对着选择混合策略的对手一样行动。（自然通过选择参与人的类型而不是硬币的正反面造成了不确定性。）为了描述这种构造的机制，我们来考虑图 11.9 给出的一期形式的"抓钱博弈"。每个参与人有两种可行的行动：投资和不投资。在这个博弈的完全信息形式中，如果只有一家企业进行投资，则这家企业得到 1（也就是说它胜利了）；如果两家企业都进行投资，则它失掉 1；如果它不进行投资，则它不赔不赚。（我们可将这个博弈视为自然垄断市场的一个最原始的表示。）唯一的对称均衡要涉及混合策略：每家企业投资的概率是1/2。这显然是一个均衡：如果每家企业都不投资，它们都得到 0；如果每家企业都进行投资，它们都得到$\frac{1}{2}\times1+\frac{1}{2}\times(-1)=0$。现在考虑同样的博弈，但这时信息是不完全的，两家企业具有相同的收益结构。除了在胜利的情况下，它得到 $1+t$，t 在 $[-\varepsilon, +\varepsilon]$ 上呈均匀分布。每家企业都只知道自己的类型 t，而不知道另外一家企业的类型。现在，我们可以很容易地看出，对称的纯策略，"$a(t<0)=$不投资，$a(t\geqslant0)=$投资"构成了一个贝叶斯均衡。从每一家企业的观点看，另外一家企业投资的概率都是 1/2。这样，当且仅当$\frac{1}{2}(1+t)+\frac{1}{2}\times(-1)\geqslant0$，即 $t\geqslant0$ 时，企业才应该投资。由于给定类型，一个参与人有唯一最优行动，因此，参与人拒绝用一个规定的概率（前面是 1/2）进行随机选择将不会给我们带来麻烦。当 ε 收敛于 0 时，纯策略贝叶斯均衡收敛于完全信息博弈的混合策略纳什均衡。

参与人 1 \ 参与人 2	I	N
I	$-1, -1$	$1, 0$
N	$0, 1$	$0, 0$

图 11.9　抓钱博弈

由于完全信息博弈是一种理想化（在实际中，每个人关于其他参与人的目标至少会具有一点不完全信息），因此，Harsanyi 的论证表明，我们很难以"随机选择"为由拒绝混合策略均衡。[19]

11.5　精炼贝叶斯均衡

现在，我们来研究动态不完全（或不完美）信息博弈。这些博弈的微妙特征在于，当一个参与人对另一个参与人的行动作出反应时，他可以从后者的行动中推断出有关信息。自然我们假定，这种推断过程采取了贝叶斯修正的形式，即根据假设的均衡策略和观察到的行动修正有关行动者特征或行动的信息。这些博弈中的均衡概念是动态博弈中的（子博弈）精炼均衡概念和不完全信息博弈中的贝叶斯均衡概念两者的组合。本节介绍这类均衡概念中最简单的一个：精炼贝叶斯均衡（PBE）[20]，并给出这个均衡概念的四种简单应用。

图 11.10 给出了一个简单的不完美信息博弈，我们从这个博弈开始研究精炼贝叶斯均衡这一概念。此博弈是一个三人三期博弈。在时期 1，参与人 1 可从三种行动："左"（L_1）、"中"（M_1）和"右"（R_1）中选取一种行动。如果参与人 1 选取了后两种行动中的一种，则轮到参与人 2 在"左"（L_2）和"右"（R_2）之间作出选择，这时他并不知道参与人 1 的确切选择（他只知道参与人没有选择 L_1）。参与人 2 的不完美信息由信息集 $\{M_1, R_1\}$ 来表示，这个信息集由环绕着两个相应节点（n_2 和 n_3）的线刻画出来。给定他的信息状况，参与人 2 在节点 n_2 和 n_3 面临着相同的选择。最后，对于行动 $\{M_1, R_2\}$ 和 $\{R_1, L_2\}$ 而言，参与人 3 必须于第三期在"左"（L_3）和"右"（R_3）之间作出选择，他并不知道博弈已到达了哪一个节点（n_4 还是 n_5）。博弈树的底部给出了每个参与人的目标函数值。举例来说，对行动 $\{M_1, L_2, R_3\}$ 而言，参与人 1 获得 3，参与人 2 获得 2，参与人 3 获得 0。

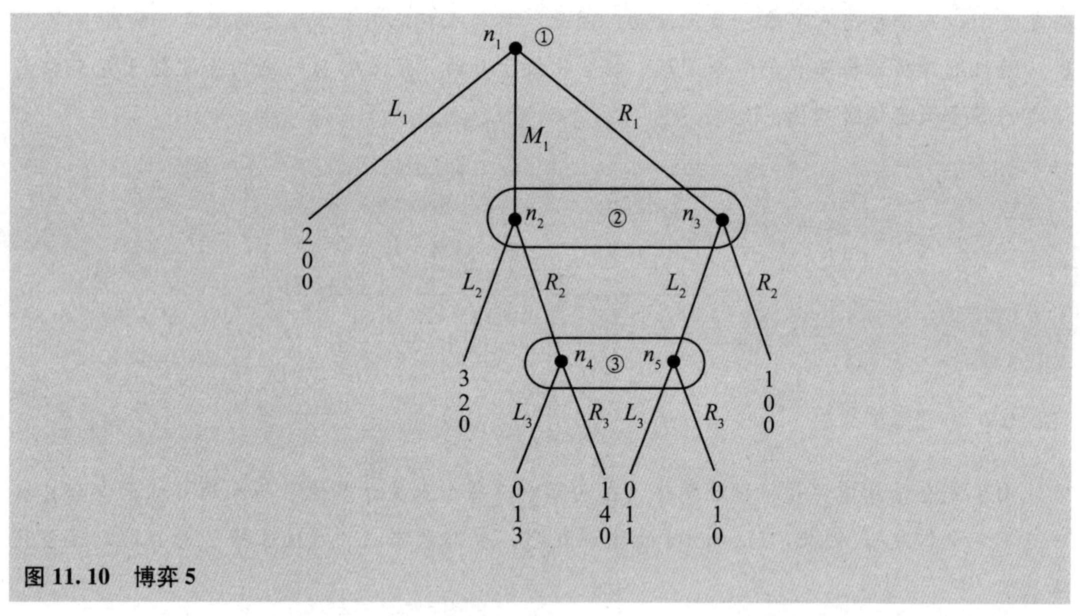

图 11.10 博弈 5

下面这个寓言对理解贝叶斯均衡概念应该是有所裨益的。假定一名经济学家必须解出博弈 5，但他不知道从何着手，他向两位具有非常专门才能的人寻求帮助。

经济学家所求教的第一个人是一位博弈论理论家。他精通解动态博弈中的精炼均衡的方法，即在 11.3 节中所描述的方法。另外，他也熟悉决策理论，理解期望效用（收益）概念。但是，他不知道可用贝叶斯法则计算事后概率分布。博弈论理论家扫视了一下图 11.10 中的问题后，首先想解出参与人 3 的决策问题。遗憾的是，他发现只有在参与人 3 给博弈到达节点 n_4 这种情况赋予主观概率（比如说 μ_3）

的条件下（博弈到达 n_5 这种情况的条件概率是 $1-\mu_3$），才能把这个问题形式化为一个经典决策问题。与之类似，参与人 2 的决策问题依赖于他给博弈到达节点 n_2 这种情况赋予的概率（μ_2）。于是，博弈论理论家以科学的态度行事。他承认自己对每一个信息集合［这里是 $\mu=(\mu_2, \mu_3)$］上的概率是无知的，然后说："如果我知道主观概率 μ，那么这个博弈便与完美信息博弈相同，这样我就可以解出它了。"实际上，给定 μ_3，参与人 3 会选择最大化其预期收益的行动。参与人 2 知道参与人 3 的最优策略，给定主观概率 μ_2，他也会最大化其期望效用。最后，给定其他参与人的最优策略，参与人 1 会依照其自身的利益行事。因此，博弈论理论家回复经济学家说，可用逆向归纳法得到主观概率 μ 和最优策略二者之间的对应：

$$a^*(\mu) = \{a_1^*(\mu), a_2^*(\mu), a_3^*(\mu)\}$$

这里的 a_i^* 可以是混合策略。

经济学家求教的第二个人是一位贝叶斯统计学家。对他来说，计算后验概率分布只是次要的事情，但是，他既不熟悉博弈论也不熟悉决策理论。怀有一种科学态度的他说："如果我知道策略组合 $a=\{a_1, a_2, a_3\}$，我就可以计算出参与人应该给不同节点赋予的概率。"举例而言，如果参与人 1 采取每一个行动的概率都是 1/3，那么给定博弈到达了参与人 2 的信息集合，参与人 2 必须给节点 n_2 赋予概率 $\mu_2=1/2$。进一步，如果 $a_2=R_2$，参与人 3 会给节点 n_4 赋予概率 $\mu_3=1$。如果参与人 1 选择 $a_1=L_1$（概率为 1），会发生什么情况呢？这时参与人 2 可以给节点 n_2 赋予任何一个概率，因为任何概率都是与贝叶斯法则相容的（"博弈到达参与人 2 的信息集合"这个事件的概率是 0）。[21]统计学家报告了与每一个策略集合相对应的推断集合 $\mu^{\text{Bay}}(a)$，在贝叶斯意义上，它们是与这些策略相容的。

我们可以很容易地猜到这个寓言的结论。统计学家提出，他用以计算概率的策略应该是参与人实际上所采用的策略，这应由博弈论理论家提供给他。博弈论理论家建议，参与人的主观概率应建立在对其他参与人行为进行研究的基础之上，他要求统计学家为他提供这些概率。他们两个都同意均衡概念应该清楚地表示出两种建议的相容性。结果，他们定义了一个精炼贝叶斯均衡，它是满足

$$a \in a^*(\mu^{\text{Bay}}(a)) \tag{11.1}$$

的策略组合 a，并且他们还把这些策略与一个推断系统结合起来。该推断系统满足

$$\mu \in \mu^{\text{Bay}}(a^*(\mu)) \tag{11.2}$$

从而维持均衡。

因此，最优策略（以及与之相关联的推断）满足不动点条件：

（1）给定推断，策略是最优的。

（2）推断是应用贝叶斯法则，从策略和所观察到的行动中得到的。

Selten（1975）把精炼贝叶斯均衡概念作为"精炼均衡"，Kreps 和 Wilson

11

(1982) 把它作为“序贯均衡”引入正式的博弈论文献。[22] 虽然 Selten 是这一概念的创始人，但 Kreps 和 Wilson 更强调推断[23]，使得这个概念更具应用性，并且为建立在对零概率事件推断所作限制基础之上的改进工作铺平了道路（有关例子参见 11.6 节），他们必须得到肯定。

评论 关于贝叶斯修正的含义，我们已进行了非正式的论述。最起码，在均衡路径上可能到达的信息集应被赋予与贝叶斯法则相容的推断。这给 PBE 下了一个非常弱的定义，只是在一些简单的博弈中（例如，11.6 节中的信号传递博弈），它才是与序贯均衡相一致的。在更加复杂的博弈中，对均衡路径之外的推断的相容性要加以进一步限制，这会给出 PBE 的一个更强的、更合理的形式。Kreps 和 Wilson（见 11.6.1 小节）的一致性要求是这种限制之一。

我们如何计算博弈的精炼贝叶斯均衡？PBE 作为对应的不动点这种特征，向我们暗示出一种计算方法。但是，计算一个不动点实在是太冗长乏味了。如果我们很好地理解了定义，直觉常常会使我们直接解决问题。解 PBE 没有通用的方法；但有些系统性技巧在解问题时是很有用的。图 11.10 给出的博弈实际上是很简单的。对参与人 3 而言，选择 L_3 是一项占优策略。因此，无论 μ_3 为何，$a_3=L_3$。因此，我们可将这个博弈转换成一个两期两人博弈，如图 11.11 所示。（由于参与人 3 并没有在这个博弈中采取行动，因此我们省略了其目标函数值。）

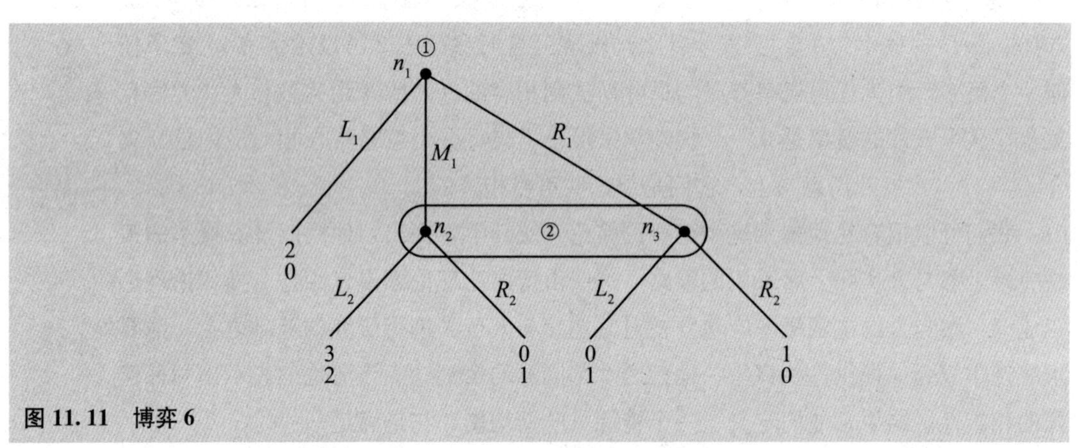

图 11.11 博弈 6

现在，我们看到参与人 2 也具有一项占优策略：L_2。因此，参与人 1 的最优行动是 M_1。结果，唯一的 PBE 由 $a=(M_1, L_2, L_3)$ 给出，与它相关联的还有推断集（$\mu_2=1$，$\mu_3\in[0, 1]$）。

这个博弈实际上是很平常的。由于占优策略的存在，博弈论理论家可以在没有统计学家帮助的条件下找到均衡路径。

我们现在来解四个简单而不平常的博弈，它们在产业组织理论中很重要。在这些博弈中（与上述博弈相反），存在着逆向归纳法与前向贝叶斯推断之间的相互作用。前两个博弈是不完全信息博弈，其中，当知道信息的一方在两种行动之间作出选择时，也许会显示出私人信息。在第三个博弈中，一个参与人的私人信息能通过一种复杂（二维）行动显示出来。这里简单的经济学推理会表明均衡路径必然为何。第四个博弈给出了一个不完美信息博弈的例子。

11.5.1 一个两期声誉博弈

下面是 Kreps-Wilson-Milgrom-Roberts 声誉模型的一个非常简化的形式。存在两家企业（$i=1, 2$），在第一期中，两家企业都在市场中。只有企业 1（“在位者”）采取行动 a_1。企业 1 的行动空间中具有两个元素：“掠夺”和“和解”。如果企业 1 采取和解行动，企业 2（“进入者”）的利润是 D_2；如果企业 1 采取掠夺行动，则企业 2 的利润是 P_2，$D_2>0>P_2$。企业 1 有两种可能类型：“理智”和“疯狂”；企业 1 的类型记为 t_1。当企业 1 是理智型时，它采取和解行动会得到利润 D_1；采取掠夺行动会得到利润 P_1，$D_1>P_1$。因此，一家理智型企业喜欢采取的是和解行动而不是掠夺行动。但是，企业 1 更愿意成为一个垄断者，这样它每期得到的利润是 M_1，$M_1>D_1$。当企业 1 是疯狂型时，企业 1 喜欢掠夺性行为并采取掠夺行动（它的效用函数使得采取掠夺行动总是值得的）。设 P_1 表示企业 1 是理智型的先验概率，从而 $1-p_1$ 表示企业 1 是疯狂型的先验概率。

在第二期中，只有企业 2 采取行动 a_2。a_2 是两项可能行动之一：“坚持”和“退出”。给定企业 1 是理智型，如果采取坚持行动，企业 2 得到收益 D_2，如果企业 1 是疯狂型，“坚持”给企业 2 带来收益 P_2。也就是说，除非企业 1 是疯狂型，否则它将不会在第二期采取任何掠夺性策略，这是因为它没有理由在博弈的终点建立并维持声誉（这个假设可以从对二期竞争的描述中推导出来）。如果企业 2 采取坚持行动，理智型企业得到 D_1；如果企业 2 采取退出行动，则它得到 M_1，$M_1>D_1$。记 δ 为两个时期之间的贴现因子。

我们假设疯狂型企业总是选择掠夺行动。于是，我们要研究的有趣问题是理智型企业的行为是怎样的。从一个静态的观点来看，如果企业 1 是理智型，它应愿意在第一期采取和解行动。但是，如果它采取掠夺行动，也许会使企业 2 相信它的类型是疯狂型，这样就会引致企业 2 退出（由于 $P_2<0$）并因此使自己的第二期利润增加。

我们从精炼贝叶斯均衡的分类开始探讨这个问题。

分离均衡是这样一种均衡，其中不同类型的企业 1 在第一期中选择不同的行动。这里，它意味着，理智型企业采取和解行动。在一个分离均衡中，在第二期企业 2 具有完全信息：如果 μ 表示进入者在第二期（事后）关于在位者类型的推断，那么

$$\mu(t=\text{理智}/\text{和解行动})=1$$
$$\mu(t=\text{疯狂}/\text{掠夺行动})=1$$

11

混同均衡是这样一种均衡：其中企业 1 的两种类型在第一期中选择相同的行动。这里，它意味着，理智型企业采取掠夺行动。在一个混同均衡中，当观察到均衡行动时，企业 2 并不修正推断：

$$\mu(t=\text{理智}/\text{掠夺行动})=p_1$$

这里可能还存在杂系或准分离均衡。举例而言，在声誉博弈中，理智型企业可以在掠夺行动和和解行动之间进行随机选择（即在分离与混同二者之间进行随机选择）。这时会有

$$\mu(t=\text{理智}/\text{掠夺行动})\in(0,\ p_1)$$

$$\mu(t=\text{理智}/\text{和解行动})=1$$

我们先来寻找分离均衡存在的条件。在这样一个均衡中，理智型企业 1 采取和解行动，并因此显示出了它自己的类型，得到利润 $D_1(1+\delta)$。（企业 2 采取坚持行动，这是因为它预计在第二期，$D_2>0$。）如果企业 1 采取掠夺行动，这就会使得企业 2 相信它是疯狂型，这时它将会得到 $P_1+\delta M_1$。因此，分离均衡存在的一个必要条件是

$$\delta(M_1-D_1)\leqslant(D_1-P_1) \tag{11.3}$$

反过来，假定条件式（11.3）是满足的。考虑下面的策略和推断：理智型在位者采取和解行动，而进入者（正确地）预计到在位者是理智型，这是由于它观察到企业 1 采取了和解行动；疯狂型在位者采取掠夺行动，而进入者（正确地）预计到在位者是疯狂型，这是由于它观察到企业 1 采取了掠夺行动。这些策略和推断构成一个分离 PBE，这是很清楚的。

现在，我们看看混同均衡存在的可能性。企业 1 的两种类型都采取掠夺行动。当掠夺行动被观察到时，就像我们所看到的那样，$\mu=p_1$。理智型企业在第一期失去利润 D_1-P_1，它必须引致企业 2 采取退出行动（至少，企业 2 退出这一事件的概率充分大）。因此，必然会有

$$P_1D_2+(1-p_1)P_2\leqslant 0 \tag{11.4}$$

反过来，假设条件式（11.4）成立。考虑下面的策略和推断：两种类型的企业 1 都采取掠夺行动，并且当进入者观察到掠夺行动时，它的事后推断是 $\mu=p_1$；当它观察到和解行动时，事后推断是 $\mu=1$。理智型均衡的利润是 $P_1+\delta M_1$；当它采取和解行动时，利润会是 $D_1(1+\delta)$。因此，如果条件式（11.3）被破坏，则我们提出的策略和推断就构成一个混同 PBE。[如果条件式（11.4）得到满足，则存在不是单一的而是连续统的混同均衡。] 如果条件式（11.3）和式（11.4）都被破坏，唯一的均衡将是一个杂系 PBE（当进入者观察到掠夺行动时，它进行随机选择）。

下面的习题把这个分析拓展到 n 期。

习题 11.12***：（1）Selten（1978）提出了下面这个悖论。一家连锁店坐落在 n 个地理上分离的市场中。它面对着 n 个可能的进入者，一个市场中一个。可能的竞争者必须依次作出进入决策。在时期 i（$i=1$，…，n），进入者 i 在观察到此前 $i-1$ 个市场上发生的情况后，决定进入市场（I）还是不进入市场（O）。如果进入者进入市场，在位者选择掠夺（P）还是默认（A）：图 11.12 给出了市场 i 中的收益（第一个表示在位者的收益，第二个表示进入者 i 的收益）。在进入者 $i+1$ 决定是否进入市场之前，它可以观察到市场 i 中的进入和掠夺决策。在位者的收益是它的 n 个收益之和。说明，当可能进入者的数目是 1 时（$n=1$），唯一的精炼均衡是，进入者进入而在位者默认。然后证明 Selten 的连锁店悖论：无论 n 有多大，所有的进入者都会进入市场而在位者绝不会采取掠夺行动。

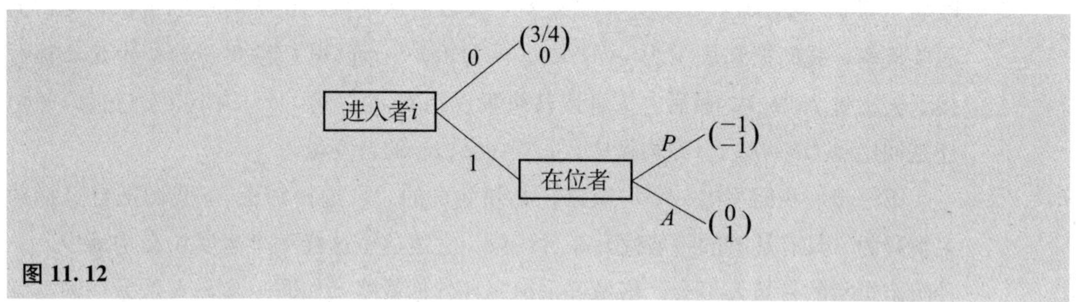

图 11.12

（2）现在，我们像 Kreps、Milgrom、Roberts 和 Wilson 那样假定，进入者并非完全了解在位者的目标函数。有 $1-x$ 的概率，支付矩阵如上所述；有 x 的概率，当采取掠夺行动时，在位者得到（比如说）1/2 而不是 -1（其他收益不变）。解出只有一个进入者情况下的均衡。然后，通过逆向归纳法，解出如下情况下的均衡：在时期 i 进入者 i 的后验概率为 x_i。$x_1=x$ 达到多大时，才能使进入者 1 采取不进入行动？

11.5.2　序贯不完全信息讨价还价

讨价还价通常涉及不对称信息。举例而言，卖者关于买者支付意愿的信息也许是不完全的，而买者关于卖者保留价格的信息可能也是不完全的。就讨价还价要通过一系列出价、回绝、反出价而言，我们把它作为一个动态不完全信息博弈来研究是很自然的。这里给出了把讨价还价问题形式化的一个简单例子。（给这种博弈一个与这里不同的重新解释，可用以把第 1 章中的垄断者跨期价格歧视问题形式化。）

考虑下面这个简单的讨价还价问题：一个买者和一个卖者就一单位产品（或一份契约）进行谈判。卖者首先出价 p_1，买者可以接受它，也可以回绝它。如果买者回绝了这一出价，卖者第二次出价 p_2。如果买者仍旧回绝这一出价，则双方不再进行谈判，卖者仍然保有该单位产品。卖者对产品的评价是 s，买者对产品的评价是 b。（我们必须在一个宽泛的意义上解释产品的价值，它包括卖者与除买者外的其他交易方进行交易的可能性。）假设卖者的贴现因子是 δ_s，买者的贴现因子是 δ_b，并且双方都是风险中性的。因此，如果买者接受 p_1，则卖者和买者的效用是 $[p_1, b-p_1]$；如果买者接受 p_2，则双方的效用是 $[\delta_s p_2, \delta_b(b-p_2)]$；如果买者回绝 p_2，则双方的效用是 $[\delta_s s, 0]$。这里的不完全信息限于：卖者不知道买者对产品的评价是 $\bar{b}$ 还是 $\underline{b}$（$\underline{b}<\bar{b}$）。卖者赋予这两个值的概率相等，而买者知道自己的评价。双方都知道除此之外的一切信息。我们假设从交易中总能获取某种潜在利益：$s<\underline{b}<\bar{b}$。而且，我们还假设，$\underline{b}>(\bar{b}+s)/2$。这一条件意味着，如果只允许卖者出价一次，则他必会选择出售产品（出价为 $\underline{b}$），而不会去冒丧失这笔交易的风险（试图以价格 $\bar{b}$ 出售产品）。我们现在来定义策略和推断。首先，卖者出价 p_1。买者接受它（$d_1=1$）或者回绝它（$d_1=0$），这依赖于 p_1 和买者的支付意愿。因此，我们把买者的策略表示为 $d_1(p_1, b)$。如果买者回绝 p_1，卖者可从中推导出买者愿以价格 $\bar{b}$ 支付的后验概率，我们把它表示为 $\mu(\bar{b}/p_1)$。明显有 $\mu(\underline{b}/p_1)=1-\mu(\bar{b}/p_1)$。于是，卖者接下去出价 $p_2(p_1)$。最后，买者按其决策规则 $d_2(p_1, p_2, b)$ 决定接受 $p_2(d_2=1)$ 还是回绝 $p_2(d_2=0)$。（在均衡中，p_1 不会是 d_2 的自变量。）

第一步，我们写出一个均衡路径必须满足的“自选择约束”。我们把自选择约束解释为（具有足够的一般性）一种约束，它表达了这样一个事实：在均衡中，一种给定类型的参与人不会严格偏好采纳一种其他策略（如同一参与人是另一种类型时的策略）而不是自己的策略。这里，买者有两种类型，$\underline{b}$ 和 $\bar{b}$。我们以“$\underline{b}$ 型买者”表示对产品的评价是 $\underline{b}$ 的买者；以“$\bar{b}$ 型买者”表示对产品的评价是 $\bar{b}$ 的买者。在第二期中，自选择约束是多余的；当且仅当 $p_2\leqslant b$ 时，b 型买者才会购买产品。类似地，当且仅当

$$b-p_1\geqslant\delta_b\{\max[b-p_2(p_1), 0]\} \tag{11.5}$$

b 型买者才会在第一期接受 p_1。方程（11.5）表示：如果买者接受 p_1，其效用是 $b-p_1$；如果买者回绝了 p_1，则卖者出价 $p_2(p_1)$。

分别就 $\underline{b}$ 和 $\bar{b}$ 写出条件式（11.5）可以表明，如果 $\underline{b}$ 型买者接受 p_1，那么 $\bar{b}$ 型买者也会接受 p_1（这只是因为 $\bar{b}$ 型买者对产品的评价比 $\underline{b}$ 型买者对产品的评价高，因此，$\bar{b}$ 型买者更愿在价格 p_1 下购买产品）。

第二步，我们来看看自选择约束对卖者在 b 上的后验概率分布的影响。很明显，我们可以假设 p_1 会被回绝（否则，讨价还价已经完成，这一分布不会起作用）。由于 $\underline{b}$ 型买者接受的出价也会被 $\bar{b}$ 型买者接受，因此，当出价被回绝时，卖者面对的是 $\bar{b}$ 型买者的概率至多是 1/2。

第三步，我们来检查这一分布对卖者在第二期所采用的策略的影响，这使我们回到策略空间中来。当卖者只能作出一次出价，并且卖者在 b 上的分布是均匀分布时，由假设可知，卖者会采取谨慎行动（也就是，卖者的出价是 $\underline{b}$）。更不必说，当卖者面对 $\bar{b}$ 型买者的主观概率小于1/2时，卖者也必须采取谨慎行动；因此，无论

p_1 是多少，我们有 $p_2(p_1)=\underline{b}$。现在，刻画这个均衡的最后两步工作便是比较明显的了。

第四步，买者预计到，如果回绝卖者的第一个出价，卖者接下去会出价 $\underline{b}$，因此，当且仅当 $p_1 \leqslant \underline{b}$ 时，$\underline{b}$ 型买者才会接受 p_1。当且仅当

$$\bar{b}-p_1 \geqslant \delta_b(\bar{b}-\underline{b})$$

或

$$p_1 \leqslant \tilde{b}=\delta_b\underline{b}+(1-\delta_b)\bar{b}$$

$\bar{b}$ 型买者才会接受 p_1。

最后，卖者选择 p_1 以最大化其预期利润。卖者在 $\underline{b}$ 和 $\tilde{b}$ 两者之间选择，这要依赖于 $\underline{b}$ 大于还是小于

$$(\tilde{b}+\delta_s\underline{b})/2 \tag{11.6}$$

如果卖者的出价是 $\underline{b}$，两种类型的买者都会接受这一出价。如果卖者的出价是 $\tilde{b}$，卖者会从 $\bar{b}$ 型买者的急躁中获益；这时卖者充分了解到，如果买者的类型被证明是 $\underline{b}$，他也能够在第二期与之达成交易。在我们对模型的刻画中，对博弈的每个时期，我们都定义了参与人的策略和推断，因此，我们推断，这个博弈具有唯一的精炼贝叶斯均衡。

对这个模型的更一般分析，包括买者关于卖者对产品的评价也具有不完全信息的情况，可见于 Fudenberg 和 Tirole (1983)。

11.5.3　作为质量信号的担保

一个买者想购买一单位质量不确定的产品（例如，一辆二手车）。更为精确地讲，这种产品可以被正常使用的概率是 Π；有缺陷的概率是 $1-\Pi$。卖者知道 Π，因此 Π 是他的“类型”。买者知道 Π 属于区间 $[\underline{\Pi}, \bar{\Pi}]$，他具有定义在这个区间上的先验概率分布。如果买者不从卖者那里购买产品，他获得的效用是 $\bar{u}$（例如，$\bar{u}$ 是当不消费该单位产品时他所获得的效用；换种说法，$\bar{u}$ 也可是买者的保留效用，它是与买者是否愿意付出成本在其他卖者中进行搜寻相关的）。记 I_1 为可以正常使用产品的货币总值，I_2 为有缺陷的产品的货币总值（$I_1>I_2$），卖者提出一项契约 (p, g)，p 是产品价格，g 是如果产品有缺陷，卖者对买者支付的损失赔偿。如果产品可以正常使用，则消费者的效用是 $u(I_1-p)$；如果产品有缺陷，则消费者的效用是 $u(I_2-p+g)$，消费了产品的买者的效用函数被假设为严格凹的。我们假设卖者是风险中性的，如果买者接受了契约 (p, g)，他的预期利润是 $p-(1-\Pi)g$。买者和卖者只相遇一次，这使我们在这里排除了对产品声誉的考虑。卖者会提出一项怎样的契约？建立在保险理论基础之上的经济学直觉告诉我们：

(1) 在完全信息情况下（即买者也知道 Π），所有的帕累托最优合同都具有买

者将被给予足额保险的性质。换言之，契约中的担保余款总是规定 $g_0=I_1-I_2$。

（2）在不完全信息情况下，如果卖者提出的损失赔偿是 g_0，则当买者消费产品时，他的效用不依赖他在 Π 上的主观概率分布。因此，他接受任何不超过 p_0 的价格，这里，p_0 定义如下：

$$u(I_1-p_0)=u(I_2-p_0+g_0)=\bar{u}$$

［为简化分析，我们假设 $p_0-(1-\underline{\Pi})g_0>0$。］当卖者提出 $c_0=(p_0, g_0)$ 时，无论 Π 为何值，买者都得到零剩余。

（3）无论 Π 为何值，契约 c_0 都是帕累托最优的。[24]另外，如果卖者预计这样做会给他带来更多利润，他会提出其他一些契约 $c=(p, g)$。由于除 c_0 之外的任何一项契约都不是最优的，从这样的交易中，买者获得的剩余将会是负的，因此，他不应该购买产品。换句话说，如果卖者没有提出完全担保，买者就应该怀疑产品的质量。

在一个两期博弈中，我们把上述直觉形式化，即在均衡中，卖者提出的契约是 c_0。首先，卖者提出一项契约，$c=(p, g)$，它只依赖于卖者自己的信息，即 $c(\Pi)$。然后，买者决定购买产品［$d(c)=1$］还是不购买产品［$d(c)=0$］。买者的行为依赖于他对 Π 的推断，更精确地讲，给定买者在 Π 上的事前概率分布和卖者提出的契约中所含信息，$c=(p, g)$，买者的行为依赖于他对 Π 的期望值。记 $\mu(c)$ 为这个后验期望。在一个精炼贝叶斯均衡中，把 $d(\cdot)$ 视为给定的，而卖者的产品可正常使用这一事件的客观概率为 Π，这时卖者会选择 $c(\Pi)$ 最大化其预期利润。在贝叶斯意义上，$\mu(c)$ 是与函数 $c(\cdot)$ 相容的，并且给定 $\mu(c)$，$d(c)$ 使得买者的预期效用最大化。

假设，卖者提出了一项不同于 $c_0=(p_0, g_0)$ 的契约 $c=(p, g)$，注意，卖者知道 Π 是多少。由于 $d(c_0)=1$，契约 c 给卖者带来的期望利润必须满足

$$p-(1-\Pi)g \geqslant p_0-(1-\Pi)g_0 \tag{11.7}$$

对选择 c 的所有 Π 值，这个不等式必须被满足。由于 $\mu(c)$ 是（从贝叶斯法则而来的）这些值的加权平均，因此，我们有

$$p-[1-\mu(c)]g \geqslant p_0-[1-\mu(c)]g_0 \tag{11.8}$$

另外，买者的剩余应是非负的［否则，他不会购买产品，并且这项契约对买者而言也不是最优的］。因此，

11

$$\mu(c)u(I_1-p)+[1-\mu(c)]u(I_2-p+g) \geqslant \bar{u}=u(I_1-p_0) \tag{11.9}$$

应用詹森不等式［如果 $f(x)$ 是严格凹的，那么 $f(\mathrm{E}x)>\mathrm{E}f(x)$，这里期望算子涉及的是 x］，我们得到

$$\mu(c)(I_1-p)+[1-\mu(c)](I_2-p+g) > I_1-p_0 \tag{11.10}$$

我们可以很容易地看出，式（11.8）与式（11.10）是矛盾的（运用 $g_0=I_1-I_2$）。

一旦我们发现，对任何 Π 而言，卖者的均衡出价都应是 c_0 且会被买者接受，那么，建立一个产生这一均衡路径的 PBE 便是很初等的了。在均衡中，卖者提出与 c_0 不同的契约 c 的概率必会是 0。因此，我们可以自由地选择后验概率［给定混同和贝叶斯法则，$\mu(c_0)$ 必然是先验分布 Π 的期望值］。我们作出买者相信“最坏的”卖者会提出这项契约这个假设就足够了（“最坏的”卖者指这样一个卖者：它的产品可被正常使用的概率是最低的，为 $\underline{\Pi}$）。因此，如果卖者提出契约 $c=(p, g)$，当且仅当

$$\underline{\Pi}u(I_1-p)+(1-\underline{\Pi})u(I_2-p+g)\geqslant \bar{u}$$

买者才会接受。但从这个不等式中，我们可以清楚地看出，c 给卖者带来的期望利润小于 c_0 给他带来的期望利润。[25]

11.5.4　信号干扰

上面三个例子中的每一个都涉及一个具有私人信息的参与人，这种参与人试图操纵其他参与人对这一信息的推断。第四个例子表明，在不完美（而不是不完全）信息条件下，具有私人信息的参与人可以怎样操纵其他参与人对该信息的推断。在这一例子中，一个参与人通过一项不可观察的行动，窜改了其他参与人获取的与支付相关的信息。

这类模型中最简单的一个包括两家企业、两种行动、两种类型、两个利润水平和两个时期。在时期 1 中，企业 1 和企业 2 进行竞争。企业 1 具有两种可能的行动：S（软弱；和解）和 T（强硬；掠夺）。这里我们不对企业 2 的行动作出描述（你可以设想它总是采取和解行动）。企业 1 关于自己的支付具有完美信息。如果博弈是单期博弈，则它愿意选择 S。选择 T 的成本是 $c>0$，这是共同知识。企业 2 可能的利润水平有两种：H 和 L，$H>0>L$。如果企业 1 选择 S，则由一个先验分布可知，H 发生的概率是 α，L 发生的概率是 $1-\alpha$。（这样，企业 2 便具有两种“类型”，H 和 L；术语在这里被滥用了，因为我们将假设，企业 2 并不知道自己的类型。）但是，如果企业 1 选择 T，则不管企业 2 的类型为何，它得到的利润都会是 L。在第一期，企业 2 并没有观察到企业 1 选择了 S 还是选择了 T，而且它也不知道自己的类型。反之，企业 2 必须从它观察到的自己的利润水平和它预计企业 1 所采取的行动中推断自己的类型。除了企业 1 的行动之外，两家企业所具有的信息是相同的。在时期 2，企业 2 决定是否留在市场中。两个时期利润是相同的（假定两家企业都在市场中，而且企业 1 在两期中采取相同行动）。我们假设企业 1 总可以盈利，留在市场中；它采取的行动是 S（由于这是最后一期，因此企业 1 选择了在只进行一期的博弈中它会选择的占优策略）。对企业 1 而言，成为一个垄断者在第

二期会给它带来贴现收益 $g>c$。（为简单起见，我们将假设 g 和 c 不依赖于企业 2 的类型，虽然这样做是不必要的。）如果企业 2 在时期 2 退出市场，它获得的利润是 0。[26]

为解出均衡，我们来考虑企业 1 在时期 1 的两种可能行动。假定，在均衡中，企业 1 选择 S。企业 2 在时期 1 所获得的利润与在时期 2 所获得的利润会是相同的，因此，它可以利用时期 1 的利润完全预见到时期 2 的利润。这样，当且仅当在时期 1 获得的利润是 H，企业 2 才会留在市场中。现在，S 必然会是一项均衡行动：选择 T 并不会使企业 1 的利润增加。如果企业 1 在时期 1 选择 T，它为此所花费的成本是 c，但只要 T 改变了企业 2 留在市场中的决策，它便会获得 g。当企业 2 的类型是 H 时，会发生这种情况。企业 1 选择 T 使得企业 2 获取的利润是 L，企业 2——它本来设想企业 1 已选择了 S——退出市场。因此，S 是一项均衡行动的一个必要条件是：

$$c \geqslant \alpha g \tag{11.11}$$

反过来，如果条件式（11.11）得到满足，下列构成一个精炼贝叶斯均衡：企业 1 选择 S，而企业 2 则使用退出规则："当且仅当一期利润为 L，才选择退出行动"。

假定 T 是均衡行动，那么无论企业 2 的类型为何，它得到的利润总是 L：一期利润 L 并不能使企业 2 得到有关企业 1 所采取的行动的信息。因此，当企业 2 的利润是 L 时，它的先验推断与后验推断是一致的。当且仅当

$$\alpha H+(1-\alpha)L \geqslant 0 \tag{11.12}$$

时，企业 2 才会在观察到 L 时仍留在市场中。如果条件式（11.12）得到满足，T 便不能成为一项均衡行动。在第二期利润没有任何变动的条件下，企业 1 本可节约 c，如果条件式（11.12）不满足，只要选择 T 带来的成本（c）低于它带来的收益 αg，T 就是一项均衡行动（如果企业 1 没有选择 T 而是选择了 S，当且仅当企业 2 是低利润型时，它才会退出市场）。因此，当且仅当条件式（11.11）和式（11.12）都被破坏时，T 才是一项均衡行动。

当条件式（11.11）被破坏而式（11.12）仍得到满足时，我们已经知道，不存在纯策略均衡。因此，如果存在一个均衡（我们实际上知道它确实是存在的——见 11.6 节），它必须包括企业 1 在 S 和 T 之间选择的混合策略。假定企业 1 选择 T 的概率是 y（选择 S 的概率是 $1-y$），并且当企业 2 观察到的利润是 L 时，它退出的概率是 z（它留在市场中的概率也就是 $1-z$）。由于企业 1 要进行随机选择，它在两种行动之间必然是无差异的。因此，

$$c=\alpha z g \tag{11.13}$$

只有当企业 2 的类型是 H 时，企业 1 选择 T 才会使企业 2 修改其决策，而修

改决策的概率只是 z。由于条件式（11.11）被破坏，条件式（11.13）便在（0，1）之中定义了唯一的 z。然后，由于企业 2 观察到的利润是 L 时，退出市场或留在市场中对它而言是无差异的，因此必然会有

$$\eta H+(1-\eta)L=0$$

式中，η 表示企业 2 的类型是 H 这个事件的后验概率。由贝叶斯法则，

$$\eta=\frac{\alpha y}{\alpha y+(1-\alpha)}$$

（当企业 2 的类型实际是 H 时，它观察到利润 L 并退出市场的概率与企业 1 采取掠夺行动的概率 y 是相等的；当企业 2 的类型实际是 L 时，它观察到利润 L 并退出市场的概率为 1。）因此，我们需要

$$\alpha yH+(1-\alpha)L=0 \tag{11.14}$$

由于条件式（11.12）得到满足，条件式（11.14）在（0，1）之中定义了唯一的 y。这样，我们便可推断出，在这个博弈中存在唯一均衡。

我们选择这四个博弈在这里加以论述是由于其简单性。特别是，每个博弈的均衡都是唯一的。但是，动态不完全信息博弈或动态不完美信息博弈常常要受到多重均衡的困扰。这尤其要归因于当参与人观察到零概率行动时，无从着手使用贝叶斯法则这个事实。[27] 在规定这种事件出现的后验概率时有相当大的自由度，由此导致许多均衡的产生。我们在补充节中给出了多重均衡的例子，并说明我们如何通过改进精炼贝叶斯均衡以在这些均衡中进行筛选。

11.6　补充节

11.6.1　均衡的存在性

纳什均衡的存在是关于存在性问题的基本结论。我们可以简单地重新解释这个结论，便可证明贝叶斯均衡、精炼均衡和精炼贝叶斯均衡的存在性。考虑一个标准型博弈，其中参与人的数目是有限的（$i=1, 2, \cdots, n$）。记 A_i 为参与人 i 的可行行动集合，记 $a=(a_1, \cdots, a_i, \cdots, a_n)$ 为行动向量（a_i 属于 A_i），并记 $\Pi^i(a)$ 为参与人 i 的支付（效用）。下面的定理是 Debreu（1952）所给出的定理的一个特例。（Debreu 还允许一个参与人的可行行动集合依赖于其他参与人的行动。）

定理　如果对所有的 i，A_i 都是欧几里得空间的一个紧凸子集，并且 Π^i 在 a 上是连续的，在 a_i 上是拟凹的，那么存在一个纳什均衡，即存在一个向量 a^* 使得对所有的 i 和 A_i 中的 a_i 满足

$$\Pi^i(a^*)\geqslant \Pi^i(a_i, a_{-i}^*)$$

这个定理（可用不动点方法来证明）可直接应用于有限行动博弈。它说明，在这样的博弈中，混合策略均衡总是存在的（纯策略均衡不一定存在；例如，掷硬币博弈中便不存在纯策略均衡）：记 $\widetilde{A}_i$ 为有限纯策略集 A_i 上的概率分布集。因而我们便把行动集合扩大以允许混合策略存在：$a_i \in \widetilde{A}_i$。$\widetilde{A}_i$ 与一个单纯形是同质的，因此它是紧凸集。Π^i 变成纯策略结果上的一个期望；因此它在 a_i 上是线性的（因此也是拟凹的），并且是 a 的多项式（因此是连续的）。因此，一个混合策略均衡总会存在（Nash，1950）。

上面的定理（或其变形）也给出了连续统行动博弈中均衡存在的条件。但是，产业组织中的一些博弈（例如拍卖、古诺竞争、选址博弈）具有不连续或非拟凹支付函数。Dasgupta 和 Maskin（1986a，b）给出了保证纯策略均衡（支付函数拟凹）和混合策略均衡（不具备拟凹性）存在的充分条件。

这个定理也可用来证明不完全信息博弈或动态博弈中均衡的存在性，这里的均衡是纳什概念的变体。我们假设每个参与人所具有的可行纯策略数目是有限的。类似地，在不完全信息条件下，每个参与人 i 所具有的可能类型的数目 $|T_i|$ 是有限的（即自然所具有的纯策略数目是有限的）。

11.6.1.1 贝叶斯均衡的存在性

把一个 n 个参与人之间进行的博弈转换成一个 $\sum_{i=1}^{n}|T_i|$ 个参与人之间进行的博弈就足够了。也就是，每个参与人具有 $|T_i|$ 个化身，每个化身都按自己的利益行事。（当参与人 i 的类型是 t_i 时，他并不关心当他的类型是 t_i' 时他所获得的收益。）这仍是一个参与人的数目有限、纯策略数目有限的博弈。因此，其中会存在混合策略均衡。转换博弈中的均衡策略显然是原始博弈中的均衡策略。

11.6.1.2 精炼均衡的存在性

对于完美信息博弈而言，逆向归纳的库恩算法给出了精炼均衡存在性的一个建设性证明。更一般而言，精炼均衡的存在性是由对精炼贝叶斯均衡所作的一般性证明而得到的（虽然就几乎完美信息博弈而言，存在着较为简单的证明）。

11.6.1.3 精炼贝叶斯均衡的存在性

与 Kreps 和 Wilson（1982）的序贯均衡相比，“颤抖手”精炼均衡（Selten，1975）是一个稍作改进的概念，而前者与精炼贝叶斯均衡比较也是一个稍作改进的概念；因此，作为副产品，“颤抖手”精炼均衡给出了 PBE 和序贯均衡的存在性。

11

考虑一个博弈的标准型。对于参与人 i 的一个给定行动集合 A_i，我们可以为这个参与人定义完全混合策略集：

$$\widetilde{A}_i^0 = \left\{\sigma_1 \in R^{|A_i|} \;\middle|\; \sum_{a_i \in A_i}\sigma_i(a_i) = 1，对所有 a_i，\sigma_i(a_i) > 0\right\}$$

也就是说，我们要求参与人 i 选择 a_i 的概率严格大于 0。

给定 ε，并记 $\{\varepsilon(a_i)\}_{a_i \in A_i}$ 为一个数集，使得对所有 a_i，$0<\varepsilon(a_i)<\varepsilon$。现在，我们来考虑参与人 i 的最大化问题：

$$\max_{\sigma_i} \Pi^i(\sigma_i, \sigma_{-i}) \quad \text{s.t. 对所有 } a_i,\ \sigma_i(a_i) \geqslant \varepsilon(a_i) \tag{11.15}$$

这里 $\sigma_{-i} \equiv (\sigma_1, \cdots, \sigma_{i-1}, \sigma_{i+1}, \cdots, \sigma_n)$ 表示其他参与人所采取的混合策略。换句话说，参与人 i 面对这样的约束，即他至少要以一个小概率选择每一项可行策略。

一个“ε 精炼”均衡是（完全混合）策略 $\{\sigma_i\}_{i=1}^n$ 的集合，使得对于某个 $\{\varepsilon(a_i)\}_{a_i \in A_i}$，$0<\varepsilon(a_i)<\varepsilon$，$\sigma_i$ 为每一个参与人 i 解出了式（11.15）。换言之，一个 ε 精炼均衡是有约束博弈中的一个纳什均衡。对于给定的 $\{\varepsilon(a_i)\}$，由 Debreu 的定理可知，这样一个纳什均衡是存在的。（这里的证明与混合策略均衡存在性证明的唯一差别是，混合策略必须属于单纯形的子集。但是，由于这些子集都是紧凸集，这种区别便是无关紧要的了。）

一个“颤抖手”精炼均衡是当 ε 趋于 0 时，一个 ε 精炼均衡的任何极限。由于策略空间是紧的，这样一个极限是存在的（一个收敛子列总是存在的）。由于利润函数 Π^i 是连续的，因此任何一个极限都是一个纳什均衡［由条件式（11.15）而知］。

评论 1　当一个参与人在各个不同信息集上采取行动时，这一均衡概念就显得不够精炼了。Selten 引入了第二项改进工作，它可以在所谓代理人标准型上类似第一项改进工作那样操作。（代理人标准型把每个信息集都视为一个独立的参与人，该集上的目标函数是参与人的化身。这就定义了一个具有许多参与人的标准型，上面讨论过的技术可以在这里应用。它与前述方法的基本区别在于，一个参与人在不同信息集上的颤抖必须是独立的，因而这里仅是较少的“颤抖手”精炼均衡。“颤抖手”精炼均衡概念实际上是就第二项改进工作而言的。）如果你想了解有关讨论，见 Fudenberg 和 Tirole（1986c）。

评论 2　要点在于，一个“颤抖手”精炼均衡不仅是一个纳什均衡，而且是一个 PBE（精炼贝叶斯均衡）。这正是 Selten 引入颤抖的技巧的优点所在。我们要求最小的颤抖是 $\varepsilon(a_i)$，这个扰动博弈没有零概率事件。因此，在一个扩展型中（标准型已由上面的博弈来定义）不具有零概率事件。贝叶斯法则处处适用，而且纳什均衡自动满足精炼条件。［为了具体化，我们回到博弈 1。如果参与人 1 被迫以至少 $\varepsilon(R)>0$ 的概率选择 R，参与人 2 必然会给 R 之后的 r 赋予一个参与人 2 所能赋予的最大概率。］因此，即使当 $\varepsilon(R)$ 趋于 0 时，l 也不会是对 R 作出的最优反应的极限。在博弈 1 的标准型上，Selten 的结构给出了唯一的精炼均衡。因此，不可信赖的威胁并不构成扰动博弈中纳什均衡的一部分，它也不是极限意义上的“颤抖手”精炼均衡的一部分。

评论 3　Selten 研究博弈的标准型，而 Kreps 和 Wilson（1982）研究了博弈的扩展型，后者更加强调信息集上的推断（信念）。他们认为 PBE 要满足一种一致性条件。也就是说，一个 PBE 中的策略和推断集必须是一个策略和推断集序列的极限。这里的策略是完全混合策略，推断是与策略和贝叶斯法则相容的。沿着这个收敛序列，即使是在 Selten 的约束意义上，给定推断，策略也不必是最优的。只有在极限时，它们才必须是最优的。我们可以很容易地看到，在 11.6.2.1 小节中研究的信号传递博弈中，这个判断标准没有用武之地。但是，在更为一般的博弈中，它在不同参与人的推断之间或者同一参与人在不同信息集上的推断之间强加了一致性，即使对零概率事件而言也是如此。Kreps 和 Wilson 已经证明，对“几乎所有博弈”而言，序贯均衡和“颤抖手”精炼均衡都恰好是重合的。

11.6.2 改进工作

动态不完全或不完美信息博弈中普遍存在的大量多重均衡这一问题，在教科书中被有意回避了。为理解为什么这一问题会经常发生，我们来考虑一个博弈，其中，参与人 1 具有私人信息并首先采取行动；参与人 2 关心参与人 1 的信息，并对其行动作出反应。(下面把这种博弈称作信号传递博弈。) 假定我们想把参与人 1 的某个行动 a_1 从均衡行动中排除。为此，我们假设 a_1 确实不是参与人 1 的最优行动(也就是说，a_1 “出现在均衡中的概率为 0”，即 a_1 发生是一个“非均衡路径”或“均衡以外”的事件)。对这个事件，贝叶斯法则是不适用的；在参与人 1 选择 a_1 后，参与人 2 关于其类型的任何推断都是可接受的。在许多博弈中，总存在参与人 1 的某些类型，如果它们是共同知识，便会诱使参与人 2 采取某种行动严重地伤害参与人 1。例如，如果参与人 2 认为参与人 1 的边际成本较高或需求很大，他将进入市场或者积累大量生产能力。现在，如果我们规定，参与人 2 在观察到 a_1 后，相信参与人 1 的类型就是与 a_1 相对应的类型，因而采取一项对参与人 1 不利的行动，那么参与人 1 是不会选择 a_1 的。非均衡路径上推断的任意性使参与人在选择均衡行动时经常会有某种任意性；通过排除某些可能的行动，你可以把其他行动转换成均衡行动。因此，毫不奇怪，你常会得到连续统精炼贝叶斯均衡。

但像通常一样，多重均衡会使我们怀疑均衡的本质。参与人怎样协调于一个特定的均衡？他们会选择“聚点均衡”吗？他们学习吗？如果他们学习，学习过程是怎样的？博弈论中的许多新发展都涉及均衡概念的改进工作，而这又是通过对贝叶斯法则无法施加约束的非均衡路径的事件施加约束而得以实现的。现在，精炼贝叶斯均衡的改进概念几乎有一打。虽然这个领域正处于迅速变化之中，而且这些改进工作将很快过时，但还是让我们来考虑两种改进工作，它们经常被人们方便地加以运用。[28]

11.6.2.1 小节［遵照了 Fudenberg 和 Tirole (1986c)］描述了一个涉及修正和精炼问题的最简单博弈：信号传递博弈。由于动态不完全信息博弈的复杂性，产业组织经济学家便从这个基本博弈中导出了许多（也许是太多）应用。我们要考虑如何把两种改进工作应用于这种博弈。11.6.2.2 小节给出了例题的解。

11.6.2.1　信号传递博弈

我们把下面的博弈称为信号传递博弈，原因是 Spence（1974）运用了它的一种变体研究了职业市场中的信号传递问题。有两个参与人。参与人 1 是领先者（也可把他称为发送者，因为他发送了一个信号）；参与人 2 是追随者（或接收者）。参与人 1 具有关于自己类型 t_1 的私人信息，t_1 属于 T_1，并在 A_1 中选取行动 a_1（A_1 上的概率分布集是 $\widetilde{A}_1$）。为简化起见，参与人 2 的类型是共同知识，他观察到 a_1 并在 A_2 中选取 a_2。支付等于 $\Pi^i(a_1, a_2, t_1)$，这里 $i=1, 2$。在博弈开始之前，参与人 2 关于参与人 1 的类型的先验推断是 $p_1(t_1)$。

参与人 2 在选择自己的行动之前，观察到了参与人 1 的行动，他应该对关于 t_1 的推断进行修正，并根据后验分布 $\widetilde{p}_1(t_1 \mid a_1)$ 选择自己的行动 a_2。像在贝叶斯均衡中那样，参与人 1 的行动必须依赖于其类型，记 $\widetilde{A}_1$ 中的 $a_1^*(t_1)$ 表示这一策略（像从前那样，这种记法允许混合策略存在）。因此，通过计算 $a_1^*(\cdot)$ 并观察 a_1，参与人 2 能用贝叶斯法则把 $p_1(\cdot)$ 修正成 $\widetilde{p}_1(\cdot \mid a_1)$。在一个理性预期的世界里，参与人 1 应该预计到他的行动会通过后验推断影响参与人 2 的行动。

定义　信号传递博弈中的一个精炼贝叶斯均衡（PBE）是策略 $a_1^*(t_1)$，$a_2^*(a_1)$ 和后验推断 $\widetilde{p}_1(t_1 \mid a_1)$ 的一个集合，使得

$$(\mathrm{P}_1)\quad a_2^*(a_1) \in \arg\max_{a_2} \sum_{t_1} \widetilde{p}_1(t_1 \mid a_1)\Pi^2(a_1, a_2, t_1)$$

$$(\mathrm{P}_2)\quad a_1^*(t_1) \in \arg\max_{a_1} \Pi^1(a_1, a_2^*(a_1), t_1)$$

（B）$\widetilde{p}_1(t_1 \mid a_1)$ 是应用贝叶斯法则（当它适用时），从先验分布 $p_1(\cdot)$，a_1 和 $a_1^*(\cdot)$ 中推导出来的。

（P_1）和（P_2）是精炼条件。（P_1）说明，给定参与人 2 关于 t_1 的后验概率，他会对参与人 1 的行动作出最优反应。（P_2）说明了参与人 1 的最优 Stackelberg 行为，注意，他已把 a_1 对于参与人 2 行动的影响考虑进来。（B）是与贝叶斯法则的运用相对应的。限量词“当它适用时”来自这一事实：如果对参与人 1 的某种类型而言，a_1 不是最优策略的一部分，则观察到 a_1 便是一个零概率事件，而且后验推断也就不会受到贝叶斯法则的约束。任何后验推断 $\widetilde{p}_1(\cdot \mid a_1)$ 都是可接受的。

下面介绍的两种改进工作都对均衡以外的行动出现后继起的“合理”推断施加了约束。

剔除弱劣策略　记 a_1 和 a_1' 为 A_1 中的两个行动。

定义 1　如果对 A_2 中的所有 a_2 和 a_2'，

$$\Pi^1(a_1, a_2, t_1) \leqslant \Pi^1(a_1', a_2', t_1) \tag{11.16}$$

［至少存在某个（a_2，a_2'）使得上式变成一个严格不等式］，则对 T_1 中的类型 t_1 而言，a_1 弱劣于 a_1'。如果对类型 t_1 而言，a_1 弱劣于某个行动 a_1'，则它对类型 t_1 而

11

言就是弱劣的。现在，我们假定 a_1 不是一个均衡行动（即在均衡中，任何类型都绝不会选择它）。虽然任何后验推断 $\widetilde{p}_1(\cdot \mid a_1)$ 都与贝叶斯法则相容，但是，参与人 2 应该认识到参与人 1 不会选择（弱）劣策略。因此他应推断，a_1 对之是弱劣的那些类型出现的概率为 0。这样，对给定的行动 a_1，我们可以定义

$$J=\{t_1\in T_1 \mid a_1 \text{ 对 } t_1 \text{ 而言是弱劣的}\}$$

对于 a_1 出现后继起的推断，一个“合理”的约束是 $\widetilde{p}_1(\cdot \mid a_1)$ 具有支撑 T_1-J，即

$$\sum_{t_1\in J}\widetilde{p}_1(t_1 \mid a_1)=0$$

（我们假设，T_1 是可数的并运用了求和符号，但这与我们的论述无关。）由于我们对推断作出了约束，潜在的非均衡路径支付的数目就减少了，因此，我们使得一个均衡更加难以成为一个可维持均衡。

我们可以扩大弱劣策略集，从而进一步改进均衡概念。定义 1 要求对任何反应 a_2 和 a_2'，a_1 都劣于 a_1'。但并不是所有的反应都是合理的。毕竟不管参与人 2 的后验推断是什么，他都将采纳一个最优反应。因此，我们引入在后验推断 $\widetilde{p}_1$ 任意的这一条件下，对某个行动 a_1 的最优反应（回应）集：

$$\mathrm{BR}(\widetilde{p}_1, a_1)\equiv \arg\max_{a_2\in A_2}\Big(\sum_{t_1\in T_1}\widetilde{p}_1(t_1)\Pi^2(a_1, a_2, t_1)\Big)$$

而且，记

$$\mathrm{BR}(I, a_1)\equiv \bigcup_{\{\widetilde{p}_1:\widetilde{p}_1(I)=1\}}\mathrm{BR}(\widetilde{p}_1, a_1)$$

为参与人 2 的后验推断，这是当参与人 1 的类型处在 T_1 的一个子集 I 中这个事件的概率为 1 时，他的最优反应集。特别地，$\mathrm{BR}(T_1, a_1)$ 是对 a_1 的潜在最优反应的全集。

在均衡路径以外，推断上的一个更强约束工作是从把定义 1 中的“对 A_2 中的所有 a_2 和 a_2'”替换成“对 $\mathrm{BR}(T_1, a_1)$ 中的所有 a_2 和对 $\mathrm{BR}(T_1, a_1')$ 中的所有 a_2'”开始的。这使得弱劣策略的数目增加了，而且收紧了后验推断的可容许支撑。（要求 a_2 和 a_2' 是最优反应与书中讨论过的重复剔除劣策略的本质是一致的。）

剔除均衡弱劣策略 a_1 对之而言弱劣的类型常常太少，使我们不能对后验推断的支撑加以充分约束。Kreps（1984）以及 Cho 和 Kreps（1987）的“直观标准”提出，通过考察劣于我们所提出的均衡结果的策略，我们可以增加弱劣策略的数目。[29]考虑我们所提出的一个均衡，其中类型 t_1 的支付是 $\Pi^{1*}(t_1)$。假定参与人 1 偏离了他的均衡策略并选择了均衡以外的行动 a_1。

定义 2 如果对 $\mathrm{BR}(T_1, a_1)$ 中的所有 a_2，

$$\Pi^1(a_1, a_2, t_1)\leqslant \Pi^{1*}(t_1) \tag{11.16'}$$

且至少存在某个 a_2 使得上式变成一个严格不等式，则对 T_1 中的类型 t_1 而言，a_1 是均衡弱劣策略。我们可以再次考虑类型 t_1 的集合 J，a_1 对类型 t_1 而言是均衡弱劣的；并要求参与人 2 推断参与人 1 的类型 t_1 在 T_1-J 中。这里的思维方法是，如果每个人实际都相信所提出的均衡就是正在被参与人所采用的均衡（均衡概念的一项基本原则），则参与人 2 便会知道 J 中的类型没有积极性选择 a_1——不管与之相关联的后验推断为何，他们都不会比采纳均衡策略做得更好。一个弱劣策略自动成为一个均衡弱劣策略。

所以把推断限于 T_1-J 看上去是很自然的（还可见注释［32］）。但这也许会带来一些问题。举例而言，T_1-J 可能是空集。因此，只有当其他一些条件得到满足时，直观标准才需要把推断限于 T_1-J。例如，Cho 和 Kreps（1987）提出，当下面的条件得到满足时，才可把推断限于 T_1-J。这个条件是：对 $\mathrm{BR}(T_1-J，a_1)$ 中所有的 a_2，存在 t_1（在 T_1-J 中）使得

$$\Pi^1(a_1, a_2, t_1)>\Pi^{1*}(t_1) \tag{11.17}$$

条件式（11.17）表明，不管形成什么样的限于 T_1-J 的后验推断，都存在某个类型 t_1 愿意偏离均衡。

因此，直观标准要求，一个精炼贝叶斯均衡中没有非均衡路径的行动 a_1，不存在 T_1 的子集 J 使得对 J 中的所有类型，a_1 都是弱劣的，并且条件式（11.17）要得到满足。［对有限博弈而言，如果一个精炼贝叶斯均衡不满足直观标准，那么在 Kohlberg 和 Mertens（1986）的意义上，它就不是稳定构成的一部分。[30] 因此，由 Kohlberg-Mertens 的均衡存在性结论，存在一个满足直观标准精炼贝叶斯均衡。］

11.6.2.2　例子

例 1：考虑下面这个博弈（Spence，1974）：参与人 1（一名工人）选择一种教育水平 e，然后要求参与人 2（一家企业）向其支付工资 w。这样，

$$A_1=\{(e, w)\}\subset R^2$$

在工资 w 的水平下，参与人 2 可以雇用也可以拒绝雇用这名工人。因此，

$$A_2=\{同意，拒绝\}$$

在这个博弈中，企业是被动的，这是想表示有多家企业竞争雇用这名工人的情况。

工人可以有两种类型，这由他们在任何一家企业内的生产力来表示（我们用美元来表示生产力）：$L<H$（因此 $t_1=L$ 或 H），这里 $L>0$。这名工人知道他的类型，而企业具有先验推断 $p_1(L)=\alpha$，$p_1(H)=1-\alpha$。记

$$M\equiv \alpha L+(1-\alpha)H$$

为由先验推断计算出的期望生产力或边际生产力。我们把后验推断记为

$$\widetilde{p}_1(L\mid a_1)=\eta(a_1)$$

$$\tilde{p}_1(H \mid a_1) = 1 - \eta(a_1)$$

这名工人投资 $e \geqslant 0$ 于教育。为简化起见，我们假设工人的教育水平对他的生产力是没有影响的。但工人的教育成本依赖于其类型。一名更具生产力的工人的教育成本较低（这个条件常被称为单一交叉点条件、分类条件或 Spence-Mirrlees 条件）。例如，我们假设教育成本是 e/t_1。如果参与人 1 的类型是 t_1，且得到工资 w，他的效用是

$$\Pi^1 = w - e/t_1$$

图 11.13 中给出了两种类型各自的无差异曲线。类型 L 的无差异曲线要比类型 H 的无差异曲线陡，这是因为，一个给定的教育水平的增加对类型 L 比类型 H 代价更高；因此，类型 L 会要求工资有一个较大幅度的上升，这样才能使它的效用保持不变。

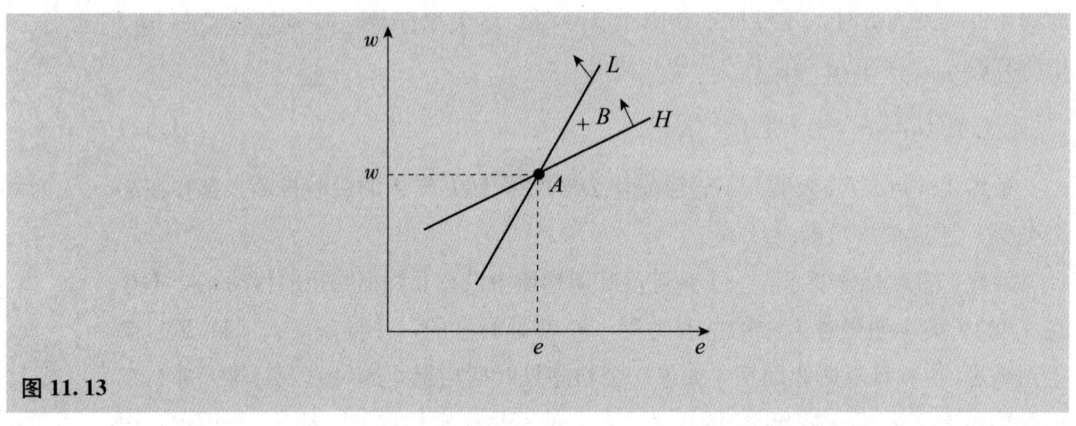

图 11.13

只有当 $w \leqslant E(t_1 \mid a_1)$ 时，企业才会接受工人的条件。对任何一个教育水平而言（特别地，它为 0），任何一个 $w \leqslant L$ 总会被接受，而任何一个 $w > H$ 总会被回绝。

首先我们要考察这个博弈中的精炼贝叶斯均衡。我们要考虑两种可能类型的纯策略均衡（分离和混同），而且我们要检查这些均衡是否满足上述两个标准。

分离均衡 两种类型的工人选择两种不同的教育水平。类型 t_1 得到工资 t_1。[31] 低生产力类型 L 必然会选择 $e(L)=0$。（如果他投资 $e>0$，他的效用等于 $L-e/L$，将会比他在不投资时得到的效用低，后者至少等于 L。）高生产力类型选择 $e>0$，我们用

$$L = H - s/L$$

$$L = H - r/H$$

11

来定义教育水平 $0<s<r$。用文字来说，低生产力类型在不作出教育投资并被企业识别为低生产力类型（得到工资 L），与作出教育投资 s 并被企业误认为是高生产力类型（能够要求得到工资 H）这两者之间是无差异的。而高生产力类型将不会作出超过 r 的投资，虽然作出这样的投资，但他会被企业识别为高生产力类型（同时，

如果他不作出投资，他得到的工资至少是 L）。明显地，一个分离 PBE 的教育水平 e 位于区间 $[s, r]$，这是由于它必须满足激励相容约束 $L \geqslant H-e/L$ 和 $H-e/H \geqslant L$。而 $[s, r]$ 中的任何一个 e 都是 PBE 的一个组成部分。我们规定，对不在 $\{0, e\}$ 中的均衡以外的教育水平 e' 而言，企业会认为工人是低生产力类型的概率 $\eta(e')=1$。因此，教育水平是 e' 的工人不能要求得到超过 L 的工资，而且我们很容易证明，类型 L 选择教育 0 而类型 H 选择教育 e。因此，我们得到一个分离均衡连续统。

但是，当我们讨论均衡以外的推断时，一旦剔除弱劣策略，则只会有一个分离均衡存在。为了这个目的，我们注意到，对类型 L 而言，任何严格大于 s 的 e 都劣于教育水平 0。（类型 L 投资 0，他得到的工资至少是 L；类型 L 投资 e，他得到的工资至多是 $H-e/L<L$。）特别地，(s, r) 中的任何一个 e 都应该引导出 $\eta(e)=0$（因此，可以要求得到工资 $w=H$）。因此，为使企业识别出自己的类型，类型 H 的投资不必多于 s，我们得到唯一的分离均衡，其中，高生产力类型在“最小成本分离均衡水平”进行投资，投资为 s（这个均衡也满足直观标准）。

混同均衡　这里还存在许多混同 PBE。假定两种类型都选择教育水平 e。相应地，他们可以要求得到工资 M。为得到这样一个均衡，最好的办法是，对 $e' \neq e$，选择非均衡推断 $\eta(e')=1$（因而，教育为 e' 的工资等于 L）。像过去一样，这给出了偏离 e 的最小积极性。现在，由于有这种推断，最有利的偏离是选择 $e'=0$。因此，为使 e 成为一个混同均衡，我们需要 $M-e/L \geqslant L$ 和 $M-e/H \geqslant L$。因此，满足 $M-e/L \geqslant L$ 的任何一个教育水平 e 都定义了一个混同均衡。因此，我们得到一个混同均衡连续统，混同均衡的教育水平位于区间 $[0, v]$，$0<v<s$。

简单剔除弱劣策略并不能使混同均衡集缩小。反之，直观标准剔除了所有的混同均衡。我们从图 11.13 来考察这个问题。假定两种类型在点 $A=\{e, w\}$ 混同。假定参与人 1 偏离混同均衡而选择

$$B=\{e+\delta e, w+\delta w\}$$

B 点包括更多的教育和更高的工资，对高生产力类型而言，工资的提高足以抵销教育成本的增加，但这对低生产力类型而言不成立。因此，对类型 L 而言，选择 B 是均衡非优的（但对类型 H 不成立）。因此，在 B 点之后，企业应该形成的推断是 $\eta=0$，其预期利润应是 $H-(w+\delta w)$。但 $w \leqslant M<H$，因此，若 δw 是小的，则企业应该接受工人的出价 B。因而，类型 H 应该选择 B 而不是 A。[32]这样，在 A 点的混同均衡是不满足直观标准的。[实际上，直观标准并不是总能剔除所有的混同均衡。一个反例是另外一个信号传递博弈，限制性定价博弈——见 Fudenberg 和 Tirole（1986c）。在更为复杂的博弈中，我们还可给出其他例子，比如讨价还价博弈。]

因此，在这个博弈中，直观标准筛选出了唯一的纯策略均衡。[33]直观标准也剔

11

除了混合策略（或杂系，或半分离）均衡。[34][35]

我们现在发展一个结构非常相似的产业组织的例子。这里的处理紧密仿照职业市场的信号传递博弈。

例 2： 考虑在书中用以描述贝叶斯均衡概念的不对称信息古诺博弈，但这里我们把它作为一个序贯博弈而不是同时博弈来考察（Gal-Or，1987）。存在两家企业（$i=1$，2）。企业（或参与人）1 选择产量 $a_1=q_1$。企业（或参与人）2 在观察到 q_1 后选择产量 $a_2=q_2$。支付函数是

$$\Pi^i=[t_1-(q_1+q_2)]q_i$$

式中，t_1 可被视作线性需求曲线的截距（减去一个共同的单位成本）。如果 t_1 是共同知识（两家企业都具有全部信息的情况），则我们知道，企业 2 的反应函数是

$$q_2=R_2(q_1)=(t_1-q_1)/2$$

而企业 1 最大化

$$[t_1-q_1-R_2(q_1)]q_1$$

这导出 $q_1=t_1/2$ 和 $q_2=t_1/4$。利润是 $\Pi^1=(t_1)^2/8$ 和 $\Pi^2=(t_1)^2/16$。

现在假设，企业 1（在位者）具有关于需求的信息优势。在选择 q_1 之前，它便了解到 t_1 是什么。这个参数或类型可以取值 L 或 H，$0<L<H$。企业 2 的先验概率是 $p_1(L)=\alpha$ 和 $p_1(H)=1-\alpha$。在选择 q_2 之前，企业 2 只是观察到 q_1，并修正它的推断：

$$\widetilde{p}_1(L\mid q_1)=\eta(q_1)$$

$$\widetilde{p}_1(H\mid q_1)=1-\eta(q_1)$$

明显地，给定其后验推断，企业 2 会作出最优反应，因此，它最大化

$$q_2(\{\eta(q_1)L+[1-\eta(q_1)]H\}-q_1-q_2)$$

最优反应

$$q_2=R_2(q_1)=\{\eta(q_1)L+[1-\eta(q_1)]H-q_1\}/2$$

随企业 2 关于需求较高的推断的上升而增加。因此，企业 1 有积极性使企业 2 相信需求较低。

我们首先从激励相容条件导出“单调性特征”。粗略地讲，当需求较高时，企业 1 会选择一个较高产量。[36]记 q_1 和 q_1' 为类型 L 和 H 各自的最优行动（我们允许可能存在几种最优行动）。最优化要求

11

$$q_1(L-q_1-R_2(q_1))\geqslant q_1'(L-q_1'-R_2(q_1'))$$

$$q_1'(H-q_1'-R_2(q_1'))\geqslant q_1(H-q_1-R_2(q_1))$$

将这两个不等式相加，得到

$$(q_1'-q_1)(H-L)\geqslant 0$$

它给出了我们所需要的单调性。

现在，我们来找（纯策略）分离和混同均衡。我们将加上几个条件。这些条件对$H=4$，$L=3$和$\alpha=0.8$是满足的（这些数值会简化计算）。

分离均衡　在一个分离均衡中，企业的产量可以显示它的类型。因此，类型H会选择它在完全信息条件下的产量$H/2$。[37]激励相容约束要求，类型t_1不愿选择类型t_1'所选择的产量。明确地说，类型L不愿选择$H/2$。首先，在对L具有完全信息的条件下，对类型L而言，选择$H/2$并不能使其利润最大化；其次，选择$H/2$向对手传递的信息是需求较高，这会导致企业 2 选择大于全部信息条件下产量的产量。因此，相关的激励约束就是，高需求型不愿选择低需求型的产量q_1，即

$$\frac{H^2}{8}\geqslant q_1\left(H-q_1-\frac{L-q_1}{2}\right) \tag{11.18}$$

为使问题变得更有趣，我们假设条件式（11.18）在产量等于类型L的完全信息产量时被破坏了（$q_1=L/2$）：

$$\frac{H^2}{8}<\frac{L}{2}\left(H-\frac{3L}{4}\right) \tag{11.19}$$

容易验证，如果L充分接近H，则条件式（11.19）会被满足。（这里的直觉是，在$L\simeq H$时，类型H使产量变动以声称自己的类型是L这一事件，只对其利润具有一个直接的二阶影响，但造成了企业 2 产量的一个一阶减少，因此，这会使企业 1 的利润有一个间接的一阶增加。）式（11.19）产量对类型的单调性，及式（11.18）右边的凹性暗示，分离产量q_1必不会超过$s<L/2$，这里s是式（11.18）的最小根。（例如，对$H=4$和$L=3$而言，$s=1$。）另外，q_1不会太小（否则即使类型L传递了需求较低这个信息，它也不愿选择q_1），因此，一个必要条件是

$$q_1\left(L-q_1-\frac{L-q_1}{2}\right)\geqslant\max_x\left[x\left(L-x-\frac{H-x}{2}\right)\right] \tag{11.20}$$

这里，右面是按最悲观的假设，即产量x传递的信息是需求较高来计算的。容易看出，式（11.20）和我们从前的分析暗含着q_1必然属于区间$[r，s]$，这里r是式（11.20）的最小根。[对$H=4$和$L=3$而言，r属于（0，1）。]

反之，$[r，s]$中任何一个q_1都是一个分离 PBE 中类型L的产量。为得到这个结果，我们只要规定，如果企业 1 选择不在$\{q_1，H/2\}$中的均衡以外的产量，企业 2 相信需求较高，就足够了。由式（11.20），类型L愿意选择q_1。由$H/2$的定义，类型H愿意选择$H/2$。因此，这里存在一个分离 PBE 连续统。

像在例 1 中一样，剔除劣策略使我们得到唯一的分离均衡：最小成本分离均衡水平s。这一结果来自下述事实，即对类型H而言，选择$q_1<s$劣于选择$H/2$（由s的定义而来）。因此，对$q_1<s$，企业 2 应相信需求较低。这样，类型L不必选择

一个低于 s 的产量去发送需求较低这个信号。

混同均衡 记 q_1 为一个混同均衡产量。(在均衡中，两种类型都选择 q_1。)企业 2 观察到 q_1 之后，它关于截距的后验推断不变：

$$M=\alpha L+(1-\alpha)H$$

因此，类型 t_1 的利润是

$$q_1\left(t_1-q_1-\frac{M-q_1}{2}\right)=q_1\left(t_1-\frac{M}{2}-\frac{q_1}{2}\right)$$

保证 q_1 作为一个 PBE 的混同产量的最好办法是，假设当企业 2 观察到 $q_1'\neq q_1$ 时，就相信需求较高。因而，当且仅当

$$q_1\left(L-\frac{M}{2}-\frac{q_1}{2}\right)\geqslant \max_x\left[x\left(L-x-\frac{H-x}{2}\right)\right] \tag{11.21}$$

$$q_1\left(H-\frac{M}{2}-\frac{q_1}{2}\right)\geqslant \max_x\left[x\left(H-x-\frac{H-x}{2}\right)\right]$$
$$=H^2/8 \tag{11.22}$$

同时满足，q_1 才将是一个混同均衡产量。容易验证，式（11.22）定义了一个包括 $H/2$ 的可容 q_1 的区间。式（11.21）也定义了处在 r 右侧的一个区间。实际上，给定我们所选数值（$H=4$，$L=3$，$\alpha=0.8$），这个区间也含有 $H/2$。因此，混同产量集是一个包含 $H/2$ 的区间。

为剔除这个混同均衡连续统，我们可以运用直观标准。记 q_1 为混同均衡产量。定义 $q_1'<q_1$ 是

$$q_1'\left(H-q_1'-\frac{L-q_1'}{2}\right)=q_1\left(H-q_1-\frac{M-q_1}{2}\right) \tag{11.23}$$

的最小根。现在，对类型 H 而言，选择 $q_1'-\varepsilon$ 是均衡劣策略（ε 为正且较小），但这对类型 L 而言不成立。因此，在观察到 $q_1'-\varepsilon$ 之后，企业 2 的后验推断应是企业 1 是类型 L 的概率为 1。但由式（11.23），类型 L 认为 $q_1'-\varepsilon$ 优于 q_1。因此，q_1 现在就不再是一个混同产量了。

习题 11.13****：** 考虑 Stackelberg 博弈，但在这里，t_1 在区间 $[L, H]$ 上呈连续分布，而不是只在 L 和 H 这两个点取值。找出一个分离均衡。类型 t_1 选择产量 $q_1=Q_1(t_1)$，这里 Q_1 是严格递增且可微的；Q_1 的反函数是 T。因此，$T(q_1)$ 便是选择产量 q_1 的那个类型。

(1) 证明 T 满足微分方程

$$q_1T'(q_1)=T(q_1)-2q_1$$

(2) 什么是边界条件？请检验这个微分方程的解是：

11

$$T(q_1)=\left[2+2\ln\left(\frac{H/2}{q_1}\right)\right]q_1$$

（3）论证 $T(s)>L$，这里 s 是离散情况下的最小成本分离产量。

习题 11.14** [38]：从第 4 章中我们看到，在不存在不确定性的条件下，一家垄断制造商会让一家垄断零售商（或批发商）成为销售的剩余索取者。制造商定一个等于其边际成本的中间价格，而通过总转移支付（特许费）拿走零售商的利润。这个习题说明，当制造商具有关于其产品需求的私人信息时，为了发送信号，它可能愿意制定比边际成本更高的价格（并减少特许费）。一家边际成本是 c 的垄断制造商对一家垄断零售商采取二部定价：$T(q)=A+p_wq$。式中，q 是由零售商购买并再销售的数量；p_w 是中间价格；A 是特许费。对产品的最终需求是 $q=t_1-p$，p 是零售商所定的消费者价格。为简单起见，记零售成本为 0。参与人 1（制造商）首先行动，提出一项契约 $a_1=\{A,p_w\}$。参与人 2（零售商）可以接受也可以回绝这项契约；如果它接受了契约，则由它制定消费者价格。因而 $a_2=\{$是或否，$p\}$。当且仅当它的预期利润非负时，它才会接受契约。

（1）重新推导结论：在对 t_1 具有完全信息的条件下，均衡契约是 $p_w=c$ 和 $A=(t_1-c)^2/4$。

（2）假定只有制造商知道 t_1。这个参数（类型）可取值 L 或 H（$0<L<H$）。零售商在签订契约之后，制定 p 之前会知道 t_1。重新分析例 1 和例 2 以说明类型 L 所定的一个中间价格等于 c，而类型 H 所定的一个中间价格严格大于 c。（说明中间价格是 t_1 的一个非递减函数。找出分离均衡和混同均衡。运用剔除劣策略的方法和直观标准。）

注释

［1］见 Friedman（1986），Luce 和 Raiffa（1957），Moulin（1982），Kohlberg 和 Mertens（1986），Kreps 和 Wilson（1982），以及 Myerson（1984）中更为正式的论述。Moulin 的著作包含令人难忘的习题精选。

［2］见 Kreps 和 Wilson（1982）或 Luce 和 Raiffa（1957）中更正式的定义。

［3］我们同样可将这个博弈用另外一个扩展型表示出来，其中参与人 2 先移动，但参与人 1 的信息集合有两个节点。

［4］关于共同知识的概念，见 Aumann（1974，1976）和 Milgrom（1981a）。

［5］见 11.4 节和 11.5 节。

［6］更为精确地讲，在扩展型博弈中，参与人 i 的一个行为策略详细规定了在他所处的每一个信息集上可行行动的概率分布。混合策略这个术语常在标准型中出现。Kuhn（1953）已证明，只要每一个参与人在树中的任何一点都可以回忆起他们以前所知道的（也就是说，在之前的节点知道什么），行为策略和混合策略这两个概念就是等价的。因此，我们将把行为策略和混合策略等同。

［7］在一个产业组织博弈中，C 代表“制定高价”，F 代表“制定低价”。

11

[8] Schelling (1960) 聚点均衡的例子也许更具说服力。

[9] 除了第二个均衡的支付(3，1)超过了第一个均衡的支付(2，0)。有人也许会争辩说，两个参与人应进行协调以选择第二个均衡，但你可以对这个例子稍作改变，使上述情况不会发生。

[10] 一般而言，除了当时期趋于无限时有限期界博弈均衡的极限之外，无限期界博弈还可以具有其他均衡。从第6章及11.3.2小节，我们可以看到这方面的例子。Fudenberg 和 Levine (1983) 考察了二者之间的联系。

[11] 一期同时移动博弈被称为组成博弈。对每一个过去行动的历史，每一期都开始一个适当的子博弈。

[12] 如果一期博弈中有多个均衡，则一期均衡的组合只是许多均衡中的一些而已。见 Benoit 和 Krishna (1985) 给出的一般结论；见 Fraysse 和 Moreaux (1985) 给出的对重复古诺博弈的简单应用。

[13] 无名氏定理断言，高于"个人理性支付"的任何一个支付——参与人 i 的个人理性支付是其他参与人能够迫使 i 在一期博弈中得到的最小支付：

$$\min_{a_{-i}} \max_{a_i} \Pi^i(a_i, a_{-i})$$

在 $\delta=1$ (Aumann 和 Shapley, 1976；Rubinstein, 1979) 或在 δ 接近于这个较弱的条件下 (Fudenberg and Maskin, 1986)，平均来说都可作为无限重复博弈中的精炼均衡支付出现。例如，在囚徒困境博弈中，个人理性支付恰好与一期博弈的均衡支付(−2，−2)相同。因此，无限重复博弈中的均衡支付集就是图11.4中四个支付向量的凸组合的集合。贴现因子小于1的情况，见 Abreu (1984)。第6章的补充节对无名氏定理作了更完整的讨论。

[14] 特别地，你可以把一个同时博弈描述成一个不完美信息博弈。你可以假设，一个参与人先于另外一个参与人作出选择，并且作者不知道前者选取了什么行动(例如，见博弈2)。

[15] 假定每个参与人都知道自己的特征，但从另外 $n-1$ 个参与人的观点来看，这些特征是从某一已知概率分布中抽取出来的。你可以引入第 $n+1$ 个参与人，其策略包括在博弈开始时为 n 个原始参与人中的每一个选取特征。每一个参与人都只观察到自己的特征，而且他关于自然所选择的对手特征所具有的信息是不完美的。(为了赋予自然一个目标函数，你可以假设自然对所有的特征选择是无差异的；并且它是按照初始概率分布进行随机选择的。)

[16] 见 Harsanyi (1967-68)，Mertens 和 Zamir (1985)，Brandenburger 和 Dekel (1985)。

[17] 见 Saloner (1987) 关于这个博弈的进一步的论述。见11.6节关于这个博弈的序贯(即 Stackelberg)形式。

[18] 对每一个出价人，二阶条件都是满足的。关于拍卖的进一步论述，见 Myerson (1979) 以及 Milgrom 和 Weber (1982)。关于最高出价拍卖中的特征和唯一性，见 Maskin 和 Riley (1983)。

[19] Milgrom 和 Weber (1986) 给出了目标函数的充分条件和信息结构，使得当不确定性可被忽略不计时，贝叶斯均衡策略的极限构成完全信息极限博弈的一个纳什均衡。

[20] 11.6节讨论了对这个概念的改进工作。

[21] 但遵照 Kreps 和 Wilson (1982)，我们可以要求 μ_3 与 μ_2 是相容的。举例来说，如果 $\mu_2=1/2$ 而且参与人2选择 L_2 的概率是 2/3，则 $\mu_3=1/3$。

[22] Kreps 和 Wilson 已经证明，在几乎所有博弈中，精炼均衡与序贯均衡是一致的。

[23] 在标准型上，Selten 定义了他的"颤抖手"精炼均衡概念。虽然可以很容易地计算出推断，但推断是隐含的，而不是显性的。

[24] 买者在 c_0 下得到足额保险，因此，他不会关心 Π 的真值。

[25] Spence (1977) 论消费者对产品质量的

洞察力一文的发表，引起了人们对这一问题的讨论。我们在上面论述的概念便源自这些讨论。我们的论述遵照了 Grossman（1980）。也见 Milgrom（1981b）。

［26］这个信号干扰博弈是 Fudenberg 和 Tirole（1986a）的信号干扰博弈的一个简化。其他信号干扰博弈可见 Holmström（1983），Riordan（1985）和 Gibbons（1985）。

［27］在掠夺性行为博弈中，疯狂的类型总会采取掠夺行动，因此"采取掠夺行动"是一个正概率事件（可应用贝叶斯法则）；并且"采取和解行动"总会发送理智型这个信号。因此，概率不能任意规定。相似地，在讨价还价博弈中，在有趣的出价范围内，"回绝"是一个正概率事件（高于$\underline{b}$的出价会被$\underline{b}$类型拒绝）。由于帕累托最优行动（即完全信息条件下的均衡行动）对所有类型而言都是相同的，因此担保博弈有点特殊。在信号干扰博弈中，在位者的行动不能被直接观察。

［28］如果你想得到对改进工作的更为完整的讨论，见 Fudenberg 和 Tirole（1986c），Cho 和 Kreps（1987），及这两篇论文所附的参考文献。

［29］相似的方法参见 Banks 和 Sobel（1987）以及 Cho 和 Kreps（1987），参见 McLennan（1985），以了解一种不同的方法。Cho 和 Kreps（1987）对各种不同改进工作之间的联系，及其与 Kohlberg 和 Mertens（1986）"稳定性标准"的关系，作了一个非常有益的讨论。我们采用的直观标准形式遵从了 Cho 和 Kreps。

Cho（1986）对与在更一般的博弈中剔除均衡劣策略有关的想法作出了分析。有关更多不同的改进工作，见 Farrell（1985），Grossman 和 Perry（1986），Okuno-Fujiwara 和 Postlewaite（1986）。

［30］见 Kreps（1984）以及 Cho 和 Kreps（1987）。Cho 和 Sobel（1987）确定出简单的条件（包括单一交叉点性质，和所有类型的发送者关于接收者对一给定消息的反应具有相同的排序这一性质），使得信号传递博弈具有唯一的稳定均衡（这个均衡就是通过剔除均衡劣策略所筛选出的均衡）。

［31］你还可以设想一些均衡，其中 $E(t_1 | a_1) > w(a_1)$；但是，这些均衡实际上并不满足改进标准。

［32］但是，即使高生产力类型的表述使企业相信，低生产力类型绝不会偏移到 B 点，企业对 A 是否真是一个混同配置也应仍怀有疑虑。换句话说，如果下述情况——试图说服企业，类型 H 才会选择 B 点的一番话成功了——是共同知识，A 点必然发送工人类型为 L 的信号，这是由于如果其类型为 H，他将会偏移到 B 点。因此，企业会拒绝出价 A。这样，即使对类型 L 而言，出价 B 也优于出价 A。因此，我们仍不清楚偏移到 B 点即发送了高生产力类型的信号是不是共识。（这个论证是由 Joseph Stiglitz 提出的。）见 Cho 和 Kreps（1987）对这一问题的讨论。

［33］Riley（1979）用一种不同的方法筛选出了这个均衡。

［34］直观标准或稳定性标准筛选出的均衡，在企业关于工人的推断上是不连续的。当 $\alpha=0$ 时（即工人的类型为 H 是共同知识时），工人不进行教育投资而得到工资 H。当 α 严格为正时，类型为 H 的工人得到的工资仍是 H，但他必须进行教育投资 $e=s$（在 α 上，s 是一个常数，当然不会随 α 的变动而收敛于 0）。这一不连续性是 Spence 信号传递模型的一个一般性质。见 Fudenberg 等（1986）有关这一问题的更多讨论。

［35］为明白这一点，我们从再次使用上面用到的关于混同均衡的推理开始。

［36］在许多类博弈（包括前面的职业市场信号传递博弈）中都能导出这个条件，它是由 Spence-Mirrlees 条件得来的，这里，Spence-Mirrlees 条件可写成

$$\frac{\partial}{\partial t_1}\left(\frac{\partial \Pi^1}{\partial q_1}\right)>0$$

［37］如果在均衡中类型 H 要选择 q_1，它的利润将会是

11

$$q_1\left(H-q_1-\frac{H-q_1}{2}\right)$$
$$\leqslant\frac{H}{2}\left(H-\frac{H}{2}-\frac{H-H/2}{2}\right)$$
$$\leqslant\frac{H}{2}\left(H-\frac{H}{2}-\frac{t_1^e(H/2)-H/2}{2}\right)$$

这里，第一个不等式是由完全信息条件下的最大化得来，而第二个不等式来自以下事实：在企业 1 选择 $H/2$ 的条件下，对 t_1 的期望不能超过 H。

[38] 这个习题来自 Eric Maskin 的讨论。

参考文献

Abreu，D. 1984. Infinitely Repeated Games with Discounting：A General Theory. Mimeo，Harvard University.

Arrow，K. 1979. The Property Rights Doctrine and Demand Revelation under Incomplete Information. In *Economics and Human Welfare*. New York：Academic.

Aumann，R. 1974. Subjectivity and Correlation in Randomized Strategies. *Journal of Mathematical Economics*，1：67 - 96.

Aumann，R. 1976. Agreeing to Disagree. *Annals of Statistics*，4：1236 - 1239.

Aumann，R.，and L. Shapley. 1976. Long Term Competition：A Game Theoretic Analysis. Mimeo.

Banks，J.，and J. Sobel. 1987. Equilibrium Selection in Signaling Games. *Econometrica*，55：647 - 662.

Benoit，J.-P.，and V. Krishna. 1985. Finitely Repeated Games. *Econometrica*，53：890 - 904.

Brandenburger，A.，and E. Dekel. 1985. Hierarchies of Beliefs and Common Knowledge. Mimeo.

Cho，I.-K. 1986. A Refinement of Sequential Equilibrium. Mimeo，Princeton University.

Cho，I.-K.，and D. Kreps. 1987. Signaling Games and Stable Equilibria. *Quarterly Journal of Economics*，102：179 - 221.

Cho，I.-K.，and J. Sobel. 1987. Strategic Stability and Uniqueness in Signaling Games. Mimeo，University of Chicago.

Clarke，E. 1971. Multipart Pricing of Public Goods. *Public Choice*，2：19 - 33.

Dasgupta，P.，and E. Maskin. 1986a. The Existence of Equilibrium in Discontinuous Economic Games，Ⅰ：Theory. *Review of Economic Studies*，53：1 - 26.

Dasgupta，P.，and E. Maskin. 1986b. The Existence of Equilibrium in Discontinuous Economic Games，Ⅱ：Applications. *Review of Economic Studies*，53：27 - 42.

d'Aspremont，C.，and L. A. Gerard-Varet. 1979. Incentives and Incomplete Information. *Journal of Public Economics*，11：25 - 45.

Debreu，G. 1952. A Social Equilibrium Existence Theorem. *Proceedings of the National Academy of Sciences*，38：886 - 893.

Farrell，J. 1985. Credible Neologisms in Games of Communication. Mimeo，Massachusetts Institute of Technology.

Fraysśe，J.，and M. Moreaux. 1985. Collusive Equilibria in Oligopolies with Finite Lives. *European Economic Review*，24：45 - 55.

Friedman，J. 1986. *Game Theory with Applications to Economics*. Oxford University Press.

Fudenberg，D.，and D. Levine. 1983. Subgame-Perfect Equilibria of Finite and Infinite Horizon Games. *Journal of Economic Theory*，31：

251 - 268.

Fudenberg，D.， and E. Maskin. 1986. Folk Theorems for Repeated Games with Discounting or with Incomplete Information. *Econometrica*，54：533 - 554.

Fudenberg，D.， and J. Tirole. 1983. Sequential Bargaining with Incomplete Information. *Review of Economic Studies*，50：221 - 247.

Fudenberg，D.， and J. Tirole. 1986a. A Signal-Jamming Theory of Predation. *Rand Journal of Economics*，17：366 - 376.

Fudenberg，D.， and J. Tirole. 1986b. A Theory of Exit in Duopoly. *Econometrica* ，54：943 - 960.

Fudenberg，D.， and J. Tirole. 1986c. Noncooperative Game Theory for Industrial Organization：An Introduction and Overview. In *Handbook of Industrial Organization*，ed. R. Schmalensee and R. Willig（Amsterdam：North-Holland，forthcoming).

Fudenberg，D.，D. Kreps，and D. Levine. 1986. On the Robustness of Equilibrium Refinements. *Journal of Economic Theory*，forthcoming.

Gal-Or，E. 1987. First Mover Disadvantages with Private Information. *Review of Economic Studies*，54：279 - 292.

Gibbons，R. 1985. Incentives in Internal Labor Markets. Mimeo，Massachusetts Institute of Technology.

Green，J.， and J.-J. Laffont. 1977. Characterization of Satisfactory Mechanisms for the Revelation of Preferences for Public Goods. *Econometrica*，45：427 - 438.

Grossman，S. 1980. The Role of Warranties and Private Disclosure about Product Quality. *Journal of Law and Economics*，24：461 - 483.

Grossman，S.， and M. Perry. 1986. Perfect Sequential Equilibrium. *Journal of Economic Theory*，39：97 - 119.

Groves，T. 1973. Incentives in Teams. *Econometrica*，14：617 - 631.

Harsanyi，J. 1967-68. Games with Incomplete Information Played by Bayesian Players. *Management Science*，14：159 - 182，320 - 334，486 - 502.

Harsanyi，J. 1973. Games with Randomly Disturbed Payoffs：A New Rationale for Mixed Strategy Equilibrium Points. *International Journal of Game Theory*，2：1 - 23.

Holmström，B. 1983. Managerial Incentive Problems：A Dynamic Perspective. Mimeo.

Hotelling，H. 1929. The Stability of Competition. *Economic Journal*，39：41 - 57.

Kohlberg，E.， and J.-F. Mertens. 1986. On the Strategic Stability of Equilibria. *Econometrica*，54：1003 - 1038.

Kreps，D. 1984. Signalling Games and Stable Equilibrium. Mimeo.

Kreps，D.， and R. Wilson. 1982. Sequential Equilibrium. *Econometrica*，50：863 - 894.

Kuhn，H. 1953. Extensive Games and the Problem of Information. *Annals of Mathematics Studies*，No. 28. Princeton University Press.

Luce，R.， and H. Raiffa. 1957. *Games and Decisions*. New York：Wiley.

McLennan，A. 1985. Justifiable Beliefs in Sequential Equilibrium. *Econometrica*，53：889 - 904.

Maskin，E.， and J. Riley. 1983. Uniqueness of Equilibrium in Open and Sealed Bid Auctions. Mimeo，University of California，Los Angeles.

Mertens，J.-F.， and S. Zamir. 1985. Formulation of Bayesian Analysis for Games with Incomplete Information. *International Journal of Game Theory*，14：1 - 29.

Milgrom，P. 1981a. An Axiomatic Characterization of Common Knowledge. *Econometrica*，49：219 - 222.

Milgrom, P. 1981b. Good News and Bad News: Representation Theorems and Applications. *Bell Journal of Economics*, 12: 380 - 391.

Milgrom, P., and R. Weber. 1982. A Theory of Auctions and Competitive Bidding. *Econometrica*, 50: 1089 - 1122.

Milgrom, P., and R. Weber. 1986. Distributional Strategies for Games with Incomplete Information. *Mathematics of Operations Research*, 10: 619 - 631.

Moulin, H. 1982. *Game Theory for the Social Sciences*. New York University Press.

Myerson, R. 1979. Optimal Auction Design. *Mathematics of Operations Research*, 6: 58 - 73.

Myerson, R. 1983. Bayesian Equilibrium and Incentive Compatibility: An Introduction. Northwestern MEDS Discussion Paper 548.

Myerson, R. 1984. An Introduction to Game Theory. Discussion Paper 623, Kellogg School of Business, Northwestern University.

Nash, J.-F. 1950. Equilibrium Points in N-person Games. *Proceedings of the National Academy of Sciences*, 36: 48 - 49.

Okuno-Fujiwara, M., and A. Postlewaite. 1986. Forward Induction and Equilibrium Refinement. Mimeo, University of Pennsylvania.

Riley, J. 1979. Informational Equilibrium. *Econometrica*, 47: 331 - 360.

Riordan, M. 1985. Imperfect Information and Dynamic Conjectural Variations. *Rand Journal of Economics*, 16: 41 - 50.

Rubinstein, A. 1979. Equilibrium in Supergames with the Overtaking Criterion. *Journal of Economic Theory*, 21: 1 - 9.

Rubinstein, A. 1982. Perfect Equilibrium in a Bargaining Model. *Econometrica*, 50: 97 - 110.

Saloner, G. 1987. Predation, Merger and Incomplete Information. *Rand Journal of Economics*, 18: 165 - 186.

Schelling, T. 1960. *The Strategy of Conflict*. Cambridge, Mass.: Harvard University Press.

Selten, R. 1965. Spieltheoretische Behandlung eines Oligopolmodells mit Nachfrageträgheit. *Zeitschrift Für Die Gesamte Staatswissenschaft*, 121: 301 - 324.

Selten, R. 1975. Reexamination of the Perfectness Concept for Equilibrium Points in Extensive Games. *International Journal of Game Theory*, 4: 25 - 55.

Selten, R. 1978. The Chain-Store Paradox. *Theory and Decision*, 9: 127 - 159.

Shaked, A., and J. Sutton. 1984. Involuntary Unemployment as a Perfect Equilibrium in a Bargaining Model. *Econometrica*, 52: 1351 - 1364.

Spence, M. 1974. *Market Signaling*. Cambridge, Mass.: Harvard University Press.

Tirole, J. 1983. Jeux Dynamiques: Un Guide de l'Utilisateur. *Revue d'Economie Politique*, 4: 551 - 575.

Vickrey, W. 1961. Counterspeculation, Auctions and Competitive Sealed Tenders. *Journal of Finance*, 16: 8 - 37.

复习题

下面习题中的一部分只是让你复习或应用书中引入的概念；其他题目则要让你用书中发展出来的技巧去分析有趣的新问题。

方括号中的数字指与本题关系最密切的那些章；但是，读者可以随便应用在其他各章中介绍的概念或者根本就没有在本书中出现过的概念来解题。（论述企业理论的那一章记为［0］，需参考多章才能完成的习题不能归入任何特定的一章。）

这些习题中的一部分取自麻省理工学院习题集和考试试题，它们是由J. Harris、P. Joskow、G. Saloner、R. Schmalensee和作者本人编写的。

习题1［0］**

（1）定义“关系特定投资”或“交易特定投资”（这是Williamson、Klein、Crawford和Alchian以及其他人所应用的术语）。

（2）在一个简单的两期模型中，证明如果必须在事前作出关系特定投资的投入品供给者不能就事后交易的价格订立契约，那么结果将会是关系特定资本投资不足。

（3）如果买者和卖者都要在事前作出关系特定投资，上面的结果可能会发生怎样的变动？

（4）为什么企业会发现前向一体化或后向一体化是有利的？或者为什么企业会发现依靠复杂的契约安排来仲裁生产工序之间的交易是有利的？对于这些问题，业已提出了多种新的解释。除了关系特定投资之外，你还能为纵向一体化找到其他理由吗？你将寻找哪种类型的经验证据？你又将如何运用这些证据把对纵向一体化所作的解释区别开来？

习题2［0，4］*

一个中间产品的垄断制造商向一个垄断零售商出售的产品数量为q。零售商面对的需求为$q=1-p$，这里，p是最终价格。零售成本为0，制造商的成本是

$C(q)=q^2/2$。

（1）纵向一体化下的总利润是多少？

（2）在制造商实行最优线性收费 $T(q)=p_w q$ 的条件下，利润 Π^m 和 Π^r 各是多少？

（3）在二部定价的条件下，这些利润各是多少？

现在我们假定，在制造商选择收费形式之前，零售商可以作出投资以使需求增加。在投资成本为 ε（ε 很小但它是正的）时，需求从 $q=1-p$ 增加到 $q=2-p$。（在投资成本为 0 时，需求仍是 $q=1-p$。）制造商可以观察到零售商的投资选择，然后，它选择收费形式（因此，制造商不能在零售商投资以前作出承诺）。

（4）线性收费下的投资水平为多少？

（5）二部定价下的投资水平为多少？制造商选择二部定价会比选择线性收费获取更多的利润吗？请给予解释。

习题 3 ［1］**

考虑一个面对线性需求曲线 $q=a-bp$ 的垄断者，它的边际生产成本为 c。

（1）证明需求弹性（定义为正数）是 b 的递增函数。

（2）计算垄断定价所导致的福利损失。相对福利损失（社会福利损失与边际成本定价下所得福利之差）如何随着 b 的变动而变动？

习题 4 ［1］**

一个垄断者的边际成本是常数 c，它面对一个二次可微的需求函数 $q=D(p, d)$，d 是需求参数（$\partial D/\partial d>0$）。我们用 $p^m(d)$ 表示参数 d 的垄断价格。

（1）证明 p^m 是 d 的非递减函数这个命题的充分条件是 $\partial^2 D/\partial p\,\partial d\geqslant 0$。首先，通过假设垄断者的利润对价格是凹的来证明。然后，给出它的一般证明。（二阶条件可能不被满足，因此，给定需求参数，垄断价格也许不是唯一的。证明当 $d'<d$ 时，参数为 d' 时的任意垄断价格都不会超过参数为 d 时的任意垄断价格。运用第 1 章中所用到的推理方法证明垄断价格随边际成本的增加而上升。）

（2）讨论充分条件。给出一条简单的需求曲线——它不满足充分条件并使垄断价格不依赖于 d。

习题 5 ［1］*

考虑一个在两期中的每一期都面对需求 $q=1-p$ 的垄断者。在第一期，它的边际成本等于 c；在第二期，它的边际成本等于 $c-\lambda q_1$（λ 是正数并且“很小”）。说明垄断者的最优定价策略。计算每一期的勒纳指数并作出评论。随着时间的推移，产量会增加还是会减少？

习题 6 [1, 2, 3]**

Peter Pashigian 在他的论文《需求的不确定性与销售》（芝加哥大学商学院油印稿）中列举出了许多不同类型的销售以及对这些销售所作的一些解释。考虑季前销售（如在 8 月份销售冬装）、正常销售、季中随机销售、清仓甩卖的情况。

想一想（包括书中没有给出的）对这些销售所作的可能解释有哪些（不确定性，获取的关于消费者口味的信息，高峰定价，不同形式的价格歧视，等等），并对这些解释给出一个批评性评价。

习题 7 [2, 3, 7]*

(1) 一家私有铁路公司考虑在 A 城和 B 城之间修筑一条铁路。这样的服务尚不普及，也许还有其他方法运送旅客和货物（例如，小轿车、卡车和驳船），但如果它们存在，就将被假设为是竞争性的。运用第 2 章所学内容，将私有公司修筑铁路的积极性与社会计划者修筑铁路的积极性进行比较。

(2) 如果存在另外一种与铁路运输有差别的运输方式，并由铁路公司（见第 2 章或第 3 章）或另外一家公司（见第 7 章）进行垄断化经营，你会修改你的结论吗？

习题 8 [2, 5]**

在《规制经济学》(*The Economics of Regulation*) 一书中，Alfred Kahn 论证说："显著的不完全性可能会引发不受限制的，特别是对消费者有害的竞争，这在于消费者自身判断产品质量的能力是有限的，从而即使有大批竞争性供给者可供他们选择，他们使产品质量保持在可接受水平的能力也是有限的。"他指出，"消费者保护在价格竞争非常激烈时也同样是必要的。相对于平均可变成本而言的价格下降会导致供给者在产品的完全性、耐用性和服务次数方面敷衍了事，而消费者若要迅速发现这些问题则是有困难的。"这个习题给出了一个例子，其中价格竞争降低了维护声誉的积极性（它可能也会使福利降低）。

存在两个时期 ($t=1, 2$) 和一种产品。消费者都是相同的并都具有单位需求。他们对产品的评价是 $v+s_t$，s_t 是产品质量：高 ($s_t=1$) 或低 ($s_t=0$)。企业供给高质量产品所需发生的额外成本是 c'。产品的生产成本是 c。产品质量在购买时是不能确定的，并且不存在可行的产品担保。但是，所有各方都会在时期 t 的终点观察到产品质量。

某家企业有两种可能的类型：供给高质量产品的额外成本有 $1-x$ 的概率是 $c'>0$；生产低质量产品有 x 的概率成本并不低（否则，企业是"诚实的"）。企业知道自己的类型，但消费者（或其竞争对手，如果有）不知其类型。假设 $\delta x>c'$（δ 是贴现因子）。

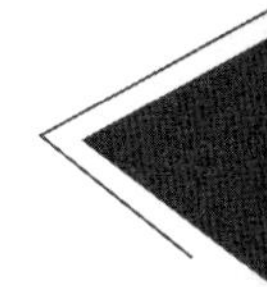

(1) 考虑垄断状况。证明下面所述为一条均衡路径：不管类型如何，企业都在

第一期定价 $p_1=v+1$，生产高质量产品。在第二期，它定价 $p_2=v+x$，并且只有在生产高质量产品成本较低时，它才会生产高质量产品。证明预期福利等于

$$(v-c)(1+\delta)+x(1+\delta)+(1-x)(1-c')$$

（2）考虑双寡头竞争状况。证明不管企业在第一期定价如何，两家企业都在该期确定地供给高质量产品这种情况也不会发生。（提示：伯特兰德竞争对时期 2 意味着什么？）

找出一个对称均衡。证明，如果 $c'/2>\delta(1-x)$，如果生产低质量产品较为便宜，则每家企业都会在第一期生产低质量产品。计算福利并说明如果上述两个条件都得到满足，且如果有 $x\delta<1-c'$，则双寡头竞争情况下的福利要低于垄断情况下的福利。

习题 9 ［2，5，7］*

存在两种产品。对产品 1 的需求为

$$q_1=a-bp_1+dp_2$$

对产品 2 的需求为

$$q_2=a-bp_2+dp_1$$

这里 a 和 b 严格大于 0 并且 $|d|<b$。每种产品的生产成本均为 0。

（1）两种产品有差别吗？

（2）假定两种产品由同一家企业（一家垄断企业）生产。计算最优价格。将勒纳指数与每种产品需求弹性的倒数进行比较并作出评论。

（3）两种产品是策略互补的，还是策略替代的？

（4）企业同时定价，把竞争对手的价格视作给定的。计算纳什均衡价格，把它与从（2）中得到的结果进行比较。

习题 10 ［3］*

假设一种产品的垄断供给者向居住在不同地区的顾客出售产品。每个地区的产品需求函数是

$$q_1=1-p_1$$

$$q_2=\frac{1}{2}-p_2$$

以下假设生产和运输成本均为 0。

（1）假设垄断者必须对两个地区制定统一（线性）价格，计算出使其利润最大化的统一价格。

（2）假设垄断者可以实行三级价格歧视。计算每个地区的利润最大化价格。

（3）在这种情况下，三级价格歧视使福利增加还是使福利减少？福利用消费者剩余和生产者剩余之和来度量。当你将统一垄断定价与三级价格歧视进行比较时，上面得到的结果是一般性结论吗？

（4）假设垄断者正在销售一种中间产品，并且上述需求函数是两个竞争性下游行业对该中间产品的引致需求。如果实行三级价格歧视是不可能的，说明垄断者可以通过前向一体化进入一个下游市场来达到同样的目的。垄断者要通过前向一体化进入哪个下游市场？为什么？

习题 11 [3]*

存在两种产品："基本品"，由一个垄断者无成本地进行生产；"补充品"（服务），由一个竞争性产业生产和销售，单位生产成本为 c。每个消费者可以选择：(a) 不消费任何产品；(b) 消费一单位基本品；(c) 消费一单位基本品和一单位补充品。这样，消费者具有净剩余：(a) 0；(b) $v-p$；(c) $\omega-p-c$，$\omega>v>0$，p 是基本品的价格。

存在两种类型的消费者：类型 1（"低需求"）消费者对基本品的评价是 v_1，对基本品和互补品组合的评价是 ω_1；类型 2（"高需求"）消费者对基本品的评价是 $v_2\geqslant v_1$，对产品组合的评价是 ω_2。令 $(1-\alpha)$ 和 α 为两类消费者在消费者总人数中所占的比例。假设

$$\omega_2-v_2>c>\omega_1-v_1$$

$$\alpha(\omega_2-c)<v_1$$

在回答下面的问题时，当你注意到一级价格歧视、二级价格歧视或三级价格歧视的例子时，请指出来。（从问题 1 到问题 4，垄断者不能搭售补充品。）

（1）两类消费者对基本品和补充品的社会有效消费如何？

（2）假定垄断者知道哪些消费者是类型 1 消费者，哪些消费者是类型 2 消费者，它将制定什么价格？

（3）假定垄断者分辨不出消费者属于何种类型。证明垄断价格仍会导致社会有效分配。

（4）假定垄断者得到一个"信号"。学生都是类型 1 消费者。如果一个消费者不是学生，那么他是类型 2 消费者的概率是 $\beta>\alpha$。假设 $\beta(\omega_2-c)>v_1$，计算垄断者对学生和非学生制定的最优价格。证明歧视会导致一个无效结果。

（5）回到问题（3）（没有信号），但假设垄断者可搭售补充品。证明它单独出售基本品的价格是 v_1，出售基本品和补充品组合的价格是 $v_1+(\omega_2-v_2)$，并且作为搭售的后果，垄断者利润增加了。

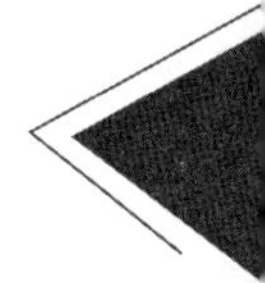

如果你想进一步了解这些问题，参见 J. Ordover，A. Sykes，and R. Willig，"Nonprice Anticompetitive Behavior by Dominant Firms toward the Producers of

Complementary Products," in *Antitrust and Regulation*, edited by F. Fisher (MIT Press, 1985)。

习题 12 [3]*

考虑一个铝垄断供给者。铝作为投入品可用来生产大量最终产品。为了这个习题的目的，我们假设用铝生产的最终产品只有两种。

它们对铝的需求是不同的。

(1) 如果显性的价格歧视是不可行的，说明投入品垄断生产者将有积极性至少把一种最终产品的生产并入自己的生产。

(2) 说明如果垄断者想通过一体化进入一个最终产品市场，那么它将进入哪个需求更富弹性的市场。

(3) 为什么垄断者进入的市场中的最终产品竞争者将会被“挤出”市场？

习题 13 [3]*

迪士尼乐园曾发售过多种形式的门票。持有某种门票，你可游园一次，并玩几次骑马游戏。(例如，迪士尼乐园曾发售过价格为 10 美元的“经济型”套票，它含 5 张骑马游戏的入场券；还发售过价格为 15 美元的“冒险型”套票，它含 10 张骑马游戏的入场券。)

(1) 用图和方程解释一下，为什么迪士尼乐园的管理机构会发现这种定价有利可图？为什么它不简单地对每次骑马游戏收费？

(2) 有许多种产品，如果你想得到它们的服务，要先支付一个固定价格，然后在每次使用时付费。例如，使用宝丽莱相机与胶片、电传复印机与复印纸便是如此。这些产品的最优定价与迪士尼乐园的定价有何不同？在哪些方面与之有相似之处？请解释造成相似与相异的原因。

习题 14 [3]*

(1) 一个“垄断者”只面对一个购买者，购买者的需求函数是 $q=a-p$。垄断者的边际成本为 0。垄断者在价格 $p_0<a$ 下面临竞争边缘（也就是说，消费者支付价格 p_0 可以得到完全替代品)。在线性收费下，垄断者的最优价目表如何？在二部定价下，最优价目表如何？

(2) 现在假定存在两类消费者，他们的需求分别为 $q=a_1-p$（比例为 x）和 $q=a_2-p$（比例为 $1-x$)，这里 $p_0<a_1<a_2$。考虑线性定价和三级价格歧视。统一（线性）定价会使福利增加吗？（考虑 $a_2/2>p_0>a_1/2$ 这种情况。）怎样将所得结论与 Robinson-Schmalensee 结论进行比较？后者是在线性需求的情况下，比较统一定价与歧视性定价所得到的结论。

(3) 考虑问题（2）所述的存在两类消费者的情形，但现在我们考察二级价格

歧视。比较线性定价下的垄断价格和二部定价下的边际价格。

习题 15 [3，4]*

复习搭售的各种不同动机。请解释应怎样在经验上对它们加以区分。

习题 16 [3，4]**

Chicken Delight 公司（简称 CD）拥有一种烹制炸鸡的特殊配方及有关商标的专利权。CD 自己不烹制炸鸡，但它准许特许接受人使用 CD 配方和商标在当地零售店烹制并销售炸鸡。CD 不要求特许接受人支付特许费；但是，它要求每一个特许接受人从它这里购买规定数量的炊具和油炸锅、多种辅助品（包括杯子和纸巾）。CD 从第三方那里购买这些烹饪器具和辅助品。CD 给特许接受人提供的烹饪器具和辅助品并无独特之处。

（1）定义术语"搭售"。

（2）为什么像 CD 这样的公司会与其特许接受人达成上述协议？

（3）CD 对它卖给其特许接受人的烹饪器具和辅助品制定价格。如果特许接受人没被要求从 CD 购买这些东西，则将以其他价格购买。你如何比较这两种价格？

（4）为什么 CD 会使用搭售协议而不是收取特许费？

（5）为什么 CD 会使用搭售协议而不是占有每一个特许接受人利润的一部分？

（6）为什么 CD 会要求特许接受人从它这里购买多种投入品，而不是购买像油炸器具或炸鸡调料等单一投入品？

如果这个例子使你感兴趣，见 *Siegal* v. *Chicken Delight* 448，F. 2d 43（9th Circuit 1971）中更详细的情况。CD 被禁止从事这种活动，然后停业。

习题 17 [3，7]*

考虑直线上的产品差异化模型。消费者沿长度为 1 的线段均匀分布，具有单位需求，单位距离的运输成本为 t。两家企业位于线段的两端，它们的边际成本是 c。企业间进行伯特兰德竞争。

（1）证明统一定价下，消费者支付的总成本在 $c+t$ 和 $c+3t/2$ 之间变动（如果消费者剩余充分高）。

（2）假定双寡头竞争者可以根据消费者的位置实行价格歧视（也就是说，每家企业都可为每一位置制定交货价格）。这是什么类型的价格歧视？证明在伯特兰德均衡中，消费者支付的总成本在 $c+t/2$ 和 $c+t$ 之间变动。怎样把这个结果与第 3 章中垄断情况下所得的结果进行比较？

习题 18 [3，7]**

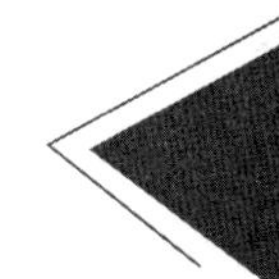

Tim Bresnahan 在他的论文《美国汽车工业中的竞争和合谋》中估计了一个汽车工业的非合作纵向差异化模型。小轿车的质量被作为其性能的一个维度（还有长

度、重量、马力等)，并由“享乐函数”来度量。Bresnahan 发现，车辆越大，价格成本差额越大；车辆越大，在产品-质量空间中相距越远。你能想出模型（或者其他变体）来解释这两个发现中的一个或者全部吗?

习题 19 [4，7，8]**

[这个习题是从 Rey 和 Stiglitz（1986）的论文《排他性势力范围在生产者竞争中的作用》(普林斯顿大学）归纳而来的。] 两个制造商（$i=1$，2）生产不完全替代品。产品 i 的需求是 $q_i=D_i(p_i, p_j)$，而且需求是对称的，即 $D_1(\cdot, \cdot)=D_2(\cdot, \cdot)$。令

$$\varepsilon(p_1, p_2)\equiv-\frac{\partial D_1}{\partial p_1}\Big/\frac{D_1}{p_1}$$

为需求的自价格弹性，令

$$\tilde{\varepsilon}(p_1, p_2)\equiv\frac{\partial D_1}{\partial p_2}\Big/\frac{D_1}{p_2}$$

为交叉价格弹性。记 $\varepsilon(p)\equiv\varepsilon(p, p)$，单位制造成本是 c。

(1) 首先假定制造商自行分销产品（不发生成本)。证明在纳什均衡中，两家企业定价为 p，使得

$$(p-c)/p=1/\varepsilon(p)$$

(2) 现在假定制造商 i 通过两个零售商分销产品。每个零售商只取走商标 i 的产品并向制造商 i 支付 $A_i+p_{\omega_i}q_i$（这里 p_{ω_i} 是批发价格)。

给定商标的零售商是无差别的并且没有分销成本。在博弈的第二阶段，所有零售商同时定价。在博弈的第一阶段，制造商同时选择零售契约。论证，A_i 必然等于 0，博弈的结果与问题（1）中所得结果相同。

(3) 现在假定每个制造商只用一个（排他性）零售商分销产品。(等价地，每个制造商可以给予它的两个零售商排他性势力范围。) 因此，零售商 i 选择 p_i 以最大化

$$(p_i-p_{\omega_i})D_i(p_i, p_j)-A_i$$

令 $p_i^*(p_{\omega_i}, p_{\omega_j})$ 为纳什均衡零售价格（这是通过解批发价格给定条件下的零售商竞争而得的)。令

$$m(p_{\omega_1}, p_{\omega_2})\equiv\frac{\partial p_1^*}{\partial p_{\omega_1}}\Big/\frac{p_1^*}{p_{\omega_1}}$$

$$\widetilde{m}(p_{\omega_1}, p_{\omega_2})\equiv\frac{\partial p_1^*}{\partial p_{\omega_2}}\Big/\frac{p_1^*}{p_{\omega_2}}$$

为自价格弹性和交叉价格弹性。假设 m 和 $\widetilde{m}$ 是正的。对此假设作出评论。论证

$$A_i = [p_i^*(p_{\omega_i}, p_{\omega_j}) - p_{\omega_i}]D_i(p_i^*(p_{\omega_i}, p_{\omega_j}), p_j^*(p_{\omega_i}, p_{\omega_j}))$$

证明制造商之间第一期契约均衡隐含着对称的零售价格，满足

$$\frac{p-c}{p}=\frac{1}{\varepsilon-\tilde{\varepsilon}\tilde{m}/m}$$

在此模型中，制造商愿意通过零售商分销产品，上式对此会给我们什么启示？垄断零售选择类似于第 8 章中的哪种策略？

习题 20 [5]*

考虑具有凹反需求函数 $P(q_1+q_2)$ 和凸成本函数 $C(q_1)$ 的双寡头竞争。考虑标准的静态古诺博弈。证明企业 i 的最优反应函数 $R_i(q_j)$ 在 q_j 上是单调的，并且 $R_i(q_j)$ 的斜率在 -1 和 0 之间。

习题 21 [5]*

讨论各种不同的配给规则、它们的关系以及为什么当你把寡头竞争定价形式化时，你所选取的配给规则会起作用。

习题 22 [5]*

(1) 计算 n 个企业的古诺均衡，这些企业面对的反需求函数是 $p=P(Q)=Q^{-1/\varepsilon}(\varepsilon>1)$ 而且它们的边际成本均为常数 c。

(2) 证明当 c 上升时，每个企业的利润会上升。解释一下这个奇怪的结果。(提示：考虑反应函数的斜率。)

习题 23 [5，6]*

考虑一个生产某种同质产品的行业。如果边际成本为常数 c，任一企业想生产多少产品就可以生产多少产品。假设所有企业都将价格作为策略变量。

(1) 如果所有企业非合作地同时定价，并且市场只存在一个时期，市场价格将是什么？为什么？

(2) 假定企业参与重复博弈，企业能"默契地合谋"吗？请描述各种不同的重复作用理论并且描述这些理论要解释的特征化事实。

习题 24 [5，7]**

在第 7 章中我们看到，自由进入均衡一般会包含过多或过少的行业进入。这个习题是从 von Weizsäcker (1980) 以及 Mankiw 和 Whinston (1986) (见第 7 章参考文献) 中归纳出来的，研究同质产品行业这一特例的进入水平。我们从古诺例子开始，然后概略叙述 Mankiw 和 Whinston 的更为一般的方法。

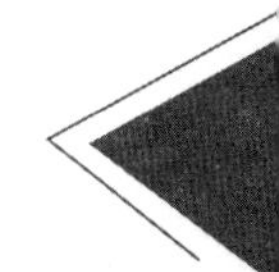

假定企业面临进入成本 f，并且行业可以自由进入。行业反需求函数是 $p=P(Q)$，这里 Q 表示总产量。进入企业的成本函数是 $C(q)$，这里 q 表示单个企业的产量[$C(0)=0$，$C'(q)\geqslant 0$，$C''(q)\geqslant 0$]。在 n 个企业进入的对称均衡中，每个企业的产量是 $q(n)$ [因此总产量是 $Q(n)=nq(n)$]。

不要将自由进入均衡与最优结果进行比较（由于产品是同质的，最优结果将是行业中只存在一个企业，如果 $C''=0$，它将实行边际成本定价），要将自由进入均衡与社会最优企业数目进行比较。社会最优企业数目要受到约束，这个约束是，一旦企业进入市场，社会计划者就不能控制企业的行为。记 n^c 为自由进入均衡中的企业数目，n^* 为受约束的福利最优解中的企业数目。在问题（1）和（2）中，假设这些数是实数（也就是说，忽略整数约束）。

（1）假设 $P(Q)=a-bQ$，$C(q)=cq$。证明如果进入企业进行古诺竞争，则

$$q(n)=\frac{1}{n+1}\ \frac{a-c}{b}$$

$$(n^c+1)^2=(n^*+1)^3=\frac{(a-c)^2}{bf}$$

在自由进入均衡中，从社会的角度而言，存在过少进入还是过多进入？

（2）遵照 Mankiw 和 Whinston，我们将对进入后市场行为作出更一般的假设：

A1：$Q(n)$ 随着 n 的增加而增加。

A2：$q(n)$ 随着 n 的增加而减少（窃取生意效应）。

A3：$P(Q(n))-C'(q(n))>0$（市场力量）。

证明随着进入企业数目增加，每个企业的盈利减少（n^c 使每个企业的利润都等于 0）。然后，证明社会福利

$$\int_0^{Q(n)}P(x)dx-nC(q(n))-nf$$

在 $n=n^c$ 时是递减的。然后再证明 $n^c>n^*$。

（3）重新引入整数约束。Mankiw 和 Whinston 证明了 $n^c\geqslant n^*-1$。你能设想出一个同质产品行业，其中 $n^c<n^*$ 吗？（提示：回忆第 2 章。）

习题 25 [5]***

完成 Kreps-Scheinkman 证明，即在有效配给条件下，如果需求函数是

$$D(p)=\begin{cases}1 & p\leqslant 1\\ 0 & p>1\end{cases}$$

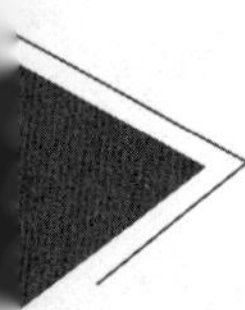

那么，先进行生产能力博弈然后进行价格博弈这样一个两阶段博弈的结果将会是古诺结果。计算出简约型利润函数和均衡（纯或混合）策略。

习题 26 [5, 7, 8]*

在产业组织理论中，大量经验研究集中于估计下面这类关系：

$$(\text{利润率})_i = a + b\cdot(\text{集中率})_i + c\cdot(\text{最小有效规模})_i + d\cdot(\text{广告销售率})_i + e\cdot(\text{资本产出率})_i$$

每个变量都是按行业 i 的水平测算的，并且用 n 个行业的观察值来估计上述关系。

(1) 定义集中率和最小有效规模这两个变量。

(2) 为什么经济学家有兴趣估计这样的关系?

(3) 行业集中率是行业竞争程度的一个良好代表指标吗?

(4) 在这个关系中，你设想在等式右边还会出现什么解释变量?

(5) 你能将这个关系解释成因果关系吗?

习题 27 [7, 8]**

Michael Whinston 在《限制、圈定与独占》中论证，组合出售也许可以防止进入。

(1) 考虑下面的模型：存在两个完全不相关的市场和两个企业。A 市场由企业 1 垄断经营。消费者具有单位需求。x 部分消费者对产品 A 的评价是 $\bar{v}$，$(1-x)$ 部分消费者对产品 A 的评价是 $\underline{v}$，$\bar{v}>\underline{v}>c_A$（$c_A$ 是企业 1 生产产品 A 的单位成本）。假设企业 1 不能实行完全价格歧视，并且 $x\bar{v}<\underline{v}$。B 市场由企业 1 和企业 2 共同提供产品。市场 B 是直线上的产品差异化市场。运输成本是线性的（单位距离运输成本为 t）。消费者沿长度为 1 的线段均匀分布，密度为 1。企业 1 和 2 位于城市两端。它们生产产品 B 的边际成本是 c_B。消费者在 B 市场中也具有单位需求，并且两个市场中的需求是独立的。(消费者对产品 A 的评价为 $\bar{v}$ 这一事件的概率与他在 B 市场中的位置无关。) 记 p_A 为市场 A 中企业 1 的定价，令 p_1 和 p_2 分别为企业 1 和 2 在产品差异化市场即市场 B 中的定价。假定企业 1 分别出售两种产品。p_A 为何值? 计算 B 市场中的反应曲线 $p_i=R_i(p_j)$。市场 B 中的纳什均衡为何值?

(2) 考虑下面的时序：企业 1 可以“组合出售”其两种产品，但也可以不这样做；企业 2 可以（在它所在的那一端）支付进入成本 F 进入市场，但也可选择不进入；企业同时定价。组合出售是一项技术决策，它迫使企业 1 将两种产品一起出售（于是它只定一个价格 $\bar{p}$）。如果企业 1 不进行组合出售，它将两种产品分别出售，均衡同前。(为简化起见，我们不考虑混合组合出售的情况。) 假定企业 1 组合出售产品而企业 2 进入市场。说明直线上存在着两个截断位置 (cutoff location)。证明企业 1 的需求是

$$[p_2-(\bar{p}-v^e)+t]/2t$$

式中，$v^e \equiv x\bar{v}+(1-x)\underline{v}$。证明企业 1 的新反应曲线满足

$$\tilde{R}_1(p_2)<R_1(p_2)+\underline{v}$$

请你非正式地作出结论，产品组合出售是有利于进入遏制，还是有利于进入容纳。

习题 28 [8]*

考虑一个由三个企业组成的行业。每个企业有着相同的成本结构：

$$C(q_i)=5+2q_i$$

行业需求由反需求函数

$$P(Q)=18-Q$$

给出，其中 $Q=q_1+q_2+q_3$。生产的时间顺序如下：企业 1 首先进行生产。知道企业 1 的产量后，企业 2 进行生产。知道企业 1 和企业 2 的产量后，企业 3 再进行生产。每个企业都知道这是生产的时间顺序；于是（举例而言），企业 1 知道当它作出生产选择之后，企业 2 和企业 3 会相继作出各自的生产选择。每个企业都知道行业需求和成本函数。

q_1，q_2，q_3 的均衡值将会是什么？这个模型是哪一个标准双寡头竞争模型的延伸？

习题 29 [8]**

(1) 在两期背景下，描述各种不同的策略效应在遏制或容纳进入中所起的作用（想象小狗及其他聪明的动物）。

(2) 回答下列问题并解释：

- 配额会使与本国企业在本国市场上展开价格竞争的外国企业蒙受损失，这一说法正确还是错误？
- 在时期 1，市场中有两个企业。企业 2 不知道企业 1 的边际成本是多少。企业间进行价格竞争。如果企业 1 想将企业 2 赶出市场，降价是一项好的策略吗？如果企业 1 想容纳企业 2，降价是一项好的策略吗？
- 广告类似于资本，在位者应该对广告过度投资以遏制进入，这一说法正确还是错误？
- 差异化（比如，在空间竞争中）是“小狗”策略的一个例子，这一说法正确还是错误？

习题 30 [8]**

存在两个企业，需求函数是 $D_i=1-2p_i+p_j$。企业 2（进入者）的边际成本是

0。企业 1（在位者）的边际成本开始时是 1/2。通过投资$I=0.205$，在位者可以买到新技术并使其边际成本降为 0。

（1）考虑时间顺序：在位者选择是否进行投资；然后进入者观察到在位者的投资决策；然后企业进行价格竞争。说明在精炼均衡中，在位者不会进行投资。

（2）说明如果进入者观察不到在位者的投资决策，在位者进行投资是一个均衡。作出评论。

（3）请解释，为什么进入者面对一项固定进入成本时，问题（1）的结论会受到影响？结论与进入者在在位者作出投资决策之前还是之后作出进入决策有关系吗？（说出理由就行了，不必计算任何东西。）

习题 31 ［7，8］**

在一个单一时期分析框架中，提供无歧视待遇条款与制定统一价格是等价的（条件是消费者对交易价格具有完全信息）。考虑下面的模型：存在两个市场和三个企业。每个市场都是直线上的差异化市场，并有两个生产者位于线段两端。单位距离运输成本是 t（也就是说，我们假设了线性运输成本）。消费者沿线段均匀分布，每个市场中的消费者数目是相等的（并被标准化为 1）。市场之间的唯一区别在于它们的长度。i 市场的长度是 l_i，且 $l_1 \geqslant l_2$（因此，在某种意义上，市场 1 中的产品差异化程度更大）。企业 0（“连锁店”或“全国性企业”）向两个市场提供产品。每个市场的另外一端分别由企业 1（市场 1）和企业 2（市场 2）占据（“地方或区域性企业”）。在每个市场中，现存企业的生产成本都是 c。

（1）假定企业 0 在两个市场中制定不同价格（即实行价格歧视）。解出价格竞争的纳什均衡。说明市场 1 比市场 2 有利可图。

（2）从现在开始，假定企业 0 可以承诺施行无歧视待遇条款（也就是，它在市场之间运用统一定价）。证明如果 $l_1=l_2$，结果不会有任何变化。因此，我们假设 $l_1>l_2$。说明统一定价会使市场 1 中的价格降低，使市场 2 中的价格升高。说明执行价格保护政策会给企业 0 带来损失。推导这个直觉。（提示：考虑当 l_1+l_2 保持不变而 l_1-l_2 增加时，统一定价会怎样改变。）说明社会计划者阻止企业 0 进行价格歧视会使福利减少。（提示：在这个简单模型中，福利可与运输成本视作一致。）为什么 Robinson-Schmalensee 关于线性需求曲线下企业愿意统一定价的结论（见第 3 章）在这里不适用？（企业 0 的剩余需求曲线毕竟是线性的。）Patrick DeGraba 在《价格限制对全国性企业和地方企业之间竞争的影响》一文中考查了本习题所用的模型。DeGraba 假设了两次运输成本。

DeGraba 模型的一个有趣方面在于，地方企业的位置不是外生固定的。在地方企业各自的产品空间中，它们可以选择距离全国性企业近些还是远些。由于厂址选择是内生的，即使在 $l_1=l_2$ 时，统一定价也会改变竞争性质。这是由于在统一定价下，地方企业向线段中心靠近会刺激全国性企业将其价格进行较小的下调，尽管全

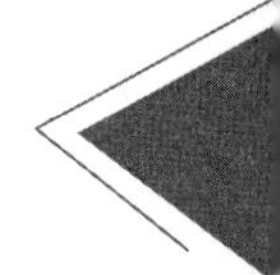

国性企业在其他市场中没有理由削价。实际上，在统一定价下，地方企业不会选择差异最大化，反之它们会在歧视性定价下选择差异最大化（见第 7 章中讨论过的 d'Aspremont 等人得出的结果）。DeGraba 发现，在统一定价下，运输成本较低，福利较高。

习题 32 ［8］*

考虑一个新行业。企业 1 可以在两种技术中选择一种。A 技术需支付固定成本 f_A，生产产品的单位成本是 c_A。B 技术对应的不同成本分别是 f_B 和 c_B。企业 1 选好技术之后，企业 2 可考虑进入问题。它只有一种技术选择，对应的成本是 f_2 和 c_2。

（1）为什么 f_2 的大小会决定企业 1 选择何种技术？

（2）如果没有面临进入威胁，企业 1 会采用另一项技术吗？为什么会这样或为什么不会这样？

（3）将这个模型与第 8 章中讨论过的 Spence 和 Dixit 的思想联系起来。

习题 33 ［8，9］**

当一个近于垄断的企业将它的价格定得很低使得一个较小的竞争对手停业时，小企业可能指控大企业进行掠夺性定价。

（1）上述行为总会使福利减少吗？如果不是，指出哪种情况下福利也许会有增加。（不必作出正式分析。）

（2）Areeda 和 Turner ［*Harvard Law Review*，38（1975）：697－733］论证说，当且仅当大企业所定价格低于它的短期边际成本时，才应该认证大企业进行掠夺性定价，而且他们主张，平均可变成本可被用作短期边际成本的代用指标。对这个论点的两个组成部分给予评价。

（3）当且仅当进入发生时，在位企业增加自己的产量，在位企业对进入采取掠夺性行为的罪名成立吗？

（4）描述你认为法庭应使用什么标准去评价掠夺性定价指控。应该考虑犯罪意图证据、市场结构和成本吗？对你的建议的福利性质和在管理上的可行性作出评论。

习题 34 ［8，10］**

一项法律条文规定，从专利授予日起的 n 年之内，如果专利没有被使用或者没有被充分使用且又不具有“正当理由”，那么可强制发放专利许可证。你能为它找到理论基础吗？讨论执行这项法律条文可能会引发的问题。

习题 35 [9]*

两个企业进行价格竞争。企业 i 的需求是

$$q_i = a - bp_i + dp_j$$

这里，$b>0$ 且 $-b \leqslant d \leqslant b$。每个企业的单位成本可能较低（$c_L$）也可能较高（$c_H$），二者出现的概率相同。每个企业知道自己的单位成本但不知其竞争对手的单位成本。

（1）解出一期结构中的价格均衡。

（2）假定企业在两期中的每一期都进行价格竞争。上面的一期均衡给出了第一期均衡价格吗？如果没有，解释发生了什么（如果你有勇气，就去解动态均衡）。d 的符号会使两者有质的不同吗？

习题 36 [9]*

复习把掠夺性定价和不对称信息联系起来的各种不同理论，并对它们加以比较。

习题 37 [9]**

（1）考虑直线上的产品差异化模型。直线的长度为 1。消费者沿线段呈均匀分布；他们面对的单位距离运输成本为 t，而且消费者具有单位需求，他们对产品的评价是 v。假定 $3t/2 \geqslant v \geqslant t$。企业 1 位于线段的左端点。企业 2 可能选择位于线段的右端点，也可能不选择位于线段的右端点。（每个企业至多生产一种产品。）生产成本为 0。证明如果企业 2 不进入，企业 1 的垄断利润是 $v^2/4t$。证明如果企业 2 进入，每个企业的双寡头竞争利润是 $\frac{1}{2}(v-t/2)$，双寡头竞争价格是 $v-t/2$。

（2）对于问题（1）中所勾画出的结构，考虑 Milgrom-Roberts 模型。在时期 1，企业 1 是垄断者。企业 2 观察到企业 1 的第一期价格并决定是否进入。企业 1 具有私人信息，但不是关于生产成本的（生产成本为 0），而是关于共同的需求参数 v 的，v 可以取值 $\underline{v}$ 或 $\overline{v}$，$3t/2 \geqslant \overline{v} \geqslant \underline{v} \geqslant t$。为简化起见，假定如果企业 2 决定进入，它会在第二期产品市场竞争之前知道 v 取何值。假定进入成本在 $\frac{1}{2}(\underline{v}-t/2)$ 和 $\frac{1}{2}(\overline{v}-t/2)$ 之间。贴现因子是 δ。找出分离均衡。当 $v=\overline{v}$ 时，企业 1 所定价格为何？写出当 $v=\underline{v}$ 时，企业 1 所定价格 p_1 需满足的条件。（p_1 如何与 $\underline{v}/2$ 进行比较？）证明对于 $\delta=1$ 和 $\overline{v}=3t/2$，最小成本分离价格是 $p_1=t/2<\underline{v}/2$。

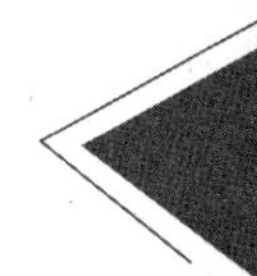

习题 38 [9, 11]**

考虑一个在位企业和一个进入企业之间的如下博弈：首先，进入者决定进入

(E)还是不进入(N)。然后，如果进入者进入，在位者决定掠夺(P)还是容纳(A)。如果 N 发生，在位者和进入者分别得到 4 和 0；如果 E 和 P 同时发生，它们分别得到 1 和-1；如果 E 和 A 同时发生，它们分别得到 2 和 1。

(1) 计算这个博弈的精炼均衡。

(2) 假定这个博弈重复两次（比如贴现因子是 $\delta=1$）。均衡是什么？

(3) 假定这个博弈重复两次。在位者收益以 α 的概率如上所述。当 E 和 P 同时发生时，它的收益以 $(1-\alpha)$ 的概率是 3（也就是说，它喜欢掠夺），在其他情况下，它的收益同前。只有在位者知道自己的收益。在位者还会使用与问题 (2) 中相同的策略吗？在时期 1，进入者能了解在位者的“类型”吗？

(4) 解问题 (3) 中描述的博弈（考虑两种情况，其一是 α 超过1/2；其二是 α 不超过 1/2）。

习题 39 [11]***

信息不对称的双方当事人之间重复相互作用情况下的一个有趣问题是，随着时间的推移，这些当事人会增加还是减少对他们之间关系的“赌注”？考虑两个例子。在第一个例子中，一个贷款者向一个借款者提供了一笔贷款，借款者可以偿还贷款，也可以拖欠贷款。贷款者对借款者的诚实性所具有的信息是不完全的。经验证明，如果以前的贷款已被偿还，那么贷款规模（赌注）随时间的推移而增加。第二个例子是第 9 章和第 11 章中的掠夺性定价模型。进入者可以序贯进入在位者把持的两个市场，一个市场较大，一个市场较小。进入者不知道在位者是否偏好掠夺。在均衡中，进入者先进入较大的市场（赌注递减）。深入思考这两个例子的差别。第一个例子是从 J. Sobel 的论文《可信性理论》中感悟出来的；第二个例子是Drew Fudenberg 推荐的。

赌注递增。在一给定时期中，一名贷款者可以贷给一名借款者$C(A)$ [$C(0)=0$；$C'(0)=0$；对 $A>0$，$C'(A)>0$，$C''(A)>0$]。这项投资的收益是 A。借款者可以拖欠贷款（保留 A），也可以偿还贷款（给贷款者 A）。贷款者对借款者的诚实性所具有的信息是不完全的。诚实的借款者（概率为 x_1）总是偿还贷款。“不诚实”的借款者（概率为 $1-x_1$）最大化其预期收益。令 A^* 和 A^{**} 由 $C'(A^*)=1$ 和 $C'(A^{**})=x_1$来定义。

(1) 解释 A^* 和 A^{**}。

(2) 假定存在两个时期（1 和 2）。贷款者先贷款 $A_1\geqslant 0$，然后贷款 $A_2\geqslant 0$。贷款者在作出第二期贷款之前，可以观察到借款者是否拖欠了第一期贷款。贴现因子为 $\delta<1$。证明在均衡中，如果第一期贷款被偿还，则 $A_2=A_1/\delta$；否则，$A_2=0$。（提示：证明当$A_1\leqslant\delta A^{**}$ 时，A_1 总被偿还；当 $A_1\geqslant\delta A^*$ 时，不诚实的借款者不会偿还贷款。当 $\delta A^{**}<A_1<\delta A^*$ 时，会发生什么情况？）

赌注递减。考虑连锁店悖论（习题 11.12)。存在两个时期和两个市场。在位者是“明智的”的先验概率是 $1-x_1$，在“小市场”中，支付结构如图 11.12 所示；在大市场中，支付结构由图 11.12 中的数字乘以 2 得到。在位者有 x_1 的先验概率总是掠夺（进入者的支付是图 11.12 中所示的数字或所示数字的 2 倍)。贴现因子是 $\delta=1$ 且 $x_1<1/2$。进入者在一个时期只能进入一个市场，进入者可以选择先进入哪个市场。

(2) 证明进入者在第一期进入大市场，在第二期（可能）进入小市场。

习题 40***

给下面有关专利和发放许可证的实践设想一个私人理性基础，以及它们可能造成的社会后果。

(1)“一揽子发放许可证”(对一个特定领域中的所有专利发放许可证，否则拒绝发放专利许可证)。

(2)“回授许可证”(要求被许可人向专利许可人转让或回授在使用专利过程中出现的创新和改进)。

(3)“专利共享和交叉发放许可证”(在该种情况下，行业中的两个或两个以上的成员可以共同利用它们的专利)。

习题 41**

下面的说法正确、错误，还是不确定?

(1) 耐用品垄断者愿意出租产品而不是销售产品。

(2) 价格歧视也许会使卡特尔变得不稳定（理解：默契合谋)。

(3) 进入促进竞争并使社会福利增加。

(4) 在投资、产品定位或采纳新技术上，处于支配地位的企业总是抢先于其他企业。

(5) 在寡头竞争中，对需求曲线上移这一冲击所作出的价格调整要比对需求曲线下移的冲击所作出的价格调整缓慢。

习题 42*

讨论下面的论断：“在垄断情况下，垄断利润是福利净损失的一部分。”(设想各种不同的情况，说明在有些情况下，上述论断是正确的；在有些情况下，上述论断是错误的；在有些情况下，上述论断无法进行判断。)

习题 43*

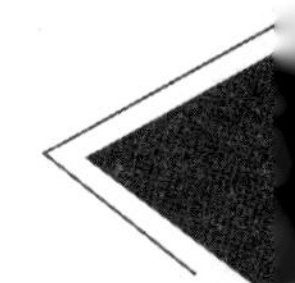

在《产业组织手册》中，Schmalensee 写了论述行业间结构和绩效研究的一章，他给出了横截面证据的一个有益综合。通读他所列出的特征事实，想出与每一种特

征事实都一致的各种理论。完成下列例子：

（1）价格-成本边际与会计回报率弱相关（特征化事实 3.1）。

（2）当横截面比较包括同行业市场时，卖者集中与价格水平正相关（特征化事实 4.1）。

（3）在美国，对地方广告的法律限制与较高的零售价格联系在一起（特征化事实 4.2）。

（4）卖者集中与一个有效工厂的市场最小份额估计值正相关；与资本密度正相关（特征化事实 5.2 和 5.3）。

校者后记

1996年4月，我正在香港城市大学做访问学者时，接到中国人民大学出版社梁晶女士打来的电话，问我是否愿意承担让·梯若尔的《产业组织理论》一书译稿的校对工作。尽管我手头的任务很多（当时我正在编写《博弈论与信息经济学》一书），也深知这不是一项轻松的工作，但我还是毫不犹豫地答应下来。原因有两个。其一，产业组织理论是微观经济学的中心内容，是国外经济学专业的核心课程之一。梯若尔的《产业组织理论》是西方大学经济学和管理专业最权威的教科书，我1995年在北京大学讲授这门课程时，就已选择这本书为主要教材。翻译出版这本书正是我所渴望的事情。其二，这本书的最大特点是把对产业组织的讨论放在博弈论和信息经济学的分析框架内。如何保证翻译质量成为一个重要问题。翻译不好，不仅对不起读者，也对不起原作者——让·梯若尔，这位享誉欧美的国际著名经济理论家。我感到，自己有义务为这本书的翻译质量尽点力。

在接受校对任务后，我请梁晶女士寄来几位译者的译样，在仔细阅读这些译样后，我排除了我认为没有把握的译者（因为匿名，我并不知道他们是谁），又推荐了3位新的译者。翻译工作的最后分配是这样的：李雪峰负责绪论和第1章；金碚负责导言和第2章；张春霖负责第4章；钱家骏负责第5章、第6章和第7章；吴有昌负责第3章和第9章；马捷负责第8章和第11章以及复习题；陈耀负责第10章。这里，我要特别提到的是马捷和吴有昌两位先生，他们不仅高质量地完成了翻译任务，而且帮助我做了与校对有关的一些工作，包括专业术语译法的统一等。

由于工作繁忙，本书的校对工作断断续续进行了近半年时间，现在终于完成了。尽管我尽了最大的努力，但翻译质量仍没有达到我最满意的水平。特别是，由于书中的许多专业术语目前尚未有权威的译法，我只能就自己的理解和知识水平寻找对应的中文词汇，不当之处在所难免，只能留待读者批评了。不过，我可以向读者保证的是，这个译本不存在理论和理解上的错误。

张维迎

1997年1月8日于北京大学

中国人民大学出版社经济类引进版教材推荐

经济科学译丛

20 世纪 90 年代中期，中国人民大学出版社推出了“经济科学译丛”系列丛书，引领了国内经济学汉译名著的第二次浪潮。“经济科学译丛”出版了上百种经济学教材，克鲁格曼《国际经济学》、曼昆《宏观经济学》、平狄克《微观经济学》、博迪《金融学》、米什金《货币金融学》等顶尖经济学教材的出版深受国内经济学专家和读者好评，已经成为中国经济学专业学生的必读教材。想要了解更多图书信息，可扫描下方二维码。

经济科学译丛书目

金融学译丛

21 世纪初，中国人民大学出版社推出了“金融学译丛”系列丛书，引进金融体系相对完善的国家最权威、最具代表性的金融学著作，将实践证明最有效的金融理论和实用操作方法介绍给中国的广大读者，帮助中国金融界相关人士更好、更快地了解西方金融学的最新动态，寻求建立并完善中国金融体系的新思路，促进具有中国特色的现代金融体系的建立和完善。想要了解更多图书信息，可扫描下方二维码。

金融学译丛书目

双语教学用书

为适应培养国际化复合型人才的需求，中国人民大学出版社联合众多国际知名出版公司，打造了“高等学校经济类双语教学用书”系列丛书，该系列丛书聘请国内著名经济学家、学者及一线授课教师进行审核，努力做到把国外真正高水平的适合国内实际教学需求的优秀原版图书引进来，供国内读者参考、研究和学习。想要了解更多图书信息，可扫描下方二维码。

高等学校经济类双语教学用书书目

The Theory of Industrial Organization

By Jean Tirole

图书在版编目（CIP）数据

产业组织理论/（法）让·梯若尔著；张维迎总译校．--北京：中国人民大学出版社，2024.6
（经济科学译丛）
ISBN 978-7-300-32673-3

Ⅰ.①产… Ⅱ.①让… ②张… Ⅲ.①产业组织-经济理论 Ⅳ.①F062.9

中国国家版本馆 CIP 数据核字（2024）第 067725 号

"十三五"国家重点出版物出版规划项目
经济科学译丛
产业组织理论
让·梯若尔　著
张维迎　总译校
Chanye Zuzhi Lilun

出版发行	中国人民大学出版社		
社　　址	北京中关村大街 31 号	**邮政编码**	100080
电　　话	010－62511242（总编室）		010－62511770（质管部）
	010－82501766（邮购部）		010－62514148（门市部）
	010－62515195（发行公司）		010－62515275（盗版举报）
网　　址	http://www.crup.com.cn		
经　　销	新华书店		
印　　刷	涿州市星河印刷有限公司		
开　　本	787 mm×1092 mm　1/16	**版　　次**	2024 年 6 月第 1 版
印　　张	38 插页 2	**印　　次**	2024 年 6 月第 1 次印刷
字　　数	797 000	**定　　价**	128.00 元